*Coucher de soleil sur la mer Morte*

# NOUVEAU T
# LE NOUVEAU TESTAMENT

### TRADUIT DU GREC EN FRANÇAIS COURANT

ÉDITIONS DU SIGNE - BIBLI'O

Ouvrage conçu et dirigé par Claude-Bernard Costecalde,
Docteur en Sciences des Religions

Texte biblique intégral du Nouveau Testament
en français courant (édition révisée)
©1996 Société biblique française
(Imprimatur : Paris, le 8 février 1996,
Cardinal Pierre Eyt ✝)

Ont contribué à la rédaction des notes et commentaires :
Claude-Bernard Costecalde
Alain Henri de Hassonville
Albert Hari
Société biblique allemande
Société biblique suisse

Conception graphique et mise en page :
À La Folie - Philippe Schneider

Recherche iconographique :
Cathy Autelitano - Véronique Herbreteau
Photogravure :
G. Canale

Dépôt légal : 3ᵉ trimestre 2005

ISBN Éditions du Signe ISBN : 978-2-7468-1201-7

ISBN Société biblique française ISBN : 978-2-85300-260-8

Imprimé en U.E.

# TABLE DES MATIÈRES

# INTRODUCTION

La Bible est le livre témoignant de la longue histoire des relations entre Dieu et le monde des humains. C'est un récit passionnant, car il soulève encore aujourd'hui des questions que se posaient déjà nos ancêtres: d'où venons-nous? où allons-nous? quel est le sens de notre vie sur la terre? En présentant des hommes et des femmes qui ont trouvé en Dieu le fondement solide de leur vie, le soutien et le sens de leur existence, la Bible propose un certain nombre de réponses. Aujourd'hui encore, elle peut nous aider à faire l'expérience de Dieu. En effet, dans leur vécu et leurs sentiments profonds, les personnages de la Bible sont plus proches que nous l'imaginons. En lisant l'histoire de leurs rencontres avec Dieu, nous apprenons beaucoup sur nous-même et nous pouvons découvrir la trace de Dieu dans notre vie.

La Bible se compose de deux parties, chacune étant constituée d'un recueil de livres indépendants. La première partie, dont l'original est en grande partie en hébreu, est pour l'essentiel commune aux juifs et aux chrétiens. Ceux-ci l'appellent l'Ancien Testament. Elle raconte la Création du monde, la vie des patriarches Abraham et Jacob, l'histoire mouvementée du peuple d'Israël jusqu'au seuil du premier millénaire.

La deuxième partie, le Nouveau Testament, a été rédigée en grec. C'est le récit de la venue de Jésus-Christ dans le monde, de son enseignement et de son œuvre, de sa mort et de sa résurrection, et enfin de sa présence vivante dans les nouvelles communautés chrétiennes. Bien que les vingt-sept écrits réunis dans le Nouveau Testament soient parfois fort différents dans leur style et leur contenu, ces différences en font la richesse. Un thème commun en est le fil conducteur: la signification de Jésus-Christ pour la vie des humains. Car son histoire montre que le péché et la mort n'auront pas le dernier mot, mais que Dieu, dans son amour, offre le salut aux hommes. C'est ainsi que le Nouveau Testament est véritablement une " Bonne Nouvelle ".

Ces deux parties de la Bible forment l'Écriture sainte pour les Églises chrétiennes. Cette notion de sainteté repose sur la conviction que Dieu parle aux humains à travers les divers récits bibliques. Cette " Parole de Dieu " apporte réconfort et encouragement, elle constitue le fondement de la foi chrétienne.

Les commentaires présentés dans cette édition du Nouveau Testament cherchent à familiariser le lecteur avec le monde biblique. Ils présentent le contexte dans lequel les auteurs ont écrit et offrent des pistes de réflexion pour aujourd'hui.

# Au lecteur

Le livre que vous tenez entre les mains contient le texte du Nouveau Testament dans la traduction en français courant, éditée par l'Alliance biblique universelle. C'est le fruit d'une collaboration interconfessionnelle. Les traducteurs se sont appliqués à présenter un texte qui rende avec précision l'original grec, dans un langage usuel accessible à un public large. Les sous-titres ne figurent pas dans l'original grec, ils ont été ajoutés par les traducteurs. Les numéros de chapitres et de versets n'apparaissent pas non plus dans l'original grec. Ils ont été progressivement insérés dans la Bible il y a quelques siècles seulement.

Ce livre est enrichi de près de 600 illustrations : des tableaux se rapportant à la vie de Jésus et des premières communautés fondées par les apôtres, et des photographies des lieux apparaissant dans le récit. Ces images, choisies pour valoriser le texte, sont accompagnées de commentaires. Dans la marge, des éléments de réponse aux questions qui peuvent surgir en cours de lecture aident le lecteur à poursuivre et approfondir ses réflexions, seul ou en groupe.

En fin de volume, vous trouverez un recueil de textes du Nouveau Testament. Ces « repères », classés par ordre alphabétique, permettent au lecteur de relire sa vie quotidienne à la lumière de la foi.

Ceux qui ne connaissent pas bien la Bible ne sauront peut-être pas par où commencer. L'évangile de Marc (p.73) est le plus court des quatre évangiles, et, de ce fait, se prête bien à une première approche. La première lettre aux Corinthiens (p.356) est un témoignage extrêmement vivant de l'enthousiasme mais aussi des problèmes des premières communautés. La lettre aux Romains et la lettre aux Galates permettent de faire connaissance avec l'essentiel de la pensée de l'apôtre Paul, missionnaire et fondateur de nombreuses communautés chrétiennes. La première lettre de Jean (p. 529), qui traite de l'amour fraternel, liant la foi en Dieu et l'amour du prochain, est peut-être celle qui nous touchera le plus.

# LES LIVRES NARRATIFS

Les quatre évangiles et les Actes des apôtres constituent les cinq premiers livres du Nouveau Testament. Ces " livres narratifs " présentent le ministère de Jésus-Christ, et la naissance des premières communautés chrétiennes. Ils relatent les événements manifestant l'œuvre de Dieu en faveur des hommes à travers la venue de Jésus de Nazareth.

Le mot " évangile " vient du grec. Il signifie " bonne nouvelle ". Les premiers chrétiens utilisèrent d'abord ce mot à propos du salut apporté par Jésus-Christ (voir Romains 1,16) ou pour résumer les points essentiels de l'enseignement reçu à son sujet (voir 1 Corinthiens 15,1-8).

C'est probablement Marc qui, le premier, a désigné son récit du ministère de Jésus du nom d'évangile (Marc 1,1). L'Église des premiers siècles prit ensuite l'habitude d'appeler aussi évangiles les récits de Matthieu, de Luc et de Jean. Les trois premiers évangiles (Matthieu, Marc et Luc) ont beaucoup de points communs. La plupart des spécialistes pensent aujourd'hui que Marc est à la base des récits de Matthieu et de Luc, qui ont également eu recours à d'autres sources, quelquefois communes à tous les deux. Par contre, l'évangile de Jean a été composé tout autrement.

On peut s'étonner de disposer non pas d'un seul, mais de quatre évangiles transmis par la tradition. Malgré toutes les différences de détails, il s'agit bien, dans ces quatre témoignages, de la personne de Jésus de Nazareth et de son message, de la même Bonne Nouvelle. Un don précieux nous a été offert, d'une telle richesse et d'une telle profondeur, que chacun des quatre récits est propre à en développer des aspects particuliers.

# L'ÉVANGILE SELON MATTHIEU

*Bethléem*

## Contexte

Matthieu écrit ce récit de la vie et de l'œuvre de Jésus en s'adressant surtout à des lecteurs d'origine juive. Il montre donc comment Jésus se place dans la continuation de l'histoire d'Israël. Jésus est le descendant d'Abraham et de David, le Messie promis, celui à travers lequel Dieu a montré sa bonté pour tous les peuples. Il est celui en qui s'accomplit tout ce qui était annoncé dans la Loi de Moïse et dans les Écritures saintes.

## Objectif

Matthieu voit en Jésus le grand enseignant et le prophète attendu pour la fin des temps. A ce titre, il révèle et réalise la volonté de Dieu telle qu'elle est inscrite dans la Loi de Moïse et les livres des Prophètes (voir par exemple dans le sermon sur la montagne, chapitres 5-7). Jésus est aussi le Sauveur promis à tous ceux qui souffrent (chapitres 8-9; 15,29-39) ; il se penche avec amour sur les infirmes, les possédés, les affamés, se montrant ainsi le véritable « Fils de David ». Il est aussi celui qui « sauvera son peuple de ses péchés » (Matthieu 1,21).

## Fil conducteur

Selon Matthieu, Jésus se voit d'abord en envoyé pour Israël seulement (Matthieu 10,5-6; 15,24), mais il n'est pas reconnu par son peuple. La foi profonde qui lui est témoignée par les non-Juifs le conduit alors à briser les frontières entre Israël et les autres peuples (Matthieu 8,5-13; 15,21-28). Après sa résurrection, Jésus envoie ses disciples auprès « des gens de toutes les nations » afin qu'ils connaissent le Christ et deviennent ses disciples (Matthieu 28,18-19).

*« Un rameau sort du vieux tronc de Jessé, un rejeton pousse de ses racines. »*
*Ces paroles du prophète Ésaïe (11,1) sont illustrées ici sur un vitrail de la cathédrale de Chartres. Jessé est endormi. De son corps, jaillit l'arbre de sa descendance, qui commence avec son fils, le roi David, et se déploie jusqu'au Christ, à la cime de l'arbre. La généalogie présentée par Matthieu, au début de l'évangile, est destinée à montrer qu'en Jésus s'accomplissent les promesses que Dieu fit à Abraham et à David.*

**Fiancée ou mariée ?**

*A l'époque du Nouveau Testament, les fiançailles juives avaient valeur de mariage légal.*
*Si la jeune fille n'était plus vierge au moment du mariage, elle était considérée comme adultère et pouvait être légalement répudiée.*

## Les ancêtres de Jésus

[1] Voici la liste des ancêtres de Jésus-Christ, descendant de David, lui-même descendant d'Abraham.

[2] Abraham fut père d'Isaac, Isaac de Jacob, Jacob de Juda et de ses frères ; [3] Juda fut père de Pérès et de Zéra – leur mère était Tamar –, Pérès fut père de Hesron, Hesron de Ram ; [4] Ram fut père d'Amminadab ; Amminadab de Nachon ; Nachon de Salman ; [5] Salman fut père de Booz – Rahab était sa mère –, Booz fut père d'Obed – Ruth était sa mère –, Obed fut père de Jessé, [6] et Jessé du roi David.

David fut père de Salomon – sa mère avait été la femme d'Uri – ; [7] Salomon fut père de Roboam, Roboam d'Abia, Abia d'Asaf ; [8] Asaf fut père de Josaphat, Josaphat de Joram, Joram d'Ozias ; [9] Ozias fut père de Yotam, Yotam d'Akaz, Akaz d'Ézékias ; [10] Ézékias fut père de Manassé, Manassé d'Amon, Amon de Josias ; [11] Josias fut père de Yekonia et de ses frères, à l'époque où les Israélites furent déportés à Babylone.

[12] Après que les Israélites eurent été déportés à Babylone, Yekonia fut père de Chéaltiel et Chéaltiel de Zorobabel ; [13] Zorobabel fut père d'Abihoud, Abihoud d'Éliakim ; Éliakim d'Azor ; [14] Azor fut père de Sadok, Sadok d'Achim ; Achim d'Élioud ; [15] Élioud fut père d'Éléazar, Éléazar de Matthan, Matthan de Jacob ; [16] Jacob fut père de Joseph, l'époux de Marie ; c'est d'elle qu'est né Jésus, appelé le Messie.

[17] Il y eut donc en tout quatorze générations depuis Abraham jusqu'à David, puis quatorze depuis David jusqu'à l'époque où les Israélites furent déportés à Babylone, et quatorze depuis cette époque jusqu'à la naissance du Messie.

## La naissance de Jésus-Christ

[18] Voici dans quelles circonstances Jésus-Christ est né. Marie, sa mère, était fiancée à Joseph ; mais avant qu'ils aient vécu ensemble, elle se trouva enceinte par l'action du Saint-Esprit. [19] Joseph, son fiancé, était un homme droit et ne voulait pas la dénoncer publiquement ; il décida de rompre secrètement ses fiançailles. [20] Comme il y pensait, un ange du Seigneur lui apparut dans un rêve et lui dit : « Joseph, descendant de David, ne crains pas d'épouser Marie, car c'est par l'action du Saint-Esprit qu'elle attend un enfant. [21] Elle mettra au monde un fils, que tu appelleras Jésus, car il sauvera son peuple de ses péchés. »
[22] Tout cela arriva afin que se réalise ce que le Seigneur avait dit par le prophète :

²³ « La vierge sera enceinte
et mettra au monde un fils,
qu'on appellera Emmanuel. »
– Ce nom signifie « Dieu est avec nous ». –
²⁴ Quand Joseph se réveilla, il agit comme l'ange du Seigneur le lui avait ordonné et prit Marie comme épouse.
²⁵ Mais il n'eut pas de relations avec elle jusqu'à ce qu'elle ait mis au monde son fils, que Joseph appela Jésus.

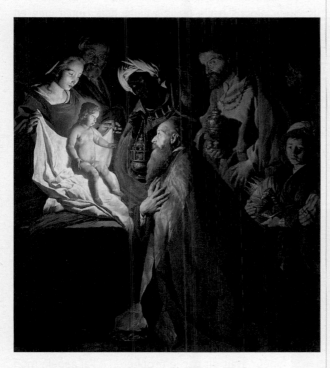

*L'Adoration des mages. Détail d'une peinture de Mathias Stomer.*
*Peu de temps après la naissance de Jésus, des mages, astrologues venus d'Orient, arrivent à Bethléem. Comme beaucoup d'astrologues de l'Antiquité, ils croient qu'une étoile particulière apparaît dans le ciel à l'approche de la naissance d'un grand personnage. Ces représentants de pays lointains viennent honorer en l'enfant nouveau-né le futur roi de la paix.*
*La fête de l'Épiphanie, qui a été longtemps plus populaire que celle de Noël, commémore cette venue des mages et à travers elle l'universalité du message du Christ.*

## Des savants viennent voir Jésus

2 ¹ Jésus naquit à Bethléem, en Judée, à l'époque où Hérode était roi. Après sa naissance, des savants, spécialistes des étoiles, vinrent d'Orient. Ils arrivèrent à Jérusalem ² et demandèrent : « Où est l'enfant qui vient de naître, le roi des Juifs ? Nous avons vu son étoile apparaître en Orient et nous sommes venus l'adorer. »
³ Quand le roi Hérode apprit cette nouvelle, il fut troublé, ainsi que toute la population de Jérusalem. ⁴ Il convoqua tous les chefs des prêtres et les maîtres de la loi, et leur demanda où le Messie devait naître. ⁵ Ils lui répondirent : « A Bethléem, en Judée. Car voici ce que le prophète a écrit :
⁶ "Et toi, Bethléem, au pays de Juda,
tu n'es certainement pas la moins importante
des localités de Juda ;

**Le roi Hérode**
*Hérode le Grand régna sur la Judée de 37 à 4 av. J.-C. C'était un roi juif, soumis à la tutelle romaine. La naissance de Jésus se situe sous son règne. Hérode, comme ses conseillers à Jérusalem, ne croit guère aux anciennes prophéties. Cependant, la nouvelle de la naissance du Sauveur promis lui semble une menace contre son pouvoir et va déclencher une réaction meurtrière de sa part.*

**L'or, l'encens et la myrrhe**

*Les mages honorent l'enfant avec des dons précieux, dignes d'un roi. L'Église des premiers siècles y associa des symboles: l'or pour la dignité royale, l'encens pour la divinité, la myrrhe pour la mise au tombeau après la mort sur la croix. Les présents royaux étant au nombre de trois, la tradition chrétienne leur associa trois rois mages.*

car c'est de toi que viendra un chef qui conduira mon peuple, Israël." »

7 Alors Hérode convoqua secrètement les savants et s'informa auprès d'eux du moment précis où l'étoile était apparue. 8 Puis il les envoya à Bethléem, en leur disant : « Allez chercher des renseignements précis sur l'enfant ; et quand vous l'aurez trouvé, faites-le-moi savoir, afin que j'aille, moi aussi, l'adorer. »

9 Après avoir reçu ces instructions du roi, ils partirent. Ils virent alors l'étoile qu'ils avaient déjà remarquée en Orient : elle allait devant eux, et quand elle arriva au-dessus de l'endroit où se trouvait l'enfant, elle s'arrêta. 10 Ils furent remplis d'une très grande joie en la voyant là. 11 Ils entrèrent dans la maison et virent l'enfant avec sa mère, Marie. Ils se mirent à genoux pour adorer l'enfant ; puis ils ouvrirent leurs bagages et lui offrirent des cadeaux : de l'or, de l'encens et de la myrrhe. 12 Ensuite, Dieu les avertit dans un rêve de ne pas retourner auprès d'Hérode ; ils prirent alors un autre chemin pour rentrer dans leur pays.

## La fuite en Égypte

13 Quand les savants furent partis, un ange du Seigneur apparut à Joseph dans un rêve et lui dit : « Debout, prends avec toi l'enfant et sa mère et fuis en Égypte ; restes-y jusqu'à ce que je te dise de revenir. Car Hérode va rechercher l'enfant pour le faire mourir. » 14 Joseph se leva donc, prit avec lui l'enfant et sa mère, en pleine nuit, et se réfugia en Égypte. 15 Il y resta jusqu'à la mort d'Hérode. Cela arriva afin que se réalise ce que le Seigneur avait dit par le prophète : « J'ai appelé mon fils à sortir d'Égypte. »

## Le massacre des enfants

16 Quand Hérode se rendit compte que les savants l'avaient trompé, il entra dans une grande colère. Il donna l'ordre de tuer, à Bethléem et dans les environs, tous les garçons de moins de deux ans ; cette limite d'âge correspondait aux indications que les savants lui avaient données. 17 Alors se réalisa ce qu'avait déclaré le prophète Jérémie :

18 « On a entendu une plainte à Rama,
des pleurs et de grandes lamentations.
C'est Rachel qui pleure ses enfants,
elle ne veut pas être consolée, car ils sont morts.»

*La Fuite en Égypte, par Rembrandt. Dans les temps troublés, l'Égypte a souvent été une terre d'asile pour les Israélites. Mais, à une époque ancienne, un Pharaon les réduisit en une dure servitude. C'est alors que Moïse, guidé par Dieu, libéra le peuple de l'esclavage. Jésus est le nouvel envoyé de Dieu, qui libérera le peuple de ses souffrances.*

*Nazareth aujourd'hui.*
Nazareth était, à l'époque où Jésus y vivait, une bourgade sans importance. Jésus est souvent appelé le « Nazaréen » dans le Nouveau Testament, nom qui se rapproche du mot hébreu « nézèr » pour « rejeton » et évoque la prophétie d'Ésaïe (11,1) selon laquelle Jésus, issu du tronc de Jessé, est le Sauveur promis, le Messie.

## Le retour d'Égypte

[19] Après la mort d'Hérode, un ange du Seigneur apparut dans un rêve à Joseph, en Égypte. [20] Il lui dit : « Debout, prends avec toi l'enfant et sa mère et retourne au pays d'Israël, car ceux qui cherchaient à faire mourir l'enfant sont morts. » [21] Joseph se leva donc, prit avec lui l'enfant et sa mère et retourna au pays d'Israël. [22] Mais il apprit qu'Archélaos avait succédé à son père Hérode comme roi de Judée ; alors il eut peur de s'y rendre. Il reçut de nouvelles indications dans un rêve, et il partit pour la province de Galilée. [23] Il alla s'établir dans une ville appelée Nazareth. Il en fut ainsi pour que se réalise cette parole des prophètes : « Il sera appelé Nazaréen. »

## La prédication de Jean-Baptiste

**3** [1] En ce temps-là, Jean-Baptiste parut dans le désert de Judée et se mit à prêcher : [2] « Changez de comportement, disait-il, car le Royaume des cieux s'est approché ! » [3] Jean est celui dont le prophète Ésaïe a parlé lorsqu'il a dit :
« Un homme crie dans le désert :
Préparez le chemin du Seigneur,
faites-lui des sentiers bien droits ! »

**Jean-Baptiste**
*Le Jourdain.*
Vêtu comme Élie, le prophète de l'Ancien Testament, Jean appelle à la conversion. Il baptise les pécheurs repentis dans le Jourdain en plongeant leur corps entier dans l'eau, en acte symbolique de purification.

[4] Le vêtement de Jean était fait de poils de chameau et il portait une ceinture de cuir autour de la taille ; il mangeait des sauterelles et du miel sauvage. [5] Les habitants de Jérusalem, de toute la Judée et de toute la région voisine de la rivière, le Jourdain, allaient à lui. [6] Ils confessaient publiquement leurs péchés et Jean les baptisait dans le Jourdain.

[7] Jean vit que beaucoup de Pharisiens et de Sadducéens venaient à lui pour être baptisés ; il leur dit alors : « Bande de serpents ! Qui vous a enseigné à vouloir échapper au jugement de Dieu, qui est proche ? [8] Montrez par des actes que vous avez changé de mentalité [9] et ne

### Le baptême

*Les Juifs baptisaient tradition-nellement les non-Juifs (les prosélytes) qui se joignaient à leur communauté. Mais pour Jean, les Juifs eux-mêmes doivent se convertir et être baptisés car ils ont tous besoin du pardon de Dieu.*

*« Ensuite, l'Esprit de Dieu conduisit Jésus dans le désert pour qu'il y soit tenté par le diable. » (Matthieu 4,1) Au nord-ouest de Jéricho s'élève le « mont de la Tentation », dans un paysage aride et désertique (photo ci-dessus). Pour le peuple d'Israël, le désert est un lieu d'épreuve, où Dieu l'a laissé errer pendant quarante ans, avant de lui permettre d'atteindre la Terre promise. Jésus est lui-même conduit dans le désert pour y être tenté avant de commencer sa mission. Pendant quarante jours, il résiste à toutes les tentations. Ainsi, il renouvelle et accomplit l'histoire d'Israël.*

pensez pas qu'il suffit de dire en vous-mêmes : "Abraham est notre ancêtre." Car je vous déclare que Dieu peut utiliser les pierres que voici pour en faire des descendants d'Abraham ! [10] La hache est déjà prête à couper les arbres à la racine : tout arbre qui ne produit pas de bons fruits va être coupé et jeté au feu. [11] Moi, je vous baptise avec de l'eau pour montrer que vous changez de comportement ; mais celui qui vient après moi vous baptisera avec le Saint-Esprit et avec du feu. Il est plus puissant que moi : je ne suis pas même digne d'enlever ses chaussures. [12] Il tient en sa main la pelle à vanner et séparera le grain de la paille. Il amassera son grain dans le grenier, mais il brûlera la paille dans un feu qui ne s'éteint jamais. »

## Le baptême de Jésus

[13] Alors Jésus vint de la Galilée au Jourdain ; il arriva auprès de Jean pour être baptisé par lui. [14] Jean s'y opposait et lui disait : « C'est moi qui devrais être baptisé par toi et c'est toi qui viens à moi ! » [15] Mais Jésus lui répondit : « Accepte qu'il en soit ainsi pour le moment. Car voilà comment nous devons accomplir tout ce que Dieu demande. » Alors Jean accepta. [16] Dès que Jésus fut baptisé, il sortit de l'eau. Au même moment le ciel s'ouvrit pour lui : il vit l'Esprit de Dieu descendre comme une colombe et venir sur lui. [17] Et une voix venant du ciel déclara : « Celui-ci est mon Fils bien-aimé ; je mets en lui toute ma joie. »

## La tentation de Jésus

4 [1] Ensuite l'Esprit de Dieu conduisit Jésus dans le désert pour qu'il y soit tenté par le diable. [2] Après avoir passé quarante jours et quarante nuits sans manger, Jésus eut faim. [3] Le diable, le tentateur, s'approcha et lui dit : « Si tu es le Fils de Dieu, ordonne à ces pierres de se changer en pains. » [4] Jésus répondit : « L'Écriture déclare : « L'homme ne vivra pas de pain seulement, mais de toute parole que Dieu prononce »

[5] Alors le diable l'emmena jusqu'à Jérusalem, la ville sainte, le plaça au sommet du temple [6] et lui dit : « Si tu es le Fils de Dieu, jette-toi en bas ; car l'Écriture déclare :

« Dieu donnera pour toi des ordres à ses anges
et ils te porteront sur leurs mains
pour éviter que ton pied ne heurte une pierre. »

[7] Jésus lui répondit : « L'Écriture déclare aussi : « Ne mets pas à l'épreuve le Seigneur ton Dieu. »

[8] Le diable l'emmena encore sur une très haute montagne, lui fit voir tous les royaumes du monde et leur splendeur [9] et lui dit : « Je te donnerai tout cela, si tu te mets à genoux devant moi pour m'adorer. » [10] Alors Jésus lui dit : « Va-t'en, Satan ! Car l'Écriture déclare : "Adore le Seigneur ton Dieu et ne rends de culte qu'à lui seul." » [11] Cette fois le diable le laissa. Des anges vinrent alors auprès de Jésus et se mirent à le servir.

## Jésus commence son œuvre en Galilée

[12] Quand Jésus apprit que Jean avait été mis en prison, il s'en alla en Galilée. [13] Il ne resta pas à Nazareth, mais alla demeurer à Capernaüm, ville située au bord du lac de Galilée, dans la région de Zabulon et de Neftali. [14] Il en fut ainsi afin que se réalisent ces paroles du prophète Ésaïe :
[15] « Région de Zabulon, région de Neftali,
en direction de la mer, de l'autre côté du Jourdain,
Galilée qu'habitent des non-Juifs !
[16] Le peuple qui vit dans la nuit
verra une grande lumière !
Pour ceux qui vivent dans le sombre pays de la mort,
la lumière apparaîtra ! »
[17] Dès ce moment, Jésus se mit à prêcher : « Changez de comportement, disait-il, car le Royaume des cieux s'est approché ! »

## Jésus appelle quatre pêcheurs

[18] Jésus marchait le long du lac de Galilée, lorsqu'il vit deux frères qui étaient pêcheurs, Simon, surnommé Pierre, et son frère André ; ils pêchaient en jetant un filet dans le lac. [19] Jésus leur dit : « Venez avec moi et je ferai de vous des pêcheurs d'hommes. » [20] Aussitôt, ils laissèrent leurs filets et le suivirent. [21] Il alla plus loin et vit deux autres frères, Jacques et Jean, les fils de Zébédée. Ils étaient dans leur barque avec Zébédée, leur père, et réparaient leurs filets. Jésus les appela ; [22] aussitôt, ils laissèrent la barque et leur père et ils le suivirent.

## Jésus enseigne et guérit

[23] Jésus allait dans toute la Galilée ; il enseignait dans les synagogues de la région, proclamait la Bonne Nouvelle du Royaume et guérissait les gens de toutes leurs maladies et de toutes leurs infirmités. [24] L'on entendit parler de lui dans tout le pays de Syrie et on lui amena tous ceux qui souffraient de diverses maladies ou

*Jésus commence son ministère près du lac de Galilée (photo ci-dessous). Les habitants de cette région vivaient surtout de leur pêche. En Galilée se trouvaient aussi de nombreuses communautés non juives, que les Juifs pieux et riches évitaient. Mais Jésus se tourne délibérément vers des gens simples comme les pêcheurs. Son oeuvre n'est pas destinée à une élite.*

Sidon

Tyr

Césarée de
Philippe

**GALILÉE**

Capernaüm
Gennésareth
Magdala
Nazareth

Bethsaïda
Lac de
Galilée

Tabor    Gadara
LES DIX VILLES
(LA DÉCAPOLE)

*Jourdain*

*Carte de la Galilée
à l'époque du Nouveau
Testament.*

*Le sermon sur
la montagne*

*La montagne est, dans la
Bible, un endroit de prédilec-
tion pour rencontrer Dieu et
recevoir sa révélation. En
s'asseyant, Jésus s'apprête à
enseigner ses disciples de
façon magistrale, comme le
faisaient les maîtres de son
temps. Dans le sermon sur la
montagne (Matthieu 5-7),
Jésus appelle à une nouvelle
attitude envers Dieu. Il ne dit
pas : «Vous avez de la chance, vous qui êtes pauvres ou
qui souffrez… », mais promet à ceux qui ont à souffrir
à cause de leur foi en Dieu
qu'ils seront accueillis dans le
royaume de Dieu. Là régneront la paix, l'amour et la
justice. Cette vision d'avenir
est une invitation à se réjouir
dès maintenant.*

étaient tourmentés par divers maux : ceux qui étaient possédés d'un esprit mauvais, ainsi que les épileptiques et les paralysés. Et Jésus les guérit. ²⁵ De grandes foules le suivirent ; elles
venaient de Galilée, de la région des Dix Villes, de Jérusalem,
de Judée et du territoire situé de l'autre côté du Jourdain.

## Le sermon sur la montagne

5 ¹ Quand Jésus vit ces foules, il monta sur une montagne et s'assit. Ses disciples vinrent auprès de lui ² et
il se mit à leur donner cet enseignement :

## Le vrai bonheur

³ « Heureux ceux qui se savent pauvres en eux-mêmes,
        car le Royaume des cieux est à eux !
⁴ Heureux ceux qui pleurent,
        car Dieu les consolera !
⁵ Heureux ceux qui sont doux,
        car ils recevront la terre que Dieu a promise !
⁶ Heureux ceux qui ont faim et soif de vivre comme Dieu
        le demande,
        car Dieu exaucera leur désir !
⁷ Heureux ceux qui ont de la compassion pour autrui,
        car Dieu aura de la compassion pour eux !
⁸ Heureux ceux qui ont le cœur pur,
        car ils verront Dieu !
⁹ Heureux ceux qui créent la paix autour d'eux,
        car Dieu les appellera ses fils !
¹⁰ Heureux ceux qu'on persécute parce qu'ils agissent
        comme Dieu le demande,
        car le Royaume des cieux est à eux !
¹¹ Heureux êtes-vous si les hommes vous insultent,
vous persécutent et disent faussement toute sorte de
mal contre vous parce que vous croyez en moi. ¹² Réjouissez-vous, soyez heureux, car une grande récompense vous attend dans les cieux. C'est ainsi, en effet, qu'on a
persécuté les prophètes qui ont vécu avant vous. »

## Le sel et la lumière

¹³ « C'est vous qui êtes le sel du monde. Mais si le sel
perd son goût, comment pourrait-on le rendre de nouveau salé ? Il n'est plus bon à rien ; on le jette dehors, et
les gens marchent dessus.

¹⁴ « C'est vous qui êtes la lumière du monde. Une ville
construite sur une montagne ne peut pas être cachée.
¹⁵ On n'allume pas une lampe pour la mettre sous un
seau. Au contraire, on la place sur son support, d'où elle
éclaire tous ceux qui sont dans la maison. ¹⁶ C'est ainsi

que votre lumière doit briller devant les hommes, afin qu'ils voient le bien que vous faites et qu'ils louent votre Père qui est dans les cieux. »

## Enseignement au sujet de la loi

[17] « Ne pensez pas que je sois venu supprimer la loi de Moïse et l'enseignement des prophètes. Je ne suis pas venu pour les supprimer mais pour leur donner tout leur sens. [18] Je vous le déclare, c'est la vérité : aussi longtemps que le ciel et la terre dureront, ni la plus petite lettre ni le plus petit détail ne seront supprimés de la loi, et cela jusqu'à la fin de toutes choses. [19] C'est pourquoi, celui qui écarte même le plus petit des commandements et enseigne aux autres à faire de même, sera le plus petit dans le Royaume des cieux. Mais celui qui l'applique et enseigne aux autres à faire de même, sera grand dans le Royaume des cieux. [20] Je vous l'affirme : si vous n'êtes pas plus fidèles à la volonté de Dieu que les maîtres de la loi et les Pharisiens, vous ne pourrez pas entrer dans le Royaume des cieux. »

La photo ci-dessus montre des cristallisations de sel, formées par évaporation, au bord de la mer Morte. Le sel a plusieurs propriétés : il donne du goût aux aliments, les purifie et les conserve. Il peut même avoir des propriétés thérapeutiques. Dans le sermon sur la montagne, il est l'image des nombreuses tâches qui attendent les fidèles de Jésus : c'est en vivant les béatitudes que les chrétiens donneront aux autres le goût de vivre et d'être heureux.

### La Loi

Le tableau ci-contre représente Moïse recevant les Dix Commandements, par le peintre Juste de Gand. Il se trouve dans la cathédrale de Gand. Les cinq premiers livres de la Bible (le Pentateuque) constituaient la Loi du judaïsme. L'Ancien Testament était à l'époque appelé « La Loi et les Prophètes ». Jésus s'oppose à une obéissance à la Loi purement extérieure et formelle. Accomplir la volonté de Dieu, c'est aimer Dieu et son prochain.

## Enseignement au sujet de la colère

[21] « Vous avez entendu qu'il a été dit à nos ancêtres : "Tu ne commettras pas de meurtre ; tout homme qui en tue un autre mérite de comparaître devant le juge". [22] Eh bien, moi je vous déclare : tout homme qui se met en colère contre son frère mérite de comparaître devant le juge ; celui qui dit à son frère : "Imbécile !" mérite d'être jugé par le Conseil supérieur ; celui qui lui dit : "Idiot !" mérite d'être jeté dans le feu de l'enfer. [23] Si donc tu viens à l'autel présenter ton offrande à Dieu et que là tu te

souviennes que ton frère a une raison de t'en vouloir, <sup>24</sup> laisse là ton offrande, devant l'autel, et va d'abord faire la paix avec ton frère ; puis reviens et présente ton offrande à Dieu.

<sup>25</sup> « Si tu es en procès avec quelqu'un, dépêche-toi de te mettre d'accord avec lui pendant que vous êtes encore en chemin. Tu éviteras ainsi que ton adversaire ne te livre au juge, que le juge ne te remette à la police et qu'on ne te jette en prison. <sup>26</sup> Je te le déclare, c'est la vérité : tu ne sortiras pas de là tant que tu n'auras pas payé ta dette jusqu'au dernier centime. »

## Enseignement au sujet de l'adultère

<sup>27</sup> « Vous avez entendu qu'il a été dit : "Tu ne commettras pas d'adultère." <sup>28</sup> Eh bien, moi je vous déclare : tout homme qui regarde la femme d'un autre en la désirant a déjà commis l'adultère avec elle en lui-même. <sup>29</sup> Si donc c'est à cause de ton œil droit que tu tombes dans le péché, arrache-le et jette-le loin de toi : il vaut mieux pour toi perdre une seule partie de ton corps que d'être jeté tout entier dans l'enfer. <sup>30</sup> Si c'est à cause de ta main droite que tu tombes dans le péché, coupe-la et jette-la loin de toi : il vaut mieux pour toi perdre un seul membre de ton corps que d'aller tout entier en enfer. »

## Enseignement au sujet du divorce

<sup>31</sup> « Il a été dit aussi : "Celui qui renvoie sa femme doit lui donner une attestation de divorce. <sup>32</sup> Eh bien, moi je vous déclare : tout homme qui renvoie sa femme, alors qu'elle n'a pas été infidèle, lui fait commettre un adultère si elle se remarie ; et celui qui épouse une femme renvoyée par un autre commet aussi un adultère." »

## Enseignement au sujet des serments

<sup>33</sup> « Vous avez aussi entendu qu'il a été dit à nos ancêtres : "Ne romps pas ton serment, mais accomplis ce que tu as promis avec serment devant le Seigneur." <sup>34</sup> Eh bien, moi je vous dis de ne faire aucun serment : n'en faites ni par le ciel, car c'est le trône de Dieu ; <sup>35</sup> ni par la terre, car elle est un escabeau sous ses pieds ; ni par Jérusalem, car elle est la ville du grand Roi. <sup>36</sup> N'en fais pas non plus par ta tête, car tu ne peux pas rendre blanc ou noir un seul de tes cheveux. <sup>37</sup> Si c'est oui, dites "oui", si c'est non, dites "non", tout simplement ; ce que l'on dit en plus vient du Mauvais. »

**Le respect des commandements**

*La Loi trace la limite qui ne doit en aucun cas être franchie pour que la vie en société soit possible. Mais pour Jésus, la Loi est déjà transgressée par des propos qui blessent le prochain. Jésus incite à voir les autres en frères et soeurs, auxquels on doit témoigner amour et respect.*

## Enseignement au sujet de la vengeance

[38] « Vous avez entendu qu'il a été dit : "Œil pour œil et dent pour dent." [39] Eh bien, moi je vous dis de ne pas vous venger de celui qui vous fait du mal. Si quelqu'un te gifle sur la joue droite, laisse-le te gifler aussi sur la joue gauche. [40] Si quelqu'un veut te faire un procès pour te prendre ta chemise, laisse-le prendre aussi ton manteau. [41] Si quelqu'un t'oblige à faire mille pas, fais-en deux mille avec lui. [42] Donne à celui qui te demande quelque chose ; ne refuse pas de prêter à celui qui veut t'emprunter. »

## L'amour pour les ennemis

[43] « Vous avez entendu qu'il a été dit : "Tu dois aimer ton prochain et haïr ton ennemi." [44] Eh bien, moi je vous dis : aimez vos ennemis et priez pour ceux qui vous persécutent. [45] Ainsi vous deviendrez les fils de votre Père qui est dans les cieux. Car il fait lever son soleil aussi bien sur les méchants que sur les bons, il fait pleuvoir sur ceux qui lui sont fidèles comme sur ceux qui ne le sont pas. [46] Si vous aimez seulement ceux qui vous aiment, pourquoi vous attendre à recevoir une récompense de Dieu ? Même les collecteurs d'impôts en font autant ! [47] Si vous ne saluez que vos frères, faites-vous là quelque chose d'extraordinaire ? Même les païens en font autant ! [48] Soyez donc parfaits, tout comme votre Père qui est au ciel est parfait. »

**L'amour pour les ennemis**
*L'Ancien Testament commande d'aimer son prochain et Jésus étend cet ordre à tous les hommes sans distinction, jusqu'aux ennemis mêmes. Celui qui s'est éveillé à Dieu grâce à Jésus est capable de cet amour. Celui qui se sait aimé de Dieu comme un enfant de sa mère et de son père doit aussi rencontrer ses semblables avec amour.*

## Enseignement au sujet des dons faits aux pauvres

**6** [1] « Gardez-vous d'accomplir vos devoirs religieux en public, pour que tout le monde vous remarque. Sinon, vous ne recevrez pas de récompense de votre Père qui est dans les cieux. [2] Quand donc tu donnes quelque chose à un pauvre, n'attire pas bruyamment l'attention sur toi, comme le font les hypocrites dans les synagogues et dans les rues : ils agissent ainsi pour être loués par les hommes. Je vous le déclare, c'est la vérité : ils ont déjà leur récompense. [3] Mais quand ta main droite donne quelque chose à un pauvre, ta main gauche elle-même ne doit pas le savoir. [4] Ainsi, il faut que ce don reste secret ; et Dieu, ton Père, qui voit ce que tu fais en secret, te récompensera. »

## Enseignement au sujet de la prière

[5] « Quand vous priez, ne soyez pas comme les hypocrites : ils aiment à prier debout dans les synagogues et

*La prière est pour Jésus l'expression de sa profonde communion avec Dieu. En invitant tous les hommes à s'adresser à Dieu comme à un père, Jésus les associe à cette communion. Le Notre Père, c'est dire « Père » à Dieu pour se laisser engendrer par lui et engendrer un monde comme il l'aime, un monde où tous ont de quoi vivre, où le pardon s'offre en partage et où le mal ne détruit plus l'homme. La prière est un dialogue intérieur avec Dieu. Le flot de paroles et les manifestations extérieures peuvent faire obstacle à la relation avec lui. Car la prière ne consiste pas à informer Dieu mais avant tout à s'ouvrir à lui et à ce qu'il nous offre comme chemin de vie.*

au coin des rues pour que tout le monde les voie. Je vous le déclare, c'est la vérité : ils ont déjà leur récompense. ⁶ Mais toi, lorsque tu veux prier, entre dans ta chambre, ferme la porte et prie ton Père qui est là, dans cet endroit secret ; et ton Père, qui voit ce que tu fais en secret, te récompensera.

⁷ « Quand vous priez, ne répétez pas sans fin les mêmes choses comme les païens : ils s'imaginent que Dieu les exaucera s'ils parlent beaucoup. ⁸ Ne les imitez pas, car Dieu, votre Père, sait déjà de quoi vous avez besoin avant que vous le lui demandiez. ⁹ Voici comment vous devez prier :

"Notre Père qui es dans les cieux,
que chacun reconnaisse que tu es le Dieu saint,
¹⁰ que ton Règne vienne ;
que chacun, sur la terre, fasse ta volonté comme elle est faite dans le ciel.
¹¹ Donne-nous aujourd'hui le pain nécessaire.
¹² Pardonne-nous nos torts,
comme nous pardonnons nous aussi à ceux qui nous ont fait du tort.
¹³ Et ne nous expose pas à la tentation,
mais délivre-nous du Mauvais.
[Car c'est à toi qu'appartiennent le règne, la puissance et la gloire, pour toujours. Amen.]"

¹⁴ « En effet, si vous pardonnez aux autres le mal qu'ils vous ont fait, votre Père qui est au ciel vous pardonnera aussi. ¹⁵ Mais si vous ne pardonnez pas aux autres, votre Père ne vous pardonnera pas non plus le mal que vous avez fait. »

## Enseignement au sujet du jeûne

¹⁶ « Quand vous jeûnez, ne prenez pas un air triste comme font les hypocrites : ils changent de visage pour que tout le monde voie qu'ils jeûnent. Je vous le déclare, c'est la vérité : ils ont déjà leur récompense. ¹⁷ Mais toi, quand tu jeûnes, lave-toi le visage et parfume ta tête, ¹⁸ afin que les gens ne se rendent pas compte que tu jeûnes. Seul ton Père qui est là, dans le secret, le saura ; et ton Père, qui voit ce que tu fais en secret, te récompensera. »

## Des richesses dans le ciel

¹⁹ « Ne vous amassez pas des richesses dans ce monde, où les vers et la rouille détruisent, où les cambrioleurs forcent les serrures pour voler. ²⁰ Amassez-vous plutôt des richesses dans le ciel, où il n'y a ni vers ni

rouille pour détruire, ni cambrioleurs pour forcer les serrures et voler. ²¹ Car ton cœur sera toujours là où sont tes richesses. »

## La lumière du corps

²² « Les yeux sont la lampe du corps : si tes yeux sont en bon état, tout ton corps est éclairé ; ²³ mais si tes yeux sont malades, tout ton corps est dans l'obscurité. Si donc la lumière qui est en toi n'est qu'obscurité, comme cette obscurité sera noire ! »

## Dieu ou l'argent

²⁴ « Personne ne peut servir deux maîtres : ou bien il haïra le premier et aimera le second ; ou bien il s'attachera au premier et méprisera le second. Vous ne pouvez pas servir à la fois Dieu et l'argent. »

## Avoir confiance en Dieu

²⁵ « Voilà pourquoi je vous dis : Ne vous inquiétez pas au sujet de la nourriture et de la boisson dont vous avez besoin pour vivre, ou au sujet des vêtements dont vous avez besoin pour votre corps. La vie est plus importante que la nourriture et le corps plus important que les vêtements, n'est-ce pas ? ²⁶ Regardez les oiseaux : ils ne sèment ni ne moissonnent, ils n'amassent pas de récoltes dans des greniers, mais votre Père qui est au ciel les nourrit ! Ne valez-vous pas beaucoup plus que les oiseaux ? ²⁷ Qui d'entre vous parvient à prolonger un peu la durée de sa vie par le souci qu'il se fait ?

²⁸ « Et pourquoi vous inquiétez-vous au sujet des vêtements ? Observez comment poussent les fleurs des champs : elles ne travaillent pas, elles ne se font pas de vêtements. ²⁹ Pourtant, je vous le dis, même Salomon, avec toute sa richesse, n'a pas eu de vêtements aussi beaux qu'une seule de ces fleurs. ³⁰ Dieu habille ainsi l'herbe des champs qui est là aujourd'hui et qui demain sera jetée au feu : alors ne vous habillera-t-il pas à bien plus forte raison vous-mêmes ? Comme votre confiance en lui est faible ! ³¹ Ne vous inquiétez donc pas en disant :

*Être libre de soucis, comme les oiseaux : qui ne l'a jamais souhaité ? Jésus sait bien qu'il en va autrement dans la vie quotidienne. Il montre cependant qu'il ne faut pas se laisser envahir par les soucis. Il ne prône pas l'insouciance mais plutôt l'urgence d'opter pour Dieu, pour le Royaume et sa justice.*

"Qu'allons-nous manger ? qu'allons-nous boire ? qu'allons-nous mettre pour nous habiller ?" [32] Ce sont les païens qui recherchent sans arrêt tout cela. Mais votre Père qui est au ciel sait que vous en avez besoin. [33] Préoccupez-vous d'abord du Royaume de Dieu et de la vie juste qu'il demande, et Dieu vous accordera aussi tout le reste. [34] Ne vous inquiétez donc pas du lendemain : le lendemain se souciera de lui-même. A chaque jour suffit sa peine. »

*Jésus invite à se retenir de juger les autres, car il en résulte suffisance et manque d'amour. Seul Dieu peut porter un jugement définitif sur tout être humain.*

## Ne pas juger les autres

**7** [1] «Ne portez de jugement contre personne, afin que Dieu ne vous juge pas non plus. [2] Car Dieu vous jugera comme vous jugez les autres ; il vous mesurera avec la mesure que vous employez pour eux. [3] Pourquoi regardes-tu le brin de paille qui est dans l'œil de ton frère, alors que tu ne remarques pas la poutre qui est dans ton œil ? [4] Comment peux-tu dire à ton frère : "Laisse-moi enlever cette paille de ton œil", alors que tu as une poutre dans le tien ? [5] Hypocrite, enlève d'abord la poutre de ton œil et alors tu verras assez clair pour enlever la paille de l'œil de ton frère.

[6] « Ne donnez pas ce qui est saint aux chiens, de peur qu'ils ne se retournent contre vous et ne vous déchirent ; ne jetez pas vos perles devant les porcs, de peur qu'ils ne les piétinent. »

## Demander, chercher et frapper à la porte

[7] « Demandez et vous recevrez ; cherchez et vous trouverez ; frappez et l'on vous ouvrira la porte. [8] Car quiconque demande reçoit, qui cherche trouve et l'on ouvre la porte à qui frappe. [9] Y a-t-il quelqu'un parmi vous qui donne à son fils une pierre si celui-ci demande du pain ? [10] ou qui lui donne un serpent s'il demande un poisson ? [11] Tout mauvais que vous êtes, vous savez donner de bonnes choses à vos enfants. A combien plus forte raison, donc, votre Père qui est dans les cieux donnera-t-il de bonnes choses à ceux qui les lui demandent ! [12] « Faites pour les autres tout ce que vous voulez qu'ils fassent pour vous : c'est là ce qu'enseignent les livres de la loi de Moïse et des Prophètes. »

*« Étroite est la porte et difficile le chemin qui mènent à la vie. » (Matthieu 7,14) Jésus demande de traiter son prochain comme on aimerait être traité soi-même (verset 12), ce qui n'est pas toujours facile. Le chemin que Jésus trace ici est étroit et difficile, mais il conduit à la vie.*

## La porte étroite

[13] « Entrez par la porte étroite ! Car large est la porte et facile le chemin qui mènent à la ruine ; nombreux sont ceux qui passent par là. [14] Mais combien étroite est la porte et difficile le chemin qui mènent à la vie ; peu nombreux sont ceux qui les trouvent. »

## Les faux prophètes

¹⁵ « Gardez-vous des faux prophètes. Ils viennent à vous déguisés en brebis, mais au-dedans ce sont des loups féroces. ¹⁶ Vous les reconnaîtrez à leur conduite. On ne cueille pas des raisins sur des buissons d'épines, ni des figues sur des chardons. ¹⁷ Un bon arbre produit de bons fruits et un arbre malade de mauvais fruits. ¹⁸ Un bon arbre ne peut pas produire de mauvais fruits ni un arbre malade de bons fruits. ¹⁹ Tout arbre qui ne produit pas de bons fruits est coupé, puis jeté au feu. ²⁰ Ainsi donc, vous reconnaîtrez les faux prophètes à leur conduite. »

## Dire et faire

²¹ « Ce ne sont pas tous ceux qui me disent : "Seigneur, Seigneur", qui entreront dans le Royaume des cieux, mais seulement ceux qui font la volonté de mon Père qui est dans les cieux. ²² Au jour du Jugement, beaucoup me diront : "Seigneur, Seigneur, c'est en ton nom que nous avons été prophètes ; c'est en ton nom que nous avons chassé des esprits mauvais ; c'est en ton nom que nous avons accompli de nombreux miracles. Ne le sais-tu pas ?" ²³ Alors je leur déclarerai : "Je ne vous ai jamais connus ; allez-vous-en loin de moi, vous qui commettez le mal !" »

## Les deux maisons

²⁴ « Ainsi, quiconque écoute ce que je viens de dire et le met en pratique sera comme un homme intelligent qui a bâti sa maison sur le roc. ²⁵ La pluie est tombée, les rivières ont débordé, la tempête s'est abattue sur cette maison, mais elle ne s'est pas écroulée, car ses fondations avaient été posées sur le roc. ²⁶ Mais quiconque écoute ce que je viens de dire et ne le met pas en pratique sera comme un homme insensé qui a bâti sa maison sur le sable. ²⁷ La pluie est tombée, les rivières ont débordé, la tempête s'est abattue sur cette maison et elle s'est écroulée : sa ruine a été complète. »

## L'autorité de Jésus

²⁸ Quand Jésus eut achevé ces instructions, tous restèrent impressionnés par sa manière d'enseigner ; ²⁹ car il n'était pas comme leurs maîtres de la loi, mais il les enseignait avec autorité.

## Jésus guérit un lépreux

**8** ¹ Jésus descendit de la montagne et une foule de gens le suivirent. ² Alors un lépreux s'approcha, se mit à

*Construire sur le rocher, c'est peut-être aussi choisir de façon téméraire même un endroit tel que cette avancée rocheuse près de Bonifacio en Corse (photo ci-dessus). Celui qui a foi en la parole de Jésus est comme le bâtisseur qui construit sa maison sur de solides fondations. Il ne sera pas ébranlé par les difficultés qu'il ne manquera pas de rencontrer.*

**La lèpre**

*Du temps de Jésus, de nombreuses maladies de peau étaient assimilées à la lèpre. On les tenait pour inguérissables et on les croyait causées par des démons. Selon la loi de l'Ancien Testament, les lépreux étaient impurs, interdits de culte et bannis de la société. Seul un prêtre pouvait juger de la guérison et autoriser le retour dans la communauté.*

*Vestiges d'une synagogue du IVe siècle apr. J.-C. à Capernaüm. Celle-ci devait se trouver sur l'emplacement de l'édifice où Jésus prêchait. Capernaüm était un village de frontière, où stationnait une garnison de soldats principalement non juifs. Pénétrer dans une maison non juive rendait un Juif « impur ». C'est pourquoi le capitaine romain, qui tient Jésus en haute estime, le prie de guérir son serviteur à distance. Ce récit montre déjà que l'oeuvre de Jésus est universelle, elle s'adresse aussi aux non-Juifs.*

genoux devant lui et dit : « Maître, si tu le veux, tu peux me rendre pur. » ³ Jésus étendit la main, le toucha et déclara : « Je le veux, sois pur ! » Aussitôt, l'homme fut purifié de sa lèpre. ⁴ Puis Jésus lui dit : « Écoute bien : ne parle de cela à personne. Mais va te faire examiner par le prêtre, puis offre le sacrifice que Moïse a ordonné, pour prouver à tous que tu es guéri. »

## Jésus guérit le serviteur d'un officier romain

⁵ Au moment où Jésus entrait dans Capernaüm, un capitaine romain s'approcha et lui demanda son aide ⁶ en ces termes : « Maître, mon serviteur est couché à la maison, il est paralysé et souffre terriblement. » ⁷ Jésus lui dit : « J'y vais et je le guérirai. » ⁸ Mais le capitaine répondit : « Maître, je ne suis pas digne que tu entres dans ma maison. Mais il suffit que tu dises un mot et mon serviteur sera guéri. ⁹ Je suis moi-même soumis à mes supérieurs et j'ai des soldats sous mes ordres. Si je dis à l'un : "Va !", il va ; si je dis à un autre : "Viens !", il vient ; et si je dis à mon serviteur : "Fais ceci !", il le fait. » ¹⁰ Quand Jésus entendit ces mots, il fut dans l'admiration et dit à ceux qui le suivaient : « Je vous le déclare, c'est la vérité : je n'ai trouvé une telle foi chez personne en Israël. ¹¹ Je vous l'affirme, beaucoup viendront de l'est et de l'ouest et prendront place à table dans le Royaume des cieux avec Abraham, Isaac et Jacob. ¹² Mais ceux qui étaient destinés au Royaume seront jetés dehors, dans le noir, où ils pleureront et grinceront des dents. »

¹³ Puis Jésus dit au capitaine : « Retourne chez toi, Dieu t'accorde ce que tu as demandé avec foi ! » Et le serviteur du capitaine fut guéri à ce moment même.

## Jésus guérit beaucoup de malades

¹⁴ Jésus se rendit à la maison de Pierre. Il y trouva la belle-mère de Pierre au lit : elle avait de la fièvre. ¹⁵ Il lui toucha la main et la fièvre la quitta ; elle se leva et se mit à le servir.

¹⁶ Le soir venu, on amena à Jésus un grand nombre de personnes tourmentées par des esprits mauvais. Par sa parole Jésus chassa ces esprits et il guérit aussi tous les malades. ¹⁷ Il le fit afin que se réalise cette parole du prophète Ésaïe : « Il a pris nos infirmités et nous a déchargés de nos maladies. »

## Ceux qui désirent suivre Jésus

¹⁸ Quand Jésus vit toute la foule qui l'entourait, il donna l'ordre à ses disciples de passer avec lui de l'autre

côté du lac. ¹⁹ Un maître de la loi s'approcha et lui dit :
« Maître, je te suivrai partout où tu iras. » ²⁰ Jésus lui répondit : « Les renards ont des terriers et les oiseaux ont
des nids, mais le Fils de l'homme n'a pas un endroit où il

puisse se coucher et se reposer. » ²¹ Quelqu'un d'autre,
un de ses disciples, lui dit : « Maître, permets-moi d'aller
d'abord enterrer mon père. » ²² Jésus lui répondit : « Suis-
moi et laisse les morts enterrer leurs morts. »

*Le vent et les vagues peuvent avoir une force effrayante. La vie des hommes est soumise elle aussi à bien des tempêtes et l'Église n'échappe pas non plus aux vents contraires. Mais celui qui a foi en Jésus peut garder confiance.*

## Jésus apaise une tempête

²³ Jésus monta dans la barque et ses disciples l'accompagnèrent. ²⁴ Soudain, une grande tempête s'éleva sur le
lac, si bien que les vagues recouvraient la barque. Mais
Jésus dormait. ²⁵ Les disciples s'approchèrent de lui et le
réveillèrent en criant : « Seigneur, sauve-nous ! Nous allons mourir ! » ²⁶ Jésus leur répondit : « Pourquoi avez-
vous peur ? Comme votre confiance est faible ! » Alors il
se leva, parla sévèrement au vent et à l'eau du lac, et il se
fit un grand calme. ²⁷ Tous étaient remplis d'étonnement
et disaient : « Quel genre d'homme est-ce pour que
même le vent et les flots lui obéissent ? »

## Jésus guérit deux hommes possédés par des esprits mauvais

²⁸ Quand Jésus arriva de l'autre côté du lac, dans le
territoire des Gadaréniens, deux hommes sortirent du
milieu des tombeaux et vinrent à sa rencontre. Ces
hommes étaient possédés par des esprits mauvais ; ils
étaient si dangereux que personne n'osait passer par ce
chemin. ²⁹ Ils se mirent à crier : « Que nous veux-tu, Fils
de Dieu ? Es-tu venu ici pour nous tourmenter avant le
moment fixé ? »
³⁰ Il y avait, à une certaine distance, un grand troupeau
de porcs qui cherchait sa nourriture. ³¹ Les esprits mauvais adressèrent cette prière à Jésus : « Si tu veux nous
chasser, envoie-nous dans ce troupeau de porcs. » –

**Des esprits mauvais**
*Le Nouveau Testament men-
tionne souvent des esprits
mauvais et des démons tortu-
rant des hommes de leur
puissance surhumaine. De
nombreuses maladies, surtout
des comportements anor-
maux, étaient attribuées à
l'influence de démons. On
évitait les personnes « possé-
dées », car leur contact rendait « impur » pour le culte.
Les « possédés » étaient donc
chassés dans des endroits
isolés.*

*« Les personnes en bonne santé n'ont pas besoin de médecin, ce sont les malades qui en ont besoin. »*
*(Matthieu 9,12)*
*Avec cette image, Jésus montre clairement qu'il est venu apporter aux hommes la vraie guérison du corps et de l'âme. Dans la Bible, la maladie et le mal (le péché) étaient souvent liés. C'est pourquoi Jésus met en rapport direct la guérison des maladies et le pardon des péchés.*

**Matthieu, le collecteur d'impôts**

*En Palestine, les occupants romains louaient les droits et taxes sur les marchandises au plus offrant. Les collecteurs d'impôts étaient donc souvent des gens pour qui seul le gain comptait. Il y avait des tarifs fixes, mais le système prêtait à des abus. Les collecteurs d'impôts étaient par conséquent très mal vus par la population juive. De plus, ils fréquentaient les Romains, ce qui les rendaient impurs et les excluaient du culte. Les Juifs pieux sont scandalisés de voir Jésus assis à la table d'un collecteur d'impôts. Pourtant, il ne fait que reprendre la tradition des anciens pour laquelle Dieu est essentiellement miséricorde et appelle tous les hommes, les justes comme les injustes, à partager la vie avec Lui.*

<sup>32</sup> « Allez », leur dit Jésus. Ils sortirent des deux hommes et s'en allèrent dans les porcs. Aussitôt, tout le troupeau se précipita du haut de la falaise dans le lac et disparut dans l'eau. <sup>33</sup> Les hommes qui gardaient les porcs s'enfuirent ; ils se rendirent dans la ville où ils racontèrent toute l'histoire et ce qui s'était passé pour les deux possédés. <sup>34</sup> Alors tous les habitants de la ville sortirent à la rencontre de Jésus ; quand ils le virent, ils le supplièrent de quitter leur territoire.

## Jésus guérit un homme paralysé

**9** <sup>1</sup> Jésus monta dans la barque, refit la traversée du lac et se rendit dans sa ville. <sup>2</sup> Quelques personnes lui amenèrent un paralysé couché sur une civière. Quand Jésus vit leur foi, il dit au paralysé : « Courage, mon fils ! Tes péchés sont pardonnés ! » <sup>3</sup> Alors quelques maîtres de la loi se dirent en eux-mêmes : « Cet homme fait insulte à Dieu ! » <sup>4</sup> Jésus discerna ce qu'ils pensaient et dit : « Pourquoi avez-vous ces mauvaises pensées ? <sup>5</sup> Est-il plus facile de dire : "Tes péchés sont pardonnés", ou de dire : "Lève-toi et marche" ? <sup>6</sup> Mais je veux que vous le sachiez : le Fils de l'homme a le pouvoir sur la terre de pardonner les péchés. » Il dit alors au paralysé : « Lève-toi, prends ta civière et rentre chez toi ! » <sup>7</sup> L'homme se leva et s'en alla chez lui. <sup>8</sup> Quand la foule vit cela, elle fut remplie de crainte et loua Dieu d'avoir donné un tel pouvoir aux hommes.

## Jésus appelle Matthieu

<sup>9</sup> Jésus partit de là et vit, en passant, un homme appelé Matthieu assis au bureau des impôts. Il lui dit : « Suis-moi ! » Matthieu se leva et le suivit. <sup>10</sup> Jésus prenait un repas dans la maison de Matthieu ; beaucoup de collecteurs d'impôts et autres gens de mauvaise réputation vinrent prendre place à table avec lui et ses disciples. <sup>11</sup> Les Pharisiens virent cela et dirent à ses disciples : « Pourquoi votre maître mange-t-il avec les collecteurs d'impôts et les gens de mauvaise réputation ? » <sup>12</sup> Jésus les entendit et déclara : « Les personnes en bonne santé n'ont pas besoin de médecin, ce sont les malades qui en ont besoin. Allez apprendre ce que signifient ces mots prononcés par Dieu : "Je désire la bonté et non des sacrifices d'animaux." Car je ne suis pas venu appeler ceux qui s'estiment justes, mais ceux qui se savent pécheurs. »

## Jésus et le jeûne

<sup>14</sup> Les disciples de Jean-Baptiste s'approchèrent alors de Jésus et lui demandèrent : « Pourquoi nous et les Pha-

risiens jeûnons-nous souvent, tandis que tes disciples ne le font pas ? » <sup>15</sup> Et Jésus leur répondit : « Pensez-vous que les invités d'une noce peuvent être tristes pendant

que le marié est avec eux ? Bien sûr que non ! Mais le temps viendra où le marié leur sera enlevé ; alors ils jeûneront.

<sup>16</sup> « Personne ne répare un vieux vêtement avec une pièce d'étoffe neuve ; car cette pièce arracherait une partie du vêtement et la déchirure s'agrandirait encore. <sup>17</sup> On ne verse pas non plus du vin nouveau dans de vieilles outres ; sinon les outres éclatent, le vin se répand et les outres sont perdues. On verse au contraire le vin nouveau dans des outres neuves et ainsi le tout se conserve bien. »

*Le tableau de Pieter Brueghel l'Ancien montre un mariage paysan. Dans la Bible, l'image du mariage sert à exprimer les relations entre Dieu et son peuple. Jésus utilise cette image pour suggérer que par lui Dieu (le marié) est présent parmi les hommes. L'ère du salut a déjà commencé.*

## La fille d'un chef juif et la femme qui toucha le vêtement de Jésus

<sup>18</sup> Pendant que Jésus leur parlait ainsi, un chef juif arriva, se mit à genoux devant lui et dit : « Ma fille est morte il y a un instant ; mais viens, pose ta main sur elle et elle vivra. » <sup>19</sup> Jésus se leva et le suivit avec ses disciples.

<sup>20</sup> Une femme, qui souffrait de pertes de sang depuis douze ans, s'approcha alors de Jésus par derrière et toucha le bord de son vêtement. <sup>21</sup> Car elle se disait : « Si je peux seulement toucher son vêtement, je serai guérie ». <sup>22</sup> Jésus se retourna, la vit et déclara : « Courage, ma fille ! Ta foi t'a guérie. » Et à ce moment même, la femme fut guérie.

²³ Jésus arriva à la maison du chef. Quand il vit les musiciens prêts pour l'enterrement et la foule qui s'agitait bruyamment, ²⁴ il dit : « Sortez d'ici, car la fillette n'est pas morte, elle dort. » Mais ils se moquèrent de lui. ²⁵ Quand on eut mis la foule dehors, Jésus entra dans la chambre, il prit la fillette par la main et elle se leva. ²⁶ La nouvelle s'en répandit dans toute cette région.

## Jésus guérit deux aveugles

²⁷ Au moment où Jésus partit de là, deux aveugles se mirent à le suivre en criant : « Aie pitié de nous, Fils de David ! »

²⁸ Quand Jésus fut arrivé à la maison, les aveugles s'approchèrent de lui et il leur demanda : « Croyez-vous que je peux faire cela ? » Ils lui répondirent : « Oui, Maître. » ²⁹ Alors Jésus leur toucha les yeux et dit : « Dieu vous accorde ce que vous attendez avec foi ! » ³⁰ Et leurs yeux purent voir. Jésus leur parla avec sévérité : « Écoutez bien, leur dit-il, personne ne doit le savoir. » ³¹ Mais ils s'en allèrent parler de Jésus dans toute cette région.

*En chassant les mauvais esprits, Jésus libère les possédés des pouvoirs destructeurs auxquels ils sont livrés sans défense. Il montre ainsi que Dieu inaugure son règne.*

## Jésus guérit un homme muet

³² Alors qu'ils s'en allaient, on amena à Jésus un homme qui était muet parce qu'il était possédé d'un esprit mauvais. ³³ Dès que Jésus eut chassé cet esprit, le muet se mit à parler. Dans la foule tous étaient remplis d'étonnement et disaient : « On n'a jamais rien vu de pareil en Israël ! » ³⁴ Mais les Pharisiens affirmaient : « C'est le chef des esprits mauvais qui lui donne le pouvoir de chasser ces esprits ! »

## Jésus a pitié des foules

³⁵ Jésus parcourait villes et villages ; il enseignait dans leurs synagogues, prêchait la Bonne Nouvelle du Royaume et guérissait toutes les maladies et toutes les infirmités. ³⁶ Son cœur fut rempli de pitié pour les foules qu'il voyait, car ces gens étaient fatigués et découragés, comme un troupeau qui n'a pas de berger. ³⁷ Il dit alors à ses disciples : « La moisson à faire est grande, mais il y a peu d'ouvriers pour cela. ³⁸ Priez donc le propriétaire de la moisson d'envoyer davantage d'ouvriers pour la faire. »

**La moisson**

*Jésus a montré, en paroles et en actes, qu'il est le Fils de Dieu. Il envoie les douze disciples poursuivre son oeuvre selon son exemple. Ils doivent eux aussi répandre la Bonne Nouvelle parmi tous les hommes, en paroles et en actes. Un vaste champ d'action attend les apôtres. Leur mission est de préparer les hommes à la venue du nouveau Royaume de Dieu et, ainsi, de récolter une riche moisson.*

*Jésus et ses douze disciples, dans un tableau de Nicolas Poussin. Selon l'évangile de Matthieu, la mission des apôtres était d'abord destinée uniquement au peuple d'Israël. Les disciples étaient chargés d'annoncer la venue de la paix et du salut de Dieu. Mais ils devaient rester entièrement indépendants et ne jamais se laisser payer, contrairement à ce qui, sans doute, était d'usage pour d'autres prédicateurs itinérants.*

## Les douze apôtres

**10** [1] Jésus appela ses douze disciples et leur donna le pouvoir de chasser les esprits mauvais et de guérir toutes les maladies et toutes les infirmités. [2] Voici les noms de ces douze apôtres : d'abord Simon, surnommé Pierre, et son frère André ; Jacques et son frère Jean, tous deux fils de Zébédée ; [3] Philippe et Barthélemy ; Thomas et Matthieu le collecteur d'impôts ; Jacques le fils d'Alphée et Thaddée ; [4] Simon le nationaliste et Judas Iscariote, qui trahit Jésus.

## La mission des Douze

[5] Jésus envoya ces douze hommes en mission, avec les instructions suivantes : « Évitez les régions où habitent les non-Juifs et n'entrez dans aucune ville de Samarie. [6] Allez plutôt vers les brebis perdues du peuple d'Israël. [7] En chemin, prêchez et dites : "Le Royaume des cieux s'est approché !" [8] Guérissez les malades, rendez la vie aux morts, purifiez les lépreux, chassez les esprits mauvais. Vous avez reçu gratuitement, donnez aussi gratuitement. [9] Ne vous procurez ni or, ni argent, ni monnaie de cuivre à mettre dans vos poches ; [10] ne prenez pas de sac pour le voyage, ni une deuxième chemise, ne prenez ni chaussures, ni bâton. En effet, l'ouvrier a droit à sa nourriture.

[11] « Quand vous arriverez dans une ville ou un village, cherchez qui est prêt à vous recevoir et restez chez cette personne jusqu'à ce que vous quittiez l'endroit. [12] Quand vous entrerez dans une maison, dites : "La paix soit avec vous." [13] Si les habitants de cette maison vous reçoivent, que votre souhait de paix repose sur eux ; mais s'ils ne vous reçoivent pas, retirez votre souhait de paix. [14] Si, dans une maison ou dans une ville, on refuse de vous accueillir ou de vous écouter, partez de là et secouez la poussière de vos pieds. [15] Je vous le déclare, c'est la vérité : au jour du Jugement, les habitants de Sodome et Gomorrhe seront traités moins sévèrement que les habitants de cette ville-là.

### Les persécutions

*Dès la mort et la résurrection de Jésus, les chrétiens seront poursuivis et persécutés par les tribunaux juifs et romains. Le destin des douze disciples est déjà annoncé ici. Jésus ne cherche pas à répandre l'effroi parmi eux, mais à les libérer de toutes les fausses peurs, face aux hommes et à la mort.*

## Les persécutions à venir

[16] « Écoutez ! Je vous envoie comme des moutons au milieu des loups. Soyez donc prudents comme les serpents et innocents comme les colombes. [17] Prenez garde, car des hommes vous feront passer devant les tribunaux et vous frapperont à coups de fouet dans leurs synagogues. [18] On vous fera comparaître devant des gouverneurs et des rois à cause de moi, pour que vous puissiez apporter votre témoignage devant eux ·et devant les non-Juifs. [19] Lorsqu'on vous conduira devant le tribunal, ne vous inquiétez pas de ce que vous aurez à dire ni de la manière de l'exprimer ; les paroles que vous aurez à prononcer vous seront données à ce moment-là : [20] elles ne viendront pas de vous, mais l'Esprit de votre Père parlera en vous. [21] Des frères livreront leurs propres frères pour qu'on les mette à mort, et des pères agiront de même avec leurs enfants ; des enfants se tourneront contre leurs parents et les feront condamner à mort. [22] Tout le monde vous haïra à cause de moi. Mais celui qui tiendra bon jusqu'à la fin sera sauvé. [23] Quand on vous persécutera dans une ville, fuyez dans une autre. Je vous le déclare, c'est la vérité : vous n'aurez pas encore fini de parcourir toutes les villes d'Israël avant que vienne le Fils de l'homme.

[24] « Aucun élève n'est supérieur à son maître ; aucun serviteur n'est supérieur à son patron. [25] Il suffit que l'élève devienne comme son maître et que le serviteur devienne comme son patron. Si l'on a appelé le chef de famille Béelzébul, à combien plus forte raison insultera-t-on les membres de sa famille ! »

## Celui qu'il faut craindre

[26] « Ne craignez donc aucun homme. Tout ce qui est caché sera découvert, et tout ce qui est secret sera connu. [27] Ce que je vous dis dans l'obscurité, répétez-le à la lumière du jour ; et ce que l'on chuchote à votre oreille, criez-le du haut des toits. [28] Ne craignez pas ceux qui tuent le corps mais qui ne peuvent pas tuer l'âme ; craignez plutôt Dieu qui peut faire périr à la fois le corps et l'âme dans l'enfer. [29] Ne vend-on pas deux moineaux pour un sou ? Cependant, aucun d'eux ne tombe à terre sans que Dieu votre Père le sache. [30] Quant à vous, même vos cheveux sont tous comptés. [31] N'ayez donc pas peur : vous valez plus que beaucoup de moineaux ! »

*« Aucun d'eux (les moineaux) ne tombe à terre sans que Dieu votre Père le sache. N'ayez donc pas peur : vous valez plus que beaucoup de moineaux ! » (Matthieu 10,29.31) Celui qui a foi en l'amour de Dieu et en sa providence peut sans peur s'affirmer disciple de Jésus et s'engager à son service.*

## Confesser ou renier Jésus-Christ

[32] « Quiconque reconnaît publiquement qu'il est mon disciple, je reconnaîtrai moi aussi devant mon Père qui est

dans les cieux qu'il est à moi ; [33] mais si quelqu'un affirme publiquement ne pas me connaître, j'affirmerai moi aussi devant mon Père qui est dans les cieux que je ne le connais pas. »

## Non la paix, mais le combat

[34] « Ne pensez pas que je sois venu apporter la paix sur la terre : je ne suis pas venu apporter la paix, mais le combat. [35] Je suis venu séparer l'homme de son père, la fille de sa mère, la belle-fille de sa belle-mère ; [36] on aura pour ennemis les membres de sa propre famille. [37] Celui qui aime son père ou sa mère plus que moi n'est pas digne de moi ; celui qui aime son fils ou sa fille plus que moi n'est pas digne de moi. [38] Celui qui ne se charge pas de sa croix pour marcher à ma suite n'est pas digne de moi. [39] Celui qui voudra garder sa vie la perdra ; mais celui qui perdra sa vie pour moi la retrouvera. »

## Des récompenses

[40] « Quiconque vous accueille m'accueille ; quiconque m'accueille accueille celui qui m'a envoyé. [41] Celui qui accueille un prophète de Dieu parce qu'il est prophète, recevra la récompense accordée à un prophète ; et celui qui accueille un homme fidèle à Dieu parce qu'il est fidèle, recevra la récompense accordée à un fidèle. [42] Je vous le déclare, c'est la vérité : celui qui donne même un simple verre d'eau fraîche à l'un de ces petits parmi mes disciples parce qu'il est mon disciple recevra sa récompense. »

## Les envoyés de Jean-Baptiste

11 [1] Lorsque Jésus eut achevé de donner ces instructions à ses douze disciples, il partit de là pour aller enseigner et prêcher dans les villes de la région.

[2] Jean-Baptiste, dans sa prison, entend parler des œuvres du Christ. Alors il envoya quelques-uns de ses disciples [3] demander à Jésus : « Es-tu le Messie qui doit venir ou devons-nous attendre quelqu'un d'autre ? » [4] Jésus leur répondit : « Allez raconter à Jean ce que vous entendez et voyez : [5] les aveugles voient, les boiteux marchent, les lépreux sont guéris, les sourds entendent, les morts reviennent à la vie et la Bonne Nouvelle est annoncée aux pauvres. [6] Heureux celui qui n'abandonnera pas la foi en moi ! »

[7] Quand les disciples de Jean partirent, Jésus se mit à parler de Jean à la foule en disant : « Qu'êtes-vous allés voir au désert ? un roseau agité par le vent ? Non ? [8] Alors qu'êtes-vous allés voir ? un homme vêtu d'habits

**Au service de Jésus**
*Celui qui s'engage pour Jésus, en paroles et en actes, rencontrera résistance et incompréhension dans sa propre famille. Jésus lui-même en a fait l'expérience, son message divise et heurte certains. Il prévient ses disciples que le prix à payer est élevé mais qu'il en vaut la peine.*

*Jean-Baptiste, Polyptyque de l'Agneau Mystique, de Jan Van Eyck.*

### Jean-Baptiste

*Jésus explique qui est Jean-Baptiste. Il l'identifie à Élie, l'un des plus grands prophètes de l'Ancien Testament. Selon le prophète Malachie, le retour d'Élie précédera le jugement dernier et l'irruption du règne divin. Jésus affirme que cette prophétie s'est accomplie avec la venue de Jean. Les temps nouveaux ont commencé.*

*Jésus et Jean sont bien différents dans leur message et dans leur comportement. Alors que Jean est un ascète vivant à l'écart, Jésus se tourne délibérément vers le monde et les hommes, vers les bannis et les méprisés, et s'assied à leur table. Jésus signifie ainsi clairement qu'il est venu en « Fils. de l'homme ». Il emprunte cette expression à l'Ancien Testament, pour se désigner indirectement comme le Sauveur attendu.*

### Chorazin et Bethsaïda

*Les villes de Galilée, Chorazin et Bethsaïda, étaient au centre du ministère de Jésus, de même que Capernaüm, lieu où Jésus se rendait souvent. Jésus décrit les gens de la région comme butés et étroits d'esprit. Ils voient les miracles que Jésus accomplit, mais son message semble sans effet sur eux. Les villes côtières de Tyr et de Sidon avaient la réputation d'être païennes et vouées au péché, comme la proverbiale Sodome. En citant ces lieux, Jésus montre que ce sont justement les méprisés et les exclus qui comprennent son message et le reçoivent.*

magnifiques ? Mais ceux qui portent des habits magnifiques se trouvent dans les palais des rois. ⁹ Qu'êtes-vous donc allés voir ? un prophète ? Oui, vous dis-je, et même bien plus qu'un prophète. ¹⁰ Car Jean est celui dont l'Écriture déclare : "Je vais envoyer mon messager devant toi, dit Dieu, pour t'ouvrir le chemin." ¹¹ Je vous le déclare, c'est la vérité : parmi les humains, il n'a jamais existé personne de plus grand que Jean-Baptiste ; pourtant, celui qui est le plus petit dans le Royaume des cieux est plus grand que lui. ¹² Depuis l'époque où Jean-Baptiste prêchait jusqu'à présent, le Royaume des cieux subit la violence et les violents cherchent à s'en emparer. ¹³ Tous les prophètes et la loi de Moïse ont annoncé le Royaume, jusqu'à l'époque de Jean. ¹⁴ Et si vous voulez bien l'admettre, Jean est cet Élie dont la venue a été annoncée. ¹⁵ Écoutez bien, si vous avez des oreilles !

¹⁶ « A qui puis-je comparer les gens d'aujourd'hui ? Ils ressemblent à des enfants assis sur les places publiques, dont les uns crient aux autres : ¹⁷ "Nous vous avons joué un air de danse sur la flûte et vous n'avez pas dansé ! Nous avons chanté des chants de deuil et vous ne vous êtes pas lamentés !" ¹⁸ En effet, Jean est venu, il ne mange

ni ne boit, et l'on dit : "Il est possédé d'un esprit mauvais !" ¹⁹ Le Fils de l'homme est venu, il mange et boit, et l'on dit : "Voyez cet homme qui ne pense qu'à manger et à boire du vin, qui est ami des collecteurs d'impôts et autres gens de mauvaise réputation !" Mais la sagesse de Dieu se révèle juste par ses effets. »

## Les villes qui refusent de croire

²⁰ Alors Jésus se mit à faire des reproches aux villes dans lesquelles il avait accompli le plus grand nombre de ses miracles, parce que leurs habitants n'avaient pas chan-

gé de comportement. Il dit : [21] « Malheur à toi, Chorazin ! Malheur à toi, Bethsaïda ! Car si les miracles qui ont été accomplis chez vous l'avaient été à Tyr et à Sidon, il y a longtemps que leurs habitants auraient pris le deuil, se seraient couvert la tête de cendre et auraient changé de comportement. [22] C'est pourquoi, je vous le déclare, au jour du Jugement Tyr et Sidon seront traitées moins sévèrement que vous. [23] Et toi, Capernaüm, crois-tu que tu t'élèveras jusqu'au ciel ? Tu seras abaissée jusqu'au monde des morts. Car si les miracles qui ont été accomplis chez toi l'avaient été à Sodome, cette ville existerait encore aujourd'hui. [24] C'est pourquoi, je vous le déclare, au jour du Jugement Sodome sera traitée moins sévèrement que toi. »

## Venez à moi pour trouver le repos

[25] En ce temps-là, Jésus s'écria : « Ô Père, Seigneur du ciel et de la terre, je te remercie d'avoir révélé aux petits ce que tu as caché aux sages et aux gens instruits. [26] Oui, Père, tu as bien voulu qu'il en soit ainsi.

[27] « Mon Père m'a remis toutes choses. Personne ne connaît le Fils si ce n'est le Père, et personne ne connaît le Père si ce n'est le Fils et ceux à qui le Fils veut le révéler.

[28] « Venez à moi vous tous qui êtes fatigués de porter un lourd fardeau et je vous donnerai le repos. [29] Prenez sur vous mon joug et laissez-moi vous instruire, car je suis doux et humble de cœur, et vous trouverez le repos pour vous-mêmes. [30] Le joug que je vous invite à prendre est facile à porter et le fardeau que je vous propose est léger. »

## Jésus et le sabbat

**12** [1] Quelque temps après, Jésus traversait des champs de blé un jour de sabbat. Ses disciples avaient faim ; ils se mirent à cueillir des épis et à en manger les grains. [2] Quand les Pharisiens virent cela, ils dirent à Jésus : « Regarde, tes disciples font ce que notre loi ne permet pas le jour du sabbat ! » [3] Jésus leur répondit : « N'avez-vous pas lu ce que fit David un jour où lui-même et ses compagnons avaient faim ? [4] Il entra dans la maison de Dieu et lui et ses compagnons mangèrent les pains offerts à Dieu ; il ne leur était pourtant pas permis d'en manger : notre loi ne le permet qu'aux seuls prêtres. [5] Ou bien, n'avez-vous pas lu dans la loi de Moïse que, le jour du sabbat, les prêtres en service dans le temple n'observent pas la loi du sabbat, et cela sans être coupables ? [6] Or, je vous le déclare, il y a ici plus que le temple ! [7] Si vous saviez vraiment ce que signifient ces mots de l'Écriture : "Je dé-

**Le sabbat**

*Au temps du Nouveau Testament, les Maîtres de la loi avaient fixé dans le moindre détail les activités permises ou interdites le jour du sabbat. Cueillir des épis était interdit, car considéré comme une récolte. Il était seulement permis de guérir lorsqu'une vie était en jeu. En s'élevant contre ces règles, Jésus veut revenir au véritable sens du sabbat : c'est le jour où les hommes se reposent devant Dieu et méditent sur sa bonté.*

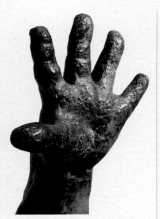

*« Avance ta main. »*
*(Matthieu 12,13)*
*Avec ces mots, Jésus guérit un*
*• homme le jour du sabbat.*
*En silence et avec ferveur, il*
*se tourne vers les souffrants.*

*L'évangile de Matthieu*
*montre que Jésus vient en*
*serviteur de Dieu, comme*
*Ésaïe (42,1-4) l'avait prédit.*

**Béelzébul**
*Comment est-il possible de*
*voir le mal là où il y a le*
*bien ? C'est pourtant la*
*réaction des Pharisiens. Leur*
*hostilité à Jésus les avait*
*tellement aveuglés qu'ils*
*étaient devenus incapables de*
*discerner que Dieu agissait à*
*travers lui. Jésus, un suppôt*
*de Satan ! C'était peut-être*
*un moyen de garder leur*
*pouvoir et d'écarter la foule*
*de ce dangereux prédicateur.*

sire la bonté et non des sacrifices d'animaux", vous n'auriez pas condamné des innocents. **8** Car le Fils de l'homme est maître du sabbat. »

## L'homme à la main paralysée

**9** Jésus partit de là et se rendit dans leur synagogue. **10** Il y avait là un homme dont la main était paralysée. Les Pharisiens voulaient accuser Jésus ; c'est pourquoi ils lui demandèrent : « Notre loi permet-elle de faire une guérison le jour du sabbat ? » **11** Jésus leur répondit : « Si l'un d'entre vous a un seul mouton et que celui-ci tombe dans un trou profond le jour du sabbat, n'ira-t-il pas le prendre pour le sortir de là ? **12** Et un homme vaut beaucoup plus qu'un mouton ! Donc, notre loi permet de faire du bien à quelqu'un le jour du sabbat. » **13** Jésus dit alors à l'homme : « Avance ta main. » Il l'avança et elle redevint saine comme l'autre. **14** Les Pharisiens s'en allèrent et tinrent conseil pour décider comment ils pourraient faire mourir Jésus.

## Le serviteur que Dieu a choisi

**15** Quand Jésus apprit cela, il quitta cet endroit et un grand nombre de personnes le suivirent. Il guérit tous les malades, **16** mais il leur recommanda sévèrement de ne pas dire qui il était. **17** Il en fut ainsi afin que se réalisent ces paroles du prophète Ésaïe :
**18** « Voici mon serviteur que j'ai choisi, dit Dieu,
celui que j'aime et en qui je mets toute ma joie.
Je placerai mon Esprit sur lui
et il annoncera aux nations le droit que j'instaure.
**19** Il ne se disputera avec personne et ne criera pas,
on ne l'entendra pas faire des discours dans les rues.
**20** Il ne cassera pas le roseau déjà plié
et n'éteindra pas la lampe dont la lumière faiblit.
Il agira ainsi jusqu'à ce qu'il ait fait triompher le droit ;
**21** et toutes les nations mettront leur espoir en lui. »

## Jésus répond à une accusation portée contre lui

**22** On amena alors à Jésus un homme qui était aveugle et muet parce qu'il était possédé d'un esprit mauvais. Jésus guérit cet homme, de sorte qu'il se mit à parler et à voir. **23** La foule était remplie d'étonnement et tous disaient : « Serait-il le Fils de David ? » **24** Quand les Pharisiens les entendirent, ils déclarèrent : « Cet homme ne chasse les esprits mauvais que parce que Béelzébul, leur chef, lui en donne le pouvoir ! » **25** Mais Jésus connaissait leurs pensées ; il leur dit alors : « Tout royaume dont les habitants luttent les uns contre les autres finit par être détruit. Aucune ville ou aucune famille dont les habitants ou les membres luttent les uns contre les autres ne pourra se maintenir. [26] Si Satan chasse ce qui est à Satan, il est en lutte contre lui-même ; comment donc son royaume pourra-t-il se maintenir ? [27] Vous prétendez que je chasse les esprits mauvais parce que Béelzébul m'en donne le pouvoir ; qui donne alors à vos partisans le pouvoir de les chasser ? Vos partisans eux-mêmes démontrent que vous avez tort ! [28] En réalité, c'est par l'Esprit de Dieu que je chasse les esprits mauvais, ce qui signifie que le Royaume de Dieu est déjà venu jusqu'à vous.

[29] « Personne ne peut entrer dans la maison d'un homme fort et s'emparer de ses biens, s'il n'a pas d'abord ligoté cet homme fort ; mais après l'avoir ligoté, il peut s'emparer de tout dans sa maison. [30] Celui qui n'est pas avec moi est contre moi ; et celui qui ne m'aide pas à rassembler disperse. [31] C'est pourquoi, je vous le déclare : les êtres humains pourront être pardonnés pour tout péché et pour toute insulte qu'ils font à Dieu ; mais celui qui fait insulte au Saint-Esprit ne recevra pas de pardon. [32] Celui qui dit une parole contre le Fils de l'homme sera pardonné ; mais celui qui parle contre le Saint-Esprit ne sera pardonné ni dans le monde présent, ni dans le monde à venir. »

## L'arbre et ses fruits

[33] « Pour avoir de bons fruits, vous devez avoir un bon arbre ; si vous avez un arbre malade, vous aurez de mauvais fruits. Car on reconnaît un arbre au genre de fruits qu'il produit. [34] Bande de serpents ! Comment pourriez-vous dire de bonnes choses, alors que vous êtes mauvais ? Car la bouche exprime ce dont le cœur est plein. [35] L'homme bon tire de bonnes choses de son bon trésor ; l'homme mauvais tire de mauvaises choses de son mauvais trésor. [36] Je vous le déclare : au jour du Jugement, les hommes auront à rendre compte de toute parole inutile qu'ils auront prononcée. [37] Car c'est d'après tes paroles que tu seras jugé et déclaré soit innocent, soit coupable. »

## La demande d'un signe miraculeux

[38] Alors quelques maîtres de la loi et quelques Pharisiens dirent à Jésus : « Maître, nous voudrions que tu nous fasses voir un signe miraculeux. » [39] Jésus leur répondit en ces termes : « Les gens d'aujourd'hui, qui sont mauvais

« On reconnaît un arbre au genre de fruits qu'il produit. » (Matthieu 12,33) L'image de l'arbre sain et de l'arbre malade permet à Jésus d'expliquer encore une fois ce qu'il faut penser de la conviction des Pharisiens qui le prétendent lié à Satan (verset 24). Manifestement, le conflit s'envenime.

*Illustration d'un manuscrit du XIIIe siècle, de Joseph Assarfati.*
Le prophète Jonas est une des figures les plus connues de l'Ancien Testament. Dans un récit plein d'humour, l'auteur du livre de Jonas raconte que Jonas, chargé d'appeler les habitants de la ville de Ninive à la conversion, essaie de se soustraire à cette mission. Mais Jonas ne peut échapper à l'appel de Dieu. Un grand poisson l'avale et il passe trois jours dans son ventre avant d'être recraché sur la terre et de se rendre à Ninive pour accomplir sa mission. Jésus peut doublement être comparé à Jonas : il appelle à la conversion au Dieu d'amour et il ressuscitera le troisième jour.

et infidèles à Dieu, réclament un signe miraculeux, mais aucun signe ne leur sera accordé si ce n'est celui du prophète Jonas. **40** En effet, de même que Jonas a passé trois jours et trois nuits dans le ventre du grand poisson, ainsi le Fils de l'homme passera trois jours et trois nuits dans la terre. **41** Au jour du Jugement, les habitants de Ninive se lèveront en face des gens d'aujourd'hui et les accuseront, car les Ninivites ont changé de comportement quand ils ont entendu prêcher Jonas. Et il y a ici plus que Jonas ! **42** Au jour du Jugement, la reine du Sud se lèvera en face des gens d'aujourd'hui et les accusera, car elle est venue des régions les plus lointaines de la terre pour écouter les paroles pleines de sagesse de Salomon. Et il y a ici plus que Salomon ! »

## Le retour de l'esprit mauvais

**43** « Lorsqu'un esprit mauvais est sorti d'un homme, il va et vient dans des espaces déserts en cherchant un lieu où s'établir. Comme il n'en trouve pas, **44** il se dit : "Je vais retourner dans ma maison, celle que j'ai quittée." Il y retourne et la trouve vide, balayée, bien arrangée. **45** Alors il s'en va prendre sept autres esprits encore plus malfaisants que lui ; ils reviennent ensemble dans la maison et s'y installent. Finalement, l'état de cet homme est donc pire qu'au début. Et il en ira de même pour les gens mauvais d'aujourd'hui. »

## La mère et les frères de Jésus

**46** Jésus parlait encore à la foule, lorsque sa mère et ses frères arrivèrent. Ils se tenaient dehors et cherchaient à lui parler. **47** Quelqu'un dit à Jésus : « Écoute, ta mère et tes frères se tiennent dehors et désirent te parler. » **48** Jésus répondit à cette personne : « Qui est ma mère et

**La vraie famille de Jésus**
*La famille de Jésus est inquiète et ne comprend pas ses agissements. Elle se tient dehors alors que les disciples et une foule très dense sont assis autour de lui. Jésus offre la parenté à tous ceux qui écoutent sa parole et accomplissent la volonté de Dieu. Jésus les unit à lui dans une relation plus forte que celle du sang. Ils deviennent ses frères, ses sœurs, sa mère.*

qui sont mes frères ? » ⁴⁹ Puis il désigna de la main ses disciples et dit : « Voyez : ma mère et mes frères sont ici. ⁵⁰ Car celui qui fait la volonté de mon Père qui est dans les cieux est mon frère, ma sœur ou ma mère. »

## La parabole du semeur

13 ¹ Ce jour-là, Jésus sortit de la maison et alla s'asseoir au bord du lac pour enseigner. ² Une foule nombreuse s'assembla autour de lui, si bien qu'il monta dans une barque et s'y assit. Les gens se tenaient au bord de l'eau. ³ Il leur parlait de beaucoup de choses en utilisant des paraboles et il leur disait : « Un jour, un homme s'en alla dans son champ pour semer. ⁴ Tandis qu'il lançait la semence, une partie des grains tomba le long du chemin : les oiseaux vinrent et les mangèrent. ⁵ Une autre partie tomba sur un sol pierreux où il y avait peu de terre. Les grains poussèrent aussitôt parce que la couche de terre n'était pas profonde. ⁶ Quand le soleil fut haut dans le ciel, il brûla les jeunes plantes : elles se desséchèrent parce que leurs racines étaient insuffisantes. ⁷ Une autre partie des grains tomba parmi des plantes épineuses. Celles-ci grandirent et étouffèrent les bonnes pousses. ⁸ Mais d'autres grains tombèrent dans la bonne terre et produisirent des épis : les uns portaient cent grains, d'autres soixante et d'autres trente. » ⁹ Et Jésus ajouta : « Écoutez bien, si vous avez des oreilles ! »

## Pourquoi Jésus utilise des paraboles

¹⁰ Les disciples s'approchèrent alors de Jésus et lui demandèrent : « Pourquoi leur parles-tu en utilisant des paraboles ? » ¹¹ Il leur répondit : « Vous avez reçu, vous, la connaissance des secrets du Royaume des cieux, mais eux ne l'ont pas reçue. ¹² Car celui qui a quelque chose recevra davantage et il sera dans l'abondance ; mais à celui qui n'a rien on enlèvera même le peu qui pourrait lui rester. ¹³ C'est pourquoi j'utilise des paraboles pour leur parler : parce qu'ils regardent sans voir et qu'ils écoutent sans entendre et sans comprendre. ¹⁴ Ainsi s'accomplit pour eux la prophétie exprimée par Ésaïe en ces termes :
"Vous entendrez bien,
mais vous ne comprendrez pas ;
vous regarderez bien,
mais vous ne verrez pas.
¹⁵ Car ce peuple est devenu insensible ;
ils se sont bouché les oreilles,
ils ont fermé les yeux,

*Jésus parle en paraboles*
*Les paraboles sont des récits imagés, des comparaisons. Souvent, elles sont inspirées d'événements de la vie quotidienne. Les paraboles de Jésus annoncent la venue d'un monde nouveau. Elles provoquent chez les auditeurs une transformation de leur mode de pensée et de vivre, du moins chez ceux qui ne se ferment pas parce qu'ils croient déjà tout savoir.*

*La parabole du semeur*
*La parabole du semeur s'inspire de l'ancienne pratique des semailles au Proche-Orient.*

*On semait sur des champs non préparés, même sur les sentiers, dans les cailloux ou les buissons au bord du champ. La semence était ensuite simplement enfouie en terre par les labours. Jésus jette sa graine à profusion, mais sa parole tombe sur de la mauvaise terre, elle rencontre l'indifférence et l'hostilité. Sa mission semble vouée à l'échec. Jésus dit ici sa foi en la fécondité de la Parole de Dieu et en l'accueil que son message recevra chez certains.*

afin d'empêcher leurs yeux de voir,
leurs oreilles d'entendre,
leur intelligence de comprendre,
et ainsi, ils ne reviendront pas à moi
pour que je les guérisse, dit Dieu."
[16] « Quant à vous, heureux êtes-vous : vos yeux voient et vos oreilles entendent ! [17] Je vous le déclare, c'est la vérité : beaucoup de prophètes et de gens fidèles à Dieu ont désiré voir ce que vous voyez, mais ne l'ont pas vu, et entendre ce que vous entendez, mais ne l'ont pas entendu. »

*Jésus annonce que le Royaume de Dieu est déjà là. Mais comment le croire puisque le péché fait toujours des ravages ? Jésus invite ses disciples à la patience et l'espérance. On ne fait pas grandir le Royaume en cherchant à éradiquer le mal, mais en faisant confiance en la fécondité de la Parole de Dieu en l'homme. Il revient à Dieu de faire le tri.*

## Jésus explique la parabole du semeur

[18] « Écoutez donc ce que signifie la parabole du semeur. [19] Ceux qui entendent parler du Royaume et ne comprennent pas sont comme le bord du chemin où tombe la semence : le Mauvais arrive et arrache ce qui a été semé dans leur cœur. [20] D'autres sont comme le terrain pierreux où tombe la semence : ils entendent la parole et la reçoivent aussitôt avec joie. [21] Mais ils ne la laissent pas s'enraciner en eux, ils ne s'y attachent qu'un instant. Et alors, quand survient la détresse ou la persécution à cause de la parole de Dieu, ils renoncent bien vite à la foi. [22] D'autres encore reçoivent la semence parmi des plantes épineuses : ils ont entendu la parole, mais les préoccupations de ce monde et l'attrait trompeur de la richesse étouffent la parole, et elle ne produit rien. [23] D'autres, enfin, reçoivent la semence dans de la bonne terre : ils entendent la parole et la comprennent ; ils portent alors des fruits, les uns cent, d'autres soixante et d'autres trente. »

## La parabole de la mauvaise herbe

[24] Jésus leur raconta une autre parabole : « Voici à quoi ressemble le Royaume des cieux : Un homme avait semé de la bonne semence dans son champ. [25] Une nuit, pendant que tout le monde dormait, un ennemi de cet homme vint semer de la mauvaise herbe parmi le blé et s'en alla. [26] Lorsque les plantes poussèrent et que les épis se formèrent, la mauvaise herbe apparut aussi. [27] Les serviteurs du propriétaire vinrent lui dire : "Maître, tu avais semé de la bonne semence dans ton champ : d'où vient donc cette mauvaise herbe ?" [28] Il leur répondit : "C'est un ennemi qui a fait cela." Les serviteurs lui demandèrent alors : "Veux-tu que nous allions enlever la mauvaise

herbe ?" – ²⁹ "Non, répondit-il, car en l'enlevant vous risqueriez d'arracher aussi le blé. ³⁰ Laissez-les pousser ensemble jusqu'à la moisson et, à ce moment-là, je dirai aux moissonneurs : Enlevez d'abord la mauvaise herbe et liez-la en bottes pour la brûler, puis vous rentrerez le blé dans mon grenier." »

## La parabole de la graine de moutarde

³¹ Jésus leur raconta une autre parabole : « Le Royaume des cieux ressemble à une graine de moutarde qu'un homme a prise et semée dans son champ. ³² C'est la plus petite de toutes les graines ; mais quand elle a poussé, c'est la plus grande de toutes les plantes du jardin : elle devient un arbre, de sorte que les oiseaux viennent faire leurs nids dans ses branches. »

## La parabole du levain

³³ Jésus leur dit une autre parabole : « Le Royaume des cieux ressemble au levain qu'une femme prend et mêle à une grande quantité de farine, si bien que toute la pâte lève. »

## Comment Jésus utilisait des paraboles

³⁴ Jésus dit tout cela aux foules en utilisant des paraboles ; il ne leur parlait pas sans utiliser de paraboles. ³⁵ Il agissait ainsi afin que se réalise cette parole du prophète : « Je m'exprimerai par des paraboles,
    j'annoncerai des choses tenues secrètes
        depuis la création du monde. »

## Jésus explique la parabole de la mauvaise herbe

³⁶ Alors Jésus quitta la foule et se rendit à la maison. Ses disciples s'approchèrent de lui et dirent : « Explique-nous la parabole de la mauvaise herbe dans le champ. » ³⁷ Jésus répondit en ces termes : « Celui qui sème la bonne semence, c'est le Fils de l'homme ; ³⁸ le champ, c'est le monde ; la bonne semence représente ceux qui se soumettent au Royaume ; la mauvaise herbe représente ceux qui obéissent au Mauvais ; ³⁹ l'ennemi qui sème la mauvaise herbe, c'est le diable ; la moisson, c'est la fin du monde ; et les moissonneurs, ce sont les anges. ⁴⁰ Comme on enlève la mauvaise herbe pour la jeter au feu, ainsi en sera-t-il à la fin du monde : ⁴¹ le Fils de l'homme enverra ses anges, ils élimineront de son Royaume tous ceux qui détournent de la foi les autres et ceux qui commettent le mal, ⁴² et ils les jetteront dans le feu de la fournaise ; c'est

**La graine de moutarde et le levain**

*On aimerait tant que l'action de Dieu soit spectaculaire et immédiate. Laissez le temps au temps, dit Jésus. Observez l'action d'une petite graine de moutarde ainsi que d'un peu de levain dans la pâte. Il en est ainsi de la Parole de Dieu. Elle paraît si petite. Et pourtant !*

*Même dans les champs d'aujourd'hui et avec les moyens modernes, on ne peut éviter les mauvaises herbes. Jésus explique dans sa parabole que le blé et les mauvaises herbes seront triés lors de la récolte.*

*Pour les pêcheurs du lac de Galilée, c'est une expérience quotidienne : dans leurs filets se prennent des bons poissons et d'autres, immangeables, qu'il faut rejeter. Le mal a été vaincu, dit Jésus, mais cette victoire ne sera manifestée qu'à la fin des temps.*

là que beaucoup pleureront et grinceront des dents. **43** Mais alors, ceux qui sont fidèles à Dieu brilleront comme le soleil dans le Royaume de leur Père. Écoutez bien, si vous avez des oreilles ! »

## Le trésor caché et la perle

**44** « Le Royaume des cieux ressemble à un trésor caché dans un champ. Un homme découvre ce trésor et le cache de nouveau. Il est si heureux qu'il va vendre tout ce qu'il possède et revient acheter ce champ.

**45** « Le Royaume des cieux ressemble encore à un marchand qui cherche de belles perles. **46** Quand il en a trouvé une de grande valeur, il va vendre tout ce qu'il possède et achète cette perle. »

## La parabole du filet

**47** « Le Royaume des cieux ressemble encore à un filet qu'on a jeté dans le lac et qui attrape toutes sortes de poissons. **48** Quand il est plein, les pêcheurs le tirent au bord de l'eau, puis s'asseyent pour trier les poissons : ils mettent les bons dans des paniers et rejettent ceux qui ne valent rien. **49** Ainsi en sera-t-il à la fin du monde : les anges viendront séparer les méchants d'avec les bons **50** pour les jeter dans le feu de la fournaise ; c'est là que beaucoup pleureront et grinceront des dents. »

## Des richesses nouvelles et anciennes

**51** « Avez-vous compris tout cela ? » leur demanda Jésus. « Oui », répondirent-ils. **52** Il leur dit alors : « Ainsi donc, tout maître de la loi qui devient disciple du Royaume des cieux est semblable à un propriétaire qui tire de son trésor des choses nouvelles et des choses anciennes. »

*Piero Lorenzo Monaco : le Banquet d'Hérode. Le peintre montre le moment où la tête de Jean-Baptiste est apportée à Salomé, au milieu des invités.*

## Les gens de Nazareth ne croient pas en Jésus

⁵³ Quand Jésus eut fini de raconter ces paraboles, il partit de là ⁵⁴ et se rendit dans la ville où il avait grandi. Il se mit à enseigner dans la synagogue de l'endroit et toutes les personnes présentes furent très étonnées. Elles disaient : « D'où a-t-il cette sagesse ? comment peut-il accomplir ces miracles ? ⁵⁵ N'est-ce pas lui le fils du charpentier ? Marie n'est-elle pas sa mère ? Jacques, Joseph, Simon et Jude ne sont-ils pas ses frères ? ⁵⁶ Et ses sœurs ne vivent-elles pas toutes parmi nous ? D'où a-t-il donc tout ce pouvoir ? » ⁵⁷ Et cela les empêchait de croire en lui. Alors Jésus leur dit : « Un prophète est estimé partout, excepté dans sa ville natale et dans sa famille. » ⁵⁸ Jésus n'accomplit là que peu de miracles à cause de leur manque de foi.

## La mort de Jean-Baptiste

**14** ¹ En ce temps-là, Hérode, qui régnait sur la Galilée, entendit parler de Jésus. ² Il dit à ses serviteurs : « C'est Jean-Baptiste : il est revenu d'entre les morts ! Voilà pourquoi il a le pouvoir d'accomplir des miracles. » ³ En effet, Hérode avait ordonné d'arrêter Jean, de l'enchaîner et de le jeter en prison. C'était à cause d'Hérodiade, la femme de son frère Philippe. ⁴ Car Jean disait à Hérode : « Il ne t'est pas permis d'avoir Hérodiade pour femme ! » ⁵ Hérode voulait faire mourir Jean, mais il craignait le peuple juif, car tous considéraient Jean comme un prophète. ⁶ Cependant, le jour de l'anniversaire d'Hérode, la fille d'Hérodiade dansa devant les invités. Elle plut tellement à Hérode ⁷ qu'il jura de lui donner tout ce qu'elle demanderait. ⁸ Sur le conseil de sa mère, elle lui dit : « Donne-moi ici la tête de Jean-Baptiste sur un plat ! » ⁹ Le roi en fut attristé ; mais à cause des serments qu'il avait faits devant ses invités, il donna l'ordre de la lui accorder. ¹⁰ Il envoya donc quelqu'un couper la tête de Jean-Baptiste dans la prison. ¹¹ La tête fut apportée sur un plat et donnée à la jeune fille, qui la remit à sa mère. ¹² Les disciples de Jean vinrent prendre son corps et l'enterrèrent ; puis ils allèrent annoncer à Jésus ce qui s'était passé.

## Jésus nourrit cinq mille hommes

¹³ Quand Jésus entendit cette nouvelle, il partit de là en barque pour se rendre seul dans un endroit isolé. Mais les foules l'apprirent ; elles sortirent des localités voisines et suivirent Jésus en marchant au bord de l'eau. ¹⁴ Lorsque Jésus sortit de la barque, il vit une grande

*Hérode Antipas*

*Cet Hérode est un fils d'Hérode le Grand, qui régnait au moment de la naissance de Jésus. Le règne d'Hérode Antipas dura de 4 av. J.-C. à 39 ap. J.-C. Il est entré en conflit avec Jean parce que celui-ci a condamné son mariage avec Hérodiade, la femme de son frère. Hérodiade manoeuvre pour écarter Jean-Baptiste de son chemin. Comme Jean-Baptiste, Jésus fait ombrage aux puissants. Tous deux courent le même danger et connaîtront le destin des prophètes qui ont dénoncé les injustices.*

*La mosaïque de l'église de la multiplication des pains à Tabgha près du lac de Galilée illustre le repas, au cours duquel Jésus nourrit plus de 5000 personnes avec cinq pains et deux poissons. Certains termes de ce récit évoquent un autre repas, celui de la dernière Cène.*

foule ; il eut le cœur rempli de pitié pour ces gens et il se mit à guérir leurs malades. <sup>15</sup> Quand le soir fut venu, les disciples de Jésus s'approchèrent de lui et dirent : « Il est déjà tard et cet endroit est isolé. Renvoie tous ces gens pour qu'ils aillent dans les villages s'acheter des vivres. » <sup>16</sup> Jésus leur répondit : « Il n'est pas nécessaire qu'ils s'en aillent ; donnez-leur vous-mêmes à manger ! » <sup>17</sup> Mais ils lui dirent : « Nous n'avons ici que cinq pains et deux poissons. » – <sup>18</sup> « Apportez-les-moi », leur dit Jésus. <sup>19</sup> Ensuite, il ordonna à la foule de s'asseoir sur l'herbe ; puis il prit les cinq pains et les deux poissons, leva les yeux vers le ciel et remercia Dieu. Il rompit les pains et les donna aux disciples, et ceux-ci les distribuèrent à la foule. <sup>20</sup> Chacun mangea à sa faim. Les disciples emportèrent douze corbeilles pleines des morceaux qui restaient. <sup>21</sup> Ceux qui avaient mangé étaient au nombre d'environ cinq mille hommes, sans compter les femmes et les enfants.

## Jésus marche sur le lac

<sup>22</sup> Aussitôt après, Jésus fit monter les disciples dans la barque pour qu'ils passent avant lui de l'autre côté du lac, pendant que lui-même renverrait la foule. <sup>23</sup> Après l'avoir renvoyée, il monta sur une colline pour prier. Quand le soir fut venu, il se tenait là, seul ; <sup>24</sup> la barque était déjà à une bonne distance de la terre, elle était battue par les vagues, car le vent soufflait contre elle. <sup>25</sup> Tard dans la nuit, Jésus se dirigea vers ses disciples en marchant sur l'eau. <sup>26</sup> Quand ils le virent marcher sur l'eau, ils furent terrifiés et dirent : « C'est un fantôme ! » Et ils poussèrent des cris de frayeur. <sup>27</sup> Mais aussitôt Jésus leur parla : « Courage, leur dit-il. C'est moi, n'ayez pas peur ! » <sup>28</sup> Pierre prit alors la parole et lui dit : « Seigneur, si c'est bien toi, ordonne que j'aille vers toi sur l'eau. » – <sup>29</sup> « Viens ! » répondit Jésus.

Pierre sortit de la barque et se mit à marcher sur l'eau pour aller à Jésus. <sup>30</sup> Mais quand il remarqua la violence du vent, il prit peur. Il commença à s'enfoncer dans l'eau et s'écria : « Seigneur, sauve-moi ! » <sup>31</sup> Aussitôt, Jésus étendit la main, le saisit et lui dit : « Comme ta confiance est faible ! Pourquoi as-tu douté ? » <sup>32</sup> Ils montèrent tous les deux dans la barque et le vent tomba. <sup>33</sup> Alors les disciples qui étaient dans la barque se mirent à genoux devant Jésus et dirent : « Tu es vraiment le Fils de Dieu ! »

## Jésus guérit les malades dans la région de Génésareth

<sup>34</sup> Ils achevèrent la traversée du lac et arrivèrent dans la région de Génésareth. <sup>35</sup> Les gens de l'endroit recon-

*Jésus envoie les apôtres de l'autre côté du lac, en territoire étranger. Pendant la traversée les éléments se déchaînent, ils prennent peur et se sentent abandonnés. Jésus les rejoint au milieu de la tempête et ils reprennent confiance. Les premiers chrétiens, dispersés dans les territoires étrangers, sombraient parfois dans le doute. Tant d'événements les menaçaient. Mais ils ont fait l'expérience de la présence du ressuscité au milieu d'eux. Le récit de la marche sur les eaux est une proclamation de foi en Jésus, le Fils de Dieu, celui qui vient arracher les disciples à leurs peurs, leurs doutes et leur désarroi.*

nurent Jésus et répandirent dans les environs la nouvelle de son arrivée, et on lui amena tous les malades. **36** On le suppliait de les laisser toucher au moins le bord de son manteau ; et tous ceux qui le touchaient étaient guéris

## L'enseignement transmis par les ancêtres

**15** **1** Des Pharisiens et des maîtres de la loi vinrent alors de Jérusalem trouver Jésus et lui demandèrent : **2** « Pourquoi tes disciples désobéissent-ils aux règles transmises par nos ancêtres ? Car ils ne se lavent pas les mains selon la coutume avant de manger. » **3** Jésus leur répondit : « Et vous, pourquoi désobéissez-vous au commandement de Dieu pour agir selon votre propre tradition ? **4** Dieu a dit en effet : "Respecte ton père et ta mère", et aussi "Celui qui maudit son père ou sa mère doit être mis à mort." **5** Mais vous, vous enseignez que si quelqu'un déclare à son père ou à sa mère : "Ce que je pourrais te donner pour t'aider est une offrande réservée à Dieu", **6** il n'a pas besoin de marquer pratiquement son respect pour son père. C'est ainsi que vous annulez l'exigence de la parole de Dieu pour agir selon votre propre tradition ! **7** Hypocrites ! Ésaïe avait bien raison lorsqu'il prophétisait à votre sujet en ces termes :
**8** "Ce peuple, dit Dieu m'honore en paroles, mais de cœur il est loin de moi.
**9** Le culte que ces gens me rendent est sans valeur car les doctrines qu'ils enseignent ne sont que des prescriptions humaines." »

## Les choses qui rendent un homme impur

**10** Puis Jésus appela la foule et dit à tous : « Écoutez et comprenez ceci : **11** Ce n'est pas ce qui entre dans la bouche d'un homme qui le rend impur. Mais ce qui sort de sa bouche, voilà ce qui le rend impur. » **12** Les disciples s'approchèrent alors de Jésus et lui dirent : « Sais-tu que les Pharisiens ont été scandalisés de t'entendre parler ainsi ? » **13** Il répondit : « Toute plante que n'a pas plantée mon Père qui est au ciel sera arrachée. **14** Laissez-les : ce

### Pur et impur

*Au temps de Jésus, des milieux juifs pieux prescrivent une observance stricte et méticuleuse des commandements et des règles de pureté. Mais toutes ces mesures de pureté peuvent facilement devenir une routine superficielle. Jésus reproche aux dévots leur hypocrisie. Pour lui, le sens profond des commandements, c'est de se laisser guider dans son comportement par son amour pour Dieu et pour son prochain. C'est ainsi qu'il dit : « Ce n'est pas ce qui entre dans la bouche d'un homme qui le rend impur. Mais ce qui sort de sa bouche, voilà ce qui le rend impur. »*
*(Matthieu 15,11)*

*« Si un aveugle conduit un autre aveugle, ils tomberont tous les deux dans un trou. »*
*(Matthieu 15,14)*
*Ce tableau de Pieter Brueghel l'Ancien illustre « La Parabole des aveugles ».*

**La femme de Canaan**

*Les Cananéens étaient les habitants du pays de Canaan (Palestine) avant que le peuple d'Israël n'en prenne possession. Ils étaient généralement considérés comme des non-Juifs, et donc comme des impurs à éviter. Les premiers chrétiens étaient divisés sur l'attitude à adopter à l'égard des païens qui se convertissaient au christianisme. Ce récit de la Cananéenne a sans doute aidé les premiers chrétiens à s'ouvrir aux païens. Devenus disciples de Jésus, ces derniers ne souhaitaient pas être soumis à la tradition juive.*

sont des aveugles conducteurs d'aveugles ! Et si un aveugle conduit un autre aveugle, ils tomberont tous les deux dans un trou. » ¹⁵ Pierre prit la parole et lui dit : « Explique-nous le sens de cette image. » ¹⁶ Jésus dit : « Etes-vous encore, vous aussi, sans intelligence ? ¹⁷ Ne comprenez-vous pas que tout ce qui entre dans la bouche de quelqu'un passe dans son ventre et sort ensuite de son corps ? ¹⁸ Mais ce qui sort de la bouche vient du cœur, et c'est cela qui rend l'homme impur. ¹⁹ Car de son cœur viennent les mauvaises pensées qui le poussent à tuer, commettre l'adultère, vivre dans l'immoralité, voler, prononcer de faux témoignages et dire du mal des autres. ²⁰ Voilà ce qui rend l'homme impur ! Mais manger sans s'être lavé les mains selon la coutume, cela ne rend pas l'homme impur. »

## Une femme étrangère croit en Jésus

²¹ Puis Jésus partit de là et s'en alla dans le territoire de Tyr et de Sidon. ²² Une femme cananéenne qui vivait dans cette région vint à lui et s'écria : « Maître, Fils de David, aie pitié de moi ! Ma fille est tourmentée par un esprit mauvais, elle va très mal ! » ²³ Mais Jésus ne répondit pas un mot. Ses disciples s'approchèrent pour lui adresser cette demande : « Renvoie-la, car elle ne cesse de crier en nous suivant. » ²⁴ Jésus répondit : « Je n'ai été envoyé qu'aux brebis perdues du peuple d'Israël. »

²⁵ Mais la femme vint se mettre à genoux devant lui et dit : « Maître, aide-moi ! » ²⁶ Jésus répondit : « Il n'est pas bien de prendre le pain des enfants et de le jeter aux

*Le tableau de Tintoret « La Multiplication des pains et des poissons » montre Jésus distribuant le pain et rassasiant la foule.*

chiens. » – ²⁷ « C'est vrai, Maître, dit-elle, pourtant même les chiens mangent les miettes qui tombent de la table de leurs maîtres. » ²⁸ Alors Jésus lui répondit : « Oh ! que ta foi est grande ! Dieu t'accordera ce que tu désires. » Et sa fille fut guérie à ce moment même.

## Jésus guérit de nombreux malades

²⁹ Jésus partit de là et se rendit au bord du lac de Galilée. Il monta sur une colline et s'assit. ³⁰ Des foules nombreuses vinrent à lui, amenant avec elles des boiteux, des aveugles, des infirmes, des muets et beaucoup d'autres malades. On les déposa aux pieds de Jésus et il les guérit. ³¹ Les gens furent remplis d'étonnement quand ils virent les muets parler, les infirmes être guéris, les boiteux marcher et les aveugles voir, et ils se mirent à louer le Dieu d'Israël.

## Jésus nourrit quatre mille hommes

³² Jésus appela ses disciples et dit : « J'ai pitié de ces gens, car voilà trois jours qu'ils sont avec moi et ils n'ont plus rien à manger. Je ne veux pas les renvoyer le ventre vide ; ils pourraient se trouver mal en chemin. » ³³ Les disciples lui demandèrent : « Où pourrions-nous trouver de quoi faire manger à sa faim une telle foule, dans cet endroit désert ? » ³⁴ Jésus leur demanda : « Combien avez-vous de pains ? » Et ils répondirent : « Sept, et quelques petits poissons. » ³⁵ Alors, il ordonna à la foule de s'asseoir par terre. ³⁶ Puis il prit les sept pains et les poissons, remercia Dieu, les rompit et les donna à ses disciples, et les disciples les distribuèrent à tous. ³⁷ Chacun mangea à sa faim. Les disciples emportèrent sept corbeilles pleines des morceaux qui restaient. ³⁸ Ceux qui avaient mangé étaient au nombre de quatre mille hommes, sans compter les femmes et les enfants. ³⁹ Après avoir renvoyé la foule, Jésus monta dans la barque et se rendit dans la région de Magadan.

## Les Pharisiens et les Sadducéens demandent un signe miraculeux

**16** ¹ Les Pharisiens et les Sadducéens s'approchèrent de Jésus pour lui tendre un piège. Ils lui demandèrent de leur montrer par un signe miraculeux qu'il venait de la part de Dieu. ² Mais Jésus leur répondit en ces termes : « Au coucher du soleil, vous dites : "Il va faire beau temps, car le ciel est rouge." ³ Et tôt le matin, vous dites : "Il va pleuvoir aujourd'hui, car le ciel est rouge sombre." Vous savez interpréter les aspects du ciel, mais vous êtes incapables d'interpréter les signes qui concernent ces temps-ci ! ⁴ Les gens d'aujourd'hui, qui sont mauvais et infidèles à Dieu, réclament un signe miraculeux, mais aucun signe ne leur sera accordé si ce n'est celui de Jonas. » Puis il les laissa et partit.

*« Au coucher du soleil, vous dites : "Il va faire beau temps car le ciel est rouge"... mais vous êtes incapables d'interpréter les signes qui concernent ces temps-ci. » (Matthieu 16,2-3)*
*Les adversaires de Jésus exigent de lui des signes démontrant qu'il est le Messie. Pourtant les signes ne manquent pas : les aveugles voient, les boiteux marchent... et la Bonne Nouvelle est annoncée aux pauvres. Le signe qui leur sera accordé, sera celui de Jonas ; le Christ ressuscitera et les païens se convertiront.*

## Le levain des Pharisiens et des Sadducéens

⁵ Quand les disciples passèrent de l'autre côté du lac, ils oublièrent d'emporter du pain. ⁶ Jésus leur dit alors : « Attention ! Gardez-vous du levain des Pharisiens et des Sadducéens. » ⁷ Les disciples se mirent à dire entre eux : « Il parle ainsi parce que nous n'avons pas emporté de pain. » ⁸ Jésus s'aperçut de ce qu'ils disaient et leur demanda : « Pourquoi dire entre vous : c'est parce que nous n'avons pas de pain ? Comme votre confiance est faible ! ⁹ Ne comprenez-vous pas encore ? Ne vous rappelez-vous pas les cinq pains distribués aux cinq mille hommes et le nombre de corbeilles que vous avez emportées ? ¹⁰ Et ne vous rappelez-vous pas les sept pains distribués aux quatre mille hommes et le nombre de corbeilles que vous avez emportées ? ¹¹ Comment ne comprenez-vous pas que je ne vous parlais pas de pain quand je vous disais : Gardez-vous du levain des Pharisiens et des Sadducéens ? »

¹² Alors les disciples comprirent qu'il ne leur avait pas dit de se garder du levain utilisé pour le pain, mais de l'enseignement des Pharisiens et des Sadducéens.

## Pierre déclare que Jésus est le Messie

¹³ Jésus se rendit dans le territoire de Césarée de Philippe. Il demanda à ses disciples : « Que disent les gens au

***La déclaration de Pierre***

*Pierre recevant les clés du Royaume des cieux, par Domenico Campagnola. Pierre déclare que Jésus est le Christ. Le mot « Christ » est la traduction grecque de l'hébreu « Messie » et signifie « l'oint ». A l'origine, le terme s'appliquait à un roi, investi de la puissance divine par l'acte solennel de l'onction. Plus tard, le peuple attendait, avec le Messie, le chef idéal qui le libérerait de toutes les oppressions spirituelles et politiques. Pierre affirme ici ce qui ne deviendra une vérité pour les disciples qu'après la résurrection de Jésus : Jésus est le Christ, avec lui a commencé l'ère du salut. Jésus, dans sa réponse, joue sur le nom de Pierre. Il souligne ainsi la position particulière de Pierre parmi les disciples et dans la première communauté. Jésus remet symboliquement à Pierre la clé du Royaume de Dieu. La foi de Pierre qui proclame Jésus le Messie, le Fils de Dieu, devient en quelque sorte la référence pour la foi de l'Église et cette Église est appelée à ouvrir l'accès du Royaume à tous.*

sujet du Fils de l'homme ? » ¹⁴ Ils répondirent : « Certains disent que tu es Jean-Baptiste, d'autres que tu es Élie, et d'autres encore que tu es Jérémie ou un autre prophète. » – ¹⁵ « Et vous, leur demanda Jésus, qui dites-vous que je suis ? » ¹⁶ Simon Pierre répondit : « Tu es le Messie, le Fils du Dieu vivant. » ¹⁷ Jésus lui dit alors : « Tu es heureux, Simon fils de Jean, car ce n'est pas un être humain qui t'a révélé cette vérité, mais mon Père qui est dans les cieux. ¹⁸ Eh bien, moi, je te le déclare, tu es Pierre et sur cette pierre je construirai mon Église. La mort elle-même ne pourra rien contre elle. ¹⁹ Je te donnerai les clés du Royaume des cieux : ce que tu excluras sur terre sera exclu dans les cieux ; ce que tu accueilleras sur terre sera accueilli dans les cieux. » ²⁰ Puis Jésus ordonna sévèrement à ses disciples de ne dire à personne qu'il était le Messie.

## Jésus annonce sa mort et sa résurrection

²¹ A partir de ce moment, Jésus se mit à parler ouvertement à ses disciples en disant : « Il faut que j'aille à Jérusalem et que j'y souffre beaucoup de la part des anciens, des chefs des prêtres et des maîtres de la loi. Je serai mis à mort et, le troisième jour, je reviendrai à la vie. » ²² Alors Pierre le prit à part et se mit à lui faire des reproches : « Dieu t'en garde, Seigneur ! dit-il. Non, cela ne t'arrivera pas ! » ²³ Mais Jésus se retourna et dit à Pierre : « Va-t'en loin de moi, Satan ! Tu es un obstacle sur ma route, car tu ne penses pas comme Dieu, mais comme les êtres humains. »

²⁴ Puis Jésus dit à ses disciples : « Si quelqu'un veut venir avec moi, qu'il cesse de penser à lui-même, qu'il porte sa croix et me suive. ²⁵ En effet, celui qui veut sauver sa vie la perdra ; mais celui qui perdra sa vie pour moi la retrouvera. ²⁶ A quoi servirait-il à un homme de gagner le monde entier, si c'est au prix de sa vie ? Que pourrait-il donner pour racheter sa vie ? ²⁷ En effet, le Fils de l'homme va venir dans la gloire de son Père avec ses anges, et alors il traitera chacun selon la façon dont il aura agi. ²⁸ Je vous le déclare, c'est la vérité : quelques-uns de ceux qui sont ici ne mourront pas avant d'avoir vu le Fils de l'homme venir comme roi. »

## La transfiguration de Jésus

**17** ¹ Six jours après, Jésus prit avec lui Pierre, Jacques et Jean, frère de Jacques, et les conduisit sur une haute montagne où ils se trouvèrent seuls. ² Il changea d'aspect devant leurs yeux ; son visage se mit à briller

**Sur le chemin de Jérusalem**
*Jésus se prépare à aller à Jérusalem. Il prévient les disciples qu'il subira le même destin que de nombreux prophètes. Ce sont ceux-là mêmes qui ont mission de parler au nom de Dieu, les maîtres de la Loi, les anciens et les prêtres, qui le condamneront.*

*On peut comprendre le désarroi des disciples. Il n'est pas possible que le Messie de Dieu puisse être rejeté par les autorités religieuses et encore moins qu'il soit mis à mort. Le reproche que Pierre fait à Jésus rappelle la tentation constante d'oublier la mort du Christ sur la croix et d'attendre de Dieu qu'il se manifeste avec puissance.*

**Moïse et Élie**
*Moïse et Élie sont deux des personnages les plus importants de l'Ancien Testament. Tous deux ont rencontré Dieu au mont Sinaï. Moïse représente ici la loi de l'Ancien Testament et Élie les prophètes. Le retour d'Élie est attendu comme le signe de la venue de l'ère du salut.*

39

comme le soleil et ses vêtements devinrent blancs comme la lumière. ³ Soudain les trois disciples virent Moïse et Élie qui parlaient avec Jésus. ⁴ Pierre dit alors à Jésus : « Seigneur, il est bon que nous soyons ici. Si tu le veux, je vais dresser ici trois tentes, une pour toi, une pour Moïse et une pour Élie. » ⁵ Il parlait encore, lorsqu'un nuage brillant vint les couvrir, et du nuage une voix se fit entendre : « Celui-ci est mon Fils bien-aimé en qui je mets toute ma joie. Écoutez-le ! » ⁶ Quand les disciples entendirent cette voix, ils eurent tellement peur qu'ils se jetèrent le visage contre terre. ⁷ Jésus s'approcha d'eux, les toucha et dit : « Relevez-vous, n'ayez pas peur. » ⁸ Ils levèrent alors les yeux et ne virent personne d'autre que Jésus. ⁹ Tandis qu'ils descendaient de la montagne, Jésus leur fit cette recommandation : « Ne parlez à personne de cette vision, jusqu'à ce que le Fils de l'homme revienne d'entre les morts. »

¹⁰ Puis les disciples interrogèrent Jésus : « Pourquoi les maîtres de la loi disent-ils qu'Élie doit venir d'abord ? » ¹¹ Il leur répondit : « Élie doit en effet venir et tout remettre en ordre. ¹² Quant à moi, je vous le déclare : Élie est déjà venu, les gens ne l'ont pas reconnu mais l'ont traité comme ils l'ont voulu. C'est ainsi que le Fils de l'homme lui-même sera maltraité par eux. » ¹³ Les disciples comprirent alors qu'il leur parlait de Jean-Baptiste.

*Le tableau ci-dessus est une oeuvre de l'atelier de Ludovico Carrache. Trois disciples choisis sont témoins de la puissance et de la gloire, jusque-là cachées en Jésus, que Dieu révèle maintenant en lui. Cette scène est appelée la « Transfiguration de Jésus ». L'apparition de Moïse et d'Élie et la voix de Dieu désignent Jésus comme le Messie, le Sauveur attendu pour la fin des temps.*

## Jésus guérit un enfant épileptique

¹⁴ Quand ils arrivèrent là où était la foule, un homme s'approcha de Jésus, se mit à genoux devant lui ¹⁵ et dit : « Maître, aie pitié de mon fils. Il est épileptique et il a de telles crises que, souvent, il tombe dans le feu ou dans l'eau. ¹⁶ Je l'ai amené à tes disciples, mais ils n'ont pas pu le guérir. » ¹⁷ Jésus s'écria : « Gens mauvais et sans foi que vous êtes ! Combien de temps encore devrai-je rester avec vous ? Combien de temps encore devrai-je vous supporter ? Amenez-moi l'enfant ici. » ¹⁸ Jésus menaça l'esprit mauvais ; celui-ci sortit de l'enfant qui fut guéri à ce moment même. ¹⁹ Les disciples s'approchèrent alors de Jésus en particulier et lui demandèrent : « Pourquoi n'avons-nous pas pu chasser cet esprit ? » ²⁰ Jésus leur répondit : « Parce que vous avez trop peu de foi. Je vous le déclare, c'est la vérité : si vous aviez de la foi gros comme un grain

de moutarde, vous diriez à cette colline : "Déplace-toi d'ici à là-bas", et elle se déplacerait. Rien ne vous serait impossible. [²¹ Mais c'est par la prière et le jeûne seulement qu'on peut faire sortir ce genre d'esprit.] »

## Jésus annonce de nouveau sa mort et sa résurrection

²² Un jour que les disciples se trouvaient tous ensemble en Galilée, Jésus leur dit : « Le Fils de l'homme va être livré entre les mains des hommes, ²³ qui le mettront à mort ; mais, le troisième jour, il reviendra à la vie. » Alors les disciples furent profondément attristés.

## Le paiement de l'impôt du temple

²⁴ Quand Jésus et ses disciples arrivèrent à Capernaüm, ceux qui percevaient l'impôt du temple s'approchèrent de Pierre et lui demandèrent : « Votre maître ne paie-t-il pas l'impôt du temple ? » – ²⁵ « Si, répondit Pierre, il le paie. » Au moment où Pierre entrait dans la maison, Jésus prit la parole le premier et dit : « Qu'en penses-tu, Simon ? Qui doit payer les impôts ou les taxes aux rois de ce monde ? Les citoyens de leurs pays ou les étrangers ? » – ²⁶ « Les étrangers », répondit Pierre. « Par conséquent, lui dit Jésus, les citoyens n'ont pas à payer. ²⁷ Cependant, nous ne voulons pas choquer ces gens. C'est pourquoi, va au lac, lance une ligne à l'eau, tire à toi le premier poisson que tu attraperas et ouvre-lui la bouche : tu y trouveras une pièce d'argent qui suffira pour payer mon impôt et le tien ; prends-la et paie-leur notre impôt. »

## Le plus grand dans le Royaume des cieux

**18**¹ A ce moment, les disciples s'approchèrent de Jésus et lui demandèrent : « Qui est le plus grand dans le Royaume des cieux ? » ² Jésus appela un petit enfant, le plaça au milieu d'eux ³ et dit : « Je vous le déclare, c'est la vérité : si vous ne changez pas pour devenir comme des petits enfants, vous n'entrerez pas dans le Royaume des cieux. ⁴ Le plus grand dans le Royaume des cieux est celui qui s'abaisse et devient comme cet enfant. ⁵ Et l'homme qui reçoit un enfant comme celui-ci par amour pour moi, me reçoit moi-même. »

## Sérieuse mise en garde

⁶ « Celui qui fait tomber dans le péché un de ces petits qui croient en moi, il vaudrait mieux pour lui qu'on lui at-

*Comme ces hommes d'Alexandrie, Pierre doit jeter sa ligne pour prendre un poisson. La pièce d'argent dans la bouche d'un poisson est une image fréquente dans la littérature juive et païenne ; l'ordre de Jésus devait-il être compris par Pierre de manière littérale ? Ce qui est certain, c'est que Jésus a payé l'impôt que tout Juif de plus de vingt ans devait verser, quel que soit son lieu d'habitation, pour le temple de Jérusalem. A l'époque, cet impôt s'élevait à une pièce d'argent de deux drachmes, soit le salaire d'environ deux journées de travail. Ce récit illustre la volonté de Jésus de se soumettre aux conventions de la société à laquelle il appartenait plutôt que de risquer d'offenser son entourage au nom de sa liberté.*

*Les enfants sont les êtres les plus faibles de la société. Et c'est vers eux que Jésus se tourne précisément. Il choisit en eux l'image de tous ceux qui veulent marcher avec lui. Le plus grand dans le Royaume de Dieu est celui qui accepte d'être vulnérable et qui sait qu'il a besoin des autres pour vivre.*

tache au cou une grosse pierre et qu'on le noie au fond de la mer. **7** Quel malheur pour le monde que tous les faits qui entraînent les hommes à pécher ! Ils se produisent fatalement, mais malheur à l'homme qui en est la cause ! **8** Si c'est à cause de ta main ou de ton pied que tu tombes dans le péché, coupe-les et jette-les loin de toi ; il vaut mieux pour toi entrer dans la vraie vie avec une seule main ou un seul pied que de garder les deux mains et les deux pieds et d'être jeté dans le feu éternel. **9** Et si c'est à cause de ton œil que tu tombes dans le péché, arrache-le et jette-le loin de toi ; il vaut mieux pour toi entrer dans la vraie vie avec un seul œil que de garder les deux yeux et d'être jeté dans le feu de l'enfer. »

*Les troupeaux de moutons constituent l'une des grandes richesses des paysans de Palestine. On prend soin de chacun d'eux, même du plus faible et du plus insignifiant. De la même manière, dit Jésus, Dieu prend soin des hommes les plus faibles ou qui s'égarent. Toute la vie de Jésus témoigne de son désir de ne pas se cantonner avec les purs, les durs et les parfaits mais d'aller à la recherche de ceux qui se sentent loin de Dieu.*

## La parabole du mouton égaré et retrouvé

**10** « Gardez-vous de mépriser l'un de ces petits ; je vous l'affirme, en effet, leurs anges se tiennent continuellement en présence de mon Père dans les cieux. [**11** Car le Fils de l'homme est venu sauver ceux qui étaient perdus.]

**12** « Qu'en pensez-vous ? Supposons qu'un homme possède cent moutons et que l'un d'eux s'égare, ne va-t-il pas laisser les quatre-vingt-dix-neuf autres sur la colline pour partir à la recherche de celui qui s'est égaré ? **13** Je vous l'affirme, s'il le retrouve, il ressent plus de joie pour ce mouton que pour les quatre-vingt-dix-neuf autres qui ne se sont pas égarés. **14** De même, votre Père qui est dans les cieux ne veut pas qu'un seul de ces petits se perde. »

*Le comportement entre chrétiens*

*Le souci du Christ, et de la première communauté chrétienne après lui, est de rassembler. Des conflits, il y en aura toujours. C'est pourquoi ce passage propose une solution progressive en cas de conflit. Cette procédure n'a pas pour but d'écarter quelqu'un, mais de tout faire pour lui permettre de réintégrer la communauté. La réconciliation est un long chemin et exige de la patience. Tout pardon offert par les hommes est signe et fruit du pardon de Dieu.*

## Quand un frère se rend coupable

**15** « Si ton frère se rend coupable à ton égard, va le trouver seul à seul et montre-lui sa faute. S'il t'écoute, tu auras gagné ton frère. **16** Mais s'il refuse de t'écouter, prends une ou deux autres personnes avec toi, afin que, comme le dit l'Écriture, "toute affaire soit réglée sur le témoignage de deux ou trois personnes." **17** Mais s'il refuse de les écouter, dis-le à l'Église ; et s'il refuse d'écouter l'Église, considère-le comme un incroyant ou un collecteur d'impôts.

**18** « Je vous le déclare, c'est la vérité : tout ce que vous exclurez sur terre sera exclu dans le ciel ; tout ce que vous accueillerez sur terre sera accueilli dans le ciel.

**19** « Je vous déclare aussi que si deux d'entre vous, sur la terre, s'accordent pour demander quoi que ce soit dans la prière, mon Père qui est dans les cieux le leur donnera. **20** Car là où deux ou trois s'assemblent en mon nom, je suis au milieu d'eux. »

## La parabole du serviteur qui refuse de pardonner

**21** Alors Pierre s'approcha de Jésus et lui demanda : « Seigneur, combien de fois devrai-je pardonner à mon frère s'il se rend coupable envers moi ? jusqu'à sept fois ? » – **22** « Non, répondit Jésus, je ne te dis pas jusqu'à sept fois, mais jusqu'à soixante-dix fois sept fois. **23** C'est pourquoi, voici à quoi ressemble le Royaume des cieux : Un roi décida de régler ses comptes avec ses serviteurs. **24** Il commençait à le faire, quand on lui en amena un qui lui devait une énorme somme d'argent. **25** Cet homme n'avait pas de quoi rendre cet argent ; alors son maître donna l'ordre de le vendre comme esclave et de vendre aussi sa femme, ses enfants et tout ce qu'il possédait, afin de rembourser ainsi la dette. **26** Le serviteur se jeta à genoux devant son maître et lui dit : "Prends patience envers moi et je te paierai tout !" **27** Le maître en eut pitié : il annula sa dette et le laissa partir. **28** Le serviteur sortit et rencontra un de ses compagnons de service qui lui devait une très petite somme d'argent. Il le saisit à la gorge et le serrait à l'étouffer en disant : "Paie ce que tu me dois !" **29** Son compagnon se jeta à ses pieds et le supplia en ces termes : "Prends patience envers moi et je te paierai !" **30** Mais l'autre refusa ; bien plus, il le fit jeter en prison en attendant qu'il ait payé sa dette. **31** Quand les autres serviteurs virent ce qui était arrivé, ils en furent profondément attristés et allèrent tout raconter à leur maître. **32** Alors le maître fit venir ce serviteur et lui dit : "Méchant serviteur ! j'ai annulé toute ta dette parce que tu m'as supplié de le faire. **33** Tu devais toi aussi avoir pitié de ton compagnon, comme j'ai eu pitié de toi." **34** Le maître était fort en colère et il envoya le serviteur aux travaux forcés en attendant qu'il ait payé toute sa dette. »

**35** Et Jésus ajouta : « C'est ainsi que mon Père qui est au ciel vous traitera si chacun de vous ne pardonne pas à son frère de tout son cœur. »

## L'enseignement de Jésus sur le divorce

**19** **1** Quand Jésus eut achevé ces instructions, il quitta la Galilée et se rendit dans la partie de la Judée qui se trouve de l'autre côté de la rivière, le Jourdain. **2** Une foule de gens l'y suivirent et il guérit leurs malades. **3** Quelques Pharisiens s'approchèrent de lui pour lui

### Le pardon

*Le pardon est le don par-dessus tout. Quand il est donné et accueilli, il redonne vie à l'autre et à la relation avec lui. Quand on aime, on donne sans compter. C'est ce que Dieu fait, nous dit Jésus. Voilà pourquoi il n'y a pas de comptabilité en matière de pardon. Celui qui a fait l'expérience d'avoir été pardonné par Dieu ne fait que rendre à son frère, du fond du cœur, ce qu'il a lui-même reçu.*

*La Judée au temps de Jésus.*

## Le divorce

*A l'époque de Jésus, on débattait pour savoir sous quelles conditions un mari pouvait répudier sa femme. Mais qu'est-ce que répudier, sinon imposer sa domination sur l'autre ? Ne faut-il pas plutôt tout mettre en œuvre pour que l'amour dans le mariage puisse porter ses fruits ?*

*Jésus semblait très à l'aise avec les enfants. Leur fraîcheur toute naturelle et leur vulnérabilité trouvaient-elles un écho dans son cœur ?*

tendre un piège. Ils lui demandèrent : « Notre loi permet-elle à un homme de renvoyer sa femme pour n'importe quelle raison ? » ⁴ Jésus répondit : « N'avez-vous pas lu ce que déclare l'Écriture ? "Au commencement, le Créateur les fit homme et femme", ⁵ puis il dit : C'est pourquoi, l'homme quittera son père et sa mère pour s'attacher à sa femme, et les deux deviendront un seul être. ⁶ Ainsi, ils ne sont plus deux mais un seul être. Que l'homme ne sépare donc pas ce que Dieu a uni. » ⁷ Les Pharisiens lui demandèrent : « Pourquoi donc Moïse a-t-il commandé à l'homme de donner une attestation de divorce à sa femme quand il la renvoie ? » ⁸ Jésus répondit : « Moïse vous a permis de renvoyer vos femmes parce que vous avez le cœur dur. Mais au commencement, il n'en était pas ainsi. ⁹ Je vous le déclare : si un homme renvoie sa femme, alors qu'elle n'a pas été infidèle, et en épouse une autre, il commet un adultère. »

¹⁰ Ses disciples lui dirent : « Si telle est la condition de l'homme par rapport à sa femme, il vaut mieux ne pas se marier. » ¹¹ Jésus leur répondit : « Tous les hommes ne sont pas capables d'accepter cet enseignement, mais seulement ceux à qui Dieu en donne les moyens. ¹² Il y a différentes raisons qui empêchent les hommes de se marier : pour certains, c'est une impossibilité dès leur naissance ; d'autres, les eunuques, en ont été rendus incapables par les hommes ; d'autres enfin renoncent à se marier à cause du Royaume des cieux. Que celui qui peut accepter cet enseignement l'accepte ! »

## Jésus bénit des enfants

¹³ Des gens amenèrent des enfants à Jésus pour qu'il pose les mains sur eux et prie pour eux, mais les disciples leur firent des reproches. ¹⁴ Jésus dit alors : « Laissez les enfants venir à moi et ne les en empêchez pas, car le Royaume des cieux appartient à ceux qui sont comme eux. » ¹⁵ Il posa les mains sur eux, puis partit de là.

## Le jeune homme riche

¹⁶ Un homme s'approcha de Jésus et lui demanda : « Maître, que dois-je faire de bon pour avoir la vie éternelle ? » ¹⁷ Jésus lui dit : « Pourquoi m'interroges-tu au sujet de ce qui est bon ? Un seul est bon. Si tu veux entrer dans la vie, obéis aux commandements. » – ¹⁸ « Auxquels ? » demanda-t-il. Jésus répondit : « Ne commets pas de meurtre ; ne commets pas d'adultère ; ne vole pas ; ne prononce pas de faux témoignage contre quelqu'un ; ¹⁹ respecte ton père et ta mère ; aime ton prochain

comme toi-même. » ²⁰ Le jeune homme lui dit : « J'ai obéi à tous ces commandements. Que dois-je faire encore ? »- ²¹ « Si tu veux être parfait, lui dit Jésus, va vendre tout ce que tu possèdes et donne l'argent aux pauvres, alors tu auras des richesses dans les cieux ; puis viens et suis-moi. » ²² Mais quand le jeune homme entendit cela, il s'en alla tout triste, parce qu'il avait de grands biens.

²³ Jésus dit alors à ses disciples : « Je vous le déclare, c'est la vérité : il est difficile à un homme riche d'entrer dans le Royaume des cieux. ²⁴ Et je vous déclare encore ceci : il est difficile à un chameau de passer par le trou d'une aiguille, mais il est encore plus difficile à un riche d'entrer dans le Royaume de Dieu. » ²⁵ Quand les disciples entendirent ces mots, ils furent très étonnés et dirent : « Mais qui donc peut être sauvé ? » ²⁶ Jésus les regarda et leur dit : « C'est impossible aux hommes, mais tout est possible à Dieu. » ²⁷ Alors Pierre prit la parole : « Écoute, lui dit-il, nous avons tout quitté pour te suivre. Que se passera-t-il pour nous ? » ²⁸ Jésus leur dit : « Je vous le déclare, c'est la vérité : quand le Fils de l'homme siégera sur son trône glorieux dans le monde nouveau, vous, les douze qui m'avez suivi, vous siégerez également sur des trônes pour juger les douze tribus d'Israël. ²⁹ Et tous ceux qui auront quitté pour moi leurs maisons, ou leurs frères, leurs sœurs, leur père, leur mère, leurs enfants, leurs champs, recevront cent fois plus et auront part à la vie éternelle. ³⁰ Mais beaucoup qui sont maintenant les premiers seront les derniers et beaucoup qui sont maintenant les derniers seront les premiers. »

*« Il est difficile à un chameau de passer par le trou d'une aiguille, mais il est encore plus difficile à un riche d'entrer dans le Royaume de Dieu. »*
*(Matthieu 19,24)*
*L'image du chameau produit de l'effet. La richesse n'est pas condamnable en soi. Mais l'argent peut couper de Dieu et des autres. Il peut aussi donner l'impression que tout peut s'acheter, y compris Dieu et les autres.*

## Les ouvriers dans la vigne

**20** ¹ « Voici, en effet, à quoi ressemble le Royaume des cieux : Un propriétaire sortit tôt le matin afin d'engager des ouvriers pour sa vigne. ² Il convint avec eux de leur payer le salaire habituel, une pièce d'argent par jour, et les envoya travailler dans sa vigne. ³ Il sortit de nouveau à neuf heures du matin et en vit d'autres qui se tenaient sur la place sans rien faire. ⁴ Il leur dit : "Allez, vous aussi, travailler dans ma vigne et je vous donnerai un juste salaire." ⁵ Et ils y allèrent. Le propriétaire sortit encore à midi, puis à trois heures de l'après-midi et fit de même. ⁶ Enfin, vers cinq heures du soir, il sortit et trouva d'autres hommes qui se tenaient encore sur la place. Il leur demanda : "Pourquoi restez-vous ici tout le jour sans rien faire ?" – ⁷ "Parce que personne ne nous a engagés", ré-

*Les vignes, fruits d'un dur travail dans le sol pierreux, font partie du paysage de la Palestine dès l'époque de la Bible. Le pain, l'huile et le raisin constituaient la base de l'alimentation. Le vin était aussi un symbole de la joie dans le Royaume de Dieu.*

*Cette parabole a dû choquer les auditeurs de Jésus et soulève encore aujourd'hui de nombreuses réactions. Dieu serait-il injuste ? Jésus ne parle pas ici de justice sociale, de rétribution pour un travail. Travailler à la vigne signifie ici participer à l'avènement du Royaume de Dieu. Autrement dit, accueillir l'amour de Dieu en nous, annoncer que tout homme est aimé de Dieu et construire un monde fait d'amour, de justice et de paix. Tous, peu importe à quel moment, à quel endroit ou comment ils sont entrés au service de Dieu, recevront le même salaire : la communion avec Dieu.*

pondirent-ils. Il leur dit : "Eh bien, allez, vous aussi, travailler dans ma vigne."

⁸ « Quand vint le soir, le propriétaire de la vigne dit à son contremaître : "Appelle les ouvriers et paie à chacun son salaire. Tu commenceras par les derniers engagés et tu termineras par les premiers engagés." ⁹ Ceux qui s'étaient mis au travail à cinq heures du soir vinrent alors et reçurent chacun une pièce d'argent. ¹⁰ Quand ce fut le tour des premiers engagés, ils pensèrent qu'ils recevraient plus ; mais on leur remit aussi à chacun une pièce d'argent. ¹¹ En la recevant, ils critiquaient le propriétaire ¹² et disaient : "Ces ouvriers engagés en dernier n'ont travaillé qu'une heure et tu les as payés comme nous qui avons supporté la fatigue d'une journée entière de travail sous un soleil brûlant !" ¹³ Mais le propriétaire répondit à l'un d'eux : "Mon ami, je ne te cause aucun tort. Tu as convenu avec moi de travailler pour une pièce d'argent par jour, n'est-ce pas ? ¹⁴ Prends donc ton salaire et va-t'en. Je veux donner à ce dernier engagé autant qu'à toi. ¹⁵ N'ai-je pas le droit de faire ce que je veux de mon argent ? Ou bien es-tu jaloux parce que je suis bon ?" ¹⁶ Ainsi, ajouta Jésus, ceux qui sont les derniers seront les premiers et ceux qui sont les premiers seront les derniers. »

## Jésus annonce une troisième fois sa mort et sa résurrection

¹⁷ Jésus se rendait à Jérusalem. Il prit les douze disciples à part et leur dit, tout en marchant : ¹⁸ « Écoutez, nous montons à Jérusalem, où le Fils de l'homme sera livré aux chefs des prêtres et aux maîtres de la loi. Ils le condamneront à mort ¹⁹ et le livreront aux païens, qui se moqueront de lui, le frapperont à coups de fouet et le cloueront sur une croix. Et le troisième jour, il reviendra de la mort à la vie. »

## La demande de la mère de Jacques et Jean

²⁰ Alors la femme de Zébédée s'approcha de Jésus avec ses deux fils ; elle s'inclina devant lui pour lui demander une faveur. ²¹ « Que désires-tu ? » lui dit Jésus. Elle lui répondit : « Promets-moi que mes deux fils que voici siégeront l'un à ta droite et l'autre à ta gauche quand tu seras roi. » – ²² « Vous ne savez pas ce que vous demandez, répondit Jésus. Pouvez-vous boire la coupe de douleur que je vais boire ? » – « Nous le pouvons », lui répondirent-ils. ²³ « Vous boirez en effet ma coupe, leur dit Jésus. Mais ce n'est pas à moi de décider qui siégera à ma droi-

te et à ma gauche ; ces places sont à ceux pour qui mon Père les a préparées. »

²⁴ Quand les dix autres disciples entendirent cela, ils s'indignèrent contre les deux frères. ²⁵ Alors Jésus les appela tous et dit : « Vous savez que les chefs des peuples les commandent en maîtres et que les grands personnages leur font sentir leur pouvoir. ²⁶ Mais cela ne doit pas se passer ainsi parmi vous. Au contraire, si l'un de vous veut être grand, il doit être votre serviteur, ²⁷ et si l'un de vous veut être le premier, il doit être votre esclave : ²⁸ c'est ainsi que le Fils de l'homme n'est pas venu pour se faire servir, mais il est venu pour servir, et donner sa vie comme rançon pour libérer une multitude de gens. »

## Jésus guérit deux aveugles

²⁹ Lorsqu'ils sortirent de Jéricho, une grande foule suivit Jésus. ³⁰ Deux aveugles qui étaient assis au bord du chemin entendirent que Jésus passait ; ils se mirent alors à crier : « Maître, Fils de David, aie pitié de nous ! » ³¹ La foule leur faisait des reproches pour qu'ils se taisent, mais ils criaient encore plus fort : « Maître, Fils de David, aie pitié de nous ! » ³² Jésus s'arrêta, les appela et leur demanda : « Que voulez-vous que je fasse pour vous ? » ³³ Ils lui répondirent : « Maître, fais que nos yeux puissent voir. » ³⁴ Jésus eut pitié d'eux et toucha leurs yeux ; aussitôt, les deux hommes purent voir, et ils le suivirent.

## Jésus entre à Jérusalem

21 ¹ Quand ils approchèrent de Jérusalem et arrivèrent près du village de Bethfagé, sur le mont des Oliviers, Jésus envoya en avant deux des disciples : ² « Allez au village qui est là devant vous, leur dit-il. Vous y trouverez tout de suite une ânesse attachée et son ânon avec elle. Détachez-les et amenez-les-moi. ³ Si l'on vous dit quelque chose, répondez : "Le Seigneur en a besoin." Et aussitôt on les laissera partir. »

⁴ Cela arriva afin que se réalisent ces paroles du prophète :

⁵ « Dites à la population de Sion :
Regarde, ton roi vient à toi,
plein de douceur, monté sur une ânesse,
et sur un ânon, le petit d'une ânesse. »

⁶ Les disciples partirent donc et firent ce que Jésus leur avait ordonné. ⁷ Ils amenèrent l'ânesse et l'ânon, posèrent leurs manteaux sur eux et Jésus s'assit dessus. ⁸ Une grande foule de gens étendirent leurs manteaux sur le chemin ; d'autres coupaient des branches aux arbres et

### Servir

*Jésus est un homme libre. Il ne cherche ni le pouvoir ni la considération. Il se fait serviteur des hommes, se donnant jusqu'au bout par amour. C'est à cette liberté-là et à ce sens du service que Jésus nous convie, même lorsque nous occupons un poste à responsabilité.*

*Comme le prophète Zacharie l'avait annoncé, le Messie entre dans la ville monté sur un âne, en roi de la paix envoyé par Dieu. Jésus se laisse acclamer par la foule. Mais tout le monde sait qu'une foule est versatile. Que se passera-t-il lorsque leur espoir sera déçu et que le Fils de David, le messie attendu sera arrêté et condamné ? L'âne, souvent méprisé dans nos régions, est très apprécié au Proche-Orient comme monture ou bête de somme. Dans l'Ancien Testament, l'âne, associé à un symbole de paix, est aussi la monture du roi.*

les mettaient sur le chemin. ⁹ Les gens qui marchaient devant Jésus et ceux qui le suivaient criaient : « Gloire au Fils de David ! Que Dieu bénisse celui qui vient au nom du Seigneur ! Gloire à Dieu dans les cieux ! »

¹⁰ Quand Jésus entra dans Jérusalem, toute la population se mit à s'agiter. « Qui est cet homme ? » demandait-on. ¹¹ « C'est le prophète Jésus, de Nazareth en Galilée », répondaient les gens.

## Jésus dans le temple

¹² Jésus entra dans le temple et chassa tous ceux qui vendaient ou qui achetaient à cet endroit ; il renversa les tables des changeurs d'argent et les sièges des vendeurs de pigeons. ³ Puis il leur dit : « Dans les Écritures, Dieu déclare : "On appellera ma maison maison de prière." Mais vous, ajouta-t-il, vous en faites une caverne de voleurs ! »

¹⁴ Des aveugles et des boiteux s'approchèrent de Jésus dans le temple et il les guérit. ¹⁵ Les chefs des prêtres et les maîtres de la loi s'indignèrent quand ils virent les actions étonnantes qu'il accomplissait et les enfants qui criaient dans le temple : « Gloire au Fils de David ! » ¹⁶ Ils dirent alors à Jésus : « Entends-tu ce qu'ils disent ? » – « Oui, leur répondit Jésus. N'avez-vous jamais lu ce passage de l'Écriture : "Tu as fait en sorte que même des enfants et des bébés te louent" ? » ¹⁷ Puis il les quitta et sortit de la ville pour se rendre à Béthanie où il passa la nuit.

## Jésus maudit un figuier

¹⁸ Le lendemain matin, tandis qu'il revenait en ville, Jésus eut faim. ¹⁹ Il vit un figuier au bord du chemin et s'en approcha, mais il n'y trouva que des feuilles. Il dit alors au figuier : « Tu ne porteras plus jamais de fruit ! » Aussitôt, le figuier devint tout sec. ²⁰ Les disciples virent cela et furent remplis d'étonnement. Ils demandèrent à Jésus : « Comment ce figuier est-il devenu tout sec en un instant ? » ²¹ Jésus leur répondit : « Je vous le déclare, c'est la vérité : si vous avez de la foi et si vous ne doutez pas, non seulement vous pourrez faire ce que j'ai fait à ce figuier, mais vous pourrez même dire à cette colline : "Ote-toi de là et jette-toi dans la mer", et cela arrivera. ²² Si vous croyez, vous recevrez tout ce que vous demanderez dans la prière. »

## D'où vient l'autorité de Jésus ?

²³ Jésus entra dans le temple et se mit à enseigner ; les chefs des prêtres et les anciens du peuple juif s'appro-

*Comme d'autres prophètes avant lui, Jésus conteste le culte sacrificiel du temple de Jérusalem ainsi que tout le commerce qu'il engendre : vendre des animaux pour les sacrifices, changer la monnaie romaine en monnaie du temple... Ce que Dieu désire, ce ne sont pas les offrandes et les sacrifices, mais que la justice règne. A quoi servent les sacrifices pour le pardon si Dieu offre son pardon gratuitement ? Nous n'avons pas à marchander avec Dieu. L'accès au temple était interdit aux aveugles et aux boiteux. En les purifiant, Jésus redonne accès à ceux qui en étaient exclus. En les guérissant, il manifeste clairement que la vie de Dieu est donnée à tous, même à ceux qui étaient considérés comme impurs.*

chèrent alors et lui demandèrent : « De quel droit fais-tu ces choses ? Qui t'a donné autorité pour cela ? » ²⁴ Jésus leur répondit : « Je vais vous poser à mon tour une question, une seule ; si vous me donnez une réponse, alors je vous dirai de quel droit je fais ces choses. ²⁵ Qui a envoyé Jean baptiser ? Est-ce Dieu ou les hommes ? » Mais ils se mirent à discuter entre eux et se dirent : « Si nous répondons : "C'est Dieu qui l'a envoyé", il nous demandera : "Pourquoi donc n'avez-vous pas cru Jean ?" ²⁶ Mais si nous disons : "Ce sont les hommes qui l'ont envoyé", nous avons à craindre la foule, car tous pensent que Jean était un prophète. » ²⁷ Alors ils répondirent à Jésus :

*Jean-Baptiste, représenté ici par Jan Brueghel, était un prophète envoyé par Dieu. Il est étroitement lié à Jésus. Tous deux dérangent le pouvoir religieux en place, tous deux seront exécutés, mais ils seront reconnus par les petits.*

« Nous ne savons pas. » – « Eh bien, répliqua-t-il, moi non plus, je ne vous dirai pas de quel droit je fais ces choses. »

## La parabole des deux fils

²⁸ « Que pensez-vous de ceci ? ajouta Jésus. Un homme avait deux fils. Il s'adressa au premier et lui dit : "Mon enfant, va travailler aujourd'hui dans la vigne." – ²⁹ "Non, je ne veux pas", répondit-il ; mais, plus tard, il changea d'idée et se rendit à la vigne. ³⁰ Le père adressa la même demande à l'autre fils. Celui-ci lui répondit : "Oui, père, j'y vais", mais il n'y alla pas. ³¹ Lequel des deux a fait la volonté de son père ? » – « Le premier », répondirent-ils. Jésus leur dit alors : « Je vous le déclare, c'est la vérité : les collecteurs d'impôts et les prostituées arriveront avant vous dans le Royaume de Dieu. ³² Car Jean-Baptiste est venu à vous en vous montrant

*Jean-Baptiste avait proposé un chemin de conversion. Comme dans la parabole des deux fils, ce sont les collecteurs d'impôts et les prostituées, et non les chefs religieux qui ont répondu à son appel. Ces derniers sont comme ceux qui disent et ne font pas, ils ont toujours Dieu à la bouche, mais dans leur comportement, ils en sont loin.*

*Dans l'Ancien Testament, la vigne est une image courante pour désigner le peuple de Dieu. A plusieurs reprises, Dieu a envoyé des prophètes pour rappeler l'alliance, puis il a envoyé Jésus, son propre Fils. La mort de Jésus va être le point de départ d'une nouvelle alliance. L'Église primitive s'est reconnue dans ce peuple nouveau. Mais l'Église comme peuple de cette nouvelle alliance ne doit pas se comporter en propriétaire, elle doit produire du fruit.*

le juste chemin et vous ne l'avez pas cru ; mais les collecteurs d'impôts et les prostituées l'ont cru. Et même après avoir vu cela, vous n'avez pas changé intérieurement pour croire en lui. »

## La parabole des méchants vignerons

³³ « Écoutez une autre parabole : Il y avait un propriétaire qui planta une vigne ; il l'entoura d'un mur, y creusa la roche pour le pressoir à raisin et bâtit une tour de garde. Ensuite, il loua la vigne à des ouvriers vignerons et partit en voyage. ³⁴ Quand vint le moment de récolter le raisin, il envoya ses serviteurs aux ouvriers vignerons pour recevoir sa récolte. ³⁵ Mais les vignerons saisirent ses serviteurs, battirent l'un, assassinèrent l'autre et tuèrent un troisième à coups de pierres. ³⁶ Alors le propriétaire envoya d'autres serviteurs, en plus grand nombre que la première fois, mais les vignerons les traitèrent de la même façon. ³⁷ Finalement, il leur envoya son fils en pensant : "Ils auront du respect pour mon fils." ⁸ Mais quand les vignerons virent le fils, ils se dirent entre eux : "Voici le futur héritier ! Allons, tuons-le et nous aurons sa propriété !" ³⁹ Ils le saisirent donc, le jetèrent hors de la vigne et le tuèrent.

⁴⁰ « Eh bien, quand le propriétaire de la vigne viendra, que fera-t-il à ces vignerons ? » demanda Jésus. ⁴¹ Ils lui répondirent : « Il mettra à mort sans pitié ces criminels et louera la vigne à d'autres vignerons, qui lui remettront la récolte au moment voulu. »

⁴² Puis Jésus leur dit : « N'avez-vous jamais lu ce que déclare l'Écriture ?

"La pierre que les bâtisseurs avaient rejetée
est devenue la pierre principale.
Cela vient du Seigneur,
pour nous, c'est une merveille !"

⁴³ « C'est pourquoi, ajouta Jésus, je vous le déclare : le Royaume de Dieu vous sera enlevé pour être confié à un peuple qui en produira les fruits. [⁴⁴ Celui qui tombera

sur cette pierre s'y brisera ; et si la pierre tombe sur quelqu'un, elle le réduira en poussière.] »
⁴⁵ Les chefs des prêtres et les Pharisiens entendirent les paraboles de Jésus et comprirent qu'il parlait d'eux. ⁴⁶ Ils cherchèrent alors un moyen de l'arrêter mais ils eurent peur de la foule qui considérait Jésus comme un prophète.

## La parabole du grand repas de mariage

**22** ¹ Jésus utilisa de nouveau des paraboles pour parler à ses auditeurs. Il leur dit : ² « Voici à quoi ressemble le Royaume des cieux : Un roi organisa un repas pour le mariage de son fils. ³ Il envoya ses serviteurs appeler les invités pour ce repas, mais ils ne voulurent pas venir. ⁴ Il envoya alors d'autres serviteurs avec cet ordre : "Dites aux invités : Mon repas est préparé maintenant, mes taureaux et mes bêtes grasses sont tués, tout est prêt. Venez au repas de mariage !" ⁵ Mais les invités ne s'en soucièrent pas et s'en allèrent à leurs affaires : l'un à son champ, l'autre à son commerce ; ⁶ les autres saisirent les serviteurs, les maltraitèrent et les tuèrent. ⁷ Le roi se mit en colère : il envoya ses soldats tuer ces assassins et incendier leur ville. ⁸ Puis il dit à ses serviteurs : "Le repas de mariage est prêt, mais les invités ne le méritaient pas. ⁹ Allez donc dans les principales rues et invitez au repas tous ceux que vous pourrez trouver." ¹⁰ Les serviteurs s'en allèrent dans les rues et rassemblèrent tous ceux qu'ils trouvèrent, les mauvais comme les bons ; et ainsi, la salle de fête se remplit de monde. ¹¹ Le roi entra alors pour voir les invités et il aperçut un homme qui ne portait pas de costume de fête. ¹² Il lui demanda : "Mon ami, comment es-tu entré ici sans costume de fête ?" Mais l'homme ne répondit rien. ¹³ Alors le roi dit aux serviteurs : "Liez-lui les pieds et les mains et jetez-le dehors, dans le noir. C'est là qu'il pleurera et grincera des dents." ¹⁴ En effet, ajouta Jésus, beaucoup sont invités, mais peu sont admis. »

## L'impôt payé à l'empereur

¹⁵ Les Pharisiens allèrent alors tenir conseil pour décider comment ils pourraient prendre Jésus au piège par une question. ¹⁶ Ils envoyèrent ensuite quelques-uns de leurs disciples et quelques membres du parti d'Hérode dire à Jésus : « Maître, nous savons que tu dis la vérité : tu enseignes la vérité sur la conduite que Dieu demande ; tu n'as pas peur de ce que pensent les autres et tu ne tiens pas compte de l'apparence des gens. ¹⁷ Dis-nous donc ce que tu penses de ceci : notre loi permet-elle ou non de

*Le mariage était au temps de Jésus une source de réjouissances qui duraient souvent plusieurs jours. Les prophètes de l'Ancien Testament ont souvent comparé les relations entre Dieu et son peuple à un mariage. Celui qui accepte une invitation à la noce, pour se récuser ensuite, se montre impoli envers son hôte et s'exclut lui-même de la communauté. Il en va de même pour l'invitation de Dieu, annoncée depuis longtemps par les prophètes. Tous sont les invités de Dieu. Mais certains vont s'exclure eux-mêmes tandis que d'autres, des pécheurs et des païens, vont répondre à l'invitation. La parabole sur l'habit de fête est un avertissement à mener une vie qui corresponde à l'évangile.*

*Le portrait de l'empereur était frappé sur les monnaies romaines qui circulaient au temps de Jésus en Palestine. Leur valeur était d'un denier, soit le montant de l'impôt que toute personne devait payer chaque année. Certains cercles juifs pieux trouvaient que payer cet impôt était une offense envers Dieu. Mais Jésus ne partage pas ces vues. Pour lui, ce qui importe, c'est d'accomplir la volonté de Dieu.*

payer des impôts à l'empereur romain ? » [18] Mais Jésus connaissait leurs mauvaises intentions ; il leur dit alors : « Hypocrites, pourquoi me tendez-vous un piège ? [19] Montrez-moi l'argent qui sert à payer l'impôt. » Ils lui présentèrent une pièce d'argent, [20] et Jésus leur demanda : « Ce visage et ce nom gravés ici, de qui sont-ils ? » – [21] « De l'empereur », répondirent-ils. Alors Jésus leur dit : « Payez donc à l'empereur ce qui lui appartient, et à Dieu ce qui lui appartient. » [22] Quand ils entendirent cette réponse, ils furent remplis d'étonnement. Ils le laissèrent et s'en allèrent.

## Une question sur la résurrection des morts

[23] Le même jour, quelques Sadducéens vinrent auprès de Jésus. – Ce sont eux qui affirment qu'il n'y a pas de résurrection. – Ils l'interrogèrent [24] de la façon suivante : « Maître, voici ce que Moïse a déclaré : "Si un homme meurt sans avoir eu d'enfants, son frère doit épouser la veuve pour donner des descendants à celui qui est mort." [25] Or, il y avait parmi nous sept frères. Le premier se maria, mourut sans avoir eu d'enfants et laissa ainsi sa veuve à son frère. [26] Il en fut de même pour le deuxième frère, puis pour le troisième et pour tous les sept. [27] Après eux tous, la femme mourut aussi. [28] Au jour où les morts se relèveront, duquel des sept sera-t-elle donc la femme ? Car ils l'ont tous eue comme épouse ! » [29] Jésus leur répondit : « Vous vous trompez parce que vous ne connaissez ni les Écritures, ni la puissance de Dieu. [30] En effet, quand les morts se relèveront, les hommes et les femmes ne se marieront pas, mais ils vivront comme les anges dans le ciel. [31] Pour ce qui est de se relever d'entre les morts, n'avez-vous jamais lu ce que Dieu vous a déclaré ? Il a dit : [32] "Je suis le Dieu d'Abraham, le Dieu d'Isaac et le Dieu de Jacob." Dieu, ajouta Jésus, est le Dieu des vivants, et non des morts. » [33] Tous ceux qui l'avaient entendu étaient impressionnés par son enseignement.

*Les Sadducéens constituaient un parti conservateur qui rejetait tous les enseignements religieux non contenus dans les cinq Livres de la loi (le Pentateuque). Par exemple, ils considéraient la résurrection des morts comme une croyance non conforme. Jésus se distance clairement de leur position : Dieu fait de nous des vivants, même au-delà de la mort.*

## Le commandement le plus important

[34] Quand les Pharisiens apprirent que Jésus avait réduit au silence les Sadducéens, ils se réunirent. [35] Et l'un d'eux, un maître de la loi, voulut lui tendre un piège ; il lui demanda : [36] « Maître, quel est le plus grand commandement de la loi ? »

[37] Jésus lui répondit : « "Tu dois aimer le Seigneur ton Dieu de tout ton cœur, de toute ton âme et de toute ton

*Quel est le plus grand des commandements ? Jésus répond : l'amour pour Dieu. Il cite les paroles de « Écoute, Israël » (5e Livre de la Loi/Deutéronome 6,4-5, en hébreu « Shema Israël ») qui font partie des textes que tout Juif pieux récite matin et soir. Jésus se place ainsi entièrement dans la tradition du peuple d'Israël. Un autre commandement est tout aussi important, dit Jésus, celui d'aimer son prochain (3e Livre de la loi/ Lévitique 19,18). L'amour pour Dieu et l'amour pour les hommes ne font qu'un. Cet amour véritable doit primer dans nos pensées et nos actes.*

intelligence." **38** C'est là le commandement le plus grand et le plus important. **39** Et voici le second commandement, qui est d'une importance semblable : "Tu dois aimer ton prochain comme toi-même." **40** Toute la loi de Moïse et tout l'enseignement des prophètes dépendent de ces deux commandements. »

## Le Messie et David

**41** Les Pharisiens se trouvaient réunis et Jésus leur posa cette question : **42** « Que pensez-vous du Messie ? De qui est-il le descendant ? » – « Il est le descendant de David », lui répondirent-ils. **43** Jésus leur dit : « Comment donc David, guidé par le Saint-Esprit, a-t-il pu l'appeler "Seigneur" ? Car David a dit :
**44** "Le Seigneur Dieu a déclaré à mon Seigneur :
Viens siéger à ma droite,
je veux contraindre tes ennemis
à passer sous tes pieds."
**45** « Si donc David l'appelle « Seigneur », comment le Messie peut-il être aussi descendant de David ? »
**46** Aucun d'eux ne put lui répondre un seul mot et, à partir de ce jour, personne n'osa plus lui poser de questions.

## Jésus met en garde contre les maîtres de la loi et les Pharisiens

**23** **1** Alors Jésus s'adressa à toute la foule, ainsi qu'à ses disciples : « Les maîtres de la loi et les Pharisiens, dit-il, sont chargés d'expliquer la loi de Moïse. **3** Vous devez donc leur obéir et accomplir tout ce qu'ils vous

*Comme cette femme du Guatemala, beaucoup de gens portent de lourds fardeaux, au sens propre et au sens figuré. Jésus reproche aux maîtres religieux de son temps d'augmenter les difficultés de la vie quotidienne déjà grandes en imposant des pratiques et des rituels fastidieux. Il leur reproche aussi de n'être préoccupés que d'eux-mêmes*

*et de l'image qu'ils donnent à l'extérieur. Pour Jésus, les distinctions et les titres ne comptent pas. Tous les hommes sont frères et sœurs et appelés à être au service les uns des autres.*

disent ; mais n'imitez pas leur façon d'agir, car ils ne mettent pas en pratique ce qu'ils enseignent. ⁴ Ils attachent de lourds fardeaux, difficiles à porter, et les mettent sur les épaules des hommes ; mais eux-mêmes refusent de bouger un doigt pour les aider à remuer ces fardeaux. ⁵ Ils accomplissent toutes leurs œuvres de façon que les hommes les remarquent. Ainsi, pour les paroles sacrées qu'ils portent au front ou au bras, ils ont des étuis particulièrement grands ; les franges de leurs manteaux sont exceptionnellement larges. ⁶ Ils aiment les places d'honneur dans les grands repas et les sièges les plus en vue dans les synagogues ; ⁷ ils aiment à recevoir des salutations respectueuses sur les places publiques et à être appelés "Maître" par les gens. ⁸ Mais vous, ne vous faites pas appeler "Maître", car vous êtes tous frères et vous n'avez qu'un seul Maître. ⁹ N'appelez personne sur la terre votre "Père", car vous n'avez qu'un seul Père, celui qui est au ciel. ¹⁰ Ne vous faites pas non plus appeler "Chef", car vous n'avez qu'un seul Chef, le Messie. ¹¹ Le plus grand parmi vous doit être votre serviteur. ¹² Celui qui s'élève sera abaissé, mais celui qui s'abaisse sera élevé. »

## Jésus dénonce l'hypocrisie des maîtres de la loi et des Pharisiens

¹³ « Malheur à vous, maîtres de la loi et Pharisiens, hypocrites ! Vous fermez la porte du Royaume des cieux devant les hommes ; vous n'y entrez pas vous-mêmes et vous ne laissez pas entrer ceux qui le désirent.

***Malheur à vous !**
Jésus prononce sept malédictions contre les maîtres de la loi et les Pharisiens selon une forme empruntée à l'Ancien Testament. Jésus leur reproche de réduire la foi à des prescriptions et formalités et de perdre de vue l'essentiel : l'amour de Dieu et des frères. Ce qui plaît à Dieu, c'est que la justice et l'amour soient vécus par tous.*

[¹⁴ « Malheur à vous, maîtres de la loi et Pharisiens, hypocrites ! Vous prenez aux veuves tout ce qu'elles possèdent et, en même temps, vous faites de longues prières pour vous faire remarquer. C'est pourquoi vous serez jugés d'autant plus sévèrement !]

¹⁵ « Malheur à vous, maîtres de la loi et Pharisiens, hypocrites ! Vous voyagez partout sur terre et sur mer pour gagner un seul converti, et quand vous l'avez gagné vous le rendez digne de l'enfer deux fois plus que vous.

<sup>16</sup> « Malheur à vous, conducteurs aveugles ! Vous dites : "Si quelqu'un jure par le temple, il n'est pas engagé par ce serment ; mais s'il jure par l'or du temple, il est engagé." <sup>17</sup> Insensés, aveugles ! Qu'est-ce qui a le plus d'importance : l'or, ou le temple qui rend cet or sacré ? <sup>18</sup> Vous dites aussi : "Si quelqu'un jure par l'autel, il n'est pas engagé par ce serment ; mais s'il jure par l'offrande qui se trouve sur l'autel, il est engagé." <sup>19</sup> Aveugles ! Qu'est-ce qui a le plus d'importance : l'offrande, ou l'autel qui rend cette offrande sacrée ? <sup>20</sup> Celui donc qui jure par l'autel jure par l'autel et par tout ce qui se trouve dessus ; <sup>21</sup> celui qui jure par le temple jure par le temple et par Dieu qui l'habite ; <sup>22</sup> celui qui jure par le ciel jure par le trône de Dieu et par Dieu qui y siège.

<sup>23</sup> « Malheur à vous, maîtres de la loi et Pharisiens, hypocrites ! Vous donnez à Dieu le dixième de plantes comme la menthe, le fenouil et le cumin, mais vous négligez les enseignements les plus importants de la loi, tels que la justice, la bonté et la fidélité : c'est pourtant là ce qu'il fallait pratiquer, sans négliger le reste. <sup>24</sup> Conducteurs aveugles ! Vous filtrez votre boisson pour en éliminer un moustique, mais vous avalez un chameau !

<sup>25</sup> « Malheur à vous, maîtres de la loi et Pharisiens, hypocrites ! Vous nettoyez l'extérieur de la coupe et du plat, mais l'intérieur reste rempli du produit de vos vols et de vos mauvais désirs. <sup>26</sup> Pharisien aveugle ! Nettoie d'abord l'intérieur de la coupe et alors l'extérieur deviendra également propre.

<sup>27</sup> « Malheur à vous, maîtres de la loi et Pharisiens, hypocrites ! Vous ressemblez à des tombeaux blanchis qui paraissent beaux à l'extérieur mais qui, à l'intérieur, sont pleins d'ossements de morts et de toute sorte de pourriture. <sup>28</sup> Vous de même, extérieurement vous donnez à tout le monde l'impression que vous êtes fidèles à Dieu, mais intérieurement vous êtes pleins d'hypocrisie et de mal.

<sup>29</sup> « Malheur à vous, maîtres de la loi et Pharisiens, hypocrites ! Vous construisez de belles tombes pour les prophètes, vous décorez les tombeaux des hommes justes, <sup>30</sup> et vous dites : "Si nous avions vécu au temps de nos ancêtres, nous n'aurions pas été leurs complices pour tuer les prophètes." <sup>31</sup> Ainsi, vous reconnaissez vous-mêmes que vous êtes les descendants de ceux qui ont assassiné les prophètes. <sup>32</sup> Eh bien, continuez, achevez ce que vos ancêtres ont commencé ! <sup>33</sup> Serpents, bande de vipères ! Comment pensez-vous éviter d'être condamnés à l'enfer ? <sup>34</sup> C'est pourquoi, écoutez : je vais vous envoyer des prophètes, des sages et de vrais maîtres de la loi. Vous

**La dîme**

*A l'époque, on devait remettre au temple le dixième des produits agricoles en offrande à Dieu et pour contribuer à la subsistance des prêtres. Les Pharisiens pieux donnent même le dixième des moindres plantes du jardin. Une scrupuleuse obéissance aux lois est pour eux le signe de leur véritable piété. Mais qu'à cause de cela le plus important soit oublié est un danger permanent auquel beaucoup succombent.*

tuerez les uns, vous en clouerez d'autres sur des croix, vous en frapperez d'autres encore à coups de fouet dans vos synagogues et vous les poursuivrez de ville en ville. ³⁵ Et alors, c'est sur vous que retomberont les conséquences de tous les meurtres commis contre des innocents depuis le meurtre d'Abel le juste jusqu'à celui de Zacharie, fils de Barachie, que vous avez assassiné entre le sanctuaire et l'autel. ³⁶ Je vous le déclare, c'est la vérité : les conséquences de tous ces meurtres retomberont sur les gens d'aujourd'hui ! »

## Jésus et Jérusalem

³⁷ « Jérusalem, Jérusalem, toi qui mets à mort les prophètes et tues à coups de pierres ceux que Dieu t'envoie ! Combien de fois ai-je désiré rassembler tes habitants auprès de moi comme une poule rassemble ses poussins sous ses ailes, mais vous ne l'avez pas voulu !

*Le mur des Lamentations à Jérusalem est aujourd'hui l'un des plus importants sanctuaires juifs. C'était, à l'origine, le mur ouest de l'enceinte du temple, qui fut détruit en 70 apr. J.-C. par les Romains. Jérusalem n'était pas seulement la ville du Temple et la capitale du roi David, mais aussi la ville élue par Dieu, mentionnée dans de nombreuses prophéties de l'Ancien Testament. Jésus se lamente, car Jérusalem se ferme au message de la venue du Royaume de Dieu et se montre indigne du rôle qui lui était échu.*

³⁸ Eh bien, votre maison va être complètement abandonnée. ³⁹ En effet, je vous le déclare : dès maintenant vous ne me verrez plus jusqu'à ce que vous disiez : "Que Dieu bénisse celui qui vient au nom du Seigneur !" »

## Jésus annonce la destruction du temple

*La fin du monde*

*De tout temps, les hommes ont vu dans les catastrophes naturelles, les famines, la guerre et les persécutions, des signes de l'approche de la fin du monde. Dans ce passage, les tourments qui surviendront sont plutôt le signe de la naissance d'un nouveau monde. Les douleurs sont celles d'un enfantement dont nous avons à être les témoins et les artisans.*

**24** ¹ Jésus sortit du temple et, tandis qu'il s'en allait, ses disciples s'approchèrent de lui pour lui faire remarquer les constructions du temple. ² Alors Jésus prit la parole et leur dit : « Vous voyez tout cela ? Je vous le déclare, c'est la vérité : il ne restera pas ici une seule pierre posée sur une autre ; tout sera renversé. »

## Des malheurs et des persécutions

³ Jésus s'était assis au mont des Oliviers. Ses disciples s'approchèrent alors de lui en particulier et lui demandè-

rent : « Dis-nous quand cela se passera, et quel signe indiquera le moment de ta venue et de la fin du monde. » [4] Jésus leur répondit : « Faites attention que personne ne vous trompe. [5] Car beaucoup d'hommes viendront en usant de mon nom et diront : "Je suis le Messie !" Et ils tromperont quantité de gens. [6] Vous allez entendre le bruit de guerres proches et des nouvelles sur des guerres lointaines ; ne vous laissez pas effrayer : il faut que cela arrive, mais ce ne sera pas encore la fin de ce monde. [7] Un peuple combattra contre un autre peuple et un royaume attaquera un autre royaume ; il y aura des famines et des tremblements de terre dans différentes régions. [8] Tous ces événements seront comme les premières douleurs de l'accouchement. [9] Alors des hommes vous livreront pour qu'on vous tourmente et l'on vous mettra à mort. Tous les peuples vous haïront à cause de moi. [10] En ce temps-là, beaucoup abandonneront la foi ; ils se trahiront et se haïront les uns les autres. [11] De nombreux faux prophètes apparaîtront et tromperont beaucoup de gens. [12] Le mal se répandra à tel point que l'amour d'un grand nombre de personnes se refroidira. [13] Mais celui qui tiendra bon jusqu'à la fin sera sauvé. [14] Cette Bonne Nouvelle du Royaume sera annoncée dans le monde entier pour que le témoignage en soit présenté à tous les peuples. Et alors viendra la fin. »

## L'Horreur abominable

[15] « Vous verrez celui qu'on appelle "l'Horreur abominable", dont le prophète Daniel a parlé ; il sera placé dans le lieu saint. Que celui qui lit comprenne bien cela ! [16] Alors, ceux qui seront en Judée devront s'enfuir vers les montagnes ; [17] celui qui sera sur la terrasse de sa maison ne devra pas descendre pour prendre ses affaires à l'intérieur ; [18] et celui qui sera dans les champs ne devra pas retourner chez lui pour emporter son manteau. [19] Quel malheur ce sera, en ces jours-là, pour les femmes enceintes et pour celles qui allaiteront ! [20] Priez Dieu pour que vous n'ayez pas à fuir pendant la mauvaise saison ou un jour de sabbat ! [21] Car, en ce temps-là, la détresse sera plus terrible que toutes celles qu'on a connues depuis le commencement du monde jusqu'à maintenant, et il n'y en aura plus jamais de pareille. [22] Si Dieu n'avait pas décidé d'abréger cette période, per-

*Le prophète Daniel, vitrail de la cathédrale de Bourges.*
*Au temps du prophète Daniel, le temple de Jérusalem fut profané par l'édification d'un autel à Zeus, et le culte juif était devenu impossible. C'est ce qu'évoque l' « Horreur abominable » du verset 15. Cet événement avait profondément marqué ceux qui l'avaient vécu mais aussi les générations suivantes.*

*Les persécutions dont les premiers chrétiens étaient l'objet, rappelaient cet épisode. Ils avaient à lutter pour leur foi. Ils puisaient dans ce passage de l'évangile de Matthieu et dans les versets qui suivent de quoi raviver l'espérance. Le Christ n'avait-il pas promis qu'il serait toujours au milieu d'eux ? Il a vaincu le mal et un jour sa victoire sera manifeste pour le monde entier.*

sonne ne pourrait survivre. Mais il l'a abrégée à cause de ceux qu'il a choisis. ²³ Si quelqu'un vous dit alors : "Regardez, le Messie est ici !" ou bien : "Il est là !", ne le croyez pas. ²⁴ Car de faux messies et de faux prophètes apparaîtront ; ils accompliront de grands miracles et des prodiges pour tromper, si possible, même ceux que Dieu a choisis. ²⁵ Écoutez ! Je vous ai avertis à l'avance.

²⁶ « Si donc on vous dit : "Regardez, il est dans le désert !", n'y allez pas. Ou si l'on vous dit : "Regardez, il se cache ici !", ne le croyez pas. ²⁷ Comme l'éclair brille à travers le ciel de l'est à l'ouest, ainsi viendra le Fils de l'homme. ²⁸ Où que soit le cadavre, là se rassembleront les vautours. »

## La venue du Fils de l'homme

²⁹ « Aussitôt après la détresse de ces jours-là, le soleil s'obscurcira, la lune ne donnera plus sa clarté, les étoiles tomberont du ciel et les puissances des cieux seront ébranlées. ³⁰ Alors, le signe du Fils de l'homme apparaîtra dans le ciel ; alors, tous les peuples de la terre se lamenteront, ils verront le Fils de l'homme arriver sur les nuages du ciel avec beaucoup de puissance et de gloire. ³¹ La grande trompette sonnera et il enverra ses anges aux quatre coins de la terre : ils rassembleront ceux qu'il a choisis, d'un bout du monde à l'autre. »

## L'enseignement donné par le figuier

³² « Comprenez l'enseignement que donne le figuier : dès que la sève circule dans ses branches et que ses feuilles poussent, vous savez que la bonne saison est proche. ³³ De même, quand vous verrez tout cela, sachez que l'événement est proche, qu'il va se produire. ³⁴ Je vous le déclare, c'est la vérité : les gens d'aujourd'hui n'auront pas tous disparu avant que tout cela arrive. ³⁵ Le ciel et la terre disparaîtront, tandis que mes paroles ne disparaîtront jamais. »

## Dieu seul connaît le moment de la fin

³⁶ « Cependant personne ne sait quand viendra ce jour ou cette heure, pas même les anges dans les cieux, ni même le Fils ; le Père seul le sait. ³⁷ Ce qui s'est passé du temps de Noé se passera de la même façon quand viendra le Fils de l'homme. ³⁸ En effet, à cette époque, avant la grande inondation, les gens mangeaient et buvaient, se mariaient ou donnaient leurs filles en mariage, jusqu'au jour où Noé entra dans l'arche ; ³⁹ ils ne se rendirent compte de rien jusqu'au moment où la grande inondation

*Le figuier perd ses feuilles en hiver. Il bourgeonne seulement à la fin du printemps, lorsque l'été s'annonce déjà.*

*« Veillez donc, car vous ne savez pas quel jour votre Seigneur viendra. » (Matthieu 24,42) Veiller ne signifie pas vouloir calculer la date de la venue du nouveau Royaume de Dieu, ni attendre sa venue sans rien faire. C'est engager tout son être au jour le jour dans la construction du monde selon les vues de Dieu.*

vint et les emporta tous. Ainsi en sera-t-il quand viendra le Fils de l'homme. ⁴⁰ Alors, deux hommes seront aux champs : l'un sera emmené et l'autre laissé. ⁴¹ Deux femmes moudront du grain au moulin : l'une sera emmenée et l'autre laissée. ⁴² Veillez donc, car vous ne savez pas quel jour votre Seigneur viendra. ⁴³ Comprenez bien ceci : si le maître de la maison savait à quel moment de la nuit le voleur doit venir, il resterait éveillé et ne le laisserait pas pénétrer dans sa maison. ⁴⁴ C'est pourquoi, tenez-vous prêts, vous aussi, car le Fils de l'homme viendra à l'heure que vous ne pensez pas. »

## Le serviteur fidèle et le serviteur infidèle

⁴⁵ « Quel est donc le serviteur fidèle et intelligent ? En voici un que son maître a chargé de prendre soin des autres serviteurs pour leur donner leur nourriture au moment voulu. ⁴⁶ Heureux ce serviteur si le maître, à son retour chez lui, le trouve occupé à ce travail ! ⁴⁷ Je vous le déclare, c'est la vérité : le maître lui confiera la charge de tous ses biens. ⁴⁸ Mais si c'est un mauvais serviteur, il se dira :

"Mon maître tarde à revenir", ⁴⁹ et il se mettra à battre ses compagnons de service, il mangera et boira avec des ivrognes. ⁵⁰ Eh bien, le maître reviendra un jour où le serviteur ne l'attend pas et à une heure qu'il ne connaît pas ; ⁵¹ il chassera le serviteur et lui fera partager le sort des hypocrites, là où l'on pleure et grince des dents. »

## La parabole des dix jeunes filles

**25** ¹ « Alors le Royaume des cieux ressemblera à l'histoire de dix jeunes filles qui prirent leurs lampes et sortirent pour aller à la rencontre du marié. ² Cinq d'entre elles étaient imprévoyantes et cinq étaient raisonnables. ³ Celles qui étaient imprévoyantes prirent leurs lampes mais sans emporter une réserve d'huile. ⁴ En revanche, celles qui étaient raisonnables emportè-

*Servir*
*Le seul bon et fidèle serviteur de Dieu est celui qui prend soin de ceux qui lui ont été confiés. Etre chrétien signifie être responsable de son prochain.*

*Le tentateur et l'une des dix jeunes filles, représentés sur le portail de la cathédrale de Strasbourg.*
*Cette parabole reflète l'inquiétude des premiers chrétiens. Annoncé comme tout proche, le retour de leur Seigneur se fait pourtant attendre. Matthieu les invite à garder espoir. Nul ne sait quand il viendra, mais il faut l'attendre de pied ferme. L'important est de garder vivant en soi la flamme du désir.*

rent des flacons d'huile avec leurs lampes. **5** Or, le marié tardait à venir ; les jeunes filles eurent toutes sommeil et s'endormirent. **6** A minuit, un cri se fit entendre : "Voici le marié ! Sortez à sa rencontre !" **7** Alors ces dix jeunes filles se réveillèrent et se mirent à préparer leurs lampes. **8** Les imprévoyantes demandèrent aux raisonnables : "Donnez-nous un peu de votre huile, car nos lampes s'éteignent." **9** Les raisonnables répondirent : "Non, car il n'y en aurait pas assez pour nous et pour vous. Vous feriez mieux d'aller au magasin en acheter pour vous."

**10** Les imprévoyantes partirent donc acheter de l'huile, mais pendant ce temps, le marié arriva. Les cinq jeunes filles qui étaient prêtes entrèrent avec lui dans la salle de mariage et l'on ferma la porte à clé. **11** Plus tard, les autres jeunes filles arrivèrent et s'écrièrent : "Maître, maître, ouvre-nous !" **12** Mais le marié répondit : "Je vous le déclare, c'est la vérité : je ne vous connais pas." **13** Veillez donc, ajouta Jésus, car vous ne connaissez ni le jour ni l'heure. »

## La parabole des trois serviteurs

**14** « Il en sera comme d'un homme qui allait partir en voyage : il appela ses serviteurs et leur confia ses biens. **15** Il remit à l'un cinq cents pièces d'or, à un autre deux cents, à un troisième cent : à chacun selon ses capacités. Puis il partit. **16** Le serviteur qui avait reçu les cinq cents pièces d'or s'en alla aussitôt faire du commerce avec cet argent et gagna cinq cents autres pièces d'or. **17** Celui qui avait reçu deux cents pièces agit de même et gagna deux cents autres pièces. **18** Mais celui qui avait reçu cent pièces s'en alla creuser un trou dans la terre et y cacha l'argent de son maître.

**19** « Longtemps après, le maître de ces serviteurs revint et se mit à régler ses comptes avec eux. **20** Celui qui avait reçu cinq cents pièces d'or s'approcha et présenta les cinq cents autres pièces en disant : "Maître, tu m'avais remis cinq cents pièces d'or. J'en ai gagné cinq cents autres : les voici." **21** Son maître lui dit : "C'est bien, bon et fidèle serviteur. Tu as été fidèle dans des choses qui ont peu de valeur, je te confierai donc celles qui ont beaucoup de valeur. Viens te réjouir avec moi." **22** Le serviteur qui avait reçu les deux cents pièces s'approcha ensuite et dit : "Maître, tu m'avais remis deux cents pièces d'or. J'en ai gagné deux cents autres : les voici." **23** Son maître lui dit : "C'est bien, bon et fidèle serviteur. Tu as été fidèle dans

*L'argent qu'on dépose à la banque doit fructifier et produire des intérêts. Mais pour obtenir un bon profit, il faut savoir aussi prendre des risques. Dans cette parabole, Jésus déclare que le temps de vie qui nous est imparti doit être investi avec profit. Chacun est appelé à faire fructifier la foi et l'amour qu'il a reçu pour que l'Évangile grandisse dans le monde. La foi est une aventure ; celui qui, par peur du jugement de Dieu, tente de se préserver en négligeant de faire fructifier l'Évangile laisse échapper sa chance de faire avancer la cause de Dieu.*

des choses qui ont peu de valeur, je te confierai donc celles qui ont beaucoup de valeur. Viens te réjouir avec moi." ²⁴ Enfin, le serviteur qui avait reçu les cent pièces s'approcha et dit : "Maître, je te connaissais comme un homme dur : tu moissonnes où tu n'as pas semé, tu récoltes où tu n'as rien planté. ²⁵ J'ai eu peur et je suis allé cacher ton argent dans la terre. Eh bien, voici ce qui t'appartient." ²⁶ Son maître lui répondit : "Mauvais serviteur, paresseux ! Tu savais que je moissonne où je n'ai pas semé, que je récolte où je n'ai rien planté ? ²⁷ Eh bien, tu aurais dû placer mon argent à la banque et, à mon retour, j'aurais retiré mon bien avec les intérêts. ²⁸ Enlevez-lui donc les cent pièces d'or et remettez-les à celui qui en a mille. ²⁹ Car quiconque a quelque chose recevra davantage et il sera dans l'abondance ; mais à celui qui n'a rien, on enlèvera même le peu qui pourrait lui rester. ³⁰ Quant à ce serviteur bon à rien, jetez-le dehors, dans le noir, là où l'on pleure et grince des dents." »

*Le rapport que nous entretenons avec les malheureux, y compris dans les gestes les plus simples et quotidiens, est décisif dans notre vie. Là se fait la rencontre de Dieu.*

## Le jugement dernier

³¹ « Quand le Fils de l'homme viendra dans sa gloire avec tous les anges, il siégera sur son trône royal. ³² Tous les peuples de la terre seront assemblés devant lui et il séparera les gens les uns des autres comme le berger sépare les moutons des chèvres ; ³³ il placera les moutons à sa droite et les chèvres à sa gauche. ³⁴ Alors le roi dira à ceux qui seront à sa droite : "Venez, vous qui êtes bénis par mon Père, et recevez le Royaume qui a été préparé pour vous depuis la création du monde. ³⁵ Car j'ai eu faim et vous m'avez donné à manger ; j'ai eu soif et vous m'avez donné à boire ; j'étais étranger et vous m'avez accueilli chez vous ; ³⁶ j'étais nu et vous m'avez habillé ; j'étais malade et vous avez pris soin de moi ; j'étais en prison et vous êtes venus me voir." ³⁷ Ceux qui ont fait la volonté de Dieu lui répondront alors : "Seigneur, quand t'avons-nous vu affamé et t'avons-nous donné à manger, ou assoiffé et t'avons-nous donné à boire ? ³⁸ Quand t'avons-nous vu étranger et t'avons-nous accueilli chez nous, ou nu et t'avons-nous habillé ? ³⁹ Quand t'avons-nous vu malade ou en prison et sommes-nous allés te voir ?" ⁴⁰ Le roi leur répondra : "Je vous le déclare, c'est la vérité : toutes les fois que vous l'avez fait à l'un de ces plus petits de mes frères, c'est à moi que vous l'avez fait."

⁴¹ « Ensuite, le roi dira à ceux qui seront à sa gauche : "Allez-vous-en loin de moi, maudits ! Allez dans le feu éternel qui a été préparé pour le diable et ses anges ! ⁴² Car j'ai eu faim et vous ne m'avez pas donné à manger ;

*Giotto représente ici Jésus-Christ ressuscité, au Jugement dernier. Son jugement se fondera sur l'amour. C'est en nous faisant le prochain des plus petits parmi les hommes que nous serons reconnus par le Christ comme ses frères et ses sœurs.*

j'ai eu soif et vous ne m'avez pas donné à boire ; [43] j'étais étranger et vous ne m'avez pas accueilli ; j'étais nu et vous ne m'avez pas habillé ; j'étais malade et en prison et vous n'avez pas pris soin de moi." [44] Ils lui répondront alors : "Seigneur, quand t'avons-nous vu affamé, ou assoiffé, ou étranger, ou nu, ou malade, ou en prison et ne t'avons-nous pas secouru ?" [45] Le roi leur répondra : "Je vous le déclare, c'est la vérité : toutes les fois que vous ne l'avez pas fait à l'un de ces plus petits, vous ne l'avez pas fait à moi non plus." [46] Et ils iront subir la peine éternelle, tandis que ceux qui ont fait la volonté de Dieu iront à la vie éternelle. »

**La Passion**

*Le récit de la Passion, des souffrances et de la mort de Jésus commence au chapitre 26 de l'évangile de Matthieu. Jésus se soumet à la confrontation avec les prêtres et les anciens, sachant bien que celle-ci le conduira à la condamnation et à la mort.*

## Les chefs complotent contre Jésus

**26** [1] Quand Jésus eut achevé toutes ces instructions, il dit à ses disciples : [2] « Vous savez que la fête de la Pâque aura lieu dans deux jours : le Fils de l'homme va être livré pour être cloué sur une croix. »

[3] Alors les chefs des prêtres et les anciens du peuple juif se réunirent dans le palais de Caïphe, le grand-prêtre ; [4] ils prirent ensemble la décision d'arrêter Jésus en cachette et de le mettre à mort. [5] Ils disaient : « Nous ne devons pas l'arrêter pendant la fête, sinon le peuple va se soulever. »

**L'onction**

*A l'époque de Jésus, il était courant pour un hôte de présenter à ses invités une huile parfumée ou de lui faire oindre les pieds par un esclave. La femme de Béthanie, qui oint Jésus, montre son amour et son hommage d'une façon inhabituelle. Jésus voit ici le signe de la mort certaine qui l'attend. Avec l'onction, la femme devance le dernier hommage rendu à un mort.*

## Une femme met du parfum sur la tête de Jésus

[6] Jésus était à Béthanie, dans la maison de Simon le lépreux. [7] Une femme s'approcha de lui avec un flacon d'albâtre plein d'un parfum de grande valeur : elle versa ce parfum sur la tête de Jésus pendant qu'il était à table. [8] Quand les disciples virent cela, ils furent indignés et dirent : « Pourquoi ce gaspillage ? [9] On aurait pu vendre ce parfum très cher et donner l'argent aux pauvres ! »

[10] Jésus se rendit compte qu'ils parlaient ainsi et leur dit : « Pourquoi faites-vous de la peine à cette femme ? Ce qu'elle a accompli pour moi est beau. [11] Car vous aurez toujours des pauvres avec vous ; mais moi, vous ne m'aurez pas toujours avec vous. [12] Elle a répandu ce parfum sur mon corps afin de me préparer pour le tombeau. [13] Je vous le déclare, c'est la vérité : partout où l'on annoncera cette Bonne Nouvelle, dans le monde entier, on racontera ce que cette femme a fait, et l'on se souviendra d'elle. »

**Trente pièces d'argent**

*Cette somme est ridiculement modeste. Elle correspond à l'amende que devait payer le propriétaire d'un taureau qui avait tué l'esclave d'un voisin, selon le Livre de l'Exode (21,32).*

## Judas veut livrer Jésus aux chefs des prêtres

[14] Alors un des douze disciples, appelé Judas Iscariote, alla trouver les chefs des prêtres [15] et leur dit : « Que me

donnerez-vous si je vous livre Jésus ? » Ceux-ci comptè-
rent trente pièces d'argent qu'ils lui remirent. ¹⁶ A partir
de ce moment, Judas se mit à chercher une occasion favorable pour leur livrer Jésus.

## Jésus prend le repas de la Pâque avec ses disciples

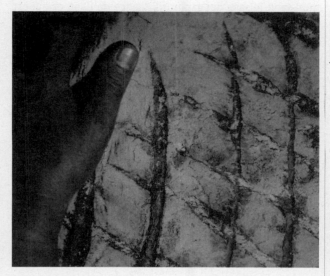

### Le repas de la Pâque

*Dans une atmosphère d'espé-
rance mêlée de tristesse,
Jésus vit le repas pascal avec
ses disciples. Ce sera aussi
son repas d'adieu. Selon la
coutume, il prend une galette
de pain d'orge et de blé et
prononce la bénédiction au
nom du groupe. Puis il le
rompt pour donner un mor-
ceau à chacun. Vers la fin du
repas, il prend la coupe de
vin et prononce la prière
d'action de grâces au nom
des convives. Après avoir bu, il
fait circuler la coupe afin que
chacun boive à son tour. Il
leur explique le sens de ces
gestes de partage. Les premiers chrétiens ont commé-
moré ce repas de Jésus avec
ses disciples. Ils l'ont relu et
médité longuement. Peu à
peu ce repas est devenu le
cœur du rassemblement des
chrétiens.*
*Chaque fois qu'ils rompent le
pain les uns avec les autres
en mémoire de Jésus, ils célèbrent sa présence vivante au
milieu d'eux. En partageant
leurs vies les uns avec les
autres, les chrétiens poursuivent ce que Jésus a commencé au milieu d'eux et deviennent son corps en ce monde.*

¹⁷ Le premier jour de la fête des pains sans levain, les
disciples vinrent demander à Jésus : « Où veux-tu que
nous te préparions le repas de la Pâque ? » ¹⁸ Jésus leur
dit alors : « Allez à la ville chez un tel et dites-lui : "Le
Maître déclare : Mon heure est arrivée ; c'est chez toi que
je célébrerai la Pâque avec mes disciples." » ¹⁹ Les disciples firent ce que Jésus leur avait ordonné et prépa-
rent le repas de la Pâque.

²⁰ Quand le soir fut venu, Jésus se mit à table avec les
douze disciples. ²¹ Pendant qu'ils mangeaient, Jésus dit :
« Je vous le déclare, c'est la vérité : l'un de vous me trahira. » ²² Les disciples en furent profondément attristés et
se mirent à lui demander l'un après l'autre : « Ce n'est pas
moi, n'est-ce pas, Seigneur ? » ²³ Jésus répondit : « Celui
qui a trempé avec moi son pain dans le plat, c'est lui qui
me trahira. ²⁴ Le Fils de l'homme va mourir comme les
Écritures l'annoncent à son sujet ; mais quel malheur
pour celui qui trahit le Fils de l'homme ! Il aurait mieux
valu pour cet homme-là ne pas naître ! » ²⁵ Judas, celui qui
le trahissait, prit la parole et demanda : « Ce n'est pas
moi, n'est-ce pas, Maître ? » Jésus lui répondit : « C'est toi
qui le dis. »

## La sainte cène

**26** Pendant le repas, Jésus prit du pain et, après avoir remercié Dieu, il le rompit et le donna à ses disciples ; il leur dit : « Prenez et mangez ceci, c'est mon corps. » **27** Il prit ensuite une coupe de vin et, après avoir remercié Dieu, il la leur donna en disant : « Buvez-en tous, **28** car ceci est mon sang, le sang qui garantit l'alliance de Dieu et qui est versé pour une multitude de gens, pour le pardon des péchés. **29** Je vous le déclare : dès maintenant, je ne boirai plus de ce vin jusqu'au jour où je boirai avec vous le vin nouveau dans le Royaume de mon Père. » **30** Ils chantèrent ensuite les psaumes de la fête, puis ils s'en allèrent au mont des Oliviers.

## Jésus annonce que Pierre le reniera

**31** Alors Jésus dit à ses disciples : « Cette nuit même, vous allez tous m'abandonner, car on lit dans les Écritures : "Je tuerai le berger, et les moutons du troupeau partiront de tous côtés." **32** Mais, ajouta Jésus, quand je serai de nouveau vivant, j'irai vous attendre en Galilée. » **33** Pierre prit la parole et lui dit : « Même si tous les autres t'abandonnent, moi je ne t'abandonnerai jamais. » **34** Jésus lui répondit : « Je te le déclare, c'est la vérité : cette nuit même, avant que le coq chante, tu auras prétendu trois fois ne pas me connaître. » **35** Pierre lui dit : « Je ne prétendrai jamais que je ne te connais pas, même si je dois mourir avec toi. » Et tous les autres disciples dirent la même chose.

## Jésus prie à Gethsémané

**36** Alors Jésus arriva avec ses disciples à un endroit appelé Gethsémané et il leur dit : « Asseyez-vous ici, pendant que je vais là-bas pour prier. » **37** Puis il emmena avec

lui Pierre et les deux fils de Zébédée. Il commença à ressentir de la tristesse et de l'angoisse. ³⁸ Il leur dit alors : « Mon cœur est plein d'une tristesse mortelle ; restez ici et veillez avec moi. » ³⁹ Il alla un peu plus loin, se jeta le visage contre terre et pria en ces termes : « Mon Père, si c'est possible, éloigne de moi cette coupe de douleur. Toutefois, non pas comme je veux, mais comme tu veux. » ⁴⁰ Il revint ensuite vers les trois disciples et les trouva endormis. Il dit à Pierre : « Ainsi vous n'avez pas été capables de veiller avec moi même une heure ? ⁴¹ Restez éveillés et priez pour ne pas tomber dans la tentation. L'être humain est plein de bonne volonté, mais il est faible. »

⁴² Il s'éloigna une deuxième fois et pria en ces termes : « Mon Père, si cette coupe ne peut pas être enlevée sans que je la boive, que ta volonté soit faite ! » ⁴³ Il revint encore auprès de ses disciples et les trouva endormis ; ils ne pouvaient pas garder les yeux ouverts. ⁴⁴ Jésus les quitta de nouveau, s'éloigna et pria pour la troisième fois en répétant les mêmes paroles. ⁴⁵ Puis il revint auprès des disciples et leur dit : « Vous dormez encore et vous vous reposez ? Maintenant, l'heure est arrivée et le Fils de l'homme va être livré entre les mains des pécheurs. Levez-vous, allons-y ! Voyez, l'homme qui me livre à eux est ici ! »

## L'arrestation de Jésus

⁴⁷ Jésus parlait encore quand arriva Judas, l'un des douze disciples. Il y avait avec lui une foule nombreuse de gens armés d'épées et de bâtons. Ils étaient envoyés par les chefs des prêtres et les anciens du peuple juif. ⁴⁸ Judas, celui qui leur livrait Jésus, avait indiqué à cette foule le signe qu'il utiliserait : « L'homme que j'embrasserai, c'est lui. Saisissez-le. » ⁴⁹ Judas s'approcha immédiatement de Jésus et lui dit : « Salut, Maître ! » Puis il l'embrassa. ⁵⁰ Jésus lui répondit : « Mon ami, ce que tu es venu faire, fais-le vite. » Alors les autres s'approchèrent, mirent la main sur Jésus et l'arrêtèrent. ⁵¹ Un de ceux qui étaient avec Jésus tira son épée, frappa le serviteur du grand-prêtre et lui coupa l'oreille. ⁵² Jésus lui dit alors : « Remets ton épée à sa place, car tous ceux qui prennent l'épée périront par l'épée. ⁵³ Ne sais-tu pas que je pourrais appeler mon Père à l'aide et qu'aussitôt il m'enverrait plus de douze armées d'anges ? ⁵⁴ Mais, en ce cas, comment se réaliseraient les Écritures ? Elles déclarent, en effet, que cela doit se passer ainsi. »

*Les Riches Heures du Duc de Berry, Limbourg (XVᵉ siècle). montrent Jésus conduit sous les armes devant ses juges. Jésus lui-même décline toute violence, bien qu'il puisse disposer des armées célestes des anges (Matthieu 26,53). Il va ainsi à l'encontre de la croyance, répandue à l'époque, en un Messie établissant le Royaume de Dieu par la confrontation armée.*

**55** Puis Jésus dit à la foule : « Deviez-vous venir armés d'épées et de bâtons pour me prendre, comme si j'étais un brigand ? Tous les jours, j'étais assis dans le temple pour y enseigner, et vous ne m'avez pas arrêté. **56** Mais tout cela est arrivé pour que se réalisent les paroles des prophètes contenues dans les Écritures. » Alors tous les disciples l'abandonnèrent et s'enfuirent.

## Jésus devant le Conseil supérieur

**57** Ceux qui avaient arrêté Jésus l'emmenèrent chez Caïphe, le grand-prêtre, où les maîtres de la loi et les anciens étaient assemblés. **58** Pierre suivit Jésus de loin, jusqu'à la cour de la maison du grand-prêtre. Il entra dans la cour et s'assit avec les gardes pour voir comment cela finirait. **59** Les chefs des prêtres et tout le Conseil supérieur cherchaient une accusation, même fausse, contre Jésus pour le condamner à mort ; **60** mais ils n'en trouvèrent pas, quoique beaucoup de gens fussent venus déposer de fausses accusations contre lui. Finalement, deux hommes se présentèrent **61** et dirent : « Cet homme a déclaré : "Je peux détruire le temple de Dieu et le rebâtir en trois jours." » **62** Le grand-prêtre se leva et dit à Jésus : « Ne réponds-tu rien à ce que ces gens disent contre toi ? » **63** Mais Jésus se taisait. Le grand-prêtre lui dit alors : « Au nom du Dieu vivant, je te demande de nous répondre sous serment : es-tu le Messie, le Fils de Dieu ? » **64** Jésus lui répondit : « C'est toi qui le dis. Mais je vous le déclare : dès maintenant vous verrez le Fils de l'homme siégeant à la droite du Dieu puissant ; vous le verrez aussi venir sur les nuages du ciel. » **65** Alors le grand-prêtre déchira ses vêtements et dit : « Il a fait insulte à Dieu ! Nous n'avons plus besoin de témoins ! Vous venez d'entendre cette insulte faite à Dieu. **66** Qu'en pensez-vous ? » Ils répondirent : « Il est coupable et mérite la mort. » **67** Puis ils lui crachèrent au visage et le frappèrent à coups de poing ; certains lui donnèrent des gifles **68** en disant : « Devine, toi le Messie, dis-nous qui t'a frappé ! »

## Pierre renie Jésus

**69** Pierre était assis dehors, dans la cour. Une servante s'approcha de lui et lui dit : « Toi aussi, tu étais avec Jésus, cet homme de Galilée. » **70** Mais il le nia devant tout le monde en déclarant : « Je ne sais pas ce que tu veux dire. » **71** Puis il s'en alla vers la porte de la cour. Une autre servante le vit et dit à ceux qui étaient là : « Celui-ci était avec Jésus de Nazareth. » **72** Et Pierre le nia de nouveau en déclarant : « Je jure que je ne connais pas cet homme. »

*« Vous verrez le Fils de l'homme siégeant à la droite du Dieu puissant ; vous le verrez aussi venir sur les nuages du ciel. » (Matthieu 26,64) Jésus emprunte une image à l'Ancien Testament pour se désigner indirectement comme le Sauveur en qui Dieu intervient lui-même, et comme celui qui présidera au jugement dernier. Pour les grands prêtres, il commet alors un blasphème, qui, selon la loi juive, est puni de mort.*

*Le Reniement de Pierre est ici représenté sur un tableau de Gerrit van Honthorst, datant du XVIIᵉ siècle. Au moment où Jésus fait la déclaration qui le condamne à mort, Pierre, son premier disciple, le renie solennellement devant témoins.*

**73** Peu après, ceux qui étaient là s'approchèrent de Pierre et lui dirent : « Certainement, tu es l'un d'eux : ton accent révèle d'où tu viens. » **74** Alors Pierre s'écria : « Que Dieu me punisse si je mens ! Je le jure, je ne connais pas cet homme ! » A ce moment même, un coq chanta, **75** et Pierre se rappela ce que Jésus lui avait dit : « Avant que le coq chante, tu auras prétendu trois fois ne pas me connaître. » Il sortit et pleura amèrement.

## Jésus est amené à Pilate

**27** **1** Tôt le matin, tous les chefs des prêtres et les anciens du peuple juif prirent ensemble la décision de faire mourir Jésus. **2** Ils le firent ligoter, l'emmenèrent et le livrèrent à Pilate, le gouverneur romain.

## La mort de Judas

**3** Judas, celui qui l'avait trahi, apprit que Jésus avait été condamné. Il fut alors pris de remords et rapporta les trente pièces d'argent aux chefs des prêtres et aux anciens. **4** Il leur dit : « Je suis coupable, j'ai livré un innocent à la mort ! » Mais ils lui répondirent : « Cela nous est égal ! C'est ton affaire ! » **5** Judas jeta l'argent dans le temple et partit ; puis il alla se pendre. **6** Les chefs des prêtres ramassèrent l'argent et dirent : « Notre loi ne permet pas de verser cet argent dans le trésor du temple, car c'est le prix du sang. » **7** Après s'être mis d'accord, ils achetèrent avec cette somme le champ du potier pour y établir un cimetière d'étrangers. **8** C'est pourquoi ce champ s'est appelé « champ du sang » jusqu'à ce jour. **9** Alors se réalisèrent ces paroles du prophète Jérémie : « Ils prirent les trente pièces d'argent – le prix auquel les Israélites l'avaient estimé – **10** et les employèrent pour acheter le champ du potier, comme le Seigneur me l'avait ordonné. »

## Pilate interroge Jésus

**11** Jésus comparut devant le gouverneur qui l'interrogea : « Es-tu le roi des Juifs ? » Jésus répondit : « Tu le dis. » **12** Ensuite, lorsque les chefs des prêtres et les anciens l'accusèrent, il ne répondit rien. **13** Pilate lui dit alors : « N'entends-tu pas toutes les accusations qu'ils portent contre toi ? » **14** Mais Jésus ne lui répondit sur aucun point, de sorte que le gouverneur était profondément étonné.

## Jésus est condamné à mort

**15** A chaque fête de la Pâque, le gouverneur avait l'habitude de libérer un prisonnier, celui que la foule voulait.

**Judas Iscariote**

*Judas, auquel on accole l'appellation Iscariote pour le reconnaître, c'est-à-dire l'homme de Querioth en Judée, est le disciple qui a désigné le lieu de séjour de Jésus aux grands prêtres (Matthieu 26,14-16). Lorsqu'il apprend la condamnation de Jésus, il se suicide. Auparavant, il essaie de rendre l'argent qu'il a reçu pour sa trahison. Selon les lois religieuses, les prêtres et les anciens ne peuvent mettre le prix du sang dans le trésor du temple et l'utilisent donc à d'autres fins. Leur attitude pointilleuse sur cette question paraît grotesque face à la condamnation de Jésus. Ils ne remettent pas leur jugement en question, même lorsque Judas désespéré affirme leur avoir livré un innocent.*

*L'inscription sur la pierre dite de Pilate à Césarée, découverte en 1961, témoigne que Ponce Pilate fut effectivement gouverneur romain en Judée, sous l'empereur Tibère.*

[16] Or, il y avait à ce moment-là un prisonnier célèbre appelé Jésus Barabbas. [17] Pilate demanda donc à la foule assemblée : « Qui voulez-vous que je vous libère : Jésus Barabbas ou Jésus appelé Christ ? » [18] Pilate savait bien, en effet, qu'ils lui avaient livré Jésus par jalousie. [19] Pendant que Pilate siégeait au tribunal, sa femme lui envoya ce message : « N'aie rien à faire avec cet homme innocent car, cette nuit, j'ai beaucoup souffert en rêve à cause de lui. »

[20] Les chefs des prêtres et les anciens persuadèrent la foule de demander la libération de Barabbas et la mise à mort de Jésus. [21] Le gouverneur reprit la parole pour leur demander : « Lequel des deux voulez-vous que je vous libère ? » – « Barabbas ! » lui répondirent-ils. [22] « Que ferai-je donc de Jésus appelé Christ ? » leur demanda Pilate. Tous répondirent : « Cloue-le sur une croix ! » [23] « Quel mal a-t-il donc commis ? » demanda Pilate. Mais ils se mirent à crier de toutes leurs forces : « Cloue-le sur une croix ! » [24] Quand Pilate vit qu'il n'arrivait à rien, mais que l'agitation augmentait, il prit de l'eau, se lava les mains devant la foule et dit : « Je ne suis pas responsable de la mort de cet homme ! C'est votre affaire ! » [25] Toute la foule répondit : « Que les conséquences de sa mort retombent sur nous et sur nos enfants ! » [26] Alors Pilate leur libéra Barabbas ; il fit frapper Jésus à coups de fouet et le livra pour qu'on le cloue sur une croix.

## Les soldats se moquent de Jésus

[27] Les soldats de Pilate emmenèrent Jésus dans le palais du gouverneur et toute la troupe se rassembla autour de lui. [28] Ils lui enlevèrent ses vêtements et le revêtirent d'un manteau rouge. [29] Puis ils tressèrent une couronne avec des branches épineuses, la posèrent sur sa tête et placèrent un roseau dans sa main droite. Ils se mirent ensuite à genoux devant lui et se moquèrent de lui en disant : « Salut, roi des Juifs ! » [30] Ils crachaient sur lui et prenaient le roseau pour le frapper sur la tête. [31] Quand ils se furent bien moqués de lui, ils lui enlevèrent le manteau, lui remirent ses vêtements et l'emmenèrent pour le clouer sur une croix.

## Jésus est cloué sur la croix

[32] En sortant de la ville, ils rencontrèrent un homme de Cyrène, appelé Simon ; les soldats l'obligèrent à porter la croix de Jésus. [33] Ils arrivèrent à un endroit appelé Golgotha, ce qui signifie « Le lieu du Crâne ». [34] Et là, ils donnèrent à boire à Jésus du vin mélangé avec une drogue amère ; après l'avoir goûté, il ne voulut pas en boire. [35] Ils le clouèrent sur la croix et se partagèrent ses

vêtements en tirant au sort. ³⁶ Puis ils s'assirent là pour le garder. ³⁷ Au-dessus de sa tête, ils placèrent une inscription qui indiquait la raison de sa condamnation : « Celui-ci est Jésus, le roi des Juifs. » ³⁸ Deux brigands furent alors cloués sur des croix à côté de Jésus, l'un à sa droite et l'autre à sa gauche.

³⁹ Les passants l'insultaient en hochant la tête ; ⁴⁰ ils lui disaient : « Toi qui voulais détruire le temple et en bâtir un autre en trois jours, sauve-toi toi-même, si tu es le Fils de Dieu, et descends de la croix ! » ⁴¹ De même, les chefs des prêtres, les maîtres de la loi et les anciens se moquaient de lui et disaient : ⁴² « Il a sauvé d'autres gens, mais il ne peut pas se sauver lui-même ! Il est le roi d'Israël ? Qu'il descende maintenant de la croix et nous croirons en lui. ⁴³ Il a mis sa confiance en Dieu et a déclaré : "Je suis le Fils de Dieu." Eh bien, si Dieu l'aime, qu'il le sauve maintenant ! » ⁴⁴ Et les brigands qui avaient été mis en croix à côté de lui l'insultaient de la même manière.

## La mort de Jésus

⁴⁵ A midi, l'obscurité se fit sur tout le pays et dura jusqu'à trois heures de l'après-midi. ⁴⁶ Vers trois heures, Jésus cria avec force : « *Éli, Éli, lema sabactani ?*| » ce qui signifie « Mon Dieu, mon Dieu, pourquoi m'as-tu abandonné ? » ⁴⁷ Quelques-uns de ceux qui se tenaient là l'entendirent et s'écrièrent : « Il appelle Élie ! » ⁴⁸ L'un d'eux courut aussitôt prendre une éponge, la remplit de vinaigre et la fixa au bout d'un roseau, puis il la tendit à Jésus pour qu'il boive. ⁴⁹ Mais les autres dirent : « Attends, nous allons voir si Élie vient le sauver ! »

*Luca Signorelli : Le Christ en croix et Marie de Magdala.*

⁵⁰ Jésus poussa de nouveau un grand cri et mourut. ⁵¹ A ce moment, le rideau suspendu dans le temple se déchira depuis le haut jusqu'en bas. La terre trembla, les rochers se fendirent, ⁵² les tombeaux s'ouvrirent et de nombreux croyants qui étaient morts revinrent à la vie.

*Sculpture de femmes dans l'église San Giovano à Modène.*
*Des femmes se trouvent aussi parmi les plus proches disciples de Jésus. Elles accompagnent Jésus dans sa dernière marche et seront les premiers témoins du tombeau vide et de la résurrection.*

**La garde du tombeau**

*A l'époque des premières communautés déjà, des adversaires du Christ nièrent la résurrection et prétendirent que les disciples avaient enlevé et fait disparaître le corps de Jésus. En racontant que le tombeau était gardé, l'évangile de Matthieu s'oppose à ces affirmations.*

⁵³ Ils sortirent des tombeaux et, après la résurrection de Jésus, ils entrèrent dans Jérusalem, la ville sainte, où beaucoup de personnes les virent. ⁵⁴ Le capitaine romain et les soldats qui gardaient Jésus avec lui virent le tremblement de terre et tout ce qui arrivait ; ils eurent alors très peur et dirent : « Il était vraiment le Fils de Dieu ! » ⁵⁵ De nombreuses femmes étaient là et regardaient de loin : elles avaient suivi Jésus depuis la Galilée pour le servir. ⁵⁶ Parmi elles, il y avait Marie du village de Magdala, Marie la mère de Jacques et de Joseph, et la mère des fils de Zébédée.

## Jésus est mis dans un tombeau

⁵⁷ Quand le soir fut venu, un homme riche, qui était d'Arimathée, arriva. Il s'appelait Joseph et était lui aussi disciple de Jésus. ⁵⁸ Il alla trouver Pilate et lui demanda le corps de Jésus. Alors Pilate ordonna de le remettre à Joseph. ⁵⁹ Celui-ci prit le corps, l'enveloppa dans un drap de lin neuf ⁶⁰ et le déposa dans son propre tombeau qu'il venait de faire creuser dans le rocher. Puis il roula une grosse pierre pour fermer l'entrée du tombeau et s'en alla. ⁶¹ Marie de Magdala et l'autre Marie étaient là, assises en face du tombeau.

## La garde du tombeau

⁶² Le lendemain, c'est-à-dire le jour qui suivait la préparation du sabbat, les chefs des prêtres et les Pharisiens allèrent ensemble chez Pilate ⁶³ et dirent : « Excellence, nous nous souvenons que cet imposteur, quand il était encore vivant, a dit : "Au bout de trois jours, je reviendrai de la mort à la vie." ⁶⁴ Veuillez donc ordonner que le tombeau soit gardé jusqu'au troisième jour, sinon ses disciples pourraient venir voler le corps et diraient ensuite au peuple : "Il est revenu d'entre les morts." Cette dernière imposture serait encore pire que la première. » ⁶⁵ Pilate leur dit : « Voici des soldats pour monter la garde. Allez et faites surveiller le tombeau comme vous le jugez bon. » ⁶⁶ Ils allèrent donc organiser la surveillance du tombeau : ils scellèrent la pierre qui le fermait et placèrent les gardes.

## La résurrection de Jésus

**28** ¹ Après le sabbat, dimanche au lever du jour, Marie de Magdala et l'autre Marie vinrent voir le tombeau. ² Soudain, il y eut un fort tremblement de terre ; un ange du Seigneur descendit du ciel, vint rouler la grosse pierre et s'assit dessus. ³ Il avait l'aspect d'un éclair et ses vêtements étaient blancs comme la neige. ⁴ Les gardes en eurent une telle peur qu'ils se mirent à trembler et devinrent comme morts. [5] L'ange prit la parole et dit aux femmes : « N'ayez pas peur. Je sais que vous cherchez Jésus, celui qu'on a cloué sur la croix ; [6] il n'est pas ici, il est revenu de la mort à la vie comme il l'avait dit. Venez, voyez l'endroit où il était couché. [7] Allez vite dire à ses disciples : "Il est revenu d'entre les morts et il va maintenant vous attendre en Galilée ; c'est là que vous le verrez." Voilà ce que j'avais à vous dire. » [8] Elles quittèrent rapidement le tombeau, remplies tout à la fois de crainte et d'une grande joie, et coururent porter la nouvelle aux disciples de Jésus. [9] Tout à coup, Jésus vint à leur rencontre et dit : « Je vous salue ! » Elles s'approchèrent de lui, saisirent ses pieds et l'adorèrent. [10] Jésus leur dit alors : « N'ayez pas peur. Allez dire à mes frères de se rendre en Galilée : c'est là qu'ils me verront. »

## Le récit des gardes

[11] Pendant qu'elles étaient en chemin, quelques-uns des soldats qui devaient garder le tombeau revinrent en ville et racontèrent aux chefs des prêtres tout ce qui était arrivé. [12] Les chefs des prêtres se réunirent avec les anciens : après s'être mis d'accord, ils donnèrent une forte somme d'argent aux soldats [13] et leur dirent : « Vous déclarerez que les disciples de cet homme sont venus voler son corps durant la nuit, pendant que vous dormiez. [14] Et si le gouverneur l'apprend, nous saurons le convaincre et vous éviter toute difficulté. » [15] Les gardes prirent l'argent et agirent conformément aux instructions reçues. Ainsi, cette histoire s'est répandue parmi les Juifs jusqu'à ce jour.

## Jésus se montre à ses disciples

[16] Les onze disciples se rendirent en Galilée, sur la colline que Jésus leur avait indiquée. [17] Quand ils le virent, ils l'adorèrent ; certains d'entre eux, pourtant, eurent des doutes. [18] Jésus s'approcha et leur dit : « Tout pouvoir m'a été donné dans le ciel et sur la terre. [19] Allez donc auprès des gens de toutes les nations et faites d'eux mes disciples ; baptisez-les au nom du Père, du Fils et du Saint-Esprit, [20] et enseignez-leur à pratiquer tout ce que je vous ai commandé. Et sachez-le : je vais être avec vous tous les jours, jusqu'à la fin du monde.

**La résurrection**

*La résurrection de Jésus n'a pas de témoin direct dans le Nouveau Testament. Nous l'apprenons toujours a posteriori ou par des descriptions indirectes, destinées à éveiller la foi en Jésus et en sa résurrection.*

*« Allez donc ! » La mission du Christ se poursuit à travers l'engagement des disciples. L'Église est sur le point de naître. La Bonne Nouvelle sera annoncée à toutes les nations. Tous les hommes, sans aucune distinction, ont le droit d'entendre l'Évangile qui fait vivre et rend heureux. Tous peuvent avoir la joie de devenir disciple de Jésus. Et quoi qu'il arrive, quels que soient les doutes ou les peurs, chacun peut être assuré de sa présence.*

*Ce tableau d'un artiste anonyme représente la rencontre de Jésus ressuscité avec ses disciples. Jésus leur confie la mission de porter la Bonne Nouvelle, non seulement au peuple d'Israël, mais à tous les peuples du monde. Grâce au pouvoir de Jésus et à sa présence permanente, cette mission peut être accomplie.*

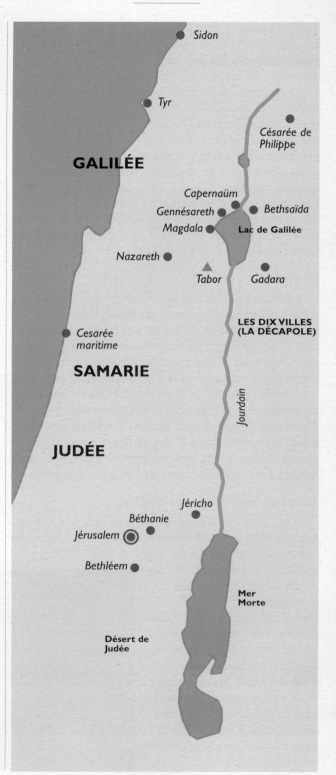

# L'ÉVANGILE SELON MARC

Le lac de Galilée

## Contexte

Des quatre évangiles, celui de Marc est le plus court et probablement le plus ancien. Marc écrit pour des non-Juifs auxquels il explique les coutumes juives et les termes venant de l'araméen, que parlait Jésus.

## Objectif

Il est important pour Marc de montrer à ses lecteurs que les événements de la vie de Jésus de Nazareth doivent être vus à la lumière de sa mort et de sa résurrection. Tout son évangile est orienté vers cette conclusion. Marc ne dit rien de la naissance et de l'enfance de Jésus ; il commence avec la première apparition publique de Jésus lors de son baptême dans le Jourdain. Il le montre ensuite s'acheminant vers les souffrances de la Passion. Marc donne une large place à cet événement car, pour lui, il est essentiel que ceux qui sont appelés par Jésus soient aussi prêts à porter leur croix (Marc 8,34).

## Fil conducteur

Dès le premier verset, Marc présente Jésus comme le « Fils de Dieu ». Mais c'est seulement avec la mort de Jésus sur la croix que se révèle tout le sens de cette expression. C'est pourquoi Jésus interdit à différentes reprises de parler des signes et des miracles qu'il accomplit. Même ses disciples ne comprennent pas du vivant de Jésus qu'il est celui par lequel Dieu réalise son plan de salut. L'officier romain, au pied de la croix, est le premier à proclamer : « Cet homme était vraiment le Fils de Dieu ! » (Marc 15,39).

*L'évangile selon Marc commence avec la venue de Jean-Baptiste, qui, selon une prophétie d'Ésaïe, doit préparer le chemin pour le Messie. Le sauveur promis est arrivé en Jésus. C'est par lui que Dieu conduira à son achèvement l'histoire de son peuple et de toute l'humanité.*

*Le baptême est le signe de la conversion à Dieu. Le baptême que Jean pratique est plus qu'un bain rituel de purification. C'est le signe d'une conversion et la préparation au pardon de Dieu. En se faisant baptiser, Jésus se solidarise avec tous ceux qui se tournent vers Dieu. C'est à ce moment-là que Dieu proclame son amour pour le Fils qu'il a choisi.*

## La prédication de Jean-Baptiste

**1** Ici commence la Bonne Nouvelle de Jésus-Christ, le Fils de Dieu. **2** Dans le livre du prophète Ésaïe, il est écrit :

« Je vais envoyer mon messager devant toi, dit Dieu,
  pour t'ouvrir le chemin.
**3** C'est la voix d'un homme qui crie dans le désert :
Préparez le chemin du Seigneur,
faites-lui des sentiers bien droits ! »

**4** Ainsi, Jean le Baptiste parut dans le désert ; il lançait cet appel : « Changez de comportement, faites-vous baptiser et Dieu pardonnera vos péchés. » **5** Tous les habitants de la région de Judée et de la ville de Jérusalem allaient à lui ; ils confessaient publiquement leurs péchés et Jean les baptisait dans la rivière, le Jourdain.

**6** Jean portait un vêtement fait de poils de chameau et une ceinture de cuir autour de la taille ; il mangeait des sauterelles et du miel sauvage. **7** Il déclarait à la foule : « Celui qui vient après moi est plus puissant que moi ; je ne suis pas même digne de me baisser pour délier la courroie de ses sandales. **8** Moi, je vous ai baptisés avec de l'eau, mais lui, il vous baptisera avec le Saint-Esprit. »

## Le baptême et la tentation de Jésus

**9** Alors, Jésus vint de Nazareth, localité de Galilée, et Jean le baptisa dans le Jourdain. **10** Au moment où Jésus sortait de l'eau, il vit le ciel s'ouvrir et l'Esprit Saint descendre sur lui comme une colombe. **11** Et une voix se fit entendre du ciel : « Tu es mon Fils bien-aimé ; je mets en toi toute ma joie. »

**12** Tout de suite après, l'Esprit le poussa dans le désert. **13** Jésus y resta pendant quarante jours et il fut tenté par Satan. Il vivait parmi les bêtes sauvages et les anges le servaient.

## Jésus appelle quatre pêcheurs

**14** Après que Jean eut été mis en prison, Jésus se rendit en Galilée ; il y proclamait la Bonne Nouvelle venant de Dieu. « Le moment fixé est arrivé, disait-il, car le Royaume de Dieu s'est approché ! Changez de comportement et croyez la Bonne Nouvelle ! »

**16** Jésus marchait le long du lac de Galilée lorsqu'il vit deux pêcheurs, Simon et son frère André, qui pêchaient en jetant un filet dans le lac. **17** Jésus leur dit : « Venez avec moi et je ferai de vous des pêcheurs d'hommes. » **18** Aussitôt, ils laissèrent leurs filets et le suivirent.

¹⁹ Jésus s'avança un peu plus loin et vit Jacques et son frère Jean, les fils de Zébédée. Ils étaient dans leur barque et réparaient leurs filets. ²⁰ Aussitôt Jésus les appela ; ils laissèrent leur père Zébédée dans la barque avec les ouvriers et allèrent avec Jésus.

## L'homme tourmenté par un esprit mauvais

²¹ Jésus et ses disciples se rendirent à la ville de Capernaüm. Au jour du sabbat, Jésus entra dans la synagogue et se mit à enseigner. ²² Les gens qui l'entendaient étaient impressionnés par sa manière d'enseigner ; car il n'était pas comme les maîtres de la loi, mais il leur donnait son enseignement avec autorité. ²³ Or, dans cette synagogue, il y avait justement un homme tourmenté par un esprit mauvais. Il cria : ²⁴ « Que nous veux-tu, Jésus de Nazareth ? Es-tu venu pour nous détruire ? Je sais bien qui tu es : le Saint envoyé de Dieu ! » ²⁵ Jésus parla sévèrement à l'esprit mauvais et lui donna cet ordre : « Tais-toi et sors de cet homme ! » ²⁶ L'esprit secoua rudement l'homme et sortit de lui en poussant un grand cri. ²⁷ Les gens furent tous si étonnés qu'ils se demandèrent les uns aux autres : « Qu'est-ce que cela ? Un nouvel enseignement donné avec autorité ! Cet homme commande même aux esprits mauvais et ils lui obéissent ! » ²⁸ Et, très vite, la renommée de Jésus se répandit dans toute la région de la Galilée.

## Jésus guérit beaucoup de malades

²⁹ Ils quittèrent la synagogue et allèrent aussitôt à la maison de Simon et d'André, en compagnie de Jacques et Jean. ³⁰ La belle-mère de Simon était au lit, parce qu'elle avait de la fièvre ; dès que Jésus arriva, on lui parla d'elle. ³¹ Il s'approcha d'elle, lui prit la main et la fit lever. La fièvre la quitta et elle se mit à les servir.

³² Le soir, après le coucher du soleil, les gens transportèrent vers Jésus tous les malades et ceux qui étaient possédés d'un esprit mauvais. ³³ Toute la population de la ville était rassemblée devant la porte de la maison. Jésus guérit beaucoup de gens qui souffraient de toutes sortes de maladies et il chassa aussi beaucoup d'esprits mauvais. Il ne laissait pas parler les esprits mauvais, parce qu'ils savaient, eux, qui il était.

## Jésus parcourt la Galilée

³⁵ Très tôt le lendemain, alors qu'il faisait encore nuit noire, Jésus se leva et sortit de la maison. Il s'en alla hors de la ville, dans un endroit isolé ; là, il se mit à prier.

*Dès le début de sa mission, Jésus s'entoure de collaborateurs. Ce sont des gens ordinaires, appelés à une relation privilégiée avec lui. Ils participent aussi à la libération des hommes.*

*Ruines de la synagogue de Capernaüm du IIe siècle apr. J.-C.*
*La parole de Jésus dans la synagogue de Capernaüm impressionne : elle est neuve, elle bouscule, transforme et guérit. Dans l'histoire de l'homme tourmenté, l'esprit mauvais lui-même désigne Jésus comme le prophète de Dieu.*

*Un matin en Galilée.*
*La région où Jésus choisit de commencer son ministère public est au carrefour de plusieurs cultures : juive, syrienne, grecque et romaine. La Bonne Nouvelle est entendue par tous.*

**Guérisons**
*À l'époque de Jésus, on croyait généralement que la maladie était la conséquence d'un péché. On considérait donc les malades comme des personnes impures qu'on mettait à l'écart. En les guérissant, Jésus rétablit aussi leur relation avec Dieu et avec les autres.*

³⁶ Simon et ses compagnons partirent à sa recherche ; ³⁷ quand ils le trouvèrent, ils lui dirent : « Tout le monde te cherche. » ³⁸ Mais Jésus leur dit : « Allons ailleurs, dans les villages voisins. Je dois prêcher là-bas aussi, car c'est pour cela que je suis venu. » ³⁹ Et ainsi, il alla dans toute la Galilée ; il prêchait dans les synagogues de la région et il chassait les esprits mauvais.

## Jésus guérit un lépreux

⁴⁰ Un lépreux vint à Jésus, se mit à genoux devant lui et lui demanda son aide en disant : « Si tu le veux, tu peux me rendre pur. » ⁴¹ Jésus fut rempli de pitié pour lui ; il étendit la main, le toucha et lui déclara : « Je le veux, sois pur ! » ⁴² Aussitôt, la lèpre quitta cet homme et il fut pur. ⁴³ Puis, Jésus le renvoya immédiatement en lui parlant avec sévérité. ⁴⁴ « Écoute bien, lui dit-il, ne parle de cela à personne. Mais va te faire examiner par le prêtre, puis offre le sacrifice que Moïse a ordonné, pour prouver à tous que tu es guéri. » ⁴⁵ L'homme partit, mais il se mit à raconter partout ce qui lui était arrivé. A cause de cela, Jésus ne pouvait plus se montrer dans une ville ; il restait en dehors, dans des endroits isolés. Et l'on venait à lui de partout.

## Jésus guérit un homme paralysé

2 ¹ Quelques jours plus tard, Jésus revint à Capernaüm, et l'on apprit qu'il était à la maison. ² Une foule de gens s'assembla, si bien qu'il ne restait plus de place, pas même dehors devant la porte. Jésus leur donnait son enseignement. ³ Quelques hommes arrivèrent, lui amenant un paralysé porté par quatre d'entre eux. ⁴ Mais ils ne pouvaient pas le présenter à Jésus, à cause de la foule. Ils ouvrirent alors le toit au-dessus de l'endroit où était Jésus ; par le trou qu'ils avaient fait, ils descendirent le paralysé étendu sur sa natte. ⁵ Quand Jésus vit la foi de ces hommes, il dit au paralysé : « Mon fils, tes péchés sont pardonnés. » ⁶ Quelques maîtres de la loi, qui étaient assis là, pensaient en eux-mêmes : ⁷ « Pourquoi cet homme parle-t-il ainsi ? Il fait insulte à Dieu ? Qui peut pardonner les péchés ? Dieu seul le peut ! » ⁸ Jésus devina aussitôt ce qu'ils pensaient et leur dit : « Pourquoi avez-vous de telles pensées ? ⁹ Est-il plus facile de dire au paralysé : « Tes péchés sont pardonnés », ou de dire : « Lève-toi, prends ta natte et marche » ? ¹⁰ Mais je veux que vous le sachiez : le Fils de l'homme a le pouvoir sur la terre de pardonner les péchés. » Alors il adressa ces mots au paralysé : ¹¹ « Je te le dis, lève-toi, prends ta natte, et rentre

chez toi ! » [12] Aussitôt, tandis que tout le monde le regardait, l'homme se leva, prit sa natte et partit. Ils furent tous frappés d'étonnement ; ils louaient Dieu et disaient : « Nous n'avons jamais rien vu de pareil ! »

## Jésus appelle Lévi

[13] Jésus retourna au bord du lac de Galilée. Une foule de gens venaient à lui et il leur donnait son enseignement. [14] En passant, il vit Lévi, le fils d'Alphée, assis au bureau des impôts. Jésus lui dit : « Suis-moi ! » Lévi se leva et le

suivit. [15] Jésus prit ensuite un repas dans la maison de Lévi. Beaucoup de collecteurs d'impôts et autres gens de mauvaise réputation étaient à table avec lui et ses disciples, car nombreux étaient les hommes ce cette sorte qui le suivaient. [16] Et les maîtres de la loi qui étaient du parti des Pharisiens virent que Jésus mangeait avec tous ces gens ; ils dirent à ses disciples : « Pourquoi mange-t-il avec les collecteurs d'impôts et les gens de mauvaise réputation ? » [17] Jésus les entendit et leur déclara : « Les personnes en bonne santé n'ont pas besoin de médecin, ce sont les malades qui en ont besoin. Je ne suis pas venu appeler ceux qui s'estiment justes, mais ceux qui se sentent pécheurs. »

*La Vocation de saint Matthieu, tableau de Hendrick Ter Brugghen.*
*Les collecteurs d'impôts étaient considérés comme des escrocs et des collaborateurs de l'occupant romain. Jésus découvre en Lévi – connu plus tard sous le nom de Matthieu –, une personne qui a besoin d'être délivrée. Il l'appelle et, au risque de scandaliser, en fait son proche collaborateur.*

## Le jeûne

*Le jeûne était souvent pratiqué comme une démonstration de la piété. Certains jeûnaient deux fois par semaine. Jésus n'encourage pas ses disciples à observer cette pratique tant qu'il est parmi eux. L'image du marié, tirée de l'Ancien Testament, représente Dieu. Ici, Jésus est le marié, et sa présence parmi les siens marque le début d'une nouvelle alliance. Le temps n'est donc pas au jeûne, mais à la fête.*

## Le sabbat

*Champ de blé mûr, prêt pour la moisson. Le sabbat (« repos » en hébreu), est le septième jour de la semaine dans la tradition juive. Il est associé au récit de la Création, où Dieu se repose le septième jour.*

*Tout travail était interdit et, pour certains, cueillir des épis en passant dans un champ constituait une offense contre Dieu. En permettant à ses disciples de cueillir des épis mûrs, Jésus remet en vigueur le sabbat originel : c'est le jour où les hommes peuvent se reposer et goûter à tout ce que Dieu donne dans la reconnaissance.*

## Jésus et le jeûne

¹⁸ Un jour, les disciples de Jean-Baptiste et les Pharisiens jeûnaient. Des gens vinrent alors demander à Jésus : « Pourquoi les disciples de Jean-Baptiste et ceux des Pharisiens jeûnent-ils, tandis que tes disciples ne le font pas ? » ¹⁹ Et Jésus leur répondit : « Pensez-vous que les invités d'une noce peuvent refuser de manger pendant que le marié est avec eux ? Bien sûr que non ! Tant que le marié est avec eux, ils ne peuvent pas refuser de manger. ²⁰ Mais le temps viendra où le marié leur sera enlevé ; ce jour-là, ils jeûneront.

²¹ « Personne ne coud une pièce d'étoffe neuve sur un vieux vêtement ; sinon, la nouvelle pièce arrache une partie du vieux vêtement et la déchirure s'agrandit encore. ²² Et personne ne verse du vin nouveau dans de vieilles outres ; sinon, le vin fait éclater les outres : le vin est perdu et les outres aussi. Mais non ! Pour le vin nouveau, il faut des outres neuves ! »

## Jésus et le sabbat

²³ Un jour de sabbat, Jésus traversait des champs de blé. Ses disciples se mirent à cueillir des épis le long du chemin. ²⁴ Les Pharisiens dirent alors à Jésus : « Regarde, pourquoi tes disciples font-ils ce que notre loi ne permet pas le jour du sabbat ? » ²⁵ Jésus leur répondit : « N'avez-vous jamais lu ce que fit David un jour où il se trouvait en difficulté, parce que lui-même et ses compagnons avaient faim ? ²⁶ Il entra dans la maison de Dieu et mangea les pains offerts à Dieu. Abiatar était le grand-prêtre en ce temps-là. Notre loi permet aux seuls prêtres de manger ces pains, mais David en prit et en donna aussi à ses compagnons. » ²⁷ Jésus leur dit encore : « Le sabbat a été fait pour l'homme ; l'homme n'a pas été fait pour le sabbat. ²⁸ Voilà pourquoi, le Fils de l'homme est maître même du sabbat. »

## Jésus guérit un homme le jour du sabbat

3 ¹ Ensuite, Jésus retourna dans la synagogue. Il y avait là un homme dont la main était paralysée. ² Les Pharisiens observaient attentivement Jésus pour voir s'il allait le guérir le jour du sabbat, car ils voulaient l'accuser. ³ Jésus dit à l'homme dont la main était paralysée : « Lève-toi, là, devant tout le monde. » ⁴ Puis il demanda à ceux qui regardaient : « Que permet notre loi ? de faire du bien le jour du sabbat ou de faire du mal ? de sauver la vie d'un être humain ou de le laisser mourir ? » Mais ils ne

voulaient pas répondre. ⁵ Jésus les regarda tous avec indignation ; il était en même temps profondément attristé qu'ils refusent de comprendre. Il dit alors à l'homme : « Avance ta main. » Il l'avança et sa main redevint saine. ⁶ Les Pharisiens sortirent de la synagogue et se réunirent aussitôt avec des membres du parti d'Hérode pour décider comment ils pourraient faire mourir Jésus.

*Pour Jésus, le temps du sabbat n'est pas celui de l'inaction, mais celui du renouvellement des relations avec Dieu et les autres. Il encourage donc tout ce qui peut y contribuer.*

## Une foule nombreuse vient à Jésus

⁷ Jésus se retira avec ses disciples au bord du lac de Galilée et une foule nombreuse le suivit. Les gens arrivaient de Galilée et de Judée, ⁸ de Jérusalem, du territoire d'Idumée, du territoire situé de l'autre côté du Jourdain et de la région de Tyr et de Sidon. Ils venaient en foule à Jésus parce qu'ils avaient appris tout ce qu'il faisait. ⁹ Alors Jésus demanda à ses disciples de lui préparer une barque afin que la foule ne l'écrase pas. ¹⁰ En effet, comme il guérissait beaucoup de gens, tous ceux qui souffraient de maladies se précipitaient sur lui pour le toucher. ¹¹ Et quand ceux que les esprits mauvais tourmentaient le voyaient, ils se jetaient à ses pieds et criaient : « Tu es le Fils de Dieu ! » ¹² Mais Jésus leur recommandait sévèrement de ne pas dire qui il était.

*Jésus exerça une grande partie de son ministère dans les villes et les villages autour du lac de Galilée, et dans cette région aux nombreuses collines. À l'exception de Judas Iscariote, probablement judéen, les disciples étaient galiléens. Leur nombre, douze, correspond à celui des douze tribus d'Israël. En choisissant douze apôtres (mot qui signifie « envoyés »), Jésus indique, dès le début de son ministère sa volonté de renouveler tout Israël.*

## Jésus choisit les douze apôtres

¹³ Puis Jésus monta sur une colline ; il appela les hommes qu'il voulait et ils vinrent à lui. ¹⁴ Il forma ainsi le groupe des douze qu'il nomma apôtres. Il fit cela pour les avoir avec lui et les envoyer annoncer la Bonne Nouvelle, ¹⁵ avec le pouvoir de chasser les esprits mauvais. ¹⁶ Voici ces douze : Simon – Jésus lui donna le nom de Pierre –, ¹⁷ Jacques et son frère Jean, tous deux fils de Zébédée – Jésus leur donna le nom de Boanergès, qui signifie « les hommes semblables au tonnerre » –, ¹⁸ André, Philippe, Barthélemy, Matthieu, Thomas, Jacques le fils d'Alphée, Thaddée, Simon le nationaliste, ¹⁹ et Judas Iscariote, celui qui trahit Jésus.

## La famille de Jésus veut l'emmener

²⁰ Jésus se rendit ensuite à la maison. Une telle foule s'assembla de nouveau que Jésus et ses disciples ne pouvaient même pas manger. ²¹ Quand les membres de sa famille apprirent cela, ils se mirent en route pour venir le prendre, car ils disaient : « Il a perdu la raison ! »

*« Il a perdu la raison. »*
*(Marc 3,21)*
*Les paroles et les actes de Jésus sont si étonnants que sa famille pense à une folie religieuse et que les théologiens le traitent de serviteur du diable. La prédication de Jésus n'est pas exempte de danger. Elle est radicale, parce qu'elle exige un retournement et remet en question ce qui, jusqu'alors, était accepté par beaucoup sans discussion.*

**Paraboles**
*Les paraboles de Jésus sont des histoires tirées de la vie quotidienne. Les gens y retrouvent leurs labeurs, leurs craintes mais aussi leurs espoirs. Ces histoires simples évoquent l'action de Dieu. Elles contribuent à la découverte et à la croissance du Royaume de Dieu déjà présent lorsqu'on l'accueille. Pour ceux qui s'attendent à des discours savants et qui ne remettent pas en cause leur vie, les paraboles sont incompréhensibles.*

## Jésus répond à une accusation portée contre lui

²² Les maîtres de la loi qui étaient venus de Jérusalem disaient : « Béelzébul, le diable, habite en lui ! » Et encore : « C'est le chef des esprits mauvais qui lui donne le pouvoir de chasser ces esprits ! » ²³ Alors Jésus les appela et leur parla en utilisant des images : « Comment Satan peut-il se chasser lui-même ? ²⁴ Si les membres d'un royaume luttent les uns contre les autres, ce royaume ne peut pas se maintenir ; ²⁵ et si les membres d'une famille luttent les uns contre les autres, cette famille ne pourra pas se maintenir. ²⁶ Si donc Satan lutte contre lui-même, s'il est divisé, son pouvoir ne peut pas se maintenir mais prend fin.

²⁷ « Personne ne peut entrer dans la maison d'un homme fort et s'emparer de ses biens, s'il n'a pas d'abord ligoté cet homme fort ; mais après l'avoir ligoté, il peut s'emparer de tout dans sa maison. ²⁸ Je vous le déclare, c'est la vérité : les êtres humains pourront être pardonnés de tous leurs péchés et de toutes les insultes qu'ils auront faites à Dieu. ²⁹ Mais celui qui aura fait insulte au Saint-Esprit ne recevra jamais de pardon, car il est coupable d'un péché éternel. »

³⁰ Jésus leur parla ainsi parce qu'ils déclaraient : « Un esprit mauvais habite en lui. »

## La mère et les frères de Jésus

³¹ La mère et les frères de Jésus arrivèrent alors ; ils se tinrent en dehors de la maison et lui envoyèrent quelqu'un pour l'appeler. ³² Un grand nombre de personnes étaient assises autour de Jésus et on lui dit : « Écoute, ta mère, tes frères et tes sœurs sont dehors et ils te demandent. » ³³ Jésus répondit : « Qui est ma mère et qui sont mes frères ? » ³⁴ Puis il regarda les gens assis en cercle autour de lui et dit : « Voyez : ma mère et mes frères sont ici. ³⁵ Car celui qui fait la volonté de Dieu est mon frère, ma sœur ou ma mère. »

## La parabole du semeur

4 ¹ Jésus se mit de nouveau à enseigner au bord du lac de Galilée. Une foule nombreuse s'assembla autour de lui, si bien qu'il monta dans une barque et s'y assit. La barque était sur le lac et les gens étaient à terre, près de l'eau. ² Il leur enseignait beaucoup de choses en utilisant des paraboles et il leur disait dans son enseignement :

³ « Écoutez ! Un jour, un homme s'en alla dans son champ pour semer. ⁴ Or, tandis qu'il lançait la semence, une partie des grains tomba le long du chemin : les oiseaux vinrent et les mangèrent. ⁵ Une autre partie tomba sur un sol pierreux où il y avait peu de terre. Les grains poussèrent aussitôt parce que la couche de terre n'était pas profonde. ⁶ Quand le soleil fut haut dans le ciel, il brûla les jeunes plantes : elles se desséchèrent parce que leurs racines étaient insuffisantes. ⁷ Une autre partie des grains tomba parmi des plantes épineuses. Celles-ci grandirent et étouffèrent les bonnes pousses, qui ne produisirent rien. ⁸ Mais d'autres grains tombèrent dans la bonne terre ; les plantes poussèrent, se développèrent et produisirent des épis : les uns portaient trente grains, d'autres soixante et d'autres cent. » ⁹ Et Jésus dit :

« Écoutez bien, si vous avez des oreilles pour entendre ! »

## Pourquoi Jésus utilise des paraboles

¹⁰ Quand ils furent seuls avec Jésus, ceux qui l'entouraient d'habitude et les douze disciples le questionnèrent au sujet des paraboles. ¹¹ Il leur répondit : « Vous avez reçu, vous, le secret du Royaume de Dieu ; mais les autres n'en entendent parler que sous forme de paraboles, ¹² et ainsi
"Ils peuvent bien regarder mais sans vraiment voir,
ils peuvent bien entendre mais sans
vraiment comprendre,
sinon ils reviendraient à Dieu et Dieu
leur pardonnerait !" »

## Jésus explique la parabole du semeur

¹³ Puis Jésus leur dit : « Vous ne comprenez pas cette parabole ? Alors comment comprendrez-vous toutes les

*En Palestine, on semait sur des champs non préparés, de sorte que la semence tombait même sur les chemins, dans les broussailles, dans les cailloux. Elle était ensuite enfoncée dans le sol par les labours. Elle ne pouvait donc pas pousser partout et une partie de la semence était perdue: les oiseaux la mangeaient, elle ne pouvait pousser sur le sol pierreux, les plantes épineuses étouffaient les jeunes plants. Cette perte était toutefois insignifiante, en comparaison de ce qui pousse et porte ses fruits. La parabole assimile la vigueur de la nature à la venue inéluctable du Royaume de Dieu. Malgré tous les obstacles, toutes les résistances, rien ne peut empêcher la Bonne Nouvelle de porter ses fruits.*

*La parabole se concentre sur la qualité du sol. Jésus attire l'attention sur les conditions qui permettront à la Bonne Nouvelle de produire du fruit.*

autres paraboles ? ¹⁴ Le semeur sème la parole de Dieu. ¹⁵ Certains sont comme le bord du chemin où tombe la parole : dès qu'ils l'ont entendue, Satan arrive et arrache la parole semée en eux. ¹⁶ D'autres reçoivent la semence dans des sols pierreux : aussitôt qu'ils entendent la parole, ils l'acceptent avec joie. ¹⁷ Mais ils ne la laissent pas s'enraciner en eux, ils ne s'y attachent qu'un instant. Et alors, quand survient la détresse ou la persécution à cause de la parole de Dieu, ils renoncent bien vite à la foi. ¹⁸ D'autres encore reçoivent la semence parmi des plantes épineuses : ils ont entendu la parole, ¹⁹ mais les préoccupations de ce monde, l'attrait trompeur de la richesse et les désirs de toutes sortes pénètrent en eux, ils étouffent la parole et elle ne produit rien. ²⁰ D'autres, enfin, reçoivent la semence dans de la bonne terre : ils entendent la parole, ils l'accueillent et portent des fruits, les uns trente, d'autres soixante et d'autres cent. »

## La parabole de la lampe

²¹ Puis Jésus leur dit : « Quelqu'un apporte-t-il la lampe pour la mettre sous un seau ou sous le lit ? N'est-ce pas plutôt pour la mettre sur son support ? ²² Tout ce qui est caché paraîtra au grand jour, et tout ce qui est secret sera mis en pleine lumière. ²³ Écoutez bien, si vous avez des oreilles pour entendre ! » ²⁴ Jésus leur dit encore : « Faites attention à ce que vous entendez ! Dieu mesurera ce qu'il vous donne avec la mesure que vous employez vous-mêmes et il y ajoutera encore. ²⁵ Car celui qui a quelque chose recevra davantage ; mais à celui qui n'a rien on enlèvera même le peu qui pourrait lui rester. »

*Le semeur. Ce vitrail contemporain ci-dessous provient d'une église alsacienne.*

## La parabole de la semence qui pousse toute seule

²⁶ Jésus dit encore : « Voici à quoi ressemble le Royaume de Dieu : Un homme lance de la semence dans son champ. ²⁷ Ensuite, il va dormir durant la nuit et il se lève chaque jour, et pendant ce temps les graines germent et poussent sans qu'il sache comment. ²⁸ La terre fait pousser d'elle-même la récolte : d'abord la tige des plantes, puis l'épi vert, et enfin le grain bien formé dans l'épi. ²⁹ Dès que le grain est mûr, l'homme se met au travail avec sa faucille, car le moment de la moisson est arrivé. » ³⁰ Jésus dit encore : « A quoi pouvons-nous comparer le Royaume de Dieu ? Au moyen de quelle parabole allons-nous en parler ? ³¹ Il ressemble à une graine de moutarde ; quand on la sème dans la terre, elle est la plus petite de toutes les graines du monde. ³² Mais après

qu'on l'a semée, elle monte et devient la plus grande de toutes les plantes du jardin. Elle pousse des branches si grandes que les oiseaux peuvent faire leurs nids à son ombre. »

33 Ainsi, Jésus donnait son enseignement en utilisant beaucoup de paraboles de ce genre ; il le connait selon ce que ses auditeurs pouvaient comprendre. 34 Il ne leur parlait pas sans utiliser des paraboles ; mais quand il était seul avec ses disciples, il leur expliquait tout.

*Le Christ endormi dans la barque. Représentation de Jules Joseph Meynier.*
*Dans le récit de la tempête, ce n'est pas tant Jésus qui doit être réveillé que la foi des disciples. La première communauté chrétienne a pu se reconnaître dans ce récit : les persécutions et les tensions internes menaçaient l'Église – que la barque du récit pourrait représenter. Le Christ avait-il abandonné ses amis ? La foi en sa présence, même au cœur des tempêtes, raffermit leur espérance.*

## Jésus apaise une tempête

35 Le soir de ce même jour, Jésus dit à ses disciples : « Passons de l'autre côté du lac. » 36 Ils quittèrent donc la foule ; les disciples emmenèrent Jésus dans la barque où il se trouvait encore. D'autres barques étaient près de lui. 37 Et voilà qu'un vent violent se mit à souffler, les vagues se jetaient dans la barque, à tel point que, déjà, elle se remplissait d'eau. 38 Jésus, à l'arrière du bateau, dormait, la tête appuyée sur un coussin. Ses disciples le réveillèrent alors en criant : « Maître, nous allons mourir : cela ne te fait donc rien ? » 39 Jésus, réveillé, menaça le vent et dit à l'eau du lac : « Silence ! calme-toi ! » Alors le vent tomba et il y eut un grand calme. 40 Puis Jésus dit aux disciples : « Pourquoi avez-vous si peur ? N'avez-vous pas encore confiance ? » 41 Mais ils éprouvèrent une grande frayeur et ils se dirent les uns aux autres : « Qui est donc cet homme, pour que même le vent et les flots lui obéissent ? »

## Jésus guérit un homme possédé par des esprits mauvais

5 1 Puis ils arrivèrent de l'autre côté du lac de Galilée, dans le territoire des Géraséniens. 2 Jésus descendit de la barque et, aussitôt, un homme sortit du milieu des

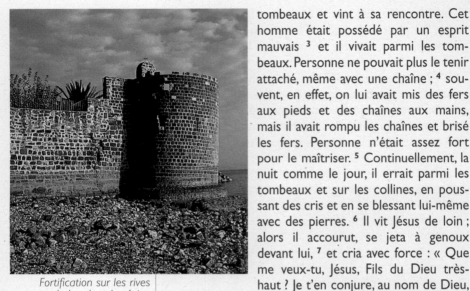

*Fortification sur les rives du lac dans la région des Géraséniens.*

*L'homme torturé par une multitude d'esprits mauvais en est venu à perdre son identité : son nom est celui du groupe de démons qui le possèdent. Jésus manifeste sa supériorité sur la puissance du mal en le libérant. En entrant dans les porcs – animaux impurs par excellence selon la tradition juive – les démons courent à leur perte finale. Le récit laisse entendre qu'ils n'ont pas tout pouvoir sur les hommes : ils ont pu détruire un troupeau entier, mais pas l'homme, car tout n'était pas perdu pour lui.*

tombeaux et vint à sa rencontre. Cet homme était possédé par un esprit mauvais [3] et il vivait parmi les tombeaux. Personne ne pouvait plus le tenir attaché, même avec une chaîne ; [4] souvent, en effet, on lui avait mis des fers aux pieds et des chaînes aux mains, mais il avait rompu les chaînes et brisé les fers. Personne n'était assez fort pour le maîtriser. [5] Continuellement, la nuit comme le jour, il errait parmi les tombeaux et sur les collines, en poussant des cris et en se blessant lui-même avec des pierres. [6] Il vit Jésus de loin ; alors il accourut, se jeta à genoux devant lui, [7] et cria avec force : « Que me veux-tu, Jésus, Fils du Dieu très-haut ? Je t'en conjure, au nom de Dieu, ne me tourmente pas ! » [8] – Jésus lui disait en effet : « Esprit mauvais, sors de cet homme ! » – [9] Jésus l'interrogea : « Quel est ton nom ? » Il répondit : « Mon nom est "Multitude", car nous sommes nombreux. » [10] Et il le suppliait avec insistance de ne pas envoyer les esprits mauvais hors de la région.

[11] Il y avait là un grand troupeau de porcs qui cherchait sa nourriture près de la colline. [12] Les esprits adressèrent cette prière à Jésus : « Envoie-nous dans ces porcs, laisse-nous entrer en eux ! » [13] Jésus le leur permit. Alors les esprits mauvais sortirent de l'homme et entrèrent dans les porcs. Tout le troupeau – environ deux mille porcs – se précipita du haut de la falaise dans le lac et s'y noya. [14] Les hommes qui gardaient les porcs s'enfuirent et portèrent la nouvelle dans la ville et dans les fermes. Les gens vinrent donc voir ce qui s'était passé. [15] Ils arrivèrent auprès de Jésus et virent l'homme qui avait été possédé d'une multitude d'esprits mauvais : il était assis, il portait des vêtements et était dans son bon sens. Et ils prirent peur. [16] Ceux qui avaient tout vu leur racontèrent ce qui était arrivé à l'homme possédé et aux porcs. [17] Alors ils se mirent à supplier Jésus de quitter leur territoire. [18] Au moment où Jésus montait dans la barque, l'homme guéri lui demanda de pouvoir rester avec lui. [19] Jésus ne le lui permit pas, mais il lui dit : « Retourne chez toi, dans ta famille, et raconte-leur tout ce que le Seigneur a fait dans sa bonté pour toi. » [20] L'homme s'en alla donc et se mit à proclamer dans la région des Dix Villes tout ce que Jésus avait fait pour lui ; et tous ceux qui l'entendirent furent remplis d'étonnement.

## La fille de Jaïrus et la femme qui toucha le vêtement de Jésus

²¹ Jésus revint en barque de l'autre côté du lac. Une grande foule s'assembla autour de lui alors qu'il se tenait au bord de l'eau. ²² Un chef de la synagogue locale, nommé Jaïrus, arriva. Il vit Jésus, se jeta à ses pieds ²³ et le supplia avec insistance : « Ma petite fille est mourante, dit-il. Je t'en prie, viens et pose les mains sur elle afin qu'elle soit sauvée et qu'elle vive ! » ²⁴ Jésus partit avec lui. Une grande foule l'accompagnait et le pressait de tous côtés.

²⁵ Il y avait là une femme qui avait des pertes de sang depuis douze ans. ²⁶ Elle avait été chez de nombreux médecins, dont le traitement l'avait fait beaucoup souffrir. Elle y avait dépensé tout son argent, mais cela n'avait servi à rien ; au contraire, elle allait plus mal. ²⁷ Elle avait entendu parler de Jésus. Elle vint alors dans la foule, derrière lui, et toucha son vêtement. ²⁸ Car elle se disait : « Si je touche au moins ses vêtements, je serai guérie. » ²⁹ Sa perte de sang s'arrêta aussitôt et elle se sentit guérie de son mal. ³⁰ Au même moment, Jésus se rendit compte qu'une force était sortie de lui. Il se retourna au milieu de la foule et demanda : « Qui a touché mes vêtements ? » ³¹ Ses disciples lui répondirent : « Tu vois que la foule te presse de tous côtés, et tu demandes encore : "Qui m'a touché ?" » ³² Mais Jésus regardait autour de lui pour voir qui avait fait cela. ³³ La femme tremblait de peur parce qu'elle savait ce qui lui était arrivé ; elle vint alors se jeter à ses pieds et lui avoua toute la vérité. ³⁴ Jésus lui dit : « Ma fille, ta foi t'a guérie. Va en paix, délivrée de ton mal. »

³⁵ Tandis que Jésus parlait ainsi, des messagers vinrent de la maison du chef de la synagogue et lui dirent : « Ta fille est morte. Pourquoi déranger encore le Maître ? » ³⁶ Mais Jésus ne prêta aucune attention à leurs paroles et dit à Jaïrus : « N'aie pas peur, crois seulement. » ³⁷ Il ne permit alors à personne de l'accompagner, si ce n'est à Pierre, à Jacques et à son frère Jean. ³⁸ Ils arrivèrent chez le chef de la synagogue, où Jésus vit des gens très agités, qui pleuraient et se lamentaient à grands cris. ³⁹ Il entra dans la maison et leur dit : « Pourquoi toute cette agitation et ces pleurs ? L'enfant n'est pas morte, elle dort. » ⁴⁰ Mais ils se moquèrent de lui. Alors il les fit tous sortir, garda avec lui le père, la mère et les trois disciples, et entra dans la chambre de l'enfant. ⁴¹ Il la prit par la main

*La femme qui souffrait de pertes de sang était considérée comme rituellement impure. Il lui était interdit, entre autres, d'avoir des rapports avec son mari et elle était incapable d'enfanter. En perdant son sang, elle perdait la vie, car, selon la tradition biblique, le sang représente la vie. Une fois guérie, elle la retrouve et peut la donner.*

*La fillette se trouve dans une situation semblable. Elle va avoir l'âge d'enfanter, mais perd la vie. En la lui rendant, Jésus lui donne la possibilité d'être femme.*

et lui dit : « *Talitha koum !* » – ce qui signifie « Fillette, debout, je te le dis ! » –

⁴² La fillette se leva aussitôt et se mit à marcher – elle avait douze ans –. Aussitôt, tous furent frappés d'un très grand étonnement. ⁴³ Mais Jésus leur recommanda fermement de ne le faire savoir à personne ; puis il leur dit : « Donnez-lui à manger. »

## Les gens de Nazareth ne croient pas en Jésus

*Nazareth, ville où Jésus a grandi. Ceux qui ont connu Jésus depuis son enfance éprouvent des difficultés à reconnaître en lui l'envoyé de Dieu. Leur proximité est devenue pour eux un obstacle et leur incrédulité les empêche de laisser Jésus oeuvrer parmi eux.*

6 ¹ Jésus quitta cet endroit et se rendit dans la ville où il avait grandi ; ses disciples l'accompagnaient. ² Le jour du sabbat, il se mit à enseigner dans la synagogue. Ses nombreux auditeurs furent très étonnés. Ils disaient : « D'où a-t-il tout cela ? Qui donc lui a donné cette sagesse et le pouvoir d'accomplir de tels miracles ? ³ N'est-ce pas lui le charpentier, le fils de Marie, et le frère de Jacques, de Joses, de Jude et de Simon ? Et ses sœurs ne vivent-elles pas ici parmi nous ? » Et cela les empêchait de croire en lui. ⁴ Alors Jésus leur dit : « Un prophète est estimé partout, excepté dans sa ville natale, sa parenté et sa famille. » ⁵ Jésus ne put faire là aucun miracle, si ce n'est qu'il posa les mains sur quelques malades et les guérit. ⁶ Et il s'étonnait du manque de foi des gens de sa ville.

## La mission des douze disciples

Ensuite, Jésus parcourut tous les villages des environs pour y donner son enseignement. ⁷ Il appela ses douze disciples et se mit à les envoyer deux par deux. Il leur donna le pouvoir de soumettre les esprits mauvais ⁸ et leur fit ces recommandations : « Ne prenez rien avec vous pour le voyage, sauf un bâton ; ne prenez pas de pain, ni de sac, ni d'argent dans votre poche. ⁹ Mettez des sandales, mais n'emportez pas deux chemises. »

¹⁰ Il leur dit encore : « Quand vous arriverez quelque part, restez dans la maison où l'on vous invitera jusqu'au moment où vous quitterez l'endroit. ¹¹ Si les habitants d'une localité refusent de vous accueillir ou de vous écouter, partez de là et secouez la poussière de vos pieds : ce sera un avertissement pour eux. » ¹² Les disciples s'en allèrent donc proclamer à tous qu'il fallait changer de comportement. ¹³ Ils chassaient beaucoup d'esprits mauvais et guérissaient de nombreux malades après leur avoir versé quelques gouttes d'huile sur la tête.

## La mort de Jean-Baptiste

¹⁴ Or, le roi Hérode entendit parler de Jésus, car sa réputation s'était répandue partout. Certains disaient :

« Jean-Baptiste est revenu d'entre les morts ! C'est pourquoi il a le pouvoir de faire des miracles. » ¹⁵ Mais d'autres disaient : « C'est Élie. » D'autres encore disaient : « C'est un prophète, pareil à l'un des prophètes d'autrefois. » ¹⁶ Quand Hérode entendit tout ce qui se racontait, il se dit : « C'est Jean-Baptiste ! Je lui ai fait couper la tête, mais il est revenu à la vie ! »

¹⁷ En effet, Hérode avait donné l'ordre d'arrêter Jean et de le jeter en prison, enchaîné. C'était à cause d'Hérodiade, qu'Hérode avait épousée bien qu'elle fût la femme de son frère Philippe. ¹⁸ Car Jean disait à Hérode : « Il ne t'est pas permis de prendre la femme de ton frère ! » ¹⁹ Hérodiade était remplie de haine contre Jean et voulait le faire exécuter, mais elle ne le pouvait pas. ²⁰ En effet, Hérode craignait Jean, car il savait que c'était un homme juste et saint, et il le protégeait. Quand il l'écoutait, il était très embarrassé ; pourtant il aimait l'écouter. ²¹ Cependant, une occasion favorable se présenta pour Hérodiade le jour de l'anniversaire d'Hérode. Celui-ci donna un banquet aux membres de son gouvernement, aux chefs de l'armée et aux notables de Galilée. ²² La fille d'Hérodiade entra dans la salle et dansa ; elle plut à Hérode et à ses invités. Le roi dit alors à la jeune fille : « Demande-moi ce que tu voudras, et je te le donnerai. » ²³ Et il lui fit ce serment solennel : « Je jure de te donner ce que tu demanderas, même la moitié de mon royaume. » ²⁴ La jeune fille sortit et dit à sa mère : « Que dois-je demander ? » Celle-ci répondit : « La tête de Jean-Baptiste. » ²⁵ La jeune fille se hâta de retourner auprès du roi et lui fit cette demande : « Je veux que tu me donnes tout de suite la tête de Jean-Baptiste sur un plat ! » ²⁶ Le roi devint tout triste ; mais il ne voulut pas lui opposer un refus, à cause des serments qu'il avait faits devant ses invités. ²⁷ Il envoya donc immédiatement un soldat de sa garde, avec l'ordre d'apporter la tête de Jean-Baptiste. Le soldat se rendit à la prison et coupa la tête de Jean. ²⁸ Puis il apporta la tête sur un plat

*Hérode Antipas était l'un des fils d'Hérode le Grand ; il régnait sur la Galilée et la Pérée. Il n'a pas supporté la critique de Jean-Baptiste dont la fin tragique s'inscrit dans la lignée des prophètes qui ont payé de leur vie l'annonce de la parole de Dieu. Jésus lui-même subira le même sort.*

*Le Festin d'Hérode, Filippo Lippi.*

et la donna à la jeune fille, et celle-ci la donna à sa mère. ²⁹ Quand les disciples de Jean apprirent la nouvelle, ils vinrent prendre son corps et le mirent dans un tombeau.

## Jésus nourrit cinq mille hommes

³⁰ Les apôtres revinrent auprès de Jésus et lui racontèrent tout ce qu'ils avaient fait et enseigné. ³¹ Cependant, les gens qui allaient et venaient étaient si nombreux que Jésus et ses disciples n'avaient même pas le temps de manger. C'est pourquoi il leur dit : « Venez avec moi dans un endroit isolé pour vous reposer un moment. » ³² Ils partirent donc dans la barque, seuls, vers un endroit isolé. ³³ Mais beaucoup de gens les virent s'éloigner et comprirent où ils allaient ; ils accoururent alors de toutes les localités voisines et arrivèrent à pied à cet endroit avant Jésus et ses disciples.

³⁴ Quand Jésus sortit de la barque, il vit cette grande foule ; son cœur fut rempli de pitié pour ces gens, parce qu'ils ressemblaient à un troupeau sans berger. Et il se mit à leur enseigner beaucoup de choses. ³⁵ Il était déjà tard, lorsque les disciples de Jésus s'approchèrent de lui et lui dirent : « Il est déjà tard et cet endroit est isolé. ³⁶ Renvoie ces gens pour qu'ils aillent dans les fermes et les villages des environs acheter de quoi manger. » ³⁷ Jésus leur répondit : « Donnez-leur vous-mêmes à manger ! » Mais ils lui demandèrent : « Voudrais-tu que nous allions dépenser deux cents pièces d'argent pour acheter du pain et leur donner à manger ? » ³⁸ Jésus leur dit : « Combien avez-vous de pains ? Allez voir. » Ils se renseignèrent et lui dirent : « Nous avons cinq pains, et aussi deux poissons. » ³⁹ Alors, Jésus leur donna l'ordre de faire asseoir tout le monde, par groupes, sur l'herbe verte. ⁴⁰ Les gens s'assirent en rangs de cent et de cinquante. ⁴¹ Puis Jésus prit les cinq pains et les deux poissons, leva les yeux vers le ciel et remercia Dieu. Il rompit les pains et les donna aux disciples pour qu'ils les distribuent aux gens. Il partagea aussi les deux poissons entre eux tous. ⁴² Chacun mangea à sa faim. ⁴³ Les disciples emportèrent les morceaux de pain et de poisson qui restaient, de quoi remplir douze corbeilles. ⁴⁴ Ceux qui avaient mangé les pains étaient au nombre de cinq mille hommes.

## Jésus marche sur le lac

⁴⁵ Aussitôt après, Jésus fit monter ses disciples dans la barque pour qu'ils passent avant lui de l'autre côté du lac,

*Dans le récit de la multiplication des pains et des poissons, Jésus demande à ses disciples non pas d'acheter, mais de donner, non pas de renvoyer les gens à eux-mêmes, mais de se mettre au service de la foule rassemblée sans qu'ils sachent ce qui va se passer. A partir de ce qui est disponible, c'est-à-dire de presque rien, la nourriture est multipliée et distribuée au-delà du nécessaire. Les douze corbeilles restantes – une pour chaque disciple – offrent l'occasion de poursuivre le partage.*

vers la ville de Bethsaïda, pendant que lui-même renverrait la foule. ⁴⁶ Après l'avoir congédiée, il s'en alla sur une colline pour prier. ⁴⁷ Quand le soir fut venu la barque était au milieu du lac et Jésus était seul à terre. ⁴⁸ Il vit que ses disciples avaient beaucoup de peine à ramer, parce que le vent soufflait contre eux ; alors, tard dans a nuit, il se dirigea vers eux en marchant sur l'eau, et il allait les dépasser. ⁴⁹ Quand ils le virent marcher sur l'eau, ils crurent que c'était un fantôme et poussèrent des cris. ⁵⁰ En effet, tous le voyaient et étaient terrifiés. Mais aussitôt, il leur parla : « Courage ! leur dit-il. C'est moi ; n'ayez pas peur ! » ⁵¹ Puis il monta dans la barque, auprès d'eux, et le vent tomba. Les disciples étaient remplis d'un étonnement extrême, ⁵² car ils n'avaient pas compris le miracle des pains : leur intelligence était incapable d'en saisir le sens.

## Jésus guérit les malades dans la région de Génésareth

⁵³ Ils achevèrent la traversée du lac et touchèrent terre dans la région de Génésareth. ⁵⁴ Ils sortirent de la barque et, aussitôt, on reconnut Jésus. ⁵⁵ Les gens coururent alors dans toute la région et se mirent à lui apporter les malades sur leurs nattes, là où ils entendaient dire qu'il était. ⁵⁶ Partout où Jésus allait, dans les villes, les villages ou les fermes, les gens venaient mettre leurs malades sur les places publiques et le suppliaient de les laisser toucher au moins le bord de son manteau ; tous ceux qui le touchaient étaient guéris.

## L'enseignement transmis par les ancêtres

7 ¹ Les Pharisiens et quelques maîtres de la loi venus de Jérusalem s'assemblèrent autour de Jésus. ² Ils remarquèrent que certains de ses disciples prenaient leur repas avec des mains impures, c'est-à-dire sans les avoir lavées selon la coutume. ³ En effet, les Pharisiens et tous les autres Juifs respectent les règles transmises par leurs ancêtres : ils ne mangent pas sans s'être lavé les mains avec soin ⁴ et quand ils reviennent du marché, ils ne mangent pas avant de s'être purifiés. Ils respectent beaucoup d'autres règles traditionnelles, telles que la bonne manière de laver les coupes, les pots, les marmites de cuivre [et les lits].

⁵ Les Pharisiens et les maîtres de la loi demandèrent donc à Jésus : « Pourquoi tes disciples ne suivent-ils pas les règles transmises par nos ancêtres, mais prennent-ils leur repas avec des mains impures ? » ⁶ Jésus leur répondit : « Ésaïe avait bien raison lorsqu'il prophétisait à votre sujet ! Vous êtes des hypocrites, ainsi qu'il l'écrivait :

*De l'endroit où il prie, Jésus voit ses amis dans la détresse. Il quitte ce lieu privilégié pour les rejoindre. Leur incapacité à comprendre que leur maître peut intervenir en toute situation, comme celle qu'ils viennent de vivre dans le désert, les empêche de lui faire confiance lorsqu'il est absent et de le reconnaître lorsqu'il s'approche d'eux. C'est sa parole qui rétablit leur foi.*

### Pur et impur

*Les responsables religieux avaient rendu les prescriptions de pureté si exigeantes que la plupart des gens étaient incapables de les observer. Jésus ne peut admettre l'arrogance avec laquelle certains pharisiens et scribes les traitent en leur refusant l'accès à Dieu. Les rites n'ont pas d'importance en eux-mêmes, mais bien ce qu'il y a dans le coeur de l'homme.*

## Corban

*Ce mot se réfère à la notion d'offrande faite à Dieu, d'après l'Ancien Testament. Au temps de Jésus, les paroles de consécration des présents faits au temple de Jérusalem commençaient par le mot « corban ». Lorsque les biens étaient de cette façon « voués » à Dieu, il était impossible de les vendre. Le propriétaire en gardait l'usage, mais ils revenaient au temple après sa mort. De cette façon, un fils pouvait, sous prétexte de piété, se dispenser d'assister ses parents, en faisant le voeu de donner au temple les biens nécessaires pour les secourir.*

## Pur et impur

*Les prescriptions juives de pureté exigent entre autres de ne jamais mélanger viandes et produits laitiers. Il faut donc utiliser des vaisselles séparées. Si ces règles n'étaient pas suivies, le Juif pieux se rendait impur et ne pouvait plus aller au culte. Pour Jésus, cependant, ce qui souille vraiment les hommes, ce ne sont pas ces choses extérieures, dites impures, mais les pensées mauvaises qui les conduisent à agir contre la volonté de Dieu.*

"Ce peuple, dit Dieu, m'honore en paroles,
mais de cœur il est loin de moi.
⁷ Le culte que ces gens me rendent est sans valeur,
car les doctrines qu'ils enseignent
ne sont que des prescriptions humaines."
⁸ Vous laissez de côté les commandements de Dieu, dit Jésus, pour respecter les règles transmises par les hommes. »

⁹ Puis il ajouta : « Vous savez fort bien rejeter le commandement de Dieu pour vous en tenir à votre propre tradition ! ¹⁰ Moïse a dit en effet : "Respecte ton père et ta mère", et aussi "Celui qui maudit son père ou sa mère doit être mis à mort." ¹¹ Mais vous, vous enseignez que si un homme déclare à son père ou à sa mère : "Ce que je pourrais te donner pour t'aider est *Corban*" – c'est-à-dire "offrande réservée à Dieu" –, ¹² il n'a plus besoin de rien faire pour son père ou sa mère, vous le lui permettez. ¹³ De cette façon, vous annulez l'exigence de la parole de Dieu par la tradition que vous transmettez. Et vous faites beaucoup d'autres choses semblables. »

## Les choses qui rendent un homme impur

¹⁴ Puis Jésus appela de nouveau la foule et dit : « Écoutez-moi, vous tous, et comprenez ceci : ¹⁵ Rien de ce qui entre du dehors en l'homme ne peut le rendre impur. Mais ce qui sort de l'homme, voilà ce qui le rend impur. [¹⁶ Écoutez bien, si vous avez des oreilles pour entendre] »

¹⁷ Quand Jésus eut quitté la foule et fut rentré à la maison, ses disciples lui demandèrent le sens de cette image. ¹⁸ Et il leur dit : « Êtes-vous donc, vous aussi, sans intelligence ? Ne comprenez-vous pas que rien de ce qui entre du dehors en l'homme ne peut le rendre impur, ¹⁹ car cela n'entre pas dans son cœur, mais dans son ventre, et sort ensuite de son corps ? » Par ces paroles, Jésus déclarait donc que tous les aliments peuvent être mangés. ²⁰ Et il dit encore : « C'est ce qui sort de l'homme qui le rend impur. ²¹ Car c'est du dedans, du cœur de l'homme, que viennent les mauvaises pensées qui le poussent à vivre dans l'immoralité, à voler, tuer, ²² commettre l'adultère, vouloir ce qui est aux autres, agir méchamment, tromper, vivre dans le désordre, être jaloux, dire du mal des autres, être orgueilleux et insensé. ²³ Toutes ces mauvaises choses sortent du dedans de l'homme et le rendent impur. »

## Une femme étrangère croit en Jésus

²⁴ Jésus partit de là et se rendit dans le territoire de Tyr. Il entra dans une maison et il voulait que personne ne sache qu'il était là, mais il ne put pas rester caché. ²⁵ En

effet, une femme, dont la fille était tourmentée par un esprit mauvais, entendit parler de Jésus ; elle vint aussitôt vers lui et se jeta à ses pieds. **26** Cette femme était non juive, née en Phénicie de Syrie. Elle pria Jésus de chasser l'esprit mauvais hors de sa fille. **27** Mais Jésus lui dit : « Laisse d'abord les enfants manger à leur faim ; car il n'est pas bien de prendre le pain des enfants et de le jeter aux chiens. » **28** Elle lui répondit : « Pourtant, Maître, même les chiens, sous la table, mangent les miettes que les enfants laissent tomber. » **29** Alors Jésus lui dit : « A cause de cette réponse, tu peux retourner chez toi : l'esprit mauvais est sorti de ta fille. » **30** Elle retourna donc chez elle et, là, elle trouva son enfant étendue sur le lit : l'esprit mauvais l'avait quittée.

## Jésus guérit un homme sourd et muet

**31** Jésus quitta ensuite le territoire de Tyr, passa par Sidon et revint vers le lac de Galilée à travers le territoire des Dix Villes. **32** On lui amena un homme qui était sourd et avait de la peine à parler, et on le supplia de poser la main sur lui. **33** Alors Jésus l'emmena seul avec lui, loin de la foule ; il mit ses doigts dans les oreilles de l'homme et lui toucha la langue avec sa propre salive. **34** Puis il leva les yeux vers le ciel, soupira et dit à l'homme : « *Effata !* » – ce qui signifie « Ouvre-toi ! » – **35** Aussitôt, les oreilles de l'homme s'ouvrirent, sa langue fut libérée et il se mit à parler normalement. **36** Jésus recommanda à tous de n'en parler à personne ; mais plus il le leur recommandait, plus ils répandaient la nouvelle. **37** Et les gens étaient impressionnés au plus haut point ; ils disaient : « Tout ce qu'il fait est vraiment bien ! Il fait même entendre les sourds et parler les muets ! »

## Jésus nourrit quatre mille personnes

**8** **1** En ce temps-là, une grande foule s'était de nouveau assemblée. Comme elle n'avait rien à manger, Jésus appela ses disciples et leur dit : **2** « J'ai pitié de ces gens, car voilà trois jours qu'ils sont avec moi et ils n'ont plus rien à manger. **3** Si je les renvoie chez eux le ventre vide,

**La femme non juive de Tyr**

*Au temps de Jésus, le port de Tyr était situé dans une région essentiellement païenne. Jésus y est appelé « Maître » par une femme non juive, qui ne vit pas selon les lois juives. Jésus refuse dans un premier temps de guérir sa fille : il se considère avant tout comme un envoyé de Dieu auprès du peuple d'Israël. Cependant l'ouverture de la femme et sa persévérance lui donnent l'occasion d'élargir sa mission et d'agir en faveur d'une femme étrangère dont la foi bouscule les barrières qui séparent Juifs et non-Juifs.*

*Ce récit se déroule en territoire non juif, dans la région des « dix villes » (appelée « Décapole » d'après le nom grec « Décapolis »). Les habitants de ces villes étaient pour la plupart d'origine grecque. Le deuxième miracle de la multiplication des pains parmi eux est signe de l'élargissement de la mission de Jésus à l'humanité entière, ce que confirme la mention des sept corbeilles (le chiffre sept est symbole de la perfection dans la Bible). Tous les hommes sont invités à partager la vie avec Dieu.*

ils se trouveront mal en chemin, car plusieurs d'entre eux sont venus de loin. » ⁴ Ses disciples lui répondirent : « Où pourrait-on trouver de quoi les faire manger à leur faim, dans cet endroit désert ? » ⁵ Jésus leur demanda : « Combien avez-vous de pains ? » Et ils répondirent : « Sept. » ⁶ Alors, il ordonna à la foule de s'asseoir par terre. Puis il prit les sept pains, remercia Dieu, les rompit et les donna à ses disciples pour les distribuer à tous. C'est ce qu'ils firent. ⁷ Ils avaient encore quelques petits poissons. Jésus remercia Dieu pour ces poissons et dit à ses disciples de les distribuer aussi. ⁸ Chacun mangea à sa faim. Les disciples emportèrent sept corbeilles pleines des morceaux qui restaient. ⁹ Or, il y avait là environ quatre mille personnes. Puis Jésus les renvoya, ¹⁰ monta aussitôt dans la barque avec ses disciples et se rendit dans la région de Dalmanoutha.

## Les Pharisiens demandent un signe miraculeux

¹¹ Les Pharisiens arrivèrent et commencèrent à discuter avec Jésus pour lui tendre un piège. Ils lui demandèrent de montrer par un signe miraculeux qu'il venait de Dieu. ¹² Jésus soupira profondément et dit : « Pourquoi les gens d'aujourd'hui réclament-ils un signe miraculeux ? Je vous le déclare, c'est la vérité : aucun signe ne leur sera donné ! » ¹³ Puis il les quitta, remonta dans la barque et partit vers l'autre côté du lac.

## Le levain des Pharisiens et d'Hérode

¹⁴ Les disciples avaient oublié d'emporter des pains, ils n'en avaient qu'un seul avec eux dans la barque. ¹⁵ Jésus leur fit alors cette recommandation : « Attention ! Gardez-vous du levain des Pharisiens et du levain d'Hérode. » ¹⁶ Les disciples se mirent à discuter entre eux parce qu'ils n'avaient pas de pain. ¹⁷ Jésus s'en aperçut et leur demanda : « Pourquoi discutez-vous parce que vous n'avez pas de pain ? Ne comprenez-vous pas encore ? Ne saisissez-vous pas ? Avez-vous l'esprit bouché ? ¹⁸ Vous avez des yeux, ne voyez-vous pas ? Vous avez des oreilles, n'entendez-vous pas ? Ne vous rappelez-vous pas : ¹⁹ quand j'ai rompu les cinq pains pour les cinq mille hommes, combien de corbeilles pleines de morceaux avez-vous emportées ? » – « Douze », répondirent-ils. ²⁰ « Et quand j'ai rompu les sept pains pour les quatre mille personnes, demanda Jésus, combien de corbeilles pleines de morceaux avez-vous emportées ? » – « Sept », répondirent-ils. ²¹ Alors Jésus leur dit : « Et vous ne comprenez pas encore ? »

**Les disciples ne comprennent pas**

*Jésus refuse de se rendre aux exigences de ses adversaires car la foi, comme l'amour, ne se nourrit pas de preuves. Jésus a déjà accompli de nombreux de signes et pourtant, même ses disciples, gagnés par le doute de leurs contemporains, ne sont pas réceptifs.*

## Jésus guérit un aveugle à Bethsaïda

²² Ils arrivèrent à Bethsaïda ; là, on amena à Jésus un aveugle et on le pria de le toucher. ²³ Jésus prit l'aveugle par la main et le conduisit hors du village. Puis il lui mit de la salive sur les yeux, posa les mains sur lui et lui demanda : « Peux-tu voir quelque chose ? » ²⁴ L'aveugle leva les yeux et dit : « Je vois des gens, je les vois comme des arbres, mais ils marchent. » ²⁵ Jésus posa de nouveau les mains sur les yeux de l'homme ; celui-ci regarda droit devant lui : il était guéri, il voyait tout clairement. Alors Jésus le renvoya chez lui en lui disant : « N'entre pas dans le village. »

*Césarée de Philippe était une ville résidentielle, édifiée par Philippe, l'un des fils d'Hérode le Grand. En l'honneur de l'empereur Tibère, il l'appela Césarée, « l'impériale ». La ville était située à l'extrême nord d'Israël, au pied du mont Hermon et près des sources du Jourdain.*

## Pierre déclare que Jésus est le Messie

²⁷ Jésus et ses disciples partirent ensuite vers les villages proches de Césarée de Philippe. En chemin, il leur demanda : « Que disent les gens à mon sujet ? » ²⁸ Ils lui répondirent : « Certains disent que tu es Jean-Baptiste, d'autres que tu es Élie, et d'autres encore que tu es l'un des prophètes. » – ²⁹ « Et vous, leur demanda Jésus, qui dites-vous que je suis ? » Pierre lui répondit : « Tu es le Messie. » ³⁰ Alors, Jésus leur ordonna sévèrement de n'en parler à personne.

## Jésus annonce sa mort et sa résurrection

³¹ Ensuite, Jésus se mit à donner cet enseignement à ses disciples : « Il faut que le Fils de l'homme souffre beaucoup ; les anciens, les chefs des prêtres et les maîtres de la loi le rejetteront ; il sera mis à mort, et après trois jours, il se relèvera de la mort. » ³² Il leur annonçait cela très clairement. Alors Pierre le prit à part et se mit à lui faire des reproches. ³³ Mais Jésus se retourna, regarda ses disciples et reprit sévèrement Pierre : « Va-t'en loin de moi, Satan, dit-il, car tu ne penses pas comme Dieu mais comme les êtres humains. »

³⁴ Puis Jésus appela la foule avec ses disciples et dit à tous : « Si quelqu'un veut venir avec moi, qu'il cesse de penser à lui-même, qu'il porte sa croix et me suive. ³⁵ En effet, celui qui veut sauver sa vie la perdra ; mais celui qui perdra sa vie pour moi et pour la Bonne Nouvelle la sau-

**Christ ou Fils de l'homme ?**

*Pierre désigne Jésus comme « Christ ». Ce mot grec signifie « l'oint », traduction du mot hébreu « Messie ». Ce titre remonte à la tradition de la promesse de royauté faite à David. Il est lié à l'attente d'un chef qui délivrera le peuple de l'oppresseur, brisant le joug de la domination païenne de Rome. Jésus choisit pour lui-même non pas le nom de « Christ », mais celui de « Fils de l'homme ». Il se réfère à une vision du prophète Daniel, dans laquelle un être appelé « fils d'homme » se verra confier par Dieu la puissance et la gloire célestes. En se nommant « Fils de l'homme », Jésus exprime son refus de toutes visées politiques terrestres.*

**La Transfiguration**

*Les disciples sont témoins de la gloire de Jésus d'une manière toute particulière. Moïse et Élie sont deux des personnages les plus importants de l'Ancien Testament. Leur présence dans le récit témoigne que Jésus est le prophète promis pour la fin des temps. Le nuage est le signe de la présence de Dieu dont les disciples entendent aussi la voix. Pierre souhaite conserver concrètement la vision de Jésus ainsi transfiguré, mais il ne peut comprendre réellement cette expérience qu'après la mort et la résurrection de Jésus.*

vera. ³⁶ A quoi sert-il à un homme de gagner le monde entier, si c'est au prix de sa vie ? ³⁷ Que pourrait-il donner pour racheter sa vie ? ³⁸ Si quelqu'un a honte de moi et de mes paroles face aux gens d'aujourd'hui, infidèles et rebelles à Dieu, alors le Fils de l'homme aussi aura honte de lui, quand il viendra dans la gloire de son Père avec les saints anges. »

**9** ¹ Jésus leur dit encore : « Je vous le déclare, c'est la vérité : quelques-uns de ceux qui sont ici ne mourront pas avant d'avoir vu le Royaume de Dieu venir avec puissance. »

## La transfiguration de Jésus

² Six jours après, Jésus prit avec lui Pierre, Jacques et Jean, et les conduisit sur une haute montagne où ils se trouvèrent seuls. Il changea d'aspect devant leurs yeux ; ³ ses vêtements devinrent d'un blanc si brillant que personne sur toute la terre ne pourrait les blanchir à ce point. ⁴ Soudain les trois disciples virent Élie et Moïse qui parlaient avec Jésus. ⁵ Pierre dit alors à Jésus : « Maître, il est bon que nous soyons ici. Nous allons dresser trois tentes, une pour toi, une pour Moïse et une pour Élie. » ⁶ En fait, il ne savait pas que dire, car ses deux compagnons et lui-même étaient très effrayés. ⁷ Un nuage survint et les couvrit de son ombre, et du nuage une voix se fit entendre : « Celui-ci est mon Fils bien-aimé, écoutez-le ! » ⁸ Aussitôt, les disciples regardèrent autour d'eux, mais ils ne virent plus personne ; Jésus seul était avec eux. ⁹ Tandis qu'ils descendaient de la montagne, Jésus leur recommanda de ne raconter à personne ce qu'ils avaient vu, jusqu'à ce que le Fils de l'homme se relève d'entre les morts. ¹⁰ Ils retinrent cette recommandation, mais ils se demandèrent entre eux : « Que veut-il dire par "se relever d'entre les morts" ? »

¹¹ Puis ils interrogèrent Jésus : « Pourquoi les maîtres de la loi disent-ils qu'Élie doit venir d'abord ? » ¹² Il leur répondit : « Élie doit en effet venir d'abord pour tout remettre en ordre. Mais pourquoi les Écritures affirment-elles aussi que le Fils de l'homme souffrira beaucoup et qu'on le traitera avec mépris ? ¹³ Quant à moi, je vous le déclare : Élie est déjà venu, et les gens l'ont traité comme ils l'ont voulu, ainsi que les Écritures l'annoncent à son sujet. »

## Jésus guérit un enfant tourmenté par un esprit mauvais

**14** Quand ils arrivèrent près des autres disciples, ils virent une grande foule qui les entourait et des maîtres de la loi qui discutaient avec eux. **15** Dès que les gens virent Jésus, ils furent tous très surpris, et ils accoururent pour le saluer. **16** Jésus demanda à ses disciples : « De quoi discutez-vous avec eux ? » **17** Un homme dans la foule lui répondit : « Maître, je t'ai amené mon fils, car il est tourmenté par un esprit mauvais qui l'empêche de parler. **18** L'esprit le saisit n'importe où, il le jette à terre, l'enfant a de l'écume à la bouche et grince des dents, son corps devient raide. J'ai demandé à tes disciples de chasser cet esprit, mais ils ne l'ont pas pu. » **19** Jésus leur déclara : « Gens sans foi que vous êtes ! Combien de temps encore devrai-je rester avec vous ? Combien de temps encore devrai-je vous supporter ? Amenez-moi l'enfant. » **20** On le lui amena donc. Dès que l'esprit vit Jésus, il secoua rudement l'enfant ; celui-ci tomba à terre, il se roulait et avait de l'écume à la bouche. **21** Jésus demanda au père : « Depuis combien de temps cela lui arrive-t-il ? » Et le père répondit : « Depuis sa petite enfance. **22** Et souvent l'esprit l'a poussé dans le feu ou dans l'eau pour le faire mourir. Mais aie pitié de nous et viens à notre secours, si tu peux ! » **23** Jésus répliqua : « Si tu peux, dis-tu. Mais, tout est possible pour celui qui croit. » **24** Aussitôt, le père de l'enfant s'écria : « Je crois, aide-moi, car j'ai de la peine à croire ! »

**25** Jésus vit la foule accourir près d'eux ; alors, il menaça l'esprit mauvais et lui dit : « Esprit qui rend muet et sourd, je te le commande : sors de cet enfant et ne reviens plus jamais en lui ! » **26** L'esprit poussa des cris, secoua l'enfant avec violence, et sortit. Le garçon paraissait mort, de sorte que beaucoup de gens disaient : « Il est mort. » **27** Mais Jésus le prit par la main, le fit lever et l'enfant se tint debout. **28** Quand Jésus fut rentré à la maison et que ses disciples furent seuls avec lui, ils lui demandèrent : « Pourquoi n'avons-nous pas pu chasser cet esprit ? » **29** Et Jésus leur répondit : « C'est par la prière seulement qu'on peut faire sortir ce genre d'esprit. »

## Jésus annonce de nouveau sa mort et sa résurrection

**30** Ils partirent de là et traversèrent la Galilée. Jésus ne voulait pas qu'on sache où il était. **31** Voici, en effet, ce qu'il enseignait à ses disciples : « Le Fils de l'homme sera livré aux mains des hommes, ceux-ci le mettront à mort ;

*Jésus traite les disciples de « gens de peu de foi ». Le père croit et ne peut rien faire. Les disciples n'ont pas pu guérir parce qu'ils n'ont pas laissé Dieu agir en eux et par eux. Dieu agit en passant par la foi. Ce récit montre que prier n'est pas faire des prodiges, mais adopter la manière de faire de Dieu, c'est-à-dire partir du peu de foi disponible en l'homme.*

**Qui est le plus grand?**

*Les disciples se disputent pour savoir qui est le plus grand parmi eux. Mais Jésus montre clairement que rangs et titres ne comptent pour rien devant Dieu, qui se tourne en particulier vers les petits et les faibles. Celui qui veut véritablement suivre Jésus poursuit son chemin dans un esprit d'humilité et de service, en particulier parmi les pauvres et les méprisés.*

*Depuis les temps anciens, on utilise le sel pour conserver les aliments et leur donner du goût. Ceux qui suivent Jésus se gardent de faire le mal et ne se laissent pas influencer par lui; Jésus dit qu'ils sont « salés de feu ».*

*Ils recherchent la paix et le bien en eux-mêmes et communiquent ainsi aux autres le « goût de vivre ».*

et trois jours après, il se relèvera de la mort. » ³² Mais les disciples ne comprenaient pas la signification de ces paroles et ils avaient peur de lui poser des questions.

## Qui est le plus grand ?

³³ Ils arrivèrent à Capernaüm. Quand il fut à la maison, Jésus questionna ses disciples : « De quoi discutiez-vous en chemin ? » ³⁴ Mais ils se taisaient, car, en chemin, ils avaient discuté entre eux pour savoir lequel était le plus grand. ³⁵ Alors Jésus s'assit, il appela les douze disciples et leur dit : « Si quelqu'un veut être le premier, il doit être le dernier de tous et le serviteur de tous. » ³⁶ Puis il prit un petit enfant et le plaça au milieu d'eux ; il le serra dans ses bras et leur dit : ³⁷ « Celui qui reçoit un enfant comme celui-ci par amour pour moi, me reçoit moi-même ; et celui qui me reçoit ne reçoit pas seulement moi-même, mais aussi celui qui m'a envoyé. »

## Celui qui n'est pas contre nous est pour nous

³⁸ Jean dit à Jésus : « Maître, nous avons vu un homme qui chassait les esprits mauvais en usant de ton nom, et nous avons voulu l'en empêcher, parce qu'il n'appartient pas à notre groupe. » ³⁹ Mais Jésus répondit : « Ne l'en empêchez pas, car personne ne peut accomplir un miracle en mon nom et tout de suite après dire du mal de moi. ⁴⁰ Car celui qui n'est pas contre nous est pour nous. ⁴¹ Et celui qui vous donnera à boire un verre d'eau parce que vous appartenez au Christ, je vous le déclare, c'est la vérité : il recevra sa récompense. »

## Sérieuse mise en garde

⁴² « Celui qui fait tomber dans le péché un de ces petits qui croient en moi, il vaudrait mieux pour lui qu'on lui attache au cou une grosse pierre et qu'on le jette dans la mer. ⁴³ Si c'est à cause de ta main que tu tombes dans le péché, coupe-la ; il vaut mieux pour toi entrer dans la vraie vie avec une seule main que de garder les deux mains et d'aller en enfer, dans le feu qui ne s'éteint pas. [⁴⁴ Là, "les vers qui rongent les corps ne meurent pas et le feu ne s'éteint jamais"] ⁴⁵ Si c'est à cause de ton pied que tu tombes dans le péché, coupe-le ; il vaut mieux pour toi entrer dans la vraie vie avec un seul pied que de garder les deux pieds et d'être jeté en enfer. [⁴⁶ Là, "les vers qui rongent les corps ne meurent pas et le feu ne s'éteint jamais."] ⁴⁷ Et si c'est à cause de ton œil que tu tombes dans le péché, arrache-le ; il vaut mieux pour toi entrer dans le Royaume de Dieu avec un

seul œil que de garder les deux yeux et d'être jeté en enfer.
⁴⁸ Là, "les vers qui rongent les corps ne meurent pas et le
feu ne s'éteint jamais." ⁴⁹ En effet, chacun sera salé de feu.

⁵⁰ « Le sel est une bonne chose ; mais si le sel perd son
goût particulier, comment le lui rendrez-vous ? Ayez du sel
en vous-mêmes et vivez en paix les uns avec les autres. »

## L'enseignement de Jésus sur le divorce

10 ¹ Jésus partit de là et se rendit dans le territoire
de la Judée, puis de l'autre côté du Jourdain. De
nouveau, une foule de gens s'assemblèrent près de lui et
il se mit à leur donner son enseignement, comme il le faisait toujours. ² Quelques Pharisiens s'approchèrent de lui
pour lui tendre un piège. Ils lui demandèrent : « Notre loi
permet-elle à un homme de renvoyer sa femme ? » Jésus
leur répondit par cette question : « Quel commandement
Moïse vous a-t-il donné ? » ⁴ Ils dirent : « Moïse a permis
à un homme d'écrire une attestation de divorce et de
renvoyer sa femme. » ⁵ Alors Jésus leur dit : « Moïse a
écrit ce commandement pour vous parce que vous avez
le cœur dur. ⁶ Mais au commencement, quand Dieu a tout
créé, "il les fit homme et femme", dit l'Écriture. ⁷ "C'est
pourquoi, l'homme quittera son père et sa mère pour
s'attacher à sa femme, ⁸ et les deux deviendront un seul
être." Ainsi, ils ne sont plus deux mais un seul être. ⁹ Que
l'homme ne sépare donc pas ce que Dieu a uni. »
¹⁰ Quand ils furent dans la maison, les disciples posèrent
de nouveau des questions à Jésus à ce propos. ¹¹ Il leur
répondit : « Si un homme renvoie sa femme et en épouse une autre, il commet un adultère envers la première ;
¹² de même, si une femme renvoie son mari et épouse un
autre homme, elle commet un adultère. »

Au temps de Jésus, les
enfants étaient soumis à
l'autorité absolue de leurs
parents. « Qui épargne la
baguette hait son fils, qui
l'aime prodigue la correction »,
lit-on en Proverbes 13, 24.
L'attitude bienveillante de
Jésus contraste avec celle de
ses contemporains, et en
particulier de celle de ses
disciples.

## Jésus bénit des enfants

¹³ Des gens amenèrent des enfants à Jésus pour qu'il
pose les mains sur eux, mais les disciples leur firent des
reproches. ¹⁴ Quand Jésus vit cela, il s'indigna et dit à ses disciples : « Laissez les enfants venir à moi ! Ne les en empêchez pas, car le Royaume de Dieu appartient à ceux qui
sont comme eux. ¹⁵ Je vous le déclare, c'est la vérité : celui
qui ne reçoit pas le Royaume de Dieu comme un enfant ne
pourra jamais y entrer. » ¹⁶ Ensuite, il prit les enfants dans
ses bras ; il posa les mains sur chacun d'eux et les bénit.

## L'homme riche

¹⁷ Comme Jésus se mettait en route, un homme vint
en courant, se jeta à genoux devant lui et lui demanda :

*« Qu'il est difficile aux riches d'entrer dans le Royaume de Dieu ! » (Marc 10,23)*
*Les disciples de Jésus sont troublés par ces paroles car les riches étaient considérés comme des gens bénis par Dieu, particulièrement s'ils suivaient fidèlement la Loi de Moïse. Jésus les avertit solennellement : on ne peut entrer dans le Royaume de Dieu si l'on fait confiance en son argent plus qu'à Dieu.*

« Bon maître, que dois-je faire pour obtenir la vie éternelle ? » [18] Jésus lui dit : « Pourquoi m'appelles-tu bon ? Personne n'est bon, à part Dieu seul. [19] Tu connais les commandements : "Ne commets pas de meurtre ; ne commets pas d'adultère ; ne vole pas ; ne prononce pas de faux témoignage contre quelqu'un ; ne prends rien aux autres par tromperie ; respecte ton père et ta mère." » [20] L'homme lui répondit : « Maître, j'ai obéi à tous ces commandements depuis ma jeunesse. » [21] Jésus le regarda avec amour et lui dit : « Il te manque une chose : va vendre tout ce que tu as et donne l'argent aux pauvres, alors tu auras des richesses dans le ciel ; puis viens et suis-moi. » [22] Mais quand l'homme entendit cela, il prit un air sombre et il s'en alla tout triste parce qu'il avait de grands biens.

[23] Jésus regarda ses disciples qui l'entouraient et leur dit : « Qu'il est difficile aux riches d'entrer dans le Royaume de Dieu ! » [24] Les disciples furent troublés par ces paroles. Mais Jésus leur dit encore : « Mes enfants, qu'il est difficile d'entrer dans le Royaume de Dieu ! [25] Il est difficile à un chameau de passer par le trou d'une aiguille, mais il est encore plus difficile à un riche d'entrer dans le Royaume de Dieu. » [26] Les disciples étaient de plus en plus étonnés, et ils se demandèrent les uns aux autres : « Mais qui donc peut être sauvé ? » [27] Jésus les regarda et leur dit : « C'est impossible aux hommes, mais non à Dieu, car tout est possible à Dieu. » [28] Alors Pierre lui dit : « Écoute, nous avons tout quitté pour te suivre. » [29] Jésus lui répondit : « Je vous le déclare, c'est la vérité : si quelqu'un quitte, pour moi et pour la Bonne Nouvelle, sa maison, ou ses frères, ses sœurs, sa mère, son père, ses enfants, ses champs, [30] il recevra cent fois plus dans le temps où nous vivons maintenant : des maisons, des frères, des sœurs, des mères, des enfants et des champs, avec des persécutions aussi ; et dans le monde futur, il recevra la vie éternelle. [31] Mais beaucoup qui sont main-

*L'argent déposé à la banque ou un gros paquet d'actions n'assurent qu'une sécurité trompeuse : leur valeur peut se dévaluer rapidement, comme le montrent les aléas du marché boursier. Celui qui renonce aux richesses matérielles pour suivre Jésus et répandre sa Bonne Nouvelle recevra un salaire impérissable : il entrera dans la famille de Jésus-Christ et connaîtra la communion avec Dieu.*

tenant les premiers seront les derniers, et ceux qui sont maintenant les derniers seront les premiers. »

## Jésus annonce une troisième fois sa mort et sa résurrection

³² Ils étaient en chemin pour monter à Jérusalem. Jésus marchait devant ses disciples, qui étaient inquiets, et ceux qui les suivaient avaient peur. Jésus prit de nouveau les douze disciples avec lui et se mit à leur parler de ce qui allait bientôt lui arriver. ³³ Il leur dit : « Écoutez, nous montons à Jérusalem, où le Fils de l'homme sera livré aux chefs des prêtres et aux maîtres de la loi. Ils le condamneront à mort et le livreront aux païens. ³⁴ Ceux-ci se moqueront de lui, cracheront sur lui, le frapperont à coups de fouet et le mettront à mort. Et, après trois jours, il se relèvera de la mort. »

## La demande de Jacques et Jean

³⁵ Alors, Jacques et Jean, les fils de Zébédée, vinrent auprès de Jésus. Ils lui dirent : « Maître, nous désirons que tu fasses pour nous ce que nous te demanderons. » – ³⁶ « Que voulez-vous que je fasse pour vous ? » leur dit Jésus. ³⁷ Ils lui répondirent : « Quand tu seras dans ton règne glorieux, accorde-nous de siéger à côté de toi, l'un à ta droite, l'autre à ta gauche. » ³⁸ Mais Jésus leur dit : « Vous ne savez pas ce que vous demandez. Pouvez-vous boire la coupe de douleur que je vais boire, ou recevoir le baptême de souffrance que je vais recevoir ? » ³⁹ Et ils lui répondirent : « Nous le pouvons. » Jésus leur dit : « Vous boirez en effet la coupe que je vais boire et vous recevrez le baptême que je vais recevoir. ⁴⁰ Mais ce n'est pas à moi de décider qui siégera à ma droite ou à ma gauche ; ces places sont à ceux pour qui Dieu les a préparées. »

⁴¹ Quand les dix autres disciples entendirent cela, ils s'indignèrent contre Jacques et Jean. ⁴² Alors Jésus les appela tous et leur dit : « Vous le savez, ceux qu'on regarde comme les chefs des peuples les commandent en maîtres, et les grands personnages leur font sentir leur pouvoir. ⁴³ Mais cela ne se passe pas ainsi parmi vous. Au contraire, si l'un de vous veut être grand, il doit être votre serviteur, ⁴⁴ et si l'un de vous veut être le premier, il doit être l'esclave de tous. ⁴⁵ Car le Fils de l'homme lui-même n'est pas venu pour se faire servir, mais il est venu pour servir et donner sa vie comme rançon pour libérer une multitude de gens. »

## Jésus guérit l'aveugle Bartimée

⁴⁶ Ils arrivèrent à Jéricho. Lorsque Jésus sortit de cette ville avec ses disciples et une grande foule, un

*Jacques et Jean souhaitent occuper les meilleures places auprès de Jésus. Ils ne se rendent pas compte des conséquences de leur engagement. Jésus leur rappelle que suivre Dieu n'est pas une affaire d'honneur mais de service. Ceux qui veulent le suivre jusqu'au bout ne peuvent qu'adopter son attitude d'humilité et de service envers Dieu et les autres.*

aveugle appelé Bartimée, le fils de Timée, était assis au bord du chemin et mendiait. **47** Quand il entendit que c'était Jésus de Nazareth, il se mit à crier : « Jésus, Fils de David, aie pitié de moi ! » **48** Beaucoup lui faisaient des reproches pour qu'il se taise, mais il criait encore plus fort : « Fils de David, aie pitié de moi ! » **49** Jésus s'arrêta et dit : « Appelez-le. » Ils appelèrent donc l'aveugle et lui dirent : « Courage, lève-toi, il t'appelle. » **50** Alors il jeta son manteau, sauta sur ses pieds et vint vers Jésus. **51** Jésus lui demanda : « Que veux-tu que je fasse pour toi ? » L'aveugle lui répondit : « Maître, fais

**Bartimée**

*Le mendiant Bartimée est un exemple de foi inébranlable. Une fois guéri, Bartimée suit Jésus sur le chemin de Jérusalem, où la souffrance et la mort l'attendent.*

*Avec l'entrée de Jésus à Jérusalem s'accomplit une prophétie de l'Ancien Testament. Dans son livre, le prophète Zacharie annonce l'entrée à Jérusalem du roi de paix, un descendant du roi David, monté sur un âne et acclamé par son peuple, chez qui renaît l'espoir d'un sauveur promis par Dieu.*

que je voie de nouveau. » **52** Et Jésus lui dit : « Va, ta foi t'a guéri. » Aussitôt, il put voir, et il suivait Jésus sur le chemin.

## Jésus entre à Jérusalem

**11** **1** Quand ils approchèrent de Jérusalem, près des villages de Bethfagé et de Béthanie, ils arrivèrent au mont des Oliviers. Jésus envoya en avant deux de ses disciples : **2** « Allez au village qui est là devant vous, leur dit-il. Dès que vous y serez arrivés, vous trouverez un petit âne attaché, sur lequel personne ne s'est encore assis. Détachez-le et amenez-le-moi. **3** Et si quelqu'un vous demande : "Pourquoi faites-vous cela ?", dites-lui : "Le Seigneur en a besoin, mais il le renverra ici sans tarder." »

**4** Ils partirent donc et trouvèrent un âne dehors, dans la rue, attaché à la porte d'une maison. Ils le détachèrent. **5** Quelques-uns de ceux qui se trouvaient là leur demandèrent : « Que faites-vous ? pourquoi détachez-vous cet ânon ? » **6** Ils leur répondirent ce que Jésus avait dit, et on les laissa aller. **7** Ils amenèrent l'ânon à Jésus ; ils posèrent leurs manteaux sur l'animal, et Jésus s'assit dessus. **8** Beaucoup de gens étendirent leurs manteaux sur le chemin, et d'autres y mirent des branches vertes qu'ils avaient coupées dans la campagne. **9** Ceux qui marchaient devant

Jésus et ceux qui le suivaient criaient : « Gloire à Dieu ! Que Dieu bénisse celui qui vient au nom du Seigneur ! [10] Que Dieu bénisse le royaume qui vient, le royaume de David notre père ! Gloire à Dieu dans les cieux ! » [11] Jésus entra dans Jérusalem et se rendit dans le temple. Après avoir tout regardé autour de lui, il partit pour Béthanie avec les douze disciples, car il était déjà tard.

## Jésus maudit un figuier

[12] Le lendemain, au moment où ils quittaient Béthanie, Jésus eut faim. [13] Il vit de loin un figuier qui avait des feuilles, et il alla regarder s'il y trouverait des fruits ; mais quand il fut près de l'arbre, il ne trouva que des feuilles, car ce n'était pas la saison des figues. [14] Alors Jésus dit au figuier : « Que personne ne mange plus jamais de tes fruits ! » Et ses disciples l'entendirent.

## Jésus dans le temple

[15] Ils arrivèrent ensuite à Jérusalem. Jésus entra dans le temple et se mit à chasser ceux qui vendaient ou qui achetaient à cet endroit ; il renversa les tables des changeurs d'argent et les sièges des vendeurs de pigeons, [16] et il ne laissait personne transporter un objet à travers le temple. [17] Puis il leur enseigna ceci : « Dans les Écritures, Dieu déclare : "On appellera ma maison maison de prière pour tous les peuples." Mais vous, ajouta-t-il, vous en avez fait une caverne de voleurs ! » [18] Les chefs des prêtres et les maîtres de la loi apprirent cela et ils cherchaient un moyen de faire mourir Jésus ; en effet, ils avaient peur de lui, parce que toute la foule était impressionnée par son enseignement. [19] Le soir venu, Jésus et ses disciples sortirent de la ville.

## Jésus et figuier desséché

[20] Tôt le lendemain, tandis qu'ils passaient le long du chemin, ils virent le figuier : il était complètement sec jusqu'aux racines. [21] Pierre se rappela ce qui était arrivé et dit à Jésus : « Maître, regarde, le figuier que tu as maudit est devenu tout sec. » [22] Jésus dit alors à ses disciples : « Je vous le déclare, c'est la vérité : Ayez foi en Dieu ! [23] Si quelqu'un dit à cette colline : "Ôte-toi de là et jette-toi dans la mer", et s'il ne doute pas dans son cœur, mais croit que ce qu'il dit arrivera, cela arrivera pour lui. [24] C'est pourquoi, je vous dis : Quand vous priez pour demander quelque chose, croyez que vous l'avez reçu et cela vous sera donné. [25] Et quand vous êtes debout pour prier, si vous avez quelque chose contre quelqu'un, pardonnez-lui, afin que votre Père qui est

*Comme dans tous les pays méditerranéens, on trouve beaucoup de figuiers en Israël. Les grands figuiers produisent des figues deux fois par an. Les figues d'été se mangent fraîches et celles d'automne sont souvent séchées au soleil et mangées pendant les mois d'hiver. Le figuier et ses fruits symbolisent parfois dans l'Ancien Testament Israël et sa foi en Dieu. Lorsque Jésus maudit le figuier, qui porte des feuilles mais pas de fruits, il souligne le manque de foi du peuple d'Israël.*

### Le temple

*A l'occasion des grandes fêtes à Jérusalem, on pouvait changer de la monnaie et se procurer des animaux pour les sacrifices dans l'enceinte de la cour extérieure du temple. Contrairement aux autorités juives trop tolérantes, Jésus s'oppose fermement à ces pratiques, d'autant que certains commerçants volaient les pèlerins. Mais il signale aussi que la destruction du temple et le renouveau du culte sont proches. Le temps du temple est dépassé. De nouvelles formes de prière et d'adoration sont nécessaires.*

L'autorité de Jésus

*Jean-Baptiste et Jésus ont tous deux appelé leur peuple à se tourner vers Dieu. Ils se sont adressés aux foules avec l'autorité de Dieu et ont agi avec sa puissance. Mais ceux qui ne reçoivent pas leur message ne peuvent pas reconnaître que c'est Dieu lui-même qui agit en eux.*

dans les cieux vous pardonne aussi le mal que vous avez fait. [**26** Mais si vous ne pardonnez pas aux autres, votre Père qui est dans les cieux ne vous pardonnera pas non plus le mal que vous avez fait.] »

## D'où vient l'autorité de Jésus ?

**27** Ils revinrent à Jérusalem. Pendant que Jésus allait et venait dans le temple, les chefs des prêtres, les maîtres de la loi et les anciens vinrent auprès de lui. **28** Ils lui demandèrent : « De quel droit fais-tu ces choses ? Qui t'a donné autorité pour les faire ? » **29** Jésus leur répondit : « Je vais vous poser une seule question ; si vous me donnez une réponse, alors je vous dirai de quel droit je fais ces choses. **30** Qui a envoyé Jean baptiser ? Est-ce Dieu ou les hommes ? Répondez-moi. » **31** Mais ils se mirent à discuter entre eux et se dirent : « Si nous répondons : "C'est Dieu qui l'a envoyé", il nous demandera : "Pourquoi donc n'avez-vous pas cru Jean ?" **32** Mais pouvons-nous dire : "Ce sont les hommes qui l'ont envoyé…" ? » – Ils avaient peur de la foule, car tous pensaient que Jean avait été un vrai prophète. – **33** Alors ils répondirent à Jésus : « Nous ne savons pas. » – « Eh bien, répliqua Jésus, moi non plus, je ne vous dirai pas de quel droit je fais ces choses. »

## La parabole des méchants vignerons

12 **1** Puis Jésus se mit à leur parler en utilisant des paraboles : « Un homme planta une vigne ; il l'entoura d'un mur, creusa la roche pour le pressoir à raisin et bâtit une tour de garde. Ensuite, il loua la vigne à des ouvriers vignerons et partit en voyage. **2** Au moment voulu, il envoya un serviteur aux ouvriers vignerons pour recevoir d'eux sa part de la récolte. **3** Mais ils saisirent le serviteur, le battirent et le renvoyèrent les mains vides. **4** Alors le propriétaire envoya un autre serviteur ; celui-là, ils le frappèrent à la tête et l'insultèrent. **5** Le propriétaire en envoya encore un autre, et, celui-là, ils le tuèrent ; et ils en traitèrent beaucoup d'autres de la même manière : ils battirent les uns et tuèrent les autres. **6** Le seul homme qui restait au propriétaire était son fils bien-aimé. Il le leur envoya en dernier, car il pensait : "Ils auront du respect pour mon fils." **7** Mais ces vignerons se dirent les uns aux autres : "Voici le futur héritier ! Allons, tuons-le, et la vigne sera à nous !" **8** Ils saisirent donc le fils, le tuèrent et jetèrent son corps hors de la vigne.

*« La pierre que les bâtisseurs avaient rejetée est devenue la pierre principale. »* (Marc 12,10) *Israël, représentée par une vigne, est la nation que Dieu a préparée pour apporter le salut au monde entier. Mais le peuple choisi n'a pas répondu à l'appel de Dieu et a persécuté ses messagers, les prophètes. Dans la parabole, Jésus dénonce le complot des chefs religieux qui veulent l'éliminer et leur déclare que rien ne pourra mettre fin au projet de Dieu.*

9 « Eh bien, que fera le propriétaire de la vigne ? demanda Jésus. Il viendra, il mettra à mort les vignerons et confiera la vigne à d'autres. 10 Vous avez sûrement lu cette parole de l'Écriture ?

"La pierre que les bâtisseurs avaient rejetée
est devenue la pierre principale.
11 Cela vient du Seigneur,
pour nous, c'est une merveille !" »

12 Les chefs des Juifs cherchaient un moyen d'arrêter Jésus, car ils savaient qu'il avait dit cette parabole contre eux. Mais ils avaient peur de la foule ; ils le laissèrent donc et s'en allèrent.

## L'impôt payé à l'empereur

13 On envoya auprès de Jésus quelques Pharisiens et quelques membres du parti d'Hérode pour le prendre au piège par une question. 14 Ils vinrent lui dire : « Maître, nous savons que tu dis la vérité ; tu n'as pas peur de ce que pensent les autres et tu ne tiens pas compte de l'apparence des gens, mais tu enseignes la vérité sur la conduite qui plaît à Dieu. Dis-nous, notre loi permet-elle ou non de payer des impôts à l'empereur romain ? Devons-nous les payer, oui ou non ? » 15 Mais Jésus savait qu'ils cachaient leur véritable pensée ; il leur dit alors : « Pourquoi me tendez-vous un piège ? Apportez-moi une pièce d'argent, je voudrais la voir. » 16 Ils en apportèrent une, et Jésus leur demanda : « Ce visage et ce nom gravés ici, de qui sont-ils ? » – « De l'empereur », lui répondirent-ils. 17 Alors Jésus leur dit : « Payez donc à l'empereur ce qui lui appartient, et à Dieu ce qui lui appartient. » Et sa réponse les remplit d'étonnement.

## Une question sur
## la résurrection des morts

18 Quelques Sadducéens vinrent auprès de Jésus. – Ce sont eux qui disent qu'il n'y a pas de résurrection. – Ils l'interrogèrent de la façon suivante : 19 « Maître, Moïse nous a donné ce commandement écrit : "Si un homme, qui a un frère, meurt et laisse une femme sans enfants, il faut que son frère épouse la veuve pour donner des descendants à celui qui est mort." 20 Or, il y avait une fois sept frères. Le premier se maria et mourut sans laisser d'enfants. 21 Le deuxième épousa la veuve, et il mourut sans laisser d'enfants. La même chose arriva au troisième frère, 22 et à tous les sept, qui épousèrent successivement la femme et moururent sans

*« Payez donc à l'empereur ce qui lui appartient, et à Dieu ce qui lui appartient. » (Marc 12,17)
A ceux qui lui tendent un piège, Jésus déclare simplement : la pièce de monnaie qui porte l'effigie du chef suprême de l'empire romain appartient bien à l'empereur ; il n'est donc pas compromettant de payer ses impôts. De même, nos vies, qui portent en elles l'image de Dieu, appartiennent à Dieu et doivent par conséquent lui être offertes entièrement.*

*L'Ancien Testament raconte comment Dieu s'est manifesté à Moïse dans un buisson ardent et s'est présenté à lui comme le Dieu de ses ancêtres Abraham, Isaac et Jacob (verset 26).*

*Jésus déclare à ceux qui ne croient pas à la résurrection (les Sadducéens), que la mort ne met pas un terme à la fidélité de Dieu envers ceux qu'il a choisis : Dieu est le Dieu des vivants. L'enseignement sur la résurrection ne repose donc pas seulement sur quelques textes preuves de l'Ancien Testament, mais il s'enracine dans la personne même du Dieu qui donne la vie.*

laisser d'enfants. Après eux tous, la femme mourut aussi. ²³ Au jour de la résurrection, quand les morts se relèveront, de qui sera-t-elle donc la femme ? Car tous les sept l'ont eue comme épouse ! » ²⁴ Jésus leur répondit : « Vous vous trompez, et savez-vous pourquoi ? Parce que vous

*Isaac et Jacob,
d'après José de Ribera.*

*Jésus reste fidèle à la tradition du Dieu d'Abraham, d'Isaac et de Jacob, les Pères du peuple d'Israël et montre que l'amour pour les autres est la conséquence naturelle de l'amour pour Dieu. L'un ne va pas sans l'autre. Jésus cite l'un des grands textes de l'Ancien Testament (Deutéronome 6,4-5) que tout Juif pieux récite matin et soir, et l'associe au commandement d'aimer son prochain. Plus tard, l'apôtre Jacques appellera ce dernier commandement « la loi du Royaume » (Jacques 2,8).*

ne connaissez ni les Écritures, ni la puissance de Dieu. ²⁵ En effet, quand ils se relèveront d'entre les morts, les hommes et les femmes ne se marieront pas, mais ils vivront comme les anges dans le ciel. ²⁶ Pour ce qui est des morts qui reviennent à la vie, n'avez-vous jamais lu dans le livre de Moïse le passage qui parle du buisson en flammes ? On y lit que Dieu dit à Moïse : "Je suis le Dieu d'Abraham, le Dieu d'Isaac et le Dieu de Jacob." ²⁷ Dieu, ajouta Jésus, est le Dieu des vivants, et non des morts. Ainsi, vous êtes complètement dans l'erreur. »

## Le commandement le plus important

²⁸ Un maître de la loi les avait entendus discuter. Il vit que Jésus avait bien répondu aux Sadducéens ; il s'approcha donc de lui et lui demanda : « Quel est le plus important de tous les commandements ? » ²⁹ Jésus lui répondit : « Voici le commandement le plus important : "Écoute, Israël ! Le Seigneur notre Dieu est le seul Seigneur. ³⁰ Tu dois aimer le Seigneur ton Dieu de tout ton cœur, de toute ton âme, de toute ton intelligence et de toute ta force." ³¹ Et voici le second commandement : "Tu dois aimer ton prochain comme toi-même." Il n'y a pas d'autre commandement plus important que ces deux-là. »

³² Le maître de la loi dit alors à Jésus : « Très bien, Maître ! Ce que tu as dit est vrai : Le Seigneur est le seul Dieu, et il n'y a pas d'autre Dieu que lui. ³³ Chacun doit donc aimer Dieu de tout son cœur, de toute son intelligence et de toute sa force ; et il doit aimer son prochain comme lui-même. Cela vaut beaucoup mieux que de présenter à Dieu toutes sortes d'offrandes et de sacrifices d'animaux. » ³⁴ Jésus vit qu'il avait répondu de façon intelligente ; il lui dit alors : « Tu n'es pas loin du Royaume de Dieu. » Après cela, personne n'osait plus lui poser de questions.

## Le Messie et David

³⁵ Alors que Jésus enseignait dans le temple, il posa cette question : « Comment les maîtres de la loi peuvent-ils dire que le Messie est descendant de David ? ³⁶ Car David, guidé par le Saint-Esprit, a dit lui-même :
"Le Seigneur Dieu a déclaré à mon Seigneur :
Viens siéger à ma droite,
je veux contraindre tes ennemis à passer sous tes pieds."
³⁷ David lui-même l'appelle "Seigneur" : comment le Messie peut-il alors être aussi descendant de David ? »

## Jésus met la foule en garde contre les maîtres de la loi

La foule, nombreuse, écoutait Jésus avec plaisir. ³⁸ Voici ce qu'il enseignait à tous : « Gardez-vous des maîtres de la loi qui aiment à se promener en longues robes et à recevoir des salutations respectueuses sur les places publiques ; ³⁹ ils choisissent les sièges les plus en vue dans les synagogues et les places d'honneur dans les grands repas. ⁴⁰ Ils prennent aux veuves tout ce qu'elles possèdent et, en même temps, font de longues prières pour se faire remarquer. Ils seront jugés d'autant plus sévèrement ! »

## Le don offert par une veuve pauvre

⁴¹ Puis Jésus s'assit en face des troncs à offrandes du temple, et il regardait comment les gens y déposaient de l'argent. De nombreux riches donnaient beaucoup d'argent. ⁴² Une veuve pauvre arriva et mit deux petites pièces de cuivre, d'une valeur de quelques centimes. ⁴³ Alors Jésus appela ses disciples et leur dit : « Je vous le déclare, c'est la vérité : cette veuve pauvre a mis dans le tronc plus que tous les autres. ⁴⁴ Car tous les autres ont donné de l'argent dont ils n'avaient pas besoin ; mais elle, dans sa pauvreté, a offert tout ce qu'elle possédait, tout ce dont elle avait besoin pour vivre. »

**Fils de David ou Fils de Dieu ?**

*L'illustration montre l'étoile dite de David, une étoile à six branches, qui, depuis le Moyen Age, est le symbole de la communauté des Juifs. David fut le roi le plus important d'Israël. Au temps de Jésus, le peuple attendait un sauveur descendant de David, un « fils », qui en rétablirait le Royaume. C'est ainsi que « fils de David » devint un terme désignant le Messie. Jésus déclare qu'il est lui-même de la lignée de David, mais aussi que sa dignité royale et sa puissance surpassent celles du roi David. La venue du Messie est celle de Dieu lui-même en Jésus-Christ.*

**L'exemple d'une veuve**

*A l'époque de Jésus, beaucoup de maîtres de la Loi se donnaient de l'importance et se faisaient remarquer par leur tenue vestimentaire particulière. Ils prenaient les meilleures places aux banquets et faisaient de longues prières à la synagogue ou au temple pour donner l'impression qu'ils étaient plus importants que les autres aux yeux de Dieu. Ils acceptaient même l'argent que les pauvres leur donnaient en retour pour des conseils ou des prières en leur faveur. Mais Jésus s'intéresse davantage à l'amour et à la sincérité : la valeur d'une offrande ne dépend pas de son montant, mais de l'esprit dans lequel elle est offerte.*

*Du haut du mont des Oliviers, la vue sur Jérusalem est splendide. De là, on pouvait voir le temple. L'annonce de sa destruction préoccupe les disciples; la réponse que va leur donner Jésus semble inclure cet événement particulier, mais aussi la période conduisant à la venue du Fils de l'homme (verset 26). Ainsi, les événements relatifs à la destruction du temple devancent et symbolisent ceux de la fin des temps.*

**L'Horreur abominable**

*Le prophète Daniel parle dans l'Ancien Testament de l'« Horreur abominable ». Il prédit la venue d'un roi du Nord qui profanera le temple de Jérusalem. En 167 av. J.-C., le conquérant Antiochus IV profana le temple de Jérusalem; il y érigea un autel au dieu Zeus et sacrifia un porc dans le Saint des saints. Le culte était devenu impossible. Les prêtres et la communauté furent chassés du temple. En l'an 70 de notre ère, le temple fut entièrement détruit par Titus, alors général romain. L'apparition de l'« Horreur abominable » constitue pour Jésus une image des grands tourments de la fin du monde qui s'achèveront avec l'apparition du Fils de l'homme.*

## Jésus annonce la destruction du temple

**13** [1] Tandis que Jésus sortait du temple, un de ses disciples lui dit : « Maître, regarde ! Quelles belles pierres, quelles grandes constructions ! » [2] Jésus lui répondit : « Tu vois ces grandes constructions ? Il ne restera pas ici une seule pierre posée sur une autre ; tout sera renversé. »

## Des malheurs et des persécutions

[3] Jésus s'assit au mont des Oliviers, en face du temple. Pierre, Jacques, Jean et André, qui étaient seuls avec lui, lui demandèrent : [4] « Dis-nous quand cela se passera et quel signe indiquera le moment où toutes ces choses doivent arriver. » [5] Alors Jésus se mit à leur dire : « Faites attention que personne ne vous trompe. [6] Beaucoup d'hommes viendront en usant de mon nom et diront : "Je suis le Messie !" Et ils tromperont quantité de gens. [7] Quand vous entendrez le bruit de guerres proches et des nouvelles sur des guerres lointaines, ne vous effrayez pas ; il faut que cela arrive, mais ce ne sera pas encore la fin de ce monde. [8] Un peuple combattra contre un autre peuple, et un royaume attaquera un autre royaume ; il y aura des tremblements de terre dans différentes régions, ainsi que des famines. Ce sera comme les premières douleurs de l'accouchement. [9] Quant à vous, faites attention à vous-mêmes. Car des gens vous feront passer devant les tribunaux ; on vous battra dans les synagogues. Vous devrez comparaître devant des gouverneurs et des rois à cause de moi, pour apporter votre témoignage devant eux. [10] Il faut avant tout que la Bonne Nouvelle soit annoncée à tous les peuples. [11] Et lorsqu'on vous arrêtera pour vous conduire devant le tribunal, ne vous inquiétez pas d'avance de ce que vous aurez à dire ; mais dites les paroles qui vous seront données à ce moment-là, car elles ne viendront pas de vous, mais du Saint-Esprit. [12] Des frères livreront leurs propres frères pour qu'on les mette à mort, et des pères agiront de même avec leurs enfants ; des enfants se tourneront contre leurs parents et les feront condamner à mort. [13] Tout le monde vous haïra à cause de moi. Mais celui qui tiendra bon jusqu'à la fin sera sauvé. »

## L'Horreur abominable

[14] « Vous verrez celui qu'on appelle "l'Horreur abominable" : il sera placé là où il ne doit pas être. – Que celui qui lit comprenne bien cela ! – Alors, ceux qui seront en Judée devront s'enfuir vers les montagnes ; [15] celui qui sera sur la terrasse de sa maison ne devra pas descendre

pour aller prendre quelque chose à l'intérieur ; ¹⁶ et celui qui sera dans les champs ne devra pas retourner chez lui pour emporter son manteau. ¹⁷ Quel malheur ce sera, en ces jours-là, pour les femmes enceintes et pour celles qui allaiteront ! ¹⁸ Priez Dieu pour que ces choses n'arrivent pas pendant la mauvaise saison ! ¹⁹ Car, en ces jours-là, la détresse sera plus grande que toutes celles qu'on a connues depuis le commencement du monde, quand Dieu a tout créé, jusqu'à maintenant, et il n'y en aura plus jamais de pareille. ²⁰ Si le Seigneur n'avait pas décidé d'abréger cette période, personne ne pourrait survivre. Mais il l'a abrégée à cause de ceux qu'il a choisis pour être à lui. ²¹ Si quelqu'un vous dit alors : "Regardez, le Messie est ici !" ou bien : "Regardez, il est là !", ne le croyez pas. ²² Car de faux messies et de faux prophètes apparaîtront ; ils accompliront des miracles et des prodiges pour tromper, si possible, ceux que Dieu a choisis. ²³ Vous donc, faites attention ! Je vous ai averti de tout à l'avance. »

### La venue du Fils de l'homme

²⁴ « Mais en ces jours-là, après ce temps de détresse, le soleil s'obscurcira, la lune ne donnera plus sa clarté, ²⁵ les étoiles tomberont du ciel, et les puissances qui sont dans les cieux seront ébranlées. ²⁶ Alors on verra le Fils de l'homme arriver parmi les nuages, avec beaucoup de puissance et de gloire. ²⁷ Il enverra les anges aux quatre coins de la terre pour rassembler ceux qu'il a choisis, d'un bout du monde à l'autre. »

### L'enseignement donné par le figuier

²⁸ « Comprenez l'enseignement que donne le figuier : dès que la sève circule dans ses branches et que ses feuilles poussent, vous savez que la bonne saison est proche. ²⁹ De même, quand vous verrez ces choses arriver, sachez que l'événement est proche, qu'il va se produire. ³⁰ Je vous le déclare, c'est la vérité : les gens d'aujourd'hui n'auront pas tous disparu avant que tout cela arrive. ³¹ Le ciel et la terre disparaîtront, tandis que mes paroles ne disparaîtront jamais. »

### Dieu seul connaît le moment de la fin

³² « Cependant personne ne sait quand viendra ce jour ou cette heure, pas même les anges dans les cieux, ni même le Fils ; le Père seul le sait. ³³ Attention ! Ne vous endormez pas, car vous ne savez pas quand le moment viendra. ³⁴ Ce sera comme lorsqu'un homme part en voyage : il quitte sa maison et en laisse le soin à ses ser-

*« Ceux qu'il a choisis »*
*Il s'agit de tous ceux qui sont restés fidèles à Jésus et ont placé toute leur espérance en lui.*

*Un vitrail contemporain en Alsace.*
*Le soleil, la lune et les étoiles perdent leur éclat, le ciel entier vacille. Telle est la description de la fin du monde selon l'Ancien Testament. Elle précédera le jugement dernier qui sera présidé par le Fils de l'homme. Jésus déclare que personne ne peut prédire son retour : l'heure n'est donc pas au calcul, mais à la préparation. Les fidèles sont appelés à être prêts – à « rester éveillés » (verset 37) – en permanence.*

viteurs, il donne à chacun un travail particulier à faire et il ordonne au gardien de la porte de rester éveillé. [35] Restez donc éveillés, car vous ne savez pas quand le maître de la maison reviendra : ce sera peut-être le soir, ou au milieu de la nuit, ou au chant du coq, ou le matin. [36] S'il revient tout à coup, il ne faut pas qu'il vous trouve endormis. [37] Ce que je vous dis là, je le dis à tous : Restez éveillés ! »

## Les chefs complotent contre Jésus

14 [1] On était à deux jours de la fête de la Pâque et des pains sans levain. Les chefs des prêtres et les maîtres de la loi cherchaient un moyen d'arrêter Jésus en cachette et de le mettre à mort. [2] Ils se disaient en effet : « Nous ne pouvons pas faire cela pendant la fête, sinon le peuple risquerait de se soulever. »

## Une femme met du parfum sur la tête de Jésus

[3] Jésus était à Béthanie, dans la maison de Simon le lépreux ; pendant qu'il était à table, une femme entra avec un flacon d'albâtre plein d'un parfum très cher, fait de nard pur. Elle brisa le flacon et versa le parfum sur la tête de Jésus. [4] Certains de ceux qui étaient là furent indignés et se dirent entre eux : « A quoi bon avoir ainsi gaspillé ce parfum ? [5] On aurait pu le vendre plus de trois cents pièces d'argent pour les donner aux pauvres ! » Et ils critiquaient sévèrement cette femme. [6] Mais Jésus dit : « Laissez-la tranquille. Pourquoi lui faites-vous de la peine ? Ce qu'elle a accompli pour moi est beau. [7] Car vous aurez toujours des pauvres avec vous, et toutes les fois que vous le voudrez, vous pourrez leur faire du bien ; mais moi, vous ne m'aurez pas toujours avec vous. [8] Elle a fait ce qu'elle a pu : elle a d'avance mis du parfum sur mon corps afin de le préparer pour le tombeau. [9] Je vous le déclare, c'est la vérité : partout où l'on annoncera la Bonne Nouvelle, dans le monde entier, on racontera ce que cette femme a fait et l'on se souviendra d'elle. »

*Le parfum fait de nard pur est composé d'un corps gras se volatilisant rapidement, parfumé avec des extraits de racine d'une plante himalayenne. Comme celle-ci était importée d'un pays lointain (tel que le Népal), elle était très chère. Au Moyen-Orient ancien on utilisait des parfums et des épices pour embaumer le corps des défunts. En rendant hommage à Jésus de cette manière, la femme de Béthanie prépare sans le savoir l'ensevelissement de son Maître. Son geste prophétique prend tout son sens dans la mort et la résurrection de Jésus.*

## Judas veut livrer Jésus aux chefs des prêtres

[10] Alors Judas Iscariote, un des douze disciples, alla proposer aux chefs des prêtres de leur livrer Jésus. [11] Ils furent très contents de l'entendre et lui promirent de l'argent. Et Judas se mit à chercher une occasion favorable pour leur livrer Jésus.

## Jésus prend le repas de la Pâque avec ses disciples

[12] Le premier jour de la fête des pains sans levain, le jour où l'on sacrifiait les agneaux pour le repas de la Pâque, les dis-

ciples de Jésus lui demandèrent : « Où veux-tu que nous allions te préparer le repas de la Pâque ? » [13] Alors Jésus envoya deux de ses disciples en avant, avec l'ordre suivant : « Allez à la ville, vous y rencontrerez un homme qui porte une cruche d'eau. Suivez-le, [14] et là où il entrera, dites au propriétaire de la maison : "Le Maître demande : Où est la pièce qui

La Cène, par François Verdier.

m'est réservée, celle où je prendrai le repas de la Pâque avec mes disciples ?" [15] Et il vous montrera, en haut de la maison, une grande chambre déjà prête, avec tout ce qui est nécessaire. C'est là que vous nous préparerez le repas. » [16] Les disciples partirent et allèrent à la ville ; ils trouvèrent tout comme Jésus le leur avait dit, et ils préparèrent le repas de la Pâque.

[17] Quand le soir fut venu, Jésus arriva avec les douze disciples. [18] Pendant qu'ils étaient à table et qu'ils mangeaient, Jésus dit : « Je vous le déclare, c'est la vérité : l'un de vous, qui mange avec moi, me trahira. » [19] Les disciples devinrent tout tristes, et ils se mirent à lui demander l'un après l'autre : « Ce n'est pas moi, n'est-ce pas ? » [20] Jésus leur répondit : « C'est l'un d'entre vous, les douze, quelqu'un qui trempe avec moi son pain dans le plat. [21] Certes, le Fils de l'homme va mourir comme les Écritures l'annoncent à son sujet ; mais quel malheur pour celui qui trahit le Fils de l'homme ! Il aurait mieux valu pour cet homme-là ne pas naître ! »

Le repas de la Pâque – où l'on sacrifiait et mangeait l'agneau pascal – se déroulait uniquement à Jérusalem. Les habitants devaient donc mettre des pièces à disposition des pèlerins. Jésus et ses disciples sont rassemblés pour le repas traditionnel. En partageant avec eux le pain et le vin, Jésus révèle comment son corps va être brisé et son sang versé en sacrifice pour le pardon des péchés. La mort de Jésus constitue le fondement d'un nouveau pacte (appelé « alliance ») entre Dieu et son nouveau peuple. Les chrétiens célèbrent cet événement au cours d'un repas symbolique appelé la Sainte Cène (le mot « cène » veut dire « repas ») ou l'Eucharistie (« action de grâces »).

## La sainte cène

**22** Pendant le repas, Jésus prit du pain et, après avoir remercié Dieu, il le rompit et le donna à ses disciples ; il leur dit : « Prenez ceci, c'est mon corps. » **23** Il prit ensuite une coupe de vin et, après avoir remercié Dieu, il la leur donna, et ils en burent tous. **24** Jésus leur dit : « Ceci est mon sang, le sang qui garantit l'alliance de Dieu et qui est versé pour une multitude de gens. **25** Je vous le déclare, c'est la vérité : je ne boirai plus jamais de vin jusqu'au jour où je boirai le vin nouveau dans le Royaume de Dieu. » **26** Ils chantèrent ensuite les psaumes de la fête, puis ils s'en allèrent au mont des Oliviers.

## Jésus annonce que Pierre le reniera

**27** Jésus dit à ses disciples : « Vous allez tous m'abandonner, car on lit dans les Écritures :"Je tuerai le berger, et les moutons partiront de tous côtés". **28** Mais, ajouta Jésus, quand je serai de nouveau vivant, j'irai vous attendre en Galilée. » **29** Pierre lui dit :« Même si tous les autres t'abandonnent, moi je ne t'abandonnerai pas. » **30** Alors Jésus lui répondit : « Je te le déclare, c'est la vérité : aujourd'hui, cette nuit même, avant que le coq chante deux fois, toi, tu auras prétendu trois fois ne pas me connaître. » **31** Mais Pierre répliqua encore plus fort : « Je ne prétendrai jamais que je ne te connais pas, même si je dois mourir avec toi. » Et tous les autres disciples disaient la même chose.

## Jésus prie à Gethsémané

**32** Ils arrivèrent ensuite à un endroit appelé Gethsémané, et Jésus dit à ses disciples :« Asseyez-vous ici, pendant que je vais prier. » **33** Puis il emmena avec lui Pierre, Jacques et Jean. Il commença à ressentir de la frayeur et de l'angoisse, **34** et il leur dit :« Mon cœur est plein d'une tristesse mortelle ; restez ici et demeurez éveillés. » **35** Il alla un peu plus loin, se jeta à terre et pria pour que, si c'était possible, il n'ait pas à passer par cette heure de souffrance. **36** Il disait : « Abba, ô mon Père, tout t'est possible ; éloigne de moi cette coupe de douleur. Toutefois, non pas ce que je veux, mais ce que tu veux. » **37** Il revint ensuite vers les trois disciples et les trouva endormis. Il dit à Pierre : « Simon, tu dors ? Tu n'as pas été capable de rester éveillé même une heure ? **38** Restez éveillés et priez, pour ne pas tomber dans la tentation. L'être humain est plein de bonne volonté, mais il est faible. »

**39** Il s'éloigna de nouveau et pria en répétant les mêmes paroles. **40** Puis il revint auprès de ses disciples et les trouva

*Le jardin de Gethsémané se trouve au pied du mont des Oliviers. C'est une oliveraie dans laquelle il y avait probablement un « pressoir à huile » (d'après le sens du nom araméen gethsémané). Les prières instantes de Jésus montrent qu'il n'est pas un surhomme insensible à la douleur. En cette heure d'épreuve, Jésus demande à trois de ses disciples de rester éveillés et de prier avec lui. Mais ils n'y parviennent pas.*

endormis ; ils ne pouvaient pas garder les yeux ouverts. Et ils ne savaient pas que lui dire. **41** Quand il revint la troisième fois, il leur dit : « Vous dormez encore et vous vous reposez ? C'est fini ! L'heure est arrivée. Maintenant, le Fils de l'homme va être livré entre les mains des pécheurs. **42** Levez-vous, allons-y ! Voyez, l'homme qui me livre à eux est ici ! »

## L'arrestation de Jésus

**43** Jésus parlait encore quand arriva Judas, l'un des douze disciples. Il y avait avec lui une foule de gens armés d'épées et de bâtons. Ils étaient envoyés par les chefs des prêtres, les maîtres de la loi et les anciens. **44** Judas, celui qui leur livrait Jésus, avait indiqué à cette foule le signe qu'il utiliserait : « L'homme que j'embrasserai, c'est lui. Saisissez-le et emmenez-le sous bonne garde. » **45** Dès que Judas arriva, il s'approcha de Jésus et lui dit : « Maître ! » Puis il l'embrassa. **46** Les autres mirent alors la main sur Jésus et l'arrêtèrent. **47** Mais un de ceux qui étaient là tira son épée, frappa le serviteur du grand-prêtre et lui coupa l'oreille. **48** Jésus leur dit : « Deviez-vous venir armés d'épées et de bâtons pour me prendre, comme si j'étais un brigand ? **49** Tous les jours j'étais avec vous et j'enseignais dans le temple, et vous ne m'avez pas arrêté. Mais cela arrive pour que les Écritures se réalisent. » **50** Alors tous les disciples l'abandonnèrent et s'enfuirent. **51** Un jeune homme suivait Jésus, vêtu d'un simple drap. On essaya de le saisir, **52** mais il abandonna le drap et s'enfuit tout nu.

## Jésus devant le Conseil supérieur

**53** Ils emmenèrent Jésus chez le grand-prêtre, où s'assemblèrent tous les chefs des prêtres, les anciens et les maîtres de la loi. **54** Pierre suivit Jésus de loin, et il entra dans la cour de la maison du grand-prêtre. Là, il s'assit avec les gardes et il se chauffait près du feu.

**55** Les chefs des prêtres et tout le Conseil supérieur cherchaient une accusation contre Jésus pour le condamner à mort, mais ils n'en trouvaient pas. **56** Beaucoup de gens, en effet, portaient de fausses accusations contre Jésus, mais ils

*Le Baiser de Judas dans le Livre d'Heures de Marguerite de Coetivy (Moyen Age). Au Moyen-Orient ancien, les disciples embrassaient leur maître en signe de respect. Après avoir quitté Jésus et les autres disciples au cours du dernier repas, Judas fait mine d'être soumis et respectueux.*

se contredisaient entre eux. **57** Quelques-uns se levèrent alors et portèrent cette fausse accusation contre lui : **58** « Nous l'avons entendu dire : "Je détruirai ce temple construit par les hommes, et en trois jours j'en bâtirai un autre qui ne sera pas une œuvre humaine." » **59** Mais même sur ce point-là ils se contredisaient. **60** Le grand-prêtre se leva alors dans l'assemblée et interrogea Jésus : « Ne réponds-tu rien à ce que ces gens disent contre toi ? » **61** Mais Jésus se taisait, il ne répondait rien. Le grand-prêtre l'interrogea de nouveau : « Es-tu le Messie, le Fils du Dieu auquel vont nos louanges ? » **62** Jésus répondit : « Oui, je le suis, et vous verrez tous le Fils de l'homme siégeant à la droite du Dieu puissant ; vous le verrez aussi venir parmi les nuages du ciel. » **63** Alors le grand-prêtre déchira ses vêtements et dit : « Nous n'avons plus besoin de témoins ! **64** Vous avez entendu cette insulte faite à Dieu. Qu'en pensez-vous ? » Tous déclarèrent qu'il était coupable et qu'il méritait la mort. **65** Quelques-uns d'entre eux se mirent à cracher sur Jésus, ils lui couvrirent le visage, le frappèrent à coups de poing et lui dirent : « Devine qui t'a fait cela ! » Et les gardes prirent Jésus et lui donnèrent des gifles.

*Jésus bafoué, peinture anonyme, art flamand médiéval.*
*Le conseil entier des prêtres et des maîtres de la loi – la plus haute autorité de la communauté juive appelée « sanhédrin », et composée de 71 hommes –, a déjà décidé du sort de Jésus. Les membres du conseil vont le condamner à mort, mais veulent donner à leur séance une allure de procès officiel, d'où la recherche de témoins. En fait, les règles juridiques de l'époque n'ont pas été respectées : le procès ne devait pas se dérouler pendant la nuit chez le grand prêtre, mais en plein jour près du temple. Le verdict de la peine de mort ne devait pas être prononcé le jour même du procès. Par ailleurs, les témoignages auraient dû être vérifiés et les faux témoins auraient dû subir le même sort que le condamné. Enfin, sous l'occupation romaine, le conseil ne pouvait pas imposer la peine capitale. Le procès de Jésus n'a pas été un vrai procès.*

## Pierre renie Jésus

**66** Pierre se trouvait encore en bas dans la cour, quand arriva une des servantes du grand-prêtre. **67** Elle vit Pierre qui se chauffait, le regarda bien et lui dit : « Toi aussi, tu étais avec Jésus, cet homme de Nazareth. » **68** Mais il le nia en déclarant : « Je ne sais pas ce que tu veux dire, je ne comprends pas. » Puis il s'en alla hors de la cour, dans l'entrée. [Alors un coq chanta.] **69** Mais la servante le vit et répéta devant ceux qui étaient là : « Cet homme est l'un d'eux ! » **70** Et Pierre le nia de nouveau. Peu après, ceux qui étaient là dirent encore à Pierre : « Certainement, tu es l'un d'eux, parce que, toi aussi, tu es de Galilée. » **71** Alors Pierre s'écria : « Que Dieu me punisse si je mens ! Je le jure, je ne connais pas l'homme dont vous parlez. » **72** A ce moment même, un coq chanta pour la seconde fois, et Pierre se rappela ce que Jésus lui avait dit : « Avant que le coq chante deux fois, tu auras prétendu trois fois ne pas me connaître. » Alors, il se mit à pleurer.

## Jésus devant Pilate

**15** ¹ Tôt le matin, les chefs des prêtres se réunirent en séance avec les anciens et les maîtres de la loi, c'est-à-dire tout le Conseil supérieur. Ils firent ligoter Jésus, l'emmenèrent et le livrèrent à Pilate. ² Celui-ci l'interrogea : « Es-tu le roi des Juifs ? » Jésus lui répondit : « Tu le dis. » ³ Les chefs des prêtres portaient de nombreuses accusations contre Jésus. ⁴ Alors, Pilate l'interrogea de nouveau : « Ne réponds-tu rien ? Tu entends combien d'accusations ils portent contre toi ! » ⁵ Mais Jésus ne répondit plus rien, de sorte que Pilate était étonné.

*Illustration provenant d'un psautier d'Ingeborg du Danemark.*
*En proclamant qu'il est le « Messie », Jésus déclare en fait qu'il a reçu la majesté et l'autorité qui appartiennent à Dieu seul, ce que le grand prêtre considère comme un blasphème, sanctionné par la peine de mort dans l'Ancien Testament. Mais les membres du conseil ne peuvent pas appliquer cette peine eux-mêmes et doivent s'en remettre aux autorités romaines. Pilate, gouverneur de la Judée à l'époque (26-36 apr. J.-C.), n'acceptera pas le blasphème comme un crime passible de peine de mort. Jésus est donc rendu coupable de vouloir usurper le pouvoir.*

## Jésus est condamné à mort

⁶ A chaque fête de la Pâque, Pilate libérait un prisonnier, celui que la foule demandait. ⁷ Or, un certain Barabbas était en prison avec des rebelles qui avaient commis un meurtre lors d'une révolte. ⁸ La foule se rendit donc à la résidence de Pilate et tous se mirent à lui demander ce qu'il avait l'habitude de leur accorder. ⁹ Pilate leur répondit : « Voulez-vous que je vous libère le roi des Juifs ? » ¹⁰ Il savait bien, en effet, que les chefs des prêtres lui avaient livré Jésus par jalousie. ¹¹ Mais les chefs des prêtres poussèrent la foule à demander que Pilate leur libère plutôt Barabbas. ¹² Pilate s'adressa de nouveau à la foule : « Que voulez-vous donc que je fasse de celui que vous appelez le roi des Juifs ? » ¹³ Ils lui répondirent en criant : « Cloue-le sur une croix ! » ¹⁴ Pilate leur demanda : « Quel mal a-t-il donc commis ? » Mais ils crièrent encore plus fort : « Cloue-le sur une croix ! » ¹⁵ Pilate voulut contenter la foule et leur libéra Barabbas ; puis il fit frapper Jésus à coups de fouet et le livra pour qu'on le cloue sur une croix.

## Les soldats se moquent de Jésus

¹⁶ Les soldats emmenèrent Jésus à l'intérieur du palais du gouverneur, et ils appelèrent toute la troupe. ¹⁷ Ils le revêtirent d'un manteau rouge, tressèrent une couronne avec des branches épineuses et la posèrent sur sa tête. ¹⁸ Puis ils se mirent à le saluer : « Salut, roi des Juifs ! » ¹⁹ Et ils le frappaient sur la tête avec un roseau, crachaient sur lui et se mettaient à genoux pour s'incliner bien bas devant lui. ²⁰ Quand ils se furent bien moqués de lui, ils lui enlevèrent le manteau rouge et lui remirent ses vêtements. Puis ils l'emmenèrent au-dehors pour le clouer sur une croix.

## Jésus est cloué sur la croix

<sup>21</sup> Un certain Simon, de Cyrène, le père d'Alexandre et de Rufus, passait par là alors qu'il revenait des champs. Les soldats l'obligèrent à porter la croix de Jésus. <sup>22</sup> Ils conduisirent Jésus à un endroit appelé Golgotha, ce qui signifie « Le lieu du Crâne ». <sup>23</sup> Ils voulurent lui donner du vin mélangé avec une drogue, la myrrhe, mais Jésus le refusa. <sup>24</sup> Puis ils le clouèrent sur la croix et se partagèrent ses vêtements, en tirant au sort pour savoir ce que chacun recevrait. <sup>25</sup> Il était neuf heures du matin quand ils le clouèrent sur la croix. <sup>26</sup> Sur l'écriteau qui indiquait la raison de sa condamnation, il y avait ces mots : « Le roi des Juifs ». <sup>27</sup> Ils clouèrent aussi deux brigands sur des croix à côté de Jésus, l'un à sa droite et l'autre à sa gauche. [<sup>28</sup> C'est ainsi que se réalisa le passage de l'Écriture qui déclare : « Il a été placé au nombre des malfaiteurs. »]

<sup>29</sup> Les passants l'insultaient en hochant la tête ; ils lui disaient : « Hé ! toi qui voulais détruire le temple et en bâtir un autre en trois jours, <sup>30</sup> sauve-toi toi-même, descends de la croix ! » <sup>31</sup> De même, les chefs des prêtres et les maîtres de la loi se moquaient de Jésus et se disaient les uns aux autres : « Il a sauvé d'autres gens, mais il ne peut pas se sauver lui-même ! <sup>32</sup> Que le Messie, le roi d'Israël descende maintenant de la croix ! Si nous voyons cela, alors nous croirons en lui. » Ceux qui avaient été mis en croix à côté de Jésus l'insultaient aussi.

## La mort de Jésus

<sup>33</sup> A midi, l'obscurité se fit sur tout le pays et dura jusqu'à trois heures de l'après-midi. <sup>34</sup> Et à trois heures, Jésus cria avec force : « *Éloï, Éloï, lema sabactani ?* » – ce qui signifie « Mon Dieu, mon Dieu, pourquoi m'as-tu abandonné ? » – <sup>35</sup> Quelques-uns de ceux qui étaient là l'entendirent et s'écrièrent : « Écoutez, il appelle Élie ! » <sup>36</sup> L'un d'eux courut remplir une éponge de vinaigre et la fixa au bout d'un roseau, puis il la tendit à Jésus pour qu'il boive et dit : « Attendez, nous allons voir si Élie vient le descendre de la croix ! » <sup>37</sup> Mais Jésus poussa un grand cri et mourut.

*Barthélemy d'Eyck :
Le Christ en croix.
« Mon Dieu, mon Dieu, pourquoi m'as-tu abandonné ? »
Abandonné à lui-même et sur
le point de mourir, Jésus
s'adresse à son Père du ciel
et crie au secours en repre-
nant les paroles d'un psaume
appartenant au recueil du roi
David (22,2). Son appel n'est
pas un cri de désespoir. Le
psalmiste lui-même déclare
plus loin dans son hymne:
« Glorifiez le Seigneur, vous
ses fidèles... Car il n'a méprisé ni rejeté le misérable acca-
blé; il ne s'est pas détourné
de lui, il a entendu son
appel... On racontera à ceux
qui vont naître ce qu'il a fait
pour sauver les siens. »
(Psaume 22,24-25 et 32)*

**38** Le rideau suspendu dans le temple se déchira en deux depuis le haut jusqu'en bas. **39** Le capitaine romain, qui se tenait en face de Jésus, vit comment il était mort et il dit : « Cet homme était vraiment Fils de Dieu ! » **40** Quelques femmes étaient là, elles aussi, et regardaient de loin. Parmi elles, il y avait Marie du village de Magdala, Marie, la mère de Jacques le jeune et de Joses, et Salomé. **41** Elles avaient suivi Jésus et l'avaient servi quand il était en Galilée. Il y avait là également plusieurs autres femmes qui étaient montées avec lui à Jérusalem.

## Jésus est mis dans un tombeau

**42-43** Le soir était déjà là, quand arriva Joseph, qui était d'Arimathée. Joseph était un membre respecté du Conseil supérieur, et il espérait, lui aussi, la venue du Royaume de Dieu. C'était le jour de la préparation, c'est-à-dire la veille du sabbat. C'est pourquoi Joseph alla courageusement demander à Pilate le corps de Jésus. **44** Mais Pilate fut étonné d'apprendre qu'il était déjà mort. Il fit donc appeler le capitaine et lui demanda si Jésus était mort depuis longtemps. **45** Après avoir reçu la réponse de l'officier, il permit à Joseph d'avoir le corps. **46** Joseph acheta un drap de lin, il descendit le corps de la croix, l'enveloppa dans le drap et le déposa dans un tombeau qui avait été creusé dans le rocher. Puis il roula une grosse pierre pour fermer l'entrée du tombeau. **47** Marie de Magdala et Marie la mère de Joses regardaient où on mettait Jésus.

## La résurrection de Jésus

**16** **1** Quand le jour du sabbat fut passé, Marie de Magdala, Marie mère de Jacques, et Salomé achetèrent des huiles parfumées pour aller embaumer le corps de Jésus. **2** Très tôt le dimanche matin, au lever du soleil, elles se rendirent au tombeau. **3** Elles se disaient l'une à l'autre : « Qui va rouler pour nous la pierre qui ferme l'entrée du tombeau ? » **4** Mais quand elles regardèrent, elles virent que la pierre, qui était très grande, avait déjà été roulée de côté. **5** Elles entrèrent alors dans le tombeau ; elles virent là un jeune homme, assis à droite, qui portait une robe blanche, et elles furent effrayées. **6** Mais il leur dit : « Ne soyez pas effrayées ; vous cherchez Jésus de Nazareth, celui qu'on a cloué sur la croix ; il est revenu de la mort à la vie, il n'est pas ici. Regardez, voici l'endroit où on l'avait déposé. Allez maintenant dire ceci à ses disciples, y compris à Pierre : "Il va vous attendre en Galilée ; c'est là que vous le verrez, comme il vous l'a dit." » **8** Elles sortirent alors et s'enfuirent loin

*« Le rideau suspendu dans le temple se déchira... »* (Marc 15,38)
Il y avait deux rideaux dans le temple. L'un se trouvait à l'entrée, l'autre séparait le lieu saint du lieu très saint (Saint des saints), partie du temple considérée comme la demeure de Dieu sur la terre. L'évangile parle certainement du deuxième rideau. Seul le grand prêtre pouvait pénétrer dans le lieu très saint. L'image du rideau déchiré signifie que la mort de Jésus rend possible l'entrée de tous les peuples de la terre dans la présence de Dieu.

*« Cet homme était vraiment Fils de Dieu ! »* (Marc 15,39)
L'officier romain chargé de commander l'exécution est le premier non-Juif à s'éveiller à la foi en voyant Jésus mourir sur la croix. L'évangile de Marc souligne ainsi juste après la mention du rideau déchiré que la bonne nouvelle de la mort de Jésus en sacrifice pour les fautes des hommes s'adresse au monde entier, aux Juifs comme aux non-Juifs.

Le tombeau de Jésus était creusé dans un rocher, comme c'était souvent le cas aux environs de Jérusalem. De tels tombeaux étaient fermés par une lourde pierre qu'on roulait devant l'entrée.

du tombeau, car elles étaient toutes tremblantes de crainte. Et elles ne dirent rien à personne, parce qu'elles avaient peur.

## Jésus se montre à Marie de Magdala

[⁹ Après que Jésus eut passé de la mort à la vie tôt le dimanche matin, il se montra tout d'abord à Marie de Magdala, de laquelle il avait chassé sept esprits mauvais. ¹⁰ Elle alla le raconter à ceux qui avaient été avec lui. Ils étaient tristes et pleuraient. ¹¹ Mais quand ils entendirent qu'elle disait : « Jésus est vivant, je l'ai vu ! », ils ne la crurent pas.

## Jésus se montre à deux disciples

¹² Ensuite, Jésus se montra d'une manière différente à deux disciples qui étaient en chemin pour aller à la campagne. ¹³ Ils revinrent et le racontèrent aux autres, qui ne les crurent pas non plus.

## Jésus se montre aux onze disciples

¹⁴ Enfin, Jésus se montra aux onze disciples pendant qu'ils mangeaient ; il leur reprocha de manquer de foi et de s'être obstinés à ne pas croire ceux qui l'avaient vu vivant. ¹⁵ Puis il leur dit : « Allez dans le monde entier annoncer la Bonne Nouvelle à tous les êtres humains. ¹⁶ Celui qui croira et sera baptisé sera sauvé ; mais celui qui ne croira pas sera condamné. ¹⁷ Et voici à quels signes on pourra reconnaître ceux qui auront cru : ils chasseront des esprits mauvais en mon nom ; ils parleront des langues nouvelles ; ¹⁸ s'ils prennent des serpents dans leurs mains ou boivent du poison, il ne leur arrivera aucun mal ; ils poseront les mains sur les malades et ceux-ci seront guéris. »

## Jésus retourne auprès de Dieu

¹⁹ Après leur avoir ainsi parlé, le Seigneur Jésus fut enlevé au ciel et s'assit à la droite de Dieu. ²⁰ Les disciples partirent pour annoncer partout la Bonne Nouvelle. Le Seigneur les aidait dans ce travail et confirmait la vérité de leur prédication par les signes miraculeux qui l'accompagnaient.]

**Les environs du lac de Galilée**

*Les femmes et les disciples qui ont accompagné Jésus au cours de sa mission sur terre comprennent peu à peu ce qui s'est passé après la mort de Jésus sur la croix et reconnaissent en Jésus ressuscité le Seigneur de l'univers. La puissance que Jésus leur donne n'est pas celle du pouvoir politique ou militaire qui contrôle les nations. C'est une puissance au service des autres qui délivre de l'oppression du mal. A l'exemple de Jésus, serviteur suprême, les chrétiens sont appelés à servir.*

# L'ÉVANGILE SELON LUC

*Nazareth de nuit*

## Contexte

L'évangile de Luc s'adressait à l'origine surtout à des lecteurs non juifs de milieux cultivés, parlant le grec. Selon une coutume antique, Luc dédicace son ouvrage à un homme sans doute influent, Théophile, chargé de faire connaître et de répandre le message contenu dans ce livre.

## Objectif

Luc a le souci de procurer aux communautés de son époque un enseignement authentique et fiable sur Jésus et le salut qu'il apporte. C'est ainsi qu'il « s'est renseigné exactement sur tout ce qui est arrivé », c'est-à-dire sur tous les événements du ministère de Jésus (il devait probablement connaître l'évangile de Marc) et qu'il les a composés dans un « récit suivi » (Luc 1,1-4). Il est le seul à mentionner le contexte historique de la naissance de Jésus, qu'il place sous le règne de l'empereur Auguste (Luc 2,1), dont il nomme ensuite le successeur, Tibère (Luc 3,1). Luc montre comment Jésus vit pauvrement et dans le dénuement, comme ceux à qui il apporte tout spécialement la Bonne Nouvelle, les pauvres et les méprisés.

## Fil conducteur

L'annonce faite par l'ange lors de la naissance de Jésus donne le ton à tout l'évangile de Luc : « N'ayez pas peur, car je vous apporte une bonne nouvelle qui réjouira beaucoup tout le peuple » (Luc 2,10). Ce message transparaît souvent dans les actes et dans l'enseignement de Jésus, par exemple avec Zachée, le collecteur d'impôts enrichi et mal-aimé, qui distribue finalement ses richesses aux pauvres (Luc 19,1-10) ou dans la parabole du bon Samaritain, où l'exclu et le méprisé vient au secours d'un malheureux (Luc 10,29-37).

*L'apôtre Luc dans le livre d'Heures de Marguerite de Cœtivy.*
*Luc est souvent représenté en scribe et accompagné du taureau, son emblème. C'était un homme instruit, connaissant bien le judaïsme, sans être juif lui-même. Comme d'autres avant lui, il présente un récit sur Jésus, l'Évangile, avec un certain recul dans le temps. A la façon des historiens grecs, il commence par une dédicace où il s'adresse aux chrétiens comme Théophile. Luc s'est fixé pour tâche de montrer que le message de Jésus concerne tous les peuples, au-delà d'Israël. Le Sauveur attendu par les Juifs est venu pour tous. Dans cet esprit, Luc a aussi écrit les Actes des Apôtres, récit de la diffusion de la Bonne Nouvelle dans le monde (voir page 248).*

**1** Cher Théophile, Plusieurs personnes ont essayé d'écrire le récit des événements qui se sont passés parmi nous. **2** Ils ont rapporté les faits tels que nous les ont racontés ceux qui les ont vus dès le commencement et qui ont été chargés d'annoncer la parole de Dieu. **3** C'est pourquoi, à mon tour, je me suis renseigné exactement sur tout ce qui est arrivé depuis le début et il m'a semblé bon, illustre Théophile, d'en écrire pour toi le récit suivi. **4** Je le fais pour que tu puisses reconnaître la vérité des enseignements que tu as reçus.

## Un ange annonce la naissance prochaine de Jean-Baptiste

**5** Au temps où Hérode était roi de Judée, il y avait un prêtre nommé Zacharie qui appartenait au groupe de prêtres d'Abia. Sa femme, une descendante d'Aaron le grand-prêtre, s'appelait Élisabeth. **6** Ils étaient tous deux justes aux yeux de Dieu et obéissaient parfaitement à toutes les lois et tous les commandements du Seigneur. **7** Mais ils n'avaient pas d'enfant, car Élisabeth ne pouvait pas en avoir et ils étaient déjà âgés tous les deux.

**8** Un jour, Zacharie exerçait ses fonctions de prêtre devant Dieu, car c'était au tour de son groupe de le faire. **9** Selon la coutume des prêtres, il fut désigné par le sort pour entrer dans le sanctuaire du Seigneur et y brûler l'encens. **10** Toute la foule des fidèles priait au-dehors à l'heure où l'on brûlait l'encens. **11** Un ange du Seigneur apparut alors à Zacharie : il se tenait à la droite de l'autel servant à l'offrande de l'encens. **12** Quand Zacharie le vit, il fut troublé et saisi de crainte. **13** Mais l'ange lui dit : « N'aie pas peur, Zacharie, car Dieu a entendu ta prière : Élisabeth, ta femme, te donnera un fils que tu nommeras Jean. **14** Tu en seras profondément heureux et beaucoup de gens se réjouiront au sujet de sa naissance. **15** Car il sera un grand serviteur du Seigneur. Il ne boira ni vin, ni aucune autre boisson fermentée. Il sera rempli du Saint-Esprit dès avant sa naissance. **16** Il ramènera beaucoup d'Israélites au Seigneur leur Dieu. **17** Il viendra comme messager de Dieu avec l'esprit et la puissance du prophète Élie, pour réconcilier les pères avec leurs enfants et ramener les désobéissants à la sagesse des justes ; il formera un peuple prêt pour le Seigneur. » **18** Mais Zacharie dit à l'ange : « Comment saurai-je que cela est vrai ? Car je suis vieux et ma femme aussi est âgée. » **19** Et l'ange lui répondit : « Je suis Gabriel ; je me tiens devant Dieu pour le servir ; il m'a envoyé pour te parler et t'apporter cette bonne nouvelle. ²⁰ Mais tu n'as pas cru à mes paroles, qui se réaliseront pourtant au moment voulu ; c'est pourquoi tu vas devenir muet, tu seras incapable de parler jusqu'au jour où ces événements se produiront. »

²¹ Pendant ce temps, les fidèles attendaient Zacharie et s'étonnaient qu'il reste si longtemps à l'intérieur du sanctuaire. ²² Mais quand il sortit, il ne put pas leur parler et les gens comprirent qu'il avait eu une vision dans le sanctuaire. Il leur faisait des signes et restait muet.

²³ Quand Zacharie eut achevé la période où il devait servir dans le temple, il retourna chez lui. ²⁴ Quelque temps après, Élisabeth sa femme devint enceinte, et elle se tint cachée pendant cinq mois. Elle se disait : ²⁵ « Voilà ce que le Seigneur a fait pour moi : il a bien voulu me délivrer maintenant de ce qui causait ma honte devant tout le monde. »

**Le service au temple**
*Zacharie est un prêtre. Selon la coutume, il est de service au temple deux fois par an et il se trouve pour une semaine à Jérusalem. Le sort le désigne pour faire l'offrande dans le temple, c'est-à-dire faire brûler un mélange spécial d'encens sur l'autel. Les prêtres étant nombreux, cette fonction était un honneur fort rare.*

## Un ange annonce la naissance prochaine de Jésus

²⁶ Le sixième mois, Dieu envoya l'ange Gabriel dans une ville de Galilée, Nazareth, ²⁷ chez une jeune fille fiancée à un homme appelé Joseph. Celui-ci était un descen-

*Nazareth en Galilée. Marie, la future mère de Jésus, vivait dans cette bourgade sans importance à l'époque. L'archange Gabriel, nous dit l'évangéliste, lui apparaît pour annoncer la naissance d'un fils. Dans la Bible, la naissance des grands personnages est souvent annoncée par des anges et il est fréquent que la mère soit trop âgée ou stérile. Ces récits merveilleux de naissance ont pour but de signifier que ces grands personnages sont des envoyés de Dieu.*

dant du roi David ; le nom de la jeune fille était Marie. ²⁸ L'ange entra chez elle et lui dit : « Réjouis-toi ! Le Seigneur t'a accordé une grande faveur, il est avec toi. » ²⁹ Marie fut très troublée par ces mots ; elle se demandait ce que pouvait signifier cette salutation ³⁰ L'ange lui dit alors : « N'aie pas peur, Marie, car tu as la faveur de Dieu. ³¹ Bientôt tu seras enceinte, puis tu mettras au monde un fils que tu nommeras Jésus. ³² Il sera grand et on l'appellera le Fils du Dieu très-haut. Le Seigneur Dieu fera de lui un roi, comme le fut David son ancêtre, [33] et il régnera pour toujours sur le peuple d'Israël, son règne n'aura point de fin. » [34] Marie dit à l'ange : « Comment cela sera-t-il possible, puisque je suis vierge ? » [35] L'ange lui répondit : « Le Saint-Esprit viendra sur toi et la puissance du Dieu très-haut te couvrira comme d'une ombre. C'est pourquoi on appellera saint et Fils de Dieu l'enfant qui doit naître. [36] Élisabeth ta parente attend elle-même un fils, malgré son âge ; elle qu'on disait stérile en est maintenant à son sixième mois. [37] Car rien n'est impossible à Dieu. » [38] Alors Marie dit : « Je suis la servante du Seigneur ; que tout se passe pour moi comme tu l'as dit. » Et l'ange la quitta.

**Né d'une vierge**

*L'Annonciation, par Fra Angelico, (vers 1400-1455). L'annonce faite à Marie est un des motifs préférés du Moyen Age. L'attitude de Marie signifie : « Je me suis donnée à Dieu, je suis à son service. » Chaque détail du récit souligne que Dieu est à l'origine de celui que Marie va enfanter. En Jésus tout homme est appelé à devenir fils de Dieu.*

## Marie rend visite à Élisabeth

[39] Dans les jours qui suivirent, Marie se mit en route et se rendit en hâte dans une localité de la région montagneuse de Judée. [40] Elle entra dans la maison de Zacharie

et salua Élisabeth. [41] Au moment où celle-ci entendit la salutation de Marie, l'enfant remua en elle. Élisabeth fut remplie du Saint-Esprit [42] et s'écria d'une voix forte : « Dieu t'a bénie plus que toutes les femmes et sa bénédiction repose sur l'enfant que tu auras ! [43] Qui suis-je pour que la mère de mon Seigneur vienne chez moi ?

**44** Car, vois-tu, au moment où j'ai entendu ta salutation, l'enfant a remué de joie en moi. **45** Tu es heureuse : tu as cru que le Seigneur accomplira ce qu'il t'a annoncé ! »

## Le cantique de Marie

**46** Marie dit alors :
« De tout mon être je veux dire la grandeur du Seigneur,
**47** mon cœur est plein de joie
à cause de Dieu, mon Sauveur ;
**48** car il a bien voulu abaisser son regard sur moi, son humble servante.
Oui, dès maintenant et en tous les temps, les humains me diront bienheureuse,
**49** car Dieu le Tout-Puissant a fait pour moi des choses magnifiques.
Il est le Dieu saint,
**50** il est plein de bonté en tout temps
pour ceux qui le respectent.
**51** Il a montré son pouvoir en déployant sa force :
il a mis en déroute les hommes au cœur orgueilleux,
**52** il a renversé les rois de leurs trônes
et il a placé les humbles au premier rang.
**53** Il a comblé de biens ceux qui avaient faim,
et il a renvoyé les riches les mains vides.
**54** Il est venu en aide au peuple d'Israël, son serviteur :
il n'a pas oublié de manifester sa bonté
**55** envers Abraham et ses descendants, pour toujours,
comme il l'avait promis à nos ancêtres. »
**56** Marie resta avec Élisabeth pendant environ trois mois, puis elle retourna chez elle.

## La naissance de Jean-Baptiste

**57** Le moment arriva où Élisabeth devait accoucher et elle mit au monde un fils. **58** Ses voisins et les membres de sa parenté apprirent que le Seigneur lui avait donné cette grande preuve de sa bonté et ils s'en réjouissaient avec elle. **59** Le huitième jour après la naissance, ils vinrent pour circoncire l'enfant ; ils voulaient lui donner le nom de son père, Zacharie. **60** Mais sa mère déclara : « Non, il s'appellera Jean. » **61** Ils lui dirent : « Mais, personne dans ta famille ne porte ce nom ! » **62** Alors, ils demandèrent par gestes au père comment il voulait qu'on nomme son enfant. **63** Zacharie se fit apporter une tablette à écrire et il y inscrivit ces mots : « Jean est bien son nom. » Ils s'en étonnèrent tous. **64** Aussitôt, Zacharie put de nouveau parler : il se mit à louer Dieu à haute voix. **65** Alors, tous les voisins

*Abraham, l'ancêtre d'Israël, et ses descendants, vivaient en semi-nomades. Ils élevaient des chèvres et des moutons. Une fois installés en terre d'Israël, ils deviennent surtout cultivateurs. Au temps de Jésus, beaucoup vivent dans une grande pauvreté. Opprimés par les riches propriétaires et par l'occupant romain, ils espèrent la venue d'un sauveur, du Messie, qui rétablira la justice.*

**Le cantique de Marie**
*Marie chante le Sauveur qui s'annonce en elle. Elle ignore encore le chemin qui mènera son fils à la croix et le véritable rôle de Jésus. Les générations futures honoreront en Marie celle qui a dit « oui », la bienheureuse mère du Sauveur (verset 48). Ce chant rappelle celui du livre de Samuel dans l'Ancien Testament ; il exprime l'attente du peuple d'Israël : Dieu libérera son peuple de la misère et des oppressions politiques. Aujourd'hui, les chrétiens apprennent à comprendre que vie de foi et justice sociale vont de pair, que l'amour de Dieu et l'amour des hommes sont indissociables.*

**Naissance et circoncision**
*Selon les rites prescrits par la Loi juive, les garçons sont circoncis et reçoivent leur nom le huitième jour après leur naissance. La circoncision n'est pas un rite d'initiation ou d'hygiène ; elle signifie plutôt qu'une relation d'alliance s'établit avec Dieu dans la distance, dans le face à face, par la Parole. Par ce rite, Jean-Baptiste – et plus tard Jésus (Luc 2,21) – , est reconnu comme membre du peuple avec lequel Dieu a fait alliance.*

éprouvèrent de la crainte, et dans toute la région monta-gneuse de Judée l'on se racontait ces événements. **66** Tous ceux qui en entendaient parler se mettaient à y réfléchir et se demandaient : « Que deviendra donc ce petit enfant ? » La puissance du Seigneur était en effet réellement avec lui.

*Le temple de Jérusalem à l'époque d'Hérode le Grand (maquette de l'hôtel Holyland, Jérusalem).*

## Le cantique prophétique de Zacharie

**67** Zacharie, le père du petit enfant, fut rempli du Saint-Esprit ; il se mit à prophétiser en ces termes :

**68** « Loué soit le Seigneur, le Dieu du peuple d'Israël,
parce qu'il est intervenu en faveur de son peuple et l'a délivré.

**69** Il a fait apparaître un puissant Sauveur, pour nous,
parmi les descendants du roi David, son serviteur.

**70** C'est ce qu'il avait annoncé depuis longtemps par ses saints prophètes :

**71** il avait promis qu'il nous délivrerait de nos ennemis
et du pouvoir de tous ceux qui nous veulent du mal.

**72** Il a manifesté sa bonté envers nos ancêtres
et n'a pas oublié sa sainte alliance.

**73** En effet, Dieu avait fait serment à Abraham, notre ancêtre,

**74** de nous libérer du pouvoir des ennemis
et de nous permettre ainsi de le servir sans peur,

**75** pour que nous soyons saints et justes devant lui
tous les jours de notre vie.

**76** Et toi, mon enfant, tu seras prophète du Dieu très-haut,
car tu marcheras devant le Seigneur pour préparer son chemin

**77** et pour faire savoir à son peuple qu'il vient le sauver
en pardonnant ses péchés.

**78** Notre Dieu est plein de tendresse et de bonté :
il fera briller sur nous une lumière d'en haut, semblable à celle du soleil levant,

**79** pour éclairer ceux qui se trouvent dans la nuit et dans l'ombre de la mort,
pour diriger nos pas sur le chemin de la paix. »

**80** L'enfant grandissait et se développait spirituelle-ment. Il demeura dans des lieux déserts jusqu'au jour où il se présenta publiquement devant le peuple d'Israël.

*Au moment de la naissance de son fils, la joie délie la langue de Zacharie. Il chante sa reconnaissance à Dieu qui commence à accomplir ses promesses.*

## La naissance de Jésus

**2** ¹ En ce temps-là, l'empereur Auguste donna l'ordre de recenser tous les habitants de l'empire romain. ² Ce recensement, le premier, eut lieu alors que Quirinius était gouverneur de la province de Syrie. ³ Tout le monde allait se faire enregistrer, chacun dans sa ville d'origine. ⁴ Joseph lui aussi partit de Nazareth, un bourg de Galilée, pour se rendre en Judée, à Bethléem, où est né le roi David ; en effet, il était lui-même un descendant de David. ⁵ Il alla s'y faire enregistrer avec Marie, sa fiancée, qui était

*L'Adoration des bergers par Georges de la Tour (1593-1652).*
*La naissance du Sauveur est un événement pour l'histoire du monde entier. Jésus naît pourtant dans un grand dénuement et ce sont des gens démunis, des bergers, qui seront les premiers témoins et messagers de sa venue. Cet envoyé de Dieu vient en priorité pour les pauvres et les opprimés, pour ceux qui ne comptent pas.*

enceinte. ⁶ Pendant qu'ils étaient à Bethléem, le jour de la naissance arriva. ⁷ Elle mit au monde un fils, son premier-né. Elle l'enveloppa de langes et le coucha dans une crèche, parce qu'il n'y avait pas de place pour eux dans l'abri destiné aux voyageurs.

## Un ange apparaît à des bergers

⁸ Dans cette même région, il y avait des bergers qui passaient la nuit dans les champs pour garder leur troupeau. ⁹ Un ange du Seigneur leur apparut et la gloire du Seigneur les entoura de lumière. Ils eurent alors très peur. ¹⁰ Mais l'ange leur dit : « N'ayez pas peur, car je vous apporte une bonne nouvelle qui réjouira beaucoup tout le peuple : ¹¹ cette nuit, dans la ville de David, est né, pour vous, un Sauveur ; c'est le Christ, le Seigneur. ¹² Et voici le signe qui vous le fera reconnaître : vous trouverez un petit enfant enveloppé de langes et couché dans une crèche. »

¹³ Tout à coup, il y eut avec l'ange une troupe nombreuse d'anges du ciel, qui louaient Dieu en disant :
¹⁴ « Gloire à Dieu dans les cieux très hauts,
    et paix sur la terre pour ceux qu'il aime ! »

## Les bergers vont à Bethléem

**15** Lorsque les anges les eurent quittés pour retourner au ciel, les bergers se dirent les uns aux autres : « Allons donc jusqu'à Bethléem : il faut que nous voyions ce qui est arrivé, ce que le Seigneur nous a fait connaître. » **16** Ils se dépêchèrent d'y aller et ils trouvèrent Marie et Joseph, et le petit enfant couché dans la crèche. **17** Quand ils le virent, ils racontèrent ce que l'ange leur avait dit au sujet de ce petit enfant. **18** Tous ceux qui entendirent les bergers furent étonnés de ce qu'ils leur disaient. **19** Quant à Marie, elle gardait tout cela dans sa mémoire et y réfléchissait profondément. **20** Puis les bergers prirent le chemin du retour. Ils célébraient la grandeur de Dieu et le louaient pour tout ce qu'ils avaient entendu et vu, car tout s'était passé comme l'ange le leur avait annoncé.

*Israël était autrefois un peuple de bergers. Le grand roi David lui-même avait gardé des troupeaux dans son enfance. Mais les temps ont bien changé et, à l'époque de Jésus, les bergers sont méprisés par les chefs religieux. Ils sont pourtant les premiers à entendre l'ange annoncer la Bonne Nouvelle. Dieu renverse l'échelle des valeurs humaines.*

## Jésus reçoit son nom

**21** Le huitième jour après la naissance, le moment vint de circoncire l'enfant ; on lui donna le nom de Jésus, nom que l'ange avait indiqué avant que sa mère devienne enceinte.

## Jésus est présenté dans le temple

**22** Puis le moment vint pour Joseph et Marie d'accomplir la cérémonie de purification qu'ordonne la loi de Moïse. Ils amenèrent alors l'enfant au temple de Jérusalem pour le présenter au Seigneur, **23** car il est écrit dans la loi du Seigneur : « Tout garçon premier-né sera mis à part pour le Seigneur. » **24** Ils devaient offrir aussi le sacrifice que demande la même loi, « une paire de tourterelles ou deux jeunes pigeons. »

**25** Il y avait alors à Jérusalem un certain Siméon. Cet homme était droit ; il respectait Dieu et attendait celui qui devait sauver Israël. Le Saint-Esprit était avec lui **26** et lui avait appris qu'il ne mourrait pas avant d'avoir vu le Messie envoyé par le Seigneur. **27** Guidé par l'Esprit, Siméon alla dans le temple. Quand les parents de Jésus amenèrent leur petit enfant afin d'accomplir pour lui ce que demandait la loi, **28** Siméon le prit dans ses bras et remercia Dieu en disant :

**29** « Maintenant, Seigneur, tu as réalisé ta promesse :
tu peux laisser ton serviteur mourir en paix.
**30** Car j'ai vu de mes propres yeux ton salut,
**31** ce salut que tu as préparé devant tous les peuples :

*A la circoncision, Jésus reçoit son nom. Jésus, prénom très courant à l'époque, est la forme grecque du nom hébreu Yechoua qui signifie « Dieu sauve » ou « Dieu, au secours ».*

*La vie entière, et tout particulièrement le sang, étaient reliés aux réalités sacrées. C'est la raison pour laquelle l'accouchement entraînait une impureté rituelle pour les femmes. Marie, comme toutes les mères, s'est rendue au sanctuaire quarante jours après la naissance de Jésus et apporta au prêtre deux colombes, l'offrande des pauvres, pour qu'il les présente devant Dieu et fasse sur elle le rite de purification selon les prescriptions de la loi juive.*

124

³² c'est la lumière qui te fera connaître aux nations du
monde
et qui sera la gloire d'Israël, ton peuple. »

## La prophétie de Siméon

³³ Le père et la mère de Jésus étaient tout étonnés de
ce que Siméon disait de lui. ³⁴ Siméon les bénit et dit à
Marie, la mère de Jésus : « Dieu a destiné cet enfant à causer la chute ou le relèvement de beaucoup en Israël. Il
sera un signe de Dieu auquel les gens s'opposeront, ³⁵ et
il mettra ainsi en pleine lumière les pensées cachées dans
le cœur de beaucoup. Quant à toi, Marie, la douleur te
transpercera l'âme comme une épée. »

## Anne, la prophétesse

³⁶ Il y avait aussi une prophétesse, appelée Anne, qui
était la fille de Penouel, de la tribu d'Asser. Elle était très
âgée. Elle avait vécu sept ans avec le mari qu'elle avait
épousé dans sa jeunesse, ³⁷ puis, demeurée veuve, elle
était parvenue à l'âge de quatre-vingt-quatre ans. Elle ne
quittait pas le temple, mais elle servait Dieu jour et nuit :
elle jeûnait et elle priait. ³⁸ Elle arriva à ce même moment
et se mit à remercier Dieu. Et elle parla de l'enfant à tous
ceux qui attendaient que Dieu délivre Jérusalem.

*Siméon et Anne sont habités par une espérance sans faille. Ils ont reconnu dans l'enfant qui venait à eux le Sauveur envoyé par Dieu. Maintenant ils peuvent partir en paix, car ils ont vu et ils ont cru en la réalisation de la promesse faite par Dieu.*

## Le retour à Nazareth

³⁹ Quand les parents de Jésus eurent achevé de faire
tout ce que demandait la loi du Seigneur, ils retournèrent avec lui en Galilée, dans leur ville de
Nazareth. ⁴⁰ L'enfant grandissait et se fortifiait. Il
était rempli de sagesse et la faveur de Dieu reposait sur lui.

## Jésus à douze ans dans le temple

⁴¹ Chaque année, les parents de Jésus allaient
à Jérusalem pour la fête de la Pâque. ⁴² Lorsque
Jésus eut douze ans, ils l'emmenèrent avec eux
selon la coutume. ⁴³ Quand la fête fut terminée,
ils repartirent, mais l'enfant Jésus resta à Jérusalem et ses parents ne s'en aperçurent pas. ⁴⁴ Ils
pensaient que Jésus était avec leurs compagnons
de voyage et firent une journée de marche. Ils se
mirent ensuite à le chercher parmi leurs parents
et leurs amis, ⁴⁵ mais sans le trouver. Ils retournèrent
donc à Jérusalem en continuant à le chercher. ⁴⁶ Le troisième jour, ils le découvrirent dans le temple : il était assis
au milieu des maîtres de la loi, les écoutait et leur posait

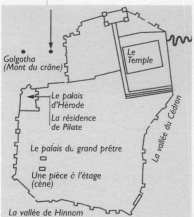

Golgotha
(Mont du crâne)

Le Temple

Le palais
d'Hérode

La résidence
de Pilate

Le palais du grand prêtre

Une pièce à l'étage
(cène)

La vallée de Hinnom

La vallée du Cédron

*Plan de Jérusalem au temps de Jésus.*

### Jésus au temple

*Jésus au temple avec les maîtres de la Loi, par Giovanni Serodine (1600-1630). Par les allusions à la passion et la résurrection de Jésus (la date de Pâques, la disparition de Jésus pendant trois jours…), ce récit n'a pas été écrit pour raconter l'histoire d'une fugue. Il exprime la foi de Luc en Jésus, le Fils de Dieu. Jusqu'à présent, l'évangéliste l'a mis dans la bouche des anges, puis des prophètes inspirés et ici par Jésus lui-même. Jésus est celui qui peut dire à Dieu « mon Père » alors que nous disons : « notre Père ». Jésus est Fils de Dieu de façon absolument unique.*

des questions. [47] Tous ceux qui l'entendaient étaient surpris de son intelligence et des réponses qu'il donnait. [48] Quand ses parents l'aperçurent, ils furent stupéfaits et sa mère lui dit : « Mon enfant, pourquoi nous as-tu fait cela ? Ton père et moi, nous étions très inquiets en te cherchant. » [49] Il leur répondit : « Pourquoi me cherchiez-vous ? Ne saviez-vous pas que je dois être dans la maison de mon Père ? »

[50] Mais ils ne comprirent pas ce qu'il leur disait.

[51] Jésus repartit avec eux à Nazareth. Il leur obéissait. Sa mère gardait en elle le souvenir de tous ces événements. [52] Et Jésus grandissait, il progressait en sagesse et se rendait agréable à Dieu et aux hommes.

## La prédication de Jean-Baptiste

**3** [1] C'était la quinzième année du règne de l'empereur Tibère ; Ponce-Pilate était gouverneur de Judée, Hérode régnait sur la Galilée et son frère Philippe sur le territoire de l'Iturée et de la Trachonitide, Lysanias régnait sur l'Abilène, [2] Hanne et Caïphe étaient grands-prêtres. La parole de Dieu se fit alors entendre à Jean, fils de Zacharie, dans le désert. [3] Jean se mit à parcourir toute la région voisine de la rivière, le Jourdain. Il lançait cet appel : « Changez de comportement, faites-vous baptiser et Dieu pardonnera vos péchés. » [4] Ainsi arriva ce que le prophète Ésaïe avait écrit dans son livre :

« Un homme crie dans le désert :
Préparez le chemin du Seigneur,
faites-lui des sentiers bien droits !
**5** Toute vallée sera comblée,
toute montagne et toute colline seront abaissées ;
les courbes de la route seront redressées,
les chemins en mauvais état seront égalisés.
**6** Et tout le monde verra le salut accordé par Dieu. »

**7** Une foule de gens venaient à Jean pour qu'il les baptise. Il leur disait : « Bande de serpents ! Qui vous a enseigné à vouloir échapper au jugement divin, qui est proche ? **8** Montrez par des actes que vous avez changé de mentalité et ne vous mettez pas à dire en vous-mêmes : "Abraham est notre ancêtre." Car je vous déclare que Dieu peut utiliser les pierres que voici pour en faire des descendants d'Abraham ! **9** La hache est déjà prête à couper les arbres à la racine : tout arbre qui ne produit pas de bons fruits va être coupé et jeté au feu. »

**10** Les gens lui demandaient : « Que devons-nous donc faire ? » **11** Il leur répondit : « Celui qui a deux chemises doit en donner une à celui qui n'en a pas et celui qui a de quoi manger doit partager. »

**12** Des collecteurs d'impôts vinrent aussi pour être baptisés et demandèrent à Jean : « Maître, que devons-nous faire ? » **13** Il leur répondit : « Ne faites pas payer plus que ce qui vous a été indiqué. »

**14** Des soldats lui demandèrent également : « Et nous, que devons-nous faire ? » Il leur dit : « Ne prenez d'argent à personne par la force ou en portant de fausses accusations, mais contentez-vous de votre solde. »

**15** Le peuple attendait, plein d'espoir : chacun pensait que Jean était peut-être le Messie. **16** Jean leur dit alors à tous : « Moi, je vous baptise avec de l'eau ; mais celui qui vient est plus puissant que moi : je ne suis pas même digne de délier la courroie de ses sandales. Il vous baptisera avec le Saint-Esprit et avec du feu. **17** Il tient en sa main la pelle à vanner pour séparer le grain de la paille. Il amassera le grain dans son grenier, mais il brûlera la paille dans un feu qui ne s'éteint jamais. »

**18** C'est en leur adressant beaucoup d'autres appels encore que Jean annonçait la Bonne Nouvelle au peuple.

**19** Cependant Jean fit des reproches à Hérode, qui régnait sur la Galilée, parce qu'il avait épousé Hérodiade, la femme de son frère, et parce qu'il avait commis beaucoup d'autres mauvaises actions. **20** Alors Hérode commit une mauvaise action de plus : il fit mettre Jean en prison.

**Jean-Baptiste**
*Jean annonce et prépare la venue du Messie. Il prêche un baptême de conversion et une foule de gens viennent à lui. C'est un homme sans compromission et un ascète. Tout comme Jésus, il lutte contre le mal, mais il le fait par de sévères mises en garde, tandis que Jésus va à la rencontre des pécheurs et des malades, se laisse toucher et réveille en eux la capacité de se relever et d'aimer à neuf. Avec Jésus, la conversion des pécheurs vient dans un deuxième temps, comme un fruit de la rencontre.*

*« Bande de serpents » est une insulte caractérisant l'hypocrisie des auditeurs. Le serpent symbolise la fausseté et le mal. Ceux qui veulent être baptisés ne doivent pas abandonner leurs anciennes formes de vie pour adopter celle du Baptiste. Chacun, là où il vit, avec ce qu'il est, est appelé à aimer, à partager, à promouvoir la justice.*

*Bethléem aujourd'hui.*

## Le baptême de Jésus

²¹ Après que tout le monde eut été baptisé, Jésus fut aussi baptisé. Pendant qu'il priait, le ciel s'ouvrit ²² et le Saint-Esprit descendit sur lui sous une forme corporelle, comme une colombe. Et une voix se fit entendre du ciel : « Tu es mon Fils bien-aimé ; je mets en toi toute ma joie. »

## La généalogie de Jésus

²³ Jésus avait environ trente ans lorsqu'il commença son œuvre. Il était, à ce que l'on pensait, fils de Joseph, qui était fils d'Éli, ²⁴ fils de Matthat, fils de Lévi, fils de Melchi, fils de Jannaï, fils de Joseph, ²⁵ fils de Mattatias, fils d'Amos, fils de Nahoum, fils d'Esli, fils de Naggaï, ²⁶ fils de Maath, fils de Mattatias, fils de Séméïn, fils de Josech, fils de Joda, ²⁷ fils de Yohanan, fils de Rhésa, fils de Zorobabel, fils de Chéaltiel, fils de Néri, ²⁸ fils de Melchi, fils d'Addi, fils de Kosam, fils d'Elmadam, fils d'Er, ²⁹ fils de Jésus, fils d'Éliézer, fils de Jorim, fils de Matthat, fils de Lévi, ³⁰ fils de Siméon, fils de Juda, fils de Joseph, fils de Jonam, fils d'Éliakim, ³¹ fils de Méléa, fils de Menna, fils de Mattata, fils de Natan, fils de David, ³² fils de Jessé, fils d'Obed, fils de Booz, fils de Sala, fils de Nachon, ³³ fils d'Amminadab, fils d'Admin, fils d'Arni, fils de Hesron, fils de Pérès, fils de Juda, ³⁴ fils de Jacob, fils d'Isaac, fils d'Abraham, fils de Téra, fils de Nahor, ³⁵ fils de Seroug, fils de Réou, fils de Péleg, fils d'Éber, fils de Chéla, ³⁶ fils de Quénan, fils d'Arpaxad, fils de Sem, fils de Noé, fils de Lémek, ³⁷ fils de Matusalem, fils d'Hénok, fils de Yéred, fils de Malaléel, fils de Quénan, ³⁸ fils d'Énos, fils de Seth, fils d'Adam, fils de Dieu.

## La tentation de Jésus

**4** ¹ Jésus, rempli de Saint-Esprit, revint du Jourdain et fut conduit par l'Esprit dans le désert. ² Il y fut tenté par le diable pendant quarante jours. Il ne mangea rien durant ces jours-là et, quand ils furent passés, il eut faim. ³ Le diable lui dit alors : « Si tu es le Fils de Dieu, ordonne à cette pierre de se changer en pain. » ⁴ Jésus lui répondit : « L'Écriture déclare : "L'homme ne vivra pas de pain seulement." »

⁵ Le diable l'emmena plus haut, lui fit voir en un instant tous les royaumes de la terre ⁶ et lui dit : « Je te donnerai toute cette puissance et la richesse de ces royaumes : tout cela m'a été remis et je peux le donner à qui je veux. ⁷ Si donc tu te mets à genoux devant moi, tout sera à toi. » ⁸ Jésus lui répondit : « L'Écriture déclare : "Adore le Seigneur ton Dieu et ne rends de culte qu'à lui seul." »

⁹ Le diable le conduisit ensuite à Jérusalem, le plaça au sommet du temple et lui dit : « Si tu es le Fils de Dieu, jette-toi d'ici en bas ; ¹⁰ car l'Écriture déclare : "Dieu ordonnera à ses anges de te garder." ¹¹ Et encore : "Ils te porteront sur leurs mains pour éviter que ton pied ne heurte une pierre." » ¹² Jésus lui répondit : « L'Écriture déclare : "Ne mets pas à l'épreuve le Seigneur ton Dieu." » ¹³ Après avoir achevé de tenter Jésus de toutes les manières, le diable s'éloigna de lui jusqu'à une autre occasion.

## Jésus commence son œuvre en Galilée

¹⁴ Jésus retourna en Galilée, plein de la puissance du Saint-Esprit. On se mit à parler de lui dans toute cette région. ¹⁵ Il y enseignait dans les synagogues et tout le monde faisait son éloge.

## Jésus est rejeté à Nazareth

¹⁶ Jésus se rendit à Nazareth, où il avait été élevé. Le jour du sabbat, il entra dans la synagogue selon son habitude. Il se leva pour lire les Écritures ¹⁷ et on lui remit le rouleau du livre du prophète Ésaïe. Il le déroula et trouva le passage où il est écrit :
¹⁸ « L'Esprit du Seigneur est sur moi,
     il m'a consacré pour apporter la Bonne Nouvelle aux pauvres.
     Il m'a envoyé pour proclamer la délivrance aux prisonniers
     et le don de la vue aux aveugles,
     pour libérer les opprimés,
¹⁹ pour annoncer l'année où le Seigneur manifestera sa faveur. »
²⁰ Puis Jésus roula le livre, le rendit au serviteur et s'assit. Toutes les personnes présentes dans la synagogue fixaient les yeux sur lui. ²¹ Alors il se mit à leur dire : « Ce passage de l'Écriture est réalisé, aujourd'hui, pour vous qui m'écoutez. » ²² Tous exprimaient leur admiration à l'égard de Jésus et s'étonnaient des paroles merveilleuses qu'il prononçait. Ils disaient : « N'est-ce pas le fils de Joseph ? » ²³ Jésus leur déclara : « Vous allez certainement me citer ce proverbe : "Médecin, guéris-toi toi-même." Vous me direz aussi : "Nous avons appris tout ce que tu as fait à Capernaüm, accomplis les mêmes choses ici, dans ta propre ville." » ²⁴ Puis il ajouta : « Je vous le déclare, c'est la vérité : aucun prophète n'est bien reçu dans sa ville natale. ²⁵ De plus, je peux vous assurer qu'il y avait

Carte de la Galilée.
C'est là que Jésus commence son ministère.

Le voici, celui en qui se réalisent les paroles du prophète Ésaïe, celui qui apporte à tous la délivrance et la liberté aux opprimés.

**Nazareth, ville incrédule**

*Jésus rencontre l'incrédulité dans la ville où il a grandi. Il perçoit, comme d'autres prophètes avant lui, que son message sera mieux entendu par les « impies ». Dans les temps de famine, le prophète Élie est précisément venu au secours d'une veuve vivant en pays païen (ici le port de Sidon), la pourvoyant d'une réserve inépuisable d'huile et de farine. Son successeur Élisée a guéri un officier syrien qui était lépreux (1 Rois 17 et 2 Rois 5). Dieu, nous dit Jésus, ne se laisse pas enfermer dans les frontières des États, des ethnies et des religions. Il ne parle pas qu'aux « bons » mais aussi à ceux qui ne voient pas clair ou qui se trompent, à ceux qui sont rejetés ou regardés de travers. Ces derniers sont souvent les plus réceptifs.*

beaucoup de veuves en Israël à l'époque d'Élie, lorsque la pluie ne tomba pas durant trois ans et demi et qu'une grande famine sévit dans tout le pays. ²⁶ Pourtant Dieu n'envoya Élie chez aucune d'elles, mais seulement chez une veuve qui vivait à Sarepta, dans la région de Sidon. ²⁷ Il y avait aussi beaucoup de lépreux en Israël à l'époque du prophète Élisée ; pourtant aucun d'eux ne fut guéri, mais seulement Naaman le Syrien. »

²⁸ Tous, dans la synagogue, furent remplis de colère en entendant ces mots. ²⁹ Ils se levèrent, entraînèrent Jésus hors de la ville et le menèrent au sommet de la colline sur laquelle Nazareth était bâtie, afin de le précipiter dans le vide. ³⁰ Mais il passa au milieu d'eux et s'en alla.

## L'homme tourmenté par un esprit mauvais

³¹ Jésus se rendit alors à Capernaüm, ville de Galilée, et il y donnait son enseignement à tous le jour du sabbat. ³² Les gens étaient impressionnés par sa manière d'enseigner, car il parlait avec autorité. ³³ Dans la synagogue, il y avait un homme tourmenté par un esprit mauvais. Il se mit à crier avec force : ³⁴ « Ah ! que nous veux-tu, Jésus de Nazareth ? Es-tu venu pour nous détruire ? Je sais bien qui tu es : le Saint envoyé de Dieu ! » ³⁵ Jésus parla sévèrement à l'esprit mauvais et lui donna cet ordre : « Tais-toi et sors de cet homme ! » L'esprit jeta l'homme à terre devant tout le monde et sortit de lui sans lui faire aucun mal. ³⁶ Tous furent saisis d'étonnement et ils se disaient les uns aux autres : « Quel genre de parole est-ce là ? Cet homme commande avec autorité et puissance aux esprits mauvais et ils sortent ! » ³⁷ Et la renommée de Jésus se répandit partout dans cette région.

## Jésus guérit beaucoup de malades

³⁸ Jésus quitta la synagogue et se rendit à la maison de Simon. La belle-mère de Simon souffrait d'une forte fièvre

et l'on demanda à Jésus de faire quelque chose pour elle. [39] Il se pencha sur elle et, d'un ton sévère, donna un ordre à la fièvre. La fièvre la quitta, elle se leva aussitôt et se mit à les servir.

[40] Au coucher du soleil, tous ceux qui avaient des malades atteints de divers maux les amenèrent à Jésus. Il posa les mains sur chacun d'eux et les guérit. [41] Des esprits mauvais sortirent aussi de beaucoup de malades en criant : « Tu es le Fils de Dieu ! » Mais Jésus leur adressait des paroles sévères et les empêchait de parler, parce qu'ils savaient, eux, qu'il était le Messie.

### Jésus prêche dans les synagogues

[42] Dès que le jour parut, Jésus sortit de la ville et s'en alla vers un endroit isolé. Une foule de gens se mirent à le chercher ; quand ils l'eurent rejoint, ils voulurent le retenir et l'empêcher de les quitter. [43] Mais Jésus leur dit : « Je dois annoncer la Bonne Nouvelle du Royaume de Dieu aux autres villes aussi, car c'est pour cela que Dieu m'a envoyé. » [44] Et il prêchait dans les synagogues du pays.

### Jésus appelle les premiers disciples

**5** [1] Un jour, Jésus se tenait au bord du lac de Génésareth et la foule se pressait autour de lui pour écouter la parole de Dieu. [2] Il vit deux barques près de la rive : les pêcheurs en étaient descendus et lavaient leurs filets. [3] Jésus monta dans l'une des barques, qui appartenait à Simon, et pria celui-ci de s'éloigner un peu du bord. Jésus s'assit dans la barque et se mit à donner son enseignement à la foule. [4] Quand il eut fini de parler, il dit à Simon : « Avance plus loin, là où l'eau est profonde, puis, toi et tes compagnons, jetez vos filets pour pêcher. » [5] Simon lui répondit : « Maître, nous avons peiné toute la nuit sans rien prendre. Mais puisque tu me dis de le faire, je jetterai les filets. » [6] Ils les jetèrent donc et prirent une si grande quantité de poissons que leurs filets commençaient à se déchirer. [7] Ils firent alors signe à leurs compagnons qui

**Guérisons**

*C'est le premier récit de guérison dans cet évangile. L'enseignement de Jésus fait autorité parce que sa parole s'accompagne d'actions. Il libère les gens, leur offre le pardon, et les guérit de leur mal. Par un regard, un geste ou une parole, il les accueille et les guérit sans rien exiger d'eux.*

*Jésus se retire souvent dans la solitude pour prier et entrer en communion avec son Père. Il ne cherche pas à tout centrer sur lui mais sur Dieu. Il ne s'attarde donc pas à un endroit, mais continue son chemin afin d'apporter à tous la Bonne Nouvelle.*

*La pêche miraculeuse ouvre les yeux de Pierre. Il découvre qui est celui qui vient à lui. Jésus cherche des hommes simples, des pêcheurs, pour collaborer à sa mission. Avec Jésus, ils rejoindront les hommes en détresse et aux vies brisées pour leur annoncer la Bonne Nouvelle.*

étaient dans l'autre barque de venir les aider. Ceux-ci vinrent et, ensemble, ils remplirent les deux barques de tant de poissons qu'elles enfonçaient dans l'eau. ⁸ Quand Simon Pierre vit cela, il se mit à genoux devant Jésus et dit : « Éloigne-toi de moi, Seigneur, car je suis un homme pécheur ! » ⁹ Simon, comme tous ceux qui étaient avec lui, était en effet saisi de crainte, à cause de la grande quantité de poissons qu'ils avaient pris. ¹⁰ Il en était de même des compagnons de Simon, Jacques et Jean, les fils de Zébédée. Mais Jésus dit à Simon : « N'aie pas peur ; désormais, ce sont des hommes que tu prendras. » ¹¹ Ils ramenèrent alors leurs barques à terre et laissèrent tout pour suivre Jésus.

## Jésus guérit un lépreux

¹² Alors que Jésus se trouvait dans une localité, survint un homme couvert de lèpre. Quand il vit Jésus, il se jeta devant lui le visage contre terre et le pria en ces termes : « Maître, si tu le veux, tu peux me rendre pur. » ¹³ Jésus étendit la main, le toucha et déclara : « Je le veux, sois pur ! » Aussitôt, la lèpre quitta cet homme. ¹⁴ Jésus lui donna cet ordre : « Ne parle de cela à personne. Mais va te faire examiner par le prêtre, puis offre le sacrifice que Moïse a ordonné, pour prouver à tous que tu es guéri. » ¹⁵ Cependant, la réputation de Jésus se répandait de plus en plus ; des foules nombreuses se rassemblaient pour l'entendre et se faire guérir de leurs maladies. ¹⁶ Mais Jésus se retirait dans des endroits isolés où il priait.

## Jésus guérit un homme paralysé

¹⁷ Un jour, Jésus était en train d'enseigner. Des Pharisiens et des maîtres de la loi étaient présents ; ils étaient venus de tous les villages de Galilée et de Judée, ainsi que de Jérusalem. La puissance du Seigneur était avec Jésus et lui faisait guérir des malades. ¹⁸ Des gens arrivèrent, portant sur une civière un homme paralysé ; ils cherchaient à le faire entrer dans la maison et à le déposer devant Jésus. ¹⁹ Mais ils ne savaient par où l'introduire, à cause de la foule. Ils le montèrent alors sur le toit, firent une ouverture parmi les tuiles et le descendirent sur sa civière au milieu de l'assemblée, devant Jésus. ²⁰ Quand Jésus vit leur foi, il dit au malade : « Mon ami, tes péchés te sont pardonnés. » ²¹ Les maîtres de la loi et les Pharisiens se mirent à penser : « Qui est cet homme qui fait insulte à Dieu ? Qui peut pardonner les péchés ? Dieu seul le peut ! » ²² Jésus devina leurs pensées et leur dit : « Pourquoi avez-vous de telles pensées ? ²³ Est-il plus facile de

*Ils sont quatre à aider le paralysé, à tout faire pour lui. Avec l'amour et la foi des autres, on peut faire beaucoup. On ne peut rien sans la tendresse des autres. Nous allons vers Jésus grâce à des personnes qui nous ouvrent le chemin.*

dire : "Tes péchés te sont pardonnés", ou de dire : "Lève-toi et marche" ? **24** Mais je veux que vous le sachiez : le Fils de l'homme a le pouvoir sur la terre de pardonner les péchés. » Alors il adressa ces mots au paralysé : « Je te le dis, lève-toi, prends ta civière et rentre chez toi ! » **25** Aussitôt, l'homme se leva devant tout le monde, prit la civière sur laquelle il avait été couché et s'en alla chez lui en louant Dieu. **26** Tous furent frappés d'étonnement. Ils louaient Dieu, remplis de crainte, et disaient : « Nous avons vu aujourd'hui des choses extraordinaires ! »

## Jésus appelle Lévi

**27** Après cela, Jésus sortit et vit un collecteur d'impôts, nommé Lévi, assis à son bureau. Jésus lui dit : « Suis-moi ! » **28** Lévi se leva, laissa tout et le suivit. **29** Puis Lévi lui offrit un grand repas dans sa maison ; beaucoup de collecteurs d'impôts et d'autres personnes étaient à table avec eux. **30** Les Pharisiens et les maîtres de la loi qui étaient de leur parti critiquaient cela ; ils dirent aux disciples de Jésus : « Pourquoi mangez-vous et buvez-vous avec les collecteurs d'impôts et autres gens de mauvaise réputation ? » **31** Jésus leur répondit : « Les personnes en bonne santé n'ont pas besoin de médecin, ce sont les malades qui en ont besoin. **32** Je ne suis pas venu appeler ceux qui s'estiment justes, mais ceux qui se savent pécheurs pour qu'ils changent de comportement.« Jésus et le jeûne **33** Les Pharisiens dirent à Jésus : » Les disciples de Jean, de même que les nôtres, jeûnent souvent et font des prières ; mais tes disciples, eux, mangent et boivent. « **34** Jésus leur répondit : « Pensez-vous pouvoir obliger les invités d'une noce à ne pas manger pendant que le marié est avec eux ? Bien sûr que non ! **35** Mais le temps viendra où le marié leur sera enlevé ; ces jours-là, ils jeûneront. » **36** Jésus leur dit aussi cette parabole : « Personne ne déchire une pièce d'un vêtement neuf pour réparer un vieux vêtement ; sinon, le vêtement neuf est déchiré et la pièce d'étoffe neuve ne s'accorde pas avec le vieux. **37** Et personne ne verse du vin nouveau dans de vieilles outres ; sinon, le vin nouveau fait éclater les outres : il se répand et les outres sont perdues. **38** Mais non ! pour le vin nouveau, il faut des outres neuves ! **39** Et personne ne veut du vin nouveau après en avoir bu du vieux. On dit en effet : "Le vieux est meilleur." »

### Le Fils de l'homme

*Dans ce récit, Jésus se nomme lui-même le Fils de l'homme (v. 24). Ce titre, qui provient du livre du prophète Daniel, désigne un homme envoyé par Dieu à la fin des temps pour juger le monde. Jésus est cet envoyé de Dieu venu inaugurer le Royaume, il est le Fils de l'homme qui peut pardonner les péchés au nom de Dieu.*
*A l'époque, on pensait que les maladies étaient la conséquence d'un péché. En disant au paralysé que Dieu lui pardonne, c'est tout son être que Jésus rétablit.*

*« Les personnes en bonne santé n'ont pas besoin de médecin, ce sont les malades qui en ont besoin. »*
*(Luc 5,31)*
*Jésus se tourne vers les malades, les méprisés et les pécheurs. Il prend place à la table des collecteurs d'impôts que les Juifs pieux évitent. Ceux-ci crient au scandale et s'écartent de Jésus.*

*« Pour le vin nouveau,
il faut des outres neuves ! »
(Luc 5,38)
En Orient, on conservait le vin
dans des outres de cuir. Le
vin nouveau, qui travaille,
peut faire éclater de vieilles
outres au cuir fendillé. Jésus
apporte du neuf et il choque
certains en prenant des
libertés avec le repos du
sabbat. Les disciples – et plus
tard les communautés
chrétiennes – seront pris
dans cette controverse. Jésus
les encourage par ses
paroles: il faut choisir entre
le vieux et le neuf.*

## Jésus et le sabbat

**6** ¹ Un jour de sabbat, Jésus traversait des champs de blé. Ses disciples cueillaient des épis, les frottaient dans leurs mains et en mangeaient les grains. ² Quelques Pharisiens leur dirent : « Pourquoi faites-vous ce que notre loi ne permet pas le jour du sabbat ? » ³ Jésus leur répondit : « N'avez-vous pas lu ce que fit David un jour où lui-même et ses compagnons avaient faim ? ⁴ Il entra dans la maison de Dieu, prit les pains offerts à Dieu, en mangea et en donna à ses compagnons, bien que notre loi ne permette qu'aux seuls prêtres d'en manger. » ⁵ Jésus leur dit encore : « Le Fils de l'homme est maître du sabbat. »

## L'homme à la main paralysée

⁶ Un autre jour de sabbat, Jésus entra dans la synagogue et se mit à enseigner. Il y avait là un homme dont la main droite était paralysée. Les maîtres de la loi et les Pharisiens observaient attentivement Jésus pour voir s'il allait guérir quelqu'un le jour du sabbat, car ils voulaient avoir une raison de l'accuser. ⁸ Mais Jésus connaissait leurs pensées. Il dit alors à l'homme dont la main était paralysée : « Lève-toi et tiens-toi là, devant tout le monde. » L'homme se leva et se tint là. ⁹ Puis Jésus leur dit : « Je vous le demande : Que permet notre loi ? de faire du bien le jour du sabbat ou de faire du mal ? de sauver la vie d'un être humain ou de la détruire ? » ¹⁰ Il les regarda tous et dit ensuite à l'homme : « Avance ta main. » Il le fit et sa main redevint saine. ¹¹ Mais les maîtres de la loi et les Pharisiens furent remplis de fureur et se mirent à discuter entre eux sur ce qu'ils pourraient faire à Jésus.

## Jésus choisit les douze apôtres

¹² En ce temps-là, Jésus monta sur une colline pour prier et y passa toute la nuit à prier Dieu. ¹³ Quand le jour parut, il appela ses disciples et en choisit douze qu'il nomma apôtres : ¹⁴ Simon – auquel il donna aussi le nom de Pierre – et son frère André, Jacques et Jean, Philippe et Barthélemy, ¹⁵ Matthieu et Thomas, Jacques le fils d'Alphée et Simon – dit le nationaliste –, ¹⁶ Jude le fils de Jacques et Judas Iscariote, celui qui devint un traître.

## Jésus enseigne et guérit

¹⁷ Jésus descendit de la colline avec eux et s'arrêta en un endroit plat, où se trouvait un grand nombre de ses disciples. Il y avait aussi là une foule immense : des gens de toute la Judée, de Jérusalem et des villes de la côte, Tyr et Sidon ; ¹⁸ ils étaient venus pour l'entendre et se faire guérir de leurs maladies. Ceux que tourmentaient des esprits mauvais étaient guéris. ¹⁹ Tout le monde cherchait à le toucher, parce qu'une force sortait de lui et les guérissait tous.

## Le bonheur et le malheur

²⁰ Jésus regarda alors ses disciples et dit :
« Heureux, vous qui êtes pauvres,
car le Royaume de Dieu est à vous !
²¹ Heureux, vous qui avez faim maintenant,
car vous aurez de la nourriture en abondance !
Heureux, vous qui pleurez maintenant,
car vous rirez !
²² « Heureux êtes-vous si les hommes vous haïssent, s'ils vous rejettent, vous insultent et disent du mal de vous, parce que vous croyez au Fils de l'homme. ²³ Réjouissez-vous quand cela arrivera et sautez de joie, car une grande récompense vous attend dans le ciel. C'est ainsi, en effet, que leurs ancêtres maltraitaient les prophètes.
²⁴ « Mais malheur à vous qui êtes riches,
car vous avez déjà eu votre bonheur !
²⁵ Malheur à vous qui avez tout en abondance maintenant,
car vous aurez faim !
Malheur à vous qui riez maintenant,
car vous serez dans la tristesse et vous pleurerez !
²⁶ « Malheur à vous si tous les hommes disent du bien de vous, car c'est ainsi que leurs ancêtres agissaient avec les faux prophètes ! »

## L'amour pour les ennemis

²⁷ « Mais je vous le dis, à vous qui m'écoutez : Aimez vos ennemis, faites du bien à ceux qui vous haïssent, ²⁸ bénissez ceux qui vous maudissent et priez pour ceux qui

*Jésus prend un temps de recul et de recueillement avant chaque moment important. Après avoir prié, il donne le nom d'apôtres aux Douze. Donner un nom à quelqu'un, c'est le reconnaître, lui donner une place et, dans la Bible, c'est l'appeler à une mission. Comme les tribus d'Israël, ils sont douze et représentent l'ensemble du peuple de Dieu appelé à former l'Église.*

**Riches et pauvres**
*Dans le Royaume de Dieu, les valeurs sont inversées. Les pauvres, les persécutés et les méprisés d'aujourd'hui – et Jésus est l'un d'entre eux – peuvent se réjouir de l'avenir que Dieu leur ouvre. Ceux qui se replient sur leurs richesses et mettent leur fierté dans leur bonne réputation, cachent la ruine de leur vie.*

*Notre monde n'est pas toujours très beau. L'injustice, la violence et la guerre font des ravages. Des gens calomnient, volent, haïssent, ne rendent pas à ceux qui leur ont prêté... C'est pourtant dans ce monde que Jésus invite à aimer, même l'ennemi, gratuitement, sans attendre la réciprocité avant de donner, comme il l'a fait lui-même.*

vous maltraitent. ²⁹ Si quelqu'un te frappe sur une joue, présente-lui aussi l'autre ; si quelqu'un te prend ton manteau, laisse-le prendre aussi ta chemise. ³⁰ Donne à quiconque te demande quelque chose, et si quelqu'un te prend ce qui t'appartient, ne le lui réclame pas. ³¹ Faites pour les autres exactement ce que vous voulez qu'ils fassent pour vous. ³² Si vous aimez seulement ceux qui vous aiment, pourquoi vous attendre à une reconnaissance particulière ? Même les pécheurs aiment ceux qui les aiment ! ³³ Et si vous faites du bien seulement à ceux qui vous font du bien, pourquoi vous attendre à une reconnaissance particulière ? Même les pécheurs en font autant ! ³⁴ Et si vous prêtez seulement à ceux dont vous espérez qu'ils vous rendront, pourquoi vous attendre à une reconnaissance particulière ? Des pécheurs aussi prêtent à des pécheurs pour qu'ils leur rendent la même somme ! ³⁵ Au contraire, aimez vos ennemis, faites-leur du bien et prêtez sans rien espérer recevoir en retour. Vous obtiendrez une grande récompense et vous serez les fils du Dieu très-haut, car il est bon pour les ingrats et les méchants. ³⁶ Soyez pleins de bonté comme votre Père est plein de bonté. »

## Ne pas juger les autres

³⁷ « Ne portez de jugement contre personne et Dieu ne vous jugera pas non plus ; ne condamnez pas les autres et Dieu ne vous condamnera pas ; pardonnez aux autres et Dieu vous pardonnera. ³⁸ Donnez aux autres et Dieu vous donnera : on versera dans la grande poche de votre vêtement une bonne mesure, bien serrée et secouée, débordante. Dieu mesurera ses dons envers vous avec la mesure même que vous employez pour les autres. »

³⁹ Jésus leur parla encore avec des images : « Un aveugle ne peut pas conduire un autre aveugle, n'est-ce pas ? Sinon, ils tomberont tous les deux dans un trou. ⁴⁰ Aucun élève n'est supérieur à son maître ; mais tout élève complètement instruit sera comme son maître. ⁴¹ Pourquoi regardes-tu le brin de paille qui est dans l'œil de ton frère, alors que tu ne remarques pas la poutre qui est dans ton œil ? ⁴² Comment peux-tu dire à ton frère : "Mon frère, laisse-moi enlever cette paille qui est dans ton œil", toi qui ne vois même pas la poutre qui est dans le tien ? Hypocrite, enlève d'abord la poutre de ton œil et alors tu verras assez clair pour enlever la paille de l'œil de ton frère. »

## L'arbre et ses fruits

**43** « Un bon arbre ne produit pas de mauvais fruits, ni un arbre malade de bons fruits. **44** Chaque arbre se reconnaît à ses fruits : on ne cueille pas des figues sur des buissons d'épines et l'on ne récolte pas du raisin sur des ronces. **45** L'homme bon tire du bien du bon trésor que contient son cœur ; l'homme mauvais tire du mal de son mauvais trésor. Car la bouche de chacun exprime ce dont son cœur est plein. »

**Les deux maisons 46** « Pourquoi m'appelez-vous "Seigneur, Seigneur", et ne faites-vous pas ce que je vous dis ? **47** Je vais vous montrer à qui ressemble quiconque vient à moi, écoute mes paroles et les met en pratique : **48** il est comme un homme qui s'est mis à bâtir une maison ; il a creusé profondément la terre et a posé les fondations sur le roc. Quand l'inondation est venue, les eaux de la rivière se sont jetées contre cette maison, mais sans pouvoir l'ébranler, car la maison était bien bâtie. **49** Mais quiconque écoute mes paroles et ne les met pas en pratique est comme un homme qui a bâti une maison directement sur le sol, sans fondations. Quand les eaux de la rivière se sont jetées contre cette maison, elle s'est aussitôt écroulée : elle a été complètement détruite. »

## Jésus guérit le serviteur d'un officier romain

**7** **1** Quand Jésus eut fini d'adresser toutes ces paroles à la foule qui l'entourait, il se rendit à Capernaüm. **2** Là, un capitaine romain avait un serviteur qui lui était très cher. Ce serviteur était malade et près de mourir. **3** Quand le capitaine entendit parler de Jésus, il lui envoya quelques anciens des Juifs pour lui demander de venir guérir son serviteur. **4** Ils arrivèrent auprès de Jésus et se mirent à le prier avec insistance en disant : « Cet homme mérite que tu lui accordes ton aide. **5** Il aime notre peuple et c'est lui qui a fait bâtir notre synagogue. » **6** Alors Jésus s'en alla avec eux. Il n'était pas loin de la maison, quand le capitaine envoya des amis pour lui dire : « Maître, ne te dérange pas. Je ne suis pas digne que tu entres dans ma maison ; **7** c'est pour cela que je ne me suis pas permis d'aller en personne vers toi. Mais dis un mot pour que mon serviteur soit guéri. **8** Je suis moi-même soumis à mes supérieurs et j'ai des soldats sous mes ordres.

*Chaque arbre se reconnaît aux fruits qu'il porte. C'est du fond du cœur, dit Jésus, que provient la fécondité de la vie d'une personne, de ses actes et de ses paroles. Mais ne dit-on pas aussi que les arbres qui portent les plus belles fleurs ne sont pas ceux qui donnent les meilleurs fruits ? Il ne faut pas confondre les fleurs et les fruits. Les belles paroles et les actes vertueux peuvent n'être que les belles fleurs d'un arbre aux fruits amers, une belle façade qui cache un cœur qui n'ose pas s'engager ni se donner.*

***Un ami d'Israël***

*On présente à Jésus le Centurion comme un homme « de bien » car il a construit une synagogue. Comme si Jésus était sensible à ce genre de considération ! Cet homme est de fait très ouvert à la religion juive et ses coutumes, il sait qu'il ne doit pas demander à Jésus d'entrer dans sa maison, et Jésus s'émerveille de sa foi. Dans l'évangile de Luc, ce païen à la foi vivante représente les disciples venus du monde grec et romain, devenus rapidement très nombreux dans la première communauté chrétienne.*

Si je dis à l'un : "Va !", il va ; si je dis à un autre : "Viens !", il vient ; et si je dis à mon serviteur : "Fais ceci !", il le fait. » <sup>9</sup> Quand Jésus entendit ces mots, il admira le capitaine. Il se retourna et dit à la foule qui le suivait : « Je vous le déclare : je n'ai jamais trouvé une telle foi, non, pas même en Israël. » <sup>10</sup> Les envoyés retournèrent dans la maison du capitaine et y trouvèrent le serviteur en bonne santé.

## Jésus ramène à la vie le fils d'une veuve

<sup>11</sup> Jésus se rendit ensuite dans une localité appelée Naïn ; ses disciples et une grande foule l'accompagnaient. <sup>12</sup> Au moment où il approchait de la porte de cette localité, on menait un mort au cimetière : c'était le fils unique d'une veuve. Un grand nombre d'habitants de l'endroit se trouvaient avec elle. <sup>13</sup> Quand le Seigneur la vit, il fut rempli de pitié pour elle et lui dit : « Ne pleure pas ! » <sup>14</sup> Puis il s'avança et toucha le cercueil ; les porteurs s'arrêtèrent. Jésus dit : « Jeune homme, je te l'ordonne, lève-toi ! » <sup>15</sup> Le mort se dressa et se mit à parler. Jésus le rendit à sa mère. <sup>16</sup> Tous furent saisis de crainte ; ils louaient Dieu en disant : « Un grand prophète est apparu parmi nous ! » et aussi : « Dieu est venu secourir son peuple ! » <sup>17</sup> Et dans toute la Judée et ses environs on apprit ce que Jésus avait fait.

## Les envoyés de Jean-Baptiste

<sup>18</sup> Les disciples de Jean racontèrent tout cela à leur maître. Jean appela deux d'entre eux <sup>19</sup> et les envoya au Seigneur pour lui demander : « Es-tu le Messie qui doit venir ou devons-nous attendre quelqu'un d'autre ? » <sup>20</sup> Quand ils arrivèrent auprès de Jésus, ils lui dirent : « Jean-Baptiste nous a envoyés pour te demander : "Es-tu le Messie qui doit venir ou devons-nous attendre quelqu'un d'autre ?" » <sup>21</sup> Au même moment, Jésus guérit beaucoup de personnes de leurs maladies, de leurs maux, il les délivra d'esprits mauvais et rendit la vue à de nombreux aveugles. <sup>22</sup> Puis il répondit aux envoyés de Jean : « Allez raconter à Jean ce que vous avez vu et entendu : les aveugles voient, les boiteux marchent, les lépreux sont guéris, les sourds entendent, les morts reviennent à la vie, la Bonne Nouvelle est annoncée aux pauvres. <sup>23</sup> Heureux celui qui n'abandonnera pas la foi en moi ! »

<sup>24</sup> Quand les envoyés de Jean furent partis, Jésus se mit à parler de Jean à la foule en disant : « Qu'êtes-vous allés voir au désert ? un roseau agité par le vent ? Non ? <sup>25</sup> Alors qu'êtes-vous allés voir ? un homme vêtu d'habits

*Le village de Naïn.*
*Naïn était une bourgade située à la frontière sud de la Galilée. Elle se trouve tout près du village de Chounem, où le prophète Élisée avait imploré Dieu de redonner vie à un enfant. Avant lui, Élie, premier grand prophète de l'Ancien Testament, avait accompli un miracle semblable. Comme Élie et Élisée, Jésus va redonner vie au fils d'une veuve.*

*A l'époque de Jésus, les malades étaient souvent considérés comme abandonnés par Dieu et habités par des démons. La description des guérisons utilise, dès lors, des images d'expulsion et de combat contre les démons.*
*Les évangiles décrivent souvent Jésus en train de les menacer et de les expulser. Ici, il ordonne avec force : « Lève-toi ! » Les témoins comprennent que Jésus apporte le secours de Dieu.*

magnifiques ? Mais ceux qui portent de riches habits et vivent dans le luxe se trouvent dans les palais des rois. 26 Qu'êtes-vous donc allés voir ? un prophète ? Oui, vous dis-je, et même bien plus qu'un prophète. 27 Car Jean est celui dont l'Écriture déclare :

"Je vais envoyer mon messager devant toi, dit Dieu, pour t'ouvrir le chemin."

28 « Je vous le déclare, ajouta Jésus, il n'est jamais né personne de plus grand que Jean ; pourtant, celui qui est le plus petit dans le Royaume de Dieu est plus grand que lui. 29 Tout le peuple et les collecteurs d'impôts l'ont écouté, ils ont reconnu que Dieu est juste et ils se sont fait baptiser par Jean. 30 Mais les Pharisiens et les maîtres de la loi ont rejeté ce que Dieu voulait pour eux et ont refusé de se faire baptiser par Jean. »

31 Jésus dit encore : « A qui puis-je comparer les gens d'aujourd'hui ? A qui ressemblent-ils ? 32 Ils ressemblent à des enfants assis sur la place publique, dont les uns crient aux autres : "Nous vous avons joué un air de danse sur la flûte et vous n'avez pas dansé ! Nous avons chanté des chants de deuil et vous n'avez pas pleuré !" 33 En effet, Jean-Baptiste est venu, il ne mange pas de pain et ne boit pas de vin, et vous dites : "Il est possédé d'un esprit mauvais !" 34 Le Fils de l'homme est venu, il mange et boit, et vous dites : "Voyez cet homme qui ne pense qu'à manger et à boire du vin, qui est ami des collecteurs d'impôts et autres gens de mauvaise réputation !" 35 Mais la sagesse de Dieu est reconnue comme juste par tous ceux qui l'acceptent. »

*Jésus est repoussé par les chefs religieux, comme Jean-Baptiste l'avait été. Ces gens trouvaient en Jean-Baptiste un ascète trop sévère. Jésus, qui fréquente les collecteurs d'impôts et les pécheurs, se comporte trop librement à leur goût. Ils jugent sur des apparences, pour se dérober à l'appel de Dieu. Jésus compare leur attitude à celle d'enfants capricieux.*

## Jésus dans la maison de Simon le Pharisien

36 Un Pharisien invita Jésus à prendre un repas avec lui. Jésus se rendit chez cet homme et se mit à table. 37 Il y avait dans cette ville une femme de mauvaise réputation. Lorsqu'elle apprit que Jésus était à table chez le Pharisien, elle apporta un flacon d'albâtre plein de parfum 38 et se tint derrière Jésus, à ses pieds. Elle pleurait et se mit à mouiller de ses larmes les pieds de Jésus ; puis elle les essuya avec ses cheveux, les embrassa et répandit le parfum sur eux. 39 Quand le Pharisien qui avait invité Jésus vit cela, il se dit en lui-même : « Si cet homme était vraiment un prophète, il saurait qui est cette femme qui le touche et ce qu'elle est : une femme de mauvaise réputation. » 40 Jésus prit alors la parole et dit

### Le bonheur d'être pardonné

*Un pharisien désire rencontrer Jésus et le reçoit chez lui. Une prostituée entre, baigne de ses larmes les pieds de Jésus et les parfume. Pour l'hôte, c'est un incident gênant. La femme exprime une reconnaissance éperdue envers Jésus : elle sait qu'il ne l'enferme pas dans son péché, qu'il lui a déjà pardonné et offert un avenir. Afin d'ouvrir le cœur du Pharisien, Jésus lui raconte la parabole des deux débiteurs, puis, s'adressant à la femme, il lui renouvelle son pardon.*

### Des femmes parmi les disciples

*La présence de femmes dans l'entourage de Jésus était très choquante pour ses contemporains. Luc mentionne les femmes expressément, de même qu'il veille à ne pas les oublier dans ses récits : à celui du Samaritain succède celui de Marie qui écoute aux pieds de Jésus (Luc 10,29-42), à celui des bergers, la parabole de la femme qui perd et*

*retrouve une pièce d'argent (Luc 15, 1-10). Les femmes jouent un rôle important auprès de Jésus qu'elles accompagnent fidèlement.*

au Pharisien : « Simon, j'ai quelque chose à te dire. » Simon répondit : « Parle, Maître. » **41** Et Jésus dit : « Deux hommes devaient de l'argent à un prêteur. L'un lui devait cinq cents pièces d'argent et l'autre cinquante. **42** Comme ni l'un ni l'autre ne pouvaient le rembourser, il leur fit grâce de leur dette à tous deux. Lequel des deux l'aimera le plus ? » **43** Simon lui répondit : « Je pense que c'est celui auquel il a fait grâce de la plus grosse somme. » Jésus lui dit : « Tu as raison. »

**44** Puis il se tourna vers la femme et dit à Simon : « Tu vois cette femme ? Je suis entré chez toi et tu ne m'as pas donné d'eau pour mes pieds ; mais elle m'a lavé les pieds de ses larmes et les a essuyés avec ses cheveux. **45** Tu ne m'as pas reçu en m'embrassant ; mais elle n'a pas cessé de m'embrasser les pieds depuis que je suis entré. **46** Tu n'as pas répandu d'huile sur ma tête ; mais elle a répandu du parfum sur mes pieds. **47** C'est pourquoi, je te le déclare : le grand amour qu'elle a manifesté prouve que ses nombreux péchés ont été pardonnés. Mais celui à qui l'on a peu pardonné ne manifeste que peu d'amour. » **48** Jésus dit alors à la femme : « Tes péchés sont pardonnés. » **49** Ceux qui étaient à table avec lui se mirent à dire en eux-mêmes : « Qui est cet homme qui ose même pardonner les péchés ? » **50** Mais Jésus dit à la femme : « Ta foi t'a sauvée : va en paix. »

## Les femmes qui accompagnaient Jésus

**8** **1** Ensuite, Jésus alla dans les villes et les villages pour y prêcher et annoncer la Bonne Nouvelle du Royaume de Dieu. Les douze disciples l'accompagnaient, **2** ainsi que quelques femmes qui avaient été délivrées d'esprits mauvais et guéries de maladies : Marie -appelée Marie de Magdala-, dont sept esprits mauvais avaient été chassés ; **3** Jeanne, femme de Chuza, un administrateur d'Hérode ; Suzanne et plusieurs autres qui utilisaient leurs biens pour aider Jésus et ses disciples.

## La parabole du semeur

**4** De chaque ville, des gens venaient à Jésus. Comme une grande foule s'assemblait, il dit cette parabole : **5** « Un homme s'en alla dans son champ pour semer du grain. Tandis qu'il lançait la semence, une partie des grains tomba le long du chemin : on marcha dessus et les oiseaux les mangèrent. **6** Une autre partie tomba sur un sol pierreux : dès que les plantes poussèrent, elles se desséchèrent parce qu'elles manquaient d'humidité. **7** Une autre partie tomba parmi des plantes épineuses qui poussèrent en même temps que les bonnes plantes et les étouffèrent. [8] Mais une autre partie tomba dans la bonne terre ; les plantes poussèrent et produisirent des épis : chacun portait cent grains. » Et Jésus ajouta : « Écoutez bien, si vous avez des oreilles pour entendre ! »

## Pourquoi Jésus utilise des paraboles

[9] Les disciples de Jésus lui demandèrent ce que signifiait cette parabole. [10] Il leur répondit : « Vous avez reçu, vous, la connaissance des secrets du Royaume de Dieu ; mais aux autres gens, ils sont présentés sous forme de paraboles et ainsi

"Ils peuvent regarder, mais sans voir,
ils peuvent entendre, mais sans comprendre." »

## Jésus explique la parabole du semeur

[11] « Voici ce que signifie cette parabole : la semence, c'est la parole de Dieu. [12] Certains sont comme le bord du chemin où tombe le grain : ils entendent, mais le diable arrive et arrache la parole de leur cœur pour les empêcher de croire et d'être sauvés. [13] D'autres sont comme un sol pierreux : ils entendent la parole et la reçoivent avec joie. Mais ils ne la laissent pas s'enraciner, ils ne croient qu'un instant et ils abandonnent la foi au moment où survient l'épreuve. [14] La semence qui tombe parmi les plantes épineuses représente ceux qui entendent ; mais ils se laissent étouffer en chemin par les préoccupations, la richesse et les plaisirs de la vie, et ils ne donnent pas de fruits mûrs. [15] La semence qui tombe dans la bonne terre représente ceux qui écoutent la parole et la gardent dans un cœur bon et bien disposé, qui demeurent fidèles et portent ainsi des fruits. »

## La parabole de la lampe

[16] « Personne n'allume une lampe pour la couvrir d'un pot ou pour la mettre sous un lit. Au contraire, on la place sur son support, afin que ceux qui entrent voient la lumière. [17] Tout ce qui est caché apparaîtra au grand jour, et tout ce qui est secret sera connu et mis en pleine lumière. [18] Faites attention à la manière dont vous écoutez ! Car celui qui a quelque chose recevra davantage ; mais à celui qui n'a rien on enlèvera même le peu qu'il pense avoir. »

## La mère et les frères de Jésus

[19] La mère et les frères de Jésus vinrent le trouver, mais ils ne pouvaient pas arriver jusqu'à lui à cause de la

*Jésus vit parmi des gens qui tirent leur subsistance de la terre. Il choisit souvent les images de ses paraboles dans leur vie quotidienne. A ses disciples, il explique le sens de la parabole de la semence. Le message de Jésus sera entendu par beaucoup, mais il ne trouvera pas toujours un terrain favorable. L'essentiel est de semer la Bonne Nouvelle.*

foule. **20** On l'annonça à Jésus en ces termes : « Ta mère et tes frères se tiennent dehors et désirent te voir. » **21** Mais Jésus dit à tous : « Ma mère et mes frères, ce sont ceux qui écoutent la parole de Dieu et la mettent en pratique. »

### Jésus apaise une tempête

**22** Un jour, Jésus monta dans une barque avec ses disciples et leur dit : « Passons de l'autre côté du lac. » Et ils partirent. **23** Pendant qu'ils naviguaient, Jésus s'endormit. Soudain, un vent violent se mit à souffler sur le lac ; la barque se remplissait d'eau et ils étaient en danger. **24** Les disciples s'approchèrent alors de Jésus et le réveillèrent

*Les rives du lac de Galilée.*
*D'un mot, Jésus calme les vagues déchaînées. D'après l'Ancien Testament, c'est Dieu qui commande à la mer. Comme dans ce récit, la foi en la présence du Christ peut apaiser bien des tempêtes.*

en criant : « Maître, maître, nous allons mourir ! » Jésus, réveillé, menaça le vent et les grosses vagues, qui s'apaisèrent. Il y eut un grand calme. **25** Jésus dit aux disciples : « Où est votre confiance ? » Mais ils avaient peur, étaient remplis d'étonnement et se disaient les uns aux autres : « Qui est donc cet homme ? Il donne des ordres même aux vents et à l'eau, et ils lui obéissent ! »

### Jésus guérit un homme possédé par des esprits mauvais

**26** Ils abordèrent dans le territoire des Géraséniens, qui est de l'autre côté du lac, en face de la Galilée. **27** Au moment où Jésus descendait à terre, un homme de la ville vint à sa rencontre. Cet homme était possédé par des esprits mauvais ; depuis longtemps il ne portait pas de vêtement et n'habitait pas dans une maison, mais vivait parmi les tombeaux. **28** Quand il vit Jésus, il poussa un cri, se jeta à ses pieds et dit avec force : « Que me veux-tu, Jésus, fils du Dieu très-haut ? Je t'en prie ne me tourmente pas ! » **29** Jésus ordonnait en effet à l'esprit mauvais de sortir de lui. Cet esprit s'était emparé de lui bien des fois ; on attachait alors les mains et les pieds de l'homme avec des chaînes pour le garder, mais il rompait ses liens et l'esprit l'entraînait vers les lieux déserts. **30** Jésus l'interrogea : « Quel est ton nom ? » – « Mon nom est "Multitude" », répondit-il. En effet, de nombreux esprits mauvais étaient entrés en lui. **31** Et ces esprits suppliaient Jésus de ne pas les envoyer dans l'abîme.

**32** Il y avait là un grand troupeau de porcs qui cherchait sa nourriture sur la colline. Les esprits prièrent Jésus de leur permettre d'entrer dans ces porcs. Il le leur permit. **33** Alors les esprits mauvais sortirent de l'homme et entrèrent dans les porcs. Tout le troupeau se précipita du haut de la falaise dans le lac et s'y noya. **34** Quand les hommes qui gardaient les porcs virent ce qui était arrivé, ils s'enfuirent et portèrent la nouvelle dans la ville et dans les fermes. **35** Les gens sortirent pour voir ce qui s'était passé. Ils arrivèrent auprès de Jésus et trouvèrent l'homme dont les esprits mauvais étaient sortis : il était assis aux pieds de Jésus, il portait des vêtements et était dans son bon sens. Et ils prirent peur. **36** Ceux qui avaient tout vu leur racontèrent comment l'homme possédé avait été guéri. **37** Alors toute la population de ce territoire demanda à Jésus de s'en aller de chez eux, car ils avaient très peur. Jésus monta dans la barque pour partir. **38** L'homme dont les esprits mauvais étaient sortis priait Jésus de le laisser rester avec lui. Mais Jésus le renvoya en disant : **39** « Retourne chez toi et raconte tout ce que Dieu a fait pour toi. » L'homme s'en alla donc et proclama dans la ville entière tout ce que Jésus avait fait pour lui.

## La fille de Jaïrus et la femme qui toucha le vêtement de Jésus

**40** Au moment où Jésus revint sur l'autre rive du lac, la foule l'accueillit, car tous l'attendaient. **41** Un homme appelé Jaïrus arriva alors. Il était chef de la synagogue locale. Il se jeta aux pieds de Jésus et le supplia de venir chez lui, **42** parce qu'il avait une fille unique, âgée d'environ douze ans, qui était mourante.

Pendant que Jésus s'y rendait, la foule le pressait de tous côtés. **43** Il y avait là une femme qui souffrait de

*Démons et porcs*

*Un païen est guéri par Jésus et veut s'attacher à son libérateur. Mais Jésus l'envoie témoigner auprès des siens de ce que Dieu a opéré en lui. La mention des porcs dans ce récit peut sembler étrange à des lecteurs contemporains. Elle indique que Jésus se trouve en territoire païen. Leur chute dans la mer correspond à la représentation juive du lieu de séjour des démons : le fond des mers.*

pertes de sang depuis douze ans. Elle avait dépensé tout ce qu'elle possédait chez les médecins, mais personne n'avait pu la guérir. ⁴⁴ Elle s'approcha de Jésus par derrière et toucha le bord de son vêtement. Aussitôt, sa perte de sang s'arrêta. ⁴⁵ Jésus demanda : « Qui m'a touché ? » Tous niaient l'avoir fait et Pierre dit : « Maître, la foule t'entoure et te presse de tous côtés. » ⁴⁶ Mais Jésus dit : « Quelqu'un m'a touché, car j'ai senti qu'une force était sortie de moi. » ⁴⁷ La femme vit qu'elle avait été découverte. Elle vint alors, toute tremblante, se jeter aux pieds de Jésus. Elle lui raconta devant tout le monde pourquoi elle l'avait touché et comment elle avait été guérie immédiatement. ⁴⁸ Jésus lui dit : « Ma fille, ta foi t'a guérie. Va en paix. »

⁴⁹ Tandis que Jésus parlait ainsi, un messager vint de la maison du chef de la synagogue et dit à celui-ci : « Ta fille est morte. Ne dérange plus le maître. » ⁵⁰ Mais Jésus l'entendit et dit à Jaïrus : « N'aie pas peur, crois seulement, et elle guérira. » ⁵¹ Lorsqu'il fut arrivé à la maison, il ne permit à personne d'entrer avec lui, si ce n'est à Pierre, à Jean, à Jacques, et au père et à la mère de l'enfant. ⁵² Tous pleuraient et se lamentaient à cause de l'enfant. Alors Jésus dit : « Ne pleurez pas. Elle n'est pas morte, elle dort. » ⁵³ Mais ils se moquèrent de lui, car ils savaient qu'elle était morte. ⁵⁴ Cependant, Jésus la prit par la main et dit d'une voix forte : « Enfant, debout ! » ⁵⁵ Elle revint à la vie et se leva aussitôt. Jésus leur ordonna de lui donner à manger. ⁵⁶ Ses parents furent remplis d'étonnement, mais Jésus leur recommanda de ne dire à personne ce qui s'était passé.

## La mission des douzes disciples

**9** ¹ Jésus réunit les douze disciples et leur donna le pouvoir et l'autorité de chasser tous les esprits mauvais et de guérir les maladies. ² Puis il les envoya prêcher le Royaume de Dieu et guérir les malades. ³ Il leur dit : « Ne prenez rien avec vous pour le voyage : ni bâton, ni sac, ni pain, ni argent, et n'ayez pas deux chemises chacun. ⁴ Partout où l'on vous accueillera, restez dans la même maison jusqu'à ce que vous quittiez l'endroit. ⁵ Partout où les gens refuseront de vous accueillir, quittez leur ville et secouez la poussière de vos pieds : ce sera un avertissement pour eux. » ⁶ Les disciples partirent ; ils passaient dans tous les villages, annonçaient la Bonne Nouvelle et guérissaient partout les malades.

***Foi et guérison***

*Jésus prend pitié de deux femmes : une enfant de douze ans qui vient de mourir, et une femme qui souffre de pertes de sang depuis douze ans. Il affirme que c'est la foi qui guérit et qui procure la paix. Jésus relève et rend capable d'engendrer la vie alors que tout semble perdu.*

*Le village de Nazareth. Jésus envoie les Douze annoncer la Bonne Nouvelle dans les villages et guérir les malades. Ils sont appelés à y aller les mains vides, sans nourriture et sans argent, et de dépendre de l'hospitalité des gens. S'ils ne sont pas accueillis, qu'ils continuent leur chemin, sans regret. L'Évangile se communique dans la liberté.*

## L'inquiétude d'Hérode

**7** Or, Hérode, qui régnait sur la Galilée, entendit parler de tout ce qui se passait. Il ne savait qu'en penser, car certains disaient : « Jean-Baptiste est revenu d'entre les morts. » **8** D'autres disaient : « C'est Élie qui est apparu. » D'autres encore disaient : « L'un des prophètes d'autrefois s'est relevé de la mort. » **9** Mais Hérode déclara : « J'ai fait couper la tête à Jean. Qui est donc cet homme dont j'entends dire toutes ces choses ? » Et il cherchait à voir Jésus.

## Jésus nourrit cinq mille hommes

**10** Les apôtres revinrent et racontèrent à Jésus tout ce qu'ils avaient fait. Il les emmena et se retira avec eux seuls près d'une localité appelée Bethsaïda. **11** Mais les gens l'apprirent et le suivirent. Jésus les accueillit, leur parla du Royaume de Dieu et guérit ceux qui en avaient besoin. **12** Le jour commençait à baisser ; alors les Douze s'approchèrent de Jésus et lui dirent : « Renvoie tous ces gens, afin qu'ils aillent dans les villages et les fermes des environs pour y trouver à se loger et à se nourrir, car nous sommes ici dans un endroit isolé. » **13** Mais Jésus leur dit : « Donnez-leur vous-mêmes à manger ! » Ils répondirent : « Nous n'avons que cinq pains et deux poissons. Voudrais-tu peut-être que nous allions acheter des vivres pour tout ce monde ? » **14** Il y avait là, en effet, environ cinq mille hommes. Jésus dit à ses disciples : « Faites-les asseoir par groupes de cinquante environ. » **15** Les disciples obéirent et les firent tous asseoir. **16** Jésus prit les cinq pains et les deux poissons, leva les yeux vers le ciel et remercia Dieu pour ces aliments. Il les partagea et les donna aux disciples pour qu'ils les distribuent à la foule. **17** Chacun mangea à sa faim. On emporta douze corbeilles pleines des morceaux qu'ils eurent en trop.

*La Multiplication des pains et des poissons, Livre d'heures du Duc de Berry, début du XVᵉ siècle.*

*« Donnez-leur vous-mêmes à manger. » Cet appel, Jésus l'adresse aux apôtres et à travers eux à tous les humains. Chaque fois que nous partageons le pain avec les affamés, c'est son amour qui parvient aux hommes. En nous unissant à lui dans le partage, nous croyons que le peu que nous avons se multiplie.*

## Pierre déclare que Jésus est le Messie

**18** Un jour, Jésus priait à l'écart et ses disciples étaient avec lui. Il leur demanda : « Que disent les foules à mon sujet ? » [19] Ils répondirent : « Certains disent que tu es Jean-Baptiste, d'autres que tu es Élie, et d'autres encore que l'un des prophètes d'autrefois s'est relevé de la mort. » – [20] « Et vous, leur demanda Jésus, qui dites-vous que je suis ? » Pierre répondit : « Tu es le Messie de Dieu. »

## Jésus annonce sa mort et sa résurrection

[21] Jésus leur ordonna sévèrement de n'en parler à personne, [22] et il ajouta : « Il faut que le Fils de l'homme souffre beaucoup ; les anciens, les chefs des prêtres et les maîtres de la loi le rejetteront ; il sera mis à mort et, le troisième jour, il reviendra à la vie. »

[23] Puis il dit à tous : « Si quelqu'un veut venir avec moi, qu'il cesse de penser à lui-même, qu'il porte sa croix chaque jour et me suive. [24] En effet, celui qui veut sauver sa vie la perdra ; mais celui qui perdra sa vie pour moi la sauvera. [25] A quoi sert-il à un homme de gagner le monde entier, s'il se perd lui-même ou va à sa ruine ? [26] Si quelqu'un a honte de moi et de mes paroles, alors le Fils de l'homme aura honte de lui, quand il viendra dans sa gloire et dans la gloire du Père et des saints anges. [27] Je vous le déclare, c'est la vérité : quelques-uns de ceux qui sont ici ne mourront pas avant d'avoir vu le Royaume de Dieu. »

## La transfiguration de Jésus

[28] Environ une semaine après qu'il eut parlé ainsi, Jésus prit avec lui Pierre, Jean et Jacques, et il monta sur une montagne pour prier. [29] Pendant qu'il priait, son visage changea d'aspect et ses vêtements devinrent d'une blancheur éblouissante. [30] Soudain, il y eut là deux hommes qui s'entretenaient avec Jésus : c'étaient Moïse et Élie, [31] qui apparaissaient au milieu d'une gloire céleste. Ils parlaient avec Jésus de la façon dont il allait réaliser sa mission en mourant à Jérusalem. [32] Pierre et ses compagnons s'étaient profondément endormis ; mais ils se réveillèrent et virent la gloire de Jésus et les deux hommes

« Il faut que le Fils de l'homme souffre beaucoup... » (Luc, 9,22)
*Les disciples sont invités à donner une réponse personnelle à la question de Jésus : « Pour vous, qui suis-je ? » Pierre, inspiré par l'Esprit, lui répond : « Tu es la réalisation de la promesse faite par Dieu, tu es son Messie ». Mesurait-il toute la portée de sa profession de foi ? Si Jésus parle ensuite de sa souffrance et de sa mort prochaine, c'est que Pierre a sans doute une vision encore trop triomphaliste du Messie.*

*La Transfiguration, illustration de Gustave Doré (La Sainte Bible, 1866).*

qui se tenaient avec lui. ³³ Au moment où ces hommes quittaient Jésus, Pierre lui dit : « Maître, il est bon que nous soyons ici. Nous allons dresser trois tentes, une pour toi, une pour Moïse et une pour Élie. » – Il ne savait pas ce qu'il disait. – ³⁴ Pendant qu'il parlait ainsi, un nuage survint et les couvrit de son ombre. Les disciples eurent peur en voyant ce nuage les recouvrir. ³⁵ Du nuage une voix se fit entendre : « Celui-ci est mon Fils, que j'ai choisi. Écoutez-le ! » ³⁶ Après que la voix eut parlé, on ne vit plus que Jésus seul. Les disciples gardèrent le silence et, en ce temps-là, ne racontèrent rien à personne de ce qu'ils avaient vu.

### La guérison

*Affligés dans leur corps, les malades éprouvent aussi la terrible angoisse d'être écartés par leur famille, la société et les autorités religieuses. En guérissant les corps, Jésus libère les gens de cette souffrance morale et permet à des marginalisés de se réintégrer dans le réseau familial, social et religieux. Il leur fait vivre l'expérience de la bonté de Dieu.*

## Jésus guérit un enfant tourmenté par un esprit mauvais

³⁷ Le jour suivant, ils descendirent de la montagne et une grande foule vint à la rencontre de Jésus. ³⁸ De la foule un homme se mit à crier : « Maître, je t'en prie, jette un regard sur mon fils, mon fils unique ! ³⁹ Un esprit le saisit, le fait crier tout à coup, le secoue avec violence et le fait écumer de la bouche ; il le maltraite et ne le quitte que difficilement. ⁴⁰ J'ai prié tes disciples de chasser cet esprit, mais ils ne l'ont pas pu. » ⁴¹ Jésus s'écria : « Gens mauvais et sans foi que vous êtes ! Combien de temps encore devrai-je rester avec vous ? Combien de temps encore devrai-je vous supporter ? Amène ton fils ici. » ⁴² Au moment où l'enfant approchait, l'esprit le jeta à terre et le secoua rudement. Mais Jésus menaça l'esprit mauvais, guérit l'enfant et le rendit à son père. ⁴³ Et tous étaient impressionnés par la grande puissance de Dieu.

*Illustration du Livre d'heures du duc de Berry, début du XVᵉ siècle.
D'un mot, Jésus libère de l'emprise du mal.*

## Jésus annonce de nouveau sa mort

Comme chacun s'étonnait encore de tout ce que Jésus faisait, il dit à ses disciples : ⁴⁴ « Retenez bien ce que je vous affirme maintenant : Le Fils de l'homme va être livré entre les mains des hommes. » ⁴⁵ Mais ils ne comprenaient pas cette parole : son sens leur avait été caché afin qu'ils ne puissent pas le comprendre, et ils avaient peur d'interroger Jésus à ce sujet.

## Qui est le plus grand ?

**46** Les disciples se mirent à discuter pour savoir lequel d'entre eux était le plus grand. **47** Jésus se rendit compte de ce qu'ils pensaient. Il prit alors un enfant, le plaça auprès de lui, **48** et leur dit : « Celui qui reçoit cet enfant par amour pour moi, me reçoit moi-même ; et celui qui me reçoit, reçoit aussi celui qui m'a envoyé. Car celui qui est le plus petit parmi vous tous, c'est lui qui est le plus grand. »

## Celui qui n'est pas contre vous est pour vous

**49** Jean prit la parole : « Maître, dit-il, nous avons vu un homme qui chassait les esprits mauvais en usant de ton nom et nous avons voulu l'en empêcher, parce qu'il n'appartient pas à notre groupe. » **50** Mais Jésus lui répondit : « Ne l'en empêchez pas, car celui qui n'est pas contre vous est pour vous. »

## Un village de Samarie refuse de recevoir Jésus

**51** Lorsque le moment approcha où Jésus devait être enlevé au ciel, il décida fermement de se rendre à Jérusalem. **52** Il envoya des messagers devant lui. Ceux-ci partirent et entrèrent dans un village de Samarie pour lui préparer tout le nécessaire. **53** Mais les habitants refusèrent de le recevoir parce qu'il se dirigeait vers Jérusalem. **54** Quand les disciples Jacques et Jean apprirent cela, ils dirent : « Seigneur, veux-tu que nous commandions au feu de descendre du ciel et de les exterminer ? » **55** Jésus se tourna vers eux et leur fit des reproches. **56** Et ils allèrent dans un autre village.

## Ceux qui désirent suivre Jésus

**57** Ils étaient en chemin, lorsqu'un homme dit à Jésus : « Je te suivrai partout où tu iras. » **58** Jésus lui dit : « Les renards ont des terriers et les oiseaux ont des nids, mais le Fils de l'homme n'a pas un endroit où il puisse se coucher et se reposer. »

**59** Il dit à un autre homme : « Suis-moi. » Mais l'homme dit : « Maître, permets-moi d'aller d'abord enterrer mon père. » **60** Jésus lui répondit : « Laisse les morts enterrer leurs morts ; et toi, va annoncer le Royaume de Dieu. »

**61** Un autre homme encore dit : « Je te suivrai, Maître, mais permets-moi d'aller d'abord dire adieu à ma famille. » **62** Jésus lui déclara : « Celui qui se met à labourer puis regarde en arrière n'est d'aucune utilité pour le Royaume de Dieu. »

*Ruines de l'ancienne Silo, en Samarie.*
*Jésus est mal accueilli en Samarie car des divergences anciennes, religieuses et historiques, séparent Juifs et Samaritains. Les disciples veulent faire appel à Dieu pour qu'il punisse et mette de l'ordre. Le Dieu que présente Jésus est tout autre, c'est un Dieu qui laisse l'homme libre de répondre ou non à son appel.*

## Jesus envoie les soixante-douze

**10** ¹ Après cela, le Seigneur choisit soixante-douze autres hommes et les envoya deux par deux devant lui dans toutes les villes et tous les endroits où lui-même devait se rendre. ² Il leur dit : « La moisson à faire est grande, mais il y a peu d'ouvriers pour cela. Priez donc le propriétaire de la moisson d'envoyer davantage d'ouvriers pour la faire. ³ En route ! Je vous envoie comme des agneaux au milieu des loups. ⁴ Ne prenez ni bourse, ni sac, ni chaussures ; ne vous arrêtez pas en chemin pour saluer quelqu'un. ⁵ Quand vous entrerez dans une maison, dites d'abord : "Paix à cette maison." ⁶ Si un homme de paix habite là, votre souhait de paix reposera sur lui ; sinon, retirez votre souhait de paix. ⁷ Demeurez dans cette maison-là, mangez et buvez ce que l'on vous y donnera, car l'ouvrier a droit à son salaire. Ne passez pas de cette maison dans une autre. ⁸ Quand vous entrerez dans une ville et que l'on vous recevra, mangez ce que l'on vous présentera ; ⁹ guérissez les malades de cette ville et dites à ses habitants : "Le Royaume de Dieu s'est approché de vous." ¹⁰ Mais quand vous entrerez dans une ville et que l'on ne vous recevra pas, allez dans les rues et dites à tous : ¹¹ "Nous secouons contre vous la poussière même de votre ville qui s'est attachée à nos pieds. Pourtant, sachez bien ceci : le Royaume de Dieu s'est approché de vous." ¹² Je vous le déclare : au jour du Jugement les habitants de Sodome seront traités moins sévèrement que les habitants de cette ville-là. »

## Les villes qui refusent de croire

¹³ « Malheur à toi, Chorazin ! Malheur à toi, Bethsaïda ! Car si les miracles qui ont été accomplis chez vous l'avaient été à Tyr et à Sidon, il y a longtemps que leurs habitants auraient pris le deuil, se seraient assis dans la cendre et auraient changé de comportement. ¹⁴ C'est pourquoi, au jour du Jugement, Tyr et Sidon seront traitées moins sévèrement que vous. ¹⁵ Et toi, Capernaüm, crois-tu que tu t'élèveras jusqu'au ciel ? Tu seras abaissée jusqu'au monde des morts. » ¹⁶ Il dit encore à ses disciples : « Celui qui vous écoute, m'écoute ; celui qui vous rejette, me rejette ; et celui qui me rejette, rejette celui qui m'a envoyé. »

*Récolte en Roumanie.*
*Les disciples sont envoyés deux par deux en mission. Impossible d'annoncer un message d'amour sans en vivre soi-même, sans dialogue ; il faut donc au moins être deux. Le nombre des disciples (72) correspond à celui des nations païennes énumérées dans le livre de la Genèse (au chapitre 10). Il a surtout une signification symbolique. Tout le monde est appelé à annoncer la Bonne Nouvelle et c'est à tous les hommes, juifs et païens, qu'il faut annoncer que le Royaume est là, que Dieu est dans leur vie. Dieu a semé partout, la récolte sera donc abondante.*

**Malheur à vous !**
*Avant l'envoi des soixante-douze en mission, Jésus exprime une longue plainte et un dernier avertissement aux villes qui refusent de se convertir. La mission des disciples prolonge celle de Jésus. Ceux qui refusent de les accueillir repoussent Jésus lui-même ainsi que son Père.*

## Le retour des soixante-douze

**17** Les soixante-douze envoyés revinrent pleins de joie et dirent : « Seigneur, même les esprits mauvais nous obéissent quand nous leur donnons des ordres en ton nom ! » **18** Jésus leur répondit : « Je voyais Satan tomber du ciel comme un éclair. **19** Écoutez : je vous ai donné le pouvoir de marcher sur les serpents et les scorpions et d'écraser toute la puissance de l'ennemi, et rien ne pourra vous faire du mal. **20** Mais ne vous réjouissez pas de ce que les esprits mauvais vous obéissent ; réjouissez-vous plutôt de ce que vos noms sont écrits dans les cieux. »

## Jésus se réjouit

**21** A ce moment même, Jésus fut rempli de joie par le Saint-Esprit et s'écria : « O Père, Seigneur du ciel et de la terre, je te remercie d'avoir révélé aux petits ce que tu as caché aux sages et aux gens instruits. Oui, Père, tu as bien voulu qu'il en soit ainsi.

**22** « Mon Père m'a remis toutes choses. Personne ne sait qui est le Fils si ce n'est le Père, et personne ne sait qui est le Père si ce n'est le Fils et ceux à qui le Fils veut bien le révéler. »

**23** Puis Jésus se tourna vers ses disciples et leur dit à eux seuls : « Heureux êtes-vous de voir ce que vous voyez ! **24** Car, je vous le déclare, beaucoup de prophètes et de rois ont désiré voir ce que vous voyez, mais ne l'ont pas vu, et entendre ce que vous entendez, mais ne l'ont pas entendu. »

## La parabole du bon Samaritain

**25** Un maître de la loi intervint alors. Pour tendre un piège à Jésus, il lui demanda : « Maître, que dois-je faire pour recevoir la vie éternelle ? » **26** Jésus lui dit : « Qu'est-il écrit dans notre loi ? Qu'est-ce que tu y lis ? » **27** L'homme répondit : « "Tu dois aimer le Seigneur ton Dieu de tout ton cœur, de toute ton âme, de toute ta force et de toute ton intelligence." Et aussi : "Tu dois aimer ton prochain comme toi-même." » **28** Jésus lui dit alors : « Tu as bien répondu. Fais cela et tu vivras. » **29** Mais le maître de la loi voulait justifier sa question. Il demanda donc à Jésus : « Qui est mon prochain ? » **30** Jésus répondit : « Un homme descendait de Jérusalem à Jéricho, lorsque des brigands l'attaquèrent, lui prirent tout ce qu'il avait, le battirent et s'en allèrent en le laissant à demi-mort. **31** Il se trouva qu'un prêtre descendait cette route. Quand il vit

*Jésus voit Satan tomber comme un éclair (verset 18). Ses disciples, des hommes simples, perçoivent le déclin du règne des démons sur les hommes, alors que cela reste caché aux « sages et aux gens instruits » (verset 21). Les détenteurs du pouvoir, en effet, prennent l'action de Jésus comme une menace alors que les pauvres et les petits reprennent espoir ; ils sont les premiers bénéficiaires du renouveau apporté par Jésus.*

l'homme, il passa de l'autre côté de la route et s'éloigna. ³² De même, un lévite arriva à cet endroit, il vit l'homme, passa de l'autre côté de la route et s'éloigna. ³³ Mais un Samaritain, qui voyageait par là, arriva près du blessé. Quand il le vit, il en eut profondément pitié. ³⁴ Il s'en approcha encore plus, versa de l'huile et du vin sur ses blessures et les recouvrit de pansements. Puis il le plaça sur sa propre bête et le mena dans un hôtel, où il prit soin de lui. ³⁵ Le lendemain, il sortit deux pièces d'argent, les donna à l'hôtelier et lui dit : "Prends soin de cet homme ; lorsque je repasserai par ici, je te paierai moi-même ce que tu auras dépensé en plus pour lui." »

³⁶ Jésus ajouta : « Lequel de ces trois te semble avoir été le prochain de l'homme attaqué par les brigands ? » ³⁷ Le maître de la loi répondit : « Celui qui a été bon pour lui. » Jésus lui dit alors : « Va et fais de même. »

## Jésus chez Marthe et Marie

³⁸ Tandis que Jésus et ses disciples étaient en chemin, il entra dans un village où une femme, appelée Marthe, le

reçut chez elle. ³⁹ Elle avait une sœur, appelée Marie, qui, après s'être assise aux pieds du Seigneur, écoutait ce qu'il enseignait. ⁴⁰ Marthe était très affairée à tout préparer pour le repas. Elle survint et dit : « Seigneur, cela ne te fait-il rien que ma sœur me laisse seule pour accomplir tout le travail ? Dis-lui donc de m'aider. » ⁴¹ Le Seigneur lui répondit : « Marthe, Marthe, tu t'inquiètes et tu t'agites pour beaucoup de choses, ⁴² mais une seule est nécessaire. Marie a choisi la meilleure part, qui ne lui sera pas enlevée. »

**Qui est mon prochain ?**

*Dans ce récit, le maître de la loi est d'accord avec Jésus pour dire que l'essentiel de la loi consiste à aimer Dieu et son prochain. Mais il lui reste une question : « Qui est mon prochain ? » Avec la parabole du Samaritain (Juifs et Samaritains se détestaient), Jésus lui donne l'exemple d'un Samaritain qui s'est fait proche d'un étranger. Jésus invite le maître de la loi, et à travers lui chacun de nous, à nous faire le prochain de ceux que nous rencontrons.*

*A qui l'homme blessé, puis secouru, va-t-il pouvoir dire sa reconnaissance ? Son bienfaiteur ayant poursuivi son voyage, c'est à ceux qu'il va rencontrer sur sa route qu'il pourra rendre ce qu'il a lui-même reçu. En aimant les autres on ne fait que rendre et fructifier l'amour de ceux qui nous ont aimés.*

*Jésus chez Marthe et Marie, peinture de l'église Saint-Gervais, Paris.
Jésus réagit contre le zèle travailleur de Marthe.
Un activisme incessant ne convient pas. Mais ce repas chez Marthe et Marie soulève peut-être une autre question importante, celle de la place de la femme. Marthe ne proteste-t-elle pas tout simplement parce que Marie n'est pas à sa place ? Aucun rabbin n'a de disciples femmes et ce n'est pas la place d'une femme de discuter des Écritures, sa place est à la cuisine !
En permettant à Marie de participer à l'échange, Jésus bouleverse les traditions.*

## Jésus et la prière

**11** [1] Un jour, Jésus priait en un certain lieu. Quand il eut fini, un de ses disciples lui demanda : « Seigneur, enseigne-nous à prier, comme Jean l'a appris à ses disciples. » [2] Jésus leur déclara : « Quand vous priez, dites :
"Père,
que tous reconnaissent que tu es le Dieu saint
que ton Règne vienne.
[3] Donne-nous chaque jour le pain nécessaire.
[4] Pardonne-nous nos péchés,
car nous pardonnons nous-mêmes à tous ceux qui
nous ont fait du tort.
Et ne nous expose pas à la tentation." »

[5] Jésus leur dit encore : « Supposons ceci : l'un d'entre vous a un ami qu'il s'en va trouver chez lui à minuit pour lui dire : "Mon ami, prête-moi trois pains. [6] Un de mes amis qui est en voyage vient d'arriver chez moi et je n'ai rien à lui offrir." [7] Et supposons que l'autre lui réponde de l'intérieur de la maison : "Laisse-moi tranquille ! La porte est déjà fermée à clé, mes enfants et moi sommes au lit ; je ne peux pas me lever pour te donner des pains." [8] Eh bien, je vous l'affirme, même s'il ne se lève pas par amitié pour les lui donner, il se lèvera pourtant et lui donnera tout ce dont il a besoin parce que son ami insiste sans se gêner. [9] Et moi, je vous dis : demandez et vous recevrez ; cherchez et vous trouverez ; frappez et l'on vous ouvrira la porte. [10] Car quiconque demande reçoit, qui cherche trouve et l'on ouvrira la porte à qui frappe. [11] Si l'un d'entre vous est père, donnera-t-il un serpent à son fils alors que celui-ci lui demande un poisson ? [12] Ou bien lui donnera-t-il un scorpion s'il demande un œuf ? [13] Tout mauvais que vous êtes, vous savez donner de bonnes choses à vos enfants. A combien plus forte raison, donc, le Père qui est au ciel donnera-t-il le Saint-Esprit à ceux qui le lui demandent ! »

## Jésus répond à une accusation portée contre lui

[14] Jésus était en train de chasser un esprit mauvais qui rendait un homme muet. Quand l'esprit mauvais sortit, le muet se mit à parler et, dans la foule, les gens furent remplis d'étonnement. [15] Cependant, quelques-uns dirent : « C'est Béelzébul, le chef des esprits mauvais, qui lui donne le pouvoir de chasser ces esprits ! » [16] D'autres voulaient lui tendre un piège : ils lui demandèrent de montrer par un signe miraculeux qu'il venait de Dieu.

*Comment serait notre monde si l'amour de Dieu s'instaurait parmi nous, si chacun avait chaque jour le pain dont il a besoin, si nous étions capables de demander pardon et de pardonner et si nous avions la force de tout faire concourir au bien ? Le « Notre Père » n'est pas une nouvelle recette de prière que Jésus apprend à ses disciples, mais une attitude d'ouverture à Dieu et aux autres qui engage toute la vie.*

¹⁷ Mais Jésus connaissait leurs pensées ; il leur dit alors : « Tout royaume dont les habitants luttent les uns contre les autres finit par être détruit, ses maisons s'écroulent les unes sur les autres. ¹⁸ Si donc Satan est en lutte contre lui-même, comment son royaume pourra-t-il se maintenir ? Vous dites, en effet, que je chasse les esprits mauvais parce que Béelzébul m'en donne le pouvoir. ¹⁹ Si je les chasse de cette façon, qui donne à vos partisans le pouvoir de les chasser ? Vos partisans eux-mêmes démontrent que vous avez tort ! ²⁰ En réalité, c'est avec la puissance de Dieu que je chasse les esprits mauvais, ce qui signifie que le Royaume de Dieu est déjà venu jusqu'à vous.

²¹ « Quand un homme fort et bien armé garde sa maison, tous ses biens sont en sûreté. ²² Mais si un homme plus fort que lui arrive et s'en rend vainqueur, il lui enlève les armes dans lesquelles il mettait sa confiance et il distribue tout ce qu'il lui a pris.

²³ « Celui qui n'est pas avec moi est contre moi ; et celui qui ne m'aide pas à rassembler disperse. »

## Le retour de l'esprit mauvais

²⁴ « Lorsqu'un esprit mauvais est sorti d'un homme, il va et vient dans des espaces déserts en cherchant un lieu où s'établir. S'il n'en trouve pas, il se dit alors : "Je vais retourner dans ma maison, celle que j'ai quittée." ²⁵ Il y retourne et la trouve balayée, bien arrangée. ²⁶ Alors il s'en va prendre sept autres esprits encore plus malfaisants que lui ; ils reviennent ensemble dans la maison et s'y installent. Finalement, l'état de cet homme est donc pire qu'au début. »

## Le vrai bonheur

²⁷ Jésus venait de parler ainsi, quand une femme s'adressa à lui du milieu de la foule : « Heureuse est la femme qui t'a porté en elle et qui t'a allaité ! » ²⁸ Mais Jésus répondit : « Heureux plutôt ceux qui écoutent la parole de Dieu et la mettent en pratique ! »

## La demande d'un signe miraculeux

²⁹ Tandis que les foules s'amassaient autour de Jésus, il se mit à dire : « Les gens d'aujourd'hui sont mauvais ; ils réclament un signe miraculeux, mais aucun signe ne leur sera accordé si ce n'est celui de Jonas. ³⁰ En effet, de même que Jonas fut un signe pour les habitants de Ninive, ainsi le Fils de l'homme sera un signe pour les gens d'aujourd'hui. ³¹ Au jour du Jugement, la reine du Sud se lèvera en face des gens d'aujourd'hui et les accusera, car

*Un homme possédé n'est plus maître de lui-même. Le démon qui l'habite lui fait pousser des cris ou l'enferme dans le silence. Jésus chasse les démons. Leur puissance est sur le déclin, ils doivent céder devant plus fort qu'eux.*

*Certains disciples , après l'enthousiasme de leur conversion, se sont reposés sur leurs lauriers. Dans ce passage, Luc invite ses lecteurs à prendre au sérieux leur conversion à l'Évangile. Le chemin n'est pas tout tracé, c'est une lutte de tous les jours.*

*Être à l'écoute de la Parole de Dieu, la méditer, se laisser transformer par elle, la mettre en œuvre dans notre vie est source de joie profonde. Parfois l'Évangile nous heurte ou nous paraît obscur. Se confronter à lui nous élève et nous rend plus libre.*

elle est venue des régions les plus lointaines de la terre pour écouter les paroles pleines de sagesse de Salomon. Et il y a ici plus que Salomon ! ³² Au jour du Jugement, les habitants de Ninive se lèveront en face des gens d'aujourd'hui et les accuseront, car les Ninivites ont changé de comportement quand ils ont entendu prêcher Jonas. Et il y a ici plus que Jonas ! »

### La lumière du corps

³³ « Personne n'allume une lampe pour la cacher ou la mettre sous un seau ; au contraire, on la place sur son support, afin que ceux qui entrent voient la lumière. ³⁴ Tes yeux sont la lampe de ton corps : si tes yeux sont en bon état, tout ton corps est éclairé ; mais si tes yeux sont mauvais, alors ton corps est dans l'obscurité. ³⁵ Ainsi, prends garde que la lumière qui est en toi ne soit pas obscurité. ³⁶ Si donc tout ton corps est éclairé, sans aucune partie dans l'obscurité, il sera tout entier en pleine lumière, comme lorsque la lampe t'illumine de sa brillante clarté. »

*Une lampe à huile avec un bec pour poser la mèche enflammée. La lumière qui nous habite est celle que Jésus met en nous. Nous ne sommes pas prostrés dans le noir. Quand nous découvrons que Dieu nous aime tels que nous sommes et nous appelle à la vie en plénitude, toute notre vie est transformée jusque dans ses moindres petits gestes.*

### Jésus accuse les Pharisiens et les maîtres de la loi

³⁷ Quand Jésus eut fini de parler, un Pharisien l'invita à prendre un repas chez lui. Jésus entra et se mit à table. ³⁸ Le Pharisien s'étonna lorsqu'il remarqua que Jésus ne s'était pas lavé avant le repas. ³⁹ Le Seigneur lui dit alors : « Voilà comme vous êtes, vous les Pharisiens : vous nettoyez l'extérieur de la coupe et du plat, mais à l'intérieur vous êtes pleins du désir de voler et pleins de méchanceté. ⁴⁰ Insensés que vous êtes ! Dieu qui a fait l'extérieur n'a-t-il pas aussi fait l'intérieur ? ⁴¹ Donnez donc plutôt aux pauvres ce qui est dans vos coupes et vos plats, et tout sera pur pour vous.

⁴² « Malheur à vous, Pharisiens ! Vous donnez à Dieu le dixième de plantes comme la menthe et la rue, ainsi que de toutes sortes de légumes, mais vous négligez la justice et l'amour pour Dieu : c'est pourtant là ce qu'il fallait pratiquer, sans négliger le reste.

⁴³ « Malheur à vous, Pharisiens ! Vous aimez les sièges les plus en vue dans les synagogues et vous aimez à recevoir des salutations respectueuses sur les places publiques. ⁴⁴ Malheur à vous ! Vous êtes comme des tombeaux qu'on ne remarque pas et sur lesquels on marche sans le savoir ! »

**45** Un des maîtres de la loi lui dit : « Maître, en parlant ainsi, tu nous insultes nous aussi ! » **46** Jésus répondit : « Malheur à vous aussi, maîtres de la loi ! Vous mettez sur le dos des gens des fardeaux difficiles à porter, et vous ne bougez pas même un seul doigt pour les aider à porter ces fardeaux. **47** Malheur à vous ! Vous construisez de beaux tombeaux pour les prophètes, ces prophètes que vos ancêtres ont tués ! **48** Vous montrez ainsi que vous approuvez les actes de vos ancêtres, car ils ont tué les prophètes, et vous, vous construisez leurs tombeaux ! **49** C'est pourquoi Dieu, dans sa sagesse, a déclaré : "Je leur enverrai des prophètes et des apôtres ; ils tueront certains d'entre eux et en persécuteront d'autres." **50** Par conséquent, les gens d'aujourd'hui supporteront les conséquences des meurtres commis contre tous les prophètes depuis la création du monde, **51** depuis le meurtre d'Abel jusqu'à celui de Zacharie, qui fut tué entre l'autel et le sanctuaire. Oui, je vous l'affirme, les gens d'aujourd'hui supporteront les conséquences de tous ces meurtres !

**52** « Malheur à vous, maîtres de la loi ! Vous avez pris la clé permettant d'ouvrir la porte du savoir : vous n'entrez pas vous-mêmes et vous empêchez d'entrer ceux qui le désirent. »

**53** Quand Jésus fut sorti de cette maison, les maîtres de la loi et les Pharisiens se mirent à lui manifester une violente fureur et à lui poser des questions sur toutes sortes de sujets : **54** ils lui tendaient des pièges pour essayer de surprendre quelque chose de faux dans ses paroles.

*Caïn et Abel, par Guido Reni, (1575-1642).*
*Jésus condamne les Pharisiens et les maîtres de la loi avec beaucoup de sévérité, car ils honorent les prophètes persécutés autrefois mais persécutent les prophètes de leur époque. La Bible relate l'histoire des martyrs depuis Abel jusqu'à Zacharie. Les Pharisiens n'ont pourtant pas retenu la leçon et vont persécuter Jésus et les apôtres.*

## Une mise en garde contre l'hypocrisie

**12** ¹ Pendant ce temps, les gens s'étaient assemblés par milliers, au point qu'ils se marchaient sur les pieds les uns des autres. Jésus s'adressa d'abord à ses disciples : « Gardez-vous, leur dit-il, du levain des Pharisiens, c'est-à-dire de leur hypocrisie. ² Tout ce qui est caché sera découvert, et tout ce qui est secret sera connu. ³ C'est pourquoi tout ce que vous aurez dit dans l'obscurité sera entendu à la lumière du jour, et ce que vous aurez murmuré à l'oreille d'autrui dans une chambre fermée sera crié du haut des toits. »

## Celui qu'il faut craindre

⁴ « Je vous le dis, à vous mes amis : ne craignez pas ceux qui tuent le corps mais qui, ensuite, ne peuvent rien faire de plus. ⁵ Je vais vous montrer qui vous devez craindre : craignez Dieu qui, après la mort, a le pouvoir de vous jeter en enfer. Oui, je vous le dis, c'est lui que vous devez craindre ! ⁶ « Ne vend-on pas cinq moineaux pour deux sous ? Cependant, Dieu n'en oublie pas un seul. ⁷ Et même vos cheveux sont tous comptés. N'ayez donc pas peur : vous valez plus que beaucoup de moineaux ! »

## Confesser ou renier Jésus-Christ

⁸ « Je vous le dis : quiconque reconnaît publiquement qu'il est mon disciple, le Fils de l'homme aussi reconnaîtra devant les anges de Dieu qu'il est à lui ; ⁹ mais si quelqu'un affirme publiquement ne pas me connaître, le Fils de l'homme aussi affirmera devant les anges de Dieu qu'il ne le connaît pas. ¹⁰ Quiconque dira une parole contre le Fils de l'homme sera pardonné ; mais celui qui aura fait insulte au Saint-Esprit ne recevra pas de pardon.

¹¹ « Quand on vous conduira pour être jugés dans les synagogues, ou devant les dirigeants ou les autorités, ne vous inquiétez pas de la manière dont vous vous défendrez ou de ce que vous aurez à dire, ¹² car le Saint-Esprit vous enseignera à ce moment-là ce que vous devez exprimer. »

## La parabole du riche insensé

¹³ Quelqu'un dans la foule dit à Jésus : « Maître, dis à mon frère de partager avec moi les biens que notre père nous a laissés. » ¹⁴ Jésus lui répondit : « Mon ami, qui m'a établi pour juger vos affaires ou pour partager vos biens ? » ¹⁵ Puis il dit à tous : « Attention ! Gardez-vous de tout

### Proclamer courageusement sa foi

*Vivre l'Évangile comporte des risques et implique des choix qui vont à contre-courant des idées dominantes. Les premiers chrétiens en savent quelque chose, ils ont eu leur lot de martyrs. Mais aujourd'hui encore, certains engagements au nom de la foi peuvent susciter le dénigrement, la marginalisation, l'exclusion ou l'emprisonnement. Ce passage d'Évangile est un appel à persévérer, et à garder la foi. Il est aussi une invitation à la confiance en Dieu qui ne nous abandonne jamais.*

amour des richesses, car la vie d'un homme ne dépend pas de ses biens, même s'il est très riche. »

¹⁶ Il leur raconta alors cette parabole : « Un homme riche avait des terres qui lui rapportèrent de bonnes récoltes. ¹⁷ Il réfléchissait et se demandait : "Que vais-je faire ? Je n'ai pas de place où amasser toutes mes récoltes." ¹⁸ Puis il ajouta : "Voici ce que je vais faire : je vais démolir mes greniers, j'en construirai de plus grands, j'y amasserai tout mon blé et mes autres biens. ¹⁹ Ensuite, je me dirai à moi-même : Mon cher, tu as des biens en abondance pour de nombreuses années ; repose-toi, mange, bois et jouis de la vie." ²⁰ Mais Dieu lui dit : "Insensé ! Cette nuit même tu cesseras de vivre. Et alors, pour qui sera tout ce que tu as accumulé ?" » ²¹ Jésus ajouta : « Ainsi en est-il de celui qui amasse des richesses pour lui-même, mais qui n'est pas riche aux yeux de Dieu. »

*Les hommes planifient et essaient de garantir leur avenir en constituant des réserves. A quoi bon entasser s'ils perdent le sens de l'accueil, du partage et de la solidarité ? Ils y perdent leur âme.*

## Avoir confiance en Dieu

²² Puis Jésus dit à ses disciples : « Voilà pourquoi je vous dis : Ne vous inquiétez pas au sujet de la nourriture dont vous avez besoin pour vivre, ou au sujet des vêtements dont vous avez besoin pour votre corps. ²³ Car la vie est plus importante que la nourriture et le corps plus important que les vêtements. ²⁴ Regardez les corbeaux : ils ne sèment ni ne moissonnent, ils n'ont ni cave à provisions ni grenier, mais Dieu les nourrit ! Vous valez beaucoup plus que les oiseaux ! ²⁵ Qui d'entre vous parvient à prolonger un peu la durée de sa vie par le souci qu'il se fait ? ²⁶ Si donc vous ne pouvez rien pour ce qui est très peu de chose, pourquoi vous inquiétez-vous au sujet du reste ? ²⁷ Regardez comment poussent les fleurs des champs : elles ne travaillent pas et ne tissent pas de vêtements. Pourtant, je vous le dis, même Salomon, avec toute sa richesse, n'a pas eu de vêtements aussi beaux qu'une seule de ces fleurs. ²⁸ Dieu revêt ainsi l'herbe des champs qui est là aujourd'hui et qui demain sera jetée au feu : à combien plus forte raison vous vêtira-t-il vous-mêmes ! Comme votre confiance en lui est faible ! ²⁹ Ne vous tourmentez donc pas à chercher continuellement ce que vous allez manger et boire. ³⁰ Ce sont les païens de ce monde qui recherchent sans arrêt tout cela. Mais vous, vous avez un Père qui sait que vous en avez besoin. ³¹ Préoccupez-vous plutôt du Royaume de Dieu et Dieu vous accordera aussi le reste. »

*« Regardez les corbeaux ! »*
*(Luc 12,24)*

*Regardez la nature, elle peut nous faire signe. Jésus n'invite pas à l'oisiveté mais à faire confiance à la vie et à discerner l'essentiel. Cette confiance est à développer entre les hommes et dans nos relations avec le Père. Une part d'inquiétude peut être créatrice quand elle se fonde sur l'espérance. Celle-ci illumine notre action, donne un sens à nos vies, entretient notre courage et nous libère de la quête frénétique d'acquérir, de posséder, d'amasser des biens superficiels. Cherchez avant tout, dit Jésus, ce qui construit l'homme pour qu'il soit à l'image de Dieu.*

« Votre cœur sera toujours là où sont vos richesses. »
(Luc 12,34)
Ce qui subsistera de nous, ce sont les liens que nous avons tissés, l'amour reçu et donné. Là est notre vraie richesse. La présence aux choses, aux êtres, à soi-même, à Dieu vaut plus que tout l'or du monde. Nos biens procurent joie et bonheur lorsqu'ils contribuent à la relation avec nos frères et sont au service de l'amour.

**La venue du Royaume de Dieu**

Il faut se tenir prêt à la venue du Christ. Il frappe à notre porte tous les jours au travers des événements, des rencontres, des appels… Heureux ceux qui veillent et qui l'accueillent.

## Des richesses dans le ciel

**32** « N'aie pas peur, petit troupeau ! Car il a plu à votre Père de vous donner le Royaume. **33** Vendez vos biens et donnez l'argent aux pauvres. Munissez-vous de bourses qui ne s'usent pas, amassez-vous des richesses dans les cieux, où elles ne disparaîtront jamais : les voleurs ne peuvent pas les y atteindre ni les vers les détruire. **34** Car votre cœur sera toujours là où sont vos richesses. »

## Des serviteurs qui veillent

**35** « Soyez prêts à agir, avec la ceinture serrée autour de la taille et vos lampes allumées. **36** Soyez comme des serviteurs qui attendent leur maître au moment où il va revenir d'un mariage, afin de lui ouvrir la porte dès qu'il arrivera et frappera. **37** Heureux ces serviteurs que le maître, à son arrivée, trouvera éveillés ! Je vous le déclare, c'est la vérité : il attachera sa ceinture, les fera prendre place à table et viendra les servir. **38** S'il revient à minuit ou même plus tard encore et qu'il les trouve éveillés, heureux sont-ils !

**39** « Comprenez bien ceci : si le maître de la maison savait à quelle heure le voleur doit venir, il ne le laisserait pas pénétrer dans la maison. **40** Tenez-vous prêts, vous aussi, car le Fils de l'homme viendra à l'heure que vous ne pensez pas. »

## Le serviteur fidèle et le serviteur infidèle

**41** Alors Pierre demanda : « Seigneur, dis-tu cette parabole pour nous seulement ou bien pour tout le monde ? »

**42** Le Seigneur répondit : « Quel est donc le serviteur fidèle et intelligent ? En voici un que son maître va charger de veiller sur la maison et de donner aux autres serviteurs leur part de nourriture au moment voulu. **43** Heureux ce serviteur si le maître, à son retour chez lui, le trouve occupé à ce travail ! **44** Je vous le déclare, c'est la vérité : le maître lui confiera la charge de tous ses biens. **45** Mais si le serviteur se dit : "Mon maître tarde à revenir", s'il se met alors à battre les autres serviteurs et les servantes, s'il mange, boit et s'enivre, **46** alors le maître reviendra un jour où le serviteur ne l'attend pas et à une heure qu'il ne connaît pas ; il chassera le serviteur et lui fera partager le sort des infidèles. **47** Le serviteur qui sait ce que veut son maître, mais ne se tient pas prêt à le faire, recevra de nombreux coups. **48** Par contre, le serviteur qui ne sait pas ce que veut son maître et agit de telle façon qu'il mérite d'être battu, recevra peu de coups. A qui l'on a beaucoup donné, on demandera beaucoup ; à qui l'on a confié beaucoup, on demandera encore plus. »

## Jésus, cause de division

**49** « Je suis venu apporter un feu sur la terre et combien je voudrais qu'il soit déjà allumé ! **50** Je dois recevoir un baptême et quelle angoisse pour moi jusqu'à ce qu'il soit accompli ! **51** Pensez-vous que je sois venu apporter la paix sur la terre ? Non, je vous le dis, mais la division. **52** Dès maintenant, une famille de cinq personnes sera divisée, trois contre deux et deux contre trois. **53** Le père sera contre son fils et le fils contre son père, la mère contre sa fille et la fille contre sa mère, la belle-mère contre sa belle-fille et la belle-fille contre sa belle-mère. »

## Comprendre le sens des temps

**54** Jésus disait aussi à la foule : « Quand vous voyez un nuage se lever à l'ouest, vous dites aussitôt : "Il va pleuvoir", et c'est ce qui arrive. **55** Et quand vous sentez souffler le vent du sud, vous dites : "Il va faire chaud", et c'est ce qui arrive. **56** Hypocrites ! Vous êtes capables de comprendre ce que signifient les aspects de la terre et du ciel ; alors, pourquoi ne comprenez-vous pas le sens du temps présent ? »

## Trouver un arrangement avec son adversaire

**57** « Pourquoi ne jugez-vous pas par vous-mêmes de la juste façon d'agir ? **58** Si tu es en procès avec quelqu'un et que vous alliez ensemble au tribunal, efforce-toi de trouver un arrangement avec lui pendant que vous êtes en chemin. Tu éviteras ainsi que ton adversaire ne te traîne devant le juge, que le juge ne te livre à la police et que la police ne te jette en prison. **59** Tu ne sortiras pas de là, je te l'affirme, tant que tu n'auras pas payé ta dette jusqu'au dernier centime. »

*« Vous êtes capables de comprendre ce que signifient les aspects de la terre et du ciel ; alors, pourquoi ne comprenez-vous pas le sens du temps présent ? » (Luc, 12,56) Au lieu de lire dans le ciel le temps qu'il fera, il vaut mieux comprendre les signes annonçant les temps nouveaux. Jésus est conscient que beaucoup, ayant peur des conséquences sur leur vie, ferment les yeux sur les signes des temps.*

## Changer de comportement ou mourir

*Les catastrophes et les accidents ont longtemps été interprétés comme des punitions envoyées par Dieu. Il n'en est évidemment rien, dit Jésus, ne prêtez pas l'oreille à ce type de discours. Puis il met en garde contre les conséquences de nos actes. Ceux-ci peuvent conduire à détruire la vie. Ne dit-on pas : qui sème le vent, récolte la tempête ?*

13 ¹ En ce temps-là, quelques personnes vinrent raconter à Jésus comment Pilate avait fait tuer des Galiléens au moment où ils offraient des sacrifices à Dieu. ² Jésus leur répondit : « Pensez-vous que si ces Galiléens ont été ainsi massacrés, cela signifie qu'ils étaient de plus grands pécheurs que tous les autres Galiléens ? ³ Non, vous dis-je ; mais si vous ne changez pas de comportement, vous mourrez tous comme eux. ⁴ Et ces dix-huit personnes que la tour de Siloé a écrasées en s'écroulant, pensez-vous qu'elles étaient plus coupables que tous les autres habitants de Jérusalem ? ⁵ Non, vous dis-je ; mais si vous ne changez pas de comportement, vous mourrez tous comme eux. »

## La parabole du figuier sans figues

⁶ Puis Jésus leur dit cette parabole : « Un homme avait un figuier planté dans sa vigne. Il vint y chercher des figues, mais n'en trouva pas. ⁷ Il dit alors au vigneron : "Regarde : depuis trois ans je viens chercher des figues sur ce figuier et je n'en trouve pas. Coupe-le donc ! Pourquoi occupe-t-il du terrain inutilement ?" ⁸ Mais le vigneron lui répondit : "Maître, laisse-le cette année encore ; je vais creuser la terre tout autour et j'y mettrai du fumier. ⁹ Ainsi, il donnera peut-être des figues l'année prochaine ; sinon, tu le feras couper." »

*Des homme vont, courbés sous le poids des malheurs, de la misère ou des travaux, sous le joug de l'autorité ou des puissants.*

*Jésus les libère de ce qui les entrave, les aide à se redresser et leur donne la possibilité de regarder la vie en face. Il libère aussi de certaines « contrefaçons » de la religion. Le sabbat n'est pas le jour où tout s'arrête, c'est le jour où l'image de Dieu en l'homme est restaurée.*

## Jésus guérit une femme infirme le jour du sabbat

¹⁰ Un jour de sabbat, Jésus enseignait dans une synagogue. ¹¹ Une femme malade se trouvait là : depuis dix-huit ans, un esprit mauvais la tenait courbée et elle était totalement incapable de se redresser. ¹² Quand Jésus vit cette femme, il l'appela et lui dit : « Tu es délivrée de ta maladie. » ¹³ Il posa les mains sur elle et, aussitôt, elle se redressa et se mit à louer Dieu. ¹⁴ Mais le chef de la synagogue était indigné de ce que Jésus avait accompli une guérison le jour du sabbat. Il s'adressa alors à la foule : « Il y a six jours pendant lesquels on doit travailler ; venez donc vous faire guérir ces jours-là et non le jour du sabbat ! » ¹⁵ Le Seigneur lui répondit en ces mots : « Hypocrites que vous êtes ! Le jour du sabbat, chacun de vous détache de la crèche son bœuf ou son âne pour le mener boire, n'est-ce pas ? ¹⁶ Et cette femme, descendante d'Abraham, que Satan a tenue liée pendant dix-huit ans, ne fallait-il pas la détacher de ses liens le jour du sabbat ? »

**17** Cette réponse de Jésus remplit de honte tous ses adversaires ; mais la foule entière se réjouissait de toutes les œuvres magnifiques qu'il accomplissait.

## La parabole de la graine de moutarde

**18** Jésus dit : « A quoi le Royaume de Dieu ressemble-t-il ? A quoi puis-je le comparer ? **19** Il ressemble à une graine de moutarde qu'un homme a prise et mise en terre dans son jardin : elle a poussé, elle est devenue un arbre et les oiseaux ont fait leurs nids dans ses branches. »

## La parabole du levain

**20** Jésus dit encore : « A quoi puis-je comparer le Royaume de Dieu ? **21** Il ressemble au levain qu'une femme prend et mêle à une grande quantité de farine, si bien que toute la pâte lève. »

## La porte étroite

**22** Jésus traversait villes et villages et enseignait en faisant route vers Jérusalem. **23** Quelqu'un lui demanda : « Maître, n'y a-t-il que peu de gens qui seront sauvés ? » Jésus répondit : **24** « Efforcez-vous d'entrer par la porte étroite ; car, je vous l'affirme, beaucoup essayeront d'entrer et ne le pourront pas.

**25** « Quand le maître de maison se sera levé et aura fermé la porte à clé, vous vous trouverez dehors, vous vous mettrez à frapper à la porte et à dire : "Maître, ouvre-nous." Il vous répondra : "Je ne sais pas d'où vous êtes !" **26** Alors, vous allez lui dire : "Nous avons mangé et bu avec toi, tu as enseigné dans les rues de notre ville." **27** Il vous dira de nouveau : "Je ne sais pas d'où vous êtes. Écartez-vous de moi, vous tous qui commettez le mal !" **28** C'est là que vous pleurerez et grincerez des dents, quand vous verrez Abraham, Isaac, Jacob et tous les prophètes dans le Royaume de Dieu et que vous serez jetés dehors ! **29** Des hommes viendront de l'est et de l'ouest, du nord et du sud et prendront place à table dans le Royaume de Dieu. **30** Et alors, certains de ceux qui sont maintenant les derniers seront les premiers et d'autres qui sont maintenant les premiers seront les derniers. »

## Jésus et Jérusalem

**31** A ce moment-là, quelques Pharisiens s'approchèrent de Jésus et lui dirent : « Pars d'ici, va-t'en ailleurs, car Hé-

*Toute œuvre bonne et toute pratique religieuse n'ont de sens et de fécondité que si elles naissent de la foi et contribuent à faire grandir l'amour. Celui qui aime connaît Dieu et Dieu demeure en lui, dit l'apôtre Jean dans une de ses lettres. Celui qui n'aime pas ne connaît pas Dieu. La porte est étroite, mais il y aura du monde au festin du Royaume, affirme Jésus.*

*La forteresse dite de David, mais datant du Moyen Age. Jésus est sur le chemin de Jérusalem.*

### A table

*Jésus est de nouveau invité à la table d'un Pharisien (voir Luc 7,36-50). Comme il était d'usage, le repas commence par une discussion sur un texte de la Loi. La conversation est très animée. La controverse donne l'occasion à Luc de rappeler des paraboles sur le thème du festin, avec toujours la même insistance sur la place des pauvres, des petits et des exclus. On retrouve ici cette attention de Jésus envers tous ceux qui ne comptent pour personne.*

### Le grand festin

*L'image familière du festin suggère la convivialité dans le Royaume de Dieu. Dans ce récit, le festin a commencé, mais les invités refusent de venir.*

*Ils sont occupés par leurs affaires et en fin de compte préoccupés d'eux-mêmes. Les pauvres, les défavorisés, en revanche, répondent à l'appel. L'invitation au festin dépasse même les murs de la ville. Cette parabole dit le désir de Dieu de rassembler tous les hommes afin qu'ils vivent dans son amour et goûtent à sa joie.*

rode veut te faire mourir. » **32** Jésus leur répondit : « Allez dire à cette espèce de renard : "Je chasse des esprits mauvais et j'accomplis des guérisons aujourd'hui et demain, et le troisième jour j'achève mon œuvre." **33** Mais il faut que je continue ma route aujourd'hui, demain et le jour suivant, car il ne convient pas qu'un prophète soit mis à mort ailleurs qu'à Jérusalem.

**34** « Jérusalem, Jérusalem, toi qui mets à mort les prophètes et tues à coups de pierres ceux que Dieu t'envoie ! Combien de fois ai-je désiré rassembler tes habitants auprès de moi comme une poule rassemble ses poussins sous ses ailes, mais vous ne l'avez pas voulu ! **35** Eh bien, votre maison va être abandonnée. Je vous le déclare : vous ne me verrez plus jusqu'à ce que vienne le moment où vous direz : « Que Dieu bénisse celui qui vient au nom du Seigneur ! " »

## Jésus guérit un malade

**14** **1** Un jour de sabbat, Jésus se rendit chez un des chefs des Pharisiens pour y prendre un repas. Ceux qui étaient là observaient attentivement Jésus. **2** Un homme atteint d'hydropisie se tenait devant lui. **3** Jésus prit la parole et demanda aux maîtres de la loi et aux Pharisiens : « Notre loi permet-elle ou non de faire une guérison le jour du sabbat ? » **4** Mais ils ne voulurent pas répondre. Alors Jésus toucha le malade, le guérit et le renvoya. **5** Puis il leur dit : « Si l'un de vous a un fils ou un bœuf qui tombe dans un puits, ne va-t-il pas l'en retirer aussitôt, même le jour du sabbat ? » **6** Ils furent incapables de répondre à cela.

## La façon de choisir une place et la façon d'inviter

**7** Jésus remarqua comment les invités choisissaient les meilleures places. Il dit alors à tous cette parabole : **8** « Lorsque quelqu'un t'invite à un repas de mariage, ne va pas t'asseoir à la meilleure place. Il se pourrait en effet que quelqu'un de plus important que toi ait été invité **9** et que celui qui vous a invités l'un et l'autre vienne te dire : "Laisse-lui cette place." Alors tu devrais, tout honteux, te mettre à la dernière place. **10** Au contraire, lorsque tu es invité, va t'installer à la dernière place, pour qu'au moment où viendra celui qui t'a invité, il te dise : "Mon ami, viens t'asseoir à une meilleure place." Ainsi, ce sera pour toi un honneur devant tous ceux qui seront à table avec toi. **11** En effet, quiconque s'élève sera abaissé, et celui qui s'abaisse sera élevé. »

¹² Puis Jésus dit à celui qui l'avait invité : « Quand tu donnes un déjeuner ou un dîner, n'invite ni tes amis, ni tes frères, ni les membres de ta parenté, ni tes riches voisins ; car ils pourraient t'inviter à leur tour et tu serais ainsi payé pour ce que tu as donné. ¹³ Mais quand tu offres un repas de fête, invite les pauvres, les infirmes, les boiteux et les aveugles. ¹⁴ Tu seras heureux, car ils ne peuvent pas te le rendre. Dieu te le rendra lorsque ceux qui ont fait le bien se relèveront de la mort. »

## La parabole du grand repas

¹⁵ Après avoir entendu ces mots, un de ceux qui étaient à table dit à Jésus : « Heureux celui qui prendra son repas dans le Royaume de Dieu ! » ¹⁶ Jésus lui raconta cette parabole : « Un homme offrit un grand repas auquel il invita beaucoup de monde. ¹⁷ A l'heure du repas, il envoya son serviteur dire aux invités : "Venez, car c'est prêt maintenant." ¹⁸ Mais tous, l'un après l'autre, se mirent à s'excuser. Le premier dit au serviteur : "J'ai acheté un champ et il faut que j'aille le voir ; je te prie de m'excuser." ¹⁹ Un autre lui dit : "J'ai acheté cinq paires de bœufs et je vais les essayer ; je te prie de m'excuser." ²⁰ Un autre encore dit : "Je viens de me marier et c'est pourquoi je ne peux pas y aller." ²¹ Le serviteur retourna auprès de son maître et lui rapporta ces réponses. Le maître de la maison se mit en colère et dit à son serviteur : "Va vite sur les places et dans les rues de la ville, et amène ici les pauvres, les infirmes, les aveugles et les boiteux." ²² Après un moment, le serviteur vint dire : "Maître, tes ordres ont été exécutés, mais il y a encore de la place." ²³ Le maître dit alors à son serviteur : "Va sur les chemins de campagne, le long des haies, et oblige les gens à entrer, afin que ma maison soit remplie. ²⁴ Je vous le dis : aucun de ceux qui avaient été invités ne mangera de mon repas !" »

*Des mets raffinés et des fruits figurent sur la table des riches. A cette table doivent justement être accueillis ceux qui n'ont pas les moyens de rendre une telle invitation.*

## Les conditions nécessaires pour être disciple

²⁵ Une foule immense faisait route avec Jésus. Il se retourna et dit à tous : ²⁶ « Celui qui vient à moi doit me préférer à son père, sa mère, sa femme, ses enfants, ses frères, ses sœurs, et même à sa propre personne. Sinon, il ne peut pas être mon disciple. ²⁷ Celui qui ne porte pas sa croix pour me suivre ne peut pas être mon disciple. ²⁸ Si l'un de vous veut construire une tour, il s'assied d'abord pour calculer la dépense et voir s'il a assez d'argent pour achever le travail. ²⁹ Autrement, s'il pose les

fondations sans pouvoir achever la tour, tous ceux qui verront cela se mettront à rire de lui [30] en disant : "Cet homme a commencé de construire mais a été incapable d'achever le travail !" [31] De même, si un roi veut partir en guerre contre un autre roi, il s'assied d'abord pour examiner s'il peut, avec dix mille hommes, affronter son adversaire qui marche contre lui avec vingt mille hommes. [32] S'il ne le peut pas, il envoie des messagers à l'autre roi, pendant qu'il est encore loin, pour lui demander ses conditions de paix. [33] Ainsi donc, ajouta Jésus, aucun de vous ne peut être mon disciple s'il ne renonce pas à tout ce qu'il possède. »

## Le sel inutile

[34] « Le sel est une bonne chose. Mais s'il perd son goût, comment pourrait-on le lui rendre ? [35] Il n'est alors bon ni pour la terre, ni pour le fumier ; on le jette dehors. Écoutez bien, si vous avez des oreilles pour entendre ! »

## La parabole du mouton perdu et retrouvé

**15** [1] Les collecteurs d'impôts et autres gens de mauvaise réputation s'approchaient tous de Jésus pour l'écouter. [2] Les Pharisiens et les maîtres de la loi critiquaient Jésus ; ils disaient : « Cet homme fait bon accueil aux gens de mauvaise réputation et mange avec eux ! » [3] Jésus leur dit alors cette parabole : [4] « Si quelqu'un parmi vous possède cent moutons et qu'il perde l'un d'entre eux, ne va-t-il pas laisser les quatre-vingt-dix-neuf autres dans leur pâturage pour partir à la recherche de celui qui est perdu jusqu'à ce qu'il le retrouve ? [5] Et quand il l'a retrouvé, il est tout joyeux : il met le mouton sur ses épaules, [6] il rentre chez lui, puis appelle ses amis et ses voisins et leur dit : "Réjouissez-vous avec moi, car j'ai retrouvé mon mouton, celui qui était perdu !" [7] De même, je vous le dis, il y aura plus de joie dans le ciel pour un seul pécheur qui commence une vie nouvelle que pour quatre-vingt-dix-neuf justes qui n'en ont pas besoin. »

*« Réjouissez-vous avec moi, car j'ai retrouvé mon mouton ! » (Luc 15,6)*
*Les Pharisiens rejetaient les pécheurs. Ils faisaient appel à la loi pour les condamner. Jésus agit autrement, il les accueille, réveille en eux le meilleur d'eux-mêmes et les réintègre. Il recherche sans se lasser ceux qui étaient considérés comme perdus, irrécupérables. Là est sa joie et il la partage.*

## La pièce d'argent perdue et retrouvée

[8] « Ou bien, si une femme possède dix pièces d'argent et qu'elle en perde une, ne va-t-elle pas allumer une lampe, balayer la maison et chercher avec soin jusqu'à ce qu'elle la retrouve ? [9] Et quand elle l'a retrouvée, elle appelle ses amies et ses voisines et leur dit : "Réjouissez-vous avec moi, car j'ai retrouvé la pièce d'argent que j'avais perdue !" [10] De même, je vous le dis, il y a de la joie

parmi les anges de Dieu pour un seul pécheur qui commence une vie nouvelle. »

## Le fils perdu et retrouvé

¹¹ Jésus dit encore : « Un homme avait deux fils. ¹² Le plus jeune dit à son père : "Mon père, donne-moi la part de notre fortune qui doit me revenir." Alors le père partagea ses biens entre ses deux fils. ¹³ Peu de jours après, le plus jeune fils vendit sa part de la propriété et partit avec son argent pour un pays éloigné. Là, il vécut dans le désordre et dissipa ainsi tout ce qu'il possédait. ¹⁴ Quand il eut tout dépensé, une grande famine survint dans ce pays, et il commença à manquer du nécessaire. ¹⁵ Il alla donc se mettre au service d'un des habitants du pays, qui

*Le retour des perdus*

*Les trois paraboles qui se suivent, celle de la brebis perdue, de la drachme perdue et de l'enfant perdu sont au cœur de l'évangile de Luc. Elles disent toutes la miséricorde de Dieu et sa joie de retrouver ceux qui étaient perdus.*

*Rembrandt souligne dans ce tableau le caractère exceptionnel du comportement du père avec son fils prodigue par l'attitude des témoins, qui observent la scène avec critique et distance.*
*Celui qui est prêt à retourner vers Dieu ne se verra pas reprocher ses errances. Il sera accueilli avec la joie du père qui a retrouvé son fils perdu.*

l'envoya dans ses champs garder les cochons. ¹⁶ Il aurait bien voulu se nourrir des fruits du caroubier que mangeaient les cochons, mais personne ne lui en donnait. ¹⁷ Alors, il se mit à réfléchir sur sa situation et se dit : "Tous les ouvriers de mon père ont plus à manger qu'il ne leur en faut, tandis que moi, ici, je meurs de faim ! ¹⁸ Je veux repartir chez mon père et je lui dirai : Mon père, j'ai péché contre Dieu et contre toi, ¹⁹ je ne suis plus digne que tu me regardes comme ton fils. Traite-moi donc comme l'un de tes ouvriers." ²⁰ Et il repartit chez son père.

« Tandis qu'il était encore assez loin de la maison, son père le vit et en eut profondément pitié : il courut à sa rencontre, le serra contre lui et l'embrassa. 21 Le fils lui dit alors : "Mon père, j'ai péché contre Dieu et contre toi, je ne suis plus digne que tu me regardes comme ton fils…" 22 Mais le père dit à ses serviteurs : "Dépêchez-vous d'apporter la plus belle robe et mettez-la-lui ; passez-lui une bague au doigt et des chaussures aux pieds. 23 Amenez le veau que nous avons engraissé et tuez-le ; nous allons faire un festin et nous réjouir, 24 car mon fils que voici était mort et il est revenu à la vie, il était perdu et je l'ai retrouvé." Et ils commencèrent la fête.

25 « Pendant ce temps, le fils aîné de cet homme était aux champs. A son retour, quand il approcha de la maison, il entendit un bruit de musique et de danses. 26 Il appela un des serviteurs et lui demanda ce qui se passait. 27 Le serviteur lui répondit : "Ton frère est revenu, et ton père a fait tuer le veau que nous avons engraissé, parce qu'il a retrouvé son fils en bonne santé." 28 Le fils aîné se mit alors en colère et refusa d'entrer dans la maison. Son père sortit pour le prier d'entrer. 29 Mais le fils répondit à son père : "Écoute, il y a tant d'années que je te sers sans avoir jamais désobéi à l'un de tes ordres. Pourtant, tu ne m'as jamais donné même un chevreau pour que je fasse la fête avec mes amis. 30 Mais quand ton fils que voilà revient, lui qui a dépensé entièrement ta fortune avec des prostituées, pour lui tu fais tuer le veau que nous avons engraissé !" 31 Le père lui dit : "Mon enfant, tu es toujours avec moi, et tout ce que je possède est aussi à toi. 32 Mais nous devions faire une fête et nous réjouir, car ton frère que voici était mort et il est revenu à la vie, il était perdu et le voilà retrouvé !" »

*Pour le frère aîné, brave et travailleur, il est dur de tendre la main au « bon à rien ». Or c'est à lui, ainsi qu'aux Pharisiens critiques (Luc 15,2), que la parabole est destinée. Le frère aîné est resté le serviteur irréprochable de son père, mais n'a rien partagé avec lui. Frustré, il ne peut se réjouir du retour de son frère.*

## Le gérant habile

16 1 Jésus dit à ses disciples : « Un homme riche avait un gérant et l'on vint lui rapporter que ce gérant gaspillait ses biens. 2 Le maître l'appela et lui dit : "Qu'est-ce que j'apprends à ton sujet ? Présente-moi les comptes de ta gestion, car tu ne pourras plus être mon gérant." 3 Le gérant se dit en lui-même : "Mon maître va me retirer ma charge. Que faire ? Je ne suis pas assez fort pour travailler la terre et j'aurais honte de mendier. 4 Ah ! je sais ce que je vais faire ! Et quand j'aurai perdu ma place, des gens me recevront chez eux !" 5 Il fit alors venir un à un tous ceux qui devaient quelque chose à son maître. Il dit au premier : "Combien dois-tu à mon maître ?" –

⁶ "Cent tonneaux d'huile d'olive", lui répondit-il. Le gérant lui dit : "Voici ton compte ; vite, assieds-toi et note cinquante." ⁷ Puis il dit à un autre : "Et toi, combien dois-tu ?" – "Cent sacs de blé", répondit-il. Le gérant lui dit : "Voici ton compte ; note quatre-vingts." ⁸ Eh bien, le maître loua le gérant malhonnête d'avoir agi si habilement. En effet, les gens de ce monde sont bien plus habiles dans leurs rapports les uns avec les autres que ceux qui appartiennent à la lumière. »

⁹ Jésus ajouta : « Et moi je vous dis : faites-vous des amis avec les richesses trompeuses de ce monde, afin qu'au moment où elles n'existeront plus pour vous on vous reçoive dans les demeures éternelles. ¹⁰ Celui qui est fidèle dans les petites choses est aussi fidèle dans les grandes ; celui qui est malhonnête dans les petites choses est aussi malhonnête dans les grandes. ¹¹ Si donc vous n'avez pas été fidèles dans votre façon d'utiliser les richesses trompeuses de ce monde, qui pourrait vous confier les vraies richesses ? ¹² Et si vous n'avez pas été fidèles en ce qui concerne le bien des autres, qui vous donnera le bien qui vous est destiné ?

¹³ « Aucun serviteur ne peut servir deux maîtres : ou bien il haïra le premier et aimera le second ; ou bien il s'attachera au premier et méprisera le second. Vous ne pouvez pas servir à la fois Dieu et l'argent. »

Comment Jésus peut-il louer le comportement d'un filou ? Cette parabole ne se veut certes pas un modèle de comportement dans les affaires. Son objectif est autre. Jésus sait que les hommes peuvent être créatifs et ingénieux pour s'enrichir. Il les invite à montrer autant d'habileté lorsqu'il s'agit de l'amour, de la justice et de la paix.

## Diverses déclarations de Jésus

¹⁴ Les Pharisiens entendaient toutes ces paroles et se moquaient de Jésus, car ils aimaient l'argent. ¹⁵ Jésus leur dit : « Vous êtes des gens qui se font passer pour justes aux yeux des hommes, mais Dieu connaît vos cœurs. Car ce que les hommes considèrent comme grand est détestable aux yeux de Dieu.

¹⁶ « Le temps de la loi de Moïse et des livres des Prophètes a duré jusqu'à l'époque de Jean-Baptiste. Depuis cette époque, la Bonne Nouvelle du Royaume de Dieu est annoncée et chacun use de force pour y entrer. ¹⁷ Mais le ciel et la terre peuvent disparaître plus facilement que le plus petit détail de la loi.

¹⁸ « Tout homme qui renvoie sa femme et en épouse une autre commet un adultère, et celui qui épouse une femme renvoyée par son mari commet un adultère. »

## L'homme riche et Lazare

¹⁹ « Il y avait une fois un homme riche qui s'habillait des vêtements les plus fins et les plus coûteux et qui,

chaque jour, vivait dans le luxe en faisant de bons repas. **20** Devant la porte de sa maison était couché un pauvre homme, appelé Lazare. Son corps était couvert de plaies. **21** Il aurait bien voulu se nourrir des morceaux qui tombaient de la table du riche. De plus, les chiens venaient lécher ses plaies. **22** Le pauvre mourut et les anges le portèrent auprès d'Abraham. Le riche mourut aussi et on l'enterra. **23** Il souffrait beaucoup dans le monde des morts ; il leva les yeux et vit de loin Abraham et Lazare à côté de lui. **24** Alors il s'écria : "Père Abraham, aie pitié de moi ; envoie donc Lazare tremper le bout de son doigt dans de l'eau pour me rafraîchir la langue, car je souffre beaucoup dans ce feu." **25** Mais Abraham dit : "Mon enfant, souviens-toi que tu as reçu beaucoup de biens pendant ta vie, tandis que Lazare a eu beaucoup de malheurs. Maintenant, il reçoit ici sa consolation, tandis que toi tu souffres. **26** De plus, il y a un profond abîme entre vous et nous ; ainsi, ceux qui voudraient passer d'ici vers vous ne le peuvent pas et l'on ne peut pas non plus parvenir jusqu'à nous de là où tu es." **27** Le riche dit : "Je t'en prie, père, envoie donc Lazare dans la maison de mon père, **28** où j'ai cinq frères. Qu'il aille les avertir, afin qu'ils ne

Les Mendiants, de Pieter Brueghel l'Ancien (1525-1569). Le partage des richesses est un sujet qui préoccupe beaucoup Luc. L'histoire de l'homme riche qui laisse mourir un pauvre à sa porte est un appel enflammé aux nantis à réduire l'écart entre les riches et les pauvres. Aujourd'hui, il ne s'agit plus de nourrir les pauvres par un festin, mais de promouvoir la justice sociale.

viennent pas eux aussi dans ce lieu de souffrances." **29** Abraham répondit : "Tes frères ont Moïse et les prophètes pour les avertir : qu'ils les écoutent !" **30** Le riche dit : "Cela ne suffit pas, père Abraham. Mais si quelqu'un revient de chez les morts et va les trouver, alors ils changeront de comportement." **31** Mais Abraham lui dit : "S'ils ne veulent pas écouter Moïse et les prophètes, ils ne se laisseront pas persuader même si quelqu'un se relevait d'entre les morts." »

## Le péché et le pardon

**17** ¹ Jésus dit à ses disciples : « Il est inévitable qu'il y ait des faits qui entraînent les hommes à pécher. Mais malheur à celui qui en est la cause ! ² Il vaudrait mieux pour lui qu'on lui attache au cou une grosse pierre et qu'on le jette dans la mer, plutôt que de faire tomber dans le péché un seul de ces petits. ³ Prenez bien garde !

« Si ton frère se rend coupable, parle-lui sérieusement. Et s'il regrette son acte, pardonne-lui. ⁴ S'il se rend coupable à ton égard sept fois en un jour et que chaque fois il revienne te dire : "Je le regrette", tu lui pardonneras. »

## La foi

⁵ Les apôtres dirent au Seigneur : « Augmente notre foi. » ⁶ Le Seigneur répondit : « Si vous aviez de la foi gros comme un grain de moutarde, vous pourriez dire à cet arbre, ce mûrier : "Déracine-toi et va te planter dans la mer", et il vous obéirait. »

## Le devoir du serviteur

⁷ « Supposons ceci : l'un d'entre vous a un serviteur qui laboure ou qui garde les troupeaux. Lorsqu'il le voit revenir des champs, va-t-il lui dire : "Viens vite te mettre à table" ? ⁸ Non, il lui dira plutôt : "Prépare mon repas, puis change de vêtements pour me servir pendant que je mange et bois ; après quoi, tu pourras manger et boire à ton tour." ⁹ Il n'a pas à remercier son serviteur d'avoir fait ce qui lui était ordonné, n'est-ce pas ? ¹⁰ Il en va de même pour vous : quand vous aurez fait tout ce qui vous est ordonné, dites : "Nous sommes de simples serviteurs ; nous n'avons fait que notre devoir." »

## Jésus guérit dix lépreux

¹¹ Tandis que Jésus faisait route vers Jérusalem, il passa le long de la frontière qui sépare la Samarie et la Galilée. ¹² Il entrait dans un village quand dix lépreux vinrent à sa rencontre. Ils se tinrent à distance ¹³ et se mirent à crier : « Jésus, Maître, aie pitié de nous ! » ¹⁴ Jésus les vit et leur dit : « Allez vous faire examiner par les prêtres. » Pendant qu'ils y allaient, ils furent guéris. ¹⁵ L'un d'entre eux, quand il vit qu'il était guéri, revint sur ses pas en louant Dieu à haute voix. ¹⁶ Il se jeta aux pieds de Jésus, le visage contre terre, et le remercia. Cet homme était Samaritain. ¹⁷ Jésus

*« Prenez bien garde ! »*
*(Luc 17,3)*
*Les petits viennent à Jésus sans arrière-pensée, avec la soif d'accueillir la Bonne Nouvelle. Les chefs religieux, qui se considèrent comme les grands, font pression sur eux, jettent le trouble dans leur esprit et les écartent de Dieu. C'est contre eux que Jésus s'insurge violemment.*

**Le Samaritain**

*Neuf lépreux sont partis chez les prêtres pour faire authentifier leur guérison. Seul, le Samaritain n'y est pas allé, il a fait demi-tour en rendant grâce à Dieu. Considéré comme un ennemi des Juifs et comme un hérétique, il aurait certainement été rejeté par les prêtres. Les autres respectent la loi et se mettent en règle. Cela les dispense de reconnaître l'action de Dieu en celui qui les a purifiés et de rendre grâce.*

dit alors : « Tous les dix ont été guéris, n'est-ce pas ? Où sont les neuf autres ? ¹⁸ Personne n'a-t-il pensé à revenir pour remercier Dieu, sinon cet étranger ? » ¹⁹ Puis Jésus lui dit : « Relève-toi et va ; ta foi t'a sauvé. »

## La venue du Royaume

²⁰ Les Pharisiens demandèrent à Jésus quand viendrait le Royaume de Dieu. Il leur répondit : « Le Royaume de Dieu ne vient pas de façon spectaculaire. ²¹ On ne dira pas : "Voyez, il est ici !" ou bien : "Il est là !" Car, sachez-le, le Royaume de Dieu est au milieu de vous. »

²² Puis il dit aux disciples : « Le temps viendra où vous désirerez voir le Fils de l'homme même un seul jour, mais vous ne le verrez pas. ²³ On vous dira : "Regardez là !" ou : "Regardez ici !" Mais n'y allez pas, n'y courez pas. ²⁴ Comme l'éclair brille à travers le ciel et l'illumine d'une extrémité à l'autre, ainsi sera le Fils de l'homme en son jour. ²⁵ Mais il faut d'abord qu'il souffre beaucoup et qu'il soit rejeté par les gens d'aujourd'hui. ²⁶ Ce qui s'est passé du temps de Noé se passera de la même façon aux jours du Fils de l'homme. ²⁷ Les gens mangeaient et buvaient, se mariaient ou étaient donnés en mariage, jusqu'au jour où Noé entra dans l'arche : la grande inondation vint alors et les fit tous périr. ²⁸ Ce sera comme du temps de Loth : les gens mangeaient et buvaient, achetaient et vendaient, plantaient et bâtissaient ; ²⁹ mais le jour où Loth quitta Sodome, il tomba du ciel une pluie de soufre enflammé qui les fit tous périr. ³⁰ Il se passera la même chose le jour où le Fils de l'homme doit apparaître.

³¹ « En ce jour-là, celui qui sera sur la terrasse de sa maison et aura ses affaires à l'intérieur, ne devra pas descendre pour les prendre ; de même, celui qui sera dans les champs ne devra pas retourner dans sa maison. ³² Rappelez-vous la femme de Loth ! ³³ Celui qui cherchera à préserver sa vie la perdra ; mais celui qui perdra sa vie la conservera. ³⁴ Je vous le déclare, en cette nuit-là, deux personnes seront dans un même lit : l'une sera emmenée et l'autre laissée. ³⁵ Deux femmes moudront du grain ensemble : l'une sera emmenée et l'autre laissée. [³⁶ Deux hommes seront dans un champ : l'un sera emmené et l'autre laissé.] » ³⁷ Les disciples lui demandèrent : « Où cela se passera-t-il, Seigneur ? » Et il répondit : « Où sera le cadavre, là aussi se rassembleront les vautours. »

*« Comme l'éclair brille à travers le ciel et l'illumine d'une extrémité à l'autre, ainsi sera le Fils de l'homme en son jour. » (Luc 17,24)*

## La parabole de la veuve et du juge

**18** [1] Jésus leur dit ensuite cette parabole pour leur montrer qu'ils devaient toujours prier, sans jamais se décourager : [2] « Il y avait dans une ville un juge qui ne se souciait pas de Dieu et n'avait d'égards pour personne. [3] Il y avait aussi dans cette ville une veuve qui venait fréquemment le trouver pour obtenir justice : "Rends-moi justice contre mon adversaire", disait-elle. [4] Pendant longtemps, le juge refusa, puis il se dit : "Bien sûr, je ne me soucie pas de Dieu et je n'ai d'égards pour personne ; [5] mais comme cette veuve me fatigue, je vais faire reconnaître ses droits, sinon, à force de venir, elle finira par m'exaspérer." » [6] Puis le Seigneur ajouta : « Écoutez ce que dit ce juge indigne ! [7] Et Dieu, lui, ne ferait-il pas justice aux siens quand ils crient à lui jour et nuit ? Tardera-t-il à les aider ? [8] Je vous le déclare : il leur fera justice rapidement. Mais quand le Fils de l'homme viendra, trouvera-t-il la foi sur la terre ? »

*L'Arche de Noé, par Théodore de Bry (1528-1598) et Jacques Lemoyne de Morgues (1530-1588).*
Le prophète Daniel a annoncé qu'un Fils d'homme viendra présider au jugement dernier et rétablir la justice. Pour les premiers chrétiens, ce Fils de l'homme, c'est Jésus. Ils attendent son retour imminent pour achever l'œuvre commencée sur la terre. Il viendra quand personne ne l'attendra. Les chrétiens doivent se préparer à son retour. Certains seront surpris, d'autres pas, comme au temps de Noé. Les persécutions, les catastrophes sont-elles des signes annonciateurs de l'imminence de son retour ? Beaucoup le pensaient, mais les événements du premier siècle ont obligé les chrétiens à préciser peu à peu leur pensée. Le Christ est toujours avec nous et accompagne la longue marche de l'humanité vers la communion complète avec Dieu.

## La parabole du Pharisien et du collecteur d'impôts

[9] Jésus dit la parabole suivante à l'intention de ceux qui se croyaient justes aux yeux de Dieu et méprisaient les autres : [10] « Deux hommes montèrent au temple pour prier ; l'un était Pharisien, l'autre collecteur d'impôts. [11] Le Pharisien, debout, priait ainsi en lui-même : "O Dieu, je te remercie de ce que je ne suis pas comme le reste des hommes, qui sont voleurs, mauvais et adultères ; je te remercie de ce que je ne suis pas comme ce collecteur d'impôts. [12] Je jeûne deux jours par semaine et je te donne le dixième de tous mes revenus." [13] Le collecteur d'impôts, lui, se tenait à distance et n'osait pas même lever les yeux vers le ciel, mais il se frappait la poitrine et disait : "O Dieu, aie pitié de moi, qui suis un pécheur." [14] Je vous le dis, ajouta Jésus, cet homme était en règle avec Dieu quand il retourna chez lui, mais pas le Pharisien. En effet, quiconque s'élève sera abaissé, mais celui qui s'abaisse sera élevé. »

*Le Pharisien et le collecteur d'impôts, illustration de Gustave Doré (La Sainte Bible, 1866).*

*« Laissez les enfants venir à moi ! Ne les en empêchez pas, car le Royaume de Dieu appartient à ceux qui sont comme eux. » (Luc 18,16)*

*Les petits enfants attendent tout de leurs parents et surtout l'amour qu'ils leur portent. En les donnant en exemple, Jésus indique clairement le chemin du Royaume : faire confiance en l'amour de Dieu.*

## Jésus bénit des petits enfants

**15** Des gens amenèrent à Jésus même des bébés pour qu'il pose les mains sur eux. En voyant cela, les disciples leur firent des reproches. **16** Mais Jésus fit approcher les enfants et dit : « Laissez les enfants venir à moi ! Ne les en empêchez pas, car le Royaume de Dieu appartient à ceux qui sont comme eux. **17** Je vous le déclare, c'est la vérité : celui qui ne reçoit pas le Royaume de Dieu comme un enfant ne pourra jamais y entrer. »

## L'homme riche

**18** Un chef juif demanda à Jésus : « Bon maître, que dois-je faire pour obtenir la vie éternelle ? » **19** Jésus lui dit : « Pourquoi m'appelles-tu bon ? Personne n'est bon si ce n'est Dieu seul. **20** Tu connais les commandements : "Ne commets pas d'adultère ; ne commets pas de meurtre ; ne vole pas ; ne prononce pas de faux témoignage contre quelqu'un ; respecte ton père et ta mère." » **21** L'homme répondit : « J'ai obéi à tous ces commandements depuis ma jeunesse. » **22** Après avoir entendu cela, Jésus lui dit : « Il te manque encore une chose : vends tout ce que tu as et distribue l'argent aux pauvres, alors tu auras des richesses dans les cieux ; puis viens et suis-moi. » **23** Mais quand l'homme entendit ces mots, il devint tout triste, car il était très riche. **24** Jésus vit qu'il était triste et dit : « Qu'il est difficile aux riches d'entrer dans le Royaume de Dieu ! **25** Il est difficile à un chameau de passer par le trou d'une aiguille, mais il est encore plus difficile à un riche d'entrer dans le Royaume de Dieu. » **26** Ceux qui l'écoutaient dirent : « Mais qui donc peut être sauvé ? » **27** Jésus répondit : « Ce qui est impossible aux hommes est possible à Dieu. » **28** Pierre dit alors : « Écoute, nous avons quitté ce que nous avions pour te suivre. » **29** Jésus leur dit : « Je vous le déclare, c'est la vérité : si quelqu'un quitte, pour le Royaume de Dieu, sa maison, ou sa femme, ses frères, ses parents, ses enfants, **30** il recevra beaucoup plus dans le temps présent et dans le monde futur il recevra la vie éternelle. »

## Jésus annonce une troisième fois sa mort et sa résurrection

**31** Jésus prit les douze disciples avec lui et leur dit : « Écoutez, nous allons à Jérusalem où se réalisera tout ce que les prophètes ont écrit au sujet du Fils de l'homme. **32** On le livrera aux païens, qui se moqueront de lui, l'insulteront et cracheront sur lui. **33** Ils le frapperont à coups de fouet et le mettront à mort. Et le troisième jour il se relèvera de la mort. » ³⁴ Mais les disciples ne comprirent rien à cela ; le sens de ces paroles leur était caché et ils ne savaient pas de quoi Jésus parlait.

## Jésus guérit un aveugle

³⁵ Jésus approchait de Jéricho. Or, un aveugle était assis au bord du chemin et mendiait. ³⁶ Il entendit la foule qui avançait et demanda ce que c'était. ³⁷ On lui apprit que Jésus de Nazareth passait par là. ³⁸ Alors il s'écria : « Jésus, Fils de David, aie pitié de moi ! » ³⁹ Ceux qui marchaient en avant lui faisaient des reproches pour qu'il se taise, mais il criait encore plus fort : « Fils de David, aie pitié de moi ! » ⁴⁰ Jésus s'arrêta et ordonna qu'on le lui amène. Quand l'aveugle se fut approché, Jésus lui demanda : ⁴¹ « Que veux-tu que je fasse pour toi ? » Il répondit : « Maître, fais que je voie de nouveau. » ⁴² Et Jésus lui dit : « Eh bien, ta foi t'a guéri. » ⁴³ Aussitôt, il put voir, et il suivait Jésus en louant Dieu. Toute la foule vit cela et se mit aussi à louer Dieu.

*« Jésus, Fils de David, aie pitié de moi ! » (Luc 18,38) Ils étaient nombreux à marcher avec Jésus… Par des cris, un aveugle, assis au bord du chemin, vient troubler ce rassemblement. Ceux qui accompagnent Jésus lui ordonnent de se taire. Certaines manifestations de la foi peuvent parfois rendre sourd aux cris des hommes. Jésus fait appeler l'aveugle, lui demande d'exprimer son désir et lui rend la vue.*

## Jésus et Zachée

19 ¹ Après être entré dans Jéricho, Jésus traversait la ville. ² Il y avait là un homme appelé Zachée ; c'était le chef des collecteurs d'impôts et il était riche. ³ Il cherchait à voir qui était Jésus, mais comme il était de petite taille, il ne pouvait pas y parvenir à cause de la foule. ⁴ Il courut alors en avant et grimpa sur un arbre, un sycomore, pour voir Jésus qui devait passer par là. ⁵ Quand Jésus arriva à cet endroit, il leva les yeux et dit à Zachée : « Dépêche-toi de descendre, Zachée, car il faut que je loge chez toi aujourd'hui. » ⁶ Zachée se dépêcha de descendre et le reçut avec joie. ⁷ En voyant cela, tous critiquaient Jésus ; ils disaient : « Cet homme est allé loger chez un pécheur ! » ⁸ Zachée, debout devant le Seigneur, lui dit : « Écoute, Maître, je vais donner la moitié de mes biens aux pauvres, et si j'ai pris trop d'argent à quelqu'un, je vais lui rendre quatre fois autant. » ⁹ Jésus lui dit : « Aujourd'hui, le salut est entré dans cette maison, parce que tu es, toi aussi, un descendant d'Abraham. ¹⁰ Car le Fils de l'homme est venu chercher et sauver ceux qui étaient perdus. »

*Jéricho est située dans la vallée du Jourdain, au début de la route qui monte à Jérusalem. Au temps de Jésus, l'ancienne Jéricho avec ses murs millénaires était déjà en ruine sous une colline déserte (en partie dégagée aujourd'hui). La bourgade du temps de Jésus s'étendait non loin de là, à l'emplacement de la Jéricho actuelle.*

## La parabole des pièces d'or

¹¹ Jésus dit encore une parabole pour ceux qui venaient d'entendre ces paroles. Il était en effet près de Jérusalem et l'on pensait que le Royaume de Dieu allait se

manifester d'un instant à l'autre. [12] Voici donc ce qu'il dit : « Un homme de famille noble se rendit dans un pays éloigné pour y être nommé roi ; il devait revenir ensuite. [13] Avant de partir, il appela dix de ses serviteurs, leur remit à chacun une pièce d'or de grande valeur et leur dit : "Faites des affaires avec cet argent jusqu'à mon retour." [14] Mais les gens de son pays le haïssaient ; ils envoyèrent une délégation derrière lui pour dire : "Nous ne voulons pas de lui comme roi." [15] Il fut pourtant nommé roi et revint dans son pays. Il fit alors appeler les serviteurs auxquels il avait remis l'argent, pour savoir ce qu'ils avaient gagné. [16] Le premier se présenta et dit : "Maître, j'ai gagné dix pièces d'or avec celle que tu m'as donnée." [17] Le roi lui dit : "C'est bien, bon serviteur ; puisque tu as été fidèle dans de petites choses, je te nomme gouverneur de dix villes." [18] Le deuxième serviteur vint et dit : "Maître, j'ai gagné cinq pièces d'or avec celle que tu m'as donnée." [19] Le roi dit à celui-là : "Toi, je te nomme gouverneur de cinq villes." [20] Un autre serviteur vint et dit : "Maître, voici ta pièce d'or ; je l'ai gardée cachée dans un mouchoir. [21] J'avais peur de toi, car tu es un homme dur : tu prends ce que tu n'as pas déposé, tu moissonnes ce que tu n'as pas semé." [22] Le roi lui dit : "Mauvais serviteur, je vais te juger sur tes propres paroles. Tu savais que je suis un homme dur, que je prends ce que je n'ai pas déposé et moissonne ce que je n'ai pas semé. [23] Alors, pourquoi n'as-tu pas placé mon argent dans une banque ? A mon retour, j'aurais pu le retirer avec les intérêts." [24] Puis il dit à ceux qui étaient là : "Enlevez-lui cette pièce d'or et remettez-la à celui qui en a dix." [25] Ils lui dirent : "Maître, il a déjà dix pièces !" [26] - "Je vous l'affirme, répondit-il, à celui qui a quelque chose l'on donnera davantage ; tandis qu'à celui qui n'a rien on enlèvera même le peu qui pourrait lui rester. [27] Quant à mes ennemis qui n'ont pas voulu de moi comme roi, amenez-les ici et exécutez-les devant moi." »

## Jésus se rend à Jérusalem

[28] Après avoir ainsi parlé, Jésus partit en tête de la foule sur le chemin qui monte à Jérusalem. [29] Lorsqu'il approcha de Bethfagé et de Béthanie, près de la colline appelée mont des Oliviers, il envoya en avant deux disciples : [30] « Allez au village qui est en face, leur dit-il. Quand vous y serez arrivés, vous trouverez un petit âne attaché, sur lequel personne ne s'est jamais assis. Détachez-le et amenez-le ici. [31] Et si quelqu'un vous demande : "Pourquoi le détachez-vous ?", dites-lui : "Le Seigneur en a besoin." »

³² Les envoyés partirent et trouvèrent tout comme Jésus le leur avait dit. ³³ Pendant qu'ils détachaient l'ânon, ses propriétaires leur dirent : « Pourquoi détachez-vous cet ânon ? » ³⁴ Ils répondirent : « Le Seigneur en a besoin. » ³⁵ Puis ils amenèrent l'ânon à Jésus ; ils jetèrent leurs manteaux sur l'animal et y firent monter Jésus. ³⁶ A mesure qu'il avançait, les gens étendaient leurs manteaux sur le chemin. ³⁷ Tandis qu'il approchait de Jérusalem, par le chemin qui descend du mont des Oliviers, toute la foule des disciples, pleine de joie, se mit à louer Dieu d'une voix forte pour tous les miracles qu'ils avaient vus. ³⁸ Ils disaient : « Que Dieu bénisse le roi qui vient au nom du Seigneur ! Paix dans le ciel et gloire à Dieu ! »

³⁹ Quelques Pharisiens, qui se trouvaient dans la foule, dirent à Jésus : « Maître, ordonne à tes disciples de se taire. » ⁴⁰ Jésus répondit : « Je vous le déclare, s'ils se taisent, les pierres crieront ! »

## Jésus pleure sur Jérusalem

⁴¹ Quand Jésus fut près de la ville et qu'il la vit, il pleura sur elle, ⁴² en disant : « Si seulement tu comprenais toi aussi, en ce jour, comment trouver la paix ! Mais maintenant, cela t'est caché, tu ne peux pas le voir ! ⁴³ Car des jours vont venir pour toi où tes ennemis t'entoureront d'ouvrages fortifiés, t'assiégeront et te presseront de tous côtés. ⁴⁴ Ils te détruiront complètement, toi et ta population ; ils ne te laisseront pas une seule pierre posée sur une autre, parce que tu n'as pas reconnu le temps où Dieu est venu te secourir ! »

## Jésus dans le temple

⁴⁵ Jésus entra dans le temple et se mit à en chasser les marchands, ⁴⁶ en leur disant : « Dans les Écritures, Dieu déclare : "Ma maison sera une maison de prière." Mais vous, ajouta-t-il, vous en avez fait une caverne de voleurs ! »

⁴⁷ Jésus enseignait tous les jours dans le temple. Les chefs des prêtres, les maîtres de la loi, ainsi que les notables du peuple, cher-

*L'entrée à Jérusalem, tableau de Louis Félix Leullier (1811-1882). L'agitation gagne toute la ville. On s'interroge : « Qui est cet homme ? » La foule acclame Jésus et les disciples répondent : « C'est le Roi de la paix », celui que le prophète Zacharie avait annoncé en ces termes : « Voici ton roi qui vient à toi : il est juste et victorieux, humble, monté sur un âne, le petit d'une ânesse » (Zacharie 9,9). Cette agitation sème le trouble, et les Pharisiens demandent qu'elle cesse. Ils ne veulent pas entendre le cri de la foule depuis longtemps réduite au silence par les autorités. Mais Jésus les met en garde : le feu couve et bientôt les cris étouffés se transformeront en pierres.*

chaient à le faire mourir. **48** Mais ils ne savaient pas comment y parvenir, car tout le peuple l'écoutait avec une grande attention.

## D'où vient l'autorité de Jésus ?

**20** **1** Un jour, Jésus donnait son enseignement au peuple dans le temple et annonçait la Bonne Nouvelle. Les chefs des prêtres et les maîtres de la loi survinrent alors avec les anciens **2** et lui demandèrent : « Dis-nous de quel droit tu fais ces choses, qui t'a donné autorité pour cela ? » **3** Jésus leur répondit : « Je vais vous poser une question, moi aussi. Dites-moi : **4** qui a envoyé Jean baptiser ? Est-ce Dieu ou les hommes ? » **5** Mais ils se mirent à discuter entre eux et se dirent : « Si nous répondons : "C'est Dieu qui l'a envoyé", il nous demandera : "Pourquoi n'avez-vous pas cru Jean ?" **6** Mais si nous disons : "Ce sont les hommes qui l'ont envoyé," le peuple tout entier nous jettera des pierres pour nous tuer, car il est persuadé que Jean a été un prophète. » **7** Ils répondirent alors : « Nous ne savons pas qui l'a envoyé baptiser. » – **8** « Eh bien, répliqua Jésus, moi non plus, je ne vous dirai pas de quel droit je fais ces choses. »

## La parabole des méchants vignerons

**9** Ensuite, Jésus se mit à dire au peuple la parabole suivante : « Un homme planta une vigne, la loua à des ouvriers vignerons et partit en voyage pour longtemps. **10** Au moment voulu, il envoya un serviteur aux ouvriers vignerons pour qu'ils lui remettent sa part de la récolte. Mais les vignerons battirent le serviteur et le renvoyèrent les mains vides. **11** Le propriétaire envoya encore un autre serviteur, mais les vignerons le battirent aussi, l'insultèrent et le renvoyèrent sans rien lui donner. **12** Il envoya encore un troisième serviteur ; celui-là, ils le blessèrent aussi et le jetèrent dehors. **13** Le propriétaire de la vigne dit alors : "Que faire ? Je vais envoyer mon fils bien-aimé ; ils auront probablement du respect pour lui." **14** Mais quand les vignerons le virent, ils se dirent les uns aux autres : "Voici le futur héritier. Tuons-le, pour que la vigne soit à nous." **15** Et ils le jetèrent hors de la vigne et le tuèrent.

« Eh bien, que leur fera le propriétaire de la vigne ? demanda Jésus. **16** Il viendra, il mettra à mort ces vignerons et confiera la vigne à d'autres. » Quand les gens entendirent ces mots, ils affirmèrent : « Cela n'arrivera certainement pas ! » **17** Mais Jésus les regarda et dit : « Que signifie cette parole de l'Écriture :

*Jérusalem a été détruite par les Romains en l'an 70 de notre ère. De nombreux Juifs ont été emprisonnés ou vendus comme esclaves. La destruction du temple modifia profondément le judaïsme, mais aussi la première communauté chrétienne. Pour les Juifs, ce fut la fin des sacrifices d'animaux au temple et le début d'une nouvelle réflexion sur l'écoute de la Parole de Dieu. Pour les chrétiens de Jérusalem – parmi lesquels certains continuaient à se rendre au temple le jour du sabbat – ce fut le renforcement de leurs célébrations du repas du Seigneur le dimanche. Pour eux, le temple, c'est le corps du Christ ressuscité, ainsi que son Église.*

"La pierre que les bâtisseurs avaient rejetée
est devenue la pierre principale" ?
¹⁸ Tout homme qui tombera sur cette pierre s'y brisera ;
et si la pierre tombe sur quelqu'un, elle le réduira en
poussière. »

## L'impôt payé à l'empereur

¹⁹ Les maîtres de la loi et les chefs des prêtres cherchèrent à arrêter Jésus à ce moment même, car ils savaient qu'il avait dit cette parabole contre eux ; mais ils
eurent peur du peuple. ²⁰ Ils se mirent alors à surveiller
Jésus. A cet effet, ils lui envoyèrent des gens qui faisaient
semblant d'être des hommes honorables. Ces gens devaient prendre Jésus au piège par une question, afin qu'on
ait l'occasion de le livrer au pouvoir et à l'autorité du
gouverneur. ²¹ Ils lui posèrent cette question : « Maître,
nous savons que ce que tu dis et enseignes est juste ; tu
ne juges personne sur les apparences, mais tu enseignes
la vérité sur la conduite qui plaît à Dieu. ²² Eh bien, dis-
nous, notre loi permet-elle ou non de payer des impôts à
l'empereur romain ? » ²³ Mais Jésus se rendit compte de
leur ruse et leur dit : ²⁴ « Montrez-moi une pièce d'argent. Le visage et le nom gravés sur cette pièce, de qui
sont-ils ? » - « De l'empereur », répondirent-ils. ²⁵ Alors
Jésus leur dit : « Eh bien, payez à l'empereur ce qui lui appartient, et à Dieu ce qui lui appartient. » ²⁶ Ils ne purent
pas le prendre en faute pour ce qu'il disait devant le
peuple. Au contraire, sa réponse les remplit d'étonnement et ils gardèrent le silence.

## Une question sur la résurrection des morts

²⁷ Quelques Sadducéens vinrent auprès de Jésus. – Ce
sont eux qui affirment qu'il n'y a pas de résurrection. – Ils
l'interrogèrent ²⁸ de la façon suivante : « Maître, Moïse
nous a donné ce commandement écrit : "Si un homme
marié, qui a un frère, meurt sans avoir eu d'enfants, il faut
que son frère épouse la veuve pour donner des descendants à celui qui est mort." ²⁹ Or, il y avait une fois sept
frères. Le premier se maria et mourut sans laisser d'enfants. ³⁰ Le deuxième épousa la veuve, ³¹ puis le troisième. Il en fut de même pour tous les sept, qui moururent
sans laisser d'enfants. ³² Finalement, la femme mourut
aussi. ³³ Au jour où les morts se relèveront, ce qui sera-
t-elle donc la femme ? Car tous les sept l'ont eue comme
épouse ! » ³⁴ Jésus leur répondit : « Les hommes et les
femmes de ce monde-ci se marient ; ³⁵ mais les hommes
et les femmes qui sont jugés dignes de se relever d'entre

*Dans l'Ancien Testament, la
vigne symbolise le peuple
d'Israël. La parabole évoque
la succession de prophètes
molestés ou assassinés par
les chefs religieux tout au
long de l'histoire d'Israël.*

*Jésus, le Fils bien-aimé, sera
lui aussi mis à mort. Ses
assassins espèrent avoir la
vigne en héritage. De fait,
les chefs religieux se
comportaient en propriétaires
du peuple de Dieu et
faisaient sentir leur pouvoir.
Ils croyaient tout savoir sur
Dieu et être ses interprètes
autorisés, ayant pouvoir
d'exclure tous ceux qui
étaient indignes à leurs yeux.*

## Pharisiens et Sadducéens

*Jésus s'est souvent entretenu avec des Pharisiens. Ici, il est en présence de Sadducéens qui se recrutent d'habitude dans les grandes familles de prêtres et sont très influents. Désigné parmi eux, le grand prêtre est la plus haute autorité politique face à Rome. Contrairement aux Pharisiens, les Sadducéens ne reconnaissent que les cinq Livres de la Loi (les cinq premiers livres de la Bible). Ils suivent à la lettre les lois sur les prêtres et les offrandes et contestent l'idée de résurrection qui n'est pas explicite dans leurs textes sacrés. Dans sa réponse, Jésus s'appuie sur le deuxième Livre (l'Exode), reconnu par ses adversaires. Les Pharisiens, qui croient en la résurrection, approuvent son habileté (versets 37-38).*

les morts et de vivre dans le monde à venir ne se marient pas. **36** Ils ne peuvent plus mourir, ils sont pareils aux anges. Ils sont fils de Dieu, car ils ont passé de la mort à la vie. **37** Moïse indique clairement que les morts reviendront à la vie. Dans le passage qui parle du buisson en flammes, il appelle le Seigneur "le Dieu d'Abraham, le Dieu d'Isaac et le Dieu de Jacob." **38** Dieu, ajouta Jésus, est le Dieu des vivants, et non des morts, car tous sont vivants pour lui. » **39** Quelques maîtres de la loi prirent alors la parole et dirent : « Tu as bien parlé, Maître. » **40** Car ils n'osaient plus lui poser d'autres questions.

DAVID

*Le roi David, détail d'une illustration anonyme du XVIe siècle.*

*Jésus leur dit : « Comment peut-on affirmer que le Messie est descendant de David ? Car David déclare lui-même dans le livre des Psaumes : "Le Seigneur Dieu a déclaré à mon Seigneur : Viens siéger à ma droite, je veux contraindre tes ennemis à te servir de marchepied." »*
*(Luc 20,41-43)*

## Le Messie et David

⁴¹ Jésus leur dit : « Comment peut-on affirmer que le Messie est descendant de David ? ⁴² Car David déclare lui-même dans le livre des Psaumes :

"Le Seigneur Dieu a déclaré à mon Seigneur :
Viens siéger à ma droite,
⁴³ je veux contraindre tes ennemis
à te servir de marchepied."

⁴⁴ David l'appelle donc "Seigneur" : comment le Messie peut-il être aussi le descendant de David ? »

## Jésus met en garde contre les maîtres de la loi

⁴⁵ Tandis que toute l'assemblée l'écoutait, Jésus dit à ses disciples : ⁴⁶ « Gardez-vous des maîtres de la loi qui se plaisent à se promener en longues robes et qui aiment à recevoir des salutations respectueuses sur les places publiques ; ils choisissent les sièges les plus en vue dans les synagogues et les places d'honneur dans les grands repas. ⁴⁷ Ils prennent aux veuves tout ce qu'elles possèdent et, en même temps, font de longues prières pour se faire remarquer. Ils seront jugés d'autant plus sévèrement. »

## Le don offert par une veuve pauvre

**21** ¹ Jésus regarda autour de lui et vit des riches qui déposaient leurs dons dans les troncs à offrandes du temple. ² Il vit aussi une veuve pauvre qui y mettait deux petites pièces de cuivre. ³ Il dit alors : « Je vous le déclare, c'est la vérité : cette veuve pauvre a mis plus que tous les autres. ⁴ Car tous les autres ont donné comme offrande de l'argent dont ils n'avaient pas besoin ; mais elle, dans sa pauvreté, a offert tout ce dont elle avait besoin pour vivre. »

## Jésus annonce la destruction du temple

⁵ Quelques personnes parlaient du temple et disaient qu'il était magnifique avec ses belles pierres et les objets

*Certains admirent la beauté et la richesse du temple de Jérusalem... Jésus rappelle la futilité de toutes ces richesses : « Les jours viendront où il ne restera pas une seule pierre posée sur une autre... » (Luc 21,6). Pour célébrer Dieu, les chrétiens se réunissent dans des églises, des temples, ou en d'autres lieux. Peu importe s'il s'agit d'un édifice somptueux ou d'une pauvre masure.*

offerts à Dieu. Mais Jésus déclara : [6] « Les jours viendront où il ne restera pas une seule pierre posée sur une autre de ce que vous voyez là ; tout sera renversé. »

## Des malheurs et des persécutions

[7] Ils lui demandèrent alors : « Maître, quand cela se passera-t-il ? Quel sera le signe qui indiquera le moment où ces choses doivent arriver ? » [8] Jésus répondit : « Faites attention, ne vous laissez pas tromper. Car beaucoup d'hommes viendront en usant de mon nom et diront : "Je suis le Messie !" et : "Le temps est arrivé !" Mais ne les suivez pas. [9] Quand vous entendrez parler de guerres et de révolutions, ne vous effrayez pas ; il faut que cela arrive d'abord, mais ce ne sera pas tout de suite la fin de ce monde. » [10] Puis il ajouta : « Un peuple combattra contre un autre peuple, et un royaume attaquera un autre royaume ; [11] il y aura de terribles tremblements de terre et, dans différentes régions, des famines et des épidémies ; il y aura aussi des phénomènes effrayants et des signes impressionnants venant du ciel. [12] Mais avant tout cela, on vous arrêtera, on vous persécutera, on vous livrera pour être jugés dans les synagogues et l'on vous mettra en prison ; on vous fera comparaître devant des rois et des gouverneurs à cause de moi. [13] Ce sera pour vous l'occasion d'apporter votre témoignage à mon sujet. [14] Soyez donc bien décidés à ne pas vous inquiéter par avance de la manière dont vous vous défendrez. [15] Je vous donnerai moi-même des paroles et une sagesse telles qu'aucun de vos adversaires ne pourra leur résister ou les contredire. [16] Vous serez livrés même par vos père et mère, vos frères, vos parents et vos amis ; on fera condamner à mort plusieurs d'entre vous. [17] Tout le monde vous haïra à cause de moi. [18] Mais pas un cheveu de votre tête ne sera perdu. [19] Tenez bon : c'est ainsi que vous sauverez vos vies. »

## Jésus annonce la destruction de Jérusalem

[20] « Quand vous verrez Jérusalem encerclée par des armées, vous saurez, à ce moment-là, qu'elle sera bientôt détruite. [21] Alors, ceux qui seront en Judée devront s'enfuir vers les montagnes ; ceux qui seront à l'intérieur de Jérusalem devront s'éloigner, et ceux qui seront dans les campagnes ne devront pas entrer dans la ville. [22] Car ce seront les jours du Jugement, où se réalisera tout ce que déclarent les Écritures. [23] Quel malheur ce sera, en ces jours-là, pour les

A l'est de Jérusalem s'étend le désert de Judée, aux arides montagnes calcaires et aux gorges profondes. C'est là que les habitants iront chercher refuge lorsque Jérusalem sera menacée.

femmes enceintes et pour celles qui allaiteront ! Car il y aura une grande détresse dans ce pays et la colère de Dieu se manifestera contre ce peuple. **24** Ils seront tués par l'épée, ils seront emmenés prisonniers parmi toutes les nations, et les païens piétineront Jérusalem jusqu'à ce que le temps qui leur est accordé soit écoulé. »

## La venue du Fils de l'homme

**25** « Il y aura des signes dans le soleil, dans la lune et dans les étoiles. Sur la terre, les nations seront dans l'angoisse, rendues inquiètes par le bruit violent de la mer et des vagues. **26** Des hommes mourront de frayeur en pensant à ce qui devra survenir sur toute la terre, car les puissances des cieux seront ébranlées. **27** Alors on verra le Fils de l'homme arriver sur un nuage, avec beaucoup de puissance et de gloire. **28** Quand ces événements commenceront à se produire, redressez-vous et relevez la tête, car votre délivrance sera proche. »

## L'enseignement donné par le figuier

**29** Puis Jésus leur dit cette parabole : « Regardez le figuier et tous les autres arbres : **30** quand vous voyez leurs feuilles commencer à pousser, vous savez que la bonne saison est proche. **31** De même, quand vous verrez ces événements arriver, sachez que le Royaume de Dieu est proche. **32** Je vous le déclare, c'est la vérité : les gens d'aujourd'hui n'auront pas tous disparu avant que tout cela arrive. **33** Le ciel et la terre disparaîtront, tandis que mes paroles ne disparaîtront jamais. »

## La nécessité de veiller

**34** « Prenez garde ! Ne laissez pas votre esprit s'alourdir dans les fêtes et l'ivrognerie, ainsi que dans les soucis de cette vie, sinon le jour du Jugement vous surprendra tout à coup, **35** comme un piège ; car il s'abattra sur tous les habitants de la terre entière. **36** Ne vous endormez pas, priez en tout temps ; ainsi vous aurez la force de surmonter tout ce qui doit arriver et vous pourrez vous présenter debout devant le Fils de l'homme. »

**37** Pendant le jour, Jésus enseignait dans le temple ; mais, le soir, il s'en allait passer la nuit sur la colline appelée mont des Oliviers. **38** Et tout le peuple venait au temple tôt le matin pour l'écouter.

*La destruction de Jérusalem*
*En l'an 70 apr. J.-C., quarante ans après la mort de Jésus, les Romains brisent quatre ans de révolte juive et détruisent la ville et le temple de Jérusalem. Beaucoup de contemporains y verront la fin du monde. Mais l'histoire des peuples ne finit pas avec celle du temple.*

*Une littérature abondante à l'époque annonce que la venue du Fils de l'homme s'accompagnera de signes dramatiques : « le soleil, la lune et les étoiles passeront » (verset 25). Beaucoup vivaient dans la crainte. Pour Jésus, celui qui croit en Dieu ne doit pas avoir peur. « Quand ces événements commenceront à se produire, redressez-vous et relevez la tête, car votre délivrance sera proche » (verset 28).*

## Les chefs complotent contre Jésus

**22** ¹ La fête des pains sans levain, appelée la Pâque, approchait. ² Les chefs des prêtres et les maîtres de la loi cherchaient un moyen de mettre à mort Jésus, mais ils avaient peur du peuple.

## Judas est prêt à livrer Jésus aux chefs

³ Alors Satan entra dans Judas, appelé Iscariote, qui était l'un des douze disciples. ⁴ Judas alla parler avec les chefs des prêtres et les chefs des gardes du temple de la façon dont il pourrait leur livrer Jésus. ⁵ Ils en furent très contents et promirent de lui donner de l'argent. ⁶ Judas accepta et se mit à chercher une occasion favorable pour leur livrer Jésus sans que la foule le sache.

## Jésus fait préparer le repas de la Pâque

⁷ Le jour arriva, pendant la fête des pains sans levain, où l'on devait sacrifier les agneaux pour le repas de la

*La Cène, selon une peinture anonyme datant de la 2ᵉ moitié du XVIIᵉ siècle. Avant d'affronter librement sa mort, Jésus livre son testament. Ses dernières paroles et ses derniers gestes expriment l'essentiel de sa vie et donnent sens à sa Passion. Ce dernier repas constitue son mémorial, que les chrétiens célèbrent depuis vingt siècles.*

Pâque. ⁸ Jésus envoya alors Pierre et Jean en avant avec l'ordre suivant : « Allez nous préparer le repas de la Pâque. » ⁹ Ils lui demandèrent : « Où veux-tu que nous le préparions ? » ¹⁰ Il leur dit : « Écoutez : au moment où vous arriverez en ville, vous rencontrerez un homme qui porte une cruche d'eau. Suivez-le dans la maison où il entrera ¹¹ et dites au propriétaire de la maison : "Le Maître te demande : Où est la pièce où je prendrai le repas de la Pâque avec mes disciples ?" ¹² Et il vous montrera, en haut de la maison, une grande chambre avec tout ce qui est nécessaire. C'est là que vous préparerez le repas. » ¹³ Ils s'en allèrent, trouvèrent tout comme Jésus le leur avait dit et préparèrent le repas de la Pâque.

## La sainte Cène

¹⁴ Quand l'heure fut venue, Jésus se mit à table avec les apôtres. ¹⁵ Il leur dit : « Combien j'ai désiré prendre ce

repas de la Pâque avec vous avant de souffrir ! **16** Car, je vous le déclare, je ne le prendrai plus jusqu'à ce que son sens soit pleinement réalisé dans le Royaume de Dieu. » **17** Il saisit alors une coupe, remercia Dieu et dit : « Prenez cette coupe et partagez-en le contenu entre vous ; **18** car, je vous le déclare, dès maintenant je ne boirai plus de vin jusqu'à ce que vienne le Royaume de Dieu. » **19** Puis il prit du pain et, après avoir remercié Dieu, il le rompit et le leur donna en disant : « Ceci est mon corps qui est donné pour vous. Faites ceci en mémoire de moi. » **20** Il leur donna de même la coupe, après le repas, en disant : « Cette coupe est la nouvelle alliance de Dieu, garantie par mon sang qui est versé pour vous. **21** Mais regardez : celui qui me trahit est ici, à table avec moi ! **22** Certes, le Fils de l'homme va mourir suivant le plan de Dieu ; mais quel malheur pour celui qui le trahit ! » **23** Ils se mirent alors à se demander les uns aux autres qui était celui d'entre eux qui allait faire cela.

## Qui est le plus important ?

**24** Les disciples se mirent à discuter vivement pour savoir lequel d'entre eux devait être considéré comme le plus important. **25** Jésus leur dit : « Les rois des nations leur commandent et ceux qui exercent le pouvoir sur elles se font appeler "Bienfaiteurs". **26** Mais il n'en va pas ainsi pour vous. Au contraire, le plus important parmi vous doit être comme le plus jeune, et celui qui commande doit être comme celui qui sert. **27** Car qui est le plus important, celui qui est à table ou celui qui sert ? Celui qui est à table, n'est-ce pas ? Eh bien, moi je suis parmi vous comme celui qui sert ! **28** Vous êtes demeurés continuellement avec moi dans mes épreuves ; **29** et de même que le Père a disposé du Royaume en ma faveur, de même j'en dispose pour vous : **30** vous mangerez et boirez à ma table dans mon Royaume, et vous siégerez sur des trônes pour juger les douze tribus d'Israël. »

## Jésus annonce que Pierre le reniera

**31** « Simon, Simon ! Écoute : Satan a demandé de pouvoir vous passer tous au crible comme on le fait pour purifier le grain. **32** Mais j'ai prié pour toi, afin que la foi ne vienne pas à te manquer. Et quand tu seras revenu à moi, fortifie tes frères. » **33** Pierre lui dit : « Seigneur, je suis prêt à aller en prison avec toi et à mourir avec toi. » **34** Jésus lui répondit : « Je te le déclare, Pierre, le coq n'aura pas encore chanté aujourd'hui que tu auras déjà prétendu trois fois ne pas me connaître. »

*La Pâque*

*Plus nettement que les autres évangélistes, Luc fait ressortir les divers éléments de la Cène et complète les mots prononcés par Jésus sur le pain et le vin. Une coupe est passée à la ronde au début du repas, en mémoire de la sortie d'Égypte. Jésus la bénit et annonce la délivrance finale dans le Royaume de Dieu.*

*Jésus serviteur*

*Toute la vie de Jésus est au service de l'homme, jusqu'au sacrifice sur la croix. Ainsi, il ne revendique pas la place d'honneur à la table des disciples, mais il se met à la place de l'esclave qui sert.*

## La bourse, le sac et l'épée

**35** Puis Jésus leur dit : « Quand je vous ai envoyés en mission sans bourse, ni sac, ni chaussures, avez-vous manqué de quelque chose ? » – « De rien » , répondirent-ils. **36** Alors il leur dit : « Mais maintenant, celui qui a une bourse doit la prendre, de même celui qui a un sac ; et celui qui n'a pas d'épée doit vendre son manteau pour en acheter une. **37** Car, je vous le déclare, il faut que se réalise en ma personne cette parole de l'Écriture : "Il a été placé au nombre des malfaiteurs." En effet, ce qui me concerne va se réaliser. » **38** Les disciples dirent : « Seigneur, voici deux épées. » – « Cela suffit » , répondit-il.

## Jésus prie au mont des Oliviers

**39** Jésus sortit et se rendit, selon son habitude, au mont des Oliviers. Ses disciples le suivirent. **40** Quand il fut arrivé à cet endroit, il leur dit : « Priez afin de ne pas tomber dans la tentation. » **41** Puis il s'éloigna d'eux à la distance d'un jet de pierre environ, se mit à genoux et pria **42** en ces termes : « Père, si tu le veux, éloigne de moi cette coupe de douleur. Toutefois, que ce ne soit pas ma volonté qui se fasse, mais la tienne. » [**43** Alors un ange du ciel lui apparut pour le fortifier. **44** Saisi d'angoisse, Jésus priait avec encore plus d'ardeur. Sa sueur devint comme des gouttes de sang qui tombaient à terre.]

**45** Après avoir prié, il se leva, revint vers les disciples et les trouva endormis, épuisés de tristesse. **46** Il leur dit : « Pourquoi dormez-vous ? Levez-vous et priez, afin que vous ne tombiez pas dans la tentation. »

## L'arrestation de Jésus

**47** Il parlait encore quand une foule apparut. Judas, l'un des douze disciples, la conduisait ; il s'approcha de Jésus pour l'embrasser. **48** Mais Jésus lui dit : « Judas, est-ce en l'embrassant que tu trahis le Fils de l'homme ? » **49** Quand les compagnons de Jésus virent ce qui allait arriver, ils lui demandèrent : « Seigneur, devons-nous frapper avec nos épées ? » **50** Et l'un d'eux frappa le serviteur du grand-prêtre et lui coupa l'oreille droite. **51** Mais Jésus dit : « Laissez, cela suffit. » Il toucha l'oreille de cet homme et le guérit. **52** Puis Jésus dit aux chefs des prêtres, aux chefs des gardes du temple et aux anciens qui étaient venus le prendre : « Deviez-vous venir armés d'épées et de bâtons, comme si j'étais un brigand ? **53** Tous les jours j'étais avec vous dans le temple et vous n'avez pas cherché à m'arrêter. Mais cette heure est à vous et à la puissance de la nuit. »

## Pierre renie Jésus

**54** Ils se saisirent alors de Jésus, l'emmenèrent et le conduisirent dans la maison du grand-prêtre. Pierre suivait de loin. **55** On avait fait du feu au milieu de la cour et Pierre prit place parmi ceux qui étaient assis autour.

Le Baiser de Judas, par Giotto di Bondone (1267-1337).
« Judas, est-ce en l'embrassant que tu trahis le Fils de l'homme ? » (Luc 22,48)
Jésus ne reçoit pas de réponse à sa question. Mais, au-delà du silence, que s'est-il exprimé dans ce baiser et dans les regards échangés ?

**56** Une servante le vit assis près du feu ; elle le fixa du regard et dit : « Cet homme aussi était avec lui ! » **57** Mais Pierre le nia en lui déclarant : « Je ne le connais pas. »
**58** Peu après, quelqu'un d'autre le vit et dit : « Toi aussi, tu es l'un d'eux ! » Mais Pierre répondit à cet homme : « Non, je n'en suis pas. » **59** Environ une heure plus tard, un autre encore affirma avec force : « Certainement, cet homme était avec lui, car il est de Galilée. » **60** Mais Pierre répondit : « Je ne sais pas ce que tu veux dire, toi. » Au moment même où il parlait un coq chanta.
**61** Le Seigneur se retourna et regarda fixement Pierre. Alors Pierre se souvint de ce que le Seigneur lui avait dit : « Avant que le coq chante aujourd'hui, tu auras prétendu trois fois ne pas me connaître. » **62** Pierre sortit et pleura amèrement.

## Jésus insulté et battu

**63** Les hommes qui gardaient Jésus se moquaient de lui et le frappaient. Ils lui couvraient le visage et lui demandaient : « Qui t'a frappé ? Devine ! » **65** Et ils lui adressaient beaucoup d'autres paroles insultantes.

## Jésus devant le Conseil supérieur

**66** Quand il fit jour, les anciens du peuple juif, les chefs des prêtres et les maîtres de la loi s'assemblèrent. Ils firent amener Jésus devant leur Conseil supérieur **67** et lui demandèrent : « Es-tu le Messie ? Dis-le-nous. » Il leur répondit : « Si je vous le dis, vous ne me croirez pas, **68** et si je vous pose une question, vous ne me répondrez pas. **69** Mais dès maintenant le Fils de l'homme siégera à la droite du Dieu puissant. » **70** Tous s'exclamèrent : « Tu es donc le Fils de Dieu ? » Il leur répondit : « Vous le dites : je le suis. » **71** Alors ils ajoutèrent : « Nous n'avons plus besoin de témoins ! Nous avons nous-mêmes entendu ses propres paroles ! »

## Jésus devant Pilate

**23** **1** L'assemblée entière se leva et ils amenèrent Jésus devant Pilate. **2** Là, ils se mirent à l'accuser en disant : « Nous avons trouvé cet homme en train d'égarer notre peuple : il leur dit de ne pas payer les impôts à l'empereur et prétend qu'il est lui-même le Messie, un roi. » **3** Pilate l'interrogea en ces mots : « Es-tu le roi des Juifs ? » Jésus lui répondit : « Tu le dis. » **4** Pilate s'adressa alors aux chefs des prêtres et à la foule : « Je ne trouve aucune raison de condamner cet homme. » **5** Mais ils déclarèrent avec encore plus de force : « Il pousse le peuple à la révolte par son enseignement. Il a commencé en Galilée, a passé par toute la Judée et, maintenant, il est venu jusqu'ici. »

*« Tu le dis. » (Luc 23,3)*
*Ces paroles de Jésus devant Pilate peuvent être comprises différemment selon le contexte. A la question du Conseil supérieur des Juifs, Jésus répond clairement qu'il est le Fils de Dieu. Mais quand Pilate lui demande s'il est le roi des Juifs, Jésus ne répond pas directement. Car il n'est pas le roi des Juifs au sens politique, mais à un autre niveau. Le Romain comprend suffisamment pour mettre au jour l'arbitraire des accusations contre Jésus.*

*Jésus s'adressant aux foules, illustration de Gustave Doré (La Sainte Bible, 1866).*

## Jésus devant Hérode

**6** Quand Pilate entendit ces mots, il demanda : « Cet homme est-il de Galilée ? » **7** Et lorsqu'il eut appris que Jésus venait de la région gouvernée par Hérode, il l'envoya à celui-ci, car il se trouvait aussi à Jérusalem ces jours-là. **8** Hérode fut très heureux de voir Jésus. En effet, il avait entendu parler de lui et désirait le rencontrer

Le tableau ci-contre représente Jésus devant Pilate, par l'école d'Angers (XVIe siècle). On reconnaît Pilate au bassin qui lui est tendu.

L'Hérode du verset 6 est le fils du roi Hérode dont parle l'évangile de Matthieu, tristement célèbre à cause du massacre des Innocents à Bethléem. Hérode Antipas règne sur une petite contrée formant une bande étroite à l'est du Jourdain, la Galilée et la Pérée. Il est intrigué par la réputation de Jésus et a déjà voulu le voir (Luc 9,7-9). Pilate lui accorde cette faveur. Mais Jésus ne se présente pas en faiseur de miracles, et Hérode est frustré de son spectacle.

depuis longtemps ; il espérait le voir faire un signe miraculeux. ⁹ Il lui posa beaucoup de questions, mais Jésus ne lui répondit rien. ¹⁰ Les chefs des prêtres et les maîtres de la loi étaient là et portaient de violentes accusations contre Jésus. ¹¹ Hérode et ses soldats se moquèrent de lui et le traitèrent avec mépris. Ils lui mirent un vêtement magnifique et le renvoyèrent à Pilate. ¹² Hérode et Pilate étaient ennemis auparavant ; ce jour-là, ils devinrent amis.

## Jésus est condamné à mort

¹³ Pilate réunit les chefs des prêtres, les dirigeants et le peuple, ¹⁴ et leur dit : « Vous m'avez amené cet homme en me disant qu'il égare le peuple. Eh bien, je l'ai interrogé devant vous et je ne l'ai trouvé coupable d'aucune des mauvaises actions dont vous l'accusez. ¹⁵ Hérode ne l'a pas non plus trouvé coupable, car il nous l'a renvoyé. Ainsi, cet homme n'a commis aucune faute pour laquelle il mériterait de mourir. ¹⁶ Je vais donc le faire battre à coups de fouet, puis je le relâcherai. » ¹⁷ A chaque fête de la Pâque, Pilate devait leur libérer un prisonnier. ¹⁸ Mais ils se mirent à crier tous ensemble : « Fais mourir

*La culpabilité*

*Jésus a été condamné par les autorités juives et romaines. Il a sans doute dérangé les uns et les autres, et continue de déranger aujourd'hui. Serait-il mieux accueilli à notre époque ? On peut en douter. On assassine toujours des gens au nom de l'ordre public ou de la religion.*

cet homme ! Relâche-nous Barabbas ! » ¹⁹ – Barabbas avait été mis en prison pour une révolte qui avait eu lieu dans la ville et pour un meurtre. – ²⁰ Comme Pilate désirait libérer Jésus, il leur adressa de nouveau la parole. ²¹ Mais ils lui criaient : « Cloue-le sur une croix ! Cloue-le sur une croix ! » ²² Pilate prit la parole une troisième fois et leur dit : « Quel mal a-t-il commis ? Je n'ai trouvé en lui aucune faute pour laquelle il mériterait de mourir. Je vais donc le faire battre à coups de fouet, puis je le relâcherai. » ²³ Mais ils continuaient à réclamer à grands cris que Jésus soit cloué sur une croix. Et leurs cris l'emportèrent : ²⁴ Pilate décida de leur accorder ce qu'ils demandaient. ²⁵ Il libéra l'homme qu'ils réclamaient, celui qui avait été mis en prison pour révolte et meurtre, et leur livra Jésus pour qu'ils en fassent ce qu'ils voulaient.

## Jésus est cloué sur la croix

²⁶ Tandis qu'ils emmenaient Jésus, ils rencontrèrent Simon, un homme de Cyrène, qui revenait des champs. Les soldats se saisirent de lui et le chargèrent de la croix pour qu'il la porte derrière Jésus. ²⁷ Une grande foule de gens du peuple le suivait, ainsi que des femmes qui pleuraient et se lamentaient à cause de lui. ²⁸ Jésus se tourna vers elles et dit : « Femmes de Jérusalem, ne pleurez pas à mon sujet ! Pleurez plutôt pour vous et pour vos enfants ! ²⁹ Car le moment approche où l'on dira : "Heureuses celles qui ne peuvent pas avoir d'enfant, qui n'en ont jamais mis au monde et qui n'en ont jamais allaité !" ³⁰ Alors les gens se mettront à dire aux montagnes : "Tombez sur nous !" et aux collines : "Cachez-nous !" ³¹ Car si l'on traite ainsi le bois vert, qu'arrivera-t-il au bois sec ? »

³² On emmenait aussi deux autres hommes, des malfaiteurs, pour les mettre à mort avec Jésus. ³³ Lorsqu'ils arrivèrent à l'endroit appelé « Le Crâne », les soldats clouèrent Jésus sur la croix à cet endroit-là et mirent aussi les deux malfaiteurs en croix, l'un à sa droite et l'autre à sa gauche. ³⁴ Jésus dit alors : « Père, pardonne-leur, car ils ne savent pas ce qu'ils font. » Ils partagèrent ses vêtements entre eux en les tirant au sort. ³⁵ Le peuple se tenait là et regardait. Les chefs juifs se moquaient de lui en disant : « Il a sauvé d'autres gens ; qu'il se sauve lui-même, s'il est le Messie, celui que Dieu a choisi ! » ³⁶ Les soldats aussi se moquèrent de lui ; ils s'approchèrent, lui présentèrent du vinaigre ³⁷ et dirent : « Si tu es le roi des Juifs, sauve-toi toi-même ! » ³⁸ Au-dessus de lui, il y avait cette inscription : « Celui-ci est le roi des Juifs. »

*Beaucoup de pèlerins suivent le chemin de croix, la « via dolorosa », à Jérusalem. Aujourd'hui, toutes les stations se trouvent dans la vieille ville qui a été agrandie et qui englobe les lieux de l'exécution et de la sépulture de Jésus.*

Le Christ portant sa croix, par Lorenzo Lotto (1480-1556). Il était d'usage de faire porter la poutre transversale de la croix par le condamné sur le lieu d'exécution, pendant que la poutre verticale était plantée en terre.

**39** L'un des malfaiteurs suspendus en croix l'insultait en disant : « N'es-tu pas le Messie ? Sauve-toi toi-même et nous avec toi ! » **40** Mais l'autre lui fit des reproches et lui dit : « Ne crains-tu pas Dieu, toi qui subis la même punition ? **41** Pour nous, cette punition est juste, car nous recevons ce que nous avons mérité par nos actes ; mais lui n'a rien fait de mal. » **42** Puis il ajouta : « Jésus, souviens-toi de moi quand tu viendras pour être roi. » **43** Jésus lui répondit : « Je te le déclare, c'est la vérité : aujourd'hui tu seras avec moi dans le paradis. »

## La mort de Jésus

**44-45** Il était environ midi quand le soleil cessa de briller : l'obscurité se fit sur tout le pays et dura jusqu'à trois heures de l'après-midi. Le rideau suspendu dans le temple se déchira par le milieu. **46** Jésus s'écria d'une voix forte : « Père, je remets mon esprit entre tes mains. » Après avoir dit ces mots, il mourut. **47** Le capitaine romain vit ce qui était arrivé ; il loua Dieu et dit : « Certainement cet homme était innocent ! » **48** Tous ceux qui étaient venus, en foule, assister à ce spectacle virent ce qui était arrivé. Alors ils s'en retournèrent en se frappant la poitrine de tristesse. **49** Tous les amis de Jésus, ainsi que les femmes qui l'avaient accompagné depuis la Galilée, se tenaient à distance pour regarder ce qui se passait.

***Les deux malfaiteurs***

*L'un des deux malfaiteurs reconnaît l'innocence de Jésus et proclame sa foi en lui. Jésus lui offre plus qu'il ne demande : il jouira de la communion avec Dieu dès sa mort. Selon certaines traditions juives, le paradis est le lieu où les justes défunts attendent la résurrection.*

189

## Jésus est mis dans un tombeau

**50-51** Il y avait un homme appelé Joseph, qui était de la localité juive d'Arimathée. Cet homme était bon et juste, et espérait la venue du Royaume de Dieu. Il était membre du Conseil supérieur, mais n'avait pas approuvé ce que les autres conseillers avaient décidé et fait. **52** Il alla trouver Pilate et lui demanda le corps de Jésus. **53** Puis il descendit le corps de la croix, l'enveloppa dans un drap de lin et le déposa dans un tombeau qui avait été creusé dans le roc, un tombeau dans lequel on n'avait jamais mis personne. **54** C'était vendredi et le sabbat allait commencer. **55** Les femmes qui avaient accompagné Jésus depuis la Galilée vinrent avec Joseph ; elles regardèrent le tombeau et virent comment le corps de Jésus y était placé. **56** Puis elles retournèrent en ville et préparèrent les huiles et les parfums pour le corps. Le jour du sabbat, elles se reposèrent, comme la loi l'ordonnait.

## La résurrection de Jésus

**24** **1** Très tôt le dimanche matin, les femmes se rendirent au tombeau, en apportant les huiles parfumées qu'elles avaient préparées. **2** Elles découvrirent que la pierre fermant l'entrée du tombeau avait été roulée de côté ; **3** elles entrèrent, mais ne trouvèrent pas le corps du Seigneur Jésus. **4** Elles ne savaient qu'en penser, lorsque deux hommes aux vêtements brillants leur apparurent. **5** Comme elles étaient saisies de crainte et tenaient leur visage baissé vers la terre, ces hommes leur dirent : « Pourquoi cherchez-vous parmi les morts celui qui est vivant ? **6** Il n'est pas ici, mais il est revenu de la mort à la vie. Rappelez-vous ce qu'il vous a dit lorsqu'il était encore en Galilée : **7** "Il faut que le Fils de l'homme soit livré à des pécheurs, qu'il soit cloué sur une croix et qu'il se relève de la mort le troisième jour." »

**8** Elles se rappelèrent alors les paroles de Jésus. **9** Elles quittèrent le tombeau et allèrent raconter tout cela aux onze et à tous les autres disciples. **10** C'étaient Marie de Magdala, Jeanne et Marie, mère de Jacques. Les autres femmes qui étaient avec elles firent le même récit aux apôtres. **11** Mais ceux-ci pensèrent que ce qu'elles racontaient était absurde et ils ne les crurent pas. **12** Cependant Pierre se leva et courut au tombeau ; il se baissa et ne vit que les bandes de lin. Puis il retourna chez lui, très étonné de ce qui s'était passé.

*Croix irlandaise en pierre avec la roue solaire. La croix, à l'origine instrument d'une mort honteuse (comme notre gibet), est devenue grâce à Jésus symbole de la vie offerte.*

## Sur le chemin d'Emmaüs

¹³ Ce même jour, deux disciples se rendaient à un village appelé Emmaüs, qui se trouvait à environ deux heures de marche de Jérusalem. ¹⁴ Ils parlaient de tout ce qui s'était passé. ¹⁵ Pendant qu'ils parlaient et discutaient, Jésus lui-même s'approcha et fit route avec eux. ¹⁶ Ils le voyaient, mais quelque chose les empêchait de le reconnaître. ¹⁷ Jésus leur demanda : « De quoi discutez-vous en marchant ? » Et ils s'arrêtèrent, tout attristés. ¹⁸ L'un d'eux, appelé Cléopas, lui dit : « Es-tu le seul habitant de Jérusalem qui ne connaisse pas ce qui s'est passé ces derniers jours ? » - ¹⁹ « Quoi donc ? » leur demanda-t-il. Ils lui répondirent : « Ce qui est arrivé à Jésus de Nazareth ! C'était un prophète puissant ; il l'a montré par ses actes et ses paroles devant Dieu et devant tout le peuple. ²⁰ Les chefs de nos prêtres et nos dirigeants l'ont livré pour le

*Les femmes au tombeau sont les premières à accueillir dans la foi l'annonce de la Résurrection. Mais les apôtres ne les écoutent pas. Jésus avait autrefois délivré ces femmes de diverses maladies et esprits mauvais (Luc 8,2-3). Elles ont aussi vu mourir Jésus et ont été bouleversées. Elles sont à présent témoins de sa résurrection.*
*Les Saintes femmes au tombeau, tableau de Giovanni Romanelli (1610-1662).*

faire condamner à mort et l'ont cloué sur une croix. ²¹ Nous avions l'espoir qu'il était celui qui devait délivrer Israël. Mais en plus de tout cela, c'est aujourd'hui le troisième jour depuis que ces faits se sont passés. ²² Quelques femmes de notre groupe nous ont étonnés, il est vrai. Elles se sont rendues tôt ce matin au tombeau ²³ mais n'ont pas trouvé son corps. Elles sont revenues nous raconter que des anges leur sont apparus et leur ont déclaré qu'il est vivant. ²⁴ Quelques-uns de nos compagnons sont allés au tombeau et ont trouvé tout comme les femmes l'avaient dit, mais lui, ils ne l'ont pas vu. » ²⁵ Alors Jésus leur dit : « Gens sans intelligence, que vous

*Ces femmes sont d'autant plus préparées à découvrir le message de Pâques parce qu'elles-mêmes ont déjà été délivrées par le Christ. L'expérience des apparitions du Christ ressuscité relève ceux qui en sont les témoins.*

*Les Pèlerins d'Emmaüs, par Rembrandt.*
*Les disciples quittent Jérusalem, le cœur lourd. Celui qui avait éveillé en eux l'espoir d'un monde nouveau a été livré par les chefs religieux. Cet espoir est déçu, mais c'est à ce moment-là que Jésus les rejoint et se met à l'écoute de leur souffrance. Puis, à partir des Écritures, il leur révèle le sens de tous ces événements : l'épreuve subie, l'échec, la mort et la résurrection.*

*Ce récit d'ombre et de lumière nous introduit dans le mystère de la présence du Christ ressuscité, qui rejoint les hommes dans leurs déceptions, les ouvre à l'intelligence des Écritures, se manifeste à eux dans le partage et les renvoie auprès de leurs frères.*

êtes lents à croire tout ce qu'ont annoncé les prophètes ! **26** Ne fallait-il pas que le Messie souffre ainsi avant d'entrer dans sa gloire ? » **27** Puis il leur expliqua ce qui était dit à son sujet dans l'ensemble des Écritures, en commençant par les livres de Moïse et en continuant par tous les livres des Prophètes.

**28** Quand ils arrivèrent près du village où ils se rendaient, Jésus fit comme s'il voulait poursuivre sa route. **29** Mais ils le retinrent en disant : « Reste avec nous ; le jour baisse déjà et la nuit approche. » Il entra donc pour rester avec eux. **30** Il se mit à table avec eux, prit le pain et remercia Dieu ; puis il rompit le pain et le leur donna. **31** Alors, leurs yeux s'ouvrirent et ils le reconnurent ; mais il disparut de devant eux. **32** Ils se dirent l'un à l'autre : « N'y avait-il pas comme un feu qui brûlait au-dedans de nous quand il nous parlait en chemin et nous expliquait les Écritures ? »

**33** Ils se levèrent aussitôt et retournèrent à Jérusalem. Ils y trouvèrent les onze disciples réunis avec leurs compagnons, **34** qui disaient : « Le Seigneur est vraiment ressuscité ! Simon l'a vu ! » **35** Et eux-mêmes leur racontèrent ce qui s'était passé en chemin et comment ils avaient reconnu Jésus au moment où il rompait le pain.

## Jésus se montre à ses disciples

**36** Ils parlaient encore, quand Jésus lui-même se présenta au milieu d'eux et leur dit : « La paix soit avec vous ! » **37** Ils furent saisis de crainte, et même de terreur, car ils croyaient voir un fantôme. **38** Mais Jésus leur dit : « Pourquoi êtes-vous troublés ? Pourquoi avez-vous ces doutes dans vos cœurs ? **39** Regardez mes mains et mes pieds : c'est bien moi ! Touchez-moi et voyez, car un fantôme n'a ni chair ni os, contrairement à moi, comme vous pouvez le constater. » **40** Il dit ces mots et leur montra ses mains et ses pieds. **41** Comme ils ne pouvaient pas encore croire, tellement ils étaient remplis de joie et d'étonnement, il leur demanda : « Avez-vous ici quelque chose à manger ? » **42** Ils lui donnèrent un morceau de poisson grillé. **43** Il le prit et le mangea devant eux. **44** Puis il leur dit : « Quand j'étais encore avec vous, voici ce que je vous ai déclaré : ce qui est écrit à mon sujet dans la loi de Moïse, dans les livres des Prophètes et dans les Psaumes, tout cela devait se réaliser. » ⁴⁵ Alors il leur ouvrit l'intelligence pour qu'ils comprennent les Écritures, ⁴⁶ et il leur dit : « Voici ce qui est écrit : le Messie doit souffrir, puis se relever d'entre les morts le troisième jour, ⁴⁷ et il faut que l'on prêche en son nom devant toutes les nations, en commençant par Jérusalem ; on appellera les humains à changer de comportement et à recevoir le pardon des péchés. ⁴⁸ Vous êtes témoins de tout cela. ⁴⁹ Et je vais envoyer moi-même sur vous ce que mon Père a promis. Quant à vous, restez dans la ville jusqu'à ce que vous soyez remplis de la puissance d'en haut. »

*Dieu n'est pas dans le ciel, le ciel est partout où Dieu se trouve. C'est ainsi qu'il faut expliquer l'Ascension à l'époque de l'exploration spatiale. Luc indique à la fin de son évangile que le chemin de Jésus ne s'arrête pas ici. Il se poursuit avec l'envoi de ses messagers dans le monde, témoignant du salut qu'il a apporté. Luc en fait le récit dans les Actes des apôtres.*

*L'Ascension, illustration de Gustave Doré (La Sainte Bible, 1866).*

## Jésus monte au ciel

⁵⁰ Puis Jésus les emmena hors de la ville, près de Béthanie, et là, il leva les mains et les bénit. ⁵¹ Pendant qu'il les bénissait, il se sépara d'eux et fut enlevé au ciel. ⁵² Quant à eux, ils l'adorèrent et retournèrent à Jérusalem, pleins d'une grande joie. ⁵³ Ils se tenaient continuellement dans le temple et louaient Dieu.

# L'ÉVANGILE SELON
# JEAN

*Le Jourdain*

## Contexte

L'évangile de Jean s'adresse à des communautés chrétiennes qui se détachent du judaïsme auquel elles se sentaient liées jusqu'alors. Les aspects douloureux de cette séparation expliquent le ton quelquefois sévère de ce livre.

## Objectif

L'évangile de Jean, comparé aux autres évangiles, rapporte peu d'événements de la vie de Jésus. Mais il leur accorde une importance particulière, la plupart d'entre eux étant l'occasion d'un enseignement approfondi donné par Jésus. Le prologue en forme de poème (Jean 1,1-18) présente Jésus comme la Parole éternelle de Dieu qui se fait homme et qui vient vivre avec les humains. Il est la présence parmi eux de la vie, de la lumière et de la vérité de Dieu ; il est celui en qui les aspirations humaines trouvent leur accomplissement. C'est ainsi qu'il faut comprendre les « Je suis » de Jésus (Jean 6,35; 8,12; 10,7-9; 10,11; 11,25; 14,6; 15,5). La fin du chapitre 20, verset 31, révèle le but de l'évangile : éveiller la foi des lecteurs, les amener à reconnaître en Jésus le Sauveur. Grâce à cette foi, ils entrent dans la vie éternelle.

## Fil conducteur

Dès le début de son évangile, Jean décrit comment la gloire de Dieu transparaît dans l'œuvre de Jésus. L'auteur regarde même la mort sur la croix à la lumière de la résurrection, car elle signifie pour Jésus le retour vers son Père (Jean 13,3; 16,28; 17,4-5), l'élévation à la gloire, et le pouvoir d'accorder la vie éternelle à tous ceux qui croient en lui (Jean 3,14-16; 8,28; 12,32). C'est alors qu'ils seront unis à Jésus et à son Père (Jean 14,1-3 et 14,18-20). Ainsi l'élévation sur la croix est, comme le dit l'inscription sur l'écriteau (Jean 19,19-22; voir aussi 18,37), véritablement une intronisation de Jésus en « Roi des Juifs ». A travers la crucifixion et la résurrection, il apporte le salut à tous.

*« Cette lumière était la seule lumière véritable, celle qui vient dans le monde et qui éclaire tous les hommes. »*
*(Jean 1,9)*
*Jean introduit son évangile par un poème qui reprend des textes anciens de la Bible. Le livre commence de la même manière que le récit de la création dans la Genèse : « Au commencement Dieu créa le ciel et la terre » (Genèse 1,1).*

*En parlant de la Sagesse, l'auteur du livre des Proverbes déclare : « Le Seigneur m'a créée il y a très longtemps, comme la première de ses œuvres, avant toutes les autres. J'ai été établie dès le début des temps, avant même que le monde existe… Depuis lors ma joie est d'être au milieu des humains » (Proverbes 8,22-31). La venue de Jésus marque le commencement d'une nouvelle création : Jésus est la Parole de Dieu qui remet les hommes debout et révèle l'amour de Dieu. Il éclaire tous ceux qui sont dans le noir et les fait renaître en devenant des fils et des filles de Dieu.*

## La Parole de lumière et de vie

**1** Au commencement de toutes choses, la Parole existait déjà ; celui qui est la Parole était avec Dieu, et il était Dieu. **2** Il était donc avec Dieu au commencement. **3** Dieu a fait toutes choses par lui ; rien n'a été fait sans lui ; **4** ce qui a été fait avait la vie en lui. Cette vie était la lumière des hommes. **5** La lumière brille dans l'obscurité, mais l'obscurité ne l'a pas reçue. **6** Dieu envoya son messager, un homme appelé Jean. **7** Il vint comme témoin, pour rendre témoignage à la lumière, afin que tous croient grâce à lui. **8** Il n'était pas lui-même la lumière, mais il devait rendre témoignage à la lumière. **9** Cette lumière était la seule lumière véritable, celle qui vient dans le monde et qui éclaire tous les hommes.

**10** Celui qui est la Parole était dans le monde. Dieu a fait le monde par lui, et pourtant le monde ne l'a pas reconnu. **11** Il est venu dans son propre pays, mais les siens ne l'ont pas accueilli. **12** Cependant, certains l'ont reçu et ont cru en lui ; il leur a donné le droit de devenir enfants de Dieu. **13** Ils ne sont pas devenus enfants de Dieu par une naissance naturelle, par une volonté humaine ; c'est Dieu qui leur a donné une nouvelle vie.

**14** Celui qui est la Parole est devenu un homme et il a vécu parmi nous, plein de grâce et de vérité. Nous avons vu sa gloire, la gloire que le Fils unique reçoit du Père. **15** Jean lui a rendu témoignage ; il s'est écrié : « C'est de lui que j'ai parlé quand j'ai dit : "Il vient après moi, mais il est plus important que moi, car il existait déjà avant moi." » **16** Nous avons tous reçu notre part des richesses de sa grâce ; nous avons reçu une bénédiction après l'autre. **17** Dieu nous a donné la loi par Moïse ; mais la grâce et la vérité sont venues par Jésus-Christ. **18** Personne n'a jamais vu Dieu. Mais le Fils unique, qui est Dieu et demeure auprès du Père, lui seul l'a fait connaître.

## Le témoignage de Jean-Baptiste

**19** Voici le témoignage rendu par Jean lorsque les autorités juives de Jérusalem envoyèrent des prêtres et des lévites pour lui demander : « Qui es-tu ? » **20** Il ne refusa pas de répondre, mais il affirma très clairement devant tous : « Je ne suis pas le Messie. » **21** Ils lui demandèrent : « Qui es-tu donc ? Es-tu Élie ? » – « Non, répondit Jean, je ne le suis pas.» – « Es-tu le Prophète ? » dirent-ils. « Non », répondit-il. **22** Ils lui dirent alors : « Qui es-tu donc ? Nous devons donner une réponse à ceux qui nous ont envoyés. Que dis-tu à ton sujet ? » **23** Jean répondit :

*Élie nourri par un ange, illustration de Gustave Doré (La Sainte Bible, 1866).*

« Je suis
"celui qui crie dans le désert :
Préparez un chemin bien droit pour le Seigneur !" »
²⁴ Parmi les messagers envoyés à Jean, il y avait des Pharisiens ; ²⁵ ils lui demandèrent encore : « Si tu n'es pas le Messie, ni Élie, ni le Prophète, pourquoi donc baptises-tu ? » ²⁶ Jean leur répondit : « Moi, je vous baptise avec de l'eau ; mais il y a au milieu de vous quelqu'un que vous ne connaissez pas. ²⁷ Il vient après moi, mais je ne suis pas même digne de délier la courroie de ses sandales. » ²⁸ Tout cela se passait à Béthanie, de l'autre côté de la rivière, le Jourdain, là où Jean baptisait.

## Jésus, l'Agneau de Dieu

²⁹ Le lendemain, Jean vit Jésus venir à lui, et il dit : « Voici l'Agneau de Dieu qui enlève le péché du monde. ³⁰ C'est de lui que j'ai parlé quand j'ai dit : "Un homme vient après moi, mais il est plus important que moi, car il existait déjà avant moi." ³¹ Je ne savais pas qui ce devait être, mais je suis venu baptiser avec de l'eau afin de le faire connaître au peuple d'Israël. »

³² Jean déclara encore : « J'ai vu l'Esprit de Dieu descendre du ciel comme une colombe et demeurer sur lui. ³³ Je ne savais pas encore qui il était, mais Dieu, qui m'a envoyé baptiser avec de l'eau, m'a dit : "Tu verras l'Esprit descendre et demeurer sur un homme ; c'est lui qui va baptiser avec le Saint-Esprit." ³⁴ J'ai vu cela, dit Jean, et j'atteste donc que cet homme est le Fils de Dieu. »

### Voici l'agneau de Dieu

*Deux passages de la Bible seraient à l'origine de la désignation de Jésus comme l'agneau de Dieu. L'un se trouve dans le livre d'Ésaïe (53,7) ; ce texte parle d'un prophète qui « s'est laissé maltraiter... comme un agneau qu'on mène à l'abattoir. » L'autre est le récit du repas au cours duquel le peuple hébreu mangea l'agneau avant sa sortie d'Égypte (l'agneau pascal). Dès le début de l'évangile, Jésus est présenté comme celui qui, par sa mort, va délivrer les hommes et être signe de l'alliance entre Dieu et son peuple.*

## Les premiers disciples de Jésus

**35** Le lendemain, Jean était de nouveau là, avec deux de ses disciples. **36** Quand il vit Jésus passer, il dit : « Voici l'Agneau de Dieu ! » **37** Les deux disciples de Jean entendirent ces paroles, et ils suivirent Jésus. **38** Jésus se retourna, il vit qu'ils le suivaient et leur demanda : « Que cherchez-vous ? » Ils lui dirent : « Où demeures-tu, Rabbi ? » – Ce mot signifie « Maître ». – **39** Il leur répondit : « Venez, et vous verrez. » Ils allèrent donc et virent où il demeurait, et ils passèrent le reste de ce jour avec lui. Il était alors environ quatre heures de l'après-midi.

**40** L'un des deux qui avaient entendu les paroles de Jean et avaient suivi Jésus, était André, le frère de Simon Pierre. **41** La première personne que rencontra André fut son frère Simon ; il lui dit : « Nous avons trouvé le Messie. » – Ce mot signifie « Christ ». – **42** Et il conduisit Simon auprès de Jésus. Jésus le regarda et dit : « Tu es Simon, le fils de Jean ; on t'appellera Céphas. » – Ce nom signifie « Pierre ». –

## Philippe et Nathanaël

**43** Le lendemain, Jésus décida de partir pour la Galilée. Il rencontra Philippe et lui dit : « Suis-moi ! » **44** – Philippe était de Bethsaïda, la localité d'où provenaient aussi André et Pierre. – **45** Ensuite, Philippe rencontra Nathanaël et lui dit : « Nous avons trouvé celui dont Moïse a parlé dans le livre de la Loi et dont les prophètes aussi ont parlé. C'est Jésus, le fils de Joseph, de Nazareth. » **46** Nathanaël lui dit : « Peut-il venir quelque chose de bon de Nazareth ? » Philippe lui répondit : « Viens, et tu verras. »

**47** Quand Jésus vit Nathanaël s'approcher de lui, il dit à son sujet : « Voici un véritable Israélite ; il n'y a rien de faux en lui. » **48** Nathanaël lui demanda : « Comment me connais-tu ? » Jésus répondit : « Je t'ai vu quand tu étais sous le figuier, avant que Philippe t'appelle. » **49** Alors Nathanaël lui dit : « Maître, tu es le Fils de Dieu, tu es le roi d'Israël ! » **50** Jésus lui répondit : « Ainsi, tu crois en moi parce que je t'ai dit que je t'avais vu sous le figuier ? Tu verras de bien plus grandes choses que celle-ci ! » **51** Et il ajouta : « Oui, je vous le déclare, c'est la vérité : vous verrez le ciel ouvert et les anges de Dieu monter et descendre au-dessus du Fils de l'homme ! »

---

**Les premiers disciples**

*L'évangile de Jean présente l'appel des disciples sous un jour différent des autres évangélistes. Ceux-ci mettent l'accent sur la disponibilité des disciples et le changement radical opéré dans leur vie dès l'appel de Jésus à le suivre. Chez Jean, plusieurs disciples sont en recherche et découvrent Jésus grâce au témoignage de Jean-Baptiste ou d'autres disciples.*

*Aujourd'hui, nous devenons disciples de Jésus à la suite d'une recherche. Certains nous parlent de lui et l'écoute de sa parole peut susciter en nous une disponibilité à l'évangile et à un changement de vie.*

*« Tu es Simon, le fils de Jean ; on t'appellera Céphas. » – Ce nom signifie « Pierre ».*

**Nathanaël**

*Le figuier sous lequel on s'abritait était parfois un lieu de méditation et d'étude des Écritures. Nathanaël (son nom veut dire « Dieu a donné »), un homme pieux, se sent reconnu par Jésus et reconnaît à son tour en Jésus le Messie attendu.*

## Le mariage à Cana

**2** [1] Deux jours après, il y eut un mariage à Cana, en Galilée. La mère de Jésus était là, [2] et on avait aussi invité Jésus et ses disciples à ce mariage. [3] A un moment donné, il ne resta plus de vin. La mère de Jésus lui dit alors : « Ils n'ont plus de vin. » [4] Mais Jésus lui répondit : « Mère, est-ce à toi de me dire ce que j'ai à faire ? Mon heure n'est pas encore venue. » [5] La mère de Jésus dit alors aux serviteurs : « Faites tout ce qu'il vous dira. » [6] Il y avait là six récipients de pierre que les Juifs utilisaient pour leurs rites de purification. Chacun d'eux pouvait contenir une centaine de litres. [7] Jésus dit aux serviteurs : « Remplissez d'eau ces récipients. » Ils les remplirent jusqu'au bord. [8] Alors Jésus leur dit : « Puisez maintenant un peu de cette eau et portez-en au maître de la fête. » C'est ce qu'ils firent. [9] Le maître de la fête goûta l'eau changée en vin. Il ne savait pas d'où venait ce vin, mais les serviteurs qui avaient puisé l'eau le savaient. Il appela donc le marié [10] et lui dit : « Tout le monde commence par offrir le meilleur vin, puis, quand les invités ont beaucoup bu, on sert le moins bon. Mais toi, tu as gardé le meilleur vin jusqu'à maintenant ! »

[11] Voilà comment Jésus fit le premier de ses signes miraculeux, à Cana en Galilée ; il manifesta ainsi sa gloire, et ses disciples crurent en lui. [12] Après cela, il se rendit à Capernaüm avec sa mère, ses frères et ses disciples. Ils n'y restèrent que peu de jours.

### Le signe de Cana

*Le premier signe donné aux disciples est celui d'une noce où l'eau des ablutions rituelles est changée en vin. Tout cela se passe le troisième jour. Dans ce récit où les symboles sont nombreux, Jésus est présenté comme inaugurant une ère nouvelle. Ce ne sont pas les hommes qui vont vers Dieu en se purifiant, c'est Dieu qui vient à eux.*
Les Noces de Cana, tableau de l'artiste italien Véronèse (1528-1588).

## Jésus dans le temple

<sup>13</sup> La fête juive de la Pâque était proche et Jésus alla donc à Jérusalem. <sup>14</sup> Dans le temple, il trouva des gens qui vendaient des bœufs, des moutons et des pigeons ; il trouva aussi des changeurs d'argent assis à leurs tables. <sup>15</sup> Alors, il fit un fouet avec des cordes et les chassa tous hors du temple, avec leurs moutons et leurs bœufs ; il jeta par terre l'argent des changeurs en renversant leurs tables ; <sup>16</sup> et il dit aux vendeurs de pigeons : « Enlevez tout cela d'ici ! Ne faites pas de la maison de mon Père une maison de commerce ! » <sup>17</sup> Ses disciples se rappelèrent ces paroles de l'Écriture : « L'amour que j'ai pour ta maison, ô Dieu, me consumera comme un feu. »

<sup>18</sup> Alors les chefs juifs lui demandèrent : « Quel signe miraculeux peux-tu faire pour nous prouver que tu as le droit d'agir ainsi ? » <sup>19</sup> Jésus leur répondit : « Détruisez ce temple, et en trois jours je le rebâtirai. » – <sup>20</sup> « On a mis quarante-six ans pour bâtir ce temple, et toi, tu vas le rebâtir en trois jours ? » lui dirent-ils. <sup>21</sup> Mais le temple dont parlait Jésus, c'était son corps. <sup>22</sup> Plus tard, quand Jésus revint d'entre les morts, ses disciples se rappelèrent qu'il avait dit cela ; et ils crurent à l'Écriture et aux paroles que Jésus avait dites.

## Jésus connaît bien le cœur humain

<sup>23</sup> Pendant que Jésus était à Jérusalem, au moment de la fête de la Pâque, beaucoup crurent en lui en voyant les signes miraculeux qu'il faisait. <sup>24</sup> Mais Jésus n'avait pas confiance en eux, parce qu'il les connaissait tous très bien. <sup>25</sup> Il n'avait pas besoin qu'on le renseigne sur qui que ce soit, car il savait lui-même ce qu'il y a dans le cœur humain.

## Jésus et Nicodème

3 <sup>1</sup> Il y avait un homme appelé Nicodème, qui était du parti des Pharisiens et qui était l'un des chefs juifs. <sup>2</sup> Il vint une nuit trouver Jésus et lui dit : « Maître, nous savons que Dieu t'a envoyé pour nous apporter un enseignement ; car personne ne peut faire des signes miraculeux comme tu en fais si Dieu n'est pas avec lui. » <sup>3</sup> Jésus lui répondit : « Oui, je te le déclare, c'est la vérité : personne ne peut voir le Royaume de Dieu s'il ne naît pas de nouveau. » <sup>4</sup> Nicodème lui demanda : « Comment un homme déjà âgé peut-il naître de nouveau ? Il ne peut

**La purification du temple**

*La scène de Jésus chassant les marchands du temple a inspiré des représentations dramatiques à de nombreux artistes, comme ce chef-d'œuvre de Quentin Metsys (1466-1530).*
*Dieu ne s'achète pas à coup d'offrandes et de sacrifices, ou à coup de pèlerinages; il n'est pas enfermé dans des briques ni dans des rites. La communauté se rassemble dans le temple de Dieu pour écouter sa parole. Jésus chasse les marchands avec plus de violence qu'il ne chasse les démons. Ce commerce est plus insidieux que le démon, il déguise le marchandage en acte de piété. Jésus apparaît comme le vrai temple, celui que la mort ne peut détruire. C'est par lui que tous les hommes peuvent avoir accès à Dieu.*

pourtant pas retourner dans le ventre de sa mère et naître une seconde fois ? » [5] Jésus répondit : « Oui, je te le déclare, c'est la vérité : personne ne peut entrer dans le Royaume de Dieu s'il ne naît pas d'eau et de l'Esprit. [6] Ce qui naît de parents humains est humain ; ce qui naît de l'Esprit de Dieu est esprit. [7] Ne sois pas étonné parce que je t'ai dit : "Il vous faut tous naître de nouveau." [8] Le vent souffle où il veut ; tu entends le bruit qu'il fait, mais tu ne sais pas d'où il vient ni où il va. Voilà ce qui se passe pour quiconque naît de l'Esprit de Dieu. »

[9] Alors Nicodème lui dit : « Comment cela peut-il se faire ? » [10] Jésus lui répondit : « Toi qui es un maître réputé en Israël, tu ne sais pas ces choses ? [11] Oui, je te le déclare, c'est la vérité : nous parlons de ce que nous savons, et nous témoignons de ce que nous avons vu, mais vous ne voulez pas accepter notre témoignage. [12] Vous ne me croyez pas quand je vous parle des choses terrestres ; comment donc me croirez-vous si je vous parle des choses célestes ? [13] Personne n'est jamais monté au ciel, excepté le Fils de l'homme qui est descendu du ciel ! [14] De même que Moïse a élevé le serpent de bronze sur une perche dans le désert, de même le Fils de l'homme doit être élevé, [15] afin que quiconque croit en lui ait la vie éternelle. [16] Car Dieu a tellement aimé le monde qu'il a donné son Fils unique, afin que quiconque croit en lui ne soit pas perdu mais qu'il ait la vie éternelle. [17] Dieu n'a pas envoyé son Fils dans le monde pour condamner le monde, mais pour sauver le monde par lui. [18] Celui qui croit au Fils n'est pas condamné ; mais celui qui ne croit pas est déjà condamné, parce qu'il n'a pas cru au Fils unique de Dieu. [19] Voici comment la condamnation se manifeste : la lumière est venue dans le monde, mais les hommes préfèrent l'obscurité à la lumière, parce qu'ils agissent mal. [20] Quiconque fait le mal déteste la lumière et s'en écarte, car il a peur que ses mauvaises actions apparaissent en plein jour. [21] Mais celui qui obéit à la vérité vient à la lumière, afin qu'on voie clairement que ses actions sont accomplies en accord avec Dieu. »

## Jésus et Jean

[22] Après cela, Jésus et ses disciples allèrent en Judée. Il y resta quelque temps avec eux, et il baptisait. [23] Jean aussi baptisait, à Énon près de Salim, parce qu'il y avait là beaucoup d'eau. Les gens venaient à lui et il les baptisait. [24] En effet, Jean n'avait pas encore été mis en prison.

[25] Alors quelques-uns des disciples de Jean commencèrent à discuter avec un Juif des rites de purifi-

### Nicodème

*Comment puis-je naître une deuxième fois ? Nicodème sent de manière confuse que Jésus a raison. Mais a-t-il encore les ressources nécessaires pour renaître ? Il est aux prises avec les traditions de sa religion et ne trouve pas en lui-même la force de changer. Jésus lui propose de se laisser guider par l'Esprit de Dieu. Or l'Esprit souffle où il veut, on ne sait ni d'où il vient ni où il va. Nicodème suivra Jésus de loin, prendra discrètement sa défense. L'évangile rapporte qu'il participera à l'ensevelissement de Jésus.*

*L'image du serpent n'est pas toujours liée au démon. De nombreuses cultures honorent ses aspects bénéfiques, comme l'antique culte d'Esculape, où le serpent est regardé comme guérisseur. Aujourd'hui encore, il est l'emblème des pharmacies.*

*L'Ancien Testament rapporte que, pendant l'errance du peuple d'Israël dans le désert, les malades furent guéris à la vue d'un serpent de bronze dressé par Moïse. Jean rapproche ce récit de celui du Fils de l'homme qui sera élevé sur la croix.*

*Le Jourdain*
*Jean-Baptiste reconnaît en Jésus celui qui le dépasse ; il perçoit que son message n'est pas que le cri de l'homme vers Dieu : il est parole de Dieu parmi les hommes. Tous ceux qui accueillent le témoignage de Jésus entrent dès aujourd'hui dans la communion avec Dieu. Ceux qui refusent son message se coupent de ce qui aurait pu les faire vivre.*

cation. **26** Ils allèrent trouver Jean et lui dirent : « Maître, tu te rappelles l'homme qui était avec toi de l'autre côté du Jourdain, celui auquel tu as rendu témoignage ? Eh bien, il baptise maintenant et tout le monde va le voir ! » **27** Jean leur répondit : « Personne ne peut avoir quoi que ce soit si Dieu ne le lui a pas donné. **28** Vous pouvez vous-mêmes témoigner que j'ai dit : "Je ne suis pas le Messie, mais j'ai été envoyé devant lui." **29** Celui à qui appartient la mariée, c'est le marié ; mais l'ami du marié se tient près de lui et l'écoute, et il est tout joyeux d'entendre la voix du marié. Cette joie est la mienne, et elle est maintenant complète. **30** Il faut que son influence grandisse et que la mienne diminue. »

## Celui qui vient du ciel

**31** « Celui qui vient d'en haut [est au-dessus de tous] ; celui qui est de la terre appartient à la terre et parle des choses de la terre. Celui qui vient du ciel est au-dessus de tous ; **32** il témoigne de ce qu'il a vu et entendu, mais personne n'accepte son témoignage. **33** Celui qui accepte son témoignage certifie ainsi que Dieu dit la vérité. **34** Celui que Dieu a envoyé dit les paroles de Dieu, car Dieu lui donne pleinement son Esprit. **35** Le Père aime le Fils et a tout mis en son pouvoir. **36** Celui qui croit au Fils a la vie éternelle ; celui qui refuse de croire au Fils n'aura pas cette vie, mais il reste exposé à la colère de Dieu. »

## Jésus et la femme de Samarie

**4** **1-3** Les Pharisiens entendirent raconter que Jésus faisait et baptisait plus de disciples que Jean. – En réalité, Jésus lui-même ne baptisait personne, c'étaient ses disciples qui baptisaient. – Quand Jésus apprit ce que l'on racontait, il quitta la Judée et retourna en Galilée. **4** Pour y aller, il devait traverser la Samarie. **5** Il arriva près d'une localité de Samarie appelée Sychar, qui est proche du champ que Jacob avait donné à son fils Joseph. **6** Là se trouvait le puits de Jacob. Jésus, fatigué du voyage, s'assit au bord du puits. Il était environ midi.

**7** Une femme de Samarie vint pour puiser de l'eau et Jésus lui dit : « Donne-moi à boire. » **8** – Ses disciples étaient allés à la ville acheter de quoi manger. – **9** La femme samaritaine dit à Jésus : « Mais, tu es Juif ! Comment oses-tu donc me demander à boire, à moi, une Samaritaine ? » – En effet, les Juifs n'ont pas de relations avec les Samaritains. – **10** Jésus lui répondit : « Si tu connaissais ce que Dieu donne, et qui est celui qui te

demande à boire, c'est toi qui lui aurais demandé de l'eau et il t'aurait donné de l'eau vive. » **11** La femme répliqua : « Maître, tu n'as pas de seau et le puits est profond. Comment pourrais-tu avoir cette eau vive ? **12** Notre ancêtre Jacob nous a donné ce puits ; il a bu lui-même de son eau, ses fils et ses troupeaux en ont bu aussi. Penses-tu être plus grand que Jacob ? » **13** Jésus lui répondit : « Quiconque boit de cette eau aura de nouveau soif ; **14** mais celui qui boira de l'eau que je lui donnerai n'aura plus jamais soif : l'eau que je lui donnerai deviendra en lui une source d'où jaillira la vie éternelle. » **15** La femme lui dit : « Maître, donne-moi cette eau, pour que je n'aie plus soif et que je n'aie plus besoin de venir puiser de l'eau ici. »
**16** Jésus lui dit : « Va chercher ton mari et reviens ici. » **17** La femme lui répondit : « Je n'ai pas de mari. » Et Jésus lui déclara : « Tu as raison d'affirmer que tu n'as pas de mari ; **18** car tu as eu cinq maris, et l'homme avec lequel tu vis maintenant n'est pas ton mari. Tu as dit la vérité. » **19** Alors la femme s'exclama : « Maître, je vois que tu es un prophète. **20** Nos ancêtres samaritains ont adoré Dieu sur cette montagne, mais vous, les Juifs, vous dites que l'endroit où l'on doit adorer Dieu est à Jérusalem. » **21** Jésus lui répondit : « Crois-moi, le moment vient où vous n'adorerez le Père ni sur cette montagne, ni à Jérusalem. **22** Vous, les Samaritains, vous adorez Dieu sans le connaître ; nous, les Juifs, nous l'adorons et le connaissons, car le salut vient des Juifs. **23** Mais le moment vient, et il est même déjà là, où les vrais adorateurs adoreront le Père en étant guidés par son Esprit et selon sa vérité ; car tels sont les adorateurs que veut le Père. **24** Dieu est Esprit, et ceux qui l'adorent doivent l'adorer en étant guidés par son Esprit et selon sa vérité. » **25** La femme lui dit : « Je sais que le Messie – c'est-à-dire le Christ – va venir. Quand il viendra, il nous expliquera tout. » **26** Jésus lui répondit : « Je le suis, moi qui te parle. »
**27** A ce moment, les disciples de Jésus revinrent ; et ils furent étonnés de le voir parler avec une femme. Mais aucun d'eux n'osa lui demander : « Que lui veux-tu ? » ou : « Pourquoi parles-tu avec elle ? » **28** Alors la femme laissa là sa cruche d'eau et retourna à la ville, où elle dit aux

*La Samaritaine*
*Jésus parle à une femme! A son époque, un Juif n'adressait jamais la parole à une femme en public, encore moins à une Samaritaine ! Jésus lui demande à boire et la conversation commence. La femme se sent reconnue et découvre en Jésus le Messie qui donne la vie. Mais où doit-elle adorer Dieu? La réponse de Jésus est dans la ligne de l'évangile de Jean : non pas dans des temples de pierre, ou sur une montagne particulière, mais en accomplissant la volonté de Dieu.*
*Le Christ et la Samaritaine, de Philippe de Champaigne (1602-1674).*

En Palestine, l'eau est précieuse car elle est rare. On comprend qu'elle soit symbole de vie. Jésus propose à la Samaritaine de l'eau vive, une eau de source. Cette femme a couru toute sa vie derrière les bonheurs éphémères. Jésus lui propose de s'ouvrir désormais à la vie que Dieu lui a offerte : une vie inépuisable, une source jaillissante de vie sans fin.

*« Regardez bien les champs :
les grains sont mûrs et prêts
pour la moisson ! »
(Jean 4,35)
La nourriture de Jésus est de
faire connaître la volonté de
son Père. La rencontre avec la
Samaritaine a ouvert
d'autres portes. De nombreux
Samaritains viennent pour
écouter Jésus et croient en
lui. Jean-Baptiste prêchait
non loin de là et ses disciples
avaient déjà semé la parole
de Dieu en terre de Samarie.
Jésus en récolte les fruits et
mêle sa joie à celle de Jean.
Son désir est d'annoncer Dieu
et de faire entrer les hommes
en communion avec lui.*

gens : ²⁹ « Venez voir un homme qui m'a dit tout ce que j'ai fait. Serait-il peut-être le Messie ? » ³⁰ Ils sortirent donc de la ville et vinrent trouver Jésus.

³¹ Pendant ce temps, les disciples priaient Jésus de manger : « Maître, mange quelque chose ! » disaient-ils. ³² Mais il leur répondit : « J'ai à manger une nourriture que vous ne connaissez pas. » ³³ Les disciples se demandèrent alors les uns aux autres : « Quelqu'un lui a-t-il apporté à manger ? » ³⁴ Jésus leur dit : « Ma nourriture, c'est d'obéir à la volonté de celui qui m'a envoyé et d'achever le travail qu'il m'a confié. ³⁵ Vous dites, vous : "Encore quatre mois et ce sera la moisson." Mais moi je vous dis, regardez bien les champs : les grains sont mûrs et prêts pour la moisson ! ³⁶ Celui qui moissonne reçoit déjà son salaire et il rassemble le grain pour la vie éternelle ; ainsi, celui qui sème et celui qui moissonne se réjouissent ensemble. ³⁷ Car il est vrai le proverbe qui dit : "Un homme sème et un autre moissonne." ³⁸ Je vous ai envoyés moissonner dans un champ où vous n'avez pas travaillé ; d'autres y ont travaillé et vous profitez de leur travail. »

³⁹ Beaucoup de Samaritains de cette ville crurent en Jésus parce que la femme leur avait déclaré : « Il m'a dit tout ce que j'ai fait. » ⁴⁰ C'est pourquoi, quand les Samaritains arrivèrent auprès de lui, ils le prièrent de rester avec eux ; et Jésus resta là deux jours. ⁴¹ Ils furent encore bien plus nombreux à croire, à cause de ce qu'il disait lui-même ; ⁴² et ils déclaraient à la femme : « Maintenant nous ne croyons plus seulement à cause de ce que tu as raconté, mais parce que nous l'avons entendu nous-mêmes, et nous savons qu'il est vraiment le Sauveur du monde. »

## Jésus guérit le fils d'un haut fonctionnaire

⁴³ Après avoir passé deux jours à cet endroit, Jésus partit et se rendit en Galilée. ⁴⁴ Il avait lui-même déclaré : « Un prophète n'est pas respecté dans son propre pays. » ⁴⁵ Cependant, quand il arriva en Galilée, les habitants de la région le reçurent bien, car ils étaient allés eux aussi à la fête de la Pâque à Jérusalem et avaient vu tout ce qu'il avait fait pendant cette fête.

⁴⁶ Jésus revint alors à Cana de Galilée, où il avait changé de l'eau en vin. Il y avait là un haut fonctionnaire du roi, qui avait un fils malade à Capernaüm. ⁴⁷ Quand il apprit que Jésus était arrivé de Judée en Galilée, il alla le trouver et le pria de se rendre à Capernaüm pour guérir son fils, qui était mourant. ⁴⁸ Jésus lui dit : « Vous serez toujours incapables de croire si vous ne voyez pas des signes

miraculeux et des prodiges ! » ⁴⁹ Le fonctionnaire lui répondit : « Maître, viens chez moi avant que mon enfant soit mort. » ⁵⁰ Jésus lui dit : « Retourne chez toi, ton fils a repris vie. » L'homme crut à ce que Jésus lui disait et partit. ⁵¹ Il était sur le chemin du retour, quand ses serviteurs vinrent à sa rencontre et lui dirent : « Ton enfant a repris vie ! » ⁵² Il leur demanda à quelle heure son fils s'était senti mieux, et ils lui répondirent : « Il était une heure de l'après-midi, hier, quand la fièvre l'a quitté. » ⁵³ Le père se rendit compte que c'était l'heure même où Jésus lui avait dit : « Ton fils a repris vie ». Alors lui et toute sa famille crurent en Jésus. ⁵⁴ Ce fut le second signe miraculeux que fit Jésus, après son retour de Judée en Galilée.

## Jésus guérit un homme paralysé

**5** ¹ Peu après, les Juifs célébrèrent une fête religieuse et Jésus se rendit alors à Jérusalem. ² Dans cette ville, il y a, près de la porte des Brebis, une piscine avec cinq galeries à colonnes ; on l'appelle en hébreu Bethzatha. ³ Dans ces galeries, une foule de malades étaient couchés : des aveugles, des boiteux, des paralysés. [Ils attendaient que l'eau fasse des remous ; ⁴ car un ange du Seigneur descendait à certains moments dans la piscine et agitait l'eau. Le premier malade qui descendait dans l'eau ainsi agitée, était guéri de sa maladie, quelle qu'elle fût.] ⁵ Il y avait là un homme malade depuis trente-huit ans. ⁶ Quand Jésus le vit étendu à terre et apprit qu'il était malade depuis longtemps déjà, il lui demanda : « Veux-tu être guéri ? » ⁷ Le malade lui répondit : « Maître, je n'ai personne pour me plonger dans la piscine quand l'eau est agitée ; pendant que j'essaie d'y aller, un autre y descend avant moi. » ⁸ Jésus lui dit : « Lève-toi, prends ta natte et marche. » ⁹ Aussitôt, l'homme fut guéri ; il prit sa natte et se mit à marcher. Or, cela se passait le jour du sabbat, ¹⁰ et les chefs juifs dirent à l'homme qui avait été guéri : « C'est le sabbat, tu n'as donc pas le droit de porter ta natte. » ¹¹ Il leur répondit : « Celui qui m'a guéri m'a dit : "Prends ta natte et marche." » ¹² Ils lui demandèrent alors : « Qui est celui qui t'a dit : "Prends ta natte et marche" ? » ¹³ Mais l'homme qui avait été guéri l'ignorait, car Jésus avait disparu dans la foule qui se trouvait à cet endroit.

¹⁴ Plus tard, Jésus le rencontra dans le temple et lui dit : « Te voilà guéri maintenant. Ne pèche plus, pour qu'il ne t'arrive pas quelque chose de pire. » ¹⁵ L'homme alla dire aux chefs juifs que c'était Jésus qui l'avait guéri. ¹⁶ Ils s'en prirent alors à Jésus, parce qu'il avait fait cela le jour du sabbat. ¹⁷ Mais Jésus leur répondit : « Mon Père est

*Ruines d'une synagogue de Capernaüm du IVᵉ siècle. Capernaüm était à l'époque un poste frontière et de péage important, où stationnait une partie de l'armée du roi Hérode Antipas. C'est ici que vivait aussi le haut fonctionnaire du roi, non juif, dont le fils est guéri par Jésus.*

### Le paralysé de Bethzatha

*L'homme paralysé est dans un état désespéré, il attend sa guérison depuis trente-huit ans. Il n'a personne pour l'aider ni pour se réjouir de sa guérison. Au contraire, on lui fait des reproches parce qu'il porte ses béquilles un jour de sabbat. Jésus vient le libérer de son infirmité. En comparant son activité un jour de sabbat à celle de Dieu le Père, Jésus se fait l'égal de Dieu. Ses détracteurs comprennent alors que la guérison du paralysé est plus qu'un miracle ; elle est une révélation de la personne même de Jésus.*

continuellement à l'œuvre et moi aussi je suis à l'œuvre. » [18] A cause de cette parole, les autorités juives cherchaient encore plus à faire mourir Jésus ; car il avait non seulement agi contre la loi du sabbat, mais il disait encore que Dieu était son propre Père et se faisait ainsi l'égal de Dieu.

## L'autorité du Fils de Dieu

[19] Jésus reprit la parole et leur dit : « Oui, je vous le déclare, c'est la vérité : le Fils ne peut rien faire par lui-même ; il ne fait que ce qu'il voit faire au Père. Tout ce que le Père fait, le Fils le fait également. [20] Car le Père aime le Fils et lui montre tout ce qu'il fait lui-même. Il lui montrera des œuvres à faire encore plus grandes que celles-ci et vous en serez étonnés. [21] Car, de même que le Père relève les morts et leur donne la vie, de même le Fils donne la vie à qui il veut. [22] Et le Père ne juge personne, mais il a donné au Fils tout le pouvoir de juger, [23] afin que tous honorent le Fils comme ils honorent le Père. Celui qui n'honore pas le Fils, n'honore pas le Père qui l'a envoyé.

[24] « Oui, je vous le déclare, c'est la vérité : quiconque écoute mes paroles, et croit en celui qui m'a envoyé, possède la vie éternelle. Il ne sera pas condamné, mais il est déjà passé de la mort à la vie. [25] Oui, je vous le déclare, c'est la vérité : le moment vient, et il est même déjà là, où les morts entendront la voix du Fils de Dieu et ceux qui l'auront entendue vivront. [26] Car, de même que le Père est la source de la vie, de même il a accordé au Fils d'être source de vie. [27] Et il a accordé au Fils le pouvoir de juger, parce qu'il est le Fils de l'homme. [28] Ne vous en étonnez pas, car le moment vient où tous les morts qui sont enterrés entendront sa voix [29] et sortiront de leurs tombes. Ceux qui ont fait le bien ressusciteront pour recevoir la vie, mais ceux qui ont fait le mal ressusciteront pour être condamnés. [30] Je ne peux rien faire par moi-même. Je juge d'après ce que Dieu me dit, et mon jugement est juste parce que je ne cherche pas à faire ce que je veux, mais ce que veut celui qui m'a envoyé. »

## Témoignage en faveur de Jésus

[31] « Si je témoignais en ma faveur, mon témoignage ne serait pas valable. [32] Mais c'est un autre qui témoigne en ma faveur et je sais que ce témoignage à mon sujet est vrai. [33] Vous avez envoyé des messagers à Jean et il a rendu témoignage à la vérité. [34] Je n'ai pas besoin, moi, du témoignage d'un homme ; mais je dis cela seulement pour que vous puissiez être sauvés. [35] Jean était comme une

**Le pouvoir du Fils**

*La parole de Jésus a le pouvoir de donner la vie. Le message qu'il transmet ne vient pas de lui, mais de Dieu. Il est tout entier à l'écoute de Dieu. C'est pourquoi celui qui construit sa vie sur son message d'amour participe lui aussi à la vie de Dieu, dès aujourd'hui et pour toujours. Celui qui refuse d'écouter Jésus refuse aussi d'écouter Dieu et se prive de la vie que Dieu lui offre.*

*Cimetière juif près de Jérusalem.*

lampe qu'on allume pour qu'elle éclaire et vous avez accepté de vous réjouir un moment à sa lumière. <sup>36</sup> Mais j'ai pour moi un témoignage plus grand que celui de Jean : les œuvres que je fais, celles-là mêmes que le Père m'a donné à accomplir, parlent en ma faveur et montrent que le Père m'a envoyé. <sup>37</sup> Et le Père qui m'a envoyé témoigne aussi en ma faveur. Seulement, vous n'avez jamais entendu sa voix et vous n'avez jamais vu son visage. <sup>38</sup> Vous ne gardez pas ses paroles en vous, parce que vous ne croyez pas en celui qu'il a envoyé. <sup>39</sup> Vous étudiez avec soin les Écritures parce que vous pensez trouver en elles la vie éternelle : ce sont justement elles qui témoignent de moi ! <sup>40</sup> Pourtant, vous ne voulez pas venir à moi pour avoir la vraie vie.

<sup>41</sup> « Je ne recherche pas les éloges qui viennent des hommes. <sup>42</sup> D'ailleurs je vous connais : je sais que vous n'avez pas en vous d'amour pour Dieu. <sup>43</sup> Je suis venu de la part de mon Père et vous refusez de me recevoir. Mais si quelqu'un d'autre vient de sa propre autorité, vous le recevrez ! <sup>44</sup> Vous aimez recevoir des éloges les uns des autres et vous ne recherchez pas l'éloge qui vient du seul Dieu ; comment donc pourriez-vous me croire ? <sup>45</sup> Mais ne pensez pas que je vous accuserai devant mon Père. C'est Moïse qui vous accusera, lui en qui vous avez mis votre espérance. <sup>46</sup> Si vous croyiez vraiment Moïse, vous me croiriez aussi, car il a écrit à mon sujet. <sup>47</sup> Mais puisque vous ne croyez pas ce qu'il a écrit, comment pourriez-vous croire mes paroles ? »

### Les témoignages

*Certains refusent d'écouter Jésus malgré le témoignage de Jean-Baptiste. Ils prétendent aussi que la Bible (l'Ancien Testament) peut leur procurer la vie éternelle. Mais ils ne voient pas que les Écritures sont en accord avec le message de Jésus. Les malades se relèvent, les petits reprennent espoir, la Bonne Nouvelle est annoncée aux pauvres... Cela devrait leur ouvrir les yeux. Mais ils restent sourds à ce message.*

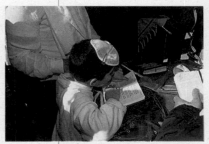

*Les enfants juifs apprennent de bonne heure à lire les Écritures saintes. A treize ans, lors de la fête de « bar-mitsvah » (expression hébraïque signifiant « fils du commandement »), les garçons juifs deviennent membres à part entière de la communauté religieuse. Pour la première fois, ils lisent la Torah en public, pendant le culte à la synagogue. Ils peuvent désormais étudier les Écritures saintes avec les adultes et réfléchir à leur juste application. C'est ainsi que l'étude de la parole de Dieu imprègne la vie des Juifs dès leur jeunesse.*

*Moïse descend du Sinaï, illustration de Gustave Doré (La Sainte Bible, 1866).*

## Jésus nourrit cinq mille hommes

**6** ¹ Après cela, Jésus s'en alla de l'autre côté du lac de Galilée – appelé aussi lac de Tibériade –. ² Une grande foule le suivait, parce que les gens voyaient les signes miraculeux qu'il faisait en guérissant les malades. ³ Jésus monta sur une colline et s'assit là avec ses disciples. ⁴ La Pâque, la fête des Juifs, était proche. ⁵ Jésus regarda et vit qu'une grande foule venait à lui ; il demanda donc à Philippe : « Où pourrions-nous acheter du pain pour leur donner à manger à tous ? » ⁶ – Il disait cela pour mettre Philippe à l'épreuve, car il savait déjà ce qu'il allait faire. – ⁷ Philippe lui répondit : « Même avec deux cents pièces d'argent, nous n'aurions pas de quoi acheter assez de pain pour que chacun d'eux en reçoive un petit morceau. » ⁸ Un autre de ses disciples, André, le frère de Simon Pierre, lui dit : ⁹ « Il y a ici un garçon qui a cinq pains d'orge et deux poissons. Mais qu'est-ce que cela pour un si grand nombre de personnes ? » ¹⁰ Jésus dit alors : « Faites asseoir tout le monde. » Il y avait beaucoup d'herbe à cet endroit. Ils s'assirent donc ; ils étaient environ cinq mille hommes. ¹¹ Jésus prit les pains et, après avoir remercié Dieu, il les distribua à ceux qui étaient là. Il leur donna de même du poisson, autant qu'ils en voulaient. ¹² Quand ils eurent tous mangé à leur faim, Jésus dit à ses disciples : « Ramassez les morceaux qui restent, afin que rien ne soit perdu. » ¹³ Ils les ramassèrent et remplirent douze corbeilles avec les morceaux qui restaient des cinq pains d'orge dont on avait mangé. ¹⁴ Les gens, voyant le signe miraculeux que Jésus avait fait, déclarèrent : « Cet homme est vraiment le Prophète qui devait venir dans le monde ! » ¹⁵ Jésus se rendit compte qu'ils allaient venir l'enlever de force pour le faire roi. Il se retira donc de nouveau sur la colline, tout seul.

## Jésus marche sur le lac

¹⁶ Quand vint le soir, les disciples de Jésus descendirent au bord du lac, ¹⁷ ils montèrent dans une barque et se mirent à traverser le lac en direction de Capernaüm. Il faisait déjà nuit et Jésus ne les avait pas encore rejoints. ¹⁸ L'eau du lac était agitée, car le vent soufflait avec force. ¹⁹ Les disciples avaient ramé sur une distance de cinq à six kilomètres quand ils virent Jésus s'approcher de la barque en marchant sur l'eau ; et ils furent saisis de peur. ²⁰ Mais Jésus leur dit : « C'est moi, n'ayez pas peur ! »

### La multiplication des pains

Dans la foule un garçon a cinq pains d'orge – le pain des pauvres – et deux poissons. Mais il les offre généreusement, et Jésus montre que Dieu peut faire des merveilles avec le geste de partage d'un enfant. Mais ce geste permet surtout à la foule de découvrir qui est Jésus. L'allusion aux pains d'orge rappelle le seul récit de l'Ancien Testament dans lequel il est fait mention d'une multiplication de pain d'orge par le prophète Élisée. Cette allusion prépare ainsi la foule à reconnaître en Jésus « le Prophète qui devait venir dans le monde » (Jean 6,14).

*Lac de Galilée.*

« C'est moi, n'ayez pas peur ! » (Jean 6,20)
La foule voit en Jésus le Prophète, mais n'a pas encore découvert le Messie véritable. Les disciples n'ont pas l'occasion de voir leur maître devenir roi à Jérusalem et se retrouvent seuls dans la nuit la plus sombre. En leur disant : « C'est moi ! » (expression qui désigne Dieu dans l'Ancien Testament), Jésus se présente à eux comme le Fils de Dieu et les rassure.

²¹ Les disciples voulaient le prendre dans la barque, mais aussitôt la barque toucha terre, à l'endroit où ils se rendaient.

## La foule cherche Jésus

²² Le lendemain, la foule qui était restée de l'autre côté du lac se rendit compte qu'il n'y avait eu là qu'une seule barque ; les gens savaient que Jésus n'était pas monté dans cette barque avec ses disciples, mais que ceux-ci étaient partis seuls. ²³ Cependant, d'autres barques, venant de la ville de Tibériade, étaient arrivées près de l'endroit où ils avaient mangé le pain après que le Seigneur eut remercié Dieu. ²⁴ Quand les gens virent que ni Jésus ni ses disciples n'étaient là, ils montèrent dans ces barques et se rendirent à Capernaüm pour le chercher.

## Jésus, le pain de vie

²⁵ Ils trouvèrent Jésus de l'autre côté du lac et lui dirent : « Maître, quand es-tu arrivé ici ? » ²⁶ Jésus leur répondit : « Oui, je vous e déclare, c'est la vérité : vous me cherchez parce que vous avez mangé du pain à votre faim, et non parce que vous avez saisi le sens de mes signes miraculeux. ²⁷ Travaillez non pas pour la nourriture qui se gâte, mais pour la nourriture qui dure et qui est source de vie éternelle. Cette nourriture, le Fils de l'homme vous la donnera, parce que Dieu, le Père, a mis sur lui la marque de son autorité. » ²⁸ Ils lui demandèrent alors : « Que devons-nous faire pour travailler aux œuvres voulues par Dieu ? » ²⁹ Jésus leur répondit : « L'œuvre que Dieu attend de vous, c'est que vous croyiez en celui qu'il a envoyé. » ³⁰ Ils lui dirent : « Quel signe miraculeux peux-tu nous faire voir pour que nous te croyions ? Quelle œuvre vas-tu accomplir ? ³¹ Nos ancêtres ont mangé la manne dans le désert, comme le dit l'Écriture : "Il leur a donné à manger du pain venu du ciel." » ³² Jésus leur répondit : « Oui, je vous le déclare, c'est la vérité : ce n'est pas Moïse qui vous a donné le pain du ciel, mais c'est mon Père qui vous donne le vrai pain du ciel. ³³ Car le pain que Dieu donne, c'est celui qui descend du ciel et qui donne la vie au monde. » ³⁴ Ils lui dirent alors : « Maître, donne-nous toujours de ce pain-là. »

³⁵ Jésus leur déclara : « Je suis le pain de vie. Celui qui vient à moi n'aura jamais faim et celui qui croit en moi n'aura jamais soif. ³⁶ Mais je vous l'ai dit : vous m'avez vu et pourtant vous ne croyez pas. ³⁷ Chacun de ceux que le Père me donne viendra à moi et je ne rejetterai jamais

*« Je suis le pain de vie. Celui qui vient à moi n'aura jamais faim. » (Jean 6,35)*
La foule, qui voulait se saisir de Jésus pour le faire roi, demande à présent un nouveau signe. Les témoins des prodiges de Jésus ne perçoivent pas leur signification profonde. Ces actes miraculeux n'ont qu'un faible impact sur leur foi. Les manifestations ou les prodiges n'atteignent pas nécessairement l'intérieur de l'homme, et ne satisfont la soif de merveilleux que pour un temps. La foi, elle, reconnaît dans le miracle un signe, elle naît d'une rencontre qui atteint le croyant en profondeur et le transforme peu à peu.

*Lors de la longue traversée dans le désert, le peuple hébreu a reçu la manne. Manne en hébreu veut dire : « Qu'est-ce que c'est ? ». Car les hébreux ne connaissaient pas cette nourriture. Tous ceux qui ont fui l'Égypte sont morts dans le désert car ils n'ont pas cru à la parole de Dieu. La génération suivante est entrée en Terre promise. Jean déclare que Jésus donne la vraie nourriture. Il est la réponse à la question posée lors du don de la manne. Il est la réponse de Dieu. Le pain qu'il donne – sa parole – ne laisse personne sur sa faim, mais rassasie vraiment. Ceux qui croient en sa parole ne mourront pas, ils entrent dès maintenant dans la vie éternelle.*

*« La Sagesse fait dire à ceux qui manquent d'intelligence: 'Venez vous nourrir à ma table et boire le vin que j'ai préparé.' » (Proverbes 9,5) L'histoire du prophète Ézéchiel, invité par Dieu à manger un rouleau écrit au recto et au verso, permet de mieux comprendre ce passage de l'évangile de Jean. Les disciples sont invités à se nourrir de Jésus – Parole de Dieu – pour que sa parole les imprègne et transforme toute leur vie. Il s'agit de s'unir à Jésus, fait de chair et de sang, qui a rencontré et touché la misère des hommes, qui s'est heurté aux puissants et aux bien-pensants. S'unir à Jésus, c'est s'attacher à celui qui a aimé jusqu'à en mourir.*

celui qui vient à moi ; **38** car je suis descendu du ciel non pas pour faire ma volonté, mais pour faire la volonté de celui qui m'a envoyé. **39** Et voici ce que veut celui qui m'a envoyé : c'est que je ne perde aucun de ceux qu'il m'a confiés, mais que je les relève de la mort au dernier jour. **40** Oui, voici ce que veut mon Père : que tous ceux qui voient le Fils et croient en lui aient la vie éternelle et que je les relève de la mort au dernier jour. »

**41** Les Juifs critiquaient Jésus parce qu'il avait dit : « Je suis le pain descendu du ciel. » – **42** « N'est-ce pas Jésus, disaient-ils, le fils de Joseph ? Nous connaissons bien son père et sa mère. Comment peut-il dire maintenant qu'il est descendu du ciel ? » **43** Jésus leur répondit : « Cessez de critiquer entre vous. **44** Personne ne peut venir à moi si le Père qui m'a envoyé ne l'y conduit, et moi, je le relèverai de la mort au dernier jour. **45** Les prophètes ont écrit ceci : "Ils seront tous instruits par Dieu". Quiconque écoute le Père et reçoit son enseignement vient à moi.

**46** Cela ne signifie pas que quelqu'un ait vu le Père ; seul celui qui est venu de Dieu a vu le Père. **47** Oui, je vous le déclare, c'est la vérité : celui qui croit possède la vie éternelle. **48** Je suis le pain de vie. **49** Vos ancêtres ont mangé la manne dans le désert et ils sont pourtant morts. **50** Mais le pain qui descend du ciel est tel que celui qui en mange ne mourra pas. **51** Je suis le pain vivant descendu du ciel. Si quelqu'un mange de ce pain, il vivra pour toujours. Le pain que je donnerai, c'est ma chair ; je la donne afin que le monde vive. »

**52** Là-dessus, les Juifs discutaient vivement entre eux : « Comment cet homme peut-il nous donner sa chair à manger ? » demandaient-ils. **53** Jésus leur dit : « Oui, je vous le déclare, c'est la vérité : si vous ne mangez pas la chair du Fils de l'homme et si vous ne buvez pas son sang, vous n'aurez pas la vie en vous. **54** Celui qui mange ma chair et boit mon sang possède la vie éternelle et je le relèverai de la mort au dernier jour. **55** Car ma chair est une vraie nourriture et mon sang est une vraie boisson. **56** Celui qui mange ma chair et boit mon sang demeure uni à moi et moi à lui. **57** Le Père qui m'a envoyé est vivant et je vis par lui ; de même, celui qui me mange vivra par moi. **58** Voici donc le pain qui est descendu du ciel. Il n'est pas comme celui qu'ont mangé vos ancêtres, qui sont morts. Mais celui qui mange ce pain vivra pour toujours. » **59** Jésus prononça ces paroles alors qu'il enseignait dans la synagogue de Capernaüm.

## Les paroles de la vie éternelle

**60** Après avoir entendu Jésus, beaucoup de ses disciples dirent : « Là, il exagère ! Comment admettre un tel discours ? »
**61** Jésus s'aperçut que ses disciples le critiquaient à ce sujet. C'est pourquoi il leur dit : « Cela vous choque-t-il ? **62** Qu'arrivera-t-il alors si vous voyez le Fils de l'homme monter là où il était auparavant ? **63** C'est l'Esprit de Dieu qui donne la vie ; l'homme seul n'aboutit à rien. Les paroles que je vous ai dites sont Esprit et vie. **64** Mais quelques-uns parmi vous ne croient pas. » En effet, Jésus savait depuis le commencement qui étaient ceux qui ne croyaient pas et il savait qui allait le trahir. **65** Il ajouta : « Voilà pourquoi je vous ai dit que personne ne peut venir à moi si le Père ne lui en a pas donné la possibilité. »

**66** Dès lors, beaucoup de ses disciples se retirèrent et cessèrent d'aller avec lui. **67** Jésus demanda alors aux

*Anonyme, art médiéval roman (XIᵉ-XIIᵉ s.)*
*« Jésus demanda alors aux douze disciples: 'Voulez-vous partir, vous aussi ?' »*
*(Jean 6,67)*
*Ce que dit Jésus est difficile à accepter, au point que plusieurs de ceux qui le suivent, choqués, veulent le quitter. Jésus ne les retient pas. Il les laisse libres, libres d'aller ailleurs et de suivre d'autres prophètes, libres d'oublier ce qu'ils ont vécu avec lui. Jésus ne force personne et ne juge personne. Toute vie chrétienne se réalise dans la liberté. -*

douze disciples : « Voulez-vous partir, vous aussi ? »
**68** Simon Pierre lui répondit : « Seigneur, à qui irions-nous ? Tu as les paroles qui donnent la vie éternelle. **69** Nous le croyons, nous le savons : tu es le Saint envoyé de Dieu. »
**70** Jésus leur répondit : « Ne vous ai-je pas choisis vous les douze ? Et pourtant l'un de vous est un diable ! » **71** Il parlait de Judas, fils de Simon Iscariote. Car Judas, quoiqu'il fût un des douze disciples, allait le trahir.

## Les frères de Jésus ne croient pas en lui

**7** ¹ Après cela, Jésus parcourut la Galilée ; il ne voulait pas aller et venir en Judée, car les autorités juives cherchaient à le faire mourir. ² La fête juive des Huttes était proche ³ et les frères de Jésus lui dirent : « Pars d'ici et va en Judée, afin que tes disciples, eux aussi, voient les œuvres que tu fais. ⁴ Personne n'agit en cachette s'il désire être connu. Puisque tu fais de telles œuvres, agis en sorte que tout le monde te voie. » ⁵ En effet, ses frères eux-mêmes ne croyaient pas en lui. ⁶ Jésus leur dit : « Le moment n'est pas encore venu pour moi. Pour vous, tout moment est bon. ⁷ Le monde ne peut pas vous haïr, mais il a de la haine pour moi, parce que j'atteste que ses actions sont mauvaises. ⁸ Allez à la fête, vous. Moi, je ne vais pas à cette fête, parce que le moment n'est pas encore arrivé pour moi. » ⁹ Après avoir dit cela, il resta en Galilée.

**La fête juive des Huttes**

*La fête des Huttes était célébrée en automne au moment des vendanges. C'était la dernière fête de l'année religieuse juive. Les fidèles se rendaient en pèlerinage à Jérusalem (verset 10) et séjournaient pendant toute la durée de la fête sous des huttes de branchages dressées pour l'occasion. Cette coutume rappelait la vie sous la tente pendant l'errance d'Israël dans le désert.* Ci-dessus, un camp de nomades près de Jéricho.

**L'enseignement de Jésus**

*Jésus connaît les Écritures sans avoir reçu de formation particulière à l'école des rabbins. Les gens étaient pourtant surpris par la qualité de sa prédication. Son enseignement, il l'a reçu de Dieu qui l'a envoyé, dit l'évangile. Chez lui, « ça coule de source », dirait-on aujourd'hui. Jésus est tellement uni à Dieu, que celui-ci parle par sa bouche.*

## Jésus à la fête des Huttes

¹⁰ Quand ses frères se furent rendus à la fête, Jésus y alla aussi, mais sans se faire voir, presque en secret. ¹¹ Les autorités juives le cherchaient pendant cette fête et demandaient : « Où donc est-il ? » ¹² On discutait beaucoup à son sujet, dans la foule. « C'est un homme de bien », disaient les uns. « Non, disaient les autres, il égare les gens. » ¹³ Mais personne ne parlait librement de lui, parce que tous avaient peur des autorités juives.

¹⁴ La fête était déjà à moitié passée, quand Jésus se rendit au temple et se mit à enseigner. ¹⁵ Les Juifs s'étonnaient et disaient : « Comment cet homme en sait-il autant, lui qui n'a pas étudié ? »

¹⁶ Jésus leur répondit : « L'enseignement que je donne ne vient pas de moi, mais de Dieu qui m'a envoyé. ¹⁷ Celui qui est disposé à faire ce que Dieu veut saura si mon enseignement vient de Dieu ou si je parle en mon propre nom. ¹⁸ L'homme qui parle en son propre nom recherche la gloire pour lui-même. Mais celui qui travaille à la gloire de celui qui l'a envoyé dit la vérité et il n'y a rien de faux en lui. ¹⁹ Moïse vous a donné la loi, n'est-ce pas ? Mais aucun de vous ne la met en pratique. Pourquoi cherchez-vous à me faire mourir ? » ²⁰ La foule lui répondit : « Tu

es possédé d'un esprit mauvais ! Qui cherche à te faire mourir ? » ²¹ Jésus leur répondit : « J'ai fait une seule œuvre et vous voilà tous étonnés ! ²² Parce que Moïse vous a donné l'ordre de circoncire les garçons – bien que ce ne soit pas Moïse qui ait commencé à le faire, mais déjà nos premiers ancêtres –, vous acceptez de circoncire quelqu'un même le jour du sabbat. ²³ Si vous pouvez circoncire un garçon le jour du sabbat pour que la loi de Moïse soit respectée, pourquoi êtes-vous irrités contre moi parce que j'ai guéri un homme tout entier le jour du sabbat ? ²⁴ Cessez de juger d'après les apparences. Jugez de façon correcte. »

## Jésus est-il le Messie ?

²⁵ Quelques habitants de Jérusalem disaient : « N'est-ce pas cet homme qu'on cherche à faire mourir ? ²⁶ Voyez : il parle en public et on ne lui dit rien ! Nos chefs auraient-ils vraiment reconnu qu'il est le Messie ? ²⁷ Mais quand le Messie apparaîtra, personne ne saura d'où il vient, tandis que nous savons d'où vient cet homme. »

²⁸ Jésus enseignait alors dans le temple ; il s'écria : « Savez-vous vraiment qui je suis et d'où je viens ? Je ne suis pas venu de moi-même, mais celui qui m'a envoyé est digne de confiance. Vous ne le connaissez pas. ²⁹ Moi, je connais parce que je viens d'auprès de lui et que c'est lui qui m'a envoyé. » ³⁰ Ils cherchèrent alors à l'arrêter, mais personne ne mit la main sur lui, car son heure n'était pas encore venue. ³¹ Dans la foule, cependant, beaucoup crurent en lui. Ils disaient : « Quand le Messie viendra, fera-t-il plus de signes miraculeux que n'en a fait cet homme ? »

## Des gardes sont envoyés pour arrêter Jésus

³² Les Pharisiens apprirent ce que l'on disait à voix basse dans la foule au sujet de Jésus. Les chefs des prêtres et les Pharisiens envoyèrent alors des gardes pour l'arrêter. ³³ Jésus déclara : « Je suis avec vous pour un peu de temps encore, puis je m'en irai auprès de celui qui m'a envoyé. ³⁴ Vous me chercherez, mais vous ne me trouverez pas, car vous ne pouvez pas aller là où je serai. » ³⁵ Les Juifs se demandèrent entre eux : « Où va-t-il se rendre pour que nous ne puissions pas le trouver ? Va-t-il se rendre chez les Juifs dispersés parmi les Grecs et apporter son enseignement aux Grecs ? ³⁶ Que signifient ces mots qu'il a dits : Vous me chercherez, mais vous ne me trouverez pas, car vous ne pouvez pas aller là où je serai ? »

### Jésus, le Messie

*Le mot grec « Christos » – en français « Christ » – est traduit ici par « Messie » – une transcription du mot hébreu qui signifie « l'oint ». Ce terme désignait à l'origine le roi d'Israël, oint par Dieu pour remplir sa tâche. Au temps de l'Exil à Babylone, le « Messie » est devenu le sauveur idéal. A l'époque de Jésus, le Messie désignait aussi le libérateur militaire et politique qui briserait le joug de l'occupant romain.*

### Si quelqu'un a soif...

*Pour les Juifs de l'époque de Jésus, le siège de la soif n'était pas le ventre, mais la langue qui est aussi le siège de la parole. Les expressions soif d'eau et soif de Parole étaient donc souvent prises l'une pour l'autre. L'eau signifie le don de Dieu dans sa Parole, et la soif d'eau, la foi. Jésus est la source d'eau vive pour ceux qui ont soif et croient en lui.*

*Bethléem aujourd'hui.*

*« Et toi, Bethléem Éfrata,
déclare le Seigneur, tu es une
localité peu importante parmi
celles de la famille de Juda.
Mais de toi je veux faire
sortir celui qui doit gouverner
en mon nom le peuple
d'Israël, et dont l'origine
remonte aux temps les plus
anciens. » (Michée 5,1)*

**L'incrédulité
des responsables**

*Ceux qui savent qu'ils ont
encore à apprendre et qui
ont encore soif, les gens
simples, croient en Jésus.
Mais ceux qui croient savoir
et qui ont le pouvoir, ont peur
de perdre leur statut.
Pourtant, Nicodème, l'un des
responsables religieux, prend
le risque de les interpeller.
C'est à lui que Jésus avait
dit : « Vous ne me croyez
pas quand je vous parle
des choses qui arrivent sur
la terre ; comment donc me
croirez-vous si je vous parle
des choses qui arrivent dans
le ciel ? » (Jean 3,12).*

## Des fleuves d'eau vive

<sup>37</sup> Le dernier jour de la fête était le plus solennel. Ce jour-là, Jésus, debout, s'écria : « Si quelqu'un a soif, qu'il vienne à moi et qu'il boive. <sup>38</sup> "Celui qui croit en moi, des fleuves d'eau vive jailliront de son cœur", comme dit l'Écriture. » <sup>39</sup> Jésus parlait de l'Esprit de Dieu que ceux qui croyaient en lui allaient recevoir. A ce moment-là, l'Esprit n'avait pas encore été donné, parce que Jésus n'avait pas encore été élevé à la gloire.

## La foule se divise à cause de Jésus

<sup>40</sup> Après avoir entendu ces paroles, certains, dans la foule, disaient : « Cet homme est vraiment le Prophète ! » <sup>41</sup> D'autres disaient : « C'est le Messie ! » – « Mais, répliquaient d'autres, le Messie pourrait-il venir de Galilée ? <sup>42</sup> L'Écriture déclare que le Messie sera un descendant de David et qu'il viendra de Bethléem, le village où a vécu David. » <sup>43</sup> La foule se divisa donc à cause de Jésus. <sup>44</sup> Certains d'entre eux voulaient qu'on l'arrête, mais personne ne mit la main sur lui.

## L'incrédulité des chefs juifs

<sup>45</sup> Les gardes retournèrent auprès des chefs des prêtres et des Pharisiens qui leur demandèrent : « Pourquoi n'avez-vous pas amené Jésus ? » <sup>46</sup> Les gardes répondirent : « Jamais personne n'a parlé comme lui ! » – <sup>47</sup> « Vous êtes-vous laissé tromper, vous aussi ? leur demandèrent les Pharisiens. <sup>48</sup> Y a-t-il un seul membre des autorités ou un seul des Pharisiens qui ait cru en lui ? <sup>49</sup> Mais ces gens ne connaissent pas la loi de Moïse, ce sont des maudits ! »

<sup>50</sup> Nicodème était l'un des Pharisiens présents : c'est lui qui était allé voir Jésus quelque temps auparavant. Il leur dit : <sup>51</sup> « Selon notre loi, nous ne pouvons pas condamner un homme sans l'avoir d'abord entendu et sans savoir ce qu'il a fait. » <sup>52</sup> Ils lui répondirent : « Es-tu de Galilée, toi aussi ? Examine les Écritures et tu verras qu'aucun prophète n'est jamais venu de Galilée. »

## Jésus et la femme adultère

[<sup>53</sup> Ensuite, chacun s'en alla dans sa maison.

**8** <sup>1</sup> Mais Jésus se rendit au mont des Oliviers. <sup>2</sup> Tôt le lendemain matin, il retourna dans le temple et tous les gens s'approchèrent de lui. Il s'assit et se mit à leur donner son enseignement. <sup>3</sup> Les maîtres de la loi et les

Pharisiens lui amenèrent alors une femme qu'on avait surprise en train de commettre un adultère. Ils la placèrent devant tout le monde [4] et dirent à Jésus : « Maître, cette femme a été surprise au moment même où elle commettait un adultère. [5] Moïse nous a ordonné dans la loi de tuer de telles femmes à coups de pierres. Et toi, qu'en dis-tu ? »

[6] Ils disaient cela pour lui tendre un piège, afin de pouvoir l'accuser. Mais Jésus se baissa et se mit à écrire avec

*Le Christ et la femme adultère, par Giovanni Tiepolo (1727-1804).*

le doigt sur le sol. [7] Comme ils continuaient à le questionner, Jésus se redressa et leur dit : « Que celui d'entre vous qui n'a jamais péché lui jette la première pierre. » [8] Puis il se baissa de nouveau et se remit à écrire sur le sol. [9] Quand ils entendirent ces mots, ils partirent l'un après l'autre, les plus âgés d'abord. Jésus resta seul avec la femme, qui se tenait encore devant lui. [10] Alors il se redressa et lui dit : « Eh bien, où sont-ils ? Personne ne t'a condamnée ? » – [11] « Personne, Maître », répondit-elle. « Je ne te condamne pas non plus, dit Jésus. Tu peux t'en aller, mais désormais ne pèche plus. »]

Jésus ne résout pas le problème de l'adultère par l'intermédiaire de la loi. Il ne condamne pas les pécheurs et appelle chacun à ouvrir son cœur au point d'avouer : « Moi aussi, je serais capable d'agir de la sorte ». Pour Jésus, ceux qui se sont égarés ont plus besoin de miséricorde que de condamnation afin qu'ils puissent se relever. Tel est le souhait de Jésus, qui donne à cette femme la force de ne plus tomber.

## Jésus, la lumière du monde

[12] Jésus adressa de nouveau la parole à la foule et dit : « Je suis la lumière du monde. Celui qui me suit aura la

*« Son heure n'était pas encore venue. » (Jean 8,20) Dans l'évangile de Jean, « l'heure » désigne le moment où Jésus va mourir sur la croix. Cette expression est utilisée à plusieurs reprises dans cet évangile ; elle souligne que Jésus se dirige inévitablement vers l'achèvement de sa mission. Peu avant sa mort, Jésus déclare dans une prière: « Père, l'heure est venue » (Jean 17,1). C'est à ce moment-là que la gloire de Jésus se manifestera. En regardant Jésus élevé sur la croix, les hommes sauront que ses paroles sont vraies et qu'il peut dire comme Dieu : « Je suis ». Jésus est donc bien de condition divine.*

lumière de la vie et ne marchera plus jamais dans l'obscurité. » ¹³ Les Pharisiens lui dirent : « Tu te rends témoignage à toi-même ; ton témoignage est sans valeur. » ¹⁴ Jésus leur répondit : « Même si je me rends témoignage à moi-même, mon témoignage est valable, parce que je sais d'où je suis venu et où je vais. Mais vous, vous ne savez ni d'où je viens ni où je vais. ¹⁵ Vous jugez à la manière des hommes ; moi je ne juge personne. ¹⁶ Cependant, s'il m'arrive de juger, mon jugement est valable, parce que je ne suis pas tout seul pour juger, mais le Père qui m'a envoyé est avec moi. ¹⁷ Il est écrit dans votre loi que si deux personnes apportent le même témoignage, ce témoignage est valable. ¹⁸ Je me rends témoignage à moi-même et le Père qui m'a envoyé témoigne aussi pour moi. » ¹⁹ Ils lui demandèrent : « Où est ton Père ? » Jésus répondit : « Vous ne connaissez ni moi ni mon Père. Si vous me connaissiez, vous connaîtriez aussi mon Père. »

²⁰ Jésus prononça ces paroles alors qu'il enseignait dans le temple, à l'endroit où se trouvent les troncs à offrandes. Personne ne l'arrêta, parce que son heure n'était pas encore venue.

## « Vous ne pouvez pas aller là où je vais »

²¹ Jésus leur dit encore : « Je vais partir ; vous me chercherez, mais vous mourrez dans votre péché. Vous ne pouvez pas aller là où je vais. » ²² Les Juifs se disaient : « Va-t-il se suicider, puisqu'il dit : "Vous ne pouvez pas aller là où je vais" ? » ²³ Jésus leur répondit : « Vous êtes d'en bas, mais moi je viens d'en haut. Vous appartenez à ce monde, mais moi je n'appartiens pas à ce monde. ²⁴ C'est pourquoi je vous ai dit que vous mourrez dans vos péchés. Car vous mourrez dans vos péchés si vous ne croyez pas que "je suis qui je suis". » – ²⁵ « Qui es-tu ? » lui demandèrent-ils. Jésus leur répondit : « Celui que je vous ai dit depuis le commencement. ²⁶ J'ai beaucoup à dire et à juger à votre sujet. Mais j'annonce au monde seulement ce que j'ai appris de celui qui m'a envoyé ; et lui, il dit la vérité. »

²⁷ Ils ne comprirent pas qu'il leur parlait du Père. ²⁸ Jésus leur dit alors : « Quand vous aurez élevé le Fils de l'homme, vous reconnaîtrez que "je suis qui je suis" ; vous reconnaîtrez que je ne fais rien par moi-même : je dis seulement ce que le Père m'a enseigné. ²⁹ Celui qui m'a envoyé est avec moi ; il ne m'a pas laissé seul, parce que je fais toujours ce qui lui plaît. » ³⁰ Tandis que Jésus parlait ainsi, beaucoup crurent en lui.

## Les hommes libres et les esclaves

³¹ Jésus dit alors aux Juifs qui avaient cru en lui : « Si vous restez fidèles à mes paroles, vous êtes vraiment mes disciples ; ³² ainsi vous connaîtrez la vérité et la vérité vous rendra libres. » ³³ Ils lui répondirent : « Nous sommes les descendants d'Abraham et nous n'avons jamais été les esclaves de personne. Comment peux-tu nous dire : "Vous deviendrez libres" ? » ³⁴ Jésus leur répondit : « Oui, je vous le déclare, c'est la vérité : tout homme qui pèche est un esclave du péché. ³⁵ Un esclave ne fait pas pour toujours partie de la famille, mais un fils en fait partie pour toujours. ³⁶ Si le Fils vous libère, vous serez alors vraiment libres. ³⁷ Je sais que vous êtes les descendants d'Abraham. Mais vous cherchez à me faire mourir, parce que vous refusez mes paroles. ³⁸ Moi, je parle de ce que mon Père m'a montré, mais vous, vous faites ce que votre père vous a dit. » ³⁹ Ils lui répliquèrent : « Notre père, c'est Abraham. » – « Si vous étiez vraiment les enfants d'Abraham, leur dit Jésus, vous feriez les actions qu'il a faites. ⁴⁰ Mais maintenant, bien que je vous aie dit la vérité que j'ai apprise de Dieu, vous cherchez à me faire mourir. Abraham n'a rien fait de semblable ! ⁴¹ Vous, vous faites les mêmes actions que votre père. » Ils lui répondirent : « Nous ne sommes pas des enfants illégitimes. Nous avons un seul Père, Dieu. » ⁴² Jésus leur dit : « Si Dieu était vraiment votre Père, vous m'aimeriez, car je suis venu de Dieu et je suis ici de sa part. Je ne suis pas venu de moi-même, mais c'est lui qui m'a envoyé. ⁴³ Pourquoi ne comprenez-vous pas ce que je vous dis ? Parce que vous êtes incapables d'écouter mes paroles. ⁴⁴ Vous avez pour père le diable et vous voulez faire ce que votre père désire. Il a été meurtrier dès le commencement. Il ne s'est jamais tenu dans la vérité parce qu'il n'y a pas de vérité en lui. Quand il dit des mensonges, il parle de la manière qui lui est naturelle, parce qu'il est menteur et père du mensonge. ⁴⁵ Mais moi je dis la vérité et c'est pourquoi vous ne me croyez pas. ⁴⁶ Qui d'entre vous peut prouver que j'ai péché ? Et si je dis la vérité, pourquoi ne me croyez-vous pas ? ⁴⁷ Celui qui est de Dieu écoute les paroles de Dieu. Mais vous n'êtes pas de Dieu et c'est pourquoi vous n'écoutez pas. »

*Les juifs et les chrétiens reconnaissent tous Abraham comme leur père dans la foi. Être descendant d'Abraham est une chose, être les enfants d'Abraham en est une autre. Les descendants d'Abraham (les Juifs et les Arabes), mais aussi tous les hommes, peuvent devenir des fils et des filles d'Abraham en partageant sa confiance en Dieu. Par la foi, Abraham s'est mis en route. Toute sa vie il l'a vécue en nomade pour aller à la rencontre de la promesse de Dieu. La foi est toujours une mise en route, elle fait de nous des hommes et des femmes en recherche.*

*Le sermon sur la montagne par Lorenzo di Cosimo (1439-1507).*
*« Si le Fils vous libère, vous serez alors vraiment libres. » (Jean 8,36)*

## Jésus et Abraham

**48** Les Juifs répondirent à Jésus : « N'avons-nous pas raison de dire que tu es un Samaritain et que tu es possédé d'un esprit mauvais ? » – **49** « Je ne suis pas possédé, répondit Jésus, mais j'honore mon Père et vous, vous refusez de m'honorer. **50** Je ne cherche pas la gloire pour moi-même. Il en est un qui la cherche pour moi et qui juge. **51** Oui, je vous le déclare, c'est la vérité : celui qui obéit à mes paroles ne mourra jamais. »

**52** Les Juifs lui dirent : « Maintenant nous sommes sûrs que tu es possédé d'un esprit mauvais ! Abraham est mort, les prophètes sont morts, et toi, tu dis : "Celui qui obéit à mes paroles ne mourra jamais." **53** Abraham, notre père, est mort : penses-tu être plus grand que lui ? Les prophètes aussi sont morts. Pour qui te prends-tu ? » **54** Jésus répondit : « Si je me glorifiais moi-même, ma gloire ne vaudrait rien. Celui qui me glorifie, c'est mon Père. Vous dites de lui : "Il est notre Dieu", **55** alors que vous ne le connaissez pas. Moi je le connais. Si je disais que je ne le connais pas, je serais un menteur comme vous. Mais je le connais et j'obéis à ses paroles. **56** Abraham, votre père, s'est réjoui à la pensée de voir mon jour ; il l'a vu et en a été heureux. » **57** Les Juifs lui dirent : « Tu n'as pas encore cinquante ans et tu as vu Abrahàm ? » **58** Jésus leur répondit : « Oui, je vous le déclare, c'est la vérité : avant qu'Abraham soit né, "je suis". » **59** Ils ramassèrent alors des pierres pour les jeter contre lui. Mais Jésus se cacha et sortit du temple.

## Jésus guérit un homme aveugle de naissance

**9** **1** En chemin, Jésus vit un homme qui était aveugle depuis sa naissance. **2** Ses disciples lui demandèrent : « Maître, pourquoi cet homme est-il né aveugle : à cause de son propre péché ou à cause du péché de ses parents ? » **3** Jésus répondit : « Ce n'est ni à cause de son péché, ni à cause du péché de ses parents. Il est aveugle pour que l'œuvre de Dieu puisse se manifester en lui. **4** Pendant qu'il fait jour, nous devons accomplir les œuvres de celui qui m'a envoyé. La nuit s'approche, où personne ne peut travailler. **5** Pendant que je suis dans le monde, je suis la lumière du monde. » **6** Après avoir dit ces mots, Jésus cracha par terre et fit un peu de boue avec sa salive ; il frotta les yeux de l'aveugle avec cette boue **7** et lui dit : « Va te laver la figure à la piscine de Siloé. » – Ce nom signifie « Envoyé ». – L'aveugle y alla, se lava la figure et, quand il revint, il voyait ! **8** Ses voisins et

---

*« Tu es possédé d'un esprit mauvais ! »
(Jean 8,52)
Dans certains pays on enferme les déviants dans les hôpitaux psychiatriques. Ils sont traités de fous. A l'époque de Jésus, on traitait de possédés ceux qui avaient des idées ou des comportements sortant des sentiers battus. Jésus dérange, renverse l'échelle des valeurs, et son rapport à Dieu déconcerte : il est donc possédé !*

*La piscine de Siloé*

*Le récit de l'aveugle guéri est celui d'une lutte serrée où s'affrontent lumière et ténèbres. Une lutte où les aveugles ne sont pas ceux que l'on croit. Ceux qui croyaient voir, les Pharisiens, mais aussi la foule, sont aveugles à la lumière qu'apporte Jésus. Celui qui était aveugle de naissance se met à voir et découvre peu à peu qui est Celui qui l'a guéri : d'abord un homme nommé Jésus (v.11) puis un prophète (v.17) et enfin, le Seigneur (v. 38).*

ceux qui l'avaient vu mendier auparavant demandaient :
« N'est-ce pas cet homme qui se tenait assis pour mendier ? » ⁹ Les uns disaient : « C'est lui. » D'autres disaient :
« Non, ce n'est pas lui, mais il lui ressemble. » Et l'homme disait : « C'est bien moi. » ¹⁰ Ils lui demandèrent :
« Comment donc tes yeux ont-ils été guéris ? » ¹¹ Il répondit : « L'homme appelé Jésus a fait un peu de boue, il
en a frotté mes yeux et m'a dit : "Va à Siloé te laver la figure." J'y suis allé et, après m'être lavé, je voyais ! » ¹² Ils
lui demandèrent : « Où est cet homme ? » – « Je ne sais
pas », répondit-il.

## Les Pharisiens interrogent l'aveugle guéri

¹³ On amena alors aux Pharisiens l'homme qui avait
été aveugle. ¹⁴ Or, Jésus avait fait de la boue et lui avait
guéri les yeux un jour de sabbat. ¹⁵ C'est pourquoi les
Pharisiens, eux aussi, demandèrent à l'homme ce qui
s'était passé pour qu'il voie maintenant. Il leur dit : « Il m'a
mis un peu de boue sur les yeux, je me suis lavé la figure
et maintenant je vois. » ¹⁶ Quelques Pharisiens disaient :
« Celui qui a fait cela ne peut pas venir de Dieu, car il
n'obéit pas à la loi du sabbat. » Mais d'autres répliquaient :
« Comment un pécheur pourrait-il faire de tels signes miraculeux ? » Et ils étaient divisés entre eux. ¹⁷ Les Pharisiens demandèrent encore à l'aveugle guéri : « Et toi, que
dis-tu de celui qui a guéri tes yeux ? » – « C'est un prophète », répondit-il.

¹⁸ Cependant, les chefs juifs ne voulaient pas croire
qu'il avait été aveugle et que maintenant il voyait. C'est
pourquoi ils convoquèrent ses parents ¹⁹ pour les interroger. Ils leur demandèrent : « Est-ce bien là votre fils ?
Affirmez-vous qu'il est né aveugle ? Que s'est-il donc
passé pour qu'il voie maintenant ? » ²⁰ Les parents répondirent : « Nous savons que c'est notre fils et qu'il est
né aveugle. ²¹ Mais nous ne savons pas ce qui s'est passé
pour qu'il voie maintenant et nous ne savons pas non plus
qui a guéri ses yeux. Interrogez-le : il est d'âge à répondre
lui-même ! » ²² Ils parlèrent ainsi parce qu'ils avaient peur
des chefs juifs. En effet, ceux-ci s'étaient déjà mis d'accord
pour exclure de la synagogue toute personne qui affir-
merait que Jésus est le Messie. ²³ Voilà pourquoi les parents dirent : « Il est d'âge à répondre, interrogez-le ! »

²⁴ Les Pharisiens appelèrent une seconde fois l'homme
qui avait été aveugle et lui dirent : « Dis la vérité devant
Dieu. Nous savons que cet homme est un pécheur. » ²⁵ Il
répondit : « Je ne sais pas s'il est pécheur ou non. Mais je
sais une chose : j'étais aveugle et maintenant je vois. »

*Un aveugle qui voit, est-ce
encore le même homme ?
Chacun mène l'enquête. Mais
est-ce pour découvrir la
lumière ou pour chercher des
arguments afin de ne rien
changer à ses certitudes ?
Il ne faut pas se laisser
aveugler par ceux qui ont
peur de voir clair, qui ont
des idées préconçues ou des
jugements tout faits.*

*Pour l'aveugle guéri les
choses sont simples : il était
aveugle et maintenant il voit.
Celui qui l'a guéri est un
homme de Dieu.
Les Pharisiens, aveuglés,
n'ont que le mot péché
à la bouche.*

²⁶ Ils lui demandèrent : « Que t'a-t-il fait ? Comment a-t-il guéri tes yeux ? » – ²⁷ « Je vous l'ai déjà dit, répondit-il, mais vous ne m'avez pas écouté. Pourquoi voulez-vous me l'entendre dire encore une fois ? Peut-être désirez-vous, vous aussi, devenir ses disciples ? » ²⁸ Ils l'injurièrent et dirent : « C'est toi qui es disciple de cet homme ! Nous, nous sommes disciples de Moïse. ²⁹ Nous savons que Dieu a parlé à Moïse ; mais lui, nous ne savons même pas d'où il vient ! » ³⁰ L'homme leur répondit : « Voilà bien ce qui est étonnant : vous ne savez pas d'où il vient et pourtant il a guéri mes yeux ! ³¹ Nous savons que Dieu n'écoute pas les pécheurs, mais qu'il écoute tout être qui le respecte et obéit à sa volonté. ³² On n'a jamais entendu dire que quelqu'un ait guéri les yeux d'une personne née aveugle. ³³ Si cet homme ne venait pas de Dieu, il ne pourrait rien faire. » ³⁴ Ils lui répondirent : « Tu es tout entier dans le péché depuis ta naissance et tu veux nous faire la leçon ? » Et ils le chassèrent de la synagogue.

## L'aveuglement spirituel

³⁵ Jésus apprit qu'ils l'avaient chassé. Il le rencontra et lui demanda : « Crois-tu au Fils de l'homme ? » – ³⁶ « Dis-moi qui c'est, Maître, répondit l'homme, pour que je puisse croire en lui. » ³⁷ Jésus lui dit : « Eh bien, tu le vois ; c'est lui qui te parle maintenant. » – ³⁸ « Je crois, Seigneur », dit l'homme. Et il se mit à genoux devant Jésus. ³⁹ Jésus dit alors : « Je suis venu dans ce monde pour qu'un jugement ait lieu : pour que les aveugles voient et que ceux qui voient deviennent aveugles. » ⁴⁰ Quelques Pharisiens, qui se trouvaient près de lui, entendirent ces paroles et lui demandèrent : « Sommes-nous des aveugles, nous aussi ? » ⁴¹ Jésus leur répondit : « Si vous étiez aveugles, vous ne seriez pas coupables ; mais comme vous dites : "Nous voyons", vous restez coupables. »

## La parabole du berger et des brebis

**10** ¹ Jésus dit : « Oui, je vous le déclare, c'est la vérité : celui qui n'entre pas par la porte dans l'enclos des brebis, mais qui passe par-dessus le mur à un autre endroit, celui-là est un voleur, un brigand. ² Mais celui qui entre par la porte est le berger des brebis. ³ Le gardien lui ouvre la porte et les brebis écoutent sa voix. Il appelle ses brebis chacune par son nom et les mène dehors. ⁴ Quand il les a toutes fait sortir, il marche devant elles et les brebis le suivent, parce qu'elles connaissent sa voix. ⁵ Mais elles ne suivront pas un inconnu ; au contraire, elles fuiront loin de lui, parce qu'elles ne connaissent pas sa voix. »

*Pour Jésus, le péché ne rend pas aveugle. Mais celui qui s'aveugle en affirmant qu'il voit, demeure dans le péché. Il n'y a pas pire aveugle que celui qui ne veut pas voir. Jésus, lui, ne passe pas à côté d'un aveugle ou d'un boiteux sans le voir et lui apporter la guérison.*

*Les Pharisiens et les docteurs de la loi emprisonnent les hommes dans un réseau de lois, de rites, d'obligations, d'interdits et de péchés. Ce sont de faux pasteurs. Jésus est le véritable berger. Parce qu'il vient de Dieu, il connaît la porte qui permet d'entrer en communion avec lui et sait que l'homme doit se laisser engendrer par lui. Jésus partage la vie des hommes et connaît leurs aspirations. Il entraîne en plein cœur de la vie du monde ceux qui lui font confiance. Avec eux il s'expose aux dangers, il marche devant.*

⁶ Jésus leur raconta cette parabole, mais ses auditeurs ne comprirent pas ce qu'il voulait dire.

## Jésus, le bon berger

⁷ Jésus dit encore : « Oui, je vous le déclare, c'est la vérité : je suis la porte de l'enclos des brebis. ⁸ Tous ceux qui sont venus avant moi sont des voleurs, des brigands ; mais les brebis ne les ont pas écoutés. ⁹ Je suis la porte. Celui qui entre en passant par moi sera sauvé ; il pourra entrer et sortir, et il trouvera sa nourriture. ¹⁰ Le voleur vient uniquement pour voler, tuer et détruire. Moi, je suis venu pour que les humains aient la vie et l'aient en abondance. ¹¹ Je suis le bon berger. Le bon berger est prêt à donner sa vie pour ses brebis. ¹² L'homme qui ne travaille que pour de l'argent n'est pas vraiment le berger ; les brebis ne lui appartiennent pas. Il les abandonne et s'enfuit quand il voit venir le loup. Alors le loup se jette sur les brebis et disperse le troupeau. ¹³ Voilà ce qui arrive parce que cet homme ne travaille que pour de l'argent et ne se soucie pas des brebis. ¹⁴ Je suis le bon berger. Je connais mes brebis et elles me connaissent, ¹⁵ de même que le Père me connaît et que je connais le Père. Et je donne ma vie pour mes brebis. ¹⁶ J'ai encore d'autres brebis qui ne sont pas dans cet enclos. Je dois aussi les conduire ; elles écouteront ma voix, et elles deviendront un seul troupeau avec un seul berger. ¹⁷ Le Père m'aime parce que je donne ma vie, pour ensuite l'obtenir à nouveau. ¹⁸ Personne ne me prend la vie, mais je la donne volontairement. J'ai le pouvoir de la donner et j'ai le pouvoir de l'obtenir à nouveau. Cela correspond à l'ordre que mon Père m'a donné. »

¹⁹ Les Juifs furent de nouveau divisés à cause de ces paroles. ²⁰ Beaucoup d'entre eux disaient : « Il est possédé d'un esprit mauvais ! Il est fou ! Pourquoi l'écoutez-vous ? » ²¹ D'autres disaient : « Un possédé ne parlerait pas ainsi. Un esprit mauvais peut-il rendre la vue aux aveugles ? »

## Jésus est rejeté

²² C'était l'hiver et l'on célébrait à Jérusalem la fête de la Dédicace. ²³ Jésus allait et venait dans la galerie à colonnes de Salomon, au temple. ²⁴ Les Juifs se rassemblèrent alors autour de lui et lui dirent : « Jusqu'à quand vas-tu nous maintenir dans l'incertitude ? Si tu es le Messie, dis-le-nous franchement. » ²⁵ Jésus leur répondit : « Je

*« Je suis la porte. Celui qui entre en passant par moi sera sauvé ; il pourra entrer et sortir, et il trouvera sa nourriture. » (Jean 10,9)*
*Avec Jésus les hommes ont une porte qui les ouvre à la liberté et à la vie. Ce passage n'est pas un lieu, c'est quelqu'un qui nous reconnaît tels que nous sommes vraiment, qui nous écoute et qu'on écoute, avec qui l'on vit une relation personnelle. Avec Jésus, on vit debout, libre et dans l'amour.*

**La foi qui sauve**

*Des gens se pressent autour de Jésus et lui demandent de déclarer ouvertement s'il est le Fils de Dieu. Manifestement, les miracles opérés par Jésus ne suffisent pas pour provoquer la foi. Pour en comprendre le sens, il faut déjà avoir foi en lui. Les récits de guérisons montrent d'ailleurs que c'est la foi des malades qui les sauve. La foi en Jésus ne vient pas au bout d'une démonstration ou d'une action d'éclat, elle naît d'une rencontre qui suscite la confiance. C'est un don de Dieu. C'est la part de Dieu déposée en chaque homme qui reconnaît Jésus comme venant de Dieu et qui suscite la foi en Lui.*

vous l'ai déjà dit, mais vous ne me croyez pas. Les œuvres que je fais au nom de mon Père témoignent en ma faveur. **26** Mais vous ne croyez pas, parce que vous ne faites pas partie de mes brebis. **27** Mes brebis écoutent ma voix ; je les connais et elles me suivent. **28** Je leur donne la vie éternelle, elles ne seront jamais perdues et personne ne les arrachera de ma main. **29** Ce que mon Père m'a donné est plus grand que tout et personne ne peut rien arracher de la main du Père. **30** Le Père et moi, nous sommes un. »

**31** Les Juifs ramassèrent de nouveau des pierres pour les jeter contre lui. **32** Jésus leur dit alors : « Je vous ai fait voir beaucoup d'œuvres bonnes de la part du Père. Pour laquelle de ces œuvres voulez-vous me tuer à coups de pierres ? » **33** Les Juifs lui répondirent : « Nous ne voulons pas te tuer à coups de pierres pour une œuvre bonne, mais parce que tu fais insulte à Dieu : tu n'es qu'un homme et tu veux te faire Dieu ! » **34** Jésus répondit : « Il est écrit dans votre loi que Dieu a dit : "Vous êtes des dieux." **35** Nous savons qu'on ne peut pas supprimer ce qu'affirme l'Écriture. Or, Dieu a appelé dieux ceux auxquels s'adressait sa parole. **36** Et moi, le Père m'a choisi et envoyé dans le monde. Comment donc pouvez-vous dire que je fais insulte à Dieu parce que j'ai déclaré que je suis le Fils de Dieu ? **37** Si je ne fais pas les œuvres de mon Père, ne me croyez pas. **38** Mais si je les fais, quand même vous ne me croiriez pas, croyez au moins à ces œuvres afin que vous sachiez une fois pour toutes que le Père vit en moi et que je vis dans le Père. » **39** Ils cherchèrent une fois de plus à l'arrêter, mais il leur échappa. **40** Jésus s'en alla de nouveau de l'autre côté de la rivière, le Jourdain, à l'endroit où Jean avait baptisé précédemment, et il y resta. **41** Beaucoup de gens vinrent à lui. Ils disaient : « Jean n'a fait aucun signe miraculeux, mais tout ce qu'il a dit de cet homme était vrai. » **42** Et là, beaucoup crurent en Jésus.

## La mort de Lazare

**11** **1** Un homme appelé Lazare tomba malade. Il habitait Béthanie, le village où vivaient Marie et sa sœur Marthe. **2** – Marie était cette femme qui répandit du parfum sur les pieds du Seigneur et les essuya avec ses cheveux, et c'était son frère Lazare qui était malade. – **3** Les deux sœurs envoyèrent quelqu'un dire à Jésus : « Seigneur, ton ami est malade. » **4** Lorsque Jésus apprit cette nouvelle, il dit : « La maladie de Lazare ne le fera pas mourir ; elle doit servir à montrer la puissance glorieuse de Dieu et à manifester ainsi la gloire du Fils de Dieu. »

*« Croyez au moins à ces œuvres... » (Jean 10,38) « Écouter la voix » de quelqu'un, c'est plus que prêter l'oreille aux mots et aux phrases qu'il prononce. Ce n'est pas discuter sa pensée ou faire l'analyse de son discours. C'est être touché, entrer en communion et changer. Les détracteurs de Jésus sont restés sur le seuil de ses paroles, ils dissèquent et argumentent. Ils ne se laissent toucher ni par ses paroles, ni par le témoignage des hommes qu'il relève et guérit.*

*Béthanie aujourd'hui.*

*Béthanie se trouve à environ trois kilomètres de Jérusalem sur la pente est du Mont des Oliviers. Lazare et ses sœurs, Marie et Marthe, vivaient dans ce village. C'étaient des amis de Jésus. Jésus se met en route pour rappeler à la vie son ami mourant, bien qu'il sache que ce chemin le conduira lui-même à la mort. Dans l'évangile de Jean, Jésus se révèle comme la pleine manifestation de Dieu à sa mort sur la croix. Le récit de ce qui se passe à Béthanie en est l'annonce.*

⁵ Jésus aimait Marthe et sa sœur, ainsi que Lazare. ⁶ Or, quand il apprit que Lazare était malade, il resta encore deux jours à l'endroit où il se trouvait, ⁷ puis il dit à ses disciples : « Retournons en Judée. » ⁸ Les disciples lui répondirent : « Maître, il y a très peu de temps on cherchait à te tuer à coups de pierres là-bas et tu veux y retourner ? » ⁹ Jésus leur dit : « Il y a douze heures dans le jour, n'est-ce pas ? Si quelqu'un marche pendant le jour, il ne trébuche pas, parce qu'il voit la lumière de ce monde. ¹⁰ Mais si quelqu'un marche pendant la nuit, il trébuche, parce qu'il n'y a pas de lumière en lui. » ¹¹ Après avoir dit

*Il existe pour les évangiles une différence fondamentale entre la résurrection de Jésus et les « rappels à la vie » opérés par lui. Ceux-ci apparaissent comme une forme particulière de guérison destinée à souligner la victoire de Jésus sur le mal. La résurrection de Jésus est présentée comme le passage à une vie nouvelle alors que ceux à qui Jésus redonne vie, retrouvent leur état antérieur et passeront par la mort tôt ou tard.*

*La Résurrection de Lazare, par le Maître de Cœtivy, (XVᵉ siècle).*

cela, Jésus ajouta : « Notre ami Lazare s'est endormi, mais je vais aller le réveiller. » ¹² Les disciples répondirent : « Seigneur, s'il s'est endormi, il guérira. » ¹³ En fait, Jésus avait parlé de la mort de Lazare, mais les disciples pensaient qu'il parlait du sommeil ordinaire. ¹⁴ Jésus leur dit alors clairement : « Lazare est mort. ¹⁵ Je me réjouis pour vous de n'avoir pas été là-bas, parce que ainsi vous croirez en moi. Mais allons auprès de lui. » ¹⁶ Alors Thomas – surnommé le Jumeau – dit aux autres disciples : « Allons-y, nous aussi, pour mourir avec notre Maître ! »

## Jésus est la résurrection et la vie

¹⁷ Quand Jésus arriva, il apprit que Lazare était dans la tombe depuis quatre jours déjà. ¹⁸ Béthanie est proche de Jérusalem, à moins de trois kilomètres, ¹⁹ et beaucoup de Juifs étaient venus chez Marthe et Marie pour les consoler de la mort de leur frère. ²⁰ Quand Marthe apprit que Jésus arrivait, elle partit à sa rencontre ; mais Marie resta assise à la maison. ²¹ Marthe dit à Jésus : « Seigneur, si tu avais été ici, mon frère ne serait pas mort. ²² Mais je sais que même maintenant Dieu te donnera tout ce que tu lui demanderas. » ²³ Jésus lui dit : « Ton frère se relèvera

*La plupart des Juifs au temps de Jésus pensaient que la mort était l'anéantissement de l'homme dans les ténèbres en attendant de retrouver vie lors de la résurrection au dernier jour. Pour Jésus, les fidèles entrent dans la vie éternelle en fondant leur vie sur la parole de Dieu. Ils ne meurent pas puisqu'ils sont déjà passés de la mort à la vie en accueillant sa parole. La résurrection au dernier jour est déjà là, elle n'est pas un événement éloigné ni étranger qui attendrait la fin des temps pour se produire. L'appel adressé à Lazare : « Viens dehors » nous concerne dès maintenant. Dieu est présent aujourd'hui, il est présence éternelle. Il n'y a entre le temps et l'éternité aucune frontière ; il n'y a qu'un seul royaume d'amour et de vie, celui auquel tous sont appelés.*

*Jésus chez Marthe et Marie, par Vincenzo Campi (1536-1591). A l'heure du doute, Marthe fait preuve d'une foi exemplaire : elle déclare que Jésus est le Messie, le Fils de Dieu, avant même que celui-ci ait fait revenir son frère Lazare à la vie.*

**Le Conseil supérieur juif**

*Au temps de Jésus, le Conseil supérieur (aussi appelé « Sanhédrin ») était l'autorité juive suprême, présidée par le grand prêtre et composée de 71 membres issus pour la plupart de familles nobles (chefs des prêtres, maîtres de la loi, hommes en vue et anciens). Les Romains avaient restreint le pouvoir temporel du Conseil, mais reconnaissaient son autorité sur les affaires d'ordre religieux.*

de la mort. » ²⁴ Marthe répondit : « Je sais qu'il se relèvera lors de la résurrection des morts, au dernier jour. » ²⁵ Jésus lui dit : « Je suis la résurrection et la vie. Celui qui croit en moi vivra, même s'il meurt ; ²⁶ et celui qui vit et croit en moi ne mourra jamais. Crois-tu cela ? » – ²⁷ « Oui, Seigneur, répondit-elle, je crois que tu es le Messie, le Fils de Dieu, celui qui devait venir dans le monde. »

## Jésus pleure

²⁸ Sur ces mots, Marthe s'en alla appeler sa sœur Marie et lui dit tout bas : « Le Maître est là et il te demande de venir. » ²⁹ Dès que Marie eut entendu cela, elle se leva et courut au-devant de Jésus. ³⁰ Or, Jésus n'était pas encore entré dans le village, mais il se trouvait toujours à l'endroit où Marthe l'avait rencontré. ³¹ Quand les Juifs qui étaient dans la maison avec Marie pour la consoler la virent se lever et sortir en hâte, ils la suivirent. Ils pensaient qu'elle allait au tombeau pour y pleurer. ³² Marie arriva là où se trouvait Jésus ; dès qu'elle le vit, elle se jeta à ses pieds et lui dit : « Seigneur, si tu avais été ici, mon frère ne serait pas mort. » ³³ Jésus vit qu'elle pleurait, ainsi que ceux qui étaient venus avec elle. Il en fut profondément ému et troublé, ³⁴ et il leur demanda : « Où l'avez-vous mis ? » Ils lui répondirent : « Seigneur, viens et tu verras. » ³⁵ Jésus pleura. ³⁶ Les Juifs dirent alors : « Voyez comme il l'aimait ! » ³⁷ Mais quelques-uns d'entre eux dirent : « Lui qui a guéri les yeux de l'aveugle, ne pouvait-il pas aussi empêcher Lazare de mourir ? »

## Lazare est ramené à la vie

³⁸ Jésus, de nouveau profondément ému, se rendit au tombeau. C'était une caverne, dont l'entrée était fermée par une grosse pierre. ³⁹ « Enlevez la pierre », dit Jésus. Marthe, la sœur du mort, lui dit : « Seigneur, il doit sentir mauvais, car il y a déjà quatre jours qu'il est ici. » ⁴⁰ Jésus lui répondit : « Ne te l'ai-je pas dit ? Si tu crois tu verras la gloire de Dieu. » ⁴¹ On enleva donc la pierre. Jésus leva les yeux vers le ciel et dit : « Père, je te remercie de m'avoir écouté. ⁴² Je sais que tu m'écoutes toujours, mais je le dis à cause de ces gens qui m'entourent, afin qu'ils croient que tu m'as envoyé. » ⁴³ Cela dit, il cria très fort : « Lazare, sors de là ! » ⁴⁴ Le mort sortit, les pieds et les mains entourés de bandes et le visage enveloppé d'un linge. Jésus dit alors : « Déliez-le et laissez-le aller. »

## Le complot contre Jésus

⁴⁵ Beaucoup de Juifs, parmi ceux qui étaient venus chez Marie et avaient vu ce que Jésus avait fait, crurent en lui. ⁴⁶ Mais quelques-uns d'entre eux allèrent trouver les Pharisiens et leur racontèrent ce que Jésus avait fait. ⁴⁷ Les chefs des prêtres et les Pharisiens réunirent alors le Conseil supérieur et dirent : « Qu'allons-nous faire ? Car cet homme réalise beaucoup de signes miraculeux ! ⁴⁸ Si nous le laissons agir ainsi, tous croiront en lui, puis les autorités romaines interviendront et détruiront notre temple et notre nation ! »

*Les autorités juives ont décidé de se saisir de Jésus et de le faire mourir. Il se retire alors dans le désert de Judée (photo ci-contre), à Éfraïm, à une vingtaine de kilomètres au nord-est de Jérusalem, pour attendre la fête de la Pâque, durant laquelle il sera mis à mort.*

⁴⁹ L'un d'entre eux, nommé Caïphe, qui était grand-prêtre cette année-là, leur dit : « Vous n'y comprenez rien ! ⁵⁰ Ne saisissez-vous pas qu'il est de votre intérêt qu'un seul homme meure pour le peuple et qu'ainsi la nation entière ne soit pas détruite ? » ⁵¹ Or, ce n'est pas de lui-même qu'il disait cela ; mais, comme il était grand-prêtre cette année-là, il prophétisait que Jésus devait mourir pour la nation juive, ⁵² et non seulement pour cette nation, mais aussi pour rassembler en un seul corps tous les enfants de Dieu dispersés.

⁵³ Dès ce jour-là, les autorités juives décidèrent de faire mourir Jésus. ⁵⁴ C'est pourquoi Jésus cessa d'aller et venir en public parmi les Juifs. Il se rendit dans une région voisine du désert, dans une localité appelée Éfraïm, où il resta avec ses disciples.

⁵⁵ La fête juive de la Pâque était proche, et beaucoup de gens du pays se rendirent à Jérusalem pour se purifier avant cette fête. ⁵⁶ Ils cherchaient Jésus et, alors qu'ils se tenaient dans le temple, ils se demandaient les uns aux autres : « Qu'en pensez-vous ? Viendra-t-il à la fête ou non ? » ⁵⁷ Les chefs des prêtres et les Pharisiens avaient ordonné que si quelqu'un savait où était Jésus, il devait les avertir, afin qu'on puisse l'arrêter.

## Marie met du parfum sur les pieds de Jésus

**12** [1] Six jours avant la Pâque, Jésus se rendit à Béthanie, où vivait Lazare, l'homme qu'il avait ramené d'entre les morts. [2] Là, on lui offrit un repas, servi par Marthe. Lazare était un de ceux qui se trouvaient à table avec Jésus. [3] Marie prit alors un demi-litre d'un parfum très cher, fait de nard pur, et le répandit sur les pieds de Jésus, puis elle les essuya avec ses cheveux. Toute la maison se remplit de l'odeur du parfum. [4] L'un des disciples de Jésus, Judas Iscariote – celui qui allait le trahir – dit alors : [5] « Pourquoi n'a-t-on pas vendu ce parfum trois cents pièces d'argent pour les donner aux pauvres ? » [6] Il disait cela non parce qu'il se souciait des pauvres, mais parce qu'il était voleur : il tenait la bourse et prenait ce qu'on y mettait. [7] Mais Jésus dit : « Laisse-la tranquille ! Elle a fait cela en vue du jour où l'on me mettra dans la tombe. [8] Vous aurez toujours des pauvres avec vous, mais moi, vous ne m'aurez pas toujours avec vous. »

### Le complot contre Lazare

[9] La foule nombreuse des Juifs apprit que Jésus était à Béthanie. Ils y allèrent non seulement à cause de Jésus, mais aussi pour voir Lazare que Jésus avait ramené d'entre les morts. [10] Les chefs des prêtres décidèrent alors de faire mourir aussi Lazare, [11] parce que beaucoup de Juifs les quittaient à cause de lui et croyaient en Jésus.

### Jésus entre à Jérusalem

[12] Le lendemain, la foule nombreuse qui était venue pour la fête de la Pâque apprit que Jésus arrivait à Jérusalem. [13] Tous prirent alors des branches de palmiers et sortirent de la ville pour aller à sa rencontre ; ils criaient : « Gloire à Dieu ! Que Dieu bénisse celui qui vient au nom du Seigneur ! Que Dieu bénisse le roi d'Israël ! » [14] Jésus trouva un âne et s'assit dessus, comme le déclare l'Écriture :

[15] « N'aie pas peur, ville de Sion !
Regarde, ton roi vient,
assis sur le petit d'une ânesse. »

[16] Tout d'abord, ses disciples ne comprirent pas ces faits ; mais lorsque Jésus eut été élevé à la gloire, ils se rappelèrent que l'Écriture avait annoncé cela à son sujet et qu'on avait accompli pour lui ce qu'elle disait.

¹⁷ Tous ceux qui étaient avec Jésus quand il avait appelé Lazare hors du tombeau et l'avait ramené d'entre les morts, racontaient ce qu'ils avaient vu. ¹⁸ C'est pourquoi la foule vint à sa rencontre : les gens avaient appris qu'il avait fait ce signe miraculeux. ¹⁹ Les Pharisiens se dirent alors entre eux : « Vous voyez que vous n'y pouvez rien : tout le monde s'est mis à le suivre ! »

## Quelques Grecs cherchent Jésus

²⁰ Quelques Grecs se trouvaient parmi ceux qui étaient venus à Jérusalem pour adorer Dieu pendant la fête. ²¹ Ils s'approchèrent de Philippe, qui était de Bethsaïda en Galilée, et lui dirent : « Maître, nous désirons voir Jésus. » ²² Philippe alla le dire à André, puis tous deux allèrent le dire à Jésus. ²³ Jésus leur répondit : « L'heure est maintenant venue où le Fils de l'homme va être élevé à la gloire. ²⁴ Oui, je vous le déclare, c'est la vérité : un grain de blé reste un seul grain s'il ne tombe pas en terre et ne meurt pas. Mais s'il meurt, il produit beaucoup de grains. ²⁵ Celui qui aime sa vie la perdra, mais celui qui refuse de s'y attacher dans ce monde la gardera pour la vie éternelle. ²⁶ Si quelqu'un veut me servir, il doit me suivre ; ainsi, mon serviteur sera aussi là où je suis. Mon Père honorera celui qui me sert. »

## Jésus parle de sa mort

²⁷ « Maintenant mon cœur est troublé. Et que dirai-je ? Dirai-je : Père, délivre-moi de cette heure de souffrance ? Mais c'est précisément pour cette heure que je suis venu. ²⁸ Père, donne gloire à ton nom ! » Une voix se fit alors entendre du ciel : « Je l'ai déjà glorifié et je le glorifierai de nouveau. » ²⁹ La foule qui se trouvait là et avait entendu la voix disait : « C'était un coup de tonnerre ! » D'autres disaient : « Un ange lui a parlé ! » ³⁰ Mais Jésus leur déclara : « Ce n'est pas pour moi que cette voix s'est fait entendre, mais pour vous. ³¹ C'est maintenant le moment où ce monde va être jugé ; maintenant le dominateur de ce monde va être chassé. ³² Et moi, quand j'aurai été élevé de la terre, j'attirerai à moi tous les humains. » ³³ Par ces mots, Jésus indiquait de quel genre de mort il allait mourir. ³⁴ La foule lui répondit : « Nous avons appris dans les livres de notre loi que le Messie vivra toujours. Alors, comment peux-tu dire que le Fils de l'homme doit être élevé ? Qui est ce Fils de l'homme ? » ³⁵ Jésus leur dit : « La lumière est encore parmi vous, mais pour peu de temps. Marchez pendant que vous avez la lumière, pour que l'obscurité ne vous surprenne pas, car celui qui marche dans l'obscurité ne sait pas où il va. ³⁶ Croyez

*« Un grain de blé reste un seul grain s'il ne tombe pas en terre et ne meurt pas. Mais s'il meurt, il produira beaucoup de grains. »* (Jean 12,24)
*Pourquoi s'attacher absolument à vivre longtemps, à assurer sa vie, à la préserver ? Pourquoi tout mettre en œuvre pour « réussir dans la vie » ? S'engager sur ce chemin détourne de l'essentiel et conduit à l'échec. Celui qui se préserve, ne se trouvera jamais; il creuse sa propre tombe. Il ne pourra pas goûter à l'amour qui se donne comme un avant-goût d'éternité. Jésus lui-même montre l'exemple : sa mort sur la croix permet aux hommes de découvrir le véritable amour et de l'offrir aux autres en retour. La mort n'est pas la fin et la fraternité qui commence sur cette terre ne prendra jamais fin.*

donc en la lumière pendant que vous l'avez, afin que vous deveniez des êtres de lumière. »

## Les Juifs ne croient pas en Jésus

Après avoir ainsi parlé, Jésus s'en alla et se cacha loin d'eux. **37** Bien qu'il eût fait tant de signes miraculeux devant eux, ils ne croyaient pas en lui. **38** Ainsi se réalisait ce qu'avait dit le prophète Ésaïe :

« Seigneur, qui a cru notre message ?

A qui le Seigneur a-t-il révélé son intervention ? »

**39** Ésaïe a dit aussi pourquoi ces gens ne pouvaient pas croire :

**40** « Dieu a rendu leurs yeux aveugles,

il a fermé leur intelligence,

afin que leurs yeux ne voient pas,

que leur intelligence ne comprenne pas.

Et voilà pourquoi, dit Dieu,

ils ne se tournent pas vers moi

pour que je les guérisse. »

**41** Ésaïe a dit cela parce qu'il avait vu la gloire de Jésus et qu'il parlait de lui.

**42** Cependant, parmi les chefs juifs eux-mêmes, beaucoup crurent en Jésus. Mais, à cause des Pharisiens, ils ne le déclaraient pas, pour ne pas être exclus de la synagogue. **43** Ils préféraient l'approbation qui vient des hommes à celle qui vient de Dieu.

## Le jugement par la parole de Jésus

**44** Jésus s'écria : « Celui qui croit en moi, croit en réalité non pas en moi, mais en celui qui m'a envoyé. **45** Celui qui me voit, voit celui qui m'a envoyé. **46** Moi, je suis venu dans le monde comme lumière, afin que quiconque croit en moi ne reste pas dans l'obscurité. **47** Si quelqu'un entend mes paroles et ne les met pas en pratique, ce n'est pas moi qui le condamne, car je suis venu pour sauver le monde et non pas pour le condamner. **48** Celui qui me rejette et n'accepte pas mes paroles trouve là ce qui le condamne : c'est l'enseignement que j'ai donné qui le condamnera au dernier jour. **49** En effet, je n'ai pas parlé de ma propre initiative, mais le Père qui m'a envoyé m'a ordonné lui-même ce que je devais dire et enseigner. **50** Et je le sais : ce qu'il ordonne produit la vie éternelle. Ainsi, ce que je dis, je le dis comme mon Père me l'a ordonné. »

## Jésus lave les pieds de ses disciples

**13** **1** C'était la veille de la fête de la Pâque. Jésus savait que l'heure était venue pour lui de quitter ce

*« Je suis venu dans le monde comme lumière, afin que quiconque croit en moi ne reste pas dans l'obscurité. »*
*(Jean 12,46)*
*Ce discours constitue le dernier appel de Jésus à ses auditeurs. Jésus, véritable lumière, est venu dans le monde afin d'ouvrir aux hommes le chemin de la vie. Son message est simple et tient en peu de mots : la vie est une longue marche vers Dieu, faite d'amour les uns pour les autres, à l'image de l'amour qu'il nous porte. Celui qui entend ce message mais le refuse, est déjà jugé par lui.*

Le Lavement des pieds, par Ambrogio Giotto (1276-1337).
En Orient, on circulait les pieds nus dans de simples sandales. Pour cette raison, un des rites de l'hospitalité consistait à permettre aux hôtes de se laver les pieds lorsqu'ils arrivaient. C'était habituellement le travail d'un serviteur ou d'un esclave. C'est pourquoi les disciples, et Pierre en particulier, sont choqués de voir Jésus accomplir ce geste en leur faveur. Ils ne comprennent pas encore qu'il s'agit là d'un geste de communion par lequel Jésus exprime de manière exemplaire son amour et son humilité : le maître s'est fait serviteur.

monde pour aller auprès du Père. Il avait toujours aimé les siens qui étaient dans le monde et il les aima jusqu'à la fin. ² Jésus et ses disciples prenaient le repas du soir. Le diable avait déjà persuadé Judas, fils de Simon Iscariote, de trahir Jésus. ³ Jésus savait que lui-même était venu de Dieu et retournait à Dieu, et que le Père avait tout mis en son pouvoir. ⁴ Il se leva de table, ôta son vêtement de dessus et prit un linge dont il s'entoura la taille. ⁵ Ensuite, il versa de l'eau dans une cuvette et se mit à laver les pieds de ses disciples, puis à les essuyer avec le linge qu'il avait autour de la taille. ⁶ Il arriva ainsi près de Simon Pierre, qui lui dit : « Seigneur, vas-tu me laver les pieds, toi ? » ⁷ Jésus lui répondit : « Tu ne saisis pas maintenant ce que je fais, mais tu comprendras plus tard. » ⁸ Pierre lui dit : « Non, tu ne me laveras jamais les pieds ! » Jésus lui répondit : « Si je ne te les lave pas, tu n'auras aucune part à ce que j'apporte. » ⁹ Simon Pierre lui dit : « Alors, Seigneur, ne me lave pas seulement les pieds, mais aussi les mains et la tête ! » ¹⁰ Jésus lui dit : « Celui qui a pris un bain n'a plus besoin de se laver, sinon les pieds, car il est entièrement propre. Vous êtes propres, vous, mais pas tous cependant. » ¹¹ Jésus savait bien qui allait le trahir ; c'est pourquoi il dit : « Vous n'êtes pas tous propres. »

¹² Après leur avoir lavé les pieds, Jésus reprit son vêtement, se remit à table et leur dit : « Comprenez-vous

*Jésus sait qu'il est proche de la mort et veut transmettre un message fort à ses disciples. Jean ne reprend pas ici le récit de la Cène, il ne nous livre que le lavement des pieds, comme si le partage du pain et de la coupe délivrait le même message : être disciple de Jésus, c'est donner sa vie, être au service les uns des autres.*

*Détail d'un polyptyque sur la dernière Cène, par Dirck Bouts (1415-1475): Jésus et l'apôtre Jean. La tradition identifie le « disciple que Jésus aimait » à l'apôtre Jean. Le texte grec exprime l'attachement de Jésus pour lui avec les mêmes mots qui disent l'amour de Dieu le Père pour son Fils (Jean 15,9). Seul parmi les Douze à être présent au pied de la croix (Jean 19,26), il est aussi le premier à croire au Ressuscité (Jean 20,8) qu'il reconnaîtra avant Pierre (Jean 21,7). Dans l'évangile de Jean le « disciple que Jésus aimait » apparaît comme le modèle du disciple qui a la foi.*

*C'est dans le geste même de la communion au pain que se dit la trahison de Judas. Une trahison qui a marqué les premiers disciples. Comment est-il possible qu'un disciple de Jésus puisse commettre un tel acte ? Les évangiles expliquent en partie le geste de Judas par une sombre affaire d'argent. Mais est-ce si simple ?*

ce que je vous ai fait ? [13] Vous m'appelez "Maître" et "Seigneur", et vous avez raison, car je le suis. [14] Si donc moi, le Seigneur et le Maître, je vous ai lavé les pieds, vous aussi vous devez vous laver les pieds les uns aux autres. [15] Je vous ai donné un exemple pour que vous agissiez comme je l'ai fait pour vous. [16] Oui, je vous le déclare, c'est la vérité : un serviteur n'est pas plus grand que son maître et un envoyé n'est pas plus grand que celui qui l'envoie. [17] Maintenant vous savez cela ; vous serez heureux si vous le mettez en pratique. [18] Je ne parle pas de vous tous ; je connais ceux que j'ai choisis. Mais il faut que cette parole de l'Écriture se réalise : "Celui avec qui je partageais mon pain s'est tourné contre moi." [19] Je vous le dis déjà maintenant, avant que la chose arrive, afin que lorsqu'elle arrivera vous croyiez que "je suis qui je suis". [20] Oui, je vous le déclare, c'est la vérité : quiconque reçoit celui que j'envoie me reçoit aussi ; et quiconque me reçoit, reçoit celui qui m'a envoyé. »

## Jésus annonce que Judas va le trahir

[21] Après ces mots, Jésus fut profondément troublé et dit solennellement : « Oui, je vous le déclare, c'est la vérité : l'un de vous me trahira. » [22] Les disciples se regardaient les uns les autres, sans savoir du tout de qui il parlait. [23] L'un des disciples, celui que Jésus aimait, était placé à côté de Jésus. [24] Simon Pierre lui fit un signe pour qu'il demande à Jésus de qui il parlait. [25] Le disciple se pencha alors vers Jésus et lui demanda : « Seigneur, qui est-ce ? » [26] Jésus répondit : « Je vais tremper un morceau de pain dans le plat : celui à qui je le donnerai, c'est lui. » Jésus prit alors un morceau de pain, le trempa et le donna à Judas, fils de Simon Iscariote. [27] Dès que Judas eut pris le morceau, Satan entra en lui. Jésus lui dit : « Ce que tu as à faire, fais-le vite ! » [28] Aucun de ceux qui étaient à table ne comprit pourquoi il lui disait cela. [29] Comme Judas tenait la bourse, plusieurs pensaient que Jésus lui demandait d'aller acheter ce qui leur était nécessaire pour la fête, ou d'aller faire un don aux pauvres. [30] Judas prit donc le morceau de pain et sortit aussitôt. Il faisait nuit.

## Le nouveau commandement

[31] Après que Judas fut sorti, Jésus dit : « Maintenant la gloire du Fils de l'homme est révélée et la gloire de Dieu se révèle en lui. [32] [Et si la gloire de Dieu se révèle en lui,] Dieu aussi manifestera en lui-même la gloire du Fils et il le fera bientôt. [33] Mes enfants, je ne suis avec vous que

pour peu de temps encore. Vous me chercherez, mais je vous dis maintenant ce que j'ai dit aux autres Juifs : vous ne pouvez pas aller là où je vais. [34] Je vous donne un commandement nouveau : aimez-vous les uns les autres. Il faut que vous vous aimiez les uns les autres comme je vous ai aimés. [35] Si vous vous aimez les uns les autres, alors tous sauront que vous êtes mes disciples. »

## Jésus annonce que Pierre le reniera

[36] Simon Pierre lui demanda : « Seigneur, où vas-tu ? » Jésus lui répondit : « Tu ne peux pas me suivre maintenant là où je vais, mais tu me suivras plus tard. » [37] Pierre lui dit : « Seigneur, pourquoi ne puis-je pas te suivre maintenant ? Je suis prêt à donner ma vie pour toi ! » [38] Jésus répondit : « Es-tu vraiment prêt à donner ta vie pour moi ? Eh bien, je te déclare, c'est la vérité : avant que le coq chante, tu auras prétendu trois fois ne pas me connaître. »

## Jésus est le chemin qui conduit au Père

14 [1] « Ne soyez pas si inquiets, leur dit Jésus. Ayez confiance en Dieu et ayez aussi confiance en moi. [2] Il y a beaucoup de place dans la maison de mon Père ; sinon vous aurais-je dit que j'allais vous préparer le lieu

où vous serez ? [3] Et après être allé vous préparer une place, je reviendrai et je vous prendrai auprès de moi, afin que vous soyez, vous aussi, là où je suis. [4] Vous connaissez le chemin qui conduit où je vais. » [5] Thomas lui dit : « Seigneur, nous ne savons pas où tu vas. Comment pourrions-nous en connaître le chemin ? » [6] Jésus lui répondit : « Je suis le chemin, la vérité, la vie. Personne ne peut aller au Père autrement que par moi. [7] Si vous me connaissez, vous connaîtrez aussi mon Père. Et dès maintenant vous le connaissez, vous l'avez vu. »

[8] Philippe lui dit : « Seigneur, montre-nous le Père et nous serons satisfaits. » [9] Jésus lui répondit : « Il y a si

*« Je suis prêt à donner ma vie pour toi ! » (Jean 13,37)*
*Il est des élans qui font chaud au cœur mais qui ne tiennent pas toujours à l'épreuve de la vie. Pierre va l'apprendre à ses dépens. On ne donne pas sa vie sur un coup de cœur, comme dans un rêve. La vie est faite de fidélités au quotidien qui sont autant d'engagements. Face à la faiblesse du disciple fougueux qui va le renier trois fois, Jésus reste confiant et le rassure avant même d'être trahi, en lui disant : « Mais tu me suivras plus tard. » (Jean 13,36)*

*« Je suis le chemin, la vérité, la vie. Personne ne peut aller au Père autrement que par moi. » (Jean 14,6)*
*Les autorités religieuses avaient alimenté parmi les gens du peuple la peur d'un Dieu juge implacable et mesquin. Jésus libère de cette peur : « Il y a de la place pour tout le monde ».*
*Le désir de Dieu est de rassembler tous les hommes. Et le chemin d'éternité est connu : c'est celui que Jésus incarne, le chemin de l'amour humain qui révèle Dieu comme un Père, celui qui nous accueille tels que nous sommes.*

*« Je demanderai au Père de vous donner quelqu'un d'autre pour vous venir en aide, afin qu'il soit toujours avec vous : c'est l'Esprit de vérité... »*
(Jean 14,16-17)
*« ...Il vous conduira dans toute la vérité... Il révélera ma gloire, car il recevra de ce qui est à moi et vous l'annoncera. »*
(Jean 16,13-14)

longtemps que je suis avec vous et tu ne me connais pas encore, Philippe ? Celui qui m'a vu a vu le Père. Pourquoi donc dis-tu : "Montre-nous le Père" ? <sup>10</sup> Ne crois-tu pas que je vis dans le Père et que le Père vit en moi ? Les paroles que je vous dis à tous ne viennent pas de moi. C'est le Père qui demeure en moi qui accomplit ses propres œuvres. <sup>11</sup> Croyez-moi quand je dis : je vis dans le Père et le Père vit en moi. Ou, du moins, croyez à cause de ces œuvres. <sup>12</sup> Oui, je vous le déclare, c'est la vérité : celui qui croit en moi fera aussi les œuvres que je fais. Il en fera même de plus grandes, parce que je vais auprès du Père. <sup>13</sup> Et je ferai tout ce que vous demanderez en mon nom, afin que le Fils manifeste la gloire du Père. <sup>14</sup> Si vous me demandez quelque chose en mon nom, je le ferai. »

## La promesse de l'envoi du Saint-Esprit

<sup>15</sup> « Si vous m'aimez, vous obéirez à mes commandements. <sup>16</sup> Je demanderai au Père de vous donner quelqu'un d'autre pour vous venir en aide, afin qu'il soit toujours avec vous : <sup>17</sup> c'est l'Esprit de vérité. Le monde ne peut pas le recevoir, parce qu'il ne peut ni le voir ni le connaître. Mais vous, vous le connaissez, parce qu'il demeure avec vous et qu'il sera toujours en vous. <sup>18</sup> Je ne vous laisserai pas seuls comme des orphelins ; je reviendrai auprès de vous. <sup>19</sup> Dans peu de temps le monde ne me verra plus, mais vous, vous me verrez, parce que je vis et que vous vivrez aussi. <sup>20</sup> Ce jour-là, vous comprendrez que je vis uni à mon Père et que vous êtes unis à moi et moi à vous.

<sup>21</sup> « Celui qui retient mes commandements et leur obéit, voilà celui qui m'aime. Mon Père aimera celui qui m'aime ; je l'aimerai aussi et je me montrerai à lui. »

<sup>22</sup> Jude – non pas Judas Iscariote – lui dit : « Seigneur, comment se fait-il que tu doives te montrer à nous et non au monde ? » <sup>23</sup> Jésus lui répondit : « Celui qui m'aime obéira à ce que je dis. Mon Père l'aimera ; nous viendrons à lui, mon Père et moi, et nous habiterons chez lui. <sup>24</sup> Celui qui ne m'aime pas n'obéit pas à mes paroles. Ce que vous m'entendez dire ne vient pas de moi, mais de mon Père qui m'a envoyé. <sup>25</sup> Je vous ai dit cela pendant que je suis encore avec vous. <sup>26</sup> Celui qui doit vous venir en aide, le Saint-Esprit que le Père enverra en mon nom, vous enseignera tout et vous rappellera tout ce que je vous ai dit.

<sup>27</sup> « C'est la paix que je vous laisse, c'est ma paix que je vous donne. Je ne vous la donne pas à la manière du monde. Ne soyez pas inquiets, ne soyez pas effrayés.

**28** Vous m'avez entendu dire : "Je m'en vais, mais je reviendrai auprès de vous". Si vous m'aimiez, vous vous réjouiriez de savoir que je vais auprès du Père, parce que le Père est plus grand que moi. **29** Je vous l'ai dit maintenant, avant que ces choses arrivent, afin que lorsqu'elles arriveront vous croyiez. **30** Je ne parlerai plus beaucoup avec vous, car le dominateur de ce monde vient. Il n'a aucun pouvoir sur moi, **31** mais il faut que le monde sache que j'aime le Père et que j'agis comme le Père me l'a ordonné. Levez-vous, partons d'ici ! »

*« Je suis la vigne, vous êtes les rameaux. Celui qui demeure uni à moi, et à qui je suis uni, porte beaucoup de fruits. » (Jean 15,5)*

## Jésus, la vraie vigne

**15** **1** « Je suis la vraie vigne et mon Père est le vigneron. **2** Il enlève tout rameau qui, uni à moi, ne porte pas de fruit, mais il taille, il purifie, chaque rameau qui porte des fruits pour qu'il en porte encore plus. **3** L'enseignement que je vous ai donné vous a déjà rendus purs. **4** Demeurez unis à moi, comme je suis uni à vous. Un rameau ne peut pas porter de fruit par lui-même, sans être uni à la vigne ; de même, vous ne pouvez pas porter de fruit si vous ne demeurez pas unis à moi. **5** Je suis la vigne, vous êtes les rameaux. Celui qui demeure uni à moi, et à qui je suis uni, porte beaucoup de fruits, car vous ne pouvez rien faire sans moi. **6** Celui qui ne demeure pas uni à moi est jeté dehors, comme un rameau, et il sèche ; les rameaux secs, on les ramasse, on les jette au feu et ils brûlent. **7** Si vous demeurez unis à moi et que mes paroles demeurent en vous, demandez ce que vous voulez et vous le recevrez. **8** Voici comment la gloire de mon Père se manifeste : quand vous portez beaucoup de fruits et que vous vous montrez ainsi mes disciples. **9** Je vous aime comme le Père m'aime. Demeurez dans mon amour. **10** Si vous obéissez à mes commandements, vous demeurerez dans mon amour, comme moi j'ai obéi aux commandements de mon Père et que je demeure dans son amour.

**11** « Je vous ai dit cela afin que ma joie soit en vous et que votre joie soit complète. **12** Voici mon commandement : aimez-vous les uns les autres comme je vous aime. **13** Le plus grand amour que quelqu'un puisse montrer, c'est de donner sa vie pour ses amis. **14** Vous êtes mes amis si vous faites ce que je vous commande. **15** Je ne vous appelle plus serviteurs, parce que le serviteur ne sait pas ce que fait son maître. Je vous appelle amis, parce que je vous ai fait connaître tout ce que j'ai appris de mon Père. **16** Ce n'est pas vous qui m'avez choisi, c'est moi qui vous

*Sans soins réguliers, les rameaux (on dit aussi « sarments ») perdent leur vigueur et les fruits leur éclat. Il ne leur suffit pas d'être attachés à la vigne comme par habitude et de laisser faire le soleil. Unis à Jésus, nous dit l'Évangile, la sève coule en nous et nous porterons de belles grappes de raisins, promesses d'un bon vin. Avec le temps, les traditions risquent de se figer, il ne reste alors que des fidélités de façade et l'amour mimé. La parole du Père peut nous renouveler. Elle semble parfois une limite à notre liberté ou un obstacle à notre bonheur mais elle nous émonde pour rassembler et concentrer nos forces en profondeur, prémices d'une renaissance.*

ai choisis ; je vous ai chargés d'aller, de porter des fruits et des fruits durables. Alors, le Père vous donnera tout ce que vous lui demanderez en mon nom. [17] Ce que je vous commande, donc, c'est de vous aimer les uns les autres. »

## Le monde hait Jésus et les siens

[18] « Si le monde a de la haine pour vous, sachez qu'il m'a haï avant vous. [19] Si vous apparteniez au monde, le monde vous aimerait parce que vous seriez à lui. Mais je vous ai choisis et pris hors du monde, et vous n'appartenez plus au monde : c'est pourquoi le monde vous hait. [20] Rappelez-vous ce que je vous ai dit : "Un serviteur n'est pas plus grand que son maître." Si les gens m'ont persécuté, ils vous persécuteront aussi ; s'ils ont obéi à mon enseignement, ils obéiront aussi au vôtre. [21] Mais ils vous feront tout cela à cause de moi, parce qu'ils ne connaissent pas celui qui m'a envoyé. [22] Ils ne seraient pas coupables de péché si je n'étais pas venu et si je ne leur avais pas parlé. Mais maintenant, ils n'ont pas d'excuse pour leur péché. [23] Celui qui a de la haine pour moi, en a aussi pour mon Père. [24] Ils n'auraient pas été coupables de péché si je n'avais pas fait parmi eux des œuvres que personne d'autre n'a jamais faites. Or, maintenant, ils ont vu mes œuvres et ils me haïssent, ainsi que mon Père. [25] Mais cela arrive pour que se réalise la parole écrite dans leur loi : "Ils m'ont haï sans raison."

[26] « Celui qui doit vous venir en aide viendra : c'est l'Esprit de vérité qui vient du Père. Je vous l'enverrai de la part du Père et il me rendra témoignage. [27] Et vous aussi, vous me rendrez témoignage, parce que vous avez été avec moi depuis le commencement. »

*« Ils m'ont haï sans raison. »*
*(Jean 16,25)*
*L'Évangile ne plaît pas à tout le monde. Les chrétiens auxquels Jean s'adresse vivaient de terribles persécutions. Leur foi allait à l'encontre des croyances aux divinités sur lesquelles l'empire romain était fondé. Elle se heurtait aussi aux communautés juives. Ce passage vise à réconforter et à encourager les fidèles qui ont à subir la haine du monde. Jésus lui-même en a fait l'expérience.*

*« Il est préférable pour vous que je parte. » (Jean 16,7)*
*En se retirant, Jésus donne aux hommes la possibilité de prendre leurs responsabilités. Que seraient devenus les chrétiens si, sans cesse, ils pouvaient demander à Jésus ce qu'il faut penser, croire ou faire ? Ils seraient restés comme des enfants, dépendant de leur maître. L'absence de Jésus les confronte à eux-mêmes et les pousse à prendre des initiatives, à créer et inventer... au risque de se tromper. Cela force aussi à la modestie : personne, aussi haut soit-il dans n'importe quelle hiérarchie ecclésiale, ne peut se croire l'unique interprète autorisé de Jésus.*

# 16

[1] « Je vous ai dit cela pour que vous n'abandonniez pas la foi. [2] On vous exclura des synagogues. Et même, le moment viendra où ceux qui vous tueront s'imagineront servir Dieu de cette façon. [3] Ils agiront ainsi parce qu'ils n'ont connu ni le Père, ni moi. [4] Mais je vous

ai dit cela pour que, lorsque ce moment sera venu, vous vous rappeliez que je vous l'avais dit. »

## L'œuvre du Saint-Esprit

« Je ne vous ai pas dit cela dès le commencement, car j'étais avec vous. [5] Maintenant, je m'en vais auprès de celui qui m'a envoyé et aucun d'entre vous ne me demande : "Où vas-tu ?" [6] Mais la tristesse a rempli votre cœur parce que je vous ai parlé ainsi. [7] Cependant, je vous dis la vérité : il est préférable pour vous que je parte ; en effet, si je ne pars pas, celui qui doit vous venir en aide ne viendra pas à vous. Mais si je pars, je vous l'enverrai. [8] Et quand il viendra, il prouvera aux gens de ce monde leur erreur au sujet du péché, de la justice et du jugement de Dieu. [9] Quant au péché, il réside en ceci : ils ne croient pas en moi ; [10] quant à la justice, elle se révèle en ceci : je vais auprès du Père et vous ne me verrez plus ; [11] quant au jugement, il consiste en ceci : le dominateur de ce monde est déjà jugé.

[12] « J'ai encore beaucoup de choses à vous dire, mais vous ne pourriez pas les supporter maintenant. [13] Quand viendra l'Esprit de vérité, il vous conduira dans toute la vérité. Il ne parlera pas en son propre nom, mais il dira tout ce qu'il aura entendu et vous annoncera ce qui doit arriver. [14] Il révélera ma gloire, car il recevra de ce qui est à moi et vous l'annoncera. [15] Tout ce que le Père possède est aussi à moi. C'est pourquoi j'ai dit que l'Esprit recevra de ce qui est à moi et vous l'annoncera. »

## La tristesse se changera en joie

[16] « D'ici peu vous ne me verrez plus, puis peu de temps après vous me reverrez. » [17] Quelques-uns de ses disciples se dirent alors entre eux : « Qu'est-ce que cela signifie ? Il nous déclare : "D'ici peu vous ne me verrez plus, puis peu de temps après vous me reverrez", et aussi : "C'est parce que je m'en vais auprès du Père". [18] Que signifie ce "peu de temps" dont il parle ? Nous ne comprenons pas ce qu'il veut dire. » [19] Jésus se rendit compte qu'ils désiraient l'interroger. Il leur dit donc : « Je vous ai déclaré : "D'ici peu vous ne me verrez plus, puis peu de temps après vous me reverrez." Est-ce à ce sujet que vous vous posez des questions entre vous ? [20] Oui, je vous le déclare, c'est la vérité : vous pleurerez et vous vous lamenterez, tandis que le monde se réjouira ; vous serez dans la peine, mais votre peine se changera en joie. [21] Quand une femme va mettre un enfant au monde, elle est en peine parce que le moment de souffrir est arrivé

### L'aide du Saint-Esprit

*Dans l'évangile de Jean, le Saint-Esprit est désigné à plusieurs reprises par le mot grec « paraklêtos », qui désigne « l'avocat ». Ce mot est traduit au verset 7 par « celui qui doit vous venir en aide » tandis que le verset 13 utilise une autre expression, « l'Esprit de vérité ». Les disciples de Jésus peuvent compter sur Jésus de son vivant et, après sa mort et son départ, sur le Saint-Esprit qui poursuivra son œuvre. Le Saint-Esprit aidera les fidèles à vivre dans le monde et à témoigner en faveur de Jésus, le Fils de Dieu, malgré l'hostilité et la persécution.*

pour elle ; mais quand le bébé est né, elle oublie ses souffrances tant elle a de joie qu'un être humain soit venu au monde. ²² De même, vous êtes dans la peine, vous aussi, maintenant ; mais je vous reverrai, alors votre cœur se réjouira, et votre joie, personne ne peut vous l'enlever.

²³ « Quand viendra ce jour, vous ne m'interrogerez plus sur rien. Oui, je vous le déclare, c'est la vérité : le Père vous donnera tout ce que vous lui demanderez en mon nom. ²⁴ Jusqu'à maintenant, vous n'avez rien demandé en mon nom. Demandez et vous recevrez, et ainsi votre joie sera complète. »

*« Je vous reverrai, alors votre cœur se réjouira, et votre joie, personne ne peut vous l'enlever. » (Jean 16,22)
La mort et la résurrection de Jésus vont donner naissance à l'Église. Dans la tristesse d'abord à cause de son départ, dans la joie ensuite lorsque ses fidèles le découvriront vivant et s'ouvriront à son Esprit. Les récits d'apparitions du Christ ressuscité témoignent de ce passage de la tristesse à la joie.*

## Jésus est vainqueur du monde

²⁵ « Je vous ai dit tout cela en utilisant des paraboles. Le moment viendra où je ne vous parlerai plus ainsi, mais où je vous annoncerai clairement ce qui se rapporte au Père. ²⁶ Ce jour-là, vous adresserez vos demandes au Père en mon nom ; et je ne vous dis pas que je le prierai pour vous, ²⁷ car le Père lui-même vous aime. Il vous aime parce que vous m'aimez et que vous croyez que je suis venu de Dieu. ²⁸ Je suis venu du Père et je suis arrivé dans le monde. Maintenant je quitte le monde et je retourne auprès du Père. » ²⁹ Ses disciples lui dirent alors : « Voilà, maintenant tu parles clairement, sans utiliser de paraboles. ³⁰ Maintenant nous savons que tu connais tout et que tu n'as pas besoin d'attendre qu'on t'interroge. C'est pourquoi nous croyons que tu es venu de Dieu. » ³¹ Jésus leur répondit : « Vous croyez maintenant ? ³² Eh bien, le moment vient, et il est déjà là, où vous serez tous dispersés, chacun retournera chez soi et vous me laisserez seul. Non, je ne suis pas vraiment seul, car le Père est avec moi. ³³ Je vous ai dit tout cela pour que vous ayez la paix en restant unis à moi. Vous aurez à souffrir dans le monde. Mais courage ! J'ai vaincu le monde ! »

## Jésus prie pour ses disciples

17 ¹ Après avoir ainsi parlé, Jésus leva les yeux vers le ciel et dit : « Père, l'heure est venue. Manifeste la gloire de ton Fils, afin que le Fils manifeste aussi ta gloire. ² Tu lui as donné le pouvoir sur tous les êtres humains, pour qu'il donne la vie éternelle à ceux que tu lui as confiés. ³ La vie éternelle consiste à te connaître, toi le seul véritable Dieu, et à connaître Jésus-Christ, que tu as

envoyé. ⁴ J'ai manifesté ta gloire sur la terre ; j'ai achevé l'œuvre que tu m'as donné à faire. ⁵ Maintenant donc, Père, accorde-moi en ta présence la gloire que j'avais auprès de toi avant que le monde existe. ⁶ Je t'ai fait connaître à ceux que tu as pris dans le monde pour me les confier. Ils t'appartenaient, tu me les as confiés, et ils ont obéi à ta parole. ⁷ Ils savent maintenant que tout ce que tu m'as donné vient de toi, ⁸ car je leur ai donné les paroles que tu m'as données et ils les ont accueillies. Ils

**La gloire**

*Le mot gloire, pour Jésus, n'a pas le sens qu'on lui donne généralement. Pour lui, il n'est de grandeur et de gloire que dans l'amour. Sur la croix, elle se manifeste avec éclat. Aller jusqu'au bout de l'amour, voilà la gloire. Quand on chante la gloire de Dieu, c'est à cette gloire-là que l'on pense.*

*Le Christ en gloire, tympan d'un portail de la cathédrale de Chartres.*

ont reconnu que je suis vraiment venu de toi et ils ont cru que tu m'as envoyé.

⁹ « Je te prie pour eux. Je ne prie pas pour le monde, mais pour ceux que tu m'as confiés, car ils t'appartiennent. ¹⁰ Tout ce que j'ai est à toi et tout ce que tu as est à moi ; et ma gloire se manifeste en eux. ¹¹ Je ne suis plus dans le monde, mais eux sont dans le monde ; moi je vais à toi. Père saint, garde-les par ton divin pouvoir, celui que tu m'as accordé, afin qu'ils soient un comme toi et moi nous sommes un. ¹² Pendant que j'étais avec eux, je les gardais par ton divin pouvoir, celui que tu m'as accordé. Je les ai protégés et aucun d'eux ne s'est perdu, à part celui qui devait se perdre, pour que l'Écriture se réalise. ¹³ Et maintenant je vais à toi. Je parle ainsi pendant que je suis encore dans le monde, afin qu'ils aient en eux-mêmes ma joie, une joie complète. ¹⁴ Je leur ai donné ta parole, et le monde les a haïs parce qu'ils n'appartiennent pas au monde, comme moi je n'appartiens pas au monde. ¹⁵ Je ne te prie pas de les retirer du monde, mais de les garder du Mauvais. ¹⁶ Ils n'appartiennent pas au monde, comme moi je n'appartiens pas au monde. ¹⁷ Fais qu'ils soient entièrement à toi, par le moyen de la vérité ; ta parole est

*« Je ne te prie pas de les retirer du monde, mais de les garder du Mauvais. » (Jean 17, 15)*

*Les disciples ont été tentés de se retirer du monde. Ils l'ont fait dans un premier temps, après la mort de Jésus car ils se sentaient menacés. Le monde fait peur par sa violence et ses injustices. La tentation est grande de se retirer dans un petit îlot avec l'espoir, un peu vain, de vivre dans la paix et l'harmonie. Jésus prie pour que ses disciples ne se retirent pas du monde, mais qu'au contraire, ils agissent en son sein et témoignent de l'amour de Dieu. Jésus prie aussi pour que les fidèles soient unis entre eux afin que leur action porte du fruit et que leur témoignage soit crédible.*

*Jésus au jardin des Oliviers, illustration de Gustave Doré (La Sainte Bible, 1866).*

« Qu'ils soient un pour que le monde croie que tu m'as envoyé. » (Jean 17,21) *Jésus a ouvert des voies nouvelles et a mis des disciples en mouvement. Sa mort est maintenant toute proche. A cette heure décisive, qu'y a-t-il de plus important que la fidélité des disciples? L'avenir est entre leurs mains. Jésus prie pour qu'ils soient fidèles à ce Dieu qu'il leur a permis de découvrir et pour qu'ils restent unis comme lui-même est uni à son Père.*

**L'arrestation de Jésus**
*Jésus ne s'oppose pas à son arrestation. Librement, il se livre pour que puisse se manifester pleinement l'amour de Dieu pour les hommes. Abandonner sa mission et fuir reviendrait à renier tout ce pour quoi il a construit sa vie.*

la vérité. [18] Je les ai envoyés dans le monde comme tu m'as envoyé dans le monde. [19] Je m'offre entièrement à toi pour eux, afin qu'eux aussi soient vraiment à toi.

[20] « Je ne prie pas seulement pour eux, mais aussi pour ceux qui croiront en moi grâce à leur message. [21] Je prie pour que tous soient un. Père, qu'ils soient unis à nous, comme toi tu es uni à moi et moi à toi. Qu'ils soient un pour que le monde croie que tu m'as envoyé. [22] Je leur ai donné la gloire que tu m'as donnée, pour qu'ils soient un comme toi et moi nous sommes un. [23] Je vis en eux, tu vis en moi ; c'est ainsi qu'ils pourront être parfaitement un, afin que le monde reconnaisse que tu m'as envoyé et que tu les aimes comme tu m'aimes. [24] Père, tu me les as donnés, et je désire qu'ils soient avec moi là où je suis, afin qu'ils voient ma gloire, la gloire que tu m'as donnée, parce que tu m'as aimé avant la création du monde. [25] Père juste, le monde ne t'a pas connu, mais moi je t'ai connu et ceux-ci ont reconnu que tu m'as envoyé. [26] Je t'ai fait connaître à eux et te ferai encore connaître, afin que l'amour que tu as pour moi soit en eux et que je sois moi-même en eux. »

## L'arrestation de Jésus

**18** [1] Après ces mots, Jésus s'en alla avec ses disciples de l'autre côté du ruisseau du Cédron. Il y avait là un jardin dans lequel il entra avec ses disciples. [2] Judas, celui qui le trahissait, connaissait aussi l'endroit, parce que Jésus et ses disciples y étaient souvent venus ensemble. [3] Judas se rendit donc au jardin, emmenant avec lui une troupe de soldats et des gardes fournis par les chefs des prêtres et le parti des Pharisiens ; ils étaient armés et portaient des lanternes et des flambeaux. [4] Alors Jésus, qui savait tout ce qui devait lui arriver, s'avança vers eux et leur demanda : « Qui cherchez-vous ? » [5] Ils lui répondirent : « Jésus de Nazareth. » Jésus leur dit :

*Le ruisseau du Cédron coule dans une vallée entre Jérusalem et le mont des Oliviers (photo ci-dessus). Cette vallée était déjà un lieu de sépulture au temps des rois d'Israël.*

« C'est moi. » Et Judas, celui qui le leur livrait, se tenait là avec eux. [6] Lorsque Jésus leur dit : « C'est moi », ils reculèrent et tombèrent à terre. [7] Jésus leur demanda de nouveau : « Qui cherchez-vous ? » Ils dirent : « Jésus de Nazareth. » [8] Jésus leur répondit : « Je vous l'ai déjà dit, c'est moi. Si donc c'est moi que vous cherchez, laissez partir les autres. »

[9] C'est ainsi que devait se réaliser la parole qu'il avait dite : « Je n'ai perdu aucun de ceux que toi, Père, tu m'as confiés. » [10] Simon Pierre avait une épée ; il la tira, frappa le serviteur du grand-prêtre et lui coupa l'oreille droite. Ce serviteur s'appelait Malchus. [11] Mais Jésus dit à Pierre : « Remets ton épée dans son fourreau. Penses-tu que je ne boirai pas la coupe de douleur que le Père m'a donnée ? »

## Jésus est amené devant Hanne

[12] La troupe de soldats avec leur commandant et les gardes des autorités juives se saisirent alors de Jésus et le ligotèrent. [13] Ils le conduisirent tout d'abord chez Hanne. Celui-ci était le beau-père de Caïphe qui était grand-prêtre cette année-là. [14] Or, c'est Caïphe qui avait donné ce conseil aux autorités juives : « Il est de votre intérêt qu'un seul homme meure pour tout le peuple ».

## Pierre nie être disciple de Jésus

[15] Simon Pierre et un autre disciple suivaient Jésus. Cet autre disciple était connu du grand-prêtre, si bien qu'il entra en même temps que Jésus dans la cour intérieure de la maison du grand-prêtre. [16] Mais Pierre resta dehors, près de la porte. Alors l'autre disciple, celui qui était connu du grand-prêtre, sortit et parla à la femme qui gardait la porte, puis il fit entrer Pierre. [17] La servante qui gardait la porte dit à Pierre : « N'es-tu pas, toi aussi, un des disciples de cet homme-là ? ». – « Non, je n'en suis pas », répondit-il. [18] Il faisait froid ; c'est pourquoi les serviteurs et les gardes avaient allumé un feu autour duquel ils se tenaient pour se réchauffer. Pierre aussi se tenait avec eux et se réchauffait.

## Le grand-prêtre interroge Jésus

[19] Le grand-prêtre interrogea alors Jésus sur ses disciples et sur l'enseignement qu'il donnait. [20] Jésus lui répondit : « J'ai parlé ouvertement à tout le monde ; j'ai toujours enseigné dans les synagogues et dans le temple, où se rassemblent tous les Juifs ; je n'ai rien dit en cachette. [21] Pourquoi m'interroges-tu ? Demande à ceux qui m'ont

*Hanne et Caïphe*
*Le récit de la Passion suit dans l'évangile de Jean une tradition différente de celle des trois évangélistes précédents. Il ne raconte pas de comparution devant Caïphe, mais un interrogatoire conduit par Hanne, le beau-père de celui-ci. Hanne avait exercé la fonction de grand prêtre avant Caïphe et bénéficiait encore d'une influence importante.*

*Le Reniement de Pierre, par Georges de La Tour (1593-1652).*
*Le disciple qui avait suivi Jésus jusqu'au bout fait entrer Pierre chez le grand prêtre. Pierre prend peur et feint ne pas connaître Jésus. La communauté des disciples n'est pas composée de surhommes. Pourtant, grâce à eux, aujourd'hui encore nous pouvons découvrir qui est Jésus.*

*« Je n'ai rien dit en cachette. » (Jean 18,20)*
*Jésus est un homme libre. Il parle ouvertement, sans détour et sans peur. Sans agressivité et par des questions simples, il renvoie à eux-mêmes ceux qui l'interrogent ou le frappent.*

entendu ce que je leur ai dit : ils savent bien, eux, de quoi je leur ai parlé. » [22] A ces mots, un des gardes qui se trouvaient là donna une gifle à Jésus en disant : « Est-ce ainsi que tu réponds au grand-prêtre ? » [23] Jésus lui répondit : « Si j'ai dit quelque chose de mal, montre-nous en quoi ; mais si ce que j'ai dit est juste, pourquoi me frappes-tu ? » [24] Hanne l'envoya alors, toujours ligoté, à Caïphe le grand-prêtre.

## Pierre renie de nouveau Jésus

[25] Pendant ce temps, Simon Pierre, lui, restait là à se réchauffer. On lui demanda : « N'es-tu pas, toi aussi, un des disciples de cet homme ? » Mais Pierre le nia en disant : « Non, je n'en suis pas. » [26] L'un des serviteurs du grand-prêtre, qui était parent de l'homme à qui Pierre avait coupé l'oreille, lui dit : « Est-ce que je ne t'ai pas vu avec lui dans le jardin ? » [27] Mais Pierre le nia de nouveau. Et à ce moment même un coq chanta.

## Jésus devant Pilate

[28] Puis on emmena Jésus de chez Caïphe au palais du gouverneur romain. C'était tôt le matin. Mais les chefs juifs n'entrèrent pas dans le palais afin de ne pas se rendre impurs et de pouvoir manger le repas de la Pâque. [29] C'est pourquoi le gouverneur Pilate vint les trouver au dehors. Il leur demanda : « De quoi accusez-vous cet homme ? » [30] Ils lui répondirent : « Si ce n'était pas un malfaiteur, nous ne serions pas venus te le livrer. » [31] Pilate leur dit : « Prenez-le vous-mêmes et jugez-le selon votre loi. » – « Nous n'avons pas le droit de condamner quelqu'un à mort », répondirent-ils. [32] C'est ainsi que devait se réaliser la parole que Jésus avait dite pour indiquer de quelle mort il allait mourir. [33] Pilate rentra alors dans le palais ; il fit venir Jésus et lui demanda : « Es-tu le roi des Juifs ? » [34] Jésus répondit : « Dis-tu cela parce que tu y as pensé toi-même ou parce que d'autres te l'ont dit de moi ? » [35] Pilate répondit : « Suis-je un Juif, moi ? Ceux de ta nation et les chefs des prêtres t'ont livré à moi ; qu'as-tu donc fait ? » [36] Jésus répondit : « Mon royaume n'appartient pas à ce monde ; si mon royaume appartenait à ce monde, mes serviteurs auraient combattu pour empêcher qu'on me livre aux autorités juives. Mais non, mon royaume n'est pas d'ici-bas. » [37] Pilate lui dit alors : « Tu es donc roi ? » Jésus répondit : « Tu le dis : je suis roi. Je suis né et je suis venu dans le monde pour rendre témoignage à la vérité. Quiconque

*« Mon royaume n'appartient pas à ce monde. »*
*(Jean 18,36)*
*Jésus est-il roi ? Il n'est pas le roi des Juifs, il n'est pas ce roi venu restaurer le royaume d'Israël, mais il est le roi de tous ceux qu'il introduit dans le mystère du Royaume de Dieu, un royaume sans frontières. L'entretien avec Pilate se termine par une question : « Qu'est-ce que la vérité ? » Pour les chrétiens, la vérité est une personne : Jésus. Toujours à découvrir.*

appartient à la vérité écoute ce que je dis. » – [38] « Qu'est-ce que la vérité ? » lui demanda Pilate.

## Jésus est condamné à mort

Après ces mots, Pilate alla de nouveau trouver les Juifs au dehors. Il leur déclara : « Je ne trouve aucune raison de condamner cet homme. [39] Mais selon la coutume que vous

*Christ aux outrages, par Fra Angelico (1400-1455). Jésus est condamné « au nom de la loi ». Sa mort dévoile l'absurdité de celle-ci lorsqu'elle conduit à la violence et au rejet, lorsqu'elle s'érige en absolu en tenant Dieu et l'homme captifs.*

avez, je vous libère toujours un prisonnier à la fête de la Pâque. Voulez-vous que je vous libère le roi des Juifs ? » [40] Ils lui répondirent en criant : « Non, pas lui ! C'est Barabbas que nous voulons ! » Or, ce Barabbas était un brigand.

**19** [1] Alors Pilate ordonna d'emmener Jésus et de le frapper à coups de fouet. [2] Les soldats tressèrent une couronne avec des branches épineuses et la posèrent sur la tête de Jésus ; ils le revêtirent aussi d'un manteau rouge. [3] Ils s'approchaient de lui et lui disaient : « Salut, roi des Juifs ! » Et ils lui donnaient des gifles.

[4] Pilate sortit une nouvelle fois et dit à la foule : « Eh bien, je vais vous l'amener ici, dehors, afin que vous com-

*L'arc dit « Ecce homo » dans la vieille ville de Jérusalem (photo ci-dessous).*
Cet arc surmonte la Via Dolorosa, le chemin de croix de Jésus, à l'endroit présumé où Pilate a déclaré: « Ecce homo », c'est-à-dire, traduit du latin, « Voilà l'homme! » (verset 5). En fait, cet arc a été construit sous l'empereur Hadrien (117-138 apr. J.-C.) et faisait partie d'une porte triomphale.

**Le Golgotha**
*Ce nom qui vient de l'araméen veut dire « crâne ». Il a été donné à une petite éminence rocheuse et dénudée située au nord-ouest de Jérusalem, près des murs, parce qu'elle avait la forme d'un crâne. C'était, à l'époque, un lieu d'exécution.*

preniez que je ne trouve aucune raison de condamner cet homme. » **5** Jésus sortit donc ; il portait la couronne d'épines et le manteau rouge. Et Pilate leur dit : « Voilà l'homme ! » **6** Mais lorsque les chefs des prêtres et les gardes le virent, ils crièrent : « Cloue-le sur une croix ! Cloue-le sur une croix ! » Pilate leur dit : « Allez le clouer vous-mêmes sur une croix, car je ne trouve personnellement aucune raison de le condamner. » **7** Les Juifs lui répondirent : « Nous avons une loi, et selon cette loi il doit mourir, car il a prétendu être le Fils de Dieu. » **8** Quand Pilate entendit ces mots, il eut encore plus peur. **9** Il rentra dans le palais et demanda à Jésus : « D'où es-tu ? » Mais Jésus ne lui donna pas de réponse. **10** Pilate lui dit alors : « Tu ne veux pas me répondre ? Ne sais-tu pas que j'ai le pouvoir de te relâcher et aussi celui de te faire clouer sur une croix ? » **11** Jésus lui répondit : « Tu n'as aucun pouvoir sur moi à part celui que Dieu t'a accordé. C'est pourquoi, l'homme qui m'a livré à toi est plus coupable que toi. »

**12** Dès ce moment, Pilate cherchait un moyen de relâcher Jésus. Mais les Juifs se mirent à crier : « Si tu relâches cet homme, tu n'es pas un ami de l'empereur ! Quiconque se prétend roi est un ennemi de l'empereur ! » **13** Quand Pilate entendit ces mots, il fit amener Jésus dehors ; il s'assit sur le siège du juge à l'endroit appelé « Place pavée » – qu'on nomme « Gabbatha » en hébreu –. **14** C'était le jour qui précédait la fête de la Pâque, vers midi. Pilate dit aux Juifs : « Voilà votre roi ! » **15** Mais ils se mirent à crier : « A mort ! A mort ! Cloue-le sur une croix ! » Pilate leur dit : « Faut-il que je cloue votre roi sur une croix ? » Les chefs des prêtres répondirent : « Nous n'avons pas d'autre roi que l'empereur. » **16** Alors Pilate leur livra Jésus, pour qu'on le cloue sur une croix.

## Jésus est cloué sur une croix

Ils emmenèrent donc Jésus. **17** Celui-ci dut porter lui-même sa croix pour sortir de la ville et aller à un endroit appelé « le lieu du Crâne » – qu'on nomme « Golgotha » en hébreu –. **18** C'est là que les soldats clouèrent Jésus sur la croix. En même temps, ils mirent deux autres hommes en croix, de chaque côté de Jésus, qui se trouvait ainsi au milieu. **19** Pilate ordonna aussi de faire un écriteau et de le mettre sur la croix ; il portait cette inscription : « Jésus de Nazareth, le roi des Juifs. » **20** Beaucoup de Juifs lurent cet écriteau, car l'endroit où l'on avait mis Jésus en croix était près de la ville et l'inscription était en hébreu, en

latin et en grec. **21** Alors les chefs des prêtres juifs dirent à Pilate : « Tu ne dois pas laisser cette inscription "le roi des Juifs" mais tu dois mettre :"Cet homme a dit : Je suis le roi des Juifs". » **22** Pilate répondit : « Ce que j'ai écrit reste écrit. »

**23** Quand les soldats eurent mis Jésus en croix, ils prirent ses vêtements et les divisèrent en quatre parts, une pour chaque soldat. Ils prirent aussi sa tunique, qui était sans couture, tissée en une seule pièce du haut en bas. **24** Les soldats se dirent les uns aux autres : « Ne déchirons pas cette tunique, mais tirons au sort pour savoir à qui elle appartiendra. » C'est ainsi que devait se réaliser le passage de l'Écriture qui déclare :

« Ils se sont partagé mes habits
et ils ont tiré au sort mon vêtement. »
Voilà ce que firent les soldats.

**25** Près de la croix de Jésus se tenaient sa mère, la sœur de sa mère, Marie la femme de Clopas et Marie du village de Magdala. **26** Jésus vit sa mère et, auprès d'elle, le disciple qu'il aimait. Il dit à sa mère : « Voici ton fils, mère. »

« Tout est achevé ! »
(Jean 19,30)
Jésus a rempli entièrement la mission que son Père lui avait confiée. Il a donc aussi accompli les Écritures qui ont parlé de lui et ont annoncé son œuvre. Les évangélistes et les premiers chrétiens se sont attachés à montrer comment. Leur tâche fut particulièrement difficile parce que la présentation du Messie mort sur une croix ne correspondait pas du tout à la mentalité juive pour laquelle le crucifiement était une malédiction. Par ailleurs, le peuple juif de l'époque attendait un Messie qui devait triompher politiquement et militairement, ce qui ne fut pas le cas de Jésus.

²⁷ Puis il dit au disciple : « Voici ta mère. » Et dès ce moment, le disciple la prit chez lui.

## La mort de Jésus

²⁸ Après cela, comme Jésus savait que, maintenant, tout était achevé, il dit pour accomplir le texte de l'Écriture : « J'ai soif. » ²⁹ Il y avait là un vase plein de vinaigre. Les soldats trempèrent donc une éponge dans le vinaigre, la fixèrent à une branche d'hysope et l'approchèrent de la bouche de Jésus. ³⁰ Jésus prit le vinaigre, puis il dit : « Tout est achevé ! » Alors, il baissa la tête et mourut.

## Un soldat perce le côté de Jésus

³¹ C'était vendredi et les chefs juifs ne voulaient pas que les corps restent sur les croix durant le sabbat, d'autant plus que ce sabbat-là était spécialement important ; ils demandèrent donc à Pilate de faire briser les jambes des crucifiés et de faire enlever les corps. ³² Alors les soldats vinrent briser les jambes du premier condamné mis en croix en même temps que Jésus, puis du second. ³³ Quand ils arrivèrent à Jésus, ils virent qu'il était déjà mort ; c'est pourquoi ils ne lui brisèrent pas les jambes. ³⁴ Mais un des soldats lui perça le côté avec sa lance, et du sang et de l'eau en sortirent aussitôt. ³⁵ L'homme qui témoigne de ces faits les a vus, et son témoignage est vrai ; il sait, lui, qu'il dit la vérité. Il en témoigne afin que vous aussi vous croyiez. ³⁶ En effet, cela est arrivé pour que ce passage de l'Écriture se réalise : « On ne lui brisera aucun os. » ³⁷ Et un autre texte dit encore : « Ils regarderont à celui qu'ils ont transpercé. »

## Jésus est mis dans un tombeau

³⁸ Après cela, Joseph, qui était d'Arimathée, demanda à Pilate l'autorisation d'emporter le corps de Jésus. – Joseph était un disciple de Jésus, mais en secret parce qu'il avait peur des autorités juives. – Et Pilate le lui permit. Joseph alla donc emporter le corps de Jésus. ³⁹ Nicodème, cet homme qui était allé trouver une fois Jésus pendant la nuit, vint aussi et apporta environ trente kilos d'un mélange de myrrhe et d'aloès. ⁴⁰ Tous deux prirent le corps de Jésus et l'enveloppèrent de bandes de lin, en y mettant les huiles parfumées, comme les Juifs ont coutume de le faire quand ils enterrent leurs morts. ⁴¹ A l'endroit où l'on avait mis Jésus en croix, il y avait un jardin, et dans ce jardin il y avait un tombeau neuf dans lequel on n'avait jamais déposé personne. ⁴² Comme c'était la veille du sabbat des Juifs et que le tombeau était tout proche, ils y déposèrent Jésus.

*« On ne lui brisera aucun os. »*
*(Jean 19,36)*
*L'évangéliste cite un passage d'un Psaume (34,21) dans lequel le fidèle souffrant est protégé : « Le fidèle endure de nombreux maux, mais le Seigneur le délivre de tous, il veille sur tous les membres de son corps, pour qu'on ne lui brise aucun os. » Cette citation rappelle aussi le passage des règles pour célébrer la Pâque, dans lequel il est précisé qu'on « ne brise pas les os » de l'agneau sacrifié. On voit ici la manière dont Jean utilise l'Ancien Testament pour montrer que Jésus est le véritable agneau de Dieu.*

*Le tombeau de Jésus, creusé dans le rocher, était semblable à ceux qui ont été découverts dans les environs de Jérusalem. L'entrée était fermée par une lourde pierre ronde comme une meule, qu'on roulait devant (photo ci-dessous). On déposait les défunts à l'intérieur, sur des banquettes taillées dans la pierre.*

## Le tombeau vide

**20** ¹ Tôt le dimanche matin, alors qu'il faisait encore nuit, Marie de Magdala se rendit au tombeau. Elle vit que la pierre avait été ôtée de l'entrée du tombeau. ² Elle courut alors trouver Simon Pierre et l'autre disciple, celui qu'aimait Jésus, et leur dit : « On a enlevé le Seigneur de son tombeau, et nous ne savons pas où on l'a mis. » ³ Pierre et l'autre disciple partirent et se rendirent au tombeau. ⁴ Ils couraient tous les deux ; mais l'autre disciple courut plus vite que Pierre et arriva le premier au tombeau. ⁵ Il se baissa pour regarder et vit les bandes de lin posées à terre, mais il n'entra pas. ⁶ Simon Pierre, qui le suivait, arriva à son tour et entra dans le tombeau. Il vit les bandes de lin posées à terre ⁷ et aussi le linge qui avait recouvert la tête de Jésus ; ce linge n'était pas avec les bandes de lin, mais il était enroulé à part, à une autre place. ⁸ Alors, l'autre disciple, celui qui était arrivé le premier au tombeau, entra aussi. Il vit et il crut. ⁹ En effet, jusqu'à ce moment les disciples n'avaient pas compris l'Écriture qui annonce que Jésus devait se relever d'entre les morts. ¹⁰ Puis les deux disciples s'en retournèrent chez eux.

## Jésus se montre à Marie de Magdala

¹¹ Marie se tenait près du tombeau, dehors, et pleurait. Tandis qu'elle pleurait, elle se baissa pour regarder dans le tombeau ; ¹² elle vit deux anges en vêtements blancs assis à l'endroit où avait reposé le corps de Jésus, l'un à la place de la tête et l'autre à la place des pieds. ¹³ Les anges lui demandèrent : « Pourquoi pleures-tu ? » Elle leur répondit : « On a enlevé mon Seigneur, et je ne sais pas où on l'a mis. » ¹⁴ Cela dit, elle se retourna et vit Jésus qui se tenait là, mais sans se rendre compte que c'était lui. ¹⁵ Jésus lui demanda : « Pourquoi pleures-tu ? Qui cherches-tu ? » Elle pensa que c'était le jardinier, c'est pourquoi elle lui dit : « Si c'est toi qui l'as emporté, dis-moi où tu l'as mis, et j'irai le reprendre. » ¹⁶ Jésus lui dit : « Marie ! » Elle se tourna vers lui et lui dit en hébreu : « Rabbouni ! » – ce qui signifie « Maître » –. ¹⁷ Jésus lui dit : « Ne me retiens pas, car je ne suis pas encore monté vers le Père. Mais va dire à mes frères que je monte vers mon Père qui est aussi votre Père, vers mon Dieu qui est aussi votre Dieu. » ¹⁸ Alors, Marie de Magdala se rendit auprès des disciples et leur annonça : « J'ai vu le Seigneur ! » Et elle leur raconta ce qu'il lui avait dit.

---

*Le tombeau vide*

*Pierre et l'autre disciple entrent dans le tombeau vide. Le disciple qu'aimait Jésus est le premier à croire. Il n'avait pas compris que les Écritures avaient déjà annoncé la résurrection de Jésus, mais son cœur parle en premier : Jésus est vivant, Dieu ne l'a pas abandonné à la mort. La foi en Jésus ressuscité est avant tout une histoire d'amour.*

*Les Femmes au tombeau, par le peintre contemporain Azik. Marie de Magdala cherche Jésus parce qu'elle l'aime. Elle se retourne et crie son désarroi à l'étranger qui lui adresse la parole. « Pourquoi pleures-tu, qui cherches-tu ? » lui demande celui qui n'est encore pour elle que le gardien du jardin. Alors il l'appelle par son nom. Elle voit enfin Jésus et le reconnaît. Toute découverte part d'un cœur assoiffé, en recherche.*

## Jésus se montre à ses disciples

**19** Le soir de ce même dimanche, les disciples étaient réunis dans une maison. Ils en avaient fermé les portes à clé, car ils craignaient les autorités juives. Jésus vint et,

*Miniature du Psautier d'Ingeborg du Danemark : Le Christ et saint Thomas (début du XIIᵉ siècle).*

*« Heureux sont ceux qui croient sans m'avoir vu ! »* (Jean 20,29)
*Les disciples ont verrouillé les portes. Ils ont peur. Et sans oser le dire, comme Thomas, ils se mettent à douter de Dieu qui a abandonné Jésus à la mort, à douter de Jésus qui avait été condamné par les autorités religieuses. Jésus les appelle à « croire sans voir ». Croire sans voir, oui, mais pas sans faire l'expérience du Christ vivant.*

debout au milieu d'eux, il leur dit : « La paix soit avec vous ! » **20** Cela dit, il leur montra ses mains et son côté. Les disciples furent remplis de joie en voyant le Seigneur. **21** Jésus leur dit de nouveau : « La paix soit avec vous ! Comme le Père m'a envoyé, moi aussi je vous envoie. » **22** Après ces mots, il souffla sur eux et leur dit : « Recevez le Saint-Esprit ! **23** Ceux à qui vous pardonnerez leurs péchés obtiendront le pardon ; ceux à qui vous refuserez le pardon ne l'obtiendront pas. »

## Jésus et Thomas

**24** Or, l'un des douze disciples, Thomas – surnommé le Jumeau – n'était pas avec eux quand Jésus vint. **25** Les autres disciples lui dirent : « Nous avons vu le Seigneur. » Mais Thomas leur répondit : « Si je ne vois pas la marque des clous dans ses mains, si je ne mets pas mon doigt à la place des clous et ma main dans son côté, je ne croirai pas. »

**26** Une semaine plus tard, les disciples de Jésus étaient de nouveau réunis dans la maison, et Thomas était avec eux. Les portes étaient fermées à clé, mais Jésus vint et, debout au milieu d'eux, il dit : « La paix soit avec vous ! » **27** Puis il dit à Thomas : « Mets ton doigt ici et regarde mes mains ; avance ta main et mets-la dans mon côté. Cesse de douter et crois ! » **28** Thomas lui répondit : « Mon Seigneur et mon

Dieu ! » ²⁹ Jésus lui dit : « C'est parce que tu m'as vu que tu as cru ? Heureux sont ceux qui croient sans m'avoir vu ! »

## Le but de ce livre

³⁰ Jésus a fait encore, devant ses disciples, beaucoup d'autres signes miraculeux qui ne sont pas racontés dans ce livre. ³¹ Mais ce qui s'y trouve a été écrit pour que vous croyiez que Jésus est le Messie, le Fils de Dieu. Et si vous croyez en lui, vous aurez la vie par lui.

## Jésus se montre à sept disciples

**21** ¹ Quelque temps après, Jésus se montra de nouveau à ses disciples, au bord du lac de Tibériade. Voici dans quelles circonstances il leur apparut : ² Simon Pierre, Thomas – surnommé le Jumeau –, Nathanaël – qui était de Cana en Galilée –, les fils de Zébédée, et deux autres disciples de Jésus, étaient ensemble. ³ Simon Pierre leur dit : « Je vais à la pêche. » Ils lui dirent : « Nous aussi, nous allons avec toi. » Ils partirent donc et montèrent dans la barque. Mais ils ne prirent rien cette nuit-là. ⁴ Quand il commença à faire jour, Jésus se tenait là, au bord de l'eau, mais les disciples ne savaient pas que c'était lui. ⁵ Jésus leur dit alors : « Avez-vous pris du poisson, mes enfants ? » – « Non », lui répondirent-ils. ⁶ Il leur dit : « Jetez le filet du côté droit de la barque et vous en trouverez. » Ils jetèrent donc le filet, et ils n'arrivaient plus à le retirer de l'eau, tant il était plein de poissons. ⁷ Le disciple que Jésus aimait dit à Pierre : « C'est le Seigneur ! » Quand Simon Pierre entendit ces mots : « C'est le Seigneur », il remit son vêtement de dessus, car il l'avait enlevé pour pêcher, et il se jeta à l'eau. ⁸ Les autres disciples revinrent en barque, en tirant le filet plein de poissons : ils n'étaient pas très loin du bord, à cent mètres environ. ⁹ Lorsqu'ils furent descendus à terre, ils virent là un feu avec du poisson posé dessus, et du pain. ¹⁰ Jésus leur dit : « Apportez quelques-uns des poissons que vous venez de prendre. » ¹¹ Simon Pierre monta dans la barque et tira à terre le filet plein de gros poissons : cent cinquante-trois en tout. Et quoiqu'il y en eût tant, le filet ne se déchira pas. ¹² Jésus leur dit : « Venez manger. » Aucun des disciples n'osait lui demander : « Qui es-tu ? », car ils savaient que c'était le Seigneur. ¹³ Jésus s'approcha, prit le pain et le leur partagea ; il leur donna aussi du poisson. ¹⁴ C'était la troisième fois que Jésus se montrait à ses disciples, depuis qu'il était revenu d'entre les morts.

## Jésus et Pierre

¹⁵ Après le repas, Jésus demanda à Simon Pierre : « Simon, fils de Jean, m'aimes-tu plus que ceux-ci ? » –

*L'évangile de Jean intègre le récit de la pêche miraculeuse dans les manifestations du Christ ressuscité. Il y ajoute un repas au cours duquel les disciples le reconnaissent et précise le grand nombre des poissons pris dans le filet. Jean semble exprimer ici comment la présence du Christ ressuscité rend féconde la mission des apôtres. Le filet rempli de poissons qui ne se déchire pas pourrait-il représenter les chrétiens de tous les temps rassemblés dans une seule Église? Le disciple que Jésus aimait le reconnaît en premier dès que les filets furent remplis.*

« Oui, Seigneur, répondit-il, tu sais que je t'aime. » Jésus lui dit : « Prends soin de mes agneaux. » **16** Puis il lui demanda une deuxième fois : « Simon, fils de Jean, m'aimes-tu ? » – « Oui, Seigneur, répondit-il, tu sais que je t'aime. » Jésus lui dit : « Prends soin de mes brebis. » **17** Puis il lui demanda une troisième fois : « Simon, fils de Jean, m'aimes-tu ? » Pierre fut attristé de ce que Jésus lui avait demandé pour la troisième fois : « M'aimes-tu ? » et il lui répondit : « Seigneur, tu sais tout ; tu sais que je t'aime ! » Jésus lui dit : « Prends soin de mes brebis. » **18** Oui, je te le déclare, c'est la vérité : quand tu étais jeune, tu attachais toi-même ta ceinture et tu allais où tu voulais ; mais quand tu seras vieux, tu étendras les bras, un autre attachera ta ceinture et te mènera où tu ne voudras pas aller. » **19** Par ces mots, Jésus indiquait de quelle façon Pierre allait mourir et servir ainsi la gloire de Dieu. Puis Jésus lui dit : « Suis-moi ! »

## Jésus et le disciple qu'il aimait

**20** Pierre se retourna et vit derrière eux le disciple que Jésus aimait – celui qui s'était penché vers Jésus pendant le repas et lui avait demandé : « Seigneur, qui est celui qui va te trahir ? » – **21** Pierre le vit donc et dit à Jésus : « Et lui, Seigneur, que lui arrivera-t-il ? » **22** Jésus lui répondit : « Si je désire qu'il vive jusqu'à ce que je revienne, que t'importe ? Toi, suis-moi ! » **23** La nouvelle se répandit alors parmi les croyants que ce disciple ne mourrait pas. Pourtant Jésus n'avait pas dit à Pierre : « Il ne mourra pas », mais il avait dit : « Si je désire qu'il vive jusqu'à ce que je revienne, que t'importe ? » **24** C'est ce même disciple qui témoigne de ces faits et les a mis par écrit, et nous savons que son témoignage est vrai.

## Conclusion

**25** Jésus a fait encore beaucoup d'autres choses. Si on les racontait par écrit l'une après l'autre, je pense que le monde entier ne pourrait pas contenir les livres qu'on écrirait.

*La triple question de Jésus à Pierre fait probablement écho au triple reniement du disciple. Elle indique que la responsabilité de Pierre se fonde sur son amour pour le Christ. Son autorité n'est pas absolue, elle dépend de l'autorité de Jésus à qui Dieu a confié le troupeau.*
*Le Christ sur son trône de gloire, par Hans Memling, (1433-1494).*

# LES ACTES
# DES APÔTRES

*Petra*

## Contexte

Le livre des Actes des Apôtres est la seconde partie du récit de Luc concernant la vie et l'œuvre de Jésus. A partir de l'Ascension, la présence du Christ change de nature : on ne le verra plus sous forme humaine, mais il reste présent parmi ses disciples grâce à l'Esprit Saint qui les anime depuis la Pentecôte.

## Objectif

Les Actes des Apôtres racontent la diffusion de la Bonne Nouvelle. Comme Jésus l'a annoncé lui-même, les apôtres portent son message depuis Jérusalem, le centre d'Israël, la ville du Sauveur promis et de la première communauté chrétienne, jusqu'à Rome, le centre du monde connu d'alors (Actes 1,8). Luc décrit comment le Saint-Esprit ouvre la voie et conduit au but, brisant en même temps toutes les barrières entre juifs et païens.

## Fil conducteur

Le récit commence avec la fondation de la communauté de Jérusalem. La deuxième partie est consacrée avant tout aux voyages missionnaires de l'apôtre Paul. Les apôtres et les jeunes communautés font face à des oppositions et à la persécution ; certains chrétiens sont tués. Mais rien ne peut arrêter l'annonce de la Bonne Nouvelle et le développement des communautés chrétiennes.

*L'évangéliste Luc est l'un des premiers historiens de l'Église. En fait, son deuxième livre – le livre des Actes – constitue la suite chronologique de son évangile, mais lorsque les livres du Nouveau Testament ont été réunis en un seul volume, le quatrième évangile (l'évangile de Jean) a été placé à la suite des trois premiers. Le livre des Actes fait donc suite aux quatre évangiles. L'illustration ci-dessus, de Giovanni di Corraduccio, date du XVᵉ siècle. Elle représente Luc, le troisième évangéliste, accompagné de son animal symbolique, le taureau, et souligne ici le lien entre les deux livres de Luc.*

## Le Saint-Esprit promis aux apôtres

¹ Cher Théophile,
Dans mon premier livre j'ai raconté tout ce que Jésus a fait et enseigné dès le début ² jusqu'au jour où il fut enlevé au ciel. Avant d'y monter, il donna ses instructions, par la puissance du Saint-Esprit, à ceux qu'il avait choisis comme apôtres. ³ En effet, après sa mort, c'est à eux qu'il se montra en leur prouvant de bien des manières qu'il était vivant : pendant quarante jours, il leur apparut et leur parla du Royaume de Dieu. ⁴ Un jour qu'il prenait un repas avec eux, il leur donna cet ordre : « Ne vous éloignez pas de Jérusalem, mais attendez ce que le Père a promis, le don que je vous ai annoncé. ⁵ Car Jean a baptisé avec de l'eau, mais vous, dans peu de jours, vous serez baptisés avec le Saint-Esprit. »

## Jésus monte au ciel

⁶ Ceux qui étaient réunis auprès de Jésus lui demandèrent alors : « Seigneur, est-ce en ce temps-ci que tu rétabliras le royaume d'Israël ? » ⁷ Jésus leur répondit : « Il ne vous appartient pas de savoir quand viendront les temps et les moments, car le Père les a fixés de sa seule autorité. ⁸ Mais vous recevrez une force quand le Saint-Esprit descendra sur vous. Vous serez alors mes témoins à Jérusalem, dans toute la Judée et la Samarie, et jusqu'au bout du monde. » ⁹ Après ces mots, Jésus s'éleva vers le ciel pendant que tous le regardaient ; puis un nuage le cacha à leurs yeux. ¹⁰ Ils avaient encore les regards fixés vers le ciel où Jésus s'élevait, quand deux hommes habillés en blanc se trouvèrent tout à coup près d'eux ¹¹ et leur dirent : « Hommes de Galilée, pourquoi restez-vous là à regarder le ciel ? Ce Jésus, qui vous a été enlevé pour aller au ciel, reviendra de la même manière que vous l'avez vu y partir. »

## Le successeur de Judas

**12** Les apôtres retournèrent alors à Jérusalem depuis la colline qu'on appelle mont des Oliviers. Cette colline se trouve près de la ville, à environ une demi-heure de marche. **13** Quand ils furent arrivés à Jérusalem, ils montèrent dans la chambre où ils se tenaient d'habitude, en haut d'une maison. Il y avait Pierre, Jean, Jacques et André, Philippe et Thomas, Barthélemy et Matthieu, Jacques le fils d'Alphée, Simon le nationaliste et Jude le fils de Jacques. **14** Tous ensemble ils se réunissaient régulièrement pour prier, avec les femmes, avec Marie la mère de Jésus, et avec les frères de Jésus.

**15** Un de ces jours-là, les croyants réunis étaient au nombre d'environ cent vingt. Pierre se leva au milieu d'eux et leur dit : **16** « Frères, il fallait que se réalise ce que le Saint-Esprit a annoncé dans l'Écriture : s'exprimant par l'intermédiaire de David, il y a parlé d'avance de Judas, devenu le guide de ceux qui arrêtèrent Jésus. **17** Judas était l'un d'entre nous et il avait reçu sa part de notre mission. **18** – Avec l'argent qu'on lui paya pour son crime, cet homme s'acheta un champ ; il y tomba la tête la première, son corps éclata par le milieu et tous ses intestins se répandirent. **19** Les habitants de Jérusalem ont appris ce fait, de sorte qu'ils ont appelé ce champ, dans leur langue, "Hakeldama", c'est-à-dire "champ du sang". – **20** Or, voici ce qui est écrit dans le livre des Psaumes :
"Que sa maison soit abandonnée,
et que personne n'y habite."
Et il est encore écrit :
"Qu'un autre prenne ses fonctions."
**21-22** Il faut donc qu'un homme se joigne à nous pour témoigner de la résurrection du Seigneur Jésus. Cet homme doit être l'un de ceux qui nous ont accompagnés tout le temps que le Seigneur Jésus a parcouru le pays avec nous, à partir du moment où Jean l'a baptisé jusqu'au jour où il nous a été enlevé pour aller au ciel. »
**23** On proposa alors deux hommes : Joseph, appelé Barsabbas, surnommé aussi Justus, et Matthias. **24** Puis l'assemblée fit cette prière : « Seigneur, toi qui connais le cœur de tous, montre-nous lequel de ces deux tu as choisi **25** pour occuper, dans cette fonction d'apôtre, la place que Judas a quittée pour aller à celle qui lui revient. » **26** Ils tirèrent alors au sort et le sort désigna Matthias, qui fut donc associé aux onze apôtres.

*La chapelle de l'Ascension sur le mont des Oliviers a été édifiée au XIIe siècle pour commémorer l'Ascension du Christ. Luc est le seul auteur du Nouveau Testament à en présenter un récit. Dans son discours de la Pentecôte, Pierre explique le sens et la portée de l'Ascension de Jésus : « Il a été élevé à la droite de Dieu » (Actes 2,33).*

***Les douze apôtres***
*Le nom d'apôtres (littéralement des « envoyés ») s'applique d'abord à ceux qui ont accompagné Jésus pendant son ministère sur terre, mais il revêt aussi un sens plus large. Plusieurs personnes, chargées de proclamer l'Évangile, portent le nom d'apôtres dans le Nouveau Testament. Luc réserve le nom d'apôtres au cercle des Douze. Ils ont été témoins de toute l'œuvre de Jésus sur terre et ont été avec lui après sa mort.*

*La Pentecôte, par El Greco (1541-1614).*
La venue de l'Esprit transforme les disciples qui se font entendre dans la langue des autres peuples. Le monde entier est invité à écouter le message de salut des témoins de Jésus-Christ. La mission des apôtres sera universelle.

## La venue du Saint-Esprit

**2** [1] Quand le jour de la Pentecôte arriva, les croyants étaient réunis tous ensemble au même endroit. [2] Tout à coup, un bruit vint du ciel, comme si un vent violent se mettait à souffler, et il remplit toute la maison où ils étaient assis. [3] Ils virent alors apparaître des langues pareilles à des flammes de feu ; elles se séparèrent et elles se posèrent une à une sur chacun d'eux. [4] Ils furent tous remplis du Saint-Esprit et se mirent à parler en d'autres langues, selon ce que l'Esprit leur donnait d'exprimer.

[5] A Jérusalem vivaient des Juifs pieux, venus de tous les pays du monde. [6] Quand ce bruit se fit entendre, ils s'assemblèrent en foule. Ils étaient tous profondément surpris, car chacun d'eux entendait les croyants parler dans sa propre langue. [7] Ils étaient remplis d'étonnement et d'admiration, et disaient : « Ces gens qui parlent, ne sont-ils pas tous Galiléens ? [8] Comment se fait-il alors que chacun de nous les entende parler dans sa langue maternelle ? [9] Parmi nous, il y en a qui viennent du pays des Parthes, de Médie et d'Élam. Il y a des habitants de Mésopotamie, de Judée et de Cappadoce, du Pont et de la province d'Asie, [10] de Phrygie et de Pamphylie, d'Égypte et de la région de Cyrène, en Libye ; il y en a qui sont venus de Rome, [11] de Crète et d'Arabie ; certains sont nés Juifs, et d'autres se sont convertis à la religion juive. Et pourtant nous les entendons parler dans nos diverses langues des grandes œuvres de Dieu ! » [12] Ils étaient tous remplis d'étonnement et ne savaient plus que penser ; ils se disaient les uns aux autres : « Qu'est-ce que cela signifie ? » [13] Mais d'autres se moquaient des croyants en disant : « Ils sont complètement ivres ! »

## Le discours de Pierre

[14] Pierre se leva alors avec les onze autres apôtres ; d'une voix forte, il s'adressa à la foule : « Vous, Juifs, et vous tous qui vivez à Jérusalem, écoutez attentivement mes paroles et comprenez bien ce qui se passe. [15] Ces gens ne sont pas ivres comme vous le supposez, car il est seulement neuf heures du matin. [16] Mais maintenant se réalise ce que le prophète Joël a annoncé :

[17] "Voici ce qui arrivera dans les derniers jours,
dit Dieu :

Je répandrai de mon Esprit sur tout être humain ;
vos fils et vos filles deviendront prophètes,
je parlerai par des visions à vos jeunes gens
et par des rêves à vos vieillards.

¹⁸ Oui, je répandrai de mon Esprit sur mes serviteurs
et mes servantes en ces jours-là,
et ils seront prophètes.

¹⁹ Je susciterai des phénomènes extraordinaires
en haut dans le ciel
et des signes miraculeux en bas sur la terre :
Il y aura du sang, du feu et des nuages de fumée,

²⁰ le soleil deviendra obscur
et la lune rouge comme du sang,
avant que vienne le jour du Seigneur,
ce jour grand et glorieux.

²¹ Alors, quiconque fera appel au Seigneur sera sauvé."

²² « Gens d'Israël, écoutez ce que je vais vous dire : Jésus de Nazareth était un homme dont Dieu vous a démontré l'autorité en accomplissant par lui toutes sortes de miracles et de signes prodigieux au milieu de vous, comme vous le savez vous-mêmes. ²³ Cet homme vous a été livré conformément à la décision que Dieu avait prise et au plan qu'il avait formé d'avance. Vous l'avez tué en le faisant clouer sur une croix par des infidèles. ²⁴ Mais Dieu l'a ressuscité, il l'a délivré des douleurs de la mort, car il n'était pas possible que la mort le retienne en son pouvoir. ²⁵ En effet, David a dit à son sujet :

"Je voyais continuellement le Seigneur
devant moi,
il est à mes côtés pour que je ne tremble pas.

²⁶ C'est pourquoi mon cœur est rempli
de bonheur et mes paroles sont pleines
de joie ;
mon corps lui-même reposera
dans l'espérance,

²⁷ car, Seigneur, tu ne m'abandonneras pas
dans le monde des morts,
tu ne permettras pas que moi, ton fidèle,
je pourrisse dans la tombe.

²⁸ Tu m'as montré les chemins qui mènent
à la vie,
tu me rempliras de joie par ta présence."

²⁹ « Frères, il m'est permis de vous parler très clairement au sujet du patriarche David : il est mort, il a été enterré et sa tombe se trouve encore aujourd'hui chez

*« ... au plan qu'il avait formé d'avance. » (Actes 2,23) L'événement de la Pentecôte apparaît comme une étape de la réalisation du projet de salut du monde voulu par Dieu et préparé longtemps à l'avance. La Bible témoigne de ce « dessein de Dieu », de son commencement (dès les premières pages du livre de la Genèse), de sa révélation progressive par les prophètes de l'Ancien Testament et de son accomplissement décisif à la mort et à la résurrection de Jésus. La venue de l'Esprit permet enfin aux disciples d'être les témoins de l'œuvre de leur maître et de faire de nouveaux disciples.*

*David jouant de la harpe, illustration médiévale (du XIᵉ au XIIᵉ s.)*
*Pierre déclare que plusieurs psaumes de David annonçaient déjà la venue de Jésus.*

nous. ³⁰ Mais il était prophète et il savait que Dieu lui avait promis avec serment que l'un de ses descendants lui succéderait comme roi. ³¹ David a vu d'avance ce qui allait arriver ; il a donc parlé de la résurrection du Messie quand il a dit :
"Il n'a pas été abandonné dans le monde des morts, et son corps n'a pas pourri dans la tombe."
³² Dieu a relevé de la mort ce Jésus dont je parle et nous en sommes tous témoins. ³³ Il a été élevé à la droite de Dieu et il a reçu du Père le Saint-Esprit qui avait été promis ; il l'a répandu sur nous, et c'est ce que vous voyez et entendez maintenant. ³⁴ Car David n'est pas monté lui-même au ciel, mais il a dit :
"Le Seigneur Dieu a dit à mon Seigneur :
viens siéger à ma droite,
³⁵ je veux contraindre tes ennemis
à te servir de marchepied."
³⁶ Tout le peuple d'Israël doit donc le savoir avec certitude : ce Jésus que vous avez cloué sur la croix, c'est lui que Dieu a fait Seigneur et Messie ! »
³⁷ Les auditeurs furent profondément bouleversés par ces paroles. Ils demandèrent à Pierre et aux autres apôtres : « Frères, que devons-nous faire ? » ³⁸ Pierre leur répondit : « Changez de comportement et que chacun de vous se fasse baptiser au nom de Jésus-Christ, pour que vos péchés vous soient pardonnés. Vous recevrez alors le don de Dieu, le Saint-Esprit. ³⁹ Car la promesse de Dieu a été faite pour vous et vos enfants, ainsi que pour tous ceux qui vivent au loin, tous ceux que le Seigneur notre Dieu appellera. »
⁴⁰ Pierre leur adressait encore beaucoup d'autres paroles pour les convaincre et les encourager, et il disait : « Acceptez le salut pour n'avoir pas le sort de ces gens perdus ! » ⁴¹ Un grand nombre d'entre eux acceptèrent les paroles de Pierre et furent baptisés. Ce jour-là, environ trois mille personnes s'ajoutèrent au groupe des croyants.

## La vie de la communauté

⁴² Tous s'appliquaient fidèlement à écouter l'enseignement que donnaient les apôtres, à vivre dans la communion fraternelle, à prendre part aux repas communs et à participer aux prières. ⁴³ Chacun ressentait de la crainte, car Dieu accomplissait beaucoup de prodiges et de miracles par l'intermédiaire des apôtres. ⁴⁴ Tous les croyants étaient unis et partageaient entre eux tout ce qu'ils

« Tous les croyants étaient unis et partageaient entre eux tout ce qu'ils possédaient. » (Actes 2,44)
*La première communauté chrétienne se caractérise par l'unité et la communion des croyants dans l'écoute de la Parole de Dieu et la prière, la fraction du pain au nom de Jésus et le partage des biens. L'image que Luc donne de l'Église naissante constitue ainsi un exemple pour les Églises de tous les temps.*

possédaient. **45** Ils vendaient leurs propriétés et leurs biens et répartissaient l'argent ainsi obtenu entre tous, en tenant compte des besoins de chacun. **46** Chaque jour, régulièrement, ils se réunissaient dans le temple, ils prenaient leurs repas ensemble dans leurs maisons et mangeaient leur nourriture avec joie et simplicité de cœur. **47** Ils louaient Dieu et ils étaient estimés par tout le monde. Et le Seigneur ajoutait chaque jour à leur groupe ceux qu'il amenait au salut.

## Un homme infirme est guéri

**3** **1** Un après-midi, Pierre et Jean montaient au temple pour la prière de trois heures. **2** Près de la porte du temple, appelée « la Belle Porte », il y avait un homme qui était infirme depuis sa naissance. Chaque jour, on l'apportait et l'installait là, pour qu'il puisse mendier auprès de ceux qui entraient dans le temple. **3** Il vit Pierre et Jean qui allaient y entrer et leur demanda de l'argent. **4** Pierre et Jean fixèrent les yeux sur lui et Pierre lui dit : « Regarde-nous. » **5** L'homme les regarda avec attention, car il s'attendait à recevoir d'eux quelque chose. Pierre lui dit alors : « Je n'ai ni argent ni or, mais ce que j'ai, je te le donne : au nom de Jésus-Christ de Nazareth, lève-toi et marche ! » **7** Puis il le prit par la main droite pour l'aider à se lever. Aussitôt, les pieds et les chevilles de l'infirme devinrent fermes ; **8** d'un bond, il fut sur ses pieds et se mit à marcher. Il entra avec les apôtres dans le temple, en marchant, sautant et louant Dieu. **9** Toute la foule le vit marcher et louer Dieu. **10** Quand ils reconnurent en lui l'homme qui se tenait assis à la Belle Porte du temple pour mendier, ils furent tous remplis de crainte et d'étonnement à cause de ce qui lui était arrivé.

## Discours de Pierre dans le temple

**11** Comme l'homme ne quittait pas Pierre et Jean, tous, frappés d'étonnement, accoururent vers eux dans la galerie à colonnes qu'on appelait « Galerie de Salomon ». **12** Quand Pierre vit cela, il s'adressa à la foule en ces termes : « Gens d'Israël, pourquoi vous étonnez-vous de cette guérison ? Pourquoi nous regardez-vous comme si nous avions fait marcher cet homme par notre propre puissance ou grâce à notre attachement à Dieu ? **13** Le Dieu d'Abraham, d'Isaac et de Jacob, le Dieu de nos ancêtres, a manifesté la gloire de son serviteur Jésus. Vous-mêmes, vous l'avez livré aux autorités et vous l'avez rejeté devant Pilate, alors que celui-ci avait décidé de le relâcher. **14** Vous avez rejeté celui qui était saint et juste et

*Les mains tendues des mendiants ont toujours fait partie des scènes quotidiennes de la rue. Ici, les apôtres Pierre et Jean vont offrir au mendiant bien plus qu'il n'attend d'eux : au nom du Christ ils l'aident à se relever et à marcher. Il n'est plus un mendiant car il peut désormais subvenir à ses besoins.*

*« Au nom de Jésus-Christ de Nazareth, marche ! »* (Actes 3,6) *Pierre sait que son don de guérison lui vient de Jésus. Par ailleurs, dans le Proche-Orient ancien, d'autres personnes accomplissaient des guérisons « miraculeuses » au nom d'autres divinités ou d'autres personnes. En faisant appel au nom de Jésus de Nazareth, l'apôtre annonce que l'action de Jésus se poursuit. Les témoins de la guérison sont donc invités à rendre gloire à Dieu et à mettre leur foi en Jésus.*

vous avez préféré demander qu'on vous accorde la libération d'un criminel. ¹⁵ Ainsi, vous avez fait mourir le maître de la vie. Mais Dieu l'a ramené d'entre les morts et nous en sommes témoins. ¹⁶ C'est la puissance du nom de Jésus qui, grâce à la foi en lui, a rendu la force à cet homme que vous voyez et connaissez. C'est la foi en Jésus qui lui a donné d'être complètement guéri comme vous pouvez tous le constater.

¹⁷ « Cependant, frères, je sais bien que vous et vos chefs avez agi par ignorance à l'égard de Jésus. ¹⁸ Mais Dieu a réalisé ainsi ce qu'il avait annoncé autrefois par tous les prophètes ; il avait dit que son Messie devait souffrir. ¹⁹ Changez donc de comportement et tournez-vous vers Dieu, pour qu'il efface vos péchés. ²⁰ Alors le Seigneur fera venir des temps de repos et vous enverra Jésus, le Messie qu'il avait choisi d'avance pour vous. ²¹ Pour le moment, Jésus-Christ doit rester au ciel jusqu'à ce que vienne le temps où tout sera renouvelé, comme Dieu l'a annoncé par ses saints prophètes depuis longtemps déjà. ²² Moïse a dit en effet : "Le Seigneur votre Dieu vous enverra un prophète comme moi, qui sera un membre de votre peuple. Vous écouterez tout ce qu'il vous dira. ²³ Tout homme qui n'écoutera pas ce prophète sera exclu du peuple de Dieu et mis à mort." ²⁴ Et les prophètes qui ont parlé depuis Samuel ont tous, les uns après les autres, également annoncé ces jours-ci. ²⁵ La promesse que Dieu a faite par les prophètes est pour vous, et vous avez part à l'alliance que Dieu a conclue avec vos ancêtres quand il a dit à Abraham : "Je bénirai toutes les familles de la terre à travers tes descendants." ²⁶ Ainsi, Dieu a fait apparaître son serviteur pour vous d'abord, il l'a envoyé pour vous bénir en détournant chacun d'entre vous de ses mauvaises actions. »

## Pierre et Jean devant le Conseil supérieur

4 ¹ Pierre et Jean parlaient encore au peuple, quand arrivèrent les prêtres, le chef des gardes du temple et les Sadducéens. ² Ils étaient très mécontents que les deux apôtres apportent leur enseignement au peuple et lui annoncent que Jésus était ressuscité, affirmant par là que les morts peuvent se relever. ³ Ils les arrêtèrent et les mirent en prison pour la nuit, car il était déjà tard. ⁴ Cependant, parmi ceux qui avaient entendu le message des apôtres, beaucoup crurent, et le nombre des croyants s'éleva à cinq mille personnes environ.

⁵ Le lendemain, les chefs des Juifs, les anciens et les maîtres de la loi s'assemblèrent à Jérusalem. ⁶ Il y avait en

*Moïse, sculpture de Michel-Ange (1475-1564). A côté des prophètes, Pierre cite Moïse pour montrer que Jésus est le Sauveur promis au peuple de l'alliance, celui que Moïse a annoncé au Sinaï. Pour la même raison, l'apôtre se réfère à Abraham, le père du peuple juif, et rappelle la promesse que Dieu lui a faite: « Je bénirai toutes les familles de la terre à travers tes descendants » (verset 25). Les auditeurs juifs de Pierre sont donc appelés à se « convertir », c'est-à-dire à se rapprocher de Dieu en retournant à lui. Plus tard, les auditeurs non juifs seront à leur tour invités à se convertir, mais, pour eux, la conversion sera d'abord une venue vers Dieu, puisqu'ils ne l'ont jamais connu.*

particulier Hanne le grand-prêtre, Caïphe, Jean, Alexandre et tous les membres de la famille du grand-prêtre. **7** Ils firent amener les apôtres devant eux et leur demandèrent : « Par quel pouvoir ou au nom de qui avez-vous effectué cette guérison ? » **8** Alors Pierre, rempli du Saint-Esprit, leur dit : « Chefs du peuple et anciens : **9** on nous interroge aujourd'hui à propos du bien fait à un infirme, on nous demande comment cet homme a été guéri. **10** Eh bien, il faut que vous le sachiez, vous tous, ainsi que tout le peuple d'Israël : si cet homme se présente devant vous en bonne santé, c'est par le pouvoir du nom de Jésus-Christ de Nazareth, celui que vous avez cloué sur la croix et que Dieu a ramené d'entre les morts. **11** Jésus est celui dont l'Écriture affirme :

"La pierre que vous, les bâtisseurs, avez rejetée
est devenue la pierre principale."

**12** Le salut ne s'obtient qu'en lui, car, nulle part dans le monde entier, Dieu n'a donné aux êtres humains quelqu'un d'autre par qui nous pourrions être sauvés. »

**13** Les membres du Conseil étaient très étonnés, car ils voyaient l'assurance de Pierre et de Jean et se rendaient compte en même temps que c'étaient des hommes simples et sans instruction. Ils reconnaissaient en eux des compagnons de Jésus. **14** Mais ils voyaient aussi l'homme guéri qui se tenait auprès d'eux et ils ne trouvaient rien à répondre. **15** Ils leur ordonnèrent alors de sortir de la salle du Conseil et se mirent à discuter entre eux. **16** Ils se disaient : « Que ferons-nous de ces gens ? Car tous les habitants de Jérusalem savent clairement que ce miracle évident a été réalisé par eux et nous ne pouvons pas le nier. **17** Mais il ne faut pas que la nouvelle de cette affaire se répande davantage parmi le peuple. Nous allons donc leur défendre avec des menaces de parler encore à qui que ce soit au nom de Jésus. »

**18** Ils les rappelèrent alors et leur interdirent catégoriquement de parler ou d'enseigner au nom de Jésus. **19** Mais Pierre et Jean leur répondirent : « Jugez vous-mêmes s'il est juste devant Dieu de vous obéir à vous plutôt qu'à lui. **20** Quant à nous, nous ne pouvons pas renoncer à parler de ce que nous avons vu et entendu. »

*Prédication de Pierre,
Hans Suess von Culmbach
(1480-1522).*

*« Quant à nous, nous ne pouvons pas renoncer à parler de ce que nous avons vu et entendu. » (Actes 4,20)
Les apôtres ont été les témoins de l'œuvre de Jésus, de ses souffrances et de sa mort ; bien plus, ils l'ont « vu et entendu » après sa mort : plus rien ne peut désormais faire taire leur foi en Jésus, le Sauveur.*

**21** Les membres du Conseil les menacèrent de nouveau puis les relâchèrent. Ils ne trouvaient aucun moyen de les punir, car tout le peuple louait Dieu de ce qui était arrivé. **22** L'homme miraculeusement guéri était âgé de plus de quarante ans.

## La prière des croyants

**23** Dès qu'ils furent relâchés, Pierre et Jean se rendirent auprès du groupe de leurs amis et leur racontèrent tout ce que les chefs des prêtres et les anciens avaient dit. **24** Après avoir entendu ce récit, les croyants adressèrent d'un commun accord cette prière à Dieu : « Maître, c'est toi qui as créé le ciel, la terre, la mer et tout ce qui s'y trouve. **25** C'est toi qui, par le Saint-Esprit, as fait dire à David notre ancêtre et ton serviteur :
"Les nations se sont agitées, mais pourquoi ?
Les peuples ont comploté, mais c'est pour rien !
**26** Les rois de la terre se sont préparés au combat
et les chefs se sont unis
contre le Seigneur et contre le roi
qu'il a consacré."
**27** Car il est bien vrai qu'Hérode et Ponce-Pilate se sont unis, dans cette ville, avec les représentants des nations étrangères et du peuple d'Israël contre ton saint serviteur Jésus, celui que tu as consacré. **28** Ils ont ainsi réalisé tout ce que, avec puissance, tu avais voulu et décidé d'avance. **29** Et maintenant, Seigneur, sois attentif à leurs menaces et donne à tes serviteurs d'annoncer ta parole avec une pleine assurance. **30** Démontre ta puissance afin que des guérisons, des miracles et des prodiges s'accomplissent par le nom de ton saint serviteur Jésus. » **31** Quand ils eurent fini de prier, l'endroit où ils étaient réunis trembla. Ils furent tous remplis du Saint-Esprit et se mirent à annoncer la parole de Dieu avec assurance.

## Les croyants partagent leurs biens entre eux

**32** Le groupe des croyants était parfaitement uni, de cœur et d'âme. Aucun d'eux ne disait que ses biens étaient à lui seul, mais, entre eux, tout ce qu'ils avaient était propriété commune. **33** C'est avec une grande puissance que les apôtres rendaient témoignage à la résurrection du Seigneur Jésus et Dieu leur accordait à tous d'abondantes bénédictions. **34** Personne parmi eux ne manquait du nécessaire. En effet, tous ceux qui possédaient des champs ou des maisons les vendaient, apportaient la somme produite par cette vente [35] et la remettaient aux apôtres ; on distribuait ensuite l'argent à chacun selon ses besoins. [36] Par exemple, Joseph, un lévite né à Chypre, que les apôtres surnommaient Barnabas – ce qui signifie « l'homme qui encourage » –, [37] vendit un champ qu'il possédait, apporta l'argent et le remit aux apôtres.

## Ananias et Saphira

5 [1] Mais un homme appelé Ananias, dont la femme se nommait Saphira, vendit, d'accord avec elle, un terrain qui leur appartenait. [2] Il garda une partie de l'argent pour lui et alla remettre le reste aux apôtres. Sa femme le savait. [3] Alors Pierre lui dit : « Ananias, pourquoi Satan a-t-il pu s'emparer de ton cœur ? Tu as menti au Saint-Esprit et tu as gardé une partie de l'argent rapporté par ce terrain. [4] Avant que tu le vendes, il était à toi, et après que tu l'as vendu, l'argent t'appartenait, n'est-ce pas ? Comment donc as-tu pu décider de commettre une telle action ? Ce n'est pas à des hommes que tu as menti, mais à Dieu. » [5] En entendant ces paroles, Ananias tomba et mourut. Et tous ceux qui l'apprirent furent saisis d'une grande crainte. [6] Les jeunes gens vinrent envelopper le corps, puis ils l'emportèrent et l'enterrèrent.

[7] Environ trois heures plus tard, la femme d'Ananias entra sans savoir ce qui s'était passé. [8] Pierre lui demanda : « Dis-moi, avez-vous vendu votre terrain pour telle somme ? » Et elle répondit : « Oui, pour cette somme-là. » [9] Alors Pierre lui dit : « Comment donc avez-vous pu décider ensemble de défier l'Esprit du Seigneur ? Écoute, ceux qui ont enterré ton mari sont déjà à la porte et ils vont t'emporter toi aussi. » [10] Au même instant, elle tomba aux pieds de l'apôtre et mourut. Les jeunes gens entrèrent et la trouvèrent morte ; ils l'emportèrent et l'enterrèrent auprès de son mari. [11] Toute l'Église et tous ceux qui apprirent ces faits furent saisis d'une grande crainte.

## De nombreux miracles

[12] De nombreux miracles et prodiges étaient accomplis par les apôtres parmi le peuple. Les croyants se tenaient tous ensemble dans la galerie à colonnes de Salomon. [13] Personne d'autre n'osait se joindre à eux, et pourtant le peuple les estimait beaucoup. [14] Une foule de plus en plus nombreuse d'hommes et de femmes

*« Tout ce qu'ils avaient était propriété commune. »* (Actes 4,32)
Le partage des biens n'était pas imposé parmi les croyants. Chacun donnait généreusement et librement comme le montre l'exemple de Joseph Barnabas, un ancien lévite (les lévites étaient les assistants des prêtres dans le temple de Jérusalem). La faute d'Ananias et de Saphira consiste à se mettre d'accord pour tromper la communauté en se présentant comme des bienfaiteurs généreux. Toute hypocrisie et tout mensonge sont intolérables au sein de l'Église.

**Des miracles étonnants**
Ce troisième récit relatif à l'activité des apôtres montre comment ceux-ci poursuivent l'œuvre de Jésus, en paroles et en actes. Les gens les écoutent et sont témoins des miracles accomplis au nom du Ressuscité. Ils sont nombreux à se joindre à la communauté chrétienne qui ne cesse de croître.

## Pharisiens et Sadducéens

A l'époque des premiers chrétiens, il existait des partis religieux juifs cultivant des aspects différents de la religion commune. Les Pharisiens suivaient scrupuleusement la volonté de Dieu exprimée dans la Loi de Moïse et veillaient à son application stricte. Les Sadducéens constituaient le parti de l'aristocratie sacerdotale. Plusieurs éléments les opposaient aux premiers chrétiens : ils étaient des fervents défenseurs du temple et du culte qui y était lié, ils ne croyaient pas à la résurrection des morts et avaient peur que « l'affaire Jésus » ne trouble l'ordre public et ne détériore leurs bons rapports avec les Romains. Le Pharisien Gamaliel, beaucoup plus modéré, conseille de s'en remettre à Dieu et à l'avenir pour juger le mouvement naissant à ses fruits.

croyaient au Seigneur et s'ajoutaient à leur groupe. ¹⁵ Et l'on se mit à amener les malades dans les rues : on les déposait sur des civières ou des nattes afin qu'au moment où Pierre passerait, son ombre au moins puisse recouvrir l'un ou l'autre d'entre eux. ¹⁶ Une foule de gens accouraient aussi des localités voisines de Jérusalem ; ils apportaient des malades et des personnes tourmentées par des esprits mauvais, et tous étaient guéris.

## Les apôtres sont persécutés

¹⁷ Alors le grand-prêtre et tous ceux qui étaient avec lui, c'est-à-dire les membres du parti des Sadducéens, furent remplis de jalousie à l'égard des apôtres ; ils décidèrent d'agir. ¹⁸ Ils les firent arrêter et jeter dans la prison publique. ¹⁹ Mais pendant la nuit, un ange du Seigneur ouvrit les portes de la prison, fit sortir les apôtres et leur dit : ²⁰ « Allez dans le temple et annoncez au peuple tout ce qui concerne la vie nouvelle. » ²¹ Les apôtres obéirent : tôt le matin, ils allèrent dans le temple et se mirent à proclamer leur enseignement.

Le grand-prêtre et ceux qui étaient avec lui réunirent les anciens du peuple juif pour une séance du Conseil supérieur. Puis ils envoyèrent chercher les apôtres à la prison. ²² Mais quand les gardes y arrivèrent, ils ne les trouvèrent pas dans leur cellule. Ils retournèrent au Conseil et firent le rapport ²³ suivant : « Nous avons trouvé la prison soigneusement fermée et les gardiens à leur poste devant les portes. Mais quand nous les avons ouvertes, nous n'avons trouvé personne à l'intérieur. » ²⁴ En apprenant cette nouvelle, le chef des gardes du temple et les chefs des prêtres ne surent que penser et ils se demandèrent ce qui était arrivé aux apôtres. ²⁵ Puis quelqu'un survint et leur dit : « Écoutez ! Les hommes que vous avez jetés en prison se trouvent dans le temple où ils donnent leur enseignement au peuple. »

²⁶ Le chef des gardes partit alors avec ses hommes pour ramener les apôtres. Mais ils n'usèrent pas de violence, car ils avaient peur que le peuple leur lance des pierres. ²⁷ Après les avoir ramenés, ils les firent comparaître devant le Conseil et le grand-prêtre se mit à les accuser. ²⁸ Il leur dit : « Nous vous avions sévèrement défendu d'enseigner au nom de cet homme. Et qu'avez-vous fait ? Vous avez répandu votre enseignement dans toute la ville de Jérusalem et vous voulez faire retomber sur nous les conséquences de sa mort ! » ²⁹ Pierre et les autres apôtres répondirent : « Il faut obéir à Dieu plutôt qu'aux hommes. ³⁰ Le Dieu de nos ancêtres a rendu la vie à ce

Jésus que vous aviez fait mourir en le clouart sur la croix.
³¹ Dieu l'a élevé à sa droite et l'a établi comme chef et
Sauveur pour donner l'occasion au peuple d'Israël de
changer de comportement et de recevoir le pardon de
ses péchés. ³² Nous sommes témoins de ces événements,
nous et le Saint-Esprit que Dieu a donné à ceux qui lui
obéissent. »

³³ Les membres du Conseil devinrent furieux en entendant ces paroles, et ils voulaient faire mourir les
apôtres. ³⁴ Mais il y avait parmi eux un Pharisien nommé
Gamaliel, un maître de la loi que tout le peuple respectait. Il se leva au milieu du Conseil et demanda de faire
sortir un instant les apôtres. ³⁵ Puis il dit à l'assemblée :
« Gens d'Israël, prenez garde à ce que vous allez faire à
ces hommes. ³⁶ Il n'y a pas longtemps est apparu Theudas,
qui prétendait être un personnage important ; environ
quatre cents hommes se sont joints à lui. Mais il fut tué,
tous ceux qui l'avaient suivi se dispersèrent et il ne resta
rien du mouvement. ³⁷ Après lui, à l'époque du recensement, est apparu Judas le Galiléen ; il entraîna une foule
de gens à sa suite. Mais il fut tué, lui aussi, et tous ceux qui
l'avaient suivi furent dispersés. ³⁸ Maintenant donc, je
vous le dis : ne vous occupez plus de ceux-ci et laissez-les
aller. Car si leurs intentions et leur activité viennent des
hommes, elles disparaîtront. ³⁹ Mais si elles viennent vraiment de Dieu, vous ne pourrez pas les détruire. Ne prenez pas le risque de combattre Dieu ! » Les membres du
Conseil acceptèrent l'avis de Gamaliel. ⁴⁰ Ils rappelèrent
les apôtres, les firent battre et leur ordonnèrent de ne
plus parler au nom de Jésus, puis ils les relâchèrent. ⁴¹ Les
apôtres quittèrent le Conseil, tout joyeux de ce que Dieu
les ait jugés dignes d'être maltraités pour le nom de Jésus.
⁴² Et chaque jour, dans le temple et dans les maisons, ils
continuaient sans arrêt à donner leur enseignement en
annonçant la Bonne Nouvelle de Jésus, le Messie.

*Gamaliel, représenté sur un
pilier de la cathédrale
St-Trophime à Arles, vers le
XIIᵉ siècle.*

## Sept hommes sont choisis
## pour aider les apôtres

**6** ¹ En ce temps-là, alors que le nombre des disciples
augmentait, les croyants de langue grecque se plaigni-
rent de ceux qui parlaient l'hébreu : ils disaient que les
veuves de leur groupe étaient négligées au moment où,
chaque jour, on distribuait la nourriture. ² Les douze
apôtres réunirent alors l'ensemble des disciples et leur
dirent : « Il ne serait pas juste que nous cessions de prêcher la parole de Dieu pour nous occuper des repas.
³ C'est pourquoi, frères, choisissez parmi vous sept

**Les disciples**

*Le mot « chrétien » apparaît
plus loin dans le récit (Actes
11,26). Ici, tous ceux qui ont
reçu le baptême au nom de
Jésus sont encore appelés
« disciples ». Parmi eux se
trouvent des femmes, comme
en Actes 1,14, où elles sont
expressément mentionnées.*

hommes de bonne réputation, remplis du Saint-Esprit et de sagesse, et nous les chargerons de ce travail. [4] Nous pourrons ainsi continuer à donner tout notre temps à la prière et à la tâche de la prédication. » [5] L'assemblée entière fut d'accord avec cette proposition. On choisit alors Étienne, homme rempli de foi et du Saint-Esprit, ainsi que Philippe, Procore, Nicanor, Timon, Parménas et Nicolas, d'Antioche, qui s'était autrefois converti à la religion juive. [6] Puis on les présenta aux apôtres qui prièrent et posèrent les mains sur eux. [7] La parole de Dieu se répandait de plus en plus. Le nombre des disciples augmentait beaucoup à Jérusalem et de très nombreux prêtres se soumettaient à la foi en Jésus.

## L'arrestation d'Étienne

[8] Étienne, plein de force par la grâce de Dieu, accomplissait des prodiges et de grands miracles parmi le peuple. [9] Quelques hommes s'opposèrent alors à lui : c'étaient d'une part des membres de la synagogue dite des « Esclaves libérés », qui comprenait des Juifs de Cyrène et d'Alexandrie, et d'autre part des Juifs de Cilicie et de la province d'Asie. Ils se mirent à discuter avec Étienne. [10] Mais ils ne pouvaient pas lui résister, car il parlait avec la sagesse que lui donnait l'Esprit Saint. [11] Ils payèrent alors des gens pour qu'ils disent : « Nous l'avons entendu prononcer des paroles insultantes contre Moïse et contre Dieu ! » [12] Ils excitèrent ainsi le peuple, les anciens et les maîtres de la loi. Puis ils se jetèrent sur Étienne, le saisirent et le conduisirent devant le Conseil supérieur. [13] Ils amenèrent aussi des faux témoins qui déclarèrent : « Cet homme ne cesse pas de parler contre notre saint temple et contre la loi de Moïse ! [14] Nous l'avons entendu dire que ce Jésus de Nazareth détruira le temple et changera les coutumes que nous avons reçues de Moïse. » [15] Tous ceux qui étaient assis dans la salle du Conseil avaient les yeux fixés sur Étienne et ils virent que son visage était semblable à celui d'un ange.

## Le discours d'Étienne

**7** [1] Le grand-prêtre lui demanda : « Ce que l'on dit de toi est-il vrai ? » [2] Étienne répondit : « Frères et pères, écoutez-moi. Le Dieu glorieux apparut à notre ancêtre Abraham lorsqu'il était en Mésopotamie, avant qu'il aille habiter Haran, [3] et lui dit : "Quitte ton pays et ta famille, et va dans le pays que je te montrerai." [4] Abraham quitta alors le pays des Chaldéens et alla habiter Haran. Puis, après la mort de son père, Dieu le fit passer de

Haran dans ce pays où vous vivez maintenant. ⁵ Dieu ne lui donna là aucune propriété, pas même un terrain de la largeur du pied ; mais il promit qu'il lui donnerait le pays et que ses descendants le posséderaient aussi après lui. Pourtant, à cette époque, Abraham n'avait pas d'enfant. ⁶ Voici ce que Dieu lui déclara : "Tes descendants vivront dans un pays étranger, où ils deviendront esclaves et où on les maltraitera pendant quatre cents ans. ⁷ Mais je jugerai la nation dont ils auront été les esclaves. Ensuite, ils s'en iront de là et me rendront un culte en ce lieu-ci." ⁸ Puis Dieu conclut avec Abraham l'alliance dont la circoncision est le signe. C'est ainsi qu'Abraham circoncit son fils Isaac le huitième jour après sa naissance ; de même, Isaac circoncit Jacob, et Jacob circoncit les douze patriarches.

⁹ « Les patriarches furent jaloux de Joseph et le vendirent pour être esclave en Égypte. Mais Dieu était avec lui ; ¹⁰ il le délivra de toutes ses peines. Il donna la sagesse à Joseph et le rendit agréable aux yeux du Pharaon, roi d'Égypte. Celui-ci établit Joseph comme gouverneur sur l'Égypte et sur toute la maison royale. ¹¹ La famine survint alors partout en Égypte et dans le pays de Canaan. La détresse était grande et nos ancêtres ne trouvaient plus rien à manger. ¹² Quand Jacob apprit qu'il y avait du blé en Égypte, il y envoya nos ancêtres une première fois. ¹³ La seconde fois qu'ils y allèrent, Joseph se fit reconnaître par ses frères et le Pharaon apprit ainsi quelle était la famille de Joseph. ¹⁴ Alors Joseph envoya chercher Jacob, son père, et toute la famille qui comprenait soixante-quinze personnes. ¹⁵ Jacob se rendit donc en Égypte où il mourut, ainsi que nos autres ancêtres. ¹⁶ On transporta leurs corps à Sichem et on les enterra dans la tombe qu'Abraham avait achetée pour une somme d'argent aux fils de Hamor, à Sichem.

¹⁷ « Lorsque le temps approcha où Dieu devait accomplir la promesse qu'il avait faite à Abraham, notre peuple s'accrut et devint de plus en plus nombreux en Égypte. ¹⁸ Puis un nouveau roi, qui n'avait pas connu Joseph, se mit à régner sur l' Égypte. ¹⁹ Ce roi trompa notre peuple et maltraita nos ancêtres en les obligeant à abandonner leurs bébés pour qu'ils meurent. ²⁰ A cette époque naquit Moïse qui était un bel enfant, agréable à Dieu. Il fut nourri pendant trois mois dans la maison de son père. ²¹ Lorsqu'il fut abandonné, la fille du Pharaon le

**Joseph**

*Pour Étienne, la vie de Joseph est exemplaire: il est repoussé par ses propres frères, mais, sauvé par Dieu, il atteint une position élevée en Égypte. De même, Jésus passe par la souffrance avant d'être élevé aux côtés de Dieu. L'illustration représente un haut dignitaire égyptien sur un char de combat dans une bataille.*

« Ce Moïse... c'est lui que Dieu a envoyé comme chef et libérateur. » (Actes 7,35)
Dans le discours d'Étienne, Jésus est présenté comme le prophète semblable à Moïse. Moïse a été rejeté, comme Jésus l'a été. Pourtant il était apparu comme le chef et le libérateur d'Israël, celui qui accomplissait des signes et des prodiges et qui intervenait en tant qu'intermédiaire entre Dieu et les hommes.

ט

**Moïse**

Comme Joseph, Moïse est d'abord repoussé par ses « frères », les Israélites, parce qu'il a tué un Égyptien pour défendre l'un d'entre eux. Et pourtant, c'est lui qui conduira le peuple à la liberté. D'après Étienne, Moïse a annoncé la venue de Jésus (verset 37) et sa vie elle-même est à mettre en parallèle avec celle de Jésus, le Sauveur attendu.
Les acacias du Néguev évoquent le désert du Sinaï où, selon le livre de l'Exode, Moïse fut appelé par Dieu.

recueillit et l'éleva comme son propre fils. ²² Ainsi, Moïse fut instruit dans toutes les sciences des Égyptiens et devint un homme influent par ses paroles et ses actes. ²³ Quand il eut quarante ans, Moïse décida d'aller voir ses frères de race, les Israélites. ²⁴ Il vit un Égyptien maltraiter l'un d'eux ; il prit la défense de l'homme malmené et, pour le venger, tua l'Égyptien. ²⁵ Il pensait que ses frères israélites comprendraient que Dieu allait leur accorder la délivrance en se servant de lui ; mais ils ne le comprirent pas. ²⁶ Le lendemain, Moïse rencontra deux Israélites qui se battaient et il voulut rétablir la paix entre eux. "Mes amis, leur dit-il, vous êtes frères ; pourquoi vous maltraitez-vous ?" ²⁷ Mais celui qui maltraitait son compagnon repoussa Moïse en lui disant : "Qui t'a établi comme chef et juge sur nous ? ²⁸ Veux-tu me tuer comme tu as tué hier l'Égyptien ?" ²⁹ A ces mots, Moïse s'enfuit et alla vivre dans le pays de Madian. Là-bas, il eut deux fils.

³⁰ « Quarante ans plus tard, dans le désert proche du mont Sinaï, un ange apparut à Moïse dans les flammes d'un buisson en feu. ³¹ Moïse fut étonné en voyant cette apparition. Mais au moment où il s'avançait pour regarder de plus près, il entendit la voix du Seigneur qui disait : ³² "Je suis le Dieu de tes ancêtres, le Dieu d'Abraham, d'Isaac et de Jacob". Tremblant de peur, Moïse n'osait plus regarder. ³³ Alors le Seigneur lui dit : "Enlève tes sandales, car tu te trouves dans un endroit consacré. ³⁴ J'ai vu comment on maltraite mon peuple en Égypte, j'ai entendu ses gémissements et je suis venu pour le délivrer. Va maintenant, je veux t'envoyer en Égypte."

³⁵ « Ce même Moïse que les Israélites avaient rejeté en lui disant : "Qui t'a établi comme chef et juge ?", Dieu l'a envoyé comme chef et libérateur, par l'intermédiaire de l'ange qui lui était apparu dans le buisson. ³⁶ C'est Moïse qui a fait sortir les Israélites d'Égypte, en accomplissant des prodiges et des miracles dans ce pays, à la mer Rouge et au désert pendant quarante ans. ³⁷ C'est Moïse encore qui dit aux Israélites : "Dieu vous enverra un prophète comme moi, qui sera un membre de votre peuple." ³⁸ De plus, alors que le peuple d'Israël était assemblé dans le désert, c'est lui qui se tenait entre nos ancêtres et l'ange qui lui parlait sur le mont Sinaï ; il reçut les paroles vivantes de Dieu, pour nous les transmettre. ³⁹ Mais nos ancêtres ne voulurent pas lui obéir ; ils le repoussèrent et désirèrent retourner en Égypte. ⁴⁰ Ils dirent à

Aaron : "Fais-nous des dieux qui marchent devant nous, car nous ne savons pas ce qui est arrivé à ce Moïse qui nous a fait sortir d'Égypte." ⁴¹ Ils fabriquèrent alors un veau et offrirent un sacrifice à cette idole, ils fêtèrent joyeusement ce qu'ils avaient eux-mêmes fabriqué. ⁴² Mais Dieu se détourna d'eux et les laissa adorer les astres du ciel, comme il est écrit dans le livre des prophètes :

"Peuple d'Israël, est-ce à moi
que vous avez offert des animaux et d'autres sacrifices
pendant quarante ans dans le désert ?
⁴³ Non, mais vous avez porté la tente du dieu Molok
et l'image de votre dieu-étoile Réphan,
ces idoles que vous aviez faites pour les adorer.
C'est pourquoi je vous déporterai
au-delà de Babylone."
⁴⁴ « Dans le désert, nos ancêtres avaient la tente qui renfermait le document de l'alliance. Elle était faite comme Dieu l'avait ordonné à Moïse : en effet, il avait dit à Moïse de reproduire le modèle qu'il avait vu. ⁴⁵ Cette tente fut transmise à nos ancêtres de la génération suivante ; ils l'emportèrent avec eux lorsque, sous la conduite de Josué, ils conquirent le pays des nations que Dieu chassa devant eux. Elle y resta jusqu'à l'époque de David. ⁴⁶ Celui-ci obtint la faveur de Dieu et lui demanda la permission de donner une demeure sainte pour les descendants de Jacob. ⁴⁷ Toutefois, ce fut Salomon qui lui bâtit une maison. ⁴⁸ Mais le Dieu très-haut n'habite pas dans des maisons construites par les hommes. Comme le déclare le prophète :
⁴⁹ "Le ciel est mon trône, dit le Seigneur,
et la terre un escabeau sous mes pieds.

« C'est Moïse qui a fait sortir les Israélites d'Égypte, en accomplissant des prodiges et des miracles dans ce pays. » (Actes 7,36)
Le deuxième livre de l'Ancien Testament, l'Exode, raconte comment Dieu infligea dix fléaux au pays d'Égypte à cause de l'obstination du Pharaon qui refusait de laisser partir le peuple d'Israël alors tenu en esclavage dans son pays. Le dixième fléau fut si mortel que le Pharaon ordonna aux Israélites de quitter l'Égypte. Mais une fois les Israélites partis, le Pharaon les poursuivit avec son armée. Arrivés au bord de la mer Rouge, les Israélites purent la traverser miraculeusement à pied sec, mais les eaux se refermèrent sur les Égyptiens qui périrent engloutis. Après cette délivrance, Moïse conduisit son peuple dans le désert pendant quarante ans avant l'entrée en Terre promise.

Assemblée dans le désert, tableau de L. Belotti, XVIIIᵉ siècle.

« Fais-nous des dieux qui marchent devant nous... » (Actes 7,40)
Au début de sa longue traversée dans le désert, le peuple israélite a rompu son alliance avec Dieu pour se livrer à l'idolâtrie en se fabriquant des dieux, tels que le veau d'or. Moïse et les prophètes après lui ont dénoncé avec virulence de telles pratiques et ont appelé leur peuple à se détourner des idoles pour revenir à Dieu et l'adorer lui seul.

Quel genre de maison pourriez-vous me bâtir ? En quel endroit pourrais-je m'installer ? ⁵⁰ N'ai-je pas fait tout cela de mes mains ?"

⁵¹ « Vous, hommes rebelles, dont le cœur et les oreilles sont fermés aux appels de Dieu, vous résistez toujours au Saint-Esprit ! Vous êtes comme vos ancêtres ! ⁵² Lequel des prophètes vos ancêtres n'ont-ils pas persécuté ? Ils ont tué ceux qui ont annoncé la venue du seul juste ; et maintenant, c'est lui que vous avez trahi et tué. ⁵³ Vous qui avez reçu la loi de Dieu par l'intermédiaire des anges, vous n'avez pas obéi à cette loi ! »

## La mort d'Étienne

⁵⁴ Les membres du Conseil devinrent furieux en entendant ces paroles et ils grinçaient des dents de colère contre Étienne. ⁵⁵ Mais lui, rempli du Saint-Esprit, regarda vers le ciel ; il vit la gloire de Dieu et Jésus debout à la droite de Dieu. ⁵⁶ Il dit : « Écoutez, je vois les cieux ouverts et le Fils de l'homme debout à la droite de Dieu. » ⁵⁷ Ils poussèrent alors de grands cris et se bouchèrent les oreilles. Ils se précipitèrent tous ensemble sur lui, ⁵⁸ l'entraînèrent hors de la ville et se mirent à lui jeter des pierres pour le tuer. Les témoins laissèrent leurs vêtements à la garde d'un jeune homme appelé Saul. ⁵⁹ Tandis qu'on lui jetait des pierres, Étienne priait ainsi : « Seigneur Jésus, reçois mon esprit ! » ⁶⁰ Puis il tomba à genoux et cria avec force : « Seigneur, ne les tiens pas pour coupables de ce péché ! » Après avoir dit ces mots, il mourut.

*La Lapidation d'Étienne, tableau de Domenichino (1581-1641) et Annibale Carracci (1560-1609). Étienne voit Jésus à la droite du Père dans les cieux ouverts. Au premier plan est agenouillé le pharisien Saul (le futur apôtre Paul), qui d'abord condamne le lapidé avant de suivre ses traces et de devenir à son tour un témoin du Christ.*

# 8 ¹ Et Saul approuvait le meurtre d'Étienne.

## Saul persécute l'Église

Le même jour commença une grande persécution contre l'Église de Jérusalem. Tous les croyants, excepté les apôtres, se dispersèrent dans les régions de Judée et de Samarie. ² Des hommes pieux enterrèrent Étienne et pleurèrent abondamment sur sa mort.

³ Saul, lui, s'efforçait de détruire l'Église ; il allait de maison en maison, en arrachait les croyants, hommes et femmes, et les jetait en prison.

## Philippe annonce la Bonne Nouvelle en Samarie

⁴ Ceux qui avaient été dispersés parcouraient le pays en annonçant la Bonne Nouvelle. ⁵ Philippe se rendit dans la principale ville de Samarie et se mit à annoncer le Messie à ses habitants. ⁶ La population tout entière était très attentive aux paroles de Philippe quand elle l'entendait et voyait les miracles qu'il accomplissait. ⁷ En effet, des esprits mauvais sortaient de beaucoup de malades en poussant un grand cri et de nombreux paralysés et boiteux étaient également guéris. ⁸ Ainsi, la joie fut grande dans cette ville.

⁹ Un homme appelé Simon se trouvait déjà auparavant dans cette même ville. Il pratiquait la magie et provoquait l'étonnement de la population de la Samarie. Il prétendait

« Je vois les cieux ouverts et le Fils de l'homme debout à la droite de Dieu. »
(Actes 7,56)

### La persécution

La persécution avait atteint les apôtres Pierre et Jean, puis Étienne. L'Église de Jérusalem est à présent touchée. Il semble que les Hellénistes – des Juifs de culture grecque – soient visés plus que les fidèles hébreux. La persécution n'intimide en rien les disciples qui profitent de leur dispersion pour proclamer autour d'eux le message de la Bonne Nouvelle.

### Philippe et la Samarie

Philippe était l'un des sept hommes choisis pour aider les apôtres. La principale ville de Samarie (entre la Galilée et la Judée). désigne probablement Sébaste, la nouvelle cité bâtie par Hérode le Grand (Nabus, aujourd'hui). Lorsque l'ancienne capitale, Samarie, fut prise par les Assyriens en 721 av. J.-C., ses habitants furent remplacés par des non-Israélites, connus sous le nom de Samaritains. Plus tard, les Samaritains ne s'entendirent pas avec les Juifs installés à Jérusalem à leur retour d'exil de Babylone. Les Samaritains adoraient Dieu dans un temple sur le mont Garizim, alors que les Juifs rendaient leur culte au temple de Jérusalem qu'ils avaient reconstruit.

Pierre et Jean guérissant le boiteux, illustration de Gustave Doré (La Sainte Bible, 1866).

être quelqu'un d'important, [10] et tous, des plus jeunes aux plus âgés, lui accordaient beaucoup d'attention. On disait : « Cet homme est la puissance de Dieu, celle qu'on appelle "la grande puissance". » [11] Ils lui accordaient donc

**Un homme appelé Simon**

*La conversion de Simon est douteuse. Il fut connu plus tard sous le nom de « Simon le Magicien » et l'on donna au Moyen Age le nom de « simonie » au commerce des choses spirituelles. Simon croyait au message de Philippe, mais ne pouvait se défaire de l'emprise de ses pratiques magiques. Ses actes merveilleux lui valaient le respect de tout son entourage, si bien que l'on comparait son pouvoir à la puissance même de Dieu. Mais Simon confondait les œuvres de l'Esprit et les pratiques magiques qu'il opérait. Il ignorait que le Saint Esprit est un don de Dieu offert gratuitement à tous ceux qui ont la foi et que les miracles accomplis par sa puissance témoignent de l'amour de Dieu. Les pratiques magiques étonnent et soulignent un pouvoir, les œuvres de l'Esprit transforment et libèrent.*

beaucoup d'attention, car il y avait longtemps qu'il les étonnait par ses pratiques magiques. [12] Mais quand ils crurent à la Bonne Nouvelle que Philippe annonçait au sujet du Royaume de Dieu et de la personne de Jésus-Christ, ils se firent baptiser, hommes et femmes. Simon lui-même crut et fut baptisé ; il restait auprès de Philippe et il était rempli d'étonnement en voyant les grands miracles et prodiges qui s'accomplissaient.

[14] Les apôtres qui étaient à Jérusalem apprirent que les habitants de la Samarie avaient reçu la parole de Dieu ; ils leur envoyèrent alors Pierre et Jean. [15] Quand ceux-ci arrivèrent en Samarie, ils prièrent pour les croyants afin qu'ils reçoivent le Saint-Esprit. [16] En effet, le Saint-Esprit n'était encore descendu sur aucun d'eux ; ils avaient seulement été baptisés au nom du Seigneur Jésus. [17] Alors Pierre et Jean posèrent les mains sur eux et ils reçurent le Saint-Esprit. [18] Quand Simon vit que l'Esprit était donné aux croyants lorsque les apôtres posaient les mains sur eux, il offrit de l'argent à Pierre et Jean [19] en disant : « Accordez-moi aussi ce pouvoir, afin que ceux sur qui je poserai les mains reçoivent le Saint-Esprit. » [20] Mais Pierre lui répondit : « Que ton argent soit détruit avec toi, puisque tu as pensé que le don de Dieu peut s'acheter avec de l'argent ! [21] Tu n'as aucune part ni aucun droit en cette affaire, car ton cœur n'est pas honnête aux yeux de Dieu. [22] Rejette donc ta mauvaise intention et prie le Seigneur pour que, si possible, il te pardonne d'avoir eu une telle pensée. [23] Je vois, en effet, que tu es plein d'un mal amer et que tu es prisonnier du péché. » [24] Simon dit

alors à Pierre et Jean : « Priez vous-mêmes le Seigneur pour moi, afin qu'il ne m'arrive rien de ce que vous avez dit. » <sup>25</sup> Après avoir rendu témoignage en prêchant la parole du Seigneur, les deux apôtres retournèrent à Jérusalem. En chemin, ils annoncèrent la Bonne Nouvelle dans de nombreux villages de Samarie.

## Philippe et le fonctionnaire éthiopien

<sup>26</sup> Un ange du Seigneur dit à Philippe : « Tu vas partir en direction du sud, sur la route qui descend de Jérusalem à Gaza. Cette route est déserte. » <sup>27</sup> Philippe partit aussitôt. Et, sur son chemin, un homme se présenta : c'était un eunuque éthiopien, haut fonctionnaire chargé d'administrer les trésors de Candace, la reine d'Éthiopie ; il était venu à Jérusalem pour adorer Dieu <sup>28</sup> et il retournait chez lui. Assis sur son char, il lisait le livre du prophète Ésaïe. <sup>29</sup> Le Saint-Esprit dit à Philippe : « Va rejoindre ce char. » <sup>30</sup> Philippe s'en approcha en courant et entendit l'Éthiopien qui lisait le livre du prophète Ésaïe. Il lui demanda : « Comprends-tu ce que tu lis ? » <sup>31</sup> L'homme répondit : « Comment pourrais-je comprendre, si personne ne m'éclaire ? » Et il invita Philippe à monter sur le char pour s'asseoir à côté de lui. <sup>32</sup> Le passage de l'Écriture qu'il lisait était celui-ci :

« Il a été comme une brebis qu'on mène à l'abattoir,
comme un agneau qui reste muet devant celui qui le tond.
Il n'a pas dit un mot.
<sup>33</sup> Il a été humilié et n'a pas obtenu justice.
Qui pourra parler de ses descendants ?
Car on a mis fin à sa vie sur terre. »

<sup>34</sup> Le fonctionnaire demanda à Philippe : « Je t'en prie, dis-moi de qui le prophète parle-t-il ainsi ? Est-ce de lui-même ou de quelqu'un d'autre ? » <sup>35</sup> Philippe prit alors la parole et, en partant de ce passage de l'Écriture, il lui annonça la Bonne Nouvelle de Jésus. <sup>36</sup> Ils continuèrent leur chemin et arrivèrent à un endroit où il y avait de l'eau. Le fonctionnaire dit alors : « Voici de l'eau ; qu'est-ce qui empêche que je sois baptisé ? » [<sup>37</sup> Philippe lui dit : « Si tu crois de tout ton cœur, tu peux être baptisé. » Et l'homme répondit : « Je crois que Jésus-Christ est le Fils de Dieu. »] <sup>38</sup> Puis il fit arrêter le char. Philippe descendit avec lui dans l'eau et il le baptisa. <sup>39</sup> Quand ils furent sortis de l'eau, l'Esprit du Seigneur enleva Philippe. Le fonctionnaire ne le vit plus, mais il continua son chemin tout joyeux. <sup>40</sup> Philippe se retrouva à Azot, puis il passa de ville en ville, en annonçant partout la Bonne Nouvelle, jusqu'au moment où il arriva à Césarée.

« C'était un eunuque éthiopien, haut fonctionnaire chargé d'administrer les trésors de Candace, la reine d'Éthiopie. » (Actes 8,27)
A cette époque, l'Éthiopie était le nom de la région située dans la partie sud du Nil. Les Hébreux l'appelaient « Koush », qui veut dire « Noir ». Les habitants de ce pays étaient sans doute des gens de couleur. Dans le premier livre de la Bible, la Genèse, Koush est le nom donné à l'un des petits-enfants de Noé dont les descendants vivaient au sud de l'Égypte. Pendant le premier millénaire av. J.-C., cette région était appelée le Royaume de Nubie. Aujourd'hui, il s'agit du Soudan.

Vue sur Césarée
La ville de Césarée fondée par Hérode le Grand était à la fois un port important et une des villes principales de la province de Judée. Aujourd'hui, seules des ruines rappellent son ancienne prospérité.

269

## La conversion de Saul

**9** **1** Pendant ce temps, Saul ne cessait de menacer de mort les disciples du Seigneur. Il alla trouver le grand-prêtre **2** et lui demanda des lettres d'introduction pour les synagogues de Damas, afin que, s'il y trouvait des personnes, hommes ou femmes, qui suivaient le chemin du Seigneur, il puisse les arrêter et les amener à Jérusalem. **3** Il était en route pour Damas et approchait de cette ville, quand, tout à coup, une lumière qui venait du ciel brilla autour de lui. **4** Il tomba à terre et entendit une voix qui lui disait : « Saul, Saul, pourquoi me persécutes-tu ? » **5** Il demanda : « Qui es-tu Seigneur ? » Et la voix répondit : « Je suis Jésus que tu persécutes. **6** Mais relève-toi, entre dans la ville, et là on te dira ce que tu dois faire. » **7** Les compagnons de voyage de Saul s'étaient arrêtés sans pouvoir dire un mot ; ils entendaient la voix, mais ne voyaient personne. **8** Saul se releva de terre et ouvrit les yeux, mais il ne voyait plus rien. On le prit par la main pour le conduire à Damas. **9** Pendant trois jours, il fut incapable de voir et il resta sans rien manger ni boire.

**10** Il y avait à Damas un disciple appelé Ananias. Le Seigneur lui apparut dans une vision et lui dit : « Ananias ! » Il répondit : « Me voici, Seigneur. » **11** Le Seigneur lui dit : « Tu vas te rendre tout de suite dans la rue Droite et, dans la maison de Judas, demande un homme de Tarse appelé Saul. Il prie en ce moment **12** et, dans une vision, il a vu un homme appelé Ananias qui entrait et posait les mains sur lui afin qu'il puisse voir de nouveau. » **13** Ananias répondit : « Seigneur, de nombreuses personnes m'ont parlé de cet homme et m'ont dit tout le mal qu'il a fait à tes fidèles à Jérusalem. **14** Et il est venu ici avec le pouvoir que lui ont accordé les chefs des prêtres d'arrêter tous ceux qui font appel à ton nom. » **15** Mais le Seigneur lui dit : « Va, car j'ai choisi cet homme et je l'utiliserai pour faire connaître mon nom aux autres nations et à leurs rois, ainsi qu'au peuple d'Israël. **16** Je lui montrerai moi-même tout ce qu'il devra souffrir pour moi. » **17** Alors Ananias partit. Il entra dans la maison, posa les mains sur Saul et lui dit : « Saul, mon frère, le Seigneur Jésus qui t'est apparu sur le chemin par lequel tu venais m'a envoyé pour que tu puisses voir de nouveau et que tu sois rempli du Saint-Esprit. » **18** Aussitôt, des sortes d'écailles tombèrent des yeux de

---

### La conversion de Saul-Paul

*Il existe plusieurs récits de la conversion du Pharisien Saul dans le Nouveau Testament. Celui qui s'opposait farouchement au Christ se trouve transformé et propage le message de l'Évangile avec confiance. Cette mission, nous dit Luc, lui est confiée par le Christ ressuscité qui va l'envoyer « pour faire connaître mon nom aux autres nations, à leurs rois et au peuple d'Israël » (Actes 9,15). Le nouvel apôtre sera peu à peu désigné par son nom grec « Paul » et non plus par son nom hébreu « Saul ». Juif né à Tarse, en Asie Mineure, Paul a étudié à Jérusalem. Il était donc tout aussi à l'aise dans la culture juive que grecque, ce qui constituait un grand avantage pour sa mission auprès des non-Juifs.*

*Le Baptême de Paul par Ananias. Art byzantin (395-1453).*

Saul et il put voir de nouveau. Il se leva et fut baptisé ; [19] puis il mangea et les forces lui revinrent.

## Saul prêche à Damas

Saul resta quelques jours avec les disciples qui étaient à Damas. [20] Il se mit immédiatement à prêcher dans les synagogues, en proclamant que Jésus est le Fils de Dieu. [21] Tous ceux qui l'entendaient étaient étonnés et demandaient : « N'est-ce pas cet homme qui persécutait violemment à Jérusalem ceux qui font appel au nom de Jésus ? Et n'est-il pas venu ici exprès pour les arrêter et les ramener aux chefs des prêtres ? » [22] Mais Saul se montrait toujours plus convaincant : les Juifs qui vivaient à Damas ne savaient plus que lui répondre quand il leur démontrait que Jésus est le Messie.

[23] Après un certain temps, les Juifs prirent ensemble la décision de faire mourir Saul, [24] mais il fut averti de leur complot. On surveillait les portes de la ville jour et nuit, afin de le mettre à mort. [25] Alors les disciples de Saul l'emmenèrent de nuit pour le faire passer de l'autre côté du mur de la ville, en le descendant dans une corbeille.

## Saul à Jérusalem

[26] Arrivé à Jérusalem, Saul essaya de se joindre aux disciples ; mais tous en avaient peur, car ils ne croyaient pas qu'il fût vraiment un disciple. [27] Barnabas le prit alors avec lui et le conduisit auprès des apôtres. Il leur raconta comment Saul avait vu le Seigneur en cours de route et comment le Seigneur lui avait parlé. Il leur dit aussi avec quelle assurance Saul avait prêché au nom de Jésus à Damas. [28] A partir de ce moment, Saul se tint avec eux, il allait et venait dans Jérusalem et prêchait avec assurance au nom du Seigneur. [29] Il s'adressait aussi aux Juifs de langue grecque et discutait avec eux ; mais ceux-ci cherchaient à le faire mourir. [30] Quand les frères l'apprirent, ils conduisirent Saul à Césarée, d'où ils le firent partir pour Tarse.

[31] L'Église était alors en paix dans toute la Judée, la Galilée et la Samarie ; elle se fortifiait et vivait dans la soumission au Seigneur, elle s'accroissait grâce à l'aide du Saint-Esprit.

## La guérison d'Énée

[32] Pierre, qui parcourait tout le pays, se rendit un jour chez les croyants qui vivaient à Lydda. [33] Il y trouva un homme appelé Énée qui était couché sur un lit depuis

Cette mosaïque provenant d'une synagogue antique (Jéricho, V<sup>e</sup> ou VI<sup>e</sup> siècle), représente le chandelier à sept branches du temple de Jérusalem qui symbolise la lumière de Dieu. Saul était très attentif à vivre en conformité avec la loi de Dieu et la lumière qu'elle apporte. Il déclare dans l'une de ses lettres : « Je surpassais bien des compatriotes juifs de mon âge dans la pratique de la religion juive; j'étais beaucoup plus zélé qu'eux pour les traditions de nos ancêtres » (Galates 1,14).

Vestiges de la porte de Cléopâtre, à Tarse. Tarse, ville natale de l'apôtre Paul, est située au sud-est de l'Asie mineure, près de la Méditerranée.

**Pierre**

*Pierre parcourt la Palestine
pour rendre visite aux
premières communautés
chrétiennes. D'après le livre
des Actes, l'apôtre accomplit
des miracles qui rappellent
ceux du Christ et encourage
les nouveaux croyants.
En établissant ainsi un lien
entre les Églises de la Palestine et celle de Jérusalem,
Pierre remplit un rôle de
coordinateur dans la vie de
l'Église naissante.
La découverte qu'il va faire à
Césarée avec la conversion
du non-juif Corneille (Actes
10-11) constitue l'événement
clé de sa tournée, car elle
bouleversera sa conception
de l'Église et du don de la foi
aux non-juifs.*

huit ans, parce qu'il était paralysé. ³⁴ Pierre lui dit : « Énée, Jésus-Christ te guérit ! Lève-toi et fais ton lit. » Aussitôt Énée se leva. ³⁵ Tous les habitants de Lydda et de la plaine de Saron le virent et se convertirent au Seigneur.

## Dorcas est ramenée à la vie

³⁶ Il y avait à Jaffa une femme croyante appelée Tabitha. – Ce nom se traduit en grec par « Dorcas », ce qui signifie « gazelle ». – Elle était continuellement occupée à faire du bien et à venir en aide aux pauvres. ³⁷ En ce temps-là, elle tomba malade et mourut. Après avoir lavé son corps, on le déposa dans une chambre, en haut de la maison. ³⁸ Les disciples de Jaffa avaient appris que Pierre se trouvait à Lydda, qui est proche de Jaffa. Ils lui envoyèrent deux hommes avec ce message : « Nous t'en prions, viens chez nous sans tarder. » ³⁹ Pierre partit tout de suite avec eux. Lorsqu'il fut arrivé, on le conduisit dans la chambre située en haut de la maison. Toutes les veuves s'approchèrent de lui en pleurant ; elles lui montrèrent les chemises et les manteaux que Tabitha avait faits quand elle vivait encore. ⁴⁰ Pierre fit sortir tout le monde, se mit à genoux et pria. Puis il se tourna vers le corps et dit : « Tabitha, lève-toi ! » Elle ouvrit les yeux et, quand elle vit Pierre, elle s'assit. ⁴¹ Pierre lui prit la main et l'aida à se lever. Il appela ensuite les croyants et les veuves, et la leur présenta vivante. ⁴² On le sut dans toute la ville de Jaffa et beaucoup crurent au Seigneur. ⁴³ Pierre resta assez longtemps à Jaffa chez un ouvrier sur cuir, appelé Simon.

## Pierre appelé chez Corneille

**10** ¹ Il y avait à Césarée un homme appelé Corneille, qui était capitaine dans un bataillon romain dit « bataillon italien ». ² Cet homme était pieux et, avec toute sa famille, il participait au culte rendu à Dieu. Il accordait une aide généreuse aux pauvres du peuple juif et priait Dieu régulièrement. ³ Un après-midi, vers trois heures, il eut une vision : il vit distinctement un ange de Dieu entrer chez lui et lui dire : « Corneille ! » ⁴ Il regarda l'ange avec frayeur et lui dit : « Qu'y a-t-il, Seigneur ? » L'ange lui répondit : « Dieu a prêté attention à tes prières et à l'aide que tu as apportée aux pauvres, et il ne t'oublie pas. ⁵ Maintenant donc, envoie des hommes à Jaffa pour en faire venir un certain Simon, surnommé Pierre. ⁶ Il loge chez un ouvrier sur cuir nommé Simon, dont la maison est au bord de la mer. » ⁷ Quand l'ange qui venait de lui parler fut parti,

*Vue sur la ville de Césarée
aujourd'hui.
Le gouverneur romain résidait
dans la ville portuaire de
Césarée et une garnison y
était stationnée.*

Corneille appela deux de ses serviteurs et l'un des soldats attachés à son service, qui était un homme pieux. [8] Il leur raconta tout ce qui s'était passé, puis les envoya à Jaffa.

[9] Le lendemain, tandis qu'ils étaient en route et approchaient de Jaffa, Pierre monta sur le toit en terrasse de la maison, vers midi, pour prier. [10] Il eut faim et voulut manger. Pendant qu'on lui préparait un repas, il eut une vision. [11] Il vit le ciel ouvert et quelque chose qui en descendait : une sorte de grande nappe, tenue aux quatre coins, qui s'abaissait à terre. [12] Et dedans il y avait toutes sortes d'animaux quadrupèdes et de reptiles, et toutes sortes d'oiseaux. [13] Une voix lui dit : « Debout, Pierre, tue et mange ! » [14] Mais Pierre répondit : « Oh non ! Seigneur, car je n'ai jamais rien mangé d'interdit ni d'impur. » [15] La voix se fit de nouveau entendre et lui dit : « Ne considère pas comme impur ce que Dieu a déclaré pur. » [16] Cela arriva trois fois, et aussitôt après, l'objet fut remonté dans le ciel.

[17] Pierre se demandait quel pouvait être le sens de la vision qu'il avait eue. Or, pendant ce temps, les hommes envoyés par Corneille s'étaient renseignés pour savoir où était la maison de Simon et ils se trouvaient maintenant devant l'entrée. [18] Ils appelèrent et demandèrent : « Est-ce ici que loge Simon, surnommé Pierre ? » [19] Pierre était encore en train de réfléchir au sujet de la vision quand l'Esprit lui dit : « Écoute, il y a ici trois hommes qui te cherchent. [20] Debout, descends et pars avec eux sans hésiter, car c'est moi qui les ai envoyés. » [21] Pierre descendit alors auprès de ces hommes et leur dit : « Je suis celui que vous cherchez. Pourquoi êtes-vous venus ? » [22] Ils répondirent : « Nous venons de la part du capitaine Corneille. C'est un homme droit, qui adore Dieu et que tous les Juifs estiment. Un ange de Dieu lui a recommandé de te faire venir chez lui pour écouter ce que tu as à lui dire. » [23] Pierre les fit entrer et les logea pour la nuit.

Le lendemain, il se mit en route avec eux. Quelques-uns des frères de Jaffa l'accompagnèrent. [24] Le jour suivant, il arriva à Césarée. Corneille les y attendait avec des membres de sa parenté et des amis intimes qu'il avait invités. [25] Au moment où Pierre allait entrer, Corneille vint à sa rencontre et se courba jusqu'à terre devant lui pour le saluer avec grand respect. [26] Mais Pierre le releva en lui disant : « Lève-toi, car je ne suis qu'un homme, moi aussi. »

**Pierre et Corneille**

*Pour mieux comprendre la portée de l'œuvre du Christ en faveur des non-Juifs, Pierre a une vision dont les images le choquent profondément. Il s'agit pour l'apôtre d'accepter que l'entrée dans l'Église n'est pas seulement réservée à ses compatriotes, mais aussi aux païens, appelés à venir à Dieu, à s'ouvrir à la Bonne Nouvelle et à se faire baptiser.*

*Corneille a lui aussi une vision qui le prépare à recevoir le message de Pierre grâce auquel il se rend compte que croire en Dieu et l'honorer ne suffit pas. En présentant ces deux visions (Actes 10 et 11), le livre des Actes souligne que Dieu a pris lui-même l'initiative d'intervenir en faveur des Juifs et des non-Juifs et qu'il leur révèle progressivement son projet par des événements successifs qui permettent à l'Église naissante de comprendre peu à peu que l'Évangile est pour tous.*

²⁷ Puis, tout en continuant à parler avec Corneille, il entra dans la maison où il trouva de nombreuses personnes réunies. ²⁸ Il leur dit : « Vous savez qu'un Juif n'est pas autorisé par sa religion à fréquenter un étranger ou à entrer dans sa maison. Mais Dieu m'a montré que je ne devais considérer personne comme impur ou indigne d'être fréquenté. ²⁹ C'est pourquoi, quand vous m'avez appelé, je suis venu sans faire d'objection. J'aimerais donc savoir pourquoi vous m'avez fait venir. » ³⁰ Corneille répondit : « Il y a trois jours, à la même heure, à trois heures de l'après-midi, je priais chez moi. Tout à coup, un homme aux vêtements resplendissants se trouva devant moi ³¹ et me dit : "Corneille, Dieu a entendu ta prière et n'oublie pas l'aide que tu as apportée aux pauvres. ³² Envoie donc des hommes à Jaffa pour en faire venir Simon, surnommé Pierre. Il loge dans la maison de Simon, un ouvrier sur cuir qui habite au bord de la mer." ³³ J'ai immédiatement envoyé des gens te chercher et tu as bien voulu venir. Maintenant, nous sommes tous ici devant Dieu pour écouter tout ce que le Seigneur t'a chargé de dire. »

## Le discours de Pierre chez Corneille

³⁴ Pierre prit alors la parole et dit : « Maintenant, je comprends vraiment que Dieu n'avantage personne : ³⁵ tout être humain, quelle que soit sa nationalité, qui le respecte et fait ce qui est juste, lui est agréable. ³⁶ Il a envoyé son message au peuple d'Israël, la Bonne Nouvelle de la paix par Jésus-Christ, qui est le Seigneur de tous les

*« Maintenant, je comprends vraiment que Dieu n'avantage personne : tout être humain,, quelle que soit sa nationalité, qui le respecte et fait ce qui est juste, lui est agréable... quiconque croit en lui reçoit le pardon de ses péchés par le pouvoir de son nom. »*
*(Actes 10,34-35.43)*

hommes. ³⁷ Vous savez ce qui est arrivé d'abord en Galilée, puis dans toute la Judée, après que Jean a prêché et baptisé. ³⁸ Vous savez comment Dieu a répandu la puissance du Saint-Esprit sur Jésus de Nazareth. Vous savez aussi comment Jésus a parcouru le pays en faisant le bien et en guérissant tous ceux qui étaient sous le pouvoir du diable, car Dieu était avec lui. ³⁹ Et nous, nous sommes témoins de tout ce qu'il a fait dans le pays des Juifs et à Jérusalem. On l'a fait mourir en le clouant sur la croix.

Pierre dans la maison de Corneille, illustration de Gustave Doré (La Sainte Bible, 1866).

**40** Mais Dieu lui a rendu la vie le troisième jour ; il lui a donné d'apparaître, **41** non à tout le peuple, mais à nous que Dieu a choisis d'avance comme témoins. Nous avons mangé et bu avec lui après que Dieu l'a relevé d'entre les morts. **42** Il nous a commandé de prêcher au peuple et d'attester qu'il est celui que Dieu a établi pour juger les vivants et les morts. **43** Tous les prophètes ont parlé de lui, en disant que quiconque croit en lui reçoit le pardon de ses péchés par le pouvoir de son nom. »

## Des non-Juifs reçoivent le Saint-Esprit

**44** Pendant que Pierre parlait encore, le Saint-Esprit descendit sur tous ceux qui écoutaient son discours. **45** Les croyants d'origine juive qui étaient venus avec Pierre furent stupéfaits de constater que le Saint-Esprit donné par Dieu se répandait aussi sur des non-Juifs. **46** En effet, ils les entendaient parler en des langues inconnues et louer la grandeur de Dieu. Pierre dit alors : **47** « Pourrait-on empêcher ces gens d'être baptisés d'eau, maintenant qu'ils ont reçu le Saint-Esprit aussi bien que nous ? » **48** Et il ordonna de les baptiser au nom de Jésus-Christ. Ils lui demandèrent alors de rester quelques jours avec eux.

## Le rapport de Pierre devant l'Église de Jérusalem

**11** **1** Les apôtres et les frères qui étaient en Judée apprirent que les non-Juifs avaient aussi reçu la parole de Dieu. **2** Quand Pierre revint à Jérusalem, les croyants d'origine juive le critiquèrent **3** en disant : « Tu es entré chez des gens non circoncis et tu as mangé avec eux ! » **4** Alors Pierre leur raconta en détail tout ce qui s'était passé. Il leur dit : **5** « J'étais dans la ville de Jaffa et je priais, lorsque j'eus une vision. Je vis quelque chose qui

*Les croyants juifs de Jérusalem font des reproches à Pierre parce qu'il est allé auprès de non-Juifs sans aucun scrupule. Ils éprouvent beaucoup de difficulté à ne plus tenir compte des traditions du judaïsme. Il sera également difficile aux convertis venant du paganisme de se détourner de certaines traditions païennes. Embrasser la foi n'est pas chose facile, car si elle libère les hommes de l'emprise du mal, elle force en même temps à reconsidérer toute leur façon de vivre et à remettre en question beaucoup d'habitudes. La foi dérange.*

### Antioche

*Située sur l'Oronte, à quelques jours de voyage de Tarse (ville natale de Paul), Antioche était la capitale de la Syrie. Ville de commerce très cosmopolite, elle comptait 500 000 habitants au début de notre ère. La communauté juive importante d'Antioche entretenait d'excellentes relations avec les non-Juifs de la ville, ce qui contribua à faire d'Antioche un centre idéal pour l'Église primitive.*

descendait vers moi : une sorte de grande nappe, tenue aux quatre coins, qui s'abaissait du ciel et qui vint tout près de moi. ⁶ Je regardai attentivement à l'intérieur et vis des animaux quadrupèdes, des bêtes sauvages, des reptiles et des oiseaux. ⁷ J'entendis alors une voix qui me disait : "Debout, Pierre, tue et mange !" ⁸ Mais je répondis : "Oh non ! Seigneur, car jamais rien d'interdit ou d'impur n'est entré dans ma bouche." ⁹ La voix se fit de nouveau entendre du ciel : "Ne considère pas comme impur ce que Dieu a déclaré pur." ¹⁰ Cela se produisit trois fois, puis tout fut remonté dans le ciel. ¹¹ Or, au même moment, trois hommes arrivèrent à la maison où nous étions : ils m'avaient été envoyés de Césarée. ¹² L'Esprit Saint me dit de partir avec eux sans hésiter. Les six frères que j'ai amenés ici m'ont accompagné à Césarée et nous sommes tous entrés dans la maison de Corneille. ¹³ Celui-ci nous raconta comment il avait vu un ange qui se tenait dans sa maison et qui lui disait : "Envoie des hommes à Jaffa pour en faire venir Simon, surnommé Pierre. ¹⁴ Il te dira des paroles qui t'apporteront le salut, à toi, ainsi qu'à toute ta famille." ¹⁵ Je commençais à parler, lorsque le Saint-Esprit descendit sur eux, tout comme il était descendu sur nous au début. ¹⁶ Je me souvins alors de ce que le Seigneur avait dit : "Jean a baptisé avec de l'eau, mais vous, vous serez baptisés avec le Saint-Esprit." ¹⁷ Dieu leur a accordé ainsi le même don que celui qu'il nous a fait quand nous avons cru au Seigneur Jésus-Christ : qui étais-je donc pour m'opposer à Dieu ? » ¹⁸ Après avoir entendu ces mots, tous se calmèrent et louèrent Dieu en disant : « C'est donc vrai, Dieu a donné aussi à ceux qui ne sont pas juifs la possibilité de changer de comportement et de recevoir la vraie vie. »

## L'Église d'Antioche

¹⁹ La persécution qui survint au moment où Étienne fut tué obligea les croyants à se disperser. Certains d'entre eux s'en allèrent jusqu'en Phénicie, à Chypre et à Antioche, mais ils ne prêchaient la parole de Dieu qu'aux Juifs. ²⁰ Cependant, quelques croyants, qui étaient de Chypre et de Cyrène, se rendirent à Antioche et s'adressèrent aussi à des non-Juifs en leur annonçant la Bonne Nouvelle du Seigneur Jésus. ²¹ La puissance du Seigneur était avec eux, de sorte qu'un grand nombre de personnes crurent et se convertirent au Seigneur. ²² Les membres de l'Église de Jérusalem apprirent cette nouvelle. Ils envoyèrent alors Barnabas à Antioche. ²³ Lorsqu'il fut arrivé et qu'il vit comment Dieu avait béni les

croyants, il s'en réjouit et les encouragea tous à demeurer résolument fidèles au Seigneur. ²⁴ Barnabas était en effet un homme bon, rempli du Saint-Esprit et de foi. Un grand nombre de personnes furent gagnées au Seigneur.

²⁵ Barnabas partit ensuite pour Tarse afin d'y chercher Saul. ²⁶ Quand il l'eut trouvé, il l'amena à Antioche. Ils passèrent tous deux une année entière dans cette Église et instruisirent dans la foi un grand nombre de personnes. C'est à Antioche que, pour la première fois, les disciples furent appelés chrétiens. ²⁷ En ce temps-là, des prophètes se rendirent de Jérusalem à Antioche. ²⁸ L'un d'eux, nommé Agabus, guidé par l'Esprit Saint, se mit à annoncer qu'il y aurait bientôt une grande famine sur toute la terre. — Elle eut lieu, en effet, à l'époque où Claude était empereur. — ²⁹ Les disciples décidèrent alors que chacun d'eux donnerait ce qu'il pourrait pour envoyer de l'aide aux frères qui vivaient en Judée. ³⁰ C'est ce qu'ils firent et ils envoyèrent ces dons aux anciens de Judée par l'intermédiaire de Barnabas et Saul.

## Jacques est tué et Pierre emprisonné

**12** ¹ En ce temps-là, le roi Hérode se mit à persécuter quelques-uns des membres de l'Église. ² Il fit mourir par l'épée Jacques, le frère de Jean. ³ Puis, quand il vit que cela plaisait aux Juifs, il fit encore arrêter Pierre, au moment de la fête des pains sans levain. ⁴ Hérode le fit donc saisir et jeter en prison, et il chargea quatre groupes de quatre soldats de le garder. Il pensait le faire juger en public après la Pâque. ⁵ Pierre était donc gardé dans la prison, mais les membres de l'Église priaient Dieu pour lui avec ardeur.

## Pierre est délivré

⁶ Durant la nuit, alors qu'Hérode était sur le point de le faire juger en public, Pierre dormait entre deux soldats. Il était ligoté avec deux chaînes et des gardiens étaient à leur poste devant la porte de la prison. ⁷ Soudain, un ange du Seigneur apparut et la cellule resplendit de lumière. L'ange toucha Pierre au côté, le réveilla et lui dit : « Lève-toi vite ! » Les chaînes tombèrent alors de ses mains. ⁸ Puis l'ange lui dit : « Mets ta ceinture et attache tes sandales. » Pierre lui obéit et l'ange ajouta : « Mets ton manteau et suis-moi. » ⁹ Pierre sortit de la prison en suivant l'ange. Il ne pensait pas que ce que l'ange faisait était réel : il croyait avoir une vision. ¹⁰ Ils passèrent le premier poste de garde, puis le second et arrivèrent à la porte de fer qui donne sur la ville. Cette porte s'ouvrit

*Pour plaire aux Pharisiens, le roi Hérode se met à persécuter les chefs de l'Église. Il s'agit d'Hérode Agrippa Iᵉʳ, le petit-fils d'Hérode le Grand (celui qui chercha à faire mourir l'enfant Jésus). Il régna sur la Judée et sur la Samarie, reconstituant le royaume de son grand-père pendant quelques années, de 41 à 44 ap. J.-C. Parmi les persécutés se trouve l'apôtre Jacques, le frère de Jean. L'Arrestation de Jacques, tableau de Jan von Scorel (1495-1562).*

d'elle-même devant eux et ils sortirent. Ils s'avancèrent dans une rue et, tout à coup, l'ange quitta Pierre.

**Pierre doit fuir Jérusalem**

*Pierre échappe au sort de l'apôtre Jacques, malgré toutes les précautions de ses geôliers. Sa libération est surprenante, mais Pierre doit fuir Jérusalem. Dès lors, sa mission se déroulera hors de Palestine. Elle le mènera, nous dit la tradition, jusqu'à Rome, où il serait mort en martyr à l'époque de l'empereur Néron. Ici, Pierre prie ses amis de saluer Jacques (verset 17). Il s'agit ici d'un autre Jacques, désigné comme le frère de Jésus dans les Actes, qui jouera désormais un rôle important dans la communauté de Jérusalem.*

<sup></sup> **11** Alors Pierre se rendit compte de ce qui était arrivé et dit : « Maintenant, je vois bien que c'est vrai : le Seigneur a envoyé son ange, il m'a délivré du pouvoir d'Hérode et de tout le mal que le peuple juif me souhaitait. » **12** Quand il eut compris la situation, il se rendit à la maison de Marie, la mère de Jean surnommé Marc. De nombreuses personnes s'y étaient réunies pour prier. **13** Pierre frappa à la porte d'entrée et une servante, nommée Rhode, s'approcha pour ouvrir. **14** Elle reconnut la voix de Pierre et en fut si joyeuse que, au lieu d'ouvrir la porte, elle courut à l'intérieur annoncer que Pierre se trouvait dehors. **15** Ils lui dirent : « Tu es folle ! » Mais elle assurait que c'était bien vrai. Ils dirent alors : « C'est son ange. » **16** Cependant, Pierre continuait à frapper. Quand ils ouvrirent enfin la porte, ils le virent et furent stupéfaits. **17** De la main, il leur fit signe de se taire et leur raconta comment le Seigneur l'avait conduit hors de la prison. Il dit encore : « Annoncez-le à Jacques et aux autres frères. » Puis il sortit et s'en alla ailleurs. **18** Quand il fit jour, il y eut une grande agitation parmi les soldats : ils se demandaient ce que Pierre était devenu. **19** Hérode le fit rechercher, mais on ne le trouva pas. Il fit interroger les gardes et donna l'ordre de les exécuter. Ensuite, il se rendit de Judée à Césarée où il resta un certain temps.

## La mort d'Hérode

**20** Hérode était très irrité contre les habitants de Tyr et de Sidon. Ceux-ci se mirent d'accord pour se présenter devant lui. Ils gagnèrent à leur cause Blastus, l'officier de la chambre du roi ; puis ils allèrent demander à Hérode de faire la paix, car leur pays s'approvisionnait dans celui du roi. **21** Au jour fixé, Hérode mit son vêtement royal, s'assit sur son trône et leur adressa publiquement un discours. ²² Le peuple s'écria : « C'est un dieu qui parle et non pas un homme ! » ²³ Mais, au même moment, un ange du Seigneur frappa Hérode, parce qu'il s'était réservé l'honneur dû à Dieu : il fut rongé par les vers et mourut.

²⁴ Or, la parole de Dieu se répandait de plus en plus. ²⁵ Quant à Barnabas et Saul, après avoir achevé leur mission à Jérusalem, ils s'en retournèrent et emmenèrent avec eux Jean surnommé Marc.

## Barnabas et Saul sont choisis pour partir en mission

13 ¹ Dans l'Église d'Antioche, il y avait des prophètes et des enseignants : Barnabas, Siméon – surnommé le Noir –, Lucius – de Cyrène –, Manaën – compagnon d'enfance d'Hérode, qui régnait sur la Galilée –, et Saul. ² Un jour, pendant qu'ils célébraient le culte du Seigneur et qu'ils jeûnaient, le Saint-Esprit leur dit : « Mettez à part Barnabas et Saul pour l'œuvre à laquelle je les ai appelés. » ³ Alors, après avoir jeûné et prié, ils posèrent les mains sur eux et les laissèrent partir.

## Barnabas et Saul à Chypre

⁴ Barnabas et Saul, ainsi envoyés en mission par le Saint-Esprit, se rendirent à Séleucie d'où ils partirent en bateau pour l'île de Chypre. ⁵ Quand ils furent arrivés à Salamine, ils se mirent à annoncer la parole de Dieu dans les synagogues juives. Ils avaient avec eux Jean-Marc pour les aider. ⁶ Ils traversèrent toute l'île jusqu'à Paphos. Là, ils rencontrèrent un magicien appelé Bar-Jésus, un Juif qui se faisait passer pour prophète. ⁷ Il vivait auprès du gouverneur de l'île, Sergius Paulus, qui était un homme intelligent. Celui-ci fit appeler Barnabas et Saul, car il désirait entendre la parole de Dieu. ⁸ Mais le magicien Élymas – tel est son nom en grec – s'opposait à eux et cherchait à détourner de la foi le gouverneur. ⁹ Alors Saul, appelé aussi Paul, rempli du Saint-Esprit, fixa son regard sur lui ¹⁰ et dit : « Homme plein de ruse et de méchanceté, fils du diable, ennemi de tout ce qui est bien ! Ne cesseras-tu jamais de vouloir fausser les plans du Seigneur ? ¹¹ Maintenant, écoute : le Seigneur va te frapper, tu seras aveugle et tu ne verras plus la lumière du soleil pendant un certain temps. » Aussitôt, les yeux d'Élymas s'obscurcirent et il se trouva dans la nuit : il se tournait de tous côtés, cherchant quelqu'un pour le conduire par la main. ¹² Quand le gouverneur vit

*Statue de l'empereur Auguste, portant une toge romaine. L'historien juif Josèphe rapporte qu'Hérode était entré au théâtre vêtu d'une robe en argent et d'un tissu magnifique. Sa tenue contrastait avec le style austère de celle des empereurs de l'époque.*

*« Mettez à part Barnabas et Saul. » (Actes 13,2) L'Église franchit un pas décisif en nommant ses premiers missionnaires. Les nations vont être évangélisées de manière systématique. D'après les Actes, c'est toujours « guidés » par le Saint-Esprit que les apôtres partent en mission.*

*Ancien dallage d'Antioche en Asie Mineure.*

**Paul et Barnabas**

*A partir de ce moment, Saul est appelé Paul dans le livre des Actes. Jusqu'ici Barnabas était mentionné avant Paul, mais ce dernier devient désormais l'apôtre qui assume la responsabilité de l'œuvre missionnaire.*

*Vestiges de la basilique byzantine Saint-Pierre à Antioche, en Asie Mineure.*

ce qui était arrivé, il devint croyant ; il était vivement impressionné par l'enseignement du Seigneur.

## Paul et Barnabas à Antioche de Pisidie

¹³ Paul et ses compagnons s'embarquèrent à Paphos d'où ils gagnèrent Perge, en Pamphylie. Jean-Marc les quitta à cet endroit et retourna à Jérusalem. ¹⁴ Ils continuèrent leur route à partir de Perge et arrivèrent à Antioche de Pisidie. Le jour du sabbat, ils entrèrent dans la synagogue et s'assirent. ¹⁵ Après qu'on eut fait la lecture dans les livres de la loi et des prophètes, les chefs de la synagogue leur firent dire : « Frères, si vous avez quelques mots à adresser à l'assemblée pour l'encourager, vous pouvez parler maintenant. » ¹⁶ Paul se leva, fit un signe de la main et dit : « Gens d'Israël et vous qui participez au culte rendu à Dieu, écoutez-moi ! ¹⁷ Le Dieu du peuple d'Israël a choisi nos ancêtres. Il a fait grandir ce peuple pendant qu'il vivait à l'étranger, en Égypte, puis il l'a fait sortir de ce pays en agissant avec puissance. ¹⁸ Il le supporta pendant environ quarante ans dans le désert. ¹⁹ Ensuite, il extermina sept nations dans le pays de Canaan et remit leur territoire à son peuple comme propriété ²⁰ pour quatre cent cinquante ans environ.

« Après cela, il donna des juges à nos ancêtres jusqu'à l'époque du prophète Samuel. ²¹ Ensuite, ils demandèrent un roi et Dieu leur donna Saül, fils de Quich, de la tribu de Benjamin, qui régna pendant quarante ans. ²² Après avoir rejeté Saül, Dieu leur accorda David comme roi. Il déclara à son sujet : "J'ai trouvé David, fils de Jessé : cet homme correspond à mon désir, il accomplira tout ce que je veux." ²³ L'un des descendants de David fut Jésus que Dieu établit comme Sauveur pour le peuple d'Israël, ainsi qu'il l'avait promis. ²⁴ Avant la venue de Jésus, Jean avait prêché en appelant tout le peuple d'Israël à changer de comportement et à être baptisé. ²⁵ Au moment où Jean arrivait à la fin de son activité, il disait : "Qui pensez-vous que je suis ? Je ne suis pas celui que vous attendez. Mais écoutez : il vient après moi et je ne suis pas même digne de détacher les sandales de ses pieds."

²⁶ « Frères, vous les descendants d'Abraham et vous qui êtes ici pour participer au culte rendu à Dieu : c'est à nous que ce message de salut a été envoyé. ²⁷ En effet, les habitants de Jérusalem et leurs chefs n'ont pas reconnu

qui est Jésus et n'ont pas compris les paroles des prophètes qu'on lit à chaque sabbat. Mais ils ont accompli ces paroles en condamnant Jésus ; [28] et, quoiqu'ils n'aient trouvé aucune raison de le condamner à mort, ils ont demandé à Pilate de le faire mourir. [29] Après avoir accompli tout ce que les Écritures avaient annoncé à son sujet, ils le descendirent de la croix et le déposèrent dans un tombeau. [30] Mais Dieu l'a ramené d'entre les morts. [31] Pendant de nombreux jours, Jésus est apparu à ceux qui l'avaient accompagné de la Galilée à Jérusalem et qui sont maintenant ses témoins devant le peuple d'Israël. [32] Nous-mêmes, nous vous apportons cette Bonne Nouvelle : ce que Dieu avait promis à nos ancêtres, [33] il l'a accompli maintenant pour nous, leurs descendants, en relevant Jésus de la mort. Il est écrit en effet dans le Psaume deux :

*« Ils se mirent à annoncer la parole de Dieu dans les synagogues juives. » (Actes 13,5) Au cours de leurs voyages, les apôtres s'adressent d'abord aux communautés juives du monde romain. Pour eux ce principe correspond à un devoir naturel. Paul déclare aux Juifs qui refusent de l'écouter : « Il fallait que la parole de Dieu vous soit annoncée à vous d'abord » (Actes 13,46). Cependant, beaucoup de Juifs ne répondent pas favorablement à la Bonne Nouvelle. L'apôtre Paul prend alors la décision d'accorder la priorité aux non-Juifs et annonce à ses compatriotes : « Eh bien! nous irons maintenant vers ceux qui ne sont pas juifs » (Actes 13,46).*

*David jouant de la harpe devant Saül, illustration de Lucas de Leyde (vers 1509).*

"C'est toi qui es mon Fils,
à partir d'aujourd'hui, je suis ton Père."
**34** Dieu avait annoncé qu'il le relèverait d'entre les morts pour qu'il ne retourne plus à la pourriture. Il en avait parlé ainsi :
"Je vous donnerai les bénédictions saintes et sûres que j'ai promises à David."
**35** C'est pourquoi il affirme encore dans un autre passage :
"Tu ne permettras pas que ton fidèle pourrisse dans la tombe."
**36** David, lui, a servi en son temps le plan de Dieu ; puis il est mort, il a été enterré auprès de ses ancêtres et a connu la pourriture. **37** Mais celui que Dieu a ramené à la vie n'a pas connu la pourriture. **38-39** Frères, vous devez le savoir : c'est par Jésus que le pardon des péchés vous est annoncé ; c'est par lui que quiconque croit est libéré de tous les péchés dont la loi de Moïse ne pouvait vous délivrer. **40** Prenez garde, donc, qu'il ne vous arrive ce que les prophètes ont écrit :
**41** "Regardez, gens pleins de mépris,
soyez saisis d'étonnement et disparaissez !
Car je vais accomplir de votre vivant une œuvre telle que vous n'y croiriez pas si quelqu'un vous la racontait !" »
**42** Quand Paul et Barnabas sortirent de la synagogue, on leur demanda de revenir au prochain jour du sabbat pour parler de ce même sujet. **43** Après la réunion, beaucoup de Juifs et de gens convertis à la religion juive suivirent Paul et Barnabas. Ceux-ci leur parlaient et les encourageaient à demeurer fidèles à la grâce de Dieu.
**44** Le sabbat suivant, presque toute la population de la ville s'assembla pour entendre la parole du Seigneur. **45** Quand les Juifs virent cette foule, ils furent remplis de jalousie ; ils contredisaient Paul et l'insultaient. **46** Paul et Barnabas leur dirent alors avec assurance : « Il fallait que la parole de Dieu vous soit annoncée à vous d'abord. Mais puisque vous la repoussez et que vous vous jugez ainsi indignes de la vie éternelle, eh bien, nous irons maintenant vers ceux qui ne sont pas juifs. **47** Voici en effet ce que nous a commandé le Seigneur :

*Le premier voyage missionnaire de Paul dura environ une année (vers 47 ap. J.-C.) et le conduisit à Chypre puis au sud de la Turquie actuelle pour retourner à Antioche de Syrie, son point de départ (Actes 12,25-14,28).*

*« Les deux hommes secouèrent contre eux la poussière de leurs pieds. » (Actes 13,51) Secouer la poussière de ses pieds est un geste de rupture. Il signifie que l'envoyé ne doit plus rien aux personnes visitées, pas même la poussière de leur ville qui aurait pu rester attachée à ses chaussures. Parfois, Paul secouait la poussière de ses vêtements contre ses détracteurs juifs (Actes 18,6). Les Juifs accomplissaient cet acte symbolique lorsqu'ils quittaient un pays étranger « impur ». Jésus dit à ses disciples qu'il les avait envoyés en mission, de secouer la poussière de leurs sandales en signe d'avertissement contre ceux qui les rejetaient.*

"Je t'ai établi comme lumière des nations,
afin que tu apportes le salut
jusqu'au bout du monde !" »
**48** Quand les non-Juifs entendirent ces mots, ils se réjouirent et se mirent à louer la parole du Seigneur. Tous ceux qui étaient destinés à la vie éternelle devinrent croyants. **49** La parole du Seigneur se répandait dans toute cette région. **50** Mais les Juifs excitèrent les dames de la bonne société qui adoraient Dieu, ainsi que les notables de la ville ; ils provoquèrent une persécution contre Paul et Barnabas et les chassèrent de leur territoire. **51** Les deux hommes secouèrent contre eux la poussière de leurs pieds et se rendirent à Iconium. **52** Quant aux disciples, à Antioche, ils étaient remplis de joie et du Saint-Esprit.

## Paul et Barnabas à Iconium

**14** **1** A Iconium, Paul et Barnabas entrèrent aussi dans la synagogue des Juifs et parlèrent d'une façon telle qu'un grand nombre de Juifs et de non-Juifs devinrent croyants. **2** Mais ceux des Juifs qui refusaient de croire provoquèrent chez les non-Juifs de mauvais sentiments à l'égard des frères. **3** Cependant, Paul et Barnabas restèrent longtemps à Iconium. Ils parlaient avec assurance, pleins de confiance dans le Seigneur. Le Seigneur leur donnait le pouvoir d'accomplir des miracles et des prodiges et attestait ainsi la vérité de ce qu'ils prêchaient sur sa grâce. **4** La population de la ville se divisa : les uns étaient pour les Juifs, les autres pour les apôtres. **5** Les Juifs et les non-Juifs, avec leurs chefs, se préparaient à maltraiter Paul et Barnabas et à les tuer à coups de pierres. **6** Dès que les deux hommes s'en aperçurent, ils s'enfuirent en direction de Lystre et Derbe, villes de la Lycaonie, et de leurs environs. **7** Ils se mirent à y annoncer la Bonne Nouvelle.

## Paul et Barnabas à Lystre

**8** A Lystre, il y avait un homme qui se tenait assis, car ses pieds étaient paralysés ; il était infirme depuis sa naissance et n'avait jamais pu marcher. **9** Il écoutait ce que Paul disait. Paul fixa les yeux sur lui et vit qu'il avait la foi pour être guéri. **10** Il lui dit alors d'une voix forte : « Lève-toi, tiens-toi droit sur tes pieds ! » L'homme sauta sur ses pieds et se mit à marcher. **11** Quand la foule vit ce que Paul avait fait, elle s'écria dans la langue du pays, le lycaonien : « Les dieux ont pris une forme humaine et sont descendus vers nous ! » **12** Ils appelaient Barnabas « Zeus »

*« Lystre et Derbe, villes de la Lycaonie. » (Actes 14,6) La Lycaonie était un district de la province romaine de Galatie, en Asie Mineure. Iconium, Lystre, Derbe et Antioche de Pisidie en étaient les villes principales. A l'issue de ce voyage, Paul envoya une lettre aux Galates pour les presser de rester fidèles à l'Évangile.*

**Zeus et Hermès**
*Zeus était la divinité principale du panthéon grec; Hermès était son porte-parole. D'après une légende ancienne, ces dieux s'étaient fâchés contre Lystre et avaient détruit la ville parce que ses habitants les avaient mal reçus lors d'une visite. Cette histoire était bien connue des gens de Lystre, d'où leur comportement lors du passage de Barnabas et de Paul.*

*Statue d'Hermès datant du Ve siècle av. J.-C.*

et Paul « Hermès », parce que Paul était le porte-parole. [13] Le prêtre de Zeus, dont le temple était à l'entrée de la ville, amena des taureaux ornés de guirlandes de fleurs devant les portes de ce temple : il voulait, ainsi que la foule, offrir un sacrifice à Barnabas et Paul. [14] Mais quand les deux apôtres l'apprirent, ils déchirèrent leurs vêtements et se précipitèrent dans la foule en criant : [15] « Amis, pourquoi faites-vous cela ? Nous ne sommes que des hommes, tout à fait semblables à vous. Nous vous apportons la Bonne Nouvelle, en vous appelant à abandonner ces idoles inutiles et à vous tourner vers le Dieu vivant qui a fait le ciel, la terre, la mer et tout ce qui s'y trouve. [16] Dans les temps passés, il a laissé toutes les nations suivre leurs propres voies. [17] Pourtant, il s'est toujours manifesté par le bien qu'il fait : du ciel, il vous donne les pluies et les récoltes en leurs saisons, il vous accorde la nourriture et remplit votre cœur de joie. » [18] Même en parlant ainsi, les apôtres eurent de la peine à empêcher la foule de leur offrir un sacrifice.

[19] Des Juifs vinrent d'Antioche de Pisidie et d'Iconium, et ils gagnèrent la confiance de la foule. On jeta des pierres contre Paul pour le tuer, puis on le traîna hors de la ville, en pensant qu'il était mort. [20] Mais quand les croyants s'assemblèrent autour de lui, il se releva et rentra dans la ville. Le lendemain, il partit avec Barnabas pour Derbe.

## Le retour à Antioche de Syrie

[21] Paul et Barnabas annoncèrent la Bonne Nouvelle dans la ville de Derbe où ils firent beaucoup de disciples. Puis ils retournèrent à Lystre, à Iconium et à Antioche de Pisidie. [22] Ils fortifiaient le cœur des croyants, les encourageaient à demeurer fermes dans la foi et leur disaient : « Nous devons passer par beaucoup de souffrances pour entrer dans le Royaume de Dieu. » [23] Dans chaque Église, ils leur désignèrent des anciens et, après avoir jeûné et prié, ils les recommandèrent au Seigneur en qui ils avaient cru.

[24] Ils traversèrent ensuite la Pisidie et arrivèrent en Pamphylie. [25] Ils annoncèrent la parole de Dieu à Perge, puis se rendirent à Attalie. [26] De là, ils partirent en bateau pour Antioche de Syrie, la ville où on les avait confiés à la grâce de Dieu pour l'œuvre qu'ils avaient maintenant accomplie. [27] Arrivés à Antioche, ils réunirent les membres de l'Église et leur racontèrent tout ce que Dieu avait réalisé par eux, et comment il avait ouvert la porte de la foi aux non-Juifs, eux aussi. [28] Paul et Barnabas restèrent assez longtemps avec les croyants d'Antioche.

*« Dans chaque Église, ils leur désignèrent des anciens. » (Actes 14,23)*
*L'Église s'organise. Elle a comme chefs les apôtres, qui désignent des « anciens » pour assumer les responsabilités de la vie des communautés nouvellement créées. L'Église de Jérusalem comptait elle aussi des anciens, mais le livre des Actes reste silencieux sur l'origine de cette institution. Celle-ci semble s'apparenter au conseil d'anciens responsables des communautés juives qui, au moins à Jérusalem, étaient nommés par les grands prêtres.*

## L'assemblée de Jérusalem

**15** ¹ Quelques hommes vinrent de Judée à Antioche et se mirent à donner aux frères cet enseignement : « Vous ne pouvez pas être sauvés si vous ne vous faites pas circoncire comme la loi de Moïse l'ordonne. » ² Paul et Barnabas les désapprouvèrent et eurent une violente discussion avec eux à ce sujet. On décida alors que Paul, Barnabas et quelques autres personnes d'Antioche iraient à Jérusalem pour parler de cette affaire avec les apôtres et les anciens. ³ L'Église leur accorda donc l'aide nécessaire pour ce voyage. Ils traversèrent la Phénicie et la Samarie, en racontant comment les non-Juifs s'étaient tournés vers le Seigneur : cette nouvelle causait une grande joie à tous les frères. ⁴ Quand ils arrivèrent à Jérusalem, ils furent accueillis par l'Église, les apôtres et les anciens, et ils leur racontèrent tout ce que Dieu avait réalisé par eux. ⁵ Mais quelques membres du parti des Pharisiens, qui étaient devenus croyants, intervinrent en disant : « Il faut circoncire les croyants non juifs et leur commander d'obéir à la loi de Moïse. » ⁶ Les apôtres et les anciens se réunirent pour examiner cette question. ⁷ Après une longue discussion, Pierre intervint et dit : « Frères, vous savez que Dieu m'a choisi parmi vous, il y a longtemps, pour que j'annonce la Bonne Nouvelle à ceux qui ne sont pas juifs, afin qu'ils l'entendent et qu'ils croient. ⁸ Et Dieu, qui connaît le cœur des humains, a attesté qu'il les accueillait en leur donnant le Saint-Esprit aussi bien qu'à nous. ⁹ Il n'a fait aucune différence entre eux et nous : il a purifié leur cœur parce qu'ils ont cru. ¹⁰ Maintenant donc, pourquoi défiez-vous Dieu en voulant imposer aux croyants un fardeau que ni nos ancêtres ni nous-mêmes n'avons été capables de porter ? ¹¹ Nous croyons au contraire que nous sommes sauvés par la grâce du Seigneur Jésus, de la même manière qu'eux. »

¹² Alors, toute l'assemblée garda le silence et l'on écouta Barnabas et Paul raconter tous les miracles et les prodiges que Dieu avait accomplis par eux chez les non-Juifs. ¹³ Quand ils eurent fini de parler, Jacques prit la parole et dit : « Frères, écoutez-moi ! ¹⁴ Simon a raconté comment Dieu a pris soin dès le début de ceux qui ne sont pas juifs pour choisir parmi eux un peuple qui lui appartienne. ¹⁵ Et les paroles des prophètes s'accordent avec ce fait, car l'Écriture déclare :

*« Vous ne pouvez pas être sauvés, si vous ne vous faites pas circoncire. » (Actes 15,1) De nombreux Juifs convertis croyaient que l'Église devait observer la Loi rituelle de Moïse. Paul les appelaient des « judaïsants ». Pour l'apôtre, la circoncision était contraire au message de l'Évangile. Dans l'une de ses lettres il déclare fermement : « C'est nous, et non eux, qui représentons la vraie circoncision, car nous servons Dieu par son Esprit, nous plaçons notre fierté en Jésus-Christ et nous ne mettons pas notre confiance dans des pratiques humaines » (Philippiens 3,3).*

**L'assemblée de Jérusalem**

*Vers l'an 49 de notre ère, les apôtres et les anciens des Églises d'Antioche et de Jérusalem se sont réunis à Jérusalem pour résoudre le conflit provoqué par un groupe de Juifs convertis qui exigeaient la circoncision des chrétiens non juifs. Dans la suite, on a appelé cette assemblée le premier Concile, bien qu'il n'ait réuni que quelques responsables de la nouvelle Église. Le débat que rapporte le récit des Actes met en relief les différences entre l'enseignement de la Loi de Moïse et celui de l'Évangile. Le souci de conserver l'unité de tous les chrétiens apparaît clairement au cours de cette discussion qui se conclut sur un accord encourageant.*

¹⁶ "Après cela je reviendrai, dit le Seigneur,
pour reconstruire la maison de David
qui s'était écroulée,
je relèverai ses ruines
et je la redresserai.
¹⁷ Alors tous les autres humains chercheront le Seigneur,
oui, toutes les nations que j'ai appelées à être miennes.
Voilà ce que déclare le Seigneur,
¹⁸ qui a fait connaître ses projets depuis longtemps. »
¹⁹ C'est pourquoi, ajouta Jacques, j'estime qu'on ne doit pas créer de difficultés à ceux, non juifs, qui se tournent vers Dieu. ²⁰ Mais écrivons-leur pour leur demander de ne pas manger de viandes impures provenant de sacrifices offerts aux idoles, de se garder de l'immoralité et de ne pas manger de la chair d'animaux étranglés ni de sang. ²¹ Car, depuis les temps anciens, des hommes prêchent la loi de Moïse dans chaque ville et on la lit dans les synagogues à chaque sabbat. »

## La lettre envoyée aux croyants non juifs

²² Alors les apôtres et les anciens, avec toute l'Église, décidèrent de chōisir quelques-uns d'entre eux et de les envoyer à Antioche avec Paul et Barnabas. Ils choisirent Jude, appelé aussi Barsabbas, et Silas, deux personnages qui avaient de l'autorité parmi les frères. ²³ Ils les chargèrent de porter la lettre suivante :

« Les apôtres et les anciens, vos frères, adressent leurs salutations aux frères d'origine non juive qui vivent à Antioche, en Syrie et en Cilicie. ²⁴ Nous avons appris que des gens venus de chez nous vous ont troublés et inquiétés par leurs paroles. Nous ne leur avions donné aucun ordre à ce sujet. ²⁵ C'est pourquoi, nous avons décidé à l'unanimité de choisir des délégués et de vous les envoyer. Ils accompagneront nos chers amis Barnabas et Paul ²⁶ qui ont risqué leur vie au service de notre Seigneur Jésus-Christ. ²⁷ Nous vous envoyons donc Jude et Silas qui vous diront personnellement ce que nous écrivons ici. ²⁸ En effet, le Saint-Esprit et nous-mêmes avons décidé de ne vous imposer aucun fardeau en dehors des devoirs suivants qui sont indispensables : ²⁹ ne pas manger de viandes provenant de sacrifices offerts aux idoles ; ne pas manger de sang, ni de la chair d'animaux étranglés ; vous garder de l'immoralité. Vous agirez bien en évitant tout cela. Fraternellement à vous ! »

**30** On prit alors congé des délégués et ils se rendirent à Antioche. Ils y réunirent l'assemblée des croyants et leur remirent la lettre. **31** On en fit la lecture et tous se réjouirent de l'encouragement qu'elle apportait. **32** Jude et Silas, qui étaient eux-mêmes prophètes, parlèrent longuement aux frères pour les encourager et les fortifier dans la foi. **33** Ils passèrent quelque temps à cet endroit, puis les frères leur souhaitèrent un paisible voyage de retour vers ceux qui les avaient envoyés. [**34** Mais Silas décida de rester là.] **35** Cependant, Paul et Barnabas restèrent à Antioche. Avec beaucoup d'autres, ils enseignaient et prêchaient la parole du Seigneur.

## Paul et Barnabas se séparent

**36** Quelque temps après, Paul dit à Barnabas : « Retournons visiter les frères dans toutes les villes où nous avons annoncé la parole du Seigneur, pour voir comment ils vont. » **37** Barnabas voulait emmener avec eux Jean surnommé Marc ; **38** mais Paul estimait qu'il ne fallait pas le faire, parce qu'il les avait quittés en Pamphylie et ne les avait plus accompagnés dans leur mission. **39** Ils eurent une si vive discussion qu'ils se séparèrent. Barnabas prit Marc avec lui et s'embarqua pour Chypre, **40** tandis que Paul choisit Silas et partit, après avoir été confié par les frères à la grâce du Seigneur. **41** Il traversa la Syrie et la Cilicie, en fortifiant la foi des Églises.

L'apôtre Paul, par Jacques Callot.

**La Lettre envoyée aux croyants non juifs**

Les chrétiens d'origine juive étaient très attachés aux prescriptions rituelles et alimentaires de la loi juive. En les imposant aux chrétiens non juifs, ils provoquaient des tensions dans la communauté chrétienne. Les recommandations des apôtres réunis à Jérusalem n'imposent plus la circoncision aux non-Juifs mais leur demandent de respecter les exigences morales de la loi de Moïse ainsi que les règles alimentaires héritées du judaïsme. Ces décisions visent à promouvoir l'écoute mutuelle. Paul, à propos des prescriptions alimentaires, écrira plus tard aux chrétiens de Corinthe : « Tout est permis, cependant tout n'est pas utile... Que personne ne cherche son propre intérêt, mais plutôt celui des autres » (1 Corinthiens 10, 23-24). Ces recommandations n'élimineront pas totalement les tensions mais ont permis la sauvegarde de l'unité de l'Église et l'ouverture du message évangélique aux autres cultures.

« Ils eurent une si vive discussion qu'ils se séparèrent. » (Actes 15,39) Paul ne voulait pas que Jean-Marc les quitte une nouvelle fois en pleine mission, alors que Barnabas désirait encourager son cousin, qui se distingua plus tard et devint ensuite l'un des plus fidèles compagnons de Paul. Paul et Barnabas prenaient tous deux leur mission très au sérieux, mais n'ont pu se mettre d'accord et la séparation était devenue inévitable. Mieux valait la franchise, qu'une prétendue unité. La suite des événements leur a donné raison.

## Timothée accompagne Paul et Silas

**16** [1] Paul arriva à Derbe, puis à Lystre. Il y avait là un croyant appelé Timothée ; il était fils d'une Juive devenue chrétienne, mais son père était grec. [2] Les frères qui vivaient à Lystre et à Iconium en disaient beaucoup de bien. [3] Paul désira l'avoir comme compagnon de voyage et le prit donc avec lui. Il le circoncit, à cause des Juifs qui se trouvaient dans ces régions, car tous savaient que son père était grec. [4] Dans les villes où ils passaient, ils communiquaient aux croyants les décisions prises par les apôtres et les anciens de Jérusalem et leur demandaient d'obéir à ces décisions. [5] Les Églises se fortifiaient dans la foi et augmentaient en nombre de jour en jour.

## A Troas, Paul a une vision

[6] Le Saint-Esprit les empêcha d'annoncer la parole de Dieu dans la province d'Asie, de sorte qu'ils traversèrent la Phrygie et la Galatie. [7] Quand ils arrivèrent près de la Mysie, ils eurent l'intention d'aller en Bithynie, mais l'Esprit de Jésus ne le leur permit pas. [8] Ils traversèrent alors la Mysie et se rendirent au port de Troas. [9] Pendant la nuit, Paul eut une vision : il vit un Macédonien, debout, qui lui adressait cette prière : « Passe en Macédoine et viens à notre secours ! » [10] Aussitôt après cette vision, nous avons cherché à partir pour la Macédoine, car nous étions certains que Dieu nous avait appelés à porter la Bonne Nouvelle aux habitants de cette contrée.

*Le deuxième voyage missionnaire de Paul dura environ trois ans (de 48 à 51 apr. J.-C.) Paul fonda d'importantes communautés en Galatie, et, lors de son passage en Macédoine (Actes 16, 9-10), les premières communautés en Europe : Philippes, Thessalonique et Corinthe.*

## A Philippes, Lydie croit au Seigneur

[11] Nous avons embarqué à Troas d'où nous avons gagné directement l'île de Samothrace, puis, le lendemain, Néapolis. [12] De là, nous sommes allés à Philippes, ville du premier district de Macédoine et colonie romaine. Nous avons passé plusieurs jours dans cette ville. [13] Le jour du sabbat, nous sommes sortis de la ville pour aller au bord de la rivière où nous pensions trouver un lieu de prière

**Philippes**

*Philippes était située au nord-est de la Grèce. Cité prospère au temps des apôtres, elle fut fondée par Philippe II de Macédoine en 356 av. J.-C. Paul y établit vers l'an 50 la première communauté chrétienne d'Europe.*

pour les Juifs. Nous nous sommes assis et avons parlé aux femmes qui s'y étaient assemblées. <sup>14</sup> L'une de ces femmes s'appelait Lydie ; elle venait de la ville de Thyatire, était marchande de précieuses étoffes rouges et adorait Dieu. Elle nous écoutait, et le Seigneur la rendit attentive et réceptive aux paroles de Paul. <sup>15</sup> Elle fut baptisée, ainsi que sa famille. Puis elle nous invita en ces termes : « Si vous estimez que je crois vraiment au Seigneur, venez demeurer chez moi. » Et elle nous obligea à accepter.

## Dans la prison de Philippes

<sup>16</sup> Un jour que nous nous rendions au lieu de prière, une servante vint à notre rencontre : il y avait en elle un esprit mauvais qui lui faisait prédire l'avenir, et elle rapportait beaucoup d'argent à ses maîtres par ses prédictions. <sup>17</sup> Elle se mit à nous suivre, Paul et nous, en criant : « Ces hommes sont les serviteurs du Dieu très-haut ! Ils vous annoncent le chemin qui conduit au salut ! » <sup>18</sup> Elle fit cela pendant bien des jours. A la fin, Paul en fut si irrité qu'il se retourna et dit à l'esprit : « Au nom de Jésus-Christ, je t'ordonne de sortir d'elle ! » Et l'esprit sortit d'elle à l'instant même. <sup>19</sup> Quand ses maîtres virent disparaître tout espoir de gagner de l'argent grâce à elle, ils saisirent Paul et Silas et les traînèrent sur la place publique devant les autorités. <sup>20</sup> Ils les amenèrent aux magistrats romains et dirent : « Ces hommes créent du désordre dans notre ville. Ils sont Juifs <sup>21</sup> et enseignent des coutumes qu'il ne nous est pas permis, à nous qui sommes Romains, d'accepter ou de pratiquer. »

<sup>22</sup> La foule se tourna aussi contre eux. Les magistrats firent arracher les vêtements de Paul et Silas et ordonnèrent de les battre à coups de fouet. <sup>23</sup> Après les avoir frappés de nombreux coups, on les jeta en prison et l'on recommanda au gardien de bien les surveiller. <sup>24</sup> Dès qu'il eut reçu cet ordre, le gardien les mit dans une cellule tout au fond de la prison et leur fixa les pieds dans des blocs de bois. <sup>25</sup> Vers minuit, Paul et Silas priaient et chantaient pour louer Dieu ; les autres prisonniers les écoutaient. <sup>26</sup> Tout à coup, il y eut un violent tremblement de terre qui secoua les fondations de la prison. Toutes les portes s'ouvrirent aussitôt et les chaînes de tous les prisonniers se détachèrent. <sup>27</sup> Le gardien se réveilla ; lorsqu'il vit que les portes de la prison étaient ouvertes, il tira son épée pour se tuer, car il pensait que les prisonniers s'étaient

*Ruines de la Basilique St-Jean à Selcuk, Turquie.*

« Nous pensions trouver un lieu de prière pour les Juifs. » (Actes 16,13)
Dans les cités telles que Philippes où se trouvaient peu de Juifs, il n'y avait pas toujours de synagogues, les Juifs se réunissaient souvent près d'un cours d'eau. A Philippes, ils adoraient Dieu au bord d'une rivière.

### La servante et l'esprit mauvais

Le terme grec traduit ici par « esprit mauvais » est « esprit de python ». Le nom Python désignait le serpent mythique qu'on adorait à Delphes, lequel était associé aux fameux oracles de Delphes. Le terme de « python » désigna ensuite ceux par qui l'esprit de python était supposé parler.

*La visite des prisonniers, par Bosse Abraham (1602-1676).*

*Délivrance de saint Paul et Silas, par Claude Halle (1652-1736).*
D'après la loi romaine les gardiens de prison qui laissaient un prisonnier s'évader étaient exécutés. Le gardien de la prison de Philippes préfère se donner la mort plutôt que de faire face à l'humiliation et à la torture. Mais la prédication de l'Évangile le transforme, lui et son entourage.

enfuis. **28** Mais Paul cria de toutes ses forces : « Ne te fais pas de mal ! Nous sommes tous ici ! » **29** Alors le gardien demanda de la lumière, se précipita dans la cellule et, tout tremblant de peur, se jeta aux pieds de Paul et de Silas. **30** Puis il les fit sortir et leur demanda : « Messieurs, que dois-je faire pour être sauvé ? » **31** Ils répondirent : « Crois au Seigneur Jésus et tu seras sauvé, et ta famille avec toi. » **32** Et ils annoncèrent la parole du Seigneur, à lui et à tous ceux qui étaient dans sa maison. **33** Le gardien les emmena à cette heure même de la nuit pour laver leurs blessures. Il fut aussitôt baptisé, ainsi que tous les siens. **34** Il fit monter Paul et Silas chez lui et leur offrit à manger. Cet homme, avec toute sa famille, fut rempli de joie d'avoir cru en Dieu.

**35** Quand il fit jour, les magistrats romains envoyèrent des agents dire au gardien : « Relâche ces gens. » **36** Le gardien vint l'annoncer à Paul en disant : « Les magistrats ont envoyé l'ordre de vous relâcher. Vous pouvez donc sortir et vous en aller en paix. » **37** Mais Paul dit aux agents : « Ils nous ont fait battre en public sans que nous ayons été jugés régulièrement, nous qui sommes citoyens romains ! Puis ils nous ont jetés en prison. Et, maintenant, ils veulent nous faire sortir en cachette ? Eh bien, non ! Qu'ils viennent eux-mêmes nous libérer ! » **38** Les agents rapportèrent ces paroles aux magistrats romains. Ceux-ci furent effrayés en apprenant que Paul et Silas étaient citoyens romains. **39** Ils vinrent donc leur présenter des excuses, puis ils les firent sortir de prison en les priant de quitter la ville. **40** Une fois sortis de prison, Paul et Silas se rendirent chez Lydie. Après avoir vu les frères et les avoir encouragés, ils partirent.

## Paul et Silas à Thessalonique

**17** **1** Ils passèrent par Amphipolis et Apollonie, et arrivèrent à Thessalonique où les Juifs avaient une synagogue. **2** Selon son habitude, Paul s'y rendit. Trois sabbats de suite, il discuta des Écritures avec les gens qui se trouvaient là ; **3** il les leur expliquait et montrait que, d'après elles, le Messie devait souffrir et être relevé d'entre les morts. Il leur disait : « Ce Jésus que je vous annonce, c'est lui le Messie. » **4** Quelques-uns des auditeurs furent convaincus et se joignirent à Paul et Silas. C'est ce que firent aussi un grand nombre de Grecs qui adoraient Dieu, et beaucoup de femmes influentes. **5** Mais les Juifs furent remplis de jalousie. Ils réunirent quelques vauriens trouvés dans les rues, créèrent de l'agitation dans la foule et des troubles dans la ville. Ils survinrent dans la maison

*Citoyens romains*
*Les apôtres rencontrèrent à Philippes une vive hostilité, car la foi chrétienne était perçue comme une menace à l'ordre romain; elle était donc sévèrement réprimée. Il était cependant illégal de battre en public un citoyen romain avant qu'il ait été officiellement jugé coupable. Paul, après avoir été battu, se retrouve en prison. Ce n'est qu'après sa délivrance suite à un tremblement de terre providentiel, qu'il fera appel à sa citoyenneté romaine.*

*Salonique aujourd'hui.*
*Située à cent soixante kilomètres de Philippes, sur la Via Egnatia, Thessalonique était la capitale et le port principal de la province de Macédoine, ainsi que la résidence du gouverneur romain. Elle comptait environ 200 000 habitants et une colonie juive y était installée avec sa synagogue.*

de Jason et y cherchaient Paul et Silas pour les amener devant le peuple. **6** Comme ils ne les trouvèrent pas, ils traînèrent Jason et quelques autres frères devant les autorités de la ville et se mirent à crier : « Ces hommes ont troublé le monde entier, et maintenant, ils sont arrivés ici ! **7** Jason les a reçus chez lui ! Tous ces gens agissent d'une façon contraire aux lois de l'empereur, car ils prétendent qu'il y a un autre roi, appelé Jésus. » **8** Ces paroles inquiétèrent la foule et les autorités de la ville. **9** Jason et les

« Ils prétendent qu'il y a un autre roi, appelé Jésus. »
(Actes 17,7)

*Les Juifs de Thessalonique se sont servi de l'argumentation de Paul qui déclarait que Jésus était le Messie – donc un souverain – pour l'accuser devant les autorités de la ville. Or, toute croyance en un autre roi que l'empereur romain constituait une grave offense et méritait d'être punie.*

autres durent alors payer une caution aux autorités avant d'être relâchés.

## Paul et Silas à Bérée

¹⁰ Dès que la nuit fut venue, les frères firent partir Paul et Silas pour Bérée. Quand ils y arrivèrent, ils se rendirent à la synagogue des Juifs. ¹¹ Ceux-ci avaient de meilleurs sentiments que les Juifs de Thessalonique ; ils reçurent la parole de Dieu avec beaucoup de bonne volonté. Chaque jour, ils étudiaient les Écritures pour vérifier l'exactitude des propos de Paul. ¹² Un grand nombre d'entre eux devinrent croyants, et, parmi les Grecs, des femmes de la bonne société et des hommes en grand nombre crurent aussi. ¹³ Mais quand les Juifs de Thessalonique apprirent que Paul annonçait la parole de Dieu à Bérée également, ils y vinrent et se mirent à agiter et exciter la foule. ¹⁴ Les frères firent aussitôt partir Paul en direction de la mer ; mais Silas et Timothée restèrent à Bérée. ¹⁵ Ceux qui conduisaient Paul le menèrent jusqu'à Athènes. Puis ils retournèrent à Bérée avec les instructions de Paul pour Silas et Timothée ; il leur demandait de le rejoindre le plus tôt possible.

## Paul à Athènes

¹⁶ Pendant que Paul attendait Silas et Timothée à Athènes, il était profondément indigné de voir à quel point cette ville était pleine d'idoles. ¹⁷ Il discutait dans la synagogue avec les Juifs et les non-Juifs qui adoraient Dieu, et sur la place publique, chaque jour, avec les gens qu'il pouvait y rencon-

*Les caryatides de l'Érechthéion, sur l'Acropole d'Athènes.*
*L'apôtre rencontre un tout autre milieu à Athènes, centre fameux de l'érudition et de la culture grecques. Athènes qui, trois mille ans av. J.-C. n'était guère qu'un village perché sur une colline, atteignit son apogée au Vᵉ siècle av. J.-C. Au temps de Paul, la cité attirait toujours de nombreux philosphes.*

trer. ¹⁸ Quelques philosophes épicuriens et stoïciens se mirent aussi à parler avec lui. Les uns demandaient : « Que veut dire ce bavard ? » – « Il semble annoncer des dieux étrangers », déclaraient d'autres en entendant Paul prêcher Jésus et la résurrection. ¹⁹ Ils le prirent alors avec eux, le menèrent devant le conseil de l'Aréopage et lui dirent : « Pourrions-nous savoir quel est ce nouvel enseignement dont tu parles ? ²⁰ Tu nous fais entendre des choses étranges et nous aimerions bien savoir ce qu'elles signifient. » ²¹ – Tous les Athéniens, en effet, et les étrangers qui vivaient parmi eux passaient leur temps uniquement à dire ou écouter les dernières nouveautés. – ²² Paul, debout au

milieu de l'Aréopage, dit alors : « Athéniens, je constate que vous êtes des hommes très religieux à tous points de vue. [23] En effet, tandis que je parcourais votre ville et regardais vos monuments sacrés, j'ai trouvé même un autel avec cette inscription : "A un dieu inconnu." Eh bien, ce que vous adorez sans le connaître, je viens vous l'annoncer. [24] Dieu, qui a fait le monde et tout ce qui s'y trouve, est le Seigneur du ciel et de la terre, et il n'habite pas dans des temples construits par les hommes. [25] Il n'a pas besoin non plus que les humains s'occupent de lui fournir quoi que ce soit, car c'est lui qui donne à tous la vie, le souffle et tout le reste. [26] A partir d'un seul homme, il a créé tous les peuples et les a établis sur la terre entière. Il a fixé pour eux le moment des saisons et les limites des régions qu'ils devaient habiter. [27] Il a fait cela pour qu'ils le cherchent et qu'en essayant tant bien que mal, ils parviennent peut-être à le trouver. En réalité, Dieu n'est pas loin de chacun de nous, [28] car :

"C'est par lui que nous vivons,
que nous bougeons et que nous sommes."

C'est bien ce que certains de vos poètes ont également affirmé :

"Nous sommes aussi ses enfants."

[29] Puisque nous sommes ses enfants, nous ne devons pas penser que Dieu soit semblable à une idole d'or, d'argent ou de pierre, produite par l'art et l'imagination de l'homme. [30] Mais Dieu ne tient plus compte des temps où les humains étaient ignorants, mais il les appelle maintenant tous, en tous lieux, à changer de comportement. [31] Il a en effet fixé un jour où il jugera le monde entier avec justice, par un homme qu'il a désigné. Il en a donné la preuve à tous en relevant cet homme d'entre les morts ! »

[32] Lorsqu'ils entendirent Paul parler d'une résurrection des morts, les uns se moquèrent de lui et les autres di-

*L'Aréopage était une petite colline, située à l'ouest de l'Acropole. Le haut conseil d'Athènes y avait tenu autrefois ses séances, avant de siéger à l'Agora, comme au temps de Paul. Le nom « Aréopage » est en fait la transcription latine pour « Colline d'Arès », le dieu de la guerre. Dans ce récit, l'Aréopage peut désigner soit la colline autrefois éminente, soit le conseil lui-même. Paul reprend les concepts des philosophes grecs qui l'écoutent avec intérêt. Il loue leur quête religieuse et souligne la présence à Athènes d'un autel dédié « Au dieu inconnu ».*

### Dieu et l'homme

*Paul développe sa pensée : Dieu est le créateur du monde, il ne se trouve ni dans les temples, ni dans les statues. Dieu est proche des hommes. Il a pris l'initiative d'envoyer sur la terre son messager, mort pour les hommes et ressuscité. Ainsi se trace la voie de la conversion. Les hommes peuvent désormais vivre dans une relation vivante avec Dieu. Le discours de Paul sur la résurrection paraît insensé aux yeux des philosophes grecs, qui interrompent alors l'entretien.*

rent : « Nous t'écouterons parler de ce sujet une autre fois. » ³³ C'est ainsi que Paul les quitta. ³⁴ Quelques-uns, pourtant, se joignirent à lui et crurent : parmi eux, il y avait Denys, membre du conseil de l'Aréopage, une femme nommée Damaris, et d'autres encore.

## Paul à Corinthe

**18** ¹ Après cela, Paul partit d'Athènes et se rendit à Corinthe. ² Il y rencontra un Juif appelé Aquilas, né dans la province du Pont : il venait d'arriver d'Italie avec sa femme, Priscille, parce que l'empereur Claude avait ordonné à tous les Juifs de quitter Rome. Paul alla les trouver ³ et, comme il avait le même métier qu'eux – ils fabriquaient des tentes –, il demeura chez eux pour y travailler. ⁴ A chaque sabbat, Paul prenait la parole dans la synagogue et cherchait à convaincre aussi bien les Juifs que les Grecs.

⁵ Quand Silas et Timothée furent arrivés de Macédoine, Paul put consacrer tout son temps à prêcher ; il attestait devant les Juifs que Jésus est le Messie. ⁶ Mais les Juifs s'opposaient à lui et l'insultaient ; alors il secoua contre eux la poussière de ses vêtements et leur dit : « Si vous êtes perdus, ce sera par votre propre faute. Je n'en suis pas responsable. Dès maintenant, j'irai vers ceux qui ne sont pas juifs. » ⁷ Il partit alors de là et se rendit chez un certain Titius Justus qui adorait Dieu et dont la maison était à côté de la synagogue. ⁸ Crispus, le chef de la synagogue, crut au Seigneur, ainsi que toute sa famille. Beaucoup de Corinthiens, qui entendaient Paul, crurent aussi et furent baptisés.

⁹ Une nuit, Paul eut une vision dans laquelle le Seigneur lui dit : « N'aie pas peur, mais continue à parler, ne te tais pas, ¹⁰ car je suis avec toi. Personne ne pourra te maltraiter, parce que nombreux sont ceux qui m'appartiennent dans cette ville. » ¹¹ Paul demeura un an et demi à Corinthe ; il y enseignait à tous la parole de Dieu.

¹² A l'époque où Gallion était le gouverneur romain de l'Achaïe, les Juifs s'unirent contre Paul. Ils l'amenèrent devant le tribunal ¹³ et déclarèrent : « Cet homme cherche à persuader les gens d'adorer Dieu d'une façon contraire à la loi. » ¹⁴ Paul allait prendre la parole, quand Gallion répondit aux Juifs : « S'il s'agissait d'un crime ou d'une faute grave, je prendrais naturellement le temps de vous écouter, vous les Juifs. ¹⁵ Mais puisqu'il s'agit de discussions à propos de mots, de noms et de votre propre loi, cela ne regarde que vous. Je refuse d'être juge de telles affaires ! » ¹⁶ Et il les renvoya du tribunal. ¹⁷ Alors, tous se

*« Ils fabriquaient des tentes. »*
*(Actes 18,3)*
*Selon la coutume juive, tous les fils apprenaient un métier manuel. Les fabricants de tentes utilisaient probablement du cuir, mais ils tissaient aussi des toiles de poils de chèvre. Paul exerçait son métier pour avoir de quoi vivre et pouvoir prêcher l'Évangile gratuitement.*

*Corinthe, ruines du temple d'Aphrodite*

*Corinthe se trouvait à quatre-vingts kilomètres au sud-ouest d'Athènes. Située entre les mers d'Ionie et d'Égée, la cité avait deux grands ports. Les Romains l'avaient détruite en 146 av. J.-C., mais cent ans plus tard, Jules César la fit reconstruire et Corinthe est devenue la capitale de la province d'Achaïe. Ville d'escale entre Rome et l'est, Corinthe attirait beaucoup de marchands et de voyageurs. Paul s'y fit des ennemis farouches, mais aussi beaucoup d'amis loyaux.*

saisirent de Sosthène, le chef de la synagogue, et se mirent à le battre devant le tribunal. Mais Gallion ne s'en souciait pas.

## Paul retourne à Antioche

**18** Paul resta encore assez longtemps à Corinthe. Puis il quitta les frères et s'embarqua pour la Syrie avec Priscille et Aquilas. Auparavant, il s'était fait raser la tête à Cenchrées, car il avait fait un vœu. **19** Ils arrivèrent à Éphèse où Paul laissa Priscille et Aquilas. Il se rendit à la synagogue et y discuta avec les Juifs. **20** Ils lui demandèrent de rester plus longtemps, mais il ne le voulut pas. **21** Il les quitta en disant : « Je reviendrai chez vous, si Dieu le veut. » Et il partit d'Éphèse en bateau. **22** Après avoir débarqué à Césarée, il alla d'abord à Jérusalem pour y saluer l'Église, puis il se rendit à Antioche. **23** Il y passa quelque temps et repartit. Il traversa successivement la Galatie et la Phrygie, en fortifiant la foi de tous les disciples.

## Apollos à Éphèse et à Corinthe

**24** Un Juif nommé Apollos, né à Alexandrie, était arrivé à Éphèse. C'était un bon orateur, qui connaissait très bien les Écritures. **25** Il avait été instruit quant au chemin du Seigneur et, plein d'enthousiasme, il annonçait et enseignait avec exactitude ce qui concerne Jésus. Mais il ne connaissait que le baptême de Jean. **26** Il se mit à parler avec assurance dans la synagogue. Après l'avoir entendu, Priscille et Aquilas le prirent avec eux pour lui expliquer plus exactement le chemin de Dieu. **27** Ensuite, Apollos désira se rendre en Achaïe. Les frères l'y encouragèrent et écrivirent une lettre aux croyants de cette région pour qu'ils lui fassent bon accueil. Une fois arrivé, il fut très utile à ceux qui étaient devenus croyants par la grâce de Dieu. **28** En effet, avec des arguments solides, il réfutait publiquement les objections des Juifs : il leur prouvait par les Écritures que Jésus est le Messie.

**Gallion**

*Une inscription découverte à Delphes, en Grèce, mentionne que Gallion était proconsul (c'est-à-dire gouverneur) d'Achaïe en 52 apr. J.-C. L'Achaïe était alors une province romaine, située dans la péninsule grecque au sud de Thessalonique. Gallion était un bon administrateur, mais dut rentrer à Rome à cause d'une maladie. Il se suicida lorsqu'il apprit que son frère, le philosophe Sénèque, était impliqué dans un complot contre l'empereur Néron.*

**Apollos**

*Originaire d'Alexandrie (en Égypte), deuxième cité de l'empire romain, Apollos était un Juif érudit qui avait entendu parler de Jésus indirectement. Sa parfaite connaissance de la Bible hébraïque (l'Ancien Testament) et sa nouvelle compréhension de la foi lui permit d'exercer son ministère avec grande efficacité parmi les Juifs de Corinthe et d'Éphèse.*

*Paul quitta Corinthe pour se rendre à Jérusalem.*

*Il entreprit ensuite son troisième voyage missionnaire qui le conduisit en Galatie, puis en Phrygie, dans les régions montagneuses de l'Asie Mineure (photo ci-dessus).*

## Paul à Éphèse

**19** ¹ Pendant qu'Apollos était à Corinthe, Paul traversa la région montagneuse d'Asie Mineure et arriva à Éphèse. Il y trouva quelques disciples ² et leur demanda : « Avez-vous reçu le Saint-Esprit quand vous avez cru ? » Ils lui répondirent : « Nous n'avons jamais entendu parler d'un Saint-Esprit. » ³ Paul leur demanda alors : « Quel baptême avez-vous donc reçu ? » Ils répondirent : « Le baptême de Jean. » ⁴ Paul leur dit : « Jean baptisait ceux qui acceptaient de changer de comportement et il disait au peuple d'Israël de croire en celui qui allait venir après lui, c'est-à-dire en Jésus. » ⁵ Après avoir entendu ces mots, ils se firent baptiser au nom du Seigneur Jésus. ⁶ Paul posa les mains sur eux et le Saint-Esprit leur fut accordé ; ils se mirent à parler en des langues inconnues et à donner des messages reçus de Dieu. ⁷ Ces hommes étaient une douzaine en tout.

⁸ Paul se rendit régulièrement à la synagogue et, pendant trois mois, il y prit la parole avec assurance. Il parlait du Royaume de Dieu et s'efforçait de convaincre ses auditeurs. ⁹ Mais plusieurs s'entêtaient, refusaient de croire et se moquaient du chemin du Seigneur devant l'assemblée. Alors Paul finit par les quitter, il emmena les disciples avec lui et leur parla chaque jour dans l'école d'un certain Tyrannus. ¹⁰ Cela dura deux ans, de sorte que tous ceux qui vivaient dans la province d'Asie, les Juifs et les non-Juifs, purent entendre la parole du Seigneur.

## Les fils de Scéva

¹¹ Dieu accomplissait des miracles extraordinaires par l'intermédiaire de Paul. ¹² C'est ainsi qu'on apportait aux malades des linges ou des mouchoirs qui avaient touché son corps : ils étaient alors délivrés de leurs maladies et les esprits mauvais sortaient d'eux. ¹³ Quelques Juifs qui allaient d'un endroit à l'autre pour chasser les esprits mauvais hors des malades essayèrent aussi d'utiliser le nom du Seigneur Jésus à cet effet. Ils disaient aux esprits mauvais : « Je vous ordonne de sortir au nom de ce Jésus que Paul prêche ! » ¹⁴ C'est ainsi qu'agissaient les sept fils d'un grand-prêtre juif, nommé Scéva. ¹⁵ Mais un jour l'esprit mauvais leur répondit : « Je connais Jésus et je sais qui est Paul ; mais vous, qui êtes-vous ? » ¹⁶ Et l'homme possédé de l'esprit mauvais se jeta sur eux et se montra plus fort qu'eux tous ; il les maltraita avec une telle violence qu'ils s'enfuirent de sa maison nus et couverts de blessures.

*Au cours de son troisième voyage, Paul se rendit à Éphèse, en passant par l'intérieur du pays (photo ci-dessous). Cette étape constitua le dernier séjour prolongé de l'apôtre dans une communauté chrétienne sur sa route missionnaire.*

*« Des linges ou des mouchoirs qui avaient touché son corps. » (Actes 19,12) Les guérisons et exorcismes opérés par Paul ne pouvaient que fasciner les Éphésiens car ils avaient la réputation de recourir beaucoup aux pratiques magiques. Mais l'annonce de Jésus ressuscité, source de guérison et de liberté, a permis à un grand nombre de personnes d'abandonner les pratiques magiques qui les enchaînaient.*

<sup>17</sup> Les habitants d'Éphèse, Juifs et non-Juifs, apprirent ce fait ; ils furent tous saisis de crainte et l'on éprouva un grand respect pour le nom du Seigneur Jésus. <sup>18</sup> Beaucoup de ceux qui étaient devenus croyants venaient avouer à haute voix le mal qu'ils avaient fait. <sup>19</sup> Un grand nombre de ceux qui avaient pratiqué la magie apportèrent leurs livres et les brûlèrent devant tout le monde. On calcula la valeur de ces livres et l'on trouva qu'il y en avait pour cinquante mille pièces d'argent. <sup>20</sup> C'est ainsi que, par la puissance du Seigneur, la parole se répandait et se montrait pleine de force.

*Le troisième voyage missionnaire dura trois ans (52-54 apr. J.-C.). Au cours de ce voyage, qui s'acheva à Jérusalem, Paul visita de nombreuses communautés existantes et en fonda de nouvelles.*

## L'émeute d'Éphèse

<sup>21</sup> A la suite de ces événements, Paul décida de traverser la Macédoine et la Grèce et de se rendre à Jérusalem. Il disait : « Après m'y être rendu, il faudra aussi que je voie Rome. » <sup>22</sup> Il envoya alors en Macédoine deux de ses aides, Timothée et Éraste, mais resta lui-même quelque temps encore dans la province d'Asie. <sup>23</sup> A cette époque de graves troubles éclatèrent à Éphèse à cause du chemin du Seigneur. <sup>24</sup> Un bijoutier, nommé Démétrius, fabriquait de petites copies en argent du temple de la déesse Artémis et procurait ainsi des gains importants aux artisans. <sup>25</sup> Il réunit ces derniers, ainsi que ceux qui avaient un métier semblable, et leur dit : « Messieurs, vous savez que notre prospérité est due à ce travail. <sup>26</sup> Mais vous voyez ou entendez dire ce qui se passe : ce Paul déclare, en effet, que les dieux faits par les hommes ne sont pas des dieux et il a réussi à convaincre beaucoup de monde non seulement ici, à Éphèse, mais dans presque toute la province d'Asie. <sup>27</sup> Cela risque de causer du tort à notre métier et, en outre, de faire perdre toute sa réputation au temple de la grande déesse Artémis ; alors, elle sera privée de sa grandeur, cette déesse qu'on adore partout dans la province d'Asie et dans le monde ! » <sup>28</sup> A ces mots, les auditeurs furent remplis de colère et se mirent à crier : « Grande est l'Artémis des Éphésiens ! » <sup>29</sup> L'agitation se répandit dans la ville entière. Les gens entraînèrent avec eux Gaïus et Aristarque, deux Macédoniens qui étaient compagnons de voyage de Paul, et se précipitèrent en masse au théâtre. <sup>30</sup> Paul voulait se présenter

*Ruines d'un temple antique en Turquie.*
*Paul séjourna à Éphèse pendant deux ans.*

devant la foule, mais les croyants l'en empêchèrent. **31** Quelques hauts fonctionnaires de la province d'Asie, qui étaient ses amis, lui envoyèrent même un message lui recommandant de ne pas se rendre au théâtre. **32** Pendant ce temps l'assemblée était en pleine confusion : les uns criaient une chose, les autres une autre, et la plupart d'entre eux ne savaient même pas pourquoi on s'était réuni. **33** Quelques personnes dans la foule expliquèrent l'affaire à un certain Alexandre, que les Juifs poussaient en avant. Alexandre fit alors un signe de la main : il voulait prendre la parole pour s'expliquer devant la foule. **34** Mais quand les gens eurent reconnu qu'il était Juif, ils crièrent tous ensemble les mêmes mots, et cela pendant près de deux heures : « Grande est l'Artémis des Éphésiens ! »

**L'Artémis des Éphésiens**
*Cette déesse n'avait pratiquement rien en commun avec la divinité grecque classique — la déesse de la lune et de la guerre (la grande Diane des Romains). Lorsque Éphèse fut colonisée par les Grecs, la cité rendait déjà un culte à une déesse de fertilité. Les Grecs l'appelèrent Artémis, mais elle garda ses anciens attributs.*

*L'apôtre Paul à Éphèse, illustration de Gustave Doré (La Sainte Bible, 1866).*

**35** Enfin, le secrétaire de la ville réussit à calmer la foule : « Éphésiens, dit-il, tout le monde sait que la ville d'Éphèse est la gardienne du temple de la grande Artémis et de sa statue tombée du ciel. **36** Personne ne peut le nier. Par conséquent, vous devez vous calmer et ne rien faire d'irréfléchi. **37** Vous avez amené ici ces hommes qui n'ont pourtant pas pillé de temples et n'ont pas fait insulte à notre déesse. ³⁸ Si Démétrius et ses collègues de travail ont une accusation à porter contre quelqu'un, il y a des tribunaux avec des juges : voilà où ils doivent porter plainte ! ³⁹ Et si vous avez encore une réclamation à présenter, on la réglera dans l'assemblée égale. ⁴⁰ Nous risquons, en effet, d'être accusés de révolte pour ce qui s'est passé aujourd'hui. Il n'y a aucune raison qui justifie un tel rassemblement et nous serions incapables d'en donner une explication satisfaisante. » ⁴¹ Cela dit, il renvoya l'assemblée.

## Le voyage de Paul en Macédoine et en Grèce

**20** ¹ Lorsque les troubles eurent cessé, Paul réunit les croyants et leur adressa des encouragements ; puis il leur fit ses adieux et partit pour la Macédoine. ² Il traversa cette région et y encouragea les fidèles par de nombreux entretiens avec eux. Il se rendit ensuite en Grèce ³ où il resta trois mois. Il allait s'embarquer pour la Syrie quand il apprit que les Juifs complotaient contre lui. Alors, il décida de s'en retourner par la Macédoine. ⁴ Sopater, fils de Pyrrhus, de la ville de Bérée, l'accompagnait, ainsi qu'Aristarque et Secundus, de Thessalonique, Gaïus, de Derbe, Timothée, et enfin Tychique et Trophime, de la province d'Asie. ⁵ Ceux-ci partirent en avant et nous attendirent à Troas. ⁶ Quant à nous, nous nous sommes embarqués à Philippes après la fête des pains sans levain et, cinq jours plus tard, nous les avons rejoints à Troas où nous avons passé une semaine.

## La dernière visite de Paul à Troas

⁷ Le samedi soir, nous étions réunis pour prendre le repas de la communion et Paul parlait à l'assemblée. Comme il devait partir le lendemain, il prolongea son discours jusqu'à minuit. ⁸ Il y avait beaucoup de lampes dans la chambre où nous étions réunis, en haut de la maison. ⁹ Un jeune homme appelé Eutyche était assis sur le bord de la fenêtre. Il s'endormit profondément pendant le long

*Le temple d'Artémis et la puissance de Dieu*
*Ce temple, construit vers 250 av. J.-C., était considéré comme l'une des sept merveilles du monde antique. La statue d'Artémis se trouvait à son centre. Elle était sculptée dans une météorite, qui, croyait-on, avait été lancée sur la terre par Zeus.*

*Les côtes de Grèce sont très découpées et bordées de nombreuses îles. Pour son voyage de retour depuis Corinthe en Grèce, Paul décida de se rendre à Jérusalem par la route et non par la mer. Il passa par Philippes en Macédoine et par Éphèse.*

discours de Paul ; son sommeil était tel qu'il fut entraîné dans le vide et tomba du troisième étage. On le releva, mais il était mort. **10** Paul descendit, se pencha sur lui, le prit dans ses bras et dit : « Soyez sans inquiétude : il est vivant ! » **11** Puis il remonta, rompit le pain et mangea. Après avoir parlé encore longtemps, jusqu'au lever du soleil, il partit. **12** On emmena le jeune homme vivant et ce fut un grand réconfort pour tous.

## Le voyage de Troas à Milet

**13** Nous sommes partis en avant pour embarquer sur un bateau qui nous transporta à Assos, où nous devions prendre Paul à bord. C'est ce qu'il avait décidé, car il voulait s'y rendre par la route. **14** Quand il nous eut rejoints à Assos, nous l'avons pris à bord pour aller à Mitylène. **15** De là, nous sommes repartis et sommes arrivés le lendemain devant Chio. Le jour suivant, nous parvenions à

Samos, et le jour d'après nous abordions à Milet. **16** Paul, en effet, avait décidé de passer devant Éphèse sans s'y arrêter, afin de ne pas perdre de temps dans la province d'Asie. Il se hâtait pour être à Jérusalem si possible le jour de la Pentecôte.

## Paul s'adresse aux anciens d'Éphèse

**17** Paul envoya un message de Milet à Éphèse pour en faire venir les anciens de l'Église. **18** Quand ils furent arrivés auprès de lui, il leur dit : « Vous savez comment je me suis toujours comporté avec vous, depuis le premier jour de mon arrivée dans la province d'Asie. **19** J'ai servi le Seigneur en toute humilité, avec les chagrins et les peines que j'ai connus à cause des complots des Juifs. **20** Vous savez que je n'ai rien caché de ce qui devait vous être

### Le samedi soir

*Le texte grec parle du « premier jour de la semaine », c'est-à-dire le jour de la Résurrection de Jésus, qui, plus tard, fut appelé le jour du Seigneur (dimanche). Pour les Juifs, la journée commençait au coucher du soleil de la veille, et c'était sans doute le samedi soir que la communauté se réunissait pour l'écoute de la Parole de Dieu et rompre le pain en mémoire de Jésus.*

*Cangada, Péloponèse, en Grèce*
*Entre les deux ports continentaux d'Assos et de Milet, en Asie mineure, le bateau fit halte dans trois grandes îles de la mer Égée.*

utile : je vous ai tout annoncé et enseigné, en public et dans vos maisons. ²¹ J'ai appelé Juifs et non-Juifs à se convertir à Dieu et à croire en notre Seigneur Jésus. ²² Et maintenant, je me rends à Jérusalem, comme le Saint-Esprit m'oblige à le faire, et j'ignore ce qui m'y arrivera. ²³ Je sais seulement que, dans chaque ville, le Saint-Esprit m'avertit que la prison et des souffrances m'attendent. ²⁴ Mais ma propre vie ne compte pas à mes yeux ; ce qui m'importe, c'est d'aller jusqu'au bout de ma mission et d'achever la tâche que m'a confiée le Seigneur Jésus : proclamer la Bonne Nouvelle de la grâce de Dieu.

²⁵ « J'ai passé parmi vous tous en prêchant le Royaume de Dieu, mais je sais maintenant qu'aucun de vous ne me verra plus. ²⁶ C'est pourquoi, je vous l'atteste aujourd'hui : si l'un de vous se perd, je n'en suis pas responsable. ²⁷ Car je vous ai annoncé tout le plan de Dieu, sans rien vous en cacher. ²⁸ Veillez sur vous-mêmes et sur tout le troupeau que le Saint-Esprit a remis à votre garde. Prenez soin de l'Église que Dieu s'est acquise par la mort de son propre Fils. ²⁹ Je sais qu'après mon départ des hommes pareils à des loups redoutables s'introduiront parmi vous et n'épargneront pas le troupeau. ³⁰ Et même dans vos propres rangs, des hommes se mettront à dire des mensonges pour entraîner ainsi les croyants à leur suite. ³¹ Veillez donc et souvenez-vous que, pendant trois ans, jour et nuit, je n'ai pas cessé d'avertir chacun de vous, même avec des larmes.

³² « Et maintenant, je vous remets à Dieu et au message de sa grâce. Il a le pouvoir de vous faire progresser dans la foi et de vous accorder les biens qu'il réserve à tous ceux qui lui appartiennent. ³³ Je n'ai désiré ni l'argent, ni l'or, ni les vêtements de personne. ³⁴ Vous savez vous-mêmes que j'ai travaillé de mes propres mains pour gagner ce qui nous était nécessaire à mes compagnons et à moi. ³⁵ Je vous ai montré en tout qu'il faut travailler ainsi pour venir en aide aux pauvres, en nous souvenant des mots que le Seigneur Jésus lui-même a dits : "Il y a plus de bonheur à donner qu'à recevoir !" »

³⁶ Cela dit, Paul se mit à genoux avec eux et pria. ³⁷ Tous pleuraient et serraient Paul dans leurs bras pour lui donner le baiser d'adieu. ³⁸ Ils étaient surtout attristés parce que Paul avait dit qu'ils ne le reverraient plus. Puis ils l'accompagnèrent jusqu'au bateau.

*L'Apôtre Paul, par Diego Vélasquez (1599-1660).*
*Les paroles de Paul aux anciens d'Éphèse constituent un discours d'adieux qui fait penser à un testament. Il semble donc que pour l'auteur du livre des Actes, la portée de ce discours dépasse la situation d'Éphèse.*
*Les dirigeants de l'Église, auxquels Paul a « annoncé tout le plan de Dieu », « sans rien en cacher » (verset 27), sont encouragés à la vigilance, à l'amour fraternel, et à la poursuite de l'œuvre commencée par l'apôtre au service de l'Évangile et de l'Église.*

*« Je vous ai montré en tout qu'il faut travailler ainsi pour venir en aide aux pauvres. »*
(Actes 20,35)
*Paul travaillait de ses mains pour subvenir à ses propres besoins, ainsi que pour aider ses compagnons et les pauvres. Dans ses lettres, on apprend qu'il recevait parfois des dons de l'extérieur. Plus tard, Paul dira que les anciens qui accomplissent bien leur tâche « méritent leur salaire » (1 Timothée 5,17-18). Quelle que soit la source de leurs revenus, les dirigeants de l'Église sont appelés à montrer l'exemple : travailler avec zèle, ne pas dépendre des autres et partager avec les pauvres.*

**Agabus et les apôtres**

*Comme chez plusieurs prophètes de l'Ancien Testament, la prophétie d'Agabus est mimée. Luc se joint aux autres compagnons de Paul pour tenter de le faire changer d'avis et qu'il ne se rende pas à Jérusalem. Mais l'apôtre reste convaincu qu'il doit faire face aux dangers qui le menacent et à la persécution.*

## Paul se rend à Jérusalem

**21** ¹ Après nous être séparés d'eux, nous sommes partis en bateau pour aller directement à Cos ; le lendemain nous sommes arrivés à Rhodes, et de là nous nous sommes rendus à Patara. ² Nous y avons trouvé un bateau qui allait en Phénicie ; nous nous sommes alors embarqués et sommes partis. ³ Arrivés en vue de Chypre, nous avons passé au sud de cette île pour naviguer vers la Syrie. Nous avons abordé à Tyr où le bateau devait décharger sa cargaison. ⁴ Nous y avons trouvé des croyants et sommes restés une semaine avec eux. Avertis par l'Esprit Saint, ils disaient à Paul de ne pas se rendre à Jérusalem. ⁵ Mais une fois cette semaine achevée, nous nous sommes remis en route. Ils nous accompagnèrent tous, avec leurs femmes et leurs enfants, jusqu'en dehors de la ville. Nous nous sommes agenouillés au bord de la mer et avons prié. ⁶ Puis, après nous être dit adieu les uns aux autres, nous sommes montés à bord du bateau, tandis qu'ils retournaient chez eux. ⁷ Nous avons achevé notre voyage sur mer en allant de Tyr à Ptolémaïs. Après avoir salué les frères dans cette ville, nous sommes restés un jour avec eux. ⁸ Le lendemain, nous sommes repartis et nous sommes arrivés à Césarée. Là, nous sommes entrés dans la maison de Philippe l'évangéliste et avons logé chez lui. C'était l'un des sept qu'on avait choisis à Jérusalem. ⁹ Il avait quatre filles non mariées qui donnaient des messages reçus de Dieu. ¹⁰ Nous étions là depuis plusieurs jours, lorsque arriva de Judée un prophète nommé Agabus. ¹¹ Il vint à nous, prit la ceinture de Paul, s'en servit pour se ligoter les pieds et les mains et dit : « Voici ce que déclare le Saint-Esprit : L'homme à qui appartient cette ceinture sera ligoté de cette façon par les Juifs à Jérusalem, puis ils le livreront aux étrangers. » ¹² Après avoir entendu ces mots, nous-mêmes et les frères de Césarée avons supplié Paul de ne pas se rendre à Jérusalem. ¹³ Mais il répondit : « Pourquoi pleurez-vous et cherchez-vous à briser mon courage ? Je suis prêt, moi, non seulement à être ligoté, mais encore à mourir à Jérusalem pour la cause du Seigneur Jésus. » ¹⁴ Comme nous ne parvenions pas à le convaincre, nous n'avons pas insisté et nous avons dit : « Que la volonté du Seigneur se fasse ! »

¹⁵ Après quelques jours passés à cet endroit, nous nous sommes préparés et sommes partis pour Jérusalem. ¹⁶ Des disciples de Césarée nous y accompagnèrent ; ils

nous conduisirent chez quelqu'un qui devait nous loger, un certain Mnason, de Chypre, qui était croyant depuis longtemps.

## La visite de Paul chez Jacques

[17] A notre arrivée à Jérusalem, les frères nous reçurent avec joie. [18] Le lendemain, Paul se rendit avec nous chez Jacques où tous les anciens de l'Église se réunirent. [19] Paul les salua et leur raconta en détail tout ce que Dieu avait accompli par son activité chez les non-Juifs. [20] Après l'avoir entendu, ils louèrent Dieu. Puis ils dirent à Paul : « Tu vois, frère, combien de milliers de Juifs sont devenus chrétiens : ils sont tous très attachés à la loi. [21] Or, voici ce qu'on leur a déclaré : tu enseignerais à tous les Juifs qui vivent au milieu d'autres peuples la nécessité d'abandonner la loi de Moïse ; tu leur dirais de ne plus circoncire leurs enfants et de ne plus suivre les coutumes juives. [22] Que faire ? Ils vont certainement apprendre que tu es arrivé. [23] Eh bien, fais ce que nous allons te dire. Nous avons ici quatre hommes qui ont fait un vœu. [24] Emmène-les, participe avec eux à la cérémonie de purification et paie leurs dépenses, pour qu'ils puissent se faire raser la tête. Ainsi, tout le monde saura qu'il n'y a rien de vrai dans ce qu'on a raconté à ton sujet, mais que, toi aussi, tu vis dans l'obéissance à la loi de Moïse. [25] Quant aux non-Juifs qui sont devenus chrétiens, nous leur avons communiqué par écrit nos décisions : ils ne doivent manger ni viandes provenant de sacrifices offerts aux idoles, ni sang, ni chair d'animaux étranglés, et ils doivent se garder de l'immoralité. »
[26] Alors Paul emmena ces quatre hommes et, le lendemain, participa avec eux à la cérémonie de purification. Il se rendit ensuite dans le temple pour indiquer à quel moment les jours de la purification seraient achevés, c'est-à-dire à quel moment on pourrait offrir le sacrifice pour chacun d'eux.

## Paul est arrêté dans le temple

[27] Les sept jours allaient s'achever, quand des Juifs de la province d'Asie virent Paul dans le temple. Ils excitèrent toute la foule et se saisirent de lui, [28] en criant : « Israélites, au secours ! Voici l'homme qui donne partout et à tous un enseignement dirigé contre le peuple d'Israël, la loi de Moïse et ce temple. Et maintenant, il a même introduit des non-Juifs dans le temple et ainsi rendu impur ce saint lieu ! » [29] En fait, ils avaient vu Trophime d'Éphèse avec Paul dans la ville et ils pensaient que Paul l'avait introduit dans le temple.

*Jérusalem aujourd'hui.*

« Tu leur dirais de ne plus circoncire leurs enfants et de ne plus suivre les coutumes juives. » (Actes 21,21) . *Paul voulait surtout ne pas contraindre les croyants non juifs à l'observation des prescriptions rituelles de la Loi de Moïse. Son but n'était donc pas de détourner ses compatriotes de leur tradition juive, mais de leur montrer que l'essentiel était ailleurs. C'est pourquoi il accepta volontiers de se conformer aux demandes des anciens de Jérusalem pour que sa présence dans la ville ne provoque pas de scandale parmi les Juifs non chrétiens.*

**30** L'agitation se répandit dans la ville entière et la population accourut de tous côtés. Les gens se saisirent de Paul et le traînèrent hors du temple dont ils fermèrent aussitôt les portes. **31** Ils cherchaient à tuer Paul, quand on vint annoncer au commandant du bataillon romain que tout Jérusalem s'agitait. **32** Immédiatement, il prit avec lui des officiers et des soldats et courut vers la foule. A la vue du commandant et des soldats, on cessa de frapper Paul. **33** Alors le commandant s'approcha de celui-ci, le fit arrêter et ordonna de le ligoter avec deux chaînes ; puis il demanda qui il était et ce qu'il avait fait. **34** Mais, dans la foule, les uns criaient une chose, les autres une autre. Le commandant ne pouvait rien apprendre de précis au milieu de ce désordre ; il ordonna donc de conduire Paul dans la forteresse. **35** Quand Paul arriva sur les marches de l'escalier, les soldats durent le porter, à cause de la violence de la foule, **36** car tous le suivaient en criant : « A mort ! »

## Paul présente sa défense

**37** Au moment où on allait faire entrer Paul dans la forteresse, il dit au commandant : « M'est-il permis de te dire quelque chose ? » Le commandant lui demanda : « Tu sais le grec ? **38** Tu n'es donc pas cet Égyptien qui, récemment, a provoqué une révolte et emmené au désert quatre mille terroristes ? » **39** Paul répondit : « Je suis Juif, né à Tarse en Cilicie, citoyen d'une ville importante. Permets-moi, je t'en prie, de parler au peuple. » **40** Le commandant le lui permit. Paul, debout sur les marches, fit au peuple un signe de la main pour obtenir le silence. Tous se turent et Paul leur adressa la parole en araméen :

*« Il a même introduit des non-Juifs dans le temple et ainsi rendu impur ce saint lieu ! » (Actes 21,28)*

*Le temple de Jérusalem comprenait plusieurs cours. La cour extérieure était réservée aux étrangers, mais les cours intérieures leur étaient interdites. Des panneaux en pierre avertissaient les passants que toute infraction serait punie de mort. Paul fut accusé à tort d'avoir fait pénétrer des Grecs dans les cours intérieures, ce qui explique l'émeute qui s'ensuivit dans la ville.*

*« Le commandant... ordonna donc de conduire Paul dans la forteresse. » (Actes 21,34) Le commandant en charge du bataillon romain de la forteresse Antonia s'appelait Claude Lysias. La forteresse avait été construite par Hérode le Grand à l'angle nord-ouest de la terrasse du temple ; elle servait de caserne aux troupes romaines. C'est là que Jésus subit les supplices des soldats après sa comparution devant Pilate, et que Paul fut conduit après son arrestation.*

*L'apôtre Paul sur le chemin de Damas, illustration de Gustave Doré (La Sainte Bible, 1866).*

# 22

[1] « Frères et pères, écoutez ce que j'ai maintenant à vous dire pour ma défense. » [2] Lorsqu'ils entendirent qu'il leur parlait en araméen, ils se tinrent encore plus tranquilles. Alors Paul déclara : [3] « Je suis Juif, né à Tarse en Cilicie ; mais j'ai été élevé ici, à Jérusalem, et j'ai eu comme maître Gamaliel qui m'a appris à connaître exactement la loi de nos ancêtres. J'étais aussi plein de zèle pour Dieu que vous l'êtes tous aujourd'hui. [4] J'ai persécuté jusqu'à la mort ceux qui suivaient le chemin du Seigneur. J'ai fait arrêter et jeter en prison des hommes et des femmes. [5] Le grand-prêtre et l'assemblée des anciens peuvent témoigner que je dis la vérité. J'ai reçu d'eux des lettres pour les frères juifs de Damas et je me suis rendu dans cette ville : je voulais arrêter les croyants qui s'y trouvaient, afin de les amener à Jérusalem pour les faire punir. »

## Paul raconte sa conversion

[6] « J'étais en route et j'approchais de Damas, quand, tout à coup, vers midi, une grande lumière qui venait du ciel brilla autour de moi. [7] Je suis tombé à terre et j'ai entendu une voix qui me disait : "Saul, Saul, pourquoi me persécutes-tu ?" [8] J'ai demandé : "Qui es-tu, Seigneur ?" La voix a répondu : "Je suis Jésus de Nazareth, que tu persécutes." [9] Mes compagnons ont vu la lumière mais ils n'ont pas entendu la voix de celui qui me parlait. [10] J'ai demandé alors : "Que dois-je faire, Seigneur ?" Et le Seigneur m'a dit : "Relève-toi, va à Damas, et là on te dira tout ce que Dieu t'ordonne de faire." [11] Comme cette lumière éclatante m'avait aveuglé, mes compagnons m'ont pris par la main et m'ont conduit à Damas.

[12] « Il y avait là un certain Ananias, homme pieux et fidèle à notre loi et que tous les Juifs de Damas estimaient. [13] Il est venu me trouver, s'est tenu près de moi et m'a dit : "Saul, mon frère, que la vue te soit rendue !" Au même moment, la vue m'a été rendue et je l'ai vu. [14] Il a ajouté : "Le Dieu de nos ancêtres t'a choisi d'avance pour que tu connaisses sa volonté, que tu voies le seul juste et que tu entendes sa propre voix. [15] Car tu dois être son témoin pour annoncer devant tous les humains ce que tu as vu et entendu. [16] Et maintenant, pourquoi attendre encore ? Lève-toi, sois baptisé et lavé de tes péchés en faisant appel à son nom." »

Porte de Cléopâtre, Tarse.

« Je suis Juif, né à Tarse en Cilicie... » (Actes 22,3) Paul adresse sa défense au cours d'un discours qu'il adapte à la foule juive. Dans son plaidoyer, il souligne son ascendance juive, le zèle qu'il a mis pour observer la loi ainsi qu'à persécuter les disciples de Jésus. Paul raconte aussi sa conversion et rapporte comment Jésus l'a envoyé auprès des non-Juifs. Son discours est interrompu, car ses accusateurs ne peuvent supporter ni sa référence à Jésus ni son ouverture aux païens.

## Paul raconte comment il a été envoyé vers d'autres nations

*Détail du tribunal de Rome, Italie.*

**17** « Je suis retourné à Jérusalem et, alors que je priais dans le temple, j'ai eu une vision. **18** J'ai vu le Seigneur et il m'a dit : "Vite, dépêche-toi de quitter Jérusalem, car ses habitants n'accepteront pas ton témoignage à mon sujet." **19** J'ai répondu : "Seigneur, ils savent bien que j'allais dans les synagogues pour jeter en prison et faire battre ceux qui croient en toi. **20** Et lorsqu'on a mis à mort Étienne, ton témoin, j'étais là moi aussi. J'ai approuvé ceux qui le tuaient et j'ai gardé leurs vêtements." **21** Le Seigneur m'a dit alors : "Va, car je t'enverrai au loin, vers d'autres nations !" »

## Paul et le commandant romain

**22** La foule écouta Paul jusqu'à ces derniers mots ; mais alors, tous se mirent à crier : « Faites disparaître cet homme ! A mort ! Il n'est pas digne de vivre sur cette terre ! » **23** Ils hurlaient, arrachaient leurs vêtements et lançaient de la poussière en l'air. **24** Le commandant romain ordonna de faire entrer Paul dans la forteresse et de le battre à coups de fouet pour l'obliger à parler, afin de savoir pour quelle raison la foule criait ainsi contre lui. **25** Mais quand on l'eut attaché pour le fouetter, Paul dit à l'officier qui était là : « Avez-vous le droit de fouetter un citoyen romain qui n'a même pas été jugé ? » **26** Dès qu'il eut entendu ces mots, l'officier alla avertir le commandant : « Qu'allais-tu faire ? lui dit-il. Cet homme est citoyen romain ! » **27** Le commandant vint auprès de Paul et lui demanda : « Dis-moi, es-tu vraiment citoyen romain ? » – « Oui », répondit Paul. **28** Le commandant dit alors : « J'ai dû payer une grosse somme d'argent pour devenir citoyen romain. » – « Et moi, répondit Paul, je le suis de naissance. » **29** Aussitôt, ceux qui allaient le battre pour le faire parler s'éloignèrent de lui ; le commandant lui-même eut peur, quand il se rendit compte que Paul était citoyen romain et qu'il l'avait fait enchaîner.

## Paul devant le Conseil supérieur

**30** Le commandant voulait savoir de façon précise de quoi les Juifs accusaient Paul ; c'est pourquoi, le lendemain, il le fit délier de ses chaînes et convoqua les chefs des prêtres et tout le Conseil supérieur. Puis il amena Paul et le fit comparaître devant eux.

**23** ¹ Paul fixa les yeux sur les membres du Conseil et dit : « Frères, c'est avec une conscience tout à fait tranquille que j'ai servi Dieu jusqu'à ce jour. » ² Le grand-prêtre Ananias ordonna à ceux qui étaient près de Paul de le frapper sur la bouche. ³ Alors Paul lui dit : « C'est Dieu qui te frappera, espèce de mur blanchi ! Tu sièges là pour me juger selon la loi et, contraire-ment à la loi, tu ordonnes de me frapper ! » ⁴ Ceux qui étaient près de Paul lui dirent : « Tu insultes le grand-prêtre de Dieu ! » ⁵ Paul répondit : « J'ignorais, frères, que c'était le grand-prêtre. En effet, l'Écriture déclare : "Tu ne diras pas de mal du chef de ton peuple !" »

⁶ Paul savait que les membres du Conseil étaient en partie des Sadducéens et en partie des Pharisiens ; c'est pourquoi il s'écria devant eux : « Frères, je suis Pharisien, fils de Pharisiens. C'est parce que j'espère en la résurrection des morts que je suis mis en jugement. » ⁷ A peine eut-il dit cela que les Pha-risiens et les Sadducéens se mi-rent à se disputer, et l'assem-blée se divisa. ⁸ Les Sadducéens affirment en effet qu'il n'y a pas de résurrection et qu'il n'y a ni anges, ni esprits, tandis que les Pharisiens croient en tout cela. ⁹ On criait de plus en plus fort et quelques maîtres de la loi, membres du parti des Pharisiens, se levèrent et protestèrent vivement en di-sant : « Nous ne trouvons aucun mal en cet homme. Un esprit ou un ange lui a peut-être parlé ! » ¹⁰ La dispute devint si violente que le commandant eut peur qu'ils ne mettent Paul en pièces. C'est pourquoi il ordonna à ses soldats de descendre dans l'assemblée pour arracher Paul à leurs mains et le ramener dans la forteresse. ¹¹ La nuit suivante, le Seigneur apparut à Paul et lui dit : « Courage ! Tu m'as rendu témoignage ici, à Jérusalem, et il faut aussi que tu le fasses à Rome. »

*La Résurrection, Retable d'Issenheim de Matthias Grünewald (1480-1529).*
*« C'est parce que j'espère en la résurrection des morts que je suis mis en jugement. »*
*(Actes 23,6)*
*La résurrection de Jésus-Christ occupe chez Paul une place capitale. La vision du Christ ressuscité l'a transformé et a fait de lui un « témoin » authentique. En grec le mot « témoin » se dit « marturos » ; ce terme, en français devenu « martyr » désignera tous ceux qui sont persécutés pour leur foi au Christ ressuscité.*

## Le complot contre la vie de Paul

**12** Le lendemain matin, certains Juifs formèrent un complot : ils s'engagèrent avec serment à ne rien manger ni boire avant d'avoir tué Paul. **13** Ceux qui avaient formé ce complot étaient plus de quarante. **14** Ils allèrent trouver les chefs des prêtres et les anciens, et leur dirent : « Nous nous sommes engagés par un serment solennel à ne rien manger avant d'avoir tué Paul. **15** Vous donc, en accord avec tout le Conseil supérieur, demandez maintenant au commandant qu'il vous amène Paul, en prétendant que vous désirez examiner son cas plus exactement. Quant à nous, nous nous tenons prêts à le faire mourir avant qu'il arrive ici. »

**16** Mais un neveu de Paul, le fils de sa sœur, entendit parler de ce complot. Il se rendit à la forteresse, y entra et avertit Paul. **17** Alors Paul appela un des officiers et lui dit : « Conduis ce jeune homme au commandant, car il a quelque chose à lui communiquer. » **18** L'officier l'emmena donc, le conduisit au commandant et dit : « Le prisonnier Paul m'a appelé et m'a demandé de t'amener ce jeune homme qui a quelque chose à te communiquer. » **19** Le commandant prit le jeune homme par la main, se retira seul avec lui et lui demanda : « Qu'as-tu à me dire ? » **20** Il répondit : « Les Juifs ont convenu de te demander d'amener Paul demain devant le Conseil supérieur, en prétendant que le Conseil désire examiner son cas plus exactement. **21** Mais ne les crois pas ! Car plus de quarante d'entre eux vont lui tendre un piège. Ils se sont engagés par serment à ne rien manger ni boire avant de l'avoir supprimé. Ils sont prêts maintenant et n'attendent plus que ta décision. » **22** Après avoir recommandé au jeune homme de ne dire à personne ce qu'il lui avait raconté, le commandant le renvoya.

### Paul est envoyé au gouverneur Félix

**23** Ensuite le commandant appela deux de ses officiers et leur dit : « Rassemblez deux cents soldats, ainsi que soixante-dix cavaliers et deux cents hommes armés de lances, et soyez tous prêts à partir pour Césarée à neuf heures du soir. **24** Préparez aussi des chevaux pour transporter Paul et le mener sain et sauf au gouverneur Félix. » **25** Puis il écrivit la lettre suivante :

**26** « Claude Lysias adresse ses salutations à Son Excellence, le gouverneur Félix. **27** Les Juifs s'étaient emparés de l'homme que je t'envoie et allaient le supprimer, quand j'ai appris qu'il était citoyen romain : je suis alors intervenu avec mes soldats et l'ai délivré. **28** Comme je voulais savoir de quoi les Juifs l'accusaient, je l'ai amené devant leur Conseil supérieur. **29** J'ai découvert qu'ils l'accusaient à propos de questions relatives à leur propre loi, mais qu'on ne pouvait lui reprocher aucune faute pour laquelle il aurait mérité la mort ou la prison. **30** Puis j'ai été averti que les Juifs formaient un complot contre lui ; j'ai aussitôt décidé de te l'envoyer et j'ai demandé à ses accusateurs de porter leur plainte contre lui devant toi. »

**31** Les soldats exécutèrent les ordres qu'ils avaient reçus : ils prirent Paul et le menèrent de nuit à Antipatris. **32** Le lendemain, les soldats qui étaient à pied retournèrent à la forteresse et laissèrent les cavaliers continuer le voyage avec Paul. **33** Dès leur arrivée à Césarée, les cavaliers remirent la lettre au gouverneur et lui présentèrent Paul. **34** Le gouverneur lut la lettre et demanda à Paul de quelle province il était. Après avoir appris qu'il était de Cilicie, **35** il lui dit : « Je t'interrogerai quand tes accusateurs seront arrivés. » Et il donna l'ordre de garder Paul dans le palais d'Hérode.

## L'accusation portée contre Paul

**24** **1** Cinq jours après, le grand-prêtre Ananias arriva à Césarée avec quelques anciens et un avocat, un certain Tertullus. Ils se présentèrent devant le gouverneur Félix pour déposer leur plainte contre Paul. **2** Celui-ci fut appelé et Tertullus se mit à l'accuser en ces termes : « Excellence, grâce à vous nous jouissons d'une paix complète et c'est à votre sage administration que nous devons les réformes effectuées pour le bien de cette nation. **3** Pour tout ce que nous recevons ainsi en tout temps et partout, nous vous sommes très reconnaissants. **4** Mais je ne veux pas abuser de votre temps, c'est pourquoi je vous prie d'avoir la bonté de nous écouter juste un instant. **5** Nous nous sommes aperçus que cet homme est un personnage extrêmement nuisible : en tant que chef du parti des Nazaréens, il provoque du désordre chez tous les Juifs du monde. **6** Il a même essayé de porter atteinte à la sainteté du temple et nous l'avons alors arrêté. [Nous avons voulu le juger selon notre loi, **7** mais le commandant Lysias est intervenu et c'est avec une grande rudesse qu'il l'a pris de nos mains. **8** Puis Lysias a ordonné à ses accusateurs de se présenter devant vous.]

**Le procès contre Paul**

*Antonius Félix gouverna la Judée de 52 à 60 apr. J.-C. Ancien esclave, Félix était un chef corrompu dont la brutalité était notoire. Son incompétence et son immoralité étaient telles qu'il fut destitué. Il connaissait l'enseignement chrétien (Actes 24,22) et présida le procès de Paul, qui commença par les accusations. Trois griefs sont portés contre l'apôtre: il agite les Juifs contre l'État, il est le chef du parti des Nazaréens (les chrétiens), et il a cherché à profaner le temple.*

« Excellence, grâce à vous nous jouissons d'une paix complète et c'est à votre sage administration que nous devons les réformes effectuées pour le bien de cette nation. » (Actes 24,2)

« Il n'y a pas plus de douze jours... » (Actes 24,11) Paul répond à chaque accusation: il n'est pas un agitateur et il n'a été impliqué dans aucun soulèvement populaire. Il venait juste d'arriver à Jérusalem où il passa sept jours, après un séjour de cinq jours à Césarée. Dans ce passage, Luc mentionne aussi le soutien en argent que Paul apporte à la communauté de Jérusalem de la part des chrétiens d'Asie et de Grèce.

Si vous interrogez cet homme, vous pourrez vous-mêmes vous rendre compte de la vérité de tout ce dont nous l'accusons. » ⁹ Les Juifs appuyèrent l'accusation et déclarèrent que c'était exact.

## Paul présente sa défense devant Félix

¹⁰ Le gouverneur fit alors signe à Paul de parler et celui-ci déclara : « Je sais que tu exerces la justice sur notre nation depuis de nombreuses années ; c'est donc avec confiance que je présente ma défense devant toi. ¹¹ Comme tu peux le vérifier toi-même, il n'y a pas plus de douze jours que je suis arrivé à Jérusalem pour y adorer Dieu. ¹² Personne ne m'a trouvé dans le temple en train de discuter avec qui que ce soit ou en train d'exciter la foule, et cela pas davantage dans les synagogues ou ailleurs dans la ville. ¹³ Ces gens sont incapables de te prouver ce dont ils m'accusent maintenant. ¹⁴ Cependant, je reconnais ceci devant toi : je suis engagé sur le chemin nouveau qu'ils disent être faux ; mais je sers le Dieu de nos ancêtres et je crois à tout ce qui est écrit dans les livres de la Loi et des Prophètes. ¹⁵ J'ai cette espérance en Dieu, espérance qu'ils ont eux-mêmes, que les êtres humains, les bons comme les mauvais, seront relevés de la mort. ¹⁶ C'est pourquoi je m'efforce d'avoir toujours la conscience nette devant Dieu et devant les hommes.

¹⁷ « Après une absence de plusieurs années, je suis revenu à Jérusalem pour apporter de l'aide à mon peuple et pour présenter des offrandes à Dieu. ¹⁸ Voilà à quoi j'étais occupé quand ils m'ont trouvé dans le temple : j'avais alors participé à la cérémonie de purification, il n'y avait ni foule avec moi, ni désordre. ¹⁹ Mais quelques Juifs de la province d'Asie étaient là et ce sont eux qui auraient dû se présenter devant toi pour m'accuser, s'ils ont quelque

chose contre moi. [20] Ou alors, que ces gens, ici, disent de quel crime ils m'ont reconnu coupable quand j'ai comparu devant le Conseil supérieur. [21] Il s'agit tout au plus de cette seule déclaration que j'ai faite à voix forte, debout devant eux : "C'est parce que je crois en la résurrection des morts que je suis mis aujourd'hui en jugement devant vous !" »

[22] Félix, qui était bien renseigné au sujet du christianisme, renvoya à plus tard la suite du procès en disant aux accusateurs : « Quand le commandant Lysias viendra, je jugerai votre affaire. » [23] Il ordonna à l'officier de garder Paul en prison, tout en lui laissant une certaine liberté et en permettant à ses amis de lui rendre des services.

## Paul devant Félix et Drusille

[24] Quelques jours plus tard, Félix vint avec sa femme Drusille, qui était juive. Il envoya chercher Paul et écouta ce qu'il avait à dire au sujet de la foi en Jésus-Christ. [25] Mais au moment où Paul se mit à parler de la manière juste de vivre, de la maîtrise de soi et du jugement à venir, Félix, mal à l'aise, lui dit : « Tu peux t'en aller maintenant. Quand j'aurai le temps, je te rappellerai. » [26] Il espérait aussi que Paul lui donnerait de l'argent ; c'est pourquoi il le faisait souvent venir pour causer avec lui. [27] Deux années passèrent ainsi, puis Porcius Festus succéda à Félix. Ce dernier, qui voulait plaire aux Juifs, laissa Paul en prison.

## Paul en appelle à l'empereur

**25** [1] Trois jours après son arrivée dans la province, Festus se rendit de Césarée à Jérusalem. [2] Les chefs des prêtres et les notables juifs vinrent lui présenter leur plainte contre Paul. Ils lui demandèrent [3] de leur accorder la faveur de ramener Paul à Jérusalem ; en effet, ils avaient formé un complot contre lui et voulaient le tuer en chemin. [4] Mais Festus répondit que Paul était en prison à Césarée et que lui-même allait bientôt repartir. [5] Et il ajouta : « Que vos chefs m'accompagnent à Césarée et qu'ils y accusent cet homme, s'il a fait quelque chose de mal. » [6] Festus passa huit à dix jours seulement chez eux, puis il retourna à Césarée. Le lendemain, il prit place au tribunal et donna l'ordre d'amener Paul. [7] Quand celui-ci fut arrivé, les Juifs qui étaient venus de Jérusalem l'entourèrent et portèrent contre lui de nombreuses et graves accusations qu'ils étaient incapables de justifier. [8] Mais Paul se défendit en disant : « Je n'ai commis aucune faute, ni contre la loi des Juifs, ni contre le temple, ni contre l'empereur. »

*« Félix vint avec sa femme Drusille, qui était juive. »* (Actes 24,24) *Drusille était la fille cadette du roi Agrippa Ier. Pour l'épouser, Félix l'avait enlevée de manière scandaleuse à son premier mari, le roi d'Émèse. On comprend ainsi la réaction de Félix lorsque Paul lui parla « de la maîtrise de soi et du jugement qui doit venir » (versets 25); Félix ne voulait sans doute pas que Paul fasse comme Jean-Baptiste et ne ravive sa mauvaise conscience.*

*Buste romain*

**Festus**

Le successeur de Félix fut
Porcius Festus, un homme
juste et respectable. Il
séjourna à Césarée de 60 à
62 apr. J.-C. Il laissa à Paul le
choix du lieu de son procès.

[9] Festus qui voulait plaire aux Juifs, demanda alors à Paul : « Veux-tu te rendre à Jérusalem pour y être jugé devant moi au sujet de cette affaire ? » [10] Paul répondit : « Je me tiens devant le tribunal de l'empereur et c'est là que je dois être jugé. Je n'ai rien fait de mal contre les Juifs, comme tu le sais très bien toi-même. [11] Si je suis coupable et si j'ai commis une action pour laquelle je mérite la mort, je ne refuse pas de mourir. Mais s'il n'y a rien de vrai dans les accusations que ces gens portent contre moi, personne n'a le droit de me livrer à eux. J'en appelle à l'empereur. » [12] Alors Festus, après avoir parlé avec ses conseillers, répondit : « Tu en as appelé à l'empereur, tu iras donc devant l'empereur. »

## Paul devant Agrippa et Bérénice

[13] Quelques jours plus tard, le roi Agrippa et Bérénice, sa sœur, arrivèrent à Césarée pour saluer Festus. [14] Comme ils passaient là plusieurs jours, Festus présenta au roi le cas de Paul : « Il y a ici, lui dit-il, un homme que Félix a laissé en prison. [15] Lorsque je suis allé à Jérusalem, les chefs des prêtres et les anciens des Juifs ont porté plainte contre lui et m'ont demandé de le condamner. [16] Je leur ai répondu que les Romains n'ont pas l'habitude de livrer un accusé à la justice avant qu'il ait eu l'occasion, face à ses adversaires, de se défendre contre leurs accusations. [17] Ils sont alors venus ici avec moi. Sans perdre de temps, j'ai pris place au tribunal le lendemain même et j'ai donné l'ordre d'amener cet homme. [18] Ses adversaires se sont présentés, mais ne l'ont accusé d'aucun des méfaits que je pensais. [19] Ils avaient seulement avec lui des discussions au sujet de leur propre religion et d'un certain Jésus, qui est mort et que Paul affirmait être vivant. [20] Quant à moi, je ne voyais pas comment procéder dans un tel cas, c'est pourquoi j'ai proposé à Paul d'aller à Jérusalem pour y être jugé au sujet de cette affaire. [21] Mais Paul a fait appel : il a demandé que sa cause soit réservée à la décision de l'empereur. J'ai donc donné l'ordre de le garder en prison jusqu'à ce que je puisse l'envoyer à l'empereur. » [22] Agrippa dit à Festus : « Je voudrais bien entendre moi-même cet homme. » – « Demain, tu l'entendras », répondit Festus.

[23] Le lendemain donc, Agrippa et Bérénice vinrent en cortège solennel et entrèrent dans la salle d'audience avec les chefs militaires et les notables de la ville. Sur un ordre de Festus, Paul fut amené. [24] Puis Festus déclara : « Roi Agrippa et vous tous qui êtes présents avec nous, vous voyez cet homme : toute la population juive est venue se plaindre de lui auprès de moi, aussi bien à Jérusalem qu'ici,

en criant qu'il n'était plus digne de vivre. <sup>25</sup> Quant à moi, j'ai constaté qu'il n'a commis aucune action pour laquelle il mériterait la mort. Cependant, lui-même en a appelé à l'empereur ; j'ai donc décidé de le lui envoyer. <sup>26</sup> Toutefois, je n'ai rien de précis à écrire à l'empereur sur son cas ; c'est pourquoi je l'ai fait comparaître devant vous, et surtout devant toi, roi Agrippa, afin que, après l'interrogatoire, j'aie quelque chose à écrire. <sup>27</sup> Il me semble absurde, en effet, d'envoyer à Rome un prisonnier sans indiquer clairement les accusations portées contre lui. »

## Paul présente sa défense devant Agrippa

**26** <sup>1</sup> Agrippa dit à Paul : « Il t'est permis de parler pour te défendre. » Alors Paul étendit la main et présenta sa défense en ces termes : <sup>2</sup> « Roi Agrippa, je m'estime heureux d'avoir aujourd'hui à me défendre devant toi de tout ce dont les Juifs m'accusent, <sup>3</sup> et cela en particulier parce que tu connais bien toutes les coutumes des Juifs et leurs sujets de discussion. Je te prie donc de m'écouter avec patience.

<sup>4</sup> « Tous les Juifs savent ce qu'a été ma vie, dès ma jeunesse ; ils savent comment j'ai vécu depuis le début au milieu de mon peuple et à Jérusalem. <sup>5</sup> Ils me connaissent depuis longtemps et peuvent donc témoigner, s'ils le veulent, que j'ai vécu en tant que membre du parti le plus strict de notre religion, celui des Pharisiens. <sup>6</sup> Et maintenant, je suis mis en jugement parce que j'espère en la promesse que Dieu a faite à nos ancêtres. <sup>7</sup> Les douze tribus de notre peuple espèrent voir l'accomplissement de cette promesse en servant Dieu avec ardeur jour et nuit. Et c'est à cause de cette espérance, roi Agrippa, que les Juifs m'accusent ! <sup>8</sup> Pourquoi estimez-vous incroyable, vous Juifs, que Dieu ramène les morts à la vie ? <sup>9</sup> Moi-même, j'avais pensé devoir combattre par tous les moyens Jésus de Nazareth. <sup>10</sup> C'est ce que j'ai fait à Jérusalem. J'ai reçu un pouvoir spécial des chefs des prêtres et j'ai jeté en prison beaucoup de croyants ; et, quand on les condamnait à mort, je donnais mon approbation. <sup>11</sup> Souvent, en allant d'une synagogue à l'autre, je les faisais punir et je voulais les obliger à renier leur foi. Ma fureur contre eux était telle que j'allais les persécuter jusque dans les villes étrangères. »

## Paul raconte sa conversion

<sup>12</sup> « C'est ainsi que je me suis rendu à Damas avec le pouvoir et la mission que m'avaient confiés les chefs des prêtres. <sup>13</sup> J'étais en route, à midi, roi Agrippa, lorsque j'ai vu une lumière qui venait du ciel, plus éclatante que celle

*Paul resta en prison jusqu'à son transfert à Rome. Entre-temps, le roi Agrippa (ou Hérode Agrippa II) rendit visite au nouveau gouverneur. Agrippa II était un fils d'Hérode Agrippa I<sup>er</sup>, celui qui persécuta les chrétiens à Jérusalem (Actes 12). Le gouverneur romain cherchait des distractions dignes de ses hôtes de marque et désirait flatter le roi juif.*

du soleil, et qui brillait autour de moi et de mes compagnons de voyage. ¹⁴ Nous sommes tous tombés à terre et j'ai entendu une voix qui me disait en araméen : "Saul, Saul, pourquoi me persécutes-tu ? C'est en vain que tu résistes, comme l'animal qui rue contre le bâton de son maître." ¹⁵ J'ai demandé : "Qui es-tu, Seigneur ?" Et le Seigneur m'a répondu : "Je suis Jésus que tu persécutes. ¹⁶ Mais relève-toi, tiens-toi debout. Je te suis apparu pour faire de toi mon serviteur ; tu seras mon témoin pour annoncer comment tu m'as vu aujourd'hui et proclamer ce que je te révélerai encore. ¹⁷ Je te protégerai face au peuple juif et aux autres peuples vers lesquels je vais t'envoyer. ¹⁸ Je t'envoie pour que tu leur ouvres les yeux, pour que tu les ramènes de l'obscurité à la lumière et du pouvoir de Satan à Dieu. S'ils croient en moi, ils recevront le pardon de leurs péchés et une place parmi ceux qui appartiennent à Dieu." »

## Paul parle de son œuvre

¹⁹ « Et ainsi, roi Agrippa, je n'ai pas désobéi à la vision qui m'est venue du ciel. ²⁰ Mais j'ai prêché d'abord aux habitants de Damas et de Jérusalem, puis à ceux de toute la Judée et aux membres des autres nations ; je les ai appelés à changer de comportement, à se tourner vers Dieu et à montrer par des actes la réalité de ce changement. ²¹ C'est pour cette raison que les Juifs m'ont saisi alors que j'étais dans le temple et ont essayé de me tuer. ²² Mais Dieu m'a accordé sa protection jusqu'à ce jour et je suis encore là pour apporter mon témoignage à tous, aux petits comme aux grands. Je n'affirme rien d'autre que ce que les prophètes et Moïse ont déclaré devoir arriver : ²³ que le Messie aurait à souffrir, qu'il serait le premier à se relever d'entre les morts et qu'il annoncerait la lumière du salut à notre peuple et aux autres nations. »

## Paul appelle Agrippa à croire

²⁴ Alors que Paul présentait ainsi sa défense, Festus s'écria : « Tu es fou, Paul ! Tu as tant étudié que tu en deviens fou ! » ²⁵ Paul lui répondit : « Je ne suis pas fou, Excellence. Les paroles que je prononce sont vraies et raisonnables. ²⁶ Le roi Agrippa est renseigné sur ces faits et je peux donc en parler avec assurance devant lui. Je suis persuadé qu'il n'en ignore aucun, car cela ne s'est pas passé en cachette, dans un coin. ²⁷ Roi Agrippa, crois-tu à ce

***La conversion de Paul sur le chemin de Damas***

*Paul fait à nouveau le récit de sa conversion sur le chemin de Damas, où le Christ ressuscité lui est apparu. La description met l'accent sur de nouveaux aspects (voir Actes 9,1-9 et 22,6-11). Paul semble adapter ici son plaidoyer à une cour particulière et non plus à un peuple en émeute. Ici, la conversion de Paul est directement liée à la vocation missionnaire de convertir les païens (verset 23).*

qu'ont annoncé les prophètes ? Je sais que tu y crois !» 
**28** Agrippa dit à Paul : « Penses-tu faire de moi un chrétien en si peu de temps ? » **29** Paul répondit : « Qu'il faille peu ou beaucoup de temps, je prie Dieu que non seulement toi, mais encore vous tous qui m'écoutez aujourd'hui, vous deveniez tels que je suis, à l'exception de ces chaînes !»

**30** Le roi, le gouverneur, Bérénice et tous ceux qui se trouvaient avec eux, se levèrent alors **31** et, en se retirant, ils se dirent les uns aux autres : « Cet homme n'a commis aucune faute pour laquelle il mériterait la mort ou la prison.» **32** Et Agrippa dit à Festus : « Cet homme aurait pu être relâché s'il n'en avait pas appelé à l'empereur.»

*La fin du procès*
*Ni le gouverneur romain, ni le roi juif ne trouvent de motifs pour condamner l'accusé. Il est envoyé à Rome uniquement parce qu'il l'a lui-même demandé.*

## Paul est envoyé à Rome

**27** **1** Lorsqu'il fut décidé que nous partirions en bateau pour l'Italie, on remit Paul et quelques autres prisonniers à un officier appelé Julius, capitaine dans le bataillon romain dit « bataillon de l'empereur ». **2** Nous avons embarqué sur un bateau d'Adramytte, qui devait se diriger vers les ports de la province d'Asie, et nous sommes partis. Aristarque, un Macédonien de Thessalonique, était avec nous. **3** Le lendemain, nous sommes arrivés à Sidon. Julius, qui traitait Paul avec bienveillance, lui permit d'aller voir ses amis pour recevoir ce dont il avait besoin. **4** Après être repartis de là, nous avons passé le long de la côte abritée de l'île de Chypre, car les vents nous étaient contraires. **5** Nous avons traversé la mer près de la Cilicie et de la Pamphylie, et nous sommes arrivés à Myra, en Lycie. **6** Là, l'officier romain trouva un bateau d'Alexandrie qui se rendait en Italie et il nous y fit embarquer. **7** Pendant plusieurs jours, nous avons navigué lentement et c'est avec beaucoup de peine que nous sommes parvenus devant la ville de Cnide. Comme le vent nous empêchait d'aller plus loin dans cette direction, nous avons passé par le cap Salmoné pour nous trouver du côté abrité de l'île de Crète. **8** Nous avons avancé avec beaucoup de peine le long de la côte et sommes arrivés à un endroit appelé Bons-Ports, près de la ville de Lasée. **9** Nous avions perdu beaucoup de temps et il devenait dangereux de continuer à naviguer, car le jour du jeûne d'automne était déjà passé. C'est pourquoi Paul donna cet avertissement aux marins : **10** « Je vois, mes amis, que ce voyage sera dangereux : le bateau et sa cargaison vont subir de graves dommages et, de plus, nous risquons nous-mêmes d'y perdre la vie. » **11** Mais l'officier romain avait plus confiance dans l'opinion du capitaine et du propriétaire du bateau que dans les paroles de Paul.

*Paul est conduit sous surveillance sur un bateau, avec d'autres prisonniers. Comme c'était déjà le cas en prison, il jouit d'une certaine liberté et peut s'entretenir avec les chrétiens qui l'accompagnent. Parmi ceux-ci, seul Aristarque est nommé. Il est possible que Luc ait fait partie du groupe; la mention du « nous » semble le suggérer.*

**12** En outre, le port ne convenait pas pour y passer l'hiver ; c'est pourquoi, la plupart des hommes à bord décidèrent de partir de là : ils voulaient atteindre, si possible, Phénix, un port de Crète tourné vers le sud-ouest et le nord-ouest, pour y passer l'hiver.

## La tempête sur la mer

**13** Un léger vent du sud se mit à souffler, et ils pensèrent

*La Tempête, par le peintre Azik.*

*Dans l'Antiquité, les voyages en mer étaient soumis à la force des éléments. Les marins savaient par expérience que des vents violents se lèvent après la mi-septembre. La mention du jeûne d'automne, autre nom du jour du Grand Pardon (Yom Kippour), indique qu'on se trouvait fin septembre ou début octobre, à une période où le temps défavorable rendait la navigation dangereuse. On ne naviguait plus en Méditerranée de novembre à mars. Comme les marins, Paul est au courant de ces dangers.*

qu'ils pouvaient réaliser leur projet. Ils levèrent l'ancre et avancèrent en se tenant très près de la côte de Crète. **14** Mais bientôt, un vent violent appelé « vent du nord-est » descendit des montagnes de l'île. **15** Le bateau fut entraîné : il était impossible de le maintenir contre le vent et nous avons dû nous laisser emporter. **16** Nous avons passé au sud d'une petite île appelée Cauda, qui nous abritait un peu. Nous avons réussi alors, avec beaucoup de peine, à nous rendre maîtres du canot de sauvetage. **17** Les marins l'ont remonté à bord, puis ils ont attaché des cordes de secours autour du bateau. Comme ils craignaient d'aller se jeter sur les bancs de sable des côtes de Libye, ils lâchèrent l'ancre flottante et se laissèrent ainsi entraîner par le vent. **18** La tempête continuait à nous secouer violemment de sorte que, le lendemain, ils se mirent à jeter la cargaison à la mer **19** et, le jour suivant, ils lancèrent de leurs propres mains l'équipement du bateau par-dessus bord. **20** Pendant plusieurs jours, on ne put voir ni le soleil, ni les étoiles, et la tempête restait toujours aussi forte. Nous avons finalement perdu tout espoir d'être sauvés.

**21** Ceux qui étaient à bord n'avaient rien mangé depuis longtemps. Alors Paul, debout devant eux, leur dit : « Vous auriez dû m'écouter, mes amis, et ne pas quitter la Crète ; nous aurions ainsi évité ces dommages et ces pertes.

²² Mais maintenant, je vous invite à prendre courage, car aucun de vous ne perdra la vie ; le bateau seul sera perdu. ²³ Cette nuit, en effet, un ange du Dieu à qui j'appartiens et que je sers s'est approché de moi ²⁴ et m'a dit : "N'aie pas peur, Paul ! Il faut que tu comparaisses devant l'empereur, et Dieu, dans sa bonté pour toi, t'accorde la vie de tous ceux qui naviguent avec toi". ²⁵ Courage donc, mes amis, car j'ai confiance en Dieu : il en sera comme il m'a dit. ²⁶ Mais nous devons échouer sur la côte d'une île. »

²⁷ C'était la quatorzième nuit que la tempête nous emportait sur la mer Méditerranée. Vers minuit, les marins eurent l'impression que nous approchions d'une terre. ²⁸ Ils lancèrent une sonde et trouvèrent que l'eau était profonde de trente-sept mètres ; un peu plus loin, ils lancèrent de nouveau la sonde et trouvèrent vingt-huit mètres de profondeur. ²⁹ Ils craignaient que notre bateau ne heurte des rochers, c'est pourquoi ils jetèrent quatre ancres à l'arrière et attendirent avec impatience la venue du jour. ³⁰ Cependant, les marins cherchaient à s'échapper du navire ; ils firent descendre à l'eau le canot de sauvetage et prétendirent qu'ils allaient fixer des ancres à l'avant du bateau. ³¹ Paul dit à l'officier romain et aux soldats : « Si ces gens ne restent pas sur le bateau, vous ne pouvez pas être sauvés. » ³² Alors les soldats coupèrent les cordes qui retenaient le canot et le laissèrent aller.

³³ Avant la venue du jour, Paul les invita tous à prendre de la nourriture, en disant : « Voici aujourd'hui quatorze jours que dure votre attente angoissée et que vous restez sans rien manger. ³⁴ Je vous invite donc à prendre de la nourriture, car vous en avez besoin pour être sauvés. Aucun de vous ne perdra même un cheveu de sa tête. » ³⁵ Sur ces mots, Paul prit du pain et remercia Dieu devant tous, puis il le rompit et se mit à manger. ³⁶ Tous reprirent alors courage et mangèrent aussi. ³⁷ Nous étions, sur le bateau, deux cent soixante-seize personnes en tout. ³⁸ Quand chacun eut mangé à sa faim, on jeta le blé à la mer pour alléger le bateau.

## Le naufrage

³⁹ Lorsque le jour parut, les marins ne reconnurent pas la terre, mais ils aperçurent une baie avec une plage et décidèrent d'y faire aborder le bateau, si possible. ⁴⁰ Ils détachèrent les ancres et les lais-

### Foi en Dieu

*L'apôtre garde son calme face à tous les dangers courus. Il a foi en la protection divine et il sait qu'il atteindra Rome, le terme de son voyage (versets 23-24). Le récit des Actes des apôtres s'achève à Rome, car Luc tient à montrer que le message du Christ a atteint la capitale de l'Empire romain. Paul n'a pas fondé la communauté chrétienne de Rome, elle existait depuis des années. Des chrétiens dont on ignore tout y ont apporté la Bonne Nouvelle, sans qu'on connaisse plus de détails. Paul écrivit sa fameuse lettre aux Romains à l'attention des membres de cette communauté exprimant son désir de se rendre chez eux pour y annoncer la nouveauté qu'apporte le message du Christ. Luc termine son récit sur cette arrivée de Paul à Rome, la ville qui est au cœur de l'Empire et qui jouera assez rapidement un rôle important dans l'histoire de la chrétienté.*

Carte du voyage de Césarée à Rome.

317

sèrent partir dans la mer ; ils délièrent en même temps les cordes des rames qui servaient de gouvernail. Puis ils hissèrent une voile à l'avant du bateau pour que le vent le pousse et ils se dirigèrent vers la plage. **41** Mais ils arrivèrent contre un banc de sable entre deux courants où le bateau resta pris. La partie avant du bateau était enfoncée dans le sable et ne pouvait pas bouger, tandis que la partie arrière était brisée par la violence des vagues. **42** Les soldats voulaient tuer les prisonniers, afin qu'aucun d'eux ne s'échappe à la nage. **43** Mais l'officier romain, qui désirait sauver Paul, les empêcha d'exécuter leur projet. Il ordonna à ceux qui savaient nager de sauter à l'eau les premiers pour gagner la terre ; **44** les autres devaient les suivre en se tenant à des planches ou à des débris du bateau. Et c'est ainsi que tous parvinrent à terre sains et saufs.

## Paul dans l'île de Malte

**28** **1** Une fois sauvés, nous avons appris que l'île s'appelait Malte. **2** Ses habitants nous traitèrent avec une grande bienveillance : comme la pluie s'était mise à tomber et qu'il faisait froid, ils allumèrent un grand feu autour duquel ils nous accueillirent tous. **3** Paul ramassa un tas de branches pour le jeter dans le feu, mais un serpent en sortit à cause de la chaleur et s'accrocha à sa main. **4** Quand les habitants de l'île virent ce serpent suspendu à la main de Paul, ils se dirent les uns aux autres : « Cet homme est certainement un assassin, car la justice divine ne lui permet pas de vivre, bien qu'il ait échappé à la mer. » **5** Mais Paul secoua le serpent dans le feu et ne ressentit aucun mal. **6** Les autres s'attendaient à le voir enfler ou tomber mort subitement. Mais, après avoir attendu longtemps, ils constatèrent qu'il ne lui arrivait aucun mal ; ils changèrent alors d'idée et dirent qu'il était un dieu.

**7** Près de cet endroit se trouvait la propriété du principal notable de l'île, un certain Publius. Celui-ci nous reçut aimablement et nous logea pendant trois jours. **8** Le père de Publius était au lit ; il avait de la fièvre et de la dysenterie. Paul alla le voir, pria, posa les mains sur lui et le guérit. **9** Après cela, les autres malades de l'île vinrent aussi et ils furent guéris. **10** Ils nous montrèrent toutes sortes de marques de respect et, au moment où nous embarquions, ils nous fournirent tout ce qui était nécessaire pour notre voyage.

## Paul arrive à Rome

**11** Au bout de trois mois, nous sommes partis sur un bateau d'Alexandrie, appelé « Les Dioscures », qui avait

*Le phare de Malte*
*L'île de Malte bénéficie encore aujourd'hui d'une position particulière dans la Méditerranée. Ses habitants avaient leur propre dialecte, le punique, différent du grec.*

passé l'hiver dans un port de l'île. ¹² Nous sommes arrivés à Syracuse où nous sommes restés trois jours. ¹³ De là, nous avons suivi la côte pour atteindre Reggio. Le lendemain, le vent du sud se mit à souffler et nous sommes

*Le port de Malte*
*Après un hivernage de trois mois à Malte, le voyage reprend pour se terminer à Pouzzoles. Le reste de la route s'est fait à pied. Le Marché d'Appius se trouvait à environ 65 kilomètres de Rome, et Trois-Tavernes à presque 50 kilomètres.*

parvenus en deux jours à Pouzzoles. ¹⁴ Dans cette ville, nous avons trouvé des frères qui nous invitèrent à passer une semaine avec eux. C'est dans ces conditions que nous sommes allés à Rome. ¹⁵ Les frères de Rome avaient reçu des nouvelles à notre sujet et vinrent à notre rencontre jusqu'au Marché d'Appius et à Trois-Auberges. Dès que Paul les vit, il remercia Dieu et se sentit encouragé. ¹⁶ Après notre arrivée à Rome, on permit à Paul de demeurer à part, avec un soldat qui le gardait.

## Paul prêche à Rome

¹⁷ Trois jours plus tard, Paul invita chez lui les chefs des Juifs de Rome. Quand ils furent réunis, il leur dit : « Frères, quoique je n'aie rien fait contre notre peuple ni contre les coutumes de nos ancêtres, j'ai été arrêté à Jérusalem et livré aux Romains. ¹⁸ Après m'avoir interrogé, ceux-ci voulaient me relâcher, car ils n'avaient trouvé en moi aucune raison de me condamner à mort. ¹⁹ Mais les Juifs s'y sont opposés et j'ai alors été obligé d'en appeler à l'empereur, sans pourtant avoir l'intention d'accuser ma nation. ²⁰ Voilà pourquoi j'ai demandé à vous voir et à vous parler. En effet, je porte ces chaînes à cause de celui qu'espère le peuple d'Israël. » ²¹ Ils lui répondirent : « Nous n'avons reçu aucune lettre de Judée à ton sujet et aucun de nos frères n'est venu de là-bas pour nous faire un rapport ou nous dire du mal de toi. ²² Mais nous voudrions bien t'entendre exprimer ce que tu penses, car nous savons que partout on s'oppose à ce parti auquel tu

*Le séjour à Malte*
*Le récit du livre des Actes ne fait aucune mention d'une œuvre missionnaire de Paul et de son escorte sur l'île de Malte. On apprend que Paul est miraculeusement délivré des suites d'une morsure de serpent et que les malades de l'île sont guéris, mais on ne sait pas si l'Évangile a été annoncé aux habitants de Malte ni si une communauté chrétienne y a été fondée.*

*Ruines du Colisée à Rome, amphithéâtre où les persécutions contre les chrétiens étaient données en spectacle.*
Paul annonça la venue du Christ aux Juifs de Rome. Mais il rencontra une fois de plus une opposition, d'où la citation des paroles du prophète Ésaïe que Jésus avait déjà reprises à l'encontre de ceux qui refusaient le message de la Bonne Nouvelle. Luc ne dit rien du procès de Paul, et l'on ignore s'il a eu lieu. L'essentiel n'était-il pas que l'apôtre, prisonnier dans la capitale romaine, ait pourtant pu annoncer la Bonne Nouvelle ? Selon plusieurs sources non bibliques, Paul aurait subi le martyre sous l'empereur Néron en 64 apr. J.-C.

te rattaches. » **23** Ils fixèrent un rendez-vous avec Paul, et, le jour prévu, ils vinrent en plus grand nombre le trouver à l'endroit où il logeait. Depuis le matin jusqu'au soir, Paul leur donna des explications : il leur annonçait le Royaume de Dieu et cherchait à les convaincre au sujet de Jésus en citant la loi de Moïse et les livres des Prophètes. **24** Les uns furent convaincus par ce qu'il disait, mais les autres refusaient de croire. **25** Alors qu'ils s'en allaient sans pouvoir se mettre d'accord entre eux, Paul leur dit simplement ceci : « Le Saint-Esprit avait bien raison lorsqu'il s'adressait à vos ancêtres par l'intermédiaire du prophète Ésaïe ! **26** Il déclarait en effet :

"Va dire à ce peuple :
Vous entendrez bien,
mais vous ne comprendrez pas ;
vous regarderez bien,
mais vous ne verrez pas.

**27** Car ce peuple est devenu insensible ;
ils se sont bouché les oreilles,
ils ont fermé les yeux,
afin d'empêcher leurs yeux de voir,
leurs oreilles d'entendre,
leur intelligence de comprendre
et ainsi ils ne reviendront pas à moi
pour que je les guérisse, dit Dieu."

**28** Sachez-le donc, ajouta Paul, Dieu a envoyé le message du salut à ceux qui ne sont pas juifs : ils l'écouteront, eux ! »

[**29** A ces mots de Paul, les Juifs s'en allèrent en discutant vivement entre eux.]

**30** Paul demeura deux années entières dans le logement qu'il avait loué. Il y recevait tous ceux qui venaient le voir. **31** Il prêchait le Royaume de Dieu et enseignait ce qui concerne le Seigneur Jésus-Christ, avec une pleine assurance et librement.

# LES LETTRES
# DE PAUL

Antioche en Pisidie

## Contexte

De la lettre aux Romains à celle à Philémon, on trouve dans le Nouveau Testament treize écrits émanant de Paul. Il écrit à des collaborateurs ou à des communautés, certaines fondées par lui-même. Ces lettres sont conçues comme un enseignement, destiné à être lu devant l'assemblée des Chrétiens.

## Objectif

Les lettres évoquent la situation particulière de ceux auxquels elles s'adressent. Souvent, elles répondent aussi à des questions qui ont été posées à l'apôtre. Paul consacre une large place à ses recommandations: suivre l'enseignement originel, se garder des faux enseignants et des tendances aux divisions. Il traite aussi du problème important pour les premières communautés de la relation entre chrétiens et juifs, ainsi que de l'attitude à adopter vis-à-vis de l'État romain.

## Fil conducteur

A travers Jésus-Christ, Dieu s'est tourné vers tous les hommes, juifs et païens, sans distinction. Voilà le message essentiel contenu dans les lettres de Paul. Ce n'est pas le zèle à suivre les prescriptions religieuses de la loi de Moïse et des livres des Prophètes qui rend les humains « justes » devant Dieu, mais c'est la foi en Jésus-Christ (Romains 1-4; Galates 3-6; Philippiens 3). La vraie foi ne dépend pas des efforts humains, elle est un don de Dieu (voir Romains 9,16). La foi des chrétiens en la résurrection de Jésus-Christ leur donne l'espérance: il a vaincu la mort, et Dieu offre la résurrection à tous les croyants (I Corinthiens 15). La Bonne Nouvelle – récit de la vie, de la mort et de la résurrection de Jésus Christ – est un lien commun à tous les chrétiens ; elle les réunit, quelle que soit leur origine. La vie des Églises doit manifester cette unité en Jésus Christ aux yeux du monde (Éphésiens 4; I Thessaloniciens; I Timothée).

*L'Apôtre Paul, par Claude Vignon (1593-1670).*

*Peu après la mort et la résurrection du Christ, plusieurs Juifs chrétiens ont diffusé l'Évangile jusqu'à Rome, la capitale de l'Empire. L'apôtre Paul désirait lui aussi se rendre à Rome car Dieu l'avait chargé de proclamer le message de l'Évangile « jusqu'au bout du monde ». Pour préparer son voyage, Paul envoie une lettre à la communauté chrétienne de Rome. L'apôtre en profite pour présenter son message, qu'il résume lui-même ainsi : « La Bonne Nouvelle est la force dont Dieu se sert pour sauver tous ceux qui croient, les Juifs d'abord, mais aussi les non-Juifs » (Romains 1,16). La Bonne Nouvelle est destinée à tous. Paul explique comment Dieu sauve ceux qui ont confiance en lui. Une partie d'Israël n'a pas encore accepté le Christ, mais le projet de Dieu se poursuit. Chacun est donc invité à vivre pour Dieu d'une vie réellement nouvelle et à lui rendre un culte véritable.*

# LETTRE AUX ROMAINS

## Salutation

**1** ¹ De la part de Paul, serviteur de Jésus-Christ, appelé à être apôtre et choisi par Dieu pour annoncer sa Bonne Nouvelle.

² Dieu avait promis cette Bonne Nouvelle depuis longtemps dans les saintes Écritures, par l'intermédiaire de ses prophètes. ³ Elle se rapporte à son Fils, notre Seigneur Jésus-Christ : en tant qu'homme, il était descendant du roi David ; ⁴ mais selon l'Esprit Saint, il a été manifesté Fils de Dieu avec puissance quand il a été ressuscité d'entre les morts. ⁵ Par lui, Dieu m'a accordé la faveur d'être apôtre pour l'honneur du Christ, afin d'amener des gens de toutes les nations à croire en lui et à lui obéir. ⁶ Vous en êtes aussi de ces gens-là, vous que Dieu a appelés pour que vous apparteniez à Jésus-Christ.

⁷ Je vous écris à vous qui êtes à Rome, vous tous que Dieu aime et qu'il a appelés à vivre pour lui. Que Dieu notre Père et le Seigneur Jésus-Christ vous accordent la grâce et la paix.

## Paul désire aller voir les chrétiens de Rome

⁸ Avant tout je remercie mon Dieu, par Jésus-Christ, au sujet de vous tous, parce qu'on parle de votre foi dans le

monde entier. [9] Dieu sait que je dis vrai, lui que je sers de tout mon cœur en annonçant la Bonne Nouvelle qui concerne son Fils. Il sait que je pense sans cesse à vous [10] toutes les fois que je prie. Je demande à Dieu que si telle est sa volonté, il me soit enfin possible de me rendre chez vous. [11] En effet, je désire beaucoup vous voir, afin de vous apporter un don de l'Esprit Saint pour que vous en soyez fortifiés. [12] Plus encore, je désire être parmi vous pour que nous recevions ensemble un encouragement, moi par votre foi et vous par la mienne.

[13] Je veux que vous sachiez, frères, que j'ai souvent fait le projet de me rendre chez vous, mais j'en ai été empêché jusqu'à présent. Je souhaitais que mon travail porte du fruit chez vous aussi, comme il en a porté parmi les autres nations du monde. [14] C'est mon devoir d'aller auprès de tous, les civilisés comme les non-civilisés, les gens instruits comme les ignorants. [15] C'est pourquoi j'ai ce désir de vous apporter la Bonne Nouvelle, à vous aussi qui habitez Rome.

Rome aujourd'hui, le Capitole.

## La puissance de la Bonne Nouvelle

[16] C'est sans crainte que j'annonce la Bonne Nouvelle : elle est en effet la force dont Dieu se sert pour sauver tous ceux qui croient, les Juifs d'abord, mais aussi les non-Juifs. [17] En effet, la Bonne Nouvelle révèle comment Dieu rend les humains justes devant lui : c'est par la foi seule, du commencement à la fin, comme l'affirme l'Écriture : « Celui qui est juste par la foi, vivra. »

## Les humains sont coupables

[18] Du haut du ciel, Dieu manifeste sa colère contre tout péché et tout mal commis par les humains qui, par leurs mauvaises actions, étouffent la vérité. [19] Et pourtant, ce que l'on peut connaître de Dieu est clair pour tous : Dieu lui-même le leur a montré clairement. [20] En effet, depuis que Dieu a créé le monde, ses qualités invisibles, c'est-à-dire sa puissance éternelle et sa nature divine, se voient fort bien quand on considère ses œuvres. Les humains sont donc inexcusables. [21] Ils connaissent Dieu, mais ils ne l'honorent pas et ne le remercient pas comme il convient de le faire à son égard. Au contraire, leurs pensées sont devenues stupides et leur esprit insensé a été plongé dans l'obscurité. [22] Ils se prétendent sages mais ils sont fous : [23] au lieu d'adorer la gloire du Dieu immortel,

« J'ai ce désir de vous apporter la Bonne Nouvelle, à vous aussi qui habitez Rome. » (Romains 1,15) La Bonne Nouvelle transforme la vie des hommes sans Dieu. Elle les ouvre à la foi qui est la vraie connaissance de Dieu et les délivre de la superstition et de l'idolâtrie. La tâche de Paul consiste à diffuser l'Évangile aussi loin que possible pour que ceux qu'il rencontre se tournent vers le vrai Dieu.

ils ont adoré des statues représentant l'homme mortel, des oiseaux, des quadrupèdes et des reptiles.

**Un monde désaxé**

*Lorsque les hommes abandonnent le Créateur pour se livrer à l'idolâtrie, leur vie se dérègle. Mais Dieu qui se soucie de l'avenir des hommes, réagira avec vigueur contre l'injustice.*

*La Nef des fous, par Jérôme Bosch (1450-1516).*

²⁴ C'est pourquoi Dieu les a abandonnés à des actions impures, selon les désirs de leur cœur, de sorte qu'ils se conduisent d'une façon honteuse les uns avec les autres. ²⁵ Ils échangent la vérité concernant Dieu contre le mensonge ; ils adorent et servent ce que Dieu a créé au lieu du Créateur lui-même, qui doit être loué pour toujours ! Amen.

²⁶ C'est pourquoi Dieu les a abandonnés à des passions honteuses. Leurs femmes elles-mêmes changent les relations naturelles en des relations contre nature. ²⁷ De même, les hommes abandonnent les relations naturelles avec la femme et brûlent de désir les uns pour les autres. Les hommes commettent des actions honteuses les uns avec les autres et reçoivent ainsi en eux-mêmes la punition que mérite leur égarement.

²⁸ Comme ils ont refusé de reconnaître Dieu, Dieu les a abandonnés à leur intelligence déréglée et, ainsi, ils font ce qu'ils ne devraient pas. ²⁹ Ils sont remplis de toute sorte d'injustice, de mal, d'envie, de méchanceté ; ils sont pleins de jalousie, de meurtres, de querelles, de ruse, de malice. Ils lancent de fausses accusations ³⁰ et disent du mal les uns des autres ; ils sont ennemis de Dieu, insolents, orgueilleux, vantards. Toujours prêts à imaginer de nouveaux méfaits, ils sont rebelles à leurs parents. ³¹ Ils sont inconstants, ils ne tiennent pas leurs promesses ; ils sont durs et sans pitié pour les autres. ³² Ils connaissent bien le jugement de Dieu : ceux qui se conduisent de cette manière méritent la mort. Pourtant, ils continuent à commettre de telles actions et, de plus, ils approuvent ceux qui les commettent aussi.

## Le jugement de Dieu

**2** ¹ Toi, qui que tu sois, qui juges les autres, tu es donc inexcusable. Car, lorsque tu juges les autres et que tu agis comme eux, tu te condamnes toi-même. ² Nous savons que Dieu juge selon la vérité ceux qui commettent de telles actions. ³ Penses-tu que tu échapperas au jugement de Dieu, toi qui juges les autres pour des actions que tu commets toi-même ? ⁴ Ou bien méprises-tu la grande bonté de Dieu, sa patience et sa générosité ? Ne sais-tu pas que la bonté de Dieu doit t'amener à changer de comportement ? ⁵ Mais tu ne veux pas comprendre, tu n'es pas disposé à changer. C'est pourquoi, tu attires sur toi une punition encore plus grande pour le jour où Dieu manifestera sa colère et son juste jugement ⁶ et où il traitera chacun selon ce qu'il aura fait. ⁷ Il donnera la vie éternelle à ceux qui s'appliquent à faire le bien et recherchent ainsi la gloire, l'honneur et la vie immortelle. ⁸ Mais il montrera sa colère et son indignation à ceux qui se révoltent contre lui, s'opposent à la vérité et se soumettent au mal. ⁹ La détresse et l'angoisse frapperont tous ceux qui font le mal, les Juifs d'abord, mais aussi les non-Juifs. ¹⁰ Par contre, Dieu accordera la gloire, l'honneur et la paix à tous ceux qui font le bien, aux Juifs d'abord, mais aussi aux non-Juifs, ¹¹ car Dieu n'avantage personne.

¹² Tous ceux qui pèchent sans connaître la loi de Moïse, périront sans subir cette loi ; mais tous ceux qui pèchent en connaissant la loi seront jugés selon cette loi. ¹³ Car les êtres agréables à Dieu ne sont pas ceux qui se contentent d'écouter la loi, mais ceux qui la mettent en pratique. ¹⁴ Quand des étrangers, qui ne connaissent pas la loi de Dieu, la mettent d'eux-mêmes en pratique, c'est comme s'ils la portaient au-dedans d'eux, bien qu'ils ne l'aient pas. ¹⁵ Ils prouvent ainsi que la pratique ordonnée par la loi est inscrite dans leur cœur. Leur conscience en témoigne également, ainsi que leurs pensées qui parfois les accusent et parfois les défendent. ¹⁶ Voilà ce qui paraîtra au jour où Dieu jugera par Jésus-Christ tout ce qui est caché dans la vie des hommes, comme l'affirme la Bonne Nouvelle que j'annonce.

## Les Juifs et la loi

¹⁷ Mais toi, tu portes le nom de Juif, tu t'appuies sur la loi et tu es fier de ton Dieu ; ¹⁸ tu connais sa volonté et

« *Pourquoi regardes-tu le brin de paille qui est dans l'œil de ton frère, alors que tu ne remarques pas la poutre qui est dans ton œil?* » (Matthieu 7,3)
*Les paroles de Paul s'accordent avec celles de Jésus et constituent un avertissement sévère à l'égard de ceux qui se croient justes et qui méprisent les autres à cause de leur égarement spirituel et moral. Si l'Évangile est pour tous, c'est parce que tous ont besoin de changer de comportement.*

« *Car les êtres agréables à Dieu ne sont pas ceux qui se contentent d'écouter la loi, mais ceux qui la mettent en pratique.* » (Romains 2,13)

la loi t'a enseigné à choisir ce qui est bien ; [19] tu crois être un guide pour les aveugles, une lumière pour ceux qui sont dans l'obscurité, [20] un éducateur pour les ignorants et un maître pour les enfants, parce que tu es sûr d'avoir dans la loi l'expression parfaite de la connaissance et de la vérité. [21] Eh bien, toi qui fais la leçon aux autres, pourquoi ne la fais-tu pas à toi-même ? Toi qui prêches qu'on ne doit pas voler, pourquoi voles-tu ? [22] Toi qui interdis l'adultère, pourquoi en commets-tu ? Toi qui détestes les idoles, pourquoi pilles-tu leurs temples ? [23] Tu es fier de la loi, mais tu déshonores Dieu en faisant le contraire de ce qu'ordonne sa loi ! [24] En effet, l'Écriture l'affirme : « A cause de vous, les autres peuples se moquent de Dieu. »

[25] Si tu obéis à la loi, la circoncision t'est utile ; mais si tu désobéis à la loi, c'est comme si tu n'étais pas circoncis. [26] Et si l'homme qui est incirconcis obéit aux commandements de la loi, Dieu ne le considérera-t-il pas comme s'il était circoncis ? [27] L'homme qui est incirconcis dans sa chair, mais qui obéit à la loi, te jugera, toi qui désobéis à la loi, bien que tu possèdes la loi écrite et que tu sois circoncis. [28] En effet, le vrai Juif n'est pas celui qui l'est seulement en apparence et qui est circoncis seulement de façon visible, dans sa chair. [29] Mais le vrai Juif est celui qui l'est intérieurement, qui est circoncis dans son cœur, d'une circoncision qui dépend de l'Esprit de Dieu et non de la loi écrite. Ce vrai Juif reçoit sa louange non des hommes, mais de Dieu.

**3** [1] Y a-t-il alors un avantage à être Juif ? La circoncision est-elle utile ? [2] L'avantage est grand, à tous égards. Et d'abord, c'est aux Juifs que Dieu a confié ses promesses. [3] Il est vrai que certains d'entre eux ont été infidèles. Mais quoi, Dieu va-t-il renoncer à être fidèle parce que eux ne l'ont pas été ? [4] Certainement pas ! Il doit être clair que Dieu agit selon la vérité, même si tout homme est menteur, comme le déclare l'Écriture :

« Il faut que tu sois reconnu juste dans ce que tu dis,
et que tu sois vainqueur si l'on te met en jugement. »

[5] Mais si le mal que nous commettons fait ressortir la justice de Dieu, qu'allons-nous dire ? Dieu est-il injuste parce qu'il nous punit ? (Je parle à la manière des hommes.) [6] Pas du tout ! Car s'il l'était, comment pourrait-il juger le monde ?

[7] Mais si mon mensonge met d'autant plus en lumière la vérité de Dieu et sert donc à sa gloire, pourquoi devrais-je encore être condamné comme pécheur ? [8] Et alors, pourquoi ne pas dire : « Faisons le mal pour qu'il en

« Le vrai Juif est celui qui l'est intérieurement. » (Romains 2,29)
Dans l'Ancien Testament, la circoncision constitue le signe d'alliance entre Dieu et Israël et celui d'une bénédiction particulière de Dieu. Mais la circoncision était considérée par beaucoup comme la garantie de la faveur divine. Déjà à l'époque de l'Ancien Testament les prophètes rappelaient que l'alliance était autant un engagement de l'homme qu'une promesse de Dieu. La marque véritable de l'appartenance à Dieu n'est donc pas un signe extérieur, tel que l'ablation du prépuce, mais une vie renouvelée par l'Esprit de Dieu.

résulte du bien » ? Certains, en effet, pour me calomnier, soutiennent que ce sont mes paroles. Ces gens seront condamnés et ils le méritent bien !

## Personne n'est juste

⁹ Mais quoi ? Sommes-nous, nous les Juifs, supérieurs aux autres ? Pas du tout ! J'ai déjà démontré que tous, Juifs et non-Juifs, sont également sous la domination du péché. ¹⁰ L'Écriture le déclare :

« Il n'y a pas d'homme juste, pas même un seul,
¹¹ il n'y a personne qui comprenne,
personne qui recherche Dieu.
¹² Tous ont quitté le bon chemin, ensemble ils se sont
égarés.
Il n'y a personne qui fasse le bien, pas même un seul.
¹³ Leur gorge est comme une tombe ouverte,
leur langue leur sert à tromper,
c'est du venin de serpent qui sort de leurs lèvres,
¹⁴ leur bouche est pleine de malédictions amères.
¹⁵ Ils courent à toutes jambes pour assassiner,
¹⁶ ils laissent la destruction et le malheur partout où ils
passent,
¹⁷ ils n'ont pas connu le chemin de la paix.
¹⁸ Ils vivent sans aucune crainte de Dieu. »

¹⁹ Nous savons que tout ce que dit la loi, elle le dit à ceux qui sont soumis à la loi, afin que nul ne puisse ouvrir la bouche pour se justifier et que le monde entier soit reconnu coupable devant Dieu. ²⁰ Car personne ne sera reconnu juste aux yeux de Dieu pour avoir obéi en tout à la loi ; la loi permet seulement de prendre connaissance du péché.

## Comment Dieu sauve les êtres humains

²¹ Mais maintenant, Dieu nous a montré comment il nous rend justes devant lui, et cela sans l'intervention de la loi. Les livres de la Loi et des Prophètes l'avaient déjà attesté : ²² Dieu rend les hommes justes à ses yeux par leur foi en Jésus-Christ. Il le fait pour tous ceux qui croient au Christ, car il n'y a pas de différence entre eux : ²³ tous ont péché et sont privés de la présence glorieuse de Dieu. ²⁴ Mais Dieu, dans sa bonté, les rend justes à ses yeux, gratuitement, par Jésus-Christ qui les délivre du péché. ²⁵⁻²⁶ Dieu l'a offert en sacrifice afin que, par sa mort, le Christ obtienne le pardon des péchés en faveur de ceux qui croient en lui. Dieu a montré ainsi qu'il est toujours juste : il l'était autrefois quand il a patienté et laissé impunis les péchés des hommes ; il l'est dans le

*« Juifs et non-Juifs, sont également sous la domination du péché. » (Romains 3,9) Selon Paul, tous les hommes vivent sous l'emprise du mal : l'éloignement de Dieu est universel. Les textes de l'Ancien Testament le soulignaient déjà. Personne ne peut donc prétendre être supérieur aux autres ou se croire avantagé par rapport aux autres, car personne n'est irréprochable devant Dieu.*

*« Ils courent à toutes jambes pour assassiner, ils laissent la destruction et le malheur partout où ils passent. » (Romains 3,15-16)*

*« Dieu, dans sa bonté, les rend justes à ses yeux, gratuitement, par Jésus-Christ qui les délivre du péché. » (Romains 3,24)*
*Paul explique ce qui se passe quand les hommes mettent toute leur confiance en Jésus-Christ. Ils découvrent à la fois leur péché qui les éloigne de Dieu et l'amour de Dieu qui les rend justes. En Jésus, le pardon gratuit de Dieu a été manifesté. Paul invite donc les hommes à mettre leur foi en Jésus plutôt que dans la fausse assurance procurée par l'observation rigoureuse de la loi de Moïse.*

*Abraham reçoit la visite des trois mages, illustration de Gustave Doré (La Sainte Bible, 1866).*

temps présent, puisqu'il veut à la fois être juste et rendre justes tous ceux qui croient en Jésus.

²⁷ Y a-t-il donc encore une raison de nous enorgueillir ? Non, aucune ! Pourquoi ? Parce que ce qui compte, ce n'est plus d'obéir à la loi, mais c'est de croire. ²⁸ Nous estimons, en effet, qu'un être humain est rendu juste devant Dieu à cause de sa foi et non parce qu'il obéirait en tout à la loi. ²⁹ Ou alors, Dieu serait-il seulement le Dieu des Juifs ? N'est-il pas aussi le Dieu des autres peuples ? Bien sûr, il l'est aussi des autres peuples, ³⁰ puisqu'il n'y a qu'un seul Dieu. Il va rendre justes à ses yeux les Juifs par la foi et les non-Juifs également par la foi. ³¹ Cela signifie-t-il que par la foi nous enlevons toute valeur à la loi ? Bien au contraire, nous lui donnons sa vraie valeur.

## L'exemple d'Abraham

**4** ¹ Que dirons-nous donc d'Abraham, notre ancêtre ? Qu'a-t-il obtenu en tant qu'homme ? ² Si Abraham avait été reconnu juste aux yeux de Dieu à cause des actions qu'il a accomplies, il pourrait s'en vanter. Mais il ne peut pas le faire devant Dieu. ³ En effet, l'Écriture déclare :

*Abraham, panneau d'autel d'une église de Jérusalem. Le premier livre de l'Ancien Testament, la Genèse, raconte comment Dieu fit alliance avec l'ancêtre du peuple hébreu, Abraham, dont le nom veut dire « père d'une multitude ». Abraham vivait à une époque où l'on vénérait une multitude de divinités, mais Dieu lui demanda de quitter son pays et de se rendre vers celui de Canaan. Abraham crut et partit avec ses proches sans savoir où il allait. Il n'avait pas la Loi de Moïse pour suivre les voies de Dieu, mais Dieu l'accepta, à cause de sa foi seule. Dans ce sens, Abraham constitue un modèle pour tous les croyants. Paul montre comment les chrétiens sont à leur tour acceptés par Dieu grâce à son pardon, et sont appelés à s'engager tout entiers à la suite de Jésus-Christ qui leur a montré comment vivre dans l'amour et la justice.*

« Abraham eut confiance en Dieu, et Dieu le considéra comme juste en tenant compte de sa foi. » 4 Celui qui travaille reçoit un salaire ; ce salaire ne lui est pas compté comme un don gratuit : il lui est dû. 5 Mais quand quelqu'un, sans accomplir de travail, croit simplement que Dieu accueille favorablement le pécheur, Dieu tient compte de sa foi pour le considérer comme juste. 6 C'est ainsi que David parle du bonheur de l'homme que Dieu considère comme juste sans tenir compte de ses actions :

7 « Heureux ceux dont Dieu a pardonné les fautes
et dont il a effacé les péchés !
8 Heureux l'homme à qui le Seigneur ne compte pas son
péché ! »

9 Ce bonheur existe-t-il seulement pour les hommes circoncis ou aussi pour les non-circoncis ? Eh bien, nous venons de dire que « Dieu considéra Abraham comme juste en tenant compte de sa foi ». 10 Quand cela s'est-il passé ? Après qu'Abraham eut été circoncis ou avant ? Non pas après, mais avant. 11 Abraham reçut plus tard la circoncision comme un signe : c'était la marque indiquant que Dieu l'avait considéré comme juste à cause de sa foi, alors qu'il était encore incirconcis. Abraham est ainsi devenu le père de tous ceux qui croient en Dieu sans être circoncis et que Dieu considère eux aussi comme justes. 12 Il est également le père de ceux qui sont circoncis, c'est-à-dire de ceux qui ne se contentent pas de l'être, mais suivent l'exemple de la foi qu'a eue notre père Abraham avant d'être circoncis.

## La promesse de Dieu reçue par la foi

13 Dieu a promis à Abraham et à ses descendants qu'ils recevraient le monde. Cette promesse a été faite non

*« J'ai fait de toi l'ancêtre d'une foule de nations.»*
*(Romains 4,17)*
*Abraham et sa femme Sara, nous dit la Genèse, n'avaient pas d'enfant et étaient trop âgés pour en avoir lorsque Dieu leur annonça qu'ils auraient une descendance nombreuse. Abraham espérait donc « contre toute espérance ». C'est pourquoi Dieu le « considéra comme juste ». De même, dit Paul, les chrétiens sont à leur tour déclarés justes car ils croient fermement que le Christ est mort et ressuscité pour eux.*

parce que Abraham avait obéi à la loi, mais parce que Dieu l'a considéré comme juste à cause de sa foi. **14** Si ceux qui obéissent à la loi étaient les seuls à recevoir les biens promis, alors la foi serait inutile et la promesse de Dieu n'aurait plus de sens. **15** En effet, la loi provoque la colère de Dieu ; mais là où il n'y a pas de loi, il n'y a pas non plus de désobéissance à la loi.

**16** Ainsi, la promesse a été faite à cause de la foi, afin que ce soit un don gratuit de Dieu et qu'elle soit valable pour tous les descendants d'Abraham, non pas seulement pour ceux qui obéissent à la loi mais aussi pour ceux qui croient comme Abraham a cru. Abraham est notre père à tous, **17** comme le déclare l'Écriture : « J'ai fait de toi l'ancêtre d'une foule de nations. » Il est notre père devant Dieu en qui il a cru, le Dieu qui rend la vie aux morts et fait exister ce qui n'existait pas. **18** Abraham a cru et espéré, alors que tout espoir semblait vain, et il devint ainsi « l'ancêtre d'une foule de nations », selon ce que Dieu lui avait dit : « Tel sera le nombre de tes descendants. » **19** Il avait environ cent ans, mais sa foi ne faiblit pas quand il pensa à son corps presque mourant et à Sara, sa femme, qui était stérile. **20** Il ne perdit pas confiance et ne douta pas de la promesse de Dieu ; au contraire, sa foi le fortifia et il loua Dieu. **21** Il était absolument certain que Dieu a le pouvoir d'accomplir ce qu'il a promis. **22** Voilà pourquoi il est dit d'Abraham que, à cause de sa foi, « Dieu l'a considéré comme juste ». **23** Mais ces mots « Dieu l'a considéré comme juste » n'ont pas été écrits pour lui seul. **24** Ils ont été écrits aussi pour nous qui devons être considérés comme justes, nous qui croyons en Dieu qui a ramené d'entre les morts Jésus notre Seigneur. **25** Dieu l'a livré à la mort à cause de nos péchés et il l'a ramené à la vie pour nous rendre justes devant lui.

## En paix avec Dieu

**5** **1** Ainsi, nous avons été rendus justes devant Dieu à cause de notre foi et nous sommes maintenant en paix avec lui par notre Seigneur Jésus-Christ. **2** Par Jésus nous avons pu, par la foi, avoir accès à la grâce de Dieu en laquelle nous demeurons fermement. Et ce qui nous réjouit c'est l'espoir d'avoir part à la gloire de Dieu. **3** Bien plus, nous nous réjouissons même dans nos détresses, car nous savons que la détresse produit la patience, **4** la patience produit la résistance à l'épreuve et la résistance l'espérance. **5** Cette espérance ne nous déçoit pas, car Dieu a répandu son amour dans nos cœurs par le Saint-Esprit qu'il nous a donné.

⁶ En effet, quand nous étions encore incapables de nous en sortir, le Christ est mort pour les pécheurs au moment fixé par Dieu. ⁷ C'est difficilement qu'on accepterait de mourir pour un homme droit. Quelqu'un aurait peut-être le courage de mourir pour un homme de bien. ⁸ Mais Dieu nous a prouvé à quel point il nous aime : le Christ est mort pour nous alors que nous étions encore pécheurs. ⁹ Par son sacrifice, nous sommes maintenant rendus justes devant Dieu ; à plus forte raison serons-nous sauvés par lui de la colère de Dieu. ¹⁰ Nous étions les ennemis de Dieu, mais il nous a réconciliés avec lui par la mort de son Fils. A plus forte raison, maintenant que nous sommes réconciliés avec lui, serons-nous sauvés par la vie de son Fils. ¹¹ Il y a plus encore : nous nous réjouissons devant Dieu par notre Seigneur Jésus-Christ, grâce auquel nous sommes maintenant réconciliés avec Dieu.

## Adam et Christ

¹² Le péché est entré dans le monde à cause d'un seul homme, Adam, et le péché a amené la mort. Et ainsi, la mort a atteint tous les hommes parce que tous ont

*« Cette espérance ne nous déçoit pas, car Dieu a répandu son amour dans nos cœurs par le Saint-Esprit. »*
*(Romains 5,5)*
*L'espérance n'est pas un optimisme aveugle. Il s'agit au contraire d'une pleine confiance en l'avenir qui se fonde dans l'amour que Dieu nous donne par son Esprit, amour qu'il a démontré dans la mort du Christ. Cet amour est répandu dans la vie des croyants et demeure continuellement en eux dès le moment où ils ont foi en l'œuvre de Jésus-Christ.*

péché. ¹³ Avant que Dieu ait révélé la loi à Moïse, le péché existait déjà dans le monde, mais, comme il n'y avait pas encore de loi, Dieu ne tenait pas compte du péché. ¹⁴ Pourtant, depuis l'époque d'Adam jusqu'à celle de Moïse, la mort a manifesté son pouvoir même sur ceux qui n'avaient pas péché comme Adam, qui désobéit à l'ordre de Dieu.
Adam était l'image de celui qui devait venir. ¹⁵ Mais la faute d'Adam n'est pas comparable en importance au don gratuit de Dieu. Certes, beaucoup sont morts à cause de la faute de ce seul homme ; mais la grâce de Dieu est bien plus grande et le don qu'il a accordé gratuitement à beaucoup par un seul homme, Jésus-Christ, est bien plus

*La Tentation d'Adam et Ève, par Tommaso Masolino Da Panicale (1383-1440). Pour faire comprendre la libération apportée par Jésus, Paul propose une explication de l'histoire humaine. Il oppose le premier Adam au nouvel Adam. Le premier Adam représente l'humanité pécheresse soumise à la mort. Le second Adam, le Christ, apporte le salut et la vie à toute l'humanité.*

### Le péché et la mort

*Le règne du péché parmi les hommes s'est instauré par la faute d'Adam. Le règne de la mort – comprise comme la conséquence du péché – s'est lui aussi installé dans le monde. Mais la victoire du Christ met fin à la puissance du péché et de la mort.*

*«Nous tous qui avons été baptisés pour être unis à Jésus-Christ, nous avons été baptisés en étant associés à sa mort.» (Romains 6,3) A l'époque du Nouveau Testament, on baptisait les nouveaux convertis en les plongeant entièrement dans l'eau (le verbe « baptiser » est la transcription d'un verbe grec qui veut dire « immerger »). Le baptême suivait de très près la conversion à Jésus-Christ; on considérait donc les deux comme des étapes d'un même événement. C'est ainsi que le baptême est étroitement associé à la foi.*

*Le baptême décrit de manière imagée ce qui se passe lors de l'union du Chrétien avec le Christ: en Adam, nous sommes soumis à la puissance du péché et à la mort, mais à présent nous sommes morts et revenus à la vie avec le Christ.*

important. [16] Et le don de Dieu a un tout autre effet que le péché d'un seul homme ; le jugement provoqué par le péché d'un seul a eu pour résultat la condamnation, tandis que le don gratuit accordé après de nombreuses fautes a pour résultat l'acquittement. [17] Certes, la mort a manifesté son pouvoir par la faute d'un seul, à cause de ce seul être ; mais, par le seul Jésus-Christ, nous obtenons beaucoup plus : tous ceux qui reçoivent la grâce abondante de Dieu et le don de son œuvre salutaire vivront et régneront à cause du Christ.

[18] Ainsi, la faute d'un seul être, Adam, a entraîné la condamnation de tous les humains ; de même, l'œuvre juste d'un seul, Jésus-Christ, libère tous les humains du jugement et les fait vivre. [19] Par la désobéissance d'un seul une multitude de gens sont tombés dans le péché ; de même, par l'obéissance d'un seul une multitude de gens sont rendus justes aux yeux de Dieu.

[20] La loi est intervenue et alors les fautes se sont multipliées ; mais là où le péché s'est multiplié, la grâce de Dieu a été bien plus abondante encore. [21] Ainsi, de même que le péché a manifesté son pouvoir de mort, de même la grâce de Dieu manifeste son pouvoir salutaire pour nous conduire à la vie éternelle par Jésus-Christ, notre Seigneur.

## Morts par rapport au péché mais vivants en Christ

**6** [1] Que faut-il en conclure ? Devons-nous continuer à vivre dans le péché pour que la grâce de Dieu soit plus abondante ? [2] Certainement pas ! Nous sommes morts au péché : comment pourrions-nous vivre encore dans le péché ? [3] Ne savez-vous pas que nous tous qui avons été baptisés pour être unis à Jésus-Christ, nous avons été baptisés en étant associés à sa mort ? [4] Par le baptême, donc, nous avons été mis au tombeau avec lui pour être associés à sa mort, afin que, tout comme le Christ a été ramené d'entre les morts par la puissance glorieuse du Père, nous aussi nous vivions d'une vie nouvelle.

[5] En effet, si nous avons été unis à lui par une mort semblable à la sienne, nous serons également unis à lui par une résurrection semblable à la sienne. [6] Sachons bien ceci : l'être humain que nous étions auparavant a été mis

à mort avec le Christ sur la croix, afin que notre nature pécheresse soit détruite et que nous ne soyons plus les esclaves du péché. [7] Car celui qui est mort est libéré du péché. [8] Si nous sommes morts avec le Christ, nous sommes convaincus que nous vivrons aussi avec lui. [9] Nous savons en effet que le Christ, depuis qu'il a été ramené d'entre les morts, ne doit plus mourir : la mort n'a plus de pouvoir sur lui. [10] En mourant, il est mort par rapport au péché une fois pour toutes ; mais maintenant qu'il est vivant, il vit pour Dieu. [11] De même, vous aussi, considérez-vous comme morts au péché et comme vivants pour Dieu dans l'union avec Jésus-Christ.

[12] Le péché ne doit donc plus régner sur votre corps mortel pour vous faire obéir aux désirs de ce corps. [13] Ne mettez plus les diverses parties de votre corps au service du péché comme instruments du mal. Au contraire, offrez-vous à Dieu, comme des êtres revenus de la mort à la vie, et mettez-vous tout entiers à son service comme instruments de ce qui est juste. [14] En effet, le péché n'aura plus de pouvoir sur vous, puisque vous n'êtes pas soumis à la loi mais à la grâce de Dieu.

*« Offrez-vous à Dieu. »*
*(Romains 6,13)*
*Pour remporter la victoire sur le mal et accueillir la vie de Dieu, dit Paul, le Chrétien doit franchir trois étapes : se considérer d'abord comme « mort au péché », puis refuser de laisser le péché régner dans sa vie, et enfin, s'offrir à Dieu en se mettant entièrement à son service.*

*Histoire de la Tour de Babel ; la construction, illustration anonyme du XVIe siècle.*

## Au service de la justice

[15] Mais quoi ? Allons-nous pécher parce que nous ne sommes pas soumis à la loi mais à la grâce de Dieu ? Certainement pas ! [16] Vous le savez bien : si vous vous mettez au service de quelqu'un pour lui obéir, vous devenez les esclaves du maître auquel vous obéissez ; il s'agit soit du péché qui conduit à la mort, soit de l'obéissance à Dieu qui conduit à une vie juste. [17] Mais Dieu soit loué :

*« Vous avez été libérés du péché et vous êtes entrés au service de ce qui est juste. »*
*(Romains 6,18)*
*Lorsque les hommes se tournent vers Dieu, ils changent de maître : esclaves du péché, ils deviennent esclaves de Dieu. Paul avoue au verset suivant que cette image est imparfaite, car les chrétiens sont libres en Christ ; leur nouvel esclavage consiste à être au service des autres et de Dieu.*

*« Vous êtes morts à l'égard de la loi, en étant unis au corps du Christ. Ainsi vous appartenez maintenant à un autre. » (Romains 7,4)*
Paul tente d'expliquer aux Juifs la liberté des disciples de Jésus par rapport à la loi de Moïse. Ils sont comme morts à cette loi. Pour illustrer ce point important de sa pensée, Paul utilise une comparaison : à la mort du mari, la femme est libérée et peut contracter un autre mariage. De même, en communiant à la mort du Christ, les hommes sont libérés de la loi ancienne.

*Ils sont appelés à vivre la loi d'amour que Jésus a enseignée.*

vous qui étiez auparavant esclaves du péché, vous avez maintenant obéi de tout votre cœur au modèle présenté par l'enseignement que vous avez reçu. [18] Vous avez été libérés du péché et vous êtes entrés au service de ce qui est juste. [19] J'emploie cette façon humaine de parler à cause de votre faiblesse naturelle. Auparavant, vous vous étiez mis tout entiers comme esclaves au service de l'impureté et du mal qui produisent la révolte contre Dieu ; de même, maintenant, mettez-vous tout entiers comme esclaves au service de ce qui est juste pour mener une vie sainte.

[20] Quand vous étiez esclaves du péché, vous étiez libres par rapport à ce qui est juste. [21] Qu'avez-vous gagné à commettre alors des actes dont vous avez honte maintenant ? Ces actes mènent à la mort ! [22] Mais maintenant vous avez été libérés du péché et vous êtes au service de Dieu ; vous y gagnez d'être dirigés dans une vie sainte et de recevoir, à la fin, la vie éternelle. [23] Car le salaire que paie le péché, c'est la mort ; mais le don que Dieu accorde gratuitement, c'est la vie éternelle dans l'union avec Jésus-Christ notre Seigneur.

## Un exemple emprunté au mariage

**7** [1] Frères, vous savez sûrement déjà ce que je vais vous dire, car vous connaissez la loi : la loi n'a autorité sur un homme qu'aussi longtemps qu'il vit. [2] Par exemple, une femme mariée est liée par la loi à son mari tant qu'il vit ; mais si le mari meurt, elle est libérée de la loi qui la liait à lui. [3] Si donc elle devient la femme d'un autre homme du vivant de son mari, on la considère comme adultère ; mais si son mari meurt, elle est libre par rapport à la loi, de sorte qu'elle peut devenir la femme d'un autre sans être adultère. [4] Il en va de même pour vous, mes frères. Vous êtes morts à l'égard de la loi, en étant unis au corps du Christ. Ainsi vous appartenez maintenant à un autre, c'est-à-dire à celui qui a été ramené d'entre les morts afin que nous produisions ce qui est agréable à Dieu. [5] En effet, quand nous vivions selon notre propre nature, les désirs mauvais excités par la loi agissaient dans notre être tout entier et nous produisions ce qui mène à la mort. [6] Mais maintenant, nous sommes libérés de la loi, car nous sommes morts à ce qui nous retenait prisonniers. Nous pouvons donc servir Dieu d'une façon nouvelle, sous l'autorité de l'Esprit Saint, et non plus à la façon ancienne, sous l'autorité de la loi écrite.

## La loi et le péché

[7] Que faut-il en conclure ? La loi est-elle péché ? Certainement pas ! Mais la loi m'a fait connaître ce qu'est

le péché. En effet, je n'aurais pas su ce qu'est la convoiti-se si la loi n'avait pas dit : « Tu ne convoiteras pas. » [8] Le péché a saisi l'occasion offerte par le commandement pour produire en moi toutes sortes de convoitises. Car, sans la loi, le péché est chose morte. [9] Autrefois, sans la loi, j'étais vivant ; mais quand le commandement est intervenu, le péché a pris vie [10] et moi je suis mort : le commandement qui devait conduire à la vie s'est trouvé, dans mon cas, conduire à la mort. [11] Car le péché a saisi l'occasion, il m'a trompé au moyen du commandement et, par lui, il m'a fait mourir.

[12] Ainsi, la loi elle-même est sainte et le commandement est saint, juste et bon. [13] Ce qui est bon est-il devenu alors une cause de mort pour moi ? Certainement pas ! C'est le péché qui en a été la cause. Il a fait apparaître ainsi sa véritable nature de péché : il a utilisé ce qui est bon pour causer ma mort. Et voilà comment le péché est devenu, au moyen du commandement, plus gravement péché que jamais.

## L'homme dominé par le péché

[14] Nous savons que la loi est spirituelle ; mais moi, je suis un être faible, vendu comme esclave au péché. [15] Je ne comprends pas ce que je fais : car je ne fais pas ce que je voudrais faire, mais je fais ce que je déteste. [16] Si je fais précisément ce que je ne veux pas, je reconnais par là que la loi est bonne. [17] Ce n'est donc pas moi qui agis ainsi, mais c'est le péché qui habite en moi. [18] Car je sais que le bien n'habite pas en moi, c'est-à-dire en l'être faible que je suis. Certes, le désir de faire le bien existe en moi, mais non la capacité de l'accomplir. [19] En effet, je ne fais pas le bien que je veux et je fais le mal que je ne veux pas. [20] Si je fais ce que je ne veux pas, alors ce n'est plus moi qui agis ainsi, mais le péché qui habite en moi.

[21] Je découvre donc ce principe : moi qui veux faire le bien, je suis seulement capable de faire le mal. [22] Au fond de moi-même, je prends plaisir à la loi de Dieu. [23] Mais je trouve dans mon être une autre loi qui combat contre celle qu'approuve mon intelligence. Elle me rend prisonnier de la loi du péché qui est en moi. [24] Malheureux que je suis ! Qui me délivrera de ce corps qui m'entraîne à la mort ? [25] Dieu soit loué, par Jésus-Christ notre Seigneur !

Ainsi, je suis au service de la loi de Dieu par mon intelligence, mais dans ma faiblesse humaine, je suis asservi à la loi du péché.

« Moi qui veux faire le bien, je suis seulement capable de faire le mal. » (Romains 7,21)
L'homme perçoit plus ou moins qu'il est fait pour l'absolu, mais il s'éprouve limité. Il sait ce qui est bon pour lui et va lui permettre de grandir ; pourtant il lui est plus facile de faire le mal. Il y a en lui une lutte intérieure constante pour pouvoir accomplir le bien qu'il veut vivre.

« Je suis au service de la loi de Dieu par mon intelligence, mais dans ma faiblesse humaine, je suis asservi à la loi du péché. » (Romains 7,25)
Paul résume ce passage sur l'homme dominé par le péché en disant qu'il savait que la Loi de Dieu était bonne, et qu'il essayait donc de la suivre. Cependant, ses propres désirs l'ont conduit à se rebeller contre la Loi de Dieu et à pécher.

L'homme ne peut pas par lui-même se libérer de ces désirs-là et suivre la loi parfaitement, même s'il sait ce qu'il doit faire. C'est pourquoi Paul est si heureux que Dieu ait envoyé Jésus-Christ pour délivrer l'homme de cette impasse.

## La vie avec l'Esprit de Dieu

**8** <sup>1</sup> Maintenant donc, il n'y a plus de condamnation pour ceux qui sont unis à Jésus-Christ. ² Car la loi de l'Esprit Saint, qui donne la vie par Jésus-Christ, t'a libéré de la loi du péché et de la mort. ³ Dieu a accompli ce qui était impossible pour la loi de Moïse, parce que la faiblesse humaine la rendait impuissante : pour enlever le péché, il l'a condamné dans la nature humaine en envoyant son propre Fils vivre dans une condition semblable à celle de l'homme pécheur. ⁴ Dieu a accompli cela pour que les exigences de la loi soient réalisées en nous qui vivons non plus selon notre propre nature, mais selon l'Esprit Saint. ⁵ En effet, ceux qui vivent selon leur propre nature se préoccupent de ses désirs ; mais ceux qui vivent selon l'Esprit Saint se préoccupent des désirs de l'Esprit. ⁶ Se préoccuper des désirs de sa propre nature mène à la mort ; mais se préoccuper des désirs de l'Esprit Saint mène à la vie et à la paix. ⁷ Ceux qui sont dominés par les préoccupations de leur propre nature sont ennemis de Dieu ; ils ne se soumettent pas à la loi de Dieu, ils ne le peuvent même pas. ⁸ Ceux qui dépendent de leur propre nature ne peuvent pas plaire à Dieu.

⁹ Mais vous, vous ne vivez pas selon votre propre nature ; vous vivez selon l'Esprit Saint, puisque l'Esprit de Dieu habite en vous. Celui qui n'a pas l'Esprit du Christ ne lui appartient pas. ¹⁰ Si le Christ est en vous, votre corps reste tout de même destiné à la mort à cause du péché, mais l'Esprit est vie en vous parce que vous avez été rendus justes devant Dieu. ¹¹ Si l'Esprit de celui qui a ramené Jésus d'entre les morts habite en vous, alors Dieu qui a ramené le Christ d'entre les morts donnera aussi la vie à vos corps mortels par son Esprit qui habite en vous.

¹² Ainsi donc, frères, nous avons des obligations, mais non envers notre propre nature pour vivre selon ses désirs. ¹³ Car si vous vivez selon votre propre nature, vous allez mourir. Mais si, par l'Esprit Saint, vous faites mourir le comportement de votre être égoïste, vous vivrez. ¹⁴ Tous ceux qui sont conduits par l'Esprit de Dieu sont enfants de Dieu. ¹⁵ Car l'Esprit que vous avez reçu n'est pas un esprit qui vous rende esclaves et vous remplisse encore de peur ; mais c'est l'Esprit Saint qui fait de vous des enfants de Dieu et qui nous permet de crier à Dieu : « Abba, ô mon

*« Tous ceux qui sont conduits par l'Esprit de Dieu sont enfants de Dieu. »*
*(Romains 8,14)*

Père ! » [16] L'Esprit de Dieu atteste lui-même à notre esprit que nous sommes enfants de Dieu. [17] Nous sommes ses enfants, donc nous aurons aussi part aux biens que Dieu a promis à son peuple, nous y aurons part avec le Christ ; car si nous souffrons avec lui, nous serons aussi avec lui dans sa gloire.

## La gloire à venir

[18] J'estime que nos souffrances du temps présent ne sont pas comparables à la gloire que Dieu nous révélera. [19] La création entière attend avec impatience le moment où Dieu révélera ses enfants. [20] Car la création est tombée sous le pouvoir de forces qui ne mènent à rien, non parce qu'elle l'a voulu elle-même, mais parce que Dieu l'y a mise. Il y a toutefois une espérance : [21] c'est que la création elle-même sera libérée un jour du pouvoir destructeur qui la tient en esclavage et qu'elle aura part à la glorieuse liberté des enfants de Dieu. [22] Nous savons, en effet, que maintenant encore la création entière gémit et souffre comme une femme qui accouche. [23] Mais pas seulement la création : nous qui avons déjà l'Esprit Saint comme première part des dons de Dieu, nous gémissons aussi intérieurement en attendant que Dieu fasse de nous ses enfants et nous accorde une délivrance totale. [24] Car nous avons été sauvés, mais en espérance seulement. Si l'on voit ce que l'on espère, ce n'est plus de l'espérance : qui donc espérerait encore ce qu'il voit ? [25] Mais si nous espérons ce que nous ne voyons pas, nous l'attendons avec patience.

[26] De même, l'Esprit Saint aussi nous vient en aide, parce que nous sommes faibles. En effet, nous ne savons pas prier comme il faut ; mais l'Esprit lui-même prie Dieu en notre faveur avec des supplications qu'aucune parole ne peut exprimer. [27] Et Dieu qui voit dans les cœurs comprend ce que l'Esprit Saint veut demander, car l'Esprit prie en faveur des croyants, comme Dieu le désire.

[28] Nous savons que toutes choses contribuent au bien de ceux qui aiment Dieu, de ceux qu'il a appelés selon son plan. [29] Car Dieu les a choisis d'avance ; il a aussi décidé d'avance de les rendre semblables à son Fils, afin que celui-ci soit l'aîné d'un grand nombre de frères. [30] Ceux pour qui Dieu a pris d'avance cette décision, il les a aussi appelés ; ceux qu'il a appelés, il les a aussi rendus justes devant lui, ceux qu'il a rendus justes, il leur a aussi donné part à sa gloire.

*« Mon Père! »*
*(Romains 8,15)*
*Le texte original emploie ici un mot araméen, Abba, qui désigne habituellement le propre père de celui qui parle ou dont on parle. C'est l'équivalent de notre mot familier papa ; il exprime l'intimité entre Jésus et son Père à laquelle les chrétiens participent en tant que fils et filles de Dieu.*

*« Maintenant encore la création entière gémit et souffre comme une femme qui accouche. » (Romains 8,22) L'Ancien Testament utilise l'image de la femme qui accouche pour évoquer les douleurs de l'enfantement et l'espérance à venir. Pour Paul, le monde qui nous entoure, le cosmos, sera un jour associé à la glorification du corps de l'homme dans le Christ. L'univers n'est donc pas destiné à la destruction, mais au renouvellement. L'apôtre Pierre dira : « Dieu a promis un nouveau ciel et une nouvelle terre, où la justice habitera, et voilà ce que nous attendons » (2 Pierre 3,13).*

*La détresse, illustration de Jean-Baptiste Greuze (1725-1805).*

*« La première part des dons de Dieu. » (Romains 8,23) Nous n'avons pas fini de mesurer toute la richesse que nous recevons de Dieu par le Christ. Et pourtant, ce n'est rien à côté de ce que nous découvrirons plus tard. L'Esprit nous est donné pour que nous puissions vivre les difficultés et les souffrances actuelles dans l'espérance. Dieu est à nos côtés et nous avons l'assurance que nous serons un jour dans la pleine communion avec lui. L'apôtre Paul est certain de son salut et il l'attend patiemment.*

*« Si Dieu est pour nous, qui peut être contre nous? Il n'a pas épargné son propre Fils, mais il l'a livré pour nous tous. » (Romains 8,31-32)*

## La grandeur de l'amour de Dieu

**31** Que dirons-nous de plus ? Si Dieu est pour nous, qui peut être contre nous ? **32** Il n'a pas épargné son propre Fils, mais il l'a livré pour nous tous : comment ne nous donnerait-il pas tout avec son Fils ? **33** Qui accusera ceux que Dieu a choisis ? Personne, car c'est Dieu qui les déclare non coupables. **34** Qui peut alors les condamner ? Personne, car Jésus-Christ est celui qui est mort, bien plus il est ressuscité, il est à la droite de Dieu et il prie en notre faveur. **35** Qui peut nous séparer de l'amour du Christ ? La détresse le peut-elle ou bien l'angoisse, ou encore la persécution, la faim, les privations, le danger, la mort ? **36** Comme le déclare l'Écriture :

« A cause de toi, nous sommes exposés à la mort tout le long du jour,

on nous traite comme des moutons qu'on mène à la boucherie. »

**37** Mais en tout cela nous remportons la plus complète victoire par celui qui nous a aimés. **38** Oui, j'ai la certitude que rien ne peut nous séparer de son amour : ni la mort, ni la vie, ni les anges, ni d'autres autorités ou puissances célestes, ni le présent, ni l'avenir, [39] ni les forces d'en haut, ni celles d'en bas, ni aucune autre chose créée, rien ne pourra jamais nous séparer de l'amour que Dieu nous a manifesté en Jésus-Christ notre Seigneur.

## Dieu et le peuple qu'il a choisi

**9** [1] Ce que je vais dire est la vérité ; je ne mens pas, car j'appartiens au Christ ; ma conscience, guidée par le Saint-Esprit, témoigne que je dis vrai : [2] mon cœur est plein d'une grande tristesse et d'une douleur continuelle. [3] Je souhaiterais être moi-même maudit par Dieu et séparé du Christ pour le bien de mes frères, ceux de ma race. [4] Ils sont les membres du peuple d'Israël : Dieu a fait d'eux ses enfants, il leur a accordé sa présence glorieuse, ses alliances, la loi, le culte, les promesses. [5] Ils sont les descendants des patriarches et le Christ, en tant qu'être humain, appartient à leur peuple, lui qui est au-dessus de tout, Dieu loué pour toujours. Amen.

[6] Cela ne signifie pourtant pas que la promesse de Dieu a perdu sa valeur. En effet, les descendants d'Israël ne sont pas tous le vrai peuple d'Israël ; [7] et les descendants d'Abraham ne sont pas tous ses vrais enfants, car Dieu a dit à Abraham : « C'est par Isaac que tu auras les descendants que je t'ai promis. » [8] C'est-à-dire : ce ne sont pas les enfants nés conformément à l'ordre naturel qui sont les enfants de Dieu ; seuls les enfants nés conformément à la promesse de Dieu sont considérés comme les vrais descendants. [9] Car Dieu a exprimé la promesse en ces termes : « A la même époque, je reviendrai et Sara aura un fils. » [10] Et ce n'est pas tout. Pensons aussi à Rébecca : ses deux fils avaient le même père, notre ancêtre Isaac. [11-12] Mais Dieu a son plan pour choisir les hommes : son choix dépend de l'appel qu'il leur adresse et non de leurs actions. Pour montrer qu'il demeure fidèle à ce plan, Dieu a dit à Rébecca alors que ses fils n'étaient pas encore nés et n'avaient donc fait ni bien ni mal : « L'aîné servira le plus jeune. » [13] Comme le déclare l'Écriture :

« J'ai aimé Jacob, mais j'ai repoussé Ésaü. »

[14] Que faut-il en conclure ? Dieu serait-il injuste ? Certainement pas ! [15] En effet, il dit à Moïse : « J'aurai

**Israël et les alliances de Dieu**

*Le nom Israël revêt plusieurs sens : 1) C'est le nom que Dieu a donné à Jacob, dont les fils furent les ancêtres du peuple juif; 2) Israël désignait les douze tribus qui portaient les noms des fils de Jacob; à une certaine époque le nom ne s'appliquait qu'au royaume du Nord et n'incluait pas celui du Sud appelé alors le territoire de Juda; 3) Dans les livres prophétiques de l'Ancien Testament, Israël désigne le peuple de Dieu qui sera rétabli et renouvelé dans l'avenir; 4) Aujourd'hui, Israël constitue l'État juif, un pays indépendant dans le Moyen-Orient. C'est à Israël en tant que peuple de Dieu que Paul s'intéresse. Dieu a conclu plusieurs alliances avec son peuple: 1) Il a fait des promesses à Abraham et à ses descendants; 2) Il a aussi établi une alliance avec Moïse en lui donnant la Loi; 3) Il a enfin conclu une alliance avec le roi David, en lui promettant que sa royauté n'aurait pas de fin.*

*A l'âge de treize ans, tous les garçons juifs étaient introduits dans la communauté religieuse au cours d'une cérémonie appelée bar-Mitsvah (ce qui veut dire « fils du commandement »); ils étaient considérés dès lors comme des adultes.*

### Une grande tristesse

*Les chapitres 9 à 11 témoignent du drame profond vécu par Paul. Juif de naissance, circoncis et ancien pharisien, il se rend compte que son peuple n'a pas accepté le salut offert par Jésus. Paul est tiraillé entre ses racines juives et la foi nouvelle en Jésus-Christ. Il a du mal à se faire à l'idée que son peuple est rejeté pour toujours.*

*« Le potier peut faire ce qu'il veut avec l'argile. » (Romains 9,21) L'Ancien Testament utilise souvent l'image du potier pour exprimer la totale dépendance de l'homme et sa fragilité entre les mains de Dieu.*

*Cette image n'est toutefois jamais poussée à l'extrême; l'Ancien Testament souligne que Dieu est souverain et que les hommes n'ont pas à lui demander des comptes. Selon Paul, ce Dieu souverain fait surtout état de sa patience et de sa miséricorde envers eux. Dieu rétablit son peuple qu'il a pour un temps rejeté à cause de ses fautes ; bien plus, les païens qui ne faisaient pas partie du peuple de Dieu font désormais partie de son peuple par Jésus-Christ.*

pitié de qui je veux avoir pitié et j'aurai compassion de qui je veux avoir compassion. » [16] Cela ne dépend donc pas de la volonté de l'homme ni de ses efforts, mais uniquement de Dieu qui a pitié. [17] Dans l'Écriture, Dieu déclare au roi d'Égypte : « Je t'ai établi roi précisément pour montrer en toi ma puissance et pour que ma renommée se répande sur toute la terre. » [18] Ainsi, Dieu a pitié de qui il veut et il incite qui il veut à s'obstiner.

## La colère et la pitié de Dieu

[19] On me dira peut-être : « Alors pourquoi Dieu nous ferait-il encore des reproches ? Car qui pourrait résister à sa volonté ? » [20] Mais qui es-tu donc, toi, homme, pour contredire Dieu ? Le vase d'argile demande-t-il à celui qui l'a façonné : « Pourquoi m'as-tu fait ainsi ? » [21] Le potier peut faire ce qu'il veut avec l'argile : à partir de la même pâte il peut fabriquer un vase précieux ou un vase ordinaire.

[22] Eh bien, Dieu a voulu montrer sa colère et faire connaître sa puissance. Pourtant il a supporté avec une grande patience ceux qui méritaient sa colère et étaient mûrs pour la ruine. [23] Mais il a voulu aussi manifester combien sa gloire est riche pour les autres, ceux dont il a pitié, ceux qu'il a préparés d'avance à participer à sa gloire. [24] Nous en sommes, nous qu'il a appelés, non seulement d'entre les Juifs mais aussi d'entre les autres peuples. [25] C'est ce qu'il déclare dans le livre d'Osée :

« Le peuple qui n'était pas le mien, je l'appellerai mon peuple,

et la nation que je n'aimais pas, je l'appellerai ma bien-aimée.

[26] Et là où on leur avait dit : "Vous n'êtes pas mon peuple",

là même ils seront appelés fils du Dieu vivant. »

[27] De son côté, Ésaïe s'écrie au sujet du peuple d'Israël : « Même si les Israélites étaient aussi nombreux que les grains de sable au bord de la mer, c'est un reste d'entre eux seulement qui sera sauvé ; [28] car ce que le Seigneur a dit, il le réalisera complètement et rapidement sur la terre. » [29] Et comme le même Ésaïe l'avait dit auparavant :

« Si le Seigneur de l'univers ne nous avait pas laissé quelques descendants,

nous serions devenus comme Sodome, nous aurions été semblables à Gomorrhe. »

## Israël et le salut par la foi

[30] Que faut-il en conclure ? Ceci : des gens d'autres nations, qui ne cherchaient pas à se rendre justes devant

Dieu, ont été rendus justes à ses yeux par la foi ; [31] tandis que les membres du peuple d'Israël, qui cherchaient à se rendre justes aux yeux de Dieu grâce à la loi, n'ont pas atteint le but de la loi. [32] Pourquoi ? Parce qu'ils ne cherchaient pas à être agréables à Dieu par la foi, ils pensaient l'être par leurs actions. Ils se sont heurtés à la « pierre qui fait trébucher », [33] dont parle l'Écriture :

« Voyez, je pose en Sion une pierre qui fait trébucher, un rocher qui fait tomber.
Mais celui qui croit en lui ne sera pas déçu. »

*« Je pose en Sion une pierre qui fait trébucher, un rocher qui fait tomber. »*
*(Romains 9,33)*

**10** [1] Frères, ce que je désire de tout mon cœur et que je demande à Dieu pour les Juifs, c'est qu'ils soient sauvés. [2] Certes, je peux témoigner en leur faveur qu'ils sont pleins de zèle pour Dieu, mais leur zèle n'est pas éclairé par la connaissance. [3] En effet, ils n'ont pas compris comment Dieu rend les hommes justes devant lui et ils ont cherché à établir leur propre façon de l'être. Ainsi, ils ne se sont pas soumis à l'œuvre salutaire de Dieu. [4] Car le Christ a conduit la loi de Moïse à son but, pour que tous ceux qui croient soient rendus justes aux yeux de Dieu.

## Le salut est pour quiconque croit au Seigneur

[5] Voici ce que Moïse a écrit au sujet de la possibilité d'être rendu juste par la loi : « Celui qui met en pratique les commandements de la loi vivra par eux. » [6] Mais voilà comment il est parlé de la possibilité d'être juste par la foi : « Ne dis pas en toi-même : Qui montera au ciel ? » (c'est-à-dire : pour en faire descendre le Christ). [7] Ne dis pas non plus : « Qui descendra dans le monde d'en bas ? » (c'est-à-dire : pour faire remonter le Christ d'entre les morts). [8] Qu'est-il dit alors ? Ceci : « La parole est près de toi, dans ta bouche et dans ton cœur. » Cette parole est le message de la foi que nous prêchons. [9] Si, de ta bouche, tu affirmes devant tous que Jésus est le Seigneur et si tu crois de tout ton cœur que Dieu l'a ramené d'entre les morts, tu seras sauvé. [10] C'est par le cœur, en effet, que l'on croit, et Dieu rend juste celui qui croit ; c'est par la bouche qu'on affirme, et Dieu sauve qui fait ainsi. [11] L'Écriture déclare en effet : « Quiconque croit en lui ne sera pas déçu. » [12] Ainsi, il n'y a pas de différence entre les Juifs et les non-Juifs : ils ont tous le même Seigneur qui accorde ses biens à tous ceux qui font appel à lui. [13] En effet, il est dit : « Quiconque fera appel au Seigneur sera sauvé. »

*Jésus, le Messie, est la « pierre qui fait trébucher ». L'erreur du peuple d'Israël consistait à chercher la faveur de Dieu par l'observance de la loi au lieu de mettre en Lui sa foi et de reconnaître le Christ. L'apôtre Pierre reprend cette citation du prophète Ésaïe et ajoute : « Ils ont trébuché parce qu'ils ont refusé d'obéir à la Parole » (1 Pierre 2,8).*

« *La parole est près de toi.* »
*(Romains 10,8)*
*Dans les passages de l'Ancien Testament que cite Paul, la « parole » désigne la Parole de Dieu telle qu'elle s'exprime dans la loi de Moïse et les prophètes. Paul applique ces passages à l'Évangile, la parole de foi.*

« *Tout homme qui fera appel au Seigneur sera sauvé.* »
*(Romains 10,13)*
*L'apôtre cite une parole du prophète Joël dans laquelle le titre « Seigneur » s'applique à Dieu, comme dans tous les textes de l'Ancien Testament. En l'appliquant à Jésus, Paul souligne que Jésus est Dieu et que l'œuvre qu'il a accompli est celle de Dieu. Celui qui met sa foi en Jésus, s'ouvre au salut qu'il est venu apporter aux hommes.*

*Le prophète Ésaïe, illustration de Gustave Doré (La Sainte Bible, 1866).*

« *Je vous rendrai jaloux de ceux qui ne sont pas une vraie nation.* »
*(Romains 10,19)*
*L'Ancien Testament parle déjà des non-Juifs qui comprennent la parole de Dieu et qui se convertissent. Paul montre que si des non-Juifs peuvent comprendre, le peuple d'Israël, à plus forte raison, aurait dû comprendre et rester fidèle.*

¹⁴ Mais comment feront-ils appel à lui sans avoir cru en lui ? Et comment croiront-ils en lui sans en avoir entendu parler ? Et comment en entendront-ils parler si personne ne l'annonce ? ¹⁵ Et comment l'annoncera-t-on s'il n'y a pas des gens envoyés pour cela ? Comme le déclare l'Écriture : « Qu'il est beau de voir venir des porteurs de bonnes nouvelles ! » ¹⁶ Mais tous n'ont pas accepté la Bonne Nouvelle. Ésaïe dit en effet : « Seigneur, qui a cru la nouvelle que nous proclamons ? » ¹⁷ Ainsi, la foi vient de ce qu'on écoute la nouvelle proclamée et cette nouvelle est l'annonce de la parole du Christ.

¹⁸ Je demande alors : Les Juifs n'auraient-ils pas entendu cette nouvelle ? Mais si, ils l'ont entendue ! L'Écriture déclare :

« Leur voix s'est fait entendre sur la terre entière,
et leurs paroles ont atteint le bout du monde. »

¹⁹ Je demande encore : Le peuple d'Israël n'aurait-il pas compris ? Eh bien, voici d'abord la réponse que donne Moïse :

« Je vous rendrai jaloux de ceux qui ne sont pas une vraie nation, dit Dieu,
j'exciterai votre colère contre une nation sans intelligence. »

²⁰ Ésaïe ose même proclamer :

« J'ai été trouvé par ceux qui ne me cherchaient pas, dit Dieu,
je me suis montré à ceux qui ne me demandaient rien. »

²¹ Mais au sujet d'Israël, il ajoute :
« Tout le jour j'ai tendu les mains vers un peuple désobéissant et rebelle. »

*Le tableau de Pierre Paul Rubens (1577-1640) ci-contre représente le prophète Élie réconforté par l'ange de Dieu, au moment où, découragé, il fuyait loin de la reine Jézabel vers la montagne de Dieu.*
*Élie vivait vers 800 av. J.-C., à une époque où le roi du Royaume du Nord, Achab, et sa femme Jézabel encourageaient le peuple d'Israël à se détourner de Dieu pour adorer les idoles.*

## Dieu n'a pas rejeté Israël

11 ¹ Je demande donc : Dieu aurait-il rejeté son peuple ? Certainement pas ! Car je suis moi-même Israélite, descendant d'Abraham, membre de la tribu de Benjamin. ² Dieu n'a pas rejeté son peuple, qu'il s'est choisi d'avance. Vous savez, n'est-ce pas, ce que dit l'Écriture dans le passage où Élie se plaint d'Israël devant Dieu : ³ « Seigneur, ils ont tué tes prophètes et démoli tes autels : je suis resté moi seul et ils cherchent à me tuer. » ⁴ Mais que lui répondit Dieu ? « Je me suis réservé sept mille hommes qui ne se sont pas mis à genoux devant le dieu Baal. » ⁵ De même, dans le temps présent, il reste un petit nombre de gens que Dieu a choisis par bonté. ⁶ Il les a choisis par bonté et non pas à cause de leurs actions, sinon la bonté de Dieu ne serait pas vraiment de la bonté.

⁷ Qu'en résulte-t-il ? Le peuple d'Israël n'a pas obtenu ce qu'il recherchait ; seuls ceux que Dieu a choisis l'ont obtenu. Quant aux autres, ils sont devenus incapables de comprendre, ⁸ comme le déclare l'Écriture : « Dieu a rendu leur esprit insensible ; il a empêché leurs yeux de voir et leurs oreilles d'entendre jusqu'à ce jour. » ⁹ David dit aussi :

*« Il les a choisis par bonté, et non pas à cause de leurs actions. »*
*(Romains 11,6)*
*Personne ne « mérite » d'appartenir au véritable peuple de Dieu. Dieu choisit les gens à cause de sa propre bonté et non en raison de leurs bonnes actions. Cela était déjà vrai à l'époque de l'Ancien Testament.*

« Que leurs banquets soient pour eux un piège, une trappe,
une occasion de tomber
et de recevoir ce qu'ils méritent.
¹⁰ Que leurs yeux s'obscurcissent,
qu'ils perdent la vue ;
fais-leur sans cesse courber le dos. »

¹¹ Je demande donc : quand les Juifs ont trébuché, sont-ils tombés définitivement ? Certainement pas ! Mais, grâce à leur faute, les autres peuples ont pu obtenir le salut, de manière à exciter la jalousie des Juifs. ¹² Or, si la faute des Juifs a enrichi spirituellement le monde, si leur abaissement a enrichi les autres peuples, combien plus grands encore seront les bienfaits liés à leur participation totale au salut !

## Le salut de ceux qui ne sont pas juifs

¹³ Je m'adresse maintenant à vous qui n'êtes pas juifs : je suis l'apôtre destiné aux peuples non juifs et, en tant que tel, je me réjouis de la tâche qui est la mienne. ¹⁴ J'espère ainsi exciter la jalousie des gens de ma race pour en sauver quelques-uns. ¹⁵ En effet, quand ils ont été mis à l'écart, le monde a été réconcilié avec Dieu. Qu'arrivera-t-il alors quand ils seront de nouveau accueillis ? Ce sera un vrai retour de la mort à la vie !

¹⁶ Si la première part du pain est présentée à Dieu, tout le reste du pain lui appartient aussi. Si les racines d'un arbre sont offertes à Dieu, les branches lui appartiennent aussi. ¹⁷ Israël est comme un olivier auquel Dieu a coupé quelques branches ; à leur place, il t'a greffé, toi qui n'es pas juif, comme une branche d'olivier sauvage : tu profites maintenant aussi de la sève montant de la racine de l'olivier. ¹⁸ C'est pourquoi, tu n'a pas à mépriser les branches coupées. Comment pourrais-tu te vanter ? Ce n'est pas toi qui portes la racine, mais c'est la racine qui te porte.

¹⁹ Tu vas me dire : « Mais, ces branches ont été coupées pour que je sois greffé à leur place. » ²⁰ C'est juste. Elles ont été coupées parce qu'elles ont manqué de foi, et tu es à cette place en raison de ta foi. Mais ne t'enorgueillis pas ! Fais bien attention plutôt. ²¹ Car, si Dieu n'a pas épargné les Juifs, les branches naturelles, prends garde, de peur qu'il ne t'épargne pas non

*« Il t'a greffé, toi qui n'es pas juif, comme une branche d'olivier sauvage. »*
*(Romains 11,17)*
*L'olivier était un arbre commun en Israël et dans les pays méditerranéens au temps de Paul. Certains oliviers poussaient à l'état sauvage, alors que d'autres étaient cultivés dans une oliveraie. L'insertion de branches ou de feuilles d'une plante sur les tiges ou les branches d'une autre s'appelle une « greffe ». Les cultivateurs l'ont pratiquée depuis les temps anciens pour améliorer le goût et la qualité du fruit produit par les plantes. Paul dit que les non-Juifs sont comme des branches d'arbres sauvages coupées et greffées sur les arbres qui font partie de l'oliveraie. Le peuple d'Israël est l'olivier cultivé par Dieu, et ses racines soutiennent les vieilles branches ainsi que de nouvelles branches, celles des non-Juifs, qui ont été greffées à l'arbre, qui représente l'ensemble du peuple de Dieu.*

plus. [22] Remarque comment Dieu montre à la fois sa bonté et sa sévérité : il est sévère envers ceux qui sont tombés et il est bon envers toi. Mais il faut que tu continues à compter sur sa bonté, sinon tu seras aussi coupé comme une branche. [23] Et si les Juifs renoncent à leur incrédulité, ils seront greffés là où ils étaient auparavant. Car Dieu a le pouvoir de les greffer de nouveau. [24] Toi, tu es la branche naturelle d'un olivier sauvage que Dieu a coupée et greffée, contrairement à l'usage naturel, sur un olivier cultivé. Quant aux Juifs, ils sont les branches naturelles de cet olivier cultivé : Dieu pourra donc d'autant mieux les greffer de nouveau sur l'arbre qui est le leur.

## Le salut final du peuple d'Israël

[25] Frères, je veux vous faire connaître le plan secret de Dieu, afin que vous ne vous preniez pas pour des sages : une partie du peuple d'Israël restera incapable de comprendre jusqu'à ce que l'ensemble des autres peuples soit parvenu au salut. [26] Et c'est ainsi que tout Israël sera sauvé, comme le déclare l'Écriture :

« Le libérateur viendra de Sion,
il éliminera la révolte des descendants de Jacob.
[27] Voilà l'alliance que je ferai avec eux,
quand j'enlèverai leurs péchés. »

[28] Si l'on considère leur refus de la Bonne Nouvelle, ils sont les ennemis de Dieu pour votre bien ; mais si l'on considère le choix fait par Dieu, ils sont toujours aimés à cause de leurs ancêtres. [29] Car Dieu ne reprend pas ce qu'il a donné et ne change pas d'idée à l'égard de ceux qu'il a appelés. [30] Autrefois, vous avez désobéi à Dieu ; mais maintenant, vous avez connu la compassion de Dieu, parce que les Juifs ont désobéi. [31] De même, ils ont désobéi maintenant pour que la compassion de Dieu vous soit accordée, mais afin qu'eux aussi puissent connaître maintenant cette même compassion. [32] Car Dieu a enfermé tous les humains dans la désobéissance afin de leur montrer à tous sa compassion.

## La grandeur merveilleuse de Dieu

[33] Que la richesse de Dieu est immense ! Que sa sagesse et sa connaissance sont profondes ! Qui pourrait expliquer ses décisions ? Qui pourrait comprendre ses plans ? [34] Comme le déclare l'Écriture :

« Qui connaît la pensée du Seigneur ?
Qui peut être son conseiller ?
[35] Qui a pu le premier lui donner quelque chose,
pour recevoir de lui un paiement en retour ? »

*« Tout Israël sera sauvé. »*
*(Romains 11,26)*
L'Ancien Testament annonçait la purification complète d'Israël comme une conséquence de la venue du Messie. Le plan de Dieu n'est pas encore réalisé. Le Messie est venu, mais le peuple juif l'a rejeté. Ce plan de Dieu est un mystère, affirme Paul, il s'accomplit déjà partiellement par la conversion des païens. Plus tard, il impliquera aussi la conversion du peuple juif.

**La Bonne Nouvelle**
La Bonne Nouvelle est à la fois le message au sujet de Jésus et le message de Jésus sur le Royaume de Dieu. Selon Paul, la Bonne Nouvelle – l'Évangile –, est « la force dont Dieu se sert pour sauver tous ceux qui croient » (Romains 1,16).

*« Ils sont toujours aimés à cause de leurs ancêtres. »*
*(Romains 11,28)*
Le peuple d'Israël est aussi appelé le peuple choisi, parce que Dieu a choisi Abraham et ses descendants pour apporter sa bénédiction à toutes les nations.

**36** Car tout vient de lui, tout existe par lui et pour lui. A Dieu soit la gloire pour toujours ! Amen.

*« Je vous demande de vous offrir vous-mêmes comme un sacrifice vivant. »*
*(Romains 12,1)*
*L'offrande des sacrifices constituait une part importante de la religion juive ainsi que des autres religions du temps de Paul. Mais l'apôtre déclare que les nouveaux disciples de Dieu n'ont pas à offrir des animaux morts ni présenter aucun autre type de sacrifice pour plaire à Dieu. Dieu n'habite plus un temple mais au cœur de la communauté des croyants réunis dans une même foi et animés par un même Esprit. Chacun est appelé à s'offrir soi-même à Dieu, comme lui-même s'est offert aux hommes, et à se laisser transformer par lui.*

*Dieu crée la lumière, illustration de Gustave Doré (La Sainte Bible, 1866).*

*« Nous avons des dons différents. » (Romains 12,6)*
*L'Esprit de Dieu accorde des dons différents à ceux qui suivent Jésus-Christ. Plusieurs de ces dons sont mentionnés dans ce texte; chacun d'eux contribue au bien de la communauté chrétienne. Ces dons sont des cadeaux de Dieu, il n'y a donc pas de quoi se vanter ou se croire supérieur aux autres. Ces dons sont offerts afin de porter du fruit pour le bien de tous.*

## La vie nouvelle au service de Dieu

**12** **1** Frères, puisque Dieu a ainsi manifesté sa bonté pour nous, je vous exhorte à vous offrir vous-mêmes en sacrifice vivant, réservé à Dieu et qui lui est agréable. C'est là le véritable culte que vous lui devez. **2** Ne vous conformez pas aux habitudes de ce monde, mais laissez Dieu vous transformer et vous donner une intelligence nouvelle. Vous pourrez alors discerner ce que Dieu veut : ce qui est bien, ce qui lui est agréable et ce qui est parfait.

**3** A cause du don que Dieu m'a accordé dans sa bonté, je le dis à vous tous : n'ayez pas une opinion de vous-mêmes plus haute qu'il ne faut. Ayez au contraire des pensées modestes, chacun selon la part de foi que Dieu lui a donnée. **4** Nous avons un seul corps, mais avec plusieurs parties qui ont toutes des fonctions différentes. **5** De même, bien que nous soyons nombreux, nous formons un seul corps dans l'union avec le Christ et nous sommes tous unis les uns aux autres comme les parties d'un même corps. **6** Nous avons des dons différents à utiliser selon ce que Dieu a accordé gratuitement à chacun. Si l'un de nous a le don de transmettre des messages reçus de Dieu, il doit le faire selon la foi. [7] Si un autre a le don de servir, qu'il serve. Celui qui a le don d'enseigner doit enseigner. [8] Celui qui a le don d'encourager les autres doit les encourager. Que celui qui donne ses biens le fasse avec une entière générosité. Que celui qui dirige le fasse avec soin. Que celui qui aide les malheureux le fasse avec joie.

[9] L'amour doit être sincère. Détestez le mal, attachez-vous au bien. [10] Ayez de l'affection les uns pour les autres comme des frères qui s'aiment ; mettez du zèle à vous respecter les uns les autres. [11] Soyez actifs et non paresseux. Servez le Seigneur avec un cœur plein d'ardeur. [12] Soyez joyeux à cause de votre espérance ; soyez patients dans la détresse ; priez avec fidélité. [13] Venez en aide à vos frères dans le besoin et pratiquez sans cesse l'hospitalité.

[14] Demandez la bénédiction de Dieu pour ceux qui vous persécutent ; demandez-lui de les bénir et non de les maudire. [15] Réjouissez-vous avec ceux qui sont dans la joie, pleurez avec ceux qui pleurent. [16] Vivez en bon accord les uns avec les autres. N'ayez pas la folie des grandeurs, mais acceptez des tâches modestes. Ne vous prenez pas pour des sages.

[17] Ne rendez à personne le mal pour le mal. Efforcez-vous de faire le bien devant tous les hommes. [18] S'il est possible, et dans la mesure où cela dépend de vous, vivez en paix avec tous les hommes. [19] Mes chers amis, ne vous vengez pas vous-mêmes, mais laissez agir la colère de Dieu, car l'Écriture déclare : « C'est moi qui tirerai vengeance, c'est moi qui paierai de retour, » dit le Seigneur. [20] Et aussi : « Si ton ennemi a faim, donne-lui à manger ; s'il a soif, donne-lui à boire ; car, en agissant ainsi, ce sera comme si tu amassais des charbons ardents sur sa tête. » [21] Ne te laisse pas vaincre par le mal. Sois au contraire vainqueur du mal par le bien.

« Soyez joyeux à cause de votre espérance; soyez patients dans la détresse; priez avec fidélité.» (Romains 12,12)

« Venez en aide à vos frères dans le besoin et pratiquez sans cesse l'hospitalité.» (Romains 12,13) Paul et les autres apôtres se souciaient de l'aide à apporter aux pauvres. Pour eux, les chrétiens qui ont plus d'argent et de biens que les autres doivent naturellement partager leurs possessions avec les plus nécessiteux. L'accueil des étrangers dans une maison pour un repas ou un séjour plus prolongé était chose courante dans le Proche-Orient ancien; Paul désire que cette coutume se poursuive parmi les chrétiens.

« Sois vainqueur du mal par le bien !» (Romains 12,21) Dans son enseignement sur la vengeance, Jésus disait déjà : « Vous avez entendu qu'il a été dit : 'Œil pour œil, et dent pour dent'. Mais moi je vous dis de ne pas vous venger de celui qui vous fait du mal. Si quelqu'un te gifle sur la joue droite, laisse-le aussi te gifler sur la joue gauche... Donne à celui qui te demande quelque chose, ne refuse pas de prêter à celui qui veut t'emprunter » (Matthieu 5,38-42).

*Buste de l'empereur
Jules César*

### Le chrétien et les autorités civiles

*En découvrant la liberté qu'offre la Bonne Nouvelle et en se soumettant entièrement à Jésus-Christ, les premiers chrétiens ont pu être tentés de se rebeller contre les gouvernements païens en place. Pourtant, même dans la perspective d'un gouvernement oppressif, Paul déclare avec fermeté que tous les hommes, chrétiens ou non, doivent se soumettre aux autorités dont la fonction est de garantir l'ordre et d'être au service du bien commun. En s'exprimant ainsi, Paul dit son souci de protéger les communautés chrétiennes naissantes qui, pour assurer leur sécurité, ont tout intérêt à s'attirer les faveurs des autorités civiles. En revanche, lorsque les dirigeants outrepassent leur pouvoir en exigeant des chrétiens qu'ils renoncent à leur foi, les chrétiens, à l'exemple des apôtres Pierre et Jean, « obéissent à Dieu plutôt qu'aux hommes » (Actes 5,29).*

## L'obéissance aux autorités de l'État

**13** [1] Chacun doit se soumettre aux autorités qui exercent le pouvoir. Car toute autorité vient de Dieu ; celles qui existent ont été établies par lui. [2] Ainsi, celui qui s'oppose à l'autorité s'oppose à l'ordre voulu par Dieu. Ceux qui s'y opposent attireront le jugement sur eux-mêmes. [3] En effet, les magistrats ne sont pas à craindre par ceux qui font le bien, mais par ceux qui font le mal. Désires-tu ne pas avoir à craindre l'autorité ? Alors, fais le bien et tu recevras des éloges, [4] car elle est au service de Dieu pour t'encourager à bien faire. Mais si tu fais le mal, crains-la ! Car ce n'est pas pour rien qu'elle a le pouvoir de punir : elle est au service de Dieu pour montrer sa colère contre celui qui agit mal. [5] C'est pourquoi il est nécessaire de se soumettre aux autorités, non seulement pour éviter la colère de Dieu, mais encore par devoir de conscience.

[6] C'est aussi pourquoi vous payez des impôts, car ceux qui les perçoivent sont au service de Dieu pour accomplir soigneusement cette tâche. [7] Payez à chacun ce que vous lui devez : payez l'impôt à qui vous le devez et la taxe à qui vous la devez ; montrez du respect à qui vous le devez et honorez celui à qui l'honneur est dû.

## L'amour du prochain

[8] N'ayez de dette envers personne, sinon l'amour que vous vous devez les uns aux autres. Celui qui aime les autres a obéi complètement à la loi. [9] En effet, les commandements « Ne commets pas d'adultère, ne commets pas de meurtre, ne vole pas, ne convoite pas », ainsi que tous les autres, se résument dans ce seul commandement : « Tu dois aimer ton prochain comme toi-même. » [10] Celui qui aime ne fait aucun mal à son prochain. En aimant, on obéit donc complètement à la loi.

## Être prêt pour la venue du Christ

[11] Prenez cela d'autant plus au sérieux que vous savez en quel temps nous sommes : le moment est venu de vous réveiller de votre sommeil. En effet, le salut est plus près de nous maintenant qu'au moment où nous avons commencé à croire. [12] La nuit est avancée, le jour approche. Rejetons donc les actions qui se font dans l'obscurité et prenons sur nous les armes qu'on utilise en pleine lumière. [13] Conduisons-nous honnêtement, comme il convient à la lumière du jour. Gardons-nous des orgies et de l'ivrognerie, de l'immoralité et des vices, des querelles

et de la jalousie. [14] Revêtez-vous de tout ce que nous offre Jésus-Christ le Seigneur et ne vous laissez plus entraîner par votre propre nature pour en satisfaire les désirs.

## Ne pas juger son frère

**14** [1] Accueillez celui qui est faible dans la foi, sans critiquer ses opinions. [2] Par exemple, l'un croit pouvoir manger de tout, tandis que l'autre, qui est faible dans la foi, ne mange que des légumes. [3] Celui qui mange de tout ne doit pas mépriser celui qui ne mange pas de viande et celui qui ne mange pas de viande ne doit pas juger celui qui mange de tout, car Dieu l'a accueilli lui aussi. [4] Qui es-tu pour juger le serviteur d'un autre ? Qu'il demeure ferme dans son service ou qu'il tombe, cela regarde son maître. Et il demeurera ferme, car le Seigneur a le pouvoir de le soutenir.

[5] Pour l'un, certains jours ont plus d'importance que d'autres, tandis que pour l'autre ils sont tous pareils. Il faut que chacun soit bien convaincu de ce qu'il pense. [6] Celui qui attribue de l'importance à un jour particulier le fait pour honorer le Seigneur ; celui qui mange de tout le fait également pour honorer le Seigneur, car il remercie Dieu pour son repas. Celui qui ne mange pas de tout

« L'un croit pouvoir manger de tout, tandis que l'autre, qui est faible dans la foi, ne mange que des légumes. » (Romains 14,2)
Certains chrétiens de Rome croyaient, semble-t-il, que manger de la viande était mauvais. Paul dit qu'ils sont faibles dans la foi, sans doute parce qu'ils suivaient toujours certaines coutumes ou lois qui, selon eux, étaient censées les rendre justes devant Dieu. La loi de Moïse interdisait la consommation de certaines nourritures, et des chrétiens d'origine juive observaient toujours cette loi. Paul déclare que Dieu accueille tous ceux qui se tournent vers lui, sans tenir compte de leurs habitudes alimentaires. La communauté chrétienne est appelée à adopter à son tour une attitude d'ouverture, absente de tout jugement.

Ci-dessous, Le Déjeuner des Canotiers, d'Auguste Renoir (1841-1919)

349

« *Nous aurons tous à nous présenter devant Dieu pour être jugés par lui.* »
*(Romains 14,10)*
*Selon Paul, tous les chrétiens seront jugés et le jugement se fondera sur leurs actions, comme il le précise dans une autre lettre :* « *Nous devons tous comparaître devant le Christ pour être jugés par lui ; alors chacun recevra ce qui lui revient, selon ce qu'il aura fait en bien ou en mal durant sa vie terrestre* »
*(2 Corinthiens 5,10).*

« *Ne détruis pas l'œuvre de Dieu pour une question de nourriture.* »
*(Romains 14,20)*
*Les règles alimentaires étaient importantes pour le peuple d'Israël. Paul croyait que ces règles n'avaient plus de valeur pour le nouveau peuple de Dieu, mais il tenait compte de ceux qui voulaient les respecter. L'apôtre désirait donc que chacun respecte les habitudes des autres afin de ne pas causer de dispute parmi les chrétiens de Rome sur des questions sans importance.*

« *Le Royaume de Dieu n'est pas une affaire de nourriture et de boisson; il consiste en la justice, la paix et la joie que donne le Saint-Esprit.* »
*(Romains 14,17)*

le fait pour honorer le Seigneur et lui aussi remercie Dieu. ⁷ En effet, aucun de nous ne vit pour soi-même et aucun ne meurt pour soi-même. ⁸ Si nous vivons, nous vivons pour le Seigneur, et si nous mourons, nous mourons pour le Seigneur. Ainsi, soit que nous vivions, soit que nous mourions, nous appartenons au Seigneur. ⁹ Car le Christ est mort et revenu à la vie pour être le Seigneur des morts et des vivants. ¹⁰ Mais toi, pourquoi juges-tu ton frère ? Et toi, pourquoi méprises-tu ton frère ? Nous aurons tous à nous présenter devant Dieu pour être jugés par lui. ¹¹ Car l'Écriture déclare :

« Moi, le Seigneur vivant, je l'affirme :
tous les humains se mettront à genoux devant moi,
et tous célèbreront la gloire de Dieu. »

¹² Ainsi, chacun de nous devra rendre compte à Dieu pour soi-même.

## Ne pas faire tomber son frère

¹³ Cessons donc de nous juger les uns les autres. Appliquez-vous bien plutôt à ne rien faire qui amène votre frère à trébucher ou à tomber dans l'erreur. ¹⁴ Par le Seigneur Jésus, je sais de façon tout à fait certaine que rien n'est impur en soi. Mais si quelqu'un pense qu'une chose est impure, elle le devient pour lui. ¹⁵ Si tu fais de la peine à ton frère à cause de ce que tu manges, tu ne te conduis plus selon l'amour. Ne va pas entraîner la perte de celui pour qui le Christ est mort, simplement pour une question de nourriture ! ¹⁶ Ce qui est bien pour vous ne doit pas devenir pour d'autres une occasion de critiquer. ¹⁷ En effet, le Royaume de Dieu n'est pas une affaire de nourriture et de boisson ; il consiste en la justice, la paix et la joie que donne le Saint-Esprit. ¹⁸ Celui qui sert le Christ de cette manière est agréable à Dieu et approuvé des hommes.

¹⁹ Recherchons donc ce qui contribue à la paix et nous permet de progresser ensemble dans la foi. ²⁰ Ne détruis pas l'œuvre de Dieu pour une question de nourriture. Certes, tout aliment peut être mangé, mais il est mal de manger quelque chose si l'on fait ainsi tomber un frère dans l'erreur. ²¹ Ce qui est bien, c'est de ne pas manger de viande, de ne pas boire de vin, de renoncer à tout ce qui peut faire tomber ton frère. ²² Ta conviction personnelle à ce sujet, garde-la pour toi devant Dieu. Heureux celui qui ne se sent pas coupable dans ses choix ! ²³ Mais celui qui a mauvaise conscience en consommant un aliment est condamné par Dieu, parce qu'il n'agit pas selon une conviction fondée sur la foi. Et tout acte qui n'est pas fondé sur la foi est péché.

## Plaire à son prochain et non à soi-même

**15** ¹ Nous qui sommes forts dans la foi, nous devons prendre à cœur les scrupules des faibles. Nous ne devons pas rechercher ce qui nous plaît. ² Il faut que chacun de nous cherche à plaire à son prochain pour son bien, pour le faire progresser dans la foi. ³ En effet, le Christ n'a pas recherché ce qui lui plaisait. Au contraire, comme le déclare l'Écriture : « Les insultes que l'on te destinait sont retombées sur moi. » ⁴ Tout ce que nous trouvons dans l'Écriture a été écrit dans le passé pour nous instruire, afin que, grâce à la patience et au réconfort qu'elle nous apporte, nous possédions l'espérance. ⁵ Que Dieu, la source de la patience et du réconfort, vous rende capables de vivre en bon accord les uns avec les autres en suivant l'exemple de Jésus-Christ. ⁶ Alors, tous ensemble et d'une seule voix, vous louerez Dieu, le Père de notre Seigneur Jésus-Christ.

## La Bonne Nouvelle pour tous les peuples

⁷ Ainsi, accueillez-vous les uns les autres, comme le Christ vous a accueillis, pour la gloire de Dieu. ⁸ En effet, je vous l'affirme, le Christ est devenu le serviteur des Juifs pour accomplir les promesses que Dieu a faites à leurs ancêtres et montrer ainsi que Dieu est fidèle. ⁹ Il est venu aussi afin que les non-Juifs louent Dieu pour sa bonté, comme le déclare l'Écriture :

« C'est pourquoi je te louerai parmi les nations,
et je chanterai en ton honneur. »

¹⁰ Elle déclare aussi :

« Nations, réjouissez-vous avec le peuple du
Seigneur ! »

¹¹ Et encore :

« Glorifiez le Seigneur, vous toutes les nations,
chantez ses louanges, vous tous les peuples ! »

¹² Ésaïe dit aussi :

« Le descendant de Jessé viendra,
il se lèvera pour gouverner les nations,
et elles mettront leur espoir en lui. »

¹³ Que Dieu, la source de l'espérance, vous remplisse d'une joie et d'une paix parfaites par votre foi en lui, afin que vous soyez riches d'espérance par la puissance du Saint-Esprit.

## Paul a le droit d'écrire comme il l'a fait

¹⁴ Mes frères, je suis personnellement convaincu que vous êtes remplis de bonnes dispositions, pleinement au

*« Que Dieu... vous rende capables de vivre en bon accord les uns avec les autres. »*
*(Romains 15,5)*
*Paul ne dit pas que les chrétiens doivent nécessairement adopter une position uniforme sur les problèmes qui peuvent les préoccuper. L'amour qui les unit entre eux doit leur permettre toutefois de vivre en harmonie tout en ayant des vues différentes sur des questions qui ne remettent pas leur foi en cause.*

*« Glorifiez le Seigneur, vous toutes les nations, chantez ses louanges, vous tous les peuples ! »*
*(Romains 15,11)*

*Prédication de saint Paul,
par Luca di Tomme
(vers 1355-1389).*

*« J'accomplis un service sacré
en annonçant la Bonne
Nouvelle de Dieu. »
(Romains 15,16)
Paul se compare à un
« prêtre ». Les prêtres juifs
servaient Dieu en observant
les rites décrits dans la Loi de
Moïse. L'apôtre déclare qu'il
est comme les prêtres, mais
qu'il sert Dieu en prêchant
l'Évangile. Les prêtres d'Israël
étaient chargés d'offrir des
sacrifices particuliers à Dieu.
Paul dit que son œuvre a été
de préparer les non-Juifs à
se tourner vers Dieu et à
se laisser transformer
par son Esprit.*

courant de tout ce qu'il faut connaître et capables de vous conseiller les uns les autres. [15] Pourtant, je vous ai écrit avec une certaine audace dans plusieurs passages de ma lettre, pour vous rappeler ce que vous aviez déjà appris. J'ai écrit ainsi en raison de la faveur que Dieu m'a accordée [16] d'être serviteur de Jésus-Christ pour les peuples non juifs. J'accomplis un service sacré en annonçant la Bonne Nouvelle de Dieu, afin que les peuples non juifs deviennent une offrande agréable à Dieu et rendue digne de lui par le Saint-Esprit. [17] Dans l'union avec Jésus-Christ, je peux donc être fier de mon travail pour Dieu. [18] En fait, si j'ose parler de quelque chose, c'est uniquement de ce que le Christ a réalisé par moi pour amener les non-Juifs à obéir à Dieu. Il l'a fait au moyen de paroles et d'actes, [19] par la puissance de signes miraculeux et de prodiges, par la puissance de l'Esprit de Dieu. C'est ainsi que j'ai annoncé pleinement la Bonne Nouvelle du Christ, en allant de tous côtés depuis Jérusalem jusqu'à la province d'Illyrie. [20] Mais j'ai tenu à annoncer la Bonne Nouvelle uniquement dans les endroits où l'on n'avait pas entendu parler du Christ, afin de ne pas bâtir sur les fondations posées par quelqu'un d'autre. [21] Ainsi, j'ai agi selon la déclaration de l'Écriture :

« Ceux à qui on ne l'avait pas annoncé le verront,
et ceux qui n'en avaient pas entendu parler comprendront. »

## Paul parle de son projet de voyage à Rome

[22] C'est là ce qui m'a empêché bien des fois d'aller chez vous. [23] Mais maintenant, j'ai achevé mon travail dans ces régions-ci. Depuis de nombreuses années, je désire vous rendre visite [24] et je voudrais le faire quand je me rendrai en Espagne. Car j'espère vous voir en passant et recevoir votre aide pour aller dans ce pays, après avoir profité de votre compagnie pendant quelque temps. [25] Mais pour le moment, je vais à Jérusalem pour le service des croyants de là-bas. [26] En effet, les chrétiens de Macédoine et d'Achaïe ont décidé de faire une collecte en faveur des pauvres de la communauté de Jérusalem. [27] Ils l'ont décidé eux-mêmes, mais, en réalité, ils le leur devaient. Car les chrétiens juifs ont partagé leurs biens spirituels avec ceux qui ne sont pas juifs ; les non-Juifs doivent donc aussi les servir en subvenant à leurs besoins

matériels. **28** Quand j'aurai terminé cette affaire et que je leur aurai remis le produit de cette collecte, je partirai pour l'Espagne et passerai chez vous. **29** Et je sais que lorsque j'irai chez vous, j'arriverai avec la pleine bénédiction du Christ.

**30** Mais voici ce que je vous demande, frères, par notre Seigneur Jésus-Christ et par l'amour que donne l'Esprit Saint : combattez avec moi en adressant à Dieu des prières en ma faveur. **31** Priez pour que j'échappe aux incroyants de Judée et pour que l'aide que j'apporte à Jérusalem y soit bien accueillie par les croyants. **32** De cette façon, j'arriverai chez vous plein de joie, si Dieu le veut, et je prendrai quelque repos parmi vous. **33** Que Dieu, source de la paix, soit avec vous tous. Amen.

## Salutations personnelles

**16** **1** Je vous recommande notre sœur Phébé qui est au service de l'Église de Cenchrées. **2** Recevez-la au nom du Seigneur, comme on doit le faire entre croyants, et apportez-lui votre aide en toute affaire où elle peut avoir besoin de vous. Elle a elle-même aidé beaucoup de gens et moi en particulier.

**3** Saluez Priscille et Aquilas, mes compagnons de travail au service de Jésus-Christ. **4** Ils ont risqué leur propre vie pour sauver la mienne. Je ne suis pas seul à leur être reconnaissant, toutes les Églises du monde non juif le sont aussi. **5** Saluez également l'Église qui se réunit chez eux. Saluez mon cher Épaïnète, qui fut le premier à croire au Christ dans la province d'Asie. **6** Saluez Marie, qui a beau-

*Le voyage à Jérusalem*

*Jérusalem était la capitale du territoire connu sous le nom de Judée, à l'ouest de la mer Morte. Vers l'an 1000 av. J.-C., le roi David conquit l'ancienne cité cananéenne de Jérusalem, appelée Jébus et en fit la capitale politique et religieuse d'Israël. Durant de nombreux siècles, Jérusalem constitua le centre de la religion juive. Au temps de Jésus, les Romains contrôlaient la cité sainte. Jérusalem fut aussi le berceau du christianisme et c'est de là que les premiers croyants partirent annoncer l'Évangile au monde entier. A l'issue de sa dernière mission, Paul s'apprête à y retourner pour y apporter une collecte en faveur des pauvres de la communauté chrétienne de la ville.*

*Vue sur Jérusalem depuis le Mont des Oliviers.*

coup travaillé pour vous. **7** Saluez Andronicus et Junias, qui me sont apparentés et ont été en prison avec moi. Ils sont très estimés parmi les apôtres et ils sont même devenus chrétiens avant moi.

**8** Saluez Ampliatus, qui m'est très cher dans le Seigneur. **9** Saluez Urbain, notre compagnon de travail au

## Salutations personnelles

*Les noms des chrétiens salués par l'apôtre révèlent une extrême diversité d'origines (grecs, romains, juifs) ou de conditions sociales (personnages de haut rang, esclaves ou anciens esclaves). On note la présence de plusieurs femmes, dont l'une, Phébé, travaillait au service de la communauté de Cenchrées (près de Corinthe, verset 1). Une autre, Junias, (verset 7) faisait même partie du cercle des « apôtres », ce qui montre que, dans les premières communautés, ce titre n'était pas réservé aux douze apôtres de Jésus ou à Paul. Les premières femmes chrétiennes jouaient un rôle important dans l'Église et plusieurs ont été martyrisées pour leur foi.*

service du Christ, et mon cher Stachys. [10] Saluez Apelles, qui a donné des preuves de sa foi au Christ. Saluez les gens de la maison d'Aristobule. [11] Saluez Hérodion, mon parent. Saluez les gens de la maison de Narcisse qui croient au Seigneur. [12] Saluez Tryphène et Tryphose, qui travaillent pour le Seigneur, et ma chère Perside, qui a beaucoup travaillé pour lui. [13] Saluez Rufus, ce remarquable serviteur du Seigneur, et sa mère, qui est aussi une mère pour moi. [14] Saluez Asyncrite, Phlégon, Hermès, Patrobas, Hermas, et les frères qui sont avec eux. [15] Saluez Philologue et Julie, Nérée et sa sœur, Olympas, et tous les croyants qui sont avec eux.

[16] Saluez-vous les uns les autres d'un baiser fraternel. Toutes les Églises du Christ vous adressent leurs salutations.

## Un dernier avertissement

[17] Je vous le demande, frères, prenez garde à ceux qui suscitent des divisions et égarent les croyants en s'opposant à l'enseignement que vous avez reçu. Éloignez-vous d'eux, [18] car les gens de cette espèce ne servent pas le

*Le Colisée, avec, au premier plan, l'arc de triomphe de Constantin. Ces ruines rappellent l'importance de Rome, l'ancienne capitale de l'Empire romain, mais aussi les persécutions contre les chrétiens, en particulier au Colisée, au courant du IIIe siècle. De nombreux martyrs y furent jetés en pâture aux fauves.*

Christ notre Seigneur, mais leur propre ventre ! Par leurs belles paroles et leurs discours flatteurs, ils trompent les gens simples. [19] Tout le monde connaît votre obéissance au Seigneur. Je me réjouis donc à votre sujet, mais je désire que vous soyez sages pour faire le bien, et purs pour éviter le mal. [20] Dieu, source de la paix, écrasera bientôt Satan sous vos pieds.

Que la grâce de notre Seigneur Jésus soit avec vous !

[21] Timothée, mon compagnon de travail, vous salue, ainsi que Lucius, Jason et Sosipater, mes parents.

**22** Et moi, Tertius, qui ai écrit cette lettre, je vous envoie mes salutations dans le Seigneur qui nous unit.
**23** Gaïus, l'hôte qui me reçoit, vous salue. C'est chez lui que se réunit toute l'Église. Éraste, le trésorier de la ville, vous salue, ainsi que notre frère Quartus. **24** Que la grâce de notre Seigneur Jésus-Christ soit avec vous tous. Amen.

*Scènes de l'Apocalypse. La femme vêtue du soleil et le dragon à sept têtes (Albrecht Dürer, 1471-1528).*

*« Dieu, source de la paix, écrasera bientôt Satan sous vos pieds. » (Romains 16,20)*

## Louange finale

**25** Louons Dieu ! Il a le pouvoir de vous fortifier dans la foi, selon la Bonne Nouvelle que j'annonce, le message que je prêche au sujet de Jésus-Christ, et selon la connaissance que nous avons reçue du plan secret de Dieu. Ce plan a été tenu caché très longtemps dans le passé, **26** mais maintenant, il a été mis en pleine lumière par les livres des Prophètes ; conformément à l'ordre du Dieu éternel, il est porté à la connaissance de toutes les nations pour qu'elles croient en lui et lui obéissent.
**27** A Dieu seul sage soit la gloire, par Jésus-Christ, pour toujours ! Amen.

*Le verset 24 ne se trouve pas dans plusieurs manuscrits anciens. Dans certains manuscrits, les versets 25 à 27 se rencontrent dans des endroits différents de la lettre ; ils constituent une louange finale majestueuse. Cette louange manifeste la joie de l'Église qui participe au plan secret de Dieu révélé dans les textes de l'Ancien Testament comme du Nouveau et qui veut le faire connaître au monde entier.*

*Vue sur la région de Corinthe. Paul a passé dix-huit mois à Corinthe, vers 50-52. La jeune cité grecque, reconstruite par César, était à cette époque très prospère, mais les deux tiers de ses habitants étaient des esclaves qui vivaient dans la misère. Ville cosmopolite, au commerce florissant grâce à ses deux ports, Corinthe était aussi un centre culturel et religieux important où les écoles de philosophie et les cultes à mystères de l'Orient se côtoyaient. Le culte principal était celui d'Aphrodite dans le temple de laquelle on se livrait à la prostitution sacrée. Le relâchement des mœurs était déjà proverbial dans l'antiquité. L'Église que Paul avait fondée à Corinthe ne pouvait être que le reflet de la ville: elle comptait des riches, mais surtout des pauvres. Malgré sa foi et sa ferveur, la jeune communauté était restée moralement et spirituellement fragile. Dans sa lettre, Paul tente de répondre aux problèmes auxquels cette Église est confrontée, et de montrer à ses membres comment vivre leur foi chrétienne dans une culture païenne.*

## PREMIÈRE LETTRE AUX CORINTHIENS

### Salutation

**1** De la part de Paul, qui par la volonté de Dieu a été appelé à être apôtre de Jésus-Christ, et de la part de Sosthène, notre frère.

**2** A l'Église de Dieu qui est à Corinthe, à ceux qui, là-bas, sont appelés à vivre pour Dieu et qui lui appartiennent par la foi en Jésus-Christ, et à tous ceux qui, partout, font appel au nom de notre Seigneur Jésus-Christ, leur Seigneur et le nôtre : **3** Que Dieu notre Père et le Seigneur Jésus-Christ vous accordent la grâce et la paix.

### Les bienfaits reçus en Christ

**4** Je remercie sans cesse mon Dieu à votre sujet pour la grâce qu'il vous a accordée par Jésus-Christ. **5** En effet, dans l'union avec le Christ, vous avez été enrichis de tous les dons, en particulier tous ceux de la parole et de la connaissance. **6** Le témoignage rendu au Christ a été si fermement établi parmi vous **7** qu'il ne vous manque aucun don de Dieu, à vous qui attendez le moment où notre Seigneur Jésus-Christ apparaîtra. **8** C'est lui qui vous maintiendra fermes jusqu'au bout pour qu'on ne puisse vous accuser d'aucune faute au jour de sa venue. **9** Dieu lui-même vous a appelés à vivre dans l'union avec son Fils Jésus-Christ notre Seigneur : il est fidèle à ses promesses.

### Divisions dans l'Église

**10** Frères, je vous en supplie au nom de notre Seigneur Jésus-Christ : mettez-vous d'accord, qu'il n'y ait pas de divisions parmi vous ; soyez parfaitement unis, en ayant la même façon de penser, les mêmes convictions. **11** En effet, mes frères, des personnes de la famille de Chloé m'ont informé qu'il y a des rivalités entre vous. **12** Voici ce que je veux dire : parmi vous, l'un déclare : « Moi, j'appartiens à Paul » ; l'autre : « Moi à Apollos » ; un autre encore : « Moi Pierre » ; et un autre : « Et moi au Christ » **13** Pensez-vous qu'on puisse diviser le Christ ? Est-ce Paul qui est mort sur la croix pour vous ? Avez-vous été baptisés au nom de Paul ?

**14** Dieu merci, je n'ai baptisé aucun de vous, à part Crispus et Gaïus. **15** Ainsi, on ne pourra pas prétendre que vous avez été baptisés en mon nom. **16** Ah ! c'est vrai, j'ai aussi baptisé la famille de Stéphanas, mais je ne crois pas avoir baptisé qui que ce soit d'autre. **17** Le Christ ne m'a pas envoyé baptiser : il m'a envoyé annoncer la Bonne Nouvelle, et cela sans utiliser le langage de la sagesse humaine, afin de ne pas priver de son pouvoir.

## La mort du Christ sur la croix.

**18** En effet, prêcher la mort du Christ sur la croix est une folie pour ceux qui se perdent ; mais nous qui sommes sur la voie du salut, nous y discernons la puissance de Dieu.

Christ en croix, par Odilon Redon (1840-1916).

**19** Voici ce que l'Écriture déclare :
« Je détruirai la sagesse des sages, je rejetterai le savoir des gens intelligents. »
**20** Alors, que peuvent encore dire les sages ? ou les gens instruits ? ou les discoureurs du temps présent ? Dieu a démontré que la sagesse de ce monde est folie !
**21** En effet, les humains, avec toute leur sagesse, ont été incapables de reconnaître Dieu là où il manifestait sa sagesse. C'est pourquoi, Dieu a décidé de sauver ceux qui croient grâce à cette prédication apparemment folle de la croix. **22** Les Juifs demandent comme preuves des miracles et les Grecs recherchent la sagesse.
**23** Quant à nous, nous prêchons le Christ crucifié : c'est un message scandaleux pour les Juifs et une folie pour les non-Juifs ; **24** mais pour ceux que Dieu a appelés, aussi bien Juifs que non-Juifs, le Christ est la puissance et la sagesse de Dieu. **25** Car la folie apparente de Dieu est plus sage que la sagesse des hommes, et la faiblesse apparente de Dieu est plus forte que la force des hommes. **26** Considérez, frères, qui vous êtes, vous que Dieu a appelés : il y a parmi vous, du point de vue humain, peu de sages, peu de puissants, peu de gens de noble origine. **27** Au contraire, Dieu a choisi ce qui est folie aux yeux du monde pour couvrir de honte les sages ; il a choisi ce qui est faiblesse aux yeux du monde pour couvrir de honte les forts ; **28** il a choisi ce qui est bas, méprisable ou ne vaut rien aux yeux du monde, pour détruire ce que celui-ci estime important. **29** Ainsi, aucun être humain ne peut se vanter devant Dieu. **30** Mais Dieu vous a unis à Jésus-Christ et il a fait du Christ notre

*« Prêcher la mort du Christ sur la croix est une folie pour ceux qui se perdent. » (1 Corinthiens 1,18)*
*Paul proclame un Messie crucifié. Pour les Juifs, c'est un scandale car ils attendent que Dieu rétablisse son règne à l'aide d'un signe miraculeux. Au lieu de cela, Paul leur présente un supplicié suspendu à une croix comme un esclave. Les Grecs recherchent une sagesse ou une doctrine par les discours et le raisonnement. Or, Paul leur annonce un Dieu déraisonnable, épris d'un amour fou pour les hommes. L'apôtre renverse les idées préconçues : la faiblesse de Dieu est bien plus forte que la force des hommes et la folie de Dieu est bien plus sage que celle des hommes.*

*La Bonne Nouvelle annoncée par Paul aux Corinthiens n'est pas une sorte d'histoire mystérieuse à la manière d'une intrigue autour d'un meurtre. Il s'agit d'un « témoignage » qui révèle le plan de Dieu – « la vérité secrète de Dieu » (verset 1). Dieu ne cache rien, il ne cesse de se communiquer aux hommes. Il n'y a en fait pas de secret puisque Dieu se dévoile par le Christ et l'Esprit qu'il ne cesse de nous donner. Le contenu de ce « secret », c'est que Dieu aime tous les hommes ; il veut que chacun ait la vie en plénitude. Mais cette vérité reste secrète pour ceux qui refusent d'écouter l'Esprit de Dieu.*

*Saint Paul, par Le Greco (1541-1614).*

sagesse : c'est le Christ qui nous rend justes devant Dieu, qui nous permet de vivre pour Dieu et qui nous délivre du péché. ³¹ Par conséquent, comme le déclare l'Écriture : « Si quelqu'un veut se vanter, qu'il se vante de ce que le Seigneur a fait. »

## Annoncer le Christ crucifié

**2** ¹ Quand je suis allé chez vous, frères, pour vous révéler le plan secret de Dieu, je n'ai pas usé d'un langage compliqué ou de connaissances impressionnantes. ² Car j'avais décidé de ne rien savoir d'autre, durant mon séjour parmi vous, que Jésus-Christ et, plus précisément, Jésus-Christ crucifié. ³ C'est pourquoi, je me suis présenté à vous faible et tout tremblant de crainte ; ⁴ mon enseignement et ma prédication n'avaient rien des discours de la sagesse humaine, mais c'est la puissance de l'Esprit divin qui en faisait une démonstration convaincante. ⁵ Ainsi, votre foi ne repose pas sur la sagesse des hommes, mais bien sur la puissance de Dieu.

### La sagesse de Dieu

⁶ J'enseigne pourtant une sagesse aux chrétiens spirituellement adultes. Mais ce n'est pas la sagesse de ce monde, ni celle des puissances qui règnent sur ce monde et qui sont destinées à la destruction. ⁷ Non, j'annonce la sagesse secrète de Dieu, cachée aux hommes. Dieu l'avait déjà choisie pour nous faire participer à sa gloire avant la création du monde. ⁸ Aucune des puissances de ce monde n'a connu cette sagesse. Si elles l'avaient connue, elles n'auraient pas crucifié le Seigneur de la gloire. ⁹ Mais, comme le déclare l'Écriture :

« Ce que nul homme n'a jamais vu ni entendu,
ce à quoi nul homme n'a jamais pensé,
Dieu l'a préparé pour ceux qui l'aiment. »

¹⁰ Or, c'est à nous que Dieu a révélé ce secret par le Saint-Esprit. En effet, l'Esprit peut tout examiner, même les plans de Dieu les plus profondément cachés. ¹¹ Dans le cas d'un homme, seul son propre esprit connaît les pensées qui sont en lui ; de même, seul l'Esprit de Dieu connaît les pensées de Dieu. ¹² Nous n'avons pas reçu, nous, l'esprit de ce monde ; mais nous avons reçu l'Esprit qui vient de Dieu, afin que nous connaissions les dons que Dieu nous a accordés. ¹³ Et nous en parlons non pas avec le langage qu'en-

seigne la sagesse humaine, mais avec celui qu'enseigne l'Esprit de Dieu. C'est ainsi que nous expliquons des vérités spirituelles à ceux qui ont en eux cet Esprit.

¹⁴ L'homme qui ne compte que sur ses facultés naturelles est incapable d'accueillir les vérités communiquées par l'Esprit de Dieu : elles sont une folie pour lui ; il lui est impossible de les comprendre, car on ne peut en juger que par l'Esprit. ¹⁵ L'homme qui a l'Esprit de Dieu peut juger de tout, mais personne ne peut le juger. ¹⁶ Il est écrit, en effet :

« Qui connaît la pensée du Seigneur ?
Qui peut lui donner des conseils »
Mais nous, nous avons la pensée du Christ.

## Serviteurs de Dieu

**3** ¹ En réalité, frères, je n'ai pas pu vous parler comme à des gens qui ont l'Esprit de Dieu : j'ai dû vous parler comme à des gens de ce monde, comme à des enfants dans la foi chrétienne. ² C'est du lait que je vous ai donné, non de la nourriture solide, car vous ne l'auriez pas supportée. Et même à présent vous ne le pourriez pas, ³ parce que vous vivez encore comme des gens de ce monde. Du moment qu'il y a de la jalousie et des rivalités entre vous, ne montrez-vous pas que vous êtes des gens de ce monde et que vous vous conduisez d'une façon toute humaine ? ⁴ Quand l'un de vous déclare : « J'appartiens à Paul » et un autre : « J'appartiens à Apollos », n'agissez-vous pas comme n'importe quel être humain ?

⁵ Au fond, qui est Apollos ? et qui est Paul ? Nous sommes simplement des serviteurs de Dieu, par lesquels

*Miniature du Moyen Age, représentant le roi Salomon.*

### La sagesse de Dieu

*Le roi Salomon représentait pour Israël le modèle de la sagesse, telle qu'elle est enseignée dans les livres de sagesse de l'Ancien Testament. Mais, déjà dans le livre des Proverbes, la sagesse est personnifiée et dépasse en gloire et en stature la figure de Salomon. Dans le Nouveau Testament, Jésus-Christ, dans sa perfection, apparaît comme la sagesse personnifiée. Pour les maîtres de Corinthe, la sagesse est à la base de profondes spéculations philosophiques. Mais Paul a un enseignement de la sagesse différent : c'est le Christ crucifié qui se trouve au cœur de son message. L'Esprit de Dieu permet de discerner à la fois comment Dieu a révélé sa profonde sagesse à travers la mort scandaleuse du Christ, et comment cette sagesse ruine tous les plans des pouvoirs qui lui sont hostiles.*

« J'ai travaillé comme un bon entrepreneur et posé les fondations. » (1 Corinthiens 3,10) Le Christ constitue les véritables « fondations ». L'œuvre de Paul était celle d'un pionnier ayant pour mission de prêcher là où personne n'avait encore parlé de Jésus. Celle d'Apollos consistait à travailler dans les communautés déjà établies et d'enseigner les fidèles que Paul avait gagnés à la foi. Or, la communauté de Corinthe était divisée en clans rivaux. En prenant l'image de la construction d'un édifice, Paul met l'accent sur la complémentarité de ceux qui œuvrent pour le Christ et sur les progrès des membres de l'Église.

« Vous savez sûrement que vous êtes le temple de Dieu. » (1 Corinthiens 3,16) Dans l'Ancien Testament, le temple de Jérusalem était le lieu de la présence de Dieu. Ici, le temple représente la communauté chrétienne, temple de la nouvelle alliance, dans lequel l'Esprit de Dieu demeure.

vous avez été amenés à croire. Chacun de nous accomplit le devoir que le Seigneur lui a confié : **6** j'ai mis la plante en terre, Apollos l'a arrosée, mais c'est Dieu qui l'a fait croître. **7** Ainsi, celui qui plante et celui qui arrose sont sans importance : seul Dieu compte, lui qui fait croître la plante. **8** Celui qui plante et celui qui arrose sont égaux ; Dieu accordera à chacun sa récompense selon son propre travail. **9** Car nous sommes des collaborateurs de Dieu et vous êtes le champ de Dieu.

Vous êtes aussi l'édifice de Dieu. **10** Selon le don que Dieu m'a accordé, j'ai travaillé comme un bon entrepreneur et posé les fondations. Maintenant, un autre bâtit dessus. Mais il faut que chacun prenne garde à la manière dont il bâtit. **11** Car les fondations sont déjà en place dans la personne de Jésus-Christ, et nul ne peut en poser d'autres. **12** Certains utiliseront de l'or, de l'argent ou des pierres précieuses pour bâtir sur ces fondations ; d'autres utiliseront du bois, du foin ou de la paille. **13** Mais la qualité de l'ouvrage de chacun sera clairement révélée au jour du Jugement. En effet, ce jour se manifestera par le feu, et le feu éprouvera l'ouvrage de chacun pour montrer ce qu'il vaut. **14** Si quelqu'un a édifié un ouvrage qui résiste au feu, il recevra une récompense. **15** Par contre, si l'ouvrage est brûlé, son auteur perdra la récompense ; cependant lui-même sera sauvé, mais comme s'il avait passé à travers les flammes d'un incendie.

**16** Vous savez sûrement que vous êtes le temple de Dieu et que l'Esprit de Dieu habite en vous. **17** Eh bien, si quelqu'un détruit le temple de Dieu, Dieu détruira le coupable. Car le temple de Dieu est saint, et c'est vous qui êtes son temple.

**18** Que personne ne se trompe lui-même : si l'un d'entre vous pense être sage du point de vue de ce monde, qu'il devienne fou afin d'être réellement sage. **19** Car la sagesse à la manière de ce monde est une folie aux yeux de Dieu. En effet, l'Écriture déclare : « Dieu prend les sages au piège de leur propre ruse. » **20** Elle déclare aussi : « Le Seigneur connaît les pensées des sages, il sait qu'elles ne valent rien. » **21** Ainsi, personne ne doit fonder sa fierté sur des hommes. Car tout vous appartient : **22** Paul, Apollos ou Pierre, le monde, la vie, la mort, le présent ou l'avenir, tout est à vous ; **23** mais vous, vous appartenez au Christ et le Christ appartient à Dieu.

## Apôtres du Christ

**4** ¹ Vous devez donc nous considérer comme des serviteurs du Christ, chargés de gérer les vérités secrètes de Dieu. ² Tout ce que l'on demande à un gérant, c'est d'être fidèle. ³ Pour ma part, peu importe que je sois jugé par vous ou par un tribunal humain. Je ne me juge pas non plus moi-même. ⁴ Ma conscience, il est vrai, ne me reproche rien, mais je n'en suis pas justifié pour autant. Le Seigneur est celui qui me juge. ⁵ C'est pourquoi, ne portez de jugement sur personne avant le moment fixé. Attendez que le Seigneur vienne : il mettra en lumière ce qui est caché dans l'obscurité et révélera les intentions secrètes du cœur des hommes. Alors chacun recevra de Dieu la louange qui lui revient.

⁶ Frères, j'ai appliqué ce qui précède à Apollos et à moi-même pour votre instruction. J'ai voulu que, par notre exemple, vous appreniez le sens de ce principe : « Il convient de rester dans les limites fixées par ce qui est écrit. » Aucun de vous ne doit être prétentieux en prenant le parti d'un homme contre un autre. ⁷ Car en quoi penses-tu être supérieur aux autres ? Tout ce que tu as, ne l'as-tu pas reçu de Dieu ? Puisqu'il en est ainsi, pourquoi te vanter de ce que tu as comme si tu ne l'avais pas reçu ?

⁸ Déjà vous avez tout ce que vous désirez ! Déjà vous êtes riches ! Vous êtes devenus rois alors que nous ne le sommes pas ! Vraiment ? J'aimerais bien que vous soyez réellement rois afin que nous aussi nous puissions régner avec vous. ⁹ En fait, il me semble que Dieu nous a mis, nous les apôtres, à la dernière place : nous sommes comme des condamnés à mort jetés dans l'arène : nous sommes donnés en spectacle au monde entier, aux anges aussi bien qu'aux êtres humains. ¹⁰ Nous sommes fous à cause du Christ, mais vous êtes sages dans l'union avec le Christ ; nous sommes faibles, mais vous êtes forts ; nous sommes méprisés, mais vous êtes honorés ! ¹¹ A cette heure encore, nous souffrons de la faim et de la soif, nous manquons de vêtements, nous sommes battus, nous passons d'un endroit à l'autre ; ¹² nous travaillons durement pour gagner notre pain. Quand on nous insulte, nous bénissons ; quand on nous persécute, nous supportons ; ¹³ quand on dit du mal de nous, nous répondons avec bienveillance. On nous considère maintenant encore comme les balayures du monde, comme le déchet de l'humanité.

¹⁴ Je vous écris ainsi non pas pour vous faire honte, mais pour vous instruire comme mes très chers enfants.

« Vous appartenez au Christ et le Christ appartient à Dieu. » (1 Corinthiens 3,23) Les chrétiens n'appartiennent pas aux dirigeants de l'Église, même si leurs responsables sont des apôtres aussi éminents que Pierre ou Paul. Ce sont eux qui, au contraire, appartiennent à la communauté et en sont les serviteurs. Les responsables sont au service de la communauté pour que chacun soit uni au Christ qui est lui-même uni à Dieu le Père.

« Vous êtes devenus rois alors que nous ne le sommes pas ! » (1 Corinthiens 4,8) Paul se sert de l'ironie et du sarcasme pour faire comprendre aux Corinthiens vaniteux qu'en réalité ils manquent de maturité spirituelle. Certains chrétiens de Corinthe pensaient pouvoir se passer du ministère de Paul. L'apôtre leur demande de reconsidérer leur position et d'agir comme lui qui s'est mis à l'écoute du Christ.

« Nous sommes comme des condamnés à mort jetés dans l'arène. » (1 Corinthiens 4,9) Les Romains livraient leurs condamnés aux bêtes sauvages, dans les arènes, devant une foule de spectateurs.

Détail du Colisée de Rome.

<sup>15</sup> Car même s'il vous arrivait d'avoir dix mille guides dans votre vie avec le Christ, vous ne pouvez avoir qu'un seul père : en effet, quand je vous ai apporté la Bonne Nouvelle, c'est moi qui suis devenu votre père pour votre vie avec Jésus-Christ. <sup>16</sup> Alors, je vous en supplie, suivez mon exemple. <sup>17</sup> A cet effet, je vous envoie Timothée, qui est mon fils aimé et fidèle dans la foi au Seigneur. Il vous rappellera les principes qui me dirigent dans la vie avec Jésus-Christ, tels que je les enseigne partout, dans toutes les Églises.

<sup>18</sup> Certains d'entre vous ont fait les prétentieux en pensant que je ne viendrais pas vous voir. <sup>19</sup> Mais si le Seigneur le permet, j'irai bientôt chez vous. Alors je connaîtrai non pas seulement les paroles de ces prétentieux mais ce dont ils sont capables ! <sup>20</sup> Car le Royaume de Dieu n'est pas une affaire de paroles mais de puissance. <sup>21</sup> Que préférez-vous ? que je vienne à vous avec un bâton, ou avec un cœur plein d'amour et de douceur ?

## Immoralité dans l'Église

**5** <sup>1</sup> On entend dire partout qu'il y a de l'immoralité parmi vous, une immoralité si grave que même les païens ne s'en rendraient pas coupables : on raconte, en effet, que l'un de vous vit avec la femme de son père ! <sup>2</sup> Et vous faites encore les prétentieux ! Vous devriez au contraire en être affligés, et l'auteur d'une telle action devrait être chassé du milieu de vous. <sup>3-4</sup> Quant à moi, même si je suis absent de corps, je suis près de vous en esprit ; et j'ai déjà jugé au nom de notre Seigneur Jésus celui qui a si mal agi, comme si j'étais présent parmi vous. Lorsque vous serez assemblés, je serai avec vous en esprit et la puissance de notre Seigneur Jésus se manifestera ; <sup>5</sup> vous devrez alors livrer cet homme à Satan pour que son être pécheur soit détruit, mais qu'il puisse être spirituellement sauvé au jour du Seigneur.

<sup>6</sup> Il n'y a pas de quoi vous vanter ! Vous le savez bien : « Un peu de levain fait lever toute la pâte. » <sup>7</sup> Purifiez-vous donc ! Éliminez ce vieux levain pour que vous deveniez semblables à une pâte nouvelle et sans levain. Vous l'êtes déjà en réalité depuis que le Christ, notre agneau pascal, a été sacrifié. <sup>8</sup> Célébrons donc notre fête, non pas avec du pain fait avec le vieux levain du péché et de l'immoralité, mais avec le pain sans levain de la pureté et de la vérité.

<sup>9</sup> Dans ma précédente lettre, je vous ai écrit de ne pas avoir de contact avec ceux qui vivent dans l'immoralité. <sup>10</sup> Je ne visais pas, d'une façon générale, tous ceux qui,

**Timothée**

*Timothée venait de Lystre en Lycaonie, région située à l'est de la Turquie actuelle. Sa mère était une Juive devenue Chrétienne et son père un Grec de Lystre. Paul le prit avec lui au cours de son deuxième voyage missionnaire. Timothée devint son proche collaborateur et fut son messager auprès des jeunes communautés que l'apôtre avait fondées.*

*« Et vous faites encore les prétentieux ! »*
*(1 Corinthiens 5,2)*
*Les non-Juifs ignoraient la loi morale et rituelle de Moïse que les Juifs observaient. Pourtant ils auraient pu être choqués par la manière de vivre de plusieurs chrétiens de Corinthe. Paul enseignait que le Christ libère Juifs et non-Juifs de la loi rituelle, mais certains en profitaient pour renoncer à suivre les prescriptions morales de la loi juive. L'un d'entre eux vivait sans doute avec la deuxième femme de son père ce qui était interdit à la fois par la loi juive et par le droit romain. L'orateur romain Cicéron disait que l'inceste était pratiquement inexistant dans la société romaine. Paul demande à la communauté de Corinthe d'exclure pour un temps ce Chrétien infidèle pour qu'il reconnaisse son égarement et se tourne à nouveau vers Dieu.*

dans ce monde, sont immoraux, envieux, voleurs, ou adorateurs d'idoles. Sinon, vous devriez sortir du monde ! ¹¹ Je voulais vous dire de ne pas avoir de contact avec quelqu'un qui, tout en se donnant le nom de chrétien, serait immoral, envieux, adorateur d'idoles, calomniateur, ivrogne ou voleur. Vous ne devez pas même partager un repas avec un tel homme.

¹²⁻¹³ Ce n'est pas mon affaire, en effet, de juger les non-chrétiens. Dieu les jugera. Mais ne devriez-vous pas juger les membres de votre communauté ? Il est écrit, en effet : « Chassez le méchant du milieu de vous. »

## Les procès contre des frères

**6** ¹ Quand l'un de vous entre en conflit avec un frère, comment ose-t-il demander justice à des juges païens au lieu de s'adresser aux membres de la communauté ? ² Ne savez-vous pas que le peuple de Dieu jugera le monde ? Et si vous devez juger le monde, êtes-vous incapables de juger des affaires de peu d'importance ? ³ Ne savez-vous pas que nous jugerons les anges ? A plus forte raison les affaires de cette vie ! ⁴ Or, quand vous avez des conflits pour des affaires de ce genre, vous allez prendre comme juges des gens qui ne comptent pour rien dans l'Église ! ⁵ Je le dis à votre honte. Il y a sûrement parmi vous au moins un homme sage qui soit capable de régler un conflit entre frères ! ⁶ Alors, faut-il vraiment qu'un frère soit en procès avec un autre et cela devant des juges incroyants ?

⁷ Certes, le fait d'avoir des procès entre vous est déjà la preuve de votre complet échec. Pourquoi ne supportez-vous pas plutôt l'injustice ? Pourquoi ne vous laissez-vous pas plutôt dépouiller ? ⁸ Au contraire, c'est vous qui pratiquez l'injustice et qui dépouillez, et vous agissez ainsi envers des frères ! ⁹ Vous savez sûrement que ceux qui font le mal n'auront pas de place dans le Royaume de Dieu. Ne vous y trompez pas : les gens immoraux, adorateurs d'idoles, adultères, pédérastes, ¹⁰ voleurs, envieux, ivrognes, calomniateurs ou malhonnêtes, n'auront pas de place dans le Royaume de Dieu. ¹¹ Voilà ce qu'étaient certains d'entre vous. Mais vous avez été purifiés, vous avez été mis à part pour Dieu, vous avez été rendus justes devant Dieu au nom du Seigneur Jésus-Christ et par l'Esprit de notre Dieu.

*« Dans ma précédente lettre. » (1 Corinthiens 5,9) Paul parle d'une lettre qui n'a pas été conservée et dont le contenu a été mal compris par les Corinthiens. Il s'explique ici avec clarté : il n'est pas question de se couper de tout contact avec des non-chrétiens qui vivent dans l'immoralité, mais de se séparer des membres de l'Église qui se donnent toujours le nom de Chrétien mais ont des comportements immoraux. Certaines pratiques sont en effet incompatibles avec l'Évangile.*

*Justitia, déesse romaine de la justice. Paul encourage les chrétiens de Corinthe à régler entre eux les litiges qui peuvent les opposer. Il ne leur demande pas de se soustraire aux institutions civiles en place – dont il reconnaît la légitimité –, mais de régler toute discorde de manière pacifique, avec l'arbitrage possible des responsables de la communauté chrétienne.*

## Mettre son corps au service de la gloire du Seigneur

**12** Vous allez jusqu'à dire : « Tout m'est permis. » Oui, cependant tout ne vous est pas bon. Je pourrais dire : « Tout m'est permis », mais je ne vais pas me laisser asservir par quoi que ce soit. **13** Vous dites aussi : « Les aliments sont pour le ventre et le ventre pour les aliments. » Oui, cependant Dieu détruira les uns comme l'autre. Mais le corps humain, lui, n'est pas fait pour l'immoralité : il est pour le Seigneur et le Seigneur est pour le corps. **14** Dieu a ramené le Seigneur à la vie et il nous ramènera de la mort à la vie par sa puissance.

**15** Vous savez que vos corps sont des parties du corps du Christ. Vais-je donc prendre une partie du corps du Christ pour en faire une partie du corps d'une prostituée ? Certainement pas ! **16** Ou bien ne savez-vous pas que l'homme qui s'unit à une prostituée devient avec elle

*« Les aliments sont pour le ventre et le ventre pour les aliments. Oui, cependant Dieu détruira les uns comme l'autre. »(1 Corinthiens 6,13)*
*Se nourrir n'engage que le corps physique qui disparaîtra un jour, mais l'activité sexuelle engage toute la personne, et pas seulement le corps. Puisque les chrétiens sont unis au Christ, leur sexualité est appelée à s'exprimer dans une relation d'amour qui unit un homme et une femme en un seul corps.*

*Nature morte de Jan Davidsz de Heem (1606-1684).*

un seul corps ? Il est écrit, en effet : « Les deux deviendront un seul être. » **17** Mais celui qui s'unit au Seigneur devient spirituellement un avec lui.

**18** Fuyez l'immoralité ! Tout autre péché commis par l'homme reste extérieur à son corps ; mais l'homme qui se livre à l'immoralité pèche contre son propre corps. **19** Ne savez-vous pas que votre corps est le temple du Saint-Esprit, cet Esprit qui est en vous et que Dieu vous a donné ? Vous ne vous appartenez pas : **20** Dieu vous a acquis, il a payé le prix pour cela. Mettez donc votre corps lui-même au service de la gloire de Dieu.

*« Votre corps est le temple du Saint-Esprit. »*
*(1 Corinthiens 6,19)*
*Le Chrétien est appelé à considérer son corps comme un lieu consacré à Dieu. Grâce à la présence et à la puissance de l'Esprit qui l'habite, il peut rejeter l'immoralité.*

## Questions concernant le mariage

**7** ¹ Passons maintenant aux sujets dont vous m'avez parlé dans votre lettre. Il est bon pour un homme de ne pas se marier. ² Cependant, en raison de l'immoralité si répandue, il vaut mieux que chaque homme ait sa femme et que chaque femme ait son mari. ³ Le mari doit remplir son devoir d'époux envers sa femme et, la femme, de même, doit remplir son devoir d'épouse envers son mari. ⁴ La femme ne peut pas faire ce qu'elle veut de son propre corps : son corps est à son mari ; de même, le mari ne peut pas faire ce qu'il veut de son propre corps : son corps est à sa femme. ⁵ Ne vous refusez pas l'un à l'autre, à moins que, d'un commun accord, vous n'agissiez ainsi momentanément pour vous consacrer à la prière ; mais ensuite, reprenez une vie conjugale normale, sinon vous risqueriez de ne plus pouvoir vous maîtriser et de céder aux tentations de Satan.

⁶ Ce que je vous dis là n'est pas un ordre, mais une concession. ⁷ En réalité, je préférerais que tout le monde soit célibataire comme moi ; mais chacun a le don particulier que Dieu lui a accordé, l'un ce don-ci, l'autre ce don-là.

⁸ Voici ce que je déclare aux célibataires et aux veuves : il serait bon pour vous que vous continuiez à vivre seuls, comme moi. ⁹ Mais si vous ne pouvez pas vous maîtriser, mariez-vous : il vaut mieux se marier que de brûler de désir.

¹⁰ A ceux qui sont mariés, je donne cet ordre (qui ne vient pas de moi, mais du Seigneur) : la femme ne doit pas se séparer de son mari, ¹¹ – au cas où elle en serait séparée, qu'elle ne se remarie pas, ou bien qu'elle se réconcilie avec son mari – et un mari ne doit pas renvoyer sa femme. ¹² Aux autres, voici ce que je dis (moi-même, et non le Seigneur) : si un mari chrétien a une femme non croyante et qu'elle soit d'accord de continuer à vivre avec lui, il ne doit pas la renvoyer ; ¹³ de même, si une femme chrétienne a un mari non croyant et qu'il soit d'accord de

*Les apôtres prêchant l'Évangile, illustration de Gustave Doré (La Sainte Bible, 1866).*

« *En réalité, je préférerais que tout le monde soit célibataire comme moi.* » (1 Corinthiens 7,7)

« *Chacun a le don particulier que Dieu lui a accordé, l'un ce don-ci, l'autre ce don-là.* » (1 Corinthiens 7,7)
*Certains Corinthiens croyaient que les relations sexuelles en dehors du mariage étaient normales. Paul, s'appuyant sur la loi de Moïse, appelle chaque couple à vivre dans la fidélité. D'autres Corinthiens pensaient que l'absence de toutes relations sexuelles les rendait plus spirituels que les autres. Paul réfute leurs arguments, puis offre ses conseils et fait part de son opinion sur le mariage et le célibat qu'il considère tous deux comme des dons de Dieu.*

continuer à vivre avec elle, elle ne doit pas le renvoyer. **14** En effet, le mari non croyant est proche de Dieu à cause de son union avec sa femme ; de même, la femme non croyante est proche de Dieu à cause de son union avec son mari chrétien. Autrement, vos enfants seraient considérés comme impurs, alors que, en réalité, ils sont proches de Dieu. **15** Cependant, si celui qui n'est pas croyant veut se séparer de son conjoint chrétien, qu'on le laisse agir ainsi. Dans un tel cas le conjoint chrétien, que ce soit l'époux ou l'épouse, est libre, car Dieu vous a appelés à vivre en paix. **16** Comment pourrais-tu être sûre, toi, femme chrétienne, que tu sauveras ton mari ? Ou comment pourrais-tu être sûr, toi, mari chrétien, que tu sauveras ta femme ?

## Vivre comme Dieu vous a appelés à le faire

**17** Ce cas excepté, il faut que chacun continue à vivre conformément au don que le Seigneur lui a accordé et conformément à ce qu'il était quand Dieu l'a appelé. Telle est la règle que j'établis dans toutes les Églises. **18** Si un homme était circoncis lorsque Dieu l'a appelé, il ne doit pas chercher à dissimuler sa circoncision ; si un autre était incirconcis lorsque Dieu l'a appelé, il ne doit pas se faire circoncire. **19** Etre circoncis ou ne pas l'être n'a pas d'importance : ce qui importe, c'est d'obéir aux commandements de Dieu. **20** Il faut que chacun demeure dans la condition où il était lorsque Dieu l'a appelé. **21** Étais-tu esclave quand Dieu t'a appelé ? Ne t'en inquiète pas ; mais si une occasion se présente pour toi de devenir libre, profites-en. **22** Car l'esclave qui a été appelé par le Seigneur est un homme libéré qui dépend du Seigneur ; de même, l'homme libre qui a été appelé par le Christ est son esclave. **23** Dieu vous a acquis, il a payé le prix pour cela ; ne devenez donc pas esclaves des hommes. **24** Oui, frères, il faut que chacun demeure devant Dieu dans la condition où il était lorsqu'il a été appelé.

## Questions concernant les personnes non mariées et les veuves

**25** En ce qui concerne les personnes non mariées, je n'ai pas d'ordre du Seigneur ; mais je donne mon opinion en homme qui, grâce à la bonté du Seigneur, est digne de confiance.

**26** En raison de la détresse présente, voici ce que je pense : il est bon pour chacun de demeurer comme il est.

*« L'esclave qui a été appelé par le Seigneur est un homme libéré qui dépend du Seigneur. »*
*( 1 Corinthiens 7,22)*
*Paul considérait les chrétiens comme des esclaves, ou des serviteurs du Christ. L'image ne choquait personne à l'époque. Aujourd'hui nous dirions que chaque Chrétien est invité à se rendre totalement disponible à ce qui vient de Dieu. Et le choix de cette disponibilité, au lieu d'enchaîner, conduit à la vraie liberté.*

**27** As-tu une femme ? Alors, ne cherche pas à t'en séparer. N'es-tu pas marié ? Alors, ne cherche pas de femme. **28** Cependant, si tu te maries, tu ne commets pas de péché ; et si une jeune fille se marie, elle ne commet pas de péché. Mais ceux qui se marient auront des tracas dans leur vie quotidienne, et je voudrais vous les épargner.

**29** Voici ce que je veux dire, frères : il reste peu de temps ; dès maintenant, il faut que les hommes mariés vivent comme s'ils n'étaient pas mariés, **30** ceux qui pleurent comme s'ils n'étaient pas tristes, ceux qui rient comme s'ils n'étaient pas joyeux, ceux qui achètent comme s'ils ne possédaient pas ce qu'ils ont acheté, **31** ceux qui usent des biens de ce monde comme s'ils n'en usaient pas. Car ce monde, tel qu'il est, ne durera plus très longtemps.

**32** J'aimerais que vous soyez libres de tout souci. Celui qui n'est pas marié se préoccupe des affaires du Seigneur, il cherche à plaire au Seigneur ; **33** mais celui qui est marié se préoccupe des affaires du monde, il cherche à plaire à sa femme, **34** et il est ainsi partagé entre deux préoccupations. De même, une femme qui n'est pas mariée ou une jeune fille se préoccupe des affaires du Seigneur, car elle désire être à lui dans tout ce qu'elle fait et pense ; mais celle qui est mariée se préoccupe des affaires du monde, elle cherche à plaire à son mari.

**35** Je dis cela pour votre bien et non pour vous imposer une contrainte ; je désire que vous fassiez ce qui convient le mieux, en demeurant totalement attachés au service du Seigneur.

**36** Maintenant, si un jeune homme pense qu'il cause du tort à sa fiancée en ne l'épousant pas, s'il est dominé par le désir et estime qu'ils devraient se marier, eh bien, qu'ils se marient, comme il le veut ; il ne commet pas de péché. **37** Par contre, si le jeune homme, sans subir de contrainte, a pris intérieurement la ferme résolution de ne pas se marier, s'il est capable de dominer sa volonté et a décidé en lui-même de ne pas avoir de relations avec sa fiancée, il fait bien. **38** Ainsi, celui qui épouse sa fiancée fait bien, mais celui qui y renonce fait mieux encore.

**39** Une femme est liée à son mari aussi longtemps qu'il vit ; mais si son mari meurt, elle est libre d'épouser qui elle veut, à condition que ce soit un mariage chrétien. **40** Pourtant, elle sera plus heureuse si elle demeure comme elle est. C'est là mon opinion et j'estime avoir, moi aussi, l'Esprit de Dieu.

### Mariage ou célibat

*Paul tente de répondre à une question que les Corinthiens lui posent sur le célibat des hommes ou des femmes. Il tient compte à cet égard du contexte culturel et social dans lequel les chrétiens se trouvaient à son époque, époque marquée par la persécution et les épreuves qu'occasionnait la fidélité au Christ. Jésus disait déjà: « Pensez-vous que je sois venu apporter la paix au monde? Non, je vous le dis, mais la division. Dès maintenant, une famille de cinq personnes sera divisée, trois contre deux et deux contre trois. Le père sera contre son fils et le fils contre son père, la mère contre sa fille et la fille contre sa mère, la belle-mère contre sa belle-fille et la belle-fille contre sa belle-mère. » (Luc 12,51-53) Dans un environnement aussi hostile, Paul semble vouloir épargner aux chrétiens des tribulations qu'ils pourraient éviter en restant célibataires. Il ne donne pas au célibat un statut supérieur au mariage puisqu'il considère les deux comme un don de Dieu. Cependant, dans le cadre du service de Dieu dans l'Église de son époque, il trouve qu'il est préférable de rester célibataire, mais ne fait pas de sa position un commandement.*

## La viande provenant de sacrifices offerts aux idoles

**8** ¹ Examinons maintenant la question de la viande provenant de sacrifices offerts aux idoles : Il est vrai que « nous avons tous la connaissance », comme vous le dites. Mais cette connaissance rend l'homme prétentieux, tandis que l'amour renforce la communauté. ² Celui qui s'imagine connaître quelque chose ne connaît pas encore comme il devrait connaître. ³ Mais celui qui aime Dieu est connu par lui.

⁴ La question est donc la suivante : peut-on manger de la viande provenant de sacrifices offerts aux idoles ? Nous savons bien qu'une idole ne représente rien de réel dans le monde et qu'il n'y a qu'un seul Dieu. ⁵ Même s'il y a de prétendus dieux au ciel et sur la terre – et, en fait, il y a beaucoup de « dieux » et de « seigneurs » –, ⁶ il n'en est pas moins vrai que pour nous il n'y a qu'un seul Dieu, le Père, qui a créé toutes choses et pour qui nous vivons ; il n'y a également qu'un seul Seigneur, Jésus-Christ, par qui toutes choses existent et par qui nous vivons.

⁷ Mais tous ne connaissent pas cette vérité. Certains ont été tellement habitués aux idoles que, maintenant encore, ils mangent la viande des sacrifices comme si elle appartenait à une idole ; leur conscience est faible et ils se sentent souillés par cette viande. ⁸ Ce n'est pourtant pas un aliment qui nous rapprochera de Dieu : nous ne perdrons rien si nous n'en mangeons pas, et nous ne gagnerons rien non plus si nous en mangeons.

⁹ Cependant, prenez garde que la liberté avec laquelle vous agissez n'entraîne dans l'erreur ceux qui sont faibles dans la foi. ¹⁰ En effet, si quelqu'un de faible te voit, toi qui as la « connaissance », en train de manger dans le temple d'une idole, ne se sentira-t-il pas encouragé dans sa conscience à manger de la viande offerte aux idoles ? ¹¹ Et ainsi ce faible, ce frère pour qui le Christ est mort, va se perdre à cause de ta « connaissance » ! ¹² En péchant de cette façon contre vos frères et en blessant leur conscience qui est faible, vous péchez contre le Christ lui-même. ¹³ C'est pourquoi, si un aliment entraîne mon frère dans l'erreur, je ne mangerai plus jamais de viande afin de ne pas égarer mon frère.

*Vestiges d'un temple corinthien.*

« *L'amour renforce la communauté.* »
(1 Corinthiens 8,1)
*La connaissance mise au service de Dieu rend les hommes humbles; elle leur permet d'aimer les autres et de se mettre à leur place. Paul applique ce principe au cas particulier des viandes provenant de sacrifices offerts dans des temples païens. Puisque les idoles ne sont pas réelles, dit Paul, les chrétiens sont libres de manger ces viandes. Cependant, il est préférable de ne pas s'attabler dans un temple d'idoles si l'on risque d'offenser un Chrétien d'origine païenne, qui a eu du mal à se défaire du culte rendu à ces idoles, ou d'origine juive, pour qui la présence d'un Juif dans un temple païen est inconcevable.*

## Les droits et les devoirs d'un apôtre

**9** ¹ Ne suis-je pas libre ? Ne suis-je pas apôtre ? N'ai-je pas vu Jésus notre Seigneur ? N'êtes-vous pas le résultat de mon activité au service du Seigneur ? ² Même si d'autres refusent de me reconnaître comme apôtre, pour vous je le suis certainement. En effet, puisque vous êtes unis au Seigneur, vous êtes vous-mêmes la preuve que je suis apôtre.

³ Voici comment je me défends contre ceux qui me critiquent : ⁴ N'aurais-je pas le droit de recevoir nourriture et boisson pour mon travail ? ⁵ N'aurais-je pas le droit d'emmener avec moi une épouse chrétienne, comme le font les apôtres, les frères du Seigneur et Pierre ? ⁶ Ou bien serions-nous les seuls, Barnabas et moi, à devoir travailler pour gagner notre vie ? ⁷ Avez-vous jamais entendu dire qu'un soldat serve dans l'armée à ses propres frais ? ou qu'un homme ne mange pas du raisin de la vigne qu'il a plantée ? ou qu'un berger ne prenne pas de lait du troupeau dont il s'occupe ?

⁸ Mais je ne me fonde pas seulement sur des exemples tirés de la vie courante, car la loi de Moïse dit la même chose. ⁹ Il est en effet écrit dans cette loi : « Vous ne mettrez pas une muselière à un bœuf qui foule le blé. » Dieu s'inquiète-t-il des bœufs ? ¹⁰ N'est-ce pas en réalité pour nous qu'il a parlé ainsi ? Assurément, cette parole a été écrite pour nous. Il faut que celui qui laboure et celui qui bat le blé le fassent avec l'espoir d'obtenir leur part de la récolte. ¹¹ Nous avons semé en vous une semence spirituelle : serait-il alors excessif que nous récoltions une part de vos biens matériels ? ¹² Si d'autres ont ce droit sur vous, ne l'avons-nous pas à plus forte raison ?

Cependant, nous n'avons pas usé de ce droit. Au contraire, nous avons tout supporté pour ne pas placer d'obstacle sur le chemin de la Bonne Nouvelle du Christ. ¹³ Vous savez sûrement que ceux qui sont en fonction dans le temple reçoivent leur nourriture du temple, et que ceux qui présentent les sacrifices sur l'autel reçoivent leur part de ces sacrifices. ¹⁴ De même, le Seigneur a ordonné que ceux qui annoncent la Bonne Nouvelle vivent de cette activité.

¹⁵ Mais je n'ai usé d'aucun de ces droits, et je n'écris pas cela pour demander à en profiter. J'aimerais mieux

*« Ne suis-je pas apôtre ? »*
*(1 Corinthiens 9,1)*
Parce que Paul n'a pas été un disciple de Jésus durant sa vie terrestre, certains pensaient qu'il n'était pas un véritable apôtre. Ils remettaient même en question son autorité et son enseignement.

*Saint Paul, par Lucas Cranach l'Ancien (1472-1553).*
Paul est traditionnellement représenté portant un livre, symbole de la parole de Dieu, et une épée, symbole de l'Esprit.

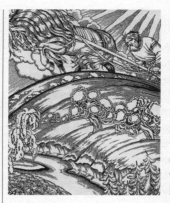

mourir ! Personne ne m'enlèvera ce sujet de fierté ! [16] Je n'ai pas à me vanter d'annoncer la Bonne Nouvelle. C'est en effet une obligation qui m'est imposée, et malheur à moi si je n'annonce pas la Bonne Nouvelle. [17] Si j'avais choisi moi-même cette tâche, j'aurais droit à un salaire ; mais puisqu'elle m'est imposée, je m'acquitte simplement de la charge qui m'est confiée. [18] Quel est alors mon salaire ? C'est la satisfaction d'annoncer la Bonne Nouvelle gratuitement, sans user des droits que me confère la prédication de cette Bonne Nouvelle.

[19] Je suis libre, je ne suis l'esclave de personne ; cependant je me suis fait l'esclave de tous afin d'en gagner le plus grand nombre possible au Christ. [20] Lorsque j'ai affaire aux Juifs, je vis comme un Juif, afin de les gagner ; bien que je ne sois pas soumis à la loi de Moïse, je vis comme si je l'étais lorsque j'ai affaire à ceux qui sont soumis à cette loi, afin de les gagner. [21] De même, lorsque je suis avec ceux qui ignorent la loi de Moïse, je vis comme eux, sans tenir compte de cette loi, afin de les gagner. Cela ne veut pas dire que je suis indifférent à la loi de Dieu, car je suis soumis à la loi du Christ. [22] Avec ceux qui sont faibles dans la foi, je vis comme si j'étais faible moi-même, afin de les gagner. Ainsi, je me fais tout à tous afin d'en sauver de toute manière quelques-uns. [23] Je fais tout cela pour la Bonne Nouvelle, afin d'avoir part aux biens qu'elle promet.

[24] Vous savez sûrement que les coureurs dans le stade courent tous, mais qu'un seul remporte le prix. Courez donc de manière à remporter le prix. [25] Tous les athlètes à l'entraînement s'imposent une discipline sévère. Ils le font pour gagner une couronne qui se fane vite ; mais nous, nous le faisons pour gagner une couronne qui ne se fanera jamais. [26] C'est pourquoi je cours les yeux fixés sur le but ; c'est pourquoi je suis semblable au boxeur qui ne frappe pas au hasard. [27] Je traite durement mon corps et je le maîtrise sévèrement, afin de ne pas être moi-même disqualifié après avoir prêché aux autres.

## Mise en garde contre les idoles

**10** ¹ Je veux que vous vous rappeliez, frères, ce qui est arrivé à nos ancêtres du temps de Moïse. Ils ont tous été sous la protection du nuage et ils ont tous passé à travers la mer Rouge. ² Dans le nuage et dans la mer, ils ont tous été baptisés en communion avec Moïse. ³ Ils ont tous mangé la même nourriture spirituelle ⁴ et ils ont tous bu la même boisson spirituelle : ils buvaient en effet au rocher spirituel qui les accompagnait, et ce rocher était le Christ. ⁵ Pourtant, la plupart d'entre eux ne furent pas agréables à Dieu et c'est pourquoi ils tombèrent morts dans le désert.

⁶ Ces événements nous servent d'exemples, pour que nous n'ayons pas de mauvais désirs comme ils en ont eu. ⁷ Ne vous mettez pas à adorer des idoles comme certains d'entre eux l'ont fait. Ainsi que le déclare l'Écriture : « Les gens s'assirent pour manger et boire, puis ils se levèrent pour se divertir. » ⁸ Ne nous livrons pas non plus à la débauche, comme certains d'entre eux l'ont fait et vingt-trois mille personnes tombèrent mortes en un seul jour. ⁹ Ne mettons pas le Christ à l'épreuve, comme certains d'entre eux l'ont fait et ils moururent de la morsure des serpents. ¹⁰ Enfin, ne vous plaignez pas, comme certains d'entre eux l'ont fait et ils furent exterminés par l'ange de la mort.

¹¹ Ces malheurs leur arrivèrent pour servir d'exemple à d'autres ; ils ont été mis par écrit pour nous avertir, car nous vivons en un temps proche de la fin. ¹² Par conséquent, que celui qui pense être debout prenne garde de ne pas tomber. ¹³ Les tentations que vous avez connues ont toutes été de celles qui se présentent normalement aux hommes. Dieu est fidèle à ses promesses et il ne permettra pas que vous soyez tentés au-delà de vos forces ; mais, au moment où surviendra la tentation, il vous donnera la force de la supporter et, ainsi, le moyen d'en sortir.

¹⁴ C'est pourquoi, mes chers amis, gardez-vous du culte des idoles. ¹⁵ Je vous parle comme à des personnes raisonnables ; jugez vous-mêmes de ce que je dis. ¹⁶ Pensez à la coupe de la Cène pour laquelle nous remercions Dieu : lorsque nous en buvons, ne nous met-elle pas en communion avec le sang du Christ ? Et le pain que nous rompons : lorsque nous en mangeons, ne nous met-il pas en communion avec le corps du Christ ? ¹⁷ Il y a un seul

*Montagnes du Sinaï.*

**L'exemple du peuple d'Israël**

*Paul prend l'exemple du peuple d'Israël dans le désert pour inviter les chrétiens à rester vigilants et à ne pas retomber dans leur ancienne façon de penser et d'agir. Les chrétiens reconnaissent dans la manne et l'eau du rocher offertes aux Israélites le symbole de la nourriture spirituelle du Christ, le pain et l'eau de la vie, qui leur est constamment offerte. Seul leur attachement total au Christ leur permettra de persévérer fidèlement sur la voie de l'Évangile.*

pain ; aussi, bien que nous soyons nombreux, nous formons un seul corps, car nous avons tous part au même pain.

<sup>18</sup> Voyez le peuple d'Israël : ceux qui mangent les victimes sacrifiées sont en communion avec Dieu auquel l'autel est consacré. <sup>19</sup> Est-ce que je veux dire par là qu'une idole ou que la viande qui lui est offerte en sacrifice ont une valeur quelconque ? <sup>20</sup> Non, mais j'affirme que ce que les païens sacrifient est offert aux démons et non à Dieu. Or, je ne veux pas que vous soyez en communion avec des démons. <sup>21</sup> Vous ne pouvez pas boire à la fois à la coupe du Seigneur et à la coupe des démons ; vous ne pouvez pas manger à la fois à la table du Seigneur et à la table des démons. <sup>22</sup> Ou bien voulons-nous susciter la jalousie du Seigneur ? Pensez-vous que nous soyons plus forts que lui ?

## Agir en tout pour la gloire de Dieu

<sup>23</sup> « Tout est permis », dites-vous. Oui, cependant tout n'est pas bon. « Tout est permis », cependant tout n'est pas utile pour la communauté. <sup>24</sup> Que personne ne cherche son propre intérêt, mais plutôt celui des autres.

<sup>25</sup> Vous êtes libres de manger tout ce qui se vend au marché de la viande sans avoir à poser des questions par motif de conscience ; <sup>26</sup> car, comme il est écrit, « c'est au Seigneur qu'appartient la terre avec tout ce qu'elle contient ».

<sup>27</sup> Si un non-croyant vous invite à un repas et que vous acceptiez d'y aller, mangez de tout ce qu'on vous servira, sans poser de question par motif de conscience. <sup>28</sup> Mais si quelqu'un vous dit : « Cette viande provient d'un sacrifice offert aux idoles », alors n'en mangez pas, à cause de celui qui a fait cette remarque et par motif de conscience <sup>29</sup> – je parle ici non pas de votre conscience, mais de celle de l'autre.

« Mais pourquoi, demandera-t-on, ma liberté devrait-elle être limitée par la conscience de quelqu'un d'autre ? <sup>30</sup> Si je remercie Dieu pour ce que je mange, pourquoi me critiquerait-on au sujet de cette nourriture pour laquelle j'ai dit merci ? »

<sup>31</sup> Ainsi, que vous mangiez, que vous buviez, ou que vous fassiez quoi que ce soit, faites tout pour la gloire de Dieu. <sup>32</sup> Vivez de façon à ne scandaliser ni les Juifs, ni les non-Juifs, ni l'Église de Dieu. <sup>33</sup> Comportez-vous comme moi : je m'efforce de plaire à tous en toutes choses ; je ne cherche pas mon propre bien, mais le bien d'une multitude de gens, afin qu'ils soient sauvés.

*« Que personne ne cherche son propre intérêt, mais plutôt celui des autres. »*
*(1 Corinthiens 10,24)*
*Paul invite ses interlocuteurs à dépasser une vision trop individualiste de la liberté qui risque d'entraver celle des autres. Il appelle chacun à construire sa vie selon sa conscience et en conformité avec l'Évangile, mais en veillant au bien commun.*

*« Faites tout pour la gloire de Dieu. » (1 Corinthiens 10, 31)*

*Pour porter le témoignage de l'Évangile, Paul a le souci d'être accueillant à tous, quels que soient leur mode de vie et leurs origines. Il invite la communauté chrétienne de Corinthe à faire comme lui, à tout mettre en œuvre pour qu'elle soit signe de Dieu par l'unité de ses membres avec Dieu et entre eux, par l'accueil et l'ouverture à tous.*

**11** ¹ Suivez mon exemple, comme je suis l'exemple du Christ.

## La femme doit se couvrir la tête pendant le culte

² Je vous félicite : vous vous souvenez de moi en toute occasion et vous suivez les instructions que je vous ai transmises. ³ Cependant, je veux que vous compreniez ceci : le Christ est le chef de tout homme, le mari est le chef de sa femme, et Dieu est le chef du Christ. ⁴ Si donc, pendant le culte, un homme a la tête couverte lorsqu'il prie ou donne des messages reçus de Dieu, il déshonore le Christ. ⁵ Mais si une femme est tête nue lorsqu'elle prie ou donne des messages reçus de Dieu, elle déshonore son mari ; elle est comme une femme aux cheveux tondus. ⁶ Si une femme ne se couvre pas la tête, elle pourrait tout aussi bien se couper la chevelure ! Mais puisqu'il est honteux pour une femme de se couper les cheveux ou de les tondre, il faut alors qu'elle se couvre la tête. ⁷ L'homme n'a pas besoin de se couvrir la tête, parce qu'il reflète l'image et la gloire de Dieu. Mais la femme reflète la gloire de l'homme ; ⁸ en effet, l'homme n'a pas été créé à partir de la femme, mais c'est la femme qui a été créée à partir de l'homme. ⁹ Et l'homme n'a pas été créé pour la femme, mais c'est la femme qui a été créée pour l'homme. ¹⁰ C'est pourquoi, à cause des anges, la femme doit avoir sur la tête un signe marquant ses responsabilités. ¹¹ Cependant, dans notre vie avec le Seigneur, la femme n'est pas indépendante de l'homme et l'homme n'est pas indépendant de la femme. ¹² Car de même que la femme a été créée à partir de l'homme, de même l'homme naît de la femme, et tout vient de Dieu.

¹³ Jugez-en vous-mêmes : est-il convenable qu'une femme soit tête nue lorsqu'elle prie Dieu pendant le culte ? ¹⁴ La nature elle-même vous enseigne qu'il est indécent pour l'homme de porter les cheveux longs, ¹⁵ tandis que c'est un honneur pour la femme de les porter ainsi. En effet, les cheveux longs ont été donnés à la femme pour lui servir de voile. ¹⁶ Mais si quelqu'un désire encore discuter à ce sujet, qu'il sache simplement ceci : ni les Églises de Dieu, ni nous-mêmes n'avons d'autre coutume dans le culte.

## Le repas du Seigneur

¹⁷ En passant aux remarques qui suivent, je ne peux pas vous féliciter, car vos réunions vous font plus de mal que de bien. ¹⁸ Tout d'abord, on m'a dit que lorsque vous

### L'homme et la femme devant Dieu

En grec, le même mot désigne la « tête » et le « chef ». Dans tout ce passage, Paul joue sur le double sens de ce mot. Quelle attitude les époux devaient-ils adopter lors des rassemblements chrétiens ? L'apôtre a enseigné qu'en Christ « il n'y a plus ni homme ni femme », mais comment appliquer cet enseignement dans la vie pratique de l'Église ? L'apôtre observe toujours le même principe, qui consiste à rechercher l'honneur de Dieu avant tout, sans heurter la sensibilité des autres. Dans le cas particulier des Corinthiens, Paul demande que maris et femmes tiennent compte, lors des cultes, des mœurs de leur époque

et des coutumes des premières communautés chrétiennes.

Aux temps bibliques, seules les femmes de mauvaise vie ôtaient leur voile en public. Paul semble donc dire que la liberté toute nouvelle que les femmes corinthiennes avaient découverte en Jésus-Christ ne les dispensaient pas, comme c'était la coutume à l'époque, d'observer les marques d'honneur dû à leur mari. De même, au temps de Paul, les hommes avaient les cheveux courts et priaient la tête découverte en signe de respect pour Dieu. En se couvrant la tête en public, ils déshonoraient Dieu aux yeux des autres.

tenez des assemblées, il y a parmi vous des groupes ri-vaux, – et je le crois en partie. **¹⁹** Il faut bien qu'il y ait des divisions parmi vous pour qu'on puisse reconnaître ceux d'entre vous qui sont vraiment fidèles. – **²⁰** Quand vous vous réunissez, ce n'est pas le repas du Seigneur que vous prenez : **²¹** en effet, dès que vous êtes à table, chacun se hâte de prendre son propre repas, de sorte que certains ont faim tandis que d'autres s'enivrent. **²²** N'avez-vous pas vos maisons pour y manger et y boire ? Ou bien mépri-sez-vous l'Église de Dieu et voulez-vous humilier ceux qui n'ont rien ? Qu'attendez-vous que je vous dise ? Faut-il que je vous félicite ? Non, je ne peux vraiment pas vous féliciter !

**²³** En effet, voici l'enseignement que j'ai reçu du Seigneur et que je vous ai transmis : Le Seigneur Jésus, dans la nuit où il fut livré, prit du pain **²⁴** et, après avoir remercié Dieu, il le rompit et dit : « Ceci est mon corps, qui est pour vous. Faites ceci en mémoire de moi. » **²⁵** De même, il prit la coupe après le repas et dit : « Cette coupe est la nouvelle allian-ce de Dieu, garantie par mon sang. Toutes les fois que vous en boirez, faites-le en mémoire de moi. » **²⁶** En effet, jusqu'à ce que le Seigneur vienne, vous annoncez sa mort toutes les fois que vous mangez de ce pain et que vous buvez de cette coupe.

**²⁷** C'est pourquoi, celui qui mange le pain du Seigneur ou boit de sa coupe de façon indigne, se rend coupable de péché envers le corps et le sang du Seigneur. **²⁸** Que chacun donc s'examine soi-même et qu'il mange alors de ce pain et boive de cette coupe ; **²⁹** car si quelqu'un mange du pain et boit de la coupe sans reconnaître leur relation avec le corps du Seigneur, il at-tire ainsi le jugement sur lui-même. **³⁰** C'est pour cette raison que beaucoup d'entre vous sont malades et faibles, et que plusieurs sont morts. **³¹** Si nous commencions par nous examiner nous-mêmes, nous éviterions de tomber sous le jugement de Dieu. **³²** Mais nous sommes jugés et corrigés par le Seigneur afin que nous ne soyons pas condamnés avec le monde.

**³³** Ainsi, mes frères, lorsque vous vous réunissez pour prendre le repas du Seigneur, attendez-vous les uns les

*La Cène, vitrail anonyme.*

**La table du Seigneur**

*Les chrétiens sont un dans le Christ et leur unité se mani-feste particulièrement au cours de leurs rassemble-ments. Mais ce n'était pas le cas chez les Corinthiens, où l'inégalité existait même au cours des repas du Seigneur qu'ils prenaient en commun. Paul leur fait comprendre que le contexte dans lequel ils commémoraient la mort du Christ était en contradiction avec une telle célébration.*

autres. ³⁴ Si quelqu'un a faim, qu'il mange chez lui, afin que vous n'attiriez pas le jugement de Dieu sur vous dans vos réunions. Quant aux autres questions, je les réglerai quand je serai arrivé chez vous.

## Les dons du Saint-Esprit

**12** ¹ Parlons maintenant des dons du Saint-Esprit : Frères, je désire que vous connaissiez la vérité à propos de ces dons. ² Vous savez que lorsque vous étiez encore païens, vous étiez entraînés irrésistiblement vers les idoles muettes. ³ C'est pourquoi je tiens à vous l'affirmer : aucun être guidé par l'Esprit de Dieu ne peut s'écrier : « Maudit soit Jésus ! », et personne ne peut déclarer : « Jésus est le Seigneur ! », s'il n'est pas guidé par le Saint-Esprit.

⁴ Il y a diverses sortes de dons spirituels, mais c'est le même Esprit qui les accorde. ⁵ Il y a diverses façons de servir, mais c'est le même Seigneur que l'on sert. ⁶ Il y a diverses activités, mais c'est le même Dieu qui les produit toutes en tous. ⁷ En chacun l'Esprit Saint se manifeste par un don pour le bien de tous. ⁸ L'Esprit donne à l'un de parler selon la sagesse, et à un autre le même Esprit donne de parler selon la connaissance. ⁹ Ce seul et même Esprit donne à l'un une foi exceptionnelle et à un autre le pouvoir de guérir les malades. ¹⁰ L'Esprit accorde à l'un de pouvoir accomplir des miracles, à un autre le don de transmettre des messages reçus de Dieu, à un autre encore la capacité de distinguer les faux esprits du véritable Esprit. A l'un il donne la possibilité de parler en des langues inconnues et à un autre la possibilité d'interpréter ces langues. ¹¹ C'est le seul et même Esprit qui produit tout cela ; il accorde à chacun un don différent, comme il le veut.

## Un seul corps avec plusieurs parties

¹² Eh bien, le Christ est semblable à un corps qui se compose de plusieurs parties. Toutes ses parties, bien que nombreuses, forment un seul corps. ¹³ Et nous tous, Juifs ou non-Juifs, esclaves ou hommes libres, nous avons été baptisés pour former un seul corps par le même Esprit Saint et nous avons tous eu à boire de ce seul Esprit.

¹⁴ Le corps ne se compose pas d'une seule partie, mais de plusieurs. ¹⁵ Si le pied disait : « Je ne suis pas une main, donc je n'appartiens pas au corps », il ne cesserait pas pour autant d'être une partie du corps. ¹⁶ Et si l'oreille disait : « Je ne suis pas un œil, donc je n'appartiens pas au corps », elle ne cesserait pas pour autant d'être une

***Les dons du Saint-Esprit***
*Chaque membre du corps du Christ (l'Église) a reçu un ou plusieurs dons spirituels. Paul rappelle aux Corinthiens que ces dons particuliers témoignent de la présence de l'Esprit dans leur vie. Mais les Corinthiens sont tentés d'apprécier surtout les dons les plus spectaculaires et de les utiliser chacun à son profit. C'est pourquoi Paul réagit : au lieu de susciter des rivalités entre eux, ces dons naturels et spirituels, que chacun a reçus de Dieu, doivent contribuer à la construction de la communauté et à son unité.*

*Le Saint-Esprit révèle aux hommes Jésus-Christ, la « lumière du monde ». Ceux qui suivent Jésus reçoivent la lumière de la vie et deviennent à leur tour la lumière du monde, car l'Esprit agit en eux et leur prodigue ses dons.*

partie du corps. ¹⁷ Si tout le corps n'était qu'un œil, comment pourrait-il entendre ? Et s'il n'était qu'une oreille, comment pourrait-il sentir les odeurs ? ¹⁸ En réalité, Dieu a disposé chacune des parties du corps comme il l'a voulu. ¹⁹ Il n'y aurait pas de corps s'il ne se trouvait en tout qu'une seule partie ! ²⁰ En fait, il y a plusieurs parties et un seul corps.

²¹ L'œil ne peut donc pas dire à la main : « Je n'ai pas besoin de toi ! » Et la tête ne peut pas dire non plus aux pieds : « Je n'ai pas besoin de vous ! » ²² Bien plus, les parties du corps qui paraissent les plus faibles sont indispensables ; ²³ celles que nous estimons le moins, nous les entourons de plus de soin que les autres ; celles dont il est indécent de parler sont traitées avec des égards particuliers ²⁴ qu'il n'est pas nécessaire d'accorder aux parties plus convenables de notre corps. Dieu a disposé le corps de manière à donner plus d'honneur aux parties qui en manquent : ²⁵ ainsi, il n'y a pas de division dans le corps, mais les différentes parties ont toutes un égal souci les unes des autres. ²⁶ Si une partie du corps souffre, toutes les autres souffrent avec elle ; si une partie est honorée, toutes les autres s'en réjouissent avec elle.

²⁷ Or, vous êtes le corps du Christ, et chacun de vous est une partie de ce corps. ²⁸ C'est ainsi que, dans l'Église, Dieu a établi premièrement des apôtres, deuxièmement des prophètes et troisièmement des enseignants ; ensuite, il y a ceux qui accomplissent des miracles, puis ceux qui peuvent guérir les malades, ceux qui ont le don d'aider ou de diriger les autres, ou encore de parler en des langues inconnues. ²⁹ Tous ne sont pas apôtres, ou prophètes, ou enseignants. Tous n'ont pas le don d'accomplir des miracles, ³⁰ ou de guérir les malades, ou de parler en des langues inconnues ou d'interpréter ces langues. ³¹ Ainsi, désirez les dons les plus importants.

Mais je vais vous montrer maintenant le chemin qui est supérieur à tout.

*Dessin d'Albrecht Dürer (1471-1528).*

*L'exemple du corps illustre à la fois l'unité et la diversité des différents dons spirituels dans l'Église. Chaque membre fait partie du « corps du Christ ». Paul souligne que le rôle de la diversité est de créer l'unité. Chaque don est indispensable, quelle que soit son importance. L'apôtre ne disait-il pas aux Romains : « Nous avons des dons différents que nous devons utiliser selon ce que Dieu a accordé gratuitement à chacun » (Romains 12,6)? Ceux donc qui ont reçu des dons plus spectaculaires que d'autres ne méritent pas d'honneur particulier.*

## L'amour

**13** [1] Supposons que je parle les langues des hommes et même celles des anges : si je n'ai pas d'amour, je ne suis rien de plus qu'un métal qui résonne ou qu'une cymbale bruyante. [2] Je pourrais transmettre des messages reçus de Dieu, posséder toute la connaissance et comprendre tous les mystères, je pourrais avoir la foi capable de déplacer des montagnes, si je n'ai pas d'amour, je ne suis rien.

[3] Je pourrais distribuer tous mes biens aux affamés et même livrer mon corps aux flammes, si je n'ai pas d'amour, cela ne me sert à rien.

[4] Qui aime est patient et bon, il n'est pas envieux, ne se vante pas et n'est pas prétentieux ; [5] qui aime ne fait rien de honteux, n'est pas égoïste, ne s'irrite pas et n'éprouve pas de rancune ; [6] qui aime ne se réjouit pas du mal, il se réjouit de la vérité. [7] Qui aime supporte tout et garde en toute circonstance la foi, l'espérance et la patience.

[8] L'amour est éternel. Les messages divins cesseront un jour, le don de parler en des langues inconnues prendra fin, la connaissance disparaîtra. [9] En effet, notre connaissance est incomplète et notre annonce des messages divins est limitée ; [10] mais quand viendra la perfection, ce qui est incomplet disparaîtra.

[11] Lorsque j'étais enfant, je parlais, pensais et raisonnais comme un enfant ; mais une fois devenu adulte, j'ai abandonné tout ce qui est propre à l'enfant. [12] A présent, nous ne voyons qu'une image confuse, pareille à celle d'un vieux miroir ; mais alors, nous verrons face à face. A présent, je ne connais qu'incomplètement ; mais alors, je connaîtrai Dieu complètement, comme lui-même me connaît.

[13] Maintenant, ces trois choses demeurent : la foi, l'espérance et l'amour ; mais la plus grande des trois est l'amour.

*Un mendiant, vers 1900, anonyme.*

*« Je pourrais distribuer tous mes biens aux affamés et même livrer mon corps aux flammes, si je n'ai pas d'amour, cela ne me sert à rien. » (1 Corinthiens 13,3)*

### L'amour fraternel

*Paul prend quatre dons spirituels en exemple pour montrer que leurs manifestations extraordinaires n'ont de sens véritable que si elles sont motivées par l'amour. L'apôtre ajoute que les œuvres bonnes, accomplies pour en tirer orgueil, sont futiles. Dans son hymne à l'amour, il énonce les exigences de la voie de l'amour que chaque chrétien est appelé à emprunter. Dieu est amour et il a communiqué son amour aux hommes qui doivent, en retour, s'aimer les uns les autres. Les prophéties, la connaissance et le don de parler en des langues inconnues disparaîtront un jour parce qu'ils sont incomplets. Mais l'amour demeurera parce que dans la vie éternelle tout sera amour et tout se fera dans l'amour.*

## Nouvelles remarques
## à propos des dons du Saint-Esprit

14 [1] Cherchez donc avant tout à recevoir l'amour. Désirez aussi les dons spirituels, surtout celui de transmettre les messages reçus de Dieu. [2] Celui qui parle en des langues inconnues ne parle pas aux hommes mais à Dieu, car personne ne le comprend. Par la puissance de l'Esprit, il exprime des vérités mystérieuses. [3] Mais celui qui transmet des messages divins parle aux autres pour les faire progresser dans la foi, pour les encourager et pour les consoler. [4] Celui qui parle en des langues inconnues est seul à en tirer profit, tandis que celui qui transmet des messages divins en fait profiter l'Église entière.

[5] Je veux bien que vous parliez tous en des langues inconnues, mais je désire encore plus que vous puissiez transmettre des messages divins. En effet, celui qui donne de tels messages est plus utile que celui qui parle en des langues inconnues, à moins que quelqu'un ne soit capable d'expliquer ce qu'il dit afin que l'Église entière en profite. [6] Ainsi, frères, je vous le demande : quand je viendrai chez vous, si je vous parle en des langues inconnues, en quoi vous serai-je utile ? A rien, à moins que je ne vous communique une révélation, une connaissance, un message divin, ou encore un enseignement.

[7] Prenons l'exemple d'instruments de musique comme la flûte ou la harpe : si les notes ne sont pas données distinctement, comment reconnaîtra-t-on la mélodie jouée sur l'un ou l'autre de ces instruments ? [8] Et si le joueur de trompette ne fait pas retentir un appel clair, qui se préparera au combat ? [9] De même, comment pourra-t-on comprendre de quoi vous parlez si le message que vous exprimez au moyen de langues inconnues n'est pas clair ? Vous parlerez pour le vent ! [10] Il y a bien des langues différentes dans le monde, mais aucune d'entre elles n'est dépourvue de sens. [11] Cependant, si je ne connais pas une langue, celui qui la parle sera un étranger pour moi et moi un étranger pour lui. [12] Ainsi, puisque vous désirez avec ardeur les dons de l'Esprit, cherchez à être riches surtout de ceux qui font progresser l'Église.

[13] Par conséquent, celui qui parle en des langues inconnues doit demander à Dieu le don d'interpréter ces langues. [14] Car si je prie dans de telles langues, mon esprit est bien en prière, mais mon intelligence demeure inactive. [15] Que vais-je donc faire ? Je prierai avec mon esprit, mais je prierai aussi avec mon intelligence ; je chanterai avec mon esprit, mais je chanterai aussi avec mon

*« Si les notes ne sont pas données distinctement, comment reconnaîtra-t-on la mélodie...? »*
*(1 Corinthiens 14,7)*
*Paul applique ici le principe énoncé plus tôt, selon lequel le Saint-Esprit se manifeste en chacun « par un don pour le bien de tous » (1 Corinthiens 12,7). L'amour est le moyen par lequel ce don est efficace. L'annonce de la parole de Dieu doit se faire dans un langage clair et compréhensible par tous. Paul demande aux Corinthiens d'éviter d'utiliser le langage mystérieux du « parler en langues » qu'ils appréciaient beaucoup. Il s'agit d'un langage mystérieux, constitué de sons inintelligibles. Mieux vaut, dit Paul, utiliser en public une langue que chacun comprend.*

intelligence. ¹⁶ En effet, si tu remercies Dieu uniquement en esprit, comment celui qui est un simple auditeur dans l'assemblée pourra-t-il répondre « Amen » à ta prière de reconnaissance ? Il ne sait vraiment pas ce que tu dis. ¹⁷ Même si ta prière de reconnaissance est très belle, l'autre n'en tire aucun profit.

¹⁸ Je remercie Dieu de ce que je parle en des langues inconnues plus que vous tous. ¹⁹ Mais, devant l'Église assemblée, je préfère dire cinq mots compréhensibles, afin d'instruire les autres, plutôt que de prononcer des milliers de mots en langues inconnues.

²⁰ Frères, ne raisonnez pas comme des enfants ; soyez des enfants par rapport au mal, mais soyez des adultes quant à la façon de raisonner. ²¹ Voici ce que déclare l'Écriture :

« C'est par des hommes de langue étrangère que je m'adresserai à ce peuple, dit le Seigneur,

je leur parlerai par la bouche d'étrangers.

Même alors ils ne voudront pas m'entendre. »

²² Ainsi, le don de parler en langues inconnues est un signe pour les non-croyants, mais non pour les croyants ; inversement, le don de transmettre des messages divins est un signe pour les croyants, mais non pour les non-croyants.

²³ Supposons donc que l'Église entière s'assemble et que tous se mettent à parler en des langues inconnues : si de simples auditeurs ou des non-croyants entrent là où vous vous trouvez, ne diront-ils pas que vous êtes fous ? ²⁴ Mais si tous transmettent des messages divins et qu'il entre un non-croyant ou un simple auditeur, il sera convaincu de son péché à cause de ce qu'il entend. Il sera jugé par tout ce qu'il entend ²⁵ et ses pensées secrètes seront mises en pleine lumière. Alors, il se courbera le visage contre terre et adorera Dieu en déclarant : « Dieu est vraiment parmi vous ! »

## L'ordre dans l'Église

²⁶ Que faut-il en conclure, frères ? Lorsque vous vous réunissez pour le culte, l'un de vous peut chanter un cantique, un autre apporter un enseignement, un autre une révélation, un autre un message en langues inconnues et un autre encore l'interprétation de ce message : tout cela doit aider l'Église à

**Le don de prophétie**

*Dans l'Ancien Testament, le prophète était un homme ou une femme qui, sous l'inspiration du Saint-Esprit, parlait de la part de Dieu. La première lettre de Pierre souligne que les prophètes « ont fait des recherches et des investigations » à propos du salut, « et ils ont prophétisé à propos du don » que Dieu allait faire aux futurs chrétiens. « Ils s'efforçaient de découvrir à quelle époque et à quelles circonstances se rapportaient les indications données par l'Esprit du Christ » (1 Pierre 1,10-12).*

*Dans l'Église, les prophètes, des hommes comme des femmes, s'adressent autant aux croyants qu'aux incontis, dont les « pensées secrètes sont mises en pleine lumière ». Les prophètes encouragent et enseignent la communauté ; ils révèlent la volonté de Dieu et annoncent l'avenir.*

*« Ne raisonnez pas comme des enfants ; soyez des enfants par rapport au mal, mais soyez des adultes quant à la façon de raisonner. » (1 Corinthiens 14,20)*

progresser. **27** Si l'on se met à parler en des langues inconnues, il faut que deux ou trois au plus le fassent, chacun à son tour, et que quelqu'un interprète ce qu'ils disent. **28** S'il ne se trouve personne pour les interpréter, que chacun d'eux renonce alors à s'exprimer à haute voix dans l'assemblée : qu'il parle seulement à lui-même et à Dieu. **29** Quant à ceux qui reçoivent des messages divins, que deux ou trois prennent la parole et que les autres jugent de ce qu'ils disent. **30** Mais si une autre personne présente reçoit une révélation de Dieu, il faut que celui qui parle s'interrompe. **31** Vous pouvez tous donner, l'un après l'autre, des messages divins, afin que tous soient instruits et encouragés. **32** Ceux qui transmettent de tels messages doivent rester maîtres du don qui leur est accordé, **33** car Dieu n'est pas un Dieu qui suscite le désordre, mais qui crée la paix.

Comme dans toutes les communautés chrétiennes, **34** il faut que les femmes gardent le silence dans les assemblées : il ne leur est pas permis d'y parler. Comme le dit la loi de Dieu, elles doivent être soumises. **35** Si elles désirent un renseignement, qu'elles interrogent leur mari à la maison. Il n'est pas convenable pour une femme de parler dans une assemblée.

**36** Ou bien serait-ce de chez vous que la Parole de Dieu est venue ? ou serait-ce à vous seuls qu'elle est parvenue ? **37** Si quelqu'un pense être messager de Dieu ou pense avoir un don spirituel, il doit reconnaître dans ce que je vous écris un commandement du Seigneur. **38** Mais s'il ne le reconnaît pas, qu'on ne tienne pas compte de lui.

**39** Ainsi, mes frères, cherchez avant tout à transmettre des messages divins, mais n'interdisez pas de parler en des langues inconnues. **40** Seulement, que tout se fasse avec dignité et ordre.

*« Tout cela doit aider l'Église à progresser. » (1 Corinthiens 14,26) Paul parle dans ce passage du déroulement des cultes dans l'Église de Corinthe. Certains membres de cette communauté, croyant être inspirés par Dieu, parlaient en même temps que les autres soit en langues, soit en prophétisant, tandis que certaines femmes dérangeaient en bavardant ou en posant des questions sur les prophéties et les messages en langues. L'apôtre n'impose pas le silence complet des femmes au cours des cultes, puisque, dans la même lettre, il parle des femmes qui prient ou donnent des messages reçus de Dieu (1 Corinthiens 11,5). On sait aussi qu'il avait en estime le ministère des femmes dans l'Église (comme il le démontre dans ses salutations aux Romains (Romains 16). Mais Paul demande que « tout se fasse avec dignité et ordre », afin que chacun soit encouragé dans sa foi, car Dieu lui-même est un Dieu de paix.*

## La résurrection du Christ

**15** ¹ Frères, je désire vous rappeler maintenant la Bonne Nouvelle que je vous ai annoncée, que vous avez reçue et à laquelle vous êtes fermement attachés. ² C'est par elle que vous êtes sauvés, si vous la retenez telle que je vous l'ai annoncée ; autrement, vous auriez cru inutilement.

³ Je vous ai transmis avant tout cet enseignement que j'ai reçu moi-même : le Christ est mort pour nos péchés, comme l'avaient annoncé les Écritures ; ⁴ il a été mis au

tombeau et il est revenu à la vie le troisième jour, comme l'avaient annoncé les Écritures ; ⁵ il est apparu à Pierre, puis aux douze apôtres. ⁶ Ensuite, il est apparu à plus de cinq cents de ses disciples à la fois – la plupart d'entre eux sont encore vivants, mais quelques-uns sont morts –. ⁷ Ensuite, il est apparu à Jacques, puis à tous les apôtres.

⁸ Enfin, après eux tous, il m'est aussi apparu à moi, bien que je sois pareil à un être né avant terme. ⁹ Je suis en effet le moindre des apôtres – à vrai dire, je ne mérite même pas d'être appelé apôtre –, car j'ai persécuté l'Église de Dieu. ¹⁰ Mais par la grâce de Dieu je suis ce que je suis, et la grâce qu'il m'a accordée n'a pas été inefficace :

*Le Christ ressuscité, par Hippolyte Jean Flandrin (1809-1864)*
Certains chrétiens de Corinthe avaient du mal à croire à la résurrection des morts. Paul s'appuie à la fois sur les textes de l'Ancien Testament et sur le témoignage des premiers chrétiens de Jérusalem pour affirmer la mort et la résurrection du Christ et montrer que, sans la foi en la résurrection des morts, le message de l'Évangile est creux.

au contraire, j'ai travaillé plus que tous les autres apôtres – non pas moi, en réalité, mais la grâce de Dieu qui agit en moi –. ¹¹ Ainsi, que ce soit moi, que ce soit eux, voilà ce que nous prêchons, voilà ce que vous avez cru.

## Notre résurrection

¹² Nous prêchons donc que le Christ est revenu d'entre les morts : comment alors quelques-uns d'entre vous peuvent-ils dire que les morts ne se relèveront pas ? ¹³ Si tel est le cas, le Christ n'est pas non plus ressuscité ; ¹⁴ et si le Christ n'est pas ressuscité, nous n'avons rien à prêcher et vous n'avez rien à croire. ¹⁵ De plus, il se trouve que nous sommes de faux témoins de Dieu puisque nous avons certifié qu'il a ressuscité le Christ ; or, il ne l'a pas fait, s'il est vrai que les morts ne ressuscitent pas. ¹⁶ Car si les morts ne ressuscitent pas, le Christ non plus n'est pas ressuscité. ¹⁷ Et si le Christ n'est pas ressuscité, votre foi est une illusion et vous êtes encore en plein dans vos péchés. ¹⁸ Il en résulte aussi que ceux qui sont morts en croyant au Christ sont perdus. ¹⁹ Si nous avons mis notre espérance dans le Christ uniquement pour cette vie, alors nous sommes les plus à plaindre de tous les hommes.

²⁰ Mais, en réalité, le Christ est revenu d'entre les morts, en donnant ainsi la garantie que ceux qui sont morts ressusciteront également. ²¹ Car, de même que la mort est venue par un homme, de même la résurrection des morts vient par un homme. ²² Tous les hommes meurent parce qu'ils sont liés à Adam, de même tous recevront la vie parce qu'ils sont liés au Christ, ²³ mais chacun à son propre rang : le Christ le premier de tous, puis ceux qui appartiennent au Christ, au moment où il viendra. ²⁴ Ensuite arrivera la fin : le Christ détruira toute autorité, tout pouvoir et toute puissance spirituels, et il remettra le Royaume à Dieu le Père. ²⁵ Car il faut que le Christ règne jusqu'à ce que Dieu ait contraint tous les ennemis à passer sous ses pieds. ²⁶ Le dernier ennemi qui sera détruit, c'est la mort. ²⁷ En effet, il est écrit : « Dieu lui a tout mis sous les pieds. » Mais il est clair que, dans cette phrase, le mot « tout » n'inclut pas Dieu, qui soumet toutes choses au Christ. ²⁸ Lorsque toutes choses auront été soumises au Christ, alors lui-même, le Fils, se soumettra à Dieu qui lui aura tout soumis ; ainsi, Dieu régnera parfaitement sur tout.

²⁹ Pensez encore au cas de ceux qui se font baptiser pour les morts : qu'espèrent-ils obtenir ? S'il est vrai que

*« Si nous avons mis notre espérance dans le Christ uniquement pour cette vie, alors nous sommes les plus à plaindre de tous les hommes. »*
*(1 Corinthiens 15,19)*
*Beaucoup de chrétiens ont pris le risque d'être rejetés par leurs proches et par la société. Ils ont subi le martyre à cause de leur foi. A quoi bon tout cela, dit Paul, si la résurrection n'est pas une réalité ?*

*« Le dernier ennemi qui sera détruit, c'est la mort. »*
*(1 Corinthiens 15,26)*
*Dans la Bible, la mort n'apparaît pas comme une simple fatalité, mais comme la conséquence tragique du mal. Mais la mort n'a pas le dernier mot. La résurrection et l'ascension de Jésus-Christ marquent les débuts de la victoire de Dieu sur la mort. Le livre de l'Apocalypse utilise une image symbolique pour parler de la destruction finale de la mort, dernier ennemi de Dieu : « La mort et le monde des morts furent jetés dans le lac enflammé. Ce lac est la seconde mort »*
*(Apocalypse 20,14).*

les morts ne ressuscitent pas, pourquoi se font-ils baptiser pour eux ? [30] Et nous-mêmes, pourquoi nous expo-
sons-nous à tout moment au danger ? [31] Frères, chaque
jour je risque la mort : c'est vrai, aussi vrai que je suis fier
de vous dans la communion avec Jésus-Christ notre Seigneur. [32] A quoi m'aurait-il servi de combattre contre des
bêtes sauvages, à Éphèse, si c'était pour des motifs purement humains ? Si les morts ne ressuscitent pas, alors,
comme on le dit, « mangeons et buvons, car demain nous
mourrons ».

[33] Ne vous y trompez pas : « Les mauvaises compagnies
sont la ruine d'une bonne conduite. » [34] Revenez à la raison,
comme il convient, et cessez de pécher. Je le dis à votre
honte : certains d'entre vous ne connaissent pas Dieu.

## Le corps des ressuscités

[35] « Mais, demandera-t-on, comment les morts ressus-
citent-ils ? Quelle sorte de corps auront-ils ? » [36] Insensé que tu es ! Quand tu sèmes une graine, celle-ci ne peut
donner vie à une plante que si elle meurt. [37] Ce que tu
sèmes est une simple graine, peut-être un grain de blé ou

*« Si les morts ne ressuscitent
pas, alors, comme on le dit,
"mangeons et buvons, car
demain nous mourrons". »
(1 Cor 15, 32)*

*La résurrection du Christ, et
de ceux qui croient en lui, se
trouve au cœur de la foi de
l'apôtre. L'espérance que lui
procure la victoire du Christ
sur la mort le motive et lui
permet de supporter les
souffrances et les
persécutions. Mais celui
qui se ferme à cette attente
de la résurrection, ôte à la foi
tout son contenu et se
condamne à vivre une vie
misérable.*

une autre semence, et non la plante elle-même qui va
pousser. [38] Ensuite, Dieu accorde à cette graine de donner corps à la plante qu'il veut ; à chaque graine correspond la plante qui lui est propre.

[39] Les êtres vivants n'ont pas tous la même chair : celle
des humains diffère de celle des animaux, autre est celle
des oiseaux et autre encore celle des poissons.

[40] Il y a aussi des corps célestes et des corps
terrestres ; les corps célestes ont un éclat différent de

celui des corps terrestres. **41** Le soleil possède son propre éclat, la lune en a un autre et les étoiles un autre encore ; même parmi les étoiles, l'éclat varie de l'une à l'autre.

**42** Il en sera ainsi lorsque les morts se relèveront. Quand le corps est mis en terre, il est mortel ; quand il ressuscitera, il sera immortel. **43** Quand il est mis en terre, il est misérable et faible ; quand il ressuscitera, il sera glorieux et fort. **44** Quand il est mis en terre, c'est un corps matériel ; quand il ressuscitera, ce sera un corps animé par l'Esprit. Il y a un corps matériel, il y a donc aussi un corps animé par l'Esprit. **45** En effet, l'Écriture déclare : « Le premier homme, Adam, devint un

*« Les corps célestes ont un éclat différent de celui des corps terrestres. Le soleil possède son propre éclat, la lune en a un autre et les étoiles un autre encore. » (1 Cor 15,40-41) Pour illustrer son propos, Paul utilise l'image des objets inanimés de la création, tels que le soleil, la lune et les étoiles (les corps célestes) ou les montagnes et les mers (les corps terrestres). Dans son œuvre de création, Dieu s'est servi des mêmes matériaux physiques. Il les a placés et organisés dans l'univers selon sa volonté. Dans le cas de la résurrection des morts, Dieu transformera ce qui est périssable – le corps humain marqué par le péché – en un corps impérissable.*

### Adam et le Christ

*D'après le livre de la Genèse, Adam avait un corps matériel, créé à partir de la poussière du sol. Paul établit un contraste entre ce « corps matériel » et le « corps spirituel » dont le représentant est le Christ, désigné comme le deuxième Adam. C'est par sa mort et sa résurrection, dit Paul, que le Christ donnera, le jour de son retour, un corps spirituel à tous ceux qui l'ont suivi. Comme pour Jésus-Christ, il s'agira toujours du même corps « physique », mais transformé et impérissable.*

être vivant » ; mais le dernier Adam est l'Esprit qui donne la vie. **46** Ce n'est pas le spirituel qui vient le premier, mais le matériel : le spirituel vient ensuite. **47** Le premier Adam a été fait de la poussière du sol ; le deuxième Adam est venu du ciel. **48** Les êtres terrestres sont pareils à celui qui a été fait de la poussière du sol, tandis que les êtres célestes sont pareils à celui qui est venu du ciel. **49** Et de même que nous sommes à l'image de l'homme fait de poussière du sol, de même nous serons à l'image de celui qui est du ciel.

**50** Voici ce que je veux dire, frères : ce qui est fait de chair et de sang ne peut pas avoir part au Royaume de Dieu, et ce qui est mortel ne peut pas participer à l'immortalité.

**51** Je vais vous révéler un secret : nous ne mourrons pas tous, mais nous serons tous transformés **52** en un instant, en un clin d'œil, au son de la dernière trompette. Car lorsqu'elle sonnera, les morts ressusciteront pour ne plus mourir, et nous serons tous transformés. <sup>53</sup> En effet, ce qui est périssable doit se revêtir de ce qui est impérissable ; ce qui meurt doit se revêtir de ce qui est immortel. <sup>54</sup> Lorsque ce qui est périssable se sera revêtu de ce qui est impérissable, et que ce qui meurt se sera revêtu de ce qui est immortel, alors se réalisera cette parole de l'Écriture : « La mort est supprimée ; la victoire est complète ! »

« 55 « Mort, où est ta victoire ?
Mort, où est ton pouvoir de tuer ? »
<sup>56</sup> La mort tient du péché son pouvoir de tuer, et le péché tient son pouvoir de la loi. <sup>57</sup> Mais loué soit Dieu qui nous donne la victoire par notre Seigneur Jésus-Christ !
<sup>58</sup> Ainsi, mes chers frères, montrez-vous fermes et inébranlables. Soyez toujours plus actifs dans l'œuvre du Seigneur, puisque vous savez que la peine que vous vous donnez dans la communion avec le Seigneur n'est jamais perdue.

## La collecte en faveur des frères

**16** <sup>1</sup> Quelques mots encore à propos de la collecte en faveur des croyants de Jérusalem : Agissez conformément aux instructions que j'ai données aux Églises de Galatie. <sup>2</sup> Chaque dimanche, chacun de vous doit mettre de côté chez lui ce qu'il aura économisé, selon ses possibilités, afin qu'on n'attende pas mon arrivée pour faire une collecte. <sup>3</sup> Lorsque je serai arrivé, j'enverrai ceux que vous aurez choisis, avec des lettres d'introduction, porter votre don à Jérusalem. <sup>4</sup> S'il vaut la peine que j'y aille aussi, ils feront le voyage avec moi.

*« La mort est supprimée; la victoire est complète! »*
*(1 Corinthiens 15,54)*
*La victoire dont Paul parle est celle que Jésus-Christ a remportée sur le péché et sur la mort. L'apôtre vivait dans l'attente active du retour du Christ et demandait aux Corinthiens d'adopter la même attitude que lui.*

*Missionnaire en voyage en Chine en 1861*
*« Soyez toujours plus actifs dans l'œuvre du Seigneur, puisque vous savez que la peine que vous vous donnez dans la communion avec le Seigneur n'est jamais perdue. »*
*(1 Corinthiens 15,58)*

*La foi en la résurrection et l'espérance du retour de Jésus-Christ ne font pas du Chrétien un rêveur qui perd tout contact avec la réalité présente. Au contraire, la certitude de la victoire lui donne la force de progresser et d'agir dans le monde avec ardeur. Paul demande, par exemple, aux Corinthiens de partager avec les chrétiens de Jérusalem, frappés par la famine.*

## Les projets de Paul

**5** Je me rendrai chez vous après avoir traversé la Macédoine, car je vais y passer. **6** Je resterai probablement quelque temps chez vous, peut-être même tout l'hiver ; alors, vous pourrez m'aider à poursuivre mon voyage,

*Ruines à Éphèse*

**Éphèse**

*Paul se trouvait à Éphèse, capitale de la province d'Asie Mineure, lorsqu'il envoya sa lettre aux Corinthiens. Pendant son long ministère à Éphèse, l'Évangile fut proclamé dans toutes les villes avoisinantes. Malgré la vive opposition des orfèvres de la ville, l'Église d'Éphèse était devenue un centre important de l'Église primitive, ainsi que Corinthe, Antioche et Jérusalem.*

quelle que soit ma destination. **7** Car je ne veux pas vous voir juste en passant. J'espère demeurer un certain temps chez vous, si le Seigneur le permet.

**8** Cependant, je compte rester à Éphèse, jusqu'au jour de la Pentecôte. **9** Car une occasion favorable m'y est offerte de me livrer à une activité fructueuse, bien que les adversaires soient nombreux.

**10** Si Timothée arrive, faites en sorte que rien ne le décourage chez vous, car il travaille comme moi à l'œuvre du Seigneur. **11** Que personne ne le méprise. Aidez-le plutôt à poursuivre son voyage en paix, pour qu'il puisse revenir auprès de moi, car je l'attends avec les frères.

**12** Quant à notre frère Apollos, je l'ai souvent encouragé à se rendre chez vous avec les autres frères, mais il ne désire pas du tout le faire maintenant. Cependant, il ira quand il en aura l'occasion.

**Stéphanas et sa famille**

*La famille de Stéphanas est mentionnée au début de la lettre (1,16). C'est une des rares familles que Paul ait baptisée. Cependant, elle semble ne pas avoir été très respectée par les autres chrétiens de la ville. Stéphanas, un Chrétien fidèle, faisait partie du groupe qui a apporté la lettre que les Corinthiens avaient adressée à Paul (chapitre 7). La venue de ce groupe a réconforté l'apôtre si critiqué par les autres membres de l'Église de Corinthe.*

## Dernières recommandations et salutations

**13** Veillez, demeurez fermes dans la foi, soyez courageux, soyez forts. **14** Agissez en tout avec amour.

**15** Vous connaissez Stéphanas et sa famille : vous savez qu'en Achaïe ils ont été les premiers à se convertir et qu'ils se sont mis au service de la communauté. Je vous le demande donc, frères : <sup>16</sup> laissez-vous diriger par de telles personnes et par tous ceux qui travaillent activement avec eux.

<sup>17</sup> Je suis heureux de la venue de Stéphanas, Fortunatus et Achaïcus ; ils m'ont donné ce qui me manquait du fait de votre absence, <sup>18</sup> et ils m'ont réconforté comme ils l'ont fait pour vous-mêmes. Sachez apprécier de tels hommes !

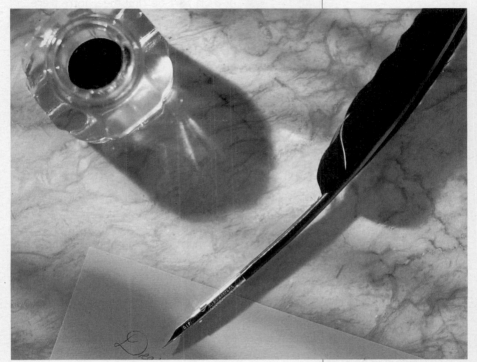

<sup>19</sup> Les Églises de la province d'Asie vous saluent. Aquilas et Priscille, avec l'Église qui se réunit chez eux, vous envoient leurs cordiales salutations dans la communion du Seigneur. <sup>20</sup> Tous les frères présents ici vous saluent.

Saluez-vous les uns les autres d'un baiser fraternel.

<sup>21</sup> C'est de ma propre main que j'écris ces mots : Salutations de Paul.

<sup>22</sup> Si quelqu'un n'aime pas le Seigneur, qu'il soit maudit !

Marana tha – Notre Seigneur, viens ! –

<sup>23</sup> Que la grâce du Seigneur Jésus soit avec vous.

<sup>24</sup> Je vous aime tous dans la communion avec Jésus-Christ.

*Paul avait l'habitude de signer ses lettres pour marquer leur authenticité, mais il les dictait habituellement à un secrétaire chrétien, tel que Tertius pour l'épître aux Romains. Cette remarque indique clairement que le souci de Paul n'était pas de rédiger des essais littéraires dans un style élaboré, mais plutôt d'adresser son enseignement d'une manière directe et pratique.*

*Vue des environs de Corinthe.*

*La seconde lettre aux Corinthiens laisse apparaître des relations beaucoup plus tendues entre Paul et les chrétiens de Corinthe. Certains d'entre eux l'avaient gravement offensé et mettaient en doute la légitimité ou l'autorité de son titre d'apôtre. Paul réagit vivement, sans renoncer pour autant à exprimer son amour pour les Corinthiens et son désir de réconciliation. Il évoque les graves dangers qu'il a dû affronter lui-même dans la région d'Éphèse et rappelle les relations difficiles avec les Corinthiens. L'apôtre souligne aussi l'importance de la charge d'apôtre, c'est-à-dire d'envoyé de Jésus-Christ et explique pourquoi il a fait preuve de sévérité dans une lettre précédente. Cette sévérité a eu un résultat positif et Paul s'en réjouit.*

# DEUXIÈME LETTRE AUX CORINTHIENS

## Salutation

1 ¹ De la part de Paul, qui par la volonté de Dieu est apôtre de Jésus-Christ, et de la part de Timothée, notre frère.

A l'Église de Dieu qui est à Corinthe et à tous ceux qui appartiennent au peuple de Dieu dans l'Achaïe entière : ² Que Dieu notre Père et le Seigneur Jésus-Christ vous accordent la grâce et la paix.

## Paul remercie Dieu

³ Louons Dieu, le Père de notre Seigneur Jésus-Christ, le Père riche en bonté, le Dieu qui accorde le réconfort en toute occasion ! ⁴ Il nous réconforte dans toutes nos détresses, afin que nous puissions réconforter ceux qui passent par toutes sortes de détresses en leur apportant le réconfort que nous avons nous-mêmes reçu de lui. ⁵ De même en effet que nous avons abondamment part aux souffrances du Christ, de même nous recevons aussi un grand réconfort par le Christ. ⁶ Si nous sommes en difficulté, c'est pour que vous obteniez le réconfort et le salut ; si nous sommes réconfortés, c'est pour que vous receviez le réconfort qui vous fera supporter avec patience les mêmes souffrances que nous subissons. ⁷ Ainsi, nous avons un ferme espoir à votre sujet ; car, nous le savons, comme vous avez part à nos souffrances, vous avez aussi part au réconfort qui nous est accordé.

⁸ Nous voulons en effet que vous sachiez, frères, par quelles détresses nous avons passé dans la province d'Asie : le poids en a été si lourd pour nous, si insupportable, que nous désespérions de conserver la vie. ⁹ Nous avions l'impression que la peine de mort avait été décidée contre nous. Cependant, il en fut ainsi pour que nous apprenions à ne pas placer notre confiance en nous-mêmes, mais uniquement en Dieu qui ramène les morts à la vie. ¹⁰ C'est lui qui nous a délivrés d'une telle mort et qui nous en délivrera encore ; oui, nous avons cette espérance en lui qu'il nous délivrera encore, ¹¹ et vous y contribuerez vous-mêmes en priant pour nous. Ainsi, Dieu répondra aux prières faites par beaucoup en notre faveur, il nous accordera ce bienfait et beaucoup le remercieront à notre sujet.

## Paul change ses projets

[12] Voici en quoi nous pouvons être fiers : comme notre conscience en témoigne, nous nous sommes conduits dans le monde, et particulièrement envers vous, avec la simplicité et la sincérité qui viennent de Dieu, en étant guidés par sa grâce et non par la sagesse humaine. [13] En effet, dans nos lettres nous ne vous écrivons rien d'autre que ce que vous y lisez et comprenez. Et j'espère que vous parviendrez à comprendre parfaitement ceci [14] – que vous comprenez maintenant en partie seulement – : au jour de la venue de Jésus, notre Seigneur, vous pourrez être fiers de nous comme nous le serons de vous.

[15] J'avais une telle confiance à cet égard que j'avais d'abord projeté d'aller chez vous afin qu'un double bienfait vous soit accordé. [16] Je voulais, en effet, passer chez vous, puis me rendre en Macédoine et vous revoir à mon retour : vous m'auriez alors aidé à poursuivre mon voyage vers la Judée. [17] En formant ce projet, ai-je donc fait preuve de légèreté ? Les plans que j'établis sont-ils inspirés par des motifs purement humains, de sorte que je serais prêt à dire « oui » et « non » en même temps ? [18] Dieu m'en est témoin, ce que je vous ai dit n'était pas à la fois « oui » et « non ». [19] Car Jésus-Christ, le Fils de Dieu, que nous avons annoncé chez vous, Silas, Timothée et moi-même, n'est pas venu pour dire « oui » et « non ». Au contraire, en lui il n'y a jamais eu que « oui » : [20] en effet, il est le « oui » qui confirme toutes les promesses de Dieu. C'est donc par Jésus-Christ que nous disons notre « amen » pour rendre gloire à Dieu. [21] Et c'est Dieu lui-même qui nous affermit avec vous dans la vie avec le Christ. Dieu lui-même nous a choisis, [22] il nous a marqués à son nom et il a répandu dans nos cœurs le Saint-Esprit comme garantie des biens qu'il nous réserve.

[23] J'en prends Dieu à témoin – qu'il me fasse mourir si je mens – : c'est pour vous épargner que j'ai décidé de ne pas retourner à Corinthe. [24] Nous ne cherchons pas à vous imposer ce que vous devez croire, car vous tenez bon dans la foi ; mais nous désirons contribuer à votre bonheur.

**2** [1] Ainsi, j'ai décidé de ne pas retourner chez vous, pour ne pas vous attrister de nouveau. [2] Car si je vous attriste, qui me donnera encore de la joie ? Celui que j'aurai attristé le pourrait-il ? [3] Voilà pourquoi je vous ai écrit comme je l'ai fait : je ne voulais pas, en arrivant chez vous, être attristé par les personnes mêmes qui

### La sagesse humaine

*Paul se réfère à la sagesse humaine qui ne croit pas à la sagesse de Dieu et qui ne suit pas les intentions de Dieu. Sa conscience, nous dit-il, n'était pas guidée par la sagesse humaine, mais par la bonté de Dieu. Pour l'apôtre, le terme de « monde » se rapporte à tout ce qui est contre Dieu.*

*« J'avais d'abord projeté d'aller chez vous afin qu'un double bienfait vous soit accordé. »*
*(2 Corinthiens 1,15)*
*Paul voulait se rendre à Corinthe à deux reprises, à l'occasion d'une collecte qu'il avait organisée en Asie Mineure et en Grèce en faveur des chrétiens de Jérusalem. Il décida finalement de ne pas y aller pour ne pas avoir à réprimander et attrister les chrétiens de cette ville à cause de leur vie dissolue. Ses ennemis lui reprochèrent de manquer à sa parole et de ne pas être digne de confiance, d'où les explications de Paul.*

### La lettre écrite « avec beaucoup de larmes »

*Entre les deux lettres qui nous sont conservées, Paul a écrit, « avec beaucoup de larmes », une lettre sévère aux Corinthiens, aujourd'hui perdue. A la lecture de celle-ci, beaucoup de chrétiens changèrent d'attitude. Paul mentionne encore l'effet de cette lettre au chapitre 7 (versets 8 et suivants).*

devraient me donner de la joie. J'en suis en effet convaincu : lorsque j'éprouve de la joie, vous aussi vous en êtes tous heureux. **4** Oui, je vous ai écrit en pleine angoisse, le cœur lourd et avec beaucoup de larmes, non pour vous attrister, mais pour que vous sachiez à quel point je vous aime.

### Pardonner au coupable

**5** Si quelqu'un a été une cause de tristesse, ce n'est pas pour moi qu'il l'a été, mais pour vous tous, ou du moins, n'exagérons pas, pour une partie d'entre vous. **6** Il suffit pour cet homme d'avoir été blâmé par la majorité d'entre vous ; **7** c'est pourquoi, maintenant, vous devez plutôt lui pardonner et l'encourager, pour éviter qu'une trop grande tristesse ne le conduise au désespoir. **8** Par conséquent, je vous le demande, donnez-lui la preuve de votre amour à son égard. **9** Voici en effet pourquoi je vous ai écrit : je désirais vous mettre à l'épreuve pour voir si vous êtes toujours prêts à obéir à mes instructions. **10** Quand vous pardonnez à quelqu'un une faute, je lui pardonne aussi. Et si je pardonne – pour autant que j'aie à pardonner quelque chose – je le fais pour vous, devant le Christ, **11** afin de ne pas laisser Satan prendre l'avantage sur nous ; nous connaissons en effet fort bien ses intentions.

### L'inquiétude de Paul à Troas

*« Quand vous pardonnez à quelqu'un une faute, je lui pardonne aussi. » (2 Corinthiens 2,10) Selon Paul, l'Église ne peut être indulgente envers les membres de la communauté qui refusent de vivre selon l'Évangile et ne changent pas d'attitude. La discipline, qu'elle doit exercer avec tact, a pour seul but d'encourager les chrétiens infidèles à revenir à Dieu. Le rejet du mal dans les communautés chrétiennes réclame parfois la mise à l'écart des membres rebelles – comme, par exemple, l'homme qui avait commis un inceste et dont parle la première lettre aux Corinthiens (chapitre 5). Mais l'Église est invitée à pardonner volontiers et à réintégrer en son sein tous ceux qui abandonnent leurs mauvaises voies pour suivre Dieu à nouveau.*

**12** Quand je suis arrivé à Troas pour y annoncer la Bonne Nouvelle du Christ, j'ai découvert que le Seigneur m'y offrait une occasion favorable de le faire. **13** Cependant, j'étais profondément inquiet parce que je n'avais pas trouvé notre frère Tite. C'est pourquoi j'ai fait mes adieux aux gens de Troas et je suis parti pour la Macédoine.

### La victoire en Jésus-Christ

**14** Mais loué soit Dieu, car il nous entraîne sans cesse dans le cortège de victoire du Christ. Par nous, il fait connaître le Christ en tout lieu, comme un parfum dont l'odeur se répand partout. **15** Nous sommes en effet comme un parfum à l'odeur agréable offert par le Christ à Dieu ; nous le sommes pour ceux qui sont sur la voie du salut et pour ceux qui se perdent. **16** Pour les uns, c'est une odeur de mort qui mène à la mort ; pour les autres, c'est une odeur de vie qui mène à la vie. Qui donc est qualifié pour une telle mission ? [17] Nous ne sommes pas comme tant d'autres qui se livrent au trafic de la parole de Dieu ; au contraire, parce que c'est Dieu qui nous a envoyés, nous parlons avec sincérité en sa présence, en communion avec le Christ.

## Serviteurs de la nouvelle alliance

**3** [1] Cherchons-nous encore à nous recommander nous-mêmes ? Ou bien aurions-nous besoin, comme certains, de vous présenter des lettres de recommanda-

tion ou de vous en demander ? [2] C'est vous-mêmes qui êtes notre lettre, écrite dans nos cœurs et que tout le monde peut connaître et lire. [3] Oui, il est clair que vous êtes une lettre écrite par le Christ et transmise par nous. Elle est écrite non pas avec de l'encre, mais avec l'Esprit du Dieu vivant ; elle est gravée non pas sur des tablettes de pierre, mais dans des cœurs humains.

[4] Nous parlons ainsi en raison de la confiance que nous avons en Dieu par le Christ. [5] En effet, nous ne saurions prétendre accomplir une telle tâche grâce à notre capacité personnelle. Ce que nous sommes capables de

**Les lettres de recommandation**

A l'époque des apôtres, des imposteurs se rendaient dans les communautés chrétiennes et prétendaient être de véritables apôtres, d'où l'introduction de lettres de recommandation. Paul déclare qu'il n'a pas besoin de telles confirmations, mais des intrus contrefaisaient des lettres pour pouvoir s'insinuer dans les Églises et propager leur faux enseignement.

*Moïse présentant les Tables de la Loi, par Philippe de Champaigne (1602-1674)*
Les tablettes de pierre ainsi que « la loi écrite » désignent la loi de Moïse. Paul souligne le contraste qui existe entre l'ancienne alliance établie par Dieu avec le peuple d'Israël et la nouvelle alliance de Jésus-Christ. La loi de Moïse est bonne, mais son interprétation littérale mène à la mort. Certains pensaient qu'enfreindre les commandements, y compris céder à la convoitise que nous ne contrôlons pas, était un délit méritant la mort. Or, personne n'est capable d'observer tous les commandements. Nous sommes donc certains d'être condamnés. Mais pour Paul, l'Esprit du Christ est liberté et nous rend la vie car il nous a réconcilié avec Dieu et nous permet de le suivre fidèlement.

## Du voile de Moïse à la gloire de l'Esprit

*Paul défend sa vocation d'apôtre. Il se sait fragile comme un vase d'argile, mais l'Esprit de Dieu est à l'œuvre en lui. Tous ceux qui, comme lui, se laissent guider par l'Esprit de Dieu, sont habités par la Gloire de Dieu. Moïse avait dû recouvrir son visage d'un voile pour que les Israélites puissent fixer leur regard sur lui. Ce voile recouvre maintenant le visage de nombreux Juifs qui sont incapables de voir, au-delà des apparences, la gloire de Dieu présent en Jésus et ceux qui mettent leur foi en lui.*

*« Là où l'Esprit du Seigneur est présent, là est la liberté. »*
*(2 Cor 3,17)*
*La loi condamne les transgresseurs, mais l'Esprit de Dieu les transforme et les libère de l'interprétation littérale de la loi. Ainsi renouvelés, les chrétiens sont en mesure de suivre la volonté de Dieu qui ne leur paraît plus comme une contrainte extérieure, mais qui devient la loi intérieure de leur vie. Ils reflètent, « le visage découvert » selon l'image de Paul, la gloire permanente de Dieu.*

faire vient de Dieu ; ⁶ c'est lui qui nous a rendus capables d'être serviteurs de la nouvelle alliance, qui ne dépend pas d'une loi écrite mais de l'Esprit Saint. La loi écrite mène à la mort, mais l'Esprit mène à la vie.

⁷ La loi a été gravée lettre par lettre sur des tablettes de pierre et la gloire de Dieu a resplendi à ce moment-là. Le visage de Moïse brillait d'un tel éclat que les Israélites ne pouvaient pas fixer leurs regards sur lui, et pourtant cet éclat était passager. Si la loi, dont la fonction avait pour effet de mener à la mort, est apparue avec une telle gloire, ⁸ combien plus glorieuse doit être la fonction exercée par l'Esprit ! ⁹ La fonction qui entraînait la condamnation des hommes était glorieuse ; combien plus glorieuse est la fonction qui a pour effet de rendre les hommes justes devant Dieu ! ¹⁰ Nous pouvons même dire que la gloire qui brilla dans le passé s'efface devant la gloire actuelle, tellement supérieure. ¹¹ En effet, si ce qui était passager a été glorieux, combien plus le sera ce qui demeure pour toujours !

¹² C'est parce que nous avons une telle espérance que nous sommes pleins d'assurance. ¹³ Nous ne faisons pas comme Moïse qui se couvrait le visage d'un voile pour empêcher les Israélites d'en voir disparaître l'éclat passager. ¹⁴ Mais leur intelligence s'était obscurcie ; et jusqu'à ce jour, elle est recouverte du même voile quand ils lisent les livres de l'ancienne alliance. Ce voile ne disparaît qu'à la lumière du Christ. ¹⁵ Aujourd'hui encore, chaque fois qu'ils lisent les livres de Moïse, un voile recouvre leur intelligence. ¹⁶ Mais, comme il est écrit : « Lorsqu'on se tourne vers le Seigneur, le voile est enlevé. » ¹⁷ Or, le mot Seigneur signifie ici l'Esprit ; et là où l'Esprit du Seigneur est présent, là est la liberté. ¹⁸ Nous tous, le visage découvert, nous reflétons la gloire du Seigneur ; ainsi, nous sommes transformés pour être semblables au Seigneur et nous passons d'une gloire à une gloire plus grande encore. Voilà en effet ce que réalise le Seigneur, qui est l'Esprit.

### Un trésor spirituel dans des vases d'argile

4 ¹ Dieu, dans sa bonté, nous a confié cette tâche, et c'est pourquoi nous ne perdons pas courage. ² Nous avons renoncé à toute action cachée ou honteuse ; nous agissons sans ruse et nous ne falsifions pas la parole de Dieu. Au contraire, nous faisons connaître clairement la vérité et nous nous rendons ainsi recommandables au jugement de tout être humain devant Dieu. ³ Cependant, si la Bonne Nouvelle que nous annonçons paraît obscure, elle ne l'est que pour ceux qui se perdent. ⁴ Ils ne croient

pas parce que Satan, le dieu de ce monde, a aveuglé leur intelligence. Ce dieu les empêche de voir la lumière diffusée par la Bonne Nouvelle de la gloire du Christ, lequel est l'image même de Dieu. ⁵ En effet, dans notre prédication, ce n'est pas nous-mêmes que nous annonçons, mais Jésus-Christ comme Seigneur ; quant à nous, nous déclarons être vos serviteurs à cause de Jésus. ⁶ Dieu a dit autrefois : « Que la lumière brille du milieu de l'obscurité ! » Eh bien, c'est lui aussi qui a fait briller sa lumière dans nos cœurs, pour nous donner la connaissance lumineuse de sa gloire divine qui resplendit sur le visage du Christ.

⁷ Mais nous portons ce trésor spirituel en nous comme en des vases d'argile, pour qu'il soit clair que cette puissance extraordinaire vient de Dieu et non de nous. ⁸ Nous sommes accablés de toutes sortes de souffrances, mais non écrasés ; inquiets, mais non désespérés ; ⁹ persécutés, mais non abandonnés ; jetés à terre, mais non anéantis. ¹⁰ Nous portons sans cesse dans notre corps la mort de Jésus, afin que sa vie se manifeste aussi dans notre corps. ¹¹ Bien que vivants, nous sommes sans cesse exposés à la mort à cause de Jésus, afin que sa vie se manifeste aussi dans notre corps mortel. ¹² Ainsi, la mort agit en nous pour que la vie agisse en vous.

¹³ L'Écriture déclare : « J'ai cru, c'est pourquoi j'ai parlé. » Nous aussi, dans le même esprit de foi, nous croyons et c'est pourquoi nous parlons. ¹⁴ Nous savons en effet que Dieu, qui a ramené le Seigneur Jésus de la mort à la vie, nous ramènera aussi à la vie avec Jésus et nous fera paraître avec vous en sa présence. ¹⁵ Tout ce que nous endurons, c'est pour vous ; de cette façon, la grâce de Dieu atteint de plus en plus de personnes, en augmentant ainsi le nombre de prières de reconnaissance exprimées à la gloire de Dieu.

### Vivre par la foi

¹⁶ C'est pourquoi nous ne perdons jamais courage. Même si notre être physique se détruit peu à peu, notre être spirituel se renouvelle de jour en jour. ¹⁷ La détresse que nous éprouvons en ce moment est légère en comparaison de la gloire abondante et éternelle, tellement

*« Dieu a dit autrefois : 'Que la lumière brille du milieu de l'obscurité!' Eh bien, c'est lui aussi qui a fait briller sa lumière dans nos cœurs. »
(2 Corinthiens 4,6)*
Paul rappelle le récit de la création dans le livre de la Genèse et déclare que le Créateur de la lumière extérieure est aussi le Créateur de la lumière intérieure. Nous sommes tous des êtres fragiles, ce n'est donc pas grâce à nos propres forces que nous pouvons vivre et témoigner de l'Évangile. C'est le Christ, la lumière du monde, qui fait briller sa lumière dans nos cœurs.

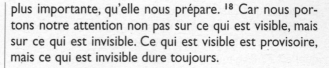

*Peinture murale de A. Besnard – assistance à une mourante.*

« *Dieu nous réserve une habitation dans les cieux, une demeure non faite par les hommes, qui durera toujours.* » *(2 Corinthiens 5,1) Pour illustrer sa pensée sur le passage de la vie terrestre à la vie éternelle, Paul a recours à deux images qu'il mélange : celle de l'habit et celle de l'habitation. Nos corps sont comme des tentes, fragiles, vulnérables et temporaires, mais la réalité encore invisible est solide, parfaite et permanente. Paul pose alors la question angoissante de la période intermédiaire entre la mort physique et la résurrection finale. Sommes-nous « nus », sans demeure et sans vêtement ? L'apôtre reste confiant, car nos corps mortels, dit-il, ne sont pas absorbés par la mort, mais par la vie. L'important n'est pas de spéculer sur l'avenir, mais avant tout de mener sa vie dans la communion avec Dieu.*

plus importante, qu'elle nous prépare. [18] Car nous portons notre attention non pas sur ce qui est visible, mais sur ce qui est invisible. Ce qui est visible est provisoire, mais ce qui est invisible dure toujours.

5 [1] Nous savons, en effet, que si la tente dans laquelle nous vivons – c'est-à-dire notre corps terrestre – est détruite, Dieu nous réserve une habitation dans les cieux, une demeure non faite par les hommes, qui durera toujours. [2] Et nous gémissons maintenant, car notre désir est grand d'être recouverts de notre habitation céleste ; [3] en effet, nous serons vêtus et non pas nus. [4] Oui, aussi longtemps que nous vivons dans cette tente terrestre, nous gémissons comme sous un fardeau. Ce n'est pas que nous voudrions être débarrassés de notre corps terrestre, mais nous souhaitons être revêtus du corps céleste, afin que ce qui est mortel soit absorbé par la vie. [5] C'est Dieu lui-même qui nous a destinés à cela, et il nous a accordé son Esprit comme garantie des biens qu'il nous réserve.

[6] Nous sommes donc toujours pleins de courage. Nous savons que tant que nous demeurons dans ce corps, nous sommes loin de la demeure du Seigneur [7] – nous marchons en effet par la foi et non par la vue –.

[8] Nous sommes pleins de courage et nous préférerions quitter ce corps pour aller demeurer auprès du Seigneur. [9] Mais nous désirons avant tout lui plaire, que nous demeurions dans ce corps ou que nous le quittions. [10] Car nous devons tous comparaître devant le Christ pour être jugés par lui ; alors chacun recevra ce qui lui revient, selon ce qu'il aura fait en bien ou en mal durant sa vie terrestre.

### Réconciliés avec Dieu par le Christ

[11] Nous savons ce que signifie respecter le Seigneur et nous cherchons donc à convaincre les hommes. Dieu nous connaît parfaitement et j'espère que, au fond de vous-mêmes, vous me connaissez aussi. [12] Nous ne voulons pas de nouveau nous recommander nous-mêmes auprès de vous, mais nous désirons vous donner l'occasion d'être fiers de nous ; ainsi, vous aurez de quoi répondre à ceux qui se vantent de détails extérieurs et non de ce qui

est dans le cœur. <sup>13</sup> S'il est vrai que nous sommes insensés, c'est pour Dieu que nous le sommes ; mais si nous sommes dans notre bon sens, c'est pour vous. <sup>14</sup> En effet, l'amour du Christ nous domine, nous qui avons la certitude qu'un seul est mort pour tous et, donc, que tous ont part à sa mort. <sup>15</sup> Il est mort pour tous afin que ceux qui vivent ne vivent plus pour eux-mêmes, mais pour celui qui est mort et revenu à la vie pour eux.

<sup>16</sup> Voilà pourquoi nous ne considérons plus personne d'une manière purement humaine. Même si, autrefois, nous avons considéré le Christ d'une manière humaine, maintenant nous ne le considérons plus ainsi. <sup>17</sup> Dès que quelqu'un est uni au Christ, il est un être nouveau : ce qui est ancien a disparu, ce qui est nouveau est là. <sup>18</sup> Tout cela vient de Dieu, qui nous a réconciliés avec lui par le Christ et qui nous a confié la tâche d'amener d'autres hommes à la réconciliation avec lui. <sup>19</sup> Car, par le Christ, Dieu agissait pour réconcilier tous les humains avec lui, sans tenir compte de leurs fautes. Et il nous a chargés d'annoncer cette œuvre de réconciliation.

<sup>20</sup> Nous sommes donc des ambassadeurs envoyés par le Christ, et c'est comme si Dieu lui-même vous adressait un appel par nous : nous vous en supplions, au nom du Christ, laissez-vous réconcilier avec Dieu. <sup>21</sup> Le Christ était sans péché, mais Dieu l'a chargé de notre péché, afin que, par lui, nous ayons part à l'œuvre salutaire de Dieu.

**6** <sup>1</sup> Ainsi, puisque nous collaborons avec Dieu, nous vous en supplions : ne négligez pas la grâce que vous avez reçue de lui. <sup>2</sup> Dieu déclare en effet :

« Au moment où se manifestait ma faveur, je t'ai écouté,

au jour du salut, je suis venu à ton secours. »

Eh bien, voici maintenant le moment d'accepter la faveur de Dieu ; voici le jour du salut.

<sup>3</sup> Il ne faut pas que l'on puisse critiquer notre fonction, c'est pourquoi nous ne voulons scandaliser personne en quoi que ce soit. <sup>4</sup> Au contraire, nous cherchons en toutes circonstances à nous présenter comme de vrais serviteurs de Dieu : nous supportons avec beaucoup de patience les souffrances, les détresses et les angoisses. <sup>5</sup> On nous a battus et mis en prison, on a soulevé le peuple contre nous ; accablés de travail, nous avons été privés de sommeil et de nourriture. <sup>6</sup> Nous nous montrons serviteurs de Dieu par notre pureté, notre connaissance, notre patience et notre bonté, par l'action du Saint-Esprit, par notre amour sincère, <sup>7</sup> par notre

*« Par le Christ, Dieu agissait pour réconcilier tous les hommes avec lui, sans tenir compte de leurs fautes. »*
*(2 Corinthiens 5,19)*
*Jésus n'est pas venu pour juger les pécheurs mais les sauver. Ses nombreuses rencontres avec des pécheurs en témoignent. Paul, qui a été sauvé lui-même par le Christ, en fait le thème central de sa lettre. Dieu, par le Christ, a fait la démarche de se réconcilier avec les hommes. Ce que les hommes ne pouvaient pas faire, Dieu l'a accompli. C'est pourquoi Paul invite les chrétiens de Corinthe à accueillir cette réconciliation qui leur est offerte.*

prédication de la vérité et grâce à la puissance de Dieu. Nos armes offensives et défensives, c'est de faire ce qui est juste aux yeux de Dieu. [8] On nous honore ou on nous couvre de mépris ; on nous insulte ou on nous respecte. On nous regarde comme des menteurs alors que nous disons la vérité, [9] comme des inconnus alors que nous sommes bien connus, comme des mourants alors que nous sommes bien vivants. On nous punit, sans pourtant nous exécuter ; [10] on nous attriste et pourtant nous sommes toujours joyeux ; nous sommes pauvres, mais nous enrichissons beaucoup de gens ; nous paraissons ne rien avoir, nous qui, en réalité, possédons tout.

[11] Nous vous avons parlé franchement, chers amis corinthiens, nous vous avons largement ouvert notre cœur. [12] Nous ne vous avons pas refusé notre affection, mais c'est vous qui avez fermé votre cœur. [13] Alors, je m'adresse à vous comme à mes enfants : répondez à notre affection, ouvrez-nous largement votre cœur !

*« Nous sommes, nous, le temple du Dieu vivant. »*
*(2 Corinthiens 6,16)*
*L'Évangile libérateur transforme les hommes qui sont membres du peuple de Dieu et fait d'eux, selon une expression du Nouveau Testament, des « pierres vivantes ». Les chrétiens sont donc invités à ne pas détruire l'harmonie et la communion qui les unissent à Jésus-Christ en s'associant aux mauvais enseignants ou en retournant à leurs anciennes croyances.*

### Mise en garde contre des influences païennes

[14] N'allez pas vous placer sous le même joug que les incroyants, d'une manière absurde. Comment, en effet, ce qui est juste pourrait-il s'associer à ce qui est mauvais ? Comment la lumière pourrait-elle s'unir à l'obscurité ? [15] Comment le Christ pourrait-il s'entendre avec le diable ? Ou bien, qu'est-ce qu'un croyant peut avoir en commun avec un incroyant ? [16] Quel accord peut-il y avoir entre le temple de Dieu et les idoles païennes ? Car nous sommes, nous, le temple du Dieu vivant, comme Dieu lui-même l'a dit :

« Je demeurerai et je marcherai avec eux,
je serai leur Dieu et ils seront mon peuple. »

[17] C'est pourquoi
« vous devez les quitter et vous séparer d'eux.
Ne touchez à rien d'impur,
et moi je vous accueillerai.
[18] Je serai un père pour vous
et vous serez des fils et des filles pour moi,
dit le Seigneur tout-puissant. »

*Vestiges d'un temple païen en Asie Mineure.*

# 7

¹ Toutes ces promesses sont valables pour nous, mes chers amis. C'est pourquoi, purifions-nous de tout ce qui salit le corps ou l'âme et efforçons-nous d'être parfaitement saints en vivant dans le respect de Dieu.

## La joie de Paul

² Faites-nous une place dans votre cœur ! Nous n'avons causé de tort à personne, nous n'avons ruiné personne, nous n'avons exploité personne. ³ Je ne dis pas cela pour vous condamner. En effet, comme je l'ai déjà affirmé, vous nous êtes si chers que nous sommes unis pour la vie ou pour la mort. ⁴ J'ai une grande confiance en vous, je suis très fier de vous. Dans toutes nos détresses, je demeure plein de courage et je déborde de joie.

⁵ En fait, même à notre arrivée en Macédoine, nous n'avons connu aucun répit. Nous avons rencontré toutes sortes de difficultés : des conflits autour de nous, des craintes au-dedans de nous. ⁶ Mais Dieu, qui relève le courage de ceux qui sont abattus, nous a réconfortés par l'arrivée de Tite. ⁷ Et ce n'est pas seulement son arrivée qui a produit cet effet, mais encore son rapport sur la façon dont vous l'avez lui-même réconforté. Il nous a parlé de votre désir de me revoir, de votre tristesse, de votre zèle à me défendre. Et voilà pourquoi ma joie en est d'autant plus grande.

⁸ En effet, même si la lettre que je vous ai écrite vous a attristés, je ne le regrette pas maintenant. J'ai pu le regretter quand j'ai constaté que cette lettre vous avait attristés momentanément. ⁹ Mais maintenant je me réjouis, non pas de vous avoir attristés, mais de ce que votre tristesse vous a fait changer de comportement. Cette tristesse était telle que Dieu la voulait, si bien que nous ne vous avons causé aucun tort. ¹⁰ Car la tristesse conforme au plan de Dieu produit un changement de comportement qui conduit au salut, sans qu'on ait à le regretter. Mais la tristesse causée par les soucis de ce monde produit la mort. ¹¹ Voyez maintenant les résultats de votre tristesse selon Dieu : quelle bonne volonté de votre part, quel empressement à présenter votre défense ! Quelle indignation, quelle crainte, quel désir de me revoir, quel zèle, quelle ardeur à punir le mal ! Vous avez prouvé de toutes les manières que vous étiez innocents dans cette affaire.

¹² Si donc je vous ai écrit, ce n'était ni à cause de celui qui a commis le mal, ni à cause de celui qui l'a subi. Mais c'était pour que vous vous rendiez clairement compte, devant Dieu, du dévouement que vous avez pour nous. ¹³ C'est pourquoi votre réaction nous a réconfortés.

---

### La réconciliation et le rôle de Tite

*Les chrétiens de Corinthe avaient gravement offensé Paul en remettant en cause sa fonction d'apôtre. Tite s'était rendu chez eux pour leur remettre une lettre sévère de Paul et représenter son compagnon faussement accusé. Les Corinthiens ont finalement bien réagi : ils ont compris qu'ils avaient causé du tort à l'apôtre, ont changé d'attitude à son égard et ont remis de l'ordre dans leur vie communautaire. Leur changement de comportement, dit Paul, est salutaire. Ce passage anecdotique souligne le côté très humain de la vie de l'Église et offre une vision très réaliste de la situation des Corinthiens. Le Nouveau Testament ne cache pas les difficultés inévitables que rencontrent les Églises, mais il montre que, malgré les erreurs répétées, le pardon et la réconciliation restent les marques de la vie chrétienne.*

Nous n'avons pas seulement reçu du réconfort ; nous avons ressenti une joie bien plus grande encore en voyant combien Tite était heureux de la façon dont vous tous l'avez rassuré. ¹⁴ Si je me suis un peu vanté à votre sujet auprès de lui, vous ne m'avez pas déçu. Mais, de même que nous vous avons toujours dit la vérité, de même l'éloge que nous avons fait de vous auprès de Tite s'est révélé justifié. ¹⁵ Et ainsi, son affection pour vous est encore plus grande lorsqu'il se rappelle comment vous avez tous obéi et comment vous l'avez accueilli humblement, avec respect. ¹⁶ Je me réjouis de pouvoir compter sur vous en tout.

## Donner généreusement

8 ¹ Frères, nous désirons que vous sachiez comment la grâce de Dieu s'est manifestée dans les Églises de Macédoine. ² Les fidèles y ont été éprouvés par de sérieuses détresses ; mais leur joie était si grande qu'ils se sont montrés extrêmement généreux, bien que très pauvres. ³ J'en suis témoin, ils ont donné selon leurs possibilités et même au-delà, et cela spontanément. ⁴ Ils nous ont demandé avec beaucoup d'insistance la faveur de participer à l'envoi d'une aide aux croyants de Judée. ⁵ Ils en ont fait plus que nous n'espérions : ils se sont d'abord donnés au Seigneur et ensuite, par la volonté de Dieu, également à nous. ⁶ C'est pourquoi nous avons prié Tite de mener à bonne fin, chez vous, cette œuvre généreuse, comme il l'avait commencée. ⁷ Vous êtes riches en tout : foi, don de la parole, connaissance, zèle sans limite et amour que nous avons éveillé en vous. Par conséquent nous désirons que vous vous montriez riches également dans cette œuvre généreuse.

⁸ Ce n'est pas un ordre que je vous donne : mais en vous parlant du zèle des autres, je vous offre l'occasion de prouver la réalité de votre amour. ⁹ Car vous connaissez la grâce de notre Seigneur Jésus-Christ : lui qui était riche, il s'est fait pauvre en votre faveur, afin de vous enrichir par sa pauvreté.

*« Jésus-Christ : lui qui était riche, il s'est fait pauvre en votre faveur, afin de vous enrichir par sa pauvreté. »*
*(2 Corinthiens 8,9)*
*La générosité des chrétiens s'inspire de celle du Christ qui a donné sans compter. L'Église de Jérusalem avait connu la famine, et certains de ses membres avaient vendu leurs biens et tout donné à la communauté. Elle s'était donc très appauvrie avec le temps et les apôtres avaient lancé le projet d'une collecte en Grèce et en Asie Mineure en sa faveur. Paul désire que cette collecte soit une marque spontanée de la générosité et de la solidarité des Églises entre elles.*

*La Nativité, par Albrecht Dürer (1471-1528).*

¹⁰ Ainsi, je vous donne mon opinion dans cette affaire : il est bon pour vous de persévérer, vous qui, l'année dernière, avez été les premiers non seulement à agir, mais encore à décider d'agir. ¹¹ Maintenant donc, achevez de réaliser cette œuvre. Mettez autant de bonne volonté à l'achever que vous en avez mis à la décider, et cela selon vos moyens. ¹² Car si l'on y met de la bonne volonté, Dieu accepte le don offert en tenant compte de ce que l'on a et non de ce que l'on n'a pas.

¹³ Il ne s'agit pas de vous faire tomber dans le besoin pour soulager les autres, mais c'est une question d'égalité. ¹⁴ En ce moment, vous êtes dans l'abondance et vous pouvez donc venir en aide à ceux qui sont dans le besoin. Puis, si vous êtes un jour dans le besoin et eux dans l'abondance, ils pourront vous venir en aide. C'est ainsi qu'il y aura égalité, ¹⁵ conformément à ce que l'Écriture déclare :

« Celui qui en avait beaucoup ramassé n'en avait pas trop,
et celui qui en avait peu ramassé n'en manquait pas. »

## Tite et ses compagnons

¹⁶ Loué soit Dieu qui a inspiré à Tite autant de zèle pour vous que nous en avons ! ¹⁷ Tite a accepté notre demande ; bien plus, il était si plein de zèle qu'il a décidé spontanément de se rendre chez vous. ¹⁸ Avec lui, nous envoyons le frère dont toutes les Églises font l'éloge pour son activité au service de la Bonne Nouvelle. ¹⁹ En outre, il a été désigné par les Églises pour être notre compagnon de voyage dans cette entreprise généreuse dont nous sommes chargés pour la gloire du Seigneur lui-même et pour manifester notre bonne volonté.

²⁰ Nous tenons à éviter que l'on critique notre façon de nous occuper de cette somme importante. ²¹ Nous cherchons à faire ce qui est bien non seulement aux yeux du Seigneur, mais aussi aux yeux des hommes.

²² Nous envoyons avec eux notre frère ; nous avons eu beaucoup d'occasions de le mettre à l'épreuve et il s'est toujours montré zélé. Mais maintenant, il l'est encore bien plus en raison de la grande confiance qu'il a en vous. ²³ En ce qui concerne Tite, il est mon compagnon, ainsi que mon collaborateur auprès de vous ; quant aux autres frères qui l'accompagnent, ce sont les envoyés des Églises et ils agissent pour la gloire du Christ. ²⁴ Montrez-leur que vous les aimez réellement, afin que les Églises en aient la certitude et sachent que nous avons raison d'être fiers de vous.

*« Celui qui en avait beaucoup ramassé n'en avait pas trop, et celui qui en avait peu ramassé n'en manquait pas. » (2 Corinthiens 8,15)*
*Paul cite un passage de l'Exode, le deuxième livre de l'Ancien Testament. Pendant quarante ans, lorsqu'ils étaient dans le désert du Sinaï, les Israélites reçurent chacun leur ration quotidienne de manne, le « pain » que Dieu leur donnait à manger. Celui qui en avait ramassé beaucoup le partageait avec celui qui en avait trop peu. Paul invite les communautés chrétiennes à vivre ce même principe de solidarité et d'égalité. En encourageant les communautés qu'il avait fondées à participer à une collecte en faveur des chrétiens défavorisés de la Judée, il met en place une solidarité intercommunautaire.*

« Que chacun donne comme il l'a décidé, non pas à regret ou par obligation. » (2 Corinthiens 9,7)
*On découvre dans ces paroles un des grands principes du Nouveau Testament, celui de la solidarité réciproque qui consiste à donner spontanément, et sans obligation. Il n'y a pas de taxes ou d'impôts forcés dans les Églises du Nouveau Testament; on n'y trouve pas non plus le système de la dîme de la loi de Moïse. La générosité constitue la règle de solidarité qu'énonce Paul. Chacun est appelé à donner ce qu'il peut ou veut donner.*

« Il vous rendra suffisamment riches en tout temps pour que vous puissiez sans cesse vous montrer généreux. » (2 Corinthiens 9,11)
*La générosité ne conduit pas à la ruine. L'élan de solidarité envers ceux qui connaissent des difficultés matérielles provoque un élan d'affection et de prière. L'apôtre établit un lien entre l'offrande matérielle et l'offrande spirituelle qui unissent les chrétiens entre eux; l'une ne va pas sans l'autre. Les prières offertes par les fidèles de la Judée sont une réponse aux offrandes rassemblées par ceux de l'Achaïe et de Macédoine. C'est ainsi que s'exprime la vraie fraternité.*

## L'aide en faveur des frères

**9** ¹ Il est vraiment inutile que je vous écrive au sujet de l'aide destinée aux croyants de Judée. ² Je connais en effet votre bonne volonté et j'ai exprimé ma fierté à votre sujet auprès des Macédoniens en disant : « Les frères d'Achaïe sont prêts à donner depuis l'année dernière. » Votre zèle a stimulé la plupart d'entre eux. ³ Cependant, je vous envoie quelques frères afin que l'éloge que nous avons fait de vous à ce sujet ne se révèle pas immérité : je désire que vous soyez réellement prêts, comme je l'ai dit. ⁴ Autrement, si des Macédoniens venaient avec moi et ne vous trouvaient pas prêts, nous serions couverts de honte de nous être sentis si sûrs de vous, pour ne rien dire de la honte qui serait la vôtre ! ⁵ J'ai donc estimé nécessaire de prier ces frères de me précéder chez vous pour s'occuper du don généreux que vous avez déjà promis. Ainsi, il sera prêt quand j'arriverai et prouvera que vous donnez généreusement et non à contre-cœur.

⁶ Rappelez-vous ceci : celui qui sème peu récoltera peu ; celui qui sème beaucoup récoltera beaucoup. ⁷ Il faut donc que chacun donne comme il l'a décidé, non pas à regret ou par obligation ; car Dieu aime celui qui donne avec joie. ⁸ Et Dieu a le pouvoir de vous combler de toutes sortes de biens, afin que vous ayez toujours tout le nécessaire et, en plus, de quoi contribuer à toutes les œuvres bonnes. ⁹ Comme l'Écriture le déclare :

« Il donne largement aux pauvres,
sa générosité dure pour toujours. »

¹⁰ Dieu qui fournit la semence au semeur et le pain qui le nourrit, vous fournira toute la semence dont vous avez besoin et la fera croître, pour que votre générosité produise beaucoup de fruits. ¹¹ Il vous rendra suffisamment riches en tout temps pour que vous puissiez sans cesse vous montrer généreux ; ainsi, beaucoup remercieront Dieu pour les dons que nous leur transmettrons de votre part. ¹² Car ce service que vous accomplissez ne pourvoit pas seulement aux besoins des croyants, mais il suscite encore de très nombreuses prières de reconnaissance envers Dieu. ¹³ Impressionnés par la valeur de ce service, beaucoup rendront gloire à Dieu pour l'obéissance témoignant de votre fidélité à la Bonne Nouvelle du Christ ; ils lui rendront gloire aussi pour votre générosité dans le partage de vos biens avec eux et avec tous les autres. ¹⁴ Ils prieront pour vous, en vous manifestant leur affection, à cause de la grâce

extraordinaire que Dieu vous a accordée. ¹⁵ Loué soit Dieu pour son don incomparable !

### Les ennemis de Paul

*Le Nouveau Testament ne cache pas la fragilité de l'Église et ne brosse pas un tableau idyllique des premières communautés chrétiennes qui ont connu des attaques de l'extérieur (les persécutions) et de l'intérieur (les faux enseignants). Certains faux enseignants se sont infiltrés dans les communautés et, par des discours habiles, ont discrédité Paul et son œuvre. Paul a dû défendre vigoureusement son ministère car ces attaques portaient atteinte à la cause de l'Évangile. Dans ce passage, Paul reprend les chrétiens qui ont pu être séduits par ses détracteurs. Il leur procure un moyen efficace de vérifier l'authenticité de sa mission : l'autorité qu'il a reçue de Dieu fait progresser les Églises, tandis que celle de ses adversaires critique et détruit.*

### Paul défend son ministère

**10** ¹ Moi, Paul, je vous adresse personnellement un appel – moi qui suis, à ce qu'on dit, si humble quand je suis avec vous, mais si énergique à votre égard quand je suis absent –. Par la douceur et la bonté du Christ, ² je vous en supplie : ne m'obligez pas à intervenir énergiquement quand je serai chez vous ; car je compte faire preuve de fermeté envers ceux qui prétendent que nous agissons selon des motifs purement humains. ³ Certes, nous sommes des êtres humains, mais nous ne combattons pas d'une façon purement humaine. ⁴ Dans notre combat, les armes que nous utilisons ne sont pas d'origine humaine : ce sont les armes puissantes de Dieu qui permettent de détruire des forteresses. Nous détruisons les faux raisonnements, ⁵ nous renversons tout ce qui se dresse orgueilleusement contre la connaissance de Dieu, nous faisons prisonnière toute pensée pour l'amener à obéir au Christ. ⁶ Et nous sommes prêts à punir toute désobéissance, dès que vous aurez manifesté une parfaite obéissance.

**7** Vous considérez les choses selon leur apparence. Eh bien, si quelqu'un est persuadé d'appartenir au Christ, qu'il réfléchisse encore à ceci : nous appartenons au Christ tout autant que lui. **8** Car je n'ai pas à éprouver de honte même si je me suis un peu trop vanté de l'autorité que le Seigneur nous a donnée, autorité qui a pour but de faire progresser votre communauté et non de la détruire. **9** Je ne veux pas avoir l'air de vous effrayer par mes lettres. **10** En effet, voici ce que l'on dit : « Les lettres de Paul sont dures et sévères ; mais quand il se trouve parmi nous en personne, il est faible et sa façon de parler est lamentable. » **11** Que celui qui s'exprime ainsi le sache bien : ce que nous sommes en écrivant nos lettres de loin, nous le serons aussi dans nos actes une fois présents parmi vous.

**12** Certes, nous n'oserions pas nous égaler ou nous comparer à certains de ceux qui ont une si haute opinion d'eux-mêmes. Ils sont stupides : ils établissent leur propre mesure pour s'évaluer, ils se comparent à eux-mêmes. **13** Quant à nous, nous n'allons pas nous vanter au-delà de toute mesure ; nous le ferons dans les limites du champ de travail que Dieu nous a fixé en nous permettant de parvenir jusque chez vous. **14** Nous ne dépassons pas nos limites, comme ce serait le cas si nous n'étions pas venus chez vous ; car nous sommes bien arrivés les premiers jusqu'à vous en vous apportant la Bonne Nouvelle du Christ. **15** Ainsi, nous ne nous vantons pas outre mesure en nous réclamant du travail effectué par d'autres. Au contraire, nous espérons que votre foi augmentera et que nous pourrons accomplir une œuvre beaucoup plus importante parmi vous, mais dans les limites qui nous ont été fixées. **16** Nous pourrons ensuite apporter la Bonne Nouvelle dans des régions situées au-delà de chez vous, sans avoir à nous vanter des résultats obtenus par d'autres dans leur propre champ de travail.

**17** Cependant, il est écrit : « Si quelqu'un veut se vanter, qu'il se vante de ce que le Seigneur a fait. » **18** En effet, ce n'est pas celui qui a une haute opinion de lui-même qui est approuvé, mais celui dont le Seigneur fait l'éloge.

## Paul et les faux apôtres

**1** Ah ! je souhaite que vous supportiez un peu de folie de ma part ! Eh bien, oui, supportez-moi ! **2** Je suis jaloux à votre sujet, d'une jalousie qui vient de Dieu : je vous ai promis en mariage à un seul époux, le Christ, et je désire vous présenter à lui comme une vierge pure. **3** Mais, tout comme Ève se laissa égarer par la ruse du serpent, je crains que votre intelligence ne se corrompe

---

*« Sa façon de parler est lamentable. »*
*(2 Corinthiens 10,10)*
Les faux enseignants étaient des conférenciers professionnels qui maîtrisaient l'art oratoire de leur temps, ce qui leur procurait des revenus confortables. Paul s'était adressé aux Corinthiens de manière simple et directe, mais leur conversion manifestait la puissance de Dieu dans ses paroles. Dans sa première lettre, l'apôtre dit clairement aux Corinthiens : *« Je n'ai pas usé d'un langage compliqué ou de connaissances impressionnantes. Car j'avais décidé de ne rien savoir d'autre, durant mon séjour parmi vous, que Jésus-Christ et, plus précisément, Jésus-Christ crucifié... Ainsi, votre foi ne repose pas sur la sagesse des hommes, mais bien sur la puissance de Dieu. » (1 Corinthiens 2,1-5)*

*« Ce n'est pas celui qui a une haute opinion de lui-même qui est approuvé, mais celui dont le Seigneur fait l'éloge. »*
*(2 Corinthiens 10,18)*
Paul ne se vante de rien sinon d'avoir pu accomplir la volonté de Dieu et de lui avoir rendu gloire. Toute autre « vantardise » n'est que vanité.

*Ève, par Lucas Cranach, dit l'Ancien (1472-1553)*
*Les faux apôtres sont des séducteurs aussi dangereux que le serpent dont parlent les récits de la Genèse, le premier livre de la Bible. Le serpent y représente Satan, l'ennemi de Dieu, celui qui s'introduit dans la vie des hommes et les éloigne du Créateur et qui, selon les mots de Paul, « est capable de se déguiser en ange de lumière. » Paul n'est pas surpris de l'intrusion des faux apôtres dans l'Église, mais leurs actions doivent être dénoncées et rejetées avec vigueur.*

et ne vous entraîne loin de l'attachement fidèle et pur au Christ. [4] En effet, vous supportez fort bien que quelqu'un vienne vous annoncer un Jésus différent de celui que nous vous avons annoncé ; vous êtes également prêts à accepter un esprit et un message différents de l'Esprit et de la Bonne Nouvelle que vous avez reçus de nous.

[5] J'estime que je ne suis inférieur en rien à vos super-apôtres ! [6] Il est possible que je ne sois qu'un amateur quant à l'art de parler, mais certainement pas quant à la connaissance : nous vous l'avons clairement montré en toute occasion et à tous égards.

[7] Quand je vous ai annoncé la Bonne Nouvelle de Dieu, je l'ai fait gratuitement ; je me suis abaissé afin de vous élever. Ai-je eu tort d'agir ainsi ? [8] J'ai accepté d'être payé par d'autres Églises, et de vivre à leurs dépens, pour vous servir. [9] Et pendant que je me trouvais chez vous, je n'ai été à la charge de personne quand j'étais dans le besoin, car les frères venus de Macédoine m'ont apporté tout ce qui m'était nécessaire. Je me suis gardé d'être une charge pour vous en quoi que ce soit et je continuerai à m'en garder. [10] Par la vérité du Christ qui est en moi, je le déclare : personne ne me privera de ce sujet de fierté dans toute la province d'Achaïe. [11] Pourquoi ai-je dit cela ? Serait-ce parce que je ne vous aime pas ? Dieu sait bien que si !

¹² Je continuerai à me comporter comme maintenant, afin d'enlever tout prétexte à ceux qui en voudraient un pour se vanter d'être pleinement nos égaux. ¹³ Ces gens-là ne sont que de faux apôtres, des tricheurs qui se déguisent en apôtres du Christ. ¹⁴ Il n'y a là rien d'étonnant, car Satan lui-même se déguise en ange de lumière. ¹⁵ Il n'est donc pas surprenant que ses serviteurs aussi se déguisent en serviteurs du Dieu juste. Mais ils auront la fin que méritent leurs actions.

## Les souffrances endurées par Paul en tant qu'apôtre

¹⁶ Je le répète : que personne ne me considère comme fou. Ou alors, si on le pense, acceptez que je sois fou pour que je puisse moi aussi me vanter un peu. ¹⁷ Certes, en étant amené à me vanter, je ne parle pas comme le Seigneur le voudrait, mais comme si j'étais fou. ¹⁸ Puisque tant d'autres se vantent pour des motifs purement humains, eh bien, je me vanterai moi aussi. ¹⁹ Vous qui êtes des sages, vous supportez si volontiers les fous ! ²⁰ Vous supportez qu'on vous traite comme des esclaves, qu'on vous exploite, qu'on vous dépouille, qu'on vous regarde de haut, qu'on vous frappe au visage. ²¹ J'ai honte de le dire : nous avons été trop faibles à cet égard !

Cependant, là où d'autres osent se vanter – je parle comme si j'étais fou – je le puis moi aussi. ²² Ils sont Hébreux ? Moi aussi. Israélites ? Moi aussi. Descendants d'Abraham ? Moi aussi. ²³ Ils sont serviteurs du Christ ? Eh bien – je vais parler comme si j'avais complètement perdu la raison – je le suis plus qu'eux. J'ai peiné plus qu'eux, j'ai été en prison bien plus fréquemment, frappé beaucoup plus et en danger de mort plus souvent. ²⁴ Cinq fois j'ai reçu des Juifs la série de trente-neuf coups, ²⁵ trois fois j'ai été battu à coups de fouet par les Romains et une fois on m'a blessé en me jetant des pierres ; trois fois j'ai fait naufrage et une fois je suis resté un jour et une nuit dans les flots. ²⁶ Dans mes nombreux voyages j'ai connu les dangers dus aux rivières qui débordent ou aux brigands, les dangers dus à mes compatriotes juifs ou à des non-Juifs, j'ai été en danger dans

*« Je me vanterai de ma faiblesse. »*
*(2 Corinthiens 11,30)*
*Paul dresse une liste impressionnante de ses mésaventures pendant ses voyages missionnaires. Seules quelques-unes d'entre elles sont rapportées dans ses lettres et le livre des Actes. L'apôtre n'en tire pas orgueil, à la manière des faux apôtres. Au contraire, en rappelant les délivrances nombreuses et le fruit de son œuvre, c'est à Dieu seul que Paul rend honneur.*

les villes ou dans les lieux déserts, en danger sur la mer et en danger parmi de faux frères. **27** J'ai connu des travaux pénibles et de dures épreuves ; souvent j'ai été privé de sommeil ; j'ai eu faim et soif ; souvent j'ai été obligé de jeûner ; j'ai souffert du froid et du manque de vêtements. **28** Et sans parler du reste, il y a ma préoccupation quotidienne : le souci que j'ai de toutes les Églises. **29** Si quelqu'un est faible, je me sens faible aussi ; si quelqu'un est détourné de la foi, j'en éprouve une vive douleur.

**30** S'il faut que je me vante, je me vanterai de ma faiblesse. **31** Dieu, le Père du Seigneur Jésus – qu'il soit loué pour toujours ! – sait que je ne mens pas. **32** Quand j'étais à Damas, le gouverneur représentant le roi Arétas plaça des gardes aux portes de la ville pour m'arrêter. **33** Mais, par une fenêtre de la muraille, on me descendit à l'extérieur dans une corbeille, et c'est ainsi que je lui échappai.

### Les visions et révélations accordées à Paul

**12** **1** Il faut donc que je me vante, bien que cela ne soit pas bon. Mais je vais parler maintenant des visions et révélations que le Seigneur m'a accordées. **2** Je connais un chrétien qui, il y a quatorze ans, fut enlevé jusqu'au plus haut des cieux. (Je ne sais pas s'il fut réellement enlevé ou s'il eut une vision, Dieu seul le sait.) **3-4** Oui, je sais que cet homme fut enlevé jusqu'au paradis (encore une fois, je ne sais pas s'il fut réellement enlevé ou s'il eut une vision, Dieu seul le sait), et là il entendit des paroles inexprimables et qu'il n'est permis à aucun être humain de répéter. **5** Je me vanterai au sujet de cet homme – mais, quant à moi, je ne me vanterai que de ma faiblesse –. **6** Si je voulais me vanter, je ne serais pas fou, car je dirais la vérité. Mais j'évite de me vanter, car je ne désire pas qu'on ait de moi une opinion qui dépasserait ce qu'on me voit faire ou m'entend dire.

**7** Cependant, afin que je ne sois pas enflé d'orgueil pour avoir reçu des révélations si extraordinaires, une dure souffrance m'a été infligée dans mon corps, comme un messager de Satan destiné à me frapper et à m'empêcher d'être enflé d'orgueil. **8** Trois fois j'ai prié le Seigneur de me délivrer de cette souffrance. **9** Il m'a répondu : « Ma grâce te suffit. Ma puissance se manifeste précisément quand tu es faible. » Je préfère donc bien plutôt me vanter de mes faiblesses, afin que la puissance du Christ étende sa protection sur moi. **10** C'est pourquoi je me réjouis des faiblesses, des insultes, des détresses, des persécutions et des angoisses que j'endure pour le Christ ; car lorsque je suis faible, c'est alors que je suis fort.

*La « rue Droite » à Damas (photo ci-dessus) existait déjà au temps de Paul.*
*Paul mentionne la première expérience cuisante qu'il a vécue à Damas après sa conversion pour la cause de l'Évangile. Celui qui persécutait les chrétiens a été à son tour attaqué par les opposants juifs.*

*« Lorsque je suis faible, c'est alors que je suis fort. »*
*(2 Corinthiens 12,10)*
*Paul établit un lien étroit entre une expérience spirituelle extraordinaire faite au début de sa conversion et une maladie physique dont il souffre depuis. On ignore le contenu des révélations que Paul a reçues au cours de cette extase particulière ainsi que la nature du mal qui l'affligeait. Paul n'en dit volontairement rien car son propos n'est pas de parler de lui, mais de Dieu agissant en lui et par lui. Son expérience spirituelle a contribué à confirmer sa vocation d'apôtre, et sa souffrance physique l'a gardé dans l'humilité. Il apparaît ainsi que les expériences spirituelles ne font pas du Chrétien un héros et que la souffrance n'est pas le signe de l'indifférence de Dieu à son égard. Les deux peuvent contribuer à rendre gloire à Dieu ; tel est l'objet de la fierté de Paul.*

*« Je crains qu'à ma prochaine visite mon Dieu ne m'humilie devant vous. »* (2 Corinthiens 12,21) *Paul a pour mission d'annoncer l'Évangile qui transforme les vies et d'encourager les Églises à vivre selon les principes moraux et spirituels de l'Évangile. Le progrès régulier des chrétiens dans la foi le préoccupe donc au premier plan. L'apôtre aime profondément les croyants infidèles de Corinthe et il souffre non seulement de constater que la cause de la Bonne Nouvelle est bafouée, mais aussi de voir que ses amis ne parviennent pas à conformer leur comportement à la foi qu'ils ont acceptée.*

*Croix irlandaise*
*« Quand il a été cloué sur une croix, il était faible, mais maintenant il vit par la puissance de Dieu. »* (2 Corinthiens 13,4) *La roue solaire – le soleil de Pâques – qui orne les croix irlandaises, représente la victoire de Dieu sur la mort.*

## L'inquiétude que Paul ressent au sujet des Corinthiens

**11** Je parle comme si j'étais devenu fou, mais vous m'y avez obligé. C'est vous qui auriez dû prendre ma défense. Car même si je ne suis rien, je ne suis nullement inférieur à vos super-apôtres. **12** Les actes qui prouvent que je suis apôtre ont été réalisés parmi vous avec une patience parfaite : ils ont consisté en toutes sortes de miracles et de prodiges. **13** En quoi avez-vous été moins bien traités que les autres Églises, sinon en ce que je ne vous ai pas été à charge ? Pardonnez-moi cette injustice !

**14** Me voici prêt à me rendre chez vous pour la troisième fois, et je ne vous serai pas à charge. C'est vous que je recherche et non votre argent. En effet, ce n'est pas aux enfants à amasser de l'argent pour leurs parents, mais aux parents pour leurs enfants. **15** Quant à moi, je serai heureux de dépenser tout ce que j'ai et de me dépenser moi-même pour vous. M'aimerez-vous moins si je vous aime à un tel point ?

**16** Vous admettrez donc que je n'ai pas été un fardeau pour vous. Mais on prétendra que, faux comme je suis, je vous ai pris au piège par ruse. **17** Est-ce que je vous ai exploités par l'un de ceux que je vous ai envoyés ? **18** J'ai prié Tite d'aller chez vous et j'ai envoyé avec lui le frère que vous savez. Tite vous a-t-il exploités ? N'avons-nous pas agi lui et moi avec les mêmes intentions, en suivant le même chemin ?

**19** Peut-être pensez-vous depuis un bon moment que nous cherchons à nous justifier devant vous ? Eh bien non ! Nous parlons en communion avec le Christ, devant Dieu, et nous vous disons tout cela, chers amis, pour vous faire progresser dans la foi. **20** Je crains qu'à mon arrivée chez vous je ne vous trouve pas tels que je voudrais et que vous ne me trouviez pas tel que vous voudriez. Je crains qu'il n'y ait des querelles et de la jalousie, de la colère et des rivalités, des insultes et des médisances, de l'orgueil et du désordre. **21** Je crains qu'à ma prochaine visite mon Dieu ne m'humilie devant vous, et que je n'aie à pleurer sur beaucoup qui continuent à pécher comme autrefois et ne se sont pas détournés de l'impureté, de l'immoralité et du vice qu'ils ont pratiqués.

## Derniers avertissements et salutations

**13** **1** C'est la troisième fois que je vais me rendre chez vous. Comme il est écrit : « Toute affaire doit être réglée sur le témoignage de deux ou trois personnes. »

² J'ai un avertissement à donner à ceux qui ont péché autrefois et à tous les autres : je l'ai déjà donné durant ma seconde visite chez vous, mais je le répète maintenant que je suis absent : la prochaine fois que j'irai vous voir, je ne serai indulgent pour personne. ³ Vous désirez la preuve que le Christ parle par moi, et vous l'aurez. Le Christ n'est pas faible à votre égard, mais il manifeste sa puissance parmi vous. ⁴ Certes, quand il a été cloué sur une croix, il était faible, mais maintenant il vit par la puissance de Dieu. Dans l'union avec lui, nous sommes faibles nous aussi ; mais, nous vous le montrerons, nous vivons avec lui par la puissance de Dieu.

⁵ Mettez-vous à l'épreuve, examinez vous-mêmes si vous vivez dans la foi. Vous reconnaissez que Jésus-Christ est parmi vous, n'est-ce pas ? A moins que l'examen ne soit un échec pour vous. ⁶ Cependant, je l'espère, vous reconnaîtrez que nous n'avons pas échoué, nous. ⁷ Nous prions Dieu que vous ne fassiez aucun mal ; nous désirons non pas démontrer par là notre réussite, mais vous voir pratiquer le bien, même si nous semblons échouer. ⁸ Car nous ne pouvons rien faire contre la vérité de Dieu, nous ne pouvons qu'agir pour elle. ⁹ Nous nous réjouissons quand nous sommes faibles tandis que vous êtes forts. Par conséquent, nous demandons aussi dans nos prières que vous deveniez parfaits. ¹⁰ Voici pourquoi je vous écris tout cela en étant loin de vous : c'est pour ne pas avoir, une fois présent, à vous traiter durement avec l'autorité que le Seigneur m'a donnée, autorité qui a pour but de faire progresser votre communauté et non de la détruire.

¹¹ Et maintenant, frères, adieu ! Tendez à la perfection, encouragez-vous les uns les autres, mettez-vous d'accord, vivez en paix, et le Dieu d'amour et de paix sera avec vous.

¹² Saluez-vous les uns les autres d'un baiser fraternel. Tous les croyants vous adressent leurs salutations.

¹³ Que la grâce du Seigneur Jésus-Christ, l'amour de Dieu et la communion du Saint-Esprit soient avec vous tous.

*« Nous demandons dans nos prières que vous deveniez parfaits. »*
*(2 Corinthiens 13,9)*
*Les chrétiens ne peuvent pas se contenter d'une foi « à bon marché », de la foi « du charbonnier ». La foi est un don à cultiver. Elle nous rend accueillants à l'amour de Dieu pour les hommes, elle nous ouvre aux autres et nous aide à devenir pleinement humains. La communauté chrétienne devrait être le lieu où l'encouragement et le service mutuels favorisent ce progrès constant. C'est pourquoi Paul a mis toute son énergie à son service, au nom du Dieu d'amour et de paix que chacun est appelé à servir.*

Au cours de son deuxième voyage missionnaire, Paul a traversé les hauts plateaux d'Asie Mineure (photo ci-dessus) et fondé plusieurs communautés chrétiennes en Galatie, située aux environs du site actuel d'Ankara. Les Galates étaient les descendants de Celtes venus de Gaule qui, au troisième siècle av. J.-C. s'étaient établis en Asie Mineure (aujourd'hui la Turquie d'Asie). Paul s'est rendu à nouveau dans ces Églises lors de son troisième voyage. Après son passage, de faux apôtres itinérants enseignaient que les chrétiens d'origine non-juive devaient se soumettre à la loi juive et en particulier se faire circoncire. Pour Paul, cette exigence était contraire au véritable Évangile de Jésus-Christ : elle plaçait les chrétiens galates dans une situation d'esclavage spirituel. Quand il apprit que ceux-ci semblaient accepter le message de ses adversaires, Paul leur écrivit cette lettre passionnée en lançant un appel à vivre librement. Chaque Église, chaque Chrétien doit entendre cet appel et y répondre sincèrement afin d'être libéré de tout esclavage.

Jésus prêchant sur la mer de Galilée, illustration de Gustave Doré (La Sainte Bible, 1866).

# LETTRE AUX GALATES

## Salutation

**1** De la part de Paul, chargé d'être apôtre non point par les hommes ou par l'intermédiaire d'un homme, mais par Jésus-Christ et par Dieu le Père qui l'a ramené d'entre les morts. **2** Tous les frères qui sont ici se joignent à moi pour adresser cette lettre aux Églises de Galatie et leur dire : **3** Que Dieu notre Père et le Seigneur Jésus-Christ vous accordent la grâce et la paix. **4** Le Christ s'est livré lui-même pour nous sauver de nos péchés afin de nous arracher au pouvoir mauvais du monde présent, selon la volonté de Dieu, notre Père. **5** A Dieu soit la gloire pour toujours ! Amen.

## La seule Bonne Nouvelle

**6** Je suis stupéfait de la rapidité avec laquelle vous vous détournez de Dieu : il vous a appelés par la grâce du Christ et vous, vous regardez à une autre Bonne Nouvelle. **7** En réalité, il n'y en a pas d'autre ; il y a seulement des gens qui vous troublent et qui veulent changer la Bonne Nouvelle du Christ. **8** Eh bien, si quelqu'un – même si c'était nous ou un ange venu du ciel vous annonçait une Bonne Nouvelle différente de celle que nous vous avons annoncée, qu'il soit maudit ! **9** Je vous l'ai déjà dit et je le répète maintenant : si quelqu'un vous annonce une Bonne Nouvelle différente de celle que vous avez reçue, qu'il soit maudit !

**10** Est-ce que par là je cherche à gagner l'approbation des hommes ? Non, c'est celle de Dieu que je désire. Est-ce que je cherche à plaire aux hommes ? Si je cherchais encore à leur plaire, je ne serais pas serviteur du Christ.

## Comment Paul est devenu apôtre

**11** Frères, je vous le déclare : la Bonne Nouvelle que j'annonce n'est pas une invention humaine. **12** Ce n'est pas un homme qui me l'a transmise ou enseignée, mais c'est Jésus-Christ qui me l'a révélée.

**13** Vous avez entendu parler de la façon dont je me comportais quand j'étais encore attaché à la religion juive. Vous savez avec quelle violence je persécutais l'Église de Dieu et m'efforçais de la détruire. ¹⁴ Je surpassais bien des frères juifs de mon âge dans la pratique de la religion juive ; j'étais beaucoup plus zélé qu'eux pour les traditions de nos ancêtres.

¹⁵⁻¹⁶ Mais Dieu, dans sa grâce, m'a choisi avant même que je sois né et m'a appelé à le servir. Et quand il décida

*Le tableau de Pieter Bruegel le Jeune (1564-1636), ci-dessous, montre Paul, rendu aveugle lors de l'apparition du Christ et guidé à Damas par ses compagnons*

de me révéler son Fils pour que je le fasse connaître parmi les non-Juifs, je ne suis allé demander conseil à personne ¹⁷ et je ne me suis pas non plus rendu à Jérusalem auprès de ceux qui furent apôtres avant moi ; mais je suis parti aussitôt pour l'Arabie, puis je suis retourné à Damas. ¹⁸ C'est trois ans plus tard que je me suis rendu à Jérusalem pour faire la connaissance de Pierre, et je suis resté deux semaines avec lui. ¹⁹ Je n'ai vu aucun autre apôtre, mais seulement Jacques, le frère du Seigneur. ²⁰ Ce que je vous écris là est vrai ; devant Dieu j'affirme que je ne mens pas.

²¹ Ensuite, je suis allé dans les régions de Syrie et de Cilicie. ²² Les Églises chrétiennes de Judée ne me connaissaient pas personnellement. ²³ Elles avaient seulement entendu dire : « Celui qui nous persécutait autrefois prêche maintenant la foi qu'il s'efforçait alors de détruire. » ²⁴ Et elles louaient Dieu à mon sujet.

*« Je persécutais l'Église de Dieu et m'efforçais de la détruire. » (Galates 1,13) Le livre des Actes rapporte que Paul était un témoin de l'exécution du premier martyr chrétien, Étienne. Avant sa conversion, Paul était un juif zélé et combattait les chrétiens. Il comprend d'autant mieux ces gens devenus aujourd'hui ses adversaires et fait tout ce qu'il peut pour leur faire connaître Jésus-Christ.*

## Paul et les autres apôtres

*Jérusalem*

*La vocation de Paul et sa mission auprès des non-Juifs ont été reconnues et acceptées par les chefs de l'Église de Jérusalem, la première communauté chrétienne, dont les membres étaient presque tous juifs. Paul savait que, sans cette approbation officielle, son œuvre n'aurait pas été efficace. L'annonce de l'Évangile aux non-Juifs ne l'a jamais conduit à se désolidariser des chrétiens juifs. Au contraire, il a manifesté son amour pour eux en organisant une collecte intercommunautaire en faveur des pauvres de la Judée, qui connaissait à cette époque une dure famine. Mais Paul a toujours refusé de compromettre la vérité de l'Évangile. C'est pourquoi il n'a fait aucune concession à ceux qu'il appelle les « faux frères », ces prédicateurs juifs, qui imposaient aux non-Juifs l'observation des lois rituelles de la religion juive, telles que la circoncision et le respect du sabbat.*

**2** [1] Quatorze ans plus tard, je suis retourné à Jérusalem avec Barnabas ; j'ai également emmené Tite avec moi. [2] J'y suis allé pour obéir à une révélation divine. Dans une réunion privée que j'ai eue avec les personnes les plus influentes, je leur ai expliqué la Bonne Nouvelle que je prêche aux non-Juifs. Je ne voulais pas que mon travail passé ou présent s'avère inutile. [3] Eh bien, Tite mon compagnon, qui est grec, n'a pas même été obligé de se faire circoncire, [4] malgré des faux frères qui s'étaient mêlés à nous et voulaient le circoncire. Ces gens s'étaient glissés dans notre groupe pour espionner la liberté qui nous vient de Jésus-Christ et nous ramener à l'esclavage de la loi. [5] Pas un seul instant nous ne leur avons cédé, afin de maintenir pour vous la vérité de la Bonne Nouvelle.

[6] Mais les personnes considérées comme les plus influentes – en fait, ce qu'elles étaient ne m'importe pas, car Dieu ne juge pas sur les apparences –, ces personnes, donc, ne m'imposèrent pas de nouvelles prescriptions. [7] Au contraire, elles virent que Dieu m'avait chargé d'annoncer la Bonne Nouvelle aux non-Juifs, tout comme il avait chargé Pierre de l'annoncer aux Juifs. [8] Car Dieu a fait de moi l'apôtre destiné aux autres nations, tout comme il a fait de Pierre l'apôtre destiné aux Juifs. [9] Jacques, Pierre et Jean, qui étaient considérés comme les colonnes de l'Église, reconnurent que Dieu m'avait confié cette tâche particulière ; ils nous serrèrent alors la main, à Barnabas et à moi, en signe d'accord. Ainsi, nous avons convenu tous ensemble que, pour notre part, nous irions travailler parmi les non-Juifs et qu'ils iraient, eux, parmi les Juifs. [10] Ils nous demandèrent seulement de nous souvenir des pauvres de leur Église, à Jérusalem, ce que j'ai pris grand soin de faire.

### Paul adresse des reproches à Pierre à Antioche

[11] Mais quand Pierre vint à Antioche, je me suis opposé à lui ouvertement, parce qu'il avait tort. [12] En effet,

avant l'arrivée de quelques personnes envoyées par Jacques, il mangeait avec les frères non juifs. Mais après leur arrivée, il prit ses distances et cessa de manger avec les non-Juifs par peur des partisans de la circoncision. [13] Les autres frères juifs se comportèrent aussi lâchement que Pierre, et Barnabas lui-même se laissa entraîner par leur hypocrisie. [14] Quand j'ai vu qu'ils ne se conduisaient pas d'une façon droite, conforme à la vérité de la Bonne Nouvelle, j'ai dit à Pierre devant tout le monde : « Toi qui es Juif, tu as vécu ici à la manière de ceux qui ne le sont pas, et non selon la loi juive. Comment peux-tu donc vouloir forcer les non-Juifs à vivre à la manière des Juifs ? »

## Les Juifs et les non-Juifs sont sauvés par la foi

[15] Nous sommes, nous, juifs de naissance et non originaires d'autres nations qui ignorent la loi divine. [16] Cependant, nous savons que l'homme est reconnu juste par Dieu uniquement à cause de sa foi en Jésus-Christ et non parce qu'il obéit en tout à la loi de Moïse. C'est pourquoi, nous aussi, nous avons cru en Jésus-Christ afin d'être reconnus justes à cause de notre foi au Christ et non pour avoir obéi à cette loi. Car personne ne sera reconnu juste par Dieu pour avoir obéi en tout à la loi. [17] Mais si, alors que nous cherchons à être reconnus justes grâce au Christ, il se trouve que nous sommes pécheurs autant que les non-Juifs, cela signifie-t-il que le Christ sert la cause du péché ? Certainement pas ! [18] En effet, si je reconstruis le système de la loi que j'ai détruit, je refais de moi un être qui désobéit à la loi. [19] Or, en ce qui concerne la loi, je suis mort, d'une mort provoquée par la loi elle-même, afin que je puisse vivre pour Dieu. J'ai été mis à mort avec le Christ sur la croix, [20] de sorte que ce n'est plus moi qui vis, mais c'est le Christ qui vit en moi. Car ma vie humaine, actuelle, je la vis dans la foi au Fils de Dieu qui m'a aimé et a donné sa vie pour moi. [21] Je refuse de rejeter la grâce de Dieu. En effet, si c'est au moyen de la loi que l'on peut être rendu juste aux yeux de Dieu, alors le Christ est mort pour rien.

*Pierre et Paul, fresque anonyme du XVe siècle. L'entrée des croyants dans la communauté de la nouvelle alliance de Dieu, l'Église, se réalise uniquement par la foi que Dieu donne. Tout autre effort est vain.*

*C'est pourquoi les obligations rituelles imposées aux nouveaux convertis par certains Juifs – les judaïsants – étaient contraires à l'Évangile qui libère le Chrétien de tout rite religieux. Ils exerçaient une pression telle sur les jeunes communautés chrétiennes, que même Pierre et Barnabas furent pris au piège de leur manipulation. Mais Paul montre dans sa lettre que le salut de Dieu est pour tous, Juifs et non-Juifs, qui font désormais partie d'une même communauté, unie en Jésus-Christ, ce que Pierre semblait avoir oublié.*

*« O Galates insensés! Qui vous a ensorcelés? »*
*(Galates 3,1)*
*Les Galates non-juifs avaient accepté le message de Paul au cours de ses voyages missionnaires. Ce message était clair : la foi, disait Paul, est le seul moyen par lequel les chrétiens sont rendus justes devant Dieu et vivent en communion avec le Fils de Dieu. Comment les Galates ont-ils pu se laisser séduire par les discours des faux frères qui les forçaient à pratiquer la loi de Moïse ? Sans doute parce que l'observation des rites rassure et donne l'impression « qu'on a fait quelque chose » pour mériter le salut. Mais c'est donner au rite une qualité qu'il n'a pas et ridiculiser l'œuvre du Christ. Si la loi était le moyen de rendre les hommes justes devant Dieu, la mort de Jésus sur la croix n'aurait pas de raison d'être et l'Évangile n'aurait pas de sens.*

## La loi ou la foi

**3** ¹ Ô Galates insensés ! Qui vous a ensorcelés ? Pourtant, c'est une claire vision de Jésus-Christ mort sur la croix qui vous a été présentée. ² Je désire que vous répondiez à cette seule question : avez-vous reçu l'Esprit de Dieu parce que vous avez obéi en tout à la loi ou parce que vous avez entendu et cru la Bonne Nouvelle ? ³ Comment pouvez-vous être aussi insensés ? Ce que vous avez commencé par l'Esprit de Dieu, voulez-vous l'achever maintenant par vos propres forces ? ⁴ Avez-vous fait de telles expériences pour rien ? Il n'est pas possible que ce soit pour rien. ⁵ Quand Dieu vous accorde son Esprit et réalise des miracles parmi vous, le fait-il parce que vous obéissez à la loi ou parce que vous entendez et croyez la Bonne Nouvelle ?

⁶ C'est ainsi qu'il est dit au sujet d'Abraham : « Il eut confiance en Dieu, et Dieu le considéra comme juste en tenant compte de sa foi. » ⁷ Vous devez donc le comprendre : ceux qui vivent selon la foi sont les vrais descendants d'Abraham. ⁸ L'Écriture a prévu que Dieu rendrait les non-Juifs justes à ses yeux à cause de leur foi. C'est pourquoi elle a annoncé d'avance à Abraham cette bonne nouvelle : « Dieu bénira toutes les nations de la terre à travers toi. » ⁹ Abraham a cru et il fut béni ; ainsi, tous ceux qui croient sont bénis comme il l'a été.

¹⁰ En revanche, ceux qui comptent sur l'obéissance à la loi sont frappés d'une malédiction. En effet, l'Écriture déclare : « Maudit soit celui qui ne met pas continuellement en pratique tout ce qui est écrit dans le livre de la loi. » ¹¹ Il est d'ailleurs clair que personne ne peut être rendu juste aux yeux de Dieu au moyen de la loi, car il est écrit : « Celui qui est juste par la foi, vivra. » ¹² Or, la loi n'a rien à voir avec la foi. Au contraire, comme il est également écrit : « Celui qui met en pratique les commandements de la loi vivra par eux. »

¹³ Le Christ, en devenant objet de malédiction à notre place, nous a délivrés de la malédiction de la loi. L'Écriture déclare en effet : « Maudit soit quiconque est pendu à un arbre. » ¹⁴ C'est ainsi que la bénédiction promise à Abraham est accordée aussi aux non-Juifs grâce à Jésus-Christ, et que nous recevons tous par la foi l'Esprit promis par Dieu.

## La loi et la promesse

¹⁵ Frères, je vais prendre un exemple dans la vie courante : quand un homme a établi un testament en bonne

et due forme, personne ne peut annuler ce testament ou lui ajouter quoi que ce soit. [16] Eh bien, Dieu a fait ses promesses à Abraham et à son descendant. L'Écriture ne déclare pas : « et à ses descendants », comme s'il s'agissait de nombreuses personnes ; elle déclare : « et à ton descendant », en indiquant par là une seule personne, qui est le Christ. [17] Voici ce que je veux dire : Dieu avait établi un testament et avait promis de le maintenir. La loi, qui est survenue quatre cent trente ans plus tard, ne peut pas annuler ce testament et supprimer la promesse de Dieu. [18] Mais si l'héritage que Dieu accorde s'obtient par la loi, alors ce n'est plus grâce à la promesse. Or, c'est par la promesse que Dieu a manifesté sa faveur à Abraham.

[19] Quel a donc été le rôle de la loi ? Elle a été ajoutée pour faire connaître les actions contraires à la volonté de Dieu, et cela jusqu'à ce que vienne le descendant d'Abraham pour qui la promesse avait été faite. Cette loi a été promulguée par des anges qui se sont servis d'un intermédiaire. [20] Mais un intermédiaire est inutile quand une seule personne est en cause, et Dieu seul est en cause.

## Le but de la loi

[21] Cela signifie-t-il que la loi est contraire aux promesses de Dieu ? Certainement pas ! Si une loi avait été donnée qui puisse procurer la vraie vie aux hommes, alors l'homme pourrait être rendu juste aux yeux de Dieu par le moyen de la loi. [22] Mais l'Écriture a déclaré que le monde entier est soumis à la puissance du péché, afin que le don promis par Dieu soit accordé aux croyants, en raison de leur foi en Jésus-Christ.

[23] Avant que vienne le temps de la foi, la loi nous gardait prisonniers, en attendant que cette foi soit révélée. [24] Ainsi, la loi a été notre surveillant jusqu'à la venue du Christ, afin que nous soyons rendus justes aux yeux de Dieu par la foi. [25] Maintenant que le temps de la foi est venu, nous ne dépendons plus de ce surveillant.

[26] Car vous êtes tous enfants de Dieu par la foi qui vous lie à Jésus-Christ. [27] Vous tous, en effet, avez été unis au Christ dans le baptême et vous vous êtes ainsi revêtus de tout ce qu'il nous offre. [28] Il n'importe donc plus que l'on soit juif ou non juif, esclave ou libre, homme ou femme ; en effet, vous êtes tous un dans la communion avec Jésus-Christ. [29] Si vous appartenez au Christ, vous êtes alors les descendants d'Abraham et vous recevrez l'héritage que Dieu a promis.

*« Le Christ, en devenant objet de malédiction à notre place, nous a délivrés de la malédiction de la loi. » (Galates 3,13) Le Christ crucifié accomplit les promesses de Dieu faites à Abraham, l'ancêtre du peuple juif, en unissant Juifs et non-Juifs. Il a payé de sa vie leur libération et a donc mis fin à la loi.*

**4** ¹ En d'autres mots, voici ce que je veux dire : aussi longtemps qu'un héritier est mineur, sa situation ne diffère pas de celle d'un esclave, bien que théoriquement tout lui appartienne. ² En fait, il est soumis à des personnes qui prennent soin de lui et s'occupent de ses affaires jusqu'au moment fixé par son père. ³ Nous, de même, nous étions précédemment comme des enfants, nous étions esclaves des forces spirituelles du monde. ⁴ Mais quand le moment fixé est arrivé, Dieu a envoyé son Fils : il est né d'une femme et il a été soumis à la loi juive, ⁵ afin de délivrer ceux qui étaient soumis à la loi, et de nous permettre ainsi de devenir enfants de Dieu.

⁶ Pour prouver que vous êtes bien ses enfants, Dieu a envoyé dans nos cœurs l'Esprit de son Fils, l'Esprit qui crie : « Abba, ô mon Père ! » ⁷ Ainsi, tu n'es plus esclave, mais enfant ; et puisque tu es son enfant, Dieu te donnera l'héritage qu'il réserve à ses enfants.

*« Avant que vienne le temps de la foi, la loi nous gardait prisonniers. » (Galates 3,23)*

*C'est l'incapacité des hommes à observer la loi, et non pas la loi elle-même, qui est à l'origine des relations brisées entre l'humanité et Dieu. Mais la loi n'est pas capable de donner la vie aux transgresseurs. Les Juifs, comme les non-Juifs, sont donc condamnés par elle. Pour expliquer le rôle de la loi, Paul utilise l'image du « surveillant », du « tuteur » (3,24). A son époque, le tuteur était un esclave chargé d'accompagner les enfants à l'école, de veiller à leur bon comportement et de les protéger des mauvaises influences. La loi, dit Paul, jouait un rôle similaire et avait pour effet de séparer les Juifs des non-Juifs. Cette fonction de la loi a pris fin. La foi en Jésus-Christ rend les hommes libres et les unit, quelle que soit leur race ou leur classe sociale… elle fait de tous des fils et des filles de Dieu, des héritiers de Dieu.*

*La présentation de Jésus au Temple, Albrecht Dürer (1471-1528).*

## L'inquiétude que Paul ressent au sujet des Galates

**8** Autrefois, vous ne connaissiez pas Dieu et vous étiez esclaves de dieux qui n'en sont pas en réalité. **9** Mais maintenant que vous connaissez Dieu – ou, plutôt, maintenant que Dieu vous connaît, comment est-il possible que vous retourniez à ces faibles et misérables forces spirituelles ? Voulez-vous redevenir leurs esclaves ? **10** Vous attachez une telle importance à certains jours, certains mois, certaines saisons et certaines années ! **11** Vous m'inquiétez : toute la peine que je me suis donnée pour vous serait-elle inutile ?

**12** Frères, je vous en supplie, devenez semblables à moi, puisque je me suis fait semblable à vous. Vous ne m'avez causé aucun tort. **13** Vous vous rappelez pourquoi je vous ai annoncé la Bonne Nouvelle la première fois : c'est parce que j'étais malade. **14** La vue de mon corps malade était éprouvante pour vous, et pourtant vous ne m'avez pas méprisé ou repoussé. Au contraire, vous m'avez accueilli comme un ange de Dieu, ou même comme Jésus-Christ. **15** Vous étiez si heureux ! Que vous est-il donc arrivé ? Je peux vous rendre ce témoignage : s'il avait été possible, vous vous seriez arraché les yeux pour me les donner ! **16** Et maintenant, suis-je devenu votre ennemi parce que je vous dis la vérité ?

**17** Il en est d'autres qui manifestent beaucoup d'intérêt pour vous, mais dont les intentions ne sont pas bonnes. Ce qu'ils veulent, c'est vous détacher de moi pour que vous leur portiez tout votre intérêt. **18** Certes, il est bon d'être rempli d'intérêt, mais pour le bien, et cela en tout temps, non pas seulement quand je suis parmi vous. **19** Mes enfants, je souffre de nouveau pour vous, comme une femme qui accouche, jusqu'à ce qu'il soit clair que le Christ est présent parmi vous. **20** Combien j'aimerais me trouver auprès de vous en ce moment afin de pouvoir vous parler autrement. Je suis si perplexe à votre sujet !

## L'exemple d'Agar et de Sara

**21** Dites-moi, vous qui voulez être soumis à la loi : n'entendez-vous pas ce que déclare cette loi ? **22** Il est écrit, en effet, qu'Abraham eut deux fils, l'un d'une esclave, Agar, et l'autre d'une femme née libre, Sara. **23** Le fils qu'il eut de la première naquit conformément à l'ordre naturel, mais le fils qu'il eut de la seconde naquit conformément à la promesse de Dieu. **24** Ce récit comporte un sens plus profond : les deux femmes représentent deux alliances.

« *Pour prouver que vous êtes bien ses enfants, Dieu a envoyé dans nos cœurs l'Esprit de son Fils, l'Esprit qui crie: 'Abba, ô mon Père !' Ainsi, tu n'es plus esclave, mais enfant; et puisque tu es son enfant, Dieu te donnera l'héritage qu'il réserve à ses enfants.* » (Galates 4,6-7)
*Pour parler de l'intimité et de l'affection qui existent entre les chrétiens et Dieu, Paul utilise le mot araméen* « Abba », *qui veut dire* « papa », *traduit ici par* « mon Père ». *Jésus s'adressait ainsi à son Père. Adoptés par Dieu comme de véritables enfants, les chrétiens participent à cette intimité.*

« *Je suis si perplexe à votre sujet !* » (Galates 4,20)
*Influencés par les faux apôtres, les Galates s'étaient détournés de Paul, malgré les liens profonds qui les unissaient à lui et les expériences particulières qu'ils avaient vécues ensemble. Paul s'adresse à eux avec affection ; il désire qu'ils retrouvent la joie que procure l'Évangile et se libèrent des contraintes qu'impose la religion juive. Pour l'apôtre, le christianisme n'a rien à voir avec le ritualisme ou le rigorisme, car la Bonne Nouvelle est affaire de joie et de liberté.*

*Abraham chassant Agar et Ismaël, tableau d'Horace Vernet (1789-1863).*
*Le récit d'Abraham et ses fils se trouve dans le livre de la Genèse. Sara, la femme d'Abraham, était stérile et âgée. Selon la coutume de son temps, elle donna sa servante Agar à son mari pour lui assurer une descendance. Ismaël fut le fils de cette union. Mais plus tard, Sara eut elle-même un enfant, Isaac, selon la promesse faite par Dieu au patriarche Abraham. Elle rejeta alors Agar et son fils. Paul fait de ce récit une parabole pour aider les Galates à comprendre la différence fondamentale qui existe entre l'ancienne et la nouvelle Alliance. Les chrétiens, dit-il, sont les enfants de la promesse ; ils ne sont pas esclaves de la loi mais vivent par la foi.*

L'une de ces alliances, représentée par Agar, est celle du mont Sinaï ; elle donne naissance à des esclaves. [25] Agar, c'est le mont Sinaï en Arabie ; elle correspond à l'actuelle ville de Jérusalem, qui est esclave avec tous les siens. [26] Mais la Jérusalem céleste est libre et c'est elle notre mère. [27] En effet, l'Écriture déclare :

« Réjouis-toi, femme qui n'avais pas d'enfant !
Pousse des cris de joie, toi qui n'as pas connu les douleurs de l'accouchement !
Car la femme abandonnée aura plus d'enfants
que la femme aimée par son mari. »

[28] Quant à vous, frères, vous êtes des enfants nés conformément à la promesse de Dieu, tout comme Isaac. [29] Autrefois, le fils né conformément à l'ordre naturel persécutait celui qui était né selon l'Esprit de Dieu, et il en va de même maintenant. [30] Mais que déclare l'Écriture ? Ceci : « Chasse cette esclave et son fils ; car le fils de l'esclave ne doit pas avoir part à l'héritage paternel avec le fils de la femme née libre. » [31] Ainsi, frères, nous ne sommes pas enfants de celle qui est esclave, mais de celle qui est libre.

## Ne perdez pas votre liberté

**5** [1] Le Christ nous a libérés pour que nous soyons vraiment libres. Tenez bon, donc, ne vous laissez pas de nouveau réduire en esclavage.

[2] Écoutez ! Moi, Paul, je vous l'affirme : si vous vous faites circoncire, alors le Christ ne vous servira plus à rien. [3] Je l'affirme encore une fois à tout homme qui se fait circoncire : il a le devoir d'obéir à la loi tout entière. [4] Vous qui cherchez à être reconnus justes aux yeux de Dieu par la loi, vous êtes séparés du Christ ; vous êtes privés de la grâce de Dieu. [5] Quant à nous, nous mettons notre espoir en Dieu, qui nous rendra justes à ses yeux ; c'est ce que nous attendons, par la puissance du Saint-

Esprit qui agit au travers de notre foi. ⁶ Car, pour celui qui est uni à Jésus-Christ, être circoncis ou ne pas l'être n'a pas d'importance : ce qui importe, c'est la foi qui agit par l'amour.

⁷ Vous aviez pris un si bon départ ! Qui a brisé votre élan pour vous empêcher d'obéir à la vérité ? ⁸ Ce que l'on vous a dit pour vous convaincre ne venait pas de Dieu qui vous appelle. ⁹ « Un peu de levain fait lever toute la pâte », comme on dit. ¹⁰ Cependant, le Seigneur me donne confiance en ce qui vous concerne : je suis certain que vous ne penserez pas autrement que moi. Mais celui qui vous trouble, quel qu'il soit, subira la condamnation divine.

¹¹ Quant à moi, frères, s'il était vrai que je prêche encore la nécessité de se faire circoncire, pourquoi continuerait-on à me persécuter ? Dans ce cas, annoncer le Christ crucifié ne serait plus scandaleux pour personne. ¹² Que ceux qui vous troublent aillent encore plus loin dans leurs pratiques : qu'ils se mutilent tout à fait !

« Ce qui importe, c'est la foi qui agit par l'amour. » (Galates 5,6)
*Avoir la foi ne consiste pas simplement à être d'accord avec le message de l'Évangile ou à adhérer intellectuellement et traditionnellement au christianisme. Avoir la foi, c'est placer une confiance totale en la bonté de Dieu et l'exprimer en actes d'amour envers les autres.*

« Chasse aux ours », tableau de Paul de Vos (1596-1678).

¹³ Mais vous, frères, vous avez été appelés à la liberté. Seulement ne faites pas de cette liberté un prétexte pour vivre selon les désirs de votre propre nature. Au contraire, laissez-vous guider par l'amour pour vous mettre au service les uns des autres. ¹⁴ Car toute la loi se résume dans ce seul commandement : « Tu dois aimer ton prochain comme toi-même. » ¹⁵ Mais si vous agissez comme des bêtes sauvages, en vous mordant et vous dévorant les uns les autres, alors prenez garde : vous finirez par vous détruire les uns les autres.

« Si vous agissez comme des bêtes sauvages, en vous mordant et vous dévorant les uns les autres, alors prenez garde : vous finirez par vous détruire les uns les autres. » (Galates 5,15)
*La liberté que l'Évangile procure doit contribuer au bien et au progrès de la communauté chrétienne et non à l'individualisme qui détruit toute communion avec les autres.*

417

## Etre dirigé par l'Esprit
## et non par les désirs humains

¹⁶ Voici donc ce que j'ai à vous dire : laissez le Saint-Esprit diriger votre vie et vous n'obéirez plus aux désirs de votre propre nature. ¹⁷ Car notre propre nature a des désirs contraires à ceux de l'Esprit, et l'Esprit a des désirs contraires à ceux de notre propre nature : ils sont complètement opposés l'un à l'autre, de sorte que vous ne pouvez pas faire ce que vous voudriez. ¹⁸ Mais si l'Esprit vous conduit, alors vous n'êtes plus soumis à la loi.

¹⁹ On sait bien comment se manifeste l'activité de notre propre nature : dans l'immoralité, l'impureté et le vice, ²⁰ le culte des idoles et la magie. Les gens se haïssent les uns les autres, se querellent et sont jaloux, ils sont dominés par la colère et les rivalités. Ils se divisent en partis et en groupes opposés ; ²¹ ils sont envieux, ils se livrent à l'ivrognerie et à des orgies, et commettent d'autres actions semblables. Je vous avertis maintenant comme je l'ai déjà fait : ceux qui agissent ainsi n'auront pas de place dans le Royaume de Dieu.

²² Mais ce que l'Esprit Saint produit, c'est l'amour, la joie, la paix, la patience, la bienveillance, la bonté, la fidélité, ²³ la douceur et la maîtrise de soi. La loi n'est certes pas contre de telles choses ! ²⁴ Ceux qui appartiennent à Jésus-Christ ont fait mourir sur la croix leur propre nature avec ses passions et ses désirs. ²⁵ L'Esprit nous a donné la vie ; laissons-le donc aussi diriger notre conduite. ²⁶ Ne soyons pas vaniteux, renonçons à nous défier ou à nous envier les uns les autres.

## Porter les fardeaux les uns des autres

6 ¹ Frères, si quelqu'un vient à être pris en faute, vous qui avez l'Esprit de Dieu ramenez-le dans le droit chemin ; mais faites preuve de douceur à son égard. Et prenez bien garde, chacun, de ne pas vous laisser tenter, vous aussi. ² Aidez-vous les uns les autres à porter vos fardeaux : vous obéirez ainsi à la loi du Christ. ³ Si quelqu'un pense être important alors qu'il n'est rien, il se trompe lui-même. ⁴ Que chacun examine sa propre

« Aidez-vous les uns les autres à porter vos fardeaux: vous obéirez ainsi à la loi du Christ. » (Galates 6,2)
Paul compare les difficultés de certains à changer de comportement moral à des fardeaux trop lourds à porter seul. Au lieu de condamner ceux qui ont du mal à suivre la voie de l'Évangile, les fidèles plus solides dans la foi – plus « spirituels » dit Paul – devraient les aider à surmonter leurs tentations. Dans l'Église, personne ne peut se croire supérieur aux autres, car Dieu seul est juge, et c'est devant lui que chacun répondra un jour de ses actes.

conduite ; s'il peut en être fier, il le sera alors par rapport à lui seul et non par comparaison avec autrui. [5] Car chacun doit porter sa propre charge.

[6] Celui qui est instruit dans la foi chrétienne doit partager les biens qu'il possède avec celui qui lui donne cet enseignement.

[7] Ne vous y trompez pas : on ne se moque pas de Dieu. L'homme récoltera ce qu'il aura semé. [8] S'il sème ce qui plaît à sa propre nature, la récolte qu'il en aura sera la mort ; mais s'il sème ce qui plaît à l'Esprit Saint, la récolte qu'il en aura sera la vie éternelle. [9] Ne nous lassons pas de faire le bien ; car si nous ne nous décourageons pas, nous aurons notre récolte au moment voulu. [10] Ainsi, tant que nous en avons l'occasion, faisons du bien à tous, et surtout à nos frères dans la foi.

## Derniers avertissements et salutation

[11] Je vous écris maintenant de ma propre main, comme vous le voyez à la grosseur des lettres. [12] Ceux qui veulent vous obliger à vous faire circoncire sont des gens qui désirent se faire bien voir pour des motifs humains. Ils veulent uniquement ne pas être persécutés à cause de la croix du Christ. [13] Ces gens qui pratiquent la circoncision n'obéissent pas eux-mêmes à la loi ; ils veulent que vous soyez circoncis pour pouvoir se vanter de vous avoir imposé ce signe dans votre chair. [14] Quant à moi, je ne veux me vanter que de la croix de notre Seigneur Jésus-Christ ; en effet, grâce à elle le monde est mort pour moi et je suis mort pour le monde. [15] C'est pourquoi être circoncis ou ne pas l'être n'a aucune importance : ce qui importe, c'est d'être une nouvelle créature. [16] Pour tous ceux qui se conduisent selon cette règle, je dis : que la paix et la bonté de Dieu leur soient accordées, ainsi qu'à l'ensemble du peuple de Dieu.

[17] A l'avenir, que personne ne me cause plus de difficultés ; car les cicatrices que je porte sur mon corps prouvent que j'appartiens à Jésus.

[18] Que la grâce de notre Seigneur Jésus-Christ soit avec vous tous, frères. Amen.

« Je vous écris maintenant de ma propre main, comme vous le voyez à la grosseur des lettres. » (Galates 6,11)
*Paul dictait souvent ses lettres à un secrétaire, mais il en rédigeait traditionnellement les conclusions. Ici, il termine sa lettre en résumant de manière très concise son message aux Galates ; l'utilisation de gros caractères était, à son époque, une manière de souligner ce qu'on écrivait.*

*La Prédication de saint Paul à Éphèse, selon un tableau d'Eustache Lesueur (1617-1655). Au premier plan, des païens devenus croyants brûlent leurs livres de magie.*

Au milieu du premier siècle de notre ère, le nombre des Églises chrétiennes augmentait rapidement en Asie Mineure (aujourd'hui la Turquie d'Asie). Les communautés étaient en relation les unes avec les autres, et celle d'Éphèse devait jouir d'un certain prestige. L'apôtre Paul y avait séjourné durant trois ans lors de son troisième voyage missionnaire. Il était en prison lorsqu'il écrivit cette lettre aux Éphésiens. C'est pourquoi on la classe parmi les lettres dites « de la captivité », comme celles qui ont été adressées aux Philippiens, aux Colossiens et à Philémon.

L'ampleur de son enseignement fait penser que la lettre concerne un cercle de lecteurs beaucoup plus large que celui d'une seule communauté locale. Son thème central est « le plan éternel de Dieu », qui vise à « réunir tout ce qui est dans les cieux et sur la terre sous un seul chef, le Christ » (Éphésiens 1,10).

Pour illustrer l'unité du peuple de Dieu, l'apôtre emploie dans sa lettre trois images : celle du « corps », l'Église, dont Jésus-Christ est la tête ; celle de « l'édifice », dont Jésus-Christ est la pierre d'angle; celle du « couple », l'Église étant l'épouse du Christ. Il n'y a pas d'unité possible en dehors de l'union des croyants à leur seul Seigneur.

# LETTRE AUX ÉPHÉSIENS

## Salutation

**1** ¹ De la part de Paul, qui par la volonté de Dieu est apôtre de Jésus-Christ.

A ceux qui appartiennent au peuple de Dieu à Éphèse et qui sont fidèles dans la communion avec Jésus-Christ : ² Que Dieu notre Père et le Seigneur Jésus-Christ vous accordent la grâce et la paix.

## Les bienfaits que Dieu nous a accordés par le Christ

³ Louons Dieu, le Père de notre Seigneur Jésus-Christ ! Il nous a bénis dans notre union avec le Christ, en nous accordant toute bénédiction spirituelle dans le monde céleste. ⁴ Avant la création du monde, Dieu nous avait déjà choisis pour être siens par le Christ, afin que nous soyons saints et sans défaut à ses yeux. Dans son amour, ⁵ Dieu avait décidé par avance qu'il ferait de nous ses enfants par Jésus-Christ ; dans sa bienveillance, voilà ce qu'il a voulu. ⁶ Louons donc Dieu pour le don magnifique qu'il nous a généreusement fait en son Fils bien-aimé.

⁷ Car, par le sacrifice du Christ, nous sommes délivrés du mal et nos péchés sont pardonnés. Dieu nous a ainsi manifesté la richesse de sa grâce, ⁸ qu'il nous a accordée avec abondance en nous procurant une pleine sagesse et une pleine intelligence : ⁹ Il nous a fait connaître son plan secret que, dans sa bienveillance, il avait décidé par avance de réaliser par le Christ. ¹⁰ Ce plan, que Dieu achèvera à la fin des temps, consiste à réunir tout ce qui est dans les cieux et sur la terre sous un seul chef, le Christ.

¹¹ Dans notre union avec le Christ, nous avons reçu la part qui nous était promise, car Dieu nous avait choisis par avance, selon son plan ; et Dieu réalise toutes choses conformément à ce qu'il a décidé et voulu. ¹² Louons donc la grandeur de Dieu, nous qui avons été les premiers à mettre notre espoir dans le Christ !

¹³ Vous aussi, quand vous avez écouté le message de la vérité, la Bonne Nouvelle qui vous a apporté le salut, vous avez cru au Christ ; alors, Dieu a mis sa marque personnelle sur vous, en vous donnant le Saint-Esprit promis. ¹⁴ Le Saint-Esprit nous garantit les biens que Dieu a réservés à son peuple ; il nous assure que nous les posséderons quand notre délivrance sera complète. Louons donc la grandeur de Dieu !

**Un chant de louange**

*Les versets 3 à 14 constituent une seule phrase dans le texte original grec : il s'agit d'une bénédiction, d'un hymne liturgique qui chante la louange de Dieu pour le don de son Fils Jésus. Depuis les origines, dit Paul dans sa prière de louange, Dieu nous a choisis pour un projet d'amour, pour que nous devenions ses filles et ses fils. Il nous a réconciliés avec lui et nous a fait connaître sa volonté de réunifier toute la création en Jésus-Christ. Il nous a donné son Esprit en signe de notre union définitive avec lui et pour faire de nous son peuple.*

*La résurrection, illustration de Albrecht Dürer (1471-1528).*

## Prière de Paul

[15] Voilà pourquoi, maintenant que j'ai entendu parler de votre foi dans le Seigneur Jésus et de votre amour pour tous les croyants, [16] je ne cesse pas de remercier Dieu à votre sujet. Je pense à vous dans mes prières [17] et je demande au Dieu de notre Seigneur Jésus-Christ, au Père glorieux, de vous donner l'Esprit de sagesse qui vous le révélera et vous le fera vraiment connaître. [18] Qu'il ouvre vos yeux à sa lumière, afin que vous compreniez à quelle espérance il vous a appelés, quelle est la richesse et la splendeur des biens destinés à ceux qui lui appartiennent, [19] et quelle est la puissance extraordinaire dont il dispose pour nous les croyants. Cette puissance est celle-là même que Dieu a manifestée avec tant de force [20] quand il a ramené le Christ d'entre les morts et l'a fait siéger à sa droite dans le monde céleste. [21] Le Christ y est placé au-dessus de toute autorité, de tout pouvoir, de toute puissance, de toute domination et de tout autre titre qui puisse être cité non seulement dans ce monde-ci mais aussi dans le monde à venir. [22] Dieu a mis toutes choses sous les pieds du Christ et il l'a donné à l'Église comme chef suprême. [23] L'Église est le corps du Christ ; c'est en elle que le Christ est pleinement présent, lui qui remplit tout l'univers.

## De la mort à la vie

2 [1] Autrefois, vous étiez spirituellement morts à cause de vos fautes, à cause de vos péchés. [2] Vous vous conformiez alors à la manière de vivre de ce monde ; vous obéissiez au chef des puissances spirituelles de l'espace, cet esprit qui agit maintenant en ceux qui s'opposent à Dieu. [3] Nous tous, nous étions aussi comme eux, nous vivions selon les désirs de notre propre nature, nous faisions ce que voulaient notre corps et notre esprit. Ainsi, à cause de notre nature, nous étions destinés à subir le jugement de Dieu comme les autres.

[4] Mais la compassion de Dieu est immense, son amour pour nous est tel que, [5] lorsque nous étions spirituellement morts à cause de nos fautes, il nous a fait revivre avec le Christ. C'est par la grâce de Dieu que vous avez été sauvés. [6] Dans notre union avec Jésus-Christ, Dieu nous a ramenés de la mort avec lui pour nous faire régner avec lui dans le monde céleste. [7] Par la bonté qu'il nous a manifestée en Jésus-Christ, il a voulu démontrer pour tous les siècles à venir la richesse extraordinaire de sa grâce. [8] Car c'est par la grâce de Dieu que vous avez

été sauvés, au moyen de la foi. Ce salut ne vient pas de vous, il est un don de Dieu ; [9] il n'est pas le résultat de vos efforts, et ainsi personne ne peut se vanter. [10] En effet, c'est Dieu qui nous a formés ; il nous a créés, dans notre union avec Jésus-Christ, pour que nous menions une vie riche en actions bonnes, celles qu'il a préparées d'avance afin que nous les pratiquions.

## Un en Jésus-Christ

[11] Rappelez-vous ce que vous étiez autrefois ! Vous n'êtes pas juifs de naissance ; les Juifs vous traitent d'incirconcis alors qu'ils s'appellent circoncis en raison d'une opération pratiquée dans leur chair. [12] Eh bien, en ce temps-là, vous étiez loin du Christ ; vous étiez étrangers, vous n'apparteniez pas au peuple de Dieu ; vous étiez exclus des alliances fondées sur la promesse divine ; vous viviez dans le monde sans espérance et sans Dieu. [13] Mais maintenant, dans l'union avec Jésus-Christ, vous qui étiez alors bien loin, vous avez été rapprochés par son sacrifice. [14] Car c'est le Christ lui-même qui nous a apporté la paix, en faisant des Juifs et des non-Juifs un seul peuple. En donnant son corps, il a abattu le mur qui les séparait et en faisait des ennemis. [15] Il a annulé la loi juive avec ses commandements et ses règlements, pour former avec les uns et les autres un seul peuple nouveau dans l'union avec lui ; c'est ainsi qu'il a établi la paix. [16] Par sa mort sur la croix, le Christ les a tous réunis en un seul corps et les a réconciliés avec Dieu ; par la croix, il a détruit la haine. [17] Le Christ est donc venu annoncer la Bonne Nouvelle de la paix à vous les plus lointains comme aux plus proches. [18] C'est en effet par le Christ que nous tous, Juifs et non-Juifs, nous pouvons nous présenter devant Dieu, le Père, grâce au même Saint-Esprit.

[19] Par conséquent, vous les non-Juifs, vous n'êtes plus des étrangers, des gens venus d'ailleurs ; mais vous êtes maintenant concitoyens des membres du peuple de Dieu, vous appartenez à la famille de Dieu. [20] Vous êtes intégrés dans la construction dont les fondations sont les apôtres et les prophètes, et la pierre d'angle Jésus-Christ lui-même. [21] C'est lui qui assure la solidité de toute la construction et la fait s'élever pour former un temple saint consacré au Seigneur. [22] Dans l'union avec lui, vous faites partie vous aussi de la construction pour devenir avec tous les autres la maison que Dieu habite par son Esprit.

« C'est le Christ lui-même qui nous a apporté la paix, en faisant des Juifs et des non-Juifs un seul peuple. En donnant son corps, il a abattu le mur qui les séparait et les rendait ennemis. » (Éphésiens 2,14)

Paul emploie l'image du mur pour illustrer la séparation nette qui existait entre les Juifs et les païens avant la venue de Jésus-Christ. Il fait peut-être allusion au mur du temple qui séparait Juifs et païens et sur lequel des panneaux interdisaient l'accès de ces derniers à la cour intérieure réservée aux seuls Juifs.

## La mission dont Paul est chargé en faveur des non-Juifs

*« Vous les non-Juifs…, vous êtes intégrés dans la construction dont les fondations sont les apôtres et les prophètes, et la pierre d'angle Jésus-Christ lui-même. »*
*(Éphésiens 2,19-20)*

**3** ¹ C'est pourquoi, moi Paul, j'adresse ma prière à Dieu. Je suis prisonnier au service de Jésus-Christ pour vous les non-Juifs. ² Vous avez certainement entendu parler de la mission dont Dieu, dans sa bonté, m'a chargé en votre faveur. ³ Dieu m'a accordé une révélation pour me faire connaître son plan secret. J'ai écrit plus haut quelques mots à ce sujet ⁴ et, en les lisant, vous pouvez comprendre à quel point je connais le secret qui concerne le Christ. ⁵ Dans les temps passés, ce secret n'a pas été communiqué aux humains, mais Dieu l'a révélé maintenant par son Esprit à ses saints apôtres et prophètes. ⁶ Voici ce secret : par le moyen de la Bonne Nouvelle, les non-Juifs sont destinés à recevoir avec les Juifs les biens que Dieu réserve à son peuple, ils sont membres du même corps et bénéficient eux aussi de la promesse que Dieu a faite en Jésus-Christ.

⁷ Je suis devenu serviteur de la Bonne Nouvelle grâce à un don que Dieu, dans sa bonté, m'a accordé en agissant avec puissance. ⁸ Je suis le moindre de tous les croyants ; pourtant, Dieu m'a accordé cette faveur d'annoncer aux non-Juifs la richesse infinie du Christ. ⁹ Je dois mettre en lumière, pour tous les humains, la façon dont Dieu réalise son plan secret. Lui qui est le créateur de toutes choses, il a tenu caché ce plan depuis toujours, ¹⁰ afin que maintenant, grâce à

*Cette photo de l'abbaye du mont Saint-Michel, fondée sur un roc solide, illustre ce que Paul déclare aux Éphésiens non-juifs : avant la venue de Jésus-Christ, les païens étaient désavantagés par rapport aux Juifs, mais ils constituent désormais en lui une nouvelle demeure spirituelle qui surpasse de loin le temple de Jérusalem. Cet édifice grandiose s'élève grâce au témoignage des apôtres et des prophètes et trouve sa cohésion en la personne du Christ.*

l'Église, les autorités et les puissances du monde céleste puissent connaître la sagesse divine sous tous ses aspects. ¹¹ Tout cela est conforme au projet éternel de Dieu, qu'il a réalisé par Jésus-Christ notre Seigneur. ¹² Dans l'union avec le Christ et par notre foi en lui, nous avons la liberté de nous présenter devant Dieu avec une pleine confiance. ¹³ Par conséquent, je vous le demande, ne vous laissez pas décourager par les souffrances que j'éprouve pour vous : elles vous assurent un avantage glorieux.

## L'amour du Christ

¹⁴ C'est pourquoi je me mets à genoux devant Dieu, le Père, ¹⁵ dont dépend toute famille dans les cieux et sur la terre. ¹⁶ Je lui demande que, selon la richesse de sa gloire, il fortifie votre être intérieur par la puissance de son

Esprit, [17] et que le Christ habite dans vos cœurs par la foi.
Je demande que vous soyez enracinés et solidement établis dans l'amour, [18] pour être capables de comprendre,
avec l'ensemble du peuple de Dieu, combien l'amour du
Christ est large et long, haut et profond. [19] Oui, puissiez-vous connaître son amour – bien qu'il surpasse toute
connaissance – et être ainsi remplis de toute la richesse
de Dieu.

[20] A Dieu qui a le pouvoir de faire infiniment plus que
tout ce que nous demandons ou même imaginons, par
la puissance qui agit en nous, [21] à lui soit la gloire dans
l'Église et par Jésus-Christ, dans tous les temps et pour
toujours ! Amen.

## L'unité du corps

4 [1] Je vous en supplie, donc, moi qui suis prisonnier
parce que je sers le Seigneur : vous que Dieu a appelés, conduisez-vous d'une façon digne de cet appel.
[2] Soyez toujours humbles, doux et patients. Supportez-vous les uns les autres avec amour. [3] Efforcez-vous de
maintenir l'unité que donne l'Esprit Saint par la paix qui
vous lie les uns aux autres. [4] Il y a un seul corps et un seul
Saint-Esprit, de même qu'il y a une seule espérance à laquelle Dieu vous a appelés. [5] Il y a un seul Seigneur, une
seule foi, un seul baptême ; [6] il y a un seul Dieu, le Père de
tous, qui règne sur tous, agit par tous et demeure en tous.

[7] Cependant, chacun de nous a reçu un don particulier,
l'un de ceux que le Christ a généreusement accordés. [8] Il
est dit dans l'Écriture :

« Quand il est monté vers les hauteurs,
il a capturé des prisonniers ;
il a fait des dons aux hommes. »

[9] Or, que veut dire « il est monté » ? Cela présuppose
qu'il est aussi descendu dans les régions les plus profondes de la terre. [10] Celui qui est descendu est aussi
celui qui est monté au plus haut des cieux afin de remplir
tout l'univers. [11] C'est lui qui a fait des dons particuliers
aux hommes : des uns il a fait des apôtres, d'autres des
prophètes, d'autres encore des évangélistes, des pasteurs
ou des enseignants. [12] C'est ainsi qu'il a rendu le peuple
de Dieu apte à accomplir son service, pour faire croître
le corps du Christ. [13] De cette façon, nous parviendrons
tous ensemble à l'unité de la foi dans la connaissance du
Fils de Dieu ; nous deviendrons des adultes dont le développement atteindra à la stature parfaite du Christ.
[14] Alors, nous ne serons plus des enfants, emportés par
les vagues ou le tourbillon de toutes sortes de doctrines,

### L'apôtre Paul, prisonnier de Jésus-Christ

*C'est parce que Paul est
devenu « serviteur de la
Bonne Nouvelle » qu'il est
emprisonné. En le rappelant
plusieurs fois dans sa lettre, il
ne se plaint pas de son état
et ne recherche pas la
« sympathie » des chrétiens
d'Éphèse. Au contraire, les
souffrances que Paul subit
peuvent contribuer au bien
de la communauté chrétienne
qu'il invite à vivre dans l'unité
en Jésus-Christ, en rejetant les
discordes et les hérésies. Ainsi,
ses souffrances n'auront pas
été vaines.*

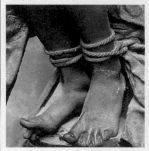

trompés par des hommes recourant à la ruse pour entraîner les autres dans l'erreur. [15] Au contraire, en proclamant la vérité avec amour, nous grandirons en tout vers le Christ, qui est la tête. [16] C'est grâce à lui que le corps forme un tout solide, bien uni par toutes les articulations dont il est pourvu. Ainsi, lorsque chaque partie fonctionne comme elle doit, le corps entier grandit et se développe par l'amour.

## La vie nouvelle des chrétiens

[17] Voici donc ce que je vous demande avec insistance au nom du Seigneur : ne vous conduisez plus comme les païens que leurs pensées mènent au néant. [18] Ils refusent de comprendre ; ils n'ont aucune part à la vie qui vient de Dieu, parce qu'ils sont complètement ignorants et profondément endurcis. [19] Ils ont perdu tout sentiment de honte ; ils se sont livrés au vice et commettent sans aucune retenue toutes sortes d'actions impures.

[20] Ce n'est pas là ce que vous avez appris au sujet du Christ ! [21] Vous avez certainement entendu tout ce qui le concerne, et on vous a enseigné, en tant que chrétiens, la vérité qui est en Jésus. [22] Vous devez donc, en renonçant à votre conduite passée, vous débarrasser de votre vieille nature que ses désirs trompeurs mènent à la ruine. [23] Il faut vous laisser complètement renouveler dans votre cœur et votre esprit. [24] Revêtez-vous de la nouvelle nature, créée à la ressemblance de Dieu et qui se manifeste dans la vie juste et sainte qu'inspire la vérité.

[25] C'est pourquoi, rejetez le mensonge ! Que chacun dise la vérité à son prochain, car nous sommes tous membres d'un même corps. [26] Si vous vous mettez en colère, ne péchez pas ; que votre colère s'apaise avant le coucher du soleil. [27] Ne donnez pas au diable l'occasion de vous dominer. [28] Que celui qui volait cesse de voler ; qu'il se mette à travailler de ses propres mains pour gagner honnêtement sa vie et avoir ainsi de quoi aider les pauvres. [29] Qu'aucune parole mauvaise ne sorte de votre bouche ; dites seulement des paroles utiles, qui répondent à un besoin et encouragent autrui, pour faire ainsi du bien à ceux qui vous entendent. [30] N'attristez pas le Saint-Esprit que Dieu vous a accordé ; il est la garantie que le jour viendra où Dieu vous délivrera complètement du mal. [31] Chassez loin de vous tout sentiment amer, toute irritation, toute colère, ainsi que les cris et les insultes. Abstenez-vous de toute forme de méchanceté. [32] Soyez bons et pleins d'affection les uns pour les autres ; pardonnez-vous réciproquement, comme Dieu vous a pardonné par le Christ.

*« Efforcez-vous de maintenir l'unité que donne l'Esprit Saint par la paix qui vous lie les uns aux autres. Il y a un seul corps et un seul Saint-Esprit, de même qu'il y a une seule espérance à laquelle Dieu vous a appelés. » (Éphésiens 4,3-4)*

Les chrétiens sont tous unis en Jésus-Christ. Mais cette unité n'est pas acquise une fois pour toutes. Chaque fidèle en est responsable et travaille à la maintenir. Paul montre que Dieu a donné à l'Église les moyens de vivre et d'œuvrer ensemble dans l'unité.

## Vivre dans la lumière

**5** <sup>1</sup> Puisque vous êtes les enfants que Dieu aime, efforcez-vous d'être comme lui. <sup>2</sup> Que votre façon de vivre soit inspirée par l'amour, à l'exemple du Christ qui nous a aimés et a donné sa vie pour nous, comme une offrande et un sacrifice dont l'agréable odeur plaît à Dieu.

<sup>3</sup> Vous appartenez au peuple de Dieu, par conséquent il ne convient pas qu'une forme quelconque d'immoralité, d'impureté ou d'envie soit même mentionnée parmi vous. <sup>4</sup> Il n'est pas convenable non plus que vous prononciez des paroles grossières, stupides ou sales. Adressez plutôt des prières de reconnaissance à Dieu. <sup>5</sup> Sachez-le bien : aucun être immoral, impur ou avare (car l'avarice, c'est de l'idolâtrie) n'aura jamais part au Royaume du Christ et de Dieu.

<sup>6</sup> Que personne ne vous égare par des raisonnements trompeurs : ce sont de telles fautes qui attirent la colère de Dieu sur ceux qui s'opposent à lui. <sup>7</sup> N'ayez donc rien de commun avec ces gens-là. <sup>8</sup> Vous étiez autrefois dans l'obscurité ; mais maintenant, par votre union avec le Seigneur, vous êtes dans la lumière. Par conséquent, conduisez-vous comme des êtres qui dépendent de la lumière, <sup>9</sup> car la lumière produit toute sorte de bonté, de droiture et de vérité. <sup>10</sup> Efforcez-vous

*« Que votre façon de vivre soit inspirée par l'amour, à l'exemple du Christ qui nous a aimés et a donné sa vie pour nous. » (Éphésiens 5,2)* Nous savons ce qu'est aimer. Pour celui qui a découvert le Christ, ce n'est pas une idée abstraite ou un idéal inatteignable. Jésus-Christ l'a vécu, jusqu'au bout, jusqu'au don de sa vie. Nous avons quelqu'un qui nous précède sur le chemin et qui peut devenir notre guide. Mieux encore, une force agit en nous et inspire nos actions, c'est l'Esprit du Christ.

de discerner ce qui plaît au Seigneur. <sup>11</sup> N'ayez aucune part aux actions stériles que l'on pratique dans l'obscurité ; dénoncez-les plutôt. <sup>12</sup> On a honte même de parler de ce que certains font en cachette. <sup>13</sup> Or, tout ce qui est dévoilé est mis en pleine lumière ; <sup>14</sup> de plus, tout ce qui est mis en pleine lumière devient à son tour lumière. C'est pourquoi il est dit :

« Réveille-toi, toi qui dors,
relève-toi d'entre les morts,
et le Christ t'éclairera. »
¹⁵ Ainsi prenez bien garde à votre manière de vivre. Ne vous conduisez pas comme des ignorants mais comme des sages. ¹⁶ Faites un bon usage de toute occasion qui se présente à vous, car les jours que nous vivons sont mauvais. ¹⁷ Ne soyez donc pas déraisonnables, mais efforcez-vous de comprendre ce que le Seigneur attend de vous.

¹⁸ Ne vous enivrez pas : l'abus de vin ne peut que vous mener au désordre ; mais soyez remplis de l'Esprit Saint. ¹⁹ Encouragez-vous les uns les autres par des psaumes, des hymnes et de saints cantiques inspirés par l'Esprit ; chantez des cantiques et des psaumes pour louer le Seigneur de tout votre cœur. ²⁰ Remerciez Dieu le Père en tout temps et pour tout, au nom de notre Seigneur Jésus-Christ.

## Femmes et maris

²¹ Soumettez-vous les uns aux autres à cause du respect que vous avez pour le Christ.

²² Femmes, soyez soumises à vos maris, comme vous l'êtes au Seigneur. ²³ Car le mari est le chef de sa femme, comme le Christ est le chef de l'Église. Le Christ est en effet le Sauveur de l'Église qui est son corps. ²⁴ Les femmes doivent donc se soumettre en tout à leurs maris, tout comme l'Église se soumet au Christ.

²⁵ Maris, aimez vos femmes tout comme le Christ a aimé l'Église jusqu'à donner sa vie pour elle. ²⁶ Il a voulu ainsi rendre l'Église digne d'être à Dieu, après l'avoir purifiée par l'eau et par la parole ; ²⁷ il a voulu se présenter à lui-même l'Église dans toute sa beauté, pure et sans défaut, sans tache ni ride ni aucune autre imperfection. ²⁸ Les maris doivent donc aimer leurs femmes comme ils aiment leur propre corps. Celui qui aime sa femme s'aime lui-même. ²⁹ En effet, personne n'a jamais haï son propre corps ; au contraire, on le nourrit et on en prend soin, comme le Christ le fait pour l'Église, ³⁰ son corps, dont nous faisons tous partie. ³¹ Comme il est écrit : « C'est pourquoi l'homme quittera son père et sa mère pour s'attacher à sa femme, et les deux deviendront un seul être. » ³² Il y a une grande vérité cachée dans ce passage. Je dis, moi, qu'il se rapporte au Christ et à l'Église. ³³ Mais il s'applique aussi à vous : il faut que chaque mari aime sa femme comme lui-même, et que chaque femme respecte son mari.

*La Sainte Famille à table, Jacques Callot, L'Action de grâce.*

**Enfants et parents**

*L'unité des hommes en Jésus-Christ transforme les relations familiales. Comme le soulignait déjà la loi de Moïse, les enfants ont leur part de responsabilité dans le cadre de l'unité familiale et sociale. Mais Paul mettra l'accent sur un aspect rarement abordé : les parents, en particulier les pères. L'éducation des enfants doit se faire de telle manière que, là aussi, ce soit l'Esprit du Christ qui agisse et non l'autoritarisme.*

## Enfants et parents

**6** ¹ Enfants, c'est votre devoir devant le Seigneur d'obéir à vos parents, car cela est juste. ² « Respecte ton père et ta mère » est le premier commandement suivi d'une promesse : ³ « afin que tu sois heureux et que tu jouisses d'une longue vie sur la terre. »

⁴ Et vous, pères, n'allez pas irriter vos enfants par votre attitude. Mais élevez-les en leur donnant une éducation et une discipline inspirées par le Seigneur.

## Esclaves et maîtres

⁵ Esclaves, obéissez à vos maîtres d'ici-bas humblement, avec respect, d'un cœur sincère, comme si vous serviez le Christ. ⁶ Ne le faites pas seulement quand ils vous surveillent, pour leur plaire ; mais accomplissez la volonté de Dieu de tout votre cœur, comme des esclaves du Christ. ⁷ Servez-les avec bonne volonté, comme si vous serviez le Seigneur lui-même et non des hommes. ⁸ Rappelez-vous que chacun, qu'il soit esclave ou libre, sera récompensé par le Seigneur, selon le bien qu'il aura fait.

⁹ Et vous, maîtres, conduisez-vous d'une façon semblable à l'égard de vos esclaves ; abstenez-vous de toute menace. Rappelez-vous que vous avez, vous et vos esclaves, le même Maître dans les cieux, qui n'avantage personne.

## Les armes que Dieu fournit

¹⁰ Enfin, puisez votre force dans l'union avec le Seigneur, dans son immense puissance.

*Les interlocuteurs de Paul étaient fortement impressionnés par les forces cosmiques. Ils pensaient que Dieu s'était engagé dans un combat contre ces forces et leur influence néfaste sur les hommes. Paul leur explique qu'ils ne sont pas des victimes désarmées, mais que Dieu leur a donné une force intérieure pour combattre le mal. Depuis lors, la vision du cosmos a bien changé, mais le sentiment que l'homme doit combattre un mal qui le dépasse, demeure. La vérité, la droiture, l'annonce de l'Évangile, la foi et la présence de l'Esprit de Dieu, nourries par la prière, nous donnent la force de combattre le mal qui détruit l'homme et le monde.*

¹¹ Prenez sur vous toutes les armes que Dieu fournit, afin de pouvoir tenir bon contre les ruses du diable. ¹² Car nous n'avons pas à lutter contre des êtres humains, mais contre les puissances spirituelles mauvaises du monde céleste, les autorités, les pouvoirs et les maîtres de ce monde obscur. ¹³ C'est pourquoi, saisissez maintenant toutes les armes de Dieu ! Ainsi, quand viendra le jour mauvais, vous pourrez résister à l'adversaire et, après avoir combattu jusqu'à la fin, vous tiendrez encore fermement votre position.

¹⁴ Tenez-vous donc prêts : ayez la vérité comme ceinture autour de la taille ; portez la droiture comme cuirasse ; ¹⁵ mettez comme chaussures le zèle à annoncer la Bonne Nouvelle de la paix. ¹⁶ Prenez toujours la foi comme bouclier : il vous permettra d'éteindre toutes les flèches enflammées du Mauvais. ¹⁷ Acceptez le salut comme casque et la parole de Dieu comme épée donnée par l'Esprit Saint. ¹⁸ Tout cela, demandez-le à Dieu dans la prière. Oui, priez en toute occasion, avec l'assistance de l'Esprit. A cet effet, soyez vigilants et continuellement fidèles. Priez pour l'ensemble du peuple de Dieu ; ¹⁹ priez aussi pour moi, afin que Dieu m'inspire les mots justes quand je m'exprime, et que je puisse révéler avec assurance le secret de la Bonne Nouvelle. ²⁰ Bien que je sois maintenant en prison, je suis l'ambassadeur de cette Bonne Nouvelle. Priez donc pour que j'en parle avec assurance, comme je le dois.

## Salutations finales

²¹ Tychique, notre cher frère et collaborateur fidèle au service du Seigneur, vous donnera toutes les nouvelles qui me concernent, afin que vous sachiez ce que je deviens. ²² Je vous l'envoie donc en particulier pour vous dire comment nous allons et pour vous réconforter.

²³ Que Dieu le Père et le Seigneur Jésus-Christ accordent à tous les frères la paix et l'amour, avec la foi. ²⁴ Que la grâce de Dieu soit avec tous ceux qui aiment notre Seigneur Jésus-Christ d'un amour inaltérable.

# LETTRE AUX PHILIPPIENS

## Salutation

1 ¹ De la part de Paul et Timothée, serviteurs de Jésus-Christ.

A tous ceux qui, à Philippes, appartiennent au peuple de Dieu par Jésus-Christ, aux dirigeants de l'Église et aux diacres : ² Que Dieu notre Père et le Seigneur Jésus-Christ vous accordent la grâce et la paix.

## La prière de Paul pour les chrétiens de Philippes

³ Je remercie mon Dieu chaque fois que je pense à vous. ⁴ Toutes les fois que je prie pour vous, je le fais avec joie, ⁵ en raison de l'aide que vous m'avez apportée dans la diffusion de la Bonne Nouvelle, depuis le premier jour jusqu'à maintenant. ⁶ Je suis certain de ceci : Dieu, qui a commencé cette œuvre bonne parmi vous, la continuera jusqu'à son achèvement au jour de la venue de Jésus-Christ. ⁷ Il est bien juste que j'aie de tels sentiments envers vous tous. Je vous porte en effet dans mon cœur, car vous avez tous part à la faveur que Dieu m'a accordée, aussi bien maintenant que je suis en prison que lorsque je suis appelé à défendre fermement la Bonne Nouvelle. ⁸ Dieu m'en est témoin : je vous aime tous avec la profonde affection de Jésus-Christ.

⁹ Voici ce que je demande à Dieu dans ma prière : que votre amour grandisse de plus en plus, qu'il soit enrichi de vraie connaissance et de compréhension parfaite, ¹⁰ pour que vous soyez capables de discerner ce qui est bien. Ainsi, vous serez purs et irréprochables au jour de la venue du Christ. ¹¹ Vous serez riches des actions justes produites en vous par Jésus-Christ, à la gloire et à la louange de Dieu.

## La vie, c'est le Christ

¹² Frères, je veux que vous le sachiez : ce qui m'est arrivé a contribué en réalité à la progression de la Bonne Nouvelle. ¹³ C'est ainsi que tous, dans le palais du gouverneur ou ailleurs, savent que je suis en prison pour le service du Christ. ¹⁴ En me voyant en prison, la plupart des frères ont gagné en confiance dans le Seigneur, de sorte que, de plus en plus, ils osent annoncer sans crainte la parole de Dieu.

**Philippes**
*Cette lettre au ton personnel et chaleureux montre combien Paul se sent étroitement lié à la communauté de Philippes en Macédoine, la première en Europe. L'apôtre l'a fondée lors de son deuxième voyage missionnaire et a toujours eu des liens très étroits avec ces croyants, simples, directs et généreux. C'est la seule communauté dont il ait accepté des dons.*

*Paul est en prison, il informe ses amis sur sa situation et sur l'évolution de son procès. On pensait autrefois qu'il écrivait de sa prison romaine, aujourd'hui on penserait plutôt que Paul se trouvait à Éphèse.*

*Le château Saint-Ange à Rome, construit sous l'empereur Hadrien.*

¹⁵ Il est vrai que certains d'entre eux annoncent le Christ par jalousie, avec des intentions polémiques à mon égard ; mais d'autres l'annoncent avec de bonnes dispositions. ¹⁶ Ceux-ci agissent par amour, car ils savent que ma mission ici est de défendre la Bonne Nouvelle. ¹⁷ Les autres annoncent le Christ dans un esprit de rivalité, leurs motifs sont troubles ; ils pensent augmenter ma détresse de prisonnier.

¹⁸ Peu importe ! Que leurs intentions soient inavouables ou sincères, le Christ est de toute façon annoncé, et je m'en réjouis. Je continuerai même à m'en réjouir, ¹⁹ car je sais que tout cela tournera à mon salut, grâce à vos prières et à l'aide que m'apporte l'Esprit de Jésus-Christ. ²⁰ En effet, selon ce que j'attends et que j'espère vivement, je n'aurai aucune raison d'être honteux. Au contraire, maintenant comme toujours, avec une pleine assurance je manifesterai la grandeur du Christ par tout mon être, soit en vivant soit en mourant. ²¹ Car pour moi, la vie c'est le Christ, et la mort est un gain. ²² Mais si continuer à vivre me permet encore d'accomplir une œuvre utile, alors je ne sais pas que choisir. ²³ Je suis tiraillé par deux désirs contraires : j'aimerais quitter cette vie pour être avec le Christ, ce qui serait bien préférable ; ²⁴ mais il est beaucoup plus important, à cause de vous, que je continue à vivre. ²⁵ Comme je suis certain de cela, je sais que je resterai, que je demeurerai avec vous tous pour vous aider à progresser et à être joyeux dans la foi. ²⁶ Ainsi, quand je me retrouverai auprès de vous, vous aurez grâce à moi d'autant plus sujet d'être fiers dans la communion avec Jésus-Christ.

²⁷ Seulement, conduisez-vous d'une manière conforme à la Bonne Nouvelle du Christ. Ainsi, que j'aille vous voir ou que je reste absent, je pourrai apprendre que vous demeurez fermement unis dans un même esprit, et que vous combattez ensemble d'un même cœur pour la foi fondée sur la Bonne Nouvelle. ²⁸ Ne vous laissez effrayer en rien par vos adversaires : ce sera pour eux le signe qu'ils vont à leur perte et que vous êtes sur la voie du salut ; et cela vient de Dieu. ²⁹ Car Dieu vous a accordé la faveur de servir le Christ, non seulement en croyant en lui, mais encore en souffrant pour lui. ³⁰ Maintenant, vous participez au même combat que vous m'avez vu livrer autrefois et que je livre encore, comme vous le savez.

## L'humilité et la grandeur du Christ

**2** ¹ Votre union avec le Christ vous donne-t-elle du courage ? Son amour vous apporte-t-il du réconfort ?

*Paul étant emprisonné, de nombreuses personnes ont pris l'initiative de témoigner de leur foi en Jésus. Certains le font parfois pour se faire valoir ou concurrencer Paul, d'autres, plus désintéressés, le font en union avec Paul. Peu importe, dit l'apôtre, d'une manière ou d'une autre, le Christ est annoncé.*

*L'issue du séjour en prison de l'apôtre est incertaine, Paul doit même craindre pour sa vie. Et pourtant il est rempli de joie. Qu'il meure ou qu'il vive, sa joie est d'être en communion avec le Christ. S'il meurt, il le rejoindra auprès de Dieu. Mais il sait qu'il doit encore attendre pour aider ceux qu'il a éveillé à une vie nouvelle dans la foi. S'il échappe à la mort, il pourra soutenir la communauté de Philippes. Ce qui importe, dit-il, c'est que la vie de chacun soit conforme à l'Évangile, que les actes répondent aux paroles, et les gestes aux pensées.*

Êtes-vous en communion avec le Saint-Esprit ? Avez-vous de l'affection et de la bonté les uns pour les autres ? **2** Alors, rendez-moi parfaitement heureux en vous mettant d'accord, en ayant un même amour, en étant unis de cœur et d'intention. **3** Ne faites rien par esprit de rivalité ou par désir inutile de briller, mais, avec humilité, considérez les autres comme supérieurs à vous-mêmes. **4** Que personne ne recherche son propre intérêt, mais que chacun de vous pense à celui des autres. **5** Comportez-vous entre vous comme on le fait quand on connaît Jésus-Christ :

**6** Il possédait depuis toujours la condition divine, mais il n'a pas voulu demeurer de force l'égal de Dieu.

**7** Au contraire, il a de lui-même renoncé à tout ce qu'il avait
et il a pris la condition de serviteur.
Il est devenu homme parmi les hommes,
il a été reconnu comme homme;

**8** il a choisi de vivre dans l'humilité
et s'est montré obéissant jusqu'à la mort,
la mort sur une croix.

**9** C'est pourquoi Dieu l'a élevé à la plus haute place
et lui a donné le nom supérieur à tout autre nom.

**10** Il a voulu que, pour honorer le nom de Jésus,
tous les êtres vivants, dans les cieux, sur la terre et
sous la terre,
se mettent à genoux,

**11** et que tous proclament, à la gloire de Dieu le Père :
« Jésus est le Seigneur ! ».

## Briller comme des lumières dans le monde

**12** Ainsi, mes chers amis, vous m'avez toujours obéi quand je me trouvais auprès de vous. Eh bien, faites-le encore plus maintenant que je suis absent. Menez à bien votre salut humblement, avec respect, **13** car Dieu agit parmi vous, il vous rend capables de vouloir et de réaliser ce qui est conforme à son propre plan.

**14** Faites tout sans plaintes ni contestations, **15** afin que vous soyez irréprochables et purs, des enfants de Dieu sans défaut au milieu des gens faux et mauvais de ce monde. Vous devez briller parmi eux comme les étoiles dans le ciel, **16** en leur présentant le message de vie. Ainsi, je pourrai être fier de vous au jour de la venue du Christ, car mon travail et ma peine n'auront pas été inutiles.

**17** Peut-être mon sang va-t-il être versé, comme une offrande ajoutée au sacrifice que votre foi présente à

*Si tu veux que ta vie soit riche, dense, pleine et heureuse, ne cherche pas ton propre intérêt, dit Paul, mais celui des autres. Pas seulement de ceux qui sont faibles, malades ou démunis, mais aussi de tous ceux avec lesquels tu partages ta vie.*

**Paul chante sa foi en Jésus-Christ**

*Comportons-nous les uns avec les autres comme Jésus-Christ qui, pour rejoindre les hommes, n'a voulu aucun privilège. Au contraire, il a désiré partager avec eux les joies et les peines que comporte toute vie humaine, il s'est mis au service de tous et les a aimés jusqu'à en mourir. C'est pourquoi Dieu invite tous les hommes à le reconnaître comme Seigneur du monde entier.*

*« Dieu agit parmi vous, il vous rend capables de vouloir et de réaliser ce qui est conforme à son propre plan. »* (Philippiens 2,13)
*Dieu ne demande pas des choses impossibles ou contraires à ce qui est vraiment humain. N'a-t-il pas créé les hommes à son image, faits pour aimer et être aimés ? Il est présent en tout homme et le rend capable d'aimer.*

Dieu. Si tel doit être le cas, j'en suis heureux et vous associe tous à ma joie. [18] De même, vous aussi vous devez être heureux et m'associer à votre joie.

## Timothée et Épaphrodite

[19] Avec confiance dans le Seigneur Jésus, j'ai bon espoir de vous envoyer bientôt Timothée, afin d'être réconforté moi-même par les nouvelles que j'aurai de vous. [20] Il est le seul à prendre part à mes préoccupations et à se soucier réellement de vous. [21] Tous les autres s'inquiètent seulement de leurs affaires personnelles et non de la cause de Jésus-Christ. [22] Vous savez vous-mêmes comment Timothée a donné des preuves de sa fidélité : comme un fils avec son père, il s'est activé avec moi au service de la Bonne Nouvelle. [23] J'espère vous l'envoyer dès que je serai au clair sur ma situation ; [24] et j'ai la certitude, fondée dans le Seigneur, que j'irai moi-même vous voir bientôt.

*« Faites tout sans plaintes ni contestations, afin que vous soyez irréprochables et purs, des enfants de Dieu sans défaut au milieu des gens faux et mauvais de ce monde. Vous devez briller parmi eux comme les étoiles dans le ciel. »*
*(Philippiens 2,14-15)*
*Les chrétiens de Philippes vivent dans une ville où règnent la violence, l'égoïsme et la fausseté. Paul les invite à mener une vie irréprochable, à témoigner du bonheur qu'ils éprouvent de pouvoir vivre selon l'Évangile. Ils seront alors des messagers de vie, comme les étoiles dans la nuit.*

### Épaphrodite

*Épaphrodite a apporté les dons de l'Église de Philippes à l'apôtre prisonnier. Il tomba gravement malade et quand il fut guéri, Paul le renvoya auprès de sa communauté. Paul annonce aussi la visite de Timothée. Ces nombreux voyages témoignent des liens vivants existant entre l'apôtre et les communautés qu'il avait fondées.*

[25] J'ai estimé nécessaire de vous renvoyer notre frère Épaphrodite, mon compagnon de travail et de combat, lui que vous m'aviez envoyé pour m'apporter l'aide dont j'avais besoin. [26] Il désire beaucoup vous revoir tous et il est préoccupé parce que vous avez appris sa maladie. [27] Il a été malade, en effet, et bien près de mourir ; mais Dieu a eu pitié de lui, et non seulement de lui, mais aussi de moi, pour que je n'éprouve pas une tristesse encore plus grande. [28] Je me sens donc d'autant plus pressé de vous l'envoyer, afin que vous vous réjouissiez de le revoir et que ma propre tristesse disparaisse. [29] Ainsi, accueillez-le avec une joie entière, comme un frère dans le Seigneur. Vous devez avoir de l'estime pour des hommes tels que lui, [30] car il a été près de mourir pour l'œuvre du Christ :

il a risqué sa vie pour m'apporter l'aide que vous ne pouviez pas m'apporter vous-mêmes.

## La véritable manière d'être juste aux yeux de Dieu

**3** ¹ Et maintenant, mes frères, soyez joyeux d'être unis au Seigneur. Il ne m'est pas pénible de vous répéter ce que j'ai déjà écrit, et pour vous cela vaut mieux. ² Gardez-vous de ceux qui commettent le mal, ces chiens, ces partisans d'une fausse circoncision ! ³ En fait, c'est nous qui avons la vraie circoncision, car nous servons Dieu par son Esprit, nous sommes fiers d'être à Jésus-Christ et nous ne fondons pas notre assurance sur des privilèges humains. ⁴ Pourtant, je pourrais aussi me réclamer de tels privilèges. J'aurais plus de raisons de le faire que qui que ce soit d'autre. ⁵ J'ai été circoncis le huitième jour après ma naissance. Je suis Israélite de naissance, de la tribu de Benjamin, Hébreu descendant d'Hébreux. Je pratiquais la loi juive en bon Pharisien, ⁶ et j'étais si fanatique que je persécutais l'Église. En ce qui concerne la vie juste prescrite par la loi, j'étais irréprochable. ⁷ Mais ces qualités que je regardais comme un gain, je les considère maintenant comme une perte à cause du Christ. ⁸ Et je considère même toute chose comme une perte en comparaison de ce bien suprême : connaître Jésus-Christ mon Seigneur, pour qui je me suis privé de tout avantage personnel ; je considère tout cela comme des déchets, afin de gagner le Christ ⁹ et d'être parfaitement uni à lui. Je n'ai plus la prétention d'être juste grâce à ma pratique de la loi. C'est par la foi au Christ que je le suis, grâce à cette possibilité d'être juste créée par Dieu et qu'il accorde en réponse à la foi. ¹⁰ Tout ce que je désire, c'est de connaître le Christ et la puissance de sa résurrection, d'avoir part à ses souffrances et d'être rendu semblable à lui dans sa mort, ¹¹ avec l'espoir que je serai moi aussi relevé d'entre les morts.

*« Je n'ai plus la prétention d'être juste grâce à ma pratique de la loi. C'est par la foi au Christ que je le suis, grâce à cette possibilité d'être juste créée par Dieu et qu'il accorde en réponse à la foi. »* (Philippiens 3,9)
*Paul a été un Juif zélé, un bon Pharisien, allant même jusqu'à persécuter les disciples de Jésus. Il en était très fier. Mais depuis qu'il a rencontré le Christ, il considère que la pratique de la loi juive est inutile. Elle est même un obstacle quand on cherche à l'imposer aux païens convertis au christianisme. C'est le cas en particulier pour la circoncision. Une seule chose importe, connaître le Christ, et cela non dans les mots, mais dans une véritable rencontre. Sa puissance de résurrection se communique à tous ceux qui engagent leur vie à sa suite.*

*Le Chrétien s'inscrit dans une histoire qui a un but. Le Christ rend à l'homme sa dignité, il le rend capable d'être totalement présent aux autres et à soi-même et le conduit ainsi à la rencontre définitive avec Dieu.*

## Courir vers le but

**12** Je ne prétends pas avoir déjà atteint le but ou être déjà devenu parfait. Mais je poursuis ma course pour m'efforcer d'en saisir le prix, car j'ai été moi-même saisi par Jésus-Christ. **13** Non, frères, je ne pense pas avoir déjà obtenu le prix ; mais je fais une chose : j'oublie ce qui est derrière moi et m'efforce d'atteindre ce qui est devant moi. **14** Ainsi, je cours vers le but afin de gagner le prix que Dieu, par Jésus-Christ, nous appelle à recevoir là-haut.

**15** Nous tous qui sommes spirituellement adultes, ayons cette même préoccupation. Cependant, si vous avez une autre opinion, Dieu vous éclairera à ce sujet. **16** Quoi qu'il en soit, continuons à avancer dans la direction que nous avons suivie jusqu'à maintenant.

**17** Frères, imitez-moi tous. Nous avons donné l'exemple ; alors fixez vos regards sur ceux qui se conduisent selon cet exemple. **18** Je vous l'ai déjà dit souvent et je vous le répète maintenant en pleurant : il y en a beaucoup qui se conduisent en ennemis de la croix du Christ. **19** Ils courent à leur perte, car leur dieu c'est leur ventre, ils sont fiers de ce qui devrait leur faire honte et ils n'ont en tête que les choses de ce monde. **20** Quant à nous, nous sommes citoyens des cieux, d'où nous attendons que vienne notre Sauveur, le Seigneur Jésus-Christ. **21** Il transformera notre misérable corps mortel pour le rendre semblable à son corps glorieux, grâce à la puissance qui lui permet de soumettre toutes choses à son autorité.

*« Nous avons donné l'exemple ; alors fixez vos regards sur ceux qui se conduisent selon cet exemple. » (Philippiens 3,17) Paul met la communauté en garde contre ceux qui, comme lui avant sa conversion, imaginent qu'ils sont plus proches de Dieu parce qu'ils sont circoncis ou observent les prescriptions alimentaires juives. Ils n'ont pas compris que la mort du Christ sur la croix témoigne de l'amour inconditionnel de Dieu. « Leur dieu, c'est leur ventre », dit Paul, car ils croient obtenir la vie éternelle par l'observation des pratiques juives au lieu de la recevoir de Dieu en s'unissant au Christ.*

*Les Trois Croix (épreuve du I<sup>er</sup> état), 1653. Rembrandt Harmensz Van Rijn dit Rembrandt (1606-1669).*

**4** ¹ Mes chers frères, je désire tellement vous revoir ! Vous êtes ma joie et ma couronne de victoire ! Eh bien, mes amis, voilà comment vous devez demeurer fermes dans votre vie avec le Seigneur.

## Recommandations

² Évodie et Syntyche, je vous en prie, je vous en supplie, vivez en bon accord dans la communion avec le Seigneur. ³ Et toi aussi, mon fidèle collègue, je te demande de les aider ; elles ont en effet combattu avec moi pour répandre la Bonne Nouvelle, ainsi qu'avec Clément et tous mes autres collaborateurs, dont les noms se trouvent dans le livre de vie.

⁴ Soyez toujours joyeux d'appartenir au Seigneur. Je le répète : Soyez joyeux !

⁵ Que votre bonté soit évidente aux yeux de tous. Le Seigneur viendra bientôt. ⁶ Ne vous inquiétez de rien, mais en toute circonstance demandez à Dieu dans la prière ce dont vous avez besoin, et faites-le avec un cœur reconnaissant. ⁷ Et la paix de Dieu, qui dépasse tout ce que l'on peut imaginer, gardera vos cœurs et vos pensées en communion avec Jésus-Christ.

⁸ Enfin, frères, portez votre attention sur tout ce qui est bon et digne de louange : sur tout ce qui est vrai, respectable, juste, pur, agréable et honorable. ⁹ Mettez en pratique ce que vous avez appris et reçu de moi, ce que vous m'avez entendu dire et vu faire. Et le Dieu qui accorde la paix sera avec vous.

## Paul remercie les Philippiens pour leurs dons

¹⁰ J'ai éprouvé une grande joie dans ma vie avec le Seigneur : vous avez enfin pu manifester de nouveau votre intérêt pour moi. Cet intérêt vous l'aviez déjà, certes, mais vous n'aviez pas l'occasion de me le montrer. ¹¹ Et je ne parle pas ainsi parce que je suis dans le besoin. J'ai en effet appris à me contenter toujours de ce que j'ai. ¹² Je sais vivre dans la pauvreté aussi bien que dans l'abondance. J'ai appris à être satisfait partout et en toute circonstance, que j'aie de quoi me nourrir ou que j'aie faim, que je sois dans l'abondance ou dans le besoin. ¹³ Je peux faire face à toutes les difficultés grâce au Christ qui m'en donne la force. ¹⁴ Cependant, vous avez bien fait de prendre votre part de mes détresses.

*« Vous êtes ma joie et ma couronne de victoire ! »*
*(Philippiens 4,1)*

*Les couronnes de laurier ou les palmes sont des symboles de victoire et d'immortalité. La communauté de Philippes fait la joie de Paul, plus que cela, elle fait sa fierté. Elle a accueilli le message transmis par Paul et est maintenant unie au Christ. A elle désormais de poursuivre, dans la joie, l'œuvre entreprise. Alors, la paix de Dieu, qui dépasse tout ce que l'on peut imaginer, les établira fermement en communion avec le Christ.*

¹⁵ Vous le savez bien vous-mêmes, Philippiens : quand j'ai quitté la Macédoine, à l'époque où commençait la diffusion de la Bonne Nouvelle, vous avez été la seule Église à m'aider, vous seuls avez participé à mes profits et

*La ville antique de Philippes se trouvait au nord-est de la Grèce, dans la province romaine de Macédoine.*

pertes. ¹⁶ Déjà quand j'étais à Thessalonique, vous m'avez envoyé plus d'une fois ce dont j'avais besoin. ¹⁷ Ce n'est pas que je cherche à recevoir des dons ; mais je désire qu'un bénéfice soit ajouté à votre compte. ¹⁸ Je certifie donc que j'ai reçu tout ce que vous m'avez envoyé ; c'est plus que suffisant. Maintenant qu'Épaphrodite m'a apporté vos dons, je dispose de tout le nécessaire. Ces dons sont comme une offrande d'agréable odeur, un sacrifice que Dieu accepte et qui lui plaît. ¹⁹ Mon Dieu pourvoira à tous vos besoins, selon sa magnifique richesse, par Jésus-Christ. ²⁰ A Dieu notre Père soit la gloire pour toujours. Amen.

### Les dons

*Paul a reçu des secours envoyés par la communauté de Philippes. Il en a l'usage, certes, mais il sait qu'il pourrait s'en passer, car le Christ lui donne la force de faire face à toutes les difficultés. Plus que les dons, c'est le fait qu'ils partagent ses joies et ses épreuves qui fait plaisir à Paul. Les dons sont les fruits de leur amitié et de leur solidarité.*

## Salutations finales

²¹ Saluez au nom de Jésus-Christ chacun des membres de votre communauté. Les frères qui sont avec moi vous adressent leurs salutations. ²² Tous les croyants d'ici, et spécialement ceux qui sont au service de l'empereur, vous adressent leurs salutations.

²³ Que la grâce du Seigneur Jésus-Christ soit avec vous tous.

# LETTRE AUX COLOSSIENS

## Salutation

**1** De la part de Paul, qui par la volonté de Dieu est apôtre de Jésus-Christ et de la part de Timothée, notre frère.

**2** A ceux qui appartiennent au peuple de Dieu à Colosses et qui sont nos fidèles frères dans la communion avec le Christ : Que Dieu notre Père vous accorde la grâce et la paix.

## Prière de reconnaissance

**3** Nous remercions toujours Dieu, le Père de notre Seigneur Jésus-Christ, quand nous prions pour vous. **4** En effet, nous avons entendu parler de votre foi en Jésus-Christ et de l'amour que vous avez pour tous les croyants. **5** Quand le message de la vérité, la Bonne Nouvelle, est parvenu pour la première fois chez vous, vous avez appris ce que Dieu vous réserve dans les cieux : votre foi et votre amour sont fondés sur cette espérance. **6** La Bonne Nouvelle se répand et porte des fruits dans le monde entier, tout comme elle l'a fait parmi vous depuis le jour où, pour la première fois, vous avez entendu parler de la grâce de Dieu et avez découvert ce qu'elle est véritablement. **7** C'est Épaphras, notre cher compagnon de service, qui vous a donné cet enseignement ; il travaille pour vous comme un fidèle serviteur du Christ. **8** Il nous a informés de l'amour que l'Esprit Saint vous a donné.

**9** C'est pourquoi nous ne cessons pas de prier pour vous, depuis le jour où nous avons entendu parler de vous. Nous demandons à Dieu de vous faire connaître pleinement sa volonté, grâce à toute la sagesse et l'intelligence que donne son Esprit. **10** Ainsi, vous pourrez vous conduire d'une façon digne du Seigneur, en faisant toujours ce qui lui plaît. Vous produirez toutes sortes d'actions bonnes et progresserez dans la connaissance de Dieu. **11** Nous lui demandons de vous fortifier à tous égards par sa puissance glorieuse, afin que vous puissiez tout supporter avec patience. **12** Remerciez avec joie Dieu le Père : il vous a rendus capables d'avoir part aux biens qu'il réserve dans le royaume de lumière à ceux qui lui appartiennent. **13** Il nous a en effet arrachés à la puissance de la nuit et nous a fait passer dans le royaume de son Fils bien-aimé. **14** C'est par lui qu'il nous a délivrés du mal et que nos péchés sont pardonnés.

*Région de Colosses*
*La ville antique de Colosses se trouvait à environ 180 km à l'est d'Éphèse, au fond d'une vallée. Paul ne connaît pas personnellement l'Église à laquelle il écrit, mais il en a sans doute converti le fondateur, Épaphras, lors de son séjour à Éphèse (verset 7). Celui-ci est venu lui apporter des informations alarmantes : de graves déviations guettent la communauté. Les chrétiens de cette ville sont tentés de se soumettre à des pratiques ascétiques et surtout, d'accorder à des forces supraterrestres une influence quasi divine. Dans sa lettre, Paul remet le Christ au centre de l'univers. Être chrétien, c'est être comblé par le Christ et traduire dans la vie de tous les jours la foi, l'espérance et l'amour qui viennent de lui.*

### Le mal n'est plus au pouvoir

*Le Christ a délivré les chrétiens du mal, il les a « arrachés à la puissance de la nuit » (verset 13). Dans ce passage, l'auteur fait allusion à toutes sortes de forces invisibles, considérées dans l'antiquité comme déterminant les affaires politiques ou religieuses de ce monde.*

## La personne et l'œuvre du Christ

<sup>15</sup> Le Christ est l'image visible du Dieu invisible. Il est

« *Le Christ est l'image visible du Dieu invisible… Dieu a tout créé par lui et pour lui.* » (*Colossiens 1,15-16*)
*L'homme se sent tout petit devant certains éléments de la nature. Il peut y voir un reflet de la grandeur de Dieu, ou, comme certains à l'époque de Paul, des forces surnaturelles auxquelles ils rendaient un culte pour être en bons termes avec eux. Aujourd'hui, avec les moyens techniques qu'ils possèdent, les hommes ont une influence sur la nature. Ils ont à s'interroger sur les conséquences de leurs interventions.*

**Le Christ est le Fils premier-né**

*La foi chrétienne repose sur le Christ. C'est pourquoi Paul estime nécessaire de commencer sa lettre par un résumé de sa foi. Le Christ est l'image de Dieu et le premier-né de toute la création. Il nous a libérés (v. 13-14) et a établi la paix pour tous par sa mort sur la croix. Il est la tête de l'Église. Unis à lui, les membres de la communauté entrent dans une vie nouvelle, celle de la résurrection.*

le Fils premier-né, supérieur à tout ce qui a été créé. <sup>16</sup> Car c'est par lui que Dieu a tout créé dans les cieux et sur la terre, ce qui est visible et ce qui est invisible, puissances spirituelles, dominations, autorités et pouvoirs. Dieu a tout créé par lui et pour lui. <sup>17</sup> Il existait avant toutes choses, et c'est par lui qu'elles sont toutes maintenues à leur place. <sup>18</sup> Il est la tête du corps, qui est l'Église ; c'est en lui que commence la vie nouvelle, il est le Fils premier-né, le premier à avoir été ramené d'entre les morts, afin d'avoir en tout le premier rang. <sup>19</sup> Car Dieu a décidé d'être pleinement présent en son Fils <sup>20</sup> et, par lui, il a voulu réconcilier l'univers entier avec lui. C'est par la mort de son Fils sur la croix qu'il à établi la paix pour tous, soit sur la terre soit dans les cieux.

<sup>21</sup> Vous aussi, vous étiez autrefois loin de Dieu, vous étiez ses ennemis à cause de tout le mal que vous pensiez et commettiez. <sup>22</sup> Mais maintenant, par la mort que son Fils a subie dans son corps humain, Dieu vous a réconciliés avec lui, afin de vous faire paraître devant lui saints, sans défaut et irréprochables. <sup>23</sup> Cependant, il faut que vous demeuriez dans la foi, fermement établis sur de solides fondations, sans vous laisser écarter de l'espérance qui est la vôtre depuis que vous avez entendu la Bonne Nouvelle. Cette Bonne Nouvelle a été annoncée à l'humanité entière, et c'est d'elle que moi, Paul, je suis devenu le serviteur.

## La mission de Paul en faveur de l'Église

<sup>24</sup> Maintenant, je me réjouis des souffrances que j'éprouve pour vous. Car, en ma personne, je complète ainsi ce qui manque encore aux souffrances du Christ pour son corps, qui est l'Église. <sup>25</sup> Je suis devenu serviteur

de l'Église, conformément à la mission que Dieu m'a confiée à votre égard : il m'a chargé d'annoncer pleinement son message, ²⁶ c'est-à-dire le plan secret qu'il a tenu caché depuis toujours à toute l'humanité, mais qu'il a révélé maintenant aux croyants. ²⁷ Car Dieu a voulu leur faire connaître ce plan secret, si riche et si magnifique, élaboré en faveur de tous les peuples. Et voici ce secret : le Christ est en vous et il vous donne l'assurance que vous aurez part à la gloire de Dieu. ²⁸ Ainsi, nous annonçons le Christ à tout être humain. Nous avertissons et instruisons chacun, avec toute la sagesse possible, afin de rendre chacun spirituellement adulte dans l'union avec le Christ. ²⁹ A cet effet, je travaille et lutte avec la force qui vient du Christ et qui agit en moi avec puissance.

**L'apôtre des païens**

*Paul rappelle que Dieu est présent pour toute l'humanité, sans distinction. Il souligne encore une fois que sa mission d'apôtre, comme celle de l'Église, est de diffuser le message du salut parmi tous les peuples. Mais cette annonce rencontre des obstacles. Paul souffre d'être en prison à cause d'elle. Il ne s'en étonne pas et vit cette situation en union avec le Christ.*

*Paysage tranquille, Jacob Isaakszoon Van Ruisdael ou Ruysdael (1628 ou 1629-1682).*

*« Car c'est par lui que Dieu a tout créé dans les cieux et sur la terre. »*
*(Colossiens 1,16)*

**2** ¹ Je tiens à ce que vous sachiez combien dure est la lutte que je livre pour vous, pour ceux de Laodicée et pour bien d'autres qui ne me connaissent pas personnellement. ² Je désire que leur cœur soit rempli de courage, qu'ils soient unis dans l'amour et enrichis de toute la certitude que donne une vraie intelligence. Ils pourront connaître ainsi le secret de Dieu, c'est-à-dire le Christ lui-même : ³ en lui se trouvent cachés tous les trésors de la sagesse et de la connaissance divines. ⁴ Je vous dis cela afin que personne ne puisse vous tromper par des raisonnements séduisants. ⁵ Même si je suis absent de corps, je suis à vos côtés en esprit, et je suis heureux de vous voir tenir bon et rester solides dans votre foi au Christ.

## La vie pleinement reçue en Christ

⁶ Ainsi, puisque vous avez accepté Jésus-Christ comme Seigneur, vivez dans l'union avec lui. ⁷ Soyez enracinés en

*Vestiges de Laodicée. Dans la ville de Laodicée, toute proche de Colosses, se trouvait également une communauté menacée par de faux enseignements.*

« En lui se trouvent cachés tous les trésors de la sagesse et de la connaissance divines. » (Colossiens 2,3) Les hommes cherchent un sens à leur vie et à celle du monde. Jésus est celui qui en dévoile le sens, dit Paul, ne vous laissez donc pas tromper par ceux qui tiennent des raisonnements séduisants. En aimant les hommes jusqu'au bout et par sa résurrection, Jésus a montré le chemin qui mène à la vie en plénitude.

lui et construisez toute votre vie sur lui. Soyez toujours plus fermes dans la foi, conformément à l'enseignement que vous avez reçu, et soyez pleins de reconnaissance.

⁸ Prenez garde que personne ne vous séduise par les arguments trompeurs et vides de la sagesse humaine : elle se fonde sur les traditions des hommes, sur les forces spirituelles du monde, et non sur le Christ. ⁹ Car tout ce qui est en Dieu a pris corps dans le Christ et habite pleinement en lui ; ¹⁰ et c'est par lui que vous avez tout reçu pleinement, lui qui domine toute autorité et tout pouvoir spirituels.

¹¹ Dans l'union avec lui, vous avez été circoncis, non pas de la circoncision faite par les hommes, mais de la circoncision qui vient du Christ et qui nous délivre de notre être pécheur. ¹² En effet, quand vous avez été baptisés, vous avez été mis au tombeau avec le Christ, et vous êtes aussi ressuscités avec lui, parce que vous avez cru en la puissance de Dieu qui l'a ramené d'entre les morts. ¹³ Autrefois, vous étiez spirituellement morts à cause de vos fautes et parce que vous étiez des incirconcis, des païens. Mais maintenant, Dieu vous a fait revivre avec le Christ. Il nous a pardonné toutes nos fautes. ¹⁴ Il a annulé le document qui nous accusait et qui nous était contraire par ses dispositions : il l'a supprimé en le clouant à la croix.

¹⁵ C'est ainsi que Dieu a désarmé les autorités et pouvoirs spirituels ; il les a donnés publiquement en spectacle en les emmenant comme prisonniers dans le cortège triomphal de son Fils.

¹⁶ Ainsi, ne laissez personne vous juger à propos de ce que vous mangez ou buvez, ou pour une question de fête, de nouvelle lune ou de sabbat. ¹⁷ Tout cela n'est que l'ombre des biens à venir ; mais la réalité, c'est le Christ. ¹⁸ Ne vous laissez pas condamner par des gens qui prennent plaisir à des pratiques extérieures d'humilité et au culte des anges, et qui attachent beaucoup d'importance à leurs visions. De tels êtres sont enflés d'un vain orgueil par leur façon trop humaine de penser ; ¹⁹ ils ne restent pas attachés au Christ, qui est la tête. C'est pourtant grâce au Christ que le corps entier est nourri et bien uni par ses jointures et ses articulations, et qu'il grandit comme Dieu le veut.

Un sarcophage romain.

### Mourir et vivre avec le Christ

Le baptême est une plongée symbolique dans la mort et la résurrection de Jésus. En le plongeant entièrement dans l'eau comme dans un tombeau, puis en le faisant surgir hors de l'eau, le rite signifie au candidat baptisé, qu'il meurt à son ancienne vie pour faire place à une vie nouvelle en union avec le Christ.

## Mourir et vivre avec le Christ

²⁰ Vous êtes morts avec le Christ et avez été délivrés des forces spirituelles du monde. Alors, pourquoi vivez-vous comme si vous dépendiez de ce monde, en acceptant qu'on vous impose des règles de ce genre : ²¹ « Ne prends pas ceci », « Ne goûte pas cela », « N'y

touche pas » ? ²² Elles concernent des choses destinées à disparaître dès qu'on en fait usage. Il s'agit là de prescriptions et d'enseignements purement humains. ²³ Certes, ces règles ont une apparence de sagesse, car elles parlent de religion personnelle, d'humilité et d'obligation de traiter durement son corps ; mais elles n'ont aucune valeur pour maîtriser les désirs de notre propre nature.

**3** ¹ Vous avez été ramenés de la mort à la vie avec le Christ. Alors, recherchez les choses qui sont au ciel, là où le Christ siège à la droite de Dieu. ² Préoccupez-vous de ce qui est là-haut et non de ce qui est sur la terre. ³ Car vous êtes morts, et votre vie est cachée avec le Christ en Dieu. ⁴ Votre véritable vie, c'est le Christ, et quand il paraîtra, alors vous paraîtrez aussi avec lui en participant à sa gloire.

## La vie ancienne et la vie nouvelle

⁵ Faites donc mourir tout ce qui est terrestre en vous : l'immoralité, l'impureté, les passions, les mauvais désirs et l'avarice (car l'avarice, c'est de l'idolâtrie). ⁶ Ce sont de telles fautes qui attirent la colère de Dieu sur ceux qui s'opposent à lui. ⁷ Voilà comment vous vous conduisiez autrefois quand votre vie était dominée par ces péchés.

⁸ Mais maintenant, rejetez tout cela : la colère, l'irritation et la méchanceté. Qu'aucune insulte ou parole grossière ne sorte de votre bouche. ⁹ Ne vous mentez pas les uns aux autres, car vous avez abandonné votre vieille nature avec ses habitudes ¹⁰ et vous vous êtes revêtus de la nouvelle nature : vous êtes des êtres nouveaux que Dieu, notre Créateur, renouvelle continuellement à son image, pour que vous le connaissiez parfaitement. ¹¹ Il n'importe donc plus que l'on soit non-Juif ou Juif, circoncis ou incirconcis, non civilisé, primitif, esclave ou homme libre ; ce qui compte, c'est le Christ qui est tout et en tous.

*Les chrétiens de Colosses s'imposent des règles contraignantes. La tentation est grande pour eux de chercher à mériter leur salut par des pratiques extérieures. L'ascèse peut donner l'impression d'être humble et plein de sagesse, mais ne renouvelle pas l'homme en profondeur. On ne remplace pas l'amour authentique par des pratiques extérieures.*

*« Préoccupez-vous de ce qui est là-haut et non de ce qui est sur la terre. »*
*(Colossiens 3,2)*
*Par le baptême, les Colossiens sont entrés dans une vie nouvelle. Ils ont reçu le message du Christ, ils le savent vivant en eux car ils sont ressuscités avec lui. Ce qui doit les guider maintenant, c'est la formidable capacité d'aimer que Dieu a déposée en eux. Mais cette vie nouvelle avec le Christ ne se fait pas en un jour, elle n'est pas encore pleinement manifestée et doit, peu à peu, prendre corps dans la réalité quotidienne. Paul indique quelques pistes pour faire grandir cette vie nouvelle : l'attention aux autres, le pardon, l'amour qui conduit à l'unité, la paix, l'écoute de la parole du Christ et la prière.*

Triomphe de la Sagesse Divine, Andrea Sacchi (1559-1661).

**12** Vous faites partie du peuple de Dieu ; Dieu vous a choisis et il vous aime. C'est pourquoi vous devez vous revêtir d'affectueuse bonté, de bienveillance, d'humilité, de douceur et de patience. **13** Supportez-vous les uns les autres ; et si l'un de vous a une raison de se plaindre d'un autre, pardonnez-vous réciproquement, tout comme le Seigneur vous a pardonné. **14** Et par-dessus tout, mettez l'amour, ce lien qui vous permettra d'être parfaitement unis. **15** Que la paix du Christ règne dans vos cœurs ; c'est en effet à cette paix que Dieu vous a appelés, en tant que membres d'un seul corps. Soyez reconnaissants. **16** Que la parole du Christ, avec toute sa richesse, habite en vous.

Instruisez-vous et avertissez-vous les uns les autres avec une pleine sagesse. Chantez à Dieu, de tout votre cœur et avec reconnaissance, des psaumes, des hymnes et des cantiques inspirés par l'Esprit. **17** Tout ce que vous faites, en paroles ou en actions, faites-le au nom du Seigneur Jésus, en remerciant par lui Dieu le Père.

*« Tout ce que vous faites, en paroles ou en actions, faites-le au nom du Seigneur Jésus, en remerciant par lui Dieu le Père. » (Colossiens 3,17)*

## Les rapports personnels dans la vie nouvelle

**18** Femmes, soyez soumises à vos maris, comme il convient de le faire devant le Seigneur.

**19** Maris, aimez vos femmes et ne leur montrez point de mauvaise humeur.

**20** Enfants, obéissez en tout à vos parents, car voilà ce que le Seigneur approuve.

**21** Pères, n'irritez pas vos enfants, afin qu'ils ne se découragent pas.

**22** Esclaves, obéissez en tout à vos maîtres d'ici-bas. Ne le faites pas seulement quand ils vous surveillent, pour leur plaire ; mais obéissez d'un cœur sincère, à cause du respect que vous avez pour le Seigneur. **23** Quel que soit votre travail, faites-le de tout votre cœur, comme pour le Seigneur et non pour des hommes. **24** Rappelez-vous que le Seigneur vous récompensera : vous recevrez les biens qu'il réserve aux siens. Car le véritable Maître que vous servez, c'est le Christ. **25** Mais celui qui fait le mal en subira les conséquences, car Dieu n'avantage personne.

« *Quel que soit votre travail, faites-le de tout votre cœur, comme pour le Seigneur et non pour des hommes.* » *(Colossiens 3,23)*

Paul rappelle que la foi éclaire toute la vie, la famille, les relations et le travail. Les conseils qu'il donne portent la marque de son époque. Ils ne correspondent plus aux perceptions que nous avons aujourd'hui. Ce décalage apparaît clairement quand il parle des esclaves et des femmes. Chaque époque, chaque génération, est appelée à voir comment l'Évangile peut transformer la vie concrète pour un plus grand respect de la dignité des personnes et une meilleure qualité de relation.

**Le rôle de la prière**
La prière, dit Paul, rend vigilant lorsqu'elle s'ouvre avec reconnaissance à ce qui vient de Dieu. Elle permet aussi de soutenir ceux qui, comme lui, annoncent la Bonne Nouvelle du Christ.

**4** **1** Maîtres, traitez vos esclaves d'une façon droite et juste. Rappelez-vous que vous avez, vous aussi, un Maître dans le ciel.

## Recommandations

**2** Priez avec fidélité, demeurez vigilants par la prière adressée à Dieu avec reconnaissance. **3** En même temps, priez aussi pour nous, afin que Dieu nous accorde une occasion favorable de prêcher sa parole, d'annoncer le secret du Christ. En effet, c'est pour cela que je suis maintenant en prison. **4** Priez donc pour que je puisse parler de ce secret et le faire clairement connaître, comme je le dois.

**5** Conduisez-vous avec sagesse envers les non-chrétiens, en profitant de toute occasion qui se présente à

*Lors de sa première captivité à Rome, Paul n'est pas mis au secret, il peut recevoir des visites. Il semble qu'il en ait eu beaucoup dans sa cellule. Les noms qu'il cite, ainsi que d'autres éléments, nous livrent des détails précieux. Marc, un parent de Barnabas, qui s'était autrefois séparé de lui (Actes 15,36-39), est revenu auprès de lui. Luc est là également, on apprend qu'il est médecin. Enfin, Paul mentionne que sa lettre doit être lue aussi dans la communauté d'Hiérapolis, la troisième de cette région, qui lui cause du souci. Ses lettres, destinées à une communauté précise, étaient donc lues dans d'autres communautés.*

vous. **6** Que vos paroles soient toujours agréables et pleines d'intérêt ; sachez répondre à chacun de la bonne manière.

## Salutations finales

**7** Tychique, notre compagnon, ce cher frère et fidèle collaborateur au service du Seigneur, vous donnera toutes les nouvelles qui me concernent. **8** Je vous l'envoie donc en particulier pour vous dire comment nous allons et pour vous réconforter. **9** Il est accompagné par Onésime, le cher et fidèle frère, qui est l'un des vôtres. Ils vous informeront de tout ce qui se passe ici.

**10** Aristarque, qui est en prison avec moi, vous adresse ses salutations, ainsi que Marc, le cousin de Barnabas. Vous avez déjà reçu des instructions au sujet de Marc : s'il vient chez vous, accueillez-le bien. **11** Jésus, surnommé Justus, vous salue aussi. Ces trois hommes sont les seuls chrétiens d'origine juive qui travaillent avec moi pour le Royaume de Dieu ; ils ont été un grand réconfort pour moi.

**12** Épaphras, qui est aussi l'un des vôtres, vous salue ; ce serviteur de Jésus-Christ ne cesse pas de prier avec ardeur pour vous, afin que vous demeuriez fermes, spirituellement adultes et bien décidés à faire en tout la volonté de Dieu. **13** Je peux lui rendre ce témoignage : il se donne beaucoup de peine pour vous, pour ceux de Laodicée et pour ceux d'Hiérapolis. **14** Luc, notre ami le médecin, et Démas vous saluent.

*Vestiges antiques d'Hiérapolis. Située au nord-est de Colosses, Hiérapolis était à peu près à égale distance de cette ville et de Laodicée.*

**15** Saluez les frères qui sont à Laodicée, ainsi que Nympha et l'Église qui se réunit dans sa maison. **16** Quand vous aurez lu cette lettre, faites en sorte qu'on la lise aussi dans l'Église de Laodicée ; lisez vous-mêmes celle qu'on vous transmettra de là-bas. **17** Dites à Archippe : « Prends soin de bien accomplir la tâche dont tu as été chargé au service du Seigneur. »

**18** C'est de ma propre main que j'écris ces mots : Salutations de Paul. – N'oubliez pas que je suis en prison. – Que la grâce de Dieu soit avec vous.

# PREMIÈRE LETTRE AUX THESSALONICIENS

## Salutation

**1** De la part de Paul, Silas et Timothée.
A l'Église de Thessalonique, qui appartient à Dieu le Père et au Seigneur Jésus-Christ : Que la grâce et la paix vous soient accordées.

## La vie et la foi des Thessaloniciens

**2** Nous remercions toujours Dieu pour vous tous et nous pensons sans cesse à vous dans nos prières. **3** En effet, nous nous rappelons devant Dieu notre Père votre foi si efficace, votre amour si actif et votre espérance si ferme en notre Seigneur Jésus-Christ. **4** Nous savons, frères, que Dieu vous a aimés et vous a choisis pour être à lui. **5** En effet, quand nous vous avons annoncé la Bonne Nouvelle, ce ne fut pas seulement en paroles, mais aussi avec la puissance et le secours du Saint-Esprit, et avec une entière conviction. Vous savez comment nous nous sommes comportés parmi vous, pour votre bien. **6** Vous avez suivi notre exemple et celui du Seigneur ; malgré la détresse qui était la vôtre, vous avez reçu la parole de Dieu avec la joie qui vient du Saint-Esprit. **7** Ainsi, vous êtes devenus un modèle pour tous les croyants de Macédoine et d'Achaïe. **8** En effet, non seulement la parole du Seigneur s'est propagée de chez vous en Macédoine et en Achaïe, mais encore c'est partout que la nouvelle de votre foi en Dieu s'est répandue. Nous n'avons donc pas besoin d'en parler. **9** Tous racontent comment vous nous avez accueillis quand nous sommes allés chez vous et comment vous avez abandonné les idoles pour vous tourner vers Dieu, afin de le servir, lui, le Dieu vivant et vrai. **10** Vous attendez que Jésus, son Fils, vienne des cieux. C'est lui que Dieu a ramené d'entre les morts ; il nous délivre du jugement divin, qui est proche.

## L'activité de Paul à Thessalonique

**2** **1** Vous le savez bien vous-mêmes, frères : ce n'est pas inutilement que nous sommes allés chez vous. **2** Vous savez aussi que, peu auparavant, nous avions été insultés et maltraités à Philippes. Mais Dieu nous a

*Vue sur Thessalonique, (Grèce), aujourd'hui appelée Salonique*

Paul a séjourné à Thessalonique de l'automne 49 au printemps 50. Il y annonce la résurrection de Jésus dans la synagogue et auprès des Grecs. Mais il doit fuir précipitamment la ville suite à des émeutes provoquées par des membres de la communauté juive. Quelques mois plus tard, durant l'été 50, il leur rédige une première lettre. Il est à Corinthe et Timothée, son compagnon qui vient de rentrer de Thessalonique, lui rend compte de la vitalité de cette communauté. Les premiers mots de la lettre de Paul font écho aux nouvelles apportées par Timothée. Les chrétiens de Thessalonique, composés principalement de païens convertis, sont transformés par l'Évangile du Christ. Malgré les persécutions, leur foi est vive, leur amour est actif et leur espérance est restée ferme. Paul leur rappelle tout le chemin qu'ils ont parcouru depuis son arrivée et comment Dieu agit en eux. Cependant, certains convertis éprouvent des difficultés à rompre avec les mœurs païennes. Paul les invite à mettre toute leur vie au service de l'amour. D'autres ont des doutes face à la mort et au retour du Christ à la fin des temps. Ils croyaient les défunts défavorisés parce qu'ils seraient absents lors de la venue du Seigneur. Paul leur rappelle que Dieu les a appelés à partager sa vie en plénitude.

*Paul chez les Thessaloniciens, Giulio Bonasone.*

donné le courage de vous annoncer sa Bonne Nouvelle, malgré une forte opposition. ³ En effet, l'appel que nous adressons à tous n'est pas fondé sur l'erreur ou sur des motifs impurs, et nous ne cherchons à tromper personne. ⁴ Au contraire, nous parlons toujours comme Dieu le veut, car il nous a jugés dignes de confiance et nous a confié sa Bonne Nouvelle. Nous ne cherchons pas à plaire aux hommes, mais à Dieu qui évalue nos intentions profondes. ⁵ Vous le savez bien, nous n'avons jamais usé d'un langage flatteur ; nous n'avons pas non plus caché sous nos paroles des motifs intéressés, Dieu nous en est témoin. ⁶ Nous n'avons recherché les éloges de personne, ni de vous ni des autres ; ⁷ pourtant nous aurions pu vous imposer notre autorité, en tant qu'apôtres du Christ. Au contraire, nous avons fait preuve de douceur parmi vous, comme une mère qui prend soin de ses enfants. ⁸ Nous avions une telle affection pour vous, que nous étions prêts à vous donner non seulement la Bonne Nouvelle de Dieu, mais encore notre propre vie. Vous nous étiez devenus si chers ! ⁹ Vous vous rappelez certainement, frères, nos peines et nos fatigues : nous avons travaillé jour et nuit pour n'être à la charge d'aucun d'entre vous tandis que nous vous annoncions la Bonne Nouvelle de Dieu.

¹⁰ Vous en êtes témoins à notre égard et Dieu l'est aussi : notre conduite envers vous, les croyants, a été pure, juste et irréprochable. ¹¹ Vous savez que nous avons agi avec chacun de vous comme un père avec ses enfants. ¹² Nous vous avons encouragés et réconfortés, nous vous avons demandé avec insistance de vous conduire d'une façon digne de Dieu, lui qui vous appelle à participer à son Royaume et à sa gloire.

¹³ Nous remercions sans cesse Dieu pour une autre raison encore : Quand nous vous avons annoncé la parole de Dieu, vous l'avez écoutée et accueillie non comme une simple parole humaine, mais comme la parole de Dieu, ce qu'elle est réellement. Ainsi, elle agit en vous, les croyants. ¹⁴ Frères, vous avez passé par la même expérience que les Églises de Judée, qui appartiennent à Dieu et croient en Jésus-Christ. Vous avez souffert de la part de vos compatriotes ce qu'elles ont souffert de la part des Juifs. ¹⁵ Ceux-ci ont mis à mort le Seigneur Jésus et les prophètes, et ils nous ont persécutés. Ils déplaisent à Dieu et sont ennemis de tous les hommes ! ¹⁶ Ils veulent nous empêcher d'annoncer aux autres peuples le message qui peut les sauver. Ils complètent ainsi la série de péchés qu'ils ont commis dans tous les temps. Mais la

*« Quand nous vous avons annoncé la parole de Dieu, vous l'avez écoutée et accueillie non comme une simple parole humaine, mais comme la parole de Dieu. »*
(1 Thessaloniciens 2,13)
*Il n'y a pas de parole de Dieu sans parole humaine. Les chrétiens de Thessalonique ne se sont pas contentés d'écouter Paul, ils se sont laissés toucher par ses paroles. Leur vie en a été transformée. Ils ont fait l'expérience que le message de Paul est bien plus qu'une parole d'homme, il est aussi parole de Dieu. On reconnaît la parole de Dieu aux fruits qu'elle produit en l'homme.*

colère de Dieu les a finalement atteints.

## Paul désire revoir les Thessaloniciens

**17** Quant à nous, frères, nous avons dû nous séparer de vous pour quelque temps, de corps et non de cœur, bien sûr. Mais nous avions un tel désir de vous revoir que nous avons redoublé d'efforts pour y parvenir. **18** Nous avons donc voulu retourner chez vous, et moi, Paul, j'ai essayé de le faire plus d'une fois. Mais Satan nous en a empêchés. **19** C'est vous, en effet, vous et personne d'autre, qui êtes notre espérance, notre joie et le signe de victoire dont nous pourrons être fiers devant notre Seigneur Jésus quand il viendra. **20** Oui, vous êtes notre sujet de gloire et de joie !

*Le Martyre du prophète Ésaïe, Bible de Jean d'Estampes. Bourges, art médiéval gothique. La tradition juive rapporte qu'Ésaïe a été scié.*

**3** **1** Finalement, nous n'avons plus pu supporter cette attente. Nous avons alors décidé de rester seuls à Athènes **2** et nous vous avons envoyé Timothée, notre frère ; il est collaborateur de Dieu pour la diffusion de la Bonne Nouvelle du Christ. Il devait vous fortifier et vous encourager dans votre foi, **3** afin qu'aucun de vous ne se laisse abattre par les persécutions que nous subissons. Vous le savez vous-mêmes, de telles persécutions font partie du plan de Dieu à notre égard. **4** En effet, lorsque nous étions encore auprès de vous, nous vous avons prévenus que nous allions être persécutés ; c'est ce qui est arrivé, vous le savez bien. **5** C'est pourquoi, comme je ne pouvais plus supporter cette attente, j'ai envoyé Timothée s'informer de votre foi. Je craignais que le diable ne vous ait tentés et que toute notre peine soit devenue inutile.

**6** Mais maintenant, Timothée nous est revenu de chez vous, et il nous a donné de bonnes nouvelles de votre foi et de votre amour. Il nous a dit que vous pensez toujours à nous avec affection et que vous désirez nous revoir tout comme nous désirons vous revoir. **7** Ainsi, au milieu de toutes nos détresses et de toutes nos souffrances, nous avons été réconfortés à votre sujet, frères, grâce à votre foi. **8** Maintenant nous revivons puisque vous demeurez fermes dans l'union avec le Seigneur. **9** Comment pourrions-nous assez remercier notre Dieu à votre sujet, à

### Les persécutions

A Corinthe, d'où il écrit cette lettre, Paul est traduit en justice par des Juifs. L'hostilité dont il avait été l'objet à Thessalonique est maintenant dirigée contre la jeune communauté. Elle souffre aussi de la violence de ses compatriotes. Paul est inquiet, ces jeunes convertis sont peu formés et risquent de se laisser abattre par les persécutions. Les nouvelles de la communauté, apportées par Timothée, le rassurent pleinement.

L'affrontement avec le milieu juif ne vient pas de la prédication de Jésus comme Messie ; il est dû au fait que Paul, à leurs yeux, déprécie la Loi de Moïse et prône l'égalité absolue entre les Juifs et les non-Juifs.

*« Voici quelle est la volonté de Dieu : c'est que vous soyez saints et que vous vous gardiez de l'immoralité. »*
*( 1 Thessaloniciens 4,3)*

*Les chrétiens de Thessalonique sont appelés à vivre sur un chemin de droiture, à rompre avec les mœurs dépravées qui avaient été les leurs avant leur conversion. Tout l'être, corps et esprit, est appelé à la sainteté, à la communion avec les autres et avec Dieu. Mais certains comportements y font obstacle. Paul invite à les combattre, non pour une question de tabou, mais pour une histoire d'amour.*

cause de toute la joie que vous nous donnez devant lui ? ¹⁰ Jour et nuit, nous lui demandons avec ardeur de nous permettre de vous revoir personnellement et de compléter ce qui manque encore à votre foi.

¹¹ Que Dieu lui-même, notre Père, et notre Seigneur Jésus nous ouvrent le chemin qui conduit chez vous ! ¹² Que le Seigneur fasse croître de plus en plus l'amour que vous avez les uns pour les autres et envers tous les humains, à l'exemple de l'amour que nous avons pour vous. ¹³ Qu'il fortifie vos cœurs, pour que vous soyez saints et irréprochables devant Dieu notre Père, quand notre Seigneur Jésus viendra avec tous ceux qui lui appartiennent. Amen.

## Une conduite qui plaît à Dieu

**4** ¹ Enfin, frères, vous avez appris de nous comment vous devez vous conduire pour plaire à Dieu. Certes, vous vous conduisez déjà ainsi. Mais maintenant, nous vous le demandons et vous en supplions au nom du Seigneur Jésus : faites mieux encore. ² Vous connaissez en effet les instructions que nous vous avons données de la part du Seigneur Jésus. ³ Voici quelle est la volonté de Dieu : c'est que vous soyez saints et que vous vous gardiez de l'immoralité. ⁴ Que chacun de vous sache prendre femme d'une façon sainte et honorable, ⁵ sans se laisser dominer par de mauvais désirs, comme les païens qui ne connaissent pas Dieu. ⁶ Dans cette affaire, que personne ne cause du tort à son frère ou ne porte atteinte à ses droits. Nous vous l'avons déjà dit et vous en avons sérieusement avertis : le Seigneur punira ceux qui commettent de telles fautes. ⁷ Dieu ne nous a pas appelés à vivre dans l'immoralité, mais dans la sainteté. ⁸ C'est pourquoi, celui qui rejette ces prescriptions ne rejette pas un homme, mais Dieu qui vous donne son Saint-Esprit.

⁹ Vous n'avez pas besoin qu'on vous écrive au sujet de l'amour fraternel ; en effet, vous avez vous-mêmes appris de Dieu à vous aimer les uns les autres. ¹⁰ C'est d'ailleurs cet amour que vous manifestez envers tous les frères de la Macédoine entière. Mais nous vous exhortons, frères, à faire mieux encore. ¹¹ Ayez pour ambition de vivre en paix, de vous occuper de vos propres affaires et de gagner votre vie de vos propres mains, comme nous vous l'avons déjà recommandé. ¹² Votre conduite suscitera ainsi le respect des non-chrétiens, et vous ne serez à la charge de personne.

## La venue du Seigneur

¹³ Frères, nous désirons que vous connaissiez la vérité au sujet de ceux qui sont morts, afin que vous ne soyez pas tristes comme les autres, ceux qui n'ont pas d'espérance. ¹⁴ Nous croyons que Jésus est mort et qu'il s'est relevé de la mort ; de même, nous croyons aussi que Dieu relèvera avec Jésus ceux qui seront morts en croyant en lui.

¹⁵ Voici en effet ce que nous déclarons d'après un enseignement du Seigneur : ceux d'entre nous qui seront encore en vie quand le Seigneur viendra, ne seront pas avantagés par rapport à ceux qui seront morts. ¹⁶ On entendra un cri de commandement, la voix de l'archange et le son de la trompette de Dieu, et le Seigneur lui-même descendra du ciel. Ceux qui seront morts en croyant au Christ se relèveront les premiers ; ¹⁷ ensuite, nous qui serons encore en vie à ce moment-là, nous serons enlevés avec eux au travers des nuages pour rencontrer le Seigneur dans les airs. Et ainsi nous serons toujours avec le Seigneur. ¹⁸ Réconfortez-vous donc les uns les autres par ces paroles.

**5** ¹ Vous n'avez pas besoin, frères, qu'on vous écrive au sujet des temps et des moments où tout cela arrivera. ² Car vous savez très bien vous-mêmes que le jour du Seigneur viendra de façon aussi imprévisible qu'un voleur pendant la nuit. ³ Quand les gens diront : « Tout est en paix, en sécurité », c'est alors que, tout à coup, la ruine s'abattra sur eux, comme les douleurs de l'accouchement sur une femme enceinte. Personne ne pourra y échapper. ⁴ Mais vous, frères, vous n'êtes pas en pleine obscurité pour que ce jour vous surprenne comme un voleur. ⁵ Vous tous, en effet, vous dépendez de la lumière, vous appartenez au jour. Nous ne dépendons ni de la nuit ni de l'obscurité. ⁶ Ainsi, ne dormons pas comme les autres ; mais restons éveillés, sobres. ⁷ Les dormeurs, c'est la nuit qu'ils dorment, et les buveurs, c'est la nuit qu'ils s'enivrent. ⁸ Mais nous, qui appartenons au jour, nous devons

*Miniature médiévale de l'Apocalypse, représentant la résurrection du Seigneur.*

### La venue du Seigneur

*Les premiers chrétiens, comme de nombreux Juifs à cette époque troublée, attendaient la pleine manifestation de Dieu qui remportera la victoire éclatante sur le mal. Ce jour-là, mais personne n'en connaît la date, ce sera la pleine lumière, le Christ reviendra dans la gloire, les morts ressusciteront et, affirme Paul, les vivants seront élevés vers le ciel. Paul invite les chrétiens à vivre déjà de cette lumière dans la foi, l'amour et l'espérance. Ils n'ont plus rien à craindre car, dès maintenant, le Christ donne un sens à leur vie. Dieu ne les a pas appelés pour les condamner, mais pour leur offrir la vie.*

être sobres. Prenons la foi et l'amour comme cuirasse, et l'espérance du salut comme casque. ⁹ En effet, Dieu ne nous a pas destinés à subir sa colère, mais à posséder le salut par notre Seigneur Jésus-Christ. ¹⁰ Le Christ est mort pour nous afin de nous faire vivre avec lui, que nous soyons vivants ou morts quand il viendra. ¹¹ Ainsi, encouragez-vous et fortifiez-vous dans la foi les uns les autres, comme vous le faites déjà.

## Les recommandations de Paul

*Vous n'êtes pas seuls, dit Paul, vous vivez avec des frères et des sœurs qui partagent la même foi et la même espérance. Comptez les uns sur les autres. Certains ont des responsabilités dans la communauté, d'autres parlent au nom de l'Esprit, d'autres encore sont faibles ou craintifs. Que chacun se sente écouté et épaulé, que tous vivent en paix et dans la joie les uns avec les autres. Dieu vous a comblés, exprimez-lui votre reconnaissance.*

## Dernières recommandations et salutations

¹² Frères, nous vous demandons de respecter ceux qui travaillent parmi vous, ceux qui, par ordre du Seigneur, vous dirigent et vous avertissent. ¹³ Manifestez-leur beaucoup d'estime et d'amour, à cause de leur activité. Vivez en paix entre vous.

¹⁴ Nous vous le recommandons, frères : avertissez les paresseux, encouragez les craintifs, venez en aide aux faibles, soyez patients envers tous. ¹⁵ Prenez garde que personne ne rende le mal pour le mal, mais cherchez en tout temps à faire le bien entre vous et envers tout le monde.

¹⁶ Soyez toujours joyeux, ¹⁷ priez sans cesse, ¹⁸ remerciez Dieu en toute circonstance. Voilà ce que Dieu demande de vous, dans votre vie avec Jésus-Christ.

¹⁹ Ne faites pas obstacle à l'action du Saint-Esprit ; ²⁰ ne méprisez pas les messages inspirés. ²¹ Mais examinez toutes choses : retenez ce qui est bon, ²² et gardez-vous de toute forme de mal.

²³ Que Dieu, source de paix, fasse que vous soyez totalement à lui ; qu'il garde votre être entier, l'esprit, l'âme et le corps, irréprochable pour le jour où viendra notre Seigneur Jésus-Christ. ²⁴ Celui qui vous appelle accomplira cela, car il est fidèle.

²⁵ Frères, priez aussi pour nous.

²⁶ Saluez tous les frères d'un baiser fraternel.

²⁷ Je vous en supplie, au nom du Seigneur : lisez cette lettre à tous les frères.

²⁸ Que la grâce de notre Seigneur Jésus-Christ soit avec vous.

# DEUXIÈME LETTRE AUX THESSALONICIENS

## Salutation

1 De la part de Paul, Silas et Timothée.

A l'Église de Thessalonique, qui appartient à Dieu notre Père et au Seigneur Jésus-Christ : 2 Que Dieu notre Père et le Seigneur Jésus-Christ vous accordent la grâce et la paix.

## Le jugement prévu pour le jour de la venue du Christ

3 Nous devons sans cesse remercier Dieu à votre sujet, frères. Il est juste que nous le fassions, car votre foi fait de grands progrès et l'amour que vous avez tous, les uns pour les autres, augmente constamment. 4 C'est pourquoi nous parlons de vous avec fierté dans les Églises de Dieu, parce que vous tenez bon dans la foi malgré toutes les persécutions et les détresses que vous subissez.

5 Il y a là une preuve du juste jugement de Dieu, car ce que vous supportez vous rendra dignes de son Royaume, pour lequel vous souffrez. 6 En effet, Dieu est juste : il rendra détresse pour détresse à ceux qui vous font souffrir, 7 et il vous donnera l'apaisement, à vous qui souffrez, ainsi qu'à nous. Cela se passera quand le Seigneur Jésus apparaîtra du ciel avec ses anges puissants ; 8 il viendra dans un feu flamboyant, pour punir ceux qui refusent de connaître Dieu et qui n'obéissent pas à la Bonne Nouvelle de notre Seigneur Jésus. 9 Ils subiront comme châtiment une ruine éternelle, loin de la présence du Seigneur et loin de sa puissance glorieuse, 10 lorsqu'il viendra en ce jour-là pour être honoré et admiré par tous ceux qui lui appartiennent et croient en lui. Vous serez vous-mêmes de leur nombre, car vous avez cru au message que nous vous avons annoncé.

11 C'est pourquoi nous prions sans cesse pour vous. Nous demandons à notre Dieu de vous rendre dignes de la vie à laquelle il vous a appelés. Nous demandons que, par sa puissance, il vous aide à réaliser vos désirs de faire le bien et qu'il rende votre foi parfaitement active.

*Dans sa deuxième lettre aux chrétiens de Thessalonique, Paul, après une brève salutation, rappelle l'essentiel de son message. Vouloir qu'il n'y ait pas d'autre Seigneur que Jésus-Christ, c'est nécessairement être en rupture avec les idoles de ce monde et provoquer des oppositions. La communauté tient bon, c'est le signe qu'elle vit déjà en union avec le Christ.*

*Paul revient ensuite sur la question du retour du Christ. Certains, trop pressés, troublent la communauté par des annonces intempestives. Paul conseille de vivre une attente active, dans la sérénité et la paix. Dieu les aime, il les a choisis et ils ne sont donc pas sans espérance.*

¹² Ainsi, le nom de notre Seigneur Jésus sera honoré par vous, et vous serez honorés par lui. Tel sera l'effet de la grâce de notre Dieu et du Seigneur Jésus-Christ.

## La révolte finale

2 ¹ En ce qui concerne la venue de notre Seigneur Jésus-Christ et notre rassemblement auprès de lui, nous vous demandons une chose, frères : ² ne vous laissez pas trop facilement troubler l'esprit ni effrayer si quelqu'un affirme que le jour du Seigneur est arrivé. Ne le croyez pas, même si l'on se réclame d'une prophétie, d'une déclaration ou d'une lettre qui nous seraient attribuées. ³ Ne vous laissez tromper par personne, d'aucune façon. Car ce jour ne viendra pas avant qu'ait lieu la révolte finale et qu'apparaisse la Méchanceté personnifiée, l'être destiné à la ruine. ⁴ Celui-ci s'opposera à tout ce que les hommes adorent et considèrent comme divin. Il s'élèvera contre tout cela, et ira jusqu'à pénétrer dans le temple de Dieu pour s'y asseoir en se faisant passer lui-même pour Dieu. ⁵ Ne vous rappelez-vous pas que je vous ai dit cela quand j'étais encore auprès de vous ? ⁶ Cependant, vous savez que quelque chose retient cet être méchant maintenant, de sorte qu'il n'apparaîtra qu'au moment prévu. ⁷ La puissance secrète de la Méchanceté est déjà à l'œuvre ; seulement, elle ne le sera pleinement que lorsque celui qui la retient encore lui laissera la voie libre. ⁸ Alors, l'être méchant apparaîtra, et le Seigneur Jésus le fera mourir par le souffle de sa bouche, il le détruira par la splendeur de sa venue. ⁹ L'être méchant viendra avec la puissance de Satan, il accomplira toutes sortes de miracles et de prodiges trompeurs ; ¹⁰ il usera du mal sous toutes ses formes pour séduire ceux qui vont à leur perte. Ils se perdront parce qu'ils n'auront pas accueilli et aimé la vérité qui les aurait sauvés. ¹¹ Voilà pourquoi Dieu leur envoie une puissance d'erreur qui les pousse à croire au mensonge. ¹² Ainsi, tous ceux qui n'auront pas cru à la vérité, mais qui auront pris plaisir au mal, seront condamnés.

## Vous avez été choisis pour être sauvés

¹³ Quant à nous, nous devons sans cesse remercier Dieu à votre sujet, frères, vous que le Seigneur aime. Car Dieu vous a choisis, vous les premiers, pour que vous soyez sauvés grâce au Saint-Esprit qui vous fait mener

*Fresque de Voronet, Roumanie.*

**Le mal n'aura pas le dernier mot**

*Des faux messages de Paul, des fausses révélations divines… le trouble gagne certains membres de la communauté. Paul tente de rassurer les Thessaloniciens en donnant un sens aux persécutions qu'ils vivent. Le combat entre le bien et le mal n'en est qu'à son début. Le mal ne s'est pas encore totalement dévoilé. Il réalise des prodiges trompeurs, mais le jour où il s'attaquera au signe de la présence de Dieu parmi les hommes, le temple de Dieu, il aura perdu la partie. Le jour où il se prendra pour Dieu, le souffle du Christ l'anéantira.*

une vie sainte et grâce à votre foi en la vérité. [14] Dieu vous a appelés à cela par la Bonne Nouvelle que nous vous avons annoncée ; il a voulu que vous ayez part à la gloire de notre Seigneur Jésus-Christ. [15] Ainsi, frères, demeurez fermes et retenez les enseignements que nous vous avons transmis soit oralement, soit par notre lettre.

[16] Que notre Seigneur Jésus-Christ lui-même et Dieu notre Père, qui nous a aimés et nous a donné par sa grâce un réconfort éternel et une bonne espérance, [17] remplissent vos cœurs de courage et vous accordent la force de pratiquer toujours le bien, en actes et en paroles.

## Priez pour nous

**3** [1] Enfin, frères, priez pour nous, afin que la parole du Seigneur se répande rapidement et soit honorée, comme cela s'est passé parmi vous. [2] Priez aussi Dieu de nous délivrer des hommes mauvais et méchants. Car ce n'est pas tout le monde qui accepte de croire.

[3] Mais le Seigneur est fidèle. Il vous fortifiera et vous gardera du Mauvais. [4] Et le Seigneur nous donne confiance à votre sujet : nous sommes convaincus que vous faites et continuerez à faire ce que nous vous recommandons.

[5] Que le Seigneur dispose vos cœurs à l'amour pour Dieu et à la patience donnée par le Christ.

## La nécessité de travailler

[6] Frères, nous vous le demandons au nom du Seigneur Jésus-Christ : tenez-vous à l'écart de tous les frères qui vivent en paresseux et ne se conforment pas à l'enseignement que nous leur avons transmis. [7] Vous savez bien vous-mêmes comment vous devez suivre notre exemple. Car nous n'avons pas vécu en paresseux chez vous. [8] Nous n'avons demandé à personne de nous nourrir gratuitement ; au contraire, acceptant peines et fatigues, nous avons travaillé jour et nuit pour n'être à la charge d'aucun de vous. [9] Nous l'avons fait non pas parce que nous n'aurions pas le droit de recevoir votre aide, mais parce que nous avons voulu vous donner un exemple à suivre. [10] En effet, quand nous étions chez vous, nous vous avons avertis : « Celui qui ne veut pas travailler ne doit pas manger non plus. »

[11] Or nous apprenons que certains d'entre vous vivent en paresseux, sans rien faire que de se mêler des affaires des autres. [12] A ces gens-là nous demandons, nous recommandons ceci au nom du Seigneur Jésus-Christ : qu'ils travaillent régulièrement pour gagner leur subsistance.

*« Nous apprenons que certains d'entre vous vivent en paresseux, sans rien faire que de se mêler des affaires des autres. »*
*(2 Thessaloniciens 3,11)*
Certains étaient convaincus que le Christ reviendrait bientôt. Ils pensaient que tout était écrit à l'avance par Dieu et que les hommes n'avaient donc plus rien à faire. Ils décidèrent de ne plus travailler. Paul les invite à cesser de vivre ainsi au crochet des autres et à travailler pour subvenir à leurs besoins.
Puisque Dieu a tout arrangé pour nous, à quoi bon travailler, disaient-ils.

**13** Quant à vous, frères, ne vous lassez pas de faire le bien. **14** Si quelqu'un n'obéit pas aux instructions que nous donnons dans cette lettre, notez-le et n'ayez aucun contact avec lui, afin qu'il en ait honte. **15** Cependant, ne le traitez pas en ennemi, mais avertissez-le comme un frère.

*Saint Paul, tableau de Rutilio Manetti (1571-1639)*

*Habituellement, Paul dictait ses lettres. Il les authentifiait en écrivant lui-même la dernière salutation (3,17).*

## Bénédiction et salutation

**16** Que le Seigneur, source de paix, vous accorde

lui-même la paix en tout temps et de toute manière. Que le Seigneur soit avec vous tous.

**17** C'est de ma propre main que j'écris ces mots : Salutations de Paul. – Voilà comment je signe toutes mes lettres ; c'est ainsi que j'écris. –

**18** Que la grâce de notre Seigneur Jésus-Christ soit avec vous tous.

# PREMIÈRE LETTRE À TIMOTHÉE

## Salutation

**1** ¹ De la part de Paul, apôtre de Jésus-Christ par ordre de Dieu notre Sauveur et de Jésus-Christ notre espérance.

² A Timothée, mon vrai fils dans la foi : Que Dieu le Père et Jésus-Christ notre Seigneur t'accordent la grâce, le pardon et la paix.

## Mise en garde contre de fausses doctrines

³ Comme je te l'ai recommandé en partant pour la Macédoine, reste à Éphèse. Il y a là des gens qui enseignent de fausses doctrines et il faut que tu leur ordonnes de cesser. ⁴ Dis-leur de renoncer à ces légendes et à ces longues listes d'ancêtres ; elles ne provoquent que des discussions, au lieu de servir le plan salutaire de Dieu, que l'on connaît par la foi. ⁵ Cet ordre a pour but de susciter l'amour qui vient d'un cœur pur, d'une bonne conscience et d'une foi sincère. ⁶ Certains se sont détournés de cette ligne de conduite et se sont égarés dans des discussions stupides. ⁷ Ils prétendent être des maîtres en ce qui concerne la loi de Dieu, mais ils ne comprennent ni ce qu'ils disent ni les sujets dont ils parlent avec tant d'assurance.

⁸ Nous savons que la loi est bonne, si l'on en fait bon usage. ⁹ On se rappellera en particulier que la loi n'est pas établie pour ceux qui se conduisent bien, mais pour les malfaiteurs et les rebelles, pour les méchants et les pêcheurs, pour les gens qui ne respectent ni Dieu ni ce qui est saint, pour ceux qui tuent père ou mère, pour les assassins, ¹⁰ les gens immoraux, les pédérastes, les marchands d'esclaves, les menteurs et ceux qui prononcent de faux serments, ou pour ceux qui commettent toute autre action contraire au véritable enseignement. ¹¹ Cet enseignement se trouve dans la Bonne Nouvelle qui m'a été confiée et qui vient du Dieu glorieux, source du bonheur.

## Reconnaissance pour la bonté de Dieu

¹² Je remercie Jésus-Christ notre Seigneur qui m'a donné la force nécessaire pour ma tâche. Je le remercie de m'avoir estimé digne de confiance en me prenant à son service, ¹³ bien que j'aie dit du mal de lui autrefois, que je l'aie persécuté et insulté. Mais Dieu

*Alors qu'il était encore jeune, Timothée rencontra Paul à Lystre. Son père était grec et Eunice, sa mère, ainsi que Loïs, sa grand-mère, étaient juives. Converti par Paul, il devint rapidement son compagnon de voyage puis son collaborateur. Paul le chargea de mission à Thessalonique, en Macédoine, à Corinthe, puis lui donna la responsabilité de la communauté d'Éphèse. Il lui confia régulièrement la rédaction de ses lettres. Il fut le compagnon fidèle et le plus aimé de Paul. Avec lui, il a affronté les dangers du voyage, les rejets dans certaines villes et la prison à Philippes.*

*Paul remercie le Christ. Alors qu'il combattait les disciples de Jésus, celui-ci l'a comblé de son amour en lui faisant confiance et en l'appelant à son service.*

a eu pitié de moi, parce que j'étais privé de la foi et ne savais donc pas ce que je faisais. ¹⁴ Notre Seigneur a répandu avec abondance sa grâce sur moi, il m'a accordé la foi et l'amour qui viennent de la communion avec Jésus-Christ. ¹⁵ Voici une parole certaine, digne d'être accueillie par tous : Jésus-Christ est venu dans le monde pour sauver les pêcheurs. Je suis le pire d'entre eux, ¹⁶ mais c'est pour cela que Dieu a eu pitié de moi : il a voulu que Jésus-Christ démontre en moi, le pire des pêcheurs, toute sa patience comme exemple pour ceux qui, dans l'avenir, croiront en lui et recevront la vie éternelle. ¹⁷ Au Roi éternel, immortel, invisible et seul Dieu, soient honneur et gloire pour toujours ! Amen.

¹⁸ Timothée, mon enfant, je te confie cette recommandation, conformément aux paroles prophétiques qui ont été prononcées autrefois à ton sujet. Que ces paroles soient ta force dans le bon combat que tu as à livrer ; ¹⁹ garde la foi et une bonne conscience. Quelques-uns ont refusé d'écouter leur conscience et ont causé ainsi le naufrage de leur foi. ²⁰ Parmi eux se trouvent Hyménée et Alexandre ; je les ai livrés à Satan afin qu'ils apprennent à ne plus faire insulte à Dieu.

## Instructions au sujet de la prière

**2** ¹ En tout premier lieu, je recommande que l'on adresse à Dieu des demandes, des prières, des supplications et des remerciements pour tous les êtres humains. ² Il faut prier pour les rois et tous ceux qui détiennent l'autorité, afin que nous puissions mener une vie tranquille, paisible, respectable, dans un parfait attachement à Dieu. ³ Voilà ce qui est bon et agréable à Dieu notre Sauveur, ⁴ qui veut que tous les humains soient sauvés et parviennent à connaître la vérité. ⁵ Car il y a un seul Dieu, et un seul intermédiaire entre Dieu et l'humanité, l'homme Jésus-Christ ⁶ qui s'est donné lui-même comme rançon pour la libération de tous. Il a apporté ainsi, au temps fixé, la preuve que Dieu veut que tous les humains soient sauvés. ⁷ C'est pour cela que j'ai été établi messager et apôtre, chargé d'enseigner aux non-Juifs la foi et la vérité. Je ne mens pas, je dis ce qui est vrai.

*La prière*

*On ne prie pas pour informer Dieu ou pour le faire changer d'avis, ou encore pour qu'enfin il fasse ce qu'il aurait déjà dû accomplir. Nous prions avant tout pour nous ouvrir à Dieu, à la vie et à l'amour qu'il ne cesse de nous donner. La prière est aussi communion avec nos frères et sœurs car nous sommes solidaires les uns des autres. Elle n'est pas une démission, mais elle puise aux sources de l'espérance. Elle ouvre à l'inattendu ; elle est le souffle de nos engagements.*

⁸ Je veux donc qu'en tout lieu les hommes prient, en levant des mains pures vers le ciel, sans colère ni esprit de dispute.

⁹ Je désire aussi que les femmes s'habillent d'une façon décente, avec modestie et simplicité ; qu'elles ne s'ornent ni de coiffures compliquées, ni de bijoux d'or, ni de perles, ni de vêtements luxueux, ¹⁰ mais d'actions bonnes, comme il convient à des femmes qui déclarent respecter Dieu. ¹¹ Il faut que les femmes reçoivent l'instruction en silence, avec une entière soumission. ¹² Je ne permets pas à la femme d'enseigner ou de prendre autorité sur l'homme ; elle doit garder le silence. ¹³ En effet, Adam a été créé le premier, et Ève ensuite. ¹⁴ Et ce n'est pas Adam qui s'est laissé tromper, mais c'est la femme qui, cédant à la tromperie, a désobéi à l'ordre de Dieu. ¹⁵ Cependant la femme sera sauvée en ayant des enfants, à condition qu'elle demeure dans la foi, l'amour et la sainteté, avec modestie.

## Les dirigeants de l'Église

**3** ¹ Voici une parole certaine : si quelqu'un souhaite la fonction de dirigeant dans l'Église, il désire une belle tâche. ² Il faut qu'un dirigeant d'Église soit irréprochable, mari d'une seule femme, sobre, raisonnable et convenable, hospitalier, capable d'enseigner ; ³ qu'il ne soit ni buveur ni violent, mais doux et pacifique ; qu'il ne soit pas attaché à l'argent ; ⁴ qu'il soit capable de bien diriger sa propre famille et d'obtenir que ses enfants lui obéissent avec un entier respect. ⁵ En effet, si quelqu'un ne sait pas diriger sa propre famille, comment pourrait-il prendre soin de l'Église de Dieu ? ⁶ Il ne doit pas être récemment converti ; sinon, il risquerait de s'enfler d'orgueil et de finir par être condamné comme le diable. ⁷ Il faut aussi qu'il mérite le respect des non-chrétiens, afin qu'il ne soit pas méprisé et qu'il ne tombe pas dans les pièges du diable.

## Les diacres

⁸ Les diacres aussi doivent être respectables et sincères ; ils ne doivent pas abuser du vin ni rechercher des gains malhonnêtes ; ⁹ qu'ils restent attachés à la vérité révélée de la foi chrétienne, avec une conscience pure. ¹⁰ Il faut d'abord qu'on les mette à l'épreuve ; ensuite, si on n'a rien à leur reprocher, ils pourront travailler comme diacres. ¹¹ Leurs femmes aussi doivent être respectables et éviter les propos malveillants ; qu'elles soient sobres et fidèles en tout. ¹² Il faut que le diacre soit le mari d'une seule femme et qu'il soit capable de bien diriger ses enfants, toute sa famille. ¹³ Les diacres qui s'acquittent bien

*Les communautés chrétiennes commencent à se structurer. Diverses fonctions apparaissent : diriger, prêcher, assurer le service des veuves et des pauvres afin d'organiser la vie de la communauté. Mais les rôles ne sont pas encore clairement fixés : des hommes et des femmes honnêtes, respectés et capables d'enseigner sont choisis parmi les membres de la communauté.*

*Les premières communautés s'organisent rapidement pour assurer une vie digne pour les plus pauvres parmi eux et spécialement les veuves qui étaient privées de tout moyen de subsistance.*

Le sermon sur la montagne,
illustration de Gustave Doré
(La Sainte Bible, 1866).

### Le grand secret

Paul a été bouleversé par
sa rencontre avec le Christ.
Ce qu'il ignorait jusque-là, il
l'a découvert de façon fulgu-
rante : Dieu est amour et
nous libère. Lui, le Juif zélé,
n'a pu le découvrir malgré sa
connaissance des Écritures et
son respect scrupuleux de la
loi de Moïse. Pour lui, c'est
comme si tout était resté
secret jusqu'à ce que tout
soit révélé au grand jour
par le Christ.

La prière, la proclamation
de l'Évangile et le partage
fraternel sont autant de
colonnes qui permettent à
la communauté chrétienne
d'être la famille de Dieu,
d'édifier l'Église de Dieu
fondée sur le Christ.

de leur tâche sont honorés par tous et peuvent parler
avec une pleine assurance de la foi qui nous unit à Jésus-
Christ.

## Le grand secret

<sup>14</sup> Je t'écris cette lettre, tout en espérant
aller te voir bientôt. <sup>15</sup> Cependant, si je
tarde à te rejoindre, ces lignes te permettront de savoir comment te conduire dans
la famille de Dieu, c'est-à-dire l'Église du
Dieu vivant, qui est la colonne et le soutien
de la vérité. <sup>16</sup> Oui, incontestablement, il est
grand le secret dévoilé dans notre foi !
Le Christ,
apparu comme un être humain,
a été révélé juste par l'Esprit Saint
et contemplé par les anges.
Annoncé parmi les nations,
cru par beaucoup dans le monde,
il a été élevé à la gloire céleste.

## Ceux qui enseignent de fausses doctrines

**4** ¹ L'Esprit le dit clairement : dans les derniers temps, certains abandonneront la foi pour suivre des esprits trompeurs et des enseignements inspirés par les démons. Les démons étaient des esprits mauvais considérés comme des envoyés ou des serviteurs du diable. ² Ils se laisseront égarer par des gens hypocrites et menteurs, à la conscience marquée au fer rouge. La marque au fer rouge était réservée aux criminels et aux esclaves fugitifs. ³ Ces gens-là enseignent qu'on ne doit pas se marier ni manger certains aliments. Mais Dieu a créé ces aliments pour que les croyants, qui connaissent la vérité, les prennent en priant pour le remercier. ⁴ Tout ce que Dieu a créé est bon ; rien n'est à rejeter, mais il faut tout accueillir en remerciant Dieu, ⁵ car la parole de Dieu et la prière rendent chaque chose agréable à Dieu.

## Un bon serviteur de Jésus-Christ

⁶ Si tu donnes ces instructions aux frères, tu seras un bon serviteur de Jésus-Christ, tu montreras que tu es nourri des paroles de la foi et du véritable enseignement que tu as suivi. ⁷ Mais rejette les légendes stupides et contraires à la foi. Exerce-toi à vivre dans l'attachement à Dieu. ⁸ Les exercices physiques sont utiles, mais à peu de chose ; l'attachement à Dieu, au contraire, est utile à tout, car il nous assure la vie présente et nous promet la vie future. ⁹ C'est là une parole certaine, digne d'être accueillie par tous. ¹⁰ En effet, si nous peinons et luttons, c'est parce que nous avons mis notre espérance dans le Dieu vivant qui est le Sauveur de tous les humains, et surtout de ceux qui croient.

¹¹ Recommande et enseigne tout cela. ¹² Que personne ne te méprise parce que tu es jeune ; mais sois un exemple pour les croyants, dans tes paroles, ta conduite, ton amour, ta foi et ta pureté. ¹³ En attendant que je vienne, applique-toi à lire publiquement l'Écriture, à exhorter et à enseigner. ¹⁴ Ne néglige pas le don spirituel que tu possèdes, celui qui t'a été accordé lorsque les prophètes ont parlé et que les anciens ont posé les mains sur toi. ¹⁵ Applique-toi à tout cela, donne-toi entièrement à ta tâche. Alors tous verront tes progrès. ¹⁶ Prends garde à toi-même et à ton enseignement. Demeure ferme à cet égard. En effet, si tu agis ainsi, tu sauveras aussi bien toi-même que ceux qui t'écoutent.

*« Si nous peinons et luttons, c'est parce que nous avons mis notre espérance dans le Dieu vivant. »*
*(1 Timothée 4,10)*
*Pratiquer un sport suppose des entraînements parfois très exigeants. Il en va de même pour l'amour désintéressé et spontané des autres : il est le fruit d'un apprentissage jamais achevé. Et la foi est autre chose qu'une série de réponses rassurantes aux questions du sens de la vie, elle nous engage tout entier dans une aventure difficile.*

## Les devoirs à l'égard des fidèles

**5** ¹ N'adresse pas des reproches avec dureté à un vieillard, mais exhorte-le comme s'il était ton père. Traite les jeunes gens comme des frères, ² les femmes âgées comme des mères, et les jeunes femmes comme des sœurs, avec une entière pureté.

³ Occupe-toi avec respect des veuves qui sont réellement seules. ⁴ Mais si une veuve a des enfants ou des petits-enfants, il faut que ceux-ci apprennent à mettre en pratique leur foi d'abord envers leur propre famille et à rendre ainsi à leurs parents ou grands-parents ce qu'ils leur doivent. Voilà ce qui est agréable à Dieu. ⁵ La veuve qui est réellement seule, qui n'a personne pour prendre soin d'elle, a mis son espérance en Dieu ; elle ne cesse pas de prier jour et nuit pour lui demander son aide. ⁶ Mais la veuve qui ne pense qu'à se divertir est déjà morte, bien que vivante. ⁷ Voilà ce que tu dois leur rappeler, afin qu'elles soient irréprochables. ⁸ Si quelqu'un ne prend pas soin de sa parenté et surtout des membres de sa propre famille, il a trahi sa foi, il est pire qu'un incroyant.

⁹ Pour être inscrite sur la liste des veuves, il faut qu'une femme soit âgée d'au moins soixante ans. En outre, il faut qu'elle n'ait été mariée qu'une fois ¹⁰ et qu'elle soit connue pour ses belles actions : qu'elle ait bien élevé ses enfants, exercé l'hospitalité, lavé les pieds des croyants-, secouru les malheureux et pratiqué toute espèce d'actions bonnes.

¹¹ Quant aux jeunes veuves, ne les mets pas sur la liste ; car lorsque leurs désirs les incitent à se remarier, elles se détournent du Christ ¹² et se rendent ainsi coupables d'avoir rompu leur premier engagement à son égard. ¹³ De plus, n'ayant rien à faire, elles prennent l'habitude d'aller d'une maison à l'autre ; mais ce qui est pire encore, elles deviennent bavardes et indiscrètes, elles parlent de choses qui ne les regardent pas. ¹⁴ C'est pourquoi, je désire que les jeunes veuves se remarient, qu'elles aient des enfants et prennent soin de leur maison, afin de ne donner à nos adversaires aucune occasion de dire du mal de nous. ¹⁵ Car quelques veuves se sont déjà détournées du droit chemin pour suivre Satan. ¹⁶ Mais si une croyante a des veuves dans sa parenté, elle doit s'en occuper et ne pas les laisser à la charge de l'Église, afin que l'Église puisse venir en aide aux veuves qui sont réellement seules.

¹⁷ Les anciens qui dirigent bien l'Église méritent un double salaire, surtout ceux qui ont la lourde

**Les veuves**

*Au temps de Paul, les veuves qui n'avaient pas de famille vivaient dans la précarité la plus totale. Les premières communautés ont rapidement mis sur pied toute une organisation pour leur venir en aide. Un certain nombre d'entre elles exercent un ministère. Leur rôle est sans doute d'assister les femmes lors de leur baptême et de leur rentre visite quand elles sont malades.*

responsabilité de prêcher et d'enseigner. ¹⁸ En effet, l'Écriture déclare : « Vous ne mettrez pas une muselière à un bœuf qui foule le blé », et : « L'ouvrier a droit à son salaire. » ¹⁹ N'accepte pas d'accusation contre un ancien à moins qu'elle ne soit appuyée par deux ou trois témoins. ²⁰ Si quelqu'un se rend coupable d'une faute, adresse-lui des reproches en public, afin que les autres aussi éprouvent de la crainte.

²¹ Je te le demande solennellement devant Dieu, devant Jésus-Christ et devant les saints anges : obéis à ces instructions avec impartialité, sans favoriser qui que ce soit par tes actes. ²² Ne te hâte pas de poser les mains sur quelqu'un pour lui confier une charge dans l'Église. Ne participe pas aux péchés des autres ; garde-toi pur.

²³ Cesse de boire uniquement de l'eau, mais prends un peu de vin pour faciliter ta digestion, puisque tu es souvent malade.

²⁴ Les péchés de certains se voient clairement avant même qu'on les juge ; par contre, chez d'autres personnes, ils ne se découvrent qu'après coup. ²⁵ Les actions bonnes, elles aussi, se voient clairement, et même celles qui ne sont pas immédiatement visibles ne peuvent pas rester cachées.

*« Vous ne mettrez pas une muselière à un bœuf qui foule le blé. » (1 Timothée 5,18) Paul interprète assez librement un verset du livre du Deutéronome (25,4) et y associe un verset que l'on retrouve dans l'évangile de Luc. Les anciens qui dirigent la communauté doivent être libérés de toute entrave pour se consacrer entièrement à la prédication et l'enseignement. A cette fin, les membres doivent subvenir à leurs besoins ainsi qu'à ceux de leur famille.*

*L'Horlogerie, Joan Galle (1600-1676).*

*« L'ouvrier a droit à son salaire. » ((1 Timothée 5,18)*

**6** ¹ Ceux qui sont esclaves doivent tous considérer leurs maîtres comme dignes d'un entier respect, afin que personne ne fasse insulte au nom de Dieu et à notre enseignement. ² S'ils ont des maîtres croyants, ils ne doivent pas leur manquer de respect sous prétexte qu'ils sont leurs frères. Au contraire, ils doivent les servir encore mieux, puisque ceux qui bénéficient de leurs services sont des croyants aimés de Dieu.

## Les fausses doctrines et les vraies richesses

Voilà ce que tu dois enseigner et recommander. ³ Si quelqu'un enseigne une autre doctrine, s'il s'écarte des véritables paroles de notre Seigneur Jésus-Christ et de l'enseignement conforme à notre foi, ⁴ il est enflé d'orgueil et ignorant. Il a un désir maladif de discuter et de se quereller à propos de mots. De là viennent des jalousies, des disputes, des insultes, des soupçons malveillants, ⁵ et des discussions sans fin entre des gens à l'esprit faussé ayant perdu toute notion de la vérité. Ils pensent que la foi en Dieu est un moyen de s'enrichir.

⁶ Certes, la foi en Dieu est une grande richesse, si l'on se contente de ce que l'on a. ⁷ En effet, nous n'avons rien apporté dans ce monde, et nous n'en pouvons rien emporter. ⁸ Par conséquent, si nous avons la nourriture et les vêtements, cela doit nous suffire. ⁹ Mais ceux qui veulent s'enrichir tombent dans la tentation, ils sont pris au piège par de nombreux désirs insensés et néfastes, qui plongent les hommes dans la ruine et provoquent leur perte. ¹⁰ Car l'amour de l'argent est la racine de toutes sortes de maux. Certains ont eu une telle envie d'en posséder qu'ils se sont égarés loin de la foi et se sont infligés bien des tourments.

*Timothée est à Éphèse quand il reçoit la lettre de Paul. Or Éphèse est une ville riche, un centre économique, financier et industriel. Paul vise les chrétiens fortunés, riches armateurs, négociants, importateurs et exportateurs, banquiers et hommes d'affaires. Ils risquent de mettre leur espérance dans leurs richesses. Certains exploitent leurs frères, d'autres sont pris au piège et se sont perdus dans leurs soucis de l'argent. La vraie richesse, dit Paul, c'est le partage.*

## Recommandations personnelles

¹¹ Mais toi, homme de Dieu, évite tout cela. Recherche la droiture, l'attachement à Dieu, la foi, l'amour, la patience et la douceur. ¹² Combats le bon combat de la foi ; saisis la vie éternelle, car Dieu t'a appelé à la connaître quand tu as prononcé ta belle déclaration de foi en présence de nombreux témoins. ¹³ Devant Dieu, qui donne la vie à toutes choses, et devant Jésus-Christ, qui a rendu témoignage par sa belle déclaration de foi face à Ponce-Pilate, je te le recommande : ¹⁴ obéis au commandement reçu, garde-le de façon pure et irréprochable jusqu'au jour où notre Seigneur Jésus-Christ apparaîtra. ¹⁵ Cette apparition interviendra au moment fixé par Dieu, le Souverain unique, la source du bonheur, le Roi des rois et le

Seigneur des seigneurs. ¹⁶ Lui seul est immortel ; il habite une lumière dont personne ne peut s'approcher. Aucun être humain ne l'a jamais vu ni ne peut le voir. A lui soient l'honneur et la puissance éternelle ! Amen.

¹⁷ Recommande à ceux qui possèdent les richesses de ce monde de ne pas s'enorgueillir ; dis-leur de ne pas mettre leur espérance dans ces richesses si incertaines, mais en Dieu qui nous accorde tout avec abondance pour que nous en jouissions. ¹⁸ Recommande-leur de faire le bien, d'être riches en actions bonnes, d'être généreux et prêts à partager avec autrui. ¹⁹ Qu'ils s'amassent ainsi un bon et solide trésor pour l'avenir afin d'obtenir la vie véritable. ·

*La boutique de galanteries, illustration de Jean II Berain, dit le Jeune (1674-1726).*

*Pour que Paul dénonce le désœuvrement et les bavardages vides ainsi que les objections d'une soi-disant connaissance, il fallait que ce soit le fait d'hommes et de femmes disposant de temps, de ressources et de culture, des gens n'étant pas contraints à travailler dur pour subvenir à leurs besoins les plus essentiels. Le vide de certaines personnes fortunées était meublé par le bavardage et la spéculation intellectuelle. L'Évangile devenait alors étranger à leur vie.*

²⁰ Cher Timothée, garde soigneusement ce qui t'a été confié. Évite les bavardages vides et contraires à la foi, les objections d'une soi-disant connaissance. ²¹ Certains, en effet, ont prétendu posséder une telle connaissance, et ils se sont écartés de la foi.

Que la grâce de Dieu soit avec vous.

## DEUXIÈME LETTRE À TIMOTHÉE

*Saint Paul menacé par les Juifs à Jérusalem, illustration de Gustave Doré (La Sainte Bible, 1866).*

### Salutation

**1** De la part de Paul, apôtre de Jésus-Christ par la volonté de Dieu, chargé d'annoncer la vie qui nous est promise grâce à Jésus-Christ.

**2** A Timothée, mon cher fils : Que Dieu le Père et Jésus-Christ notre Seigneur t'accordent la grâce, le pardon et la paix.

### Reconnaissance et encouragement à la fidélité

**3** Je remercie Dieu, que je sers avec une conscience pure comme mes ancêtres l'ont fait. Je le remercie lorsque, sans cesse, jour et nuit, je pense à toi dans mes prières. **4** Je me rappelle tes larmes, et je désire beaucoup te revoir afin d'être rempli de joie. **5** Je garde le souvenir de la foi sincère qui est la tienne, cette foi qui anima ta grand-mère Loïs et ta mère Eunice avant toi. Je suis persuadé qu'elle est présente en toi aussi. **6** C'est pourquoi, je te le rappelle : maintiens en vie le don que Dieu t'a accordé quand j'ai posé les mains sur toi. **7** Car l'Esprit que Dieu nous a donné ne nous rend pas timides ; au contraire, cet Esprit nous remplit de force, d'amour et de maîtrise de soi.

**8** N'aie donc pas honte de rendre témoignage à notre Seigneur ; n'aie pas honte non plus de moi, prisonnier pour lui. Au contraire, accepte de souffrir avec moi pour la Bonne Nouvelle, en comptant sur la force que Dieu donne. **9** C'est lui qui nous a sauvés et nous a appelés à être son peuple, non à cause de nos bonnes actions, mais à cause de son propre plan et de sa grâce. Il nous a accordé cette grâce par Jésus-Christ avant tous les temps, **10** mais il nous l'a manifestée maintenant par l'apparition de notre Sauveur Jésus-Christ. C'est lui qui a mis fin au pouvoir de la mort et qui, par la Bonne Nouvelle, a révélé la vie immortelle.

**11** Dieu m'a chargé de proclamer cette Bonne Nouvelle en tant qu'apôtre et enseignant, **12** et c'est pour cela que je subis ces souffrances. Mais je suis sans crainte, car je sais en qui j'ai mis ma confiance et je suis convaincu qu'il a le pouvoir de garder jusqu'au jour du Jugement ce qu'il m'a confié.

¹³ Prends comme modèle les paroles véritables que je t'ai communiquées, tiens bon dans la foi et l'amour que nous avons dans la communion avec Jésus-Christ. ¹⁴ Garde les bonnes instructions qui t'ont été confiées, avec l'aide du Saint-Esprit qui habite en nous. ¹⁵ Comme tu le sais, tous ceux de la province d'Asie m'ont abandonné, entre autres Phygèle et Hermogène. ¹⁶ Que le Seigneur traite avec bonté la famille d'Onésiphore, car il m'a souvent réconforté. Il n'a pas eu honte de moi qui suis en prison ; ¹⁷ au contraire, dès son arrivée à Rome, il m'a cherché avec zèle jusqu'à ce qu'il m'ait trouvé. ¹⁸ Que le Seigneur le fasse bénéficier de la bonté de Dieu au jour du Jugement. Tu connais très bien aussi tous les services qu'il m'a rendus à Éphèse.

## Un fidèle soldat de Jésus-Christ

2 ¹ Toi donc, mon fils, puise ta force dans la grâce qui nous vient de Jésus-Christ. ² Ce que tu m'as entendu annoncer en présence de nombreux témoins, confie-le à des hommes de confiance, qui seront eux-mêmes capables de l'enseigner encore à d'autres.

³ Prends ta part de souffrances, comme un fidèle soldat de Jésus-Christ. ⁴ Un soldat en service actif ne s'embarrasse pas des affaires de la vie civile, s'il veut satisfaire son commandant. ⁵ Un athlète qui participe à une compétition ne peut gagner le prix que s'il lutte selon les règles. ⁶ Le cultivateur qui s'est chargé du travail pénible doit être le premier à recevoir sa part de la récolte. ⁷ Réfléchis bien à ce que je dis. D'ailleurs le Seigneur te rendra capable de tout comprendre.

⁸ Souviens-toi de Jésus-Christ, descendant de David et ramené d'entre les morts comme l'enseigne la Bonne Nouvelle que j'annonce. ⁹ C'est pour cette Bonne Nouvelle que je souffre et que je suis même enchaîné comme un malfaiteur. Mais la parole de Dieu n'est pas enchaînée ! ¹⁰ C'est pourquoi je supporte tout pour le bien de ceux que Dieu a choisis, afin qu'eux aussi obtiennent le salut qui vient de Jésus-Christ, ainsi que la gloire éternelle. ¹¹ Les paroles que voici sont certaines :

« Si nous sommes morts avec lui,
nous vivrons aussi avec lui ;
¹² si nous restons fermes,
nous régnerons aussi avec lui ;

« Ce que tu m'as entendu annoncer en présence de nombreux témoins, confie-le à des hommes de confiance, qui seront eux-mêmes capables de l'enseigner encore à d'autres. » (2 Timothée 2,2)
*Paul est au terme de sa vie et il songe à l'avenir des communautés chrétiennes. Il confie à Timothée la tâche de former des hommes qui, à leur tour, pourront transmettre le message du Christ. Mais la tâche est rude et dangereuse car les chrétiens sont persécutés un peu partout. Il faut donc des hommes qui n'ont pas peur du risque, mais surtout qui sont à même de découvrir que dans les épreuves, Dieu ne les abandonne pas.*

« Un athlète qui participe à une compétition ne peut gagner le prix que s'il lutte selon les règles. » (2 Timothée 2,5)
*Paul est enchaîné à cause de sa foi et de son travail d'évangélisation. Il relit sa vie à la lumière de celle du Christ. Il a vécu en communion avec lui, il s'apprête maintenant à mourir avec lui. Le Christ lui a toujours été fidèle et le sera pour toujours.*

si nous le rejetons,
  lui aussi nous rejettera ;
¹³ si nous sommes infidèles,
  il demeure fidèle,
  car il ne peut pas se mettre en contradiction avec
  lui-même. »

## Un ouvrier approuvé

¹⁴ Rappelle cela à tous et demande-leur solennellement devant Dieu de ne pas se quereller à propos de mots. Ces querelles ne servent à rien, sinon à causer la ruine de ceux qui écoutent. ¹⁵ Efforce-toi d'être digne d'approbation aux yeux de Dieu, comme un ouvrier qui n'a pas à rougir de son ouvrage, en annonçant correcte-

*« Cependant les solides fondations posées par Dieu tiennent bon. » (2 Timothée 2,19) Paul met en garde contre ceux qui tiennent de beaux discours qui sonnent creux et sèment la division. Heureusement, la communauté chrétienne d'Éphèse est solide car elle est fondée sur la Parole de Dieu. Elle sait que Dieu connaît ceux qu'il aime et que les hommes qui mettent en lui leur foi se détournent du mal.*

ment le message de la vérité. ¹⁶ Évite les bavardages vides et contraires à la foi, car ceux qui s'y livrent s'éloigneront de plus en plus de Dieu. ¹⁷ Leur enseignement est comme une plaie infectée qui ronge les chairs. Je pense en particulier à Hyménée et Philète : ¹⁸ ils se sont écartés de la vérité et ils ébranlent la foi de plusieurs en prétendant que notre résurrection a déjà eu lieu. ¹⁹ Cependant les solides fondations posées par Dieu tiennent bon. Les paroles suivantes y sont gravées : « Le Seigneur connaît les siens », et : « Quiconque déclare appartenir au Seigneur doit se détourner du mal. »

²⁰ Dans une grande maison, il n'y a pas seulement de la vaisselle en or et en argent, il y en a aussi en bois et en argile. La première est réservée à des occasions spéciales, l'autre est destinée à l'usage courant. ²¹ Si quelqu'un se purifie de tout le mal que j'ai mentionné, il sera apte à remplir des tâches spéciales : il est entièrement à la disposition de son Maître, il lui est utile, il est prêt à faire toute action bonne.

²² Fuis les passions de la jeunesse ; recherche la droiture, la foi, l'amour, la paix, avec ceux qui, d'un cœur

pur, font appel au Seigneur. ²³ Mais rejette les discussions folles et stupides : tu sais qu'elles suscitent des querelles. ²⁴ Or, un serviteur du Seigneur ne doit pas se quereller. Il doit être aimable envers tous, capable d'enseigner et de supporter les critiques, ²⁵ il doit instruire avec douceur ses contradicteurs : Dieu leur donnera peut-être l'occasion de changer de mentalité et de connaître la vérité. ²⁶ Ils retrouveront alors leur bon sens et se dégageront des pièges du diable, qui les a attrapés et soumis à sa volonté.

## Les derniers jours

3 ¹ Rappelle-toi bien ceci : dans les derniers temps, il y aura des jours difficiles. ² En effet, les hommes seront égoïstes, amis de l'argent, vantards et orgueilleux ; ils feront insulte à Dieu et seront rebelles à leurs parents, ils seront ingrats et sans respect pour ce qui est saint ; ³ ils seront durs, sans pitié, calomniateurs, violents, cruels et ennemis du bien ; ⁴ ils seront traîtres, emportés et enflés d'orgueil ; ils aimeront le plaisir plutôt que Dieu ; ⁵ ils garderont les formes extérieures de la foi, mais ils en rejetteront la puissance. Détourne-toi de ces gens-là ! ⁶ Certains d'entre eux s'introduisent dans les maisons et soumettent à leur influence de faibles femmes, chargées de péchés, entraînées par toutes sortes de désirs ; ⁷ elles cherchent toujours à apprendre mais sans jamais parvenir à connaître la vérité. ⁸ De même que Jannès et Jambrès se sont opposés à Moïse, de même ces gens s'opposent à la vérité. Ce sont des hommes à l'esprit faussé et dont la foi ne vaut rien. ⁹ Mais ils n'iront pas très loin, car tout le monde se rendra compte de leur stupidité, comme ce fut le cas pour Jannès et Jambrès.

## Dernières recommandations

¹⁰ Mais toi, tu m'as suivi dans mon enseignement, ma conduite, mes intentions, ma foi, ma patience, mon amour, ma fermeté, ¹¹ mes persécutions et mes souffrances. Tu sais tout ce qui m'est arrivé à Antioche, à Iconium, à Lystre, et quelles persécutions j'ai subies. Cependant, le Seigneur m'a délivré de toutes. ¹² D'ailleurs, tous ceux qui veulent mener une vie fidèle à Dieu dans l'union avec Jésus-Christ seront persécutés. ¹³ Mais les hommes méchants et imposteurs iront toujours plus loin dans le mal, ils tromperont les autres et seront eux-mêmes trompés. ¹⁴ Quant à toi, demeure ferme dans ce que tu as appris et accueilli avec une entière conviction. Tu sais de quels maîtres tu

*« Tu connais les Saintes Écritures ; elles peuvent te donner la sagesse qui conduit au salut par la foi en Jésus-Christ. » (2 Timothée 3,15) Timothée, tout comme Paul, a nourri sa foi en lisant ce que l'apôtre appelle les « Saintes Écritures », c'est-à-dire l'Ancien Testament. Elles portent la trace de l'histoire de tout un peuple qui a reconnu l'action libératrice de Dieu dans sa vie. Pour les chrétiens, le Christ est par excellence la parole de Dieu qui prend corps en notre monde. Les quatre évangiles et chaque autre texte du Nouveau Testament apportent un éclairage particulier sur le message et la personne du Christ.*

l'as appris. ¹⁵ Depuis ton enfance, en effet, tu connais les Saintes Écritures ; elles peuvent te donner la sagesse qui conduit au salut par la foi en Jésus-Christ. ¹⁶ Toute Écriture est inspirée de Dieu et utile pour enseigner la vérité, réfuter l'erreur, corriger les fautes et former à une juste manière de vivre, ¹⁷ afin que l'homme de Dieu soit parfaitement préparé et équipé pour faire toute action bonne.

4 ¹ Je te le demande solennellement devant Dieu et devant Jésus-Christ, qui jugera les vivants et les morts, je te le demande au nom de la venue du Christ et de son Royaume : ² prêche la parole de Dieu avec insistance, que l'occasion soit favorable ou non ; sois persuasif, adresse des reproches ou des encouragements, en enseignant avec une patience parfaite. ³ Car le temps viendra où les gens ne voudront plus écouter le véritable enseignement, mais ils suivront leurs propres désirs et s'entoureront d'une foule de maîtres qui leur diront ce qu'ils aiment entendre. ⁴ Ils fermeront leurs oreilles à la vérité pour se tourner vers des légendes. ⁵ Mais toi, garde la tête froide en toute circonstance, supporte la souffrance, travaille activement à la diffusion de la Bonne Nouvelle et remplis ton devoir de serviteur de Dieu.

⁶ Quant à moi, je suis déjà sur le point d'être offert en sacrifice ; le moment de dire adieu à ce monde est arrivé. ⁷ J'ai combattu le bon combat, je suis allé jusqu'au bout de la course, j'ai gardé la foi. ⁸ Et maintenant, le prix de la victoire m'attend : c'est la couronne du salut que le Seigneur, le juste juge, me donnera au jour du Jugement -et pas seulement à moi, mais à tous ceux qui attendent avec amour le moment où il apparaîtra-.

## Remarques personnelles

⁹ Efforce-toi de venir me rejoindre bientôt. ¹⁰ Car Démas m'a abandonné, parce qu'il est trop attaché au monde présent ; il est parti pour Thessalonique. Crescens s'est rendu en Galatie et Tite en Dalmatie. ¹¹ Luc seul est avec moi. Emmène Marc avec toi, car il pourra me rendre service dans ma tâche. ¹² J'ai envoyé Tychique à Éphèse. ¹³ Quand tu viendras, apporte-moi le manteau que j'ai laissé à Troas chez Carpus ; apporte également les livres, et surtout ceux qui sont en parchemin.

¹⁴ Alexandre le forgeron a très mal agi à mon égard ; le Seigneur le traitera selon ce qu'il a fait. ¹⁵ Prends garde à lui, toi aussi, car il s'est violemment opposé à notre enseignement.

*Photo prise à Antioche.*
*« Tu sais ce qui m'est arrivé à Antioche, à Iconium, à Lystre, et quelles persécutions j'ai subies. Cependant, le Seigneur m'a délivré de toutes. »*
*(2 Timothée 3,11)*
*Les premiers chrétiens ont souvent été victimes de persécutions, en particulier dans les villes.*

*« J'ai combattu le bon combat, je suis allé jusqu'au bout de la course, j'ai gardé la foi. » (2 Timothée 4, 7)*
*Vieilli et abandonné par beaucoup, Paul enfermé dans sa cellule, dit sa joie d'avoir été rencontré par le Christ. Il sait à qui il a fait confiance. Il a connu bien des joies mais aussi des souffrances. Et il termine par cette confidence émouvante : « Je suis allé jusqu'au bout de la course, j'ai gardé la foi. »*

*Saint Paul, Baldi Lazaro (1624-1703).*

*« Il m'a délivré de la gueule du lion. » (2 Timothée 4,17) Tout est bientôt fini pour Paul. Dieu a toujours été à ses côtés. Il dit sa foi en Celui qui est resté au centre de sa vie. Il va mourir, mais il sait que sa mort ne le séparera pas de Dieu. Il sera accueilli en son Royaume.*

¹⁶ Personne ne m'a soutenu la première fois que j'ai présenté ma défense ; tous m'ont abandonné. Que Dieu ne leur en tienne pas compte ! ¹⁷ Mais le Seigneur m'a secouru et m'a fortifié, de sorte que j'ai pu pleinement proclamer son message et le faire entendre à tous les païens. Et il m'a délivré de la gueule du lion. ¹⁸ Le Seigneur me délivrera encore de tout mal et me fera entrer sain et sauf dans son Royaume céleste. A lui soit la gloire pour toujours ! Amen.

## Salutations finales

¹⁹ Salue Priscille et Aquilas, ainsi que la famille d'Onésiphore. ²⁰ Éraste est resté à Corinthe, et j'ai laissé Trophime à Milet, parce qu'il était malade. ²¹ Efforce-toi de venir avant l'hiver.

Eubulus, Pudens, Linus, Claudia et tous les autres frères t'adressent leurs salutations.

²² Que le Seigneur soit avec toi.

Que la grâce de Dieu soit avec vous.

# LETTRE À TITE

## Salutation

**1** De la part de Paul, serviteur de Dieu et apôtre de Jésus-Christ.

J'ai été chargé d'amener à la foi ceux que Dieu a choi- sis et de leur faire connaître la vérité conforme à la foi chrétienne **2** pour qu'ils possèdent l'espérance de la vie éternelle. Dieu, qui ne ment pas, nous a promis cette vie avant tous les temps ; **3** au moment fixé, il l'a révélée par sa parole, dans le message qui m'a été confié et que je proclame par ordre de Dieu notre Sauveur.

**4** Je t'adresse cette lettre, Tite, mon vrai fils dans la foi qui nous est commune : Que Dieu le Père et Jésus-Christ notre Sauveur t'accordent la grâce et la paix.

## La mission de Tite en Crète

**5** Je t'ai laissé en Crète afin que tu achèves d'organiser ce qui doit l'être encore et que tu établisses des anciens d'Église dans chaque ville. Rappelle-toi les instructions que je t'ai données : **6** un ancien doit être irréprochable et mari d'une seule femme ; il faut que ses enfants soient croyants et qu'on n'ait pas à les accuser de mauvaise conduite ou de désobéissance. **7** En effet, un dirigeant d'Église étant chargé de s'occuper des affaires de Dieu, il doit être irréprochable : qu'il ne soit ni arrogant, colé- rique, buveur ou violent, qu'il ne recherche pas les gains malhonnêtes. **8** Il doit être hospitalier et aimer ce qui est bien. Il faut qu'il soit raisonnable, juste, saint et maître de lui. **9** Il doit être fermement attaché au message digne de foi, conforme à la doctrine reçue. Ainsi, il sera capable d'encourager les autres par le véritable enseignement et il pourra démontrer leur erreur à ceux qui le contredi- sent.

**10** En effet, il y en a beaucoup, surtout parmi les chré- tiens d'origine juive, qui sont rebelles et qui trompent les autres en disant n'importe quoi. **11** Il faut leur fermer la bouche, car ils bouleversent des familles entières en en- seignant ce qu'il ne faut pas, et cela pour des gains mal- honnêtes. **12** C'est un de leurs compatriotes, un prophè- te, qui a dit : « Les Crétois ont toujours été des men- teurs, de méchantes bêtes, des paresseux qui ne pensent qu'à manger. » **13** Et ce qu'il dit là est la pure vérité. C'est pourquoi, adresse-leur de sévères reproches, afin qu'ils aient une foi juste **14** et qu'ils ne s'attachent plus à des

légendes juives et à des commandements d'hommes qui se sont détournés de la vérité. [15] Tout est pur pour ceux qui sont purs ; mais rien n'est pur pour ceux qui sont impurs et incroyants, car leur intelligence et leur conscience sont marquées par l'impureté. [16] Ils affirment connaître Dieu, mais leurs actions prouvent le contraire. Ils sont détestables, rebelles et incapables de faire aucune action bonne.

## La juste doctrine

2 [1] Mais toi, enseigne ce qui est conforme à la juste doctrine. [2] Dis aux vieillards d'être sobres, respectables, raisonnables et fermes dans la foi véritable, l'amour et la patience. [3] De même, dis aux femmes âgées de se conduire en personnes qui mènent une vie sainte. Elles doivent éviter les propos malveillants et ne pas être esclaves du vin. Qu'elles donnent de bons conseils ; [4] qu'elles apprennent aux jeunes femmes à aimer leur mari et leurs enfants, [5] à être raisonnables et pures, à prendre soin de leur ménage, à être bonnes et soumises à leur mari, afin que personne ne fasse insulte à la parole de Dieu.

[6] De même, exhorte les jeunes gens à être raisonnables [7] à tous égards. Toi-même, tu dois donner l'exemple d'actions bonnes. Que ton enseignement soit authentique et sérieux. [8] Que tes paroles soient justes, indiscutables, afin que tes adversaires soient tout honteux de n'avoir aucun mal à dire de nous.

[9] Que les esclaves soient soumis à leurs maîtres en toutes choses, qu'ils leur soient agréables. Qu'ils évitent de les contredire [10] ou de leur dérober quoi que ce soit. Qu'ils se montrent toujours parfaitement bons et fidèles, afin de faire honneur en tout à l'enseignement de Dieu notre Sauveur.

*Les personnes âgées, les veuves, les jeunes… tous sont appelés par Paul à mener une vie digne de l'Évangile, y compris dans les gestes et les attitudes les plus simples de la vie quotidienne.*

¹¹ Car Dieu a révélé sa grâce, source de salut pour tous les humains. ¹² Elle nous enseigne à renoncer à une mauvaise conduite et aux désirs terrestres, pour mener dans ce monde une vie raisonnable, juste et fidèle à Dieu. ¹³ C'est ainsi que nous devons attendre le bonheur que nous espérons et le jour où apparaîtra la gloire de notre grand Dieu et Sauveur Jésus-Christ. ¹⁴ Il s'est donné lui-même pour nous, pour nous délivrer de tout mal et faire de nous un peuple purifié qui lui appartienne en propre et qui soit zélé pour faire des actions bonnes.

*Jésus et les disciples d'Emmaüs, illustration de Gustave Doré (La Sainte Bible).*

*« Le Christ nous a sauvés et fait renaître à une vie nouvelle au travers de l'eau du baptême et par le Saint-Esprit. »*
*(Tite 3,5)*
*En Jésus, Dieu exprime son amour pour tous les hommes (verset 4). En se faisant baptiser, le Chrétien signifie qu'il accueille cet amour. Et toute sa vie est transformée en profondeur. L'amour offert donne sa pleine mesure lorsqu'il rencontre un cœur prêt à l'accueillir, à l'aimer en retour et à le transmettre à d'autres.*

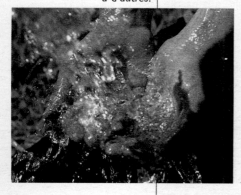

¹⁵ Voilà ce que tu dois enseigner, en usant de toute ton autorité pour encourager tes auditeurs ou leur adresser des reproches. Que personne ne te méprise.

## La conduite chrétienne

**3** ¹ Rappelle aux fidèles qu'ils doivent se soumettre aux dirigeants et aux autorités, qu'ils doivent leur obéir, en étant prêts à faire toute action bonne. ² Qu'ils ne disent du mal de personne, qu'ils soient pacifiques et bienveillants, et qu'ils fassent continuellement preuve de douceur envers tous les autres. ³ Car nous aussi, nous étions autrefois insensés, rebelles, dans l'erreur. Nous étions esclaves de toutes sortes de désirs et de plaisirs. Nous vivions dans la méchanceté et l'envie ; nous nous rendions détestables et nous nous haïssions les uns les autres. ⁴ Mais lorsque Dieu notre Sauveur a manifesté sa bonté et son amour pour les êtres humains, ⁵ il nous a sauvés, non point parce que nous aurions accompli des actions justes, mais parce qu'il a eu pitié de nous. Il nous a sauvés et fait naître à une vie nouvelle au travers de l'eau du baptême et par le Saint-Esprit. ⁶ Car Dieu a répandu avec abondance le Saint-Esprit sur nous par Jésus-Christ notre Sauveur ; ⁷ ainsi, par sa grâce, il nous rend justes à ses yeux et nous permet de recevoir la vie éternelle que nous espérons. ⁸ C'est là une parole certaine.

Je veux que tu insistes beaucoup sur ces points-là, afin que ceux qui croient en Dieu veillent à s'engager à fond dans les actions bonnes. Voilà qui est bon et utile à tous. ⁹ Mais évite les folles discussions et spéculations sur les longues listes d'ancêtres, les querelles et polémiques au sujet de la loi : elles sont inutiles et sans valeur. ¹⁰ Donne un premier avertissement, puis un second, à celui qui cause des divisions ; ensuite, écarte-le. ¹¹ Tu sais, en effet, qu'un tel homme s'est détourné du droit chemin et qu'en persistant dans l'erreur, il se condamne lui-même.

## Dernières recommandations

¹² Dès que je t'aurai envoyé Artémas ou Tychique, efforce-toi de venir me rejoindre à Nicopolis, car j'ai décidé

*Malgré la pauvreté des moyens de communication de l'époque, les lettres de Paul ainsi que les Actes des apôtres, témoignent des nombreux déplacements effectués par Paul et d'autres disciples. Les voyages n'étaient pas sans dangers, ils prenaient beaucoup de temps et coûtaient assez cher. Ceux qui partaient ainsi en mission étaient soutenus financièrement par les communautés chrétiennes.*

d'y passer l'hiver. ¹³ Aie soin d'aider Zénas l'avocat et Apollos à poursuivre leur voyage, fais en sorte qu'ils ne manquent de rien. ¹⁴ Il faut que les nôtres aussi apprennent à s'engager à fond dans des actions bonnes, afin de pourvoir aux besoins importants et de ne pas mener une vie inutile.

¹⁵ Tous ceux qui sont avec moi t'adressent leurs salutations. Salue nos amis dans la foi.

Que la grâce de Dieu soit avec vous tous.

# LETTRE À PHILÉMON

## Salutation

**1** De la part de Paul, mis en prison pour avoir servi Jésus-Christ, et de la part de notre frère Timothée.

A toi, Philémon, notre cher ami et compagnon de travail, **2** et à l'Église qui se réunit dans ta maison, à notre sœur Appia et à Archippe notre compagnon de combat : **3** Que Dieu notre Père et le Seigneur Jésus-Christ vous accordent la grâce et la paix.

*Dans sa prison romaine, Paul a rencontré Onésime, un esclave fugitif qu'il a converti. Il paye sa dette et le renvoie à son ami Philémon à qui il écrit : « Reçois-le comme un frère car ton esclave fugitif est devenu comme une partie de moi-même. »*

*Paul espère pouvoir être libéré et compte rejoindre Philémon, sa femme Apphie, son fils Archippe et revoir la communauté qui se réunit chez eux.*

## L'amour et la foi de Philémon

**4** Toutes les fois que je prie, je pense à toi, Philémon, et je remercie mon Dieu ; **5** car j'entends parler de ton amour pour tous les croyants et de ta foi au Seigneur Jésus. **6** Je demande à Dieu que la foi que tu as en commun avec nous soit efficace en toi pour faire mieux connaître tous les biens que nous avons dans notre vie avec le Christ. **7** Ton amour, frère, m'a donné beaucoup de joie et d'encouragement, car tu as réconforté le cœur des croyants.

## Paul présente une demande en faveur d'Onésime

**8** Ainsi, bien que dans la communion avec le Christ j'aie toute liberté de t'ordonner ce que tu dois faire, **9** je préfère t'adresser une demande au nom de l'amour. Tel que je suis, moi Paul, un vieillard, et de plus maintenant gardé en prison à cause de Jésus-Christ, **10** je te demande une faveur pour Onésime. Il est devenu mon fils en

Jésus-Christ ici, en prison. ¹¹ Autrefois, il t'a été inutile, mais maintenant il nous est utile à toi et à moi.

¹² Je te le renvoie, maintenant, lui qui est comme une partie de moi-même. ¹³ J'aurais bien aimé le garder auprès de moi pendant que je suis en prison pour la Bonne Nouvelle, afin qu'il me rende service à ta place. ¹⁴ Mais je n'ai rien voulu faire sans ton accord, afin que tu ne fasses pas le bien par obligation, mais de bon cœur.

¹⁵ Peut-être Onésime a-t-il été séparé de toi pour quelques temps afin que tu le retrouves pour toujours. ¹⁶ Car maintenant il n'est plus un simple esclave, mais il est beaucoup mieux qu'un esclave : un frère très cher. Il m'est particulièrement cher, mais il doit l'être encore beaucoup plus pour toi, aussi bien dans sa condition humaine que comme frère chrétien.

¹⁷ Si donc tu me considères comme ton ami, reçois-le comme si c'était moi-même. ¹⁸ S'il t'a causé du tort, ou s'il te doit quelque chose, mets cela sur mon compte. ¹⁹ C'est de ma propre main que j'écris ces mots : Moi, Paul, je te le rembourserai. – Je n'ai certes pas à te rappeler que toi tu me dois ta propre vie. – ²⁰ Oui, frère, je t'en prie, accorde-moi cette faveur pour l'amour du Seigneur : réconforte mon cœur au nom de notre communion avec le Christ.

²¹ Je suis convaincu, au moment où je t'écris, que tu feras ce que je te demande – je sais même que tu feras

A Rome, il existait une police spéciale chargée de retrouver les esclaves en fuite et de les ramener à leurs maîtres, qui ne manquaient pas de leur infliger un châtiment très rigoureux. Paul, qui était Juif, se rappelait que la loi de Moïse ordonnait de ne pas renvoyer chez son maître un esclave en fuite venu se réfugier chez soi. Une telle attitude est étrangère à la mentalité romaine ou grecque et sans doute aussi pour Philémon qui était Grec. Mais aux yeux de Dieu, tel qu'il s'est révélé à Moïse et en Jésus, il n'y a plus d'esclave, il n'y a que des hommes libres.

plus encore –. ²² En même temps, prépare-moi une chambre, car j'espère que, grâce à vos prières, je vous serai rendu.

## Salutations finales

²³ Épaphras, qui est en prison avec moi à cause de Jésus-Christ, t'adresse ses salutations, ainsi que Marc, Aristarque, Démas et Luc, mes compagnons de travail.

²⁵ Que la grâce du Seigneur Jésus-Christ soit avec vous.

# La lettre
# aux Hébreux

*Le Sinaï*

## Contexte

La lettre aux Hébreux semble plutôt une prédication ou un discours qu'une lettre à proprement parler. Seuls les derniers versets du chapitre 13 font penser à la conclusion d'une lettre. L'auteur, resté inconnu, devait être un chrétien cultivé, d'origine juive, très versé dans les Écritures de l'Ancien Testament et connaissant également bien l'enseignement de Paul. Les références constantes à l'Ancien Testament, en particulier au culte de l'ancienne alliance ou à l'errance des Hébreux dans le désert (chapitre 3), expliquent sans doute le nom qui a été donné à cette lettre.

## Objectif

Comme autrefois les Israélites (Hébreux 11,13), le nouveau peuple de Dieu est en route vers la patrie céleste (Hébreux 13,14). Le chemin est long, pénible et semé d'embûches ; beaucoup se lassent ou se découragent. Cette lettre veut redonner courage aux chrétiens et fortifier leur foi. En s'appuyant sur des images tirées de l'Ancien Testament, la crucifixion est expliquée comme le sacrifice accompli par Jésus, le grand prêtre suprême. Il s'est lui-même offert, se faisant l'intercesseur pour son peuple dans le sanctuaire céleste. Jésus Christ en est le garant : tous ceux qui ont foi en lui accéderont au salut.

## Fil conducteur

De nombreux modèles de foi se trouvent dans l'Ancien Testament (chapitre 11), mais le Christ est supérieur à tous, il est le véritable grand prêtre (chapitres 7-10). C'est lui qui donne aux chrétiens la force et la confiance de persévérer dans la foi, malgré toutes les pressions extérieures et tous les coups du sort (chapitres 12-13).

## Dieu a parlé par son Fils

**1** Autrefois Dieu a parlé à nos ancêtres à maintes reprises et de plusieurs manières par les prophètes, **2** mais maintenant, à la fin des temps, il nous a parlé par son Fils. C'est par lui que Dieu a créé l'univers, et c'est à lui qu'il a destiné la propriété de toutes choses. **3** Le Fils reflète la splendeur de la gloire divine, il est la représentation exacte de ce que Dieu est, il soutient l'univers par sa parole puissante. Après avoir purifié les êtres humains de leurs péchés, il s'est assis dans les cieux à la droite de Dieu, la puissance suprême.

*Le prophète Ézéchiel, fresque de Michel-Ange (1475-1564) dans la Chapelle Sixtine.*
*A qui est adressée cette lettre ? Aucun destinataire n'est indiqué. Le titre « aux Hébreux » se trouve pour la première fois dans un manuscrit de la fin du 2ᵉ siècle. Plutôt que d'une communauté locale il semble s'agir d'un groupe social précis, facilement identifiable : des prêtres juifs devenus chrétiens (Actes 6,7). Leur conversion a des conséquences fâcheuses pour eux et pour leurs familles : ostracisme, persécutions, perte d'emploi, expulsion de la capitale ou de leur bourgade. Ils se retrouvent sans racines, comme des apatrides. Vont-ils trouver de nouvelles raisons de vivre ? La lettre aux Hébreux essaye de les leur donner. Elle leur parle de réalités qui leur sont familières : le temple, le sacerdoce, les sacrifices. Elle utilise de nombreux textes bibliques qui sont parlants pour eux plus que pour nous.*

*Jésus, porté par deux anges, illustration de Albrecht Dürer (1471-1528).*

## Le Fils est supérieur aux anges

**4** Le Fils est devenu d'autant supérieur aux anges que Dieu lui a accordé un titre qui surpasse le leur. **5** En effet, Dieu n'a jamais dit à l'un de ses anges :
« C'est toi qui es mon Fils,
à partir d'aujourd'hui je suis ton Père. »
Et il n'a jamais dit à propos d'un ange :
« Je serai un Père pour lui
et il sera un Fils pour moi. »
**6** Mais au moment où Dieu allait envoyer son Fils premier-né dans le monde, il a dit :
« Tous les anges de Dieu doivent l'adorer. »
**7** Quant aux anges, il a dit :
« Dieu fait de ses anges des vents
et de ses serviteurs des flammes de feu. »
**8** Mais au sujet du Fils, il a déclaré :
« Ton trône, ô Dieu, est établi pour toujours.
C'est avec justice que tu gouvernes ton royaume.
**9** Tu aimes ce qui est juste, tu détestes le mal,
c'est pourquoi Dieu, ton Dieu, t'a consacré,
en versant sur ta tête l'huile de fête,
et t'a choisi plutôt que tes compagnons. »
**10** Il a dit aussi :
« C'est toi, Seigneur, qui au commencement as fondé
la terre,
le ciel est ton ouvrage.

¹¹ Tout cela disparaîtra, mais toi tu restes.
   Terre et ciel s'useront comme de vieux habits ;
¹² tu les rouleras comme un manteau,
   et ils seront changés comme des vêtements.
   Mais toi tu demeures le même et ta vie n'a pas de fin. »
¹³ Dieu n'a jamais dit à l'un de ses anges :
   « Viens siéger à ma droite,
   je veux contraindre tes ennemis
   à te servir de marchepied. »
¹⁴ Les anges ne sont que des esprits au service de Dieu :
il les envoie apporter de l'aide à ceux qui doivent recevoir le salut.

## Un si grand salut

**2** ¹ C'est pourquoi nous devons nous attacher d'autant
plus fermement à ce que nous avons entendu, afin de
ne pas être entraînés à notre perte. ² Le message autrefois apporté par les anges a prouvé sa valeur, et quiconque
n'en a pas tenu compte ou lui a désobéi a reçu la punition
qu'il méritait. ³ Alors, comment pourrons-nous échapper à
la punition si nous négligeons un tel salut ? Le Seigneur lui-
même l'a annoncé le premier, puis ceux qui ont entendu
le Seigneur nous en ont confirmé la valeur. ⁴ En même
temps, Dieu a appuyé leur témoignage par des prodiges
extraordinaires et toutes sortes de miracles, ainsi que par
les dons du Saint-Esprit répartis selon sa volonté.

## Celui qui conduit les hommes au salut

⁵ En effet, ce n'est pas à des anges que Dieu a soumis
le monde à venir dont nous parlons. ⁶ Au contraire, dans
un passage de l'Écriture quelqu'un déclare :
   « Qu'est-ce que l'homme, ô Dieu, pour que tu penses
      à lui ?

*Le but qui nous est fixé dépasse celui de la « Terre promise » à laquelle aspirait le peuple d'Israël dans ses années d'exil et d'errance. Le Christ, plus grand que Moïse, nous garantit d'atteindre ce but ; car en lui, Dieu nous a donné tout son amour.*

Qu'est-ce que l'être humain, pour que tu t'occupes de lui ?

⁷ Tu l'as rendu pour un peu de temps inférieur aux anges,

tu l'as couronné de gloire et d'honneur,

⁸ tu as tout mis à ses pieds. »

Si Dieu a tout mis sous l'autorité de l'homme, cela signifie qu'il n'a rien laissé qui ne lui soit pas soumis. Cependant, nous ne voyons pas que toutes choses soient actuellement sous l'autorité de l'homme. ⁹ Mais nous constatons ceci : Jésus a été rendu pour un peu de temps inférieur aux anges, afin que, par la grâce de Dieu, il meure en faveur de tous les humains ; et nous le voyons maintenant couronné de gloire et d'honneur à cause de la mort qu'il a soufferte. ¹⁰ En effet, il convenait que Dieu, qui crée et maintient toutes choses, élève Jésus à la perfection au travers de la souffrance, afin d'amener beaucoup de fils à participer à sa gloire. Car Jésus est celui qui les conduit au salut.

¹¹ Or, Jésus qui purifie les êtres humains de leurs péchés et ceux qui sont purifiés ont tous le même Père. C'est pourquoi Jésus n'a pas honte de les appeler ses frères. ¹² Il déclare en effet :

« O Dieu, je veux parler de toi à mes frères,

je veux te glorifier devant toute l'assemblée. »

¹³ Il dit aussi :

« Je mettrai ma confiance en Dieu. »

Et encore :

« Me voici avec les enfants que Dieu m'a donnés. »

¹⁴ Puisque ces enfants sont tous des êtres de chair et de sang, Jésus lui-même est devenu comme eux, il a participé à leur nature humaine. C'est ainsi que, par sa mort, il a pu écraser le diable, qui détient la puissance de la mort, ¹⁵ et délivrer ceux que la peur de la mort rendait esclaves durant leur vie entière. ¹⁶ En effet, ce n'est assurément pas aux anges qu'il vient en aide, mais c'est aux descendants d'Abraham. ¹⁷ C'est pourquoi il devait devenir en tout semblable à ses frères, afin d'être leur grand-prêtre plein de bonté et fidèle au service de Dieu, pour assurer le pardon des péchés du peuple. ¹⁸ Et maintenant, il peut secourir ceux qui sont tentés, parce qu'il a passé lui-même par la tentation et la souffrance.

*Le Christ, supérieur aux anges, est pourtant notre frère, car nous avons le même Père (verset 11). Il s'est fait homme, partageant notre sort terrestre pour ouvrir à tous les humains le chemin vers la maison du Père.*

**Quel grand prêtre ?**

*La lettre aux Hébreux est le seul écrit du Nouveau Testament qui présente le Christ comme prêtre et grand prêtre. Une telle manière de voir permet à l'auteur d'insister sur l'humanité de Jésus (en tout semblable à ses frères) et sur l'établissement de nouveaux rapports des hommes avec Dieu. Le verset 17 introduit ainsi le thème principal de la lettre établissant le nouveau du sacerdoce du Christ par rapport à celui de la Première Alliance.*

## Jésus est supérieur à Moïse

**3** [1] Frères, vous appartenez à Dieu qui vous a appelés. Alors, regardez à Jésus, l'envoyé de Dieu et le grand-prêtre de la foi que nous proclamons. [2] En effet, Dieu l'avait désigné pour cette fonction, et il lui a été fidèle tout comme Moïse dont il est écrit : « Il fut fidèle dans toute la maison de Dieu. » [3] Celui qui construit une maison est plus honoré que la maison elle-même. Ainsi, Jésus est digne d'une gloire supérieure à celle de Moïse. [4] Toute maison, en effet, est construite par quelqu'un ; or, celui qui a construit toutes choses, c'est Dieu. [5] Moïse, pour sa part, a été fidèle dans toute la maison de Dieu, en tant que serviteur chargé de témoigner de ce que Dieu allait dire. [6] Mais le Christ est fidèle en tant que Fils placé à la tête de la maison de Dieu. Et nous sommes sa maison, si nous gardons notre assurance et l'espérance dont nous sommes fiers.

*Moïse sur le mont Sinaï : mosaïque byzantine de la basilique San Vitale à Ravenne. Moïse a reçu les commandements divins au Sinaï. Il devait conduire les Israélites hors d'Égypte vers Canaan, « le pays du repos » (verset 18). D'après les récits bibliques, Dieu a entouré son peuple de nombreux soins sur ce chemin difficile. Malgré cela, Israël a douté de Dieu. C'est pourquoi la génération de ceux qui étaient sortis d'Égypte dut mourir dans le désert.*

## Le repos réservé au peuple de Dieu

[7] C'est pourquoi, comme le dit le Saint-Esprit :
« Si vous entendez la voix de Dieu aujourd'hui,
[8] ne refusez pas de comprendre, comme lorsque vous
vous êtes révoltés contre lui,
le jour où vous l'avez mis à l'épreuve dans le désert.
[9] Là vos ancêtres m'ont défié et mis à l'épreuve, dit
Dieu,
même après avoir vu tout ce que j'avais fait [10] pendant
quarante ans.
C'est pourquoi je me suis mis en colère contre ces
gens
et j'ai dit : " Leurs pensées s'égarent sans cesse,
ils n'ont pas compris ce que j'attendais d'eux. "
[11] Dans ma colère j'ai fait ce serment :
Ils n'entreront jamais dans le pays où je leur ai
préparé le repos ! »
[12] Frères, prenez garde que personne parmi vous n'ait un cœur mauvais, incrédule, qui le pousse à se détourner du Dieu vivant. [13] Encouragez-vous donc les uns les autres chaque jour tant que dure « l'aujourd'hui » dont parle l'Écriture, afin qu'aucun de vous ne refuse de comprendre, en se laissant tromper par le péché. [14] En effet, nous sommes les compagnons du Christ, si nous gardons

fermement jusqu'à la fin la confiance que nous avons eue au commencement.

¹⁵ Ainsi, il est dit :

« Si vous entendez la voix de Dieu aujourd'hui,
ne refusez pas de comprendre, comme lorsque vous
vous êtes révoltés contre lui. »

¹⁶ Or, quels sont ceux qui ont entendu la voix de Dieu et se sont révoltés contre lui ? Ce sont tous ceux que Moïse a conduits hors d'Égypte. ¹⁷ Contre qui Dieu a-t-il été en colère pendant quarante ans ? Contre ceux qui avaient péché, et qui moururent dans le désert. ¹⁸ Quand Dieu a fait ce serment : « Ils n'entreront jamais dans le pays où je leur ai préparé le repos », de qui parlait-il ? Il

**Aujourd'hui**

*Un mot fascinant (verset 15). Une réalité disparaissant aussi vite qu'elle voit le jour. Les « aujourd'hui » successifs s'écoulent comme le temps : hier, aujourd'hui, demain.*

*Un mot fréquent dans la Bible (322 fois dans l'Ancien Testament, 46 fois dans le Nouveau Testament) et affectionné par l'auteur de la lettre aux Hébreux. Il parle de l'aujourd'hui de Dieu (1,5 ; 5,5). C'est en même temps l'aujourd'hui de l'homme interpellé par Dieu. Seul Jésus Christ est le même hier et aujourd'hui (13,8). Nos aujourd'hui sont neufs chaque matin, comme le soleil, comme la vie, comme la grâce. Les « aujourd'hui » de l'ancien texte biblique redeviennent actuels quand je les lis aujourd'hui.*

parlait de ceux qui s'étaient révoltés. ¹⁹ Nous voyons, en effet, qu'ils n'ont pas pu entrer dans ce lieu de repos parce qu'ils avaient refusé de croire.

**4** ¹ Dieu nous a laissé la promesse que nous pourrons entrer dans le repos qu'il nous a préparé. Prenons donc bien garde que personne parmi vous ne se trouve avoir manqué l'occasion d'y entrer. ² Car nous avons reçu la Parole de Dieu tout comme ceux qui étaient dans le désert. Or, ils ont entendu ce message sans aucun profit, car lorsqu'ils l'entendirent ils ne le reçurent pas avec foi. ³ Nous qui croyons, nous allons entrer dans ce repos, dont Dieu a dit :

« Dans ma colère j'ai fait ce serment :
Ils n'entreront jamais dans le pays où je leur ai
préparé le repos ! »
Il l'a dit alors que son œuvre avait été achevée dès la création du monde. **4** En effet, quelque part dans l'Écriture il est dit ceci à propos du septième jour : « Dieu se reposa le septième jour de tout son travail. » **5** Il est dit aussi dans le texte ci-dessus : « Ils n'entreront jamais dans le pays où je leur ai préparé le repos. » **6** Ceux qui avaient été les premiers à entendre la Parole de Dieu ne sont pas entrés dans ce repos parce qu'ils ont refusé d'obéir. Par conséquent, il est encore possible pour d'autres d'y entrer. **7** C'est pourquoi, Dieu fixe de nouveau un jour appelé « aujourd'hui ». Il en a parlé beaucoup plus tard par l'intermédiaire de David, dans le passage déjà cité :

« Si vous entendez la voix de Dieu aujourd'hui,
ne refusez pas de comprendre. »
**8** En effet, si Josué avait conduit le peuple dans ce repos, Dieu n'aurait pas parlé plus tard d'un autre jour. **9** Ainsi, un repos semblable à celui du septième jour reste offert au peuple de Dieu. **10** Car celui qui entre dans le repos préparé par Dieu se repose de son travail comme Dieu s'est reposé du sien. **11** Efforçons-nous donc d'entrer dans ce repos ; faisons en sorte qu'aucun de nous ne tombe, en refusant d'obéir comme nos ancêtres.

**12** En effet, la parole de Dieu est vivante et efficace. Elle est plus tranchante qu'aucune épée à deux tranchants. Elle pénètre jusqu'au point où elle sépare âme et esprit, jointures et moelle. Elle juge les désirs et les pensées du cœur humain. **13** Il n'est rien dans la création qui puisse être caché à Dieu. A ses yeux, tout est à nu, à découvert, et c'est à lui que nous devons tous rendre compte.

## Jésus le grand-prêtre souverain

**14** Tenons donc fermement la foi que nous proclamons. Nous avons, en effet, un grand-prêtre souverain qui est parvenu jusqu'en la présence même de Dieu : c'est Jésus, le Fils de Dieu. **15** Nous n'avons pas un grand-prêtre incapable de souffrir avec nous de nos faiblesses. Au contraire, notre grand-prêtre a été tenté en tout comme nous le sommes, mais sans commettre de péché. **16** Approchons-nous donc avec confiance du trône de Dieu, où règne la grâce. Nous y obtiendrons le pardon et nous y trouverons la grâce, pour être secourus au bon moment.

*Le repos de Dieu*
*Ce fut Josué, le successeur de Moïse, qui conduisit finalement la deuxième génération du peuple errant au pays de Canaan, au « repos » promis. Mais le vrai lieu de repos n'existe pas sur terre : l'humanité est toujours en route. L'auteur de la lettre compare ici le repos préparé par Dieu pour les humains à celui de Dieu lui-même le septième jour de la Création, et qui est à l'origine du sabbat, le jour de repos des Israélites. En réalité, le vrai sabbat ne sera atteint qu'à la fin des temps.*

*Une épée à deux tranchants (verset 12)*
*Quelles sont les caractéristiques de la Parole de Dieu ? L'auteur en relève quatre :*
*1. Elle est vivante*
*2. Elle est efficace*
*3. Elle est incisive et pénétrante comme un glaive à deux tranchants*
*4. Elle est « critique » (kritikos) discernant les réflexions et les pensées du cœur.*

*Jésus a ouvert le chemin vers Dieu, vers le vrai « repos », grâce à sa mort sur la croix. L'auteur de la lettre aux Hébreux comprend cet événement comme un sacrifice cultuel : Jésus est le vrai prêtre, qui s'est offert lui-même en sacrifice à la place de l'agneau. Il est le grand prêtre de la nouvelle alliance.*

**5** ¹ Tout grand-prêtre, choisi parmi les hommes, a pour fonction de servir Dieu en leur faveur ; il offre des dons et des sacrifices pour les péchés. ² Il est lui-même exposé à bien des faiblesses ; il peut donc montrer de la compréhension à l'égard des ignorants et de ceux qui commettent des erreurs. ³ Et parce qu'il est faible lui-même, il doit offrir des sacrifices non seulement pour les péchés du peuple, mais aussi pour les siens. ⁴ Personne ne peut s'attribuer l'honneur d'être grand-prêtre. On le devient seulement par appel de Dieu, comme ce fut le cas pour Aaron.

⁵ Le Christ également ne s'est pas accordé lui-même l'honneur d'être grand-prêtre. Il l'a reçu de Dieu, qui lui a déclaré :

« C'est toi qui es mon Fils,
à partir d'aujourd'hui je suis ton Père. »

⁶ Et ailleurs il a dit aussi :

« Tu es prêtre pour toujours
dans la tradition de Melkisédec. »

⁷ Durant sa vie terrestre, Jésus adressa des prières et des supplications, accompagnées de grands cris et de larmes, à Dieu qui pouvait le sauver de la mort. Et Dieu l'exauça à cause de sa soumission. ⁸ Bien qu'il fût le Fils de Dieu, il a appris l'obéissance par tout ce qu'il a souffert. ⁹ Après avoir été élevé à la perfection, il est devenu la source d'un salut éternel pour tous ceux qui lui obéissent. ¹⁰ En effet, Dieu l'a déclaré grand-prêtre dans la tradition de Melkisédec.

## Mise en garde contre le danger d'abandonner la foi

¹¹ Nous avons beaucoup à dire sur ce sujet, mais il est difficile de vous donner des explications, car vous êtes bien lents à comprendre. ¹² Il s'est passé suffisamment de temps pour que vous deveniez des maîtres, et pourtant vous avez encore besoin qu'on vous enseigne les premiers éléments du message de Dieu. Vous avez encore besoin de lait, au lieu de nourriture solide. ¹³ Celui qui se contente de lait n'est qu'un enfant, il n'a aucune expérience au sujet de ce qui est juste. ¹⁴ Par contre, la nourriture solide est destinée aux adultes qui, par la pratique, ont les sens habitués à distinguer le bien du mal.

**6** ¹ Ainsi, tournons-nous vers un enseignement d'adulte, en laissant derrière nous les premiers éléments du message chrétien. Nous n'allons pas poser de nouveau les bases de ce message : la nécessité de se détourner des actions néfastes et de croire en Dieu, ² l'enseignement au sujet des baptêmes et de l'imposition des mains, l'annonce de la résurrection des morts et du jugement éternel. ³ Progressons ! C'est là ce que nous allons faire, si Dieu le permet.

⁴⁻⁶ En effet, qu'en est-il de ceux qui retombent dans leur ancienne vie ? Ils ont reçu une fois la lumière de Dieu. Ils ont goûté au don céleste et ont eu part au Saint-Esprit. Ils ont senti combien la parole de Dieu est bonne et ils ont fait l'expérience des puissances du monde à venir. Et pourtant, ils retombent dans leur ancienne vie ! Il est impossible de les amener une nouvelle fois à changer de vie, car, pour leur part, ils remettent le Fils de Dieu sur la croix et l'exposent publiquement aux insultes.

⁷ Lorsqu'une terre absorbe la pluie qui tombe fréquemment sur elle, et produit des plantes utiles à ceux pour qui elle est cultivée, Dieu la bénit. ⁸ Mais si elle produit des buissons d'épines et des chardons, elle ne vaut rien ; elle sera bientôt maudite par Dieu et finira par être brûlée.

⁹ Cependant, même si nous parlons ainsi, mes chers amis, nous sommes convaincus que vous êtes sur la bonne voie, celle du salut. ¹⁰ Dieu n'est pas injuste. Il n'oubliera pas votre activité, ni l'amour que vous avez montré à son égard par les services que vous avez rendus et que vous rendez encore aux autres chrétiens. ¹¹ Mais nous désirons que chacun de vous fasse preuve du même zèle jusqu'à la fin, afin que votre espérance se réalise pleinement. ¹² Ne devenez donc pas paresseux, mais suivez l'exemple de ceux qui croient avec persévérance et qui reçoivent ainsi ce que Dieu a promis.

## La ferme promesse de Dieu

¹³ Quand Dieu fit sa promesse à Abraham, il l'accompagna d'un serment formulé en son propre nom, car il n'y avait personne de plus grand que lui par qui le faire. ¹⁴ Il déclara : « Je jure de te bénir abondamment et de t'accorder de très nombreux descendants. » ¹⁵ Abraham attendit avec patience, et il obtint ce que Dieu avait promis. ¹⁶ Quand les hommes prêtent serment, ils le font au nom de quelqu'un de plus grand qu'eux, et le serment est une garantie qui met fin à toute discussion. ¹⁷ Or, Dieu a voulu montrer encore plus clairement à ceux qui devaient recevoir les biens promis que sa décision était irrévocable ; c'est pourquoi il ajouta un serment à la promesse. ¹⁸ Il y a donc deux actes irrévocables, dans

*« Lorsqu'une terre absorbe la pluie qui tombe fréquemment sur elle, et produit des plantes utiles à ceux pour qui elle est cultivée, Dieu la bénit. »* (Hébreux 6,7)
*Comme le ciel qui déverse la pluie sur la terre, Dieu a versé sa grâce sur les humains.*

*Abraham, mosaïque de la basilique Saint-Marc à Venise. L'histoire d'Abraham, le père d'un grand peuple (verset 14), témoigne de la manière dont Dieu accomplit ses promesses.*

487

*Abraham recevant le pain et le vin de Melkisédec, art médiéval roman.*
*L'auteur de la lettre évoque ici le récit de la Genèse (14,18) où Melkisédec, à la fois roi et prêtre, honore Abraham victorieux sur ses ennemis, en lui présentant le pain et le vin. Curieusement, la Bible ne dit rien des parents ni des ancêtres de Melkisédec, comme c'est généralement l'usage lors de la première apparition d'un nouveau personnage. Les commentateurs juifs y ont vu une allusion à l'immortalité de Melkisédec, « prêtre pour toujours » (verset 3). Melkisédec devient ainsi pour l'auteur la préfiguration de Jésus, prêtre élevé aux côtés de Dieu pour l'éternité.*

lesquels il est impossible que Dieu mente. Ainsi, nous qui avons trouvé un refuge en lui, nous sommes grandement encouragés à saisir avec fermeté l'espérance qui nous est proposée. [19] Cette espérance est pour nous comme l'ancre de notre vie. Elle est sûre et solide, et pénètre à travers le rideau du temple céleste jusque dans le sanctuaire intérieur. [20] C'est là que Jésus est entré avant nous et pour nous, car il est devenu grand-prêtre pour toujours dans la tradition de Melkisédec.

## Melkisédec, roi et prêtre

**7** [1] Ce Melkisédec était roi de Salem et prêtre du Dieu très-haut. Lorsque Abraham revenait de la bataille où il avait vaincu les rois, Melkisédec est allé à sa rencontre et l'a béni. [2] Abraham lui a donné un dixième de tout ce qu'il avait pris. Le nom de Melkisédec, tout d'abord, signifie « roi de justice » ; de plus, il était roi de Salem, ce qui veut dire « roi de paix ». [3] On ne lui connaît ni père, ni mère, ni aucun ancêtre ; on ne parle nulle part de sa naissance ou de sa mort. Il est semblable au Fils de Dieu : il demeure prêtre pour toujours.

[4] Remarquez comme il est grand ! Abraham le patriarche lui a donné un dixième de son butin. [5] Or, ceux des descendants de Lévi qui sont prêtres ont l'ordre,

selon la loi, de demander un dixième de tout au peuple d'Israël, c'est-à-dire à leurs propres compatriotes, qui pourtant sont eux aussi des descendants d'Abraham. [6] Melkisédec n'appartenait pas à la descendance de Lévi, mais il a obtenu d'Abraham le dixième de ce qu'il avait pris ; de plus, il a béni celui qui avait reçu les promesses de Dieu. **7** Or, sans aucun doute, celui qui bénit est supérieur à celui qui est béni. **8** Les descendants de Lévi, qui reçoivent le dixième des biens, sont des hommes mortels ; mais dans le cas de Melkisédec, une telle part est revenue à quelqu'un qui vit, comme l'atteste l'Écriture. **9** Enfin, on peut dire ceci : quand Abraham a payé le dixième de ses biens, Lévi l'a payé aussi, lui dont les descendants reçoivent le dixième de tout. **10** Car bien que Lévi ne fût pas encore né, il était en quelque sorte déjà présent dans son ancêtre Abraham quand Melkisédec vint à sa rencontre.

**11** La prêtrise lévitique était à la base de la loi donnée au peuple d'Israël. Or, si les prêtres lévitiques avaient réalisé une œuvre parfaite, il n'aurait pas été nécessaire qu'apparaisse un prêtre différent, dans la tradition de Melkisédec et non plus dans la tradition d'Aaron. **12** Car lorsque la prêtrise est changée, on doit aussi changer la loi. **13** Et notre Seigneur, auquel ces paroles se rapportent, appartient à une autre tribu, dont personne n'a jamais effectué le service de prêtre à l'autel. **14** Il est bien connu qu'il se rattachait, de naissance, à la tribu de Juda, dont Moïse n'a rien dit quand il a parlé des prêtres.

## Un autre prêtre semblable à Melkisédec

**15** Voici un fait qui rend tout cela encore plus évident : l'autre prêtre qui est apparu est semblable à Melkisédec. **16** Il n'est pas devenu prêtre d'après des règles relatives à la descendance humaine ; il l'est devenu par la puissance d'une vie qui n'a pas de fin. **17** En effet, l'Écriture l'atteste : « Tu seras prêtre pour toujours dans la tradition de Melkisédec. »

**18** Ainsi, l'ancienne règle a été abolie, parce qu'elle était faible et inutile. **19** La loi de Moïse, en effet, n'a rien amené à la perfection. Mais une espérance meilleure nous a été accordée et, grâce à elle, nous pouvons nous approcher de Dieu.

**20** De plus, il y a eu le serment de Dieu. Les autres sont devenus prêtres sans un tel serment. **21** Mais Jésus, lui, a été établi prêtre avec un serment, quand Dieu lui a déclaré :

« Le Seigneur l'a juré,
et il ne se dédira pas :
"Tu es prêtre pour toujours." »

**22** Par conséquent, Jésus est aussi celui qui nous garantit une alliance meilleure.

*Le sacerdoce d'Aaron*

*Le sacerdoce céleste que Jésus exerce pour les fidèles auprès de Dieu est préfiguré par celui de Melkisédec. Mais il est à l'opposé du sacerdoce terrestre d'Aaron et de ses successeurs. L'auteur interprète la rencontre d'Abraham et de Melkisédec comme une preuve de la supériorité du sacerdoce de Jésus, « dans la tradition de Melkisédec », sur celui des prêtres lévitiques. En effet, Abraham verse une dîme à Melkisédec, reconnaissant donc implicitement sa supériorité sur lui et sur ses futurs descendants (Lévi et Aaron). L'ancienne alliance, fondée sur la loi de Moïse, doit être renouvelée par une nouvelle alliance meilleure (Hébreux 8,6).*

*Histoire de Moïse. Moïse présentant au peuple le Livre de l'Alliance. Détail XVI<sup>e</sup> siècle.*

**23** Il existe une différence de plus : les autres prêtres ont été nombreux, parce que la mort les empêchait de poursuivre leur activité. **24** Mais Jésus vit pour toujours et sa fonction de prêtre est perpétuelle. **25** C'est pourquoi il peut sauver définitivement ceux qui s'approchent de Dieu par lui, car il est toujours vivant pour prier Dieu en leur faveur.

**26** Jésus est donc le grand-prêtre qu'il nous fallait. Il est saint, sans défaut, sans péché ; il a été séparé des pécheurs et élevé très haut dans les cieux. **27** Il n'est pas comme les autres grands-prêtres : il n'a pas besoin d'offrir chaque jour des sacrifices, d'abord pour ses propres péchés et ensuite pour ceux du peuple. Il a offert un sacrifice une fois pour toutes, quand il s'est offert lui-même. **28** La loi de Moïse établit comme grands-prêtres des hommes imparfaits ; mais la parole du serment de Dieu, formulé après la loi, établit comme grand-prêtre le Fils qui a été élevé à la perfection pour toujours.

*D'après la lettre aux Hébreux, Jésus s'est offert lui-même sur la croix en sacrifice (7,27). La mort de Jésus révèle la victoire sur l'emprise du péché, ouvre la voie du salut, et témoigne de l'amour de Jésus pour les humains.*
*La Crucifixion, tableau anonyme flamand du XVIe-XVIIe siècle.*

## Jésus, notre grand-prêtre

**8** **1** Voici le point le plus important de ce que nous avons à dire : c'est bien un tel grand-prêtre que nous avons, lui qui s'est assis dans les cieux à la droite du trône de Dieu, la puissance suprême. **2** Il exerce ses fonctions dans le sanctuaire, c'est-à-dire dans la tente véritable dressée par le Seigneur et non par un homme.

**3** Tout grand-prêtre est établi pour offrir des dons et des sacrifices ; il faut donc que le nôtre ait aussi quelque chose à offrir. **4** S'il était sur la terre, il ne serait pas même prêtre, puisqu'il y en a déjà qui offrent les dons conformément à la loi juive. **5** La fonction exercée par ces prêtres n'est qu'une copie, qu'une ombre des réalités célestes. Cela correspond à ce qui s'est passé pour Moïse : au moment où il allait construire la tente sacrée, Dieu lui a fait cette recommandation : « Tu veilleras à ce que ton travail soit conforme au

modèle que je t'ai montré sur la montagne. »
⁶ Mais maintenant, Jésus a été chargé d'un service bien supérieur, car il est l'intermédiaire d'une alliance bien meilleure, fondée sur de meilleures promesses.

⁷ Si la première alliance avait été sans défaut, il n'aurait pas été nécessaire de la remplacer par une seconde.
⁸ Mais c'est bien des fautes que Dieu reproche à son peuple, quand il dit :

« Les jours viennent, déclare le Seigneur,
où je conclurai une alliance nouvelle
avec le peuple d'Israël et le peuple de Juda.
⁹ Elle ne sera pas comme celle que j'ai conclue avec
leurs ancêtres
quand je les ai pris par la main pour les faire sortir
d'Égypte.
Ils n'ont pas été fidèles à cette alliance-là,
par conséquent je ne me suis plus soucié d'eux, dit le
Seigneur.
¹⁰ Voici en quoi consistera l'alliance que je conclurai avec
le peuple d'Israël après ces jours-là, déclare le
Seigneur :
J'inscrirai mes instructions dans leur intelligence,
je les graverai dans leur cœur :
je serai leur Dieu
et ils seront mon peuple.
¹¹ Aucun d'eux n'aura plus besoin de s'adresser à son
concitoyen ou à son frère pour lui enseigner à me
connaître,
car tous me connaîtront,
tous, du plus petit jusqu'au plus grand.
¹² En effet, je pardonnerai leurs torts,
je ne me souviendrai plus de leurs fautes. »
¹³ En parlant d'une alliance nouvelle, Dieu a rendu ancienne la première ; or, ce qui devient ancien et qui vieillit est près de disparaître.

## Le culte terrestre et le culte céleste

**9** ¹ La première alliance avait des règles pour le culte et un temple terrestre. ² Une double tente avait été installée. Dans la première partie, appelée le lieu saint, il y avait le porte-lampes et la table avec les pains offerts à Dieu. ³ Derrière le second rideau se trouvait l'autre partie, appelée le lieu très saint, ⁴ avec l'autel en or où l'on brûlait l'encens, et le coffre de l'alliance entièrement recouvert d'or. Dans le coffre se trouvaient le vase d'or qui contenait la manne, le bâton d'Aaron qui avait fleuri et les

---

*Le vieux et le neuf*

*A plusieurs reprises, l'auteur évoque la véritable et suprême fonction de grand prêtre que Jésus a exercée en sacrifiant sa vie. La tente dressée par Moïse sur le Sinaï, où fut institué le culte des sacrifices, n'est qu'un pâle reflet du véritable sanctuaire céleste. Un nouvel ordre est devenu nécessaire, parce que les prescriptions de l'ancienne alliance n'ont plus cours. Comme le prophète Jérémie l'a déjà annoncé, les jours viennent où les commandements de Dieu seront gravés dans le cœur et la conscience des humains et où ils vivront entourés et guidés par l'amour divin (versets 7-13).*

Les Israélites errant dans le désert du Sinaï avaient placé leur sanctuaire sous une double tente. Seul le grand prêtre pouvait pénétrer dans la seconde, où il se trouvait en présence de Dieu. Depuis le sacrifice de Jésus dans le sanctuaire céleste, tous ceux qui croient en Jésus ont accès au « lieu très saint », le trône de Dieu.

Page 493 : Jésus en croix, Albrecht Dürer (1471-1528).

tablettes de pierre avec les commandements de l'alliance. ⁵ Au-dessus du coffre se tenaient les chérubins qui signalaient la présence divine ; ils étendaient leurs ailes au-dessus de l'endroit où l'on offrait le sang pour le pardon des péchés. Mais ce n'est pas le moment de parler de tout cela en détail.

⁶ L'ensemble étant ainsi disposé, les prêtres entrent jour après jour dans la première partie de la tente pour accomplir leur service. ⁷ Mais seul le grand-prêtre entre dans la seconde partie, et il ne le fait qu'une fois par an. Il doit y apporter du sang d'animal qu'il offre à Dieu pour lui-même et pour les fautes que le peuple a commises involontairement. ⁸ Le Saint-Esprit montre ainsi que le chemin du lieu très saint n'est pas encore ouvert aussi longtemps que subsiste la première tente. ⁹ C'est là une image qui se rapporte au temps présent. Elle signifie que les dons et les sacrifices d'animaux offerts à Dieu ne peuvent pas rendre parfait le cœur de quiconque pratique ce culte. ¹⁰ Il y est question seulement d'aliments, de boissons et de diverses cérémonies de purification. Il s'agissait de règles d'ordre matériel qui n'étaient valables que jusqu'au temps où Dieu réforma toutes choses.

¹¹ Mais le Christ est venu comme grand-prêtre des biens déjà présents. Il a pénétré dans une tente plus importante et plus parfaite, qui n'est pas construite par des hommes, autrement dit qui n'appartient pas à ce monde créé. ¹² Quand le Christ est entré une fois pour toutes dans le lieu très saint, il n'a pas offert du sang de boucs et de veaux ; il a offert son propre sang et nous a ainsi délivrés définitivement de nos péchés. ¹³ Le sang des boucs et des taureaux et les cendres de la vache brûlée, que l'on répand sur les personnes impures par rapport aux rites, les purifient de cette souillure extérieure. ¹⁴ S'il en est bien ainsi, combien plus efficace encore doit être le sang du Christ ! Par l'Esprit éternel, il s'est offert lui-même à Dieu comme sacrifice parfait. Son sang purifiera notre conscience des actions néfastes, pour que nous puissions servir le Dieu vivant.

¹⁵ Voilà pourquoi le Christ est l'intermédiaire d'une alliance nouvelle, afin que ceux qui ont été appelés par Dieu puissent recevoir les biens éternels qu'il a promis aux siens. Ils le peuvent parce qu'une mort est intervenue, grâce à laquelle les humains sont délivrés des fautes commises sous la première alliance.

¹⁶ Là où il y a un testament, il est nécessaire de prouver que celui qui l'a établi est mort. ¹⁷ En effet, un testament n'a pas d'effet tant que son auteur est en vie ; il est

valide seulement après la mort de celui-ci. [18] C'est pourquoi la première alliance elle-même n'est pas entrée en vigueur avant que du sang soit répandu. [19] Moïse proclama d'abord devant l'ensemble du peuple tous les commandements, tels que la loi les présente. Puis il prit le sang des veaux et des boucs, avec de l'eau, et en répandit sur le livre de la loi et sur tout le peuple au moyen d'une branche d'hysope et d'un peu de laine rouge. [20] Il déclara : « Ceci est le sang qui confirme l'alliance que Dieu vous a ordonné de respecter. » [21] Moïse répandit également du sang sur la tente et sur tous les objets utilisés pour le culte. [22] Selon la loi, on purifie presque tout avec du sang, et les péchés ne sont pardonnés que si du sang est répandu.

## Le sacrifice du Christ enlève les péchés

[23] Toutes les copies des réalités célestes devaient être purifiées de cette façon. Mais les réalités célestes elles-mêmes ont besoin de bien meilleurs sacrifices. [24] Car le Christ n'est pas entré dans un sanctuaire construit par des hommes, qui ne serait qu'une copie du véritable. Il est entré dans le ciel même, où il se présente maintenant devant Dieu pour nous. [25] Le grand-prêtre du peuple juif entre chaque année dans le sanctuaire avec du sang d'animal. Mais le Christ n'est pas entré pour s'offrir plusieurs fois lui-même. [26] Autrement, il aurait dû souffrir plusieurs fois depuis la création du monde. En réalité, il est apparu une fois pour toutes maintenant, à la fin des temps, pour supprimer le péché en se donnant lui-même en sacrifice. [27] Tout être humain est destiné à mourir une seule fois, puis à être jugé par Dieu. [28] De même, le Christ aussi a été offert en sacrifice une seule fois pour enlever les péchés d'une multitude de gens. Il apparaîtra une seconde fois, non plus pour éliminer les péchés, mais pour accorder le salut à ceux qui attendent sa venue.

### Il y a prêtre et prêtre

*Le mot français « prêtre » vient du grec « presbyteros » qui signifie « vieux » ou « ancien » dans le Nouveau Testament. Il désigne comme « l'épiscope » un responsable de la de communauté.*

*Le mot « prêtre » dans la lettre aux Hébreux ne concerne pas « l'ancien » mais traduit le terme grec « hiereus » (de « hieros » : sacré). Celui-ci désigne tout responsable du sacré chez les païens et dans l'Ancien Testament. Au temps de Jésus, le sacerdoce était réservé aux membres des familles descendant d'Aaron. Le Nouveau Testament parle quelquefois de ces prêtres. Ainsi Zacharie, le père de Jean Baptiste est prêtre (Luc 1,5), les grands prêtres réagissent lors de l'action de Jésus chassant les vendeurs du Temple (Luc 10,29-27). Ils sont regardés comme responsables de l'arrestation de Jésus (Jean 11,47-54). De nombreux prêtres se convertissent au christianisme (Actes 6,7). Le terme « hiereus » qui les désigne est à la base de la réflexion sur le sacerdoce ancien et nouveau dans la lettre aux Hébreux.*

*« Car le Christ est entré dans le ciel même, où il se présente maintenant devant Dieu pour nous. » (Hébreux 9,24) L'auteur ne se lasse pas de souligner, à l'aide de nouvelles comparaisons, ce message d'espérance : le Christ a accompli tout ce qui est nécessaire à notre salut.*

**10** ¹ La loi de Moïse n'est pas la représentation exacte des réalités ; elle n'est que l'ombre des biens à venir. Elle est tout à fait incapable de rendre parfaits ceux qui s'approchent de Dieu : comment le pourrait-elle avec ces sacrifices, toujours les mêmes, que l'on offre année après année, indéfiniment ? ² Si ceux qui rendent un tel culte à Dieu avaient été une bonne fois purifiés de leurs fautes, ils ne se sentiraient plus coupables d'aucun péché, et l'on cesserait d'offrir tout sacrifice. ³ En réalité, par ces sacrifices, les gens sont amenés à se rappeler leurs péchés, année après année. ⁴ Car le sang des taureaux et des boucs ne pourra jamais enlever les péchés.

⁵ C'est pourquoi, au moment où il allait entrer dans le monde, le Christ dit à Dieu :

« Tu n'as voulu ni sacrifice, ni offrande,
mais tu m'as formé un corps.
⁶ Tu n'as pris plaisir ni à des animaux brûlés sur l'autel,
ni à des sacrifices pour le pardon des péchés.
⁷ Alors j'ai dit : " Je viens moi-même à toi, ô Dieu, pour faire ta volonté,
selon ce qui est écrit à mon sujet dans le saint livre." »

⁸ Il déclare tout d'abord : « Tu n'as voulu ni sacrifices, ni offrandes, ni animaux brûlés sur l'autel, ni sacrifices pour le pardon des péchés, et tu n'y as pas pris plaisir. » Pourtant, ces sacrifices sont offerts conformément à la loi. ⁹ Puis il ajoute : « Je viens moi-même pour faire ta volonté. » Il supprime donc les anciens sacrifices et les remplace par le sien. ¹⁰ Jésus-Christ a fait la volonté de Dieu ; il s'est offert lui-même une fois pour toutes, et c'est ainsi que nous sommes purifiés du péché.

¹¹ Tout prêtre se tient chaque jour debout pour accomplir son service ; il offre souvent les mêmes sacrifices, qui ne peuvent cependant jamais enlever les péchés. ¹² Le Christ, par contre, a offert un seul sacrifice pour les péchés, et cela pour toujours, puis il s'est assis à la droite de Dieu. ¹³ Maintenant, c'est là qu'il attend que Dieu contraigne ses ennemis à lui servir de marchepied. ¹⁴ Ainsi, par une seule offrande il a rendu parfaits pour toujours ceux qu'il purifie du péché.

¹⁵ Le Saint-Esprit nous l'atteste également. En effet, il dit tout d'abord :
¹⁶ « Voici en quoi consistera l'alliance que je conclurai avec eux
après ces jours-là, déclare le Seigneur :

**Porte ouverte**

*Dans l'ancienne Alliance seul le grand prêtre pouvait entrer une fois l'an dans le Saint des Saints. Maintenant, il ne s'agit plus de l'entrée dans un temple de pierre, mais de l'accès au sanctuaire céleste, « non pas un sanctuaire fait de main d'homme, mais... le ciel lui-même » (9,24). Il ne s'agit plus d'un privilège réservé au grand prêtre mais de l'accès à Dieu ouvert à tous les croyants grâce au Christ.*

J'inscrirai mes instructions dans leur cœur,
je les graverai dans leur intelligence. »
[17] Puis il ajoute : « Je ne me souviendrai plus de leurs
fautes et de leurs péchés. » [18] Or, si les péchés sont pardonnés, il n'est plus nécessaire de présenter une offrande à cet effet.

## Approchons-nous de Dieu

[19] Ainsi, frères, nous avons la liberté d'entrer dans le
lieu très saint grâce au sang du sacrifice de Jésus. [20] Il nous
a ouvert un chemin nouveau et vivant au travers du rideau, c'est-à-dire par son propre corps. [21] Nous avons un
grand-prêtre placé à la tête de la maison de Dieu. [22] Approchons-nous donc de Dieu avec un cœur sincère et
une entière confiance, le cœur purifié de tout ce qui
donne mauvaise conscience et le corps lavé d'une eau
pure. [23] Gardons fermement l'espérance que nous proclamons, car Dieu reste fidèle à ses promesses. [24] Veillons
les uns sur les autres pour nous inciter à mieux aimer et
à faire des actions bonnes. [25] N'abandonnons pas nos assemblées comme certains ont pris l'habitude de le faire.
Au contraire, encourageons-nous les uns les autres, et
cela d'autant plus que vous voyez approcher le jour du
Seigneur.

*La voie est libre, le chemin
vers Dieu est ouvert! La foi
au cœur, purifiés et sans
peur, nous pouvons nous tenir
devant lui. Mais nous vivons
encore dans le monde, et la
foi doit se manifester dans
l'amour envers le prochain
et par une espérance infati-
gable, même si le chemin est
long.*
*« Dieu reste fidèle à ses pro-
messes. » (Hébreux 10,23)*

**Plus de raison d'être**
*La lettre aux Hébreux est
destinée – entre autres – à
des prêtres juifs qui ont adhé-
ré à la foi en Jésus Christ. Ils
ont ainsi perdu leur emploi et
peut-être certaines raisons de
vivre. Le verset 18 exprime
le non-sens des sacrifices
auxquels ils contribuaient.
Quelques années plus tard,
avec la destruction du
Temple, tout sacrifice disparaîtra de la religion juive.*

*Le Jugement dernier,
illustration de Gustave Doré
(La Sainte Bible, 1866).*

*Le désert qui borde le sud de la mer Morte rappelle la destruction des villes de Sodome et Gomorrhe. Une colonne formée par l'érosion a été nommée « la femme de Loth » en souvenir d'un vieux récit raconté dans la Genèse (Genèse 19,1-19) : la femme de Loth, fuyant la ville, se retourne et devient une colonne de sel. La lettre aux Hébreux demande de ne pas se retourner en arrière, mais de marcher avec confiance vers l'avenir.*

**26** Car si nous continuons volontairement à pécher après avoir appris à connaître la vérité, il n'y a plus de sacrifice qui puisse enlever les péchés. **27** Il ne nous reste plus qu'à attendre avec terreur le Jugement de Dieu et le feu ardent qui dévorera ses ennemis. **28** Quiconque désobéit à la loi de Moïse est mis à mort sans pitié, si sa faute est confirmée par le témoignage de deux ou trois personnes. **29** Qu'en sera-t-il alors de celui qui méprise le Fils de Dieu, qui considère comme négligeable le sang de l'alliance par lequel il a été purifié, et qui insulte l'Esprit source de grâce ? Vous pouvez deviner combien pire sera la peine qu'il méritera ! **30** Nous le connaissons, en effet, celui qui a déclaré : « C'est moi qui tirerai vengeance, c'est moi qui paierai de retour », et qui a dit aussi : « Le Seigneur jugera son peuple. » **31** Il est terrible de tomber entre les mains du Dieu vivant !

**32** Rappelez-vous ce que vous avez vécu dans le passé. En ces jours-là, après avoir reçu la lumière de Dieu, vous avez eu beaucoup à souffrir, vous avez soutenu un dur combat. **33** Certains d'entre vous étaient insultés et maltraités publiquement, tandis que les autres étaient prêts à soutenir ceux que l'on traitait ainsi. **34** Vous avez pris part à la souffrance des prisonniers et, quand on a saisi vos biens, vous avez accepté avec joie de les perdre, en sachant que vous possédiez une richesse meilleure, qui dure toujours. **35** Ne perdez donc pas votre assurance : une grande récompense lui est réservée. **36** Vous avez besoin de persévérance pour accomplir la volonté de Dieu et obtenir ainsi ce qu'il promet. **37** En effet, il est écrit :

« Encore un peu de temps, très peu même,
et celui qui doit venir viendra,
il ne tardera pas.

**38** Cependant, celui qui est juste à mes yeux, dit Dieu, vivra par la foi,
mais s'il retourne en arrière, je ne prendrai pas plaisir en lui. »

**39** Nous ne sommes pas de ceux qui retournent en arrière et vont à leur perte. Nous sommes de ceux qui croient et sont sur la voie du salut.

## La foi

**11** ¹ Mettre sa foi en Dieu, c'est être sûr de ce que l'on espère, c'est être convaincu de la réalité de ce que l'on ne voit pas. ² C'est à cause de leur foi que les grands personnages du passé ont été approuvés par Dieu.

³ Par la foi, nous comprenons que l'univers a été formé par la parole de Dieu, de sorte que ce qui est visible a été fait à partir de ce qui est invisible.

⁴ Par la foi, Abel offrit à Dieu un sacrifice meilleur que celui de Caïn. Grâce à elle, il fut déclaré juste par Dieu, car Dieu lui-même approuva ses dons. Par sa foi, Abel parle encore, bien qu'il soit mort.

La Chute de Caïn, par Gianbattista Mengardi (1738-1796) : Caïn, meurtrier de son frère, est chassé par Dieu. Selon la lettre aux Hébreux (11,4), c'est grâce à la foi qu'Abel fut déclaré juste et qu'il parle encore aujourd'hui.

⁵ Par la foi, Hénok fut emmené auprès de Dieu sans avoir connu la mort. Personne ne put le retrouver, parce que Dieu l'avait enlevé auprès de lui. L'Écriture déclare qu'avant d'être enlevé, Hénok avait plu à Dieu. ⁶ Or, personne ne peut plaire à Dieu sans la foi. En effet, celui qui s'approche de Dieu doit croire que Dieu existe et qu'il récompense ceux qui le cherchent.

⁷ Par la foi, Noé écouta les avertissements de Dieu au sujet de ce qui allait se passer et qu'on ne voyait pas encore. Il prit Dieu au sérieux et construisit une arche dans laquelle il fut sauvé avec toute sa famille. Ainsi, il condamna le monde et obtint, grâce à sa foi, que Dieu le considère comme juste.

⁸ Par la foi, Abraham obéit quand Dieu l'appela : il partit pour un pays que Dieu allait lui donner en possession. Il partit sans savoir où il allait. ⁹ Par la foi, il vécut comme un étranger dans le pays que Dieu lui avait promis. Il habita sous la tente, ainsi qu'Isaac et Jacob, qui reçurent la même promesse de Dieu. ¹⁰ Car Abraham attendait la cité qui a de solides fondations, celle dont Dieu est l'architecte et le constructeur.

¹¹ Par la foi, Abraham fut rendu capable d'être père, alors qu'il avait passé l'âge de l'être et que Sara elle-même était stérile. Il eut la certitude que Dieu tiendrait sa promesse. ¹² C'est ainsi qu'à partir de ce seul homme, pourtant déjà marqué par la mort, naquirent des

### Lire à haute voix

*Le chapitre 11 est destiné à donner du courage aux Hébreux accablés par les persécutions. Il commence par une définition célèbre de la foi et situe la vie des croyants dans le dynamisme de nombreux témoins de l'Ancienne Alliance. Ici on ne parle plus d'opposition entre l'ancien et le nouveau mais on se situe dans un dynamisme qui franchit le seuil des Alliances. Ce chapitre est un chef-d'œuvre littéraire qu'il est bon de lire à haute voix.*

descendants nombreux comme les étoiles dans le ciel, innombrables comme les grains de sable au bord de la mer. ¹³ C'est dans la foi que tous ces hommes sont morts. Ils n'ont pas reçu les biens que Dieu avait promis, mais ils les ont vus et salués de loin. Ils ont ouvertement reconnu qu'ils étaient des étrangers et des exilés sur la terre. ¹⁴ Ceux qui parlent ainsi montrent clairement qu'ils recherchent une patrie. ¹⁵ S'ils avaient pensé avec regret au pays qu'ils avaient quitté, ils auraient eu l'occasion d'y retourner. ¹⁶ En réalité, ils désiraient une patrie meilleure, c'est-à-dire la patrie céleste. C'est pourquoi Dieu n'a pas honte d'être appelé leur Dieu ; en effet, il leur a préparé une cité.

¹⁷ Par la foi, Abraham offrit Isaac en sacrifice lorsque Dieu le mit à l'épreuve. Il se montra prêt à offrir son fils unique, alors qu'il avait reçu une promesse ; ¹⁸ Dieu lui avait dit : « C'est par Isaac que tu auras les descendants que je t'ai promis. » ¹⁹ Mais Abraham estima que Dieu avait le pouvoir de ramener Isaac d'entre les morts ; c'est pourquoi Dieu lui rendit son fils, et ce fait a une valeur symbolique.

²⁰ Par la foi, Isaac donna à Jacob et à Ésaü une bénédiction qui se rapportait à leur avenir.

²¹ Par la foi, Jacob bénit chacun des fils de Joseph, peu avant de mourir ; il s'appuya sur l'extrémité de son bâton et adora Dieu.

²² Par la foi, Joseph, à la fin de sa vie, annonça que les Israélites sortiraient d'Égypte et indiqua ce que l'on devait faire de ses ossements.

²³ Par la foi, les parents de Moïse le tinrent caché pendant trois mois après sa naissance. Ils virent que c'était un bel enfant et n'eurent pas peur de désobéir à l'ordre du roi.

*Le Sacrifice d'Abraham, illustration de Rembrandt Harmensz Van Rijn dit Rembrandt (1606-1669).*

*Selon l'auteur, Abraham, Isaac et Jacob, qui vivaient pourtant dans le pays de Canaan, avaient conscience de n'être que des « étrangers et des exilés sur la terre », parce qu'ils aspiraient à la patrie céleste (versets 13-16). Joseph, lui, a montré en mourant une foi exemplaire : dans sa certitude que l'exil en Égypte prendrait fin, il demanda aux Israélites de rapporter ses ossements dans le pays de Canaan. Joseph interprétant les rêves du pharaon, par Jacopo Bologna (2ᵉ moitié du XIVᵉ siècle).*

²⁴ Par la foi, Moïse, devenu grand, renonça au titre de fils de la fille du Pharaon. ²⁵ Il préféra être maltraité avec le peuple de Dieu plutôt que de jouir des plaisirs momentanés du péché. ²⁶ Il estima qu'être méprisé comme le Messie avait beaucoup plus de valeur que les trésors de l'Égypte, car il gardait les yeux fixés sur la récompense future.

²⁷ Par la foi, Moïse quitta l'Égypte, sans craindre la colère du roi ; il demeura ferme, comme s'il voyait le Dieu invisible. ²⁸ Par la foi, il institua la Pâque et ordonna de répandre du sang sur les portes des maisons, afin que l'ange de la mort ne tue pas les fils premiers-nés des Israélites.

²⁹ Par la foi, les Israélites traversèrent la mer Rouge comme si c'était une terre sèche ; mais lorsque les Égyptiens essayèrent d'en faire autant, ils furent noyés.

³⁰ Par la foi, les murailles de Jéricho tombèrent, après que les Israélites en eurent fait le tour pendant sept jours. ³¹ Par la foi, Rahab, la prostituée, ne mourut pas avec ceux qui s'étaient opposés à Dieu, parce qu'elle avait accueilli les espions avec bienveillance.

³² Que dirai-je encore ? Le temps me manquerait pour parler de Gédéon, Barac, Samson, Jefté, David, Samuel, ainsi que des prophètes. ³³ Grâce à la foi, ils vainquirent des royaumes, pratiquèrent la justice et obtinrent ce que Dieu avait promis. Ils fermèrent la gueule des lions, ³⁴ éteignirent des feux violents, échappèrent à la mort par l'épée. Ils étaient faibles et devinrent forts ; ils furent redoutables à la guerre et repoussèrent des armées étrangères. ³⁵ Par la foi, des femmes virent leurs morts se relever et leur être rendus.

D'autres ont été torturés à mort ; ils refusèrent la délivrance, afin d'être relevés de la mort et de parvenir à une vie meilleure. ³⁶ D'autres encore subirent les moqueries et le fouet, certains furent enchaînés et jetés en prison. ³⁷ Certains furent tués à coups de pierres, d'autres sciés en deux ou mis à mort par l'épée. Ou bien, ils allaient d'un endroit à l'autre vêtus de peaux de moutons ou de chèvres, pauvres, persécutés et maltraités. ³⁸ Le monde n'était pas digne de ces gens-là ! Ils erraient dans les déserts et les montagnes, ils vivaient dans les cavernes et les trous de la terre.

³⁹ Ils ont tous été approuvés par Dieu à cause de leur foi ; pourtant, ils n'ont pas obtenu ce que Dieu avait promis. ⁴⁰ En effet, Dieu avait prévu mieux encore pour nous et il n'a pas voulu qu'ils parviennent sans nous à la perfection.

*La foi de Moïse*

*Moïse est l'exemple de l'ancêtre dont la foi montre le chemin aux fidèles (Hébreux 11,24-28). Il accepta d'être maltraité et méprisé, partageant ainsi le sort « ignominieux » du Christ, tout comme la communauté persécutée doit le faire. Le verset 27 évoque la fuite de Moïse : il avait tué un Égyptien qui maltraitait ses compagnons et attiré sur lui la colère du Pharaon.*

*La foi des chrétiens persécutés doit s'affirmer en prenant exemple sur tous ceux qui sont demeurés fidèles. Toute « une foule de témoins » montre la voie aux fidèles du Nouveau Testament (Hébreux 12,1). Ils peuvent avancer sur la voie ouverte par les anciens et en puisant leur courage en Jésus Christ.*

*La sévérité et même les punitions corporelles étaient courantes dans l'éducation d'autrefois. On les regardait même comme des preuves de la bonté paternelle. Ainsi, Dieu corrige ses enfants pour leur bien.*

## Dieu notre Père

**12** ¹ Quant à nous, nous sommes entourés de cette grande foule de témoins. Débarrassons-nous donc de tout ce qui alourdit notre marche, en particulier du péché qui s'accroche si facilement à nous, et courons résolument la course qui nous est proposée. ² Gardons les yeux fixés sur Jésus, dont notre foi dépend du commencement à la fin. Il a accepté de mourir sur la croix, sans tenir compte de la honte attachée à une telle mort, parce qu'il avait en vue la joie qui lui était réservée ; et maintenant il siège à la droite du trône de Dieu.

³ Pensez à lui, à la façon dont il a supporté une telle opposition de la part des pécheurs. Et ainsi, vous ne vous laisserez pas abattre, vous ne vous découragerez pas. ⁴ Car, dans votre combat contre le péché, vous n'avez pas encore dû lutter jusqu'à la mort. ⁵ Avez-vous oublié l'exhortation que Dieu vous adresse comme à ses fils ?

« Mon fils, ne crains pas d'être corrigé par le Seigneur, et ne te décourage pas quand il t'adresse des reproches.

⁶ Car le Seigneur corrige celui qu'il aime, il frappe celui qu'il reconnaît comme son fils. »

⁷ Supportez les souffrances par lesquelles Dieu vous corrige : il vous traite en effet comme ses fils. Existe-t-il un fils que son père ne corrige pas ? ⁸ Si vous n'êtes pas corrigés comme le sont tous ses fils, alors vous n'êtes pas de vrais fils mais des enfants illégitimes. ⁹ Rappelons-nous nos pères terrestres : ils nous corrigeaient et nous les respections. Nous devons donc, à plus forte raison, nous soumettre à notre Père céleste pour en recevoir la vie. ¹⁰ Nos pères nous corrigeaient pour peu de temps, comme ils le jugeaient bon. Mais Dieu nous corrige pour notre bien, afin que nous ayons part à sa sainteté. ¹¹ Quand nous sommes corrigés, il nous semble au moment même que c'est là une cause de tristesse et non de joie. Mais plus tard, ceux qui ont reçu une telle formation bénéficient de l'effet qu'elle produit : la paix associée à une vie juste.

## Recommandations et avertissements

¹² Redressez donc vos mains fatiguées, affermissez vos genoux chancelants ! ¹³ Engagez vos pas sur des sentiers bien droits, afin que le pied boiteux ne se démette pas, mais qu'il guérisse plutôt.

¹⁴ Efforcez-vous d'être en paix avec tout le monde et de mener une vie sainte ; car, sans cela, aucun de vous ne

pourra voir le Seigneur. <sup>15</sup> Prenez garde que personne ne se détourne de la grâce de Dieu. Que personne ne devienne comme une plante nuisible, vénéneuse, qui pousse et empoisonne beaucoup de gens. <sup>16</sup> Qu'aucun de vous ne soit immoral, que personne ne méprise les choses sacrées, comme Ésaü qui, pour un seul repas, vendit son droit de fils aîné. <sup>17</sup> Plus tard, vous le savez, il voulut recevoir la bénédiction de son père, mais il fut repoussé. Il ne trouva aucun moyen de changer la situation, bien qu'il l'ait cherché en pleurant.

*« Redressez donc vos mains fatiguées, affermissez vos genoux chancelants ! »*
*(Hébreux 12,12)*

<sup>18</sup> Vous ne vous êtes pas approchés de quelque chose qu'on pouvait toucher, le mont Sinaï, avec son feu ardent, l'obscurité et les ténèbres, l'orage, <sup>19</sup> le bruit d'une trompette et le son d'une voix. Quand les Israélites entendirent cette voix, ils demandèrent qu'on ne leur adresse pas un mot de plus. <sup>20</sup> En effet, ils ne pouvaient pas supporter cet ordre : « Tout être qui touchera la montagne, même s'il s'agit d'un animal, sera tué à coups de pierres. » <sup>21</sup> Le spectacle était si terrifiant que Moïse dit : « Je tremble, tellement je suis effrayé ! »

### Le mont Sinaï et la montagne de Sion

*L'auteur met en opposition le mont Sinaï, lieu de la révélation divine dans l'Ancien Testament, et la montagne de Sion, image de la réalité céleste. Les versets 22-23 évoquent « l'assemblée en fête » qui se réunira lorsque le but, l'accomplissement du Royaume de Dieu, sera atteint.*

*Promulgation de la loi sur le mont Sinaï, ilustration de Gustave Doré (La Sainte Bible, 1866).*

<sup>22</sup> Mais vous vous êtes approchés de la montagne de Sion et de la cité du Dieu vivant, la Jérusalem céleste, avec ses milliers d'anges. <sup>23</sup> Vous vous êtes approchés d'une assemblée en fête, celle des fils premiers-nés de Dieu, dont les noms sont écrits dans les cieux. Vous vous êtes approchés de Dieu, le juge de tous les humains, et des esprits des êtres justes, parvenus à la perfection. <sup>24</sup> Vous vous êtes approchés de Jésus, l'intermédiaire de l'alliance nouvelle, et de son sang répandu qui parle d'une manière plus favorable que celui d'Abel.

<sup>25</sup> Prenez donc garde ! Ne refusez pas d'écouter celui qui vous parle. Ceux qui ont refusé d'écouter celui qui les avertissait sur la terre, n'ont pas échappé au châtiment. A bien plus forte raison, nous ne pourrons pas y échapper si nous nous détournons de celui qui nous parle du haut

des cieux. ²⁶ Autrefois, sa voix a ébranlé la terre ; mais maintenant il nous a fait cette promesse : « J'ébranlerai encore une fois non seulement la terre, mais aussi le ciel. » ²⁷ Les mots « encore une fois » montrent que les choses créées seront ébranlées et disparaîtront, afin que seul demeure ce qui est inébranlable.

²⁸ Soyons donc reconnaissants, puisque nous recevons un royaume inébranlable. Manifestons cette reconnaissance en servant Dieu d'une manière qui lui soit agréable, avec respect et crainte. ²⁹ En effet, notre Dieu est un feu qui détruit.

## Comment plaire à Dieu

13 ¹ Continuez à vous aimer les uns les autres comme des frères. ² N'oubliez pas de pratiquer l'hospitalité. En effet, en la pratiquant certains ont accueilli

*Jérusalem, telle qu'on se la représentait au Moyen Âge. Jérusalem et le temple étaient pour le peuple de l'ancienne alliance le symbole terrestre de la proximité du Dieu sauveur. Pour les chrétiens de la nouvelle alliance, la Jérusalem céleste est l'image du salut accompli, de la vie éternelle auprès de Dieu.*

des anges sans le savoir. ³ Souvenez-vous de ceux qui sont en prison, comme si vous étiez prisonniers avec eux. Souvenez-vous de ceux qui sont maltraités, puisque vous avez, vous aussi, un corps exposé à la souffrance.

⁴ Que le mariage soit respecté par tous, que les époux soient fidèles l'un à l'autre. Dieu jugera les gens immoraux et ceux qui commettent l'adultère.

⁵ Votre conduite ne doit pas être déterminée par l'amour de l'argent ; contentez-vous de ce que vous avez, car Dieu a dit : « Je ne te laisserai pas, je ne t'abandonnerai jamais. » ⁶ C'est pourquoi nous pouvons affirmer avec confiance :

« Le Seigneur est celui qui vient à mon aide,
je n'aurai peur de rien.
Que peuvent me faire les hommes ? »

⁷ Souvenez-vous de vos anciens dirigeants, qui vous ont annoncé la parole de Dieu. Pensez à la façon dont ils ont vécu et sont morts, et imitez leur foi. ⁸ Jésus-Christ est le même hier, aujourd'hui et pour toujours. ⁹ Ne vous laissez pas égarer par toutes sortes de doctrines étrangères. Il est bon d'être fortifié intérieurement par la grâce de Dieu, et non par des règles relatives à des aliments ; ceux qui observent de telles règles n'en ont jamais tiré aucun profit.

¹⁰ Les prêtres qui officient dans le sanctuaire juif n'ont pas le droit de manger de ce qui est offert sur notre autel. ¹¹ Le grand-prêtre juif apporte le sang des animaux dans le lieu très saint afin de l'offrir comme sacrifice pour le pardon des péchés ; mais les corps de ces animaux sont brûlés en dehors du camp. ¹² C'est pourquoi Jésus aussi est mort en dehors de la ville, afin de purifier le peuple par son propre sang. ¹³ Allons donc à lui en dehors du camp, en supportant le même mépris que lui. ¹⁴ Car nous n'avons pas ici-bas de cité qui dure toujours ; nous recherchons celle qui est à venir. ¹⁵ Par Jésus, présentons sans cesse à Dieu notre louange comme sacrifice, c'est-à-dire l'offrande sortant de lèvres qui célèbrent son nom. ¹⁶ N'oubliez pas de faire le bien et de vous entraider fraternellement, car ce sont de tels sacrifices qui plaisent à Dieu.

¹⁷ Obéissez à vos dirigeants et soyez-leur soumis. En effet, ils veillent constamment sur vous, puisqu'ils devront rendre compte à Dieu. Faites en sorte qu'ils puissent accomplir leur tâche avec joie, et non en se plaignant, ce qui ne vous serait d'aucun profit.

¹⁸ Priez pour nous. Nous sommes convaincus d'avoir une bonne conscience, car nous désirons bien nous

**Jésus hier et aujourd'hui**

*Pour beaucoup de gens, Jésus est une figure du passé. Mais grâce à la résurrection, il est vivant aujourd'hui et pour l'éternité. C'est pourquoi :*
*« Gardons les yeux fixés sur Jésus, dont notre foi dépend du commencement à la fin. » (Hébreux 12,2)*

conduire en toute occasion. ¹⁹ Je vous demande très particulièrement de prier pour que Dieu me permette de retourner plus vite auprès de vous.

## Prière

²⁰ Dieu, source de la paix, a ramené d'entre les morts notre Seigneur Jésus, devenu le grand berger des brebis grâce au sang de son sacrifice, qui garantit l'alliance éternelle. ²¹ Que ce Dieu vous rende capables de pratiquer tout ce qui est bien pour que vous fassiez sa volonté ; qu'il réalise en nous, ce qui lui est agréable, par Jésus-Christ, à qui soit la gloire pour toujours ! Amen.

## Conclusions et salutations

²² Frères, je vous le recommande : écoutez avec patience ces paroles d'encouragement. D'ailleurs, ce que je vous ai écrit n'est pas très long. ²³ Je tiens à vous faire savoir que notre frère Timothée a été libéré. S'il arrive assez tôt, j'irai vous voir avec lui.

²⁴ Saluez tous vos dirigeants et tous ceux qui appartiennent au peuple de Dieu. Les frères d'Italie vous adressent leurs salutations.

²⁵ Que la grâce de Dieu soit avec vous tous.

*Bonjour d'Italie*

*La mention de Timothée, fidèle compagnon de Paul ainsi que le salut venant d'Italie (Paul était à Rome) ont renforcé l'idée selon laquelle Paul serait l'auteur de la lettre.*

*A la fin de sa lettre, l'auteur utilise une image réconfortante: Jésus est le « grand berger » qui veille sur les siens comme un bon berger veille sur son troupeau. Et cela: « hier, aujourd'hui et pour toujours » (Hébreux 13,8).*

# LES AUTRES
## LETTRES

*Paysage de Grèce*

## Contexte

Les sept lettres qui suivent ne sont pour la plupart pas adressées à des communautés ou à des personnes particulières. On les appelle aussi les « épîtres catholiques » (du grec katholikos, « universel ») dans la mesure où elles sont destinées à l'Église entière, c'est-à-dire à toute la chrétienté.

## Objectif

Les lettres de Pierre, de Jean et de Jude évoquent les différentes menaces que le monde extérieur fait peser sur les premières communautés chrétiennes. Celles-ci risquent d'être persécutées par leur entourage païen et sont troublées par de faux enseignants qui propagent des doctrines erronées. La lettre de Jacques, elle, met l'accent sur les relations entre chrétiens. Un thème central parcourt tout le texte : la foi doit se traduire dans des actes d'amour envers le prochain. La première lettre de Pierre met en avant la vie des chrétiens : malgré les persécutions, ils sont appelés à rendre témoignage de leur foi aux yeux du monde ; la gloire du Christ les attend (1 Pierre 1,3-12). Le but des lettres de Jean est de témoigner que Dieu s'est réellement fait homme en Jésus et de combattre les faux enseignants (1 Jean 1,1-4 et 2,18-19). Dieu est amour. Cet amour transforme et guide la vie des chrétiens (1 Jean 4,7-21 et 2 Jean).

## Fil conducteur

Toutes ces lettres sont destinées à aider les communautés à résoudre leurs problèmes en leur rappelant que l'enseignement de Jésus-Christ transmis fidèlement est le fondement de la foi et de la vie chrétiennes. C'est de là que sont issus les principes justes de la vie dans la communauté, dans la famille, dans le travail et dans la société.

# LETTRE DE JACQUES

## Salutation

**I** ¹ De la part de Jacques, serviteur de Dieu et du Seigneur Jésus-Christ. J'adresse mes salutations à l'ensemble du peuple de Dieu dispersé dans le monde entier.

## Foi et sagesse

² Mes frères, considérez-vous comme très heureux quand vous avez à passer par toutes sortes d'épreuves ; ³ car, vous le savez, si votre foi résiste à l'épreuve, celle-ci produit la persévérance. ⁴ Mais veillez à ce que votre persévérance se manifeste pleinement, afin que vous soyez

*La lettre de Jacques est l'œuvre d'un sage judéo-chrétien, imprégné de sagesse juive qu'il met en lien avec l'enseignement de Jésus. Jacques réagit fortement contre les inégalités sociales qui subsistent à l'intérieur des communautés chrétiennes. La manière dont les riches se comportent est en contradiction totale avec l'invitation de Jésus à nous aimer les uns les autres.*

*Il stimule la foi de ses interlocuteurs, leur demande de vivre l'Évangile dans le concret de la vie et de s'engager pleinement plutôt que d'être, comme les vagues de la mer, instables et incohérents.*

parfaits, sans défaut, qu'il ne vous manque rien. ⁵ Cependant, si l'un de vous manque de sagesse, qu'il la demande à Dieu, qui la lui donnera ; car Dieu donne à tous généreusement et avec bienveillance. ⁶ Mais il faut qu'il demande avec foi, sans douter ; car celui qui doute est semblable à une vague de la mer, que le vent soulève et pousse d'un côté ou de l'autre. ⁷ Un tel homme ne doit pas s'imaginer qu'il recevra quelque chose du Seigneur, ⁸ car il est indécis et incertain dans tout ce qu'il entreprend.

## La pauvreté et la richesse

⁹ Que le frère pauvre se réjouisse de ce que Dieu l'élève, ¹⁰ et le frère riche de ce que Dieu l'abaisse. En

effet, le riche passera comme la fleur d'une plante sauvage. ¹¹ Le soleil se lève, sa chaleur brûlante dessèche la plante ; sa fleur tombe et sa beauté disparaît. De même, le riche disparaîtra au milieu de ses activités.

*Louis XVI (1754-1793), roi de France et de Navarre, distribuant des aumônes aux paysans en 1788, Louis Hersent (1777-1860).*

## Épreuves et tentations

¹² Heureux est l'homme qui demeure ferme dans l'épreuve ; car après avoir prouvé sa fermeté, il recevra la couronne de victoire, la vie éternelle que Dieu a promise à ceux qui l'aiment. ¹³ Si quelqu'un est tenté, qu'il ne dise pas : « C'est Dieu qui me tente. » Car Dieu ne peut pas être tenté de mal faire, et il ne tente lui-même personne. ¹⁴ En réalité, tout être humain est tenté quand il se laisse entraîner et prendre au piège par ses propres désirs ; ¹⁵ ensuite, tout mauvais désir conçoit et donne naissance au péché ; et quand le péché est pleinement développé, il engendre la mort. ¹⁶ Ne vous y trompez pas, mes chers frères : ¹⁷ tout don excellent et tout cadeau parfait descendent du ciel ; ils viennent de Dieu, le créateur des lumières célestes. Et Dieu ne change pas, il ne produit pas d'ombre par des variations de position. ¹⁸ Il a voulu lui-même nous donner la vie par sa Parole, qui est la vérité, afin que nous soyons au premier rang de toutes ses créatures.

## Écouter et agir

¹⁹ Rappelez-vous bien ceci, mes chers frères : chacun doit être prompt à écouter, mais lent à parler et lent à se mettre en colère ; ²⁰ car un homme en colère n'accomplit pas ce qui est juste aux yeux de Dieu. ²¹ C'est pourquoi, rejetez tout ce qui salit et tous les excès dus à la méchanceté. Accueillez avec humilité la parole que Dieu plante dans votre cœur, car elle a le pouvoir de vous sauver. ²² Ne vous faites pas des illusions sur vous-mêmes en vous contentant d'écouter la parole de Dieu ; mettez-la réellement en pratique. ²³ Car celui qui écoute la parole sans la mettre en pratique ressemble à un homme qui se regarde dans un miroir et se voit tel qu'il est. ²⁴ Après

### Une foi stérile

*Face à des chrétiens qui disent et ne font pas, Jacques dénonce une foi qui reste abstraite ou purement intellectuelle. Les injustices étaient en effet criantes à l'intérieur de la communauté. La parole de Dieu, l'Évangile, doit nécessairement s'exprimer par des œuvres, telles que l'amour et la justice.*

s'être regardé, il s'en va et oublie aussitôt comment il est. ²⁵ En revanche, il y a celui qui examine attentivement la loi parfaite qui nous procure la liberté, et il s'y attache fidèlement ; il ne se contente pas de l'écouter pour l'oublier ensuite, mais il la met en pratique. Eh bien, celui-là sera béni dans tout ce qu'il fait.

²⁶ Si quelqu'un croit être religieux et ne sait pas maîtriser sa langue, il se trompe lui-même : sa religion ne vaut rien. ²⁷ Voici ce que Dieu, le Père, considère comme la religion pure et authentique : prendre soin des orphelins et des veuves dans leur détresse, et se garder de toute tache due à l'influence de ce monde.

## Ne pas agir avec partialité

2 ¹ Mes frères, vous qui mettez votre foi en notre glorieux Seigneur Jésus-Christ, vous ne devez pas en même temps agir avec partialité à l'égard des autres. ² Supposez ceci : un homme riche portant un anneau d'or et des vêtements magnifiques entre dans votre assemblée ; un pauvre homme, aux vêtements usés, y entre aussi. ³ Vous manifestez alors un respect particulier pour l'homme magnifiquement vêtu et vous lui dites : « Veuillez vous asseoir ici, à cette place d'honneur » ; mais vous dites au pauvre : « Toi, reste debout, ou assieds-toi là, par terre, à mes pieds ». ⁴ Si tel est le cas, vous faites des distinctions entre vous et vous portez des jugements fondés sur de mauvaises raisons.

⁵ Écoutez, mes chers frères : Dieu a choisi ceux qui sont pauvres aux yeux du monde pour qu'ils deviennent riches dans la foi et reçoivent le Royaume qu'il a promis à ceux qui l'aiment. ⁶ Mais vous, vous méprisez le pauvre ! Ceux qui vous oppriment et vous traînent devant les tribunaux, ce sont les riches, n'est-ce pas ? ⁷ Ce sont eux qui font insulte au beau nom qui vous a été donné.

⁸ Certes, vous faites bien si vous accomplissez la loi du Royaume, telle que l'Écriture la présente : « Tu dois aimer ton prochain comme toi-même. » ⁹ Mais si vous agissez avec partialité, vous commettez un péché et la loi vous condamne parce que vous lui désobéissez. ¹⁰ Car si quelqu'un pèche contre un seul commandement de la loi, tout en observant les autres, il se rend coupable à l'égard de tous. ¹¹ En effet, celui-là même qui a dit : « Ne commets pas d'adultère », a dit aussi : « Ne commets pas de meurtre. » Par conséquent, si tu ne commets pas d'adultère, mais que tu commettes un meurtre, tu désobéis à la loi. ¹² Parlez et agissez donc en hommes destinés à être jugés par la loi qui procure la liberté. ¹³ En effet, Dieu sera sans pitié quand il

« Dieu a choisi ceux qui sont pauvres aux yeux du monde pour qu'ils deviennent riches dans la foi et reçoivent le Royaume qu'il a promis à ceux qui l'aiment. »
(Jacques 2,5)
Dieu a pris le parti des pauvres, dit la lettre de Jacques, et la communauté chrétienne est appelée à faire de même, à préférer les petits, les exclus, les exploités et les méprisés. Qu'au moins dans les assemblées, les barrières sociales tombent (versets 2-4).

« Mes frères, vous qui mettez votre foi en notre glorieux Seigneur Jésus-Christ, vous ne devez pas agir avec partialité à l'égard des autres. »
(Jacques 2,1)

jugera celui qui n'aura pas eu pitié des autres ; mais celui qui fait preuve de pitié n'a plus rien à craindre du jugement.

## La foi et les actes

14 Mes frères, à quoi cela sert-il à quelqu'un de dire : « J'ai la foi », s'il ne le prouve pas par ses actes ? Cette foi peut-elle le sauver ? 15 Supposez qu'un frère ou une sœur n'aient pas de quoi se vêtir ni de quoi manger chaque jour. 16 A quoi cela sert-il que vous leur disiez : « Au revoir, portez-vous bien ; habillez-vous chaudement et mangez à votre faim ! », si vous ne leur donnez pas ce qui est nécessaire pour vivre ? 17 Il en est ainsi de la foi : si elle ne se manifeste pas par des actes, elle n'est qu'une chose morte.

18 Quelqu'un dira peut-être : « Il y en a qui ont la foi, d'autres les actes ». Alors je lui répondrai : « Montre-moi comment ta foi peut exister sans actes ! Quant à moi je te prouverai ma foi par mes actes. » 19 Tu crois qu'il y a un seul Dieu ? Très bien. Les démons le croient aussi et ils tremblent de peur. 20 Insensé que tu es ! Veux-tu avoir la preuve que la foi sans les actes est inutile ? 21 Comment Abraham, notre ancêtre, a-t-il été reconnu comme juste par Dieu ? A cause de ses actes, parce qu'il a offert son fils Isaac sur l'autel. 22 Tu le vois, sa foi et ses actes agissaient ensemble : sa foi est parvenue à la perfection en raison des actes qui l'accompagnaient. 23 Ainsi s'est réalisé ce que dit l'Écriture : « Abraham eut confiance en Dieu, et Dieu le considéra comme juste en tenant compte de sa foi. « Et Dieu l'appela son ami. 24 Vous le voyez donc, un être humain est reconnu comme juste par Dieu à cause de ses actes et non pas uniquement à cause de sa foi.

25 Il en fut de même pour Rahab la prostituée. Elle fut reconnue comme juste par Dieu à cause de ses actes, car elle avait accueilli les messagers israélites et les avait fait partir par un autre chemin. 26 En effet, de même que le corps sans le souffle de vie est mort, de même la foi sans les actes est morte.

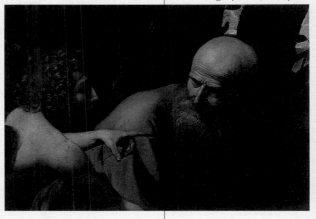

**La foi et les actes**

*Avoir la foi ne consiste pas seulement à croire en l'existence de Dieu, elle consiste surtout à faire confiance en Dieu et à le laisser exister en soi. Elle est une réponse de l'homme à l'initiative de Dieu. La foi engage et comme tout engagement, elle se traduit dans le concret de la vie. Notre foi et nos actes sont appelés à ne faire qu'un.*
*Le Sacrifice d'Abraham, par Le Caravage (1573-1610).*

*Rahab, la prostituée étrangère de Jéricho, a accueilli les messagers israélites. Son geste, dit Jacques, est l'expression de sa foi. L'évangile de Matthieu la compte parmi les ancêtres de Jésus.*

509

« *Nous mettons un mors dans la bouche des chevaux pour qu'ils nous obéissent, et nous pouvons ainsi diriger leur corps tout entier.* » (Jacques 3,3)
*Sans la parole, nous ne serions pas des humains. La parole transmet la vie, elle dit l'amour et permet d'entrer en dialogue. Mais la parole peut aussi blesser lorsqu'elle n'est que monologue ou transforme l'autre en objet. Elle peut aussi tuer lorsqu'elle condamne et exclut.*

## La langue

**3** <sup></sup> ¹ Mes frères, ne soyez pas nombreux à vouloir être des enseignants, car vous savez que nous qui enseignons, nous serons jugés plus sévèrement que les autres. ² Nous commettons tous des erreurs, de bien des manières. Si quelqu'un ne commet jamais d'erreur dans ce qu'il dit, c'est un homme parfait, capable de maîtriser tout son être. ³ Nous mettons un mors dans la bouche des chevaux pour qu'ils nous obéissent, et nous pouvons ainsi diriger leur corps tout entier. ⁴ Ou bien, pensez aux navires : même s'ils sont très grands et que des vents violents les poussent, on les dirige avec un très petit gouvernail, et ils vont là où le pilote le veut. ⁵ De même, la langue est une très petite partie du corps, mais elle peut se vanter d'être la cause d'effets considérables.

Pensez au petit feu qui suffit à mettre en flammes une grande forêt ! ⁶ Eh bien, la langue est pareille à un feu. C'est un monde de mal installé dans notre corps, elle infecte notre être entier. Elle enflamme tout le cours de notre existence d'un feu provenant de l'enfer même. ⁷ L'être humain est capable de dompter toute espèce de bêtes sauvages, d'oiseaux, de reptiles et de poissons, et, en fait, il les a domptés. ⁸ Mais personne n'a jamais pu dompter la langue : elle est mauvaise et sans cesse en mouvement, elle est pleine d'un poison mortel. ⁹ Nous l'utilisons pour louer le Seigneur, notre Père, mais aussi pour maudire les êtres humains que Dieu a créés à sa ressemblance. ¹⁰ Des paroles de louange ou de malédiction sortent de la même bouche. Mes frères, il ne faut pas qu'il en soit ainsi. ¹¹ Aucune source ne donne par la même ouverture de l'eau douce et de l'eau amère. ¹² Aucun figuier, mes frères, ne peut produire des olives, aucune vigne ne peut produire des figues ; une source d'eau salée ne peut pas donner de l'eau douce.

« *Aucune source ne donne par la même ouverture de l'eau douce et de l'eau amère.* » (Jacques 3,11)
*Quand tu prends la parole, dit Jacques, veille à ce que ce soit pour dire du bien et non pour maudire.*

## La sagesse qui vient d'en haut

¹³ Quelqu'un parmi vous pense-t-il être sage et intelligent ? Qu'il le prouve par sa bonne conduite, par des actes accomplis avec humilité et sagesse. ¹⁴ Mais si vous avez le cœur plein d'une jalousie amère et d'esprit de rivalité, cessez de vous vanter d'être sages, en faussant ainsi la vérité. ¹⁵ Une telle sagesse ne descend pas du ciel ; elle est terrestre, trop humaine, diabolique même. ¹⁶ Car là où règnent jalousie et esprit de rivalité, il y a aussi le désordre et toute espèce de mal. ¹⁷ Mais la sagesse d'en haut est pure, tout d'abord ; ensuite, elle est pacifique,

douce et raisonnable ; elle est riche en bonté et en actions bonnes ; elle est sans parti pris et sans hypocrisie. ¹⁸ Ceux qui créent la paix autour d'eux sèment dans la paix et la récolte qu'ils obtiennent, c'est une vie juste.

## L'amitié pour le monde

**4** ¹ D'où viennent les conflits et les querelles parmi vous ? Ils viennent de vos passions qui combattent sans cesse au-dedans de vous. ² Vous désirez quelque chose, mais vous ne pouvez pas l'avoir, et alors vous êtes prêts à tuer ; vous avez envie de quelque chose, mais vous ne pouvez pas l'obtenir, et alors vous vous lancez dans des querelles et des conflits. Vous n'avez pas ce que vous voulez, parce que vous ne savez pas le demander à Dieu. ³ Et si vous demandez, vous ne recevez pas, parce que vos intentions sont mauvaises : vous voulez tout gaspiller pour vos plaisirs. ⁴ Infidèles que vous êtes ! Ne savez-vous pas qu'être ami du monde, c'est être ennemi de Dieu ? Celui qui veut être ami du monde se rend donc ennemi de Dieu. ⁵ Ne pensez pas que ce soit pour rien que l'Écriture déclare : « Dieu réclame avec ardeur l'esprit qu'il a mis en nous » ⁶ Cependant, la grâce que Dieu nous accorde est supérieure, car il est dit aussi : « Dieu s'oppose aux orgueilleux, mais il traite les humbles avec bonté » ⁷ Soumettez-vous donc à Dieu ; résistez au diable et il fuira loin de vous. ⁸ Approchez-vous de Dieu et il s'approchera de vous. Nettoyez vos mains, pécheurs ; purifiez vos cœurs, gens indécis ! ⁹ Soyez conscients de votre misère, pleurez et lamentez-vous ; que votre rire se change en pleurs, et votre joie en tristesse. ¹⁰ Abaissez-vous devant le Seigneur et il vous élèvera.

## Ne pas juger un frère

¹¹ Frères, ne dites pas de mal les uns des autres. Celui qui dit du mal de son frère ou qui le juge, dit du mal de la loi de Dieu et la juge. Dans ce cas, tu te fais le juge de la loi au lieu de la pratiquer. ¹² Or, c'est Dieu seul qui donne la loi et qui peut juger : lui seul peut à la fois sauver et faire périr. Pour qui te prends-tu donc, toi qui juges ton prochain ?

## Ne pas être orgueilleux

¹³ Écoutez-moi, maintenant, vous qui dites : « Aujourd'hui ou demain nous irons dans telle ville, nous y passerons une année, nous ferons du commerce et nous gagnerons de l'argent. » ¹⁴ Eh bien, vous ne savez pas ce que votre vie sera demain ! Vous êtes, en effet, comme un

**D'où viennent les conflits ?**

*La première cause des conflits, dit Jacques, ce sont les motivations inscrites dans le cœur des hommes : recherche de puissance, orgueil, attachement aux choses acquises, envie du bonheur de l'autre. Reconnaître ces désirs enfouis et changer son échelle de valeurs nous met sur le chemin de la paix.*

**Ne pas juger un frère**

*La justice condamne les hommes qui commettent des délits ou des crimes. C'est sa fonction en vue de protéger la société. Jacques, à la suite de Jésus, se place à un autre niveau. Il demande de ne pas se juger les uns les autres, de ne pas réduire les hommes aux actes qu'ils commettent, mais de leur offrir les moyens de se relever. Jésus n'est pas venu pour juger, mais pour sauver ceux qui étaient perdus. D'ailleurs, qui sommes-nous pour juger nos frères ?*

511

*Jacques réagit avec vigueur contre les inégalités sociales qui règnent dans les communautés chrétiennes. Les riches semblent vertueux mais leurs richesses sont pourries, elles sont le fruit de l'exploitation de leurs frères. Aimer Dieu et aimer son frère ne font qu'un. On ne peut donc à la fois dire qu'on aime Dieu et pratiquer l'injustice.*

*L'agriculteur sait qu'il doit attendre avec patience que les fruits mûrissent. Quand viendra le temps de la récolte il récoltera les fruits de son travail, mais aussi de celui de la terre, du soleil et de la pluie.*

léger brouillard qui apparaît pour un instant et disparaît ensuite. ¹⁵ Voici bien plutôt ce que vous devriez dire : « Si le Seigneur le veut, nous vivrons et nous ferons ceci ou cela. » ¹⁶ Mais, en réalité, vous êtes orgueilleux et prétentieux. Tout orgueil de ce genre est mauvais. ¹⁷ Si donc quelqu'un sait comment faire le bien et ne le fait pas, il se rend coupable de péché.

## Avertissement aux riches

5 ¹ Et maintenant écoutez-moi, vous les riches ! Pleurez et gémissez à cause des malheurs qui vont s'abattre sur vous ! ² Vos richesses sont pourries et vos vêtements sont rongés par les vers. ³ Votre or et votre argent sont couverts de rouille, une rouille qui servira de témoignage contre vous ; elle dévorera votre chair comme un feu. Vous avez amassé des trésors à la fin des temps. ⁴ Vous avez refusé de payer le salaire des ouvriers qui travaillent dans vos champs. C'est une injustice criante ! Les plaintes de ceux qui rentrent vos récoltes sont parvenues jusqu'aux oreilles de Dieu, le Seigneur de l'univers. ⁵ Vous avez vécu sur la terre dans le luxe et les plaisirs. Vous vous êtes engraissés comme des bêtes pour le jour de la boucherie. ⁶ Vous avez condamné et mis à mort des innocents ; ils ne vous résistent pas.

## Patience et prière

⁷ Prenez donc patience, frères, jusqu'à ce que le Seigneur vienne. Voyez comment le cultivateur prend patience en attendant que la terre produise de précieuses récoltes : il sait que les pluies d'automne et de printemps doivent d'abord tomber. ⁸ Prenez patience, vous aussi ; soyez pleins de courage, car la venue du Seigneur est proche.

⁹ Ne vous plaignez pas les uns des autres, frères, sinon Dieu vous jugera. Le juge est proche, il est prêt à entrer ! ¹⁰ Frères, souvenez-vous des prophètes qui ont parlé au nom du Seigneur : prenez-les comme modèles de patience fidèle dans la souffrance. ¹¹ Nous les déclarons heureux parce qu'ils ont tenu bon. Vous avez entendu parler de la longue patience de Job, et vous savez ce que le Seigneur lui a accordé à la fin. En effet, le Seigneur est plein de compassion et de bienveillance.

¹² Surtout, mes frères, ne faites pas de serment : n'en faites ni par le ciel, ni par la terre, ni d'aucune autre façon. Dites simplement « oui » si c'est oui, et « non » si c'est

non, afin que vous ne tombiez pas sous le jugement de Dieu.

¹³ Quelqu'un parmi vous est-il dans la souffrance ? Qu'il prie. Quelqu'un est-il heureux ? Qu'il chante des louanges. ¹⁴ L'un de vous est-il malade ? Qu'il appelle les anciens de l'Église ; ceux-ci prieront pour lui et verseront quelques gouttes d'huile sur sa tête au nom du Seigneur. ¹⁵ Une telle prière, faite avec foi, sauvera le malade : le Seigneur le remettra debout, et les péchés qu'il a commis lui seront pardonnés. ¹⁶ Confessez donc vos péchés les uns aux autres, et priez les uns pour les autres, afin d'être guéris. La prière fervente d'une personne juste a une grande efficacité. ¹⁷ Élie était un homme semblable à nous : il pria avec ardeur pour qu'il ne pleuve pas, et il ne tomba pas de pluie sur la terre pendant trois ans et demi. ¹⁸ Puis il pria de nouveau ; alors le ciel donna de la pluie et la terre produisit ses récoltes. ¹⁹ Mes frères, si l'un de vous s'est éloigné de la vérité et

*Le prophète Daniel, illustration de Gustave Doré (La Sainte Bible, 1866).*

*« Souvenez-vous des prophètes qui ont parlé au nom du Seigneur. » (Jacques 5,10)*

*Nous ne sommes pas tout seuls, mais unis les uns aux autres. Dieu lui-même, en faisant alliance avec les hommes, s'est lié aux hommes. Les joies et les peines, la santé et la maladie, le péché et le pardon, tout ce qui tisse la vie des hommes est appelé à se vivre dans la solidarité. Avec Dieu, par la prière. Avec les frères et les sœurs, par le partage fraternel. Les Épreuves de Job, par Jean Mandyn (1502-1560).*

qu'un autre l'y ramène, ²⁰ rappelez-vous ceci : celui qui ramène un pécheur du chemin où il s'égarait le sauvera de la mort et obtiendra le pardon d'un grand nombre de péchés.

# PREMIÈRE LETTRE DE PIERRE

*Pierre se trouve à Rome avec Marc. Il adresse cette lettre aux chrétiens dispersés dans la province d'Asie Mineure. Il désire les soutenir dans les épreuves qu'ils endurent à cause de leur foi et de la qualité morale de leur vie. Ils sont effet considérés comme des corps étrangers au milieu d'un monde où la vie dissolue est la règle.*

## Salutation

**¹** De la part de Pierre, apôtre de Jésus-Christ.

A ceux que Dieu a choisis et qui vivent en exilés, dispersés dans les provinces du Pont, de la Galatie, de la Cappadoce, de l'Asie et de la Bithynie. **²** Dieu, le Père, vous a choisis conformément au plan qu'il a établi d'avance ; il vous a mis à part, grâce à l'Esprit Saint, pour que vous obéissiez à Jésus-Christ et que vous soyez purifiés par son sang.

Que la grâce et la paix vous soient accordées avec abondance.

## Une espérance vivante

**³** Louons Dieu, le Père de notre Seigneur Jésus-Christ ! Dans sa grande bonté, il nous a fait naître à une vie nouvelle en relevant Jésus-Christ d'entre les morts. Nous avons ainsi une espérance vivante, **⁴** en attendant les biens que Dieu réserve aux siens. Ce sont des biens qui ne peuvent ni disparaître, ni être salis, ni perdre leur éclat. Dieu vous les réserve dans les cieux, **⁵** à vous que sa puissance garde par la foi en vue du salut, prêt à se manifester à la fin des temps.

**⁶** Vous vous en réjouissez, même s'il faut que, maintenant, vous soyez attristés pour un peu de temps par toutes sortes d'épreuves. **⁷** L'or lui-même, qui est périssable, est pourtant éprouvé par le feu ; de même votre foi, beaucoup plus précieuse que l'or, est mise à l'épreuve afin de prouver sa valeur. C'est ainsi que vous pourrez recevoir louange, gloire et honneur quand Jésus-Christ apparaîtra. **⁸** Vous l'aimez, bien que vous ne l'ayez pas vu ; vous croyez en lui, bien que vous ne le voyiez pas encore ; c'est pourquoi vous vous réjouissez d'une joie glorieuse, inexprimable, **⁹** car vous atteignez le but de votre foi : le salut de votre être.

**¹⁰** Les prophètes ont fait des recherches et des investigations au sujet de ce salut, et ils ont prophétisé à propos du don que Dieu vous destinait. **¹¹** Ils s'efforçaient de découvrir à quelle époque et à quelles circonstances se rapportaient les indications données par l'Esprit du Christ ; car cet Esprit, présent en eux, annonçait d'avance les souffrances que le Christ devait subir et la gloire qui serait la sienne ensuite. **¹²** Dieu révéla aux prophètes que le message dont ils étaient chargés n'était pas pour eux-mêmes, mais pour vous. Ce message vous a été com-

*« Votre foi, beaucoup plus précieuse que l'or, est mise à l'épreuve afin de prouver sa valeur. » (1 Pierre 1,7) Loin d'être un châtiment aveugle manifestant l'abandon de Dieu, les persécutions sont la preuve tangible que la foi des chrétiens est vivante et qu'elle fait d'eux des êtres nouveaux.*

muniqué maintenant par les prédicateurs de la Bonne Nouvelle, qui en ont parlé avec la puissance du Saint-Esprit envoyé du ciel. Et les anges eux-mêmes désirent le connaître.

*Ézéchiel prophétisant, illustration de Gustave Doré (La Sainte Bible, 1866).*

## Appel à vivre saintement

¹³ C'est pourquoi, tenez-vous prêts à agir, gardez votre esprit en éveil. Mettez toute votre espérance dans le don qui vous sera accordé quand Jésus-Christ apparaî-tra. ¹⁴ Obéissez à Dieu et ne vous conformez pas aux dé-sirs que vous aviez autrefois, quand vous étiez encore ignorants. ¹⁵ Mais soyez saints dans toute votre conduite, tout comme Dieu qui vous a appelés est saint. ¹⁶ En effet, l'Écriture déclare : « Soyez saints, car je suis saint. »

¹⁷ Dans vos prières, vous donnez le nom de Père à Dieu qui juge tous les hommes avec impartialité, selon ce que chacun a fait ; c'est pourquoi, durant le temps qu'il vous reste à passer sur la terre, que votre conduite té-moigne du respect que vous avez pour lui. ¹⁸ Vous savez, en effet, à quel prix vous avez été délivrés de la manière de vivre insensée que vos ancêtres vous avaient transmi-se. Ce ne fut pas au moyen de choses périssables, comme l'argent ou l'or ; ¹⁹ non, vous avez été délivrés par le sang précieux du Christ, sacrifié comme un agneau sans dé-faut et sans tache. ²⁰ Dieu l'avait destiné à cela avant la création du monde, et il l'a manifesté pour votre bien dans ces temps qui sont les derniers. ²¹ Par lui vous croyez en Dieu qui l'a ramené d'entre les morts et lui a donné la gloire ; ainsi vous placez votre foi et votre es-pérance en Dieu.

²² Vous vous êtes purifiés en obéissant à la vérité, pour vous aimer sincèrement comme des frères. Aimez-vous donc ardemment les uns les autres, d'un cœur pur. ²³ En effet, vous êtes nés de nouveau, non de pères mortels, mais grâce à une semence immortelle, grâce à la parole vivante et éternelle de Dieu. ²⁴ Car il est écrit :

« Tous les humains sont comme l'herbe et toute leur
   gloire comme la fleur des champs ;
l'herbe sèche et la fleur tombe,
²⁵ mais la parole du Seigneur demeure pour toujours. »

*« Vous avez été délivrés par le sang précieux du Christ, sacrifié comme un agneau sans défaut et sans tache. » (1 Pierre 1,19)*
*La nuit de leur délivrance d'Égypte, les Hébreux ont immolé un agneau sans défaut et marqué de son sang les linteaux de leurs portes afin d'être épargnés par l'ange venu exterminer les premiers-nés des Égyptiens. Ce sang était un signe de reconnaissance qui leur a sauvé la vie. Pierre relit la mort de Jésus à la lumière de cet événement central du peuple juif. Jésus, dit-il, est celui qui nous délivre du mal et nous fait vivre dans l'amour.*

Or, cette parole est celle de la Bonne Nouvelle qui vous a été annoncée.

## La pierre vivante et le peuple saint

**2** ¹ Rejetez donc toute forme de méchanceté, tout mensonge, ainsi que l'hypocrisie, la jalousie et les médisances. ² Comme des enfants nouveau-nés, désirez le lait spirituel et pur, afin qu'en le buvant vous grandissiez et parveniez au salut. ³ En effet, « vous avez constaté combien le Seigneur est bon. »

⁴ Approchez-vous du Seigneur, la pierre vivante rejetée par les hommes, mais choisie et jugée précieuse par Dieu. ⁵ Prenez place vous aussi, comme des pierres vivantes, dans la construction du temple spirituel. Vous y formerez un groupe de prêtres consacrés à Dieu, vous lui offrirez des sacrifices spirituels, qui lui seront agréables par Jésus-Christ. ⁶ Car voici ce qui est dit dans l'Écriture :

« J'ai choisi une précieuse pierre
que je vais placer comme pierre d'angle en Sion ;
et celui qui lui fait confiance ne sera jamais déçu. »

⁷ Cette pierre est d'une grande valeur pour vous les croyants ; mais pour les incroyants

« La pierre que les bâtisseurs avaient rejetée
est devenue la pierre principale. »

⁸ Et ailleurs, il est dit encore :

« C'est une pierre qui fait trébucher,
un rocher qui fait tomber. »

Ces gens ont trébuché parce qu'ils ont refusé d'obéir à la Parole de Dieu, et c'est à cela qu'ils étaient destinés.

⁹ Mais vous, vous êtes la race choisie, les prêtres du Roi, la nation sainte, le peuple qui appartient à Dieu. Il vous a appelés à passer de l'obscurité à sa merveilleuse lumière, afin que vous proclamiez ses œuvres magnifiques. ¹⁰ Autrefois, vous n'étiez pas le peuple de Dieu, mais maintenant vous êtes son peuple ; autrefois, vous étiez privés de la compassion de Dieu, mais maintenant elle vous a été accordée.

*« Il vous a appelés à passer de l'obscurité à sa merveilleuse lumière. » (1 Pierre 2,9)*
*Le Christ éclaire la vie des hommes sous un regard tout neuf. En se faisant baptiser, les chrétiens marquent leur désir de vivre leur vie à la lumière de l'Évangile. Mais tout ne se fait pas en un jour. Il faut du temps pour que l'homme soit transformé en profondeur, il en faut aussi pour rendre le monde plus humain. Pourtant, assure Pierre, en nous unissant au Christ, nous savons que la clarté l'emportera sur la nuit. Même les échecs peuvent devenir des chemins de lumière grâce au pardon que Dieu offre.*

## Vivre en serviteurs de Dieu

**11** Je vous le demande, mes chers amis, vous qui êtes étrangers et exilés sur la terre : gardez-vous des passions humaines qui font la guerre à votre être. **12** Ayez une bonne conduite parmi les païens ; ainsi, même s'ils médisent de vous en vous traitant de malfaiteurs, ils seront obligés de reconnaître vos bonnes actions et de louer Dieu le jour où il viendra.

**13** Soyez soumis, à cause du Seigneur, à toute autorité humaine : à l'empereur, qui a le pouvoir suprême, **14** et aux gouverneurs, envoyés par lui pour punir les malfaiteurs et féliciter ceux qui font le bien. **15** En effet, ce que Dieu veut, c'est que vous pratiquiez le bien pour réduire au silence les hommes ignorants et déraisonnables. **16** Conduisez-vous comme des gens libres ; cependant, n'utilisez pas votre liberté comme un voile pour couvrir le mal, mais agissez en serviteurs de Dieu. **17** Respectez tous les êtres humains, aimez vos frères en la foi, adorez Dieu, respectez l'empereur.

## L'exemple des souffrances du Christ

**18** Serviteurs, soyez soumis à vos maîtres avec un entier respect, non seulement à ceux qui sont bons et bien disposés, mais aussi à ceux qui sont pénibles. **19** En effet, c'est un bien de supporter, par obéissance à Dieu, les peines que l'on souffre injustement. **20** Car quel mérite y a-t-il à supporter les coups si vous les recevez pour avoir commis une faute ? Mais si vous avez à souffrir après avoir bien agi et que vous le supportez, c'est un bien aux yeux de Dieu. **21** C'est à cela qu'il vous a appelés, car le Christ lui-même a souffert pour vous ; il vous a laissé un exemple afin que vous suiviez ses traces. **22** Il n'a pas commis de péché ; aucun mensonge n'est jamais sorti de sa bouche. **23** Quand on l'a insulté, il n'a pas répondu par l'insulte ; quand on l'a fait souffrir, il n'a pas formulé de menaces, mais il s'en est remis à Dieu qui juge avec justice. **24** Dans son propre corps, il a porté nos péchés sur la croix, afin que nous mourions au péché et que nous vivions d'une vie juste. C'est par ses blessures que vous avez été guéris. **25** Car vous étiez comme des moutons égarés, mais maintenant vous avez été ramenés à celui qui est votre berger et qui veille sur vous.

## Femmes et maris

**3** **1** Vous de même, femmes, soyez soumises à vos maris, afin que si quelques-uns d'entre eux ne croient pas à

Les chrétiens vivent comme des voyageurs en terre étrangère. Ils ne sont pas pour autant retirés du monde, ils ont à s'y engager pour le rendre plus humain. Ils doivent respecter les lois civiles ainsi que les institutions (1 Pierre 2,13-14) qui permettent la vie en société.

« C'est un bien de supporter, par obéissance à Dieu, les peines que l'on souffre injustement. » (1 Pierre 2,19) Des chrétiens se battent contre l'injustice. Mais ceux qui commettent l'injustice, se défendent et ripostent. Pierre ne prêche pas ici la résignation, il propose, tout en continuant à lutter pour que disparaissent les souffrances, de vivre les persécutions en union avec le Christ. Leur action unie à celle de Jésus, même vécue dans la souffrance, fait avancer la justice et l'amour.

la parole de Dieu, ils soient gagnés à la foi par votre conduite. Des paroles ne seront même pas nécessaires : ² il leur suffira de voir combien votre conduite est pure et respectueuse. ³ Ne cherchez pas à vous rendre belles par des moyens extérieurs, comme la façon d'arranger vos cheveux, les bijoux d'or ou les vêtements élégants. ⁴ Recherchez plutôt la beauté de l'être intérieur, la parure impérissable d'un esprit doux et paisible, qui est d'une grande valeur aux yeux de Dieu. ⁵ Telle était la parure des femmes pieuses d'autrefois, qui espéraient en Dieu. Elles étaient soumises à leurs maris, ⁶ comme, par exemple, Sara qui obéissait à Abraham et l'appelait « Mon maître ». Vous êtes vraiment ses filles si vous faites le bien en ne vous laissant effrayer par rien.

⁷ Vous de même, maris, vivez avec vos femmes en tenant compte de leur nature plus délicate ; traitez-les avec respect, car elles doivent recevoir avec vous le don de la vraie vie de la part de Dieu. Agissez ainsi afin que rien ne fasse obstacle à vos prières.

## Souffrir en faisant ce qui est juste

⁸ Enfin, ayez tous les mêmes dispositions et les mêmes sentiments ; aimez-vous comme des frères, soyez bienveillants et humbles les uns à l'égard des autres. ⁹ Ne rendez pas le mal pour le mal, ou l'insulte pour l'insulte. Au contraire, répondez par une bénédiction, car c'est une bénédiction que Dieu a promis de vous accorder quand il vous a appelés. ¹⁰ En effet, voici ce qui est écrit :

« Celui qui veut jouir d'une vie agréable et connaître
    des jours heureux
doit se garder de médire et de mentir.
¹¹ Il doit se détourner du mal, pratiquer le bien
    et rechercher la paix avec persévérance.
¹² Car le Seigneur a les yeux fixés sur les fidèles, prêt à
    écouter leurs prières ;
mais le Seigneur s'oppose à ceux qui font le mal. »

¹³ Qui vous fera du mal si vous êtes zélés pour pratiquer le bien ? ¹⁴ Même si vous avez à souffrir parce que vous faites ce qui est juste, vous êtes heureux. N'ayez aucune crainte des autres et ne vous laissez pas troubler. ¹⁵ Mais honorez dans vos cœurs le Christ, comme votre Seigneur. Soyez toujours prêts à vous défendre face à tous ceux qui vous demandent de justifier l'espérance qui est en vous. ¹⁶ Mais faites-le avec douceur et respect. Ayez une conscience pure afin que ceux qui médisent de votre bonne conduite de chrétiens aient à rougir de leurs calomnies. ¹⁷ Car il vaut mieux souffrir en faisant le bien, si

**« Faites-vous belles »**

*Il ne faut pas demander à Pierre d'avoir le même regard que nos contemporains sur le rapport entre les hommes et les femmes. En revanche, ce qu'il dit aux femmes mariées à des non-chrétiens mérite attention. Il rappelle l'importance du témoignage de leur vie. Ce ne sont pas les parures, les maquillages et autres vêtements à la mode qui leur feront découvrir le Christ, mais bien le soin qu'elles apporteront à leur beauté intérieure, celle du cœur.*

*Histoire de Noé : construction de l'arche, Masséot Abaquesne (connu de 1526 à 1564).*

*Ceux qui sont morts avant la venue du Christ, se demandaient les gens à l'époque, sont-ils aussi sauvés par lui ? Ils pensaient qu'après la mort, les défunts séjournaient dans un lieu appelé shéol, jusqu'au jour du jugement dernier et de la résurrection finale. Le Christ, à sa mort, leur répond Pierre, est descendu aux enfers pour y prêcher la victoire de l'amour et du pardon de Dieu sur la haine et le péché des hommes, la victoire de la vie sur la mort.*

*Ceux qui mettent leur foi en Jésus et se font baptiser vivent déjà de la vie nouvelle, même si elle doit encore croître en eux. Ils sont comme ceux qui sont entrés dans l'arche de Noé, purifiés par l'eau, c'est-à-dire, la vie apportée par le Christ.*

*Entrée des animaux dans l'Arche de Noé, fresque de Bartolo Di Fredi (vers 1330-1410).*

telle est la volonté de Dieu, plutôt qu'en faisant le mal. [18] En effet, le Christ lui-même a souffert, une fois pour toutes, pour les péchés des humains ; innocent, il est mort pour des coupables, afin de vous amener à Dieu. Il a été mis à mort dans son corps humain, mais il a été rendu à la vie par le Saint-Esprit. [19] Par la puissance de cet Esprit, il est même allé prêcher aux esprits emprisonnés, [20] c'est-à-dire à ceux qui, autrefois, se sont opposés à Dieu, quand il attendait avec patience à l'époque où Noé construisait l'arche. Un petit nombre de personnes, huit en tout, entrèrent dans l'arche et furent sauvées par l'eau. [21] C'était là une image du baptême qui vous sauve maintenant ; celui-ci ne consiste pas à laver les impuretés du corps, mais à demander à Dieu une conscience purifiée. Il vous sauve grâce à la résurrection de Jésus-Christ, [22] qui est allé au ciel et se trouve à la droite de Dieu, où il règne sur les anges et les autres autorités et puissances célestes.

## Des vies transformées

**4** ¹ Puisque le Christ a souffert dans son corps, vous aussi armez-vous de la même disposition d'esprit ; car celui qui a souffert dans son corps en a fini avec le péché. ² Dès maintenant, vous devez donc vivre le reste de votre vie terrestre selon la volonté de Dieu et non selon les désirs humains. ³ En effet, vous avez passé autrefois suffisamment de temps à faire ce qui plaît aux païens. Vous avez vécu dans le vice, les mauvais désirs, l'ivrognerie, les orgies, les beuveries et l'abominable culte des idoles. ⁴ Et maintenant, les païens s'étonnent de ce que vous ne vous livriez plus avec eux aux excès d'une si mauvaise conduite et ils vous insultent. ⁵ Mais ils auront à rendre compte de leurs actes à Dieu, qui est prêt à juger les vivants et les morts. ⁶ Voilà pourquoi la Bonne Nouvelle a été annoncée même aux morts : ainsi, bien que jugés quant à leur existence terrestre, comme tous les humains, ils ont maintenant la possibilité, grâce à l'Esprit, de vivre la vie de Dieu.

## De bons administrateurs des dons de Dieu

⁷ La fin de toutes choses est proche. Vivez donc d'une manière raisonnable et gardez l'esprit éveillé afin de pouvoir prier. ⁸ Avant tout, aimez-vous ardemment les uns les autres, car l'amour obtient le pardon d'un grand nombre de péchés. ⁹ Soyez hospitaliers les uns à l'égard des autres, sans mauvaise humeur. ¹⁰ Que chacun de vous utilise pour le bien des autres le don particulier qu'il a reçu de Dieu. Vous serez ainsi de bons administrateurs des multiples dons divins. ¹¹ Que celui qui a le don de la parole transmette les paroles de Dieu ; que celui qui a le don de servir l'utilise avec la force que Dieu lui accorde : il faut qu'en toutes choses gloire soit rendue à Dieu, par Jésus-Christ à qui appartiennent la gloire et la puissance pour toujours ! Amen.

## Avoir part aux souffrances du Christ

¹² Mes chers amis, ne vous étonnez pas d'être en plein feu de l'épreuve, comme s'il vous arrivait quelque chose d'anormal. ¹³ Réjouissez-vous plutôt d'avoir part aux souffrances du Christ, afin que vous soyez également remplis d'une grande joie quand il révélera sa gloire à tous. ¹⁴ Si l'on vous insulte parce que vous êtes disciples du Christ, heureux êtes-vous, car l'Esprit glorieux de Dieu repose sur vous. ¹⁵ Qu'aucun d'entre vous n'ait à

*Bacchus adolescent, par Le Caravage (1573-1610). Héritière du judaïsme, l'Église naissante partageait son aversion pour les mœurs païennes : l'idolâtrie, l'ivrognerie, le culte du corps et des plaisirs. Les chrétiens d'origine grecque ont rompu avec les mœurs païennes lors de leur conversion. Cela leur a valu des moqueries, des insultes et des persécutions. Le christianisme ne prêche pas une vie austère, il inscrit le désir et les plaisirs dans un projet d'amour et de partage.*

souffrir comme meurtrier, voleur ou malfaiteur, ou pour s'être mêlé des affaires d'autrui. [16] Mais si quelqu'un souffre parce qu'il est chrétien, qu'il n'en ait pas honte ; qu'il remercie plutôt Dieu de pouvoir porter ce nom.

[17] Le moment est arrivé où le Jugement commence, et c'est le peuple de Dieu qui est jugé d'abord. Or, si le Jugement débute par nous, comment sera-ce à la fin, lorsqu'il frappera ceux qui refusent de croire à la Bonne Nouvelle de Dieu ? [18] Comme l'Écriture le déclare :

« Si le juste est sauvé difficilement,
    qu'en sera-t-il du méchant et du
    pécheur ? »

[19] Ainsi, que ceux qui souffrent selon la volonté de Dieu continuent à pratiquer le bien et se remettent eux-mêmes entre les mains du Créateur, qui est fidèle à ses promesses.

## Prendre soin du troupeau de Dieu

5 [1] Je m'adresse maintenant à ceux qui, parmi vous, sont anciens d'Église. Je suis ancien moi aussi ; je suis témoin des souffrances du Christ et j'aurai part à la gloire qui va être révélée. Voici ce que je leur demande : [2] prenez soin comme des bergers du troupeau que Dieu vous a confié, veillez sur lui non par obligation, mais de bon cœur, comme Dieu le désire. Agissez non par désir de vous enrichir, mais par dévouement. [3] Ne cherchez pas à dominer ceux qui ont été confiés à votre garde, mais soyez des modèles pour le troupeau. [4] Et quand le Chef des bergers paraîtra, vous recevrez la couronne glorieuse qui ne perdra jamais son éclat.

[5] De même, jeunes gens, soyez soumis à ceux qui sont plus âgés que vous. Et vous tous, revêtez-vous d'humilité dans vos rapports les uns avec les autres, car l'Écriture déclare : « Dieu s'oppose aux orgueilleux, mais il traite les humbles avec bonté. » [6] Courbez-vous donc humblement sous la main puissante de Dieu, afin qu'il vous élève au moment qu'il a fixé. [7] Déchargez-vous sur lui de tous vos soucis, car il prend soin de vous.

[8] Soyez bien éveillés, lucides ! Car votre ennemi, le diable, rôde comme un lion rugissant, cherchant quel-

**Avoir part aux souffrances du Christ**

*Personne ne recherche la souffrance. Jésus lui-même n'a pas voulu souffrir, mais il a fait face à la haine en aimant jusqu'au bout. Sa mort est un acte d'amour. Le Chrétien qui aime comme Jésus s'engage sur des chemins d'Évangile, proclame sa foi et lutte pour la justice ; il rencontre parfois l'hostilité et la persécution. Dans la foi, il vit ces souffrances en union avec le Christ.*

qu'un à dévorer. ⁹ Résistez-lui en demeurant fermes dans la foi. Rappelez-vous que vos frères, dans le monde entier, passent par les mêmes souffrances. ¹⁰ Vous aurez à souffrir encore un peu de temps. Mais Dieu, source de toute grâce, vous a appelés à participer à sa gloire éternelle dans la communion avec Jésus-Christ ; il vous perfectionnera lui-même, vous affirmira, vous fortifiera et vous établira sur de solides fondations. ¹¹ A lui soit la puissance pour toujours ! Amen.

*Le Château de Vigny, Léon Auguste Asselineau (d'après) (1808-1889).*

*Notre espérance, nous vient du Christ. Il nous appelle à partager sa vie en plénitude. Déjà maintenant, au cœur des difficultés que nous rencontrons, il est à nos côtés. Il nous « perfectionnera », nous « affirmira », nous « fortifiera » et nous « établira sur de solides fondations » (verset 10) tout au long de nos jours.*

## Salutations finales

¹² Je vous ai écrit cette courte lettre avec l'aide de Silas, que je considère comme un frère fidèle. Je l'ai fait pour vous encourager et vous attester que c'est à la véritable grâce de Dieu que vous êtes attachés.

¹³ La communauté qui est ici, à Babylone, et que Dieu a choisie comme vous, vous adresse ses salutations, ainsi que Marc, mon fils. ¹⁴ Saluez-vous les uns les autres d'un baiser affectueux, fraternel.

Que la paix soit avec vous tous qui appartenez au Christ.

# DEUXIÈME LETTRE DE PIERRE

## Salutation

¹ De la part de Simon Pierre, serviteur et apôtre de Jésus-Christ.

A ceux qui, par l'œuvre salutaire de notre Dieu et Sauveur Jésus-Christ, ont reçu une foi aussi précieuse que la nôtre : ² Que la grâce et la paix vous soient accordées avec abondance, par la vraie connaissance de Dieu et de Jésus notre Seigneur.

## L'appel et le choix de Dieu

³ Par sa divine puissance, le Seigneur nous a donné tout ce qui nous est nécessaire pour vivre dans l'attachement à Dieu ; il nous a fait connaître celui qui nous a appelés à participer à sa propre gloire et à son œuvre merveilleuse. ⁴ C'est ainsi qu'il nous a accordé les biens si précieux et si importants qu'il avait promis, afin qu'en les recevant vous puissiez échapper aux désirs destructeurs qui règnent dans le monde et participer à la nature divine. ⁵ Pour cette raison même, faites tous vos efforts pour ajouter à votre foi la bonne conduite et à la bonne conduite la vraie connaissance de Dieu ; ⁶ à la connaissance ajoutez la maîtrise de soi, à la maîtrise de soi la persévérance et à la persévérance l'attachement à Dieu ; ⁷ enfin, à l'attachement à Dieu ajoutez l'affection fraternelle et à l'affection fraternelle l'amour. ⁸ Si vous avez ces qualités et si vous les développez, elles vous rendront actifs et vous feront progresser dans la connaissance de notre Seigneur Jésus-Christ. ⁹ Mais celui qui ne les possède pas a la vue si courte qu'il est comme aveugle ; il oublie qu'il a été purifié de ses péchés d'autrefois.

¹⁰ C'est pourquoi, frères, efforcez-vous encore plus de prendre au sérieux l'appel que Dieu vous a adressé et le choix qu'il a fait de vous ; car, en faisant cela, vous ne tomberez jamais dans le mal. ¹¹ C'est ainsi que vous sera largement accordé le droit d'entrer dans le Royaume éternel de notre Seigneur et Sauveur Jésus-Christ.

¹² Voilà pourquoi je vous rappellerai toujours ces choses, bien que vous les connaissiez déjà et que vous restiez fermement attachés à la vérité que vous avez reçue. ¹³ Mais j'estime juste de vous tenir en éveil par mes rappels, tant que je suis encore en vie. ¹⁴ Car je sais que je vais bientôt quitter ce corps mortel, comme notre Seigneur Jésus-Christ me l'a révélé. ¹⁵ Je ferai donc en

**L'Apôtre Pierre**

*La deuxième lettre de Pierre s'adresse, comme la première, aux chrétiens dispersés dans les villes d'Asie Mineure. Elle exhorte les chrétiens à vivre une vie chrétienne authentique en vue du retour du Christ. Cette lettre met aussi en garde contre les faux enseignants et contre ceux qui doutent du retour du Christ. Elle se comprend mieux à la lumière des persécutions dont les Juifs et les chrétiens étaient l'objet.*

sorte que, même après ma mort, vous puissiez toujours vous rappeler ces choses.

## Ceux qui ont vu la gloire du Christ

[16] En effet, nous ne nous sommes pas fondés sur des

*La Transfiguration, par Giovanni Bellini (1430-1516).*

### Nous avons vu la gloire du Christ

*Les apôtres n'ont pas inventé le personnage du Christ. A son contact ils ont découvert un nouveau visage de Dieu et de l'homme. En le voyant agir ils se sont rendu compte de l'amour qui l'habitait et de la foi qui l'animait. Et sur la montagne, ils l'ont vu transfiguré, rayonnant. Ils peuvent affirmer : « Nous avons entendu la voix de Dieu le désignant comme son Fils bien-aimé. »*

légendes habilement imaginées pour vous faire connaître la venue puissante de notre Seigneur Jésus-Christ : c'est de nos propres yeux que nous avons vu sa grandeur. [17] En effet, il a reçu honneur et gloire de Dieu le Père ; et Dieu, la Gloire suprême, lui fit alors entendre sa voix en disant : « Celui-ci est mon Fils bien-aimé en qui je mets toute ma joie. » [18] Nous avons entendu nous-mêmes cette voix qui venait du ciel, lorsque nous étions avec lui sur la montagne sainte. [19] Ainsi, nous nous fions encore plus au message des prophètes. Vous ferez bien d'y prêter attention : il est pareil à une lampe qui brille dans un lieu obscur, jusqu'à ce que le jour paraisse et que l'étoile du matin illumine vos cœurs. [20] Avant tout, sachez bien ceci : personne ne peut interpréter de lui-même une prophétie de l'Écriture. [21] Car aucune prophétie n'est jamais issue de la seule volonté humaine, mais c'est parce que le Saint-Esprit les poussait que des hommes ont parlé de la part de Dieu.

## De faux enseignants

*Comme une lampe dans un lieu obscur, le prophète annonce la venue du jour.*

2 [1] De faux prophètes sont apparus autrefois dans le peuple d'Israël ; de même, de faux enseignants apparaîtront parmi vous. Ils introduiront des doctrines fausses et désastreuses, et rejetteront le Maître qui les a sauvés ;

ils attireront ainsi sur eux une ruine subite. ² Beaucoup les suivront dans leur vie immorale et, à cause d'eux, on fera insulte au chemin de la vérité. ³ Par amour du gain, ces faux enseignants vous exploiteront au moyen de raisonnements trompeurs. Mais depuis longtemps déjà, leur condamnation est prête et leur ruine ne se fera pas attendre !

⁴ En effet, Dieu n'a pas épargné les anges coupables, mais il les a jetés dans l'enfer où ils sont gardés enchaînés dans l'obscurité pour le jour du Jugement. ⁵ Il n'a pas non plus épargné le monde ancien, mais il a fait venir la grande inondation sur ce monde plein d'êtres mauvais ; il n'a sauvé que Noé, qui proclamait ce qui est juste, ainsi que

L'incendie de Sodome, la fuite de Loth et de ses deux filles et la métamorphose de sa femme en statue de sel, Raphaël, Raffaello Sanzio dit (1438-1520).

sept autres personnes. ⁶ Dieu a condamné les villes de Sodome et Gomorrhe et les a détruites par le feu, en donnant par là un exemple de ce qui allait arriver à tous les pécheurs. ⁷ En revanche, il a délivré Loth, homme juste, qui était affligé par la conduite immorale de ses contemporains sans scrupules. ⁸ Car ce juste, qui vivait au milieu d'eux, voyait et entendait tout ce qu'ils faisaient jour après jour ; leur vie scandaleuse tourmentait son cœur honnête. ⁹ Ainsi, le Seigneur sait comment délivrer de l'épreuve ceux qui lui sont attachés, et comment tenir en réserve ceux qui font le mal pour les punir au jour du Jugement ; ¹⁰ il punira surtout ceux qui suivent les désirs impurs de leur propre nature et méprisent l'autorité de Dieu.

Ces faux enseignants sont audacieux et arrogants, ils n'ont aucun respect pour les êtres glorieux du ciel mais ils les insultent. ¹¹ Même les anges, qui sont

Des faux prophètes se sont infiltrés dans les communautés chrétiennes. Ils sèment le trouble et la division et dénaturent la foi en la coupant de la vie. Ils ne donnent pas au Christ la place qui lui revient, mènent une vie immorale et se remplissent les poches. Les faibles sont une proie facile pour asseoir leur pouvoir et servir leurs intérêts. Ils sont, comme le dit la lettre de Pierre, des bêtes sauvages prêtes à dévorer leurs proies.

L'Ânesse de Balaam,
art médiéval gothique.

*Le malheur s'abattra sur ceux qui conduisent les hommes à leur ancien esclavage. En mettant leur foi en Jésus, les chrétiens étaient devenus des gens libres et responsables de leur vie. En prêtant l'oreille aux paroles trompeuses des faux prophètes, ils se retrouvent dans un état de dépendance pire qu'avant. Mais Dieu mettra un terme aux agissements de ceux qui sèment le trouble par leurs prédications aliénantes.*

pourtant bien plus forts et puissants, ne portent pas d'accusation insultante contre eux devant le Seigneur. ¹² Mais ces gens agissent par instinct, comme des bêtes sauvages qui naissent pour être capturées et tuées ; ils insultent ce qu'ils ne connaissent pas. Ils seront mis à mort comme des bêtes ; ¹³ ils seront ainsi payés en retour de tout le mal qu'ils auront fait. Ils trouvent leur plaisir à satisfaire leurs mauvais désirs en plein jour ; leur présence est une honte et un scandale quand ils participent à vos repas en jouissant de leurs tromperies. ¹⁴ Leurs yeux sont pleins du désir de commettre l'adultère ; ils n'en ont jamais assez de pécher. Ils prennent au piège les personnes faibles. Leur cœur est enflammé par l'amour du gain. La malédiction de Dieu est sur eux ! ¹⁵ Ayant quitté le droit chemin, ils se sont égarés et ont suivi la même voie que Balaam, fils de Bosor. Celui-ci aima l'argent qu'on lui offrait pour faire le mal, ¹⁶ mais il reçut des reproches pour sa désobéissance. En effet, une ânesse muette se mit à parler en prenant une voix humaine et arrêta l'action insensée du prophète.

¹⁷ Ces gens sont comme des sources taries et comme des nuages poussés par la tempête ; Dieu leur a réservé une place dans la nuit la plus noire. ¹⁸ Ils font des discours à la fois enflés et vides de sens, ils se servent de leurs désirs les plus honteux pour prendre au piège ceux qui viennent à peine d'échapper à la compagnie des hommes qui vivent dans l'erreur. ¹⁹ Ils leur promettent la liberté, alors qu'ils sont eux-mêmes esclaves d'habitudes destructrices — car chacun est esclave de ce qui le domine —. ²⁰ En effet, il y a ceux qui ont échappé aux mauvaises influences du monde grâce à la connaissance de notre

*Le prophète Amos, illustration de Gustave Doré (La Sainte Bible, 1866).*

*« Je désire que vous vous souveniez des paroles prononcées autrefois par les saints prophètes. » (2 Pierre 3,2)*

*Les premiers chrétiens sont persuadés que la fin du monde est proche. Mais certains, ne voyant rien venir et constatant que rien ne bouge, finissent par douter. Pierre, tout comme Paul, leur rappelle que nul ne connaît le jour de la venue glorieuse du Christ mais que « Dieu a promis un nouveau ciel et une nouvelle terre, où la justice habitera » (verset 13). Aujourd'hui, les chrétiens attendent toujours le nouveau ciel et la nouvelle terre. Mais ils ne croient pas que la nouvelle terre va tomber du ciel. Tous les hommes ont à la construire ensemble. Les chrétiens savent qu'ils peuvent compter sur la présence du Christ et de l'Esprit que Dieu ne cesse de donner. La nouvelle terre et le nouveau ciel sont à la fois l'œuvre de Dieu et celle des hommes.*

Seigneur et Sauveur Jésus-Christ ; mais s'ils se laissent ensuite reprendre et vaincre par elles, ils se trouvent finalement dans une situation pire qu'auparavant. ²¹ Il aurait mieux valu pour eux ne pas avoir connu le juste chemin, que de l'avoir connu et de se détourner ensuite du saint commandement qui leur avait été transmis. ²² Il leur est arrivé ce que le proverbe dit précisément : « Le chien retourne à ce qu'il a vomi », ou : « Le cochon, à peine lavé, va de nouveau se rouler dans la boue. »

## La promesse de la venue du Seigneur

**3** ¹ Mes chers amis, voici déjà la seconde lettre que je vous écris. Dans l'une et l'autre, j'ai voulu éveiller en votre esprit des pensées saines par tout ce que je vous y rappelle. ² Je désire que vous vous souveniez des paroles prononcées autrefois par les saints prophètes et du commandement du Seigneur et Sauveur, transmis par vos apôtres. ³ Sachez avant tout que, dans les derniers jours, apparaîtront des gens qui vivront selon leurs propres désirs. Ils se moqueront de vous ⁴ et diront : « Il a promis de venir, n'est-ce pas ? Eh bien, où est-il ? Nos pères sont déjà morts, mais tout reste dans le même état que depuis la création du monde ! » ⁵ Ils oublient volontairement ceci : il y a longtemps, Dieu a créé le ciel et la terre par sa parole. La terre a été séparée de l'eau et formée par l'eau, ⁶ et c'est également par l'eau, celle de la grande

inondation, que le monde ancien a été détruit. **7** Quant au ciel et à la terre actuels, la même parole de Dieu les tient en réserve pour le feu qui les détruira. Ils sont gardés pour le jour du jugement et de la ruine des pécheurs.

**8** Mais il est une chose que vous ne devez pas oublier, mes chers amis : c'est que, pour le Seigneur, un jour est comme mille ans et mille ans sont comme un jour. **9** Le Seigneur ne tarde pas à réaliser sa promesse, comme certains le pensent. Mais il use de patience envers vous, car il ne veut pas que qui que ce soit aille à sa perte ; au contraire, il veut que tous aient l'occasion de se détourner du mal.

**10** Cependant, le jour du Seigneur viendra comme un voleur. En ce jour-là, le ciel disparaîtra avec un fracas effrayant, les corps célestes seront détruits par le feu, la terre avec tout ce qu'elle contient cessera d'exister. **11** Puisque tout va disparaître de cette façon, comprenez bien ce que vous devez faire ! Il faut que votre conduite soit sainte et marquée par l'attachement à Dieu. **12** Vous devez attendre le jour de Dieu en faisant tous vos efforts pour qu'il puisse venir bientôt. Ce sera le jour où le ciel sera détruit par le feu et où les corps célestes se fondront dans la chaleur des flammes. **13** Mais Dieu a promis un nouveau ciel et une nouvelle terre, où la justice habitera, et voilà ce que nous attendons.

**14** C'est pourquoi, mes chers amis, en attendant ce jour, faites tous vos efforts pour être purs et irréprochables aux yeux de Dieu, et pour être en paix avec lui. **15** Considérez que la patience de notre Seigneur vous offre l'occasion d'être sauvés, ainsi que notre cher frère Paul vous l'a écrit avec la sagesse que Dieu lui a donnée. **16** C'est ce qu'il a écrit dans toutes les lettres où il parle de ce sujet. Il s'y trouve des passages difficiles à comprendre ; des gens ignorants et instables en déforment le sens, comme ils le font d'ailleurs avec d'autres parties des Écritures. Ils causent ainsi leur propre ruine.

**17** Quant à vous, mes chers amis, vous êtes maintenant avertis. Prenez donc garde, ne vous laissez pas égarer par les erreurs de gens sans scrupules et n'allez pas perdre la position solide qui est la vôtre. **18** Mais continuez à progresser dans la grâce et la connaissance de notre Seigneur et Sauveur Jésus-Christ. A lui soit la gloire, maintenant et pour toujours ! Amen.

# PREMIÈRE LETTRE DE JEAN

## La parole de vie

**1** ¹ Ce qui existait dès le commencement, nous l'avons entendu, nous l'avons vu de nos propres yeux, nous l'avons regardé et nos mains l'ont touché : il s'agissait de la Parole qui donne la vie. ² Cette vie s'est manifestée et nous l'avons vue ; nous lui rendons témoignage et c'est pourquoi nous vous annonçons la vie éternelle qui était auprès du Père et qui nous a été révélée. ³ Ce que nous avons vu et entendu, nous vous l'annonçons à vous aussi ; ainsi vous serez unis à nous dans la communion que nous avons avec le Père et avec son Fils Jésus-Christ. ⁴ Et nous écrivons ceci nous-mêmes afin que notre joie soit complète.

## Dieu est lumière

⁵ Voici le message que nous avons entendu de Jésus-Christ et que nous vous annonçons : Dieu est lumière et il n'y a aucune obscurité en lui. ⁶ Si nous prétendons être en communion avec lui, alors que nous vivons dans l'obscurité, nous sommes menteurs, nous n'agissons pas selon la vérité. ⁷ Mais si nous vivons dans la lumière, comme Dieu lui-même est dans la lumière, alors nous sommes en communion les uns avec les autres et le sang de Jésus, son Fils, nous purifie de tout péché.

⁸ Si nous prétendons être sans péché, nous nous trompons nous-mêmes et la vérité n'est pas en nous. ⁹ Mais si nous confessons nos péchés, nous pouvons avoir confiance en Dieu, car il est juste : il pardonnera nos péchés et nous purifiera de tout mal. ¹⁰ Si nous disons que nous n'avons pas péché, nous faisons de Dieu un menteur et sa parole n'est pas en nous.

## Le Christ vient à notre aide

**2** ¹ Mes enfants, je vous écris ceci afin que vous ne commettiez pas de péché. Mais si quelqu'un en commet, nous avons un avocat auprès du Père Jésus-Christ, le juste. ² Car Jésus-Christ s'est offert en sacrifice pour le pardon de nos péchés, et non seulement des nôtres, mais aussi de ceux du monde entier.

³ Si nous obéissons aux commandements de Dieu, nous pouvons avoir la certitude que nous connaissons Dieu. ⁴ Si quelqu'un affirme : « Je le connais », mais n'obéit pas à ses commandements, c'est un menteur et la vérité

*Jean est arrivé au terme de sa longue vie. Il nous a légué trois lettres adressées à des communautés profondément marquées par des dissensions qui avaient pour objet la foi elle-même. Certains membres ont fini par quitter la communauté, mais continuent à semer le trouble. Jean se concentre sur ce qui lui apparaît comme l'essentiel du message de Jésus tel qu'il l'a lui-même reçu. Une préoccupation traverse toutes ses lettres : il est impossible de connaître Dieu sans aimer les autres, car Dieu est amour. En mettant sa foi en Jésus et en aimant à son image, on naît à une vie nouvelle et on entre dans la vie de Dieu pour toujours.*

**L'obscurité fait place à la lumière.**

*Notre vie trouve sa clarté quand elle s'ouvre au Christ et à son Évangile. Nous sommes alors en communion les uns avec les autres et délivrés du mal qui opprime l'homme.*

n'est pas en lui. **5** Par contre, si quelqu'un obéit à sa parole, l'amour de Dieu est véritablement parfait en lui. Voilà comment nous pouvons avoir la certitude d'être unis à Dieu. **6** Celui qui déclare demeurer uni à lui doit vivre comme Jésus a vécu.

## Le commandement nouveau

**7** Mes chers amis, ce n'est pas un commandement nouveau que je vous écris ; c'est le commandement ancien, que vous avez reçu dès le commencement. Ce commandement ancien est le message que vous avez déjà entendu. **8** Pourtant, c'est un commandement nouveau que je vous écris, dont la vérité se manifeste en Christ et en vous aussi. En effet, l'obscurité s'en va et la véritable lumière resplendit déjà.

*Sermon sur la montagne, tableau de Fra Angelico (vers 1400-1455).*

### Un message ancien, toujours neuf

*Depuis longtemps, des hommes ont découvert que Dieu est amour et que l'homme est fait pour aimer et être aimé. Jésus lui-même a puisé ce message dans sa tradition. Ce qui est neuf, c'est l'intensité avec laquelle Jésus l'a vécu. Les apôtres en ont été les témoins et leur message, vieux de presque 2000 ans, a été transmis jusqu'à nous. Chaque génération s'en inspire pour construire sa vie et transformer le monde. Ce message ancien est toujours aussi neuf car il ne cesse pas de renaître.*

**9** Celui qui prétend vivre dans la lumière, tout en haïssant son frère, se trouve encore dans l'obscurité. **10** Celui qui aime son frère demeure dans la lumière, et ainsi il n'y a rien en lui qui puisse l'entraîner dans l'erreur. **11** Mais celui qui a de la haine pour son frère se trouve dans l'obscurité ; il marche dans l'obscurité sans savoir où il va parce que l'obscurité l'a rendu aveugle.

**12** Je vous écris, mes enfants, parce que vos péchés sont pardonnés grâce au nom de Jésus-Christ. **13** Je vous écris, pères, parce que vous connaissez celui qui a existé dès le commencement. Je vous écris, jeunes gens, parce que vous avez vaincu le Mauvais.

14 Je vous écris, mes enfants, parce que vous connaissez le Père. Je vous écris, pères, parce que vous connaissez celui qui a existé dès le commencement. Je vous écris, jeunes gens, parce que vous êtes forts : la parole de Dieu demeure en vous et vous avez vaincu le Mauvais.

15 N'aimez pas le monde, ni rien de ce qui appartient au monde. Si quelqu'un aime le monde, il ne lui est plus possible d'aimer le Père. 16 En effet, voici ce qui appartient au monde : la volonté de satisfaire ses propres désirs ou de posséder ce que l'on voit, ainsi que l'orgueil fondé sur les biens terrestres. Eh bien, tout cela vient non pas du Père, mais du monde. 17 Le monde est en train de passer, ainsi que tout ce que l'on y trouve à désirer ; mais celui qui fait la volonté de Dieu vit pour toujours.

## L'Adversaire du Christ

18 Mes enfants, voici la dernière heure ! Vous avez entendu dire que l'Adversaire du Christ va venir ; or, maintenant, de nombreux adversaires du Christ sont apparus et nous savons ainsi que nous en sommes à la dernière heure. 19 Ces gens nous ont quittés, mais ils n'étaient pas vraiment des nôtres ; en effet, s'ils avaient été des nôtres, ils seraient restés avec nous. Mais ils nous ont quittés afin qu'il soit évident qu'aucun d'eux n'était vraiment des nôtres.

20 Quant à vous, vous avez reçu le Saint-Esprit de la part du Christ, de sorte que vous connaissez tous la vérité. 21 Donc, si je vous écris ce n'est pas parce que vous ne connaissez pas la vérité, mais c'est bien parce que vous la connaissez ; vous savez aussi qu'aucun mensonge ne provient de la vérité.

22 Qui est alors le menteur ? C'est celui qui déclare que Jésus n'est pas le Christ. Celui-là est l'Adversaire du Christ : il rejette à la fois le Père et le Fils. 23 En effet, celui qui rejette le Fils n'a pas non plus le Père ; celui qui reconnaît le Fils a également le Père.

24 C'est pourquoi, prenez soin de garder dans votre cœur le message que vous avez entendu dès le commencement. Si vous gardez en vous ce que vous avez entendu dès le commencement, vous demeurerez vous aussi unis au Fils et au Père. 25 Et voici ce que le Christ nous a promis : la vie éternelle.

*Le ciel s'assombrit sur la communauté. Les chrétiens auxquels Jean s'adresse sont aux prises avec de nombreuses difficultés. Ils ont à se garder des séductions d'un monde qui pousse à accumuler les richesses. Ils doivent affronter les attaques en provenance d'anciens membres devenus des adversaires du Christ. Ils ont aussi à se garder des prophètes mensongers, des soi-disant spirituels qui se croient supérieurs aux autres. Mais le message qu'ils ont reçu est leur force et leur espérance. L'Esprit du Christ demeure en eux et les guide.*

*Cinquième trompette : la chute de l'étoile de Satan, art médiéval flamand (Apocalypse 9).*
*L'Adversaire du Christ, l'Antichrist, est déjà présent parmi les faux enseignants qui rejettent l'amour et la foi. C'est lui que décrivent les visions de l'Apocalypse de Jean.*

531

²⁶ Je tenais à vous écrire ceci au sujet de ceux qui cherchent à vous égarer. ²⁷ Quant à vous, l'Esprit que vous avez reçu du Christ demeure en vous ; vous n'avez donc pas besoin qu'on vous instruise. En effet, l'Esprit vous instruit de tout : il enseigne la vérité et non le mensonge. C'est pourquoi, faites ce qu'il vous a enseigné : demeurez unis au Christ.

²⁸ Oui, mes enfants, demeurez unis au Christ, afin que nous soyons pleins d'assurance quand il paraîtra et que nous n'ayons pas à rougir de honte devant lui le jour de sa venue. ²⁹ Vous savez que le Christ est juste ; par conséquent vous devez aussi savoir que quiconque fait ce qui est juste est enfant de Dieu.

## Enfants de Dieu

**3** ¹ Voyez à quel point le Père nous a aimés ! Son amour est tel que nous sommes appelés enfants de Dieu, et c'est ce que nous sommes réellement. Voici pourquoi le monde ne nous connaît pas : il n'a pas connu Dieu. ² Mes chers amis, nous sommes maintenant enfants de Dieu, mais ce que nous deviendrons n'est pas encore clairement révélé. Cependant, nous savons ceci : quand le Christ paraîtra, nous deviendrons semblables à lui, parce que nous le verrons tel qu'il est. ³ Quiconque met une telle espérance en lui se rend pur, comme Jésus-Christ lui-même est pur.

⁴ Quiconque pèche s'oppose à la loi de Dieu, car le péché est la révolte contre cette loi. ⁵ Vous le savez, Jésus-Christ est apparu pour enlever les péchés et il n'y a pas de péché en lui. ⁶ Ainsi, quiconque demeure uni à lui cesse de pécher ; mais celui qui continue à pécher prouve par là qu'il ne l'a pas vu et ne l'a pas connu.

⁷ Mes enfants, ne vous laissez égarer par personne ! Celui qui fait ce qui est juste est lui-même juste, comme Jésus-Christ est juste. ⁸ Celui qui continue à pécher appartient au diable, car le diable a péché dès le commencement. Le Fils de Dieu est apparu précisément pour détruire les œuvres du diable.

⁹ Quiconque est devenu enfant de Dieu cesse de pécher, car la puissance de vie de Dieu agit en lui ; puisque Dieu est son Père, il ne peut pas continuer à pécher. ¹⁰ Voici ce qui distingue clairement les enfants de Dieu des enfants du diable : quiconque ne fait pas ce qui est juste, ou n'aime pas son frère, n'appartient pas à Dieu.

## S'aimer les uns les autres

¹¹ En effet, voici le message que vous avez entendu dès le commencement : aimons-nous les uns les autres.

*L'homme est créé à l'image de Dieu. Jésus est venu restaurer cette image en l'homme. En aimant comme lui, on montre qu'on est aussi né de Dieu. Cette relation avec Dieu est appelée à grandir, à se développer et à passer de la relation d'un enfant à celle d'un adulte envers son père.*

¹² Ne soyons pas comme Caïn : il appartenait au Mauvais et tua son frère. Et pourquoi le tua-t-il ? Parce que les actions de Caïn étaient mauvaises, tandis que celles de son frère étaient justes.

¹³ Ne vous étonnez pas, frères, si les gens de ce monde vous haïssent. ¹⁴ Nous savons que nous sommes passés de la mort à la vie ; nous le savons parce que nous aimons nos frères. Celui qui n'aime pas est encore sous le pouvoir de la mort. ¹⁵ Quiconque a de la haine pour son frère est un meurtrier. Or vous savez qu'aucun meurtrier n'a de place en lui pour la vie éternelle. ¹⁶ Voici comment nous savons ce qu'est l'amour : Jésus-Christ a donné sa vie pour nous. Donc, nous aussi, nous devons être prêts à donner notre vie pour nos frères. ¹⁷ Si quelqu'un, ayant largement de quoi vivre, voit son frère dans le besoin mais lui ferme son cœur, comment peut-il prétendre qu'il aime Dieu ? ¹⁸ Mes enfants, n'aimons pas seulement en paroles, avec de beaux discours ; faisons preuve d'un véritable amour qui se manifeste par des actes.

*Sacrifice d'Abel et de Caïn. Détail du polyptyque de l'Agneau Mystique, par les frères Van Eyck (XVᵉ siècle). Le récit du meurtre d'Abel par son frère Caïn est raconté dans le premier livre de la Bible. Jean, en s'inspirant d'une tradition juive, interprète ce récit en fonction des persécutions dont la communauté chrétienne est la victime. Ceux qui font ce qui est mal, ne peuvent supporter ceux qui font ce qui est juste.*

## L'assurance devant Dieu

¹⁹ Voilà comment nous saurons que nous appartenons à la vérité. Voilà comment notre cœur pourra se sentir rassuré devant Dieu. ²⁰ En effet, même si notre cœur nous condamne, nous savons que Dieu est plus grand que notre cœur et qu'il connaît tout. ²¹ Et si, mes chers amis, notre cœur ne nous condamne pas, nous pouvons regarder à Dieu avec assurance. ²² Nous recevons de lui tout ce que nous demandons, parce que nous obéissons à ses commandements et faisons ce qui lui plaît. ²³ Voici ce qu'il nous commande : c'est que nous croyions au nom de son Fils Jésus-Christ et que nous nous aimions les uns les autres, comme le Christ nous l'a ordonné. ²⁴ Celui qui obéit aux commandements de Dieu demeure uni à Dieu et Dieu est présent en lui. Voici comment nous savons que Dieu demeure en nous : c'est grâce à l'Esprit Saint qu'il nous a donné.

*Aimer, ça s'apprend. Pas dans les livres, mais dans la vie. Pas tout seul, mais avec d'autres, grâce aux autres, surtout. Une vie entière ne suffit pas pour en explorer toute la richesse.*

## L'Esprit de Dieu et l'esprit de l'Adversaire

4 ¹ Mes chers amis, ne croyez pas tous ceux qui prétendent avoir l'Esprit, mais mettez-les à l'épreuve pour vérifier si l'esprit qu'ils ont vient de Dieu. En effet,

*Celui qui a reçu beaucoup d'amour peut aussi en donner beaucoup. Comment peut-on aimer quand on n'a jamais été aimé ? Nous sommes également marqués par les rencontres d'hommes et de femmes dont le regard, les gestes et les actes témoignent de l'amour. Le Christ est le témoin par excellence de l'amour vécu, pleinement, jusqu'au don total. Celui qui se met à son école apprend à aimer véritablement. Puisque nous avons tant reçu, dit Jean, nous sommes appelés à aimer à notre tour. Pas seulement en paroles et en discours, mais en actes et en vérité. C'est d'ailleurs en s'engageant, dans le concret, sur le chemin de l'amour que l'on comprend vraiment l'esprit qui animait Jésus.*

*Le Prophète Élie, art médiéval gothique. Élie fut un des premiers prophètes de l'Ancien Testament à s'opposer au message des faux prophètes de son époque.*

de nombreux faux prophètes se sont répandus dans le monde. ² Voici comment vous pouvez savoir s'il s'agit de l'Esprit de Dieu : quiconque reconnaît que Jésus-Christ est réellement devenu homme a l'Esprit de Dieu. ³ Mais quiconque refuse de reconnaître Jésus en tant que tel n'a pas l'Esprit de Dieu, mais celui de l'Adversaire du Christ : vous avez appris que celui-ci allait venir et, maintenant, il est déjà dans le monde.

⁴ Mais vous, mes enfants, vous appartenez à Dieu et vous avez vaincu les faux prophètes ; car l'Esprit qui agit en vous est plus puissant que l'esprit qui domine ceux qui appartiennent au monde. ⁵ Ces gens appartiennent au monde. Ils parlent donc à la manière du monde et le monde les écoute. ⁶ Mais nous, nous appartenons à Dieu. Celui qui connaît Dieu nous écoute ; celui qui n'appartient pas à Dieu ne nous écoute pas. C'est ainsi que nous pouvons savoir où est l'Esprit de la vérité et où est l'esprit de l'erreur.

## Dieu est amour

⁷ Mes chers amis, aimons-nous les uns les autres, car l'amour vient de Dieu. Quiconque aime est enfant de Dieu et connaît Dieu. ⁸ Celui qui n'aime pas ne connaît pas Dieu, car Dieu est amour. ⁹ Voici comment Dieu a manifesté son amour pour nous : il a envoyé son Fils unique dans le monde, afin que nous ayons la vraie vie par lui. ¹⁰ Et l'amour consiste en ceci : ce n'est pas nous qui avons aimé Dieu, mais c'est lui qui nous a aimés ; il a envoyé son Fils qui s'est offert en sacrifice pour le pardon de nos péchés.

¹¹ Mes chers amis, si c'est ainsi que Dieu nous a aimés, nous devons, nous aussi, nous aimer les uns les autres. ¹² Personne n'a jamais vu Dieu. Or, si nous nous aimons les uns les autres, Dieu demeure en nous et son amour se manifeste parfaitement en nous.

¹³ Voici comment nous savons que nous demeurons unis à Dieu et qu'il est présent en nous : il nous a donné son Esprit. ¹⁴ Et nous avons vu et nous témoignons que le Père a envoyé son Fils pour être le Sauveur du monde. ¹⁵ Si quelqu'un reconnaît que Jésus est le Fils de Dieu, Dieu demeure en lui et il demeure uni à Dieu. ¹⁶ Et nous, nous savons et nous croyons que Dieu nous aime.

Dieu est amour ; celui qui demeure dans l'amour demeure uni à Dieu et Dieu demeure en lui. ¹⁷ Si l'amour est parfait en nous, alors nous serons pleins d'assurance au jour du Jugement ; nous le serons parce que notre vie dans ce monde est semblable à celle de Jésus-Christ.

¹⁸ Il n'y a pas de crainte dans l'amour ; l'amour parfait exclut la crainte. La crainte est liée à l'attente d'un châtiment et, ainsi, celui qui craint ne connaît pas l'amour dans sa perfection.

¹⁹ Quant à nous, nous aimons parce que Dieu nous a aimés le premier. ²⁰ Si quelqu'un dit : « J'aime Dieu », et qu'il haïsse son frère, c'est un menteur. En effet, s'il n'aime pas son frère qu'il voit, il ne peut pas aimer Dieu qu'il ne voit pas. ²¹ Voici donc le commandement que le Christ nous a donné : celui qui aime Dieu doit aussi aimer son frère.

## Notre victoire sur le monde

5 ¹ Quiconque croit que Jésus est le Christ est enfant de Dieu ; et quiconque aime un père aime aussi les enfants de celui-ci. ² Voici à quoi nous reconnaissons que nous aimons les enfants de Dieu : c'est en aimant Dieu et en mettant ses commandements en pratique. ³ En effet, aimer Dieu implique que nous obéissions à ses commandements. Et ses commandements ne sont pas pénibles, ⁴ car tout enfant de Dieu est vainqueur du monde. Et le moyen de remporter la victoire sur le monde, c'est notre foi. ⁵ Qui donc est vainqueur du monde ? Seul celui qui croit que Jésus est le Fils de Dieu.

## Le témoignage rendu au sujet de Jésus-Christ

⁶ C'est Jésus-Christ qui est venu à nous avec l'eau de son baptême et avec le sang de sa mort. Il est venu non pas avec l'eau seulement, mais avec l'eau et le sang. Et l'Esprit Saint témoigne que cela est vrai, car l'Esprit est la vérité. ⁷ Il y a donc trois témoins : ⁸ l'Esprit Saint, l'eau et le sang, et tous les trois sont d'accord. ⁹ Nous acceptons le témoignage des hommes ; or, le témoignage de Dieu a bien plus de poids, et il s'agit du témoignage qu'il a rendu au sujet de son Fils. ¹⁰ Ainsi, celui qui croit au Fils de Dieu possède en lui-même ce témoignage ; mais celui qui ne croit pas en Dieu fait de lui un menteur, puisqu'il ne croit pas au témoignage que Dieu a rendu au sujet de son Fils. ¹¹ Voici ce témoignage : Dieu nous a donné la vie éternelle et cette vie nous est accordée

*« Quiconque aime est enfant de Dieu et connaît Dieu. »*
*(1 Jean 4,7)*
*Une affirmation forte de Jean dont nous n'avons pas fini de mesurer la portée. Elle découle de l'Évangile et rappelle que le chemin pour connaître Dieu passe par ce qui est le plus profondément humain, l'amour donné et reçu.*

*La vie de Jésus – de son baptême à sa mort – témoigne de son engagement pour la dignité de l'homme. A sa mort Jésus, démasque la violence et le mal cachés sous la parure de l'ordre et de la vertu et y répond par l'amour et le pardon. Le mal a perdu son pouvoir. Ressuscité, Jésus poursuit son œuvre en ceux qui mettent sa foi en lui. Par lui et avec lui, nous pouvons vaincre le mal qui ronge le monde.*

en son Fils. <sup>12</sup> Celui qui a le Fils a cette vie ; celui qui n'a pas le Fils de Dieu n'a pas la vie.

## La vie éternelle

<sup>13</sup> Je vous ai écrit cela afin que vous sachiez que vous avez la vie éternelle, vous qui croyez au nom du Fils de Dieu. <sup>14</sup> Nous pouvons regarder à Dieu avec assurance, car il nous écoute si nous demandons quelque chose de conforme à sa volonté. <sup>15</sup> Sachant donc qu'il écoute nos prières, nous avons aussi la certitude d'obtenir ce que nous lui avons demandé.

<sup>16</sup> Si quelqu'un voit son frère commettre un péché qui ne mène pas à la mort, il faut qu'il prie et Dieu donnera la vie à ce frère. Ceci est valable pour ceux dont les péchés ne mènent pas à la mort. Mais il y a un péché qui

*En mettant nos pas dans ceux de Jésus, en aimant les hommes comme il les a aimés, nous sommes, comme lui, nés de Dieu. Sa vie coule en nous et cette vie ne nous quittera jamais.*

mène à la mort, et ce n'est pas à propos d'un tel péché que je demande de prier. <sup>17</sup> Toute mauvaise action est un péché, mais tout péché ne mène pas forcément à la mort.

<sup>18</sup> Nous savons qu'aucun enfant de Dieu ne continue à pécher, car le Fils de Dieu le garde et le Mauvais ne peut rien contre lui.

<sup>19</sup> Nous savons que nous appartenons à Dieu et que le monde entier est au pouvoir du Mauvais.

<sup>20</sup> Nous savons que le Fils de Dieu est venu et qu'il nous a donné l'intelligence nous permettant de reconnaître le Dieu véritable. Nous demeurons unis au Dieu véritable grâce à son Fils Jésus-Christ. C'est lui le Dieu véritable, c'est lui la vie éternelle.

<sup>21</sup> Mes enfants, gardez-vous des faux dieux !

# DEUXIÈME LETTRE DE JEAN

## Salutation

¹ De la part de l'Ancien, à la Dame choisie par Dieu et à ses enfants que j'aime en toute vérité. Ce n'est pas moi seul qui vous aime, mais aussi tous ceux qui connaissent la vérité, ² parce que la vérité demeure en nous et sera avec nous pour toujours.

³ Que Dieu le Père et Jésus-Christ, le Fils du Père, nous accordent la grâce, le pardon et la paix pour que nous en vivions dans la vérité et l'amour.

## La vérité et l'amour

⁴ J'ai été très heureux de constater que certains de tes enfants vivent dans la vérité, comme le Père nous l'a commandé. ⁵ Et maintenant, voici ce que je te demande, chère Dame : aimons-nous les uns les autres. Ce n'est pas un commandement nouveau que je t'écris ; c'est celui que nous avons reçu dès le commencement. ⁶ L'amour consiste à vivre selon les commandements de Dieu. Et le commandement que vous avez appris dès le commencement, c'est que vous viviez dans l'amour.

⁷ Beaucoup d'imposteurs se sont répandus dans le monde ; ils refusent de reconnaître que Jésus-Christ est réellement devenu homme. C'est en cela que se révèle l'imposteur, l'Adversaire du Christ. ⁸ Prenez donc garde à vous-mêmes, afin que vous ne perdiez pas le résultat de notre travail, mais que vous receviez pleinement votre récompense.

⁹ Quiconque ne demeure pas dans l'enseignement du Christ, mais va au-delà, n'est pas en communion avec Dieu. Celui qui demeure dans cet enseignement est en communion avec le Père et le Fils. ¹⁰ Si quelqu'un vient à vous et vous apporte un autre enseignement, ne le recevez pas chez vous et refusez même de le saluer ; ¹¹ car celui qui le salue devient complice de ses mauvaises actions.

## Dernières remarques

¹² J'aurai encore beaucoup de choses à vous dire, mais je préfère ne pas les mettre par écrit, avec papier et encre. J'espère me rendre chez vous et vous parler personnellement, afin que notre joie soit complète.

¹³ Les enfants de ta Sœur, choisie par Dieu elle aussi, t'adressent leurs salutations.

*La Dame choisie par Dieu (verset 1) n'est autre que la communauté à laquelle Jean écrit cette lettre brève. Les dangers qui la guettent nécessitent de trop long développements pour pouvoir mettre cela par écrit. Jean leur annonce qu'il leur donnera des explications de vive voix. Dès les premières lignes, il revient sur le centre de sa pensée : Dieu est amour et nous demande de nous aimer les uns les autres.*

*Gaïus fait partie d'une communauté dont le responsable, Diotrèphe, refuse l'autorité de Jean. Celui-ci ne cesse de dénigrer Jean, régente la communauté, sème la division, refuse de recevoir les chrétiens de passage et menace d'exclusion ceux qui les accueillent malgré ses interdictions. Jean peut compter sur Gaïus et lui annonce qu'il viendra bientôt pour remettre de l'ordre dans la communauté.*

## TROISIÈME LETTRE DE JEAN

### Salutation

¹ De la part de l'Ancien, à mon cher Gaïus que j'aime en toute vérité.

² Cher ami, je souhaite que tout aille bien pour toi et que tu sois en aussi bonne santé physiquement que tu l'es spirituellement. ³ Des frères sont arrivés et m'ont déclaré combien tu es fidèle à la vérité, et comment tu vis selon la vérité. J'en ai été très heureux. ⁴ Rien ne me rend plus heureux que d'apprendre que mes enfants vivent conformément à la vérité.

### La fidélité de Gaïus

⁵ Cher ami, tu te montres fidèle dans tout ce que tu fais pour les frères, même étrangers. ⁶ Ils ont témoigné de ton amour devant notre Église. Aide-les, je t'en prie, à poursuivre leur voyage, d'une manière digne de Dieu. ⁷ En effet, ils se sont mis en route au service du Christ sans rien accepter des païens. ⁸ Nous avons donc le devoir de soutenir de tels hommes, afin de collaborer, nous aussi, à la diffusion de la vérité.

### Diotrèphe et Démétrius

⁹ J'ai écrit une courte lettre à votre Église ; mais Diotrèphe, qui aime à tout diriger, ne tient aucun compte de

ce que je dis. <sup>10</sup> C'est pourquoi, quand je viendrai, je dénoncerai le mal qu'il commet, lui qui profère des propos malveillants et mensongers à notre sujet. Mais ce n'est pas tout : il refuse de recevoir les frères de passage, et ceux qui voudraient les recevoir, il les en empêche en les menaçant de les chasser de l'Église.

<sup>11</sup> Cher ami, n'imite pas ce qui est mal, mais ce qui est bien. Celui qui pratique le bien appartient à Dieu ; celui qui commet le mal ne connaît pas Dieu.

<sup>12</sup> Tous disent du bien de Démétrius, et la vérité qui l'inspire témoigne en sa faveur. Nous aussi, nous lui rendons un bon témoignage, et tu sais que ce témoignage est vrai.

## Salutations finales

<sup>13</sup> J'aurai encore beaucoup de choses à te dire, mais je ne veux pas les mettre par écrit, avec plume et encre.

On connaît les voyages missionnaires de Paul par le récit qu'en fait le livre des Actes des Apôtres. Mais d'autres missionnaires itinérants parcouraient le bassin méditerranéen pour fonder de nouvelles communautés ou pour les consolider par leurs prédications. Les évangiles évoquent l'accueil qu'il faut leur réserver :
les accueillir comme s'ils étaient Jésus lui-même. Mais les évangiles indiquent aussi comment ils doivent se comporter : ne pas s'attarder dans une communauté et repartir avec juste la nourriture pour la route.

<sup>14</sup> J'espère te voir bientôt et nous parlerons alors personnellement.

<sup>15</sup> Que la paix soit avec toi.

Tes amis t'adressent leurs salutations. Salue nos amis, chacun en particulier.

# LETTRE DE JUDE

## Salutation

¹ De la part de Jude, serviteur de Jésus-Christ et frère de Jacques.

A ceux qui ont été appelés par Dieu, qui sont aimés par lui, le Père, et qui sont gardés par Jésus-Christ :

² Que le pardon, la paix et l'amour vous soient accordés avec abondance.

*Passage de la Mer Rouge, par Bartoldo Di Fredi (vers 1330-1410).*

*Écrite probablement à la fin du premier siècle, la lettre de Jude, qui se présente comme le frère de Jacques, met en garde contre certains membres de la communauté qui mettent en péril la foi chrétienne. Ces gens justifient leur vie immorale et renient le Christ. Jude les menace de châtiments semblables à ceux que rapportaient l'Ancien Testament et d'autres écrits juifs de l'époque.*

## De faux enseignants

³ Mes chers amis, j'avais un vif désir de vous écrire au sujet du salut qui nous est commun. Or, je me suis vu dans l'obligation de vous adresser cette lettre afin de vous encourager à combattre pour la foi que Dieu a donnée aux siens une fois pour toutes. ⁴ En effet, certains hommes malfaisants se sont introduits discrètement parmi vous ; ils déforment le sens de la grâce de notre Dieu pour justifier leur vie immorale, et ils rejettent ainsi Jésus-Christ, notre seul Maître et Seigneur. Il y a longtemps que les Écritures ont annoncé la condamnation qui pèse sur eux.

⁵ Bien que vous connaissiez déjà parfaitement tout cela, je tiens à vous rappeler comment le Seigneur a sauvé une fois le peuple d'Israël du pays d'Égypte, mais a fait mourir ensuite ceux qui n'eurent pas confiance en lui. ⁶ Rappelez-vous les anges qui ne se sont pas contentés du pouvoir qui leur était accordé et qui ont abandonné leur propre demeure : Dieu les garde dans l'obscurité d'en bas, définitivement enchaînés, pour le grand jour du jugement. ⁷ Rappelez-vous Sodome, Gomorrhe et les villes voisines : leurs habitants se sont conduits d'une manière

aussi immorale que ces anges et ont recherché des relations contre nature ; ils subissent la punition d'un feu éternel, et c'est là un sérieux avertissement donné à tout le monde.

⁸ Eh bien, ces gens-là se comportent de la même manière : entraînés par leurs fantaisies, ils pèchent contre leur propre corps, ils méprisent l'autorité de Dieu, ils insultent les êtres glorieux du ciel. ⁹ Même l'archange Michel n'a pas fait cela. Dans sa querelle avec le diable, lorsqu'il lui disputait le corps de Moïse, Michel n'osa pas porter une condamnation insultante contre lui ; il lui dit seulement : « Que le Seigneur te punisse ! » ¹⁰ Mais ces gens-là insultent ce qu'ils ne connaissent pas ; et ce qu'ils savent par instinct, comme des bêtes sauvages, cela même cause leur perte. ¹¹ Malheur à eux ! Ils ont suivi le chemin de Caïn ; ils se sont livrés à l'erreur pour de l'argent, comme Balaam ; ils ont péri parce qu'ils se sont révoltés comme Coré. ¹² Leur présence est un scandale dans vos repas fraternels, où ils font la fête sans aucune honte, en ne s'occupant que d'eux-mêmes. Ils sont comme des nuages emportés par les vents et qui ne donnent pas de pluie. Ils sont pareils à des arbres qui ne produisent aucun fruit, même en automne, et qui, une fois déracinés, sont doublement morts. ¹³ Ils sont semblables aux vagues furieuses de la mer, ils projettent devant eux l'écume de leurs actions honteuses. Ils sont comme des étoiles errantes et Dieu leur a réservé pour toujours une place dans la nuit la plus noire.

¹⁴ C'est Hénok, septième descendant d'Adam en ligne directe, qui, il y a longtemps, a prophétisé à leur sujet en disant : « Écoutez : le Seigneur va venir avec ses saints anges par dizaines de milliers, ¹⁵ afin d'exercer le jugement sur tous les humains. Il condamnera tous les pécheurs pour toutes les mauvaises actions dues à leur révolte contre Dieu et pour toutes les paroles offensantes que ces êtres sans respect ont prononcées contre lui. » ¹⁶ Ces gens sont toujours mécontents et se plaignent de leur sort ; ils suivent leurs propres désirs ; ils tiennent des propos orgueilleux et flattent les gens par intérêt.

## Avertissements et recommandations

¹⁷ Quant à vous, mes chers amis, souvenez-vous de ce que les apôtres de notre Seigneur Jésus-Christ vous ont annoncé autrefois. ¹⁸ Ils vous ont dit, en effet : « A la fin des temps, il y aura des gens qui se moqueront de vous

Pour grandir et porter du fruit, l'arbre doit développer ses racines, étendre ses branches et s'ouvrir à la lumière. Il en est de même pour l'homme. Il doit s'enraciner dans ce qui est profondément humain et dans le terreau de l'Évangile, tendre les bras vers ses frères et ses sœurs, s'ouvrir à ce qui vient de Dieu. Autrement, tout comme l'arbre, il se dessèche et meurt (verset 12).

et vivront selon leurs mauvais désirs. » ¹⁹ Les voilà, ceux qui causent des divisions ! Ils sont dominés par leurs instincts et non par l'Esprit de Dieu. ²⁰ Mais vous, mes chers amis, continuez à fonder votre vie sur votre très sainte foi. Priez avec la puissance du Saint-Esprit. ²¹ Maintenez-vous dans l'amour de Dieu, en attendant que notre Seigneur Jésus-Christ, dans sa bonté, vous accorde la vie éternelle.

²² Ayez pitié de ceux qui hésitent. ²³ Il en est d'autres que vous pouvez sauver en les arrachant du feu. A d'autres encore montrez également de la pitié, une pitié mêlée de crainte : évitez tout contact même avec leurs vêtements tachés par leurs passions humaines.

## Louange finale

²⁴ A celui qui peut vous garder de toute chute et vous

*Maintenez-vous dans l'amour de Dieu, coupez tout contact avec ceux qui donnent libre court à leurs passions humaines, et soutenez ceux qui sont faibles et se laissent influencer par eux. Car ils sont semblables aux vagues furieuses de la mer et projettent devant eux l'écume de leurs actions mauvaises (verset 13).*

faire paraître sans défaut et pleins de joie en sa glorieuse présence, ²⁵ au Dieu unique, notre Sauveur par Jésus-Christ notre Seigneur, sont la gloire, la grandeur, la puissance et l'autorité, depuis toujours, maintenant et pour toujours ! Amen.

# L'APOCALYPSE

*Vue sur Jérusalem depuis le mont des Oliviers*

## Contexte

L'empereur romain Domitien (81-96 apr. J.-C.) fut le premier empereur à s'intituler « seigneur et dieu ». Les chrétiens refusaient de lui rendre un culte, parce qu'ils ne reconnaissent qu'un seul Seigneur, Jésus Christ. C'est alors que commença pour eux une longue suite de persécutions et de souffrances. Jean, l'auteur de l'Apocalypse, leur écrit pour fortifier leur foi et leur espérance. Lui-même avait été exilé par les autorités romaines à Patmos, une petite île entre la Grèce et la Turquie actuelle.

## Objectif

L'Apocalypse est considéré comme le « livre prophétique » du Nouveau Testament, car beaucoup d'images et de symboles se réfèrent à des paroles des prophètes de l'Ancien Testament. Dans la première partie (chapitre 2-3), Jean s'adresse à sept Églises d'Asie Mineure qu'il critique, qu'il encourage ou qu'il instruit. Les visions de la fin du monde constituent la partie principale du livre. Malgré toute l'opposition de la puissance du mal, Dieu remportera la victoire. C'est le message qui revient tout au long du livre. Dieu décide du cours de l'histoire et de la fin de ce monde. Le Christ réapparaîtra, il détruira toutes les forces impies et instaurera une nouvelle Création. Alors tous sauront que Dieu est le maître suprême.

## Fil conducteur

Les visions successives des sept sceaux (chapitres 4-7), des sept trompettes (chapitres 8-11) et des sept coupes de la colère (chapitre 15-18) décrivent les catastrophes qui se déchaîneront sur le monde et sur les chrétiens. Il ne s'agit pas d'un déroulement à prendre à la lettre mais d'une vision symbolique de la fin du monde, sous forme imagée et parfois obscure. Rien ne permet d'en déduire une date précise pour le retour du Christ. L'auteur veut montrer aux chrétiens persécutés que les forces du mal seront un jour anéanties. Au terme de tous les assauts, le Christ victorieux manifestera sa gloire éternelle. Toutes souffrances prendront fin et tous seront réunis au Christ (chapitre 22).

*Saint Jean à Patmos, par Pol de Limbourg dans les « Très Riches Heures du Duc de Berry » (XVe siècle). L'auteur de l'Apocalypse, Jean, se trouve sur l'île de Patmos, à l'ouest de l'Asie Mineure. Il y a été exilé par les autorités romaines, parce que, comme de nombreux chrétiens, il se refusait à honorer l'empereur comme un dieu. Jean veut apporter réconfort et espérance à ses frères chrétiens, dans ces temps de détresse et de persécution (verset 9). Il commence le livre de ses visions par les lettres aux sept Églises de la province romaine d'Asie.*

### Révélation

*Apocalypse signifie « révélation » (enlèvement d'un voile). Il s'agit ici de la Révélation de Jésus-Christ concernant « ce qui doit arriver bientôt ». L'écrit (apocalypse, prophétie et témoignage) est destiné à soutenir ses lecteurs dans les épreuves qu'ils vivent depuis que l'Histoire est entrée dans sa phase ultime avec la résurrection de Jésus.*

## Introduction

**I** ¹ Ce livre contient la révélation que Jésus-Christ a reçue. Dieu la lui a donnée pour qu'il montre à ses serviteurs ce qui doit arriver bientôt. Le Christ a envoyé son ange à son serviteur Jean pour lui faire connaître cela. ² Jean est témoin que tout ce qu'il a vu est parole de Dieu et vérité révélée par Jésus-Christ. ³ Heureux celui qui lit ce livre, heureux ceux qui écoutent ce message prophétique et prennent au sérieux ce qui est écrit ici ! Car le moment fixé pour tous ces événements est proche.

## Salutations aux sept Églises

⁴ De la part de Jean, aux sept Églises de la province d'Asie :

Que la grâce et la paix vous soient accordées de la part de Dieu qui est, qui était et qui vient, de la part des sept esprits qui sont devant son trône, ⁵ et de la part de Jésus-Christ, le témoin fidèle, le Fils premier-né, le premier à avoir été ramené d'entre les morts, et le souverain des rois de la terre.

Le Christ nous aime et il nous a délivrés de nos péchés par son sacrifice, ⁶ il a fait de nous un royaume de prêtres pour servir Dieu, son Père. A lui soient la gloire et la puissance pour toujours ! Amen.

⁷ Regardez, il vient parmi les nuages ! Tous le verront, même ceux qui l'ont transpercé. Les peuples de la terre entière se lamenteront à son sujet. Oui, il en sera ainsi ! Amen.

⁸ « Je suis l'Alpha et l'Oméga », déclare le Seigneur Dieu tout-puissant, qui est, qui était et qui vient.

## Jean a une vision du Christ

⁹ Je suis Jean, votre frère ; uni comme vous à Jésus, je suis votre compagnon dans la détresse, le Royaume et la persévérance. J'ai été exilé sur l'île de Patmos, à cause de ma fidélité à la parole de Dieu et à la vérité révélée par Jésus. ¹⁰ Le jour du Seigneur, l'Esprit Saint se saisit de moi et j'entendis derrière moi une voix forte, qui résonnait comme une trompette ; ¹¹ elle disait : « Écris

dans un livre ce que tu vois, et envoie le livre aux sept Églises suivantes : à Éphèse, Smyrne, Pergame, Thyatire, Sardes, Philadelphie et Laodicée. »

¹² Je me retournai pour voir qui me parlait. Alors je vis sept lampes d'or. ¹³ Au milieu d'elles se tenait un être semblable à un homme ; il portait une robe qui lui descendait jusqu'aux pieds et une ceinture d'or autour de la taille. ¹⁴ Ses cheveux étaient blancs comme de la laine, ou comme de la neige, et ses yeux flamboyaient comme du feu ; ¹⁵ ses pieds brillaient comme du bronze poli, purifié au four, et sa voix résonnait comme de grandes chutes d'eau. ¹⁶ Il tenait sept étoiles dans sa main droite, et une épée aiguë à deux tranchants sortait de sa bouche. Son visage resplendissait comme le soleil à midi. ¹⁷ Quand je le vis, je tombai à ses pieds comme mort. Il posa sa main droite sur moi et dit : « N'aie pas peur ! Je suis le premier et le dernier. ¹⁸ Je suis le vivant. J'étais mort, mais maintenant je suis vivant pour toujours. Je détiens le pouvoir sur la mort et le monde des morts. ¹⁹ Écris donc ce que tu vois : aussi bien ce qui se passe maintenant que ce qui doit arriver ensuite. ²⁰ Voici quel est le sens caché des sept étoiles que tu vois dans ma main droite et des sept lampes d'or : les sept étoiles sont les anges des sept Églises, et les sept lampes sont les sept Églises. »

## Le message adressé à l'Église d'Éphèse

**2** ¹ « Écris à l'ange de l'Église d'Éphèse :

« Voici ce que déclare celui qui tient les sept étoiles dans sa main droite et qui marche au milieu des sept lampes d'or : ² Je connais ton activité, la peine que tu t'es donnée et ta persévérance. Je sais que tu ne peux pas supporter les méchants ; tu as mis à l'épreuve ceux qui se disent apôtres mais ne le sont pas et tu as démasqué leur imposture. ³ Tu as de la persévérance, tu as souffert à cause de moi et tu ne t'es pas découragé. ⁴ Mais j'ai un reproche à te faire : tu ne m'aimes plus comme au commencement. ⁵ De quelle hauteur tu es tombé ! Prends-en conscience, change d'attitude et agis comme tu l'as fait au commencement. Si tu refuses de changer, je viendrai à toi et j'enlèverai ta lampe de sa place. ⁶ Cependant, tu as ceci en ta faveur : tout comme moi, tu détestes ce que font les Nicolaïtes.

⁷ « Que chacun, s'il a des oreilles, écoute bien ce que l'Esprit dit aux Églises !

« A ceux qui auront remporté la victoire je donnerai à manger les fruits de l'arbre de la vie qui se trouve dans le jardin de Dieu. »

**Jean a une vision du Christ**

*Au début de son récit, Jean raconte comment le Christ, élevé dans la gloire, le charge d'écrire le livre de ses visions. La description de l'apparition emprunte des images au livre de Daniel (chapitres 7 et 10). Les paroles du Christ donnent sens au tableau qui le décrit : Il est le « premier et le dernier » aux côtés de Dieu et, par la résurrection, il détient « le pouvoir sur la mort et le monde des morts » (versets 17-18).*

*Le message de Jean à l'Église d'Éphèse contient un blâme : son amour pour le Christ n'est plus aussi ardent. Les chrétiens doivent retrouver cet amour et le manifester en redevenant fidèles au Seigneur « comme au commencement ». Ils sont aussi encouragés à résister aux hérésies. Retomber dans le culte d'idoles comme celui de la déesse Artémis (photo ci-dessous), courant à Éphèse, serait une rechute dans le paganisme.*

*« Sois fidèle jusqu'à la mort, et je te donnerai la couronne de victoire, la vie éternelle. »*
*(Apocalypse 2,10)*
*L'Église de Smyrne reçoit louanges et encouragements pour sa persévérance dans la foi. Des temps de persécution viendront encore, mais ceux qui restent fidèles au Ressuscité seront récompensés par la vie éternelle.*

*D'après l'Apocalypse, on retrouve les Nicolaïtes à Éphèse (2,6) et à Pergame (2,15). Ils font des spéculations hasardeuses, et tolèrent des compromissions avec les cultes païens (comme la participation aux banquets sacrés). L'identification de leur fondateur avec le diacre Nicolas (Actes 6,5) est hypothétique. Il s'agit probablement encore d'eux en Apocalypse 2,2.*

## Le message adressé à l'Église de Smyrne

⁸ « Écris à l'ange de l'Église de Smyrne :
« Voici ce que déclare celui qui est le premier et le dernier, celui qui était mort et qui est revenu à la vie : ⁹ Je connais ta détresse et ta pauvreté – mais en réalité tu es riche ! – Je sais le mal que disent de toi ceux qui se prétendent Juifs mais ne le sont pas : ils sont une assemblée de Satan ! ¹⁰ Ne crains pas ce que tu vas souffrir. Écoute : le diable va vous mettre à l'épreuve en jetant plusieurs d'entre vous en prison ; on vous persécutera pendant dix jours. Sois fidèle jusqu'à la mort, et je te donnerai la couronne de victoire, la vie éternelle.

¹¹ « Que chacun, s'il a des oreilles, écoute bien ce que l'Esprit dit aux Églises !

« Ceux qui auront remporté la victoire ne subiront pas la seconde mort. »

## Le message adressé à l'Église de Pergame

¹² « Écris à l'ange de l'Église de Pergame :
« Voici ce que déclare celui qui possède l'épée aiguë à deux tranchants : ¹³ Je sais où tu demeures : là où Satan a son trône. Tu es fermement attaché à moi et tu n'as pas renié la foi en moi, même à l'époque où Antipas, mon témoin fidèle, a été mis à mort chez vous, là où Satan demeure. ¹⁴ Cependant, j'ai quelques reproches à te faire : tu as chez toi des gens attachés à la doctrine de Balaam. Celui-ci incitait Balac à tendre un piège aux Israélites en les poussant à manger de la viande provenant de sacrifices offerts aux idoles et à se livrer à l'immoralité. ¹⁵ De même, tu as également chez toi des gens attachés à la doctrine des Nicolaïtes. ¹⁶ Change donc d'attitude. Sinon, je viendrai à toi bientôt et je combattrai ces gens avec l'épée qui sort de ma bouche.

¹⁷ « Que chacun, s'il a des oreilles, écoute bien ce que l'Esprit dit aux Églises !

« A ceux qui auront remporté la victoire je donnerai de la manne cachée. Je donnerai aussi à chacun d'eux un caillou blanc sur lequel est inscrit un nom nouveau, que personne ne connaît à part celui qui le reçoit. »

## Le message adressé à l'Église de Thyatire

¹⁸ « Écris à l'ange de l'Église de Thyatire :
« Voici ce que déclare le Fils de Dieu, celui dont les yeux flamboient comme du feu et dont les pieds brillent

comme du bronze poli. [19] Je connais ton activité, ton amour, ta fidélité, ton esprit de service et ta persévérance. Je sais que tu es encore plus actif maintenant qu'au commencement. [20] Mais j'ai un reproche à te faire : tu tolères Jézabel, cette femme qui prétend parler de la part de Dieu. Elle égare mes serviteurs en les incitant à se livrer à l'immoralité et à manger de la viande provenant de sacrifices offerts aux idoles. [21] Je lui ai laissé du temps pour changer de comportement, mais elle ne veut pas se détourner de son immoralité. [22] C'est pourquoi, je vais la jeter sur un lit de douleur ; j'infligerai également de grands tourments à ses compagnons d'adultère, à moins qu'ils ne renoncent aux mauvaises actions qu'elle leur inspire. [23] De plus, je ferai mourir ses enfants. Ainsi toutes les Églises sauront que je suis celui qui discerne les pensées et les désirs des humains. Je traiterai chacun de vous selon ce qu'il aura fait.

[24] « Quant à vous qui, à Thyatire, ne vous êtes pas attachés à cette fausse doctrine et qui n'avez pas appris ce que ces gens appellent "les profonds secrets de Satan", voici ce que je déclare : je ne vous impose pas d'autre fardeau. [25] Mais tenez fermement ce que vous avez jusqu'à ce que je vienne.

[26-28] «A ceux qui auront remporté la victoire et qui auront fait ma volonté jusqu'à la fin, j'accorderai le pouvoir que j'ai reçu moi-même de mon Père : je leur donnerai le pouvoir sur les nations, ils les dirigeront avec une autorité de fer et les briseront comme des pots d'argile. Je leur donnerai aussi l'étoile du matin.

[29] « Que chacun, s'il a des oreilles, écoute bien ce que l'Esprit dit aux Églises ! »

*La miniature espagnole ci-dessus représente la mort terrible de Jézabel, jetée par ses adversaires par une fenêtre du palais et piétinée par des chevaux.*
*Une fausse prophétesse sévissait dans l'Église de Thyatire, répandant une doctrine spéculant sur les pouvoirs de Satan (verset 24). En nommant cette femme Jézabel, Jean rappelle la femme qui avait introduit le culte de Baal en Israël et que le prophète Élie avait combattue.*

### L'étoile du matin

*Dans le Proche-Orient ancien l'étoile du matin était un symbole de puissance et de domination. L'Apocalypse reprend l'expression en la reliant à l'idée de résurrection de Jésus (verset 28). Le Christ n'a-t-il pas régné en vertu de sa résurrection ? Il est le « Premier-Né d'entre les morts, le Prince des rois de la terre » (Apocalypse 1,5). Vers la fin l'Apocalypse, le Christ se présente comme « l'étoile radieuse du matin » (22,16).*

## Le message adressé à l'Église de Sardes

**3** ¹ « Écris à l'ange de l'Église de Sardes :

« Voici ce que déclare celui qui a les sept esprits de Dieu et les sept étoiles : Je connais ton activité ; je sais que tu as la réputation d'être vivant, alors que tu es mort. ² Réveille-toi, affermis ce que tu as encore, avant que cela ne vienne à mourir complètement. Car j'ai remarqué qu'aucune de tes actions n'est parfaite aux yeux de mon Dieu. ³ Rappelle-toi donc l'enseignement que tu as reçu et la façon dont tu l'as entendu ; sois-lui fidèle et change de comportement. Si tu ne te réveilles pas, je viendrai te surprendre comme un voleur, sans que tu saches à quelle heure ce sera. ⁴ Cependant, quelques-uns des tiens, à Sardes même, n'ont pas souillé leurs vêtements. Ils m'accompagneront, vêtus de blanc, car ils en sont dignes.

⁵ « Ceux qui auront remporté la victoire porteront ainsi des vêtements blancs ; je n'effacerai pas leurs noms du livre de vie. Je reconnaîtrai devant mon Père et devant ses anges qu'ils sont à moi.

⁶ « Que chacun, s'il a des oreilles, écoute bien ce que l'Esprit dit aux Églises ! »

## Le message adressé à l'Église de Philadelphie

⁷ « Écris à l'ange de l'Église de Philadelphie :

« Voici ce que déclare celui qui est saint et véritable, celui qui a la clé du roi David, celui qui ouvre et personne ne peut fermer, qui ferme et personne ne peut ouvrir : ⁸ Je connais ton activité ; je sais que tu n'as que peu de force, et pourtant tu as été fidèle à ma parole et tu ne m'as pas renié. Eh bien, j'ai ouvert une porte devant toi, que personne ne peut fermer. ⁹ Voici ce que je ferai des gens de l'assemblée de Satan, ces menteurs qui se prétendent Juifs mais ne le sont pas : je les forcerai à venir s'agenouiller devant toi pour t'honorer. Ils reconnaîtront que je t'aime. ¹⁰ Puisque tu as gardé mon ordre d'être persévérant, moi aussi je te garderai de la période de malheur qui va venir sur le monde entier pour mettre à l'épreuve les habitants de la terre. ¹¹ Je viens bientôt. Tiens fermement ce que tu as, afin que personne ne te prenne ta couronne de victoire.

¹² « De celui qui aura remporté la victoire, je ferai une colonne dans le temple de mon Dieu et il n'en sortira plus jamais. J'inscrirai sur lui le nom de mon Dieu et le nom de la ville de mon Dieu, la nouvelle Jérusalem qui descend du ciel, envoyée par mon Dieu. J'inscrirai aussi sur lui mon nom nouveau.

---

**Vêtus de blanc**

*Les vêtements blancs dont il est question au verset 4 symbolisent la pureté et la vie éternelle accordée à ceux qui les portent. Les autres ont « souillé leurs vêtements » par leur vie indigne.*

*Philadelphie se trouvait au bord d'une haute plaine fertile (photo) mais où sévissaient fréquemment des tremblements de terre. La ville détruite en 17 apr. J.-C. et fut reconstruite grâce au soutien de l'empereur. Philadelphie (nom d'origine grecque signifiant « amour fraternel ») était réputée dans l'Antiquité pour ses nombreux temples et pour ses fêtes religieuses. La communauté chrétienne reçoit ici des louanges pour sa persévérance dans la foi.*

¹³ « Que chacun, s'il a des oreilles, écoute bien ce que l'Esprit dit aux Églises ! »

## Le message adressé à l'Église de Laodicée

¹⁴ « Écris à l'ange de l'Église de Laodicée :

« Voici ce que déclare l'Amen, le témoin fidèle et véritable, qui est à l'origine de tout ce que Dieu a créé : ¹⁵ Je connais ton activité ; je sais que tu n'es ni froid ni bouillant. Si seulement tu étais l'un ou l'autre ! ¹⁶ Mais tu n'es ni bouillant ni froid, tu es tiède, de sorte que je vais te vomir de ma bouche ! ¹⁷ Tu dis : "Je suis riche et j'ai fait de bonnes affaires, je ne manque de rien". En fait, tu ne sais pas combien tu es malheureux et misérable ! Tu es pauvre, nu et aveugle. ¹⁸ C'est pourquoi je te conseille d'acheter chez moi de l'or purifié au feu, pour devenir réellement riche. Achète aussi des vêtements blancs pour t'en couvrir et n'avoir plus la honte de paraître nu, ainsi qu'un remède pour soigner tes yeux et leur rendre la vue. ¹⁹ Je réprimande et corrige tous ceux que j'aime. Fais donc preuve de zèle et change de comportement. ²⁰ Écoute, je me tiens à la porte et je frappe ; si quelqu'un entend ma voix et ouvre la porte, j'entrerai chez lui, je prendrai un repas avec lui et lui avec moi.

²¹ « A ceux qui auront remporté la victoire j'accorde-

Laodicée était une ville riche, célèbre pour ses banques, son commerce de la laine et son école de médecine. L'Église de Laodicée est critiquée pour sa tiédeur dans la foi et il lui est rappelé que le retour du Christ est proche. Celui-ci viendra la juger, mais aussi l'inviter à la joie éternelle du repas céleste :
« Écoute, je me tiens à la porte et je frappe; si quelqu'un entend ma voix et ouvre la porte, j'entrerai chez lui, je prendrai un repas avec lui et lui avec moi. »
(Apocalypse 3,20)

rai le droit de siéger avec moi sur mon trône, tout comme moi, après avoir remporté la victoire, je suis allé siéger avec mon Père sur son trône.

**Devant le trône de Dieu**

*Alors que la peur et le malheur vont se répandre sur la terre, Dieu règne, immuable, dans toute sa majesté. Le trône de Dieu est entouré d'une cour céleste. Ici, les « vingt-quatre anciens » (verset 4) représentent plutôt des êtres célestes que des humains transfigurés.*

**Quatre « Vivants »**

*Le lion, le taureau, l'homme et l'aigle sont quatre images symboliques remontant à la vision d'Ézéchiel (Ézéchiel 1,5-21). Leur utilisation est devenue traditionnelle dans l'Église pour symboliser les quatre évangélistes, respectivement Marc, Luc, Matthieu et Jean. Les symboles ne sont pas choisis au hasard. Ils représentent ce qu'il y a de plus noble, de plus fort, de plus sage et de plus agile dans la création.*

*« Qui est digne de briser les sceaux et d'ouvrir le livre ? »* (Apocalypse 5,2)
*Le livre contient le plan divin de la fin du monde. Le nombre des sceaux qui le ferment indique la profondeur du secret divin.*

**22** « Que chacun, s'il a des oreilles, écoute bien ce que l'Esprit dit aux Églises ! »

## L'adoration dans le ciel

**4** **1** Après cela, j'eus une autre vision : je vis une porte ouverte dans le ciel.

La voix que j'avais entendue me parler auparavant, celle qui résonnait comme une trompette, me dit : « Monte ici, et je te montrerai ce qui doit arriver ensuite. »

**2** Aussitôt, l'Esprit se saisit de moi. Et là, dans le ciel, se trouvait un trône. Sur ce trône quelqu'un siégeait ; **3** il avait l'éclat resplendissant de pierres précieuses de jaspe et de sardoine. Le trône était entouré d'un arc-en-ciel qui brillait comme une pierre d'émeraude. **4** Autour du trône, il y avait vingt-quatre autres trônes, sur lesquels siégeaient vingt-quatre anciens vêtus de blanc et portant des couronnes d'or. **5** Du trône partaient des éclairs, des bruits de voix et des coups de tonnerre. Sept flambeaux ardents brûlaient devant le trône : ce sont les sept esprits de Dieu. **6** Devant le trône, il y avait comme une mer de verre, aussi claire que du cristal.

Au milieu, autour du trône, se trouvaient quatre êtres vivants, couverts d'yeux par-devant et par-derrière. **7** Le premier être vivant ressemblait à un lion et le deuxième à un jeune taureau ; le troisième avait un visage pareil à celui d'un homme ; et le quatrième ressemblait à un aigle en plein vol. **8** Chacun des quatre êtres vivants avait six ailes, couvertes d'yeux par-dessus et par-dessous. Ils ne cessent pas de chanter jour et nuit :

« Saint, saint, saint est le Seigneur Dieu tout-puissant, qui était, qui est et qui vient. »

**9** Chaque fois que les quatre êtres vivants chantent pour glorifier, honorer et remercier celui qui siège sur le trône, celui qui vit pour toujours, **10** les vingt-quatre anciens s'agenouillent devant celui qui siège sur le trône, ils adorent celui qui vit pour toujours. Ils jettent leurs couronnes devant le trône en disant :

**11** « Seigneur, notre Dieu,
tu es digne de recevoir la gloire,
l'honneur et la puissance.
Car c'est toi qui as créé toutes choses,
elles sont venues à l'existence
parce que tu l'as voulu. »

## Le livre et l'Agneau

**5** ¹ Je vis un livre en forme de rouleau dans la main droite de celui qui siégeait sur le trône ; il était écrit des deux côtés et fermé par sept sceaux. ² Et je vis un ange puissant qui proclamait d'une voix forte : « Qui est digne de briser les sceaux et d'ouvrir le livre ? »

³ Mais il n'y avait personne, ni dans le ciel, ni sur la terre, ni sous la terre, qui pût ouvrir le livre et regarder à l'intérieur. ⁴ Je pleurai beaucoup, parce qu'il ne s'était trouvé personne qui fût digne d'ouvrir le livre et de regarder à l'intérieur. ⁵ Alors l'un des anciens me dit : « Ne pleure pas. Regarde : le lion de la tribu de Juda, le descendant du roi David, a remporté la victoire ; il peut donc briser les sept sceaux et ouvrir le livre. »

⁶ Et je vis un Agneau debout au milieu du trône, entouré par les quatre êtres vivants et les anciens. Il semblait avoir été égorgé. Il avait sept cornes, ainsi que sept yeux qui sont les sept esprits de Dieu envoyés par toute la terre. ⁷ L'Agneau s'avança et prit le livre de la main droite de celui qui siégeait sur le trône. ⁸ Aussitôt, les quatre êtres vivants et les vingt-quatre anciens s'agenouillèrent devant l'Agneau. Chacun d'eux avait une harpe et des coupes d'or pleines d'encens, qui sont les prières du peuple de Dieu. ⁹ Ils chantaient un chant nouveau :

« Tu es digne de prendre le livre
et d'en briser les sceaux.
Car tu as été mis à mort et, par ton sacrifice,
  tu as acquis pour Dieu des gens
    de toute tribu, de toute langue, de tout peuple et de
      toute nation.
¹⁰ Tu as fait d'eux un royaume de prêtres pour servir
    notre Dieu,
  et ils régneront sur la terre. »

¹¹ Je regardai encore et j'entendis la voix d'une multitude d'anges : il y en avait des milliers, des dizaines de milliers. Ils se tenaient autour du trône, des êtres vivants et des anciens, ¹² et ils chantaient d'une voix forte :

« L'Agneau qui a été mis à mort
  est digne de recevoir la puissance,
  la richesse, la sagesse et la force,
  l'honneur, la gloire et la louange ! »

¹³ J'entendis aussi toutes les créatures dans le ciel, sur

*Manuscrit du Xᵉ siècle représentant l'Agneau de l'Apocalypse.*

Le Christ est l'Agneau qui s'est sacrifié pour nous. Mais il a surmonté la mort et se tient aux côtés de Dieu. C'est à lui que s'adressent les prières, car Dieu lui a donné toute autorité. L'Agneau est le seul qui soit digne de rompre les sceaux du livre et de dévoiler les événements à venir.

### Étonnant Agneau

*L'utilisation du mot « agneau » dans l'Apocalypse est diversifiée et originale. Dans une série de textes l'agneau est présenté comme immolé (5,6.9.12 ; 13,8), c'est-à-dire égorgé rituellement. Pourtant dans l'Apocalypse l'agneau n'est pas seul à être immolé. Il y a les victimes de la guerre (6,4) et les têtes de la bête (13,3), mais aussi les témoins (6,9), les prophètes et les saints (18,24). Une telle représentation pouvait aider les persécutés à se sentir solidaires de Jésus, l'Agneau immolé.*

la terre, sous la terre et dans la mer – les créatures de l'univers entier – qui chantaient :

« A celui qui siège sur le trône et à l'Agneau soient la louange, l'honneur, la gloire et la puissance pour toujours ! »

¹⁴ Les quatre êtres vivants répondaient : « Amen ! » Et les anciens s'agenouillèrent et adorèrent.

## Les sceaux

**6** ¹ Puis je vis l'Agneau briser le premier des sept sceaux, et j'entendis l'un des quatre êtres vivants dire d'une voix qui résonnait comme le tonnerre : « Viens ! » ² Je regardai et je vis un cheval blanc. Celui qui le montait tenait un arc, et on lui donna une couronne. Il partit en vainqueur et pour vaincre encore.

³ Quand l'Agneau brisa le deuxième sceau, j'entendis le deuxième être vivant qui disait : « Viens ! » ⁴ Alors un autre cheval s'avança, il était de couleur rouge. Celui qui le montait reçut le pouvoir d'écarter toute paix de la terre, pour que les hommes se massacrent les uns les autres. On lui remit une grande épée.

⁵ Quand l'Agneau brisa le troisième sceau, j'entendis le troisième être vivant qui disait : « Viens ! » Je regardai et je vis un cheval noir. Celui qui le montait tenait une balance à la main. ⁶ J'entendis comme une voix qui venait du milieu des quatre êtres vivants et qui disait : « Un kilo de blé pour le salaire d'une journée, et trois kilos d'orge pour le salaire d'une journée. Mais ne cause aucun dommage à l'huile et au vin. »

⁷ Quand l'Agneau brisa le quatrième sceau, j'entendis le quatrième être vivant qui disait : « Viens ! » ⁸ Je regardai et je vis un cheval de couleur verdâtre. Celui qui le montait se nomme la Mort, et le monde des morts le suivait. On leur donna le pouvoir sur le quart de la terre, pour faire mourir ses habitants par la guerre, la famine, les épidémies et les bêtes féroces.

⁹ Quand l'Agneau brisa le cinquième sceau, je vis sous l'autel les âmes de ceux qui avaient été exécutés pour leur fidélité à la parole de Dieu et le témoignage qu'ils lui avaient rendu. ¹⁰ Ils criaient avec force : « Maître saint et véritable, jusqu'à quand tarderas-tu à juger les habitants de la terre pour leur demander des comptes au sujet de notre mort ? » ¹¹ On donna à chacun d'eux une robe blanche, et on leur demanda de patienter encore un peu de temps, jusqu'à ce que soit complété le nombre de leurs frères et compagnons de service qui devaient être mis à mort comme eux-mêmes.

*L'Agneau brise les quatre premiers sceaux : quatre cavaliers surgissent, répandant l'épouvante et la désolation sur la terre ; ils amènent quatre fléaux : « la guerre, la famine, les épidémies et les bêtes féroces » (verset 8).*

### Les Parthes

*les Parthes ont laissé en Iran le souvenir d'un peuple de vaillants guerriers cavaliers et archers, regroupés autour d'une aristocratie belliqueuse. En – 92, Parthes et Romains prirent contact sur l'Euphrate et fixèrent leurs frontières. Au Iᵉʳ siècle, les Romains attaquèrent la Parthie, mais les légions furent vaincues par le roi Vologèse en 62. Les Romains réussirent néanmoins à installer un de leur vassal en Arménie, région convoitée par les deux puissances. L'Apocalypse semble faire plusieurs fois allusion à la menace des Parthes : l'archer montant un cheval blanc (6,2), les fauves de la terre (6,8) et la description terrible des sauterelles (9,1-12), les rois de l'Orient (16,12).*

¹² Puis je vis l'Agneau briser le sixième sceau. Il y eut alors un violent tremblement de terre ; le soleil devint noir comme une étoffe de deuil et la lune tout entière devint rouge comme du sang ; ¹³ les étoiles tombèrent du ciel sur la terre, comme les fruits encore verts qui tombent d'un figuier secoué par un fort vent. ¹⁴ Le ciel disparut comme un livre qu'on enroule sur lui-même ; toutes les montagnes et les îles furent arrachées de leur place. ¹⁵ Les rois de la terre, les dirigeants, les chefs militaires, les riches, les puissants, et tous les autres, esclaves ou libres, se cachèrent dans les cavernes et parmi les rochers des montagnes. ¹⁶ Ils disaient aux montagnes et aux rochers : « Tombez sur nous et cachez-nous loin du regard de celui qui siège sur le trône et loin de la colère de l'Agneau. ¹⁷ Car le grand jour de leur colère est arrivé et qui pourrait lui résister ? »

*L'ouverture du sixième sceau déclenche un violent tremblement cosmique : les descriptions reprennent des images de l'Ancien Testament, en particulier celles des prophètes Joël et Ésaïe, et annoncent le temps de la fin (verset 17).*

## Les 144 000 et le sceau de Dieu

7 ¹ Après cela, je vis quatre anges. Debout aux quatre coins de la terre, ils retenaient les quatre vents, afin qu'aucun d'eux ne souffle sur la terre, ni sur la mer, ni sur les arbres. ² Et je vis un autre ange qui montait de l'est et qui tenait le sceau du Dieu vivant. Il cria avec force aux quatre anges qui avaient reçu le pouvoir de ravager la terre et la mer : ³ « Ne ravagez ni la terre, ni la mer, ni les arbres avant que nous ayons marqué du sceau le front des serviteurs de notre Dieu. » ⁴ On m'indiqua alors le nombre de ceux qui furent marqués au front du sceau de Dieu : ils étaient cent quarante-quatre mille, de toutes les tribus du peuple d'Israël : ⁵ douze mille de la tribu de Juda ; douze mille de la tribu de Ruben ; douze mille de la tribu de Gad ; ⁶ douze mille de la tribu d'Asser ; douze mille de la tribu de Neftali ; douze mille de la tribu de Manassé ; ⁷ douze mille de la tribu de Siméon ; douze mille de la tribu de Lévi ; douze mille de la tribu d'Issakar ; ⁸ douze mille de la tribu de Zabulon ; douze mille de la tribu de Joseph ; douze mille de la tribu de Benjamin.

## La foule immense provenant de partout

⁹ Après cela, je regardai encore et je vis une foule immense de gens que personne ne pouvait compter. C'étaient des gens de toute nation, de toute tribu, de tout peuple et de toute langue. Ils se tenaient devant le trône et devant l'Agneau, vêtus de robes blanches et avec des palmes à la main. ¹⁰ Ils criaient avec force : « Le salut vient de notre Dieu, qui siège sur le trône, et de l'Agneau ! » ¹¹ Tous les anges se tenaient autour du trône, des anciens

*Le peuple de Dieu*

*Les douze tribus d'Israël énumérées à partir du verset 4 correspondent au peuple de Dieu de la fin des temps, réunissant Juifs et païens. Les membres de ce peuple sont marqués d'un sceau qui les met sous la protection divine pendant les catastrophes de la fin du monde. Le nombre de 144 000 (douze fois douze mille) symbolise la plénitude, il ne saurait être pris à la lettre et conduire à des spéculations sur l'appartenance au nombre des élus.*

### La grande persécution

*La grande persécution fait probablement allusion à la persécution de Néron en 64. Cette première épreuve devint le type de toutes les autres, notamment de celle de l'empereur Domitien contemporain de l'auteur de l'Apocalypse.*

et des quatre êtres vivants. Ils se jetèrent le visage contre terre devant le trône, et ils adorèrent Dieu [12] en disant : « Amen ! Oui, la louange, la gloire, la sagesse, la reconnaissance, l'honneur, la puissance et la force sont à notre Dieu pour toujours ! Amen. »

[13] L'un des anciens me demanda : « Qui sont ces gens vêtus de robes blanches et d'où viennent-ils ? » [14] Je lui répondis : « C'est toi qui le sais, mon seigneur. » Il me dit alors : « Ce sont ceux qui ont passé par la grande persécution. Ils ont lavé leurs robes et les ont blanchies dans le sang de l'Agneau. [15] C'est pourquoi ils se tiennent devant le trône de Dieu et lui rendent un culte nuit et jour dans son temple. Celui qui siège sur le trône les protégera. [16] Ils n'auront plus jamais faim ou soif ; ni le soleil, ni aucune chaleur torride ne les brûleront plus. [17] Car l'Agneau qui est au milieu du trône sera leur berger et les conduira aux sources d'eau vive. Et Dieu essuiera toute larme de leurs yeux. »

## Le septième sceau

**8** [1] Quand l'Agneau brisa le septième sceau, il y eut dans le ciel un silence d'environ une demi-heure.

[2] Puis je vis les sept anges qui se tiennent devant Dieu ; on leur donna sept trompettes.

[3] Un autre ange vint se placer près de l'autel ; il tenait un brûle-parfum en or. On lui remit beaucoup d'encens pour qu'il l'offre, avec les prières du peuple de Dieu, sur l'autel d'or situé devant le trône. [4] La fumée de l'encens s'éleva de la main de l'ange, devant Dieu, avec les prières du peuple de Dieu. [5] Puis l'ange prit le brûle-parfum, le remplit du feu de l'autel et le jeta sur la terre. Il y eut aussitôt des coups de tonnerre, des bruits de voix, des éclairs et un tremblement de terre.

*« Quand l'Agneau brisa le septième sceau, il y eut dans le ciel un silence d'environ une demi-heure. »*
*(Apocalypse 8,1)*
*Avec l'ouverture du septième sceau, l'attente atteint son point culminant : que va-t-il arriver maintenant ? Après un silence cosmique, les sonneries des sept trompettes annoncent la suite des malheurs.*

## Les trompettes

[6] Les sept anges qui tenaient les sept trompettes se préparèrent alors à en sonner.

[7] Le premier ange sonna de la trompette. De la grêle et du feu, mêlés de sang, s'abattirent sur la terre. Le tiers de la terre et le tiers des arbres furent brûlés, ainsi que toute l'herbe verte.

[8] Puis le deuxième ange sonna de la trompette. Une masse semblable à une grande montagne enflammée fut précipitée dans la mer. Le tiers de la mer se changea en sang. [9] Le tiers de toutes les créatures vivant dans la mer mourut et le tiers de tous les bateaux fut détruit.

¹⁰ Puis le troisième ange sonna de la trompette. Une grande étoile, qui brûlait comme un flambeau, tomba du ciel. Elle tomba sur le tiers des fleuves et sur les sources d'eau. ¹¹ (Le nom de cette étoile est Amertume.) Le tiers des eaux devint amer et beaucoup de ceux qui en burent moururent, parce qu'elles étaient empoisonnées.

¹² Puis le quatrième ange sonna de la trompette. Le tiers du soleil fut frappé, ainsi que le tiers de la lune et le tiers des étoiles, de sorte qu'ils perdirent un tiers de leur clarté ; un tiers du jour et un tiers de la nuit furent privés de lumière.

¹³ Je regardai encore, et j'entendis un aigle qui volait très haut dans les airs proclamer d'une voix forte : « Malheur ! Malheur ! Malheur aux habitants de la terre quand les trois autres anges vont faire retentir le son de leurs trompettes !»

*Les catastrophes qui se déclenchent aux sons des quatre premières trompettes rappellent et développent les fléaux dont furent accablés les Égyptiens au temps de Moïse (Exode 7-10), tels que l'eau changée en sang noyant les animaux et entraînant les bateaux à la perdition.*

**9** ¹ Alors le cinquième ange sonna de la trompette. Je vis une étoile qui était tombée du ciel sur la terre ; on lui remit la clé du puits de l'abîme. ² L'étoile ouvrit le puits et il en monta une fumée semblable à celle d'une grande fournaise. Le soleil et l'air furent obscurcis par cette fumée. ³ Des sauterelles sortirent de la fumée et se répandirent sur la terre ; on leur donna un pouvoir semblable à celui des scorpions. ⁴ On leur ordonna de ne ravager ni l'herbe, ni les arbres, ni les autres plantes, mais de s'en prendre seulement aux hommes qui ne sont pas marqués au front du sceau de Dieu. ⁵ Elles n'eurent pas la permission de tuer ces hommes, mais seulement de les tourmenter pendant cinq mois. La douleur qu'elles causent est semblable à celle qu'on éprouve quand on est piqué par un scorpion. ⁶ Durant ces cinq mois, les hommes chercheront la mort, mais ils ne la trouveront pas ; ils désireront mourir, mais la mort les fuira.

⁷ Ces sauterelles ressemblaient à des chevaux prêts pour le combat ; sur leurs têtes, il y avait comme des couronnes d'or, et leurs visages étaient semblables à des visages humains. ⁸ Elles avaient des cheveux pareils à la chevelure des femmes, et leurs dents étaient comme celles des lions. ⁹ Leur poitrine semblait couverte d'une cuirasse de fer, et le bruit produit par leurs ailes rappelait le bruit de chars à plusieurs chevaux se précipitant au combat. ¹⁰ Elles avaient des queues avec des aiguillons comme en ont les scorpions, et c'est dans leurs queues qu'elles avaient le pouvoir de nuire aux hommes pendant cinq mois. ¹¹ A leur tête, elles ont un roi, l'ange de l'abîme. Il s'appelle en hébreu « Abaddon », et en grec « Apollyon », ce qui signifie « le Destructeur ».

*La sonnerie de la cinquième trompette déchaîne l'un des pires fléaux mentionnés dans l'Ancien Testament : des nuages de sauterelles qui peuvent ravager un pays fertile en un rien de temps.*

*Dans l'Apocalypse, ces insectes prennent des proportions démoniaques : ils disposent de forces surnaturelles et d'aiguillons semblables à ceux des scorpions (versets 7-10).*

¹² Le premier malheur est passé ; après cela, deux autres malheurs doivent encore venir.

¹³ Puis le sixième ange sonna de la trompette. J'entendis une voix venir des quatre angles de l'autel d'or qui se trouve devant Dieu. ¹⁴ La voix dit au sixième ange qui tenait la trompette : « Libère les quatre anges qui sont enchaînés, près du grand fleuve, l'Euphrate. » ¹⁵ On libéra les quatre anges ; c'est précisément pour cette heure, de ce jour, ce mois et cette année, qu'ils avaient été tenus prêts à faire mourir le tiers de l'humanité. ¹⁶ On m'indiqua le nombre de leurs soldats à cheval : ils étaient deux cents millions. ¹⁷ Et voici comment, dans ma vision, m'apparurent les chevaux et leurs cavaliers : ils avaient des cuirasses rouges comme le feu, bleues comme le saphir et jaunes comme le soufre. Les têtes des chevaux étaient comme des têtes de lions ; de leurs bouches sortaient du feu, de la fumée et du soufre. ¹⁸ Le tiers de l'humanité fut tué par ces trois fléaux : le feu, la fumée et le soufre qui sortaient de la bouche des chevaux. ¹⁹ Car le pouvoir des chevaux se trouve dans leurs bouches, ainsi que dans leurs queues. En effet, leurs queues ressemblent à des serpents ; elles ont des têtes, dont elles se servent pour nuire aux hommes.

²⁰ Le reste de l'humanité, tous ceux qui n'avaient pas été tués par ces fléaux, ne se détournèrent pas des idoles faites de leurs propres mains ; ils ne cessèrent pas d'ado-

### L'entêtement des idolâtres

*La sixième trompette libère des puissances destructrices implacables. La mention des cavaliers et du fleuve Euphrate pourrait être une allusion à l'armée des Parthes, venue de l'Est, et déferlant sur l'Empire romain. Ce terrible fléau est aussi un appel au repentir, mais les survivants restent sourds aux commandements de Dieu : « Ils ne cessèrent pas d'adorer les démons et les statues d'or, d'argent, de bronze, de pierre et de bois » (Apocalypse 9,20).*

rer les démons et les statues d'or, d'argent, de bronze, de pierre et de bois, qui ne peuvent ni voir, ni entendre, ni marcher. ²¹ Ils ne renoncèrent pas non plus à leurs meurtres, leur magie, leur immoralité et leurs vols.

## L'ange et le petit livre

**10** ¹ Je vis ensuite un autre ange puissant descendre du ciel. Il était enveloppé d'un nuage et un arc-en-ciel couronnait sa tête ; son visage était comme le soleil et ses jambes étaient pareilles à des colonnes de feu. ² Il tenait à la main un petit livre ouvert. Il posa le pied droit sur la mer et le pied gauche sur la terre. ³ Il cria avec force, comme un lion qui rugit. A son cri répondit le grondement des sept tonnerres. ⁴ J'allais mettre par écrit ce qu'ils avaient dit, mais j'entendis une voix du ciel me donner cet ordre : « Tiens secret le message des sept tonnerres ; ne l'écris pas. »

⁵ Alors l'ange que j'avais vu debout sur la mer et sur la terre leva la main droite vers le ciel ⁶ et fit un serment au nom du Dieu qui vit pour toujours, qui a créé le ciel, la terre, la mer et tout ce qui s'y trouve. L'ange déclara : « Il n'y aura plus de délai ! ⁷ Mais au moment où le septième ange se mettra à sonner de la trompette, alors Dieu réalisera son plan secret, comme il l'avait annoncé à ses serviteurs les prophètes. »

⁸ Puis la voix que j'avais entendue venir du ciel me parla de nouveau en ces termes : « Va prendre le petit livre ouvert dans la main de l'ange qui se tient debout sur la mer et sur la terre. »

⁹ Je m'approchai de l'ange et lui demandai de me remettre le petit livre. Il me répondit : « Prends-le et mange-le : il sera amer pour ton estomac, mais dans ta bouche il sera doux comme du miel. »

¹⁰ Je pris le petit livre de la main de l'ange et le mangeai. Dans ma bouche, il fut doux comme du miel ; mais quand je l'eus avalé, il devint amer pour mon estomac.

¹¹ On me dit alors : « Il faut une fois encore que tu annonces ce que Dieu a prévu pour beaucoup de peuples, de nations, de langues et de rois. »

## Les deux témoins

**11** ¹ On me donna ensuite un roseau, une sorte de baguette servant à mesurer, et l'on me dit : « Va mesurer le temple de Dieu ainsi que l'autel, et compte ceux qui adorent dans le temple. ² Mais laisse de côté la cour extérieure du temple ; ne la mesure pas, car elle a été livrée aux païens, qui piétineront la ville sainte pendant quarante-deux mois. ³ J'enverrai mes deux témoins, portant un vêtement de deuil, et ils transmettront le message reçu de Dieu pendant ces mille deux cent soixante jours. »

⁴ Les deux témoins sont les deux oliviers et les deux lampes qui se tiennent devant le Seigneur de la terre.

**Un message doux et amer**

*Jean est chargé par la voix céleste de transmettre un message prophétique aux humains (versets 8-10). Il reçoit de l'ange un livre qu'il doit « manger ». Le message est doux : la communauté sera sauvée par Dieu ; mais il est aussi amer : le chemin sera semé de rudes épreuves.*

**Le temple**

*Le temple de Jérusalem fut détruit en 70 apr. J.-C. « Mesurer le temple de Dieu ainsi que l'autel » est une image signifiant que Dieu prend des mesures pour protéger « ceux qui adorent dans le temple », c'est-à-dire les croyants. « Le temple de Dieu » signifie probablement l'Église (verset 1). C'est à elle que sont promis réconfort et soutien. Elle subira des attaques pendant « quarante-deux mois » (chiffre symbolique, verset 2), mais Dieu la protégera.*

⁵ Si quelqu'un cherche à leur nuire, du feu sort de leur bouche et détruit leurs ennemis ; c'est ainsi que mourra quiconque voudra leur nuire. ⁶ Ils ont le pouvoir de fermer le ciel, pour empêcher la pluie de tomber aussi longtemps qu'ils transmettent le message reçu de Dieu. Ils ont également le pouvoir de changer l'eau en sang et de frapper la terre de toutes sortes de fléaux, aussi souvent qu'ils le veulent.

⁷ Quand ils auront fini de proclamer leur message, la bête qui monte de l'abîme les attaquera. Elle les vaincra et les tuera. ⁸ Leurs cadavres resteront sur la place de la grande ville, là où leur Seigneur a été cloué sur une croix. Cette ville est appelée symboliquement Sodome, ou Égypte. ⁹ Des gens de tout peuple, de toute tribu, de toute langue et de toute nation regarderont leurs cadavres pendant trois jours et demi et ne permettront pas qu'on les enterre. ¹⁰ Les habitants de la terre seront heureux de les voir morts ; ils feront la fête joyeusement et échangeront des cadeaux, parce que ces deux prophètes auront causé bien des tourments aux êtres humains.

¹¹ Mais, après ces trois jours et demi, un souffle de vie venu de Dieu entra en eux ; ils se relevèrent et tous ceux qui les virent furent saisis de terreur. ¹² Les deux prophètes entendirent alors une voix forte leur commander du ciel : « Montez ici ! » Ils montèrent au ciel dans un nuage, sous les regards de leurs ennemis. ¹³ Au même moment, il y eut un violent tremblement de terre ; la dixième partie de la ville s'écroula et sept mille personnes périrent dans ce tremblement de terre. Les autres gens furent terrifiés et rendirent gloire au Dieu du ciel.

¹⁴ Le deuxième malheur est passé. Mais attention ! le troisième doit venir bientôt.

## La septième trompette

¹⁵ Puis le septième ange sonna de la trompette. Des voix fortes se firent entendre dans le ciel ; elles disaient : « Le règne sur le monde appartient maintenant à notre Seigneur et à son Messie, et ce règne durera toujours ! » ¹⁶ Les vingt-quatre anciens qui siègent sur leurs trônes devant Dieu se jetèrent le visage contre terre et adorèrent Dieu ¹⁷ en disant :

« Seigneur Dieu tout-puissant, toi qui es et qui étais, nous te louons de t'être servi de ta grande puissance pour établir ton règne.
¹⁸ Les nations se sont soulevées avec fureur, mais maintenant c'est ta fureur qui se manifeste, le moment du jugement des morts est arrivé,

*Salomon devant l'Arche de l'alliance, par Blaise Nicolas Lesueur (1716-1783).*
*La septième trompette, la dernière, est accompagnée de voix célestes proclamant la victoire définitive de Dieu. Cette perspective doit donner confiance aux croyants pour surmonter les derniers temps de malheur. La vision de Jean les fait participer à la contemplation du temple céleste et du coffre de l'alliance contenant les tablettes des Dix Commandements. Depuis le roi Salomon jusqu'à la destruction du premier temple, ce coffre sacré (aussi appelé arche) était conservé dans le lieu le plus saint du temple de Jérusalem. Dans l'Ancien Testament, le coffre de l'alliance symbolise la présence du Dieu vivant parmi son peuple.*

le moment où tu vas récompenser tes serviteurs les prophètes

et tous ceux qui t'appartiennent et te respectent, grands ou petits ;

c'est le moment de la destruction pour ceux qui détruisent la terre ! »

[19] Le temple de Dieu, dans le ciel, s'ouvrit alors, et le coffre de l'alliance y apparut. Il y eut des éclairs, des bruits de voix, des coups de tonnerre, un tremblement de terre et une forte grêle.

## La femme et le dragon

12 [1] Un grand signe apparut dans le ciel : une femme revêtue du soleil, qui avait la lune sous les pieds et une couronne de douze étoiles sur la tête. [2] Elle allait mettre au monde un enfant, et les peines de l'accouchement la faisaient crier de douleur.

[3] Un autre signe apparut dans le ciel : un énorme dragon rouge qui avait sept têtes et dix cornes, et une couronne sur chaque tête. [4] Avec sa queue, il balaya le tiers des étoiles du ciel et les jeta sur la terre. Il se plaça devant la femme qui allait accoucher, afin de dévorer son enfant dès qu'il serait né. [5] La femme mit au monde un fils, qui dirigera toutes les nations avec une autorité de fer. L'enfant fut aussitôt amené auprès de Dieu et de son trône. [6] Quant à la femme, elle s'enfuit dans le désert, où Dieu lui avait préparé une place, pour qu'elle y soit nourrie pendant mille deux cent soixante jours.

[7] Alors une bataille s'engagea dans le ciel. Michel et ses anges combattirent le dragon, et celui-ci se battit contre eux avec ses anges. [8] Mais le dragon fut vaincu, et ses anges et lui n'eurent plus la possibilité de rester dans le

*Le dragon personnifie les pouvoirs démoniaques qui menacent les croyants. Sa description rappelle des passages du livre de Daniel, dans l'Ancien Testament. Avec le chapitre 12, le grand combat s'engage : le dragon contre la femme. C'est le début du déclin des forces du mal.*
*Manuscrit du Xe siècle représentant La Femme vêtue de soleil attaquée par le dragon à sept têtes.*

*« Une femme revêtue du soleil, qui avait la lune sous les pieds et une couronne de douze étoiles sur la tête. »* (Apocalypse 12,1)

De nombreux Pères de l'Église et l'iconographie chrétienne ont pensé voir dans cette femme, cette Marie, la mère du Messie. Aujourd'hui beaucoup de commentateurs hésitent à faire cette identification. Les douze étoiles sont une allusion aux douze tribus du peuple de Dieu. D'après le contexte, cette femme figure le peuple de Dieu, d'où vient le Christ et auquel appartiennent tous les croyants, qui sont « fidèles à la vérité révélée par Jésus » (verset 17) et qui sont protégés par Dieu des attaques du mal (versets 6 et 14).

### Un écrit coloré

L'Apocalypse n'est pas un livre en « noir et blanc ». C'est un écrit coloré, non pas tant à cause de l'harmonie des couleurs des tableaux proposés, qu'à cause du sens symbolique de ces couleurs.

Le blanc signifie la victoire, la résurrection, le monde divin, la dignité (1,14 ; 2,17 ; 3,4-5.18 ; 6,11 ; 7,9.13 ; 14,14 ; 19,14).

Le noir signifie le malheur et la détresse (6,5.12).

Le rouge symbolise la violence, le sang (6,4 ; 9,17 ; 12,3).

Le vert évoque la mort (6,8 ; 8,7).

Le pourpre et l'écarlate suggèrent la débauche (18,12.16).

La vision de saint Jean, illustration de Gustave Doré (La Sainte Bible, 1866).

ciel. **9** L'énorme dragon fut jeté dehors. C'est lui le serpent ancien, appelé le diable ou Satan, qui trompe le monde entier. Il fut jeté sur la terre, et ses anges avec lui.

**10** Puis j'entendis une voix forte dans le ciel, qui disait : « Maintenant le temps du salut est arrivé ! Maintenant notre Dieu a manifesté sa puissance et son règne ! Maintenant l'autorité est entre les mains de son Messie. Car il a été jeté hors du ciel l'accusateur de nos frères, celui qui les accusait jour et nuit devant notre Dieu. **11** Nos frères ont remporté la victoire sur lui grâce au sang de l'Agneau et à la parole dont ils ont témoigné ; ils n'ont pas épargné leur vie, ils étaient prêts à mourir. **12** C'est pourquoi, réjouissez-vous, cieux, et vous qui les habitez ! Mais quel malheur pour vous, terre et mer ! Le diable est descendu vers vous, plein de fureur, car il sait qu'il lui reste très peu de temps. »

**13** Quand le dragon se rendit compte qu'il avait été jeté sur la terre, il se mit à poursuivre la femme qui avait mis au monde le fils. **14** Mais la femme reçut les deux ailes d'un grand aigle pour voler jusqu'à la place préparée pour elle dans le désert, afin d'y être nourrie pendant trois ans et demi, à l'abri des attaques du serpent. **15** Alors le serpent projeta de sa gueule des masses d'eau pareilles à un fleuve derrière la femme, pour que les flots l'emportent. **16** Mais la terre vint au secours de la femme : la terre ouvrit sa bouche et engloutit les masses d'eau que le dragon avait projetées de sa gueule. **17** Plein de fureur contre la femme, le dragon s'en alla combattre le reste de ses descendants, ceux qui obéissent aux commandements de Dieu et sont fidèles à la vérité révélée par Jésus.

**18** Le dragon se tint sur le bord de la mer.

## Les deux bêtes

**13** ¹ Puis je vis une bête sortir de la mer. Elle avait dix cornes et sept têtes ; elle portait une couronne sur chacune de ses cornes, et des noms insultants pour Dieu étaient inscrits sur ses têtes. ² La bête que je vis ressemblait à un léopard, ses pattes étaient comme celles

*La bête*

Une bête effrayante surgit de la mer, représentant les puissances sataniques qui se lancent dans une bataille décisive. La bête reçoit les pouvoirs du dragon, avec lesquels elle réalise des prodiges qui impressionnent « la terre entière » (verset 14). Cette bête représente le pouvoir impérial romain qui persécute les chrétiens.
Une représentation médiévale de « la Bête de la mer à sept têtes et à dix cornes ».

d'un ours et sa gueule comme celle d'un lion. Le dragon lui confia sa puissance, son trône et un grand pouvoir. ³ L'une des têtes de la bête semblait blessée à mort, mais la blessure mortelle fut guérie. La terre entière fut remplie d'admiration et suivit la bête. ⁴ Tout le monde se mit à adorer le dragon, parce qu'il avait donné le pouvoir à la bête. Tous adorèrent également la bête, en disant : « Qui est semblable à la bête ? Qui peut la combattre ? »

⁵ La bête fut autorisée à prononcer des paroles arrogantes et insultantes pour Dieu ; elle reçut le pouvoir d'agir pendant quarante-deux mois. ⁶ Elle se mit à dire du mal de Dieu, à insulter son nom et le lieu où il réside, ainsi que tous ceux qui demeurent dans le ciel. ⁷ Elle fut autorisée à combattre le peuple de Dieu et à le vaincre ; elle reçut le pouvoir sur toute tribu, tout peuple, toute langue et toute nation. ⁸ Tous les habitants de la terre l'adoreront, tous ceux dont le nom ne se trouve pas inscrit, depuis la création du monde, dans le livre de vie, qui est celui de l'Agneau mis à mort.

⁹ « Écoutez bien, si vous avez des oreilles pour entendre ! ¹⁰ Celui qui est destiné à être prisonnier, eh bien, il ira en prison ; celui qui est destiné à périr par l'épée, eh bien, il périra par l'épée. Voilà pourquoi le peuple de Dieu doit faire preuve de patience et de foi. »

<sup>11</sup> Puis je vis une autre bête ; elle sortait de la terre. Elle avait deux cornes semblables à celles d'un agneau et elle parlait comme un dragon. <sup>12</sup> Elle exerçait tout le pouvoir de la première bête en sa présence. Elle obligeait la terre et ses habitants à adorer la première bête, dont la blessure mortelle avait été guérie. <sup>13</sup> Cette deuxième bête réalisait de grands miracles ; elle faisait même descendre le feu du ciel sur la terre sous les yeux de tous les humains. <sup>14</sup> Elle égarait les habitants de la terre par les miracles qu'elle pouvait réaliser en présence de la première bête. Elle les persuadait de faire une statue en l'honneur de la bête qui, blessée par l'épée, avait repris vie. <sup>15</sup> La deuxième bête reçut le pouvoir d'animer la statue de la première bête, afin que cette statue puisse parler et faire exécuter tous ceux qui ne l'adoreraient pas. <sup>16</sup> La bête obligeait tous les êtres, petits et grands, riches et pauvres, esclaves et libres, à recevoir une marque sur la main droite et sur le front. <sup>17</sup> Personne ne pouvait acheter ou vendre s'il n'avait pas cette marque, c'est-à-dire le nom de la bête ou le chiffre qui correspond à ce nom.

<sup>18</sup> Ici, il faut de la sagesse. Celui qui est intelligent peut trouver le sens du chiffre de la bête, car ce chiffre correspond au nom d'un homme. Ce chiffre est six cent soixante-six.

## Le cantique des rachetés

14 <sup>1</sup> Je regardai encore : je vis l'Agneau qui se tenait sur le mont Sion et, avec lui, cent quarante-quatre mille personnes qui avaient son nom et le nom de son Père inscrits sur le front. <sup>2</sup> J'entendis une voix qui venait du ciel et qui résonnait comme de grandes chutes d'eau, comme un fort coup de tonnerre. La voix que j'entendis était semblable au son produit par des harpistes, quand ils jouent de leur instrument. <sup>3</sup> Ces milliers de gens chantaient un chant nouveau devant le trône, devant les quatre êtres vivants et les anciens. Personne ne pouvait apprendre ce chant sinon les cent quarante-quatre mille qui ont été rachetés de la terre.

<sup>4</sup> Ceux-là ne se sont pas souillés avec des femmes, ils se sont gardés purs. Ils suivent l'Agneau partout où il va ; ils ont été rachetés d'entre les humains pour être offerts les premiers à Dieu et à l'Agneau. <sup>5</sup> Dans leur bouche, il n'y a jamais eu place pour le mensonge ; ils sont sans défaut.

### Langage crypté

*Dans le langage crypté de l'Apocalypse, la Bête désigne l'Empire romain, le type de tous les persécuteurs.*

*Voici quelques clés de lecture :*
- *Les sept têtes représentent sept empereurs (cf. 17,10).*
- *Les dix cornes (13,1) avec diadèmes désignent dix rois vassaux.*
- *La tête blessée (13,3) puis guérie fait penser à des troubles à la tête de l'Empire, peut-être l'assassinat de César ou la mort de Néron.*
- *L'autre bête (13,11) fait penser aux « faux prophètes » (16,13) comme la première bête était un « faux Christ ».*
- *le chiffre 666 (Apocalypse 13,18) correspondrait à Néron.*

### 666

*Ce chiffre (qui selon certains manuscrits est de 616) a incarné au cours de l'histoire tout ce qui paraissait être au sommet de la perversité : l'Empire romain, les barbares, la papauté, le catholicisme, le protestantisme, le judaïsme, le communisme, Hitler, l'impérialisme américain. Les lettres grecques ou hébraïques ayant chacune une valeur numérique on a découvert que 666 correspondrait en lettre hébraïques à Néron-César et que 616 correspondrait en lettres grecques à César-Dieu. On pourrait aussi considérer 666 comme le symbole de l'imperfection alors que le chiffre 7 représente la perfection absolue.*

## Les trois anges

⁶ Puis je vis un autre ange qui volait très haut dans les airs ; il avait une Bonne Nouvelle éternelle qu'il devait annoncer aux habitants de la terre, aux gens de toute nation, toute tribu, toute langue et tout peuple. ⁷ Il disait d'une voix forte : « Soumettez-vous à Dieu et rendez-lui gloire ! Car le moment est arrivé où il va juger l'humanité. Adorez celui qui a créé le ciel, la terre, la mer et les sources d'eau ! »

⁸ Un deuxième ange suivit le premier en disant : « Elle est tombée, elle est tombée la grande Babylone ! Elle a fait boire à toutes les nations le vin de sa furieuse immoralité ! »

⁹ Un troisième ange suivit les deux premiers, en disant d'une voix forte : « Quiconque adore la bête et sa statue, et en reçoit la marque sur le front ou sur la main, ¹⁰ boira lui-même le vin de la fureur de Dieu, versé pur dans la coupe de sa colère ! De tels êtres seront tourmentés dans le soufre enflammé devant les saints anges et devant l'Agneau. ¹¹ La fumée du feu qui les tourmente s'élève pour toujours. Ils sont privés de repos, de jour comme de nuit, ceux qui adorent la bête et sa statue, et quiconque reçoit la marque de son nom. »

¹² Voilà pourquoi ils doivent faire preuve de patience ceux qui appartiennent à Dieu, qui obéissent à ses commandements et sont fidèles à Jésus.

¹³ Puis j'entendis une voix me dire du ciel : « Écris ceci : "Heureux ceux qui dès maintenant meurent au service du Seigneur !" – "Oui, heureux sont-ils, déclare l'Esprit. Ils pourront se reposer de leurs durs efforts, car le bien qu'ils ont fait les accompagne !" »

*Dans l'Apocalypse, Babylone désigne, de manière symbolique, la ville de Rome, capitale de l'Empire romain et résidence de l'empereur. Le nom de Babylone est devenu également le symbole de la corruption, du pouvoir qui s'oppose à Dieu.*
*Le Colisée de Rome rappelle les nombreux chrétiens qui y ont subi le martyre dans des spectacles odieux destinés à divertir les foules.*

## Moisson et vendange de la terre

¹⁴ Je regardai encore, et je vis un nuage blanc, et sur ce nuage était assis un être semblable à un homme. Il avait sur la tête une couronne d'or et à la main une faucille tranchante. ¹⁵ Un autre ange sortit du temple et cria avec force à celui qui était assis sur le nuage : « Prends ta faucille et moissonne, car le moment est arrivé pour cela : la terre est mûre pour la moisson ! » ¹⁶ Alors celui qui était assis sur le nuage fit passer sa faucille sur la terre et la terre fut moissonnée.

*Déjà dans l'Ancien Testament la moisson est une image pour le jugement de Dieu à la fin des temps.*
*Les Glaneuses, Jean François Millet (1814-1875).*

**17** Un autre ange sortit du temple céleste ; il avait, lui aussi, une faucille tranchante.

**18** Un autre ange encore, qui a autorité sur le feu, vint de l'autel. Il cria avec force à celui qui avait la faucille tranchante : « Prends ta faucille et coupe les grappes de la vigne de la terre : leurs raisins sont mûrs. » **19** L'ange fit alors passer sa faucille sur la terre, coupa les grappes de la vigne de la terre et les jeta dans le grand pressoir de la colère de Dieu. **20** On écrasa les raisins dans le pressoir hors de la ville ; du pressoir sortirent des flots de sang qui montèrent jusqu'à la bouche des chevaux et qui s'étendirent sur mille six cents unités de distance.

## Les anges et les derniers fléaux

**15** **1** Puis je vis dans le ciel un autre signe, grand et merveilleux : sept anges qui tenaient sept fléaux. Ce sont les derniers fléaux, car ils sont l'expression finale de la colère de Dieu.

**2** Puis je vis comme une mer de verre, mêlée de feu. Tous ceux qui avaient remporté la victoire sur la bête, sur sa statue et sur le chiffre qui correspond à son nom, se tenaient debout sur cette mer de verre. Ils avaient en main les harpes que Dieu leur avait données. **3** Ils chantaient le cantique de Moïse, le serviteur de Dieu, et le cantique de l'Agneau :

« Seigneur Dieu tout-puissant,
que tes œuvres sont grandes et merveilleuses !
Roi des nations,
que tes plans sont justes et vrais !
**4** Qui oserait te manquer de respect, Seigneur ?
Qui refuserait de te rendre gloire ?
Car toi seul es saint,
toutes les nations viendront t'adorer,
car tes actions justes leur sont clairement révélées. »

**5** Après cela, je vis s'ouvrir dans le ciel le temple, avec la tente de l'alliance de Dieu. **6** Les sept anges qui tenaient les sept fléaux sortirent du temple ; ils étaient vêtus de lin d'une blancheur éclatante, et portaient des ceintures d'or autour de la taille. **7** L'un des quatre êtres vivants donna aux sept anges sept coupes d'or pleines de la colère du Dieu qui vit pour toujours. **8** Le temple fut rempli de fumée, signe de la gloire et de la puissance de Dieu. Personne ne pouvait entrer dans le temple avant que soient achevés les sept fléaux apportés par les anges.

---

*« Prends ta faucille et coupe les grappes de la vigne de la terre : leurs raisins sont mûrs. » (Apocalypse 14,18)*
*Cette image des vendanges évoque une prophétie du livre d'Ésaïe, où un peuple indocile est soumis au pressoir du jugement divin.*

**Le cantique de l'Agneau**

*Comme autrefois Moïse et Miriam après la traversée de la mer Rouge (Exode 15,1-20), les chœurs célèbrent la gloire de Dieu et la justice de ses actes. Parmi eux se trouvent tous ceux qui, tentés par la bête, lui ont résisté victorieusement jusqu'à la mort ; ils ont accédé auprès de Dieu où ils chantent ce cantique de reconnaissance.*

## Les coupes de la colère de Dieu

**16** ¹ Puis j'entendis une voix forte qui venait du temple et qui disait aux sept anges : « Allez verser sur la terre les sept coupes de la colère de Dieu ! »

² Le premier ange partit et versa sa coupe sur la terre. Alors, des plaies mauvaises et douloureuses se formèrent sur les hommes qui avaient la marque de la bête et qui adoraient sa statue.

³ Le deuxième ange versa sa coupe dans la mer. L'eau devint comme le sang d'un mort et tous les êtres vivants qui se trouvaient dans la mer moururent.

⁴ Le troisième ange versa sa coupe dans les fleuves et les sources d'eau, qui se changèrent en sang. ⁵ J'entendis alors l'ange qui a autorité sur les eaux dire : « Toi le Saint, qui es et qui étais, tu t'es montré un juste juge. ⁶ Les gens ont en effet répandu le sang de ceux qui t'appartiennent et celui des prophètes, et maintenant tu leur as donné du sang à boire. Ils ont ce qu'ils méritent ! » ⁷ Puis j'entendis une voix qui venait de l'autel et disait : « Oui, Seigneur Dieu tout-puissant, tes jugements sont vrais et justes ! »

⁸ Le quatrième ange versa sa coupe sur le soleil, qui fut autorisé alors à brûler les hommes par son feu. ⁹ Et les hommes furent brûlés par une chaleur terrible ; ils insultèrent le nom du Dieu qui détient de tels fléaux en son pouvoir, mais ils refusèrent de changer de comportement pour lui rendre gloire.

¹⁰ Le cinquième ange versa sa coupe sur le trône de la bête et son royaume fut plongé dans l'obscurité. Les hommes se mordaient la langue de douleur ; ¹¹ ils insultèrent le Dieu du ciel à cause de leurs douleurs et de leurs plaies. Mais ils ne se détournèrent pas de leurs mauvaises actions.

¹² Le sixième ange versa sa coupe sur le grand fleuve, l'Euphrate. Le fleuve se dessécha pour livrer passage aux rois qui viennent de l'est. ¹³ Puis je vis trois esprits mauvais, semblables à des grenouilles, qui sortaient de la gueule du dragon, de la gueule de la bête et de la bouche du faux prophète. ¹⁴ Ce sont les esprits de démons qui font des miracles. Ils s'en vont auprès des rois de toute la terre, afin de les rassembler pour la bataille du grand jour du Dieu tout-puissant.

¹⁵ « Écoute, dit le Seigneur, je viens comme un voleur ! Heureux celui qui reste éveillé et garde ses vêtements, pour ne pas aller nu et n'avoir pas la honte d'être vu ainsi. »

¹⁶ Les esprits rassemblèrent les rois dans le lieu appelé en hébreu Harmaguédon.

*« Allez verser sur la terre les sept coupes de la colère de Dieu ! » (Apocalypse 16,1) Comme ceux déchaînés par les trompettes, les fléaux déversés sur la terre par les coupes rappellent les plaies d'Égypte.*

**La sixième coupe**

*L'Euphrate (photo ci-dessous) est un grand fleuve de Mésopotamie, qui marquait la frontière entre l'Empire romain et l'ancien royaume des Parthes, plus à l'est. Si le fleuve s'était desséché, le passage aurait été ouvert aux envahisseurs. Le verset 12 pourrait être une allusion à ce contexte historique, associant l'écroulement de la puissance de Rome au commencement du Règne de Dieu.*

¹⁷ Le septième ange versa sa coupe dans l'air. Une voix forte se fit entendre du temple ; elle venait du trône et disait : « C'en est fait ! » ¹⁸ Il y eut alors des éclairs, des bruits de voix, des coups de tonnerre et un violent tremblement de terre. Celui-ci fut même si violent qu'il n'y en a jamais eu de pareil depuis l'apparition de l'homme sur la terre ! ¹⁹ La grande ville se brisa en trois parties et les villes de tous les pays s'écroulèrent. Dieu n'oublia pas la grande Babylone ; il lui fit boire le vin de sa coupe, le vin de son ardente colère. ²⁰ Toutes les îles disparurent et l'on ne vit plus de montagnes. ²¹ Des grêlons d'un poids énorme tombèrent du ciel sur les hommes. Et les hommes insultèrent Dieu à cause du fléau de la grêle, car c'était un fléau d'une violence terrible.

## La grande prostituée

**17** ¹ Alors l'un des sept anges qui tenaient les sept coupes vint me dire : « Viens et je te montrerai la condamnation qui va frapper la grande prostituée, la grande ville bâtie au bord de nombreuses rivières. ² Les rois de la terre se sont livrés à l'immoralité avec elle et les habitants de la terre se sont enivrés du vin de son immoralité. »

³ L'Esprit se saisit de moi et l'ange me transporta dans un désert. Je vis là une femme assise sur une bête rouge écarlate qui était couverte de noms insultants pour Dieu ; cette bête avait sept têtes et dix cornes.

⁴ La femme portait de luxueux vêtements rouge écarlate et elle était chargée de bijoux d'or, de pierres précieuses et de perles. Elle tenait à la main une coupe d'or pleine des abominables impuretés dues à son immoralité. ⁵ Sur son front était écrit un nom au sens secret : « La grande Babylone, la mère des prostituées et des abominations du monde. » ⁶ Je vis que cette femme était ivre du sang du peuple de Dieu, du sang de ceux qui ont été mis à mort à cause de leur fidélité à Jésus.

En la voyant, je fus saisi d'un grand étonnement. ⁷ L'ange me dit alors : « Pourquoi t'étonnes-tu ? Je te révélerai le secret de la femme et de la bête qui la porte, celle qui a sept têtes et dix cornes. ⁸ La bête que tu as vue était autrefois vivante mais ne l'est plus ; elle doit sortir de l'abîme, mais pour aller à sa perte. Les habitants de la terre, dont le nom ne se trouve pas inscrit depuis la création du monde dans le livre de vie, s'étonneront en

**Harmaguédon**

En hébreu Harmaguédon, Har Meguiddo, signifie « la montagne de Meguiddo ». Dans l'Apocalypse (16,16), il évoque la bataille décisive de la fin des temps. Meguiddo, sur la route de l'Égypte à la Syrie, était un endroit stratégique important et fut le théâtre de sanglants combats entre les Israélites et leurs adversaires. L'Ancien Testament rapporte comment la prophétesse Débora et Barac, le chef de l'armée y vainquirent les ennemis d'Israël (Juges 4-5).

Buste de l'empereur Domitien (51-96 apr. J.-C.). Le livre de l'Apocalypse fut écrit vers la fin du règne de Domitien, despote qui s'intitulait lui-même « empereur et dieu ». Les chrétiens refusaient de lui rendre un culte et étaient donc impitoyablement pourchassés.

voyant la bête : en effet, elle était autrefois vivante, mais ne l'est plus, et elle reparaîtra.

⁹ « Ici, il faut de l'intelligence et de la sagesse. Les sept têtes sont sept collines, sur lesquelles la femme est assise. Elles sont aussi sept rois : ¹⁰ cinq d'entre eux sont tombés, l'un règne actuellement et le septième n'est pas encore venu ; quand il sera venu, il ne restera que peu de temps. ¹¹ La bête, qui était autrefois vivante mais ne l'est plus, est elle-même un huitième roi ; elle est en même temps l'un des sept et elle va à sa perte.

¹² « Les dix cornes que tu as vues sont dix rois qui n'ont pas encore commencé à régner ; mais ils recevront le pouvoir de régner pendant une heure avec la bête. ¹³ Ils ont tous les dix la même intention : mettre leur puissance et leur pouvoir au service de la bête. ¹⁴ Ils combattront l'Agneau, mais l'Agneau les vaincra, parce qu'il est le Seigneur des seigneurs et le Roi des rois ; il les vaincra avec ceux qu'il a appelés et choisis, ses fidèles. »

¹⁵ L'ange me dit encore : « Les eaux que tu as vues, là où se tient la prostituée, ce sont des peuples, des foules, des nations et des langues. ¹⁶ Les dix cornes que tu as vues et la bête haïront la prostituée : elles la dépouilleront de tout ce qu'elle a, elles la mettront à nu, elles mangeront sa chair et détruiront ses restes par le feu. ¹⁷ Car Dieu a mis dans leur cœur la volonté d'exécuter son intention ; elles agiront d'un commun accord pour mettre leur pouvoir royal au service de la bête, jusqu'à ce que les paroles de Dieu soient réalisées.

¹⁸ « Enfin, la femme que tu as vue, c'est la grande ville qui domine les rois de la terre. »

## La chute de Babylone

**18** ¹ Après cela, je vis un autre ange descendre du ciel. Il avait un grand pouvoir, et sa splendeur illumina la terre entière. ² Il cria avec force : « Elle est tombée, elle est tombée la grande Babylone ! Maintenant, c'est un lieu habité par des démons, un refuge pour toutes sortes d'esprits mauvais ; c'est là que vivent toutes sortes d'oiseaux et d'animaux impurs et répugnants. ³ Toutes les nations ont bu le vin de sa furieuse immoralité. Les rois de la terre se sont livrés à l'immoralité avec elle et les marchands de la terre se sont enrichis de son luxe démesuré. »

⁴ Puis j'entendis une autre voix qui venait du ciel et disait : « Sortez du milieu d'elle, mon peuple, afin de ne pas être complices de ses péchés et de ne pas subir avec elle les fléaux qui vont la frapper. ⁵ Car ses péchés se sont

*Le Capitole à Rome.*
*Le verset 9 fait sans doute allusion à Rome, la ville aux « sept collines », que l'auteur de l'Apocalypse cache aussi sous le nom de « Babylone ». Ce nom se réfère à la capitale des Babyloniens, qui avaient détruit Jérusalem (en 587 av. J.-C.), et dont l'empire avait fini par s'écrouler. Or, l'empereur romain Vespasien avait lui-même fait raser le temple et la ville de Jérusalem en 70 apr. J.-C, après avoir écrasé la révolte des Juifs. Vespasien était le père de Domitien, sous lequel Jean fut exilé à Patmos. L'auteur de l'Apocalypse entrevoit peut-être dans la chute de Babylone (chapitre 18), celle, à venir, de l'Empire romain.*

**Immoralité**

*L'immoralité (ou « prostitution ») condamnée au verset 3 est une allusion au culte des idoles, souvent accompagné de prostitution dans l'Antiquité.*

### La chute de Rome

*C'est avec une grande joie qu'est annoncée la chute de Babylone (et donc, pour l'auteur, de Rome). Les croyants qui attendent la punition encourue par cette domination impitoyable voient celle-ci s'écrouler en peu de temps. Nombreux sont ceux qui se lamentent, mais le ciel et le peuple de Dieu s'en réjouissent.*

*Ce sont les puissants et les riches qui se lamentent sur la destruction de la ville, de même que les marchands qui y faisaient fortune.*

entassés jusqu'au ciel et Dieu n'a pas oublié ses ignobles actions. **6** Traitez-la comme elle a traité les autres, payez-lui le double de ce qu'elle a fait. Remplissez sa coupe d'une boisson deux fois plus forte que celle qu'elle a fait boire aux autres. **7** Infligez-lui autant de tourment et de malheur qu'elle s'est accordé de gloire et de luxe. Elle se dit en elle-même : "Je siège ici comme une reine, je ne suis pas veuve et je ne connaîtrai jamais le deuil." **8** Voilà pourquoi les fléaux qui lui sont réservés vont tous s'abattre sur elle en un seul jour : maladie mortelle, deuil et famine ; elle sera détruite par le feu. Car il est puissant le Seigneur Dieu qui l'a jugée. »

**9** Les rois de la terre, qui se sont livrés avec elle à l'immoralité et au luxe, pleureront et se lamenteront à son sujet, quand ils verront la fumée de la ville incendiée. **10** Ils se tiendront à bonne distance, par peur du châtiment qui est le sien, et ils diront : « Malheur ! Quel malheur ! O Babylone, ville grande et puissante ! Une seule heure a suffi pour que la condamnation te frappe ! »

**11** Les marchands de la terre pleurent aussi et se lamentent à son sujet, parce que personne n'achète plus leurs marchandises : **12** or, argent, pierres précieuses et perles ; fines toiles de lin, précieuses étoffes rouges et écarlates, soie ; toute sorte de bois rares, toute espèce d'objets en ivoire, bois précieux, bronze, fer ou marbre ; **13** cannelle et autres épices, parfums, myrrhe et encens ; vin, huile, farine et blé ; bœufs et moutons, chevaux et chars, esclaves et même vies humaines. **14** « Ah ! dit-on, tous les produits que tu désirais ont disparu de chez toi, toutes tes richesses et ton luxe sont perdus pour toi, et on ne les retrouvera plus jamais ! » **15** Les marchands qui se sont enrichis en faisant du commerce dans cette ville, se tiendront à bonne distance par peur du châtiment qui est le sien. Ils pleureront et se lamenteront ; **16** ils diront : « Malheur ! Quel malheur pour la grande ville ! Elle était vêtue d'un fin tissu de lin, de précieuses étoffes rouges et écarlates, elle était chargée de bijoux d'or, de pierres précieuses et de perles. **17** Et une seule heure a suffi pour que disparaisse toute cette richesse ! »

Tous les capitaines de navires et leurs passagers, les marins et tous ceux qui gagnent leur vie sur la mer, se tenaient à bonne distance **18** et s'écriaient en voyant la fumée de la ville incendiée : « Il n'y a jamais eu de ville aussi grande que celle-ci ! » **19** Ils se jetaient de la poussière sur la tête, ils pleuraient, se lamentaient et criaient : « Malheur ! Quel malheur pour la grande ville ! C'est de sa richesse que s'enrichissaient tous ceux qui ont des navires sur la mer. Et une seule heure a suffi pour que tout cela disparaisse ! »

²⁰ Réjouis-toi de sa destruction, ciel ! Réjouissez-vous peuple de Dieu, apôtres et prophètes ! Car Dieu l'a jugée pour le mal qu'elle vous a fait !

²¹ Alors un ange puissant prit une pierre semblable à

*Les marins unissent leurs voix aux lamentations sur la chute de Babylone. A l'époque, le trafic maritime revêtait une grande importance pour la prospérité commerciale et la souveraineté militaire d'un empire, car les bateaux transportaient marchandises et soldats.*

une grande meule à blé et la jeta dans la mer en disant : « C'est ainsi que la grande ville de Babylone sera précipitée avec violence, et on ne la reverra plus jamais. ²² On n'entendra plus jamais chez toi la musique des harpistes et des chanteurs, des joueurs de flûte et de trompette. On n'y trouvera plus aucun artisan quelconque ; on n'y entendra plus le bruit de la meule à blé. ²³ La lumière de la lampe ne brillera plus jamais chez toi ; on n'y entendra plus la voix des jeunes mariés. Tes marchands étaient les plus importants du monde, et par tes pratiques de magie tu as égaré tous les peuples. »

²⁴ C'est à Babylone qu'a coulé le sang des prophètes et du peuple de Dieu, le sang de tous ceux qui ont été massacrés sur la terre.

**19.** ¹ Après cela, j'entendis une voix forte dans le ciel, semblable à celle d'une foule nombreuse ; elle disait : « Alléluia ! Louez le Seigneur ! Le salut, la gloire et la puissance sont à notre Dieu ! ² Ses jugements sont vrais et justes ! Car il a condamné la grande prostituée qui corrompait la terre par son immoralité. Il lui a fait rendre compte de la mort de ses serviteurs. » ³ Et ils dirent encore : « Alléluia ! Louez le Seigneur ! La fumée de la grande ville incendiée s'élève pour toujours ! » ⁴ Les vingt-quatre anciens et les quatre êtres vivants s'agenouillèrent et adorèrent Dieu, qui siège sur le trône, et dirent : « Amen ! Alléluia ! Louez le Seigneur ! »

*« La lumière de la lampe ne brillera plus jamais chez toi. » (Apocalypse 18,23) La chute de la ville aux lumières à jamais éteintes, n'est pas motif de lamentation mais source de joie pour ceux qui avaient été opprimés.*

## Le repas des noces de l'Agneau

**5** Une voix se fit entendre du trône ; elle disait : « Louez notre Dieu, vous tous ses serviteurs, vous qui le respectez, les grands comme les petits ! » **6** Puis j'entendis une voix semblable à celle d'une foule nombreuse ; elle résonnait comme de grandes chutes d'eau, comme de violents coups de tonnerre. Voici ce qui était dit : « Alléluia ! Louez le Seigneur ! Car le Seigneur, notre Dieu tout-puissant, a établi son règne ! **7** Réjouissons-nous et soyons heureux, rendons-lui gloire ! Car le moment des noces de l'Agneau est arrivé, et son épouse s'est préparée. **8** On lui a donné un vêtement fait d'un fin tissu de lin, brillant et pur. » (Le tissu de lin représente les actions justes du peuple de Dieu.)

**9** L'ange me dit : « Écris : Heureux ceux qui ont été invités au repas des noces de l'Agneau. » Et il ajouta : « Ce sont là les paroles véritables de Dieu. »

**10** Je me jetai à ses pieds pour l'adorer, mais il me dit : « Garde-toi de le faire ! Je suis un serviteur, comme toi et comme tes frères qui sont fidèles à la vérité révélée par Jésus. C'est Dieu que tu dois adorer ! »

La vérité révélée par Jésus, voilà ce qui inspire les prophètes.

*L'Agneau Mystique adoré par les Anges, détail du Polyptyque des frères Van Eyck (XVe siècle).*

*« Le moment des noces de l'Agneau est arrivé, et son épouse s'est préparée. »*
*(Apocalypse 19,7)*
*Tous les croyants qui ont résisté aux dangers et sont restés fidèles au Christ, sont invités au « repas des noces » de l'Agneau et de son épouse, le Peuple de Dieu.*

## Le cavalier monté sur le cheval blanc

**11** Puis je vis le ciel ouvert, et un cheval blanc apparut. Celui qui le monte s'appelle Fidèle et Véritable ; il juge et combat avec justice. **12** Ses yeux flamboyaient comme du feu et il avait de nombreuses couronnes sur la tête. Il portait un nom inscrit qu'il est le seul à connaître. **13** Il était vêtu d'un manteau couvert de sang. Il s'appelle « La parole de Dieu ». **14** Les armées du ciel le suivaient, montées sur des chevaux blancs et vêtues d'un fin tissu de lin, blanc et pur. **15** De sa bouche sortait une épée aiguë destinée à frapper les nations. Il les dirigera avec une autorité de fer, et il écrasera le raisin dans le pressoir de l'ardente colère du Dieu tout-puissant. ¹⁶ Sur son manteau et sur sa jambe le nom suivant était inscrit : « Roi des rois et Seigneur des seigneurs ».

¹⁷ Ensuite je vis un ange debout dans le soleil. Il cria avec force à tous les oiseaux qui volaient très haut dans les airs : « Venez, rassemblez-vous pour le grand repas de Dieu ! ¹⁸ Venez manger la chair des rois, des généraux et des soldats, la chair des chevaux et de leurs cavaliers, la chair de tous les hommes, libres ou esclaves, petits ou grands. »

¹⁹ Puis je vis la bête, les rois de la terre et leurs armées, rassemblés pour combattre contre celui qui monte le cheval et contre son armée. ²⁰ La bête fut capturée, ainsi que le faux prophète qui avait accompli des miracles en sa présence pour égarer ceux qui avaient reçu la marque de la bête et qui adoraient sa statue. La bête et le faux prophète furent jetés vivants dans le lac de soufre enflammé. ²¹ Tous leurs soldats furent tués par l'épée qui sort de la bouche de celui qui monte le cheval, et tous les oiseaux se nourrirent de leur chair.

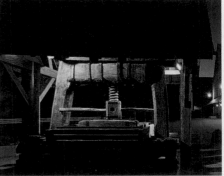

*Le retour du Christ à la fin des temps est décrit de façon imagée. Il est le Seigneur et l'autorité suprême, qui jugera les grands et les rois de ce monde. Le pressoir est déjà dans l'Ancien Testament une image de la justice divine (verset 15).*

## Les mille ans

**20** ¹ Puis je vis un ange descendre du ciel ; il tenait à la main la clé de l'abîme et une énorme chaîne. ² Il saisit le dragon, le serpent ancien, c'est-à-dire le diable ou Satan, et il l'enchaîna pour mille ans. ³ L'ange le jeta dans l'abîme, qu'il ferma à clé et scella au-dessus de lui, afin que le dragon ne puisse plus égarer les nations jusqu'à ce que les mille ans soient passés. Après cela, il doit être relâché pour un peu de temps.

⁴ Ensuite je vis des trônes : ceux qui siégeaient dessus reçurent le pouvoir de juger. Je vis aussi les âmes de ceux qui avaient été exécutés pour leur fidélité à la vérité révélée par Jésus et à la parole de Dieu. Ils n'avaient pas adoré la bête, ni sa statue, et ils n'avaient pas reçu la marque de la bête sur le front, ni sur la main. Ils revinrent à la vie et régnèrent avec le Christ pendant mille ans. ⁵ Les autres morts ne revinrent pas à la vie avant que les mille ans soient passés. C'est la première résurrection. ⁶ Heureux ceux qui ont part à cette première résurrection ! Ils appartiennent à Dieu et la seconde mort n'a pas de pouvoir sur eux ; ils seront prêtres de Dieu et du Christ, et ils régneront avec le Christ pendant les mille ans.

## La défaite de Satan

**7** Quand les mille ans seront passés, Satan sera relâché de sa prison, **8** et il s'en ira tromper les nations répandues dans le monde entier, c'est-à-dire Gog et Magog. Il les rassemblera pour le combat, et ils seront aussi nombreux que les grains de sable au bord de la mer. **9** Les voici qui s'avancent sur toute l'étendue de la terre, et ils encerclent le camp du peuple de Dieu, la ville aimée de Dieu. Mais le feu descend du ciel et les détruit. **10** Alors le diable, qui les trompait, est jeté dans le lac de soufre enflammé, où se trouvent déjà la bête et le faux prophète. Ils y seront tourmentés jour et nuit pour toujours.

## Le jugement dernier

**11** Puis je vis un grand trône blanc et celui qui y siège. La terre et le ciel s'enfuirent loin de lui, et on ne les revit plus. **12** Ensuite, je vis les morts, grands et petits, debout devant le trône. Des livres furent ouverts. Un autre livre encore fut ouvert, le livre de vie. Les morts furent jugés selon ce qu'ils avaient fait, d'après ce qui était écrit dans les livres. **13** La mer rendit les morts qu'elle contenait. La

mort et le monde des morts rendirent aussi leurs morts. Et tous furent jugés selon ce qu'ils avaient fait. **14** La mort et le monde des morts furent jetés dans le lac enflammé. Ce lac est la seconde mort. **15** Quiconque n'avait pas son nom inscrit dans le livre de vie fut jeté dans le lac enflammé.

## Le nouveau ciel et la nouvelle terre

**21** **1** Alors je vis un nouveau ciel et une nouvelle terre. Le premier ciel et la première terre avaient disparu, et il n'y avait plus de mer. **2** Et je vis la ville sainte, la nouvelle Jérusalem, qui descendait du ciel, envoyée par Dieu, prête comme une épouse qui s'est faite belle

---

*Le règne de mille ans*

*Dieu vainqueur met fin à toute violence et enchaîne la puissance du mal, Satan, pour mille ans. Ce règne de mille ans ne correspond pas à une durée concrète mais présuppose le déroulement d'une histoire du monde selon un schéma où un jour divin équivaut à mille années terrestres. Mille ans seraient donc comparables à une journée sabbatique, c'est-à-dire de repos ou de répit. Cependant, l'annonce d'un règne de mille ans ne saurait nourrir des spéculations historiques ou philosophiques, mais est à comprendre comme parole de réconfort adressée à ceux qui subissent des persécutions.*

*La mer Morte*

*Le lac de soufre enflammé (verset 10) où sont jetées les puissances démoniaques rappelle la destruction par le feu et le soufre de Sodome et Gomorrhe, villes de l'Ancien Testament que l'on situe au sud de la mer Morte.*

pour aller à la rencontre de son mari. ³ J'entendis une voix forte qui venait du trône et disait : « Maintenant la demeure de Dieu est parmi les hommes ! Il demeurera avec eux et ils seront ses peuples. Dieu lui-même sera avec eux, il sera leur Dieu. ⁴ Il essuiera toute larme de leurs yeux. Il n'y aura plus de mort, il n'y aura plus ni deuil, ni lamentations, ni douleur. En effet, les choses anciennes auront disparu. »

⁵ Alors celui qui siège sur le trône déclara : « Maintenant, je fais toutes choses nouvelles. » Puis il me dit : « Écris ceci, car mes paroles sont vraies et dignes de confiance. »

⁶ Et il ajouta : « C'en est fait ! Je suis l'Alpha et l'Oméga, le commencement et la fin. Celui qui a soif, je lui donnerai à boire gratuitement à la source d'eau de la vie. ⁷ Quiconque aura remporté la victoire recevra de moi ce don ; je serai son Dieu, et il sera mon fils. ⁸ Quant aux lâches, aux infidèles, aux êtres abominables, aux meurtriers, aux gens immoraux, à ceux qui pratiquent la magie, aux adorateurs d'idoles et à tous les menteurs, leur place sera dans le lac de soufre enflammé, qui est la seconde mort. »

## La nouvelle Jérusalem

⁹ L'un des sept anges qui tenaient les sept coupes pleines des sept derniers fléaux vint me dire : « Viens et je te montrerai la mariée, l'épouse de l'Agneau. »

¹⁰ L'Esprit se saisit de moi et l'ange me transporta au sommet d'une très haute montagne. Il me montra la ville sainte, Jérusalem, qui descendait du ciel, envoyée par Dieu, ¹¹ resplendissante de la gloire de Dieu. La ville brillait d'un éclat semblable à celui d'une pierre précieuse, d'une pierre de jaspe transparente comme du cristal. ¹² Elle avait une très haute muraille, avec douze portes, et douze anges gardaient les portes. Sur les portes étaient inscrits les noms des douze tribus du peuple d'Israël. ¹³ Il y avait trois portes de chaque côté : trois à l'est, trois au nord, trois au sud et trois à l'ouest. ¹⁴ La muraille de la ville reposait sur douze pierres de fondation, sur lesquelles étaient inscrits les noms des douze apôtres de l'Agneau.

¹⁵ L'ange qui me parlait tenait une mesure, un roseau d'or, pour mesurer la ville, ses portes et sa muraille.

**Le jugement dernier**

*La résurrection des morts et le jugement dernier marquent la fin du monde ancien et l'inauguration du Règne divin. Les puissances ténébreuses du mal succombent à la « seconde mort » éternelle. Mais ceux qui sont « inscrits dans le livre de vie » participent à la gloire future (versets 14-15).*

*La Jérusalem Nouvelle, tapisserie de l'Apocalypse (Angers, fin du XIVᵉ siècle).*

*Dieu fait apparaître « un nouveau ciel et une nouvelle terre » : c'est une nouvelle Création (verset 1). La nouvelle Jérusalem est à l'opposé de la Babylone impie qui a été détruite. Dans la Jérusalem céleste, Dieu demeure auprès des humains, il a vaincu la mort et toutes souffrances.*

[16] La ville était carrée, sa longueur était égale à sa largeur. L'ange mesura la ville avec son roseau : douze mille unités de distance, elle était aussi large et haute que longue. [17] Il mesura aussi la muraille : cent quarante-quatre coudées de hauteur, selon la mesure ordinaire qu'il utilisait. [18] La muraille était construite en jaspe, et la ville elle-même était d'or pur, aussi clair que du verre. [19] Les fondations de la muraille de la ville étaient ornées de toutes sortes de pierres précieuses : la première fondation était de jaspe, la deuxième de saphir, la troisième d'agate, la quatrième d'émeraude, [20] la cinquième d'onyx, la sixième de sardoine, la septième de chrysolithe, la huitième de béryl, la neuvième de topaze, la dixième de chrysoprase, la onzième de turquoise et la douzième d'améthyste. [21] Les douze portes étaient douze perles ; chaque porte était faite d'une seule perle. La place de la ville était d'or pur, transparent comme du verre.

[22] Je ne vis pas de temple dans cette ville, car elle a pour temple le Seigneur, le Dieu tout-puissant, ainsi que l'Agneau. [23] La ville n'a besoin ni du soleil ni de la lune pour l'éclairer, car la gloire de Dieu l'illumine et l'Agneau est sa lampe. [24] Les nations marcheront à sa lumière, et les rois de la terre y apporteront leurs richesses. [25] Les portes de la ville resteront ouvertes pendant toute la journée ; et même, elles ne seront jamais fermées, car là il n'y aura plus de nuit. [26] On y apportera la splendeur et la richesse des nations. [27] Mais rien d'impur n'entrera dans cette ville, ni personne qui se livre à des pratiques abominables et au mensonge. Seuls entreront ceux dont le nom est inscrit dans le livre de vie, qui est celui de l'Agneau.

### La splendeur de la Jérusalem céleste

*Les pierres précieuses et les métaux nobles ont toujours été des marques de prestige et de richesse des gouvernants et des rois (photo ci-dessous). Ils sont aussi des symboles de pureté et de perfection. Les douze pierres précieuses énumérées dans la description des murailles de Jérusalem rappellent celles qui ornaient une pièce de vêtement du grand prêtre, le pectoral, symbolisant les douze tribus d'Israël.*

### La ville ouverte

*Les portes de la ville sont ouvertes : cela veut dire que tous y sont accueillis. Il n'y a plus de temple réservé à la rencontre avec Dieu : sa présence est immédiate. Il est au milieu de tous.*

*Scène de l'Apocalypse. L'adoration de l'agneau, Albrecht Dürer (1471-1528).*

**22**<sup></sup> <sup>1</sup> L'ange me montra aussi le fleuve d'eau de la vie, brillant comme du cristal, qui jaillissait du trône de Dieu et de l'Agneau, <sup>2</sup> et coulait au milieu de la place de la ville. De chaque côté du fleuve se trouve l'arbre de la vie, qui donne des fruits douze fois par année, une fois chaque mois. Ses feuilles servent à la guérison des nations. <sup>3</sup> Il ne s'y trouvera plus rien qui soit frappé par la malédiction de Dieu.

Le trône de Dieu et de l'Agneau sera dans la ville, et les serviteurs de Dieu l'adoreront. <sup>4</sup> Ils verront sa face, et son nom sera inscrit sur leurs fronts. <sup>5</sup> Il n'y aura plus de nuit, et ils n'auront besoin ni de la lumière d'une lampe, ni de celle du soleil, parce que le Seigneur Dieu répandra sur eux sa lumière, et ils régneront pour toujours.

## La venue de Jésus

<sup>6</sup> Puis l'ange me dit : « Ces paroles sont vraies et dignes de confiance. Et le Seigneur Dieu, qui inspire les prophètes, a envoyé son ange pour montrer à ses serviteurs ce qui doit arriver bientôt. »

<sup>7</sup> « Écoute, dit Jésus, je viens bientôt ! Heureux ceux qui prennent au sérieux les paroles prophétiques de ce livre ! »

<sup>8</sup> Moi, Jean, j'ai entendu et vu ces choses. Et après les avoir entendues et vues, je me suis jeté aux pieds de l'ange qui me les avait montrées, pour l'adorer. <sup>9</sup> Mais il me dit : « Garde-toi de le faire ! Je suis un serviteur comme toi, comme tes frères les prophètes et comme tous ceux qui prennent au sérieux les paroles de ce livre. C'est Dieu que tu dois adorer ! »

<sup>10</sup> Puis il ajouta : « Ne tiens pas cachées les paroles prophétiques de ce livre, car le moment fixé pour tous ces événements est proche. <sup>11</sup> Que celui qui est mauvais continue à mal agir, et que celui qui est impur continue à être impur ; que celui qui fait le bien continue à le faire, et que celui qui est saint progresse dans la sainteté. »

<sup>12</sup> « Écoute, dit Jésus, je viens bientôt ! J'apporterai avec moi la récompense à donner à chacun selon ce qu'il aura fait. <sup>13</sup> Je suis l'Alpha et l'Oméga, le premier et le dernier, le commencement et la fin. »

<sup>14</sup> Heureux ceux qui lavent leurs vêtements, et qui ont ainsi le droit de manger les fruits de l'arbre de la vie et d'entrer par les portes dans la ville. <sup>15</sup> Mais hors de la ville, les êtres abominables, ceux qui pratiquent la magie, les gens immoraux, les meurtriers, les adorateurs d'idoles et tous ceux qui aiment et pratiquent le mensonge !

<sup>16</sup> « Moi, Jésus, j'ai envoyé mon ange pour vous révéler tout cela dans les Églises. Je suis le descendant de la famille de David, l'étoile brillante du matin. »

*Avec la Jérusalem céleste réapparaît le Paradis perdu, où se trouvaient le fleuve et l'arbre de la vie, dont les fruits abondants deviennent accessibles à tous. Adam et Ève avaient été chassés du jardin d'Éden pour avoir goûté les fruits de cet arbre ; maintenant ses feuilles « servent à la guérison » (verset 2).*

**17** L'Esprit et l'Épouse disent : « Viens ! »
Que celui qui entend cela dise aussi : « Viens ! »
Que celui qui a soif vienne ; que celui qui veut de l'eau de la vie la reçoive gratuitement.

## Conclusion

**18** Moi, Jean, j'adresse ce solennel avertissement à quiconque entend les paroles prophétiques de ce livre : si quelqu'un y ajoute quelque chose, Dieu ajoutera à son sort les fléaux décrits dans ce livre. **19** Et si quelqu'un enlève quelque chose des paroles prophétiques de ce livre, Dieu lui enlèvera sa part des fruits de l'arbre de la vie et de la ville sainte décrits dans ce livre.

**20** Celui qui garantit la vérité de tout cela déclare : « Oui, je viens bientôt ! »
Amen ! Qu'il en soit ainsi ! Viens, Seigneur Jésus !
**21** Que la grâce du Seigneur Jésus soit avec tous.

*« Viens, Seigneur Jésus ! »*
*(Apocalypse 22,20)*
*Cette prière rappelle la formule araméenne « Marana tha » (« Notre Seigneur, viens ! ») utilisée dans les premières communautés chrétiennes et passée dans la liturgie. Placée ici, elle marque un étroit rapport avec le culte et la prière de l'Église naissante.*

*Le Christ en gloire, détail d'une représentation médiévale de l'Apocalypse. L'Apocalypse constitue le dernier livre du Nouveau Testament. Il ouvre sur l'avenir et sur un monde en devenir. Il transmet l'espérance fondée sur le Christ qui a dit, dit et dira : « Maintenant, je fais toutes choses nouvelles » (Apocalypse 21,5).*

## Des repères pour vivre

Nous vivons dans un monde de plus en plus complexe et divers où les opinions et les options divergent, rendant difficile une vision claire et précise de ce qui est à faire et à vivre pour trouver le bonheur et construire un avenir meilleur. Notre route n'est pas toute tracée d'avance, l'itinéraire n'est pas balisé. Dans notre société où tant de systèmes de pensée nous offrent des « prêt-à-penser », il nous appartient de choisir librement notre route et d'établir les repères qui serviront de balises.

Tout le monde a des repères dans sa vie, principalement des valeurs telles que la solidarité, la liberté, la justice, la famille, l'amour… Chacun peut rencontrer autour de soi des hommes et des femmes qui témoignent de la fécondité d'une vie fondée sur ces valeurs. Élisabeth, Marthe, Marie, Jésus, Jean, Paul, Luc, Matthieu, Marc, Jacques et d'autres personnes, dont parle le Nouveau Testament que vous tenez entre les mains, sont de ceux-là.

De quoi nous parlent-ils ? De Dieu bien sûr, et de Jésus. Mais aussi de l'homme, de l'homme dans sa réalité profonde. Les textes du Nouveau Testament ont été écrits, il y a bien longtemps, par des gens qui, comme nous, ont cherché des réponses à leurs questions et ont voulu discerner ce qui était important pour construire leur vie et la société de leur temps. Ils ont cherché aussi à mieux comprendre qui est Jésus et ce qu'il apporte à l'humanité comme pistes de vie et d'espérance. Ils ne nous disent pas grand-chose sur de nombreuses questions qui se posent aujourd'hui, mais la confrontation à leur vision de la vie peut nous aider à construire la nôtre.

Les textes que vous découvrirez dans les pages qui suivent sont tous tirés du Nouveau Testament. Ils ne constituent pas des réponses toutes faites, mais des propositions, des points de repère pour penser par soi-même, pour regarder différemment la vie quotidienne et la société à construire ensemble.

Le choix s'est opéré avant tout par coup de cœur. Après avoir relu l'ensemble du Nouveau Testament, nous avons surtout retenu les textes qui trouvaient un écho dans notre vie. Ils nous ont tour à tour séduits, interpellés, dérangés, encouragés, confirmés dans nos choix de vie. C'est une sélection partielle et partiale. Afin d'en faciliter la lecture, nous avons regroupé ces textes à l'intérieur de quelques grands thèmes. Un index thématique par ordre alphabétique renvoie aux grands thèmes abordés. Chaque texte porte la référence des versets et chapitres des livres dont ils ont été tirés ainsi que la page du Nouveau Testament dont ils sont extraits. Le lecteur peut ainsi situer chaque passage dans le contexte dans lequel il a été écrit et qui lui donne son sens.

# Amour

### Moi et les autres

*Faites pour les autres tout ce que vous voulez qu'ils fassent pour vous : c'est ce qu'enseignent les livres de la loi de Moïse et des Prophètes.*

*(Matthieu 7,12 ; p. 14)*

### La dette de l'amour

*N'ayez de dette envers personne, sinon l'amour que vous vous devez les uns aux autres. Celui qui aime les autres a obéi complètement à la loi.*

*(Romains 13,8 ; p. 348)*

### Aimer comme Jésus nous aime

*Je vous donne un commandement nouveau : aimez-vous les uns les autres. Il faut que vous vous aimiez les uns les autres comme je vous ai aimés. Si vous vous aimez les uns les autres, alors tous sauront que vous êtes mes disciples.*

*(Jean 13,34 ; p. 231)*

*Voici mon commandement : aimez-vous les uns les autres comme je vous aime. Le plus grand amour que quelqu'un puisse montrer, c'est de donner sa vie pour ses amis.*

*(Jean 15,12-13 ; p. 233)*

### Amour des ennemis

*Vous avez entendu qu'il a été dit : « Tu dois aimer ton prochain et haïr ton ennemi. » Eh bien, moi je vous dis : aimez vos ennemis et priez pour ceux qui vous persécutent. Ainsi vous deviendrez les fils de votre Père qui est dans les cieux. Car il fait lever son soleil aussi bien sur les méchants que sur les bons, il fait pleuvoir sur ceux qui lui sont fidèles comme sur ceux qui ne le sont pas.*

*(Matthieu 5,43-45 ; p. 11)*

### Être un

*Je ne prie pas seulement pour eux, mais aussi pour ceux qui croiront en moi grâce à leur message. Je prie pour que tous soient un. Père, qu'ils soient unis à nous, comme toi tu es uni à moi et moi à toi. Qu'ils soient un pour que le monde croie que tu m'as envoyé. Je leur ai donné la gloire que tu m'as donnée, pour qu'ils soient un comme toi et moi nous sommes un. Je vis en eux, tu vis en moi ; c'est ainsi qu'ils pourront être parfaitement un, afin que le monde reconnaisse que tu m'as envoyé et que tu les aimes comme tu m'aimes.*

*(Jean 17,20-23 ; p. 238)*

### Fruit du pardon

*Je te le déclare : le grand amour que cette femme a manifesté prouve que ses nombreux péchés ont été pardonnés. Mais celui à qui l'on a peu pardonné ne manifeste que peu d'amour.*

*.(Luc 7,47 ; p. 140)*

### Hymne à l'amour

*Supposons que je parle les langues des hommes et même celles des anges : si je n'ai pas d'amour, je ne suis rien de plus qu'un métal qui résonne ou qu'une cymbale bruyante.*

*Je pourrais transmettre des messages reçus de Dieu, posséder toute la connaissance et comprendre tous les mystères, je pourrais avoir la foi capable de déplacer des montagnes, si je n'ai pas d'amour, je ne suis rien.*

*Je pourrais distribuer tous mes biens aux affamés et même livrer mon corps aux flammes, si je n'ai pas d'amour, cela ne me sert à rien.*

*Qui aime est patient et bon, il n'est pas envieux, ne se vante pas et n'est pas prétentieux ; qui aime ne fait rien de honteux, n'est pas égoïste, ne s'irrite pas et n'éprouve pas de rancune ; qui aime ne se réjouit pas du mal, il se réjouit de la vérité.*

*Qui aime supporte tout et garde en toute circonstance la foi, l'espérance et la patience.*

*L'amour est éternel. […] À présent, nous ne voyons qu'une image confuse, pareille à celle d'un vieux miroir ; mais alors, nous verrons face à face. À présent, je ne connais qu'incomplètement ; mais alors, je connaîtrai Dieu complètement, comme lui-même me connaît.*

*Maintenant, ces trois choses demeurent : la foi, l'espérance et l'amour ; mais la plus grande des trois est l'amour.*

*(I Corinthiens 13,1-13 ; p. 377)*

### Vivre, c'est aimer en actes

*Nous savons que nous sommes passés de la mort à la vie ; nous le savons parce que nous aimons nos frères. Celui qui n'aime pas est encore sous le pouvoir de la mort. […]*

*Voici comment nous savons ce qu'est l'amour : Jésus-Christ a donné sa vie pour nous. Donc, nous aussi, nous devons être prêts à donner notre vie pour nos frères.*

*Si quelqu'un, ayant largement de quoi vivre, voit son frère dans le besoin mais lui ferme son cœur, comment peut-il prétendre qu'il aime Dieu ?*

*Mes enfants, n'aimons pas seulement en paroles, avec de beaux discours ; faisons preuve d'un véritable amour qui se manifeste par des actes.*

*(I Jean 3,14-18 ; p. 533)*

### Partager l'amour reçu

*Mes chers amis, aimons-nous les uns les autres, car l'amour vient de Dieu. Quiconque aime est enfant de Dieu et connaît Dieu. Celui qui n'aime pas ne connaît pas Dieu, car Dieu est amour.*

*Voici comment Dieu a manifesté son amour pour nous : il a envoyé son Fils unique dans le monde, afin que nous ayons la vraie vie par lui.*

*Et l'amour consiste en ceci : ce n'est pas nous qui avons aimé Dieu, mais c'est lui qui nous a aimés ; il a envoyé son Fils qui s'est offert en sacrifice pour le pardon de nos péchés.*

*Mes chers amis, si c'est ainsi que Dieu nous a aimés, nous devons, nous aussi, nous aimer les uns les autres.*

*(I Jean 4,7-11 ; p. 534)*

### L'amour menteur

*Si quelqu'un dit : « J'aime Dieu », et qu'il haïsse son frère, c'est un menteur. En effet, s'il n'aime pas son frère qu'il voit, il ne peut pas aimer Dieu qu'il ne voit pas. Voici donc le commandement que le Christ nous a donné : celui qui aime Dieu doit aussi aimer son frère.*

*(I Jean 4,20-21 ; p. 535)*

# Bonheur

### Jésus partage sa joie

*Peu avant sa mort, Jésus pria ainsi : « Et maintenant je vais à toi. Je parle ainsi pendant que je suis encore dans le monde, afin que tes disciples aient en eux-mêmes ma joie, une joie complète. »*

*(Jean 17,13 ; p. 237)*

### Vous qui êtes fatigués…

*Jésus dit à la foule : « Venez à moi vous tous qui êtes fatigués de porter un lourd fardeau et je vous donnerai le repos. Prenez sur vous mon joug et laissez-moi vous instruire, car je suis doux et humble de cœur, et vous trouverez le repos pour vous-mêmes. Le joug que je vous invite à prendre est facile à porter et le fardeau que je vous propose est léger. »*

*(Matthieu 11,28-30 ; p. 25)*

### Dire son bonheur

*Quelqu'un est-il heureux ? Qu'il chante des louanges.*

*(Jacques 5,13 ; p. 513)*

### Le bonheur n'est pas que pour les gens heureux

*Quand Jésus vit ces foules, il monta sur une montagne et s'assit. Ses disciples vinrent auprès de lui et il se mit à leur donner cet enseignement :*

*« Heureux ceux qui se savent pauvres en eux-mêmes, car le Royaume des cieux est à eux ! Heureux ceux qui pleurent, car Dieu les consolera !*

*Heureux ceux qui sont doux, car ils recevront la terre que Dieu a promise !*

*Heureux ceux qui ont faim et soif de vivre comme Dieu le demande, car Dieu exaucera leur désir !*

Heureux ceux qui ont de la compassion pour autrui, car Dieu aura de la compassion pour eux ! Heureux ceux qui ont le cœur pur, car ils verront Dieu !

Heureux ceux qui créent la paix autour d'eux, car Dieu les appellera ses fils !

Heureux ceux qu'on persécute parce qu'ils agissent comme Dieu le demande, car le Royaume des cieux est à eux !

Heureux êtes-vous si les hommes vous insultent, vous persécutent et disent faussement toute sorte de mal contre vous parce que vous croyez en moi.

Réjouissez-vous, soyez heureux, car une grande récompense vous attend dans les cieux. C'est ainsi, en effet, qu'on a persécuté les prophètes qui ont vécu avant vous. »

(Matthieu 5,1-12 ; p. 8)

## Il y a toujours un bonheur caché quelque part

Le Royaume des cieux ressemble à un trésor caché dans un champ. Un homme découvre ce trésor et le cache de nouveau. Il est si heureux qu'il va vendre tout ce qu'il possède et revient acheter ce champ.

(Matthieu 13,44 ; p. 32)

## Comme une naissance

Quand une femme va mettre un enfant au monde, elle est en peine parce que le moment de souffrir est arrivé pour elle ; mais quand le bébé est né, elle oublie ses souffrances tant elle a de joie qu'un être humain soit venu au monde.

De même, vous êtes dans la peine, vous aussi, maintenant ; mais je vous reverrai, alors votre cœur se réjouira, et votre joie, personne ne peut vous l'enlever.

(Jean 16,21-22 ; p. 235)

## Le bonheur de Dieu

Au baptême de Jésus, une voix venant du ciel déclara : « Celui-ci est mon Fils bien-aimé ; je mets en lui toute ma joie. »

(Matthieu 3,17 ; p. 6)

## Le bonheur de Jésus

Jésus, rempli de joie par le Saint-Esprit, s'écria : « O Père, Seigneur du ciel et de la terre, je te remercie d'avoir révélé aux petits ce que tu as caché aux sages et aux gens instruits. Oui, Père, tu as bien voulu qu'il en soit ainsi. »

(Luc 10,21 ; p. 150)

## Le bonheur des disciples

Jésus se tourna vers ses disciples et leur dit : « Heureux êtes-vous de voir ce que vous voyez ! Car, je vous le déclare, beaucoup de prophètes et de rois ont désiré voir ce que vous voyez, mais ne l'ont pas vu, et entendre ce que vous entendez, mais ne l'ont pas entendu. »

(Luc 10,23-24 ; p. 150)

Jésus dit : « Heureux celui qui n'abandonnera pas la foi en moi ! »

(Matthieu 11,6 ; p. 23)

Une femme s'adressa à Jésus du milieu de la foule : « Heureuse est la femme qui t'a porté en elle et qui t'a allaité ! » Mais Jésus répondit : « Heureux plutôt ceux qui écoutent la parole de Dieu et la mettent en pratique ! »

(Luc 11,27-28 ; p. 153)

## Le bonheur de l'apôtre Pierre

Simon Pierre répondit à Jésus : « Tu es le Messie, le Fils du Dieu vivant. » Jésus lui dit alors : « Tu es heureux, Simon fils de Jean, car ce n'est pas un être humain qui t'a révélé cette vérité, mais mon Père qui est dans les cieux. »

(Matthieu 16,16-17 ; p. 39)

## Le bonheur de l'apôtre Paul

Quant à moi, je serai heureux de dépenser tout ce que j'ai et de me dépenser moi-même pour vous. M'aimerez-vous moins si je vous aime à un tel point ?

(2 Corinthiens 12,15 ; p. 406)

## Le bonheur retrouvé

Si une femme possède dix pièces d'argent et qu'elle en perde une, ne va-t-elle pas allumer une lampe, balayer la maison et chercher avec soin jusqu'à ce qu'elle la retrouve ? Et quand elle l'a retrouvée, elle appelle ses amies et

ses voisines et leur dit : « Réjouissez-vous avec moi, car j'ai retrouvé la pièce d'argent que j'avais perdue ! » De même, je vous le dis, il y a de la joie parmi les anges de Dieu pour un seul pécheur qui commence une vie nouvelle.

(Luc 15,8-10 ; p. 164)

## Heureux de croire

Jésus dit à Thomas : « C'est parce que tu m'as vu que tu as cru ? Heureux sont ceux qui croient sans m'avoir vu ! »

(Jean 20,29 ; p. 246)

## Heureux d'être aimé

Jésus dit à ses disciples : « Je vous aime comme le Père m'aime. Demeurez dans mon amour. Si vous obéissez à mes commandements, vous demeurerez dans mon amour, comme moi j'ai obéi aux commandements de mon Père et que je demeure dans son amour. Je vous ai dit cela afin que ma joie soit en vous et que votre joie soit complète. »

(Jean 15,9-11 ; p. 233)

## Heureux de servir

Après leur avoir lavé les pieds, Jésus reprit son vêtement, se remit à table et leur dit : « Comprenez-vous ce que je vous ai fait ? Vous m'appelez "Maître" et "Seigneur", et vous avez raison, car je le suis. Si donc moi, le Seigneur et le Maître, je vous ai lavé les pieds, vous aussi vous devez vous laver les pieds les uns aux autres. Je vous ai donné un exemple pour que vous agissiez comme je l'ai fait pour vous. Oui, je vous le déclare, c'est la vérité : un serviteur n'est pas plus grand que son maître et un envoyé n'est pas plus grand que celui qui l'envoie. Maintenant vous savez cela ; vous serez heureux si vous le mettez en pratique. »

(Jean 13,12-17 ; p. 229)

Heureux ces serviteurs que le maître, à son arrivée, trouvera éveillés ! Je vous le déclare, c'est la vérité : il attachera sa ceinture, les fera prendre place à table et viendra les servir. S'il revient à minuit ou même plus tard encore et qu'il les trouve éveillés, heureux sont-ils !

(Luc 12,37-38 ; p. 158)

## Heureux d'être pardonné

De même, je vous le dis, il y aura plus de joie dans le ciel pour un seul pécheur qui commence une vie nouvelle que pour quatre-vingt-dix-neuf justes qui n'en ont pas besoin.

(Luc 15,7 ; p. 164)

Heureux ceux dont Dieu a pardonné les fautes et dont il a effacé les péchés ! Heureux l'homme à qui le Seigneur ne compte pas son péché !

(Romains 4,7-8 ; p. 329)

## Heureux de ses choix

Heureux celui qui ne se sent pas coupable dans ses choix !

(Romains 14,22 ; p. 350)

# Dieu

## Dieu nous aime

Voici comment nous savons que nous demeurons unis à Dieu et qu'il est présent en nous : il nous a donné son Esprit. Et nous avons vu et nous témoignons que le Père a envoyé son Fils pour être le Sauveur du monde. Si quelqu'un reconnaît que Jésus est le Fils de Dieu, Dieu demeure en lui et il demeure uni à Dieu. Et nous, nous savons et nous croyons que Dieu nous aime.

(1 Jean 4,13-15 ; p. 534)

Quant à nous, nous aimons parce que Dieu nous a aimés le premier.

(1 Jean 4,19 ; p. 535)

## Un amour débordant

Voyez à quel point le Père nous a aimés ! Son amour est tel que nous sommes appelés enfants de Dieu, et c'est ce que nous sommes réellement. Voici pourquoi le monde ne nous connaît pas : il n'a pas connu Dieu. Mes chers amis, nous sommes maintenant enfants de Dieu, mais ce que nous deviendrons n'est pas encore clairement révélé. Cependant, nous savons ceci : quand le Christ paraîtra, nous deviendrons semblables à lui, parce que nous le verrons tel qu'il est.

(1 Jean 3,1-2 ; p. 532)

## Deux amours qui ne font qu'un

Un maître de la loi voulut tendre un piège à Jésus ; il lui demanda : « Maître, quel est le plus grand commandement de la loi ? » Jésus lui répondit : « Tu dois aimer le Seigneur ton Dieu de tout ton cœur, de toute ton âme et de toute ton intelligence. C'est là le commandement le plus grand et le plus important. Et voici le second commandement, qui est d'une importance semblable : Tu dois aimer ton prochain comme toi-même. Toute la loi de Moïse et tout l'enseignement des prophètes dépendent de ces deux commandements. »

*(Matthieu 22,35-40 ; p. 52)*

Si quelqu'un dit : « J'aime Dieu », et qu'il haïsse son frère, c'est un menteur. En effet, s'il n'aime pas son frère qu'il voit, il ne peut pas aimer Dieu qu'il ne voit pas.

*(1 Jean 4,20 ; p. 535)*

## Celui qui aime, connaît Dieu

Mes chers amis, aimons-nous les uns les autres, car l'amour vient de Dieu. Quiconque aime est enfant de Dieu et connaît Dieu. Celui qui n'aime pas ne connaît pas Dieu, car Dieu est amour.

*(1 Jean 4,7 ; p. 534)*

## Quand Dieu s'invite

Jésus dit : « Celui qui m'aime obéira à ce que je dis. Mon Père l'aimera ; nous viendrons à lui, mon Père et moi, et nous habiterons chez lui. »

*(Jean 14,23 ; p. 232)*

Écoute, je me tiens à la porte et je frappe ; si quelqu'un entend ma voix et ouvre la porte, j'entrerai chez lui, je prendrai un repas avec lui et lui avec moi.

*(Apocalypse 3,20 ; p. 549)*

Personne n'a jamais vu Dieu. Or, si nous nous aimons les uns les autres, Dieu demeure en nous et son amour se manifeste parfaitement en nous.

*(1 Jean 4,12 ; p. 534)*

Dieu est amour ; celui qui demeure dans l'amour demeure uni à Dieu et Dieu demeure en lui.

*(1 Jean 4,16 ; p. 534)*

## Quand les fruits manifestent

Jésus dit : « Voici comment la gloire de mon Père se manifeste : quand vous portez beaucoup de fruits et que vous vous montrez ainsi mes disciples. »

*(Jean 15,8 ; p. 233)*

## Quand Dieu parle...

La parole de Dieu est vivante et efficace. Elle est plus tranchante qu'aucune épée à deux tranchants. Elle pénètre jusqu'au point où elle sépare âme et esprit, jointures et moelle. Elle juge les désirs et les pensées du cœur humain. Il n'est rien dans la création qui puisse être caché à Dieu. À ses yeux, tout est à nu, à découvert, et c'est à lui que nous devons tous rendre compte.

*(Hébreux 4,12-13 ; p. 485)*

## De vaines invocations

Ce ne sont pas tous ceux qui disent : « Seigneur, Seigneur », qui entreront dans le Royaume des cieux, mais seulement ceux qui font la volonté de mon Père qui est dans les cieux.

*(Matthieu 7,21 ; p. 15)*

# Engagement

## « Je vomis les tièdes »

Je connais ton activité ; je sais que tu n'es ni froid ni bouillant. Si seulement tu étais l'un ou l'autre ! Mais tu n'es ni bouillant ni froid, tu es tiède, de sorte que je vais te vomir de ma bouche !

*(Apocalypse 3,15-16 ; p. 549)*

## Savoir dire non pour pouvoir dire un « vrai » oui

« Que pensez-vous de ceci ? » demanda Jésus. « Un homme avait deux fils. Il s'adressa au premier et lui dit : "Mon enfant, va travailler aujourd'hui dans la vigne." "Non, je ne veux pas", répondit-il ; mais, plus tard, il changea d'idée et se rendit à la vigne. Le père adressa la même demande à l'autre fils. Celui-ci lui répondit : "Oui, père, j'y vais", mais il n'y alla pas. Lequel des deux a fait la volonté de son père ? » « Le premier », répondirent-ils.

*(Matthieu 21,28-31 ; p. 49)*

## Ne regarde pas dans le rétroviseur

Celui qui se met à labourer puis regarde en arrière n'est d'aucune utilité pour le Royaume de Dieu.

*(Luc 9,62 ; p. 148)*

## À chacun son charisme

Nous avons un seul corps, mais avec plusieurs parties qui ont toutes des fonctions différentes. De même, bien que nous soyons nombreux, nous formons un seul corps dans l'union avec le Christ et nous sommes tous unis les uns aux autres comme les parties d'un même corps. Nous avons des dons différents à utiliser selon ce que Dieu a accordé gratuitement à chacun. Si l'un de nous a le don de transmettre des messages reçus de Dieu, il doit le faire selon la foi. Si un autre a le don de servir, qu'il serve. Celui qui a le don d'enseigner doit enseigner. Celui qui a le don d'encourager les autres doit les encourager. Que celui qui donne ses biens le fasse avec une entière générosité. Que celui qui dirige le fasse avec soin. Que celui qui aide les malheureux le fasse avec joie.

*(Romains 12,4-8 ; p. 346)*

# Espérance

## Petite graine deviendra grande

Jésus leur raconta une parabole : « Le Royaume de Dieu ressemble à une graine de moutarde qu'un homme a prise et semée dans son champ. C'est la plus petite de toutes les graines ; mais quand elle a poussé, c'est la plus grande de toutes les plantes du jardin : elle devient un arbre, de sorte que les oiseaux viennent faire leurs nids dans ses branches. »

*(Matthieu 13,31-32 ; p. 31)*

## Ça pousse tout seul !

Jésus dit : « Voici à quoi ressemble le Royaume de Dieu : Un homme lance de la semence dans son champ. Ensuite, il va dormir durant la nuit et il se lève chaque jour, et pendant ce temps les graines germent et poussent sans qu'il sache comment. La terre fait pousser d'elle-même la récolte : d'abord la tige des plantes, puis l'épi vert, et enfin le grain bien formé dans l'épi. Dès que le grain est mûr, l'homme se met au travail avec sa faucille, car le moment de la moisson est arrivé. »

*(Marc 4,26-29 ; p. 82)*

## Petite cause, grands effets

Le Royaume de Dieu ressemble au levain qu'une femme prend et mêle à une grande quantité de farine, si bien que toute la pâte lève.

*(Matthieu 13,33 ; p.31)*

## Il y a toujours un trésor caché quelque part

Le Royaume de Dieu ressemble à un trésor caché dans un champ. Un homme découvre ce trésor et le cache de nouveau. Il est si heureux qu'il va vendre tout ce qu'il possède et revient acheter ce champ.

*(Matthieu 13,44 ; p. 32)*

## La perle rare

Le Royaume de Dieu ressemble à un marchand qui cherche de belles perles. Quand il en a trouvé une de grande valeur, il va vendre tout ce qu'il possède et achète cette perle.

*(Matthieu 13,45 ; p. 32)*

## Dieu en tablier

Soyez prêts à agir, avec la ceinture serrée autour de la taille et vos lampes allumées. Soyez comme des serviteurs qui attendent leur maître au moment où il va revenir d'un mariage, afin de lui ouvrir la porte dès qu'il arrivera et frappera. Heureux ces serviteurs que le maître, à son arrivée, trouvera éveillés ! Je vous le déclare, c'est la vérité : il attachera sa ceinture, les fera prendre place à table et viendra les servir. S'il revient à minuit ou même plus tard encore et qu'il les trouve éveillés, heureux sont-ils !

*(Luc 12,35-38 ; p. 158)*

## Savoir lire

Jésus disait à la foule : « Quand vous voyez un nuage se lever à l'ouest, vous dites aussitôt : "Il va pleuvoir", et c'est ce qui arrive. Et quand vous sentez souffler le vent du sud, vous dites : "Il va faire chaud", et c'est ce qui arrive. Hypocrites ! Vous êtes capables de comprendre ce que signifient les aspects de la terre et du ciel ; alors, pourquoi ne comprenez-vous pas le sens du temps présent ? »

*(Luc 12,54-56 ; p. 159)*

## Tout peut concourir au bien

Ainsi, nous avons été rendus justes devant Dieu à cause de notre foi et nous sommes maintenant en paix avec lui par notre Seigneur Jésus-Christ. Jésus nous avons pu, par la foi, avoir accès à la grâce de Dieu en laquelle nous demeurons fermement. Et ce qui nous réjouit c'est l'espoir d'avoir part à la gloire de Dieu. Bien plus, nous nous réjouissons même dans nos détresses, car nous savons que la détresse produit la patience, la patience produit la résistance à l'épreuve et la résistance l'espérance. Cette espérance ne nous déçoit pas, car Dieu a répandu son amour dans nos cœurs par le Saint-Esprit qu'il nous a donné.

(Romains 5,1-5 ; p. 330)

### Des épreuves à la joie

J'estime que nos souffrances du temps présent ne sont pas comparables à la gloire que Dieu nous révéla. La création entière attend avec impatience le moment où Dieu révélera ses enfants. Car la création est tombée sous le pouvoir de forces qui ne mènent à rien, non parce qu'elle l'a voulu elle-même, mais parce que Dieu l'y a mise. Il y a toutefois une espérance : c'est que la création elle-même sera libérée un jour du pouvoir destructeur qui la tient en esclavage et qu'elle aura part à la glorieuse liberté des enfants de Dieu. Nous savons, en effet, que maintenant encore la création entière gémit et souffre comme une femme qui accouche.

(Romains 8,18-22 ; p. 337)

### Espérer l'invisible

Nous qui avons déjà l'Esprit Saint comme première part des dons de Dieu, nous gémissons [...] intérieurement en attendant que Dieu fasse de nous ses enfants et nous accorde une délivrance totale. Car nous avons été sauvés, mais en espérance seulement. Si l'on voit ce que l'on espère, ce n'est plus de l'espérance : qui donc espérerait encore ce qu'il voit ? Mais si nous espérons ce que nous ne voyons pas, nous l'attendons avec patience.

(Romains 8,23-25 ; p. 337)

### La force de l'espérance

Oui, j'ai la certitude que rien ne peut nous séparer de l'amour de Dieu : ni la mort, ni la vie, [...] ni le présent, ni l'avenir, ni les forces d'en haut, ni celles d'en bas, ni aucune autre chose créée, rien ne pourra jamais nous séparer de l'amour que Dieu nous a manifesté en Jésus-Christ notre Seigneur.

(Romains 8,38-39 ; p. 338)

### Tout sera neuf

J'entendis une voix forte qui venait du trône et disait : « Maintenant la demeure de Dieu est parmi les hommes ! Il demeurera avec eux et ils seront ses peuples. Dieu lui-même sera avec eux, il sera leur Dieu. Il essuiera toute larme de leurs yeux. Il n'y aura plus de mort, il n'y aura plus ni deuil, ni lamentations, ni douleur. En effet, les choses anciennes auront disparu. » Alors celui qui siège sur le trône déclara : « Maintenant, je fais toutes choses nouvelles. » Puis il me dit : « Écris ceci, car mes paroles sont vraies et dignes de confiance. » Et il ajouta : « C'en est fait ! Je suis l'Alpha et l'Oméga, le commencement et la fin. Celui qui a soif, je lui donnerai à boire gratuitement à la source d'eau de la vie. Quiconque aura remporté la victoire recevra de moi ce don ; je serai son Dieu, et il sera mon fils. »

(Apocalypse 21,3-7 ; p. 573)

# Esprit Saint

### Naître de l'Esprit

Jésus dit à Nicodème : « Oui, je te le déclare, c'est la vérité : personne ne peut entrer dans le Royaume de Dieu s'il ne naît pas d'eau et de l'Esprit. Ce qui naît de parents humains est humain ; ce qui naît de l'Esprit de Dieu est esprit. Ne sois pas étonné parce que je t'ai dit : "Il vous faut tous naître de nouveau." Le vent souffle où il veut ; tu entends le bruit qu'il fait, mais tu ne sais pas d'où il vient ni où il va. Voilà ce qui se passe pour quiconque naît de l'Esprit de Dieu. »

(Jean 3,5-8 ; p. 201)

### « Je m'en vais pour qu'il vienne »

Peu avant sa mort, Jésus dit aux disciples : « Je vous dis la vérité : il est préférable pour vous que je parte ; en effet, si je ne pars pas, celui qui doit vous venir en aide ne viendra pas à vous. Mais si je pars, je vous l'enverrai. Et quand il viendra, il prouvera aux gens de ce monde leur erreur au sujet du péché, de la justice et du jugement de Dieu. »

(Jean 16,7-8 ; p. 235)

### Un bon guide

Peu avant sa mort, Jésus dit aux disciples : « J'ai encore beaucoup de choses à vous dire, mais vous ne pourriez pas les supporter maintenant. Quand viendra l'Esprit de vérité, il vous conduira dans toute la vérité. Il ne parlera pas en son propre nom, mais il dira tout ce qu'il aura entendu et vous annoncera ce qui doit arriver. Il révélera ma gloire, car il recevra de ce qui est à moi et vous l'annoncera. »

(Jean 16,12-14 ; p. 235)

### Un bon conducteur

Ce que l'Esprit Saint produit, c'est l'amour, la joie, la paix, la patience, la bienveillance, la bonté, la fidélité, la douceur et la maîtrise de soi. La loi n'est certes pas contre de telles choses ! Ceux qui appartiennent à Jésus-Christ ont fait mourir sur la croix leur propre nature avec ses passions et ses désirs. L'Esprit nous a donné la vie ; laissons-le donc aussi diriger notre conduite.

(Galates 5, 22-25 ; p. 418)

### Une source comme un fleuve

« Si quelqu'un a soif, qu'il vienne à moi et qu'il boive. "Celui qui croit en moi, des fleuves d'eau vive jailliront de son cœur", comme dit l'Écriture. » Jésus parlait de l'Esprit de Dieu que ceux qui croyaient en lui allaient recevoir.

(Jean 7,37-39 ; p. 214)

### Un donneur de vie

Si l'Esprit de celui qui a ramené Jésus d'entre les morts habite en vous, alors Dieu a ramené le Christ d'entre les morts donnera aussi la vie à vos corps mortels par son Esprit qui habite en vous.

(Romains 8,11 ; p. 336)

### Un cohabitant

Mais vous, vous ne vivez pas selon votre propre nature ; vous vivez selon l'Esprit Saint, puisque l'Esprit de Dieu habite en vous.

(Romains 8,9 ; p. 336)

# Exclusion

### Un ennemi prévenant

Mais un Samaritain, qui voyageait par là, arriva près du blessé. Quand il le vit, il en eut profondément pitié. Il s'en approcha plus, versa de l'huile et du vin sur ses blessures et les recouvrit de pansements. Puis il le plaça sur sa propre bête et le mena dans un hôtel, où il prit soin de lui. Le lendemain, il sortit deux pièces d'argent, les donna à l'hôtelier et lui dit : « Prends soin de cet homme ; lorsque je repasserai par ici, je te paierai moi-même ce que tu auras dépensé en plus pour lui. »

(Luc 10, 33-35 ; p. 151)

### Devant la porte

« Il y avait une fois un homme riche qui s'habillait des vêtements les plus fins et les plus coûteux et qui, chaque jour, vivait dans le luxe en faisant de bons repas. Devant la porte de sa maison était couché un pauvre homme, appelé Lazare. Son corps était couvert de plaies. Il aurait bien voulu se nourrir de morceaux qui tombaient de la table du riche. De plus, les chiens venaient lécher ses plaies. »

(Luc 16,19-21 ; p. 167)

### L'étranger reconnaissant

Tandis que Jésus faisait route vers Jérusalem, il passa le long de la frontière qui sépare la Samarie de la Galilée. Il entrait dans un village quand dix lépreux vinrent à sa rencontre. Ils se tinrent à distance et se mirent à crier : « Jésus, Maître, aie pitié de nous ! » Jésus les vit et leur dit : « Allez vous faire examiner par les prêtres. » Pendant qu'ils y allaient, ils furent guéris. L'un d'entre eux, quand il vit qu'il était guéri, revint sur ses pas en louant Dieu à haute voix. Il se jeta aux pieds de Jésus, le visage contre terre, et le remercia. Cet homme était Samaritain. Jésus dit alors : « Tous les dix ont été guéris, n'est-ce pas ? Où sont les neuf autres ? Personne n'a-t-il pensé à revenir pour remercier Dieu, sinon cet étranger ? » Puis Jésus lui dit : « Relève-toi et va ; ta foi t'a sauvé. »

(Luc 17, 11-19 ; p. 169)

### La foi du capitaine

Le capitaine romain, qui se tenait en face de Jésus, vit comment il était mort et il dit : « Cet homme était vraiment Fils de Dieu ! »

(Marc 15,39 ; p. 115)

### Le dîner en mauvaise compagnie

Jésus sortit et vit un collecteur d'impôts, nommé Lévi, assis à son bureau. Jésus lui dit : « Suis-moi ! » Lévi se leva, laissa tout et le suivit. Puis Lévi lui offrit un grand repas dans sa maison ; beaucoup de collecteurs d'impôts et d'autres personnes étaient à table avec eux. Des Pharisiens et les maîtres de la loi qui étaient leur parti critiquaient cela ; ils dirent aux disciples de Jésus : « Pourquoi mangez-vous et buvez-vous avec les collecteurs d'impôts et autres gens de mauvaise réputation ? » Jésus leur répondit : « Les personnes en bonne santé n'ont pas besoin de médecin, mais les malades en ont besoin. Je ne suis pas venu appeler ceux qui s'estiment justes, mais ceux qui se savent pécheurs pour qu'ils changent de comportement. »

(Luc 5, 27-32 ; p. 133)

## Des cris qui dérangent

*Ils arrivèrent à Jéricho. Lorsque Jésus sortit de cette ville avec ses disciples et une grande foule, un aveugle appelé Bartimée, le fils de Timée, était assis au bord du chemin et mendiait. Quand il entendit que c'était Jésus de Nazareth, il se mit à crier : « Jésus, Fils de David, aie pitié de moi ! » Beaucoup lui faisaient des reproches pour qu'il se taise, mais il criait encore plus fort : « Fils de David, aie pitié de moi ! » Jésus s'arrêta et dit : « Appelez-le. » Ils appelèrent donc l'aveugle et lui dirent : « Courage, lève-toi, il t'appelle. » Alors il jeta son manteau, sauta sur ses pieds et vint vers Jésus. Jésus lui demanda : « Que veux-tu que je fasse pour toi ? » L'aveugle lui répondit : « Maître, fais que je voie de nouveau. » Et Jésus lui dit : « Va, ta foi t'a guéri. » Aussitôt, il put voir, et il suivait Jésus sur le chemin.*

(Marc 10, 46-52 ; p. 99)

## La transgression d'un tabou sexiste

*À ce moment, les disciples de Jésus revinrent ; et ils furent étonnés de le voir parler avec une femme. Mais aucun d'eux n'osa lui demander : « Que lui veux-tu ? » ou : « Pourquoi parles-tu avec elle ? » Alors la femme laissa là sa cruche d'eau et retourna à la ville, où elle dit aux gens : « Venez voir un homme qui m'a dit tout ce que j'ai fait. Serait-il peut-être le Messie ? »*

(Jean 4, 27-29 ; p. 203)

## Enfants non admis

*Des gens amenèrent des enfants à Jésus pour qu'il pose les mains sur eux, mais les disciples leur firent des reproches. Quand Jésus vit cela, il s'indigna et dit à ses disciples : « Laissez les enfants venir à moi ! Ne les en empêchez pas, car le Royaume de Dieu appartient à ceux qui sont comme eux. Je vous le déclare, c'est la vérité : celui qui ne reçoit pas le Royaume de Dieu comme un enfant ne pourra jamais y entrer. » Ensuite, il prit les enfants dans ses bras ; il posa les mains sur chacun d'eux et les bénit.*

(Marc 10, 13-16 ; p. 97)

## Le prophète a dit...

*À la synagogue de Nazareth, Jésus dit : « Je vous le déclare, c'est la vérité : aucun prophète n'est bien reçu dans sa ville natale. De plus, je peux vous assurer qu'il y avait beaucoup de veuves en Israël à l'époque d'Élie, lorsque la pluie ne tomba pas durant trois ans et demi et qu'une grande famine sévit dans tout le pays. Pourtant Dieu n'envoya Élie chez aucune d'elles, mais seulement chez une veuve qui vivait à Sarepta, dans la région de Sidon. Il y avait aussi beaucoup de lépreux en Israël à l'époque du prophète Élisée ; pourtant aucun d'eux ne fut guéri, mais seulement Naaman le Syrien. » Tous, dans la synagogue, furent remplis de colère en entendant ces mots. Ils se levèrent, entraînèrent Jésus hors de la ville et le menèrent au sommet de la colline sur laquelle Nazareth était bâtie, afin de le précipiter dans le vide. Mais il passa au milieu d'eux et s'en alla.*

(Luc 4, 25-30 ; p. 129)

# Famille

## Le frère aîné

*« Pendant ce temps, le fils aîné de cet homme était aux champs. À son retour, quand il approcha de la maison, il entendit un bruit de musique et de danses. Il appela un des serviteurs et lui demanda ce qui se passait. Le serviteur lui répondit : "Ton frère est revenu, et ton père a fait tuer le veau que nous avons engraissé, parce qu'il a retrouvé son fils en bonne santé." Le fils aîné se mit alors en colère et refusa d'entrer dans la maison. Son père sortit alors le prier d'entrer. Mais le fils répondit à son père : "Écoute, il y a tant d'années que je te sers sans avoir jamais désobéi à l'un de tes ordres. Pourtant, tu ne m'as jamais donné même un chevreau pour que je fasse la fête avec mes amis. Mais quand ton fils que voilà revient, lui qui a dépensé entièrement ta fortune avec des prostituées, pour lui tu fais tuer le veau que nous avons engraissé !" Le père lui dit : "Mon enfant, tu es toujours avec moi, et tout ce que je possède est à toi. Mais nous devions faire une fête et nous réjouir, car ton frère que voici était mort et il est revenu à la vie, il était perdu et le voilà retrouvé !" »*

(Luc 15, 25-32 ; p. 166)

## La mère et les frères de Jésus

*La mère et les frères de Jésus vinrent le trouver, mais ils ne pouvaient pas arriver jusqu'à lui à cause de la foule. On l'annonça à Jésus en ces termes : « Ta mère et tes frères se tiennent dehors et désirent te voir. » Mais Jésus dit à tous : « Ma mère et mes frères, ce sont ceux qui écoutent la parole de Dieu et la mettent en pratique ».*

(Luc 8, 20-21 ; p. 142)

## S'aimer homme et femme

*Au commencement, quand Dieu a tout créé, « il les fit homme et femme », dit*

*l'Écriture. « C'est pourquoi, l'homme quittera son père et sa mère pour s'attacher à sa femme, et les deux deviendront un seul être. » Ainsi, ils ne sont plus deux mais un seul être. Que l'homme ne sépare donc pas ce que Dieu a uni.*

(Marc 10,6-9 ; p. 97)

*Maris, aimez vos femmes tout comme le Christ a aimé l'Église jusqu'à donner sa vie pour elle. […] Les maris doivent aimer leurs femmes comme ils aiment leur propre corps. Celui qui aime sa femme s'aime lui-même. En effet, personne n'a jamais haï son propre corps ; au contraire, on le nourrit et on en prend soin, comme le Christ le fait pour l'Église, son corps, dont nous faisons tous partie. Comme il est écrit : « C'est pourquoi l'homme quittera son père et sa mère pour s'attacher à sa femme, et les deux deviendront un seul être. » Il y a une grande vérité cachée dans ce passage. Je dis, moi, qu'il se rapporte au Christ et à l'Église. Mais il s'applique aussi à vous : il faut que chaque mari aime sa femme comme lui-même, et que chaque femme respecte son mari.*

(Éphésiens 5,25-33 ; p. 428)

# Fidélité

## La première communauté chrétienne

*Tous s'appliquaient fidèlement à écouter l'enseignement que donnaient les apôtres, à vivre dans la communion fraternelle, à prendre part aux repas communs et à participer aux prières. Chacun ressentait de la crainte, car Dieu accomplissait beaucoup de prodiges et de miracles par l'intermédiaire des apôtres. Tous les croyants étaient unis et partageaient entre eux tout ce qu'ils possédaient. Ils vendaient leurs propriétés et leurs biens et répartissaient l'argent ainsi obtenu entre tous, en tenant compte des besoins de chacun. Chaque jour, régulièrement, ils se réunissaient dans le temple, ils prenaient leurs repas ensemble dans leurs maisons et mangeaient leur nourriture avec joie et simplicité de cœur.*

(Actes 2, 42-46 ; p. 254)

## Source de liberté

*Jésus dit alors aux Juifs qui avaient cru en lui : « Si vous restez fidèles à mes paroles, vous êtes vraiment mes disciples ; ainsi vous connaîtrez la vérité et la vérité vous rendra libres. »*

(Jean 8,31-32 ; p. 217)

## Source de joie

*Demeurez dans mon amour. Si vous obéissez à mes commandements, vous demeurerez dans mon amour, comme moi j'ai obéi aux commandements de mon Père et que je demeure dans son amour. Je vous ai dit cela afin que ma joie soit en vous et que votre joie soit complète.*

(Jean 15, 9-11 ; p. 233)

## Une fidélité à toute épreuve

*Les paroles que voici sont certaines : « Si nous sommes morts avec lui, nous vivrons aussi avec lui ; si nous restons fermes, nous régnerons aussi avec lui ; si nous le rejetons, lui aussi nous rejettera ; si nous sommes infidèles, il demeure fidèle, car il ne peut pas se mettre en contradiction avec lui-même. »*

(2 Timothée 2, 11-13 ; p. 466)

## Petite, elle a tout d'une grande

*Celui qui est fidèle dans les petites choses est aussi fidèle dans les grandes ; celui qui est malhonnête dans les petites choses est aussi malhonnête dans les grandes. Si donc vous n'avez pas été fidèles dans votre façon d'utiliser les richesses trompeuses de ce monde, qui pourrait vous confier les vraies richesses ? Et si vous n'avez pas été fidèles en ce qui concerne le bien des autres, qui vous donnera le bien qui vous est destiné ?*

(Luc 16, 10-12 ; p. 167)

## Choisir sa fidélité

*« Aucun serviteur ne peut servir deux maîtres : ou bien il haïra le premier et aimera le second ; ou bien il s'attachera au premier et méprisera le second. Vous ne pouvez pas servir à la fois Dieu et l'argent. »*

(Luc 16, 13 ; p. 167)

# Foi

## Elle fait confiance

*Mettre sa foi en Dieu, c'est être sûr de ce que l'on espère, c'est être convaincu de la réalité de ce que l'on ne voit pas. […] Par la foi, nous comprenons que l'univers a été formé par la parole de Dieu, de sorte que ce qui est visible a été fait à partir de ce qui est invisible. […]*

*Par la foi, Abraham obéit quand Dieu l'appela : il partit pour un pays que Dieu* allait lui donner en possession. Il partit sans savoir où il allait. Par la foi, il vécut comme un étranger dans le pays que Dieu lui avait promis. Il habita sous la tente, ainsi qu'Isaac et Jacob, qui reçurent la même promesse de Dieu. Car Abraham attendait la cité qui a de solides fondations, celle dont Dieu est l'architecte et le constructeur.

Par la foi, Abraham fut rendu capable d'être père, alors qu'il avait passé l'âge de l'être et que Sara elle-même était stérile. Il eut la certitude que Dieu tiendrait sa promesse. C'est ainsi qu'à partir de ce seul homme, pourtant déjà marqué par la mort, naquirent des descendants nombreux comme les étoiles dans le ciel, innombrables comme les grains de sable au bord de la mer.

C'est dans la foi que tous ces hommes sont morts. Ils n'ont pas reçu les biens que Dieu avait promis, mais ils les ont vus et salués de loin. Ils ont ouvertement reconnu qu'ils étaient des étrangers et des exilés sur la terre. Ceux qui parlent ainsi montrent clairement qu'ils recherchent une patrie. S'ils avaient pensé avec regret au pays qu'ils avaient quitté, ils auraient eu l'occasion d'y retourner. En réalité, ils désiraient une patrie meilleure, c'est-à-dire la patrie céleste. C'est pourquoi Dieu n'a pas honte d'être appelé leur Dieu ; en effet, il leur a préparé une cité.

(Hébreux 11,1-16 ; p. 497)

## Elle déplace les montagnes

Jésus dit aux disciples : « Si vous aviez de la foi gros comme un grain de moutarde, vous diriez à cette colline : "Déplace-toi d'ici à là-bas", et elle se déplacerait. Rien ne vous serait impossible ».

(Matthieu 17,20 ; p. 40)

## Elle guérit

Jésus se retourna, il vit la femme qui l'avait touché et déclara : « Courage, ma fille ! Ta foi t'a guérie. » Et à ce moment même, la femme fut guérie.

(Matthieu 9,22 ; p. 19)

## Elle se communique

Personne n'allume une lampe pour la cacher ou la mettre sous un seau ; au contraire, on la place sur son support, afin que ceux qui entrent voient la lumière. Tes yeux sont la lampe de ton corps : si tes yeux sont en bon état, tout ton corps est éclairé ; mais si tes yeux sont mauvais, alors ton corps est dans l'obscurité. Ainsi, prends garde que la lumière qui est en toi ne soit pas obscurité. Si donc tout ton corps est éclairé, sans aucune partie dans l'obscurité, il sera tout entier en pleine lumière, comme lorsque la lampe t'illumine de sa brillante clarté.

(Luc 11,33-36 ; p. 154)

## Elle fait de nous des fils et des filles de Dieu

Cependant, certains ont reçu l'Esprit Saint et ont cru en Jésus ; il leur a donné le droit de devenir enfants de Dieu. Ils ne sont pas devenus enfants de Dieu par une naissance naturelle, par une volonté humaine ; c'est Dieu qui leur a donné une nouvelle vie.

(Jean 1,12-13 ; p. 196)

## Elle agit

Mes frères, à quoi cela sert-il à quelqu'un de dire : « J'ai la foi », s'il ne le prouve pas par ses actes ? Cette foi peut-elle le sauver ? Supposez qu'un frère ou une sœur n'aient pas de quoi se vêtir ni de quoi manger chaque jour. À quoi cela sert-il que vous leur disiez : « Au revoir, portez-vous bien ; habillez-vous chaudement et mangez à votre faim ! », si vous ne leur donnez pas ce qui est nécessaire pour vivre ?

Il en est ainsi de la foi : si elle ne se manifeste pas par des actes, elle n'est qu'une chose morte. Quelqu'un dira peut-être : « Il y en a qui ont la foi, d'autres les actes ». Alors je lui répondrai : « Montre-moi comment ta foi peut exister sans actes ! Quant à moi je te prouverai ma foi par mes actes. »

(Jacques 2,14-18 ; p. 509)

« Oui, je vous le déclare, c'est la vérité : celui qui croit en moi fera aussi les œuvres que je fais. Il en fera même de plus grandes, parce que je vais auprès du Père. »

(Jean 14,12 ; p. 232)

# Fraternité

## Membres d'un même corps

Le Christ est semblable à un corps qui se compose de plusieurs parties. Toutes ses parties, bien que nombreuses, forment un seul corps. Et nous tous, Juifs ou non-Juifs, esclaves ou hommes libres, nous avons été baptisés pour former un seul corps par le même Esprit Saint et nous avons tous eu à boire de ce seul Esprit. Le corps ne se compose pas d'une seule partie, mais de plusieurs. Si le pied disait : « Je ne suis pas une main, donc je n'appartiens pas au corps », il ne cesserait pas pour autant d'être une partie du corps. Et si l'oreille disait : « Je ne suis pas un œil, donc je n'appartiens pas au corps », elle ne cesserait pas pour autant d'être une partie du corps. Si tout le corps n'était qu'un œil, comment pourrait-il entendre ? Et s'il n'était qu'une oreille, comment pourrait-il sentir les odeurs ? En réalité, Dieu a disposé chacune des parties du corps comme il l'a voulu. Il n'y aurait pas de corps s'il ne se trouvait en tout qu'une seule partie ! En fait, il y a plusieurs parties et un seul corps. L'œil ne peut donc pas dire à la main : « Je n'ai pas besoin de toi ! » Et la tête ne peut dire non plus aux pieds : « Je n'ai pas besoin de vous ! » Bien plus, les parties du corps qui paraissent les plus faibles sont indispensables ; celles que nous estimons le moins, nous les entourons de plus de soin que les autres ; celles dont il est indécent de parler sont traitées avec des égards particuliers qu'il n'est pas nécessaire d'accorder aux parties plus convenables de notre corps. Dieu a disposé le corps de manière à donner plus d'honneur aux parties qui en manquent : ainsi, il n'y a pas de division dans le corps, mais les différentes parties ont toutes un égal souci les unes des autres. Si une partie du corps souffre, toutes les autres souffrent avec elle ; si une partie est honorée, toutes les autres s'en réjouissent avec elle. Or, vous êtes le corps du Christ, et chacun de vous est une partie de ce corps.

(1 Corinthiens 12,12-27 ; p. 375)

## Peu importe la couleur de la peau

Vous êtes des êtres nouveaux que Dieu, notre Créateur, renouvelle continuellement à son image, pour que vous le connaissiez parfaitement. Il n'importe donc plus que l'on soit non-Juif ou Juif, circoncis ou incirconcis, non civilisé, primitif, esclave ou homme libre ; ce qui compte, c'est le Christ qui est tout et en tous.

(Colossiens 3,10-11 ; p. 443)

## L'amour cimente

Vous faites partie du peuple de Dieu ; Dieu vous a choisis et il vous aime. C'est pourquoi vous devez vous revêtir d'affectueuse bonté, de bienveillance, d'humilité, de douceur et de patience. Supportez-vous les uns les autres ; et si l'un de vous a une raison de se plaindre d'un autre, pardonnez-vous réciproquement, tout comme le Seigneur vous a pardonné. Et par-dessus tout, mettez l'amour, ce lien qui vous permettra d'être parfaitement unis. Que la paix du Christ règne dans vos cœurs ; c'est en effet à cette paix que Dieu vous a appelés, en tant que membres d'un seul corps. Soyez reconnaissants. Que la parole du Christ, avec toute sa richesse, habite en vous. Instruisez-vous et avertissez-vous les uns les autres avec une pleine sagesse.

(Colossiens 3,12-15 ; p. 444)

## Les anges venus incognito

Continuez à vous aimer les uns les autres comme des frères. N'oubliez pas de pratiquer l'hospitalité. En effet, en la pratiquant, certains ont accueilli des anges sans le savoir.

(Hébreux 13,1-2 ; p. 502)

## L'œil, la poutre et la paille

Pourquoi regardes-tu le brin de paille qui est dans l'œil de ton frère, alors que tu ne remarques pas la poutre qui est dans ton œil ? Comment peux-tu dire à ton frère : « Mon frère, laisse-moi enlever cette paille qui est dans ton œil », toi qui ne vois même pas la poutre qui est dans le tien ? Hypocrite, enlève d'abord la poutre de ton œil et alors tu verras assez clair pour enlever la paille de l'œil de ton frère.

(Luc 6,41-42 ; p. 136)

## Jouer au chef ou servir

Vous savez que les chefs des peuples les commandent en maîtres et que les grands personnages leur font sentir leur pouvoir. Mais cela ne doit pas se passer ainsi parmi vous. Au contraire, si l'un de vous veut être grand, il doit être votre serviteur, et si l'un de vous veut être le premier, il doit être votre esclave : c'est ainsi que le Fils de l'homme n'est pas venu pour se faire servir, mais il est venu pour servir, et donner sa vie comme rançon pour libérer une multitude de gens.

(Matthieu 20,25-28 ; p. 47)

## Moi et les autres

Faites pour les autres tout ce que vous voulez qu'ils fassent pour vous : c'est là ce qu'enseignent les livres de la loi de Moïse et des Prophètes.

(Matthieu 7,12 ; p. 14)

## La fin des rivalités

Votre union avec le Christ vous donne-t-elle du courage ? Son amour vous apporte-t-il du réconfort ? Êtes-vous en communion avec le Saint-Esprit ? Avez-vous de l'affection et de la bonté les uns pour les autres ? Alors, rendez-moi parfaitement heureux en vous mettant d'accord, en ayant un même amour, en étant unis de cœur et d'intention. Ne faites rien par esprit de rivalité ou par désir inutile de briller, mais, avec humilité, considérez les autres comme supérieurs à vous-mêmes. Que personne ne recherche son propre intérêt, mais que chacun de vous pense à celui des autres. Comportez-vous entre vous comme on le fait quand on connaît Jésus-Christ.

*(Philippiens 2,1-5 ; p. 433)*

## Les dons au service de tous

Nous avons un seul corps, mais avec plusieurs parties qui ont toutes des fonctions différentes. De même, bien que nous soyons nombreux, nous formons un seul corps dans l'union avec le Christ et nous sommes tous unis les uns aux autres comme les parties d'un même corps. Nous avons des dons différents à utiliser selon ce que Dieu a accordé gratuitement à chacun. Si l'un de nous a le don de transmettre des messages reçus de Dieu, il doit le faire selon la foi. Si un autre a le don de servir, qu'il serve. Celui qui a le don d'enseigner doit enseigner. Celui qui a le don d'encourager les autres doit les encourager. Que celui qui donne ses biens le fasse avec une entière générosité. Que celui qui dirige le fasse avec soin. Que celui qui aide les malheureux le fasse avec joie.

*(Romains 12,4-8 ; p. 346)*

## S'accorder

Que Dieu, la source de la patience et du réconfort, vous rende capables de vivre en bon accord les uns avec les autres en suivant l'exemple de Jésus-Christ. Alors, tous ensemble et d'une seule voix, vous louerez Dieu, le Père de notre Seigneur Jésus-Christ.

*(Romains 15,5-6 ; p. 351)*

# Jésus-Christ

## « Je suis le berger »

Je suis le bon berger. Je connais mes brebis et elles me connaissent, de même que le Père me connaît et que je connais le Père. Et je donne ma vie pour mes brebis. J'ai encore d'autres brebis qui ne sont pas dans cet enclos. Je dois aussi les conduire ; elles écouteront ma voix, et elles deviendront un seul troupeau avec un seul berger.

*(Jean 10,14-16 ; p. 221)*

## « Je suis la porte »

Je suis la porte. Celui qui entre en passant par moi sera sauvé ; il pourra entrer et sortir, et il trouvera sa nourriture.[...]. Je suis venu pour que les humains aient la vie et l'aient en abondance.

*(Jean 10,9 ; p.221)*

## « Je suis l'envoyé du Père »

Celui qui croit en moi, croit en réalité non pas en moi, mais en celui qui m'a envoyé. Celui qui me voit, voit celui qui m'a envoyé. Moi, je suis venu dans le monde comme lumière, afin que quiconque croit en moi ne reste pas dans l'obscurité.

*(Jean 12,44-46 ; p. 228)*

## « Je suis la résurrection et la vie »

Jésus dit à Marthe, la sœur de Lazare : « Je suis la résurrection et la vie. Celui qui croit en moi vivra, même s'il meurt ; et celui qui vit et croit en moi ne mourra jamais. Crois-tu cela ? » – « Oui, Seigneur, répondit-elle, je crois que tu es le Messie, le Fils de Dieu, celui qui devait venir dans le monde. »

*(Jean 11,25-27 ; p. 224)*

## « Je suis le chemin, la vérité et la vie »

Je suis le chemin, la vérité, la vie. Personne ne peut aller au Père autrement que par moi. Si vous me connaissez, vous connaîtrez aussi mon Père. Et dès maintenant vous le connaissez, vous l'avez vu.

*(Jean 14,6-7 ; p. 231)*

## « Je suis doux et humble de cœur »

Jésus dit à la foule : « Venez à moi vous tous qui êtes fatigués de porter un lourd fardeau et je vous donnerai le repos. Prenez sur vous mon joug et laissez-moi vous instruire, car je suis doux et humble de cœur, et vous trouverez le repos pour vous-mêmes. Le joug que je vous invite à prendre est facile à porter et le fardeau que je vous propose est léger. »

*(Matthieu 11,28-30 ; p. 25)*

## « J'ai faim, j'ai soif… »

Venez, vous qui êtes bénis par mon Père, et recevez le Royaume qui a été préparé pour vous depuis la création du monde. Car j'ai eu faim et vous m'avez donné à manger ; j'ai eu soif et vous m'avez donné à boire ; j'étais étranger et vous m'avez accueilli chez vous ; j'étais nu et vous m'avez habillé ; j'étais malade et vous avez pris soin de moi ; j'étais en prison et vous êtes venus me voir.

Ceux qui ont fait la volonté de Dieu lui répondront alors : « Seigneur, quand t'avons-nous vu affamé et t'avons-nous donné à manger, ou assoiffé et t'avons-nous donné à boire ? Quand t'avons-nous vu étranger et t'avons-nous accueilli chez nous, ou nu et t'avons-nous habillé ? Quand t'avons-nous vu malade ou en prison et sommes-nous allés te voir ? » Le roi leur répondra : « Je vous le déclare, c'est la vérité : toutes les fois que vous l'avez fait à l'un de ces plus petits de mes frères, c'est à moi que vous l'avez fait. »

*(Matthieu 25,34-40 ; p. 61)*

## Il est le Messie, le Fils du Dieu vivant

Jésus se rendit dans le territoire de Césarée de Philippe. Il demanda à ses disciples : « Que disent les gens au sujet du Fils de l'homme ? » Ils répondirent : « Certains disent que tu es Jean-Baptiste, d'autres que tu es Élie, et d'autres encore que tu es Jérémie ou un autre prophète. » – « Et vous, leur demanda Jésus, qui dites-vous que je suis ? » Simon Pierre répondit : « Tu es le Messie, le Fils du Dieu vivant. »

Jésus lui dit alors : « Tu es heureux, Simon fils de Jean, car ce n'est pas un être humain qui t'a révélé cette vérité, mais mon Père qui est dans les cieux. »

*(Matthieu 16,13-17 ; p. 38)*

## Il annonce la Bonne Nouvelle aux pauvres

Jean-Baptiste, dans sa prison, entendit parler des œuvres du Christ. Alors il envoya quelques-uns de ses disciples demander à Jésus : « Es-tu le Messie qui doit venir ou devons-nous attendre quelqu'un d'autre ? »

Jésus leur répondit : « Allez raconter à Jean ce que vous entendez et voyez : les aveugles voient, les boiteux marchent, les lépreux sont guéris, les sourds entendent, les morts reviennent à la vie et la Bonne Nouvelle est annoncée aux pauvres. Heureux celui qui n'abandonnera pas la foi en moi ! »

*(Matthieu 11,2-6 ; p. 23)*

## Il fait connaître le Père

Peu avant sa mort, Jésus pria ainsi : « Père juste, le monde ne t'a pas connu, mais moi je t'ai connu et ceux-ci ont reconnu que tu m'as envoyé. Je t'ai fait connaître à eux et te ferai encore connaître, afin que l'amour que tu as pour moi soit en eux et que je sois moi-même en eux. »

*(Jean 17, 25-26 ; p. 238)*

## Il est le Fils de l'Homme

Jean est venu, il ne mange ni ne boit, et l'on dit : « Il est possédé d'un esprit mauvais ! » Le Fils de l'homme est venu, il mange et boit, et l'on dit : « Voyez cet homme qui ne pense qu'à manger et à boire du vin, qui est ami des collecteurs d'impôts et autres gens de mauvaise réputation ! » Mais la sagesse de Dieu se révèle juste par ses effets.

*(Matthieu 11,18-19 ; p. 24)*

Mais je veux que vous le sachiez : le Fils de l'homme a le pouvoir sur la terre de pardonner les péchés. Il dit alors au paralysé : « Lève-toi, prends ta civière et rentre chez toi ! » L'homme se leva et s'en alla chez lui. Quand la foule vit cela, elle fut remplie de crainte et loua Dieu d'avoir donné un tel pouvoir aux hommes.

*(Matthieu 9,6-8 ; p. 18)*

## Il est la Parole et la lumière

Au commencement de toutes choses, la Parole existait déjà ; celui qui est la Parole était avec Dieu, et il était Dieu. Il était donc avec Dieu au commencement. Dieu a fait toutes choses par lui ; rien n'a été fait sans lui ; ce qui a été fait avait la vie en lui.

Cette vie était la lumière des hommes. La lumière brille dans l'obscurité, mais l'obscurité ne l'a pas reçue. [...] Cette lumière était la seule lumière véritable, celle qui vient dans le monde et qui éclaire tous les hommes.

Celui qui est la Parole était dans le monde. Dieu a fait le monde par lui, et pourtant le monde ne l'a pas reconnu. [...] Celui qui est la Parole est devenu un homme et il a vécu parmi nous, plein de grâce et de vérité. Nous avons *vu sa gloire, la gloire que le Fils unique reçoit du Père.*

(Jean 1,1-14 ; p 196)

## Il nous rassemble

*Car là où deux ou trois s'assemblent en mon nom, je suis au milieu d'eux*

(Matthieu 18,20 ; p. 43)

## Il donne la vie éternelle

*Car Dieu a tellement aimé le monde qu'il a donné son Fils unique, afin que quiconque croit en lui ne soit pas perdu mais qu'il ait la vie éternelle.*

(Jean 3,16 ; p. 201)

## La faiblesse de Dieu

*Quant à nous, nous prêchons le Christ crucifié : c'est un message scandaleux pour les Juifs et une folie pour les non-Juifs ; mais pour ceux que Dieu a appelés, aussi bien Juifs que non-Juifs, le Christ est la puissance et la sagesse de Dieu. Car la folie apparente de Dieu est plus sage que la sagesse des hommes, et la faiblesse apparente de Dieu est plus forte que la force des hommes.*

(1 Corinthiens 1,23-25 ; p. 357)

## Rien que « oui »

*Dieu m'en est témoin, ce que je vous ai dit n'était pas à la fois « oui » et « non ». Car Jésus-Christ, le Fils de Dieu, [...] n'est pas venu pour dire « oui » et « non ». Au contraire, en lui il n'y a jamais eu que « oui » : en effet, il est le « oui » qui confirme toutes les promesses de Dieu. C'est donc par Jésus-Christ que nous disons notre « amen » pour rendre gloire à Dieu. Et c'est Dieu lui-même qui nous affermit avec vous dans la vie avec le Christ.*

(2 Corinthiens 1,18-21 ; p. 389)

## Un amour infini

*Je demande que vous soyez enracinés et solidement établis dans l'amour, pour être capables de comprendre, avec l'ensemble du peuple de Dieu, combien l'amour du Christ est large et long, haut et profond. Oui, puissiez-vous connaître cet amour – bien qu'il surpasse toute connaissance – et être ainsi remplis de toute la richesse de Dieu. À Dieu qui a le pouvoir de faire infiniment plus que tout ce que nous demandons ou même imaginons, par la puissance qui agit en nous, à lui soit la gloire dans l'Église et par Jésus-Christ, dans tous les temps et pour toujours ! Amen.*

(Éphésiens 3,17-21 ; p. 425)

## Le serviteur et le Seigneur

*Le Christ possédait depuis toujours la condition divine, mais il n'a pas voulu demeurer de force l'égal de Dieu. Au contraire, il a de lui-même renoncé à tout ce qu'il avait et il a pris la condition de serviteur. Il a choisi de vivre dans l'humilité et s'est montré obéissant jusqu'à la mort, la mort sur une croix. C'est pourquoi Dieu l'a élevé à la plus haute place et lui a donné le nom supérieur à tout autre nom. Il a voulu que, pour honorer le nom de Jésus, tous les êtres vivants, dans les cieux, sur la terre et sous la terre, se mettent à genoux, et que tous proclament, à la gloire de Dieu le Père : « Jésus est le Seigneur ! »*

(Philippiens 2,6-11 ; p. 433)

## Nous sommes ses amis

*Je ne vous appelle plus serviteurs, parce que le serviteur ne sait pas ce que fait son maître. Je vous appelle amis, parce que je vous ai fait connaître tout ce que j'ai appris de mon Père.*

(Jean 15,15 ; p. 233)

## Par Lui, nous sommes devenus les enfants de Dieu

*Il est venu dans son propre pays, mais les siens ne l'ont pas accueilli. Cependant, certains l'ont reçu et ont cru en lui ; il leur a donné le droit de devenir enfants de Dieu. Ils ne sont pas devenus enfants de Dieu par une naissance naturelle, par une volonté humaine ; c'est Dieu qui leur a donné une nouvelle vie.*

(Jean 1,11-13 ; p. 176)

## S'unir à Lui

*Celui qui demeure uni à moi, et à qui je suis uni, porte beaucoup de fruits, car vous ne pouvez rien faire sans moi.*

(Jean 15,5 ; p. 233)

## Rompre le pain en mémoire de Lui

*En effet, voici l'enseignement que j'ai reçu du Seigneur et que je vous ai transmis : Le Seigneur Jésus, dans la nuit où il fut livré, prit du pain et, après avoir remercié Dieu, il le rompit et dit : « Ceci est mon corps, qui est pour vous. Faites ceci en mémoire de moi. » De même, il prit la coupe après le repas et dit : « Cette coupe est la nouvelle alliance de Dieu, garantie par mon sang. Toutes les fois que vous en boirez, faites-le en mémoire de moi. » En effet, jusqu'à ce que le Seigneur vienne, vous annoncez sa mort toutes les fois que vous mangez de ce pain et que vous buvez de cette coupe.*

(1 Corinthiens 11,23-27 ; p. 374)

# Liberté

## Appelés à la liberté

*Le Christ nous a libérés pour que nous soyons vraiment libres. Tenez bon, donc, ne vous laissez pas de nouveau réduire en esclavage. [...] Vous avez été appelés à la liberté. Seulement ne faites pas de cette liberté un prétexte pour vivre selon les désirs de votre propre nature. Au contraire, laissez-vous guider par l'amour pour vous mettre au service les uns des autres. Car toute la loi se résume dans ce seul commandement : « Tu dois aimer ton prochain comme toi-même. » Mais si vous agissez comme des bêtes sauvages, en vous mordant et vous dévorant les uns les autres, alors prenez garde : vous finirez par vous détruire les uns les autres.*

(Galates 5,1.13-15 ; p. 416)

## Une vérité qui libère

*Jésus dit aux Juifs qui avaient cru en lui : « Si vous restez fidèles à mes paroles, vous êtes vraiment mes disciples ; ainsi vous connaîtrez la vérité et la vérité vous rendra libres. » Ils lui répondirent : « Nous sommes les descendants d'Abraham et nous n'avons jamais été les esclaves de personne. Comment peux-tu nous dire :"Vous deviendrez libres"? » Jésus leur répondit : « Oui, je vous le déclare, c'est la vérité : tout homme qui pèche est un esclave du péché. Un esclave ne fait pas pour toujours partie de la famille, mais un fils en fait partie pour toujours. Si le Fils vous libère, vous serez alors vraiment libres. »*

(Jean 8,31-36 ; p. 217)

## Libération des opprimés

*Jésus se rendit à Nazareth, où il avait été élevé. Le jour du sabbat, il entra dans la synagogue selon son habitude. Il se leva pour lire les Écritures et on lui remit le rouleau du livre du prophète Ésaïe. Il le déroula et trouva le passage où il est écrit : « L'Esprit du Seigneur est sur moi, il m'a consacré pour apporter la Bonne Nouvelle aux pauvres. Il m'a envoyé pour proclamer la délivrance aux prisonniers et le don de la vue aux aveugles, pour libérer les opprimés, pour annoncer l'année où le Seigneur manifestera sa faveur. »*

(Luc 4,16-19 ; p. 129)

## Une libération en marche

*La création entière attend avec impatience le moment où Dieu révélera ses enfants. Car la création est tombée sous le pouvoir de forces qui ne mènent à rien [...]. Il y a toutefois une espérance : c'est que la création elle-même sera libérée un jour du pouvoir destructeur qui la tient en esclavage et qu'elle aura part à la glorieuse liberté des enfants de Dieu. Nous savons, en effet, que maintenant encore la création entière gémit et souffre comme une femme qui accouche. Mais pas seulement la création : nous qui avons déjà l'Esprit Saint comme première part des dons de Dieu, nous gémissons aussi intérieurement en attendant que Dieu fasse de nous ses enfants et nous accorde une délivrance totale.*

(Romains 8,19-23 ; p. 337)

# Mort

## Du reproche... à la foi

*Marthe dit à Jésus : « Seigneur, si tu avais été ici, mon frère ne serait pas mort. Mais je sais que même maintenant Dieu te donnera tout ce que tu lui demanderas. » Jésus lui dit : « Ton frère se relèvera de la mort. » Marthe répondit : « Je sais qu'il se relèvera lors de la résurrection des morts, au dernier jour. » Jésus lui dit : « Je suis la résurrection et la vie. Celui qui croit en moi vivra, même s'il meurt ; et celui qui vit et croit en moi ne mourra jamais. Crois-tu cela ? » – « Oui, Seigneur, répondit-elle, je crois que tu es le Messie, le Fils de Dieu, celui qui devait venir dans le monde. »*

(Jean 11,21-27 ; p. 223)

## Le grain qui meurt porte du fruit

*Quelques jours avant la Pâque, Jésus disait à ses disciples : « Oui, je vous le déclare, c'est la vérité : un grain de blé reste un grain tant qu'il ne tombe pas en terre et ne meurt pas. Mais s'il meurt, il produit beaucoup de grains. Celui qui aime sa vie la perdra, mais celui qui refuse de s'y attacher dans ce monde la gardera pour la vie éternelle. Si quelqu'un veut me servir, il doit me suivre ; ainsi, mon serviteur sera aussi là où je suis. Mon Père honorera celui qui me sert. »*

*(Jean 12, 24-26 ; p. 227)*

## Des paroles de réconfort

*Frères, nous désirons que vous connaissiez la vérité au sujet de ceux qui sont morts, afin que vous ne soyez pas tristes comme les autres, ceux qui n'ont pas d'espérance. Nous croyons que Jésus est mort et qu'il s'est relevé de la mort ; de même, nous croyons aussi que Dieu relèvera avec Jésus ceux qui seront morts en croyant en lui. [...] Ainsi nous serons toujours avec le Seigneur. Réconfortez-vous donc les uns les autres par ces paroles.*

*(I Thessaloniciens 4, 13-14, 17-18 ; p. 451)*

## L'amour traverse la mort

*Nous savons que nous sommes passés de la mort à la vie ; nous le savons parce que nous aimons nos frères. Celui qui n'aime pas est encore sous le pouvoir de la mort. [...] Voici comment nous savons ce qu'est l'amour : Jésus-Christ a donné sa vie pour nous. Donc, nous aussi, nous devons être prêts à donner notre vie pour nos frères. Si quelqu'un, ayant largement de quoi vivre, voit son frère dans le besoin mais lui ferme son cœur, comment peut-il prétendre qu'il aime Dieu ? Mes enfants, n'aimons pas seulement en paroles, avec de beaux discours ; faisons preuve d'un véritable amour qui se manifeste par des actes. Voilà comment nous saurons que nous appartenons à la vérité. Voilà comment notre cœur pourra se sentir rassuré devant Dieu. En effet, même si notre cœur nous condamne, nous savons que Dieu est plus grand que notre cœur et qu'il connaît tout.*

*(I Jean 3, 14. 16-20 ; p. 533)*

# Naissance

## Naître une seconde fois ?

*Il y avait un homme appelé Nicodème, qui était du parti des Pharisiens et qui était l'un des chefs juifs. Il vint une nuit trouver Jésus et lui dit : « Maître, nous savons que Dieu t'a envoyé pour nous apporter un enseignement ; car personne ne peut faire les signes miraculeux comme tu en fais si Dieu n'est pas avec lui. » Jésus lui répondit : « Oui, je te le déclare, c'est la vérité : personne ne peut voir le Royaume de Dieu s'il ne naît pas de nouveau. » Nicodème lui demanda : « Comment un homme déjà âgé peut-il naître de nouveau ? Il ne peut pourtant pas retourner dans le ventre de sa mère et naître une seconde fois ? » Jésus répondit : « Oui, je te le déclare, c'est la vérité : personne ne peut entrer dans le Royaume de Dieu s'il ne naît pas d'eau et de l'Esprit. Ce qui naît de parents humains est humain ; ce qui naît de l'Esprit de Dieu est esprit. Ne sois pas étonné parce que je t'ai dit : "Il vous faut tous naître de nouveau." Le vent souffle où il veut ; tu entends le bruit qu'il fait, mais tu ne sais pas d'où il vient ni où il va. Voilà ce qui se passe pour quiconque naît de l'Esprit de Dieu. »*

*(Jean 3, 1-8 ; p. 200)*

## Remis à neuf

*Car vous êtes tous enfants de Dieu par la foi qui vous lie à Jésus-Christ. Vous tous, en effet, avez été unis au Christ dans le baptême et vous vous êtes ainsi revêtus de tout ce qu'il nous offre. Il n'importe donc plus que l'on soit juif ou non juif, esclave ou libre, homme ou femme ; en effet, vous êtes un dans la communion avec Jésus-Christ. Si vous appartenez au Christ, vous êtes alors les descendants d'Abraham et vous recevrez l'héritage que Dieu a promis.*

*(Galates 3, 26-28 ; p. 413)*

## Nés pour une vie nouvelle

*Ne savez-vous pas que nous tous qui avons été baptisés pour être unis à Jésus-Christ, nous avons été baptisés en étant associés à sa mort ? Par le baptême, donc, nous avons été mis au tombeau avec lui pour être associés à sa mort, afin que tout comme le Christ a été ramené d'entre les morts par la puissance glorieuse du Père, nous aussi nous vivions d'une vie nouvelle. En effet, si nous avons été unis à lui par une mort semblable à la sienne, nous serons également unis à lui par une résurrection semblable à la sienne.*

*(Romains 6, 3-5 ; p. 332)*

# Nature

## Petite graine deviendra grande

*Jésus leur raconta une parabole : « Le Royaume de Dieu ressemble à une graine de moutarde qu'un homme a prise et semée dans son champ. C'est la plus petite de toutes les graines ; mais quand elle a poussé, c'est la plus grande de toutes les plantes du jardin : elle devient un arbre, de sorte que les oiseaux viennent faire leurs nids dans ses branches. »*

*(Matthieu 13,31-32 ; p. 31)*

## Elle pousse toute seule !

*Jésus dit : « Voici à quoi ressemble le Royaume de Dieu : Un homme lance de la semence dans son champ. Ensuite, il va dormir durant la nuit et il se lève chaque jour, et pendant ce temps les graines germent et poussent sans qu'il sache comment. La terre fait pousser d'elle-même la récolte : d'abord la tige des plantes, puis l'épi vert, et enfin le grain bien formé dans l'épi. Dès que le grain est mûr, l'homme se met au travail avec sa faucille, car le moment de la moisson est arrivé. »*

*(Marc 4,26-29 ; p. 82)*

## Savoir lire

*Jésus disait à la foule : « Quand vous voyez un nuage se lever à l'ouest, vous dites aussitôt : "Il va pleuvoir", et c'est ce qui arrive. Et quand vous sentez souffler le vent du sud, vous dites : "Il va faire chaud", et c'est ce qui arrive. Hypocrites ! Vous êtes capables de comprendre ce que signifient les aspects de la terre et du ciel ; alors, pourquoi ne comprenez-vous pas le sens du temps présent ? »*

*(Luc 12,54-56 ; p. 159)*

## Savoir regarder

*Regardez les oiseaux : ils ne sèment ni ne moissonnent, ils n'amassent pas de récoltes dans des greniers, mais votre Père qui est au ciel les nourrit ! Ne valez-vous pas beaucoup plus que les oiseaux ? Qui d'entre vous parvient à prolonger un peu la durée de sa vie par le souci qu'il se fait ?*

*(Matthieu 6,26-27 ; p. 13)*

## Le grand couturier

*« Et pourquoi vous inquiétez-vous au sujet des vêtements ? Observez comment poussent les fleurs des champs : elles ne travaillent pas, elles ne se font pas de vêtements. Pourtant, je vous le dis, même Salomon, dans toute sa richesse, n'a pas eu de vêtements aussi beaux qu'une seule de ces fleurs. »*

*(Matthieu 6,28-29 ; p. 13)*

## Il y en a pour tous

*Dieu notre Père fait lever son soleil aussi bien sur les méchants que sur les bons, il fait pleuvoir sur ceux qui lui sont fidèles comme sur ceux qui ne le sont pas. Si vous aimez seulement ceux qui vous aiment, pourquoi vous attendre à recevoir une récompense de Dieu ? Même les collecteurs d'impôts en font autant ! Si vous ne saluez que vos frères, faites-vous là quelque chose d'extraordinaire ? Même les païens en font autant !*

*(Matthieu 5,45-47 ; p. 11)*

## Le mouton perdu et retrouvé

*Les collecteurs d'impôts et autres gens de mauvaise réputation s'approchaient tous de Jésus pour l'écouter. Les Pharisiens et les maîtres de la loi critiquaient Jésus ; ils disaient : « Cet homme fait bon accueil aux gens de mauvaise réputation et mange avec eux ! » Jésus leur dit alors cette parabole : « Si quelqu'un parmi vous possède cent moutons et qu'il perde l'un d'entre eux, ne va-t-il pas laisser les quatre-vingt-dix-neuf autres dans leur pâturage pour partir à la recherche de celui qui est perdu jusqu'à ce qu'il le retrouve ? Et quand il l'a retrouvé, il est tout joyeux : il met le mouton sur ses épaules, il rentre chez lui, puis appelle ses amis et ses voisins et leur dit : "Réjouissez-vous avec moi, car j'ai retrouvé mon mouton, celui qui était perdu !" De même, je vous le dis, il y aura plus de joie dans le ciel pour un seul pécheur qui commence une vie nouvelle que pour quatre-vingt-dix-neuf justes qui n'en ont pas besoin. »*

*(Luc 15, 1-7 ; p. 164)*

# Paix

## Les vœux de Noël

*« Gloire à Dieu dans les cieux très hauts, et paix sur la terre pour ceux qu'il aime ! »*

*(Luc 2,14 ; p. 123)*

## Une autre paix

*« C'est la paix que je vous laisse, c'est ma paix que je vous donne. Je ne vous la donne pas à la manière du monde. »*

*(Jean 14,27 ; p. 232)*

## Donner la paix

*Quand vous entrerez dans une maison, dites d'abord : « Paix à cette maison ! » Si un homme de paix habite là, votre souhait de paix reposera sur lui ; sinon, retirez votre souhait de paix.*

*(Luc 10,5-6 ; p. 149)*

## La non-violence

*Vous avez entendu qu'il a été dit : « Œil pour œil et dent pour dent. » Eh bien, moi je vous dis de ne pas vous venger de celui qui vous fait du mal. Si quelqu'un te gifle sur la joue droite, laisse-le te gifler aussi sur la joue gauche. Si quelqu'un veut te faire un procès pour te prendre ta chemise, laisse-le prendre aussi ton manteau. Si quelqu'un t'oblige à faire mille pas, fais-en deux mille avec lui. [...]*

*Vous avez entendu qu'il a été dit : « Tu dois aimer ton prochain et haïr ton ennemi. » Eh bien, moi je vous dis : aimez vos ennemis et priez pour ceux qui vous persécutent.*

*Ainsi vous deviendrez les fils de votre Père qui est dans les cieux. Car il fait lever son soleil aussi bien sur les méchants que sur les bons, il fait pleuvoir sur ceux qui lui sont fidèles comme sur ceux qui ne le sont pas.*

(Matthieu 5,38-45 ; p. 11)

## D'où viennent les conflits ?

*D'où viennent les conflits et les querelles parmi vous ? Ils viennent de vos passions qui combattent sans cesse au-dedans de vous. Vous désirez quelque chose, mais vous ne pouvez pas l'avoir, et alors vous êtes prêts à tuer ; vous avez envie de quelque chose, mais vous ne pouvez pas l'obtenir, et alors vous vous lancez dans des querelles et des conflits. Vous n'avez pas ce que vous voulez, parce que vous ne savez pas le demander à Dieu. Et si vous demandez, vous ne recevez pas, parce que vos intentions sont mauvaises : vous voulez tout gaspiller pour vos plaisirs.*

(Jacques 4,1-3 ; p. 511)

## Appelés à la paix

*Que la paix du Christ règne dans vos cœurs ; c'est en effet à cette paix que Dieu vous a appelés, en tant que membres d'un seul corps.*

(Colossiens 3,15 ; p. 444)

## Réconciliés avec Dieu

*Dès que quelqu'un est uni au Christ, il est un être nouveau : ce qui est ancien a disparu, ce qui est nouveau est là. Tout cela vient de Dieu, qui nous a réconciliés avec lui par le Christ et qui nous a confié la tâche d'amener d'autres hommes à la réconciliation avec lui. Car, par le Christ, Dieu agissait pour réconcilier tous les humains avec lui, sans tenir compte de leurs fautes. Et il nous a chargés d'annoncer cette œuvre de réconciliation. Nous sommes donc des ambassadeurs envoyés par le Christ, et c'est comme si Dieu lui-même vous adressait un appel par nous : nous vous en supplions, au nom du Christ, laissez-vous réconcilier avec Dieu.*

(2 Corinthiens 5,17-20 ; p. 395)

# Pardon

## « Les braves gens n'aiment pas que... »

*Les maîtres de la loi qui étaient du parti des Pharisiens virent que Jésus mangeait avec tous ces gens ; ils dirent à ses disciples : « Pourquoi mange-t-il avec les collecteurs d'impôts et les gens de mauvaise réputation ? » Jésus les entendit et leur déclara : « Les personnes en bonne santé n'ont pas besoin de médecin, ce sont les malades qui en ont besoin. Je ne suis pas venu appeler ceux qui s'estiment justes, mais ceux qui se sentent pécheurs. »*

(Marc 2,16-17 ; p. 77)

## « Je ne te condamne pas non plus »

*Jésus se redressa et dit à la femme prise en flagrant délit d'adultère : « Eh bien, où sont-ils ? Personne ne t'a condamnée ? » — « Personne, Maître », répondit-elle. « Je ne te condamne pas non plus, dit Jésus. Tu peux t'en aller, mais désormais ne pèche plus. »*

(Jean 8,10-11 ; p. 215)

## L'amour, fruit du pardon

*Le grand amour qu'elle a manifesté prouve que ses nombreux péchés ont été pardonnés. Mais celui à qui l'on a peu pardonné ne manifeste que peu d'amour.*

(Luc 7,47 ; p. 140)

## Le père, le fils aîné et le cadet

*Un homme avait deux fils. Le plus jeune dit à son père : « Mon père, donne-moi ta part de ma fortune qui doit me revenir. » Alors le père partagea ses biens entre ses deux fils. Peu de jours après, le plus jeune fils vendit sa part de la propriété et partit avec son argent pour un pays éloigné. Là, il vécut dans le désordre et dissipa ainsi tout ce qu'il possédait.*

*Quand il eut tout dépensé, une grande famine survint dans ce pays, et il commença à manquer du nécessaire. Il alla donc se mettre au service d'un des habitants du pays, qui l'envoya dans ses champs garder les cochons. Il aurait bien voulu se nourrir des fruits du caroubier que mangeaient les cochons, mais personne ne lui en donnait. Alors, il se mit à réfléchir sur sa situation et se dit : « Tous les ouvriers de mon père ont plus à manger qu'il ne leur en faut, tandis que moi, ici, je meurs de faim ! Je veux repartir chez mon père et je lui dirai : Mon père, j'ai péché contre Dieu et contre toi, je ne suis plus digne que tu me regardes comme ton fils. Traite-moi donc comme l'un de tes ouvriers. » Et il repartit chez son père.*

*Tandis qu'il était encore assez loin de la maison, son père le vit et en eut profondément pitié : il courut à sa rencontre, le serra contre lui et l'embrassa. Le fils lui dit alors : « Mon père, j'ai péché contre Dieu et contre toi, je ne suis plus digne que tu me regardes comme ton fils... » Mais le père dit à ses serviteurs : « Dépêchez-vous d'apporter la plus belle robe et mettez-la-lui ; passez-lui une bague au doigt et des chaussures aux pieds. Amenez le veau que nous avons engraissé et tuez-le ; nous allons faire un festin et nous réjouir, car mon fils que voici était mort et il est revenu à la vie, il était perdu et je l'ai retrouvé. » Et ils commencèrent la fête.*

*Pendant ce temps, le fils aîné de cet homme était aux champs. À son retour, quand il approcha de la maison, il entendit un bruit de musique et de danses. Il appela un des serviteurs et lui demanda ce qui se passait. Le serviteur lui répondit : « Ton frère est revenu, et ton père a fait tuer le veau que nous avons engraissé, parce qu'il a retrouvé son fils en bonne santé. » Le fils aîné se mit alors en colère et refusa d'entrer dans la maison. Son père sortit pour le prier d'entrer. Mais le fils répondit à son père : « Écoute, il y a tant d'années que je te sers sans avoir jamais désobéi à l'un de tes ordres. Pourtant, tu ne m'as jamais donné même un chevreau pour que je fasse la fête avec mes amis. Mais quand ton fils que voilà revient, lui qui a dépensé entièrement ta fortune avec des prostituées, pour lui tu fais tuer le veau que nous avons engraissé ! » Le père lui dit : « Mon enfant, tu es toujours avec moi, et tout ce que je possède est aussi à toi. Mais nous devions faire une fête et nous réjouir, car ton frère que voici était mort et il est revenu à la vie, il était perdu et le voilà retrouvé ! »*

(Luc 15,11-32 ; p. 165)

## Quatre cent quatre-vingt-dix fois

*Pierre s'approcha de Jésus et lui demanda : « Seigneur, combien de fois devrai-je pardonner à mon frère s'il se rend coupable envers moi ? jusqu'à sept fois ? » « Non, répondit Jésus, je ne te dis pas jusqu'à sept fois, mais jusqu'à soixante-dix sept fois. »*

(Matthieu 18,21-22 ; p. 43)

## Un surcroît d'amour

*Vous avez entendu qu'il a été dit : « Œil pour œil et dent pour dent. » Eh bien, moi je vous dis de ne pas vous venger de celui qui vous fait du mal. Si quelqu'un te gifle sur la joue droite, laisse-le te gifler aussi sur la joue gauche. Si quelqu'un veut te faire un procès pour te prendre ta chemise, laisse-le prendre aussi ton manteau. Si quelqu'un t'oblige à faire mille pas, fais-en deux mille avec lui.*

(Matthieu 5,38-41 ; p. 11)

## Pardonner avant de prier

*Quand vous priez pour demander quelque chose, croyez que vous l'avez reçu et cela vous sera donné. Et quand vous êtes debout pour prier, si vous avez quelque chose contre quelqu'un, pardonnez-lui, afin que votre Père qui est dans les cieux vous pardonne aussi le mal que vous avez fait.*

(Marc 11,24-25 ; p. 101)

# Parole de Dieu

## L'illusion de l'écoute

*Ne vous faites pas des illusions sur vous-mêmes en vous contentant d'écouter la parole de Dieu ; mettez-la réellement en pratique. Car celui qui écoute la parole sans la mettre en pratique ressemble à un homme qui se regarde dans un miroir et se voit tel qu'il est. Après s'être regardé, il s'en va et oublie aussitôt comment il est.*

(Jacques 1,22-24 ; p. 507)

## Bâtir sur le roc

*« Pourquoi m'appelez-vous "Seigneur, Seigneur", et ne faites-vous pas ce que je vous dis ? Je vais vous montrer à qui ressemble quiconque vient à moi, écoute mes paroles et les met en pratique : il est comme un homme qui s'est mis à bâtir une maison ; il a creusé profondément la terre et a posé les fondations*

sur le roc. Quand l'inondation est venue, les eaux de la rivière se sont jetées contre cette maison, mais sans pouvoir l'ébranler, car la maison était bien bâtie. Mais quiconque écoute mes paroles et ne les met pas en pratique est comme un homme qui a bâti une maison directement sur le sol, sans fondations. Quand les eaux de la rivière se sont jetées contre cette maison, elle s'est aussitôt écroulée : elle a été complètement détruite. »

*(Luc 6,46-49 ; p. 137)*

## Jésus sème à tout vent

Un jour, un homme s'en alla dans son champ pour semer. Tandis qu'il lançait la semence, une partie des grains tomba le long du chemin : les oiseaux vinrent et les mangèrent. Une autre partie tomba sur un sol pierreux où il y avait peu de terre. Les grains poussèrent aussitôt parce que la couche de terre n'était pas profonde. Quand le soleil fut haut dans le ciel, il brûla les jeunes plantes : elles se desséchèrent parce que leurs racines étaient insuffisantes. Une autre partie des grains tomba parmi des plantes épineuses. Celles-ci grandirent et étouffèrent les bonnes pousses. Mais d'autres grains tombèrent dans la bonne terre et produisirent des épis : les uns portaient cent grains, d'autres soixante et d'autres trente.
Et Jésus ajouta : « Écoutez bien, si vous avez des oreilles ! »

*(Matthieu 13,4-9 ; p. 29)*

## Terre fertile

Écoutez donc ce que signifie la parabole du semeur.
Ceux qui entendent parler du Royaume et ne comprennent pas sont comme le bord du chemin où tombe la semence : le Mauvais arrive et arrache ce qui a été semé dans leur cœur. D'autres sont comme le terrain pierreux où tombe la semence : ils entendent la parole et la reçoivent aussitôt avec joie. Mais ils ne la laissent pas s'enraciner en eux, ils ne s'y attachent qu'un instant. Et alors, quand survient la détresse ou la persécution à cause de la parole de Dieu, ils renoncent bien vite à la foi. D'autres encore reçoivent la semence parmi les plantes épineuses : ils ont entendu la parole, mais les préoccupations de ce monde et l'attrait trompeur de la richesse étouffent la parole, et elle ne produit rien. D'autres, enfin, reçoivent la semence dans de la bonne terre : ils entendent la parole et la comprennent ; ils portent alors des fruits, les uns cent, d'autres soixante et d'autres trente.

*(Matthieu 13,18-23 ; p. 30)*

## La chance d'avoir vu et entendu

Quant à vous, heureux êtes-vous : vos yeux voient et vos oreilles entendent ! Je vous le déclare, c'est la vérité : beaucoup de prophètes et de gens fidèles à Dieu ont désiré voir ce que vous voyez, mais ne l'ont pas vu, et entendre ce que vous entendez, mais ne l'ont pas entendu.

*(Matthieu 13,16-17 ; p. 30)*

# Partage

## Ne ferme pas ta porte

« Donne à celui qui te demande quelque chose ; ne refuse pas de prêter à celui qui veut t'emprunter. »

*(Matthieu 5,42 ; p. 11)*

## De l'argent bien placé !

Vendez vos biens et donnez l'argent aux pauvres. Munissez-vous de bourses qui ne s'usent pas, amassez-vous des richesses dans les cieux, où elles ne disparaîtront jamais : les voleurs ne peuvent pas les y atteindre ni les vers les détruire. Car votre cœur sera toujours là où sont vos richesses.

*(Luc 12,33-34 ; p. 158)*

## La solidarité

Si une partie du corps souffre, toutes les autres souffrent avec elle ; si une partie est honorée, toutes les autres s'en réjouissent avec elle. Or, vous êtes le corps du Christ, et chacun de vous est une partie de ce corps.

*(1 Corinthiens 12,26-27 ; p. 376)*

## Lève-toi et marche

L'homme les regarda avec attention, car il s'attendait à recevoir d'eux quelque chose. Pierre lui dit alors : « Je n'ai ni argent ni or, mais ce que j'ai, je te le donne : au nom de Jésus-Christ de Nazareth, lève-toi et marche ! »

*(Actes 3,5 ; p. 255)*

## Une rencontre qui bouleverse

Zachée, debout devant le Seigneur, lui dit : « Écoute, Maître, je vais donner la moitié de mes biens aux pauvres, et si j'ai pris trop d'argent à quelqu'un, je vais lui rendre quatre fois autant. » Jésus lui dit : « Aujourd'hui, le salut est

entré dans cette maison, parce que tu es, toi aussi, un descendant d'Abraham. »

*(Luc 19,8-9 ; p. 173)*

# Pauvres

## Pauvre par solidarité

Car vous connaissez la grâce de notre Seigneur Jésus-Christ : lui qui était riche, il s'est fait pauvre en votre faveur, afin de vous enrichir par sa pauvreté.

*(2 Corinthiens 8,9 ; p. 398)*

Pendant qu'ils étaient à Bethléem, le jour de la naissance arriva. Marie mit au monde un fils, son premier-né. Elle l'enveloppa de langes et le coucha dans une crèche, parce qu'il n'y avait pas de place pour eux dans l'abri destiné aux voyageurs.

*(Luc 2,6-7 ; p. 123)*

Jésus lui dit : « Les renards ont des terriers et les oiseaux ont des nids, mais le Fils de l'homme n'a pas un endroit où il puisse se coucher et se reposer. »

*(Luc 9,58 ; p. 148)*

## Dieu a choisi les pauvres

Supposez ceci : un homme riche portant un anneau d'or et des vêtements magnifiques entre dans votre assemblée ; un pauvre homme, aux vêtements usés, y entre aussi. Vous manifestez alors un respect particulier pour l'homme magnifiquement vêtu et vous lui dites : « Veuillez vous asseoir ici, à cette place d'honneur » ; mais vous dites au pauvre : « Toi, reste debout, ou assieds-toi là, par terre, à mes pieds ». Si tel est le cas, vous faites des distinctions entre vous et vous portez des jugements fondés sur de mauvaises raisons. Écoutez, mes chers frères : Dieu a choisi ceux qui sont pauvres aux yeux du monde pour qu'ils deviennent riches dans la foi et reçoivent le Royaume qu'il a promis à ceux qui l'aiment. Mais vous, vous méprisez le pauvre !

*(Jacques 2,2-6 ; p. 508)*

# Prière

## Cantique de Marie

Mon cœur est plein de joie à cause de Dieu, mon Sauveur ; car il a bien voulu abaisser son regard sur moi, son humble servante. Oui, dès maintenant et en tous les temps, les humains me diront bienheureuse, car Dieu le Tout-Puissant a fait pour moi des choses magnifiques. Il est le Dieu saint, il est plein de bonté en tout temps pour ceux qui le respectent. Il a montré son pouvoir en déployant sa force : il a mis en déroute les hommes au cœur orgueilleux, il a renversé les rois de leurs trônes et il a placé les humbles au premier rang. Il a comblé de biens ceux qui avaient faim, et il a renvoyé les riches les mains vides. Il est venu en aide au peuple d'Israël, son serviteur : il n'a pas oublié de manifester sa bonté envers Abraham et ses descendants, pour toujours, comme il l'avait promis à nos ancêtres.

*(Luc 1,47-55 ; p. 121)*

## Cantique de Zacharie

Loué soit le Seigneur, le Dieu du peuple d'Israël, parce qu'il est intervenu en faveur de son peuple et l'a délivré. Il a fait apparaître un puissant Sauveur, pour nous, parmi les descendants du roi David, son serviteur. C'est ce qu'il avait annoncé depuis longtemps par ses saints prophètes : il avait promis qu'il nous délivrerait de nos ennemis et du pouvoir de tous ceux qui nous veulent du mal. Il a manifesté sa bonté envers nos ancêtres et n'a pas oublié sa sainte alliance. En effet, Dieu avait fait serment à Abraham, notre ancêtre, de nous libérer du pouvoir des ennemis et de nous permettre ainsi de le servir sans peur, pour que nous soyons saints et justes devant lui tous les jours de notre vie. Et toi, mon enfant, tu seras prophète du Dieu très-haut, car tu marcheras devant le Seigneur pour préparer son chemin et pour faire savoir à son peuple qu'il vient le sauver en pardonnant ses péchés. Notre Dieu est plein de tendresse et de bonté : il fera briller sur nous une lumière d'en haut, semblable à celle du soleil levant, pour éclairer ceux qui se trouvent dans la nuit et dans l'ombre de la mort.

*(Luc 1,68-79 ; p. 122)*

## Cantique de Siméon

Maintenant, Seigneur, tu as réalisé ta promesse : tu peux laisser ton serviteur mourir en paix. Car j'ai vu de mes propres yeux ton salut, ce salut que tu as préparé devant tous les peuples : c'est la lumière qui le fera connaître aux nations du monde et qui sera la gloire d'Israël, ton peuple.

*(Luc 2,29-32 ; p. 124)*

## Notre Père

Voici comment vous devez prier : « Notre Père qui es dans les cieux, que chacun reconnaisse que tu es le Dieu saint, que ton Règne vienne ; que chacun, sur la terre, fasse ta volonté comme elle est faite dans le ciel. Donne-nous aujourd'hui le pain nécessaire. Pardonne-nous nos torts, comme nous pardonnons nous aussi à ceux qui nous ont fait du tort. Et ne nous expose pas à la tentation, mais délivre-nous du Mauvais. Car c'est à toi qu'appartiennent le règne, la puissance et la gloire, pour toujours. Amen. »

*(Matthieu 6,9-13 ; p. 12)*

## Bla bla bla

Quand vous priez, ne répétez pas sans fin les mêmes choses comme les païens : ils s'imaginent que Dieu les exaucera s'ils parlent beaucoup. Ne les imitez pas, car Dieu, votre Père, sait déjà de quoi vous avez besoin avant que vous le lui demandiez.

*(Matthieu 6,7-8 ; p. 12)*

## Demandez et vous recevrez l'Esprit Saint

Et moi, je vous dis : demandez et vous recevrez ; cherchez et vous trouverez ; frappez et l'on vous ouvrira la porte. Car quiconque demande reçoit, qui cherche trouve et l'on ouvrira la porte à qui frappe. Si l'un d'entre vous est père, donnera-t-il un serpent à son fils alors que celui-ci lui demande un poisson ? Ou bien lui donnera-t-il un scorpion s'il demande un œuf ? Tout mauvais que vous êtes, vous savez donner de bonnes choses à vos enfants. À combien plus forte raison, donc, le Père qui est au ciel donnera-t-il le Saint-Esprit à ceux qui le lui demandent !

*(Luc 11,9-13 ; p. 152)*

## Croyez que vous l'avez déjà reçu

Quand vous priez pour demander quelque chose, croyez que vous l'avez reçu et cela vous sera donné.

*(Marc 11,24 ; p. 101)*

## Pardonner avant de prier

Et quand vous êtes debout pour prier, si vous avez quelque chose contre quelqu'un, pardonnez-lui, afin que votre Père qui est dans les cieux vous pardonne aussi le mal que vous avez fait.

*(Marc 11,25 ; p. 101)*

## L'un dit : « moi je » ; l'autre dit : « O Dieu, regarde-moi »

Jésus dit la parabole suivante à l'intention de ceux qui se croyaient justes aux yeux de Dieu et méprisaient les autres : « Deux hommes montèrent au temple pour prier ; l'un était Pharisien, l'autre collecteur d'impôts. Le Pharisien, debout, priait ainsi en lui-même : "O Dieu, je te remercie de ce que je ne suis pas comme le reste des hommes, qui sont voleurs, mauvais et adultères ; je te remercie de ce que je ne suis pas comme ce collecteur d'impôts. Je jeûne deux jours par semaine et je te donne le dixième de tous mes revenus." »

Le collecteur d'impôts, lui, se tenait à distance et n'osait pas même lever les yeux vers le ciel, mais il se frappait la poitrine et disait : « O Dieu, aie pitié de moi, qui suis un pécheur. » Je vous le dis, ajouta Jésus, cet homme était en règle avec Dieu quand il retourna chez lui, mais pas le Pharisien. En effet, quiconque s'élève sera abaissé, mais celui qui s'abaisse sera élevé.

*(Luc 18,9-14 ; p. 171)*

## Paul prie pour nous

Je pense à vous dans mes prières et je demande au Dieu de notre Seigneur Jésus-Christ, au Père glorieux, de vous donner l'Esprit de sagesse qui vous le révélera et vous le fera vraiment connaître. Qu'il ouvre vos yeux à sa lumière, afin que vous compreniez à quelle espérance il vous a appelés, quelle est la richesse et la splendeur des biens destinés à ceux qui lui appartiennent, et quelle est la puissance extraordinaire dont il dispose pour nous les croyants. Cette puissance est celle-là même que Dieu a manifestée avec tant de force quand il a ramené le Christ d'entre les morts et l'a fait siéger à sa droite dans le monde céleste.

*(Éphésiens 1,16-20 ; p. 422)*

## L'Esprit Saint prie pour nous

L'Esprit Saint nous vient en aide, parce que nous sommes faibles. En effet, nous ne savons pas prier comme il faut ; mais l'Esprit lui-même prie Dieu en notre faveur avec des supplications qu'aucune parole ne peut exprimer. Et Dieu qui voit dans les cœurs comprend ce que l'Esprit Saint veut demander, car l'Esprit prie en faveur des croyants, comme Dieu le désire.

*(Romains 8,26-27 ; p. 337)*

# Repas

## De bien curieuses pratiques

Les Pharisiens dirent à Jésus : « Les disciples de Jean, de même que les nôtres, jeûnent souvent et font des prières ; mais tes disciples, eux, mangent et boivent. » Jésus leur répondit : « Pensez-vous pouvoir obliger les invités d'une noce à ne pas manger pendant que le marié est avec eux ? Bien sûr que non ! Mais le temps viendra où le marié leur sera enlevé ; ces jours-là, ils jeûneront. »

*(Luc 5, 33-35 ; p. 133)*

## Un mariage à Cana

Deux jours après, il y eut un mariage à Cana, en Galilée. La mère de Jésus était là, et on avait aussi invité Jésus et ses disciples à ce mariage. À un moment donné, il ne resta plus de vin. La mère de Jésus lui dit alors : « Ils n'ont plus de vin. » Mais Jésus lui répondit : « Mère, est-ce à toi de me dire ce que j'ai à faire ? Mon heure n'est pas encore venue. » La mère de Jésus dit alors aux serviteurs : « Faites tout ce qu'il vous dira. » Il y avait là six récipients de pierre que les Juifs utilisaient pour leurs rites de purification. Chacun d'eux pouvait contenir une centaine de litres. Jésus dit aux serviteurs : « Remplissez d'eau ces récipients. » Ils les remplirent jusqu'au bord. Alors Jésus leur dit : « Puisez maintenant un peu de cette eau et portez-en au maître de la fête. » C'est ce qu'ils firent. Le maître de la fête goûta l'eau changée en vin. Il ne savait pas d'où venait ce vin, mais les serviteurs qui avaient puisé l'eau le savaient. Il appela donc le marié et lui dit : « Tout le monde commence par offrir le meilleur vin, puis, quand les invités ont beaucoup bu, on sert le moins bon. Mais toi, tu as gardé le meilleur vin jusqu'à maintenant ! » Voilà comment Jésus fit le premier de ses signes miraculeux, à Cana en Galilée ; il manifesta ainsi sa gloire, et ses disciples crurent en lui.

*(Jean 2, 1-11 ; p. 199)*

## À chacun ses préoccupations

Voilà pourquoi je vous dis : « Ne vous inquiétez pas au sujet de la nourriture et de la boisson dont vous avez besoin pour vivre, ou au sujet des vêtements dont vous avez besoin pour votre corps. La vie est plus importante que la nourriture et le corps plus important que les vêtements, n'est-ce pas ? Regardez les oiseaux : ils ne sèment ni ne moissonnent, ils n'amassent pas de récoltes dans des greniers, mais votre Père qui est au ciel les nourrit ! Ne valez-vous pas beaucoup plus que les oiseaux ? Qui d'entre vous parvient à prolonger un peu la durée de sa vie par le souci qu'il se fait ? »

*( Matthieu 6, 25-27 ; p. 13)*

## Le pain partagé

Quand le soir fut venu, les disciples de Jésus s'approchèrent de lui et dirent : « Il est déjà tard et cet endroit est isolé. Renvoie tous ces gens pour qu'ils aillent dans les villages s'acheter des vivres. » Jésus leur répondit : « Il n'est pas nécessaire qu'ils s'en aillent ; donnez-leur vous-mêmes à manger ! » Mais ils lui dirent : « Nous n'avons ici que cinq pains et deux poissons. » – « Apportez-les-moi », leur dit Jésus. Ensuite, il ordonna à la foule de s'asseoir sur l'herbe ; puis il prit les cinq pains et les deux poissons, leva les yeux vers le ciel et remercia Dieu. Il rompit les pains et les donna aux disciples, et ceux-ci distribuèrent à la foule. Chacun mangea à sa faim. Les disciples emportèrent douze corbeilles pleines des morceaux qui restaient. Ceux qui avaient mangé étaient au nombre d'environ cinq mille hommes, sans compter les femmes et les enfants.

*(Matthieu 14, 16-21 ; p. 34)*

## Le dernier repas de Jésus

Pendant le repas, Jésus prit du pain et, après avoir remercié Dieu, il le rompit et le donna à ses disciples ; il leur dit : « Prenez et mangez ceci, c'est mon corps. » Il prit ensuite une coupe de vin et, après avoir remercié Dieu, il la leur donna en disant : « Buvez-en tous, car ceci est mon sang, le sang qui garantit l'alliance de Dieu et qui est versé pour une multitude de gens, pour le pardon des péchés. Je vous le déclare : dès maintenant, je ne boirai plus de ce vin jusqu'au jour où je boirai avec vous le vin nouveau dans le Royaume de mon Père. »

*(Matthieu 26, 26-29 ; p. 64)*

## Des gens de mauvaise réputation

Jésus prit ensuite un repas dans la maison de Lévi. Beaucoup de collecteurs d'impôts et autres gens de mauvaise réputation étaient à table avec lui et ses disciples, car nombreux étaient les hommes de cette sorte qui le suivaient. Et les maîtres de la loi qui étaient du parti des Pharisiens virent que Jésus mangeait avec tous ces gens ; ils dirent à ses disciples : « Pourquoi mange-t-il avec les collecteurs d'impôts et les gens de mauvaise réputation ? » Jésus les entendit et leur déclara : « Les personnes en bonne santé n'ont pas besoin de médecin, ce sont les malades qui en ont besoin. Je ne suis pas venu appeler ceux qui s'estiment justes, mais ceux qui se sentent pécheurs. »

*(Marc 2, 15-17 ; p. 77)*

## Choisir la bonne place

Jésus remarqua comment les invités choisissaient les meilleures places. Il dit alors à tous cette parabole : « Lorsque quelqu'un t'invite à un repas de mariage, ne va pas t'asseoir à la meilleure place. Il se pourrait en effet que quelqu'un de plus important que toi ait été invité et que celui qui vous a invités l'un et l'autre vienne te dire : "Laisse-lui cette place." Alors tu devrais, tout honteux, te mettre à la dernière place. Au contraire, lorsque tu es invité, va t'installer à la dernière place, pour qu'au moment où viendra celui qui t'a invité, il te dise : "Mon ami, viens t'asseoir à une meilleure place." Ainsi, ce sera pour toi un honneur devant tous ceux qui seront à table avec toi. En effet, quiconque s'élève sera abaissé, et celui qui s'abaisse sera élevé. »

*(Luc 14, 7-11 ; p. 162)*

## De bien curieux invités

Puis Jésus dit à celui qui l'avait invité : « Quand tu donnes un déjeuner ou un dîner, n'invite ni tes amis, ni tes frères, ni les membres de ta parenté, ni tes riches voisins ; car ils pourraient t'inviter à leur tour et tu serais ainsi payé pour ce que tu as donné. Mais quand tu offres un repas de fête, invite les pauvres, les infirmes, les boiteux et les aveugles. Tu seras heureux, car ils ne peuvent pas te le rendre. Dieu te le rendra lorsque ceux qui ont fait le bien se relèveront de la mort. »

*(Luc 14, 12-14 ; p. 163)*

## Fêter le retour du fils perdu

Tandis qu'il était encore assez loin de la maison, son père le vit et en eut profondément pitié : il courut à sa rencontre, le serra contre lui et l'embrassa. Le fils lui dit alors : « Mon père, j'ai péché contre Dieu et contre toi, je ne suis plus digne que tu me regardes comme ton fils... » Mais le père dit à ses serviteurs : « Dépêchez-vous d'apporter la plus belle robe et mettez-la-lui ; passez-lui une bague au doigt et des chaussures aux pieds. Amenez le veau que nous avons engraissé et tuez-le ; nous allons faire un festin et nous réjouir, car mon fils que voici était mort et il est revenu à la vie, il était perdu et je l'ai retrouvé. » Et ils commencèrent la fête.

*(Luc 15, 20-24 ; p. 165)*

## Les miettes du pauvre

« Il y avait une fois un homme riche qui s'habillait des vêtements les plus fins et les plus coûteux et qui, chaque jour, vivait dans le luxe en faisant de bons repas. Devant la porte de sa maison était couché un pauvre homme, appelé Lazare. Son corps était couvert de plaies. Il aurait bien voulu se nourrir des morceaux qui tombaient de la table du riche. De plus, les chiens venaient lécher ses plaies. Le pauvre mourut et les anges le portèrent auprès d'Abraham. Le riche mourut aussi et on l'enterra. Il souffrait beaucoup dans le monde des morts ; il leva les yeux et vit de loin Abraham et Lazare à côté de lui. Alors il s'écria : "Père Abraham, aie pitié de moi ; envoie donc Lazare tremper le bout de son doigt dans de l'eau pour me rafraîchir la langue, car je souffre beaucoup dans ce feu." »

*(Luc 16, 19-24 ; p. 167)*

## Un invité de marque

Écoute, je me tiens à la porte et je frappe ; si quelqu'un entend ma voix et ouvre la porte, j'entrerai chez lui, je prendrai un repas avec lui et lui avec moi.

*(Apocalypse 3, 20 ; p. 549)*

# Résurrection

## Jésus est la résurrection et la vie

Jésus dit à Marthe, la sœur de Lazare : « Je suis la résurrection et la vie. Celui qui croit en moi vivra, même s'il meurt ; et celui qui vit et croit en moi ne mourra jamais. Crois-tu cela ? » – « Oui, Seigneur, répondit-elle, je crois que tu es le Messie, le Fils de Dieu, celui qui devait venir dans le monde. »

*(Jean 11, 25-27 ; p. 224)*

## Des racontars de femmes ?

Après que Jésus eut passé de la mort à la vie tôt le dimanche matin, il se montra tout d'abord à Marie de Magdala, de laquelle il avait chassé sept esprits mauvais. Elle alla le raconter à ceux qui avaient été avec lui. Ils étaient tristes et pleuraient. Mais quand ils entendirent qu'elle disait : « Jésus est vivant, je l'ai vu ! », ils ne le crurent pas.

*(Marc 16, 9-11 ; p. 116)*

## À l'auberge d'Emmaüs

Alors, les yeux des deux disciples d'Emmaüs s'ouvrirent et ils le reconnurent ; mais il disparut de devant eux. Ils se dirent l'un à l'autre : « N'y avait-il pas comme un feu qui brûlait au-dedans de nous quand il nous parlait en chemin et nous expliquait les Écritures ? » Ils se levèrent aussitôt et retournèrent à Jérusalem. Ils y trouvèrent les onze disciples réunis avec leurs compagnons, qui disaient : « Le Seigneur est vraiment ressuscité ! Simon l'a vu ! » Et eux-mêmes leur racontèrent ce qui s'était passé en chemin et comment ils avaient reconnu Jésus au moment où il rompait le pain.

*(Luc 24, 31-35 ; p. 192)*

## Nous suivons le même chemin que Jésus

Nous prêchons donc que le Christ est revenu d'entre les morts : comment alors quelques-uns d'entre vous peuvent-ils dire que les morts ne se relèveront pas ? Si tel est le cas, le Christ n'est pas non plus ressuscité ; et si le Christ n'est pas ressuscité, nous n'avons rien à prêcher et vous n'avez rien à croire.

*(1 Corinthiens 15, 12-14 ; p. 382)*

Si l'Esprit de celui qui a ramené Jésus d'entre les morts habite en vous, alors Dieu qui a ramené le Christ d'entre les morts donnera aussi la vie à vos corps mortels par son Esprit qui habite en vous.

*(Romains 8, 11 ; p. 336)*

## Nous ne sommes pas sans espérance

Frères, nous désirons que vous connaissiez la vérité au sujet de ceux qui sont morts, afin que vous ne soyez pas tristes comme les autres, ceux qui n'ont pas d'espérance. Nous croyons que Jésus est mort et qu'il s'est relevé de la mort ; de même, nous croyons aussi que Dieu relèvera avec Jésus ceux qui seront morts en croyant en lui.

*(1 Thessaloniciens 4, 13-14 ; p. 451)*

# Richesses

## La bourse ou la vie

Personne ne peut servir deux maîtres : ou bien il haïra le premier et aimera le second ; ou bien il s'attachera au premier et méprisera le second. Vous ne pouvez pas servir à la fois Dieu et l'argent.

*(Matthieu 6, 24 ; p. 13)*

## L'argent sale

Et maintenant écoutez-moi, vous les riches ! Pleurez et gémissez à cause des malheurs qui vont s'abattre sur vous ! Vos richesses sont pourries et vos vêtements sont rongés par les vers. Votre or et votre argent sont couverts de rouille, une rouille qui servira de témoignage contre vous ; elle dévorera votre chair comme un feu. Vous avez amassé des trésors à la fin des temps. Vous avez refusé de payer le salaire des ouvriers qui travaillent dans vos champs. C'est une injustice criante ! Les plaintes de ceux qui rentrent vos récoltes sont parvenues jusqu'aux oreilles de Dieu, le Seigneur de l'univers. Vous avez vécu sur la terre dans le luxe et les plaisirs. Vous vous êtes engraissés comme des bêtes pour le jour de la boucherie. Vous avez condamné et mis à mort des innocents ; ils ne vous résistent pas.

*(Jacques 5, 1-6 ; p. 512)*

## L'argent triste

Jésus dit au jeune homme riche : « Il te manque encore une chose : vends tout ce que tu as et distribue l'argent aux pauvres, alors tu auras des richesses dans les cieux ; puis viens et suis-moi. » Mais quand l'homme entendit ces mots, il devint tout triste, car il était très riche.

*(Luc 18, 22-23 ; p. 172)*

## Prendre ses responsabilités

Quelqu'un dans la foule dit à Jésus : « Maître, dis à mon frère de partager avec moi les biens que notre père nous a laissés. » Jésus lui répondit : « Mon ami, qui m'a établi pour juger vos affaires ou pour partager vos biens ? »

*(Luc 12, 13-14 ; p. 156)*

## Bien assuré, mais insensé !

Jésus dit à tous : « Attention ! Gardez-vous de tout amour des richesses, car la vie d'un homme ne dépend pas de ses biens, même s'il est très riche. » Il leur raconta alors cette parabole : « Un homme riche avait des terres qui lui rapportèrent de bonnes récoltes. Il réfléchissait et se demandait : "Que vais-je faire ? Je n'ai pas de place où amasser toutes mes récoltes." Puis il ajouta : "Voici ce que je vais faire : je vais démolir mes greniers, j'en construirai de plus grands, j'y amasserai tout mon blé et mes autres biens. Ensuite, je me dirai à moi-même : Mon cher, tu as des biens en abondance pour de nombreuses années ; repose-toi, mange, bois et jouis de la vie." Mais Dieu lui dit : "Insensé ! Cette nuit même tu cesseras de vivre. Et alors, pour qui sera tout ce que tu as accumulé ?" » Jésus ajouta : « Ainsi en est-il de celui qui amasse des richesses pour lui-même, mais qui n'est pas riche aux yeux de Dieu. »

*(Luc 12,15-21 ; p. 156)*

## À chacun ses préoccupations

« Ne vous inquiétez pas au sujet de la nourriture dont vous avez besoin pour vivre, ou au sujet des vêtements dont vous avez besoin pour votre corps. Car la vie est plus importante que la nourriture et le corps plus important que les vêtements. [...] Préoccupez-vous plutôt du Royaume de Dieu et Dieu vous accordera aussi le reste. »

*(Luc 12,22-23, 31 ; p. 157)*

## Des placements sûrs

« Ne vous amassez pas des richesses dans ce monde, où les vers et la rouille détruisent, où les cambrioleurs forcent les serrures pour voler. Amassez-vous plutôt des richesses dans le ciel, où il n'y a ni vers ni rouille pour détruire, ni cambrioleurs pour forcer les serrures et voler. Car ton cœur sera toujours là où sont tes richesses. »

*(Matthieu 6,19-21 ; p. 12)*

## Le riche misérable

Tu dis : « Je suis riche et j'ai fait de bonnes affaires, je ne manque de rien ». En fait, tu ne sais pas combien tu es malheureux et misérable ! Tu es pauvre, nu et aveugle. C'est pourquoi je te conseille d'acheter chez moi de l'or purifié au feu, pour devenir réellement riche. Achète aussi des vêtements blancs pour t'en couvrir et n'avoir plus la honte de paraître nu, ainsi qu'un remède pour soigner tes yeux et leur rendre la vue.

*(Apocalypse 3,17-18 ; p. 549)*

## La générosité des riches

« Recommande à ceux qui possèdent les richesses de ce monde de ne pas être orgueilleux ; dis-leur de ne pas mettre leur espérance dans ces richesses si incertaines, mais de la mettre en Dieu qui nous donne tout avec abondance pour que nous en jouissions. Recommande-leur de faire le bien, d'être riches en œuvres bonnes, d'être généreux et prêts à partager avec les autres. Ils s'amassent ainsi un bon et solide trésor pour l'avenir, et ils pourront alors obtenir la vie véritable. »

*(1 Timothée 6,17-19 ; p. 465)*

# Sagesse

## L'homme est sacré

Vous savez sûrement que vous êtes le temple de Dieu et que l'Esprit de Dieu habite en vous. Eh bien, si quelqu'un détruit le temple de Dieu, Dieu le coupable. Car le temple de Dieu est saint, et c'est vous qui êtes son temple.

*(1 Corinthiens 3,16-17 ; p. 360)*

## Les grands et les forts ne sont pas ceux que l'on croit

Considérez, frères, qui vous êtes, vous que Dieu a appelés : il y a parmi vous, du point de vue humain, peu de sages, peu de puissants, peu de gens de noble origine. Au contraire, Dieu a choisi ce qui est folie aux yeux du monde pour couvrir de honte les sages ; il a choisi ce qui est faiblesse aux yeux du monde pour couvrir de honte les forts ; il a choisi ce qui est bas, méprisable ou ne vaut rien aux yeux du monde, pour détruire ce que celui-ci estime important. Ainsi, aucun être humain ne peut se vanter devant Dieu. Mais Dieu vous a unis à Jésus-Christ et il a fait du Christ notre sagesse : c'est le Christ qui nous rend justes devant Dieu, qui nous permet de vivre pour Dieu et qui nous délivre du péché. Par conséquent, comme le déclare l'Écriture : « Si quelqu'un veut se vanter, qu'il se vante de ce que le Seigneur a fait. »

*(1 Corinthiens 1,26-31 ; p. 357)*

## Se renouveler

Il faut vous laisser complètement renouveler dans votre cœur et votre esprit. Revêtez-vous de la nouvelle nature, créée à la ressemblance de Dieu et qui se manifeste dans la vie juste et sainte qu'inspire la vérité. C'est pourquoi, rejetez le mensonge ! Que chacun dise la vérité à son prochain, car nous sommes membres d'un même corps. Si vous vous mettez en colère, ne péchez pas ; que votre colère s'apaise avant le coucher du soleil. Ne donnez pas au diable l'occasion de vous dominer. Que celui qui volait cesse de voler ; qu'il se mette à travailler de ses propres mains pour gagner honnêtement sa

vie et avoir ainsi de quoi aider les pauvres. Qu'aucune parole mauvaise ne sorte de votre bouche ; dites seulement des paroles utiles, qui répondent à un besoin et encouragent autrui, pour faire ainsi du bien à ceux qui vous entendent. N'attristez pas le Saint-Esprit que Dieu vous a accordé ; il est la garantie que le jour viendra où Dieu vous délivrera complètement du mal. Chassez loin de vous tout sentiment amer, toute irritation, toute colère, ainsi que les cris et les insultes. Abstenez-vous de toute forme de méchanceté. Soyez bons et pleins d'affection les uns pour les autres ; pardonnez-vous réciproquement, comme Dieu vous a pardonné par le Christ.

*(Éphésiens 4,23-32 ; p. 426)*

## Vivre dans la clarté

Vous étiez autrefois dans l'obscurité ; mais maintenant, par votre union avec le Seigneur, vous êtes dans la lumière. Par conséquent, conduisez-vous comme des êtres qui dépendent de la lumière, car la lumière produit toute sorte de bonté, de droiture et de vérité. Efforcez-vous de discerner ce qui plaît au Seigneur. N'ayez aucune part aux actions stériles que l'on pratique dans l'obscurité ; dénoncez-les plutôt. On a honte même de parler de ce que certains font en cachette. Or, tout ce qui est dévoilé est mis en pleine lumière ; de plus, tout ce qui est mis en pleine lumière devient à son tour lumière.

*(Éphésiens 5,8-14 ; p. 427)*

## Quand le cœur est bon...

« Un bon arbre ne produit pas de mauvais fruits, ni un arbre malade de bons fruits. Chaque arbre se reconnaît à ses fruits : on ne cueille pas des figues sur des buissons d'épines et l'on ne récolte pas du raisin sur des ronces. L'homme bon tire le bien du bon trésor que contient son cœur ; l'homme mauvais tire du mal de son mauvais trésor. Car la bouche de chacun exprime ce dont son cœur est plein. »

*(Luc 6,43-45 ; p. 137)*

## Quand le sel devient fade...

C'est vous qui êtes le sel du monde. Mais si le sel perd son goût, comment pourrait-on le rendre de nouveau salé ? Il n'est plus bon à rien ; on le jette dehors, et les gens marchent dessus.

*(Matthieu 5,13 ; p. 8)*

## On ne met pas sa lampe en poche !

C'est vous qui êtes la lumière du monde. Une ville construite sur une montagne ne peut pas être cachée. On n'allume pas une lampe pour la mettre sous un seau. Au contraire, on la place sur son support, d'où elle éclaire tous ceux qui sont dans la maison. C'est ainsi que votre lumière doit briller devant les hommes, afin qu'ils voient le bien que vous faites et qu'ils louent votre Père qui est dans les cieux.

*(Matthieu 5,14-16 ; p. 8)*

## Un enfant, c'est grand !

Les disciples s'approchèrent de Jésus et lui demandèrent : « Qui est le plus grand dans le Royaume des cieux ? » Jésus appela un petit enfant, le plaça au milieu d'eux et dit : « Je vous le déclare, c'est la vérité : si vous ne changez pas pour devenir comme de petits enfants, vous n'entrerez pas dans le Royaume des cieux. Le plus grand dans le Royaume des cieux est celui qui s'abaisse et devient comme cet enfant. Et l'homme qui reçoit un enfant comme celui-ci par amour pour moi, me reçoit moi-même. »

*(Matthieu 18,1-5 ; p. 41)*

## Pris en flagrant délit

Jésus questionna ses disciples : « De quoi discutiez-vous en chemin ? » Mais ils se taisaient, car, en chemin, ils avaient discuté entre eux pour savoir lequel était le plus grand. Alors Jésus s'assit, il appela les douze disciples et leur dit : « Si quelqu'un veut être le premier, il doit être le dernier de tous et le serviteur de tous. »

*(Marc 9,33-35 ; p. 96)*

## Les mauvaises habitudes

Ne vous conformez pas aux habitudes de ce monde, mais laissez Dieu vous transformer et vous donner une intelligence nouvelle. Vous pourrez alors discerner ce que Dieu veut : ce qui est bien, ce qui lui est agréable et ce qui est parfait.

*(Romains 12,2 ; p. 346)*

## Itinéraires de vie

L'amour doit être sincère. Détestez le mal, attachez-vous au bien. Ayez de l'affection les uns pour les autres comme des frères qui s'aiment ; mettez du zèle à vous respecter les uns les autres. Soyez actifs et non paresseux.

Servez le Seigneur avec un cœur plein d'ardeur. Soyez joyeux à cause de votre espérance ; soyez patients dans la détresse ; priez avec fidélité. Venez en aide à vos frères dans le besoin et pratiquez sans cesse l'hospitalité. Demandez la bénédiction de Dieu pour ceux qui vous persécutent ; demandez-lui de les bénir et non de les maudire. Réjouissez-vous avec ceux qui sont dans la joie, pleurez avec ceux qui pleurent. Vivez en bon accord les uns avec les autres. N'ayez pas la folie des grandeurs, mais acceptez des tâches modestes. Ne vous prenez pas pour des sages. Ne rendez à personne le mal pour le mal. Efforcez-vous de faire le bien devant tous les hommes. S'il est possible, et dans la mesure où cela dépend de vous, vivez en paix avec tous les hommes. Mes chers amis, ne vous vengez pas vous-mêmes. [...] Ne vous laissez pas vaincre par le mal. Soyez au contraire vainqueurs du mal par le bien.

(Romains 12,9-21 ; p. 347)

# Travail

## Tout travail mérite salaire

Vous avez refusé de payer le salaire des ouvriers qui travaillent dans vos champs. C'est une injustice criante ! Les plaintes de ceux qui rentrent vos récoltes sont parvenues jusqu'aux oreilles de Dieu, le Seigneur de l'univers.

(Jacques 5,4 ; p. 512)

## Se prendre en charge

Car nous n'avons pas vécu en paresseux chez vous. Nous n'avons demandé à personne de nous nourrir gratuitement ; au contraire, acceptant peines et fatigues, nous avons travaillé jour et nuit pour n'être à la charge d'aucun de vous. Nous l'avons fait non pas parce que nous n'aurions pas le droit de recevoir votre aide, mais parce que nous avons voulu vous donner un exemple à suivre. En effet, quand nous étions chez vous, nous vous avons avertis : « Celui qui ne veut pas travailler ne doit pas manger non plus. » Or nous apprenons que certains d'entre vous vivent en paresseux, sans rien faire que de se mêler des affaires des autres. À ces gens-là nous demandons, nous recommandons ceci au nom du Seigneur Jésus-Christ : qu'ils travaillent régulièrement pour gagner leur subsistance.

(2 Thessaloniciens 3, 7-12 ; p. 449)

## Une agitation stérile

Tandis que Jésus et ses disciples étaient en chemin, il entra dans un village où une femme, appelée Marthe, le reçut chez elle. Elle avait une sœur, appelée Marie, qui, après s'être assise aux pieds du Seigneur, écoutait ce qu'il enseignait. Marthe était très affairée à tout préparer pour le repas. Elle survint et dit : « Seigneur, cela ne te fait-il rien que ma sœur me laisse seule pour accomplir tout le travail ? . Dis-lui donc de m'aider. » Le Seigneur lui répondit : « Marthe, Marthe, tu t'inquiètes et tu t'agites pour beaucoup de choses, mais une seule est nécessaire. Marie a choisi la meilleure part, qui ne lui sera pas enlevée. »

(Luc 10, 38-42 ; p. 151)

## Un peu de patience

Jésus dit encore : « Voici à quoi ressemble le Royaume de Dieu : Un homme lance la semence dans son champ. Ensuite, il va dormir durant la nuit et il se lève chaque jour, et pendant ce temps les graines germent et poussent sans qu'il sache comment. La terre fait pousser d'elle-même la récolte : d'abord la tige des plantes, puis l'épi vert, et enfin le grain bien formé dans l'épi. Dès que le grain est mûr, l'homme se met au travail avec sa faucille, car le moment de la moisson est arrivé. »

(Marc 4, 26-29 ; p. 82)

© Alsace-Média CDI pages : 25, 63, 82, 90, 96 (haut), 99, 131, 137, 141, 152, 162 (bas), 163, 172, 209, 210, 227, 233, 259, 276, 286, 347 (haut), 366, 375, 383, 400, 433, 445, 462, 501, 522, 524 (bas), 539.

© R.Mattes pages : 80*, 91*, 188*, 205 (bas), 206, 207, 212, 214, 218, 222, 225, 249, 238, 264, 271 (haut), 293, 294, 300, 303, 319, 339, 356, 368, 372, 387, 405, 407, 410, 431 (haut), 438, 447, 453, 475, 500 (haut), 543, 568.

© Photothèque du Signe pages : 6, 555 (bas).

© Société Biblique Suisse pages : 146 (Kem Basel/E.Zimmer), 157 (haut) (Kem Basel).

© Société Biblique Allemande pages : 48 (Ilona Raiser Deutschen Bibelgesellschaft).

© J.Stricher pages : 9, 67, 76, 128, 148, 173, 180, 244.

© P.Thébault pages : 58, 273, 557.

© E.Zvardon pages : 0, 1, 2, 5, 7, 10, 11, 12, 13, 14, 15, 16, 17, 18, 20, 22, 24, 26, 27, 29, 30, 31, 32 (haut), 33, 34, 37, 39, 41, 42, 44, 45, 46, 47, 50, 51, 52, 53, 54, 55, 56, 60, 61 (haut), 64 (haut), 66 (haut), 70, 71, 73, 74, 75, 78, 79, 81, 84, 85, 86, 88, 89, 92, 93, 94, 95, 96 (bas), 97, 98, 100, 101, 102, 103, 105, 106, 107, 108, 110, 116, 117, 119, 121, 122, 124, 125, 127, 129, 132, 133, 134, 135, 136, 138, 139, 140, 142, 144, 149, 153, 154, 157 (bas), 158, 159, 160, 161, 162 (haut), 164, 166, 167, 170, 176, 177, 179, 181, 190, 193, 195, 196, 197, 198, 201, 202, 204, 205 (haut), 208, 213, 216, 220, 221, 226, 228, 231, 232, 234, 236, 237, 240, 242, 245, 247, 251, 254, 255, 256, 258, 263, 268, 269, 271 (bas), 272, 274, 278, 280, 285, 289, 291, 292, 295, 296, 297, 299, 302, 304, 305, 306, 309, 311, 312, 313, 314, 316, 318, 320, 321, 323, 325, 327, 329, 330, 332, 334, 335, 336, 337, 338, 340, 341, 344, 347 (bas), 350, 351, 353, 354, 360, 361, 363, 365, 367, 370, 371, 373, 374, 377, 378, 379, 382, 386, 388, 389, 390, 392, 393, 394, 395, 396, 397, 404, 406, 408, 412, 413, 414, 415, 418, 422, 423, 424, 425, 426, 427, 428, 429, 430, 431 (bas), 434, 437, 439, 440, 441, 442, 443, 444, 446, 448, 450, 452, 454, 455, 457, 458, 459, 460, 461, 463, 466, 465, 467, 468, 470, 471, 473, 474, 476, 477, 478, 479, 481, 482, 484, 486, 487 (haut), 492, 493, 494, 496, 500 (bas), 504, 505, 506, 507, 508, 510, 511, 512, 515, 516, 517, 518, 521, 523, 527, 529, 531 (haut), 532, 535, 536, 537, 538, 541, 542, 545, 546, 548, 549, 550, 552, 553, 554, 555 (haut), 556, 558, 563 (haut), 564, 565, 567, 569, 571, 572, 575, 577.

OEUVRES D'ART et photographies d'agences :
P. 3: Mathias Stomer (1600-après 1650), L'Adoration des mages, ©Giraudon, Musée des Augustins, Toulouse (France). P. 4: Rembrandt (1606-1669), La Fuite en Égypte, ©Lauros-Giraudon, Musée des Beaux-Arts, Tours (France). P. 9: Juste de Gand (connu de 1460 à 1475), Triptyque de la Crucifixion, détail: Moïse, ©Giraudon, Cathédrale Saint-Bavon, Gand (Belgique). P. 19: Pieter Brueghel (1564-1616), Le Repas de noces, ©Giraudon, Musée Voor Schone Kunsten, Gand (Belgique). P. 21: Nicolas Poussin (1594-1665), Les Sacrements: L'ordre, ©Bridgeman-Giraudon, Collection Duc de Rutland, Grantham (Grande-Bretagne). P. 23: Jan Van Eyck (vers 1390-1441), Polyptyque de l'Agneau Mystique: Saint Jean-Baptiste, ©Giraudon, Cathédrale Saint-Bavon, Gand (Belgique). P. 28: Joseph Assarfati (XIIIe s.), Jonas englouti par la baleine, ©Giraudon, Bibliothèque Nationale, Lisbonne (Portugal). P. 32: Piero Lorenzo Monaco (1372-1425), La Fuite en Égypte, ©Lauros-Giraudon, Musée du Louvre, Paris (France). P. 35: Pieter Brueghel (vers 1525-1569), La Parabole des aveugles, ©Alinari-Giraudon, Musée National de Capodimonte, Naples (Italie). P. 36: Le Tintoret (vers 1518-1594), La Multiplication des pains et des poissons, ©Giraudon, Scuola di San Rocco, Venise (Italie). P. 38: Domenico Campagnola (1484-1550), Le Christ remettant les clefs à saint Pierre, ©Alinari-Giraudon, Musée Civico, Padoue (Italie). P. 40: Ludovico Carrache (1555-1619), La Transfiguration, ©Alinari-Giraudon, Pinacoteca Nationale, Bologne (Italie). P. 49: Jan Brueghel (1568-1625), Prédication de saint Jean Baptiste, ©Giraudon, Kunstmuseum, Bâle (Suisse). P. 53: Giambattista Farinari (1526-1578), Moïse recevant les tables de la Loi, ©Alinari-Giraudon, Musée Civico, Padoue (Italie). P. 57: Le Prophète Daniel, vitrail gothique, avant 1405, ©Lauros-Giraudon, Cathédrale Saint-Etienne, Bourges (France). P. 59: Le Séducteur et la vierge folle, portail de la Cathédrale de Strasbourg, ©Pix/d'Hérouville, Cathédrale de Strasbourg (France). P. 61: Giotto (vers 1266-1337), Le Jugement dernier, ©Alinari-Giraudon, Chapelle degli Scrovegni Padoue (Italie). P. 64: Eugène Delacroix (1798-1863), Le Christ au jardin des Oliviers, ©Giraudon, Église Saint-Paul-Saint-Lou s, Paris (France). P. 65: Limbourg (XVe s.), Très Riches Heures du duc de Berry ; Le Christ mené au prétoire, ©Giraudon, Musée Condé, Chantilly (France). P. 66: Gerrit Van

Honthorst (1590-1656), Le Reniement de saint Pierre, ©Giraudon, Musée des Beaux-Arts, Rennes (France). " Oeuvre des collections nationales, déposée par le musée du Louvre au musée des Beaux-Arts de Rennes ". P. 69: Luca Signorelli (vers 1441-1523), Le Christ en croix et la Madeleine, ©Alinari-Giraudon, Galerie des Offices, Florence (Italie). P. 77: Hendrick Ter Brugghen (1587-1629), La Vocation de saint Matthieu, ©Giraudon, Musée des Beaux-Arts A.Malraux, Le Havre (France). P. 83: Jules Joseph Meynier (né en 1826), Le Christ endormi dans sa barque, ©Giraudon, Musée Municipal, Cambrai (France). P. 87: Filippo Lippi (vers 1406-1469), Le Festin d'Hérode. Détail: Salomé dansant, ©Lauros-Giraudon, Duomo, Prato (Italie). P. 104: José de Ribera (1591-1652), Isaac et Jacob, ©Giraudon, Musée du Prado, Madrid (Espagne). P. 109: François Verdier (1651-1730), La Cène, ©Giraudon, Musée des Beaux-Arts, Caen (France). P. 111: Art médiéval gothique, " Heures de Marguerite de Coëtivy: Baiser de Judas ", ©Giraudon, Musée Condé, Chantilly (France). P. 112: Art médiéval flamand, " Le Miroir de l'Humaine Salvation: Dérision du Christ ", ©Lauros-Giraudon, Musée Condé, Chantilly (France). P. 113: Art médiéval gothique, " Psautier d'Ingeborg du Danemark: Jésus devant Pilate ", ©Giraudon, Musée Condé, Chantilly (France). P. 114: Barthélemy d'Eyck (1444-1470), Le Christ en croix, ©Giraudon, Musée du Louvre, Paris (France). P. 118: Art médiéval gothique, " Heures de Marguerite de Coëtivy: Saint Luc ", ©Giraudon, Musée Condé, Chantilly,(France). P. 120: Fra Angelico (vers 1400-1455), L'Annonciation, ©Alinari-Giraudon, Musée Diocésain, Cortone (Italie). P. 123: Georges de La Tour (1593-1652), L'Adoration des bergers, ©Giraudon, Musée du Louvre, Paris (France). P. 126: Giovanni Serodine (1600-1630), Jésus parmi les docteurs, ©Photo RMN - R.G.Ojeda, Musée du Louvre, Paris (France). P. 145: Art médiéval gothique, Très riches heures du duc de Berry: Multiplication des pains et des poissons, ©Giraudon, Musée Condé, Chantilly (France). P. 147: Pol de Limbourg (XVe s.), Très Riches Heures du Duc de Berry: Guérison du possédé, ©Giraudon, Musée Condé, Chantilly (France). P. 150: Éclairs, ©PIX S.A., Thomas Wiewandt. P. 151: Art flamand (XVIe-XVIIe s.), Jésus chez Marthe et Marie, ©Lauros-Giraudon, Église Saint-Gervais, Paris (France). P. 155: Guido Reni (1575-1642), Abel et Caïn, ©Alinari-Giraudon, Galerie Sabauda, Turin (Italie). P. 165: Rembrandt (1606-1669), Le Retour du Fils Prodigue, ©Giraudon, Musée de l'Hermitage, Saint-Petersbourg (Russie). P. 168: Pieter Brueghel l'Ancien (vers 1525-1569), Les Mendiants, ©Giraudon, Musée du Louvre, Paris (France). P. 171: Théodore De Bry (1528-1598) & Jacques Lemoyne De Morgues (1530-1588), " Brevis Narratio ". L'Arche de Noé ©Lauros-Giraudon, Service Historique de la Marine, Vincennes (France). P. 175: Louis Felix Leullier (1811-1882), Entrée du Christ dans Jérusalem, ©Giraudon, Musée des Beaux-Arts, Arras (France). P. 182: Anonyme, La Cène (2e moitié XVIIe s.), ©Lauros-Giraudon, Musée des Beaux-Arts, Lille (France). P. 185: Giotto (vers 1266-1337), Le Baiser de Judas, ©Alinari-Giraudon, Chapelle Degli Scrovegni, Padoue (Italie). P. 187: École Angevine (XVIe s.), Jésus devant Pilate, ©Giraudon, Musées d'Angers (France). P. 189: Lorenzo Lotto (1480-1556), Le Christ portant sa croix, ©Lauros-Giraudon, Musée du Louvre, Paris (France). P. 191: Giovanni Romanelli (1610-1662), Les Saintes Femmes au tombeau, ©Giraudon, Musée des Beaux-Arts, Caen (France). P. 192: Rembrandt (1606-1669), Les Pèlerins d'Emmaüs, ©Giraudon, Musée du Louvre, Paris (France). P. 199: Paolo Véronèse (1528-1588), Les Noces de Cana, ©Flammarion-Giraudon, Musée du Louvre, Paris (France). P. 200: Quentin Metsys (école) (1466-1530), Jésus chassant les marchands du temple, ©Giraudon, Musée Royal des Beaux-Arts, Anvers (Belgique). P. 203: Philippe de Champaigne (1602-1674), Le Christ et la samaritaine, ©Giraudon, Musée des Beaux-Arts, Caen (France). P. 211: Art médiéval roman (XIe-XIIe s.), Les Douze Apôtres, ©Giraudon, Musée d'Art de Catalunya, Barcelone (Espagne). P. 215: Giovanni Tiepolo (1727-1804), Le Christ et la femme adultère, ©Giraudon, Musée des Beaux-Arts, Marseille (France). P. 217: Lorenzo di Cosimo (1439-1507), Le Sermon sur la montagne, ©Giraudon, Chapelle Sixtine, Vatican, Rome (Italie). P. 219: Art byzantin (395-1453), Jésus guérissant les estropiés et les aveugles, ©Giraudon, Duomo, Monreale (Italie). P. 223: Maître de Coëtivy (actif de 1450 à 1490), La Résurrection de Lazare, ©Giraudon, Musée du Louvre, Paris (France). P. 224: Vincenzo Campi (1536-1591), Jésus chez Marthe et Marie, ©Alinari-Giraudon, Museo Estense, Modene (Italie). P. 229: Giotto (vers 1266-1337), Le Lavement des pieds, ©Alinari-Giraudon, Chapelle degli Scrovegni, Padoue (Italie). P. 230: Dirk Bouts (vers 1420-1475), Polyptyque de la dernière Cène: La Cène, détail ©Giraudon, Église Saint-Pierre, Louvain (Belgique). P. 239: Georges de La Tour (1593-1652), Le Reniement de saint Pierre, ©Giraudon, Musée des Beaux-Arts, Nantes (France). P. 241: Fra Angelico (vers 1400-1455), Christ aux outrages (cellule 7), ©Orsi Battaglini-Giraudon, Musée di San Marco, Florence (Italie). P. 243: Georges Rouault (1871-1958), Christ en croix 1939, vitrail, ©ADAGP, Paris 2000, Centre G.Pompidou, Musée National d'Art Moderne, Paris (France). P. 245: ©Azik (artiste contemporain), Femmes au tombeau, 1996, Strasbourg (France). P. 246: Art médiéval gothique (XIIe-XVe s.),

Psautier d'Ingeborg du Danemark: Le Christ et saint Thomas. L'Ascension, ©Giraudon, Musée Condé, Chantilly (France). P. 248: Hans Memling (1433-1494), Triptyque. Volet droit: Saint Jean à Patmos, détail Le Christ sur son trône de gloire ©Giraudon, Hôpital Saint-Jean, Bruges (Belgique). P. 250: Giovanni di Corraduccio (XVe s.), Saint Luc, ©Alinari Regione Umbria-Giraudon, Pinacoteca-Museo Comunale, Montefalco (Italie). P. 252: Le Greco (1541-1614), La Pentecôte, ©Giraudon, Musée du Prado, Madrid (Espagne). P. 253: Art médiéval roman (XIe-XIIe s.), Psaumes. Lettre B ornée: David, ©Giraudon, Bibliothèque Municipale de Douai (France). P. 257: Hans Suess von Culmbach (1480-1522), Prédication de saint Pierre, ©Alinari-Giraudon, Galerie des Offices, Florence (Italie). P. 261: Art médiéval roman (XIe-XIIe s.), Église Sainte-Trophime ; cloître: Gamaliel, ©Lauros-Giraudon, Arles (France). P. 262: Pierre Paul Rubens (1577-1640), Triptyque de saint Étienne: La Prédication de saint Étienne, ©Giraudon, Musée des Beaux-Arts, Valencienne (France). P. 266: Domenico Dominiquin (1581-1641) et Annibale Carrache (1560-1609), La Lapidation de saint Étienne, ©Giraudon, Musée Condé, Chantilly (France). P. 270: Art byzantin (395-1453), Baptême de saint Paul par Ananie, ©Giraudon, Duomo, Monreale (Italie). P. 277: Jan Van Scorel (1495-1562), Polyptyque de saint Étienne et de saint Jacques le Majeur: arrestation et martyre de saint Jacques le Majeur, ©Giraudon, Musée de la Chartreuse, Douai (France). P. 279: Art romain-Haut Empire (27 avant JC-395 après JC), Auguste vêtu d'une toge, ©Alinari-Giraudon, Galerie des Offices, Florence (Italie). P. 284: Art grec-Époque classique (480-336 avant JC environ), Hermès criophore, coiffé du pilos, ©Giraudon, Musée Bonnat, Bayonne (France). P. 290: Claude Halle (1652-1736), Délivrance de saint Paul et saint Barnabé, ©Giraudon, Musée de la ville de Paris, Musée Carnavalet, Paris (France). P. 298: Art romain-Haut Empire (27 avant JC-395 après JC), Artémis d'Éphèse, ©Alinari-Giraudon, Musée Archéologique National, Naples (Italie). P. 301: Diego Vélasquez (1599-1660), Saint Paul, ©Giraudon, Musée d'Art de Catalunya, Barcelone (Espagne). P. 307: Matthias Grünewald (vers 1475/80-1528), Retable d'Issenheim, détail: La Résurrection, ©Giraudon, Musée d'Unterlinden, Colmar (France). P. 310: Art romain-Haut Empire (27 avant JC-395 après JC), Aqueduc, ©Lauros-Giraudon, Ségovie (Espagne). P. 316 ©Azik (artiste contemporain), La Tempête, 1996, Strasbourg (France). P. 322: Claude Vignon (1593-1670), Saint Paul Apôtre, ©Alinari-Giraudon, Galleria Sabauda, Turin (Italie). P. 324: Jérôme Bosch (vers 1450-1516), La Nef des fous, ©Lauros-Giraudon, Musée du Louvre, Paris (France). P. 331: Tommaso Masolino Da Panicale (vers 1383-1440), Tentation d'Adam et Ève, détail, ©Alinari-Giraudon, Église Santa Maria Del Carmine, Florence (Italie). P. 343: Pierre Paul Rubens (1577-1640), Le Prophète Élie reçoit d'un ange du pain et de l'eau. ©Giraudon, Musée Bonnat, Bayonne (France). P. 348: Art romain-Haut Empire (27 avant JC-395 après JC), Buste de Jules César (101-44 avant JC), ©Lauros-Giraudon, Camposanto, Pise (Italie). P. 349: Auguste Renoir (1841-1919), Le Déjeuner des canotiers, ©Giraudon, Phillips Collection, Washington (Etats-Unis). P. 352: Luca Di Tomme (connu de 1355 à 1389), Éléments de prédelle: Prédication de saint Paul, ©Alinari-Giraudon, Pinacoteca Nazionale, Sienne (Italie). P. 357: Odilon Redon (1840-1916), Christ en croix, ©Giraudon, Musée d'Orsay, Paris (France). P. 358: Le Greco (1541-1614), Saint Paul, ©Giraudon, Musée du Prado, Madrid (Espagne). P. 359: Art médiéval gothique (XII-XVe s.), Salomon trônant, ©Giraudon, Musée Condé, Chantilly (France). P. 364: Jan Davidz De Heem (1606-1684), Fruits et vaisselle sur une table, ©Giraudon, Musée du Louvre, Paris (France). P. 369: Lucas Cranach l'Ancien (1472-1553), Saint Paul, ©Lauros-Giraudon, Musée d'Art et d'Archéologie, Moulins (France). P. 376: Albrecht Dürer (1471-1528), Mains d'un apôtre, ©Bridgeman-Giraudon, Graphische Sammlung Albertina, Vienne (Autriche). P. 381: Hippolyte Jean Flandrin (1809-1864), La Résurrection du Christ, ©Giraudon, Musée du Louvre, Paris (France). P. 384: Étoiles ©PIX S.A. Directory, V.C.L. P. 385: Barres d'or ©PIX S.A., GAD. P. 387: Plume et encre ©PIX S.A., V.C.L. P. 391: Philippe de Champaigne (1602-1674), Moïse présentant les tables de la Loi, ©Giraudon, Musée de Picardie, Amiens (France). P. 398: Albrecht Dürer (1471-1528), La Nativité, ©Giraudon, Alte Pinakothek, Munich (Allemagne). P. 401: Château de cartes ©PIX, Chuck Gallagher. P. 403: Lucas Cranach, dit l'Ancien (1472-1553), Ève ©Alinari-Giraudon, Galerie des Offices, Florence (Italie). P. 409: Pieter Brueghel dit Le Jeune (1564-1636), Paul conduit à Damas après sa conversion, ©Lauros-Giraudon, Musée des Beaux-Arts, Lille (France). P. 411: Anonyme (XIIe s.), Saint Pierre et saint Paul, fresque ©Alinari-Seat-Giraudon, Eglise Santa Maria Maddalena, Gressan (Italie). P. 416: Horace Vernet (1789-1863), Agar chassé par Abraham, ©Giraudon, Musée des Beaux-Arts, Nantes (France). P. 417: Paul De Vos (d'après) (1596-1678), Chasse aux ours ou Combat de chiens et d'ours, ©Giraudon, Musée des Beaux-Arts, Caen (France). P. 419: Plume et plumier ©PIX, Japack. P. 420: Eustache Lesueur (1617-1655), La Prédication de saint Paul à Éphèse, ©Giraudon, Musée du Louvre, Paris (France). P. 449: Art médiéval gothique (XIIe-XVe s.), Bible de Jean

d'Estampes. Martyre d'Isaïe, ©Lauros-Giraudon, Bibliothèque Municipale, Bourges (France). P. 451: Art médiéval (Ve-XVe s.), " Apocalypse de saint Jean de Lorvac ": Les anges soufflent aux quatre coins de la terre. ©Giraudon, Arquivo Nacional Da torre Do Tombo, Lisbonne (Portugal). P. 456: Rutilio Manetti (1571-1639), Saint Paul, ©Alinari-Giraudon, Palazzo Publico, Sienne (Italie). P. 480: Michel-Ange Buonarroti (1475-1564), Le prophète Ézéchiel, ©Alinari-Giraudon, Chapelle Sixtine, Vatican, Rome (Italie). P. 483: Art byzantin (395-1453), Moïse sur le Mont Sinaï, ©Giraudon, Basilique San Vitale, Ravenne (Italie). P. 487: Anonyme (XIVe s.), Tête de prophète: Abraham, ©Cameraphoto Arte-Giraudon, Basilique San Marco, Venise (Italie). 488: Art médiéval roman (XIe-XIIe s.), Saint Luc et Abraham recevant le pain et le vin de Mélchisedech, ©Giraudon, Musée du Louvre, Paris (France). P. 490: Art flamand (XVIe-XVIIIe s.), La Crucifixion, ©Giraudon, Musée de l'Assistance Publique - Hôpitaux de Paris, Paris (France). P. 497: Giambattista Mengardi (1738-1796), La Chute de Caïn, ©Cameraphoto Arte-Giraudon, Église San Pietro Apostolo, Campagna Lupia (Italie). P. 498: Jacopo Bologna (2e moitié du XIVe s.), Joseph interprétant les rêves du Pharaon est nommé premier ministre, ©Alinari-Giraudon, Pinacoteca Nazionale, Bologne (Italie). P. 502: Art médiéval gothique (XII-XVe s.), Jérusalem, ©Flammarion-Giraudon, Bibliothèque Nationale de France, Paris (France). P. 509: Caravage (1573-1610), Le Sacrifice d'Abraham, ©Alinari-Giraudon, Galerie des Offices, Florence (Italie). P. 513: Jan Mandyn (1502-1560), Les Épreuves de Job, ©Giraudon, Musée de la Chartreuse, Douai (France). P. 514: Lingots d'or, ©PIX S.A., GAD. P. 519: Bartolo Di Fredi (vers 1330-vers 1410), Entrée des animaux dans l'Arche de Noé, ©Alinari-Giraudon, Collegiale, San Gimignano (Italie). P. 520: Caravage (1570-1610), Bacchus adolescent, ©Alinari-Giraudon, Galerie des Offices, Florence (Italie). P. 524: Giovanni Bellini (vers 1430-1516), La Transfiguration, ©Alinari-Giraudon, Gallerie Nazionali Di Capodimonte, Naples (Italie). P. 525: Lionne avec croc cassé, ©PIX S.A., Planet Earth/ Steve Bloom. P. 526: Art médiéval gothique (XIIe-XVe s.), L'nesse de Balaam, ©Lauros-Giraudon, Musée de l'Hôtel Sandelin, Saint-Omer (France). P. 530: Fra Angelico (vers 1400-1455), Sermon sur la montagne (cellule 32), ©Orsi Battaglini-Giraudon, Musée Di San Marco, Florence (Italie). P. 531: Art médiéval flamand (XIIe-XVe s.), " Liber Floridus ", Apocalypse. Cinquième trompette: chute de l'étoile de Satan, clé du puits de l'abîme, ©Giraudon, Musée Condé, Chantilly (France). P. 533: Jan Van Eyck (vers 1390-1441) et Hubert Van Eyck (vers 1366-1426), Polyptyque de l'Agneau Mystique. Détail: Sacrifice de Caïn et Abel, ©Giraudon, Cathédrale Saint-Bavon, Gand (Belgique). P. 534: Art médiéval gothique (XIIe-XVe s.), Coupole de saint Joseph le Patriarche. Pendentif: le prophète Élie, ©Cameraphoto Arte-Giraudon, Basilique San Marco, Venise (Italie). 540: Bartolo Di Fredi (vers 1330-vers 1410), Passage de la mer Rouge, ©Alinari-Giraudon, Collegiale San Gimignano (Italie). P. 544: Pol de Limbourg (XVe s.), Très Riches Heures du Duc de Berry. Saint Jean à Patmos, ©Giraudon, Musée Condé, Chantilly (France). P. 547: Art médiéval mozarabe (Xe-XIIIe s.), Mort de Jézabel, ©Giraudon, Église San Isidoro, Leon (Espagne). P. 551: Maius (mort en 968), Beato de Liebana: " Commentaire sur l'Apocalypse ". L'agneau sur le Mont Sion et la foule innombrable des chastes ©Art-Resource-Giraudon, Pierpont Morgan Library, New-York (Etats-Unis). P. 555: Sauterelle des Alpes sur une tige de fleur ©PIX/Giraudon, Bertani Tiziana. P. 559 (haut): Blaise Nicolas Lesueur (1716-1783), Salomon devant l'Arche, ©Giraudon, Musée du Prado, Madrid (Espagne). P. 559: Maius (mort en 968), Beato de Liebana: " Commentaire sur l'Apocalypse ". La femme vêtue de soleil attaquée par le dragon à sept têtes, ©Art-Resource-Giraudon, Pierpont Morgan Library, New-York (Etats-Unis). P. 561: Art médiéval gothique (XIIe-XVe s.), " Histoire extraite de l'Apocalypse ". La Bête de la mer à sept têtes et dix cornes, ©Giraudon, Musée Condé, Chantilly (France). P. 563: Jean François Millet (1814-1875), Les Glaneuses, ©Giraudon, Musée d'Orsay, Paris (France). P. 566: Art romain-Haut Empire (27 avant JC-395 après JC), Buste de Domitien (51-96), empreur romain, ©Giraudon, Musée National d'Archéologie, Naples (Italie). P. 570: Jan Van Eyck (vers 1390-1441) et Hubert Van Eyck (vers 1366-1426), Copie du Polyptyque de l'Agneau Mystique. Détail: L'Agneau Mystique adoré par les anges, La Fontaine de vie, ©Giraudon, Musée Royal des Beaux-Arts, Anvers (Belgique). P. 573: Nicolas Bataille (fin XIVe s.), Apocalypse d'Angers. La Jérusalem Nouvelle, ©Lauros-Giraudon, Musée des Tapisseries, Angers (France). P. 574: Couronne de l'Impératrice Farah, Iran, 1967, ©Giraudon, Église San Apollinare Nuovo, Ravenne (Italie). P. 576: Art médiéval gothique (XII-XV e s.), Scène de l'Apocalypse: Le Septième Sceau: détail, ©Art Resource-Giraudon, Pierpont Morgan Library, New-York (Etats-Unis).